丛书策划 陈义望 朱宝元

A HISTORY OF EASTERN EUROPE

东欧史（上）

"中间地带"的困境

Robert Bideleux   Ian Jeffries

[英] 罗伯特·拜德勒克斯 [英]伊恩·杰弗里斯——著

韩炯 吴浩 柴晨清 等——译 庞卓恒——校

中国出版集团 东方出版中心

图书在版编目（CIP）数据

东欧史：全2册/(英)罗伯特·拜德勒克斯,(英)伊恩·杰弗里斯著; 韩炯, 吴浩, 柴晨清等译. —上海: 东方出版中心, 2018.2（2024.8重印）

（东方·剑桥世界历史文库）

ISBN 978 - 7 - 5473 - 1235 - 3

Ⅰ. ①东… Ⅱ. ①罗… ②伊… ③韩… ④吴… ⑤柴… Ⅲ. ①东欧－历史 Ⅳ. ①K51

中国版本图书馆 CIP 数据核字(2017)第 301485 号

上海市版权局著作权合同登记： 图字 09-2010-390 号

A History of Eastern Europe 2nd Edition/by Robert Bideleux and Ian Jeffries
ISBN: 9780415366267
Copyright © 2007 Robert Bideleux and Ian Jeffries
All Rights Reserved
Authorized translation from the English language edition published by
Routledge, a member of the Taylor & Francis Group.
Simplified Chinese translation copyright © 2010.
Copies of this book sold without a Taylor & Francis sticker on the cover are
unauthorized and illegal.
本书封面贴有 Taylor & Francis 公司防伪标签，无标签者不得销售。

东欧史（上下册）

著　　者　[英]罗伯特·拜德勒克斯　[英]伊恩·杰弗里斯
译　　者　韩炯　吴浩　柴晨清　等
责任编辑　张爱民
特约编辑　黄　驰
装帧设计　钟　颖

出 版 人　陈义望
出版发行　东方出版中心
地　　址　上海市仙霞路 345 号
邮政编码　200336
电　　话　021-62417400
印 刷 者　上海盛通时代印刷有限公司
开　　本　710mm×1000mm　1/16
印　　张　68.5
字　　数　906 千字
版　　次　2018 年 2 月第 1 版
印　　次　2024 年 8 月第 2 次印刷
定　　价　198.00 元

目录 Contents

新 版 前 言

写作本书的主要目的是对东中欧和巴尔干的政治、社会和文化变迁的形成过程进行专题的历史考察与分析,(根据我们的判断)这些变迁在东中欧和巴尔干发展过程中产生了巨大的影响;另一方面,由于夹在前沙俄、苏联和德国、意大利之间,这一地区近代以来遭受到了巨大的苦难。

就本书的第二版而言,我们删除了以前版本中关于中世纪和近代早期波兰、匈牙利和波希米亚王国(捷克的领土)的大量内容,以此为下述内容留出了空间:① 关于拜占庭和奥斯曼巴尔干的大量新材料;② 关于中世纪和近代早期东中欧的某些新的研究视角;③ 关于两次世界大战和大屠杀的更丰富内容;④ 对1989年以来东中欧和巴尔干发生转型的相关内容进行重要更新,包括用于分析这些变迁和欧盟东扩的新的概念框架。2004年5月,8个东中欧和巴尔干国家被允许加入欧盟是一个重大事件,从长远来看,其重要性堪比1989年的巨变,因此在本书的新版中也对其进行了相当全面的评价。我们希望,那些对中世纪晚期、近代早期东中欧和巴尔干有着特别兴趣的读者依然能够获得本书的第一版,它可以提供对这一地区在那些时间段更为详细的分析。

《东欧史》新版本中的新的文本、修订内容和数据表格是由罗伯特·拜德勒克斯(Robert Bideleux)准备的,他也利用这个机会在所有可能的地方压缩以前的文本内容。尽管如此,本书依然是两位长期对东中欧、巴尔干和俄国有着共同兴趣,并且执着地追求自由和公民价值观以及跨学科研究的作者在近 20 年的时间里富有成效的合作成果。

当第一次在这个课题上开展合作时,我们最初设想,罗伯特·拜德勒克斯对东中欧和巴尔干进行的专题历史考察和分析可以通过关于 20 世纪这些地区个别国家发展的某些独立章节得到补充,所有这些内容将纳入到单独的一卷。从一开始我们就提出了自然的劳动分工:罗伯特·拜德勒克斯主要提供总体上的专题的历史政治分析、叙述和研究视角,而伊恩·杰弗里斯(Ian Jeffries)将主要对 1989 年后各单个国家出现的经济与政治变迁提供更为详细的叙述和分析。然而,由于我们越来越意识到更加遥远的过去对现今越来越复杂的问题所具有的影响力,我们的合作研究课题就扩展为三卷内容。第一卷第一次出版于 1998 年,主要由罗伯特·拜德勒克斯完成,但是伊恩·杰弗里斯的努力也是必不可少的。第二卷出版于 2007 年年初,题目是《巴尔干:后共产主义的历史》,才是一部更大意义上的合作作品。它对 20 世纪和21 世纪初巴尔干的个体国家进行了更为详细的研究,尤为关注 1989 年后的这段时间。最后完成的第三卷主要研究了共产主义统治终结后的东中欧国家。这三卷集合在一起,努力地用英语对现代巴尔干和东中欧的政治与经济变迁进行最完整的考察与分析。尽管如此,第一卷还是可以被视为对从罗马时期至 2006 年巴尔干和东中欧地区的政治、经济、(较之前者程度较小)社会与文化变迁进行的独立的专题分析与解释。

像这样一部规模如此宏大的书,内容必须有所选择。我们在早期就决定限制叙述外交活动的篇幅,这在一定程度上是因为这些外交活动已经获得了外交史专家们大量的关注,但是主要的原因是,我们认为,从总体上而言,外交活动要比范围更广、时间更持久的政治、经济、社会和文化变迁的重要性要小得多。当然,我们已经尽力地概括和讨论了对巴尔干和东中欧具有持久影响的主要外交行动和事件,尤为重要的是维也纳会议(1815 年)、柏林会议(1878 年)、1919 − 1920 年的和平协定,以及 1944 年 10 月丘吉尔和斯大林之间臭名昭著的《百分比协议》(percentages agreement)。然而,从总体上而言,我们发现,我们认同研究波兰问题最为杰出的英国教授诺曼·戴维斯(Norman Davies)以下的陈述:"涉及波兰未来的外交备忘录中只有非常少的文件(如果有的话)对事件的整个过程施加了决定性的影响。它们中的许多文件……依然是一纸空文……其他文件则被忽视。它们中最重要的文件只是表达了它们的作者热诚的渴望,或是对已经达成的政治协定的详细内容加以认可……在……关键的时刻,这些问题并不是在会议桌旁决定的,而是由当时的形势和掌控实际权力的人决定的。在不太重要的情势下,外交行动的价值更小……波兰民族从幼小到成熟,同外交官们不相干,并不受惠于他们什么。"(Davies 1981b: 15)其他东中欧国家和巴尔干国家在很大程度上也是如此。

与此类似的是,我们尽最大努力减少对重要的外来影响者(如俾斯麦和拿破仑)的关注。虽然这样的人物大量出现在某些外交史学家的作品中,但是我们还是不得不承认,无论这位铁血首相,还是科西嘉岛的暴发户,对巴尔干和东中欧历史的影响要小于其他一些"舞台之外"的人。在他们当中,马克思、列宁、斯大林、赫鲁晓夫、勃列日涅夫、戈尔巴乔夫、救世主耶稣、路德、加尔文、墨索里尼、希特勒最容易出现在人们的记忆里,我们必须在相关的地方提及他们。

十分遗憾的是,我们不得不压缩关于重要的文化和思想发展的大量篇幅。充分地研究这些专题可能会使本书的篇幅扩大两三倍。尽管如此,我们还是对基督教化、文艺复兴、宗教改革、反宗教改革、启蒙运动、民族主义和马克思主义的影响给予了一些关注,但是通常是以高度概括的形式进行的。毕竟,对此有一些关注总比一点也没有要好。

此外,预先界定清楚本书所涵盖的地区的范围与术语也是有必要的。欧洲地区的命名与划分总是存在争议,充满着各种含混及(或)聚讼的主张和涵义。幸运的是,学者们一致认为,波兰、匈牙利、捷克共和国、斯洛伐克和斯洛文尼亚构成了一个可以识别的地区,我们可以使用东中欧这个名称;这个地区的南部存在另外一个可以识别的地区,由希腊、阿尔巴尼亚、保加利亚、罗马尼亚、塞尔维亚、克罗地亚、波斯尼亚、黑塞哥维那、科索沃和马其顿共和国构成,它们通常被称为"巴尔干"或"巴尔干半岛"。尽管如此,对于巴尔干在地理上究竟在哪里结束,东中欧究竟从哪里开始,长时间以来一直存在分歧。大多数西方人(尤其是历史学家)都将克罗地亚和罗马尼亚包括在巴尔干地区。几个世纪以来,特兰西瓦尼亚(现在的罗马尼亚北部)和克罗地亚都曾是匈牙利王国的重要组成部分,而匈牙利王国又属于哈布斯堡帝国的领土。那么,它们应该被包含入东中欧吗?许多(也许是大多数)罗马尼亚人和克罗地亚人似乎认为与巴尔干地区相比,他们的国家和东中欧存在更多的共性。然而,在其他地方,我们已经提出,他们的根深蒂固的"垂直"权力关系与权力结构,以及由此产生的相对较弱的法治、有限政府和市民社会等特征与他们的巴尔干邻国而不是东中欧所处的困境有更多的共性(见 Bideleux and Jeffries 2007:5—16,127—128,141—143,179—182,199—201,210,214—215,218,230—231,581—587,591—592)。与此相反的是,由于在一定程度上斯洛文尼亚是两次世界大战期间南斯拉夫和后来的南斯拉夫社会主义联邦共和国的重要组成部分,许多历史学家就将它视为巴尔干而不是东中欧的一部分。然而,我们确信,在历史上的大部分时间,后来成为斯洛文尼亚这个国家的领土和居民与奥地利-德国存在的共性要远远大于斯洛文尼亚南部的邻国。自从 20 世纪 90 年代早期以来,斯洛文尼亚就已经显示出与东中欧的"结构类似"(政治、经济与社会方面)要远远大于巴尔干地区。这成为2004 年 5 月斯洛文尼亚被纳入允许加入欧盟的八个东中欧和巴尔干国家之列的主要原因,但是罗马尼亚、保加利亚直到 2007 年 1 月才被允许加入欧盟,克罗地亚在 2009 年或 2010 年以前似乎并不会被允许加入。很显然,这些问题并不仅仅是学术界感兴趣的问题,而且直接影响了国际社会对个别国家在欧洲的"啄食秩序"(pecking order)中的地位的认识。

尽管如此,虽然 1991—1995 年南斯拉夫的后继国家与高度频发贫困、有组织的犯罪和腐败的后共产主义的巴尔干国家之间的矛盾形成了非常负面的形象,我们还是认为,人们普遍认为的东中欧对巴尔干的"优越性"其实是被那些随随便便就忘记了东中欧是 20 世纪法西斯主义的、卡夫卡式的国家以及种族主义、宗教仇恨和暴行的温床的人大大夸大了。将所谓的巴尔干的"恶行"与对东中欧的"美德"纯洁、理想的想象加以对比,既不公平也不能为人所接受。后共产主义的巴尔干国家确实要比同时代的东中欧国家经历了程度远远大得多的内部相互冲突、滥用权力、有组织犯罪、腐败和贫困,但是这并不必然意味着它们在文化和道德方面天生就要比它们的东中欧伙伴差。在过去很长一段时间里,巴尔干半岛一直是后来被称为"欧洲"的区域中经济、技术和政治方面最成熟的法治区域之一,我们找不到它们在后来不能再一次成为这样的国度内在(文化或"文明")的原因。我们认为,现代巴尔干半岛的问题主要是由已经发生变化的环境和权力结构,尤其是由它们成为欧盟成员的前景和影响所引发的,而不是由所谓的"巴尔干"态度、心智和思想倾向造成的。这在很大程度上都是西方媒体以及(较之前者略小程度上的)西方学术界讽刺并将巴尔干塑造成懒散和浮夸的形象的结果。

对于巴尔干和东中欧而言,英语缺乏一个合适而普遍为人接受的集合名称。在德语中,它们被恰当地称为 *Zwischeneuropa*("处在欧洲之间")。这个词的益处是包含了它们现在所处的主要困境,"生活在东西方之间……德国与俄国之间,或近代早期,处于土耳其与哈布斯堡帝国之间"。(Burk 1985:2)然而,英语却没有类似合适的名称。最接近的名称是"中间地带"(the lands between),但是这个用法从没有得到广泛应用。

我们完全意识到,自从 20 世纪 80 年代中期以来,将这些地区称为"中欧"或"东中欧"已经变得很流行。我们在导言中已做了充分的说明,我们坚决抵制随风从俗的诱惑。在大多数西欧人的观念中,"中欧"这个术语长时间以来主要指德国和奥地利(前"同盟国"),而且它还有强烈的"中部欧洲"、奥地利与德国帝国主义的含义。除此之外,将这些"中间地带"纳入到一个被扩展的中欧概念中也无意(或有意)地把它们夸张成为现代欧洲"主流"区域的组成部分。这就是说,它低估了自从17 世纪以来这些地区与欧洲的"边缘区"或"半边缘区"存在的相关性。此外,它也无意中地降低了在所谓的"重返欧洲"时期这两个地区不得不进行的政治、经济及社会变革的重要性。除此之外,将这些地区称为"中东欧"或"中东欧国家"(CEECs)的普遍做法也是一种含糊不清与懒惰的权宜之计,这样做只会使情况变得更加复杂。

因此,我们不得已只能求其次,本书的题目还是要继续将这些"中间地带"称为"东欧",在 1945—1989 年欧洲东西部分裂的期间,这一称呼已为人们所熟悉。这绝不会危害或贬低它们的"欧洲属性"(Europeanness)或它们的"欧洲凭证"(European credentials)。它们并非低人一等。相反,这只是一种力求方便、适用的做法,用以将它们既同以德国和奥地利为中心的"中欧"相区别,又同独立国家联合体(独联体,由除了波罗的海三国——爱沙尼亚、拉脱维亚和立陶宛以外的苏联共和国成员构成)区隔出来。由于我们已经投入了 30 多年的时间来研究"处在欧洲之间"的这些人民与国家并为之撰写著述,它们的"欧洲凭证"在本书中已得到充分表达,足以表明我们无意以任何方式贬低或诋毁它们。

一些关于"东欧"的著作将与波兰、匈牙利和前捷克斯洛伐克接壤的波罗的海国家视为东中欧的一部分,理由是从 1918—1940 年,在欧洲的东部地带,它们正式获得了独立国家的地位,它们的祖先在不同程度上与 16—18 世纪的波兰-立陶宛共和国中的波兰进行联合(例如,在罗斯柴尔德[Rothschild,1974]和克兰普顿[Crampton,1994]的著作中,就包括了波罗的海诸国)。然而,波罗的海诸国和它们的祖先们却构成了一种属于他们自己的中间类别,这是因为从 18 世纪至 1991 年(其间有短暂的中断)它们一直是俄罗斯帝国和后来的苏联的重要组成部分。因此,自从 18 世纪晚期以来,波罗的海诸国所在的这些地区的政治、社会、文化和经济事务与俄国和苏联交织在一起的程度要远远高于与波兰、匈牙利、捷克、斯洛伐克和波斯尼亚相联系的程度。因此,在本书中,我们只会偶尔涉及波罗的海诸国——主要是在 1989 年后的这段时间,在这段时间,它们的各项事务再一次与东中欧国家紧密相连。

乔治·布拉茨卡(George Blazyca)教授(2005年正值壮年时,癌症却夺去了他的生命)、雷蒙德·皮尔森(Raymond Pearson)教授、加雷思·普里查德(Gareth Pritchard)博士、杰克·莫里森(Jack Morrison)教授,以及首先需要提及的埃莉诺·布鲁宁(Eleanor Breuning)博士都对本书的第一版原稿提出了大量富有建设性的评论,这些评论推动本书做出许多变动和修改。尤其是埃莉诺对本书所做出的许多极具特色的改进,并指出了书中存在的重要错误。但是,罗伯特·拜德勒克斯还是要对其余所有的错误和争议或受到质疑的判断完全负责,因为他规划了本书提出的几乎所有的主题、论点和观点(虽然第三十五章的内容主要来自伊恩·杰弗里斯),并且从来没有回避这些争议。

我们也希望就1997—1998年期间我们从希瑟·麦克卡莱姆(Heather McCallum)那里获得的对本书第一版的宝贵支持和帮助再次表达感激之情,感谢劳特里奇(Routledge)出版社的伊夫·萨奇(Eve Setch)、休·迪克森(Sue Dixson)和维姬·彼得斯(Vicky Peters)在本书第二版准备期间的耐心帮助。伊恩·克里奇利(Ian Critchley)是本书第一版的文字编辑,在本书最后的生产阶段提供了巨大帮助。对于本书的第二版而言,卡罗尔·费林海姆·韦布(Carol Fellingham Webb)是一名对建议、意见能够做出非常迅速反应的编审,海伦·布罗克赫斯特(Helen Brocklehurst)阅读了本书的第二十九章并提出了许多具有建设性的评论。

最后,我还要对凯瑟琳·李(Catherine Lee)在准备本书第二版期间提供必不可少的鼓励以及慷慨无私的支持表示衷心的感谢,对伊恩·杰弗里斯对这个项目始终如一的信任和支持,以及艾莉森(Alison)、尚塔尔(Chantal)和基兰·邦德勒克斯(Kieran Bideleux)在本书第一版写作期间(1990—1997)的包容表示衷心感谢。艾莉森·拜德勒克斯(Alison Bideleux)对拜占庭帝国和文艺复兴的相关章节提供了许多内容丰富的著作和评论,使本书第一版增益良多。

巴尔干历史编年表

公元前

公元前 3000 - 前 1450 年左右　一种非印欧的米诺斯文明出现在克里特岛,以克诺索斯宫为中心。这个文明(以及它起初使用的象形文字)似乎与埃及存在某种联系,并受到其显著影响,也许在更小程度上它还受到安纳托利亚(小亚细亚)、黎凡特(叙利亚和黎巴嫩)、美索不达米亚和西西里的影响。它的宫殿和城镇似乎都是不设防的。

公元前 2000 - 前 1600 年左右　"第一批希腊人"可能从属于印欧语系的高加索地区进入希腊大陆和爱琴海诸岛,进而形成了第一批希腊人的"青铜时代文明"。

公元前 1750 左右一　克里特人发明了线形文字 A。

公元前 1600 - 前 1450 年左右　以迈锡尼(在伯罗奔尼撒半岛上)和爱琴海诸岛为中心出现了"迈锡尼时期的希腊文化"。这里建成了坚固的宫殿,希腊大陆和克里特岛的居民创造了线形文字 B(希腊文的早期形式之一)。到公元前 1450 年,迈锡尼的贸易网已经从西西里岛扩展到黎凡特(今天的黎巴嫩和叙利亚)。

公元前 1450 年左右　克里特岛的米诺斯人的宫殿受到控制此处的迈锡尼人的掠夺和破坏。

公元前 1200 年左右 迈锡尼人包围和占领了港口城市特洛伊。特洛伊控制了通向马尔马拉海和黑海的达达尼尔海峡,这严重限制了迈锡尼人获得资源的渠道。

公元前 1150 年左右 迈锡尼人的权力、交通网和城镇开始瓦解。

公元前 1150 −前 900 年左右 所谓的希腊"黑暗时代":希腊大陆受到来自遥远北方的残暴和落后的"多利安人"的入侵。迈锡尼人的城镇、宫殿和要塞都被摧毁。

公元前 800 −前 321 年左右 希腊诸岛和"城邦"兴起。

公元前 8 世纪 70 年代— 希腊人在意大利和沿着亚得里亚海的海岸建立了殖民地。

公元前 776 年 第一届泛希腊的奥林匹克运动会在奥林匹亚举行。

公元前 760 年左右 荷马的《伊利亚特》完成。

公元前 8 世纪 50 年代 希腊字母出现,这种字母是由腓尼基人发明的字母改编而来,腓尼基人的势力从黎凡特一直延伸到地中海西部,公元前 814 年他们在地中海西部建立了港口城市迦太基。

公元前 753 年 罗马建立。

公元前 8 世纪 30 年代 希腊人在科孚岛和西西里岛建立了殖民地。

公元前 650 −前 640 年代 希腊的许多城邦出现了"暴君"(独裁者)。希腊人开始在黑海沿岸定居。

公元前 546 −前 545 年 波斯攻占了希腊人在安纳托利亚的定居地。

公元前 508 −前 505 年 雅典出现了"民主"。

公元前 499 年 雅典和其他希腊城邦支持安纳托利亚西部的希腊人反抗波斯人的统治。

公元前 490 年 波斯试图征服希腊,但是在马拉松战役中失败。

公元前 480 年 波斯军队洗劫了雅典,但是他们在萨拉米、普拉太亚、米卡里被雅典军队击败。雅典军队使用了奴隶驱动的大帆船舰队,很快收复了雅典。

公元前 480 —前 430 年 "古典希腊文明"的全盛期,这一时期的重要人物包括伯里克利(公元前 495 —前 429 年)、埃斯库罗斯(公元前 524 —前 456 年)、索福克勒斯(公元前 495 —前 406 年)、希罗多德(公元前 484 —前 420 年)、苏格拉底(公元前 470 —前 399 年)、修昔底德(公元前 460 —前 400 年)、柏拉图(公元前 428 —前 347 年)和亚里士多德(公元前 384 —前 322 年)。

公元前 478 年 反抗波斯的"提洛同盟"在雅典建立。

公元前 461 —前 451 年 雅典与斯巴达的战争(第一次伯罗奔尼撒战争)。

公元前 443 —前 429 年 雅典在伯里克利的统治下达到昌盛。

公元前 429 —前 146 年 希腊城邦衰落期。

公元前 431 —前 403 年 "民主"的雅典与"军事专制"的斯巴达及其联盟之间发生旷日持久的战争(第二次伯罗奔尼撒战争)。

公元前 362 年 斯巴达开始衰落,其他伯罗奔尼撒同盟的城邦开始实现自治。

公元前 338 年 马其顿的菲力二世(约公元前 359 —前 336 年)征服了希腊各个城邦。公元前 336 年他被暗杀,他的儿子继承了王位。

公元前 336 —前 323 年 (马其顿的)亚历山大大帝和他的将军们迅速横扫埃及、安纳托利亚、黎凡特、美索不达米亚、波斯和印度北部,但是这个仓促建立的帝国在公元前 323 年亚历山大大帝死于发烧后很快就四分五裂。

公元前 321 年 马其顿占领了雅典,结束了"民主制度"。

公元前 321 —前 301 年 亚历山大的主要将领们建立了各自的王国:卡山德占领了马其顿和希腊;利西马科斯占领了色雷斯;塞琉古占领了巴比伦和波斯的大部分地区,托勒密占领了埃及,但是安提柯一世最终失败。

公元前 307 年 马其顿粉碎了雅典重新获取独立的努力。

公元前 298 —前 290 年 罗马共和国征服了意大利的大部分

地区。

公元前 280 —前 272 年 罗马征服了希腊在意大利的大部分殖民地。

公元前 272 年 凯尔特人的掠夺者洗劫了位于特尔斐的神庙。

公元前 264、前 262 年 罗马征服了位于西西里的希腊殖民地墨萨拿与阿格里根图姆。

公元前 264 —前 241 年 罗马征服了位于西西里的迦太基,并在地中海地区占据了统治地位。

公元前 229 —前 228 年 罗马在亚得里亚海发动了打击海盗的运动,并对伊利里亚(阿尔巴尼亚)南部施加了军事保护。

公元前 214 —前 205 年 罗马与马其顿(其在公元前 215 年与迦太基结成了联盟)爆发战争,并攻占了西西里的希腊殖民地锡拉丘兹与塔兰托。

公元前 200 —前 197 年 在公元 202 年征服了迦太基后,罗马打击了马其顿,分离了其在希腊和安纳托利亚的主要占领地。

公元前 196 年 科林斯的罗马占领者宣布希腊是"自由"的。

公元前 171 —前 168 年 罗马再一次与马其顿发生战争,并击败了马其顿(和它的盟友伊庇鲁斯),吞并了科孚,在伊利里亚南部扶植了傀儡统治者,但是直到公元 9 年,伊利里亚的居民不断地反抗罗马的统治。

公元前 155 年 罗马军队入侵达尔马提亚(北伊利里亚,今克罗地亚和波斯尼亚)并摧毁其主要城镇德尔米纽姆。

公元前 149 —前 146 年 罗马最终镇压马其顿、迦太基和科林斯,征服了其余希腊城邦,将马其顿和希腊纳入一个新的马其顿行省,其中雅典和斯巴达拥有特权地位。

罗马在巴尔干的统治,公元前 146—公元 395 年

公元前 140 年 罗马征服伊庇鲁斯(并入马其顿行省)。

公元前 118 —前 117 年 罗马镇压了达尔马提亚的起义。

xviii

公元前 88－前 86 年 雅典和其他希腊城市与本都(安纳托利亚)国王米特拉达梯六世组成反罗马联盟。罗马将军苏拉组织反击,洗劫雅典和比雷埃夫斯,重新控制了希腊的许多地区。

公元前 67、前 58 年 罗马分别征服克里特岛和塞浦路斯。

公元前 48 年 尤利乌斯·恺撒最终在塞萨利击败了庞培。

公元前 44 年 科林斯重新成为罗马的一座城市,后来成为阿凯亚行省的首府(从马其顿行省分出)。

公元

6－10 年 罗马镇压了伊利里亚地区反对罗马统治的起义,将其纳入达尔马提亚行省。

46 年 色雷斯成为罗马的一个行省。

85、89 年 达西亚国王德切巴尔入侵罗马巴尔干地区的默西亚行省。

101－106 年 达西亚(今瓦拉几亚、特兰西瓦尼亚)被皇帝图拉真并入罗马帝国。

250、267 年 日耳曼哥特人侵略色雷斯、马其顿和希腊。

257－259 年 罗马帝国内部(包括巴尔干地区)基督徒受到迫害。

260－302 年 罗马帝国的宗教宽容期,允许基督教在巴尔干及其他地区传播。

271 年 "蛮族"骑兵的入侵导致罗马退出达西亚地区。

285 年 皇帝戴克里先(284－305 年在位)是一名来自达尔马提亚的士兵,靠自己奋斗成为罗马皇帝。戴克里先在风雨飘摇的罗马帝国推行四帝共治。305 年退位,居住在斯普利特宫殿内。

302－310 年 罗马帝国开始新一轮对基督徒的迫害。

311、313 年 罗马帝国新的宗教宽容法令颁布。

312 年 皇帝君士坦丁一世(306－337 年在位)击败了四分五裂的罗马帝国的其他共同统治者,完成了统一。他将 312 年的胜利归功于上帝的佑助,终止了罗马帝国对基督徒的迫害,形成了一种融合皇帝崇拜、希腊-罗马异教信仰和基督教信仰的皇权崇拜。

324 年 君士坦丁一世在曾是希腊贸易殖民地的拜占庭(建于公元前 600 年左右)地区建立君士坦丁堡(今伊斯坦布尔),331 年将其定为罗马帝国的首都。这一举措奠定了东罗马帝国的基础,即现代史家所熟知的拜占庭帝国。

325 年 君士坦丁一世召开尼西亚会议,妄图以各方认同的教义、信仰和实践为中心统一基督教会。

378－395 年 日耳曼西哥特人入侵希腊。

391 年 皇帝狄奥多西(379－395 年在位)将基督教奉为罗马帝国的官方宗教,包括巴尔干西部和南部地区。奥林匹克运动会和异教神庙及神谕遭到禁止。

395 年 哥特人入侵巴尔干,直抵希腊南部。罗马帝国被分为东西两个帝国。这一事件巩固了说希腊语的人、希腊语和东正教在蓬勃发展的拜占庭帝国中的主导地位,拉丁语和罗马天主教则在逐渐衰落的西罗马帝国占优势的局面。

拜占庭(东罗马)在巴尔干的统治,395－1204

4 世纪末 拜占庭通过支付"补贴"(贡品、贿赂)将大部分日耳曼入侵者的视线引向西方。

400 年 君士坦丁堡内屠杀哥特人。

406－409 年 汪达尔人占领高卢(法国)和伊比利亚(西班牙)。

410 年 西哥特人占据并洗劫罗马。

447 年 匈奴人(由阿提拉率领的游牧武士和游牧民)入侵色雷斯,从拜占庭获得巨额"补贴"。

453 年 东哥特人侵略拜占庭领地。

455 年 汪达尔人占据并洗劫罗马。

476 年 "蛮族人"奥多亚克废黜最后一位西罗马帝国的皇帝。

527－565 年 拜占庭皇帝查士丁尼在位。

533－540 年 拜占庭再次占领西非北部、科西嘉岛、撒丁岛和巴利阿里群岛。

535—540、547—555 年 拜占庭再次几乎占领意大利全境。

540 年 突厥保加尔人劫掠马其顿和色雷斯,查士丁尼斥资在多瑙河沿岸建防御工事以御"蛮族"侵略者。

540—629 年 波斯与拜占庭鏖战,双方互伤元气、疲惫不堪,双方主要是为了争夺安纳托利亚和黑海的控制权。

541—544、558、573、587 年 拜占庭暴发腺鼠疫。

552—555 年 拜占庭再次占领西班牙大部分领土,完成了罗马帝国核心区域的短暂统一。

553 年 传教士携蚕茧回君士坦丁堡,开启了拜占庭的丝绸业。

567、585 年 西哥特人将拜占庭军队从西班牙西部和中部驱逐。最后一批拜占庭驻军于 624 年撤离。

582 年 突厥阿瓦尔人攻克拜占庭的西尔缪姆(今塞尔维亚境内的斯雷姆斯卡·米特罗维察),获得拜占庭的"补贴"。

580—590 年代 斯拉夫人几次入侵巴尔干,最初是与阿瓦尔人结盟。

599—600、608、618 年 拜占庭再次暴发腺鼠疫。

617 年 斯拉夫入侵者兵临君士坦丁堡城下。

625、640、697、700 年 拜占庭再次暴发腺鼠疫。

626 年 波斯和阿瓦尔人攻占君士坦丁堡失败。

629 年 拜占庭重创波斯。

636—642 年 阿拉伯穆斯林击败波斯和拜占庭的叙利亚、黎巴嫩、巴勒斯坦和埃及,这促进了阿拉伯随后对非洲西北部的征服(拜占庭的迦太基于 699 年沦陷)。

649、654 年 阿拉伯人占据塞浦路斯和罗得岛。

674—678 年 阿拉伯攻占君士坦丁堡失败,拜占庭使用"希腊火药"击溃阿拉伯舰队。

675—681 年 保加尔-斯拉夫政体出现,在 681 年正式被拜占庭帝国承认。

717—718 年 阿拉伯 8 万大军攻夺君士坦丁堡失败。

726 年 在拜占庭帝国内获胜的"反传统"皇帝利奥三世力排众议,禁止"偶像崇拜"。拜占庭统治下的意大利中北部地区发动叛乱对抗这一禁令,727 年拜占庭失去了拉韦纳以外的所有区域的控制权。

733 年 利奥三世将巴尔干、西西里岛和卡拉布里亚地区由罗马天主教管辖转为由拜占庭教廷管辖。

746 年 拜占庭从阿拉伯人手中夺回塞浦路斯。

746—747 年 拜占庭又一次暴发腺鼠疫。

751 年 拜占庭失去在意大利中北部最后一个据点拉韦纳。

827 年 克里特岛和西西里岛被萨拉森人占据。

855 年左右 塞萨洛尼基的一位拜占庭学者君士坦丁为斯拉夫语创造了格拉哥里字母。

862 年 大摩拉维亚国向拜占庭要求派遣可以用斯拉夫人容易理解的语言传播基督教的牧师。

863 年 君士坦丁与美多迪乌斯兄弟来到大摩拉维亚国进一步规范斯拉夫书面语、礼拜仪式、圣典。867—869 年间,兄弟二人受到罗马教皇的礼遇,君士坦丁在 869 年去世之前成了一名修道士,教名西里尔。西里尔字母就是根据他命名的。

865 年 保加利亚的鲍里斯(852—889 年、893 年在位)接受洗礼,将东正教奉为国教。

870—885 年 美多迪乌斯重新开始在大摩拉维亚国的工作。当他在 885 年去世之前,他和助手已经把《圣经》翻译成教会斯拉夫语。日耳曼和天主教会反对者将美多迪乌斯和西里尔的信徒逐出大摩拉维亚国,并禁止斯拉夫式的礼拜。

885 年 鲍里斯延请美多迪乌斯和西里尔的信徒进入保加利亚。他们进一步发展西里尔字母和教会斯拉夫语,分别奠定了南斯拉夫语和东斯拉夫语的基础。

890—893 年 弗拉吉米尔(889—893 年在位)试图在保加利亚实行去基督教化。

893 年 前可汗鲍里斯废黜了儿子弗拉吉米尔,重申基督教为保加利亚的国教。

900－920 年代 首任保加利亚皇帝西蒙(893－927 年在位)征服马其顿、塞尔维亚、阿尔巴尼亚、瓦拉几亚和色雷斯大部分地区,并试图攻克君士坦丁堡。

926 年 西蒙在普利斯拉夫建立一个独立的保加利亚东正教会,自任主教。

925 年 拜占庭从阿拉伯人手中夺回塞浦路斯。

968－969 年 普利斯拉夫被基辅俄国人占据。

970－971 年 绝大多数巴尔干的斯拉夫人重新回到拜占庭的统治下。斯拉夫人的牧师逐渐希腊化,从属于君士坦丁堡的主教。 xxi

1014－1019 年 保加利亚人独立的最后一个堡垒被拜占庭皇帝"保加利亚屠夫"瓦西里摧毁。

1050 年 教皇禁止在意大利使用东正教的礼拜仪式。

1054 年 因教皇"驱逐"东正教会而导致(拉丁)罗马天主教和东正教最终分裂。

1055 年 来自中亚的突厥塞尔柱人控制了巴格达,并着手进攻亚美尼亚和安纳托利亚。

1061 年 诺曼人入侵西西里岛,威胁拜占庭在地中海东部和亚得里亚海的势力。

1071 年 拜占庭将其在意大利最后的据点布林迪西和巴里丢失给了诺曼人。在曼兹刻尔特遭到突厥塞尔柱人重创。这为突厥占领安纳托利亚敞开了大门。

1081－1082 年 拜占庭向威尼斯开放主要港口和海关,作为回报威尼斯人(空口)承诺提供海军援助以阻击诺曼人和突厥人。

1095 年 乌尔班二世发动十字军东征("圣战"),从异教徒手中解放"圣地"。十字军占领尼西亚(突厥塞尔柱人的首都)、安条克、耶路撒冷(1097－1099 年),但最终未能守住。

1147－1148 年 收效甚微的第二次十字军东征,在此期间诺曼人的西西里王国攻占了拜占庭的科孚岛并劫掠了雅典、科林斯和底比斯。

1166 年 塞尔维亚起义,由斯蒂芬·奈曼加领导,即塞尔维亚后来奈曼加王朝的缔造者。

1171 年 拜占庭皇帝曼努埃尔一世下令拘捕所有拜占庭境内的威尼斯人并没收他们的财产,以削弱威尼斯人对拜占庭经济的掌控,但是他在 1175 年被迫恢复了威尼斯人的特权并归还他们的财产。

1185－1186 年 反对赋税的保加利亚地主在特诺弗发起保加利亚起义。

1187 年 拜占庭正式承认复兴后的保加利亚公国地位,由伊凡·阿森一世(1187－1196 年在位)以及他的兄弟彼得·阿森(1196－1197 年在位)、卡洛扬·阿森(1197－1207 年在位)统治。

1188－1192 年 没有结果的第三次十字军东征;十字军夺取塞浦路斯、阿克里和雅法。

1202 年 第四次十字军东征(1202－1204 年),经费与运输主要由威尼斯人负责,占领了扎达尔港口。

1204 年 十字军没有解放"圣地",却洗劫了君士坦丁堡,暂时终结了东罗马帝国。威尼斯人在亚得里亚海和希腊获利甚丰,几个短命的"十字军国家"在巴尔干建立。保加利亚君主卡洛扬趁机在巴尔干拓展自己的领土。

西方(天主教)在君士坦丁堡的统治,1204－1261

1204 年 由第四次十字军在君士坦丁堡扶植的"拉丁皇帝"鲍德温,试图臣服日渐兴盛的保加利亚第二帝国。

1205 年 卡洛扬俘获了皇帝鲍德温,进一步扩展了自己的领土。

1217 年 伊庇鲁斯的东正教领袖臣服了绝大多数马其顿人。

1222－1224 年 伊庇鲁斯的东正教征服了塞萨洛尼基和色萨利。

1227 年 迫于来自匈牙利的压力,教皇号召筹备一支对抗波斯尼亚异教徒的十字军。

1230 年 保加利亚第二帝国:伊凡·阿森二世(1218－1241 年在

位)征服了伊庇鲁斯、马其顿、阿尔巴尼亚、塞尔维亚、瓦拉几亚南部和希腊北部,成为巴尔干的霸主。他还恢复了独立的保加利亚东正教会,并且在 1235－1236 年之间试图攻占君士坦丁堡,但没有成功。

1237－1242 年 蒙古侵略者毁灭性打击了保加利亚的经济和军事力量。

1243 年 蒙古侵略者毁灭性打击了突厥塞尔柱人的经济和军事力量。

1246－1249、1256－1258 年 尼西亚(伊兹尼克)和安纳托利亚北部的东正教领袖臣服了巴尔干半岛南部的绝大多数人,从伊庇鲁斯、保加利亚和突厥塞尔柱人的不幸遭遇中获利。

拜占庭帝国的复兴与最后的衰败,1261－1453

1261 年 尼西亚(伊兹尼克)的东正教领袖米哈伊尔八世攻占君士坦丁堡。末代"拉丁皇帝"及其威尼斯拥护者由海路出逃。

1299－1300 年 一位名为"奥斯曼"的突厥边疆武士在安纳托利亚北部建立了奥斯曼(西土耳其人)国家。

1326 年 奥斯曼攻克了战略要地布尔萨。

1329、1337 年 奥斯曼儿子乌尔汗(1326－1362 年在位)攻克了拜占庭在安纳托利亚最后的两个据点尼西亚(伊兹尼克)和尼科美底亚(今伊兹米特)。

1330－1355 年 斯蒂芬·乌罗斯三世和斯蒂芬·杜尚建立了一个信仰东正教,并且绝大多数都是斯拉夫人的塞尔维亚帝国,包括塞尔维亚、黑山、马其顿、保加利亚、阿尔巴尼亚和希腊北部地区。

1345 年 奥斯曼人吞并了达达尼尔海峡的卡瑞斯酋长国,与此同时帮助拜占庭大臣约翰·坎塔库泽努斯篡夺皇位。

1346 年 斯蒂芬·杜尚建立了一个独立的塞尔维亚东正教会和教区,被冠以"塞尔维亚人和罗马人的沙皇和君主"的称号。

1347 年 约翰·坎塔库泽努斯依靠奥斯曼的帮助篡得拜占庭皇位。

1349 年 约翰·坎塔库泽努斯迎娶苏丹乌尔罕的女儿狄奥多拉,征调2万名奥斯曼雇佣兵前往巴尔干半岛,以动摇斯蒂芬·杜尚在巴尔干的霸主地位。

1352、1354 年 奥斯曼人占领巴尔干半岛的桥头堡和加利波利半岛。

1355 年 斯蒂芬·杜尚在攻夺君士坦丁堡的战役中身亡,他匆忙建立的帝国也随之迅速瓦解。

1361 年 奥斯曼人攻占阿德里安堡(今埃迪尔内),将其设为首都,通过它来实现对色雷斯东部和菲利普波利斯(今普罗夫迪大)的完全掌控。

1364 年 奥斯曼人沉重打击了阿德里安堡附近的天主教和东正教力量。

xxiii **1371 年** 奥斯曼人在巴尔干中部门户的马里查河击败了主要的东正教/巴尔干斯拉夫军队。

1380－1386 年 比托拉(莫纳斯提尔)、索非亚和尼什落入奥斯曼人之手。

1386－1387 年 奥斯曼人攻下塞萨洛尼基和马其顿大部分。

1389 年 奥斯曼人(联合了不少东正教力量)和由塞尔维亚人、波斯尼亚人、保加利亚人、阿尔巴尼亚人以及瓦拉几亚东正教徒组成的盟军爆发科索沃战争,双方损失惨重,数名皇帝阵亡。这场战争未能阻止奥斯曼帝国的前进。

1391－1392 年 奥斯曼人几乎完成了对东正教南斯拉夫人土地的占领。

1392－1395 年 1369年在撒马尔罕建立中亚帝国的帖木儿征服并劫掠了波斯、美索不达米亚、新萨莱(金帐汗国的首都)和阿斯特拉罕。

1395－1402 年 奥斯曼人攻打君士坦丁堡,失败。

1396 年 奥斯曼人在尼科波利斯击溃反突厥的天主教十字军。

1402 年 在安卡拉战役中,奥斯曼波利斯军队被帖木儿暂时击溃。

1402－1413 年　奥斯曼波利斯内部的王位争夺给巴尔干的基督教政权一个喘息的机会(在很大程度上被浪费了)。

1413－1421 年　奥斯曼波利斯人在穆罕默德一世的领导下东山再起。

1422 年　奥斯曼波利斯人第二次攻打君士坦丁堡,失败。

1442－1468 年　奥斯曼波利斯人遭遇由乔治·卡斯特利奥特斯(斯坎德培)率领的阿尔巴尼亚人顽强的抵抗。

1444 年　奥斯曼波利斯人在瓦尔纳摧毁匈牙利人领导的天主教军队。

1448 年　奥斯曼波利斯人在第二次科索沃战争(更具有决定性)中击溃了一支强大的基督徒盟军。

1453 年　在 15 万名奥斯曼波利斯士兵和无数炮石的攻击下,君士坦丁堡沦陷,终结了拜占庭在巴尔干半岛一千多年的统治。

奥斯曼波利斯在巴尔干的统治,1453－1913

1453 年　由穆罕默德二世起草的一份章程授予金纳迪乌斯主教,承诺非穆斯林"《圣经》的子民"(基督徒和犹太教徒)享有充足的宗教/文化宽容与独立。

1456－1459 年　奥斯曼重新征服塞尔维亚和希腊大陆。

1463 年　奥斯曼人征服波斯尼亚。

1467－1479 年　奥斯曼人征服阿尔巴尼亚。

1482－1483 年　奥斯曼征服黑塞哥维那。

1499 年　奥斯曼人征服黑山。

1476,1521 年　奥斯曼把瓦拉几亚和摩尔达维亚降为附属国。

1475－1783 年　奥斯曼将外国船只逐出黑海。

1490－1520 年　大约 1 万名来自西班牙和葡萄牙的犹太教流亡人员受到奥斯曼帝国的欢迎。

1516－1517 年　奥斯曼对黎凡特、巴勒斯坦、埃及和汉志的征服使得奥斯曼帝国成为穆斯林圣地和逊尼派的主要保护者。

1521 年 奥斯曼人攻占贝尔格莱德。

1526 年 摩哈赤战役:奥斯曼对匈牙利取得决定性的胜利。

1529 年 奥斯曼攻打维也纳,失败。

1604－1829 年 奥斯曼帝国限制帝国范围内的粮食出口,以保证伊斯坦布尔的粮食来源安全而价格低廉。

1683 年 奥斯曼第二次攻打维也纳,失败。

1687－1699 年 哈布斯堡王朝"解放"或者对匈牙利、特兰西瓦尼亚和克罗地亚的"(重新)征服"。

1699 年 奥斯曼作为失败方签订《卡尔洛夫齐和约》。

1711－1821 年 "法纳尔人统治":奥斯曼帝国通过希腊牧师、仆人和商贾对瓦拉几亚和摩尔达维亚实施间接统治。法纳尔人贪婪地搜刮民脂民膏,中饱私囊,但是要给奥斯曼人好处。

1716－1717 年 哈布斯堡帝国征服了塞尔维亚大部分以及波斯尼亚和瓦拉几亚的部分地区。

1736－1739 年 奥斯曼帝国夺回在巴尔干半岛的部分失地。

1768－1774,1782－1783,1787－1792 年 俄国-土耳其战争:俄国获得大量地盘和对巴尔干东正教的领导。

1797－1813 年 波拿巴统治下的法国占据克罗地亚和斯洛文尼亚,建立"伊利里亚行省"。

1804－1813 年 发生由卡拉乔尔杰领导的塞尔维亚人起义,起义于 1815 年失败。

1806－1812 年 俄国征服摩尔达维亚东部("比萨拉比亚"今摩尔多瓦),并在当地推行和强化农奴制。

1809 年 不列颠占领爱奥尼亚群岛(直到 1864 年)。

1815－1817 年 在米洛什·奥布雷诺维奇的率领下,塞尔维亚北部获得了完全的自治。

1821 年 希腊在摩尔达维亚发动反抗奥斯曼统治的起义(领导者亚历山大·伊普西兰蒂斯);罗马尼亚人在瓦拉几亚发动反抗法纳尔人

的起义(领导者图多尔·弗拉迪米雷斯库)。两地起义均被镇压,却终结了法纳尔人的统治。

1821—1828 年 希腊独立战争;因得到俄国、不列颠和法国的支持,于 1827—1828 年取得胜利。

1829—1833 年 俄国占领摩尔达维亚和瓦拉几亚,推行"组织章程"(表面上是自由化的改革)。

1837 年 英国-奥斯曼贸易协定打开了奥斯曼帝国的市场。

1839—1876 年 奥斯曼帝国实施坦齐马特改革。

1853—1856 年 克里米亚战争:奥斯曼帝国在英、法的支持下,抵制俄国要对奥斯曼帝国领土内的基督教"圣地"实施统治的要求。1853 年,俄国占领摩尔达维亚和瓦拉几亚,击沉奥斯曼的黑海舰队。1854 年哈布斯堡帝国占领了摩尔达维亚和瓦拉几亚(直到 1857 年),英国和法国向俄国宣战,1855—1856 年俄国战败。

1859 年 摩尔达维亚和瓦拉几亚由亚历山大·约翰·库扎(1859—1866 年在位)统一。

1861—1862 年 摩尔达维亚和瓦拉几亚实行行政统一。

1864 年 英国将爱奥尼亚群岛割让给希腊。

1864—1865 年 库扎解放了罗马尼亚的农奴,但自从库扎在 1866 年被权臣推翻后,他们获得解放的条件也变得愈发繁重。

1866—1914 年 摩尔达维亚和瓦拉几亚被霍亨索伦-锡格马林根的王子卡罗尔合并成罗马尼亚。

1875—1876 年 1876 年波斯尼亚和保加利亚人的起义被血腥地镇压,而塞尔维亚和黑山向奥斯曼帝国宣战。

1876 年 奥斯曼帝国的政治危机导致一份旨在建立议会制度的自由宪章的颁布。

1877—1878 年 俄国-土耳其战争:奥斯曼帝国受到沉重打击。

1878 年 奥斯曼帝国和俄国签订《圣斯特凡诺和约》,使得保加利亚成为一个完全独立的国家。然而,随后的柏林会议(欧洲列强)决定将保加利亚地盘一分为二,保留奥斯曼帝国对于保加利亚的宗主地位,承认塞尔维亚、罗马尼亚和黑山的独立,并允许哈布斯堡帝国占领波斯尼亚-黑塞哥维那。苏丹阿卜杜勒·哈米德二世(1876－1909 年在位)随后镇压了 1876 年成立的议会,并废除了 1876 年宪法。

1879 年　阿尔巴尼亚起义军组成一支同盟武装部队,试图阻止塞尔维亚、黑山、希腊和保加利亚对于阿尔巴尼亚和科索沃的瓜分。

1885 年　保加利亚侵吞鲁米利亚东部地区(居民大多数是保加利亚人)。

1897 年　克里特和希腊联盟被奥斯曼帝国摧垮。

1903 年　马其顿斯拉夫人在克鲁塞沃发动了一场遭到血腥镇压的起义。塞尔维亚国王和王后在一次军事行动中被残忍杀害。

1908 年　哈布斯堡帝国正式吞并波斯尼亚-黑塞哥维那,激怒了大批南斯拉夫的民族主义者。保加利亚取得完全独立。"青年土耳其"革命终结了苏丹阿卜杜勒·哈米德在奥斯曼帝国的统治,从而激发出进一步自由化的希望,但是这些顽固的土耳其民族主义者却在 1909 年控制住了局面。

1909－1912 年　受到塞尔维亚和黑山的挑动,阿尔巴尼亚爆发几次反抗奥斯曼帝国的起义。

1912－1913 年　巴尔干战争:塞尔维亚、黑山、保加利亚和希腊几乎将奥斯曼人驱逐出巴尔干半岛(只剩下伊斯坦布尔和色雷斯南部还属于土耳其)。在侵占科索沃后,塞尔维亚实施了暴行。希腊占领了马其顿南部、伊庇鲁斯南部、克里特岛和爱琴海群岛后,领土几乎扩展了一倍。由于在战争中获利甚微,保加利亚在与塞尔维亚、黑山、希腊以及奥斯曼帝国的战争中失败。这进一步加剧了保加利亚的困境,而罗马尼亚则吞并了多布罗加南部。

后奥斯曼的巴尔干半岛,1913－1945

1913 年　欧洲列强扶植了一个软弱的阿尔巴尼亚政权,仅有一半土地由阿尔巴尼亚人居住。

1914 年(6 月 28 日)　哈布斯堡王朝王储弗朗茨·斐迪南夫妇在

一次纪念 1389 年科索沃战争的出国访问中在萨拉热窝被波斯尼亚的塞尔维亚人暗杀。

1914 年(7 月) 哈布斯堡王朝向塞尔维亚发出最后通牒,要求后者接受哈布斯堡帝国的统治。除了一项之外,塞尔维亚接受了所有条件,但是哈布斯堡帝国还是与塞尔维亚开战了,于是整个欧洲都卷入了冲突之中。

1914－1915 年 塞尔维亚两次击退哈布斯堡帝国的侵略军队,但是随着奥斯曼帝国和保加利亚加入"同盟国"(哈布斯堡帝国和德国)的阵营参战,塞尔维亚终于抵抗不住了。塞尔维亚政府、皇室和军队穿越阿尔巴尼亚山脉,于 1915 年末逃到科浮岛,但是大量塞尔维亚人在途中或科浮岛丧生。

1916 年 8 月罗马尼亚站在"协约国"(法国、英国和俄国联盟)一方参战,但很快被"同盟国"击败并遭劫掠。

1917 年 7 月希腊站在"协约国"一方参战,促成了"协约国"经由塞萨洛尼基向巴尔干中部和东部的入侵,作为稍后英国-法国支持希腊在安纳托利亚扩张的回报。

1918 年 保加利亚垮台,于 9 月投降,奥斯曼帝国于 10 月投降,"同盟国"于 11 月投降。哈布斯堡帝国于 10 月分崩离析。

1918 年(12 月) 罗马尼亚大规模扩张,希腊大规模扩张,塞尔维亚统治的南斯拉夫王国建立,但是保加利亚领土缩减(由于 1919 年《讷依条约》的签订),而阿尔巴尼亚的前景黯淡。

1919 年 希腊入侵阿尔巴尼亚,得到英、法的支持。

1919－1923 年 在亚历山大·斯塔姆博利伊斯基领导下,保加利亚出现了愈发独裁的农民政权。

1920－1922 年 土耳其人击溃希腊军队,将巴尔干和安纳托利亚大多数土耳其人居住的区域纳入新的土耳其共和国。随后,希腊和土耳其相互"交换"(驱逐)少数民族。

1920－1923 年 在第一次世界大战中被邻国占领的阿尔巴尼亚,逐渐(重新)获得了独立。

1923 年 《洛桑条约》的签订稳定了土耳其的新边境;穆斯塔法·凯末尔"土耳其之父"成为总统。

1923－1926 年 亚历山大·灿科夫实施了针对保加利亚左翼的"白色恐怖"。

1924 年 穆斯塔法·凯末尔废除哈里发制度。

20 世纪 20 年代 巴尔干人民为了实现政治稳定和经济繁荣而奋斗。民族自决原则造成了民族统一主义和少数民族问题以及动乱(多于和谐和稳定)。这使得其大多数边境都受到挑战——少数民族很容易受到"种族清洗"。

1928－1939 年 艾哈迈德·索古(后来的国王左古)使阿尔巴尼亚臣服于他的独裁统治。

1928－1931 年 罗马尼亚的国家农民党发起了一场前景美好的改革,但受到 20 世纪 30 年代经济大萧条的影响而被摧毁。

1929－1941 年 南斯拉夫建立皇帝专制统治。

1930 年代 由于世界商品价格崩溃和欧洲实行的"以邻为壑"的保护主义政策,巴尔干半岛深受其害。

1933－1940 年 西方民主国家极度不愿意向其他国家开放出口贸易和提供经济、技术援助,导致巴尔干半岛的大多数政权明显地投向了法西斯国家的怀抱,因为法西斯国家表面上更乐于为前者提供急需的市场、资本和技术。

1935 年 克罗地亚的乌斯达莎暗杀了南斯拉夫国王亚历山大。

1935－1940 年 希腊实施军事独裁。

1935－1944 年 保加利亚实施皇权独裁。

1938－1940 年 罗马尼亚实施皇权专制。

1939 年(4 月) 意大利蚕食阿尔巴尼亚。

1940 年 10 月－1941 年 由于德国在 1941 年的援救,意大利入侵希腊没有成功。

1941－1945 年 南斯拉夫、阿尔巴尼亚和希腊惨遭法西斯国家的军事占领,从而催生出欧洲最强大的共产党领导的反法西斯运动。支持"轴心国"的罗马尼亚在 1940 年惨遭痛苦的领土分割,在 1941—1943 年经历了大屠杀,1944—1945 年被苏联占领,但是支持"轴心国"的保加利亚所受打击相对轻微。

共产主义统治下的巴尔干半岛,1945—1989

1945—1952 年　当希腊饱受内战(1946—1949)之苦时,这个曾受到英国、美国、罗马尼亚、保加利亚、南斯拉夫和阿尔巴尼亚等国支持的强制性君主专制政权饱受处在巅峰期的斯大林共产主义所带来的艰难与困苦。

1945—1985 年　恩维尔·霍查在阿尔巴尼亚实施独裁。

1948 年　铁托领导下的南斯拉夫被"逐出"苏联阵营。

1953—1989 年　包括希腊在内的巴尔干国家纷纷经历了工业、城市、教育、医疗的迅速扩张。希腊在西方的压力和帮助下,逐渐(尽管是不稳定地)对外开放和自由化。20 世纪六七十年代依靠自身的旅游业和超过 100 万劳工在西方工作,南斯拉夫成为最开放、自由、市场化、西方化的共产主义国家,似乎与希腊的发展方向并无二致,尽管自 1968 年开始,特别是 1981 年以后,民族之间的矛盾抬头,给改革开放的政策带来了一些顾虑。与此相反,罗马尼亚、保加利亚,特别是阿尔巴尼亚仍然深陷"国家斯大林主义"的泥潭之中。残酷的清洗、监狱集中营和白色恐怖在 20 世纪 40 年代末期和 50 年代初期规模有所减弱,但直到 1989 年几乎没有自由和开放。

1954—1989 年　托多尔·日夫科夫在保加利亚实行独裁。

1961 年　阿尔巴尼亚与苏联关系闹僵,转而投靠中国。

1965—1989 年　尼古拉·齐奥塞斯库在罗马尼亚实行独裁。

1968—1974 年　希腊被"上校政权"(军队统治)控制,成为一个无赖国家,直到试图以武力"统一"塞浦路斯的目标促成了土耳其军队占领塞浦路斯北部并推翻"上校政权"为止。

1974—2007 年　政权回到人民手中,西方化的经济和文化对大众旅游产生影响,希腊在 1981 年加入了欧盟,有力地保证了希腊逐渐走上自由和开放的道路。

1978 年 阿尔巴尼亚与中国闹翻,成为一个"孤立的国家"。

1980 年 南斯拉夫的独裁者铁托去世。

1981 年 希腊加入欧盟。

1985－1991 年 拉米兹・阿利雅半信半疑地在阿尔巴尼亚推行自由化。

1989 年(11 月) 保加利亚共产党政权垮台。

1989 年(12 月) 罗马尼亚发生"救国阵线"暴力行动。

1990 年 南斯拉夫共产党政权垮台。

1991－1992 年 南斯拉夫分裂愈演愈烈,阿尔巴尼亚共产党政权垮台。

巴尔干半岛的后共产主义国家,1990 年代至 2007 年

1990－2007 年 巴尔干半岛的后共产主义国家积极地参与到谋求下述目标的活动中,如民主监察和问责制,政治和经济自由化,争取基本权利、有限政府、实行法治等等。这些活动在波斯尼亚、塞尔维亚和克罗地亚遇到了最大的阻碍,南斯拉夫的瓦解使得统治阶层利用种族集体主义造成了严重恶果。在罗马尼亚和保加利亚,承继下来的权力结构仍然是基础重建的严重阻碍。然而,自 20 世纪 90 年代后期以来,由于获得欧盟和北约成员资格的要求和动机,进行改革和重建的内部压力被大大加强了。

1990－1999 年 弗拉尼奥・图季曼在克罗地亚实行民族主义的腐败独裁统治。

1990－2000 年 斯洛博丹・米洛舍维奇在塞尔维亚的腐败、独裁和断断续续的民族主义统治。

1991－1995 年 克罗地亚和塞尔维亚发生"内战"。

1992－1995 年 波斯尼亚战争:波斯尼亚和黑塞哥维那分裂。

1992 年 罗马尼亚和保加利亚签订《欧洲协定》(与欧共体加强联系的条约)。

1994－1995 年 北约较晚才干预波斯尼亚和黑塞哥维那的战争。

1995 年(11 月) 由于美国的斡旋,波斯尼亚战争结束,签订了《代顿和平协议》,在联合国指导下建立了一个非集权、联合的、联邦制的波斯尼亚和黑塞哥维那。

1997 年 几个所谓的"金字塔计划"在阿尔巴尼亚落空(1 月),引发暴乱(2 月至 6 月)。

1998－1999 年早期 塞尔维亚军队开始在科索沃对科索沃人实施族群清洗。

1999 年 科索沃战争:北约用炮火迫使塞尔维亚投降,将科索沃纳入联合国保护下。欧盟领导人认为将巴尔干半岛的后共产主义国家"冷落在一旁"很危险,于是决定接纳罗马尼亚和保加利亚成为欧盟成员国(10 月至 11 月)。图季曼去世(11 月),再次使克罗地亚的前景变得光明。

2000 年(9 月至 10 月) 米洛舍维奇政权被推翻,塞尔维亚的前景变得光明。

2001 年 马其顿被卷入以斯拉夫马其顿人为首的多数民族与以阿尔巴尼亚为首的少数民族之间的内战(1 月至 7 月),与欧盟签订了《稳定与联合协议》(4 月)。

2001 年(10 月) 克罗地亚与欧盟签订了《稳定与联合协议》。

2002 年(12 月) 欧盟理事会在哥本哈根做出决定,如果罗马尼亚和保加利亚再做一些改革,就可以在 2007 年或者 2008 年加入欧盟。

2003 年(6 月) 在塞萨洛尼基的欧盟理事会,西巴尔干半岛的后共产主义国家得到了欧盟领导人的正式保证,他们也会被允许在一定期限内加入欧盟——现在的问题不是"会不会",而是"何时"。

2004 年(3 月) 罗马尼亚和保加利亚加入北约。

2004 年(3 月 17、18 日) 科索沃民族战争被迅速点燃。

2005 年(10 月) 欧盟决定与克罗地亚和土耳其商谈加入欧盟的事宜。直至 2007 年 4 月,克罗地亚于 2009 年加入欧盟依旧被认为是很可能的。

2005 年(11 月) 马其顿正式成为欧盟成员国,但是实际上商谈在 2006 年曾一度中止。

2006 年(5 月) 欧盟与塞尔维亚终止《稳定与联合协议》,因为后者迟迟不能逮捕并引渡那些被南斯拉夫国际法庭起诉的反人道主义的战争罪犯。黑山呼吁从塞尔维亚独立出来,在一个月之后实现了。

2006 年(6 月) 阿尔巴尼亚和欧盟签订《稳定与联合协议》。

2006 年(9 月) 欧盟委员会提议罗马尼亚和保加利亚被允许在 2007 年 1 月份加入欧盟,但是仍然需要继续服从监督和防卫条款。

2006 年(11 月) 北约领导人邀请黑山和塞尔维亚加入成员国和平条约。他们还宣布到 2008 年克罗地亚、阿尔巴尼亚和马其顿会正式被邀请成为北约成员国。

2006 年(12 月) 欧洲理事会重申西部巴尔干半岛国家会在一定期限内被欧盟承认成员国的身份,却还是没有给出确切的时间表。

2007 年(1 月) 罗马尼亚和保加利亚加入欧盟。极端民族主义的塞尔维亚激进党在塞尔维亚议会选举中赢得最多数选票,但是尚不足以组建政府。

2007 年(3 月) 联合国大使马尔蒂·阿赫蒂萨里建议在 2007 年科索沃应该成为一个独立的国家,拥有自己的宪法、国旗和军队,但是需要在联合国的监督下。黑山和欧盟签订《稳定与联合协议》。塞尔维亚被告知最早在 2008 年可以成为欧盟的正式候选国,只要其与前南斯拉夫问题国际刑事法庭密切合作。

2007 年(4 月) 罗马尼亚爆发了一次严重的危机,总理克林·波佩斯库·特里恰努(自由党领导人)解散了他的主要联盟(民主党人士)以及无党派内阁成员,正是他们的改革措施曾经保证了罗马尼亚获得加入欧盟的入场券,与此同时议会选举决定取消总统特莱扬·伯塞斯库(民主党领导人)的权力并对他进行弹劾,控告他多次违反宪法。这场闹剧使得人们恐慌性地认为,罗马尼亚在改革方面正在倒退,并会遭受惩罚性制裁。

2007年(5月) 对于伯塞斯库的弹劾没有得到公民投票表决的支持,暂时缓和了塞尔维亚危机。俄国不断威胁说要使用在联合国的否决权来阻止科索沃从塞尔维亚正式分离。

2007年(6月) 新一届塞尔维亚联合政府加强了与前南斯拉夫问题国际刑事法庭的合作,欧盟与塞尔维亚重启《稳定与联合协议》。

东中欧历史编年表

公元前

公元前 1300 年左右－前 400 年左右　所谓的劳济茨人居住在今波兰和捷克共和国的土地上。

公元前 500 年左右－前 350 年左右　斯基泰人入侵东中欧地区。

公元前 370 年左右－前 400 年左右　凯尔特人开始居住在中东欧地区。

公元前 100 年左右－　随着日耳曼人入侵中东欧,凯尔特人逐渐被同化或者被迫往西方迁徙。

公元前 50 年左右－　大夏人开始入侵中部多瑙河盆地。

公元前 10 －前 9 年　罗马人臣服了居住在今匈牙利西部和斯洛伐克境内的凯尔特人,将其并入罗马的潘诺尼亚行省,并且开始与维斯瓦河和波罗的海之间的地域有贸易往来。

公元

106 年左右－271 年　特兰西瓦尼亚成为罗马潘诺尼亚行省的一部分。

180 年左右－230 年左右　在日耳曼("蛮族")的入侵下,罗马人逐渐退出东中欧。

250 年左右－400 年 日耳曼汪达尔人定居在今波兰境内。

360 年左右－410 年左右 来自中亚或者(以及)蒙古的马背上的游牧民族匈奴人在伏尔加盆地、中东欧和巴尔干半岛实施了几次严重的侵略,他们依靠攫取土地生存。他们的马镫、骑术、精悍疾驰而粗犷的马匹,轻盈但杀伤力强的弓矢、标枪使得他们把欧洲敌人打得团团转。他们的破坏加剧了曾困扰了罗马帝国的日耳曼武士("蛮族")往南方和西方迁徙。

420 年左右－455 年 在罗阿斯(434 年去世)以及他两个侄子阿提拉(434－453 年在位)和布来达(434－445 年在位)的团结和领导下,匈奴人不断侵略中欧、巴尔干半岛和意大利北部地区,榨取巨额"贡品"。

454－455 年 几位日耳曼人领袖团结起来攻打匈奴人,最终将其赶回到欧亚草原。由此产生的东中欧地区的权力真空主要由日耳曼武士填补了。

510 年左右－600 年 考古材料证实斯拉夫人开始在斯洛伐克和摩拉维亚出现。

568 年左右－780 年左右 来自欧亚草原的马背上的游牧民和武士突厥阿瓦尔人,开始在东中欧和巴尔干北部确立统治地位。

623 年左右－658 年 萨莫(一位法兰克的商人冒险家)统一了摩拉维亚、斯洛伐克、奥地利北部和波希米亚东部的斯拉夫人,推翻了阿瓦尔人的统治,并且不断侵略法兰克的领土。

660 年代－770 年代 东中欧又陷入阿瓦尔人的专制之下。

700 年代－800 年代 考古资料证明斯拉夫人开始出现在今波兰境内,分布比较分散。

780 年代－814 年 查理曼大帝统治下的(日耳曼)法兰克王国出现。

791、795－796 年 法兰克人对阿瓦尔人实施了几次重要的打击。一些阿瓦尔人接受洗礼成为罗马天主教徒并接受法兰克的统治,但其他阿瓦尔人推选出一位新可汗对法兰克进行持续的军事抵抗。天主教会决定将东中欧的基督教化的任务交给萨尔茨堡的大主教,而更北方地区(今波希米亚、摩拉维亚和斯洛伐克)则交给了帕骚的大主教。

791 年或者 803 年　查理曼建立"奥斯特马克"(后来的奥地利)作为初生的法兰克王国和天主教的东方军区。在 800 年查理曼被教皇冠以神圣罗马帝国皇帝的称号。

800 年代－810 年代　崛起的斯拉夫统治者清除了阿瓦尔政权的残余并且占据了阿瓦尔人的城堡和宫殿。斯拉夫政权在尼特拉和摩拉维亚成长起来。

828 年　东中欧地区的第一个基督教堂在尼特拉(今斯洛伐克)建成,由萨尔茨堡天主教负责。

831 年　摩拉维亚的统治阶层皈依天主教。

833 年左右　摩拉维亚领导人莫吉米尔一世(820 年代－846 年)征服了尼特拉的斯拉夫政权。

862 年　拉斯迪斯拉夫王子(846－870 年在位)向拜占庭要求派遣可以用斯拉夫人容易理解的语言传播基督教的牧师。已经在塞萨洛尼基发明了一种"格拉哥里"斯拉夫字母的拜占庭学者美多迪乌斯和君士坦丁于 863 年到达大摩拉维亚王国进一步发展斯拉夫书面语和礼拜仪式。

867－869 年　美多迪乌斯和君士坦丁在罗马受到教皇的礼遇,君士坦丁在 869 年去世之前成为了一名修道士,教名西里尔。西里尔字母就是根据他命名的。

870－885 年　尽管受到法兰克人的反对和阻挠,但美多迪乌斯以教皇使臣和主教的身份重返摩拉维亚继续他的使命。他和助手在他 885 年去世之前已经将《圣经》翻译成斯拉夫教会语。

870 年　拉斯迪斯拉夫被他侄子斯瓦托布鲁克(870－894 年在位)推翻,政变得到了东正教的敌人日耳曼天主教的支持。885 年美多迪乌斯去世之后,斯瓦托布鲁克和他的法兰克天主教盟友强行将美多迪乌斯和西里尔的信徒赶出大摩拉维亚王国,还禁止斯拉夫式的礼拜,但是他们的成就保存在了保加利亚语中,并且成为南斯拉夫和东斯拉夫语的基础。

898－900 年 马扎尔人入侵东中欧。

900－907 年 马扎尔人占领外多瑙河、斯洛伐克、特兰西瓦尼亚部分地区和奥斯特马克(今奥地利)。"西斯拉夫人"变得与"南斯拉夫人"长久隔离。大摩拉维亚王国分崩离析,这促进了斯拉夫政权在波希米亚的出现,该政权一直处在普列米索立德王朝的统治下,直至1306 年。

904 年 马扎尔人同盟的副领导人阿尔帕德夺取政权,建立了匈牙利的阿尔帕德工朝(904－1301 年在位)。

933、955 年 日耳曼人军队沉重打击马扎尔人,将奥斯特马克收回到日耳曼人的统治之下,开始让马扎尔人定居。

958 年左右－1128 年 波兰的大部分地区进入皮亚斯特王朝统治,据说是从 9 世纪一位名为皮亚斯特的传奇缔造者而来。

965－966 年 波兰统治者梅什科一世(958 年左右－992 年在位)皈依了天主教。

970－997 年 匈牙利统治者盖佐征服了马扎尔武士,让他们定居下来,并使他们于 973 年皈依了天主教。

1000 年左右 天主教会在波兰和匈牙利建成;盖佐的儿子斯蒂芬(匈牙利语为伊斯特万)(997－1038 年在位)从教皇处接受了冠冕。

1046、1061 年 马扎尔异教徒的反抗被残酷镇压。

1097 年 匈牙利占领克罗地亚和达尔马提亚;匈牙利统治者卡尔曼(1095－1116 年在位)在 1102 年被加冕克罗地亚和达尔马提亚的皇帝。不少达尔马提亚的不少港口害怕威尼斯人的力量,逐渐投入匈牙利的怀抱。

1126－1288 年 普鲁士异教徒逐渐被天主教的"条顿骑士团"说服从而皈依基督教。

1138－1320 年 皮亚斯特的政权出现分裂。

1146 年 维也纳成为奥斯特马克的首都。

1222 年 匈牙利的领导者安德烈二世颁布《黄金诏书》,限制国君和教会的特权,承认反抗背信弃义君主的权利(参见英国 1215 年的《大宪章》)。

1241－1242 年 波兰和匈牙利被蒙古军队重创。

1264 年 克拉科夫领导人颁布《犹太人自由宪章》(《卡利什条例》);许多欧洲的犹太人进入波兰居住。

1273 年 哈布斯堡家族的鲁道夫当选为(日耳曼)神圣罗马帝国的皇帝。

1282 年(－1918 年) 皇帝鲁道夫确立哈布斯堡家族成员为奥地利皇位的继承者。

1301－1308 年 阿尔帕德王朝覆灭之后,匈牙利进入无政府状态。

1308－1382 年 匈牙利进入安茹王朝,受益于金银矿开采的浪潮以及与日耳曼、波罗的海和巴尔干半岛的贸易。

1308－1454 年 "条顿骑士团"控制战略港口格但斯克(旧称但泽)。

1310－1437 年 波希米亚被卢森堡王朝统治。

1320－1378 年 波兰的皮亚斯特政权恢复。

1346－1378 年 波希米亚的统治者查尔斯·卢森堡成为神圣罗马帝国的皇帝,将布拉格定为首都(1350－1400 年),在布拉格创建查尔斯大学(1348 年)。

1361 年 在佩奇建立一所大学。

1362 年 立陶宛大公国击败蒙古(鞑靼)金帐汗国,获得乌克兰大部分土地。

1365 年 维也纳建立一所大学。

1363－1374 年 瓦尔德豪泽·康拉德和约翰·米里克在布拉格播下了新教改革的原始种子。《圣经》在 **1370 年**被翻译成捷克语。 xxxiii

1374 年 在波兰,《科希策特权法令》给予贵族、牧师以及(稍次的)中产阶级市民更多的特权。

1378－1419 年 瓦茨拉夫四世在波希米亚的政权出现骚动。

1386 年（－1572 年） 波兰的贵族强迫雅德维加女王(时年 11 岁)嫁给立陶宛大公爵异教徒雅盖隆。这一王朝统一之举奠定了欧洲最大的政治体——一个实行选举的君主国,由(立陶宛人)雅盖隆王朝把持到 1572 年为止。

1387－1437 年 匈牙利由卢森堡公国的西吉斯蒙特(与安茹王朝的玛利亚结婚)统治,在 1410 年成为神圣罗马帝国的皇帝,并于 1420 年从他的兄长瓦茨拉夫四世手中继承了波希米亚的王位。

1380 年代－1410 年代 由杨诺夫·马捷(1350－1393)和扬·胡司(1371－1415)领导的捷克教会改革者与日耳曼保守派(天主教)之间在布拉格发生激烈争论。

1400 年 克拉科夫的雅盖隆大学获得雅德维加女王的一大笔遗产,成为波兰的重点大学。

1403 年 布拉格大学的主要日耳曼"大师"发表了一份威克里夫"45 条规则",或称异端,以此来谴责捷克的宗教改革者。

1410 年 波兰-立陶宛在格伦瓦尔德战役中击败条顿骑士。

1414－1417 年 在康士坦茨召开天主教大会,力图挽回教会的团结和权威。在 1415 年和 1416 年分别将扬·胡司和耶罗当作异教徒烧死。

1419 年 受到来自教皇和皇帝西吉斯蒙德的压力,瓦茨拉夫四世从 2 月至 7 月激烈地制止胡司的宗教改革运动。一些激进的胡司信徒聚集在波希米亚南部的一个名为塔博尔山的山冈上进行抵抗,发起所谓的塔博尔运动,在 7 月至 8 月以及 10 月分别控制了布拉格。西吉斯蒙德皇帝于 12 月将温和或者中产阶级的胡司信徒劝回,而天主教徒则发动反击。

1420 年 激进的胡司信徒组建军队,在具有军事才能的约翰·杰士卡(1360－1424)带领下,最终将日耳曼天主教徒从捷克的大多数城镇(包括布拉格)赶了出去。

1420－1495 年 教皇禁止天主教的商人进入波希米亚。

1421 年 贵族统治的波希米亚国会废黜了西吉斯蒙德在波希米亚的皇位。

1421－1434 年 胡司战争：激进的胡司(塔博尔)军队在 1424 年前一直由杰士卡率领,此后由普罗可普领导,击退了十字军对波希米亚的八次入侵。胡司军队也短暂地侵入斯洛伐克、图林根、巴伐利亚和波兰,以图宣传他们的胡司改革并铲除其敌人。

1425 年 波兰贵族被赋予免受逮捕和财产扣押的特权(这一特权在 1434 年扩展到立陶宛)。

1434 年 保守的胡司派贵族和布拉格的贵族们支持天主教对激进的胡司派信徒实施了一次残酷镇压,于是结束了胡司战争。xxxiv

1437－1439 年 匈牙利和捷克的土地由哈布斯堡人亚尔伯(西吉斯蒙德的女婿)占领,但是他在 1439 年死于瘟疫。

1438－1740 年 只有哈布斯堡家族的成员才能成为神圣罗马帝国的皇帝。

1442－1443 年 一位来自特兰西瓦尼亚的幸运的士兵——雅诺斯·匈雅提,在巴尔干对奥斯曼军队实施了几次重大的打击。

1439－1444 年 匈牙利被一位雅盖隆人瓦拉迪斯罗(乌拉斯洛)统治,但他却在瓦尔纳被奥斯曼土耳其人击败并杀害。

1448－1471 年 波希米亚由波德布瑞德·吉瑞统治,他被称为胡司改革中的保守派"克伦威尔"。

1454 年 波罗的海的主要港口格但斯克、埃尔布隆格和托伦从条顿骑士转向波兰-立陶宛,《涅夏瓦条例》(1454 年颁布)规定未经小贵族的同意,不得宣战和征税。

1454－1466 年 条顿骑士在长达 13 年的战争中输给了波兰-立陶宛。条顿骑士的残余势力向波兰的政权投降。

1450 年代 印刷机构在波希米亚出现。

1456 年 雅诺斯·匈雅提粉碎了土耳其人对贝尔格莱德的进攻,攻打了奥斯曼土耳其的军队,却在后来死于瘟疫。

1458－1490 年 匈牙利的文艺复兴在雅诺斯·匈雅提的儿子马

蒂亚斯·匈雅提国王的支持下达到了顶峰。

1465 年 一所匈牙利大学在布拉迪斯拉发建成。

1471－1526 年 波希米亚被衰落(后来就垮台了)的雅盖隆君主统治。

1472－1473 年 波兰和匈牙利建立印刷机构。

1478－1490 年 匈牙利占领摩拉维亚。

1485－1490 年 匈牙利占领奥地利东部,包括维也纳。

1485 年 天主教徒和胡司派教徒在波希米亚达成协议(不断更新,直到 1620 年),互相容忍宗教信仰。

1490－1526 年 匈牙利(包括波希米亚)被衰落的雅盖隆君主统治。

1490 年代－1510 年代 农奴化:法律对农民的活动和波希米亚、波兰-立陶宛、匈牙利、勃兰登堡、梅克伦堡、普鲁士和俄国农民的自由予以限制。来自西班牙、葡萄牙的犹太难民涌入波兰和奥斯曼帝国。

1505 年 在波兰-立陶宛,从此以后没有色姆(国会)的同意,不得实施任何改革。

1506 年 哈布斯堡皇帝马克西米连一世(1493－1519 年在位)让他的孙子娶了匈牙利和波希米亚的国王路易一世的女儿。

1513 年 第一本波兰语的书出现。

1514 年 一支反对土耳其人的匈牙利"人民的十字军"衍变成反对贵族与富豪的人民起义,遭到无情地镇压。

1518 年 在波兰-立陶宛,农民失去了向皇家法院起诉的权力(反对他们的地主),1520 年色姆(国会)将徭役从每年 12 天涨到每年 52 天。

1519－1556 年 神圣罗马帝国皇帝查尔斯五世寻求在哈布斯堡的控制下统一天主教会。

1521 年 匈牙利的贝尔格莱德被奥斯曼帝国占领。

1525 年 条顿骑士解散。东普鲁士和格但斯克主要港口城市作为半自治政体进入波兰王国。

1526 年　奥斯曼军队在摩哈赤击败匈牙利军队,并占领匈牙利大部分地区。匈牙利和波希米亚的国王路易二世在逃亡过程中去世。

1520 年代　路德主义迅速在东中欧地区讲日耳曼语的城镇市民中传播开来。

1529 年　奥斯曼土耳其人再次入侵匈牙利并攻克维也纳。一所波兰语大学在立陶宛的维尔纽斯建成。

1530 年代－1580 年代　新教教义(特别是加尔文教派)迅速在东中欧的贵族和平民中传播开来。

1541 年　奥斯曼帝国攻占布达,将匈牙利一分为三:匈牙利中部在奥斯曼土耳其的直接统治下;特兰西瓦尼亚成为奥斯曼政权下的一个自治区;斯洛伐克和外多瑙河依然在哈布斯堡皇室的统治下。

1561 年　立沃尼亚骑士团解散。立沃尼亚和里加的主要港口城市作为半自治政体进入波兰王国。

1569 年　波兰-立陶宛市民被禁止与外界贸易或者出境旅游。

1573 年　华沙联邦(由贵族把持)选举亨利作为波兰-立陶宛的国王,通过了一份《宽容条例》,给予贵族在自己的领土上开发木材和矿物的特权。

1575 年　通过了所谓的"捷克信条"。

1576－1586 年　勇敢的武士斯蒂芬·巴托里成为波兰-立陶宛的国王,但是没有权力给平民授爵(除了军事才能)。

1580 年代－1590 年代　在皇帝鲁道夫二世(1577－1611 年在位)的领导下,布拉格成为神圣罗马帝国的首都,文化和科学的中心。

1587－1668 年　波兰-立陶宛由忠诚的瑞典瓦萨王朝天主教极端分子执政,因此将共和国卷入罗马天主教反宗教改革势力和瑞典的冲突中。

1596 年　一个采用东正教的礼拜仪式却接受教皇权威的东仪天主教会在波兰-立陶宛成立。成员主要是乌克兰人、白俄罗斯人以及(几个世纪之后的)罗马尼亚人。

1599 年(－1918 年)　支持哈布斯堡天主教的皇室成员垄断了波

希米亚的所有重要职位。

1605 年 一位受到波兰支持的王位觊觎者被扶持为俄国莫斯科的沙皇,在 1606 年就被废黜了。

1610 年 波兰-立陶宛的皇帝西吉斯蒙特·华沙三世的儿子瓦拉迪斯罗·华沙成为俄国莫斯科的沙皇,但是在 1613 年被罗曼诺夫家族推翻。

1611 年 在波兰-立陶宛,平民被禁止购买土地。

1618 年 波希米亚的新教徒、圣杯派和自由主义的天主教徒开始反抗哈布斯堡皇室的极权统治。

1618－1648 年 为了争夺中东欧的控制权(特别是波希米亚),天主教徒与新教徒之间发生了毁灭性的"三十年战争"。

1619 年 波希米亚议会投票决定废黜哈布斯堡皇室对波希米亚皇位的占有,并授予巴拉丁选帝侯新教领袖的地位。

1620 年(11 月) 奥地利的哈布斯堡军队在布拉格附近的"白山战役"中击垮了波希米亚的叛军。

1621 年 荷兰联省加入反对哈布斯堡帝国的"新教运动"。

1626 年 丹麦加入反对哈布斯堡帝国的"新教运动"。

1630 年 瑞典加入反对哈布斯堡帝国的"新教运动"。

1648 年 《威斯特伐利亚和约》终结了"三十年战争"以及自 1520 年以来困扰欧洲的"宗教战争"。

1648－1654 年 在乌克兰爆发大规模反对波兰的哥萨克人和农民起义,导致土地和人口大量流失,这标志着波兰-立陶宛开始逐渐衰落(1648－1795 年)。

1640 年代－1740 年代 东中欧地区经历了所谓的"封建倒退"(不断抬高租金和延长租期,加紧剥夺农民的权利、自由和财产,强化农奴制,扩大庄园经济,贬低城镇市民的地位),助长了一股反对闪米特人的风气,并造成了天主教反宗教改革运动的鼎盛。

1655－1660 年 波兰的大批领土被瑞典侵略者毁坏,瑞典侵略者旨在吞并波美拉尼亚和利沃尼亚,控制北欧。

1673 – 1696 年 勇敢的武士杨·索宾斯基成为波兰-立陶宛的国王。

1683 年 杨·索宾斯基领导的军队击退试图攻占维也纳的奥斯曼人,成功地组织了一次反抗奥斯曼的保卫战。通过挽救和巩固反复无常的奥地利哈布斯堡王朝威权,索宾斯基无意中加速了波兰-立陶宛的灭亡。

1686 – 1699 年 哈布斯堡帝国从奥斯曼帝国手中重新夺回匈牙利、特兰西瓦尼亚和克罗地亚。

1697 – 1764 年 波兰-立陶宛由昏庸、无能的撒克逊君主统治。

1700 – 1721 年 "北方战争"爆发:撒克逊人-波兰人-立陶宛人同盟草率地入侵瑞典利沃尼亚和里加,促使瑞典对波兰-立陶宛实施报复性反攻,这反过来又促使俄国参战。

1701 年 勃兰登堡的霍亨索伦家族的选帝侯兼普鲁士的公爵以牺牲波兰-立陶宛为代价,统一了自己的领土。

1709 年 俄国具有决定性地击败瑞典,但是这反过来引发了俄国在波兰-立陶宛的扩张。

1703 – 1711 年 在匈牙利和特兰西瓦尼亚爆发反对哈布斯堡帝国的起义。

1711 年 《萨特马尔条约》通过批准匈牙利建立贵族自治的非集权的"郡县制度",拥有自由和独立的法律体系,来收买土地贵族的人心。

1717 年 亚得里亚海自由贸易宣言,随后的里雅斯特、阜姆发展成为哈布斯堡帝国的主要"自由港口"。

1740 – 1748 年 "奥地利王位继承之争":哈布斯堡皇帝查理六世的女儿玛丽亚·特蕾西亚的皇位继承权受到巴伐利亚国王阿尔伯特的反对,玛丽亚·特蕾西亚于 1740 年被选为神圣罗马帝国皇帝。

1745 年 玛丽亚·特蕾西亚(1740 –1780 年在位)将西里西亚割让给普鲁士,使她丈夫——来自洛林的弗兰茨当选为神圣罗马帝国的皇帝,重续皇权继承谱系。

1756－1763 年 "七年战争":哈布斯堡、法兰西、俄国联盟对抗不列颠、汉诺威和普鲁士联盟。

1764—1795 年 俄国皇后叶卡捷琳娜二世(1762－1796年在位)的前情人波尼亚托夫斯基成为波兰-立陶宛的(最后一位)国王。

1764－1766 年 波兰-立陶宛实行"自强"改革。

1767 年 波兰的色姆(议会)被俄国军队包围,不得不废除改革。

1765－1790 年 玛丽亚·特蕾西亚的儿子皇帝约瑟夫二世实施"开明专制"。

1767 年 在日耳曼奥地利,农民的义务受到法律的约束。

1768－1772 年 在波多利亚爆发波兰-立陶宛反抗俄国统治的起义,中间伴随有乌克兰人和哥萨克人对犹太人和波兰人的大屠杀。

1772 年 俄国、普鲁士和哈布斯堡帝国第一次瓜分波兰-立陶宛公国。

1773 年 教皇解散耶稣会。在波兰-立陶宛和哈布斯堡帝国,政府通过控制学校、学院和其他资产来刺激国立学校教育和国立大学的迅速发展。

1775 年 日耳曼奥地利和捷克建立关税同盟。在捷克境内,农民义务受到法律的约束。

1778 年 波兰-立陶宛实行自由和自强的改革,并颁布新的法律条文。

1781 年 约瑟夫二世签署了一份《宽容令》(针对路德派、加尔文教派和东正教,但不包括其他教派和犹太人),并在日耳曼奥地利和捷克很大程度上废除了农奴制。

1782 年 约瑟夫二世解散了约 700 个男女修道院,严令禁止托钵僧。

1785－1790 年 约瑟夫二世对匈牙利实行日耳曼式的中央集权,以便他将改革延伸到哈布斯堡帝国中"属于匈牙利的一半"的区域。

1789 年 约瑟夫二世在日耳曼奥地利和捷克境内推行一种更加统一和进步的赋税制度。

1790 年代 在哈布斯堡帝国内开始出现针对约瑟夫二世改革和法国大革命的反动浪潮,特别是在皇帝弗朗茨二世(1792－1835 年在位)的时候。

1791 年 波兰-立陶宛颁布激进的新宪法。

1792 年 俄国入侵波兰-立陶宛,并且支持改革的反对者。

1793 年 第二次瓜分波兰-立陶宛,这一次只有俄国和普鲁士(没有哈布斯堡帝国)参与。

1792－1797 年 哈布斯堡帝国与发生革命的法国对抗遭到失败。

1794 年 由科希丘什科领导的波兰-立陶宛起义在九个月的激战中,被参与瓜分的列强残酷镇压。

1795 年 俄国、普鲁士和哈布斯堡帝国,第三次(彻底地)瓜分波兰-立陶宛。

1797－1801 年 超过 2.5 万波兰人组成的"波兰军团"为法兰西而战。

1799－1800 年 哈布斯堡帝国与发生革命的法国对抗。

1805 年 拿破仑在奥斯特里茨击败哈布斯堡帝国和俄国并占领维也纳。

1806 年 在拿破仑的命令下,神圣罗马帝国解体。

1807－1813 年 拿破仑扶持了一个法国控制的华沙大公国,有250 万居民。

1809 年 拿破仑在瓦格拉姆击败哈布斯堡帝国。波兰南部被纳入华沙大公国,人口增长到 420 万。

1809－1848 年 克莱门斯·梅特涅担任哈布斯堡帝国的首相。

1811 年 哈布斯堡帝国宣布解体。

1812 年 将近 10 万名波兰人加入拿破仑的 60 万大军从华沙大公国出发,入侵俄国。

xxxviii

1813－1815 年 俄国军队击败拿破仑并且占领了华沙大公国。

1813－1814 年 英国、普鲁士、俄国和哈布斯堡帝国沉重打击了拿破仑。

1814－1815 年 维也纳会议,由梅特涅操纵。哈布斯堡帝国将荷兰南部(后来的比利时)割让给华沙公国,但是保住了意大利北部和中部的统治,还有一个由 300 个州组成的德意志联邦。哈布斯堡帝国、普鲁士和俄国再次瓜分波兰-立陶宛,控制了一个以华沙为中心的"议会王朝"。

1830－1832 年 霍乱在波兰和匈牙利东北部爆发。

1830 年 波兰的军官在华沙发动起义(11 月)。匈牙利最伟大的自由改革之父伊斯特凡·塞切尼伯爵发表了《赞美》。

1831－1832 年 在一次血腥镇压波兰反抗俄国统治的起义中,华沙的色姆投票通过废黜罗曼诺夫家族的皇位。

1832 年 伊斯特凡·塞切尼伯爵发表《启蒙》。

1833－1838 年 匈牙利民族主义者路易斯·科苏特撰写了激进的《议会报告和市政报告》。

1837－1840 年 路易斯·科苏特遭关押和审判。

1830－1846 年 日耳曼奥地利和捷克经历了大规模的工业化和城市化。

1840 年 匈牙利议会宣布匈牙利语为匈牙利国的官方语言(代替了拉丁语),疏远了少数民族(63％的人口是少数民族)。

1845－1847 年 中东欧地区发生大面积的农作物受灾,马铃薯歉收。

1846 年 波兰贵族和乌克兰族农民向加利西亚中部和西部(哈布斯堡波兰)的起义军发动进攻。

1847 年 意大利的"爱国者"在伦巴底和威尼托向哈布斯堡政权示威。选举路易斯·科苏特进入匈牙利国会。

1848 年 1848 年的革命结束了西西里和那不勒斯的波旁王朝的集权统治(1 月),宣布匈牙利自治(3 月),结束了法国的奥尔良王朝(2 月)、奥地利的梅特涅(3 月)、威尼托的哈布斯堡王朝(3 月)以及罗马教皇庇护四世(11 月)的统治。弗朗西斯·帕拉茨基拒绝了在 1848 年至 1849 年日耳曼自由-爱国主义"预备国民议会"上代表捷克人的邀请,而是形成了支持联邦制的哈布斯堡帝国的"奥地利-斯拉夫"的立场(4月)。波希米亚获得特许状,保证捷克和日耳曼之间的自主和平等(4月)。斯拉夫人代表大会6月2日在布拉格召开,但是在布拉格的学生和哈布斯堡帝国的军队之间的街头冲突导致哈布斯堡帝国的炮兵炮轰布拉格市中心(6月17日)之后,斯拉夫人代表大会受到镇压。为了哈布斯堡帝国"属于匈牙利的一半"的国民会议于7月22日在维也纳召开,在9月7日通过了解放农民法案。激进分子于10月6日至31日占据维也纳,但是由于军事包围、饥渴而最终被击败。11月2日哈布斯堡皇帝斐迪南(1835－1848年在位)让位给侄子法兰兹·约瑟夫(1848－1916年在位)。

1849年 奥地利国民议会解散(3月7日)。哈布斯堡帝国随后镇压匈牙利、伦巴底和威尼托的革命(在俄国的帮助下)。

1849－1859年 哈布斯堡帝国实行"新专制主义"。

1851年 哈布斯堡帝国内奥地利和匈牙利两半之间的海关"壁垒"被废除。

1851－1854年 在哈布斯堡帝国内,实施了几个重要的国家铁路建设项目。

1852－1859年 哈布斯堡官员实行所谓的"巴哈政权"式的中央集权统治。

1853－1856年 克里米亚战争:奥斯曼帝国在英、法的支持下,拒绝了俄国提出的控制在奥斯曼境内基督教的"圣地"的要求。1853年俄国占领了摩尔达维亚和瓦拉几亚(至1857年为止),英国和法国同时向俄国宣战,俄国于1855－1856年战败。

1859年 哈布斯堡帝国的伦巴底被皮德蒙特占领(在法国的帮助下),"巴哈政权"被解散,巴哈本人辞职。

1860年 在哈布斯堡帝国内的"奥地利一半"内,贵族把持的省议会势力增长,就像帝国议会一样,省议会在其中的代表数量得到增加。匈牙利1848年以前的治理地方的"郡县制度"和1848年以前的议会都得到恢复,但是它的领导者们联合抵制帝国议会。

1861 年 沙皇亚历山大二世突然宣布(2 月)在俄国帝国境内解放农奴。哈布斯堡帝国议会演变为类似两院制的议会,上院议员由皇帝提名,下院议员由地方议会选举(2 月),但是匈牙利、克罗地亚、波希米亚(从 1863 年起)和加利西亚(从 1864 年起)联合抵制这次帝国议会。

1863 年 在"俄国波兰"境内,一次大规模的波兰民族主义起义被镇压。

1864 年 在"俄国波兰"境内,农奴以相对有利的条件获得解放。

1866 年 在一次争夺德意志领导权的短暂战役中,哈布斯堡帝国被普鲁士打败。哈布斯堡帝国也丢失了威尼托。

1867 年 1866 年的战争导致奥地利和匈牙利之间达成一次"妥协",建立了二元君主国。

1868 年 克罗地亚和加利西亚(奥地利波兰)获得一定的自主性。在加利西亚,波兰人逐渐在学校、法庭、公共管理以及雅盖隆大学等方面获得与日耳曼人同等的地位。匈牙利通过重要的国家与教育法案。

1867－1873 年 哈布斯堡帝国经历经济繁荣。

1873 年 经济增长在大规模的经济危机中停止。加利西亚建立全面推进小学教育的委员会。

1875－1890 年 匈牙利被具有强烈民族主义感情的蒂萨·卡尔曼统治,他极力宣扬"马扎尔化"。

1878－1918 年 哈布斯堡帝国"暂时"占领波斯尼亚-黑塞哥维那。

1879－1918 年 哈布斯堡帝国和德国签订了德奥同盟。

1879－1893 年 在哈布斯堡帝国的奥地利,塔夫伯爵实施保守的"铁腕"统治;增强了经济保护主义和卡特尔化。

1905－1906 年 匈牙利和"俄国波兰"发生大范围骚乱,匈牙利和奥地利的关系出现重大危机。

1907 年 奥地利帝国议会第一次实行成年男子普选制。

1908 年 哈布斯堡帝国正式侵吞波斯尼亚-黑塞哥维那。

1914 年(3 月) 奥地利帝国议会休会(直到 1916 年)。

1914 年(6 月 28 日) 哈布斯堡帝国王储弗朗茨·斐迪南及其妻子在萨拉热窝被一位波斯尼亚的塞尔维亚人刺杀。

1914 年(7 月) 哈布斯堡帝国要求塞尔维亚人服从哈布斯堡帝国的统治。塞尔维亚人除了一项要求之外全部答应了,但是哈布斯堡帝国依然向塞尔维亚宣战——引起了整个欧洲的战火。

1914 年(9 月) 哈布斯堡帝国在塞尔维亚和加利西亚战败。

1914 - 1917 年 约瑟夫·毕苏斯基的波兰军团支持"同盟国"反对俄国。

1915 年 哈布斯堡帝国在巴尔干半岛得到德国和匈牙利的帮助(自 10 月以来)。

1916 年(8 - 10 月) 哈布斯堡帝国在俄国前线战败,但是德国宣布承认一个由日耳曼人控制的波兰王国。

1916 年(10 月) 奥地利首相卡尔·施图尔克被德里弗里席·阿德勒暗杀。

1916 年(12 月) 皇帝弗朗茨·约瑟夫去世;卡尔六世继位。

1917 年 美国站在"协约国"一方,但是哈布斯堡帝国在卡波雷托击败了意大利的军队(10 月),布尔什维克革命缓解了"同盟国"的压力(11 - 12 月)。

1918 年 伍德罗·威尔逊宣布"十四点计划"(1 月)。俄国承认波兰独立(3 月 30 日)。保加利亚(9 月)和奥斯曼帝国(10 月)的投降加速了哈布斯堡帝国(10 月)以及"同盟国"(11 月)的瓦解。毕苏斯基控制了波兰(11 月)。

1919 年 库恩·贝拉在匈牙利建立"国家布尔什维克"政权(3 - 7 月)。《圣日耳曼条约》同意将奥地利削为一个小国,阻止其与德国统一。

1919 - 1920 年 俄国-波兰战争爆发,进一步摧垮波兰。

1919 - 1944 年 海军上将霍尔蒂出任匈牙利摄政王。

1920 年 《特里亚农条约》让匈牙利丢失了三分之二的领土。

1920 年代 中东欧地区为了政治稳定和经济繁荣而奋斗。民族

xl

自决原则助长了民族统一的思想,使少数民族容易遭受"民族清洗"。

1926－1935 年　毕苏斯基将军统治波兰。

1930 年代　东中欧地区受到世界商品价格崩溃的严重影响,加强了"以邻为壑"的保护主义政策。

1931 年　东中欧地区的主要银行瘫痪,加剧了经济大萧条。波兰庞大的少数民族——乌克兰族人受到迫害。

1933－1938 年　奥地利出现右翼独裁统治。

1934－1940 年　拉脱维亚和爱沙尼亚出现保守的独裁统治。

1938 年(3 月)　德国吞并奥地利。

1938 年(9 月)　在慕尼黑,英国、法国和意大利支持德国分裂捷克斯洛伐克的要求。

1939 年(3 月)　德国摧毁了捷克斯洛伐克。

1939 年(8 月)　《苏德互不侵犯条约》签订。

1939 年(9 月)　德国和苏联入侵波兰;第二次世界大战战火燃起。

1941 年(6 月)　轴心国入侵苏联。

1943 年(4 月)　华沙犹太人聚居区发生犹太人起义,遭到残酷镇压。

1944 年(8 月)　波兰人在华沙起义,遭到残酷镇压。

1944 年(10 月)　丘吉尔与斯大林在莫斯科签署《百分比协议》。

1945 年(1 月)　在雅尔塔,"三巨头"同意将欧洲分为东西两部分。

1945 年(5 月)　德国战败;第二次世界大战在欧洲结束。

1945－1947 年　东中欧地区实行半代议制政体。

1947 年　美国实施"马歇尔计划"。苏联最初欢迎,但是后来强迫波兰、匈牙利和捷克斯洛伐克拒绝"马歇尔援助"。

1948－1949 年　柏林实施封锁。东中欧地区的共产党统治得到巩固。

1949 年　"经济互助委员会"成立。

1953 年　斯大林去世,紧接着东德、波兰和捷克斯洛伐克出现反对共产党的骚乱。

xli

1954－1964 年 赫鲁晓夫带领苏联共产党和苏联阵营进入一个部分"解冻"的时期。

1955 年 苏联从奥地利和芬兰撤军。《华沙条约》的签订标志着苏联阵营与北约集团的对立。

1956 年(2 月) 赫鲁晓夫发表了批评斯大林的讲话。

1956 年(6－11 月) 波兰发生骚乱。

1956 年(10－11 月) 匈牙利事件,遭到苏联军队镇压。

1961 年 柏林墙建造。阿尔巴尼亚与苏联断交,靠向中国。匈牙利共产党领导人卡达尔·亚诺什宣称:"谁不反对我们,谁就是我们的朋友。"

1963－1968 年 捷克斯洛伐克改革运动,"布拉格之春"达到顶峰。

1964－1983 年 列昂尼德·勃列日涅夫领导苏联共产党,"冰冻"苏联阵营。

1968 年 匈牙利开始"新经济机制"。

1969 年 维利·勃兰特的"新东方政策"缓和了东西紧张局势。

1975 年 《赫尔辛基协议》是缓和东西方关系的最高成就,促进了欧洲的安全和人权保护。

1977 年 《七七宪章》诞生,是一次引人关注的捷克人权运动。

1980 年 波兰出现有一千万人的"团结工会"。

1981 年(12 月) 波兰通过军事管制法;团结工会遭到镇压。

1982－1983 年 尤里·安德罗波夫领导苏联共产党进行有名无实的改革。

1983 年 波兰废除军事管制法。

1983－1985 年 契尔年科带领苏联共产党进入新的"冰冻期"。

1985－1991 年 米哈伊尔·戈尔巴乔夫带领苏联共产党和苏联阵营进入一个意义深远的重建和开放时代。

1989 年(7 月) 由欧共体协助实施的"援助波兰和匈牙利经济改造计划"开始进行。

1989 年　波兰的"圆桌"会议(2－4 月)导致 6 月竞争激烈的选举。

1989 年(9 月)　匈牙利人自由地逃入西方怀抱。

1989 年(11 月)　柏林墙倒塌;共产主义统治在东中欧终结。

1990 年　匈牙利和捷克斯洛伐克举行自由辩论的多党选举。波兰在团结工会政府的领导下经历了"休克治疗"和"大爆炸"重建,但是这却使团结工会四分五裂。

1991 年　波兰、匈牙利和捷克斯洛伐克签署《欧洲协议》(与欧共体加强联系的条约)。

1993 年　欧盟领导人就欧盟成员资格的"哥本哈根标准"达成一致意见(6 月)。在波兰,改革后的前共产党赢得了议会选举(9 月)。

1993 年(1 月)　捷克共和国和斯洛伐克"和平分手"。

1994－1995 年　欧盟委员会为东中欧加入欧盟准备"进入前战略"。

1995 年(12 月)　欧盟领导人为欧盟成员国制定"马德里标准"(关于"行政与司法的能力")。

1997 年(7 月)　欧盟委员会发表《二〇〇〇年规划》,即为扩大欧盟绘制的蓝图。

1997 年(12 月)　欧盟领导人决定与波兰、匈牙利、捷克共和国、斯洛文尼亚和爱沙尼亚开启加入欧盟的谈判。

xlii　**1999 年(4 月)**　波兰、匈牙利和捷克共和国加入北约。

1999 年(10－12 月)　欧盟领导人决定将斯洛伐克、立陶宛、拉脱维亚、罗马尼亚和保加利亚也纳入加入欧盟成员国的谈判中。

2002 年(11 月)　北约邀请斯洛文尼亚、斯洛伐克和波罗的海诸国在 2004 年加入北约。

2002 年(12 月)　在哥本哈根召开的一次欧盟理事会就东中欧和波罗的海诸国加入欧盟的日期给出了最后(不充裕的)期限。

2003 年　东中欧和波罗的海诸国公决赞成欧盟的入盟条约。

2004 年(3 月)　斯洛文尼亚、斯洛伐克和波罗的海诸国加入北约。

2004 年(5 月) 东中欧和波罗的海诸国加入欧盟,及时参加了 6 月举行的欧洲议会选举。

2004－2007 年 东中欧和波罗的海诸国成为欧盟成员国之初,经济增长、外国直接投资流入,资产膨胀大都呈加速之势。但是,这些繁荣和潜在的通货膨胀压力终究是不可能持续的。人们的担心在于,为了在 2004 年加入欧盟而做了所有必要的准备之后,这些国家在2006－2007 年放松了自我约束,开始退回到某些"旧的坏习惯"或者偏狭固执的态度中。

2007 年(1 月) 斯洛文尼亚成为第一个接受欧元作为通用货币的前共产党执政的国家。在 2006 年,一片繁荣的爱沙尼亚和立陶宛非常接近达到进入"欧洲区"的"入盟标准",却因为通货膨胀率超过了允许的水平而被拒绝。斯洛伐克正努力实现 2009 年达到入盟标准的目标,爱沙尼亚在 2007 年决定选择 2011 年作为新的加入欧盟的目标日期。然而,在波兰和捷克共和国,"怀疑欧元"(eurosceptical)的政府显然不急于接受欧元,而拉脱维亚(2006 年的通货膨胀率是 6%)、深陷赤字的匈牙利则发现它们最早在 2012 年以前也很难达到欧盟的"入盟标准"。

缩　略　语

ARFY	南斯拉夫革新力量联盟
BANU	保加利亚农民联盟／人民联盟
BCE	地处商业中心的欧洲
BK	国民阵线(存在于 20 世纪 40 年代的阿尔巴尼亚和科索沃)
BP	距今
CEFTA	中欧自由贸易区
CIS	独立国家联合体,简称独联体(除了波罗的海诸国以外的苏联共和国)
CMEA	经济互助委员会,1949 年由苏联阵营的国家建立
COCOM	多边贸易控制协调委员会
CPSU	苏联共产党
CSCE	欧洲安全和合作会议(1975－1994 年,欧洲安全与合作组织的前身)
EBRD	欧洲复兴开发银行(成立于 1991 年,它发布实用的《转型报告》)
EC	欧洲共同体(1965 年,通过欧洲煤钢共同体、欧洲原子能共同体和欧洲经济共同体的合并而形成)

ECSC	欧洲煤钢共同体(1952 年成立于巴黎)
EEC	欧洲经济共同体(1958 年成立于罗马)
EEN	《东欧时事通讯》,后来称为《东欧》
EFTA	欧洲自由贸易协会(1960 年成立于斯德哥尔摩)
EPU	欧洲支付同盟
ERP	欧洲复兴计划,1947－1951 年(受到马歇尔计划的援助)
EU	欧洲联盟(根据 1993 年的《马斯特里赫特条约》启动)
FBiH	波斯尼亚与黑塞哥维那联邦(在波斯尼亚,主要是波斯尼亚和克罗地亚族的地区或"实体")
FRY	南斯拉夫联邦共和国(1992－2003 年,仅仅包括塞尔维亚与黑山)
FT	《金融时报》(当代信息与分析的重要来源)
FYROM	前南斯拉夫马其顿共和国(官方称为马其顿共和国或 ROM)
G7	七国集团(七个主要的发达资本主义国家集团)
G8	八国集团(由七个主要的发达资本主义国家加上俄罗斯构成)
G24	二十四个自由资本主义民主国家集团("西方"加上日本)
GATT	关税及贸易总协定(世界贸易组织的前身)
GDP	国内生产总值
GDR	德意志民主共和国
GMP	工农业生产总值(共产党执政的国家使用的国民收入指标)
ICG	国际危机组织(一个以布鲁塞尔为基地的非政府组织,它发布非常实用的网络在线报告)
ICTY	前南斯拉夫问题国际刑事法庭
IDPS	国内流离失所者
IHT	《国际先驱论坛报》(美国的一份有价值的评论与分析综览报刊)

xliv

IMF	国际货币基金组织
JNA	南斯拉夫人民军
KGB	苏联国家安全委员会(克格勃)
KOR	保卫工人委员会(波兰,20 世纪 70 - 80 年代)
LCY	南斯拉夫共产主义者联盟
MAP	成员行动规划(北约成员适用)
NATO	北大西洋公约组织,简称北约(成立于 1949 年)
NDH	克罗地亚独立国(1941 - 1945 年存在,依附于纳粹德国)
OECD	经济合作与发展组织(欧洲经济合作组织的后继者)
OEEC	欧洲经济合作组织(经济与合作组织的前身)
OSCE	欧洲安全与合作组织(1975 - 1994 年作为欧洲安全和合作会议[简称欧安会]而为人所知)
PHARE	援助波兰和匈牙利经济重建计划(制定于 1991 年,主要由欧盟协调的针对中东欧、波罗的海、巴尔干地区的后共产主义国家的西方援助方案)
PPS	波兰社会党
reg	在位期
ROM	马其顿共和国
RS	波斯尼亚和塞尔维亚族邦(在波斯尼亚和黑塞哥维那,占据主导地位的是波斯尼亚的塞族"实体")
SAA	稳定与联合协议(一个适度的与欧盟联系的条约)
SFRY	南斯拉夫社会主义联邦共和国(以前共产党统治下的南斯拉夫)
SKJ	南斯拉夫共产主义者联盟(20 世纪 50 年代南斯拉夫共产党的继任者)
SPS	塞尔维亚社会党(1990 年由斯洛博丹·米洛舍维奇创建)
SRS	塞尔维亚激进党(由反复无常的塞尔维亚极端民族主义者沃伊斯拉夫·舍舍利创建和领导)
TACIS	独立国家联合体的技术援助

TEMPUS	全欧高等教育流动计划
TOL	"转型在线"（www. tol. cz）（关于欧洲后共产主义国家的一个非常实用的信息服务网站）
UN	联合国
UNCTAD	联合国贸易与发展委员会
VJ	南斯拉夫军队（塞尔维亚控制的南斯拉夫联邦共和国残余军队）
WEU	西欧联盟（1954－1955 年由英国主动发起成立,由北约的欧洲成员国构成）
WTO	世界贸易组织（关税及贸易总协定的后继者）

导言：巴尔干半岛和东中欧的危机与变迁

"中间地带"的困境

本书是一部主要分析地处德国、意大利和苏俄之间地域的专题史著作。德国学者曾经将这片土地称为中欧洲(Zwischeneuropa)。然而,不幸的是,这一恰当的词汇在英语中并没有准确的对应词汇。最接近的词汇是"中间地带"(the lands between),已经被用于关于这一地区的几部主要著作和文章中(例如,Palmer 1970,Croan 1989)。这个词很好地概括了这一区域在近代遭受各种不幸的处境,因为它被各个非常强大的帝国夹在中间:一面是德国,另一面则是奥斯曼帝国以及沙皇或苏俄。用捷克斯洛伐克的一位持不同政见的人士米兰·塞姆卡(Milan Simecka)的话说:"我们已经意识到,我们地处两大文明之间的不利情境使我们从一开始就无法掌控国家的命运。虽然我们可能已经尽力,但是我们还是无法做些什么来帮助自己。"(Simecka 1985:159)确实,作为欧洲独立民族国家中相对较小且力量较弱的"后来者"(latecomers),巴尔干与东中欧地区的人们获得现代民族国家和领土的独立意识至少在一定程度上源于欧洲大国的恩赐与仁爱。敏锐地意识到这种令人不满的困境有助于在这些人中间广泛地保有"民族不安全感"(national insecurity)的意识。这已经助长了一种命定论式的认识,即这些人和地区通常受到控制,不是根据自己的利益和需要而行动。这些地区之外的力量可能会重新划分版图以适应自己的需要——他们确实是这样做的,这突出地表现于 1648 年、1713 年、1815 年、1878 年和 1918 年至 1919 年的和平条约;1772 年、1793 年和 1795 年连续瓜分波兰;1938 年至 1939 年残酷地肢解捷克斯洛伐克;1941 年更为残酷地肢解南斯拉夫,1944 年 10 月斯大林与丘吉尔之间达成的臭名昭著的《百分比协议》,以及 1945 年在雅尔塔与波茨坦达成的协议。

在中世纪和近代早期,这些"边陲之地"受到持续不断的战争的破坏,这些战争主要是为了反抗东西方的掠夺者和侵略者:来自亚洲的阿瓦尔人、匈奴人、马扎尔人、保加利亚人、蒙古人和土耳其人;来自西方的德国殖民者、威尼斯商人和天主教十字军。在几个世纪中,罗马天主教和东正教之间的战线以及天主教和伊斯兰教之间的战线在巴尔干地区与东中欧的部分地区来回摆动。从一个更加长远的视角来看,中欧地区的人们充当了"西方与亚洲的缓冲,这使得西方国家可以在较为安定的环境下发展自己的文明,而他们自身相反却要承担来自亚细亚的狂风暴雨的打击。在几个世纪的时间里,位于西方的强邻们充分利用他们的弱点来蚕食他们的领土,并摧毁了他们的经济生活"(Seton-Watson 1945:21－22)。各个阶层的征服者、侵略者和殖民者持续不断地在这片土地上定居,他们偶尔也会建立起自己的国家,进而造成"许多存在争议的边境地区,以及几个交织在一起无法分离的混合种群"(第 11、74 页)。

巴尔干与东中欧的居民在东西两条边境上常常面临着威胁与危险,以及文化与殖民的渗透。杰出的波兰作家维托尔德·贡布罗维奇(Witold Gombrowicz)曾经深思:"波兰是一个怎样的国家? 它是一个处在东西方之间的国家,在这里欧洲几乎已经到了终点;它又是一个过渡的国家,在这里东西方相互削弱。但是……我们的国家确实有一点在拙劣地模仿东方和西方……我们的'浅薄',我们的'无忧无虑'从本质上而言都是我们对文化和生命无责任感的幼稚态度,以及我们在现

3

实中缺乏信仰的表现。这可能是因为波兰既不属于欧洲也不属于亚洲的缘故。"(转引于 Kiss 1987：130,135－136)

本书致力于分析和解释巴尔干、东中欧与西欧的历史差异，并略微分析前两者之间彼此的差异。最重要的差异主要涉及基督教、"封建主义"、专制主义和国家的形成，它们对中世纪晚期和近代早期"封建主义危机"的不同反应。在东中欧的大多数地区（像在俄国一样）以及巴尔干的部分地区（主要是罗马尼亚、克罗地亚和波斯尼亚）农奴制相对较晚才出现，并延续到更晚的时间，在这两个地区，帝国政体长期延续，在整个地区，最终独立的民族国家很晚才建立，在近代，欧洲的东西两大地区出现了不对称的"边缘-核心"关系。

我们一直使用"西欧"和"东欧"作为广义的地域表达方式，它们各自指欧洲的东西"两个半部"。我们认识到"东欧"和"西欧"只是在1945 年的雅尔塔与波茨坦协议后才成为正式的政治实体。的确，直到20 世纪 40 年代和 50 年代晚期，欧洲理事会(Council of Europe)、欧洲经济合作组织(OEEC)、欧洲煤钢共同体(ECSC)、西欧联盟(WEU)和欧洲经济共同体(EEC)等机构成立后，"西欧"才具备了成为西欧的表现形式。因此，虽然有时大致地区分"东欧"与"西欧"是便利的，甚至是必要的，但我们应该充分认识到两者都不曾成为一个统一或单一的实体。

本书的结构

第一编　从希腊-罗马时期到第一次世界大战时的巴尔干半岛

第一编致力于阐释巴尔干半岛，这个曾经孕育欧洲文明并长期拥有欧洲最发达经济的地区是如何"巴尔干化"(Balkanized)的——这个术语("巴尔干化")成了地区分裂、种族冲突、低度发展和缺乏经济与政治自主以及极度缺乏活力的代名词。尤其是挑战了人们广为接受的观点，即近代巴尔干半岛的衰落和严重分裂的主要责任在于那个与它们临近的、"外来的"、有时有些愚蠢和残暴的奥斯曼帝国。后奥斯曼时代的巴尔干媒体、教育机构,以及这一地区和人民的"官方"历史和民族主义历史长期宣传上述观点。这种观点的支持者往往更多关注特别的诉求、建国神话的建构、领土要求的"合理性",以及培育长期的仇恨,而很少关注历史的真实性。这并不是否认类似情况会在世界其他许多地方出现,而仅仅是为了提醒读者,警惕现代民族主义者和共产主义历史学家对历史事实的错误运用或滥用。例如,现代塞尔维亚和保加利亚的"民族"历史学家就常常会把中世纪的塞尔维亚和保加利亚描绘成一个早期的民族国家,其辉煌的发展先是被外来征服者残酷地打断,随后则被奥斯曼帝国几个世纪的统治所扼杀。这些历史学家将这些中世纪王国(远非由单一民族构成的王国)大规模扩张所及的最远地方视为这些国家"自然的"或"历史的"边界。在 20 世纪,有关这些侵略成性的中世纪政权的历史"记录"又被现代民族主义者视为实施领土扩张的方案,可怕的"种族清洗"就支持这一方案。

我们并没有把这些不幸视为奥斯曼帝国的统治在巴尔干地区的部分"影响"和(或)"遗产",而是强调在奥斯曼帝国统治这一地区以前的很长时间,这一地区就已经出现了政治、经济、文化衰落和分裂的明显征兆。这些问题使得奥斯曼帝国轻而易举地征服了巴尔干半岛。这些问题在 15－16 世纪奥斯曼帝国统治的顶峰时期曾经得到了(不同程度的)缓解。17 世纪,奥斯曼统治下的和平开始崩溃,后期僵化的奥斯曼体制最终阻碍了巴尔干经济与教育体制的现代化,削弱了巴尔干居民应对和适应世界不断变化的能力。然而,虽然奥斯曼帝国被"谴责"延误和(或)未能解决巴尔干领土上遗留下来的许多问题,但是几乎这些问题都不是奥斯曼帝国自己造成的。

尽管如此,由于严重地延误了独立的民族国家、自由主义和巴尔干半岛的法治发展,奥斯曼帝国的长期存在确实不知不觉地造就了排外和狭隘的"种族"概念以及"民族"认同,而不是具有包容性、自由的"种族"与"民族"认同。"种族"民族主义往往会把集体的权利抬升至个人(甚至包括那些人数占多数的种族中的个体成员)权利之上。(Kohn

1944：330)1912－1921年,1941－1945年,以及20世纪90年代巴尔干部分地区出现的可怕的"种族清洗"都可以视为这种排外、狭隘的民族认同与概念恶性发展逻辑的极致,这主要是由于超民族的帝国政体在这一地区很晚才确立,而且法治发展极不充分。确实,法国大革命孕育的民族主义和激进主义的"极端"形式同样具有一种偏狭的,甚至批量杀人的潜质,特别是在罗伯斯庇尔和圣茹斯特统治时期。然而,在西欧,相对强大的法治、分权、自由主义和有限政府概念对此形成了抵制和约束。在西欧,大多数政治共同体都会受到共同的法律机构的管理和约束,这些法律机构清晰地区分了公共和私人领域,并借助宪法对历史上确定的权限与领域内取得与使用的权力进行有力的限制。不幸的是,在欧洲的东半部,对狭隘的"激进主义"的教条、运动和政府的审查与限制,要比欧洲西半部国家弱得多。20世纪,"激进主义"的政治意识形态不断取代法律,作为政治共同体基础的共同使命或目的已经大大降低了对宪法约束权的取得和运用的关注,导致个人从属于无所不及、极具侵略性的政治秩序,从而拒绝将现有的边界和权限视为不可触动的。(O'Sullivan 1983：35－37)有学者令人信服地指出,这(而不是狭隘的"种族"民族主义)已经成为现代东欧不同于西欧的最基本方面之一。然后,如果有限的政府和法治代表了对种族主义泛滥的抵制的话,那么我们就很难解释纳粹在德国魏玛共和国的胜利,魏玛共和国曾经因为自己的法治而倍感自豪(这与巴尔干地区和俄罗斯的情况正好相反)。德国曾经引以为自豪的法治最终证明无法阻止纳粹崛起,而通过种族而不是地区来界定德意志民族和国家,这一事实也鼓舞一代又一代泛日耳曼民族主义者努力奋斗(最终在纳粹主义中达到顶峰),期望将所有日耳曼人都统一在单一的德意志大国下,这最终给欧洲乃至德国带来了灾难性的后果。1933年纳粹在德国的胜利表明,"种族"民族主义的流行在解释种族清洗大规模出现方面至少与缺乏法律或宪法的约束这一原因同等重要。

种族清洗和大屠杀并非只由一种宗教或一个种族团体实施过。20世纪,信奉天主教的克罗地亚人、匈牙利人、波兰人、立陶宛人,以及主

5

要信奉东正教的罗马尼亚人、塞尔维亚人、乌克兰人,主要信奉新教的拉脱维亚人和北德意志人,还有主要信奉伊斯兰教的波斯尼亚人、阿尔巴尼亚人和土耳其人都曾经大规模地实施过这种反人类的罪行。在这里我们无意指责不同时间和地点犯有这类暴行的特定宗教和种族群体,而是认为造成这种可怕状况的根本原因是,国家的"种族"概念和定义至少在一定程度上可以归因于东中欧持续存在到第一次世界大战结束时的超民族的帝国统治。在东中欧的环境下,很难仿效西欧在以前存在的原一民族(proto-national)政体的基础上定义"公民国家"(civic nation),因而这些中东欧的知识分子构想、培育、想象和构建了"种群国家"(ethnic nation)这个概念。从这方面而言,巴尔干和东中欧地区的人都是环境和这种潜在的、致命性的"公认想法"的牺牲品。他们并非天生就比西欧人更邪恶、更难与邻国和平相处,其实西欧人长期以来也曾经对犹太人、摩尔人、吉普赛人、加泰罗尼亚人、巴斯克人、美洲土著人、亚洲人、非洲人和爱尔兰人犯下残忍暴行。

我们认为,巴尔干地区的几个进行"种族清洗"的民族国家的形成是由占据统治地位的单一的国家"种族"观念以及民族自决原则所造成的痛苦与悲惨的结果(这两者极其强调"种族的同一性"和"种族的纯洁")。此外,缺少自由价值和对种族观念泛滥的法律限制也在很大程度上加剧了这一恶果。确实,在一个根据狭隘的种族观念形成国家认同的地区,民族自决原则的发展确实造成了种族间的相互冲突和"种族清洗"。由此,巴尔干地区种族间的相互冲突与人间悲剧会一直持续,直到该地区的人要么放弃"种族"民族主义,要么最终"融入"由以前的种族地区拼凑而成的种族"清洗"过的民族国家。同样野蛮的逻辑也可以解释20世纪40年代德国、奥地利、捷克地区、斯洛伐克、波兰、匈牙利的"种族清洗"。然而,这并不是一个真正的解决办法,这是因为在种族"单一"的国家之间,内在的种族仇恨依然持续存在。而且,对于那些以前大批犹太人生活于其中、现在已经完全被剔除的国家而言,反犹主义依然存在,这一事实表明,种族"清洗"并没有消灭种族之间仇恨的根源,而只是表明,"种族清洗"会使一个国家在道德、文化和技术变得穷困。种族多样性中蕴藏着不断持续和自我更新的文化、物质和精神力量,最显著的国家是加拿大和美国这样的国家,而不是种族文化单一的国家。要避免由"种族民族主义"引发的这些问题,唯一确定的方法是用更为自由、更具有包容性的"公民"认同观念、忠诚观念和共同体观念来取代它。在第五篇和 2007 年拜德勒克斯、杰弗里斯的著作中,我们提出用欧盟的那种更具世界主义色彩和更为开放的超国家的公民秩序来取代民族国家同类的"单一种族"框架。

第二编 从罗马时期到第一次世界大战期间的东中欧

第二编的主要分析从中世纪政权的出现到第一次世界大战期间东中欧的演进历程。第二部分首先强调指出,关于公元前 10 世纪东中欧人民和政权的可靠信息非常缺乏,然后分析了中世纪和近代早期波兰、匈牙利、波希米亚王国(这些国家在为外来帝国控制前至少都有 500 年的独立历史)兴起和衰落的各种原因。一方面,我们简要地总结他们的主要问题和成就,以及他们传承给子孙后代的传统、价值观念和导向,另一方面,我们也关注了东中欧贵族的权力、特权及内部分化,天主教化、文艺复兴和宗教改革带来的影响。

接着,叙述了哈布斯堡王朝君主专制的兴起与衰落,这样做有三个紧密相关的目的:① 解释大多数东中欧国家 17 - 18 世纪在城市化、工业化、农业发展和科学技术方面落后于西欧新兴的民族国家或原民族国家的原因;② 审视东中欧从 1526 年(波希米亚王国),1711 年(匈牙利),1772 - 1795 年(波兰-立陶宛)到 1918 年一直受到超民族帝国控制的原因,而与此同时,西方国家则一直平稳地向民族国家制度迈进;③ 评估哈布斯堡帝国对东中欧和巴尔干北部造成的长期影响和留下的遗产。这为评估 1848 年革命,分析 19 世纪匈牙利、奥地利和捷克的德国人聚居区的经济与文化的复兴,以及哈布斯堡帝国最后几十年发展早熟的"金融资本主义"和"垄断资本主义"奠定了基础(列宁和布哈林对希法亭在这些问题上提出的具有突破性的观点并没有多少补充)。

关于哈布斯堡帝国的遗产我们探讨了 1848 年以来出现在奥地利的德意志人与奥地利的斯拉夫人之间的"种族"冲突的原因和结果。最终，偏见、相互误解与不信任极大地推动了奥匈-德国的"自由党"向哈布斯堡帝国推销新的专制主义，这破坏了形成健康的社会与政治合作的潜力，由此在相当长一段时间内"毒害了"自由与民主的"源泉"。这也播下了第三帝国和数以千万"自愿的帮凶"在 1938－1945 年期间迫害成百上千万的犹太人、吉卜赛人和斯拉夫人的种子。我们强调的是 1848－1945 年作为东中欧主要政治力量的(泛)德意志"种族民族主义"(ethnic nationalism)的发展所造成的可怕后果，而不是仅仅强调"种族民族主义"在多种族地区所造成的可怕(并非总能预想到的)后果。这些结果应该被视为阴险可怕的"种族民族主义"所造成的危险的总体表现，而不应该视为"德意志民族性"的特殊产物。在更微观的层面上(因为它们包括更小的国家)，马扎尔人、罗马尼亚人、克罗地亚人、塞尔维亚人的"种族民族主义"已经展现出类似致命的趋势，而巴尔干、阿尔巴尼亚、希腊、土耳其、波兰、斯洛伐克则一直没有完全摆脱其控制。毫无疑问，犹太人是 20 世纪 40 年代欧洲不断发展的"种族民族主义"、种族排外和种族"清洗"的最大牺牲品，但这并不应该掩盖其对吉普赛人、斯拉夫人、科索沃人所造成的灾难性后果。

东中欧、波罗的海和巴尔干地区的每个国家都倾向于将自己对待少数民族的态度作为示范来展示，虽然他们彼此抨击或批评。这样的态度(一直如此)常常体现在媒体、历史书籍和政治宣言中，并且通常与将少数民族消融的政策结合在一起。这导致行为与文化标准不断降低，其实现方式既包括作恶者的某种形式的"道义的兽行"，也包括学校日渐转化为阻碍学生智力发展的"某种沙文主义的温床"(Jaszi 1929：330,340－341)。

最后，在研究这一地区和哈布斯堡帝国的外部关系时，我们强调哈布斯堡帝国在巴尔干地区中止与俄国长期合作的政策(从 1770 年代至 1840 年代)，以及随后自 1879 年后哈布斯堡帝国与德国结成联盟，使得欧洲分化成两个相互敌对的集团。随之而来的敌对、军备竞赛和冲突最终将欧洲拖入了第一次世界大战，这最终预示了欧洲的东欧帝国的瓦解。我们不仅强调哈布斯堡王朝君主专制存在的问题以及对它的错误估计，还强调在造成这一系列重大并极具破坏性的事件中，与塞尔维亚之间错综复杂的关系。

第三编　从民族自决到法西斯主义和犹太人大屠杀：1918－1945 年间的巴尔干和东中欧

第三编解释两次世界大战期间巴尔干和东中欧地区各种试图建立独立与民主的民族国家与充满生机的国家市场经济的努力最终失败的原因，并分析这些失败在上述地区造成法西斯主义传播的方式，以及作为其极致的大屠杀。一方面我们充分考虑到除东中欧和巴尔干地区的统治者的控制以外的外部因素，另一方面，我们主要强调 1919－1920年这些地区的和平协议的内在缺陷，以及从"种族"角度界定民族、民族自决的内在缺陷。我们大体上同意刘易斯·纳米叶（Lewis Namier）先生的观点：宪法制度的健康发展最有可能出现在将现有领土作为起点的公民政治中，而不是试图将领土绝对地对应于某个特殊的种族群体。"自决……争夺边界，忽视了现有国家及其内部发展，由此（培育起来的）国民与国际冲突往往会使宪法的发展变得毫无意义。"（Namier 1946：26－27）极端的种族民族主义和法西斯主义将民族自决推导出它的逻辑结论，这常常会造成非常可怕的后果。

我们接下来要讨论 20 世纪 30 年代大萧条的起源及其造成的严重影响。大萧条加剧了种族间的相互冲突，并强化了经济方面的民族主义、独裁主义和法西斯主义的趋势，进而有效地削弱了两次世界大战期间巴尔干、波罗的海和东中欧地区关于自由资本主义、自由民主和进步的社会改革的所有残存的希望。

在继续对关于巴尔干和东中欧地区出现的法西斯主义的性质、传播和意义进行考察之前，第三编还重新评价两次世界大战期间巴尔干和东中欧地区的农业与贫困问题的性质，20 世纪 20 年代土地改革的影响，以及这些地区出现的强大有趣的农民运动的意义和潜能。我们强调这些"种族"的"必不可少"的民族主义支持"种族的集权主义"(反对个体的权利与义务)、经济民族主义、国家社会主义和独裁主义,并且使它的追随者们倾向于使用法西斯主义或半法西斯主义方案来解决政治、经济、种族问题。

最后,第三编深入地探讨了共产党官方对法西斯主义,以及法西斯主义和共产主义之间殊死斗争的解释;流行的趋势是把那些解释视为粗浅和简单化的言辞而加以抛弃,由此造成的后果是,严重低估了那些解释的巨大思想作用,尤其是低估了当时共产党围绕下述问题的思考,即如何通过军事摧毁和武装推翻法西斯统治来扩张共产主义势力和影响。

第四编　在雅尔塔的阴影之下:共产党主导的巴尔干和东中欧,1945—1989

第四编对共产党在巴尔干和东中欧统治的兴起与衰落进行了解释。一种得到广泛认同的观点是,共产党政权的成功或失败最终取决于经济增长和消费水平增长的长期维系。这些目标全都不能通过它们自身自给自足地实现。由此,这最终要取决于他们如何在经济互助委员会(CMEA,在西方被称为经互会,Comecon)内部实行国家间或超国家的经济合作、劳动的分工和整合,以成功地避免或克服最初由"封闭"的自力更生和中央计划管理方式带来的自我施加的节制与限制;经互会还承诺给予特惠条件,让它们进入苏联巨大的市场并获得其矿产资源。经互会在其成员国之间进行高度整合的失败,最终导致了巴尔干和东中欧共产党政权的垮台。此外,我们还分析了一些导致共产党垮台的社会与政治因素,以及1989年剧变的重要影响。

第五编　后共产主义的转型

这是本书的结尾部分,评估了两方面内容,一是这些后共产主义国家向民主与市场经济转型以及重新获得国家主权的过程中所不得不面临的主要问题与困境,二是东中欧国家在2004年5月最终成功地加入欧盟，以及后共产主义的巴尔干国家延迟加入欧盟的那些根深蒂固的结构性阻碍因素。我们认为，获得欧盟成员资格的前景与结果已经深刻地改变了东中欧国家的组织机构和激励结构，这些东中欧国家的政府、政治家、企业和市民在那些组织结构内应对了民主化和政治、经济自由化的问题，并且（优先）建立了法制、有限政府和依法管理的民间社团。这些变革最终促成从"垂直型"权力关系与结构占主导地位（这已经困扰它们许久）演变为"水平型"权力关系与结构越来越占据主导地位的深刻转型。这些变革不仅仅创造出基本的法律与制度，并在此基础上形成了充满生机的自由民主、自由资本主义、有限政府和法治，而且还大大有助于不同的利益、种族、价值体系和信仰相互共存，并大大减少了相互之间的冲突与侵害。这两点在拜德勒克斯和杰弗里斯2007年的著作中有更为详细的论述。我们认为，在后共产主义的巴尔干国家，获得欧盟成员资格的前景与结果也造成了类似的变革。在后共产主义的巴尔干诸国，自由民主、自由资本主义、有限政府和法治的前景从根本上取决于欧盟信守自己在1999－2005年不断做出的那些承诺。这些承诺的内容意味着，整个巴尔干诸国（而不仅仅是罗马尼亚、保加利亚，以及还可能包括克罗地亚）会在指定的时间加入欧盟。

不仅仅是一个名称："中"欧和"东"欧两个术语的争议

许多身处"中间地带"的本地人都会强烈地反对西方习惯于将他们所处的地区称为"东欧"。雅克·鲁普尼（Jacques Rupnik）认为，从布拉格到布达佩斯，从克拉科到萨格勒布，重新发现中欧一直是20世纪80年代主要的学术和政治发展之一，毫无疑问，它也是后雅尔塔时代重塑欧洲政治版图的重要内容。（Rupnik 1990：250）

在一篇1983年首次以法语出版、后来在1984年又以《中欧的悲剧》为题用英文出版的颇具影响力的文章中，捷克作家米兰·昆德拉（Milan Kundera）宣称，匈牙利、捷克斯洛伐克和波兰（至少在精神层面）属于西欧的一部分。"西欧对一个匈牙利人、捷克人和波兰人意味着什么呢？"他问道。"几千年以来，这些国家一直属于植根于罗马基督

9

教的欧洲的一部分。他们参与到欧洲每个时期的历史中。对于他们而言,欧洲并不是一个地理现象,而是一种等同于'西方'这一术语的精神观念。当匈牙利人不再是欧洲人之时,也就是说他们也不再是西方人时(这一点是从他自身的命运而不是从其历史推演出来的),它自己的身份认同失去了根基。"在昆德拉看来,地理学意义上的欧洲(从大西洋一直延伸到乌拉尔山脉)长期以来"被划分为两个独立演进的部分:一个部分与古代罗马和天主教会紧密相连,另外一个部分则与拜占庭和东正教相关"。然而,第二次世界大战后,"两个欧洲之间的边境向西推进了几百公里",因此,好几个以前认为自己属于西方的国家忽然发现它们现在却位于东方。(Kundera 1984:33)

从昆德拉的立场来看,罗马天主教国家波兰、匈牙利和捷克斯洛伐克构成了"西方的东部边境",而不是东方的西部边境。(也许他有意识规避了信奉天主教的斯洛文尼亚和克罗地亚。)他认为,东方首先意味着俄国;"对于中欧及其追求的多样性而言,没有哪个国家比俄国更具外来性:统一、标准化、中央集权"。(第33页)确实,"在西方的东部边境,俄国并没有被视为一个更具欧洲色彩的强国,而是被视为一个独特的文明,另外一种文明……俄国经历了另外一种(更大的)灾难,具有另外一种空间形象(空间如此广阔,以至于整个国家淹没其中),另外一种时间观念(缓慢而耐心),另外一种嬉笑、起居和死亡方式。中欧国家由此感到,1945年后其命运发生的变化并非仅仅是一场政治灾难:这也是对他们的文明的破坏"。(第34页)

昆德拉尤其对泛斯拉夫主义保持警惕:"捷克人……喜欢天真地炫耀他们的'斯拉夫意识形态',并用以抵御德国的侵略。俄国人喜欢利用它来证明其帝国野心具有合理性。'俄国人喜欢将俄国人的每一样东西都被视为斯拉夫属性,这样以后他们就可以将每一样斯拉夫人的东西标识为俄国所有。'伟大的捷克作家卡雷尔·哈夫利切克(Karel Havlicek)在1844年宣称,他试图告诫他的同胞不要对俄国怀有愚蠢和天真的热情。昆德拉强调,1 000多年以来,捷克人'从来没有与俄国发生任何直接的联系。尽管他们之间的语言存在亲近关系,捷克人与俄国人从来都没有一处共同的领域：既没有共同的历史，也没有共同的文化'。此外，波兰人和俄国人的关系'一直以来就是一场生与死的搏斗'。约瑟夫·康拉德(Joseph Conrad)……写道，'没有什么比波兰人对道德约束的热情以及对个人权利超强尊重的性情同文化界所谓的斯拉夫精神更加背道而驰的了'"。(引文第 34 页)

这篇著名的文章发表之后，坚持要求将由捷克、斯洛文尼亚、波兰和匈牙利组成的地域称为"中"欧而不是"东"欧的呼声越来越高。这并非仅仅是一个语义学上的双关语。它触及该地区的自我形象和内心渴望的核心。这些关于"中"欧和"东"欧的讨论，代表这一地区的人民和国家在深入反省"自己过去是什么，以及应该是什么"。而且，(重新)确立已经不再具有时效的"中"欧概念的运动也是"反对雅尔塔体系的长期革命"，反对 1945 年同盟国将欧洲分割为受苏联和西方影响的两大区域。(Feher 1988)这场运动由此需要进行严肃思考，即使它所提出的问题远远多于它所解决的问题。主要的争论点是 1945 年的雅尔塔会议"创造了一个地缘政治实体——'东欧'，这是一个前所未有的政治组织或共同体"。(Feher 1988：20)

在 1989 年东欧剧变前夕的作品中，捷克斯洛伐克持不同政见者米罗斯拉夫·库西(Miroslav Kusy)宣称，"东欧"仅仅是"经互会和华约国家的政治权力阵营"，其居民可能具有的所有"作为东欧人的感觉""就像生活在动物园彼此接近的鹰和狮子所具有的感觉一样"。(Kusy 1989：93)有关中欧的方案渐渐填补了东欧政权崩溃后留下的历史和政治的真空。(Feher 1989：415)

"重新发现中欧"对于认识这一地区历史的方式具有深刻影响。根据著名的波兰裔美籍历史学家皮奥特尔·万德茨(Piotr Wandycz)的观点："波希米亚(后来的捷克斯洛伐克)、匈牙利和波兰确实属于西方文明。基督教及其所代表的一切从罗马传到他们那里，发挥着不同的作用，西方的影响是主导性的、持久的。"因此，东欧人"属于西方的一部分"，"受到文艺复兴、宗教改革、启蒙运动、法国大革命和工业革命等所有伟大历史潮流的影响，并亲身经历了这些潮流。他们和东方是极其

10

不同的"。这些靠近俄国和奥斯曼帝国的边陲之地"往往将自己当成,也被其他人视为基督教世界的壁垒……他们东部的边境往往被标识为欧洲的边境"。(Wandycz 1992:3)

杰出的匈牙利学者彼得·汉克(Peter Hanak)也指出,"中欧"是"西方的欧洲区",而不是"东方的西部的'边缘'"。在他看来,奥匈帝国"直到第一次世界大战,一直是自由宪政的东部边境。这个政治体制(尽管存在局限性和侵略性)传承和坚持着欧洲人文主义、启蒙运动和自由主义的遗产……君主政体(包括匈牙利)……处于西方充分发展的议会民主和东方独裁的中间形态。这就是'中欧'这个术语的确切含义"。由此,"这个地区的人……常常意见不合,发生冲突,彼此怀有仇恨,这一事实并不能否定这一实体的历史存在。相反,这是它存在的证据。它的国家大多数受到敌视、仇恨和冲突困扰"。(Hanak 1989:57,68-69)

由于地处西方基督教世界所暴露的东部边境,保卫着西方文明抵御亚细亚或俄国的"野蛮"进攻,波兰、捷克和匈牙利对于"欧洲是什么"形成了最为明晰的认识,由此他们成为比西方更为热情的"欧洲人"和"西方人"。高度称颂"欧洲人的身份"和"成为欧洲人的感觉"的人,并不是那些认为理所当然的人,而是那些最害怕失去它们的人。"中欧一直盼望着成为一个具有全部文化多样性的缩微版的欧洲,一个以欧洲人为主的欧洲。"(Kundera 1984:33)休·希顿-沃森(Hugh Seton-Watson)宣称:"这个世界上没有什么地方像处于欧洲经济共同体和苏联之间的国家那样如此广泛地相信欧洲文化共同体的现实性与重要性。"(Seton-Watson 1985:14)

文艺复兴期间,东中欧和克罗地亚在界定和普及这种关于"欧洲"的思想方面发挥了关键的作用。直到15世纪,欧洲的概念一直是"一种中性的地域表达方式"。它始于波兰、匈牙利、波希米亚、奥地利和克罗地亚的政论家,他们害怕欧洲受到势力不断上升的奥斯曼人的致命威胁,进而宣称他们和信仰天主教的统治者"不仅正在保卫欧洲的领土,而且还在保卫欧洲的价值观,以此来抵御穆斯林的进攻"。(Coles

1969：148；Goldstein 1999：32—34)"波兰籍教皇"约翰·保罗二世在1991年6月宣布："我们不必进入欧洲，因为我们在帮助创造一个欧洲，我们要比那些一味宣称欧洲主义的人更加努力地这么做。"(Kumar 1992：460)这一信念对于20世纪八九十年代的东中欧人和巴尔干的知识分子至关重要，有助于他们的国家在1989年后以极大的热情坚持经济与体制改革。它也指导他们重新整合进入欧洲的"主流"，之后成为欧盟和(稍弱程度上)北约的典范。

1993年，在回答"为什么欧洲的后共产主义国家应该努力获准加入北约？"的问题时，捷克总统瓦茨拉夫·哈维尔指出，他的国家有三个理由这么做。"首先，捷克共和国处于欧洲的中心，从传统方面来看，它一直是各种精神动态和地域政治利益的交汇地。"捷克人已经从过去苦难的经历中认识到："我们必须对欧洲其他国家的情况有积极的兴趣。这些问题影响我们的程度总是高于其他国家。这就是我们对欧洲具有高度的义务感的原因所在。"然而，捷克人并不想"没有付出就索取。我们希望在保卫欧洲和平和民主方面发挥积极的作用。我们常常间接地经历过这种对其他国家命运的冷漠心态，我们下定决心不会屈服于这种冷漠的心态"。第二，捷克人"与北约拥有建立在共同基础上的价值观，它的存在就是要保卫这种价值观。我们不仅仅赞同这种来自外部的价值观；几个世纪以来，我们已经为它的形成与发展做出了自己的贡献。那么，接下来为什么我们不应该参与对这种价值观的捍卫呢？"第三，捷克人对"1938年的慕尼黑危机有着深刻的记忆，当时，没有征询我们的意见，就把我们国家的部分领土当作交易品出卖给了希特勒。慕尼黑会议不仅仅意味着西方民主面对邪恶的纳粹的失败——西方为此不得不付出巨大的代价——而且还意味着那个时代欧洲集体安全体系的崩溃。这段经历告诉我们，对于一个缺乏保护的国家而言，坚定地参与到正在发挥作用的集体安全体系(根据自己和常规的利益考虑)是多么的重要"。更为普遍的是，捷克共和国、匈牙利、波兰、斯洛伐克和斯洛文尼亚"明显都属于欧洲文明的西部领域。他们……只是宣称与隶属其中的制度有着本能的亲和关系，他们在这里能够看到他们的安

11

全利益得到最充分的保证,他们也会积极地参与到其中去"。(Vaclav Havel,writing in *IHT*,20 October 1993,p. 4)

尽管如此,在消除西欧和东中欧的许多文化、经济和历史差异的过程中(如果不是更早的话,至少是始自 17 世纪以来),以及宣称他们的祖国长期以来在精神方面隶属于西方的过程中,这些"中欧"的新斗士们正告并鼓励他们的同胞,如果他们确实想要(重新)加入西方,并被认同为西方的一部分的话,他们不应高估他们由此可能不得不做出的经济、政治和文化方面调整的幅度。虽然没有人会否认东中欧具有"欧洲资质",也没有人会否认这一地区有别于俄国这一事实,然而,这并不能自然而然地使这一地区成为"西方"的地区。

本书的一个主要目的是为欧洲西半部和东中欧、巴尔干地区之间的某些历史差异提供一个公正但清醒的分析。这些差异早在共产党统治和冷战对欧洲分割之前的很长时间以前就已呈现,这些遗留下来的问题不可能一下子解决。试图欺骗这些国家的政府和民众,让他们把所处的地区视为天生就属于西方,由此所带来的危险之一是,可能会使他们不情愿接受加入欧盟和北约必经的痛苦调整的重要性与必要性。在这种一厢情愿和胡思乱想的思想基础上,他们所谓的"重返欧洲"不可能取得成功。这并不是一个微不足道的问题。它是一个不仅具有重大学术价值而且还具有巨大的实际价值的问题。

另外一个复杂的情况是"中欧"这个名字对于波兰人、捷克人、斯洛伐克人、匈牙利人、克罗地亚人、斯洛文尼亚人、奥地利人、德国人、乌克兰人、白俄罗斯人、立陶宛人、吉普赛人和犹太人有着极为不同的含义,更不要说对英国人、法国人、俄国人和意大利人而言。例如,昆德拉的"中欧"包括两次世界大战之间波兰、匈牙利、捷克斯洛伐克的成百上千万的前乌克兰裔、白俄罗斯裔和立陶宛裔居民吗? 毕竟,他们和他们的祖先,就像波兰人、捷克人和马扎尔人一样,参与到许多形式相同的历史进程中去,并具有相同的文化经历。几个世纪以来,他们都属于同一个"中欧"世界的组成部分。另一方面,对待乌克兰人和白俄罗斯人不同于那些同为"东斯拉夫人"的俄罗斯"远亲",这算得上公平和前后一

贯的吗？同样，将东中欧视作更具"西方性"而不属于巴尔干半岛，公平
或合理吗？虽然成为波兰和捷克的领土的那些地方从来都不是罗马帝
国的一部分(大多数地方都被昆德拉含蓄地排除在他的"罗马"或"拉
丁"西方的概念之外)，但是巴尔干半岛的大部分地方几个世纪以来都
曾经是罗马帝国的一部分。

　　一个更加复杂的情况是，多数西方人的"中欧"观念首先就包括德
国和奥地利。从一开始，"中欧"的概念就具有泛德意志主义、德国与奥
地利的帝国主义，以及德国对东中欧和巴尔干地区具有的经济和文化
霸权的色彩。地理学家约瑟夫·帕奇(Joseph Partsch)在他的著作《中
欧》(出版于 1904 年)中宣称："中欧所有国家，无论意识到与否，都属于
德意志文明的范畴。"(引自 Schwarz 1989：145)弗雷德利希·诺曼
(Friedrich Naumann)的名为《中欧》(1915 年出版于柏林)的畅销书借
尽情讴歌自然、登山、旅行、多瑙河与中欧的艺术，散布帝国主义口号，
贬低非日耳曼文化："德国将成为中欧的核心，中欧势必将会使用德
语……但是他们必须对其他语言显示出宽容和灵活性，因为只有那样
和谐才会占据主导地位。"(第 101 页)尽管如此，诺曼认为："中欧是依
靠普鲁士的胜利才得以产生的。"(第 57－58 页)(引自 Schwarz 1989：
147)同样，在一篇 1930 年发表于维也纳的文章中，阿尔布莱希特·霍
斯霍弗(Albrecht Haushofer)宣称："中欧……形成要归功于德国人。
离开德国人，它就不会存在。"(引自 Schwarz 1989：146)正是在这样的
背景下，捷克斯洛伐克的创建者和第一任总统托马斯·加里格·马萨
里克在第一次世界大战期间将"东中欧"(East Central Europe)这个名
称打造为对德语中使用的 Mitteleuropa 一词的强硬抗议，Mitteleuropa
曾被"用来证明德国扩张计划的合理性"。(Garton Ash 1986：210)马
萨里克将东中欧定义为"介于东西方之间的地域，重点指介于德国与俄
国之间的地域"。(Kumar 1992：446)这种用法最为我们偏爱。

　　昆德拉将"中欧"想象为高级西方文明价值观的载体或监护人，而
中欧和东中欧的角色则被视为对在泛德意志帝国主义、纳粹主义、大屠
杀和奥斯威辛集中营达到顶峰的极端非自由的思想、方案和教条的严

12

峻考验,将前者与后者相协调也是不容易的。用克罗地亚作家米罗斯拉夫·克尔莱札(Miroslav Krleza)的话说:"对于我而言,在审美层面上,中欧并不代表一个独立的区域……诺曼深爱的中欧统一体的理论要么被用作一种政治的托辞(泛德意志或奥地利的帝国主义……),要么被用作一种怀旧的期盼。"(引自 Matvejevic 1989:183 — 184)然而,至少那些从 20 世纪 80 年代就支持另一种不同概念的"中欧"的人都可能有意识或无意识想用德国替代俄国在东中欧与(在更稍弱程度上)巴尔干的影响力,他们希望德国可以迅速地重塑这些地区,并将它们重新整合入欧洲的"主流"。整体认同的形成与发展常常包括着充满机遇和潜在危险的竞争。

后来的"中欧"理论的鼓吹者公开地倾向于将这一地区的苦难归咎于俄国。诚然,通过与西方和东中欧更大的多元主义(如果并不总是包容的话)相比较,我们可以发现俄国的政治文化传统毫无疑问是单一的、绝对的、不能包容差异和异议。匈牙利哲学家米哈伊·瓦伊达(Mihaly Vajda)认为:"在俄国,人们并不能找到我们称之为欧洲文明的主要特色……欧洲的主要价值在于自由……仅仅受到他人自由限制的个体的自由。"(Vajda 1986:168)尽管如此,我们并不能被认为俄国/苏联要为东中欧的多元主义和法治传统受压制承担完全或主要的责任。当然,相信 1945 年红军进入之前东中欧是安乐窝,是非常好的。然而,正如捷克斯洛伐克的持不同政见者米兰·塞姆卡所评论的,并非苏联而是纳粹德国"连根撕毁了中欧国家的政治与文化标准,中欧国家设法将这种标准不同程度地完整保存到 1937 年……此刻,中欧的悲剧开始展现,东方的影响其实微不足道……我们最终归结到过去的毒瘤在西欧历史中得到滋养,并不断侵蚀着西欧思想运动的遗产"。(Simecka 1985:158 — 159)1987 年,塞姆卡毫无偏见地描述到,第二次世界大战后"东中欧国家既没有政治方面不成熟,也不像昆德拉让我们想象的那样单纯……每个国家都试图为它们自己攫取尽可能多的东西……在那个年代,'主导价值观'是所谓的'国家利益',而不是国内的自由"。(Simecka 1987:179)确实,"另外一种文明"(俄国)的影响之

13

所以如此有效,原因之一就是在一定程度上我们赋予了它滋生的肥沃土壤。(第 180 页)

卡夫卡式的虚构世界在东中欧某种程度上可说是共产主义政权的预兆。蒂莫西·加顿·阿什(Timothy Garton Ash)也指出:"特别是东中欧的传统……至少有利于在匈牙利和捷克斯洛伐克建立共产主义政权……在极其荒唐程度(有时已经达到非人性的程度)上被吸纳具有超级官僚政治色彩的中央集权经济体制和形式上坚守法律的条文主义,尤其是 1914 年以前东中欧的特点。"他形象地问道:"到底什么是历史上中欧更大的特点:普世的宽容还是民族主义和种族主义?"(Garton Ash 1986:195)用瓦茨拉夫·哈维尔(Vaclav Havel)的话说:"我们不仅在与共产主义的遗产斗争,而且还在和过去一直困扰我们历史的许多更遥远的问题斗争。"(Havel 1994b:163)

由于极其渴望将他们自己的"祖国"尽可能明显地与正统的东欧世界区分开来,像昆德拉(1984)、史祖斯(Szucus)(1988)、汉克(1989)和万德茨(Wandycz)(2001)这样的学者都极大地夸大了在所谓的"东方",尤其是沙皇帝国的"另类性"、压迫、同质性、中央集权、农民贫困、经济停滞和缺乏个人进取意识。事实上,晚期的沙俄出现了巨大的经济繁荣,推动它的因素包括农业进步,不断提高的民众识字率、预期和消费水平,地区功能与职业专门化日渐凸显、西式的阶级分化、外国直接投资和数以百万计的小资本主义企业主以及某些"第一流"资本主义企业主的出现,等等。帝国从来都不像被滥用的俄国"东方专制主义"概念所显示的那样停滞、单一、中央集权。(见 Blanchard 1989;Bideleux 1987:11—18;1990;1994)

那些表示相信"中欧"具有实际或潜在的统一性与凝聚力的人,可能低估了其内部具有的明显离心趋势。这一揽子具体的共同价值观将这些国家紧密联系在一起,这种观念如果不是仅仅局限于知识分子的小群体的话,可能会更加具有说服力。在考察上面由瓦茨拉夫·哈维尔提出的"中欧"概念时,匈牙利作家乔治·康拉德(Gyorgy Konard)和 20 世纪 80 年代波兰杰出的历史学家亚当·米奇尼克(Adam

Michnik)指出,市民可能会主要依靠他们自己的进取心和道德资源创造自己的民主制度和自治联合会("市民社会"),以此来补偿国家未能鼓励和培育他们那么做,当时政权主要致力于镇压所有独立的政治和文化活动。(Glenny 1990:1986)由此,乔治·康拉德指出,与西方市民社会控制国家的情形不同,中欧的特点是市民社会独立于或脱离国家而存在。中欧是这样一个地区,在这里,市民社会不得不与国家分离,并越来越多地使用自己独立的价值观、意识形态、结构取代官方的国家价值观、意识形态和结构。"虽然我们没有理由成为西欧人,但是我们也不是东欧人。"(Konrad 1984:91—114)在20世纪七八十年代期间,东中欧的持不同政见者形成了一揽子的共同价值观念,包括强调社会自我组织和自我防卫、非暴力、个人优先于国家和社会,以及个体人权居于首位。(Garton Ash 1986:197—204)"真理和某些基本的价值观念,如对人权、市民社会、个体的自由以及法治的尊重——这些都是紧紧将我们联系在一起,并且使我们一次次与不平等的权力进行斗争变得具有价值的观念"。(Havel 1994b:215)这些斗争的出发点"既不是权力欲望,也并不是对世界充满意识形态的认识,而是一种道德立场",它往往会推动形成"一种团结一致、具有创造性、合作精神、忍耐和不断深化的责任心的氛围"。(第216—217页)

14

20世纪80年代"中欧"观念的复兴是短暂的。1989年后,当共产主义政权和苏联的霸权垮台后,有关东中欧持不同政见者联合起来。反对共同的压迫者的记忆,迅速消退(当然,著名的瓦茨拉夫·哈维尔是个例外)。以前持不同政见、现在已经在新的后共产主义政权中获得高职位的知识分子们很快走向堕落。与此同时"中欧人"的理想在愈演愈烈的国内竞争和对西方投资、经济与政治援助的争夺中最终走向破灭。1993年1月1日,捷克斯洛伐克解体,分为捷克共和国和斯洛伐克共和国,这对于东中欧成为一个建立在共同价值观、信念、经历和愿望基础上的概念形成了更大阻碍。

甚至昆德拉也承认,"中欧并不是一个政治实体;它是一种文化或命运。它的边界是想象的,必须根据每个新的历史情况划分或重新划分"。(Kundera 1984：35)1986 年乔治·康拉德同样承认"中欧"并不是一个现实，而是一个方案或愿望："关于中欧的观点具有的革命性恰恰是这样一个事实——今天它仅仅是一个梦想。通过将东欧与西欧的政治现实相比较，中欧仅仅是作为一种文化的反假设而存在……如果没有中欧，就没有欧洲。如果不坚守中欧的乌托邦的话，我们就必须退出这个游戏……成为中欧人并不意味着具有民族性，而是意味着对这个世界形成了一种展望。"(Konard 1986：113－116)普雷德拉格·马特杰瑞(Pedrag Matvejevic)是萨格勒布大学的一位教授，他宣布："中欧，或者实际上是它的残存，正处于从他们遭受的损失中恢复的艰苦历程中……中欧正沉溺于甜美的记忆中，艰难地同自己的地方偏狭观念斗争，并且常常证明自己缺乏能力恢复它的旧传统。"(Matvejevic 1989：190)甚至昆德拉也承认："中欧的概念在寻求生存的斗争中已经耗尽了它的力量。"(Kundera 1984：34)

正如蒂莫西·加顿·阿什指出的，"如果'中欧'这个术语获得一些积极的实质内容，那么这场讨论将会从对历史上中欧的真实遗产和当前中欧真实状况夸夸其谈的、充满感情色彩、诅咒式的审视转变为冷静的、严肃的考察"。目前本书就可以视为对于解决这两个任务中的第一个任务所作的贡献。

我们并不怀疑东中欧作为一个具有相当独特文化与历史意义的地区(从本质上而言，它是前哈布斯堡帝国的东部领土，它很明显区别于德国、意大利、瑞典，也区别于巴尔干的南部和东部与俄国)而存在。尽管如此，我们还是发现了更充分的理由来证明将东中欧视为欧洲东部最西方化的地方，而不是将其视为欧洲西部最东向的扩展的合理性。出于对这个占据我们研究生涯大部分时间的地区，我们怀有尊敬和深爱(而不是鄙视)并接受这一观点。这一观点可能会冒犯那些坚称他们和他们的祖先长久以来一直感觉自己属于"西方"的一部分的东欧人，但是这个观点并非是基于无知，也不是基于敌意形成的。更加重要的是，正如上面所提到的，它认可东中欧中为了实现(重新)融入欧洲"主流"的愿望而不得不做出的社会、文化以及经济方面的诸多调整。

15 **差异的逐渐形成：欧洲内部东西分化的逐渐显露**

11—17世纪，尽管1054年后罗马天主教和东正教之间出现了持续的分裂，但是很少有人关注或聚焦于"基督教世界"(这是那个时代人们对"欧洲"偏爱的称呼)框架内东西方之间的差异。(Wandycz 1992：2)只是在1237—1241年蒙古入侵后，西欧人才"开始构建东欧时代的概念"。(Curta 2005：3)确实，拉里·沃尔夫(Larry Wolff)已经雄辩地指出，恰恰是启蒙运动期间，相比于较之长期存在的欧洲南北方之间的分化，东西欧之间的分化变得更加明显："在思想史中，东欧的创造往往是自我巧妙促成的，有时完全是自得的事情，借此西欧得以认同自己，并肯定自己的优先地位。"(Wolff 1994：360)直到18世纪，南北欧之间的差异——一个更温暖，更"文明"和更多以城市为发展导向的希腊–罗马的"地中海的南方"和一个更寒冷、更严酷和更多带有乡村色彩的日耳曼或斯拉夫人的"野蛮的北方"，要比欧洲东西方之间的差异，诸如西方的"拉丁基督教世界"和东方的"东正教世界"，更加深入地根植于公众的感受。沃尔夫指出，18世纪启蒙运动期间西欧的作家、思想家、旅行家和有闲阶级在头脑中构建起来一个新"东欧"，这是因为波兰–立陶宛和俄国之间重新划界——最终从"北方"欧洲变成"东方"欧洲。东方正统基督教(东正教)世界与西方/拉丁基督教世界之间更早的文化与宗教分裂，远不如启蒙运动期间的哲学家和旅行见闻录的作者们构建的东西方差异那样意义深远。启蒙运动培育和传播了西方对东欧新的、极度贬低其身份的认识与态度。这些新的认识与态度有助于在欧洲的东西部固化新的文化与地域政治权力关系和分布，这些欧洲内部突出的东西方权力关系和分布在19、20世纪变得更加稳固。(Wolff 1994)

尽管如此，欧洲东西方分裂的起始时间还是可以上溯到公元285年和395年罗马帝国分裂为东西两个部分，并随着双方分歧不断加深，最终形成了东方东正教和西方(罗马)天主教之间的分裂。在西部和西北部欧洲的"蛮族边缘地"，西罗马帝国在5世纪的解体为分裂、权力分散和一直充满战争的封建政体的形成打下了基础。这种封建政体，与其说是有意设计，倒不如说是幸运，最终在西方封建社会的裂缝中孕育出宝贵的农业和城市资本主义。由此，分裂、不统一、异化这些常常被视为中世纪西欧政体与社会的内在系统性障碍，在近代早期却变得异常有利。当时相对分散、异化和碎化的权力结构允许或者甚至培育出充满竞争和动力的经济与社会，这些经济与社会以相对自由的市场力量、现金关系、越来越客观的法治和契约，以及越来越世俗并由法律治理的市民社会为基础。随后这又为原初的国家君主政体、原初的工业经济和正在发育中的"市民"民族国家的出现创造了条件。

公元 6－8 世纪，西欧的各个政权严重的分裂有助于形成一个权力通常分散的社会，在这个社会中，权力向下分散到相对独立的土地贵族、教会的领主和市民。在一篇关于根深蒂固的欧洲东西方分化起源研究的极具影响力的文章中，匈牙利哲学家杰诺·斯苏兹（Jeno Szucs）强调了使西欧的"国家"与"社会"持续分离成为可能的几种方式所具有的重大影响力。（Szucs 1988：298－299）它也允许罗马天主教得以逃避国家"对教会的绝对控制"与监护，并肯定了其精神权威和领域的独立性。（第 299－300 页）这与东正教的情况形成鲜明的对照，在巴尔干和俄国，东正教依然相对依附于国家。此外，在西欧，世俗与精神领域的分离使其有可能从宗教伦理学和神学中区分出政治学，并有助于世俗的政治思想和世俗的权威概念的发展。"西方世俗领域与宗教领域，意识形态和政治领域的分离极其富有成果，没有这一分离，未来的'自由'、'社会'的理论解放、未来的民族国家、文艺复兴和宗教改革就可能永远不会随之发生。"（Szucs 1988：300）确实，"中世纪以来西欧发展的真正重要特点就是国家与社会的逐渐分离。从西欧政治与社会的分解与碎化的过程中，衍生出新的城市共同体，在这些城市共同体中，个人的态度与行为越来越少地受到传统的影响……最重要的是，各个群体之间的关系越来越通过契约来确定"。（Vajda 1988：341）这样的历程在中世纪的巴尔干只是极其有限地发生过，在中世纪的俄国，从 12 世纪以来，在萌芽之中就被消灭，只是在中世纪的东中欧得到了

16

不充分的发展。

人们普遍认同欧洲信仰新教的那部分地区要比其余罗马天主教控制的地方更加重视大众教育,并允许更大规模的辩论、调查和异议,但是罗马天主教拥有很高的权威,实际上人们还是感受到它对大众教育带有威权主义、偏见和对大众教育带有恐惧。罗马天主教会一直以来要比东正教更加重视学术和对自己的神职人员与统治阶级的教育。东正教能够忍受极端的无知,并在它的神职人员和世俗之人中间消除偏见。同样,罗马天主教一贯反对世俗权威延伸到精神领域(在最近的共产主义波兰和匈牙利),这常常与东正教更加服从于世俗的统治者形成了鲜明的对照,这些世俗的统治者是拜占庭、保加利亚、塞尔维亚、奥斯曼、俄国的独裁者或共产主义者,虽然史蒂文·伦西曼(Steven Runciman)明确告诫不要夸大两者的差别。(Runciman 1968:7)罗马天主教会脱离世俗统治者而具有的更大独立性,并不是罗马天主教教义生来就有的。相反,西欧陷入了由所谓的"蛮族"入侵造成的政治解体和混乱,以及西罗马帝国的崩溃,才使得罗马天主教确定和巩固了自己脱离于世俗统治者的独立性,而东正教在拜占庭、奥斯曼、沙俄和苏联帝国中仍然处在某种类似于"巴比伦之囚"的状态。在公元9世纪,查理曼在西欧重新建立了一个世俗政体,"充分利用了最后保留的法兰克人的制度",以及最后残余的罗马帝国传统。然而,"这些保留下来的传统与制度已经被消耗殆尽,这个临时搭建起来的大厦被源于下面的新的因素(附庸关系)一劳永逸地摧毁"。(Szucs 1988:300)随后尝试重新建立一个包含一切的神圣罗马帝国也只是成功地延缓了一个统一的德国在19世纪后期出现。

对于中世纪的西欧而言,幸运的是,那里出现的附庸关系的形式能够保存或重新获得贵族、教会和城镇在所谓的"黑暗时代"曾经获得的大量自主性,并且在统治者及其封臣之间建立起半契约式关系。(Szucs 1988:300－301)在1050－1300年期间,西欧的"封建"经济经历了一个充满活力的扩张期,并伴随着城镇、城市、城邦兴起,农业、工业、金融和商业方面出现重大技术和组织进步,生活水平大大提高,贵

族和城市贵族社会地位得到提高,以及更为富裕的阶层的权利和自由
获得极大的扩展。与东正教的基督教徒和亚洲的专制统治相比,西欧
的依附关系很少要求贵族或富裕阶层在面对最高领主时卑躬屈膝。他
们通常被要求直抬起头,握住他们的领主的手,而不是必须匍匐在他的
脚下。确实,西欧封建主义最重要的特点就是它开始将"人的尊严作为
其政治关系的一个基本构成要素"这一概念奉为神圣。(Szucs 1988:
302)而且,政治的分裂、权力的分散,以及由此产生的众多微小的司法
管辖区(每一个地区都有自己的法庭和习惯法)都为法治、相对独立的
基督教世俗文化,以及统治者在相当大程度上感到必须尊重的价值观
念与道德观的发展提供丰富的土壤。(Szucs 1988: 302 - 303)从而,
行政、军事、财政和司法的职能最终与统治者个人的权威相分离,并在
封建社会各个阶层当中进行分配。因此,贵族、教会、城镇和法庭越来
越大的自主性促进了西欧"市民社会"、"市民自由"和契约市场关系的
发展。这使得自由得以往下延伸,将脆弱的义务关系加速转变为现金
关系,并使得农奴制逐渐瓦解。(Szucs 1988: 305 - 306)

"市民社会"的概念在13世纪开始使用,并且涉及自治制度和自治
活动的发展。西方逐渐接受了这一观念,即统治者(甚至假定的"专制"
统治者)必须尊重法律,在法律的范围内行事,由此他们要对被视为抽
象的法律实体的"社会"负责,甚至要服从于这个"社会"。(Szucs
1988: 308)在西方,更为重要的是,人们越来越认为,"市民社会"应该
控制统治者或国家,而出现(如果确实出现的话)在欧洲东半部(包括东
中欧)的那些更为虚弱的"市民社会"通常被视为反对统治者或国家。
换句话说,当西方在"市民社会"与统治者/国家之间呈现出一种越来越
合作、一致认同的关系时,东方却在相对发育不足的"市民社会"与通常
更加强大的统治者和国家之间呈现出一种更具敌对和对抗的关系。

在15 - 18世纪,东西方的这些差异由于经济与技术方面的发展
和以欧洲的大西洋海岸为中心、在地缘政治上居于霸权地位的"资本主
义世界体系"的出现而被扩大了,与此相关,东中欧、巴尔干和俄国降为
欠发达国家和越来越具有依附性的"半边缘地区"的角色,他们主要生

17

产和输出原材料或半加工的初级产品,换取西欧的制造业产品和商业-金融服务。然而,我们认为,欧洲内部东西方的劳动分工要比伊曼纽尔·沃勒斯坦提出的(1974a,1974b)(见下文第 91 - 109、140 - 141、155 - 190 页和 McGowan 1981:2 - 9)国际劳动分工产生时间更晚,产生过程更加渐进,而且内在原因更多。

　　不仅仅是政治、文化和制度等人为因素阻碍了东中欧和巴尔干的发展。与西欧相比,东中欧的大部分地区被陆地包围。西欧更受益于适于航行的河流和海岸水位,而巴尔干半岛的大部分地区则是相对难以渗透的山地。1941 至 1945 年德国占领军队在南斯拉夫、希腊和阿尔巴尼亚费了很大力气才认识到这一点。西欧的大部分地区比欧洲的东半部更加湿润、气候更加温和,生长季节更长,山地更少,土壤侵蚀比巴尔干地区更少。这种自然优势使得西欧更容易成为在商业方面彼此联系的贸易和手工业中心。根据法国杰出的中世纪史研究专家乔治·杜比(Georges Duby)的观点,这样的贸易网络早在 1180 年就已经建立起来了,他将其称为"欧洲经济史的主要转折点"之一。(Duby 1974:257 - 270)与之相反,"此时,以及之后,并不存在这样的商业中心网络来连接巴尔干和拜占庭的领土⋯⋯巴尔干缺乏出海口和适于航行的河流,再加上奥斯曼土耳其对小麦的垄断(目的是为了向君士坦丁堡提供价格极其低廉的粮食)都阻碍了其他城市的谷物市场整合入"国家市场"。这使得 100 公斤的小麦运输 100 公里的成本要高于它的购买价格。在这种状况下,大宗贸易很难兴盛起来。(Lampe 1989:180,184)

　　这些因素有助于解释巴尔干和东中欧的人口密度相对较低,以及规模大的城镇和城市比较稀缺的原因。这与东中欧所谓的"农奴制再版"造成的后果结合在一起,进一步限制了市场的商业机遇和规模。1700 年巴尔干和东中欧人口加起来只有 2 200 万,和同时期的法国人口大约相同,而 18 世纪早期,这些地区真正具有重要意义的城市只有君士坦丁堡(40 万人)、维也纳(12 万人)、布拉格(5 万人)、华沙(3 万人)。(Okey 1982:21,32)除了这些重要的城市以外,近代早期东中欧和巴尔干绝大多数地区都是农村。这些不利的因素,再加上西欧殖民地商业的发展，以及世界主要贸易路线从地中海和波罗的海转向欧洲的大西洋海岸，使得东中欧和巴尔干远远落后于从事海运的西欧，而西欧社会开始越来越发展出具有更高的思想、职业和商业自由的、世俗的、城市的"市民"社会。

然而，至少到 17 世纪早期，西欧(无论从哪个方面来界定)在经济和技术方面都不比东中欧和巴尔干地区要明显"更加发达"和"更加先进"。这在一定程度上是因为经济发展、教育和人均收入水平在每个地方都要远远低于工业革命之后的水平，因此东西方之间的经济、社会、文化差异的范围在遥远的过去要远远小于进入现代工业和后工业时代，只有在这个时代，他们中的富有者才有可能极大地加剧这一地区内部的不平等。而且，至少在 1204 年西北欧的十字军洗劫君士坦丁堡之前，(Haldon 1997：16)或者直到 16 世纪奥斯曼帝国达到顶峰之时，(Braudel 1997：16)巴尔干半岛的部分地区依然普遍被认为(确实他们自己也认为)要比相对遥远、人口稀疏和不太发达的西北欧的"野蛮边缘地区"具有更高的知识、道德、文化水平和经济能力。同样，东中欧的部分地区(例如波希米亚)直到 17 世纪头十年依然有可能像西北欧的许多地方一样"发达"或"先进"。(见本书边码第 140－141 页、155－159 页、176－179 页)

这种直到第一次世界大战一直在欧洲东半部占据主导地位的相对集权、专制主义、刚性和令人压抑的权力结构是外部强加的，也是极为辉煌的，但是它的长期效应却导致僵化。拜占庭(东罗马)帝国从 1453 年直至 19 世纪或 20 世纪早期一直被奥斯曼帝国所取代。即便那些似乎开始沿着类似 10－16 世纪西欧发展路线发展的东中欧部分地区，也逐渐并最终陷入失去活力的哈布斯堡王朝的天主教—专制统治。起初，这呈现为一种相对温和和宽容的方式，在 1526 年摩哈赤战役中，匈牙利和波希米亚军队被奥斯曼人决定性地击败。在多灾多难的"三十年战争"(1618－1648)中，当哈布斯堡王朝战胜东中欧的新教军队后，东中欧的专制主义继续发展，变得意义更加深远、更具有压制性和限制性，而在随后 1686－1699 年哈布斯堡王朝"解放"或重新征服了匈牙利之后,这种情况变得更加突出。这些主要的阻碍因素还伴随着广泛的非城市化、商人和手工业者的迁移,以及领主对深受践踏和越来越农奴化的农民行使的权力不断加强。这不仅仅在哈布斯堡王朝控制的区域是事实,而且在邻近的波兰-立陶宛共和国,早在其逐渐地被其专制主义的哈布斯堡王朝、罗曼诺夫王朝和霍亨索伦王朝三个邻国分别于1772、1793 和 1795 年瓜分之前,也是如此。

然而,恰恰是西北欧的工业革命,加上东中欧和巴尔干越来越专门生产低端和回报率低的初级产品,使得欧洲东西方之间人均国民收入方面的差距猛然拉大,从 19 世纪 50 年代的大约 2∶1 扩大到 3∶1。(Bernard 1986:339)到了 20 世纪,这一经济差距进一步扩大,即使按最乐观地假设,也要持续到 21 世纪。如果巴尔干和东中欧国家继续遇到他们在近代反复经历的那些危机,那就将会成为一个更加漫长的过程。

"种族民族主义"和"种族集体主义"的恶果

在西欧,中世纪晚期和近代早期的"封建主义危机"通常加速了原初形态的民族国家(通常是君主政体的国家)的形成与巩固,但是在东欧相应的危机产生的结果却有助于"专制主义"的多民族帝国政体的形成与巩固,直到 1918 年,它一直成功地控制着欧洲东半部的大部分地区。(Anderson 1979,多处可见)这种情况造成的一个主要后果是,在西欧,原初形态的民族国家建立后(或者,在某些情况下,是由于原初形态的民族国家建立),现代民族主义得以发展,而在欧洲的东半部,在民族国家形成之前,现代民族主义却孕育于多民族的帝国政体中。这反过来意味着,虽然西欧国家主要根据具有包容性和与"市民"相关的术语来思考和界定(为特别的国家和地区),民族主义也主要用来培育一致的民族认同和对现有国家的忠诚(它常常将文化方面存在差异的人包容在内),而在欧洲的东半部,他们注定需要用更加排外的文化或"种族"术语来思考和界定,因为这些国家既不是源自他们所处的现有的多民族帝国,也和这些帝国并不相同。在 19 世纪与 20 世纪期间,这些看似不太重要的差异在许多方面成为东西欧政体与社会之间致命的差异。"在众多的战争中,民族主义成为东欧的祸根,一种是政治的祸根,一种是经济的祸根。前者是因为民族的痛苦,无论真实与否,都为残暴的镇压提供了托词,为纳粹的统治提供强有力的理由。后者是因为国家的关税壁垒构成发展的障碍。"(Warriner 1950:64)

即使这种排外的、经常是无知的"种族"民族主义不是 20 世纪东中欧和巴尔干政治的"原罪"或"罪恶的根源",那么,它也是非常接近于成为其根源的。它使这些地区的自由主义和民主的"源泉受到毒害",无论是在独立的民族国家出现前后都是如此。它也严重扭曲和阻碍了法治、机会均等与市场经济的中性运作。种族之间的紧张、嫉妒和冲突成为通向多元自由民主和市场经济曲折道路上的主要障碍,虽然它们并没有导致直接的战争。自由主义和法治的失败深深地压制了巴尔干和东中欧社会已经确立的根基,从而使得他们更加难以控制或约束"种族"泛滥。"每个国家占据主导地位的民族都不加选择地将国家视为他们自己的所有物,无论这个国家多么不民主"。(Vajda 1988:344)在 19 世纪和 20 世纪早期的东中欧与巴尔干,民主方面的大多数实验都退化成令人无法容忍的极权主义,从而将少数民族的权利践踏在脚下,最终也践踏了那些数量占据多数的民族的权利。在种族民族主义和种族集体主义的摇摆下,民主化与其说是对个人的权利提供授权和支撑,倒不如说是对具有潜在压制性的集体的要求给予更多的授权与支持。只要每个占据主导地位的种族群体认为他们对于特定国家和领土拥有绝对所有权,那么在这些愚昧的、深受战争创伤的地区,爆发种族间暴力冲突的巨大可能性终究难以挥去。

由此,东欧民族构建与国家构建的进程启动较晚而且进展迟缓,此外,"种族"或"内在的"民族主义占有突出地位,原因主要在于,长久以来,东欧的政治、社会、经济状况和结构很大程度上不同于西欧。正如我们将在第一编和第三编清楚指出的,我们并不承认常常宣称的东西欧存在的"种族构成"和"性情"方面的先天差异。我们认为这种文化方面的陈词滥调和讽刺模仿与种族偏见和种族主义密切相关。在我们看

20

来,东欧各个民族和他们或迟或早创立的民族国家的独特政治与文化状况,并不是与生俱来的,而是由结构决定的。可惜的是,在欧洲东半部民族主义形成的结构和背景并没有强化民族的忍耐和相互尊重的发展,而是与之发生了冲突。在西欧,市民社会(指的是充满活力、自治的和多元化的社团在法治背景下发挥越来越大的作用)主要"保卫多元化和自治,反对国家的侵入与蚕食",但是在东欧部分,潜在相似的情况却成为"国家认同的支柱,这种国家认同常常有外来统治者和国家"以及"主要的民族保卫者"的危害。这"在抵抗非民族或反民族力量的共同立场的名义下创造出特定的统一标准和不再忍耐的情绪",这是"一种受包围的堡垒中形成的心态"。(Wandycz 1992:8)在17世纪和18世纪,波希米亚、匈牙利和波兰-立陶宛陷入外来的专制帝国统治之前,多种族的"政治国家"确实已经在东中欧开始出现。"这是国家形成的中断……它妨碍了国家沿着西方的路线形成的过程。最终的结果是一种根据种族和文化语言标准进行思考,并结合了浪漫主义表象的不同的国家概念得以发展起来。"(Wandycz 1992:7)

在处于"帝国主义统治"几个世纪以后,主要在所谓的几个"监狱国家",长期生活在水深火热之中、受到压抑的东中欧人民最终在第一次世界大战后获得了"解放"。但是即便是欧洲的东欧帝国解体之后,欧洲的东西半部依然继续保有重要差异。其中有些差异在弗朗科伊斯·德莱西(Francois Delaisy)的那本颇具影响力的《欧洲》(1924),亨利·蒂尔特曼(Henry Tiltman)依然令人着迷的《农民欧洲》,以及戴维·米特兰尼(David Mitrany)的那本《马克思反对农民》(1951)中均有所体现。

米克罗斯·杜雷(Miklos Duray)是20世纪80年代斯洛伐克的一位直率的匈牙利族人,他认为,除了独特的社会与经济结构,这些从哈布斯堡帝国、沙俄帝国、霍亨索伦王朝和奥斯曼帝国解体中产生的国家的政治体系和文化也受到"国家思想专制化"的致命伤害,主要是通过一种令人无法容忍的,会在不同民族间树立新的障碍并引发新的冲突的多数主义或"极权民族主义"造成的。(Duray 1989:98−99)"在那些胜利出现在历史舞台的新的国家的政治设计方案中,只是为他们自己的权力利益,为占据统治地位的民族的利益留下了空间。这些方案并没有为失败民族的民族与文化利益留下空间……也没有任何条款用于保护国家的少数民族的利益与认同……恰恰是在这方面,甚至是在苏联霸权或共产主义独裁出现之前,东中欧就已经最为明显地把自己与西方区分开来。"(第101－102页)同样,在1945年纳粹的"新秩序"崩溃之后,"这种情况推动并促成了不受限制的行为,这是因为种族完整的观念占据统治地位,而现代欧洲的传统与希特勒或斯大林的思想一样都是外来的"。(第104页)杜雷沉痛地指出,自从1918年以来的70年,"东中欧在达成解决方案方面各邻国之间的状况并没有得到大的改善,尽管事实上这一地区的国家都有着相似的过去"。(第110页)这造成的潜在结果是严重的:"出现在西欧,特别是用来作为解决社会、政治和意识形态冲突的手段的政治多元主义……这种政治多元主义的概念脱离了东中欧国家传统的政治文化。甚至可以说与我们的传统相悖。"(第112－113页)这种情况有利于最主要的政治价值,这种政治价值与生俱来就是无法商榷的和绝对的,而并非是"带有实用主义算计、讨价还价和妥协特征的政治利益"。(Batt 1994b:37)

西欧的法治、多元主义、自由民主和市场经济的实现来之不易,是在一个多世纪的斗争和不断累积后才收获的。在1989－1991年欧洲共产主义政权垮台后,仍然无法保证建立自由民主和自由资本主义(这一过程在西方曾经是曲折、不稳定和漫长的)的斗争在东中欧可以压缩为一二十年完成,这尤其是因为这些地区似乎并没有为政治、社会和文化的容忍与法治提供非常有利的基础。获得一个"现成的"真正民主的体系和运转中的市场经济的可能性(如有的话)微乎其微,这种情形类似一个人打算购买一件现成的西装。对于后共产主义国家而言,模仿西方自由民主和市场经济的外部表象,要比模仿他们的内部实质要容易得多。毕竟,正如哈维尔坦陈的那样,共产主义统治"远非仅仅是一个群体对另外一个群体的独裁。它是一种真正的极权主义制度,也就是说它渗透入生活的每一个方面,并改变了它所触及的每一样东西的形态,包括全部已经形成的人们共同生活的自然方式"。共产主义政权孕育出"一种特定的价值结构和行为模式……当共产主义的权力和它的意识形态崩溃时,这种结构也随之崩溃。但是人们无法轻而易举地吸收和消化这种与市民社会和民主的基本原则相配套的新的结构"。20世纪90年代早期由此充斥着各种危险:"在一种体系崩溃和另一种体系尚不存在的情况下,许多人感到空虚和失落。这种情况为各种形式的激进主义、为寻求替罪羊、为掩盖不知名群体(无论它是以社会为基础的群体,还是以种族为基础的群体)的需求提供了坚实的基础。它鼓励仇视社会的、不惜任何代价的自以为是(这种情感能够容许一切存在)和自私自利情感前所未有的膨胀……它形成了……政治极端主义、原始的消费主义崇拜、外来的道德观……形形色色的旧式爱国主义、宗教复兴的救赎观念、保守主义和仇恨形式。"(Havel 1994b:221-222)对于后共产主义的欧洲国家而言,克服根深蒂固的"本土生长的"排外和无知的"种族"民族主义和种族集体行为,要比抛弃主要是外来的和外部强加的马列主义意识形态遗产,困难得多。

尽管如此,对于后共产主义的国家而言,抛却其统治的遗产必然要花费大量的时间。过去的政权存在着普遍的共性。腐败、违法和依赖黑市是日常生活的问题,为了保护儿子、女儿、父母和亲密的朋友,许多人克制自己,不敢就遭受到错误谴责进行申辩(甚至不敢告诉自己的邻居)。试图围捕所有的坏人并使他们受到纽伦堡式的审判,这既不可能得到实现也不能令人满意。大批的"清洗"和政治迫害自始至终得不到控制,造成残酷的清算和执法不当,由此宣布了太多无辜的牺牲者有罪,从而危害了健康的政治激进主义。(见 Krastev 2004)在1990年1月1日的新年演讲中,哈维尔总统谨慎地警告他亲爱的捷克同胞,要克制自己,不要为过去的统治结果寻找替罪羊:"我们必须接受这个遗产作为我们自己犯下的原罪。如果我们这样接受它,我们就会懂得,该到我们所有人和我们自己应该对此做些什么了。我们不能把一切都归咎于以前的统治者,不仅仅是因为这是不真实的,而且还因为这可能会淡化我们今天所面临的责任,也就是:独立、自由、理性、迅速采取行动的义务。"(Havel 1994b:15)

正是由于这些原因,这些国家的居民必然要花费 20 — 30 年时间才能将这些遗产从他们的灵魂中消除。17 年后,在东中欧(尤其是波兰)和巴尔干国家,强烈要求惩罚共产党官员的呼声并未停息。然而,最明智的做法是仿效后佛朗哥时代西班牙的成功例子,通过与过去划清界限,埋葬战斧,然后致力于建设更加美好的未来。作为谅解并克服过去错误行为的策略,南非真相与调解委员会是一个比司法调查和司法惩戒更合适和更有效的范例,因为司法调查和司法惩戒易于造成新的审判不公,存在导致社会敌对、不安全和报复无限期延续的风险。捐弃前嫌比冤冤相报更加安全。2006 年波兰总统莱赫·卡钦斯基和总理雅罗斯瓦夫·卡钦斯基(双胞胎兄弟)发起的猎捕昔日"告密者"和共产党"代理人"的活动已严重威胁到自由和民主制度,其危险远远超过此前波兰政府、教会和教育机构,以及媒体占据要职的数千名隐匿而未受到惩罚的前"告密者"和共产党"代理人"持续存在下去,可能带来的危险。像 20 世纪 50 年代美国的麦卡锡主义一样,卡钦斯基提出的"疗法"要比所说的"病疫"危险得多。幸运的是,后共产主义的巴尔干和东中欧的大多数国家都谨慎地抵制参与类似大规模政治迫害的强大诱惑,他们承认,维系自由和民主价值(而不是报复)才应该是他们最该关注的问题。

危机和变迁

东中欧和巴尔干的发展永远不曾是也永远不会成为对西欧发展"蹩脚的"和"低级的"模仿。每个地区总是曾经有,也将继续会有自己的发展规划和发展动力。较之西欧,东中欧和巴尔干在更大程度上会由于间歇性的和灾难的危机而发生政治、社会和经济结构和体制的根本变革,诸如那些出现在下述事件和时段之后的变革:1848 — 1849 年大革命、1866 年普奥战争和 1873 年股市危机、1876 — 1878 年和 1912 — 1913 年巴尔干战争、1905 — 1908 年政治动荡、两次世界大战之间的 20 世纪 30 年代的大危机、1953 — 1956 年反对斯大林化的动荡,以及 1989 — 1991 年共产主义体系崩溃之后,等等。这些危机出现的频度之高和数量之多,再加上随后动荡、突然爆发或痉挛式的变革模式占据主导地位,因而成为本书英文版采用的副标题。这些危机已经不断地动摇了东中欧和巴尔干政权与社会不牢固的基础和结构,由此为激进和(或)保守的变革创造了机遇。在此过程中,西欧式的渐进、演进或累积并不是一点没有,只是程度远不如西欧那样突出。此外,在 19 世纪和 20 世纪期间,铁路、大城市、大规模工业化、经济繁荣与萧条的交替循环、人口的爆炸式增长、数以千万人迅速地离开家园,从乡村来到城镇、大规模的移民、大众教育、大众的民族主义、政党和工会都大大增加了这一地区政治与社会的不稳定和动荡,加快了变革的速度。处于流动的社会往往会经历剧烈的政治、社会、文化混乱和绝望,造成大量的痛苦与苦难,以及文学、思想、音乐和艺术创造力与创新的爆发。

在那些总有模式变革不时突然发生的地区,政治稳定可能更加依赖于大规模的社会"工程",而不是枝枝丫丫的"内部修补"。(Longworth 1994:114)这一地区不断经历着狂热的社会与(或)政治变革——像 1780 年约瑟夫二世的改革,1848－1849 年的大革命,两次世界大战的直接后果和 1989 年以来的实践,并与政治方面长期的墨守成规甚至倒退交织在一起。然而,在 20 世纪,危机往往会"打碎大众社会已经不稳定的结构",由此增加"反民主的大众运动"(Kornhauser 1960:113)成功的机会。

在这些方面,东中欧和巴尔干的现代社会与政治变动力量总能顺应共产主义政权、法西斯主义政权和威权主义的民族主义政权支持的"自上而下的革命"的形式。尽管如此,这并不意味着我们应该自然而然地接受亚历山大·格申克龙的这个具有影响力的论题——由于 1914 年以前东欧处于"相对的落后",东欧各国的政府要比西欧各国政府在工业化时能够发挥更大的发展作用。(Gerschenkron 1962:5－30,353－364)他指出,这些占主导地位的农业经济体起初的贫困,许多工业技术不断增长的经济规模和资本密度,以及各种工业部门与基础设施投资(尤其是铁路),越来越重要的"联系"和"补充",不断将工业化的资本需求和启动工业化所需的最小投入扩展为一个自我强化和可维系的过程。他认为,这些不断扩展的经济需求只能通过国家和(或)专业化的投资银行来满足,大多数情况下可以通过吸引和利用西方贷款的资本流动与国外直接投资得到部分解决。在这样"落后"的经济体中,国有企业、订单、投资补贴和其他发展不断增加的支出,必然主要借助对居于主导的农业部门增加税收来融资。这种"财政挤压"必然会降低对工农业消费品的有效需求,由此在维持对工业产品(尤其是生产原料)需求的过程中,增加政府订单、投资补贴和其他形式的保护主义的重要性,与此同时推动初级生产部门增加出口,这反过来又有助于缓解外债,并为继续进口西方的机器和设备提供资金。

格申克龙的批判表明,他无形中低估了国家,有时也包括银行,在西欧工业化早期阶段所起的作用。西欧工业化时期采取的政府干预和银行融资的形式可能有所差异,但它们依然极其重要。例如,国家对于18世纪英国的经济成功作出了具有决定性的贡献,尤其是通过不断强化的自由贸易政策、圈地法案,苏格兰和爱尔兰的统一法案,以及推动发展英国的海上霸权和殖民力量来实现的,与此同时,银行业也在苏格兰的工业革命中发挥了先导作用。(Cameron 1966：60－69)除此之外,19世纪末20世纪初,国家、投资银行和外国的直接投资的经济作用,以及特定产业的资本密度几乎在所有地方都得到了加强。这些趋势对于欧洲所谓的"落后经济体"或"迟滞的工业化推进国"而言都不足为奇。较之与民用经济发展需求的关系,它们与不断升级的军备竞赛和防卫开支的增长以及军工复合产业的发展(不要考虑公共福利储备,直到20世纪40年代,它的发展一直有限)存在大量或更多的联系。确实,对于1914年以前东欧的部分地区而言,出于军事原因,或由于特定的自然资源禀赋的保障,虽然出现了大规模的资本集中型产业(例如,石油、钢铁和化工产业),但在大多数地区,工业化依然主要建立在低技术和劳动密集型消费产品(诸如纺织、食物和饮料的加工)的生产渐进扩张的基础上。(Bideleux 1987：15,17,55－56,259－261)直到第一次世界大战以及随后自给自足的国家主义政权(无论是法西斯主义还是共产主义)建立之后,东欧的经济体才开始严格遵循格申克龙提出的

24

模式,尽管这只是出于军事和意识形态方面的原因。试图将这些模式归置于 1914 年以前是一个时代错误,格申克龙就是这样做的。此外,在欧洲欠发达的经济体中,国家利用统制主义和"新重商主义"的方式直接提供资金和进行控制,对于经济发展而言,这确实是没有必要的,也不是必不可少的。20 世纪八九十年代,尤其是在发展中国家,见证了社团主义和集体主义学说在世界范围的大规模退却,从学术层面看,是"新自由主义"前几十年盛行的"新重商主义"的逆袭。集中的计划"指令经济"的退却与这一趋势是吻合的。

共产主义专政和苏联统治的创伤经历,在东中欧和巴尔干地区的历史中仅仅是一段短暂的插曲,它们曾经受到持续时间要远远长于共产主义实验的其他政治、文化和经济的影响,即便它们对共产主义保持着栩栩如生的记忆。很大程度上,自从 1989 年以来,恰恰是那些更久远、更深刻和暂时受压制的影响,一直在有力地谋求新的自我肯定。由此,理解欧洲后共产主义国家历史的根本趋势以及他们的居民中出现的狂躁和矛盾的情感,变得更加重要。

与此同时,我们必须记住,不断变化的现实常常会改变我们看待过去的视角。我们当前的观察视角并非一成不变。"每一个现实都有自己的过去,任何对过去进行的想象重构,其目标都是对现实的过去进行重构。"(Collingwood 1946:247)因此,书写历史的过程永远不会终结,"每一代人必须用他们自己的方式重新书写历史;每个不会仅仅满足于对旧问题给出新答案的新的历史学家必须设计他们自己的问题"。的确,历史学家是"他正在研究的过程的一个组成部分……可以从他现在所处的时代这一角度来考察这一过程"。(第 248 页)这些结论对于继续重新评价巴尔干和东中欧的历史非常合适。1989 年的巨变及其后果不仅照亮了许多旧问题,而且对刚刚驶入过去黑洞之中的当下历史也提出了许多新问题。本书不仅尝试着弄清诸多旧问题,而且也会提出并尝试着回答许多新问题。

第一编

从希腊罗马时期到
第一次世界大战
时的巴尔干半岛

第一章　巴尔干半岛的
逐渐"巴尔干化"

巴尔干半岛,连同附近的爱琴海和爱奥尼亚海以及岛屿,黑海和小亚细亚的北部和西部(安纳托利亚),多被认为是欧洲文明的"发源地"或者"摇篮"。事实上,在"古典时代晚期"(罗马时代后期)以及至少到12世纪,无论是在经济、技术还是文化方面,巴尔干半岛仍然是欧洲地区中最"进步"、最"发达"或者最"文明"的地区,或者至少是其中之一。(Haldon 1997:16)然而,19世纪后期,西北欧先前"原始的""野蛮的"民族掌控和主宰着该地区的一切,而巴尔干半岛退化成最不发达和欧洲矛盾最易滋生的地区。多少有点荒谬的是,由于认为"欧洲"概念首度由古希腊人提出,而且"欧洲"(事实上也就是"西方的")文明的支持者热衷于将它的根源追溯到在巴尔干半岛及其毗邻的岛屿和海域兴盛一时的古希腊文明,到20世纪晚期,许多排外的西欧人和中欧人逐渐将巴尔干的多数(甚至绝大多数)居民视为更少"欧洲"性、更少"文明化"的,甚至质疑巴尔干地区的国家是否有资格加入欧盟。

本书第一编的主要目的就是,考察巴尔干地区较之于欧洲其他地区表现出延长了的衰落现象,以及后来困扰这一地区难以实现幸福的某些问题的深度历史根源。这并不意味着,我们将近年来曾经困扰巴尔干人的主要问题归结为"源远流长"的种族和宗教仇恨,再者,我们也无意于将它们视为古老的"文明冲突"的表现。相反,我们将困扰巴尔干地区的很多问题视为"现代性"的产物——这主要是指将该地区从日耳曼中欧和西欧的束缚下解放出来的民族主义的意识形态和教义。其他原因还在于迈向"后现代"的碎片化趋势。只有少数因素可以归为这个半岛的(地理)特殊性和地方性。

诚然,20世纪的巴尔干地区,"历史"变成了一个主战场,在这里或者以它的名义,民族主义者、宗教的和共产主义的狂热和意识形态无数次地实施可怕的罪行。因此,特别审慎的是,要防止关于现代的甚至中世纪的巴尔干历史的陈述中以多种面目呈现出来的种族偏见、文化决定论以及文化的或者甚至种族主义的陈词滥调。

关于巴尔干的现代历史书写,出现歪曲的最大根源在于,对于希腊人、阿尔巴尼亚人、罗马尼亚人、保加利亚人、南斯拉夫人,巴尔干流亡者(emigre)和西方历史学家来说,常见的趋势是屈从于各种程度的反奥斯曼、反土耳其或者伊斯兰主义恐怖的偏见。19—20世纪期间,巴尔干地区本土的以及来自该地区的历史学家(包括某些西方的"巴尔干后裔")常常会提出极为偏颇的观点,并且直接间接地挑战关于特定的民族和宗教团体的领土和文化判断(观点)。数个世纪以前发生的事件常常被当作新近发生的来炒作。事实上,这些事件仍然是某些情况下激发强烈仇恨、愤懑、嫉妒或者民族自豪感的"鲜活话题"。极为相近的是,巴尔干人在很多方面只是他们在与以上帮助创造的"欧洲"的反映和缩影。它们是小写的"欧洲"。现代冲突甚至20世纪90年代的"后现代"的南斯拉夫冲突,不同程度上就是关于古典和中世纪的英雄、战役、暴行、英勇事迹和帝国蓝图的过热记忆所激化的。直到20世纪90年代,某些情况下有点荒谬或者悲剧性地,困扰于遥远的过去持续地将不同民族间的关系恶化,例如,前南斯拉夫各民族之间,希腊及其邻族之间,罗马尼亚和保加利亚人之间(尤其是围绕各自的共同体以及对特兰西瓦尼亚的领土各方面问题),以及阿尔巴尼亚及其邻族之间(尤其是围绕科索沃、爱普路斯和西马其顿)。从19世纪早期到20世纪90年代,在谋求关键的民族主义目标当中,历史和历史的滥用一直困扰着巴尔干的政治和国家建设。1992 年 12 月 10 日,有超过 100 万的希腊人(约占雅典人的三分之一)参加了抗议他们的马其顿斯拉夫邻族宣布建立新的独立国家"马其顿共和国"的决定。类似地,1994 年 3 月 31 日,有超过 100 万的希腊人聚集在塞萨洛尼基支持他们国家对马其顿共和国的经济制裁。希腊政府甚至迫害和监禁了国内一些胆敢宣传马其顿斯拉夫事件和希腊北部存在一个重要的斯拉夫少数民族这一事实的人们。在许多希腊民族主义者看来,过去和现在都不存在类似"马其顿斯拉夫"民族或者国籍的事情,那些胆敢反对此的希腊人,有时被视为他们国家的"叛徒"而被处置,甚至遭到迫害。

这种态度和巴尔干地区的新近冲突,部分程度上源于对现代的民族主义者认识和叙述到的对"历史"的过于痴迷。即便是"东南欧的中世纪研究也总会成为彼此竞争的民族主义话语相互对抗的领地"。(Curta 2005：35)大卫·欧文曾经是 1991－1995 年间南斯拉夫后继各邦国战争的国际调停人,在反思这段经验时,他写道:"没有任何现象是简单的。历史浸透到一切当中⋯⋯仅仅把屡屡发生的违背诺言、打破停火协议解释为纯粹的个人撒谎行径,是远远不够的。它们同时是南斯拉夫历史的产物。"(Owen 1996：1－2)马尔科姆(Noel Malcolm)是研究波斯尼亚和科索沃问题的杰出专家,他注意到,在 20 世纪 90 年代,南斯拉夫各邦暴乱的主要实施者不仅极力摧毁对方的未来,而且尽力删灭他们对方历史的存在证据、摧毁能够标示他们对手过去的文化和建筑遗迹。(Malcolm 1994：xxiii)这种对于历史的痴迷绝非是巴尔干人所独属。例如,希特勒在 1940 年和 1941 年先后对法国和南斯拉夫的占领,而且驱动他后来采取的处理两国方式的动机,很大程度上就是他意图解决德意志和奥地利人之间的"历史"怨愤根源。然而,毋庸置疑的是,这种历史重负在那些困扰现代的和后现代的矛盾中占据重要地位。

巴尔干半岛对于奥斯曼土耳其人来说意味着"鲁米利亚",对于 18世纪的欧洲人来说,意味着"欧洲的土耳其",对于中世纪的基督教会来说是"罗曼尼"(Romanie),而且对于古典世界而言,它是伊利里亚

(Illylricum)、马其顿和色雷斯。(Stoianovich 1967：4)在 19 世纪期间，"巴尔干"一词(它源出于突厥语中指山脉的词语)被适当地运用于这一地区。20 世纪"巴尔干化"一词开始使用，用来指影响奥斯曼帝国瓦解后的巴尔干的问题：

> 随着奥斯曼力量的衰落和民族国家的兴起，巴尔干半岛丧失了它曾经拥有的统一性——屈从于外部势力而保持的统一。地理实况和奥斯曼体系的本质使得这一地区成为不同民族国家构成的万花筒，还有新的民族主义带来的特殊论(particularism)，它们使得它的民族处在内部各自的相互冲突中以及欧洲大国的影响和主宰之下。由此，出现了……世人逐渐熟悉的经典模式——巴尔干化，即一组由不稳定的弱小国家组成、基于民族性观念之上、在一个民族和国家的观念并不一致而且也根本不可能一致的地区。它们彼此之间都有主权冲突而且都有不得不同化或者抑制的少数民族，被驱逐到他们之间组成的动荡多变的同盟中，寻求外部力量的支持……而且反过来被那些力量用来实现它们自己的战略利益。
> (Campbell 1963：397)

进而发生的"民族间无政府主义……最终在两个比较大的战争时期形成了它的逻辑后果，即从 1912－1922 年和从 1939－1945 年"；而且，在第二个战争时期，"民族主义，曾经总体上以自由的和民主的形式激发了巴尔干人民长期以来寻求自由和独立的斗争，最后却向希特勒敞开了大门"，而且将各个民族拖入到"仇恨与屠杀的怒火当中"。(Campbell 1963：397－398)

巴尔干半岛为何沦落到这种悲惨的境地呢？根据许多研究巴尔干半岛的西方历史学家以及巴尔干历史学家的观点，原因主要在于四五个世纪以来奥斯曼统治带来的恶毒后果。依据涉及的不同地区而异，这种状况从 14 世纪或 15 世纪一直持续到 19 世纪或 20 世纪早期。比特·苏嘉(Peter Sugar)是一位研究巴尔干问题的重要的西方史学家，

29

他指出："东南欧是在奥斯曼统治之下才逐渐'巴尔干化的'。"(Sugar 1977：287)依照他的观点："奥斯曼征服摧毁了以前的东南欧各国表现出的更大统一性,而且在它们原来的地方创造出许许多多理论上可以自足的统一体,它们小的软弱无助,大的功能上完备。"(第279页)"然而,结果一种限于特定范围、过度组织的社会经济结构出现了,它一方面很快形成固定模式,另一方面,它又是惊人的宽松。这种特许阻止了东南欧农民的农奴化,而且允许市民和农民通过自行选举的官员的领导下在一个小共同体的基础上组织起来……而且便利了他们以现代民族的形式再生。"(第279－280页)苏嘉还论证指出,"奥斯曼统治带给东南欧的最重要的变革就是该地区大规模的人口转型",包括北部地区被塞尔维亚人取代,罗马尼亚人移入到巴纳特和克里沙纳(Banat and Crisana),以及阿尔巴尼亚人迁入到科索沃,伊庇鲁斯和马其顿。这些迁移生成了"无望地交织在一起的人口模式万花筒"。(第283页)因此,"当初奥斯曼驱动下产生的奥斯曼社会组织和移民模式对于东南欧的主要现代国际问题负有主要责任,这些问题表现为许多地区出现种族杂居现象"。(第284页)

尽管苏嘉将"巴尔干化"现象归之于奥斯曼统治对半岛的影响,但是,苏嘉的作品还是非同一般地超出了反奥斯曼的文化偏见。韦恩·瓦西尼奇(Wayne Vucinich)以一种更公然的反奥斯曼的风格宣称:

> 奥斯曼统治给被征服民族的文化生活带来毁灭性的后果。例如,在巴尔干,智识事实上已经枯竭,艺术从中世纪的高雅杰作退化成简单、原始的产物。曾经与欧洲其他民族处于文化比肩的地位,而到了19世纪,巴尔干各个民族已经被远远地抛在后面。造成这种现象有多种原因。奥斯曼统治堵塞了主体民族的许多物质和精神源泉。中世纪的邦国被荡平,被征服的贵族阶级被斩草除根,教堂和修道院被废止,土地荒芜,居所被毁,大量的人口四处流散。基督教会被剥夺了自身发展的来源,却未能得到同等的替代品。再者,他们为城市和文明的主流疏远,被限定在农业和畜牧业

生活中。由于土耳其人的长期统治,巴尔干民族成为欧洲"最为落后"的民族。与土耳其人自身一样,他们被文艺复兴所忽略。(Vucinich 1965:68—69)

30　　对巴尔干半岛的所谓"巴尔干化"现象的这种单一因素和种族中心论的解释应该为多种因素解释论所取代,同时也是为了以一种更为均衡更为细微的视角来呈现奥斯曼帝国对巴尔干的毋庸置疑的重要影响,我们强调文化的、人口的、经济的、位置的和自然环境的等不同因素的作用,以及更广阔的国际的或者地理的背景,包括其他大国的干预和影响等。按照我们的观点,巴尔干半岛自从 17 世纪到第二次世界大战期间日渐恶化的命运不能从单一因素上去谴责或者从种族中心论方面归之于"奥斯曼的影响"。许多潜在的因素很大程度上超出了奥斯曼帝国的控制。(第 87—89、95—107 页)对我们而言日渐明晰的是,那些归之于奥斯曼影响的因素或者已经存在了或者已经处于萌发阶段,或者仅仅由奥斯曼领导者继承和延续下去(而非由它发起)。而且许多其他罪恶是由于主要的欧洲列强强加的,它们为了达到自己目的持续地操纵或者"干预"这一地区。奥斯曼对于巴尔干的影响已经为巴尔干民族和研究巴尔干的西方历史学家提供了一个便捷的和肤浅的说服力的口实,这有助于将注意力从它们各自文化、制度、统治者和历史所应共同承担的、对它们日渐堕落的预断的"指责"方式上转移开来。在 20 世纪,它也构成为保加利亚人塞尔维亚人/斯拉夫人和希腊人压迫巴尔干地区的土耳其人、阿尔巴尼亚人和其他穆斯林少数民族的背景。

　　L. S. 斯塔夫里阿诺斯(Leften Stavrianos)在他的关于巴尔干的难以超越的综合史研究中强调,半岛的地理位置和易进入性催生了频繁而持久的侵略。"反对这些侵略的战争阻止了民族同化的过程,而后一点正构成了西欧历史的特征。"复杂的高原地形也是一个重要因素。如果半岛是一个平原而非一个多山、地形多样的地区,那么,很可能是,不同民族在很大程度上或许可以聚合一起。一种常规上的巴尔干种族世系或许可能已经进化而成。(Stavrianos 1958：12)结果,非同寻常的复杂的种族文化什锦图和万花筒在半岛上得以形成并且持久固化,与受中世纪末期原始民族君主制国家(the proto-national monarchical states)和现代西欧塑造出更大、似乎更具同质性的种族文化单元形成了鲜明的对比。与苏嘉关于"东南欧是在奥斯曼统治下实现'巴尔干化'"的观点相反(Sugar 1977：287),L. S. 斯塔夫里阿诺斯指出:"到 15世纪,斯拉夫人牢固地控制着从亚得里亚海到黑海之间的广阔地带。被剥夺财产的伊利里亚人集中在今天的阿尔巴尼亚人地区,被驱散的色雷斯-大夏人重新出现,在中部高地形成为游牧的瓦拉几亚人,在新出现的跨多瑙河的国家、摩尔达维亚和瓦拉几亚(Moldavia and Wallachia)地区形成为罗马尼亚人。拜占庭时期形成的这种分布格局持续至今,鲜有变化。"(Stavrianos 1958：32)

迁居以及奥斯曼统治时期的聚集、同化过程,确实导致了对于波斯尼亚人、科索沃人和克罗地亚人的种族复杂性的某些重要改变。这种状况一直持续到 20 世纪 90 年代,并且加剧了彼此声称拥有这些全部或部分地区领土主权的竞争。尽管如此,L. S. 斯塔夫里阿诺斯还是比苏嘉要准确得多:复杂的巴尔干种族构图很大程度上是在奥斯曼统治之前而非期间形成的,而且这种复杂构图在那些很少或较为轻微受到影响的地区仍然能够发现。然而,这些后来的迁居并没有极大地增加巴尔干地区的种族拼聚的整体复杂性。关键是,奥斯曼体系本质上是对于该地区种族文化复杂性的一种回应(而非构成其原因)。因此,即使是奥斯曼帝国未曾建立,后来关于民族主义、民族自决和民族国家观念的扩展仍然会在巴尔干种族万花筒中产生高度裂变性和潜在的爆炸性的后果。这些后果不能也不应当被指责为"奥斯曼影响"。

数千年来,巴尔干半岛充当了不同文明和大陆之间的"桥梁"和"十字路口"。巴尔干作为"桥梁"的隐喻长期指导着人们关于它的历史作用的观念,尤其著名的是在伊沃·安德里奇(Ivo Andric)诺贝尔获奖小说《德里纳河大桥》(*Bridge over the Drina*,1945)中。这一地区在冲突时代注定动荡不安。把巴尔干与西欧进行对比和比较,通常未能

31

充分认识到的是,许多西欧民族也是许多不同种族和语言"支系"的聚合物。法国就是由法兰西人、诺曼人、高卢人、易北河人和利古里亚人的"支系"构成的,而意大利人长期以来就一直是一个多民族的"熔炉"。英国、比利时、荷兰、瑞士和西班牙也可以见出融合了不同种族和语系的支流。在这方面,巴尔干与西欧的关键区别,不在于存在还是缺少一种多元的语言和种族"支流"的多样性,而在于有着不同的特定情势,在西欧,出现了有利于或者促使不同"支系"广泛融合或者整体融汇成相对特定的和同质单元的情势,而在巴尔干,不同的民族认同和忠诚广泛地持续了下来。实际上,"巴尔干种族演化的唯一特征在于,事实上所有曾经居住在这里的种族,完全不同了仅仅从此经过的那些种族,都能够将他们各自的认同保持至今"。(Stavrianos 1958:13)相反,曾经在过去两三千年居住在巴尔干的民族中只有很少一部分曾经演化并聚合成明确界定的民族国家,部分是因为巴尔干人的独特的地理位置,部分是因为东欧地区多种族的帝国政体相对较晚才复兴。这两个因素构成了半岛保持非同寻常的复杂的种族-文化多样性和复杂构图的要素。

玛利亚·托多洛娃的《想象巴尔干》提出的一些问题

在 1989 年后出版的众多关于巴尔干半岛的学术著作中,保加利亚移民历史学家玛利亚·托多洛娃(Maria Todorova)的著作《想象巴尔干》(*Imagining the Balkans*)是最具影响和最常被提及的。该书提供了关于巴尔干认同、文化以及观察它们方式的很多有价值的洞见,无论是在巴尔干内部还是在外部。托多洛娃教授成为关于所谓"巴尔干主义"的最著名的作家。尽管如此,这本颇负盛名的著作在运用插图阐明冒险进入这个复杂领域的人们面临的潜在陷阱方面,还有瑕疵。

托多洛娃教授重申了当代的正统观点:"到 20 世纪初……巴尔干化不仅逐渐界定了大而可见的政治单元的碎化,而且也成为重返部落的、落后的、原始的、野蛮的状态的同义语。关于巴尔干人一直强调的是,它的居民并不在意与规范的行为标准保持一致,这些标准是由文明世界所设定的或者为了实现文明而设定的。"(Todorova 1997：3)因此,最初仅仅作为"一个地理名称""转换成历史上、国际关系、政治科学乃至如今总体的知识话语中最强大的贬义概念"。(Todorova 1997：7)

　　新的"巴尔干"认同是骄傲自大、老于世故的外部帝国列强强加或32者投射给这个半岛上的苦难居民的虚假的、毫无根据的和致命的谎言。来自半岛上的苦难居民的偶然反抗确实包含着某些分量。托多洛娃合理地争辩道,多少类似于"东方主义"的概念,"巴尔干人"的概念的建构"充当了一个否定性特征的贮藏库,与之相对的是构建出一种正面的、自我称颂式的关于'欧洲的'和'西方的'的想象"。(Todorova 1997：188)她声称,"巴尔干主义的话语,源于西方的创造并从西方引进,已经完全被巴尔干知识界内在化了",(第57页)但这只是一个言过其实的简单的判定。实际上,托多洛娃在多次肯定"巴尔干人"的观念确实与一种实在的现象相关的同时,暗示出对于"源于西方的创造并从西方引进"的观念的怀疑。她承认,尽管"某些人略带勉强地接受他们的巴尔干人的说法,但是另一部分人谴责了该词包含的含义,对于所有巴尔干民族来说,共同的含义是关于巴尔干存在的明显共识,存在某种能够被界定为巴尔干的东西,尽管它可能是一个不受欢迎的称谓和地区"。(第57页)"无疑,在任何人的思想中,巴尔干的存在是毋庸置疑的。"(第161页)"巴尔干人有一种具体的历史存在",而且由此"巴尔干人是否存在,该问题甚至不能向巴尔干人提出"。(第12页)有鉴于实际情况"确实"如此,那么我们就不是在简单地论述关于该想象的纯粹虚构,无论是西方人还是其他人的虚构,而是在论述一个比较确凿的现实。

　　托多洛娃的分析存在着一个更重要的问题在于,她坚持认为,只要"巴尔干人"和巴尔干身份是"实际存在"的现象而且由此绝非纯粹的关于想象的虚构,那么他们很大程度上应该归因于她所称之为"奥斯曼遗产"的东西。她的确承认下述广为秉持的观点,即该半岛的本质和身份基本上受到具有"至关重要"的两项"历史遗产"的"塑造":一项是千年的拜占庭盛世带来的深远的政治、制度、法律宗教和文化影响;另一项是"近乎半个千年的奥斯曼的统治,它确立了半岛的(现代)名称,并且建立了它所经历的最长期的政治统一"。(Todorova 1997：12)尽管如此,她还是赋予奥斯曼遗产的优先地位:"不仅东南欧的部分地区在奥斯曼时期获得一个新的名称——巴尔干,且主要由于奥斯曼要素或者被视为此类的东西极大地诱发了当代的定见";进而,"似乎巴尔干是奥斯曼的遗产的结论并非言过其实"。(第12页)尽管她明确承认了"拜占庭遗产"在塑造半岛的绝大多数居民的文化、观念、话语、态度和导向方面具有重要作用(主要参见该书的第162－167、179－183页),她还是重申了她的观点,即,"正是奥斯曼要素或者被视同此类的东西,在当代的关于巴尔干的定见中常常得到援引"。(第162页)

托多洛娃极为宽泛地将半岛及其居民的"巴尔干"要素等同于"奥斯曼遗产",她然后断言,自从他们与奥斯曼帝国分离以来,"被界定为巴尔干的国家(例如属于历史的奥斯曼区域内的国家)就一直平稳地开始摆脱奥斯曼遗产,而且与之相伴的是脱离它们的巴尔干特征"。(Todorova 1997：183)结果,"去奥斯曼化就一直被视为一个实现妄想的与成为奥斯曼(或者东方化)极端对立的进程,换而言之,就是平稳地实现社会的欧洲化、西方化或者现代化"。(第180页)她还做出了一个颇具争议的判定,"实际上在所有领域中,除了人口学和流行文化领域外","与作为整体的奥斯曼遗产的'脱离'……几乎是在政治独立开始之后,而且总体上,是在第一次世界大战结束之后;由此,它被归入到认识领域"。(第181页)

这些观点存在多方面的疑问,最明显的是,对于曾经生活在外来帝国统治下达数世纪的人民来说,在获得政治独立之后如此迅速摆脱掉帝国遗产的最大部分是史无前例的。只需要思考一下,对于英国、法国、西班牙和葡萄牙殖民地来说,要克服和去除殖民统治的遗产(它们事实上要比奥斯曼对巴尔干的统治短暂的多)花费了多长时间,或者考虑一下,对于苏联的卫星国来说,摆脱掉来自苏联的仅仅40多年的间接统驭来说花费了多长时间。

再者,托多洛娃宣称,把该半岛概念化(或者再概念化)、建构(或重构)为"巴尔干地区"很大程度上是奥斯曼对于半岛影响的产物,这种观点间接地偏离或者去除了所谓的半岛情势、名称或者特征的太多"恶名",而将"恶名"加之于奥斯曼及其遗产方面。这种观点还间接地免除了半岛居民和他们的更古老的拜占庭-基督教传统及谱系的责任,自19世纪末期以来就一直(不公正地)加之于其上的包括对多种负面原因承担罪责。她还不公正地暗示这些所谓的负面原因很大程度上只是奥斯曼影响的瑕疵,然而,她却未能深度并明确地质疑这种影响是否果真如同通常所设定的(相当巧妙地设定的)那样是负面的。巴尔干半岛的最精彩和最积极的要素,不仅仅是在西方人的认识中,也源自奥斯曼的统治的影响,这些影响涉及它的居民、建筑、艺术、服装、织物、装饰、烹饪和音乐,等等。在这些方面,很难看见托多洛娃关于奥斯曼遗产的论述与瓦西尼奇(Vucinich)和许多巴尔干民族主义历史学家的描述方式之间的实际差别,后者往往把奥斯曼影响描绘为自1453年拜占庭陷落以来影响半岛的诸多邪恶根源。

诚然,较之于那些从事奥斯曼巴尔干人研究的极端粗略和片面的巴尔干民族主义历史学家,托多洛娃运用了更为精妙、更为纯熟的话语和概念。然而,实际上,显示的目标似乎相同:把奥斯曼的影响当成替罪羊,潜在地免除了半岛上占优势的非土耳其民族和文化对那些可怕灾难应承担的任何罪责,那些灾难往往是同一个半岛上的其他年轻人对他们报复的结果。出于便捷和自以为是,去除帝国对如今半岛上的邪恶的罪责,或者将责任推诿到一个如今已然死亡的帝国之上,这种呈现半岛的现代历史的方法以及对它概念化的方法,不仅是极度地扭曲和误导,而且阻碍了先前屈服的民族直面它们的各自角色,并且阻碍他们与自己在其中的角色达成妥协,也阻碍他们承担在许多后来"变得糟糕"的问题上本应承担的部分责任,因为这种糟糕状况是因为他们而且尤其是他们彼此之间造成的。那种自我辩解、专门攻击奥斯曼的方法构成巴尔干历史的祸根之一,托多洛娃教授的阐释仍然重蹈此方面的覆辙,尽管她的解释显得更具才华和圆顺。然而,正如我们在第5－7章中所强调的那样,奥斯曼帝国很大程度上掌控、统驭并且传承了(而非压制或者损害了)正在发生的文化、认同和权力等的结构,这种结构属于半岛的绝大多数基督教人口。由此说来,塑造现代巴尔干人的因素,与其说是"奥斯曼遗产",毋宁说是他的先前占优势的基督教传统的深刻影响,比较而言,前者几乎只是一个附带现象。

更为合理的是,巴尔干的认同的出现和被认识以及建构,主要是基于不断增长的对半岛的基督教人口的民族自信。作为对 18 世纪和 19 世纪奥斯曼帝国渐趋衰落和撤退的回应,而非作为(主要是伊斯兰教的)奥斯曼影响和遗产的结果。韦斯纳·戈尔德沃兹(Vesna Goldsworthy)在她的颇具启发性的《创造鲁里坦尼亚:想象的帝国主义》(*Inventing Ruritania : the Imperialism of the Imagination*)(1998)一书中,令人信服地论证指出:"关于半岛出现的认识,仅仅是在具体的巴尔干认同形成后才充分成型的,与奥斯曼帝国无关。反对奥斯曼统治的斗争,将欧洲的注意力吸引到 19 世纪前半期的半岛,将该地区设定为一个想象的欧洲区域。只要它们还在伊斯兰教统治者统治之下,那么大部分基督教巴尔干民族就被视为身处包围之中的欧洲人。当新独立的巴尔干国家被确认加入欧洲之日,正是它们在象征上有别于欧洲的时候,也是一种新的——'巴尔干的'——他者被创造出来的时候。"(Goldsworthy 1998:11)这种关于新"巴尔干"认同出现的更具微妙和更为复杂的阐释,与该认同出现的本质和内容以及它的出现时间等,非常的一致。这种新兴的"被创造"或被建构的民族认同或种族认同把"巴尔干"认同与它的内容连接起来,不仅具有一些公开的、外在的和"东方主义"的特征,它们主要是被奥斯曼土耳其和伊斯兰教移植或者融汇到半岛的社会和文化中,而且还包括许多感知到的种族-文化传统以及特别属于半岛上的基督教居民的特色。这些因素较之于托多洛娃所强调的特定的奥斯曼土耳其和伊斯兰要素,被认为(而且持续被视为)对"巴尔干"认同更具核心作用。如果奥斯曼遗产为新的"巴尔干"认同输送了主要内容,如同托多洛娃认为的那样,那么人们就会以为,这种新认同被"想象"、"创造"或"构建"的时间应该是在奥斯曼帝国的 16 世纪和 17 世纪早期,当时奥斯曼对半岛的影响如日中天、至强至深至远,而不是在帝国的延长期即从 18 世纪早期至 20 世纪早期的撤退和衰落期,那时它的影响已经相当微弱。实际上,新的名称似乎是后来开始运用的,不论是一种总括性的"巴尔干"还是新的"巴尔干"民族认同,似乎都是被"想象"或者"创造"或者"建构"的,其时间应该在 19 世纪和 20 世纪初最初自发、后来独立的巴尔干"民族"和国家出现**期间或者之后**。正如韦斯纳·戈尔德沃兹恰当地指出的那样,当时,他们"实现了便捷地指涉那些新形成的国家的需求,那些国家位于过去被称为欧洲土耳其的领土范围内"。(Goldsworthy 1998:3)

值得注意的还有,与"东方的"许多其他认同的建构不同,对于一种总局性的巴尔干认同及其他构成的民族或者种族认同而言,它的发现、"想象"、"发明"或建构并非存在于一种由政治家、官员和学者及思想家之间服务于外来帝国列强(包括奥斯曼帝国在内的)的话语,它也不是由外来者简单强加给巴尔干半岛上的。相反,它是外来者与半岛上的本地居民相互之间的多方对话,部分是为了回应具有独立思想的新实体(民族、民族和国家)的出现。半岛上的日渐增多、日趋自信和具有自我意识的民族主义知识分子积极参与了新的巴尔干认同的"发现"和建构。他们当时得到少数正在兴起之中的东正教基督徒企业家的支持,这些企业家还资助民主主义革命、兴建学校、兴办教会,这些活动在起初自治、后来独立的巴尔干国家的缔造中达到极致。

与此同时,半岛逐渐作为"巴尔干"而闻名并被视为具有"巴尔干"质地的过程,也难以摆脱另外一个并行的进程的影响,即内部的以及西方的关于半岛的认识开始部分地被"奥斯曼化"和"东方化"了。部分程度上由于奥斯曼统治对于巴尔干的服装、建筑、艺术音乐和烹饪等的常见的和极具诱惑性的影响,半岛上的有教养的居民以及许多西欧和中欧的民众将它视为一个奇异的、专制的和色情泛滥的"近东","近东"部分地属于"东方"而且由此并不全是"欧洲的",或者更通常地说,只是笼统意义上"欧洲的"。这种情况的出现,尽管事实上,到希腊独立战争(1820-1828)时期,受过良好教育的西欧和中欧人充分地"再发现"了下述观念,即欧洲的观念曾经是公元前 5 世纪由古希腊人在这同一个

半岛上创造的。(参见 Herodotus c,420BC[1969]：91,228,394)尽管
南巴尔干人到那时已经被广泛认为是欧洲民主观念的"源头"和"发祥
地",兴起的希望却是一个新独立的希腊能够很快地回归到欧洲的所谓
"主流"中。由此,托多洛娃坚定地认为,"在思想领域,巴尔干主义的演
进,部分地是西欧人对巴尔干半岛上的'古典'预期的失望的反动,但是
这种失望是一种有别于东方范式内的失望"。(Todorova 1997：20)
"东方主义是一个关于东西方之间对立的归咎性话语",与东方主义不
同,"巴尔干主义是一个关于某种模糊性的归咎性话语"。(第17页)由
此,托多洛娃不是将巴尔干主义视为某种形式的东方主义,而是视为
"似乎相同但实际上仅仅相似的现象"。(第11页)

　　巴尔干半岛的部分"东方化",以及西欧和中欧人对半岛认识的部
分"东方化",有别于巴尔干主义,实际上,它们很大程度上是奥斯曼五
个世纪统治的影响所致。由此,可以基本解释以下问题,即为什么新奥
斯曼短语"巴尔干国家"(the Balkans)在19世纪末和20世纪初如此确
定地流行起来,以及为什么它如今仍然或直接或间接地被许多西方的
和当地的从事半岛历史、政治和文化研究的作家和评论家认为是恰当
的。术语"巴尔干半岛"是由德国地理学家奥古斯都·措以内(August
Zeune)在他的著作《大地女神·地貌学初探》(*Goea. Versuch einer
wissenschaftlichen Erdbeschreibung*)(Berlin：1809)中首创的。虽然
英语世界最早明确使用术语"巴尔干国家"的出版物是罗伯特·沃尔什
(Robert Walsh)的著作《从君士坦丁堡到英格兰旅行记》(*Narrative
of a Journey from Constantinople to England*)(London：1828)中,但
"只是到了19世纪中期,它才开始被更多的作者应用于指涉整个半
岛",截至那时为止,它的名称还不固定,或者称为 Rumeli 或 Rumelia,
(奥斯曼用来称呼它们的 Rum 行省,"罗马的土地",仿照东罗马帝国的
命名方式,后来历史学家把东罗马帝国称为"拜占庭"),或者称为"欧洲
境内的土耳其"或者"欧洲的土耳其",希腊半岛或者希腊化半岛,或者
爱奥尼亚半岛,斯拉夫-希腊半岛或者南斯拉夫半岛。(Trodorova
1997：25－27,249－250)

　　尽管如此,"巴尔干国家"或者"巴尔干认同"既非单纯想象出来的,也非纯粹或者主要基于"奥斯曼遗产"而建构的。后者只能算作其中的要素之一。其他主要的要素还包括古希腊联邦留下的丰厚的哲学、文学、建筑雕刻和其他艺术遗产;拜占庭帝国(从公元320年到1204年半岛上最为重要、最有影响的政体)留下的丰厚的宗教、艺术、建筑、音乐和学术遗产;罗马的伊里利库姆(Illyricum)和达尔马提亚(Dalmatia)留下的建筑和基础设施遗产;以及前罗马时期伊利里亚和色雷斯人留下的真实的和想象的遗产。约翰·阿尔科克(John Allcock)正确地强调指出,巴尔干国家只是部分地被视作东方的和奥斯曼化的。"此外,与之密切相关的是,基于它在逐渐衰落的东方的边缘这一位置而对巴尔干国家的建构还存在另一种堪与之竞争的构图。它们是同样地复杂、令人浮想联翩而且深深地植根于历史当中。这就是下述观点,即它的民族是古典世界的后裔,而且它们的土地就是伟大文明的家园。"(Allcock 2000:229－231)重要的是,这些要素是对于巴尔干国家和巴尔干认同的赞美而非贬低和诋毁。

　　再者,无论是一种总局性的"巴尔干认同",还是更具地方化的多种"巴尔干认同",19世纪对这两种认同的建构都极大地受到了来自对"民间文化"的再发现和称颂的影响。他们是由一些民族学者文献学家和民族志学者,以及一些收藏家、记录者和民间音乐、民间故事、民间艺术、大众习俗、大众服饰甚至农民住房建筑的展览者和表演者所发起的(在兴建农民博物馆活动中达到极致,以中部的布加勒斯特和罗马尼亚的苏恰瓦地区的博物馆更为精彩)。这些运动对于巴尔干的书面语言和巴尔干文学、艺术、建筑和音乐的进一步发展都有着潜在贡献。20世纪期间,新的观察、聆听、生产和运用巴尔干民间艺术和音乐的方式,为艺术、雕刻、建筑和音乐等的创新提供了丰富、精彩的素材,产生了像罗马尼亚雕刻家康斯坦丁·布朗库西(Constantin Brancusi, 1876－1962)、克罗地亚雕刻家伊凡·梅斯特罗维奇(Ivan Mestrovic,1883－1962)、罗马尼亚作曲家和小提琴家乔治·埃乃斯库(Georghe Enescu,1881－1955)以及塞尔维亚作曲家卢比卡·马里奇(Ljubica Maric,

1909－2003)。尽管像亨利·马提斯(Henri Matisse)等中西欧的艺术家受到这些"发现"的吸引和鼓舞部分是由于它们被认为具有"奇异的"和"原始的"特征,但是这些认同建构中的发现通常与东方主义或"奥斯曼遗产"鲜有联系。因此任何试图将巴尔干主义和巴尔干认同的建构化约为"奥斯曼遗产",都是极具误导性的,而且都严重低估了两个半岛(以及西欧和中欧对它的回应)的作用。就"巴尔干主义"和巴尔干认同而言,存在较之于托多洛娃提出的更多的内涵,而且它们绝不能仅从负面角度进行认识。在许多受过良好教育的西欧和中欧人当中,同时也在当地民众当中,它们还激发了更多的钦佩、痴迷、好奇甚至创造性的灵感。正是由于这些原因,在 20 世纪初,布加勒斯特有"小巴黎"之称,而像贝尔格莱德和扎格里布等城市,则以其生气勃勃的学术和艺术生活以及咖啡馆文化而著称。

不幸的是,对于外部观察者来说,非常容易地将"巴尔干化"视为巴尔干半岛上的民族与生俱来的条件,而且通过将它归结为一种天赋的或者基因决定的"巴尔干"特征和气质,屈从于毫不费力的和宿命论的设定,即半岛上的居民无论以什么样的方式都不能以"和平的"和"文明化的"方式思考行事。这类设定支配了西欧和中欧 19 世纪末期以来关于巴尔干地区的政治和冲突的一贯认识。这些人是由 1876 年 4 月发生的所谓"保加利亚暴行"激发的,当时非正规士兵(bashibazouks,主要是服务于奥斯曼帝国的穆斯林斯拉夫军队)被指责屠杀了大约 5 000 名保加利亚基督徒(主要是妇女和儿童),他们当中的很多人是被活埋在他们避难的教堂里。(Crampton 1997：81－82)这些认识因为 1903 年的军事政变期间塞尔维亚国王和王后的残酷被杀而得以强化,而且在下列一系列事件中得到进一步的强化,在 1912－1913 年的巴尔干战争期间,在第一次和第二次世界大战中,在两次大战的余波中,在 1991－1995 年和 1999 年的南斯拉夫冲突中,巴尔干半岛上成千上万的武装士兵对数以千万计的平民实施令人发指的恐怖罪行。无可否认的是,这些行径都是极端野蛮和令人震惊的。尽管如此,仍须指出的是,关于这类事件的淫秽的(prurient)西方叙述往往非常轻易地将它们描述为典型的"巴尔干的"、"异端的"、"另类的"、"非欧洲的"甚至是异国的和"东方的"特征,显然这种描述忘记了曾经在 20 世纪的德国、奥地利、波兰、匈牙利、捷克斯洛伐克、西班牙、爱尔兰、法国、荷兰、比利时和意大利,都曾发生过这类同等恐怖的事件,而且巴尔干半岛上的所有这些事件(尽管它们非常令人惊骇),就其野蛮和残暴的规模而言,与第二次世界大战中成千上万的日耳曼德国人和他们的奥地利、法国、意大利、荷兰、比利时、匈牙利、克罗地亚、罗马尼亚、乌克兰和白俄罗斯汉奸针对数以百万计的平民(主要是犹太人和吉普赛同胞)实施的暴行简直相形见绌。这并不是说要以某些方式为巴尔干半岛上的居民实施的野蛮行径开脱,而是要正确对待它们(*keep things in perspective*),并且强调指出,巴尔干并非是对欧洲野蛮主义的独享者。从它们的殖民主义和战争时代行径的历史记录看,西欧和中欧人没有理由就此感觉,在道德上优于巴尔干居民,或者比他们更"文明"。因此,尽管采用了"巴尔干国家"、"巴尔干"和"巴尔干化"等术语,但是本书无意表明,巴尔干半岛上的民族、国家和社会在道义上和文化上"次于"西欧和中欧的民族、国家和社会,尽管它们目前经济困顿、权利很难保障并且(正因为此)不够安全,甚至某些情势下更残暴和更绝望。生活在相对舒适环境中的西方人,在对待巴尔干国家中的行径标准时,过于容易保持自以为是的和高人一等的态度,而且他们确实应该反思,为什么西方人会采取类似的行径(美英军队在 2003－2004 年的伊拉克战争中的行动以及 2005 年 9 月新奥尔良的飓风之后某些美国人的行径颇能说明问题)。

　　某些研究巴尔干半岛的专家声称,"'政治上正确'的术语东南欧或多或少已经取代了巴尔干国家的概念,因为不可能界定一个国家为'巴尔干'而不对它自身进行解释"。(Goldsworthy 2002:34)研究该地区的其他专家论证道,自从奥斯曼统治终结以来该地区全局性的转变就是"巴尔干国家"转换成"东南欧"。(Todorova 1997;Lampe 2006)这类观点的主要问题在于,"东南欧"一语指涉的应该是包括土耳其、塞浦路斯和摩尔多瓦,或许还应当包括格鲁吉亚、亚美尼亚、乌克兰和阿塞拜疆,它们也有着强烈的欧洲认同愿望(尽管他们内部也有激烈地争论)。

如果(正如我们认为的那样)这些国家能够被包括在一个基于功能和经验界定的"大欧洲"的范围内,而非基于过时的文化、宗教或者种族偏见或者先入为主之见,那么它们本来就是位于欧洲的东南部。因此我们将继续用巴尔干半岛指涉"巴尔干国家",因为对于多数人来说,它仍然是更直接、更准确地指示出当下讨论对象的术语。如果可以找到一个较少争议,政治上、文化上较少负荷而且足够广泛地被认识的半岛名称,那么就可以采用它作为替代。进而,尽管很难否认,采用一个更具贬义的概念"巴尔干化",其中传达和包含的问题确实反映出半岛上的民族和政体所陷入的某些重要困境的层面,但是,我们仍然要充分意识到,这绝不是故事的全部,而且"巴尔干化"的观念充满了高度误导性的夸张和老套的危险,而这种危险正是我们极力避免的。

第二章　希腊罗马时期的巴尔干半岛

后来逐渐被称为"欧洲"的大陆上出现的第一个文明就是古希腊文明。深受克里特岛上的米诺斯文明的影响,从公元前 1600 年开始,一种高级的"青铜时代"希腊文明(也就是亚该亚文明)在迈锡尼、梯林斯、皮洛斯、雅典和底比斯附近发展起来。然而,在多里安人的毁灭性入侵之前,从公元前 1100 年开始,希腊本土就已经进入到衰落时代。多里安人,说的是希腊方言多里安语,军事上强于它们的亚该亚其他支系,但"文明开化"程度不足,他们中很多移居到小亚细亚海岸的希腊殖民地。

从大约公元前 480 年开始,"古典的"希腊文明在阿提卡半岛和伯罗奔尼撒半岛上的雅典、斯巴达、底比斯、阿哥斯和柯林斯等新兴的商业城邦中繁盛起来。一些哲学家和历史学家的教导取代了法师和预言家的预言,"古典"希腊发展出一种基于世俗主义和人文主义之上的新的伦理、文学、戏剧艺术和建筑,这就是埃斯库罗斯、欧里庇得斯、索福克勒斯、阿里斯托芬、希罗多德、修昔底德、柏拉图和亚里士多德的时代。

在同一时期,另外的希腊殖民地在黑海沿岸、亚得里亚海、伊利里亚和爱琴海岸以及多瑙河上游一带建立起来,希腊文明的影响持续影响到巴尔干半岛的其他地区,包括那些通常被认为是色雷斯(位于东巴尔干或者现在的保加利亚和罗马尼亚)、伊利里亚(位于西巴尔干,包括今日的阿尔巴尼亚、克罗地亚和波斯尼亚)以及马其顿(位于中部巴尔干),尽管通常认为,爱奥尼亚人和马其顿人显然属于同一民族,他们构成了这一地区现代居民的直接的祖先,这种观点绝非已经证实,很可能是伪造的。(参见 Wilkes 1992:3,11 − 12,38,167,218,265,268 − 271; and Bideleux and Jeffries 2007:24,184,331 − 332,407 − 408)然而,希腊城邦在持续不断的自相残杀中耗尽了它的能量和资源,最终被马其顿的菲力二世(公元前 359 −前 336 年在位)和他的著名战争之子亚历山大(公元前 336 −前 323 年在位)所征服。它的辽阔而短命的帝国,囊括了从埃及到小亚细亚、叙利亚和美索不达米亚(伊拉克)到波斯和旁遮普的地区。

大约从公元前 229 年开始,罗马入侵者开始侵入西巴尔干,表面上是为了保护亚得里亚海的罗马商船,而实际上是为了推进罗马在该地区的统治。历经持久的战争之后,新生的罗马帝国在公元前 168 −前 166 年将南伊利里亚吞并(部分地区相当于今天的阿尔巴尼亚、波斯尼亚、南克罗地亚和北希腊),主要是因为它在公元前 168 年对马其顿和伊庇鲁斯公园战争中取得了决定性的胜利。罗马人在公元前 148 年相继征服了马其顿,公元前 150 到前 146 年间征服了相当于今天的希腊岛的地区,在公元 6 − 9 年征服了西巴尔干,公元 100 − 106 年征服了达西亚(相当于今天的罗马尼亚)。伊利里亚的居民,不论他们是谁,全都参与到反抗罗马统治中,反抗断断续续一直到公元 9 年,后来罗马决定镇压它们以图一劳永逸。

尽管罗马人开始时是作为征服者,他们仍然对古老、可敬的希腊文化和文明表示很高的敬意,他们努力保存和吸纳这些文化和文明。希腊语被赋予与拉丁语同等的地位,列为帝国行政、司法、商业和教育中的官方两种语言之一。《新约》用希腊语而非拉丁语写成和加以传播,绝非偶然。在罗马时代巴尔干国家形成的混合的希腊-罗马文明主要是希腊化的,尤其是在南部和东部地区。然而,拉丁/罗马的影响在繁荣的伊利里库姆行省(伊利里亚)更为强大,罗马统治时期的那里的灌溉农业、葡萄栽培、纺织业和金、银、铁、铅等采矿业非常繁盛。几位出生底层的伊利里亚士兵甚至荣登皇帝宝座(克劳迪二世、奥勒良、普罗布斯、戴克里先和马克西米连)。语言变得拉丁化(而且意大利语在亚得里亚海沿岸一带仍然能被理解,后来威尼斯人影响强化了意大利语在该地的使用)。尽管达西亚的统治仅仅从公元 106 年持续到 275 年,现代罗马尼亚人被教导应当自视为罗马尼亚化的达西亚人(色雷斯人)和在帝国前哨的罗马殖民者的后裔,而且现代罗马尼亚语言仍然保留了它的主要的拉丁词根。

希腊罗马文明最初集中在一些海岸地带,逐渐迅速广泛地传播开来。事实上,修建跨岛的著名的罗马军事和商业大道有效地连接了内部的主要新的城镇,包括辛吉杜努姆(Singidunum,后来的贝尔格莱德)、塞尔迪卡(索菲亚)、菲利普普洛斯(普罗夫迪夫)、那苏斯(尼什)和亚德里雅那坡里(亚得里亚堡/埃迪尔内),主要的港口有狄拉奇乌姆(都拉斯)、萨洛尼卡(萨罗尼加)、拜占庭(君士坦丁堡/伊斯坦布尔)、托米斯(康斯坦察)、奥德索斯(瓦尔那)、梅森布里亚(Mesembria,内塞伯尔)、爱普特森(斯普利特)和特洛格拉姆(特洛格拉)。在它们如日中天的时候,巴尔干上这些欣欣向荣的罗马城镇建造了令人印象深刻的庙宇、别墅、宫殿、排水系统、浴室和沟渠。它们的"遗迹"如今已经成为重要的旅游景点。这些城镇对于它们的农村腹地的财政和司法有极大的控制权。

罗马帝国东、西两部渐趋分裂

在公元 2－4 世纪之间,罗马帝国的重心开始逐渐从西地中海向东地中海转移。商业和银行业在东地中海获得较高的发展,运输亚洲商品到达欧洲市场的巨大商业路线贯穿其中。东部行省,无论是经济上还是军事上,都被罗马帝国蓄意强化,以便阻挡来自北中欧的"蛮族"入侵者、欧亚大草原的混血人和新兴的波斯帝国。因此,冶金、武器制造、葡萄栽培、灌溉农业、捕鱼业、纺织业、制革、食品加工、通信和采矿等在巴尔干和小亚细亚地区得到了积极的发展。(Hussing 1971:31－34)

日益升级的边疆战争将那些来自巴尔干地区低下血统的、能干的、"自我奋斗的"边疆统帅锻造成新的帝国"强人"。政治权力逐渐从意大利国内本土的罗马元老院和贵族手中流入到那些崛起的边疆统帅手中。这些职业士兵和军事篡位者将罗马军队的规模扩大到 60 万人,而且将笨重的军团化解为配备重型骑兵的机动灵活的小分队,尤其是在戴克里先皇帝统治时期(284 – 305 年在位),尽管巴尔干和多瑙行省成为"人才的温床"。(Brown 1971:24 – 25,41)

东部地中海的农业具有这样的特征:小规模的、独立的、自我管理的农民占居多数,根深蒂固的压迫性的地主贵族相对少见。受到军事紧急状况和高度社会流动性以及边疆地区不断变换的驱动,它较之于西欧的同伴显得反应更敏捷、产出更丰饶。相比之下,在意大利,农业生产率和动力受到削弱,因为土地的所有权日渐集中在一个越来越心不在焉的、寄生的、富裕的、腐朽压迫性的遥控的地主(大庄园主)手中。尤其是在那些组织严密的元老院贵族手中,他们日益抗拒帝国的征税和兵役要求,罗马军事和行政效率在意大利下降,下降的生产率和对进口的昂贵食物、原料的依赖推动了意大利物价和生活成本的上涨,降低了劳动阶级的地位和产业的竞争力。意大利丧失了它在诸多行业的领先地位,比如在陶瓷方面让位给日耳曼,在酿酒方面输给高卢和北非,在铁制品、武器、纺织、皮革和玻璃等方面不如巴尔干和安纳托利亚,结果那些地方把众多的意大利熟练工人和技师引诱而去。(Haldon 1995:17)

认识到罗马逐渐不能保持对过于庞大的和越发笨重的帝国的控制,公元 295 年,戴克里先皇帝(他本人就出生于巴尔干下层)决定将帝国一分为四,他和他的三个巴尔干同僚各执一份,他还倡导基于官方土地登记的系统税制和村社共同体向帝国纳税义务,这些措施共同将农民紧紧地束缚在他们的住处。

君士坦丁大帝(306 – 337 年在位)、君士坦丁堡和东罗马帝国(拜占庭)的出现

公元 305 年,戴克里先退位,回到他位于达尔马提亚海岸的斯普利

特(Salonae)的著名宫殿。不久,公元 312 年,帝国在君士坦丁大帝
(306 - 337 年在位)的武力统治下得以再度统一。君士坦丁将自己当
年取得的决定性胜利归于上帝意志的干预,为此他转而皈依基督教
(Grant 1978:300 - 308),这极大地推动了正在兴起的东罗马帝国的
基督教化。甚至在公元 257 - 259 年和 302 - 310 年,罗马帝国的基督
教信徒还受到过来自官方的一系列迫害。在公元 260 - 302 年,基督
教从一些宽容活动中获益,在 311、313 年两度颁布官方的宗教宽容令,
尽管帝国人口中只有不到 10% 的民众是基督徒。(Woodhouse 1977:
22)事实上,基督徒的数量略微超过犹太人,当时他们的数量占帝国人
口的 8%。(Haussig 1971:45)君士坦丁大帝在决定对基督教给予官
方支持时,似乎受到了拉克坦西(Lactantius)和欧瑟比(Eusebius)①的
"基督忏悔"观念的影响,两人论证指出,基督教发现了与罗马文明和解
的权宜之计(modus vivendi),它有可能成为身处困境的罗马帝国的救
赎之道。(Brown 1971:84,86)君士坦丁大帝利用基督教来扩大他的
帝国权威,在新的基础上重建帝国,尽管直到公元 391 年,也就是皇帝
狄奥多西一世(Theodosius,379 - 395 年在位)时,基督教才在事实上
成为官方宗教。君士坦丁大帝试图将希腊罗马的异教、哲学和皇帝崇
拜与基督教结合起来,而不是将帝国文化中的非基督教因素完全根除。

　　324 年,君士坦丁大帝为帝国新都——"新罗马"奠定了基础,该都
城位于希腊贸易的小的殖民地拜占庭,早在公元前 660 年该处被建成
博斯普鲁斯的战略要冲。君士坦丁大帝这样做是将自身归入到一个新
的文明的统治阶层当中,该阶层能够改变原来的军事统治的趋势,引导
罗马帝国的东半部通向"一种新的认同,即君士坦丁堡帝国"。(Brown
1971:88,138)君士坦丁堡成为新文明的熔炉,基督教的、东方的、希腊
化的和罗马的要素的混合物。研究这个帝国的现代历史学家称之为
"拜占庭",又称"拜占庭帝国",事实上,这并非它当时的名称。

41

---

　　①　欧瑟比,巴勒斯坦神学家,他的《基督教教会史》用希腊语写成,记录了公元 324 年以前
基督教教会中的重大事件。——译者注

395 年,也就是狄奥多西一世去世不久,罗马帝国经历了一场持久的东西部分裂,"希腊语"在改组后的东罗马帝国获得统治地位,"拉丁语"在分立的西罗马帝国获得统治地位。面对来自中北欧和欧亚的大草原的"蛮族"入侵,东罗马帝国向所谓的"蛮族"行贿("津贴")或其他引诱物以阻止他们进一步的侵袭。它还把一些"蛮族人"纳入帝国军队,并且在 400 年背信弃义地屠杀了一队应邀居住在君士坦丁堡的"蛮族"哥特人。

这些谋略成功地将"蛮族"的主要入侵方向引诱离开巴尔干和安纳托利亚,转而进入意大利、西班牙和高卢。尽管汪达尔人在 406－409 年间准备侵入高卢和西班牙,但西哥特人在 402 年侵入意大利,由于富裕而骄傲的罗马元老院拒绝向他们缴纳赎金(如同他们一直拒绝征收赋税和兵役以维持有效的西罗马军力),西哥特人于 410 年摧毁罗马城。西罗马帝国的官方统治者退居到拉韦纳(ravenna),但是它最终未能从这些打击下恢复过来,最后一位西罗马帝国皇帝 476 年被日耳曼"蛮族"废黜。

结果,巴尔干的部分地区后来又被帝国统治了将近 1400 年(直至1913 年),西罗马帝国崩解为许多的"蛮族"小邦。通常广为人们相信的是,西罗马帝国的崩解导致了该地区数个世纪的经济、文化和科技停滞甚至衰退。关于已被确认的停滞和倒退,其规模、时间点、原因和地理程度,仍然成为今日激烈争论的对象。尽管如此,似乎比较明晰的是,这个崩解过程也同时使得现代西欧早期大大小小的不同民族国家最终实现,其远远早于很多人梦想在巴尔干地区(或者中东欧)建立这类国家之时。公元 5 世纪日耳曼"蛮族"摧毁西罗马的帝国政体,进一步强化了我们现在称之为西欧的正在兴起的大庄园和土地贵族的力量。反过来,这使得后来分散的"封建"政治、经济和社会的出现得以可能,正是在它们当中,日渐安全的私有地产,规范和维持私有契约和财产权的法律,构成权力和财富的独立的、多样来源的基础,所谓"改善了的地主所有制"、农业生产率和剩余量的增加,以及大规模的商业、农业和工业资本主义的领地持续扩大等等,在后来 12－15 世纪内断断续续地出现。因此,蛮族对西罗马帝国的摧毁,无意之中为后来西欧封建主义、资本主义和民族国家的出现奠定了基础。相比之下,在巴尔干,顽固和等级化的帝国政体的长期存在,有助于东罗马帝国时期的许多司法、行政、军事文化和经济成就得以持久长存,然而从长期来看,这阻碍了分散的封建(以及后来的资本主义)经济、社会及民族国家的出现。因此,这些不同的政治的、文化的和社会经济的发展轨迹,受到 395 年东西罗马帝国分裂、410 年蛮族摧毁罗马城以及 476 年正式废黜最后一个西罗马帝国皇帝所强化,它们的长期意义十分重大。东罗马帝国(拜占庭)维持下来的灿烂的文明最终输给了一个更灵活、更分散的(decentralized)西方文明,后者培育出一种早熟的封建主义、资本主义和民族国家,而且最终证明,在经济、文化和技术层面,后者较之于等级性更强的、帝国制的政治、经济和社会,更具活力。直到第一次世界大战,在巴尔干地区和东中欧(尽管时间上要晚得多而且起点极不相同)以及俄罗斯,等级制的和帝国制的政治、经济和社会仍然占据统治地位。

42

第三章　拜占庭的统治和它的 影响,395 — 1204

43 久经磨难的、由新罗马(neo-Roman)和希腊人主导下的拜占庭帝国建立。它的统治时间从公元 395 年持续到 1204 年,其间从 1261 — 1453 年出现一次微弱复兴。这个帝国的韧性和寿命很大程度上基于它的希腊罗马谱系,以及君士坦丁堡所在的难以征服的战略地理位置,君士坦丁堡控制着博斯普鲁斯海峡。由于它作为天然良港,"明显地易守难攻",而且介于地中海和黑海之间的唯一海上通道和从欧洲到西南亚洲的最佳陆上路线的战略要地,君士坦丁堡成为东西方之间,罗马法、行政和军事技术、希腊哲学、异教徒和世界三大主要宗教(犹太教、基督教和伊斯兰教)之间的重要会合点。据粗略估计,君士坦丁堡的居民,在公元 450 年达到大约 20 万人,610 年,大约 20 万至 25 万之间,780 年大约在 10 万左右(在经历的流行瘟疫之后),在 1025 年大约达到 20 万,在 1200 年大约有 30 万,此后在 1400 — 1450 年之间骤降到 5 万。(Treadgold 1997: 139,279,405,700,840)与这些保守估计不同,另一种夸张的估算认为,君士坦丁堡人口高峰时人数多达 50 万。(例如,Woodhouse 1977: 21,34)

尽管君士坦丁堡数度陷入外敌军事威胁之下,但是它完全落入敌人手中只有两次,即 1204 年和 1453 年。只要君士坦丁堡本身幸存下来,拜占庭帝国就仍然有能力重新复苏,例如那些难以对付的阿拉伯人、阿瓦尔人、斯拉夫人、保加利亚人和突厥塞尔柱人7－11世纪入侵拜占庭之后发生的情形。君士坦丁堡是拜占庭帝国的经济中心,帝国的手工业、商业、动产和成千上万的商人、工匠云集在它的高墙壁垒之内。(Andreades 1948:70)即使它的腹地身陷敌手,正如有时出现的情形那样,借助对博斯普鲁斯海峡的控制,君士坦丁堡仍然能获得相当的岁入、财富、海军-商船力量和恢复的潜能。就此而言,拜占庭帝国晚期进入衰落只是从1082年开始,它(绝望地)将贸易、关税收入和航运的控制权交付给野心勃勃且富有侵略性的意大利的海上商业城邦。由此这逐渐窒息了帝国复原的动力。然而,即使它的关税、贸易和航运全部落入异族控制之时,君士坦丁堡还是能够保持成为东部地中海世界的大帝国之一。(Haussig 1971:313)

　　拜占庭一千年的统治及其权势对于巴尔干地区有着深刻和持久的影响,超过了后来奥斯曼对该地区的四五个世纪的统治所带来的影响。尽管土耳其的烹饪、咖啡屋、集市、清真寺和宣礼塔①广泛存在,但是可以肯定的是,巴尔干城镇和乡村的艺术、建筑、风俗、价值、信念和物质外观更多地受惠于拜占庭的传承,而非更多地受益于奥斯曼和伊斯兰教的传承。拜占庭的传教士、商人和官员在半岛上的许多非希腊化的居民中间宣传拜占庭的法律观念、文学、知识以及东正教、艺术和建筑。尽管欧洲的宗教和世俗的统治者口口声声提倡基督教统一,但是在错综复杂的基督教会内部,东西方分裂却在逐渐加深,而且这次分裂超越了1054年的罗马天主教和拜占庭东正教之间的正式"分离",这为欧洲最持久的东西方分裂划定了一个明确的道义边界。正如我们在第一章中所见到的,像托多洛娃之类的巴尔干历史学家宣称的特定的巴尔干文化和认同主要是"奥斯曼影响"或者"奥斯曼遗产",一直是一种严重的误导。相反,

　　巴尔干地区的现代文化……到15世纪末为止已经经历了拜

①　宣礼塔,伊斯兰教寺院的尖塔。——译者注

占庭化。对于南斯拉夫和阿尔巴尼亚以及罗马尼亚人而言,拜占庭是……最伟大的教育家,最伟大的启蒙者,宗教和文明的源泉。它的传教士将福音在蛮族人中间传播,而且他们带来了拜占庭的司法观念、文学、艺术、贸易和一切构成独特文明的其他东西。(Stavrianos 1958:32)

现代巴尔干国家将继承一种"基本上是拜占庭的但是受到数世纪的穆斯林统治变更的文化"。(Jelavich and Jelavich 1963:xv)拜占庭的民众主体是"热情的'罗马人'"。他们在第二个千年中自称为Rhomaioi(罗马人),而且在中世纪,近东拜占庭帝国以 Rum(意思是"罗马")而著称,而基督教徒则以"罗马人"而著称,尽管他们对于罗马人之类表现出很少的尊敬;他们"不是通过议事机构或民间机构的脆弱的协议,而是直接地通过跪拜在神像和皇帝的偶像面前来表达他们对帝国的忠诚"。(Brown 1971:42)

重要的是,希腊人仍然把自己当成 Romioi(罗马人),而拜占庭东正教比西方的天主教更能把异教徒和"东方人"的影响消融。事实上,即使基督教被广泛地认为是西方以及西方文化和认同的"本质",但是与佛教和伊斯兰教一样,基督教是从 20 世纪称之为"中东"的地区(这个如今已经非常熟悉的名称最早源自 1902 年的美国海军手册)发出的多样异教之一。拜占庭和基督教正是从古代的叙利亚-伊朗和埃及文明中吸收了道义,禁欲主义、圣像崇拜(对偶像的尊敬)以及尊崇玛利亚视同圣母(the Theokotos),部分地对于早期的基督教与之竞争的叙利亚-伊朗和埃及异教关于伟大母亲女神(Artemis,Cybele,Isis)信仰的妥协。耐基(Nike)是异教的胜利之神,为基督徒中描绘的天使的原型。异教中普遍崇拜日神,并把皇帝当作日神崇拜,受此影响,在基督教中,基督和使徒被描绘成能发光环或光晕的日神,或被描绘成皇帝或太阳王。之所以在 12 月 25 日庆祝基督的诞生,是因为这一天也是太阳神的"生日"(节日)。(Haussig 1971:36 − 38,43)许多类似的异教和"东方的"要素同样也进入了西方的基督教会,但是在拜占庭的基督教中他们甚至更强大。因此,罗马人把皇帝当成神的异教,"把太阳神的异教与帝国的异教联系起来",是对于两种观念的调和,即把基督教通过培育一种新的异教,将基督教拜占庭皇帝作为拜占庭教会的首领以及帝国忠诚与服从。"反对皇帝所颁发的教义的人就是帝国的叛徒,也是对皇帝本人的背叛。"(Haussig 1971:40)类似地,方形会堂和简单的圆顶大厦,两者先前都是与异教的皇帝崇拜相联系的,而且用作帝国家族成员的陵墓,后来被提升为教会建筑的标准形式。同样,高级牧师身披帝国长袍以示他们就是皇帝的仆人和代表,而教堂内装饰有帝国的画像以便持续地提醒他们,要对他们的无所不能、无所不在和受过神圣"涂油礼"的统治者一直崇拜。

公元391年,基督教被正式采纳为官方国教以及帝国凝聚力和权威的基础,这鼓舞了甚至迫使东罗马国家极力保持、强迫或者努力维持基督教的统一和"正统"("正确的信仰")。官方的东罗马或者拜占庭教会迅速地自封为"正统教会",而将其他基督教潮流和名称视为"异端"和潜在破坏性的"偏教"。然而,帝国努力寻找或者设计出教义协定,并将它们强加到科普特人(埃及人)、叙利亚人和涅斯脱利亚派和亚美尼亚派基督徒(*Nestorian and Armenian Christians*)身上,以求实现在东罗马范围内的基督教与帝国的一体性,事与愿违,产生了与帝国统治者意愿相反的情形:它们巩固了异教观点并且加剧了不信任和对抗。涅斯脱利亚基督徒们发现有必要到波斯帝国避难,而罗马教皇和安条克、亚历山大和耶路撒冷的旧主教们却因为下述主张而遭到冷落,即君士坦丁堡的新主教职位至高无上,它处于帝国的直接资助和控制之下,因而不具备他们所期望的精神方面独立性和完整性。数个世纪以来,君士坦丁堡主教中超过三分之一的主教遭到皇帝驱逐。(Soisson 1977:112)这同时激发了(西方的)罗马天主教会和东部的"基督一性论派"的亚美尼亚、科普特人、叙利亚人和涅斯托派教会不止一次地挑战和否认君士坦丁堡的宗教权威。君士坦丁堡越是努力调和与容纳持基督一性论的东方教会,它就事实上越疏远了西方教会和罗马教皇。由此,拜占庭教会与其他"东部的"基督教会(主要是那些来自亚美尼亚、黎凡特、波斯

和埃及的教会)分离开来,同时也与其他来自西部的(罗马天主教)教会分离开来。(Haussig 1971：44－45)

拜占庭社会

新近估计显示,拜占庭帝国在公元 457 年人口有 1 600 万。居民大约 20 万人的君士坦丁堡、居民大约 7 万人的塞萨洛尼基,是巴尔干仅有的大城市。帝国有 930 个带有合法城市地位的定居点,但是"它们的平均规模都不会超过 1 000 人。许多城市只有几百人……如同在村庄中的情形一样,这些城市的人口包括许多白天出城到城郊耕作的农民"。总之,"或许在超过万人的城市中居住着 100 万人,或许在更小的城市中居住着另外的 100 万人,而在那些没有人自称是城市的村庄中居住着大约 1 400 万人"。(Treadgold 1997：137－142)事实上,直到 11 世纪小亚细亚落入突厥塞尔柱人手中之前,拜占庭帝国的许多城市不是位于巴尔干地区,而是位于安纳托利亚。(Browning 1975：93－94)然而,6 世纪期间,巴尔干行省及其滨海岛屿上的 265 个城镇中,有 179 个位于南部——色萨利、亚加亚、马其顿、伊庇鲁斯和克里特等。只有少量城市位于巴尔干北部,那里是人烟相对稀少的农村。

典型的巴尔干都市(polis),遍布澡堂、剧院、庙宇、数不清的商人和手工艺人以及一个相对自治的贵族阶级,过去仅仅局限在说希腊语的南部和东部地区。在更为拉丁化的北方和西方巴尔干地区,基本上是新建的城堡(又称"城堡区"[kastra])或者卫成城的城镇,受到卫成部队统领和帝国官员控制。(Browning 1975：89－93)从 6 世纪末期开始,都市与城堡之间的区分变得模糊:"城堡一词有三重含义:一是指简单的城堡;二是指位于要塞的城镇;三是指设有要塞的全部城镇。有些城堡区,主要用于受攻击时的农村人口的避难所,其空间只能容纳有限的永久居民……更多见的是那些加有要塞的村庄的城堡,而且拜占庭政府将它们视为本质上的农村共同体……尽管如此,不能过度强调拜占庭城镇的农村特征……就农民生活在城市居民点而言,拜占庭与欧洲的其他地区并无不同。在欧洲直到 18 世纪,这一直是一个普遍现象。"(Harvey 1989：200－201)拜占庭的城堡的这种特征,显然与那些在今天的希腊农村中仍然大量存在的形形色色的城堡没有差别,它们事实上与小村庄无法区分开来。

查士丁尼一世统治下的帝国复兴和过度扩张

在经历公元5世纪毁灭性的蛮族入侵之后,一个相对统一的罗马帝国在强有力的拜占庭大帝查士丁尼一世时期得以迅速重建。查士丁尼一世极大地提高了中央政府管理和税收的效率(以及压迫)。他把增加的岁入花在大规模的建设工程上,包括重新加强帝国北部(多瑙河一带)受威胁的边疆地带,以及劝诱或者"补贴"(实则贿赂)它的潜在敌人方面。(Woodhouse 1977：33)他还发起了一项雄伟的罗马法编纂工程。查士丁尼的法律条目侵蚀了奴隶制,强化了农奴制,在继承法中削弱了性别不平等现象,允许离婚,宣告强奸和阉割行为为非法,引入一些禁止随意拘留、监禁和折磨的条文,将基督教纳入法律保护,并且宣布教会财产不可剥夺,由此加速了修道院(本已大量)的财富积累。(Soisson 1977：41－45)然而,长期看来,查士丁尼的做法"强化"了东西方之间的差别。

君士坦丁堡的市民和元老院的成员奋起反抗他们的强势的、奢侈的、独裁的皇帝,在公元532年爆发的"尼卡"(驱逐一切)的叛乱中,一半城市灰飞烟灭。查士丁尼在他妻子狄奥多拉(Theodora),一位从前的马戏团的妓女的敦促下,发起了一项野心勃勃的、炫耀性的重建中部君士坦丁堡的计划。它的圣索菲亚大教堂成为欧洲境内最大最高的教堂。533－540年间,查士丁尼和他的杰出将军以意想不到的速度重新征服了西北非、科西嘉、撒丁岛和巴利阿里群岛,这项征服活动反过来使得拜占庭在535－540年间从(日耳曼的)西哥特人手中重新夺回十分之九的意大利领土成为可能。然而,在540年,一方面许多拜占庭的部队倾向于声讨西方,另一方面拜占庭的叙利亚遭到波斯侵占,而且马其顿和色雷斯受到了土耳其保加利亚人的侵犯。拜占庭不得不从意大利和西地中海召回部队以阻击敌军威胁。然而,541－544年间,受瘟疫影响,拜占庭帝国的民众和武装人员大批死亡,北非行省发生了兵变。西哥特人抓住时机在 542－548 年间重占了意大利的大部分地区,作为回应,拜占庭帝国于 541 年发动侵略波斯的战争,并且于 545 年与它缔结了合约。这使得拜占庭不仅能恢复它对北非的控制并征服了意大利,而且在 547－555 年间征服了西班牙,由此统一了前罗马帝国在拜占庭统治时期的大部分核心领地。然而,查士丁尼的帝国过度膨胀,其心脏地带巴尔干与安纳托利亚暴露在危险之下,而且赋税沉重、过于极权、供应不足、危机频仍而且不堪一击。

公元 6－8 世纪斯拉夫人的神秘出现

6－8 世纪期间,无数的阿瓦尔人、保加利亚人和斯拉夫士兵侵入到一些地区,它们相当于今天的塞尔维亚、斯洛文尼亚、克罗地亚、波斯尼亚-黑塞哥维那、马其顿、希腊半岛、保加利亚和南罗马尼亚的地区。(Browning 1975：33－34;Evans 1960：28)这次侵略以斯拉夫人为主,伴有少量突厥和波斯武士民族,侵略活动迫使大量希腊人、色雷斯人、伊利利亚人和"罗马化的"达西亚人以及瓦拉几人流离失所,他们有的向南前进,有的进入山区。结果,剧烈地改变了巴尔干地区的种族版图。

长期以来,广为接受的观点包括:第一,斯拉夫人起源于维斯瓦河、第聂伯河和喀尔巴阡山之间的某个地区;第二,他们长期以饲养牲畜、捕鱼、狩猎和羊毛纺织业为生,住在简陋的木制或者泥制房子内,这些房子常常有一半位于地面以下,冬天可以借此获得足够的温暖,他们往往聚居在河流两岸;第三,与游牧的武士不同,他们是快速移动的骑马民族,出行主要依靠步行或者乘坐独木舟;第四,他们不戴盔甲,但是手持盾牌,梭镖或弓箭,一般避免在空旷的高原上发生直接的军事冲突;第五,他们没有比部落更高级的政治组织形式,而且迄今为止基于氏族基础上的血缘关系和聚居模式正让位于聚居在地方村庄上(而非血亲)的核心家庭;第六,他们主要是依靠人多势众推翻了巴尔干人的统治,而不是依靠部落内强大的军事优势。(Browning 1975：30－32;Evans 1960：26)

　　然而,科尔塔(Florin Curta)和巴菲尔德(Paul Barford)令人信服地论证指出,这些假定都纯粹是主观的,没有人真正地知道早期的斯拉夫人如何兴起,以及何时何地兴起;也没有人知道他们究竟是什么样子。(Curta 2001,2006;Barford 2001)两位都强调指出,6 世纪的拜占庭作家乔丹尼斯(Jordanes)关于存在所谓的"斯科拉夫人"(Sclavenes)属于臆测,就像是 6 世纪突然出现在拜占庭雷达屏幕上的朦胧影像,说他们是"古代维内斯人"(Venethi)的后裔,来自维斯瓦河和普利佩特(Pripet)沼泽地区(就是我们今日所说的波兰和白俄罗斯交界地带)。他们还指出,当时并没有关于斯拉夫人从发源地向巴尔干地区大规模迁徙的记载,那样的迁徙是否真发生过,值得怀疑。(Curta 2001：39－43,75,113,336－337;Barford 2001：45－46,286－287)此外,科尔塔提出了他个人关于 6 世纪的拜占庭作者们观察到的所谓斯科拉夫人的独特推测,认为那"不是一大群来自普利佩特沼泽地的斯科拉夫人",斯科拉夫人的名字纯粹是一种拜占庭建构,想出那个名称的目的在于理解位于帝国北部边疆对面的种族(ethnies)的构成。(Curta 2001：3,118－119)"斯拉夫人成为斯拉夫人不是因为他们说斯拉夫语,而是因为他们被其他民族这样称谓。"(第 346 页)"斯拉夫人称呼的形成与其说是种族问题,倒不如说是其拜占庭的杜撰者的发明想象和标识。然而,某些形式的族群认同,我们或可称为种族区分的东西,离不开多瑙河边界建造有大量要塞(limes)这一特定背景。因此这种认同形成于查士丁尼要塞阴影之下而非普利佩特沼泽地……(直到 12 世纪)还没有斯拉夫人自称此名,这不仅意味着,没有族群接受外界强加的这个标签,而且意味着,这个标签与其说是跨民族体系互动的结果(更不用说实地调查),倒不如说是一种学究式建构。"(第 350 页)因此,科尔塔撇开迄今盛行的下述观点,即 6 世纪从位于波兰或者白俄罗斯的某个发源地出发进行的一次伟大的斯拉夫人迁移,认为有一次相对短期的来自多瑙河正北(今罗马尼亚)方向的陌生民族的迁入,而且很可能这些移民不是一个单一民族,也不是说某种共同的"斯拉夫"语的人。他们被来自拜占庭的创始者称为"斯科拉夫人",因为缺乏一些关于他们是谁的明确信息——该标签最终被贴上,并且开始包含更具体的人种学内涵。科尔塔一再重复他的这个推测。(2005:59-61)尽管如此,科尔塔的论说仍然不过是另一种推测,尽管他确实似乎提供了一种关于巴尔干斯拉夫人出现的多少有些合理的解释,但是关于后来的"西斯拉夫人"(波兰人、捷克人和斯洛伐克人的祖先)或者"东斯拉夫人"(俄罗斯、乌克兰和白俄罗斯人的祖先),他只字未提。因此,科尔塔只不过证实,没有人真的确定斯拉夫人是如何起源,以及在何时何地起源。关于后来遍布东中欧的其他斯拉夫人("西斯拉夫")的同样神秘的出现,本书(英文版第137-139页中以类似的方式进行了讨论。

49　　不管斯拉夫人究竟是什么样的人,也不管他们究竟起源于何处,由于原初的居民对于许多北部的巴尔干城镇和要塞的放弃,结果大大便利了他们向先前的拜占庭巴尔干领地的流入。两个世纪的断断续续的"蛮族"掠夺者的袭击和侵略,导致这些居民逐渐被向南驱赶。(Browning 1975:34-42;Haldon 1997:93,114)似乎很有可能的是,拜占庭帝国在一系列流行的淋巴腺鼠疫的打击下遭到严重的削弱,公元542年、558年、573年、587年、599-560年、608年、618年、625年、640年、697年、700年和746-747年间鼠疫的爆发掠走了巴尔干本地大量人口的性命,出现了人口真空,来自北方的斯拉夫居民实际上就是受此吸引而来。(Biraben and Le Goff 1975:62-71)这有助于解释为什么斯拉夫侵略者似乎遭遇到相对微弱的抵抗,并且成功地渗入遥远的伯罗奔尼撒半岛(即摩里亚半岛)。事实上,如果542-747年间的鼠疫肆虐程度与14世纪40年代至80年代间爆发的那场著名的鼠疫一样,那么似乎合理的是,至少丧失了将近三分之一的人口。瓦伦·特雷戈尔德(Warren Treadgold)曾经推测到,帝国的人口曾经从公元457年的1600万跃升到公元540年间的1900万,但是,到了公元610年,人口骤降至1300万(按照457年的领土范围计算),这种大幅度的下降很大程度上归因于鼠疫的影响。(Treadgold 1997:216,278)

　　540-629年,在与新兴的波斯帝国的一系列争霸战中,拜占庭帝国进一步受到削弱。波斯帝国推翻了叙利亚的统治,同时,亚美尼亚人在东安纳托利亚发动反抗拜占庭统治的叛乱。这些挑战威胁到拜占庭对大部分意大利、西班牙和北非地区的控制权,上述地区是被查士丁尼征服(再征服)的。629 年,波斯人最终被拜占庭击败。然而,战争使得拜占庭和波斯双双能量耗尽,衰弱不堪,无力抵制 636－642 年间短暂兴起的阿拉伯穆斯林强国。波斯帝国在 637－641 年间轻易地就被阿拉伯穆斯林帝国征服,许多波斯人后来皈依了伊斯兰教。类似地,636－642 年间,拜占庭丧失了叙利亚、巴勒斯坦和埃及的控制权,上述地区落入阿拉伯穆斯林帝国手中。阿拉伯穆斯林由此打开了征服北非通道,尽管拜占庭对迦太基的控制一直维持到 699 年。674－678 年间和 717－718 年间,拜占庭两次成功地抗击了阿拉伯人的大规模进攻,此后,终于在 738 年阻止了阿拉伯人大规模的西北向扩张。

　　波斯人和阿拉伯人对拜占庭残余地区形成威胁,这有助于"斯拉夫人"和土耳其保加利亚的侵略者巩固他们对巴尔干地区的入侵,这些入侵者后来在巴尔干地区定居下来。成立于 7 世纪中期的巴尔干的斯拉夫和保加利亚部落联盟"尚不是真正意义上的国家……他们是暂时的……而且缺乏一支常备军,一个政府和严格划定的疆界"。然而,阶级分化伊始就要求成立"政府机构,保护当时富裕的部落贵族的利益,并阻止对他们实施的可能的侵害"。(Hristov 1985:26)681 年,拜占庭当时尽管面临阿拉伯人的严重威胁,还是不得不在外交上承认了新生的保加利亚-斯拉夫国家。

　　1830 年,当希腊摆脱奥斯曼帝国取得民族独立的时候,历史学家雅各布·菲利普·伐尔麦耶(Jakob Philipp Fallmerayer)提出了一个为之轰动的观点,即在 6－7 世纪期间,希腊人已经完全被大批斯拉夫人从希腊半岛上驱赶出去,而且这种观点否定了关于现代希腊人是具有非凡创造力的古希腊人后裔的说法:

　　　　欧洲范围内的(古典的)希腊血统终结了……关于希腊精神的不朽著作和某些古典遗迹……如今成为很久以前存在一个希腊民族的唯一证据……因为在现代希腊的基督徒血脉中没有一滴真正

纯正的希腊血液。(Fallmerayer 1830：iii,引自 Vasiliev 1952：177)

50　　然而,伐尔麦耶言过其实。希腊北部和西部以及伯罗奔尼撒半岛的大部分地区还广布着斯拉夫人,而且确实在拜占庭控制之外,但是希腊东部和中部的部分地区、爱琴海岸以及主要的希腊岛屿和海岸城市从来没有被斯拉夫人侵占过,而且其中的许多地区还接受了大量的希腊难民。此外,从 7 世纪开始,希腊境内的斯拉夫人定居区逐渐被拜占庭帝国、(希腊的)东正教、说希腊语的商人和殖民主义者重新希腊化,后者是在以农兵特辖区(themata)著称新拜占庭军事力量的支持下完成对斯拉夫人定居区希腊化的。(Browning 1975：39 - 42)因此,"尽管伯罗奔尼撒本身被斯拉夫人控制长达两个多世纪,但不存在任何关于希腊领土被永远斯拉夫化的问题"。逐渐地,希腊和其他沿海地带的拜占庭统治者设法重新收回了失地。尽管如此,"巴尔干半岛的大部分地区,也就是整个内陆地区,完全变成斯拉夫国家,而且从此之后,它在拜占庭的文献资源中就被称为'斯科拉维尼亚'('Sclavinia')"。(Ostrogorsky 1968：94)

然而,对于下述观点很少有人提出质疑:人口数量下降,波斯人、阿拉伯人、阿瓦尔人和保加利亚人反复的进攻,以及拜占庭决意称之为"斯拉夫人"的民族的实质性涌入,带来了 6 - 8 世纪巴尔干境内严重的城市退化(农村化)问题。人口下降导致农产品的需求和生产萎缩,反过来,抑制了对城市商品和服务的需求。此外,巴尔干城镇还丧失了他们从前对农村腹地的财政和司法控制,而且城镇本身与帝国政府无力负担保护建筑物和修建防御工事的开支。唯一例外的情形是君士坦丁堡,由于它拥有商业、政治和战略的综合重要地位,它得以更早和更显著的复兴。但是对于那些行省的城镇来说,它们的悲惨处境未能缓解,许多城镇人口锐减,甚至荒芜。(Harvey 1989：21 - 28)

关于斯拉夫人流入巴尔干半岛所带来的社会结构和农村景象的长久影响,还存在一种重要的持续的争论。形形色色的俄罗斯拜占庭主义者曾经论证道,大规模的斯拉夫殖民化活动引入了成熟的土地共有权和定期分配土地制度,与之并行的是他们关于俄罗斯的出现和发展的见解。对这种观点中涉及的情形,E. E. 利普希茨(E. E. Lipshich)的论证(1945,1947)最为强力。利普希茨吸收了19世纪俄罗斯的拜占庭主义者瓦西里·格里高里维奇·瓦西利维斯基(Vasily Grigorevich Vasilievsky)、费奥多一世(Fyodor I)、乌斯宾斯基(Uspensky)和康斯坦丁·尼古拉耶维奇·乌斯宾斯基(Konstantin Nikolaevich Uspensky)的思想,她把7或8世纪著名的拜占庭《农民法令》(Farmer's Law)视作具有集体的财政职责和广泛的公共实践的村社共同体存在的证据,如果巴尔干半岛上的确存在有大规模"斯拉夫人"居住的情形,他们定居伊始,无疑遭受到流行性疾病、持续的战争和频仍的农业歉收的影响,那么,凭直觉,完全可以合理地设定,新的斯拉夫定居者很可能保留了他们(所谓的)共同村社组织和土地公有的传统,尽管能够支撑这种预设的幸存档案证据非常薄弱。主要的问题在于,我们无法确定,在迁入巴尔干之前,斯拉夫人(不论他们是谁也不论他们源出何方)的共同村社、组织和土地公有制的传统实际发展程度如何,同时关于流入巴尔干境内的斯拉夫人的规模,也缺乏相关可靠的信息。19世纪俄罗斯的亲斯拉夫主义者坚持认为,"斯拉夫人""从太古时期开始"就拥有强大的共同体的传统。(Aksakov 1889:65)20世纪30—50年代苏联历史学家当中形成的另一个坚定的信念是,"斯拉夫"农民过去已经存在数个世纪了,而且到6—7世纪前发展出强大的村社传统,继而或者甚至在此期间,所谓的斯拉夫部落衰落下去。(Grekov 1959:99—100;Liashchenko 1949:69—71)然而,许多研究斯拉夫民族的非俄罗斯历史学家,甚至一些俄罗斯历史学家,都同样坚持认为,对于拜占庭时代居住在巴尔干的斯拉夫人来说,并没有形成显著的共同习俗和制度,(Lemerle 1979:41—46;Kaplan1992:185—218;Vasiliev1952:245—247;Ostrogorsky1942:198—199;1968:135—136)而且认为,只是几个世纪以后才在南斯拉夫以"庄园"(zadruga)形式显现出来。一些研究俄罗斯和巴尔干的杰出的俄罗斯或俄罗斯裔历史学家争辩说,村社共同体制仅仅是在现代早起发展起来,而且本质上符合程序化的"国家

51

理性"——主要出于财政考虑和控制农民流动和阻止农民"贫困化"。所谓的"国家主义"视角,最初是由 19 世纪卓越的自由主义法学家波伊斯·切克林(Boris Chicherin)阐释的,后来得到彼阿特·斯特鲁威(Pyotr Struve)和格奥尔格·奥斯托洛格尔斯基(Georgii Ostrogorsky)等人的坚持。事实上,奥斯托洛格尔斯基论证指出,由于巴尔干地区缺乏建立一个俄罗斯风格的村社共同体,6－8 世纪发生的转型中断了:

　　几乎难以想象的是,过去的大地产制在阿瓦尔人和斯拉夫人……以及波斯人和后来的阿拉伯人的毁灭性的攻击下还能够幸存下来……尽可能观察到的是,他们事实上大部分消失了,取而代之的是小地产所有者……和那些构成了新的军队成员的雇佣骑兵(Stratioti,希腊语"士兵")。因此……在那些帝国的社会结构建立在新的基础上并且沿着新的道路发展的农村,发生了巨大的变化……新的拜占庭村庄模式最明显地反映在著名的《农民法令》中……法律上受《农民法令》约束的农民属于自由的土地所有者。他们只对国家承担义务,就是向国家纳税,而对地主并不承担义务。对于他们的流动自由也没有限定。这并不表明,这一时期根本没有农奴,但是确实显示,自由农民形成了一个大的阶级……《农民法令》特别强调个体的私有财产权。尽管如此,村社的居民还是形成了一个共同体……这个村社共同体与那种表现为协同耕作、定期重新分配土地特征的共同体的组织类型没有关系,这种类型如今被认为在拜占庭时代即已存在,而且它的起源可以追溯到由斯拉夫移民所引入的"原始"斯拉夫共同体生活的影响。这种理论……基于错误的假设之上;它的赞同者参照俄罗斯的米尔制(mir)①而构建了他们设想的原始的斯拉夫共同体,现在公认的是,该共同体是后来的产物。拜占庭从来没有出现过基于共同耕

---

① 沙俄时代的俄国村社。——译者注

作组织之上的村社共同体,如果我们要依照证据来判定,那么我们在斯拉夫族当中也找不到这类共同体。拜占庭肯定有上述(财政意义的村社)共同体而且它们在斯拉夫人定居之前就已存在……无疑,斯拉夫人在7世纪的拜占庭帝国的复兴中扮演了极其重要的角色,这不是因为他们为拜占庭帝国引入了一种特殊的斯拉夫类型的共同体组织……而是因为他们为这个衰弱不堪的国家带来了新的能量和活力。(Ostrogorsky 1968:134－136)

保罗·勒梅勒(Paul Lemerle)同意下述观点,即国家对于《农民法令》的关注"纯粹是财政性质的",反映出村社共同体对国家的集体财政义务,而且法令"丝毫没有减损、也没有限制个人财产的相关规定"。(Lemerle 1979:43)他勉强承认,法令中包含一些有关公社定期重新分配公有土地的隐含信息,以及村社内偶尔对土地和财政义务重新调整,以便特殊家庭离开或灭绝后村社成员能够平均承担税负的信息,但是勒梅勒将这些仅仅视为实用主义的调整机制,调整目的在于方便履行财政义务,维持个人私有财产的常态。(第43－47页)在勒梅勒看来,奥斯托洛格尔斯基是从人种学意义上看待斯拉夫入侵现象。由于持续的战争、疾病和经济危机影响导致的地广人稀,"重新增加了人手",由此帮助拜占庭帝国从它的人口灾难中恢复过来。(第48－50页)然而,勒梅勒拒绝关于大地产制衰落的观点。按照勒梅勒的看法,大地产制大多数完好无损地保存下来(尽管并非完全毫无触动),《农民法令》中缺少关于大地产制的规定,并不必然暗示它不再重要。(第51－57页)他还质疑士兵因为服兵役而获得地产的重要性,奥斯托洛格尔斯基曾经赋予它在7－9世纪期间的极端重要性。(第59页)

勒梅勒关于大地产制的生命力的观点得到马克思主义拜占庭学家约翰·哈尔顿(John Haldon)的支持,但是后者认为,其性质是土地精英的构成方面发生了变化:旧的元老院贵族及其所持地产的数量减少,(新的)更具精英气质的"地方地产精英"的崛起,两相扯平。后者靠军功和管理能力以及为帝国效力本来就有收入,现在他们的财富和地

52

产数量增长了。(Haldon 1997：128－130,155－172)尽管如此,哈尔顿告诫道,拜占庭的地产精英,"尽管势力非常强大,但就其对城乡生活和经济关系的统治而言,绝没有达到西方出现的那种程度",因为在拜占庭帝国,权力"仍然是分散的,国家总是设法保持一种有效的财政控制权,而且农村人口,尽管受到压迫和剥削,在社会和经济方面较之于西方仍然更具异质性"。(Haldon 1997：31)

苏联的中世纪专家也声称,所谓的斯拉夫迁居者的大量涌入带有明显公共实践特色的村社当中,推动了拜占庭巴尔干人的历史转折,它们从奴隶制或者"古典的"/"奴隶的"生产方式(就其被认为构成希腊罗马世界中农业的主要基础,还是相当值得怀疑的)转向"更高级的"和更自治的公社形式的农民社会和农业。反过来,它替一种更具活力的农奴制的发展铺平或者铲清了道路。苏联历史学家认为,后者是"更高级的""封建制的"生产方式的基础,也是拜占庭帝国的经济和社会基础的"重建"。(Grekov 1959：32－37;另见 Haldon 1995：7－8)

然而,苏联学者的这些观点难以令人信服。尽管奴隶制毫无疑问地存在,但是"奴隶似乎在罗马和拜占庭世界的后期的全部生产中似乎并没发挥重要的作用",而且早在斯拉夫人入侵之前,他们已经被其他生产方式所取代。(Haldon 1995：16)尽管如此,6－9世纪期间斯拉夫人的重要流入使得巴尔干的人口数量重新恢复,这或许进一步削弱了奴隶制在巴尔干半岛上的重要性,相应地增加了下述内容的重要性:独立的农民所有权,农村定居模式和负有集体财政义务的相对自治的村社共同体,尽管奴隶制并没有完全消失。(Lemerle 1979：51,65;Haldon 1997：132－141,152－153)然而,撇开这些争论中的各方的说服力和论证不论,关键是无从探究上述观点中哪些在经验上更可靠。尽管巧妙的推断和反驳大量存在,但没有足够可靠的明确的信息足以支撑这些判断。

公元 5－9 世纪：信仰、态度和国界的所谓巩固

彼特·布劳恩(Peter Brown)指出,由于与波斯之间的持续的战争

(540－629),再加上阿拉伯穆斯林在地中海南岸一带爆炸式地扩张(637－647),拜占庭帝国开始将它自身视为基督教在近东的桥头堡:"拜占庭不再将自身视为世界帝国的臣民,而是视为被敌意的异教民族所包围的基督教选民……在这样一个封闭的社会中,背叛就等于无信仰。边界的固化反映出帝国内部的僵化。"(Brown 1971:172,174)公元 380 年,将基督教列为帝国的官方教会,已经导致对非基督徒更强的排斥和不宽容。"基督教会以其不宽容性有别于东方宗教,尽管它与东方宗教在许多方面相似。"(Brown 1971:65)继而发生的是限定建造犹太教堂,禁止犹太人担任公职、与非犹太人通婚以及出庭作证,这些限定在 425 年废止犹太人担任主教职权方面达到极致,基督徒还联合抵制犹太商人和犹太医生,基督徒还攻击犹太人及其财产和教堂。拜占庭逐渐自视为,"基督教会并非在其中占据主导的宗教社会,而是一个完全由基督徒构成的社会",结果异教受到了压制,非基督徒成为社会的弃儿。(Brown 1971:174)然而,对这种观点也有不少有力的反对意见。(参照本书边码第 77－81、86、90 页)

基督教隐修制度的兴起

从 4 世纪 80 年代以后,基督教隐修制度一直在稳步发展。作为基督教会的"杀手锏",隐修制度作为维护基督教帝国宗教的地位并且攻击异教、犹太人和异端,获得同他们一样具有偏见的皇帝的支持(egged on)。(Brown 1971:104)从 5 世纪开始,许多先前被引导到公共和私人建设与投资上面来的财富,转而流入教会和修道院的保险箱,以便获得"原罪的救赎"或者用于支付末日审判时的费用的成本。(第 108 页)到 527 年,单单在君士坦丁堡城内和附近就不止 100 家修道院。(Woodhouse 1977:26)不久以后,当拜占庭的僧侣和传教士在巴尔干南部和东部的居民中宣传东正教时,它的竞争者罗马天主教在巴尔干西北部采取同样行动,该地区整体上散布着多处修道院。例如,保加利亚逐渐有了 150 家修道院。(Hristov 1985:70)他们当中许多规模很大,而且一些至今依然耸立,甚至有些迄今仍在完全使用中。这样一来,巴尔干的财富和人力中相当重要的一块被部分寄生的社会群体所攫取,这个群体修建华美但"非生产性的"修道院和基督教建筑,进行富丽堂皇的宗教装饰,浪费了大量财富,结果导致财富"流逝难返"。

然而,基督教的隐修制度的影响并非全都是负面的。通过动员数以千万计的热心的独身主义者,以及为医院、厨房和救济所以及育儿、救护、下葬和运输服务等配备相关人员,"隐修制扼制了城乡失业持续发展的势头"。(Brown 1971: 110)此外在南斯拉夫书面语和文学文化的创造方面拜占庭的僧侣和修士们发挥的作用影响深远,反过来这为基督教教义和文学在南斯拉夫的大部分地区的传播提供了"文化工具箱"。(Curta 2006: 5)

圣·西里尔(Cyril)和美多迪乌斯(Methodius)在"教会斯拉夫语"和斯拉夫文学的产生中的作用

君士坦丁(后来是西里尔)和美多迪乌斯,这两位被认为具有南斯拉夫血统的拜占庭修士,在大约855年设计出了首张斯拉夫字母表(所谓的"格拉高利"字体)。这使得开展以下工作成为可能:第一,将拜占庭宗教文字翻译成斯拉夫语言;第二,让巴尔干斯拉夫人皈依(东正教的)基督教;第三,创造了斯拉夫文学文化。863年,应拉斯蒂斯拉夫王子(Rastislav)的邀请,两位兄弟被拜占庭东正教派送到摩拉维亚,奉命遏制该区的日耳曼/罗马天主教的影响。然而他们到达摩拉维亚激起了日耳曼罗马天主教徒对他们的强烈反对。兄弟俩后来在罗马度过数年,此间他们捍卫发展和运用斯拉夫书面语和文字体系的工作,并且运用斯拉夫语和文字来传道和做礼拜,尽管这已经背离了下述原则,即被认为"天定的"用于基督徒做礼拜和宣讲基督圣经的语言只有希伯来语、拉丁语和希腊语三种。在美多迪乌斯兄弟逗留罗马期间,摩拉维亚王子的侄儿斯瓦托普卢克(Svatopluk)与日耳曼罗马天主教串通,将他废黜、监禁并刺瞎。885年,在西里尔和美多迪乌斯去世之后,他们的东正教信徒被兴起的日耳曼天主教徒驱逐出摩拉维亚,而且斯瓦托普卢克王子还颁布禁令,禁止使用西里尔、美多迪乌斯及其追随者所创设的斯拉夫语做礼拜。然而,保加利亚的鲍里斯(Khan Boris)为这些逃亡者提供了庇护,鲍里斯已经决定(出于为国家考虑)把拜占庭东正教当作他的官方宗教,而且要培育一种书面的斯拉夫语,以便吸收拜占庭强大的文化成就并形成与之竞争之势,同时也是为了大幅提高保加利亚国际地位。在保加利亚国内,西里尔和美多迪乌斯的信徒恢复了拜占庭宗教文献的翻译工作,这次是将它译成所谓的"旧保加利亚语"(有别于"教会的斯拉夫语")。出于这种目的,他们吸收了格拉高利体和希腊字母来创造所谓的"西里尔"字体(依照西里尔的名称命名)。由于改动相对较少,它后来成为其他东部东正教斯拉夫国家的书面语所参照的典范,例如塞尔维亚、乌克兰和俄罗斯等,这些国家的语言是在东正教教士的指导之下(绝非不感兴趣)苦心创造出来的。数个世纪以后,这还培育了保加利亚人、马其顿人、塞尔维亚人、黑山人、俄罗斯人、白俄罗斯人和乌克兰人之间的长久的语言和"精神"联结的纽带(同时也有竞争关系)。上述所有这些国家的人们都使用古典的"教会斯拉夫语"("旧保加利亚语")来传道或者做礼拜。更具体而言,正如共产党统治下保加利亚出版的一部半官方的马克思主义性质的保加利亚历史著作中所承认的那样,"基督教会还让保加利亚人有机会接近文化上更高级的欧洲民族,并使他们获得较高程度的发展"。(Hristov 1985：33－40)东正教教士和基督教会对塞尔维亚和黑山(以及对基辅罗斯,第一个罗斯-乌克兰国家)注定将发挥类似的影响作用。

恺撒之物当归恺撒

　　然而,这一切都走向"下坡路"。在 10 世纪期间,正如赫里斯托夫(Hristov)所观察到的保加利亚的情形那样,"越来越多的农民开始失去他们的土地,被束缚在私属的和教会的封建地产上"。(1985：44)官方的基督教会布道称,世界就是这样由上帝规定的,财富的不断集中"不应该引起嫉恨、不满和抵抗,因为世界上不存在违背上帝意志而发生的现象"。(第 44 页)事实上,很难否认,在官方基督教会中(其他地方也是如此)存在强调天定作用和等级制的教义,强调要不加批判和不加抱怨地服从社会"高官"的教义,以及强调"恺撒之物当归给恺撒"的教义。由于只有不到三分之一的巴尔干人口曾经成为穆斯林,合理的推断应当是,狂热的和等级制的"官方"基督教会构成所谓"巴尔干狂热"的更合理的来源之一,像温希尼奇(Vucinich)之类的历史学家更愿意将它归为奥斯曼统治下所谓伊斯兰教的"狂热主义"的影响。

所谓的拜占庭文化视阈的"缩减"

某些西方历史学家曾经论证指出,拜占庭的和新拜占庭的巴尔干国家实现了一种不宽容的"中庸"基督教文化的胜利,这种胜利感也是巴尔干国家的统治者和被统治者都能感受的。(Brown 1971:181)拜占庭在西方和亚细亚的大量领土丧失后,在文化和态度方面,拜占庭世界变得更不具有世界主义特征,目的更转向内部,更局限在同质化的希腊和东正教文化中。(Baynes and Moss 1948:13)这种变化的典型表现形式就是基督教的圣徒传("圣徒的生活")、圣像、东正教的音乐(没有伴奏的虔诚的唱诗班和礼拜)以及围绕"圣迹"的狂热崇拜(Brown 1971:181-183)在同一时期内,作为查士丁尼一世(527-565年在位)政治遗产的更集权的独裁体制"严重削弱"了帝国官僚、地方城市和学者-名流以及世俗经典教育和文化传统在社会生活中发挥的相对独立的支撑作用。(第180页)7世纪时期阿拉伯穆斯林帝国带来的巨大挑战,声称"完成了拜占庭城市的公共生活的基督化","淹没了世俗文化的最后遗迹"。(第186-187页)在新的宗教文化中,"人们是根据他的信仰来界定的……他不需对国家忠诚;他属于一个宗教共同体……阿拉伯人的到来只不过是切断曾将近东行省与罗马帝国连接在一起的最后一根丝线……这宗教共同体观念战胜古典的国家观念的最终的才是胜利"。(第186-187页)由此,精神/文化视阈的缩减,从世俗人文主义和教育的退却,这些现象据说早在土耳其人到达之前在中世纪的巴尔干就早已开始了。

然而,这些关于后期巴尔干和新拜占庭的巴尔干的"东方学"式的西方认知,遭到了斯蒂文·朗西曼(Steven Runciman)的拒斥。朗西曼是一个更为著名、更具同情心的研究拜占庭时期和新拜占庭时期巴尔干问题的权威。他认为,拜占庭帝国的"衰落"仅仅是领土上、经济上和军事方面的,而且:

> 矛盾的是,拜占庭文化从没有在它(1453 年陷落到土耳其人手中)之前的两个世纪里那么光彩照人。这一时代的艺术或许是最为优美的,而且确实是拜占庭创造的最具人性的艺术;而且只要获得资助,艺术品就能创造出来。学术的辉煌一直持续到末期,学者们的活力和创造性丝毫不亚于他们前辈中的任何一位,而且他们的声名远播国外。多数学者都希望能够实现新的再造,尽管它可能意味着与西方文化的融合以及对于古典传统的扬弃。(Runciman 1968：16)

朗西曼在他的经典之作《最后的拜占庭文艺复兴》(*The last Byzantine Renaissance*)(1970)和论《君士坦丁堡 1453 年的陷落》(*The Fall of Constantinople 1453*)中,令人信服地阐明了这些观点。(1969：5－6,14－15,189)再者,科尔塔强调了公元 10 世纪期间最初的保加利亚帝国的文化成熟的程度。(Curta 2006：147－148,213－229)

事实上,拜占庭帝国存在的最后几个世纪绝非经历了文化学术的"倒退"也没有"落后于西方",其间发生的一系列学术文化"复兴",以及采取的一些新的政治举措,对于 12 世纪和 14－16 世纪期间以西欧为中心的文艺复兴贡献良多,并且帮助它奠定了基础。(尤其分别适用于法国和意大利)这也同样适用于拜占庭侨民,包括许多拜占庭的东正教艺术家、知识分子和教士在内,他们在 15 世纪期间拜占庭前往意大利,寻求更富裕和更安全的生活。直到 1453 年君士坦丁堡陷落,在维持和传播古典希腊和罗马的哲学、法律、修辞和医药方面,拜占庭和新拜占庭领域内所取得的成就远远胜过西欧,而且他们也不怎么需要一个文艺复兴来"重新发现"那个谱系。再者,从 13 世纪中期至 15 世纪中期举世闻名的油画的发展,很大程度上源于拜占庭境内形成的模特、干粉颜料和技术。拜占庭的这些影响最形象地见于 11、12 世纪的西西里艺术,以及后来的契马布埃(Cimabue,约 1240 − 1302)[①]、杜乔(Duccio,1260 −1318)、西蒙内·马丁尼(Simone Martini,1284 − 1344)、皮耶特罗·洛伦采蒂(Pietro Lorenzetti,1280 − 1348)、亚姆布罗乔·洛伦采蒂(Ambrogio Lorenzetti,约 1290 − 1348)和辉煌的锡耶纳学派的其他成员,同时还体现在乔托(1266 − 1337)、帕奥罗·韦内齐亚诺(Paolo Veneziano,约 1290 − 1362)以及弗拉·安吉利科(Fra Angelico,1387 −1455,意大利文艺复兴早期的僧侣画家)。他们的拜占庭特色的油画,较之于后期的意大利艺术后期(尤其是巴洛克艺术),非常自由,更加抽象,更少代表性,更多流动感和更为飘逸,相比之下,后期意大利艺术更为凝重,失去了先前的许多温暖、活力、神韵和色彩的半透明性,表现力变得更为机械,迎合罗马天主教和意大利赞助商的趣味和需求,他们不断加强对艺术的资助只是为了炫富,肯定自己的重要性,以及宣示政治立场。

伊斯兰教与西方基督教之间的战略较量

[56] 7 − 8 世纪,阿拉伯人征服叙利亚、巴勒斯坦、北非、西班牙、巴莱拉岛屿、科西嘉、撒丁、西西里、克里特、塞浦路斯和亚美尼亚等,终结了欧洲人对地中海的独占性控制。这些征服活动扰乱了欧亚之间贸易交通的既定路线,可能导致欧洲人和地中海之间商业往来的暂时性萎缩。

从 7 世纪末至 10 世纪,拜占庭利用东地中海地区强大的海军阻止来自东方的货物(种子、药材、染料、没药[②]、宝石、丝绸、棉花、精美的纺织品、糖类)直接从叙利亚和埃及港口进入到西欧。相反,拜占庭改变了货物的运输路径,从拜占庭(主要是君士坦丁堡)穿过,并课以很高的关税、通行税和提成,然后再经意大利(主要是威尼斯)中间商运往西

---

① 意大利佛罗伦萨画家。——译者注
② 一种芳香型树胶树脂,多用作香料。——译者注

欧和中欧。这培育了威尼斯海上商业实力,而且威尼斯的商业最终与拜占庭的商业形成竞争之势并击垮后者。拜占庭还通过黑海继续主导着与东方的贸易,包括来自东黑海沿岸的谷物、皮毛、金属和琥珀等。对于欧亚贸易的控制权有助于拜占庭保护和培育本地的产业和手工业。拜占庭国家"事实上阻止了它的东部进口贸易,即阻止叙利亚和埃及的货物运进帝国"。只有原材料获准可以输入。这样,拜占庭本土的产业和销售都获得了保护。(Haussig 1971：172－173)拜占庭的奢侈品和工艺品产业在 9－11 世纪达到顶峰,能够生产出精美的织物、丝绸、地毯、纸张、陶器、皮货、雕刻、圣像和金属制品(尤其是高脚杯大口水罐、珐琅和青铜器等)。早在 553 年,两个修士将一些蚕卵从亚洲偷运到拜占庭,"这些珍贵的卵就成为西方世界长达 1 000 多年培育的各种形态的蚕的最初母体。拜占庭的蚕丝在中世纪的西欧闻名遐迩"。(Darby 1967：49)拜占庭曾经从波斯发现了从破布中造出贵重的纸张的秘密,而且从阿拉伯人那里学会了制作和使用装饰性的陶瓷瓦片和精巧彩陶(意大利的花饰陶器)的技术。(Haussig 1971：169)

然而,9－10 世纪期间,阿拉伯人抢占了地中海的战略岛屿并且控制了海峡,继而封锁亚得里亚海和爱琴海,突破拜占庭的封锁,逆转拜占庭的形势。与此同时,成本高昂的拜占庭出口产品和再出口产品逐渐被排挤出西欧和中欧市场,部分原因是高额的拜占庭关税、通行费和提成,以及严苛的行会规定。所有这些都激发了意大利海上商业力量的兴起(最重要的是威尼斯),它们直接与阿拉伯世界进行贸易,绕过拜占庭并导致它的商业和产业开始衰败。(Haussig 1971：306－307)到 12 世纪时期,拜占庭贸易不再像 6－10 世纪那样,集中在奢侈品和工艺品方面。君士坦丁堡逐渐地沦落为从事加工的初级产品的转口贸易的港口。

尽管拜占庭和伊斯兰国家之间在商业和军事上"相互对立",但是,在一定程度上仍然互相尊重,在商业和文化方面互相取长补短。"清真寺建在君士坦丁堡,正如基督教堂在穆斯林地区仍然开放一样。它们很少受到攻击或者亵渎。"(Woodhouse 1977：44)如今广为接受的观点是,阿拉伯的算数、科学、天文学、航海技术、哲学、医药、美学、设计、艺术和建筑以及大学的观念等,被传到欧洲的途径,部分是经拜占庭,部分是经摩尔人西班牙(al-Andalus)和西西里,晚些时候部分是经过威尼斯和热那亚;人们还广为接受的是,传到欧洲的这些文化成就创造性地孕育出 12 世纪尤其是 14 − 16 世纪期间最为著名的"文艺复兴"。迄今为止,仍然有众多欧洲人乐意将"文艺复兴"设想成欧洲人为主的"文艺复兴"。(参见 Jardine 1996;Jardine and Brotton 2000;Brotton 2002;MacLean 2005:ix − x,xiv − xix,1 − 21,以及其他。)

拜占庭领土、经济和军事的衰落

由于阿拉伯人、阿瓦尔人、保加利亚人、土耳其人和斯拉夫人的入侵导致的大量领土陷落,帝国的人口从 610 年的 1 700 万几乎降低到 780 年的 700 万,尽管后来在 1025 年恢复到大约 1 200 万(由于 780 − 1025 年间它的领土翻了一番),之后在 1097 年骤降至 500 万,而且在 1143 年恢复到 800 万,1200 年达到 900 万。(Treadgold 1997:403,570,700)帝国领土和人口的锐减,使得拜占庭帝国越发难以增加大量的岁入来支付帝国官员的薪俸。结果,买卖官职,农民不堪重负,官员腐败、任人唯亲、强取豪夺等现象,蔓延开来。早在奥斯曼帝国建立前的相当一段时间,巴尔干地区官员贪腐就已成为地方痼疾。(Haussig 1971:178)"官员将它们的职位视为尽可能多地集聚财富的工具。对国家的责任和正义感荡然无存。"(第 177 页)然而,像瓦西尼奇(1963:89 − 90;1965:120) 和苏嘉(1977:288)等巴尔干历史学家曾经认为,"谴责"奥斯曼统治中纯然继承和保持的官员贪腐和抢夺模式,是合理的。

直到 10 世纪,帝国政府一直调控着物价、工资、租金、利率和工商业行会的活动。它还强力地推行一些借贷并且定期地让货币贬值,结果导致人们对货币和投资回报信心的降低。然而,从 10 世纪以后,拜占庭政府完全失去了对于物价、工资、租金行会和谷物交易的控制权。政府在经济中的作用由此降低政府的强制性和扭曲性的监控。然而,它也降低了政府通过关税和进口限制来保护拜占庭工业的能力。"不

再进行任何旨在通过关税或者通过限制进出口来保护国内市场。"相反
"帝国诉诸另外的方式,以它的主权换取其他列强的军事帮助"。拜占
庭由此就将它的经济独立性让给外国的商业列强,并且"不再是一个强
大的经济体"。(Haussig 1971:310)丝织业让位于意大利,诺曼人在
1147 年占领科林斯和底比斯,将蚕和工人运往当时处于诺曼人统治之
下的西西里。(第 309 页)再者,运输公司逐渐从拜占庭转移到意大利,
试图逃避沉重的赋税。(第 313 页)从此,拜占庭从主动"带着商品寻找
外国港口"转换成被动"等待外国商人来找上门"。(Andreades 1948:
67)到 12 世纪,"拜占庭商业不再像 6－10 世纪之间那样,以经营奢侈
品为主"。(Haussig 1971:313)相反,君士坦丁堡成为西欧城市和纺
织业扩张所需要的食品(谷物、橄榄油和瓜子油)和原材料(羊毛和亚
麻)的集散地。

　　1071 年,拜占庭遭受了双重致命打击。它丢掉了在意大利的最后
一个据点巴里,该据点落入诺曼人手中。而在曼兹克特(Manzikert)战
役中,它被兴起的强国突厥塞尔柱决定性地击败,后者开始控制小亚细
亚,剥夺了拜占庭的主要岁入来源。拜占庭环顾四周,绝望地寻求新的
权宜之计和新的同盟,但是此后已经无力挽回它日渐衰亡的败局。

　　1082 年,威尼斯海军口头承诺援助拜占庭对抗诺曼人和土耳其人,
作为回报,拜占庭允准威尼斯商船免费到达拜占庭主要港口,同时允许
威尼斯人控制港口的主要设施(包括仓库等)和主要公职。然而,结果证
明,威尼斯人狡诈多变,在阻止诺曼人和突厥人入侵方面无所作为。1082
年的和约变成了一条慢慢收紧的"套在拜占庭帝国脖颈上的绞索……帝国
注定会因窒息而慢慢死亡"。(Haussig 1971:318)不甘于屈服这种命运,拜
占庭向比萨和热那亚(威尼斯的主要竞争对手)作出了类似的让步。1171
年,拜占庭甚至逮捕了境内所有威尼斯人,没收了他们的仓库。但是,当
威尼斯用力收紧它的绞索并且控制了希俄斯岛这个乳香的珍贵产地
后,拜占庭不得不退让。(第 318 页)在后来的奥斯曼帝国时期,奥斯曼
将商业特权授予西方列强,以这种方式无耻地向敌对国"投降",在拜占
庭时期就已先期决定了,这种做法不是奥斯曼帝国的独特发明,而且最

58

初也不意味着示弱,因为奥斯曼帝国在极盛时期他们就第一个认同。

拜占庭巴尔干国家的地主和农民

帝国税源收缩,日益依赖腐败和敲诈税农,加重了农民的负担,导致债务奴役的增长。富裕税农、地方政府和兴起的"封建"边疆大地主通过罚没和侵占农民土地,在 10 世纪以后的帝国事务中获得较大的收益。(Haussig 1971:184 − 185,304 − 308)巴尔干农民承受的生活压迫不断增加,压迫主要来自收税官、帝国官员、大地主、高利贷者和各种各样的外国掠夺者。(Baynes and Moss 1948:xxix)

奥斯托洛格尔斯基很可能是研究拜占庭的最有影响的历史学家。他给出了类似的论证,拜占庭的经济力量因为对农民和市民过度征税而耗尽,同时,土地、权力和财富平稳地日渐集中到寄生的修道院和大地产主手中,后者逐渐把许多劳动力变成农奴。巴塞尔二世(996 − 1025)主政之后,拜占庭国家放弃了它先前保护农民和军事小农的做法。在征税方面,对于修道院、世俗大地主非常宽容,对于大多数的民众来说却越发苛刻。曾经一度作为拜占庭经济支柱力量的农民,结果,要从事基本生产,都难以为继。(Ostrogorsky 1968:322 − 323,329 − 331,392 − 394;1942:210 − 211)

然而,正如夸大了 6 − 9 世纪的大所有制的衰落一样,奥斯托洛格尔斯基也夸大了 10 − 13 世纪早期大所有制的恢复和再建的程度。勒梅勒已经指出,11 − 12 世纪期间出现并依靠剥削和压迫农业人口"弱势"或"穷人"为生的"权势"(les puissants),"不是那些大地主(尽管当然他们也会如此样),而是那些权贵,首先最重要的是官员……他们利用他们的权威或者影响来向那些社会地位——但并不必然是经济地位——低下的人施加压力,后者多是农村的业主,如同文中所说的'穷人'"。(Lemerle 1979:95)西欧的"封建"社会中,对大地产、村庄和诸多农民的控制构成了权力和财富的主要源泉,相比之下,在拜占庭境内,获得大地产(这里的"大",当然是就巴尔干的标准,而不是必然以西欧的标准)与其说是一个源泉,倒不如说是某个强势人物的权力和财富的表现。"强势"人物很少能成为西欧意义上的封建男爵。相反,他们的权力和财富源自他们作为国家代理人的地位,他们能够借用他们的地位来敲诈、贪污、剥削、欺骗和从事腐败活动,并不关注生产性的经济活动,也不关心对真正独立的私有制的巩固。因此,拜占庭人民背负两座大山:不断加剧的不平等以及"强权者"的剥削和压迫,却没有在刺激独立的私有制和私人企业的生气勃勃的发展(包括所谓的"改善的地主制")方面获得回报。

阿兰·哈维(Alan Harvey)描绘了一幅关于 10－13 世纪的拜占庭巴尔干的美好图景,他认为,这一时期人口增长,经济上升。他论证道,即使在缺乏"农业技术进步"确凿证据的情况下,我们应当考虑"在可获得的技术限度内有效的资源得到多大程度的开采"。(Harvey 1989:120)在他看来,这个时期农业地产正不断向大地主手中集中。(第 71 页)他们的岁入因此一直处于增加中,结果,他们必然拥有"用来改善他们所有制的更多资源",反过来这必然导致下述方面的投资:"获得工具和耕作的牲畜、建造房子……桥梁、道路、水渠和灌溉设施、水磨以及大规模地种植葡萄、橄榄和其他果树。同时,人口的增长确保充足的人力供应。"(第 121 页)在 6－7 世纪总体上曾经大幅度急剧萎缩的城市,从 9－10 世纪开始复苏,而且在 11－12 世纪迅速地扩张(第 56 页),由此刺激了对农产品的需求,农产品产量的增加反过来使得城市的增长成为可能。"由于从 10 世纪以来人口一直在增长,土地精耕细作不断加强,而且有效灌溉的需求也在加大。"反过来,"由于土地集中到富裕地主手中",上述情形变得更加便利,因为这些地主"能够动员资源来实施大型灌溉工程,确保农业潜能得到更有效地开发"。(第 135 页)他还声称,这种潜能由于环境因素而得到了强化。巴尔干山坡和山地上日益严重的滥砍滥伐和过度放牧造成土壤遭受侵蚀,结果导致河流上游的水土顺流而下,淤塞河口,土壤堆积在河流峡谷的低洼河床上。(第 136 页)据称,一些农民(尤其是城市周围和河流附近的)专门从事种植业,对渐趋不利的耕作环境有所改善,例如从事葡萄栽培、树木栽培(橄榄和水果)、园艺业、剪羊毛(第 141－144,149－151,155

页),我们或许还可将养蜂业(蜂蜜和蜂蜡)列入其中。再者,捕鱼业变成了沿海、沿江、沿湖地区的"食物和税收的一项主要来源"。(第158页)哈维的上述预设的主要含义是,穷苦的山地农民逐渐为富裕的且生产力不断增长的低地地区地主所取代,后者包括像阿陀斯山(Mount Athos,又称圣山)修道院之主的富裕修道士,而且不平等的加剧导致农业总投资和农业生产率的上升。"大地产制渐居主要地位导致的经济后果一直……被误判了。大地主拥有借以增加他们财产的重要资源。他们还能够获得大量的劳动力供应,确保土地能够得到合理地耕作……能够带来丰厚回报的冲积平原,需要投入足够的劳动力和有效地耕作……这些活动使得大面积的庄稼种植成为可能。"(第161页)"农村经济中最具活力的要素在于,强势地主为增加财产而不辞余力。"(第159页)。"为君士坦丁堡提供粮食保障的最重要的产粮区,是色雷斯、马顿和赛萨利的冲积平原。威尼斯从色雷斯和马其顿以及保加利亚平原定期输入小麦。"而热那亚人"主要通过黑海海岸和色雷斯平原从事出口"。(Harvey 1989:139)哈维得出结论认为,拜占庭这一时期的农业发展模式,"与中世纪西方的接近程度,总体上要比通常考虑的近"。(第244页)在他看来这两个地区农业人口都有了增长,主要是因为受人口复苏而非技术个性的影响,耕作面积得以扩大,而且"当时的技术条件下,农业潜能得到更有效地开发",他认为技术革新在这一时期的西欧中的作用被夸大了。中世纪的拜占庭农业常常被认为不如西北欧的农业,理由是它没有采用带型板的重型铁犁和上射式的立轮型水磨,而三圃轮作制的推广也十分有限,但哈维指出,这些革新很大程度上或者整体上不适用于巴尔干和小亚细亚的干旱气候和贫瘠干燥的土壤。(第122-125、129-133、257页)哈维认为,"没有迹象表明拜占庭严重缺乏铁制工具"(第257页),而且无论是在拜占庭还是在西欧,经济都越来越货币化和商业化。(第259页)在他看来,拜占庭与西欧的主要社会经济差别在于:第一,国家在拜占庭经济中占据更重要地位,很大程度上是因为罗马帝国的传统在拜占庭比在西欧更完整地保存了下来;(第2、268页)第二,拜占庭城镇"受到地产精英的控制

60

如此之强,以至于商人和工业群体无力实现对它们更强控制",结果,"作为西方再普通不过的现象,市民与他们的地主之间争夺权力的持续斗争,在拜占庭并未发生"。(第261页)

然而,哈维的命题几乎全都是基于推断之上——关于应该或者可能发生了什么的观点,他本人未能提供足够的证据来证实他的大胆观点,许多观点纯粹只是一厢情愿的设想。奥斯托洛格尔斯基对于拜占庭晚期的农业趋势持一种悲观的看法:"合理地利用大地产存在相当的困难","部分是由于经济技术条件总体比较原始落后;拜占庭帝国尽管在文化上领先,但是在许多方面仍然落后于西欧"(Ostrogorsky 1942:220)。不幸的是,由于没有人能够比较明确地断定,西欧地区的经济发展水平和技术能力在何时实质性地超过了拜占庭帝国所能达到的程度。迄今为止,我们远远没有找到这些关键问题的答案。

东正教与罗马天主教的最终分裂,1054

在1054年东正教与罗马天主教的最终分裂前的几个世纪,基督教世界中教义分离和观念分裂的状况已经加深。东西方的分裂较之于后来西方教会内部的分裂(主要发生在罗马天主教与新教教会之间,尽管不完全如此)甚至更为重要。它们固定下来,并且在新生的"欧洲"文明内部为东西方分裂划定了一条泾渭分明的教义界限,尽管基督教会和"基督教"从来未曾与现存的"欧洲"概念相连。罗马与君士坦丁堡之间,罗马教皇与君士坦丁堡主教之间,以及东西方教会之间,孰轻孰重的争斗难解难分,除此之外,东西方教会之间罗马天主教关于新的实践活动,在语言学、语义学、教义、文献和组织方面的差别,都在不断加深。例如,如教士的独身主义,吃未发酵面团制的面包,以及拒绝为基督徒主持"两种圣餐"(既有面包又有葡萄酒)的圣礼,以及罗马天主教教义关于"两个进程的圣灵"的规定①等。较之于罗马天主教,东正教教会

---

①　指圣子的永恒产生(Eternal Generation of the Son)和圣灵的永恒发出(Eternal Procession of Holy Spirit)同系的教义。——译者注

在各个方面仍然更"忠实于"早先教会的教义和实践,因而,它声称自己为"正统"的主张,更具说服力。差别还包括:如何看待圣像、圣迹和圣母玛利亚,教徒与上帝之间关系(反映在东正教与天主教堂内部的设置上),以及划十字架时手指的指型和动作等等。1050 年,教皇在一次宗教会议上颁布禁令,禁止意大利采用东正教仪式。东正教的大主教予以报复,禁止在君士坦丁堡采用天主教仪式,如果有人胆敢违抗,就封闭那里的天主教堂。结果,1054 年,派往君士坦丁堡进行协商的教皇特使被"褫夺"东正教教籍。(Woodhouse 1977:65;Haussig 1971:315)

第四章　十字军、南部斯拉夫国家的出现和拜占庭的衰落，1095－1453

突厥塞尔柱人的胜利，尤其是在曼兹科特战役(1071)的胜利，引发了突厥穆斯林威胁"基督教世界"的恐慌。这促使教皇格利高里七世(1073－1085年在位)提出了下述想法：以基督教的十字军或者圣战去"解放""圣地"(巴勒斯坦和叙利亚)，消除突厥的"威胁"，确保拜占庭东正教和罗马天主教欧洲的安全。然而，拜占庭后来注定要受到灾难性的破坏，尽管他们最初是要将它从"异教徒"的威胁中"解救"出来。

教皇乌尔班二世(1088－1099年在位)于1095年着手发起了第一次十字军东征。教皇向数千名基督教志愿者发出呼吁，但他和拜占庭皇帝亚历克修斯一世(Alexius I)(1081－1118年在位)，都对回应的规模和性质感到震惊。这支由法国和诺尔曼的士兵、流氓和冒险家共同拼凑成的数量庞大的掠夺性的部队，其动机与其说是为了热烈向往圣地(the Holy Lands)"自由"以及拜占庭和基督教徒安全，倒不如说是为了抢劫、逐利和获得领土。

第一次十字军东征(1095－1099)在1097年攻占了尼西亚(塞尔柱的首都)，在1098年攻占了安条克，1099年攻占耶路撒冷城。但是，完成了他们宣称的使命之后，十字军转而从事抢劫、抢占土地，内讧不断，结果突厥从 1112 年起成功地发起反攻。第二次十字军东征(1147 —
1148)和第三次十字军东征(1188 — 1192)无果而终,接着是灾难性的
第四次十字军东征(1201 — 1204),此间,强大的威尼斯共和国带领无
法无天和肆无忌惮的十字军,偏离目标圣地,转向进攻拜占庭。事实
上,1197 年,教皇亚历克修斯三世(1195 — 1203 年在位)曾经被迫与突
厥人签署一项屈辱的合约和协议(以便保护他的腹地),在众多信奉天
主教的十字军士兵看来,他是一个叛教者,是基督教事业的叛徒。十字
军在强迫教皇将拜占庭宝座让给他的弟弟之后,1204 年,他们攻占、抢
劫并破坏了君士坦丁城堡,屠杀了大量东正教教徒、穆斯林和犹太居
民,并且亵渎了许多东正教教堂和会堂。他们肆意瓜分了帝国的财物,
而且在拜占庭的断壁残垣中,他们宣称建立一个由弗兰德尔的鲍德温
(Baldwin)伯爵和威尼斯天主教大主教领导下的天主教"拉丁帝国",它
同时听命于威尼斯和教皇。从某种意义上看,其中的一些十字军(主要
是诺曼人)正是后来粗暴的西北欧的"蛮族"人的祖先,它们每年夏天来
到巴尔干海滩。经过这场难忘的背叛、抢劫、渎神和屠杀之后,许多东
正教的基督徒认为,他们甘愿生活在穆斯林的统治之下,而不是拉丁人
(天主教的)统治之下。这就是为什么许多东正教徒后来在 1439 —
1453 年间多次拒绝一些西方天主教统治者提出的那些羞辱性的和霸
权性的条件,要求拜占庭统治者接受条件才肯在反对奥斯曼土耳其斗
争中给予象征性援助,而宁愿"把土耳其的征服 …… 看作摆脱拉丁人
统治的仁慈地解放"。(Woodhouse 1977: 98)事实上,总体上看,较之
于天主教的十字军的行为,奥斯曼对待东正教徒和东正教教会的态度
是相当尊重的,后来的几个世纪内,这种反差一直影响到斯拉夫东正教
徒对待他们天主教邻居(包括意大利、克罗地亚、斯洛文尼亚、奥地利和
匈牙利)的态度。

62

63

　　拜占庭帝国并没有在 1204 年终结。一年内,"皇帝"鲍德温被保加
利亚人击败和俘虏,他们憎恨十字军妄图在巴尔干半岛建立一个罗马
天主教的"拉丁帝国"。一些拜占庭流亡者、难民和教士聚集在安纳托利
亚,成立一个小的新基督教东正教国,并定都尼西亚。该国被冠以盛名

"尼西亚帝国"。在前拜占庭官员狄奥多尔一世（Theodore I Laskaris，1205－1222 年在位）、他的能干的女婿约翰三世（John Vatazes，1222－1254 年在位）、狄奥多尔一世的儿子狄奥多尔二世（1254－1258 年在位）以及摄政米哈伊·帕里奥洛加斯（Michael Palaeologus，1259－1282 年在位）统治期间，"尼西亚帝国"确实在缓慢而平稳地发展，成为最重要的拜占庭新继承国。然而，其他一些流亡者、难民和教士支持一个与之竞争的希腊东正教国家，这就是后来著名的"厄普鲁斯亲王领地"（Despotate of Epirus），其核心区是由现在的希腊西北部和南阿尔巴尼亚组成。在 13 世纪 20 年代期间，有能力而且冷酷的厄普鲁斯统治者西奥多·安格鲁斯·多卡斯（Theodore Angelos Doukas，1215－1230 年在位）在与他的对手的竞争中赢得了一系列军事胜利，似乎注定要在他的领导下攻占（重占）君士坦丁堡，重建拜占庭帝国。然而，这种前景威胁到保加利亚沙皇伊凡亚森二世（Ivan Asen Ⅱ，1218－1241 年在位）的雄心，后者在 1230 年击败、俘获并且刺瞎了西奥多·安格鲁斯·多卡斯，将他的领地并入巴尔干境内扩张中的保加利亚第二帝国。通过与尼西亚结盟，伊凡二世在 1235－1236 年（并未成功地）包围了君士坦丁堡，并且侵入尼西亚领地。尽管如此，随后发生的一系列事件还是动摇了这个保加利亚人追求巴尔干地区至高统治权的决心，先是 1237 年保加利亚境内发生一场流行性疾病（伊凡二世的妻子和一个儿子在这场疾病中丧生，在沙皇看来，这是上天报应），继而是 1241 年伊凡二世去世，最后是 1241－1242 年间遭到来自巴尔干东部蒙古人的毁灭性入侵（Ostrogorsky 1968：434－438）。结果，在此基础上，1246－1249 年间和 1256－1258 年间，尼西亚统治者轻易地将巴尔干南部的更多领土收归尼西亚和东正教控制。1261 年，这个希腊东正教的反侵略国家在反对信奉天主教的西欧和威尼斯侵入巴尔干地区的斗争中达到顶峰，它与强大的城邦国家热那亚结盟（热那亚当时也卷入到一场反对它的竞争对手威尼斯的战争中）并且借助米哈伊·帕里奥洛加斯（Michael Palaeologus）的力量攻占（重占）君士坦丁堡，米哈伊建立了最后一个也是持续最长的拜占庭王朝（1261－1453）。威尼斯人和最后一位"拉丁皇帝"被迫从海上逃离。伊庇鲁斯于 1263－1264 年间并入拜占庭。然而,重建的拜占庭国家"只不过是令人痛惜的帝国残迹"。(Diehl 1948：37)为了回报热那亚在攻占君士坦丁堡战斗中给予的关键性的海上援助,热那亚获准占有东地中海的战略性岛屿金号角岛(Golden Horn)(君士坦丁堡的咽喉要道),并获准征收进出博斯普鲁斯海峡的海上交通的 85％的关税。

十字军于 1212、1217－1221、1229、1239、1249、1290 和 1343 年间进行多次发起新的入侵中,此间巴尔干经济和停滞的东地中海文明遭到更大的破坏和动荡。这些罗马天主教"圣战"加深加剧了宗教分裂和宗教仇视,不仅罗马天主教和东正教教会之间,而且基督教世界与伊斯兰世界之间都是如此,也没有实现所谓"圣地"的永久"解放"。十字军暂时地降低了巴尔干和中东之间的相互交流和相互刺激的成效,这一地区曾经是地中海东部非凡的文化创新核心地带,而且多个世纪一直繁盛不衰。但十字军的侵略也没有彻底扼杀该地区生命力。相反,"伊斯兰教与西方之间的联系从未中断",尽管阶段性的战争发生,但是欧洲商人还是能够将生意做得有声有色。(Bulliet 2004：6)

安基里基·拉伊奥(Angeliki Laiou)曾经指出,14 世纪后期和 15 世纪早期"为数不多的幸存文件"描绘出"一幅极为暗淡的拜占庭农村图景",因为战争和瘟疫肆虐,"土地毁坏人口稀少",结果,"男人奇缺而土地大量荒芜,生产率十分低下"。(Laiou 1977：7)。拉伊奥在对 13－15 世纪早期拜占庭统治下的南马其顿地区农业状况和趋势研究中,运用了财产清单(praktika)和当时修道院保存的财务文件以及存放在阿索斯山修道院的档案,拉伊奥据此论证指出,"在过去两个多世纪的存在中,拜占庭社会已经变得极度封建化了",因为"帕里奥洛加斯的皇帝们把土地上的收入以职俸地(pronoia)的形式分给他们的追随者和民事、军事官员。职俸地最初是根据对国家的贡献大小来分配"。(第 4 页)再者,"许多职俸地很快变成了世袭",因为所有者完成了他服役义务。由此,"起初主要是授予征收赋税权,后来往往变成授予土地权"。农地在大大小小的地主之间进行分配,地主的收入最初来源于农民上缴国

64

家的赋税，以及作为租金的一部分剩余产品。农民变成了授耕农（paroikos），变成了依附性农民，"正如整个家庭或者村庄被授予给地主一样"，(拉伊奥宣称)他们对于土地鲜有兴趣，除非随同土地赠予的还有可充当廉价劳动力的俘虏。(第 5 页)。"如果这一时期的确有自由的、独立的、拥有土地的农民存在，那么，他实际上是不可见到的，而且他肯定不可能出现在财产清单上。"(第 11 页)按照拉伊奥的观点，"14 世纪的马其顿村庄失去了或正在迅速失去其独立性。它的居民正变成了依附世俗领主或修道院主人的农民"。村庄失去了它的许多财政方面的集体权利和责任，而且在某些方面它还仍然保留某种聚合力，也保留作为一个共同体的某些残存的功能。从国库的角度看，它保持了作为一个整体单位的存在，这个整体由土地及其上面的居民组成；它甚至还有一些集体义务——然而，不是对国家的义务，而是对地主的义务。最后，村庄很可能在它与地主的经济关系中充当着某个单元，而且保留它的司法和行政功能。(第 64 页)她得出的结论是："14 世纪马其顿农民的生活非常艰难。他们备受压制，几乎没有什么财产和自由，而且完全听命于自然风险和人为危险的摆布。死亡的危险一直挥之不去。疾病是造成农业人口寿命短暂的重要因素；但是经济剥削和政治动荡进一步恶化了本已艰难的存在形势。"(第 298 页)

　　然而，对拜占庭农村总体情况和趋势的概括毕竟只是建立在对局部地区(南马其顿)的研究之上，而且其信息来源很大程度上依赖某一类型的资料(即修道院的财产清单)。连拉伊奥自己都承认，非修道院的财产清单能够幸存下来的少之又少，人们内心期望生活在修道院土地上的农民是授耕农；而且修道院档案中保存的文献论及的无一例外都是依附农，(第 10－11 页)因为修道院对于他们领地上有产的农民几乎毫无兴趣，(第 213 页)而且农民对于修道院的主要价值在于，他们构成了修道院收入和劳动力的来源。

　　遵循奥斯托洛格尔斯基和拉伊奥的解释模式的历史学家提出了关于拜占庭晚期农村厄运重重的观点，雅克·勒福尔(Jacques Lefort)曾经对这种观点提出质疑。从阿兰·哈维(Alan Harvey)(1989)(参见第

58－60 页)的相似观点出发,勒福尔推断道,从 10 世纪至 1347 年瘟疫肆虐的这段时期内,巴尔干地区人口增长极为迅速,而且这种增长促进了巴尔干农业的集约化、多元化和空间布局的合理化,同时灌溉面积增加、水磨和作物的轮作、间作、水渠的修建也增加了,此外加强了对于放牧捕鱼和伐木的管理,还引入了亚麻、桑树栽培/养蚕(业)等经济作物。(Lefort 1993：104－107)勒福尔论证指出,相对流动的人口和货币化的经济刺激了商业化和专业化的增长,以及集市和农村手工艺品的发展。(第 110－111 页)他削弱了 11 世纪以来"总体上采用依附农一词来指涉农民"的重要性,并且挑战那种据此认为"农民地位发生巨大变化"的观点。(第 112 页)相反,从 10 世纪开始,国家把来自特定村庄的收入分配给特定的官员或者合法继承者,并不断地通过这种方式来回报对国家的服务或者颁发奖励。"因为这些村庄的纳税人不再向国家纳税而是向合法继承者纳税,习惯于把这些纳税人称为授耕农……,尽管他们仍然是农民。"(第 112 页)再者,"农民(owner)与佃农之间的区分变得模糊起来",因为"确实是从 13 世纪以后……他们当中的许多人既是农民又是佃农"。(第 112 页)勒福尔拒绝下述观点:农民拥有的土地的平均规模正在减少,因为可以评估的土地数量彼此差别高达 400％,因此是"无意义的"。(第 108 页)能够谨慎地给出的全部结论是,我们正在讨论的对象是假设和反假设,而非可靠的信息。没有人能够确定拜占庭后期的农村社会和经济的主导趋势和状况是什么样子。

65

第一批南斯拉夫国家的兴起

5－6 世纪期间,相对稳定或已经形成的"斯拉夫人"有的已经"出现"在东部巴尔干,有的"到达"东部巴尔干。(参见边码第 46－49 页)此间,被称为以保加利亚人的半游牧的土耳其士兵和商人在同一地区定居建立了部落联盟,并且在 7－8 世纪战胜该地区的斯拉夫农民。(Crampton 1997：8)"保加利亚人一直居住在圆形的类似于蒙古包的房子内,这种房子对他们来说由来已久……而斯拉夫人住在方形、半地下室的房子内,房角装有一个大火炉……这两个民族生活中都离不开形形色色的陶器。但我们就发现了他们混居的证据;鉴于无法确切地断定这些居民中任一个居民的存在时间,或许不应该过于倚重这份考古学证据。"(R. Browning 1975：47)

保加利亚部落联盟属于那种尚未完全发育成熟的国家,他们仍然缺乏常备军,持久的政府组织和清晰界定的边界,但是保加利亚人"很快地聚合成一个统治精英集团,他们能够在政治上统治着数量众多但军事和组织力量弱小的斯拉夫农民";而且后来的保加利亚人与更多的斯拉夫人之所以相互联姻并彼此同化,就是"9世纪期间许多斯拉夫人和保加利亚人皈依拜占庭东正教所致",由此,一个更加统一的王国,即后来闻名的保加利亚,开始崛起。(Crampton 1997：12－16)

大部分保加利亚人居住在"橄榄线"以北地区——这里是橄榄文明、温暖的(地中海式)农业和希腊化的生活方式的北部界限。(Browning 1975：22,53)中世纪的保加利亚农业的特色是广泛的饲养业(主要饲养牛羊猪,但很少饲养马,尽管保加利亚人起源于草原),养蜂业(主要是为了蜂蜜和蜂蜡,蜂蜡常被广泛用作灯的燃料),以及小麦、小米、大麦、燕麦、葡萄和亚麻的栽培,当地使用轻便的木犁,而不采用沉重的、带轮的铁质犁。(第80－82页)

主要的农业劳动力是奴隶。起初是按照基于亲缘关系的公社组织的,公社内相当公平,他们起初被迫将剩余物品的一部分交给保加利亚国家,国家还以部落为单位把他们运到新的地区并加以安置。他们向国家交付贡品,远比这更重要的是,他们当中的许多人与贵族之间结成半封建的依赖关系。他们什么时候发展到这种依附状态的阶段,缺乏相关记录,但是可以想象的是:部落领导成为部落土地的所有者,而且后来与支持保加利亚的贵族融为一体。9－10世纪的资料显示:农民分化为下述不同群体:自由农(epoikoi),斯拉夫的自由农,只需向国家缴纳费用;依附于地主的农民,即授耕农,斯拉夫的农民;第三等级,某些方面不如授耕农自由,是农奴(otrotsi),其地位类似于奴隶。我们还可以识别出一种最底层的贵族(kmet),很可能起初是自由公社的头目……朱潘(Zhupan),最初是一个斯拉夫部落的首领,后来变成了保加利亚统治阶级的一员。(Browning 1975:86－87)

66　似乎很可能的情形是,与拜占庭的核心区域相联系的是,更大地产的形成进程并未提前出现,还存在有更具独立性的小持有农,城市化的程度也很低,而且"最大和最繁盛的城市共同体都是那些在王宫和军事-行政中心周围的城市",因为"较之于色雷斯和希腊半岛境内,保加利亚境内的古典城市生活的传统中断的更严重……不仅在普利什卡(Plishka)和普利什格(Preslc),而且在于维丁(Vidin)、奥理德(Ohrid)以及其他地方,仍然存在许多军事要塞,它们凸显了早期巴尔干城市的军事特征"。(Browning 1975:87,94－101)

保加利亚第一帝国,890－970

拜占庭的多方面的衰落和苦难给巴尔干留下了一个权力真空,填补这个真空的最初政权是短命的保加利亚和塞尔维亚帝国,后来是奥斯曼土耳其帝国。保加利亚第一帝国的奠基者是可汗鲍里斯王子(852－889、893 年在位)。为了加速斯拉夫民众和保加利亚土耳其民众之间的文化同化和相互统一,加强他们与基督教占主导的欧洲国家的交流,鲍里斯王公从 864 年开始强制性地推行拜占庭东正教,把它作为保加利亚的官方教会;正如第三章中所示,他后来邀请拜占庭的传教修士西里尔和美多迪乌斯为他的国家设计一种斯拉夫书面语。为此,所谓的西里尔文字借鉴所谓的格拉哥里字母表,同时还采用了希腊字母表。格拉哥里文是西里尔和美多迪乌斯在 9 世纪 60 年代期间在摩拉维亚设计的一种书面斯拉夫语言和礼拜用语。作为鲍里斯王公受过拜占庭教育和会说希腊语的最出众一位王子,西蒙沙皇(893－927 年在位)征服了大部分马其顿、塞尔维亚、阿尔巴尼亚、瓦伦西亚(瓦拉几亚)和色雷斯等,并自称"保加利亚的沙皇和罗马人的元首"。(例如,拜占庭的

基督东正教徒)("沙皇"的头衔等同于"恺撒")。他还雄心勃勃地推进
了与新斯拉夫文相关的文化以及"自治的"保加利亚东正教会,并在
926年,在他耀眼的新都普利斯拉夫建立了一个保加利亚东正教的宗
族社会。如果不是把他得之不易的资源浪费在攻占君士坦丁堡的多次
不成功的尝试中,他似乎很有可能在在位期间实现对南斯拉夫的统一。
927年,在最后一次攻打君士坦丁堡的战斗中,由于他的意外去世,进
攻被迫中断。(Stavrianos 1958:26)西蒙的儿子彼特(927－969年在
位)与拜占庭缔结了和约,并与拜占庭公主联姻,还获得了保加利亚东
正教社会的认同,他被视为保加利亚的沙皇,但是他的统治遭到了马扎
尔人和彼切尼克(Pecheneg)族人的反复洗劫,968－969年,首都普利
斯拉夫被基辅罗斯人攻占。拜占庭军队一度将保加利亚从罗斯人的统
治之下"解放出来"。970－971年间,拜占庭又将大部分被解放的保加
利亚地区置于本国的控制之下,尽管保加利亚的"后续国家"(rump
state)残存到1019年。1014－1019年间,保加利亚的最后一个据点遭
到拜占庭皇帝"保加利亚屠夫巴西尔二世"的野蛮破坏。1014年,大约
有1.4万保加利亚士兵被监禁,为了威慑他们的亲友向拜占庭屈服,后
来巴兹尔下令将他们刺瞎。拜占庭的统治导致保加利亚的正统教会被
废止,东正教教士被希腊化,尽管保加利亚的斯拉夫文献和文学仍然或
多或少地幸存下来(根据民族主义的神话,是"奇迹般地"幸存下来),而
保加利亚的大地主(boyar)以牺牲他们的农民为代价,相互合作,攫取
个人利益。

短命的保加利亚第二帝国,1230－1241

　　1185年,特诺弗地区(Trnovo)爆发了保加利亚大地主的抗税叛
乱,后来,拜占庭(于1187年)勉强承认一个新的保加利亚的存在,新保
加利亚以特诺弗为中心,受亚森(Asen)家族的统治。保加利亚新统治
者抓住第三次十字军东征(1187－1192)和1204年第四次十字军东征
中君士坦丁堡被占的混乱之机,迅速地扩张领地。1205年,他们击败并
俘获了弗兰德尔的鲍德温伯爵,鲍德温是第一个"拉丁"皇帝,曾经在

1204 年贸然决定征服保加利亚。1230 年,沙皇伊凡·亚森二世(1218 —
1241 年在位)击败了伊庇鲁斯并且控制了马其顿、阿尔巴尼亚、塞尔维
亚、南瓦拉几亚和北部希腊,建立了包括巴尔干半岛大部分地区在内的
保加利亚第二帝国。它效仿西蒙沙皇,自称"保加利亚人和罗马人的沙
皇和元首",并且在 1235 年恢复了自治的保加利亚东正教会和主教制。
保加利亚的民族主义和共产主义的历史中,常常会合理地指出,这个保
加利亚第二帝国对于长期维持一种保加利亚斯拉夫文化和认同至关重
要,因为它很大程度上遏制了拜占庭二次统治保加利亚期间发生的希
腊化影响。

　　根据共产党统治时期出版的马克思主义性质的保加利亚历史,"保
加利亚第二帝国是典型的封建制国家……正是在那一时期封建制成为
主导,社会明显地分成两大主要阶级: 大地主阶级和依附农阶级。地
主独占大量的土地和农业用地,其中的部分被称为'主人的土地',由农
奴耕种,剩余的土地租给农民耕种,以满足他们的基本生存所需。此外
还存在一个相当数目的自由农"。(Hristov 1985: 53 - 54)然而,马克
思主义关于"封建"一词的含义是指,一种生产方式和一种基于以地租
和劳役等各种形式对农民进行剥夺的社会生产关系模式。为了明确起
见,有必要将它与非马克思主义关于"封建"的用法区分开来,后者是指
高度分权的政治文化和司法,这是上层建筑建立在分封领地和绝对忠
诚之上,对居住在城堡中的"封建领主",领主控制着自己领地上的司法
裁判权。前一种现象很可能曾经在中世纪的保加利亚出现过,但是鲜
有证据表明,它构成了后一种现象出现的基础。与许多非马克思主义
的观点相反,这并不意味着,官方的关于中世纪保加利亚的马克思主义
观点是错误的或者靠不住的。然而,它的确意味着,他们所指的保加利
亚的"封建主义",与非马克思主义历史学家视为同一阶段代表部分西
欧地区特征的"封建主义",绝不是同一种现象。"封建"一词常常被广
泛适用于不同的现象,那些现象用不同的名称来指代,本来可以更为有
效。马克思主义历史学家约翰·哈尔顿(John Haldon)敏锐地指出,为
了避免不必要的混淆,马克思主义称之为"封建"的生产方式,或许更为

恰当的称谓是"贡赋制的生产方式"(tributary mode of production),因为它必然包含有向依附农征收现金和其他各种形式的"贡赋"的含义。(Haldon 1993：40—51;1995：iv,10—12,26—27)这种澄清值得广泛采纳,以便降低下述做法的风险,即历史学家出于不同的论证意图运用相同词语指涉完全不同的现象(这里指"封建"和"封建主义")。

从1237年和1242年开始,保加利亚帝国遭到来自蒙古/鞑靼一系列侵入带来的毁灭性打击,并因此迅速瓦解。吵吵嚷嚷的自私的贵族们既不愿意接受组建一个强大的中央政府和常备军的事实,又不愿意联合起来反对外敌。他们更愿意让国家和农民出资来加强地方力量,实行自治。1277年,在一个卑贱的小猪倌伊瓦伊洛(Ivailo)的领导下深受压迫和屡遭劫掠的保加利亚农民聚集起来,伊瓦洛伊带领农民赶走了鞑靼人,后来他与寡居的保加利亚皇后成婚,自己加冕称为沙皇。伊瓦洛伊寻求贵族和教士的支持,反对鞑靼人和拜占庭,然而,农民们后来抛弃了这位"农民沙皇"。1280年,在与鞑靼人谈判时,伊瓦伊洛被他的敌人谋杀。他"解放"保加利亚的希望也随之灰飞烟灭。

短命的塞尔维亚帝国,13世纪20—50年代

1130年,塞尔维亚统治者斯蒂芬·乌诺斯(1321—1331年在位)和斯蒂芬·杜尚(1331—1355年在位)缔造的新塞尔维亚巴尔干帝国征服了保加利亚。新塞尔维亚巴尔干帝国包括塞尔维亚、黑山、马其顿、保加利亚、阿尔巴尼亚和北希腊在内。与之前的保加利亚沙皇西蒙一样,斯蒂芬·杜尚放弃了把南斯拉夫统一成一个大一统的巴尔干斯拉夫国家的机会。倘若他们中的任何一位统治者如果致力于实现这一轻而易举的目标,那么巴尔干就可能成为一个较少摩擦和较少受攻击的地区。经过迁徙、联姻和文化融合,阿尔巴尼亚和北希腊的居民们甚至还可能逐渐斯拉夫化,因为当时存在一个共同的宗教(东正教会),当地种族认同和效忠仍然比较灵活,而非"僵化不变"。然而,无论是西蒙还是斯蒂芬·杜尚,都没有抗拒君士坦丁堡的诱惑,也没有抗拒新拜占庭独裁制度的要求,在南斯拉夫人看来,君士坦丁堡是著名的"沙皇格

68

勒"(Tsarigrad,沙皇的城市)。1346 年,在壮丽的盛典和仪式上,斯蒂芬·杜尚建立了一个自治的塞尔维亚东正教会和牧首区,杜尚加冕为"塞尔维亚和罗马的沙皇",他后来很快将这个头衔扩展为"塞尔维亚、罗马、保加利亚和阿尔巴尼亚的沙皇兼元首"(Darby 1968:98)。1355年,他正当联合拉古萨(杜布罗夫尼克)①和威尼斯共和国的强大海军在发动蓄谋已久的共同征服君士坦丁堡之际,却死于发热。此后,他的远未统一的帝国迅速土崩瓦解,正如它当初聚合时一样快速。结果证明,它只是"一种帝国的幻觉……采用拜占庭样式,只是遮蔽而没有消除……那些蛮横而自私的权贵阶层所持的离心倾向"。(Coles 1968:22),他们中的很多人在 14 世纪八九十年代期间叛逃到奥斯曼。

追溯起来,保加利亚和塞尔维亚民族主义者和"民族主义"历史学家自然倾向于将中世纪的保加利亚和塞尔维亚王国视为新生的或正在形成中的民族国家,它们"光荣的"民族的发展进程因为外来侵略而被迫中断,并在后来的数个世纪的奥斯曼统治中遭到遏止。他们还倾向于将他们中世纪时期王国领土延伸最远的地方视为"本民族的理所当然的历史边界"。(Jelavich 1983a:27)这些关于扩张的中世纪王国的历史记忆已经转化成现代民族主义实施领土扩张的政治纲领,结果导致 20 世纪的巨大的流血冲突。实践中,这些不稳定的和松散的中世纪王国很容易发生内部分裂(即使在它们屈从于外来侵略之前),而且它们的边界很少能够与民族的边界相契合。这些政体与其说是现代保加利亚人和塞尔维亚民族国家的前身,倒不如说是保加利亚人与塞尔维亚人的"新贵"试图创造一个以拜占庭为模型的东正教的巴尔干帝国,其目标在于取代拜占庭帝国的权力、地位和使命。他们渴望的不是摧毁拜占庭,而是渴望能够"占领这个帝国城市,并且为他们自己挣得拜占庭皇帝的声望和地位"。(Jelavich 1983a:12)他们模仿拜占庭的宫廷仪式、建筑风格、管理和文化模式。(第 13 页)那时的民族认同仍然

---

① 拉古萨(Ragusa),意大利西西里东南部一城市,属于杜布罗夫尼克共和国(Dubrovnik Republic)。——译者注

处于萌发和易变阶段,而且要比后来广泛共享的东正教和拜占庭(或者新拜占庭)文明宽泛的多。东正教占主导的南斯拉夫发展了一种关于自己是上帝新"选民"的观念,而且将他们共同的(教会)斯拉夫语发展成为与希腊语、罗马语希伯来语相近的"神圣语言",是书写《圣经》最初使用的语言。中世纪时期,他们关于自己隶属一个更大共同体的自我想象和意识,与其说是基于对共同的种族性或者民族意识的认识,倒不如说基于共同的宗教(和宗教相关)。种族的、语言的和文字的分化以及关于种族、语言和文字差异的认识,似乎有着更近的起源,主要是在巴尔干人和大部分东正教斯拉夫共同体落入奥斯曼控制并变得更加分散之后,而非在它之前。

从 1205 年起直到 1355 年,似乎必然存在下述竞争的可能性:一个又一个的新南斯拉夫政体注定将征服拜占庭并且"攫取拜占庭遗产",而且这类国家可能已经建立了一种有效对抗奥斯曼扩张进入欧洲的"屏障"(Coles 1968:21)。然而,历史很少与预先规定的版本一致。斯蒂芬·杜尚的帝国在 1355 年后迅速崩解,接踵而至的是 1371 年和 1389 年巴尔干基督教军队为奥斯曼人所重创,拜占庭和南斯拉夫政权衰落并收缩,借此之机土耳其人迅速填补到巴尔干地区的权力真空中。

第五章 奥斯曼（西土耳其人）
国家的崛起,1326 — 1453

　　基督教欧洲(基督教世界)几乎是在毫无军事准备的情况下遭遇到奥斯曼迅速崛起带来的"威胁"(正如当代对此的认识一样)。它虽然极力抗拒奥斯曼的入侵,但如罗马天主教和东正教之间及其各自内部的深度分裂,威尼斯、热那亚、拉古萨和君士坦丁堡之间你死我活的竞争以及黑死病(淋巴腺鼠疫)的毁灭性后果等一系列因素还是使得它遭到严重削弱。1347 年,鼠疫从君士坦丁堡向西蔓延,所到之处,人口大量死亡,所有人无不为之恐惧,其持续时间长达数个世纪(淋巴腺鼠疫在巴尔干和安纳托利亚持续到 19 世纪)。直到 15 世纪早期,由于鼠疫"失去了它的毒性",大面积荒芜的巴尔干半岛才开始逐渐恢复生机,但到那时,拜占庭帝国已经开始全面收缩,再也无法从这类现象中振兴。由于先前大量的腹地被侵占,君士坦丁堡变成了"一个安全、方便的港口",其作用仅限于为定期往返于地中海和黑海之间的船只提供休憩场所。(Treadgold 1997: 840)

　　从 8、9 世纪以来,一波又一波的突厥游牧的牧民、骑兵和掠夺者从中亚袭来,他们呈扇形向安纳托利亚、黑海地区和中东铺开,大部分原因是为了寻找新鲜的牧场和狩猎地区,小部分是迫于他们东部和北部边界的蒙古人而迁。尤其是突厥塞尔柱人,为 11 世纪以来大规模的土耳其人对安纳托利亚地区的殖民活动和伊斯兰教化杀出一条道路。土耳其殖民者逐渐取代了北部的从前占优势的亚美尼亚人和拜占庭希腊人,而且安纳托利亚成为以加齐勇士(ghazis 源自阿拉伯语,相当于"抢劫")著称的大量穆斯林土耳其流寇和边疆人所热衷的一个跳板。

奥斯曼王朝(1300－1922)和它最初的征服

奥斯曼的名称来自 Osman,他大约出生于 1258 年,1299 年或 1300 年在北安纳托利亚建立一个小独立国家。奥斯曼的父亲厄图古鲁尔(Ertugrul)是一位突厥穆斯林的边疆战士,曾在 13 世纪塞尔柱帝国衰落和瓦解之际获得了一份小的采邑。奥斯曼逐步侵占拜占庭和与之竞争的突厥君主的领地,借此逐步扩大了他父亲的地盘。1326 年,他征服了位于马尔马拉海(the Sea of Marmara)南岸的海滨城市布尔萨 (Brusa,又称 Bursa),由此扩张达到极致。这个具有战略地位的重要城市成为后来新生的奥斯曼国家的首都。临近的巴尔干和安纳托利亚国家关注的重点是更直接的威胁,例如定期从欧亚草原突然来袭的蒙古和鞑靼入侵者,因此,他们很少注意到奥斯曼的兴起。奥斯曼的儿子奥尔汗(Orkhan,1326－1362 年在位)攻占了拜占庭位于北安纳托利亚的最后两个重要城市:1329 年占领尼卡耶(Nicaea,即 Iznik),1337 年占领了尼科美迪亚(Nicomedia,即 Izmit)。

军事上的成功吸引了越来越多的土耳其和穆斯林的加齐勇士、冒险者和劫掠者加入为奥斯曼王朝效劳的队伍中来。奥斯曼的追随者不是一个特定的部落或者部族,而是混合了许多不同类型的土耳其人和土耳其化的民族,他们选择追随奥斯曼和后来的奥斯曼国家的统治者(苏丹)。(Sugar 1977:12－13)奥斯曼苏丹也不是纯粹的土耳其种族(如果认为这个概念确实重要的话)。为了解决与巴尔干基督教统治者结盟问题,奥尔汗、穆拉德一世(Murat Ⅰ,1362－1389 年在位)、巴耶塞特一世(Bayezit Ⅰ,1389－1402 年在位)、穆拉德二世(1421－1444、1446－1451 年在位)和穆罕默德二世(1444－1446、1451－1481 年在

71

位)都曾与欧洲的基督教公主联姻,同时,苏丹巴耶塞特一世事实上也是信奉基督教的巴尔干欧洲公主的儿子、孙子和丈夫。(Sugar 1977:15－16,21)按照我们的估计,除了(部分的)正式宗教联系以外,奥斯曼穆斯林与巴尔干基督教统治精英之间,同大于异。再者,尽管这个问题争议极大,本书无法给予充分的解决,但我们还是广泛地接受下述观点,即基督教、伊斯兰教和犹太教这三大一神教的起源都出自《旧约》,它们之间的共同点较之于它们之间表象上和广为夸大的差异,要更为重要;而且这三大宗教最好被视为同一条河流的三个不同分支,而不是相互隔断、互不相关的三条河流。而且,从 1300 年的进程来看,基督教徒与穆斯林教徒之间的实际对立较之于基督教徒内部在对待犹太人问题上的差异,要少得多。(参考 Bulliet 2004;Dalrymple 2005)

早期的奥斯曼苏丹面临的重要挑战在于,如何控制并且能够为他们的无数追随者提供释放能量、欲望和宗教热忱的出口,对于加齐勇士而言,更是如此。"受奥斯曼边界国家扩张吸引的伊斯兰勇士们数量越来越大,必须以某种方式得到安置。显而易见的解决方法存在于海峡对面,在那里,异教的巴尔干王国……为勇士们提供了丰厚的战利品,并能为信仰增加新的荣耀。"(Stavrianos 1958:36)

1337 年,结束了拜占庭在小亚细亚长达千年的统治之后,奥斯曼土耳其人以效力于能干的拜占庭官员和篡位者约翰·坎特丘津(John Cantacuzene)的雇佣军的身份,于 1345 年首次进入巴尔干地区。他们企图帮助坎特丘津攫取拜占庭帝国的宝座,1347 年最终成功地实现这一目标。通过将女儿狄奥多拉(Theodora)嫁给苏丹奥尔汗,强化了这种"非神圣联盟",此后,皇帝坎特丘津于 1349 年招募 2 万名奥斯曼雇佣军来到巴尔干地区,对来自塞尔维亚的领土侵占威胁。这些早期的入侵巴尔干活动,刺激了奥斯曼土耳其欲实现新的征服和掠夺战利品的胃口,结果奥斯曼人在 1352 年和 1354 年两次重新返回(这次是作为不速之客不请自来),分别夺去了西姆培(Tsympe,又称 Cimpe)和加里波利(Gallipoli)。奥斯曼土耳其人发现,从位于达达尼尔和马尔马拉海北部海岸(欧洲部分)的他们的新战略要冲出发,侵入日益衰落和收缩的塞尔维亚和拜占庭帝国内,异常容易。到 1365 年,奥斯曼人已经巩固了他们对东色雷斯(包括普罗夫迪夫)的占领,并将首都从布尔萨迁到位于巴尔干东南部的亚得里亚堡(Adrianople,即埃迪尔内 Edirne 的旧称)。这个地区与今日土耳其在欧洲的据点大体一致,它与 1453 年后陷入土耳其人之手的君士坦丁堡,仍然是巴尔干地区注定要遭到土耳其人深度殖民化的唯一地区。

1364 年,被派遣前往阻止奥斯曼向巴尔干地区推进的第一支重要的天主教和东正教基督徒部队在亚得里亚堡(埃迪尔内)被摧毁。1371 年,派往马里查(Maritsa)峡谷①准备迎头痛击土耳其人的一支东正教南斯拉夫部队也遭类似厄运。基督徒遭受的这些重大失败,为土耳其人长驱直入巴尔干心脏地带打开了大门。他们能够在 1380 年攻占比托齐(Monastir),在 1385 年攻占索菲亚,在 1386 年攻占尼斯,在 1387 年攻占萨洛尼卡(Thessaloniki),在 1338 年攻占考拉罗夫格拉德(Shumen),普罗瓦迪亚(Pravadi)和诺维帕查(Novi Pazar)。

1389 年 6 月 15 日(东正教历法是 6 月 28 日),按照巴尔干东正基督教和民族主义(尤其是塞尔维亚人的)的历史编纂记载,奥斯曼人在科索沃平原决定性地击败了由塞尔维亚、保加利亚、阿尔巴尼亚、波斯尼亚和瓦伦西亚东正基督徒武装力量,彻底粉碎了垂死的塞尔维亚帝国的最后残存力量。然而,修正主义历史学家约翰·芬尼(John Fine jnr)和马尔科姆讲述了一个多少有些不同的故事。"尽管塞尔维亚的神话和诗歌把这场战斗描述成一场灾难性的失败,战争中,巴尔干的骑士精神之花完全凋谢……实际并没有那么悲惨。双方的损失是同样的惨重。"(Malcolm 1994：20)战争结束之际,东正教徒部队的残余撤出,但奥斯曼的军队也撤离了,共同原因是他们当时缺乏继续侵略巴尔干基督徒的人员和力量,另一个原因是佯装叛逃到奥斯曼部队的塞尔维

72

---

①　马里查河,源出保加利亚西南部,注入爱琴海,下游构成希腊和土耳其的国界。——译者注

亚人谋杀了苏丹穆拉德(Murat)。当时统率奥斯曼部队的将领是穆拉德的长子巴耶齐德(Bayezit),他为了确保自己能够继承苏丹王位,他被迫撤出自己的剩余部队。"因此,鉴于土耳其的部队也撤出了,可以认为,这场战斗势均力敌。"(Fine 1987:410)事实上,由于塞尔维亚人似乎阻挡住了奥斯曼的攻击,他们起初声称他们"获胜",而且他们被作为基督教世界的救星而被欢呼礼赞。但是,塞尔维亚人在阻止土耳其人的临时进攻中损失了大量部队,但奥斯曼的新增后备部队仍然成千上万,而且到1392年,他们能够完成对东正教塞尔维亚土地的征服(不仅仅是波斯尼亚统治下的波斯尼亚和黑塞哥维那部分地区)。由此说来,尽管塞尔维亚人或许没有在1389年正式地输掉这场科索沃战役,但是,"他们在战争中经受了失败,因为他们此后再无能力有效地抗击土耳其人"。(第411—418页)

奥斯曼人取得的这些胜利中有一些重要的规律:要么有一些巴尔干东正教徒站在奥斯曼一边作战,要么有一部分人在战争的关键时刻叛投到奥斯曼一方。这部分程度地反映出下述事实,即衰落和萎缩的东正教基督教国家几乎不再拥有忠诚、支持或者信誉。屡屡发生的现象是,"老鼠"也要逃离"将要沉没的船只"。另一原因在于,奥斯曼人成功地说服他们途经地方势力弱小、易受攻击的基督教王公和权贵们承认奥斯曼的领导权(suzerainty,统治权),并且劝说他们向奥斯曼国家贡献人力,交纳财产、生活必需品("贡赋"),以换取宽大处置。这些基督教王公和权贵们,部分地被吸纳入奥斯曼贵族当中,并且他们的地产、特权和社会地位得以保留下来。许多信奉东正教的王子、权贵和幸运的士兵打算通过"忠诚于"奥斯曼国家而做出成功的事业。他们当中的一些投机者甚至还皈依伊斯兰教,以便能够在奥斯曼统治下保护他们的既定地位和获得晋升。

再者,在奥斯曼征服前夕,许多巴尔干的基督教商人、艺术家和农民更倾向于选择奥斯曼提供的"秩序"、稳定、牢固和确定性(所谓的奥斯曼统治下的和平)而不是选择明显代表巴尔干基督教国家衰落特征的状况,如无政府统治、不稳定、不确定、蹂躏和沉重的捐税。持续受到压制的巴尔干农民,悲惨地生活在缺乏安全、动荡不安和无政府的状况中,此外还要承受黩武的巴尔干基督教统治者、官员和地主涸泽而渔式地征收超重的租税,在某些地区,甚至还要承受已经引入和强化的某种形式的农奴制的剥削。新的奥斯曼统治者不如他们先前的基督教统治者那样糟糕,而且在某些方面他们甚至被视为当地人的解放者。在 15世纪和 16 世纪,

> 奥斯曼恢复了土地的国家所有权,或者控制大量地方地主手中的土地……真实的情况是,许多情况下,他们将土地重新分配给先前的主人,但是这些地主是在严格的国家控制之下的奥斯曼军事采邑所有者……在新体制下,许多劳役和其他封建义务被轻易地豁免了。税收、集体和个人的地位,以及土地称谓等都受到中央法律的统一管理……他们的管理和执行被委托给地方法官(kadis)和统领(begs)……奥斯曼体制,较之于拜占庭-巴尔干的体制……强制推行轻徭薄赋。(Inalcik 1997:15—16)

奥斯曼之所以轻易实现征服,还因为它的巴尔干竞争对手十分软弱,当时他们能够动员的军队的数量“只有几千人而非上万人”,这些巴尔干士兵拒绝相互合作,甚至他们之间也常常开战。(Fine 1987:604)

此外,巴尔干地区的占绝大多数东正教居民没有什么理由惧怕奥斯曼人,因为比起那些反复试图将罗马天主教思想强加给他们的匈牙利人,奥斯曼人要相对宽容。(Fine 1987:608)奥斯曼统治的确立过程中,采用渐进的方式,最开始是封臣制或者领主制(suzerainty),吸纳有才能的基督徒加入其中,这也减少了对它的抵抗,(第 607 页)并且“有利于奥斯曼人的长期成功”。(第 610 页)尽管如此,“许多奥斯曼人和巴尔干基督教徒宁愿把奥斯曼成功的原因解释得更简单些,将它视为上帝意志的结果,是上天倒向了奥斯曼人一边,或者上天降怒于基督徒。这种观念确实有利于奥斯曼取得的成功”。(第 610—611 页)

73

14 世纪 90 年代,也就是具有传奇色彩的科索沃平原战役(1389)之后,几乎所有巴尔干人的东正教居住区都落入奥斯曼统治之中。塞尔维亚、保加利亚、马其顿、波斯尼亚、阿尔巴尼亚和希腊的大部分地区的东正教首领或王公,全都成为苏丹的附庸,而拜占庭帝国"收缩到仅剩下大城市及其周围的很少地区"。(Sugar 1977:21－23)只有君士坦丁堡、拉古萨(杜布罗夫尼克)、黑山、多数由意大利人控制的希腊岛以及罗马天主教控制的西北角,这些地区凭地理位置可以得到来自天主教基督世界的援助,因而还能够抵挡奥斯曼的进一步进攻,原因在于奥斯曼的战线拉得越长,它的军事补给越受到限制。然而,1396 年,当数个罗马天主教国家发动一场反对土耳其人的新十字军东征时,土耳其人在信奉东正教的塞尔维亚人帮助下,在尼科波利斯给这些天主教军队以毁灭性的打击。

与此同时,几乎已经完成了对帝国城市的包围,苏丹巴耶齐德一世在 1395 年发起了一场针对君士坦丁堡的八年围歼战。但是,由于缺乏足够的火力和海军力量,奥斯曼人一直未能突破君士坦丁堡的铜墙铁壁以及通往外界的海上生命线(正如 1422 年奥斯曼的第二次君士坦丁堡包围战中的情形那样)。

1402 年,完全意外的是,由撒马尔罕地区的鞑靼人/土耳其人组成的帖木儿帝国的首领——瘸子塔玛拉尼(the Lame, tamarlane)从中亚突然袭入安纳托利亚地区。在 1402 年 7 月的安卡拉决战中,帖木儿击败并俘虏了苏丹巴耶塞特一世(Bayezit I),他的土耳其军队叛逃到帖木儿的鞑靼/土耳其人一边,而巴尔干的基督教属地则依然忠于苏丹。帖木儿暂时削弱了奥斯曼在安纳托利亚的实力,1403 年迅速撤退到中亚地区,其速度之快如同它当初到达一样突然、一样出人意料。接下来发生的是巴耶齐德一世的四个儿子之间长达十一年的混战,结果,奥斯曼实力遭到严重削弱。此间,几个巴尔干基督教公国恢复了它们的政治独立,拜占庭还收复了某些失地。当时来看,谁能够成为巴尔干无可置疑的霸主,似乎尚无定论。(Sugar 1977:28)

然而,1413 年,奥斯曼王朝的核心地区在苏丹穆罕默德一世

(Mehmet Ⅰ,1413－1421 年在位)领导下重新统一起来。不仅土耳其
殖民者和加齐勇士们,包括许多巴尔干基督教农民和各种穆斯林和基
督教的商业群体,都赞成恢复"奥斯曼统治下的和平"。在东南巴尔干
地区,奥斯曼的财产和加齐勇士的权力几乎秋毫未犯地保留下来,因为
帖木儿没有深入到那么远的地方。因此,复兴的奥斯曼帝国以巴尔干
东南部为基地,在后来的两个世纪里,从那里发力,征服了巴尔干南部、
中部和东部等其他地区,以及地中海的诸多岛屿,匈牙利、安纳托利亚、
特兰西瓦尼亚和阿拉伯穆斯林世界的大部分地区。"巴尔干成为奥斯
曼帝国的支柱,不仅成为遭受 1402 年帖木儿打击之后的奥斯曼的政治
支柱,而且成为奥斯曼首都阿丁纳和(1453 年以后)伊斯坦布尔的食物
和原材料的主要供应来源。"(Inalcik 1997:256)

　　然而,15 世纪 20 年代以后,威尼斯仍然控制着巴尔干半岛周围的
诸多战略性的岛屿和港口。爱琴海和亚得里亚海的许多岛屿,有些处
于威尼斯控制之下直到 18 世纪 90 年代,有些成为希腊和南斯拉夫海
盗控制的自治区。岛上的许多居民很快意识到,信奉罗马天主教的威
尼斯人统治冷酷无情,极尽盘剥和压榨之能事——事实上,"比土耳其
人的压迫有过之无不及"。结果,许多人最后"宁愿选择土耳其人而不
是威尼斯人做他们的统治者"。(Woodhouse 1977:108,113)威尼斯人
向岛民征收的捐税远远超过奥斯曼人打算征收的赋税,毫无地方自治
的权利可言(形成鲜明对比的是,奥斯曼保留了威尼斯当地人的宗教和
文化自治权利),贸易也受到严格的限制(禁止从事多种经营,禁止任何
与威尼斯人构成竞争的商业活动),而且鼓励天主教牧师大肆宣传,劝
说东正教基督徒完全皈依天主教,而阻止东正教牧师劝说天主教徒皈
依东正教。例如,科孚岛基本变成一个完全以生产单一作物的殖民地
种植园经济为主的岛屿。当地生产的橄榄和橄榄油用于出口,其迹象
今日依然可见——该岛实际上就变成一个点缀着威尼斯人的城镇和要
塞的巨大橄榄林。

　　1422 年,奥斯曼围攻君士坦丁堡的战斗再次遭到失败。焦虑的巴尔
干基督教王公们开始向匈牙利寻求结盟和保护。到 1443 年,匈牙利将

74

领匈雅提(Janos Hunyadi)(斯塔夫里阿诺斯恰当地将它描绘为"基督教的勇士"),领导这些联合部队打败了奥斯曼军队。(Stavarianos 1958：50－52)尽管如此,最后,形势反而转向有利于奥斯曼,在 1444 年的瓦尔纳战役和 1448 年的第二次科索沃战役(不如第一次著名但更具决定意义)中,苏丹穆拉德二世 (1421－1444 年、1446－1451 年在位)彻底地击败了由匈牙利人、威尼斯人和保加利亚王公组成的"基督教联盟"。

奥斯曼攻占君士坦丁堡,1453

苏丹穆罕默德二世 (Mehmet Ⅱ,1444－1446 年、1451－1481 年在位)延续他父亲的巨大成功,在 1453 年第三次也是最终包围了君士坦丁堡。这一次,奥斯曼封锁了博斯普鲁斯海峡通往拜占庭的航路,并且配备了大量的大炮和炸药,足以炸毁这个历经 20 多年的围攻一直耸立不倒的城市的城墙。当时,城市的人口已经锐减到不足 7.5 万人,其中有能力作战的只有 5 000 人。而围攻的奥斯曼军队实力强大,数量多达 15 万。(Stavrianos 1958：55－56)在奥斯曼人看来,征服君士坦丁堡有着巨大的战略意义。"基督教的城堡……屹立在苏丹领土中心,无疑是它们的一个非常重要的据点,对奥斯曼人构成一种威胁……只要有一个不愿听命奥斯曼控制的基督徒皇帝和大主教,那么苏丹的基督教民众……就有可能成为被他们动员的潜在革命力量。"(Sugar 1977：65－66)

奥斯曼征服君士坦丁堡,永久摧毁了一个重要的战略桥头堡,否则,基督教反侵略力量有可能利用它来反对奥斯曼在巴尔干地区的统治。然而,对奥斯曼来说,攻占君士坦丁堡包含远远超出军事的涵义,还有更审慎的考虑。君士坦丁堡仍然是位于数个商业和交通网络中心的巨大的中转港,尽管拜占庭帝国已经逐渐衰落和萎缩,但是,对于任何强大的足以占领这个帝国城市的新帝国而言,君士坦丁堡仍然随时可能为这个帝国提供反攻的准备,恢复帝国的外部和威严,并且再度团结它的同盟国家。诸多新兴帝国和有野心的帝国之所以努力攫取君士坦丁堡,原因正在于此,俄罗斯帝国之所以后来反复多次试图从奥斯曼手中抢占君士坦丁堡,原因也在于此。君士坦丁堡位于南部欧洲和西南亚洲之间的交汇处,其战略地位和航海位置对于任何向两大洲扩张或有意向两大洲扩张的帝国而言,使得它成为理想的首都选地。

攻占君士坦丁堡之后,奥斯曼帝国完成了从"一个仅仅在有限流动区域内活动的东方'人群'……向最伟大的历史性帝国之一的转变"。(Coles 1968:26)君士坦丁堡控制着地中海和黑海之间的狭窄海上通道,成为向奥斯曼提供大量的食品、原材料和人力的新"资源库",因为(以希腊和热那亚人为主)黑海商人"沿此路线定期与欧洲人从事大量贸易",贸易涉及的商品包括谷物、马匹、金属、鱼类、木材和奴隶等,其中大多数商品后来在奥斯曼生活中发挥重要用途(第27页)。控制君士坦丁堡还削弱了意大利在东地中海的海上商业霸权,因为意大利的这种霸权过去部分得益于它通向拜占庭和黑海地区的特殊地理位置。

君士坦丁堡被占之后,其余的巴尔干东正教徒很快地对奥斯曼俯首称臣。此前保加利亚已经并入君士坦丁堡,成为奥斯曼一部分。除了占领保加利亚之外,奥斯曼在1456—1459年还征服了塞尔维亚(不包括贝尔格莱德)和希腊的主体部分,1463年占领了波斯尼亚,1467至1479年占领阿尔巴尼亚,1482—1483年占领黑塞哥维那,1499年攻占黑山并在1521年占领贝尔格莱德。瓦拉几亚和摩尔达维亚先后在1476年和1512年臣服奥斯曼。只有黑山、瓦拉几亚和摩尔达维亚依然保持较大的自治权,尽管它们也是苏丹的属地。后来,在1526年和1528年迅速占领中部匈牙利之后,奥斯曼又征服了大部分匈牙利及其现在统治下的克罗地亚和特兰西瓦尼亚,从16世纪40年代直至17世纪90年代,奥斯曼一直控制上述地区,结果,在巴尔干半岛上只剩下奥地利控制的斯洛文尼亚,生机勃勃的海上商业共和国拉古萨,威尼斯统治下的达尔马希亚和阿尔巴尼亚的港口,以及爱琴海和亚得里亚海的一些岛屿,还没有纳入奥斯曼的统治范围。此时,为了换取通向奥斯曼港口的优惠的商业利益,威尼斯和拉古萨甚至在名义上接受奥斯曼的

75

统治。1485年,奥斯曼帝国80％以上的岁入都是得之于巴尔干地区,1527至1528年间,在它征服了广阔的阿拉伯领地之后这个比例仍然高达将近40％。(Inalcik 1997：55,83)对巴尔干的掌控构成奥斯曼帝国实力的重要支柱。

第六章　奥斯曼全盛时期的
巴尔干,1453 — 1686

许多研究巴尔干的"民族"和"原民族"的民族主义、共产主义和基督教历史学家为奥斯曼征服东南欧的影响涂上一层耸人听闻的色彩，其中以共产党统治下出版的半官方的伪马克思主义"民族"史最为突出。尽管马克思主义者试图回避民族主义和种族中心论，但是，作者们为了极力表明自己和他们的共产党人的"爱国主义身份"，在这方面他们有时常常胜过非马克思主义的历史学家。一部典型的马克思列宁主义的保加利亚历史著作这样描述道：

保加利亚沦入土耳其人统治时期是保加利亚历史上最为黑暗的时期，它沦为外国统治长达将近500年。在此期间，由于……他们遭到来自土耳其侵略者的严酷剥削和压迫，作为一个民族存在的保加利亚，面临种族灭亡的威胁。外国统治阻碍了国家生产力的发展，割断了保加利亚与其他民族之间的所有联系，并且窒息了他们文化的自由发展。在被土耳其征服期间，保加利亚的整个城镇和农村被毁，人民被处决、卖为奴隶或者被驱逐出境。一度繁荣的城镇和乡村只剩下废墟一片，大量土地荒芜。整个地区的人们被迫躲到深山和偏僻地区……他们还被迫缴纳沉重的赋税、徭役和杂费……土耳其征服导致了手工业和商业的衰落……许多工匠和商人消失……另外的一部分被贩卖为奴……土耳其当局……借助暴力、贿赂和谎言来迫使保加利亚人放弃基督教……许多教堂和修道院……被捣毁……在相当长的一段时期内,禁止重建被毁的教堂……保加利亚的封建阶级……被完全歼灭。(Hristov 1985:63-65)

然而事实上,上述图景更适合于描述共产党统治之初的保加利亚(第65页)。另一本这类的巴尔干历史著作宣称,"大部分的保加利亚人在土耳其统治期间被杀掉……据估计,土耳其统治时期,居住在巴尔干半岛上的保加利亚人口降至一半"。(Gyuzelev 1981:30)另一作者宣称:

"奥斯曼的入侵导致保加利亚遭受巨大的人口灾难。很难估计奥斯曼侵占期间保加利亚遇难者的准确数目,但是据可获得的资料显示,大量人口被屠杀。贩卖为奴也导致保加利亚人口锐减。成千上万的人们被带到奴隶市场上卖掉……侵略者为了同化基督教因素,采取强化土耳其因素的政策,这也导致人口方面出现许多麻烦。大量的基督徒被穆斯林所取代,他们被迫迁往小亚细亚。"(Markova 1981:35)

77 然而,这类观点不能仅从字面上理解。在世界上的许多地区,从1440-1840年的四个世纪期间,一些村庄和城镇凋敝、被毁或者消失,而另外一些却在扩大,甚至经历从无到有的兴起。这些属于经济和社会变革中的正常反应。在同一时期的不列颠,许多大村庄消失或者基本消失,却是在没有外来侵略者的暴力摧毁或者掠夺的背景下发生的。毫无疑问,由于积极参与抵抗奥斯曼征服,相当数量的巴尔干基督徒遭到杀害,或者财产被剥夺。然而,在奥斯曼征服巴尔干以前的数个世纪内,在巴尔干地区及其周围地带,天主教和东正教基督徒彼此间一直刀兵相见,相互杀戮,强迫对方皈依还包括迫使(某些非基督徒皈依),同时还有用武力手段强迫大批人口从巴尔干半岛"移居"到安纳托利亚(而且有时正好相反)。没有证据或者很少证据能够表明,奥斯曼在确立对巴尔干地区的统治期间或者之后,屠杀、暴力逼迫改宗和"全民迁居"的程度有明显增长。相反,通常认为,较之于彼此竞争的基督教派别内起初的混乱、蹂躏和内讧,最初的"奥斯曼统治下的和平"显示出形势的明显好转。(Stavrianos 1958:99－100,112－114;Woodhouse 1977:101,104,108;Inalcik 1997:15－16)

巴尔干王公和贵族的数量在平稳地降低,这一点必须承认。然而,这种现象的发生,似乎不是由于推行"强制性的"土耳其化和伊斯兰教化,而是源于自然淘汰,以及本地的巴尔干贵族地主、官员和收税者逐渐同化到奥斯曼帝国的地主阶级和官员当中。这种皈依往往带有自愿色彩,有些巴尔干贵族地主官员甚至采用土耳其的姓名、服装、行为方式和生活样式。在色雷斯和东巴尔干地区,起初存在着某些推行土耳其化的现象:"为了推行土耳其化和谋求新的征服,奥斯曼实行把杂乱的游牧部落编入到巴尔干人当中的政策,与之并行的还有,14世纪期间发生了一场大规模的自愿迁居活动。"(Inalcik 1997:34－35)到16世纪早期,共有大约5万穆斯林游牧家庭和大约7万名非穆斯林家庭登记在册,生活在奥斯曼控制下的巴尔干地区。(Inalcik 1997:26,37)然而,这一现象中,很少是由大量的屠杀、驱逐出境或者强迫皈依产生的。

奥斯曼的宗教宽容和对拜占庭遗产的保存(而非毁灭)

总体上,早期的奥斯曼统治者在巴尔干采取了"骑士风度的和宽容的态度来对待他们征服的以基督教徒为主的地区。有些基督教徒改宗伊斯兰教,但是即使那些没有改宗的人也常常称赞奥斯曼统治中表现出的公正,与之形成对比的是,衰败的拜占庭帝国实施的是随心所欲的胡乱治理"。(Mansfield 1992:23)

1453年,当穆斯林苏丹穆罕默德二世攻占君士坦丁堡这个东正教会的堡垒时,他并未打算摧毁它,尽管他能很轻而易举地实现这一点(如果是基督教的十字军攻占了伊斯兰教的堡垒,毫无疑问他们一定会那样做)。胜利部队的洗劫和掠夺只是进行了几天,而且是在可控之下,远远不如 1204 年十字军攻占君士坦丁堡时该城所遭受的摧毁和创伤之深。再者,根据希腊历史学家乔治·阿纳克斯(George Arnakis)的观点(1963:127):"就大部分而言,奥斯曼对待东正教的政策并没有敌意。原因很明显。有必要阻止苏丹的东正教国民与天主教会联合起来,因为二者一旦联合起来,就有可能把伊斯兰教驱逐出欧洲。"

苏丹穆罕默德二世决定,奥斯曼帝国不能仅仅是一个伊斯兰教和土耳其的苏丹政府。它将也是拜占庭——东罗马帝国的后裔和继承者的政府。奥斯曼苏丹特意保留了君士坦丁堡,让它的建筑更加壮丽,移入新的人口在其中居住,并且把它确定为扩张中的土耳其政府的首都。1453 年,该城市的人口从 5 万人恢复到 7 万人,(Treadgold 1997:840;Stavrianos 1958:56)1600 年人口达到 50 万至 80 万之间,它由此成为欧洲最大的城市。(Coles 1968:47)

那时如同现在一样,穆斯林的教义特别规定,对基督徒和犹太人,"圣经中的民族"以及一神教的信仰者,都应实行政治和宗教的宽容,只要他们不参与暴力抗拒伊斯兰教或者背叛伊斯兰教的活动(如果他们确实这样做了,他们可能会得到合法地"惩罚")。再者,由于他们关心军事的、领土的和伊斯兰教的事务,奥斯曼统治者从一开始就乐意将他们帝国的重要的商业、行政、政治、外交和基督教会的事务交给基本不受监管的基督徒处理。奥斯曼帝国既不是"实行独裁的伊斯兰教国家",也不是"实行独裁的土耳其国家";相反,"它是一个要求其所有居民对苏丹保持绝对忠诚的王朝帝国。对那些不担任公职的人,他们的忠诚标准就是不发动叛乱,用现金、特产或者劳役形式纳税。尽管纳税的数目往往是可以商量的。最终将帝国维系在一起的是拥护苏丹的统治,而不是宗教的、种族的或者其他方面的认同"。(Imber 2002:3)

苏丹穆罕默德二世的妻子当中就有两位是信仰基督教的公主。苏丹本人在 1453 年亲自挑选了一名君士坦丁堡的新基督教大主教(前任在职的主教已经于 1451 年逃往罗马)。他"并不像西方的历史构图中常常描绘的那样是一位野蛮的暴君……在指挥围攻君士坦丁堡期间,穆罕默德甚至聘请数名意大利人文主义者,他们每天为苏丹诵读古典历史学家的作品,如拉尔修(Laertius)、希罗多德、李维、昆图斯·库尔提乌斯(Quintus Curtius)的著作,以及教皇和伦巴底国王的年表等"。穆罕默德及其先辈们耗时数年才攻占 15 世纪意大利人文主义者视为灵感源泉的古希腊罗马世界的大片领地……当他攻占希腊,面对意大利人表现出的焦虑,穆罕默德颇感惊讶。他认为土耳其人和意大利人共有一个特洛伊祖先,他假定,对于自己攻克了他们共同的古老敌人,意大利人一定会为他的胜利而欢喜。(Brotton 2002:50)

新的主教,也就是著名的圣金纳迪乌斯(Gennadius),曾经是一个颇受欢迎的反天主教的修士,也是一位神学家,在 1439 年的佛罗伦萨宗教协商大会上,他特意安排拜占庭人反对那些主张重新统一教会的不受欢迎(和未经批准)的条款。圣金纳迪乌斯及其追随者宁愿向苏丹屈服,也不愿意接受教皇和某些天主教国家打算提供的模棱两可的支持,后者的支持只是为了换取谦卑的拜占庭人向教皇国和罗马天主教会屈服。而这已经超出了众多的东正教基督徒所能承受的范围(它也鼓励俄罗斯人按照他们自己的方式建立自己的东正教会)。奥斯曼人很快摆平了那些依然鼓吹教会注定要统一的少数人(或者将它们流放)。让基督教主体保持分裂而且相互争吵(尽管几乎不需要任何这方面的怂恿他们就会争吵不休),符合奥斯曼人的利益。东正教徒中极少一部分人甘愿接受傲慢的、自大的罗马天主教徒所提出的教会统一条款。"东正教信仰的本质在于,只有罗马人和基督教的关于尘世帝国和天国的理论在君士坦丁堡实现合流,世界才能达到它理想的秩序……不仅……未来的一切改善或者革新没有可能,就连错误也难以想象。"(Woodhouse 1977:30)对东正教徒而言,东正教代表着某种完美。对它的任何偏离都是异端。因此,东正教会既不可能屈服于罗马天主教和教皇,也不可能向他们作出任何让步,(按照东正教的观点)他们的教义不仅是错误的,而且是灾害性的。东正教会非常保守,它不仅激烈地反对罗马天主教,而且反对文艺复兴、宗教改革和科学革命。这些革命和改革在奥斯曼统治下的巴尔干境内影响甚微或反应极弱,这一点通常被归因于所谓的奥斯曼统治的后果,但是应当给予更多"谴责"的是东正教会的影响和拜占庭的遗产,正是因为它们的影响渗透到巴尔干的方方面面。事实上,由于中世纪晚期巴尔干东正教会确信它已经保存和综合了所有古希腊罗马文明与最高最真形式的基督教会中一切最好的东西,它自鸣得意地认为,再没有必要搞文艺复兴或者宗教改革或者科学革命了。历经磨难之后,巴尔干东正教徒自我安慰或者自我欺骗,他们声称已经达到了无法企及的宗教和文化的完美程度。

在奥斯曼的支持下,君士坦丁堡的主教基本上能够将威尼斯支持下的罗马天主教"皈依攻势"阻止在巴尔干的亚得里亚海岸沿岸,该攻势曾经向南渗透到遥远的阿尔巴尼亚地区。君士坦丁堡的主教还在东正教区内重申东正教的优先性,并且可以削减南斯拉夫、罗马尼亚和阿尔巴尼亚的东正教会的自治程度。奥斯曼在巴尔干和近东地区的征服,有助于在奥斯曼辖区内重建君士坦丁堡主教对各种形式东正教的(迄那时为止一直处于下降中)权威。这些阻碍了独立的南斯拉夫、阿尔巴尼亚和罗马尼亚民族认同的发展,直到19世纪新独立的巴尔干国家内自治的"民族"的东正教会重新出现,上述状况才有所改观。然而,"在土耳其人看来,希腊东正教徒和非希腊的东正教徒之间没有本质区别"。(Arnakis 1963:127)因此,对于君士坦丁堡主教将司法权扩大到巴尔干全体的东正教徒当中,或者希腊人(间接)统治阿尔巴尼亚人、罗马尼亚人和南斯拉夫人,奥斯曼人找不到丝毫合法的"伦理的"或者"原民族的"反对理由。

然而,对于奥斯曼人来说,君士坦丁堡主教关系重大。穆罕默德二世曾经亲自主持安排新的主教圣金纳迪乌斯"按照全部的拜占庭仪式和增强的力量"就职。(Woodhouse 1977:95)他这样做,意味着他决心继承拜占庭帝国的精神,尊重他的东正教国民的习俗和感情,而且是间接地通过君士坦丁堡主教来统治巴尔干。作为任职仪式的一部分,穆罕默德二世向君士坦丁堡主教颁发了一部帝国宪章,或者赐予状

（berat，培拉特），赐予东正教会和君士坦丁堡主教相当宽泛的权力和特权，甚至超出于昔日拜占庭皇帝统治下所能获得的那些特权。赐予状承认，普世的主教为东正教米勒特（宗教共同体）的首领和奥斯曼帝国的最高级别的巴夏和韦齐尔（官员），"他对于所有的苏丹的东正教国民的行为和忠诚负责"（Sugar 1977：46）赐予状授予他和他的宗教会议以"解决所有有关交易问题、控制和约束教会全体成员、管理教会全部财产以及向普通信徒和教士征收会费等方面的诸多权威"。（Stavrianos 1958：104）在穆斯林苏丹统治下，较之于爱干涉的拜占庭皇帝统治下，教义干预和政治干涉很少。东正教会和它的牧师可以免税并获有教会自治权。（第60页）此外，他们被赋予"评估和收取应缴给国家的税收"方面的协同参与权。（Sugar 1977：46）有时这些权利使得他们不受欢迎。赐予状还承诺给他们以忠诚和崇拜的自由。"东正教徒可以在家里自由地保存神圣的经典和圣像，可以不受干扰地参加教会仪式。"（Stavrianos 1958：104）最后，赐予状还赋予东正教会在民事和家庭事务方面广泛的司法权，包括结婚、离婚和继承权等等，因为奥斯曼的家庭法规和民法被认为不完全适用于非穆斯林人口。

在后来的适当时候，东正教会的法庭和地方法官开始处理的纠纷不仅限于家庭内部，还几乎包括基督徒之间的一切民事诉讼，而"东正教主教在他们教区发挥的作用，事实上相当于对基督教徒的地方长官"。（Stavrianos 1958：104）与奥斯曼的官僚体系并行的是，东正教会具备许多行政和司法功能（除了传统的教会的作用外），而且开始自视为"国中之国……如同基督徒实际上的统治者和保护者"。（Sugar 1977：46－47）东正教会还自视为东正教徒和奥斯曼国家之间的调解人，以及基督教利益和渴望之争的唯一仲裁者和解释者。（尽管许多巴尔干和民族主义者后来认为教会享有特权、奴性十足、唯利是图、与外来"敌对势力"和"压迫者"的"相互勾结"。）在巴尔干的许多农村地区，教会可以与地方（选举的）政府分享某些权力和功能，因为奥斯曼人允许实施相当的地方自治。"只要完成纳税任务，土耳其人并不关心他们的国民在做什么。地方政治、贸易和教育完全是他们自己的事务。"

80

(Woodhouse 1977:103－104)

奥斯曼人从来没有试图对巴尔干人进行任何"强制性的"和大规模的伊斯兰教化,并不是因为绝大多数的巴尔干东正教徒保持基督徒的身份,比改宗伊斯兰教(不管是被强迫还是出于自愿)对奥斯曼人来说具有更多价值。应该承认的是,奥斯曼人发现争取少数的巴尔干基督徒作他们的同盟者或者合作者,很有益处。然而,伊斯兰教规定,穆斯林教徒可以比非穆斯林缴更少的税收。因此,奥斯曼人的财政收入严重依赖他们的基督徒国民。此外,奥斯曼人常常从巴尔干的基督教徒口中强迫招募士兵,参加他们在安纳托利亚和阿拉伯世界中的争斗活动。伊斯兰教义谴责任何在伊斯兰国家之间发动"侵略性"(例如毫无理由)的战争。按照《古兰经》的规定,穆斯林只能进行自卫,或者发动复仇性的战争。因此,奥斯曼人在伊斯兰世界的征服活动,至少最初严重依赖于来自巴尔干的基督徒兵源。往往是因为这些招募的士兵中大部分被(非志愿性地)编入到奥斯曼军队中服役,使得基督徒"声名狼藉"。奥斯曼军队招募和管理士兵时往往表现得冷酷无情,但在当时以及后来的欧洲的绝大部分地区,情形都一样。即使是英国人以及后来的英国海军征兵方式也是强行的,而且要摆脱残酷的英国/不列颠的海军约束来说也是非常艰难的。再者,大多数的被奴役的、伊斯兰教化的以及强迫进入奥斯曼精英部队的年轻基督徒,后来都成为奥斯曼帝国中声名显赫、颇有影响的军官,尽管他们仍然是苏丹的谦卑的"奴仆"。其含义与欧洲白人奴隶主雇佣的用于种植园或者矿山里做苦工的黑人奴隶,绝不相同。事实上,根据斯塔夫里阿诺斯的观点(1958:501),在1453－1623年间担任奥斯曼帝国首相的49名人员中,仅有5名是土耳其血统,而多数都是来自基督教欧洲的血统,包括至少11名斯拉夫人、11名阿尔巴尼亚人、6名希腊人、1名亚美尼亚人、1名热那亚人和1名意大利人。另外重要的是,奥斯曼人仅仅是,在他们已经征服了大多数巴尔干地区之后,在1516－1517年间才开始对阿拉伯世界的断断续续的征服。奥斯曼帝国建立的基础,不仅包括一般认为的穆斯林-土耳其人对于大多数巴尔干地区的征服,还包括巴尔干以及安纳托利亚人对大多数阿拉伯民族的征服,而后一点并未得到广泛认同。大体而言,奥斯曼苏丹统治下的巴尔干国民(尤其是那些说希腊语或者阿尔巴尼亚语的人们)成为多民族的奥斯曼帝国的经济和政治管理中的重要合作者。"许多希腊商人和亚美尼亚银行家,作为外籍人,能够享有赐予状规定的尊贵地位,而且,实际生活中奥斯曼政府对他们也奈何不得。"(Zurcher 2001:50)

18 世纪和 19 世纪期间,奥斯曼的监管和控制逐渐松弛,1453 年依照赐予状赋予给热那亚人的宗教宽容和保护制度,不时遭到破坏。后来,基督徒(尤其是亚美尼亚人)不断成为"穆斯林宗教狂热或地方官恣意妄为"的牺牲品,(Stavrianos 1958:105)类似行为还包括非法占有教会财产和骚扰(有时是持不同政见的)教士(第 105 页),以及 19 世纪80 年代由土耳其人实施的针对亚美尼亚人的种族屠杀行为,以及第一次世界大战期间的类似行为。(Quataert 2005:186－188 and Zurcher 2004:114－117,提供了关于这个备受争议的问题的明智的分析)尽管如此,不信教者遭遇的困境"在奥斯曼帝国仍然比在基督教欧洲强得多"。(Stavrianos 1958:90)奥斯曼统治下的巴尔干基督徒从来没有经历过西班牙境内的穆斯林和犹太人所遭受的那种特意的、体制性的宗教迫害(第 70 页),或者像 19 世纪和 20 世纪欧洲犹太人蒙受的来自欧洲基督徒的迫害,或者像 1941－1945 年和 1992－1995 年间巴尔干基督徒和穆斯林蒙受的来自巴尔干基督徒的迫害。关于奥斯曼奉行宗教宽容政策的最为雄辩的证据是,从 15 世纪 90 年代至 16 世纪 20 年代,大约有 1 万多名被驱逐出基督教的西班牙国境的南欧系犹太人([Sephardic],包括许多商人、熟练的工匠和专业人员),被奥斯曼帝国所接纳。西班牙的经济和文化损失正是奥斯曼的收益所在,因为这些犹太人继续在奥斯曼的商业、手工业和城市生活领域发挥重要作用。(第 90 页)奥斯曼的宽容"远远领先于"同时期的基督教实践。(第 60 页)

应该承认,在奥斯曼统治下,东正教基督徒被剥夺了穆斯林所享有的完整的民事和宗教平等权。"非穆斯林被禁止骑马,禁止佩带武器。

81

按规定他们必须穿上特定的服装,以便与真正的信徒区分开来。他们住所的高度不能超过穆斯林住所的高度。而且未经允许,他们不能维修自己的教堂或者打铃……他们必须按规定缴纳特别的人头税……来取代服兵役的费用。直到 17 世纪,奥斯曼基督徒从孩提时期就缴纳贡赋,而犹太人和亚美尼亚人可以豁免。"(Stavrianos 1958:105)再者,基督徒不能针对穆斯林发起法律诉讼或者在穆斯林的法庭上作证指控穆斯林,而且要成为一名奥斯曼官员,越来越有必要首先成为一名穆斯林。(Malcolm 1994:65 - 66)尽管如此,由于教义和纲领的规定的原因,强制性的伊斯兰教化仍然很少。(参见第 77 - 80 页)

伊斯兰教在巴尔干地区的逐步扩张不是单单建立在针对基督徒的各种样式的法律歧视上,还建立在发展类似萨拉热窝和莫斯特尔(Moster)之类新的大量穆斯林城镇之上:"皈依伊斯兰教的奴隶可以申请获得自由……皈依后的和自由的奴隶极有可能在新建城镇上告负终身。"(Malcolm 1994:66 - 67)尽管如此,与前面引述的保加利亚历史学家的观点相反(参见第 70 页),似乎非常明确的是,伊斯兰教在巴尔干半岛的推行不是依靠武力,也不是通过实施大规模的土耳其殖民活动来实现的。

波斯尼亚和黑塞哥维那(Alias Hum)的伊斯兰化

可作为前面论题的最好例证是波斯米亚和黑塞哥维那,它们(与阿尔巴尼亚和科索沃一样)在拜占庭统治下遭到了普遍的伊斯兰化。把欧洲人基本视为基督教徒并且把伊斯兰教基本上视为非欧洲人的宗教,持上述观点的欧洲人,往往对波黑地区逐渐被大规模地伊斯兰教化感到困惑不已。因此,有必要作出解释。

长期以来有一种"理论"认为,许多甚至绝大多数的波黑居民都是著名的鲍格米勒教派的拥护者,该派是激进的、异端的和备受压迫的基督教的一支,始创于 10 世纪的保加利亚的马其顿,创立者是一位名叫鲍格米勒的牧师。该派坚持摩尼教的世界二元论的观点,认为世界是由善(精神、光、上帝)和恶(物质、黑暗、魔鬼等)两部分构成的。鲍格米勒派谴责富裕的修道院、教会异端和(假冒的)教会统治阶级的压迫、奢侈、堕落和奢靡生活。他们把奥斯曼土耳其人当成"解放者"，认为土耳其人能够最终帮助自己摆脱数个世纪以来的"法定宗教制度"(既包括东正教又包括天主教)的宗教和政治压迫，在这方面，鲍格米勒教派比巴尔干社会中的任何其他社会群体走得更远。根据这种"理论"，在历经数个世纪的天主教和东正教会的迫害之后，为了寻求奥斯曼人的保护，(所谓的)波黑和马其顿的部分鲍格米勒派居民一同皈依了伊斯兰教。这就是一般认为的所谓"波斯尼亚穆斯林"(现在称为"波斯尼亚克族")的起源，(根据这种"理论")"波斯尼亚穆斯林"多数是塞尔维亚人和其他南斯拉夫人的后裔，他们皈依伊斯兰教是为了逃避"官方的"基督教对鲍格米勒教派异端的迫害，而且成为奥斯曼的波黑人群中占主导的种族-文化团体，令他们的东正教和天主教的斯拉夫邻居大为惊骇的是，直到1878年波斯尼亚-黑塞哥维那被奥匈帝国占领以前，他们都是奥斯曼统治的坚定支持者。

82

　　上述"鲍格米勒理论"有某些吸引人之处。它似乎给出了奥斯曼统治期间波斯尼亚的主体部分人口皈依伊斯兰教的一种详细而且戏剧性的解释。它提出了下述观点：皈依进程，不是作为一个世俗的和延长的进程，而是一个突然的"鲍格米勒人的大量皈依进程，他们历经数个世纪的反对天主教和东正教会之间竞争和迫害，最后却宁愿将它们的忠诚托付给了伊斯兰教"。因此，这个理论在现代波斯尼亚穆斯林当中获得了特定的支持。"不是被简单视为天主教或者东正教会的叛徒(在不同的时期，克罗地亚人和塞尔维亚人都表示他们应当'回归'到天主教或东正教当中)，他们现在被视为具有权威的和特殊的波斯尼亚教会成员的后裔的一支；而且他们回归到伊斯兰教，可能不会被描述为怯懦的表现，而是对他们遭受基督教迫害的公然蔑视的最终姿态"。(Malcolm 1994：29)

　　然而，时隔不久，颇有影响的"鲍格米勒理论"遭到了芬尼(Fine)(1987)和马尔科姆的诋毁(1994)。他们指出，中世纪的波斯尼亚人形式上仍然处于西方(天主教)教会的司法权范围内，而且他的统治者至少对外仍然是天主教徒。12世纪和13世纪关于波斯尼亚境内普遍出现异端("鲍格米勒理论"关于波斯尼亚人皈依基督教赖以建立的基础)的指控来自波斯尼亚外部,指控者主要来自匈牙利、泽塔(黑塞哥维那)、斯普利特和拉古萨(杜布罗夫尼克),它们中的每一个国家都宣称对波斯尼亚领土享有主权并寻找借口干预波斯尼亚内部事务。(Malcolm 1994:15,31－32)到15世纪末,教皇和方济会修士制度(参加一场名为对波斯尼亚人"再天主教化"的运动)也开始指控这个偏僻的山村国度属于异端。(第23、41页)尽管如此,不存在独立的和内在的证据能够表明,波斯尼亚教会曾经就是鲍格米勒教会。关于它是鲍格米勒教会的唯一指控来自那些对波斯尼亚心存企图因而也对这类指控有特定兴趣的国家(匈牙利,斯普利特)和团体(起初是多明戈教会后来是圣方济教会),自然,他们的指控缺乏可靠性,甚至值得怀疑。进而,"仅仅发现波斯尼亚境内有一种可称为'鲍格米勒'的中世纪的资源就作出判定它是鲍格米勒教,这种做法几乎可以肯定就是伪造的"。(第31页)

芬尼基于许多间接的和或外围的证据论证指出,波斯尼亚教会"本质上是天主教会",(Fine 1987:147)而马尔科姆基于类似的间接和外围证据同样雄辩地指出,波斯尼亚教会不仅受到鲍格米勒教会的影响,而且受到拜占庭东正教的修道院戒律和实践的影响,而这些(而非异端的神教)恰好是1203年举行的波利诺(bolino polje)宗教会议上要求波斯尼亚教会领袖放弃的内容。(Malcolm 1994:33－39)对于这类观点的质疑,以及可获得的并不有力的证据显示的间接性/外围性的特征,共同表明,我们无法完全弄明白波斯尼亚教会的教义和实践的真实面目。出于类似原因,我们也不能根据外表来判定下述观点,即他们实际上就是鲍格米勒教会,因为纯粹的鲍格米勒教会在道德层面上正好反对——官方教会的富裕、权力和奢靡,相反,波斯尼亚教会似乎能够毫不犹豫地接受财产、权利和王室赞助。再者,孤立的波斯尼亚教会(既不同于西方的/天主教的教会,也不同于东方的/东正教的教会)"甚至在土耳其人1463年征服波斯尼亚之前基本就已消亡",因此,不可能在该地区后来的伊斯兰教化进程中发挥重要作用。(Malcolm 1994:

41－42,56)

在奥斯曼波斯尼亚后期,穆斯林是如何成为宗教团体中的多数派,这个关键问题似乎依然未能得到解决。部分答案已经非常明确:这个进程并不包括突然的大规模改宗伊斯兰教,相反,改宗伊斯兰教是渐进性的。奥斯曼税务登记档案显示,1468－1469 年间的波斯尼亚中部和东部地区,穆斯林占人口总数的不足 10%。1485 年,波斯尼亚的桑扎克地区大约有 15.5 万基督徒和 2.2 万穆斯林。然而,到了 16 世纪 20 年代,基督教人口数下降到大约 9.8 万人,而穆斯林的人数跃升到 8.4 万人。到 16 世纪末或 17 世纪早期,穆斯林人数已经占居多数。(Malcolm 1994:52－53)进而,正如已经提到的,在奥斯曼统治的第一个百年当中,没有证据表明存在"大规模的强迫型的改宗伊斯兰教"或者"大规模地将穆斯林从波斯尼亚外部迁入"。(第 54 页)对于波斯尼亚地主来说,为了获准保留自己的土地所有权没有必要改宗伊斯兰教,为了波斯尼亚人的人丁兴旺,也不必成为穆斯林——奥斯曼领土内散布着许许多多的非穆斯林商人。(第 64－65 页)应该承认的是,的确有大批天主教徒因为实际发生的或预期发生的迫害而逃亡的情形(第 52－56 页),但在奥斯曼统治的前两个世纪期间,就波黑境内支持率更高的东正教会而言,事实上信徒、修道院和教堂都有所增长,部分是由于土耳其控制下的塞尔维亚的东正教徒大量流入。(Donia and Fine 1994:32,37－40,47)尽管它的教会上层建筑仍然非常脆弱或者原始,不足以抗拒这一地区渐进的伊斯兰教化进程。(Donia and Fine 1994:36－37,43－44;Malcolm 1994:52－57,70－71)再者,在波斯尼亚境内偏僻的农村地区,基本"没有教士","基督教会(无论是何种形式)很可能只局限于日常的一组民间实践和仪式……从民间基督教会向民间伊斯兰教的转变不是巨大的,许多相同的实践活动可能在持续,尽管术语或名字略有不同……许多相同的节日和圣日在两种宗教中都得到纪念"。(Malcolm 1994:58)波斯尼亚穆斯林依然尊崇圣母马利亚,基督圣徒和圣像,而且常常保留基督徒的名称,或者源于父名的姓氏。(第 59－60 页)

科索沃、阿尔巴尼亚和西马其顿的伊斯兰化

由于更多类似的原因,科索沃、阿尔巴尼亚和西马其顿的许多阿尔巴尼亚族人的伊斯兰教化也是渐进的,去除了强迫性的,而且不是基于土耳其的殖民化之上。(Malcolm 1998:93 − 115,129 − 138,164 − 165,190 − 201,228 − 235)就如波斯尼亚境内一样,这些进程创造了"欧洲的穆斯林"(这在语词上并不比"欧洲基督徒"或者"欧洲犹太人"矛盾)。这些土生的巴尔干人的后裔改宗伊斯兰教,而非土耳其人的后裔,构成了巴尔干穆斯林的大部分。因此,具有讽刺意义的是,在 19 世纪和 20 世纪,许多巴尔干穆斯林,他们当中的多数人没有一滴"土耳其血脉",却通常被指称为"土耳其人";而且在 19 世纪 80 年代和 20 世纪 80 年代之间,后奥斯曼的塞尔维亚人、保加利亚人和南斯拉夫人将成千上万的这些人们从科索沃、西马其顿、保加利亚和波斯尼亚驱逐,或者用暴力方式"遣返"到土耳其,似乎他们就是"土耳其人"。甚至更具讽刺意义的是,无论是奥斯曼帝国还是凯末尔-民族主义土耳其共和国都把他们当成"土耳其人",欢迎他们"返回"到土耳其,而他们中的绝大多数根本不是这类人。

所谓的"米勒特制度"①的起源

1453 年颁发给热那亚人的赐予状(berat),在奥斯曼帝国逐渐开始按照宗教共同体和宗教认同而不是按照种族共同体和种族认同的基础来组织这一进程中,发挥了催化剂的作用,帝国的每一个主要的宗教共同体都有单独的宗教和民事司法和法律体系(有时称为米勒特)。所谓的"米勒特"制度,常常被描述成一种僵化的社会和宗教隔离体制,或者种族隔离体制。它引起了激烈的历史争议,相当于关于印度的种姓制

84

---

① 米勒特制度(millet system)是奥斯曼帝国依照伊斯兰传统对境内非穆斯林宗教社团施行让他们自治的制度。米勒特本意为"民族"。1453 年苏丹穆罕默德二世占领伊斯坦布尔后,首先承认希腊正教会为"米勒特",任命真纳狄奥为正教总主教。——译者注

度和南非的(种族)隔离制度的作用问题的争论。"米勒特"制度往往被夸大为或误认为构成许多巴尔干问题的根源,直接或者间接地将它作为主要的"谴责"对象,取代对其他的结构、制度、态度和政策的谴责。

"米勒特"这个术语——意指某种精心制定的、系统的和有机统一的体系——实际上是一个不恰当的用语。它从来都没有成为那种意义上的"制度"。它主要是针对一系列复杂的情况和问题而随机做出的事后回应,而且(与南非的种族隔离制度一样)酿出了变异和误用。重要的是,不能特别夸大奥斯曼对巴尔干和远东的影响,同时要看到,奥斯曼对于伊斯兰教的忠诚确实有助于培育和扩展基督教和犹太教共同体的权利,否则就可能是另一番景象。

在安纳托利亚,奥斯曼权威、司法和行政的主要基石是伊斯兰教的法典("sharia")。它由那些有学养的穆斯林宗教学者兼法律专家(即乌玛,包括法学家和法官)掌管、解释,并且根据形势的变化对它不断进行"创造性运用"。然而,法典不断地遭到地方习惯法(奥斯曼人特别尊重它们)和王室法令(kanuns 和 kanun law)的取代,尤其是在伊斯兰教教规(它源于数个世纪以前完全不同的情势下)未曾覆盖或者未能充分覆盖的问题上。尽管如此,奥斯曼帝国,与此前及以后的其他许多穆斯林国家一样,在发展世俗的普遍的法律、权威和公民权观念以及公民的权益和职责方面,似乎比较缓慢。而后者似乎能够以一种更统一的政体形式将它的非穆斯林国民包容进去,认为这种现象根本未曾发生的观点,只是虚假的讽刺。穆斯林的法律管理体系和权威被认为仅仅适用于穆斯林人口占多数的地区。在奥斯曼国家的早期,以及非穆斯林构成苏丹国民中的少数的地区,这并没有引发太多麻烦,但是一旦奥斯曼征服了巴尔干和阿尔巴尼亚地区中基督徒占实质性多数的地区之后,引发的问题就出现了。作为回应,奥斯曼统治者允许,在他们的统治下,每一个主要的宗教共同体可以发展各自的(特定的)司法和法律体系。正如穆斯林已经受制于穆斯林司法和法律的约束一样,东正教徒仍然听命于东正教会的司法和君士坦丁堡主教的约束,亚美尼亚基督徒受制于格里高利(亚美尼亚的)教会和它的天主教会的司法约束一样,犹太人宗教共同体受制于它单独的宗教/司法管理(the "yahuda millet")及其选举产生的头目。(the "Haham basi")类似的制度安排也为人数更少的罗马天主教和基督新教共同体所采用,他们基本上构成(并迎合了)居住在伊斯坦布尔/君士坦丁堡和伊兹密米(izmir/smyrna)地区的外国商人侨民。按照这种方式,基督教僧侣类似于穆斯林乌玛(ulema)①,对基督徒行使职权相当于伊斯兰教的法律和神学专家对穆斯林行使职权。反过来,苏丹仿效基督教的做法,在乌玛当中组织一种有规则的等级制度。

根据科勒(Coles)的观点,"奥斯曼帝国……包含一种高超的管理艺术,但它被宗教化解了,它的各个部分无法融汇成一个整体。这样一种随意规划的共同居住体系根本不可能发展成一个有机社会。土耳其人要监管和维护他们欧洲帝国,依靠的是军事机构,而军事机构效率的任何动摇和衰落,都注定会暴露出上述体系本质上的不和谐以及难以持久"。(Coles 1968:73)类似地,瓦西尼奇宣称,奥斯曼帝国的"衰落是由于它将数个不同构成部分的文化彼此之间隔离开来的错误政策造成的。它未能向它的国民灌输一种归属感。16世纪以后,奥斯曼国家的内在弱点完全暴露出来,而且帝国进入到无可挽回的衰落阶段"。(Vucinich 1965:3)

然而,关于奥斯曼在巴尔干地区的"米勒特制度"的认识,也有持肯定观点的。是地理因素和历史情势将巴尔干地区、安纳托利亚和阿拉伯领土分化成一种非同寻常的隔离(但相互交错的)宗教的、种族的、社会的和经济的团体,"除了都需要一些统一力量外,别无任何相同点。他们渴望这种统一力量能够为他们提供安全,并能管控他们生计所依赖的经济因素"。(Shaw 1962:617)这些最高需求迫使不同团体"接受庞大的政治帝国的统治——这类帝国常常是他们当中之一创立的"。然而,接二连三的帝国只是被迫接纳这些根深蒂固的差异,维持"共同的和地方的

---

① 乌玛指伊斯兰教国家有名望的神学家或教法学家,或者由他们共同组成的委员会。——译者注

团体,而仅仅在内部持存的不团结的外表涂上一层联合的糖衣"。奥斯曼人,通过将这些不同的群体按照米勒特和行会组织起来,并且通过"记录下从前一直存在的习俗,把它们写入法律的方式",赋予它们的巴尔干和中东地区的国民一种方式,"他们能够在保持对苏丹共同忠诚的前提下保持他们传统的制度和实践"。(第 617 页)由此,在它们的全盛时期,奥斯曼人维持一种政治的和经济的制度,土耳其人、阿拉伯人、巴尔干基督徒,亚美尼亚人和犹太人彼此能够和平共处,互利共赢。奥斯曼人无意于将伊斯兰教和土耳其教的一体化强加给他们的巴尔干、中东和北非的国民。他们容许和保护宗教文化差异以及相应的服装、风俗和社会行为的多样性。应用于各个米勒特成员的"居住、服装和社会行为的有差别的管理"不是"恶意或者偏见的产物",而是管理"不同宗教、阶级和阶层"之间联系以便将潜在的摩擦或冲突最小化的方法:"每一个个体都拥有一个由他的阶级、阶层、地位和宗教所决定的位置。在这个位置的界限(hadd)内,他拥有绝对权利……西方人认为,推行'歧视'管理的全部目的在于降低摩擦的可能性,并且提供空间的每个人的界限的可见标记,以便其他人能够知道它,根据它来对待这个个体,并且至少避免非故意地侵犯它。"(Shaw 1962:619)这些杂居的多民族能够一起和平、和睦而且繁荣地共同生活、工作和贸易往来,其中的道理就在于,尊重、保护和规范那些宗教的、种族的和文化的差异。(东中欧的哈布斯堡帝国的发展历程中,出于类似原因,也尊重这些差异。)

　　奥斯曼人在实施"较大程度的共同自治"以及对"穆斯林和非穆斯林实行有区别地管理"时,"无意间强化了他们国民团结一致",由此获准他们"践行他们的信仰,并能管理他们的共同事务,其干预程度和付出代价都是最低的",并"享有一种前所未有的和平和安全"。(Stavrianos 1958:114)奥斯曼的组织建立在宗教的(而非种族的)亲缘关系的基础上,由此它有可能把绝大多数的奥斯曼巴尔干国民统一成一个单一的东正教米勒特,并将所有剩余的国民(包括土耳其人和大多数的阿尔巴尼亚人以及波斯尼亚人)团结成为一个单一的穆斯林米勒特。(Stavrianos 1963:195)尽管经济上出现这样那样的些微不利因素,但是,基于宗教的亲缘关系来组织社会,较之于后来巴尔干基于大量混杂的和错误界定的"民族"团体来组织社会,在 18 世纪以后奥斯曼渐趋衰落之际,诱发的部族之间的冲突要低得多。悖论的是,在巴尔干地区,直到"民族主义时代"宗教才产生更具爆炸性和摧毁性的力量,此间,在巴尔干的部分(尽管并非全部)地区,宗教已经浸染上有毒的"种族"民族主义,并且为之改变。

为了回应这类认识,瓦西尼奇宣称米勒特"严重地压制"了它们成员的"自由":

86

> 米勒特既不包括一个统一的领土,也不包括一个同质的种族群体……它是由一组完全孤立的共同体构成的,彼此之间隔离,享有完全不同的社会、政治和经济特权,只是通过教会管理机构保持松散的联系……米勒特制度意味着隔离……而隔离意味着停滞……一方面,米勒特体制……使得巴尔干民族能够保持他们的传统和种族个性,另一方面,它同时也阻碍了巴尔干民族的社会发展。对于巴尔干民族来说,重建他们的国家是一个巨大的问题。(Vucinich 1963:87—88)

对于这类批评有很多反对观点。"对于那些生活在 15 世纪米勒特体制下极度隔离、宗教上难以互相渗透的宗教共同体中的民众而言,老套的观点呈现的奥斯曼国民生活图景完全是扭曲的、不准确的。按照这种不准确的观点,每一个共同体相互分离,彼此隔绝,虽然毗邻但各个自成一体。而且设想那些难以平息的仇恨绵延不绝:穆斯林仇恨基督徒,基督徒憎恨犹太人,犹太人憎恨基督徒,基督徒仇恨穆斯林。而新近的学术研究表明,基于上述任一理由之上的观点基本上都是错误的。"(Quataert 2005:175)大体而言,奥斯曼帝国的不同宗教共同体没有导致居民之间明显隔离,相反,他们之间彼此和睦地混居,而且互惠互利。再者,所谓的"米勒特制度"绝不是特意为巴尔干民族建立独立的民族国家做准备,相反,而是培育了奥斯曼统治下不同民族间的和平相处和互利共赢。相比之下,从 1804 年至 20 世纪 90 年代早期,各种各样试图从巴尔干种族拼盘中切割分离出孤立的民族国家,结果却导致了周期性的部族紧张冲突以及大规模的流血斗争。在巴尔干种族多元化的背景下,基于"民族"国家之上的、西方"威尔逊式的"政治体制观念已经证明,单从方法设计上看,它就一定会导致人类灾难的发生,包括大规模的贫困和持续的高失业率的恶性循环,进而延长并加剧部族之间的紧张。如果当初能够很好地维持一种基于宗教共同体和亲缘关系之上的政治制度,而不是一种基于"民族"(种族)共同体和亲缘关系之上的制度,那么或许可以避免像 1912—1918、1941—1945、1992—1995 年间的重大人类悲剧发生。克制某些(听起来是令人不快的)个人恩怨,经济效率(狭义上的)略微放低只需付出微弱代价就能换来更多的和平与和谐。(倘若这种和平与和谐能够实现)有可能带来更大繁荣和全面就业,实现发展的良性循环。

基督教人口"农村化"和"游牧化"

可以肯定地说,奥斯曼在巴尔干地区的统治影响所引发的最大的长期社会变革,当属大部分的基督教人口的广泛的"农村化"或"游牧化",恰好相反,后来共产党统治实施的最大的长期社会变革是,许多巴尔干基督徒从乡村移向城镇。这种情况之所以较为普遍出现,因为城市中许多奥斯曼统治的反对者逃到高原地带,或者被俘虏(为奴),或者逃往匈牙利王国(包括克罗地亚、巴纳特以及特兰西瓦尼亚或者意大利国家)寻求避难,而那些与奥斯曼"合作"的人多数逐渐同化入占据主导地位的穆斯林军人、商人、收税官、管理阶层和地主阶层中,后者多聚集在土耳其驻防的城镇里,相互保护。总之,"土耳其人居住在平原和巴尔干东、中部的河谷地带以及整个半岛的城镇地区。许多斯拉夫人放弃在低地居住,而是住在山地,在那里他们把瓦拉几亚人斯拉夫化了,也接受了他们的放牧习惯"。(Stoianovich 1967:116)

奥斯曼人重建、修复和扩建许多巴尔干的老城镇,例如亚得里亚堡,莫纳斯提尔(比托拉)、索菲亚、贝尔格莱德、萨洛尼卡、斯科普里、雅

87

尼那(Janina,Ioannina 的塞尔维亚语名称)、莫施塔尔、巴尼亚卢卡、新海尔采格(Hercegnovi)、雅典和普波利斯(普罗夫迪夫)等。他们还新建了一些城镇,包括萨拉热窝、特拉夫尼克(Travnik)、爱尔巴桑、地拉那和新帕扎尔,尤其是在 16 世纪的商业复兴期更是如此。(Stoianovich 1960:242－243;Vucinich 1962:614)因此,当城市人口中穆斯林占居多数时,农村人口中基督徒却占了多数,城市逐渐被视为穆斯林统治者、地主、收税官、高压政治的中间人和代理人的居住地,而农村逐渐成为"被压迫和被剥削的基督教农民、纳税者和食品生产者的家园",至少在巴尔干的基督徒眼中如此。"两种社会阶层逐渐代表了两种生活方式的较量,随着时间的推移两种生活方式的差异逐渐加深和扩大……奥斯曼帝国瓦解后,城乡冲突继续,尽管城市已经失去了它的土耳其特征。这个难以沟通的分歧成为当下的主要问题之一。"(Vucinich 1962:603)20 世纪 90 年代早期,这些见解之准确在一些悲剧中得以再度确认,当时前南斯拉夫国内暴力冲突不断,暴力不仅发生在(至少最初是)东正教的塞尔维亚人、天主教的克罗地亚人和波斯尼亚的穆斯林之间,发生在村民与市民之间,常常超越宗教和种族的分歧。极端的情形是,种族混居的一些波斯尼亚城市和城镇遭到了农业人口占多数的波斯尼亚塞族人的围攻。

城乡对立带来的另一些后果是,整个奥斯曼时期"农民构成了反抗土耳其统治的造反运动的支柱性力量",而且正是农民(而非市民)把口头传统、基督教、基督教艺术和音乐、史诗、关于"中世纪的独立和光荣、巴尔干的英勇气概以及'真正的爱国主义'的记忆"鲜活地保持下来,结果 19 世纪的民族革命就是"从乡村而不是从城市爆发的"。(Vucinich 1962:603)只是在 18 世纪,南斯拉夫才开始成批地移居城镇,直到 19 世纪,他们当中才形成了自己的民族资产阶级。"到那时……农民一直被视为民族的'真正代表'。"(第 614 页)

有关"巴尔干文化落后"的争议

对于奥斯曼统治的另一项指控就是,由于忽视和限制了教育的

发展,结果奥斯曼统治阻碍了它的巴尔干基督教国民的经济和文化
发展:

> 奥斯曼土耳其人未能通过整合被征服民族的文化而培育出一
> 种新的文明……管理奥斯曼帝国的是"反智精英"(anti-literate
> elite)……国家不仅未能为非穆斯林米勒特区的人们提供启蒙教
> 育,而且禁止任何形式的学习活动……诚然,居住在主要城市的希
> 腊人、亚美尼亚人、钦察人(tsintsars)和犹太人有机会学习,能够
> 到国外求学并能获得资助……但是其余更多的人们被驱逐到山地
> 或高山地带,沦为农民,断绝了与文化中心的联系。(Vucinich
> 1962:610,635)

撇开通常对巴尔干基督徒被"驱赶"到山地和高山的夸大程度不论,这
类指控基本上建立在国家权力和责任的时代错置的观点之上。许多国
家直到 19 世纪才开始承担为民众提供教育和进行其他形式的社会投
资的直接责任,有些国家甚至直到 20 世纪仍拒绝这样做。许多国家对
待大众教育心怀疑虑,他们担心推广大众教育会帮助并鼓励人民质疑
和挑战宗教的和君主的权威,谋求改变政治和社会现状。奥斯曼政府
不愿直接承担公众教育职责,在现代社会早期的世界上并不具有典型
意义。唯一例外的情形是日耳曼和斯堪的纳维亚的国家,也就是荷兰
的尼德兰和苏格兰(表现得不是很突出),它们受到马丁·路德的新教
伦理的影响,即每一个(男性)基督徒都应该自己阅读《圣经》,并尽其最
大努力在"今生"谋求个人的"天职"。这就是路德教和加尔文教的国家
在资本主义工业化全面开启之前能够开创国家负担大众教育风气之先
的主要原因。论述所谓"新教伦理"和资本主义兴起的大量作品,遗漏
并模糊了路德教和加尔文教占主导地位的社会所拥有的这个十分重要
十分突出的优势。不足为奇的是,在奥斯曼帝国境内,穆斯林米勒特至
少与基督教米勒特一样都未受教育或者未曾开化。再者,如同大多数
国家的情形一样,地位低下的宗教团体不可能自发地体验到教育的弊

88

端。相反,对这类群体的歧视往往会刺激他们寻求教育,以便克服他们不利社会地位的弊端。因此,犹太人成为反犹太人的欧洲中受教育最为良好的宗教团体,在印度,吠舍成为受过最良好教育的印度人,在东南亚,某些属于少数民族的华人所受的教育也是最好的,在天主教教会中,清教少数民族接受的教育比天主教徒要好得多,在英格兰不信奉国教的人比国教教徒接受了更良好的教育。如果真同许多批评者对奥斯曼统治的指责那样,巴尔干的东正教徒的文化和教育发展受"阻滞",那么,与其说是因为奥斯曼统治者漠视和间或限制教育资源的配置(这种限制不仅是针对基督徒,也同时针对穆斯林和犹太人),倒不如说是因为东方东正基督教(Eastern Orthodox Christianity)与正统教会(Orthodox Church)(在奥斯曼时代之前很久即已存在)在思想上的贫乏和反启蒙主义(obscurantism)。

瓦西尼奇的论证极力避开对(巴尔干)正统教会的批评:(巴尔干)正统教会与"外部世界(教皇国、威尼斯、奥地利和俄罗斯)保持联系,而且有助于少量的欧洲影响透过奥斯曼铁幕深入其中",他还谴责奥斯曼人对于教会的衰落负有责任,"长期的故步自封(restrictive existence)以及与奥斯曼政府间的密切联系……给东正教会的发展带来负面影响。作为曾经的精神动力和学术动力的来源之一,教会开始变得僵化"。而且它"被迫只能优先考虑如何维持它的信徒的实际存在。神学和教育退居到次要地位,而且教会在这些领域中的发展停滞不前"。(Vucinich 1962:609－610)

然而,这些貌似合理的观点并不构成真正的理由。与巴尔干地区"奥斯曼束缚下"的东正教徒一样,沙俄境内政治独立的东正教统治下的许多东正教教徒,至少同样都未受教育,同样蒙昧和思想贫乏。再者,奥斯曼人没有强制限定非奥斯曼语言书籍的出版。因此,"奥斯曼出版业的缺失无论产生了多么有害的后果,它仅仅适用于奥斯曼的阅读公众,而不可能成为非穆斯林未能充分利用提供给他们的机会的一项理由"。而且"问题还在于,基督教米勒特为什么在获得自治的情况下未能实现发展"。无论奥斯曼如何把他们自身与欧洲启蒙运动之间

隔离开来……奥斯曼时代巴尔干人出现的文化倒退,更多是因为他们自身教士的特殊影响所致。(Shaw 1962:622)

事实上,现代东方正统教会在早期"异常敌视西方人",而且主教和他的后继者"反对把西方视为天主教和新教的家园以及文艺复兴的发源地"。他们排斥文艺复兴所赞成的一切,他们这样做"不仅仅是因为它是异端,而且因为它变得更现代。不可避免的结果……就是巴尔干民族思想上的保守和停滞……他们的思想触角未能延伸到信仰和地方共同体事务之外的世界。生活在一个静止的、封闭的东正教神权政治中,他们对于正在改变和刺激西方世界的新知识、科学进步和艺术萌兴,全然未觉"。(Stavrianos 1958:111)"把巴尔干基督教徒隔断开来的铁幕,不能完全归因于奥斯曼的征服。东正教会深厚的反西方主义情结同样负有责任。"(Stavrianos 1963:186)

不顾针对奥斯曼在巴尔干地区统治的众多指责,斯塔夫里阿诺斯极力贬低奥斯曼的巨大影响:"土耳其人对于巴尔干文化影响甚微。一项原因在于巴尔干文化与他们的民众之间被宗教和社会的藩篱所隔离。另一项原因是土耳其人主要居住在城镇……土耳其人的表面影响使得巴尔干民族可以自由地发展他们的文化",(Stavrianos 1958:107—108)部分是因为"土耳其民族在他们帝国中是少数民族,再者,这个少数群体的能量集中在……战争和征服上"(第91页)事实上,直到1914年6月,仅仅只有大约200万土耳其人居住在巴尔干地区:100万住在君士坦丁堡城及其附近,另100万散布在其他地区。(第97页)此外,多数情况下,奥斯曼"统治的麻烦与其说来自他们的基督教国民……倒不如说来自他们的穆斯林国民"。(第112页)奥斯曼制度后来"每况愈下,变得腐朽不堪和欺压成性。但是即使这样的时候,奥斯曼统治对于巴尔干民族来说危险甚少。它未曾威胁到他们的民族认同和凝聚力。它的低效和意志松弛消除了去国家化的可能性",(第113页)从这些方面看,奥斯曼的统治对巴尔干地区先前存在的文化认同的威胁,较之于后来沙俄和德国帝国主义对东中欧文化认同产生的威胁,要弱得多。

89

16－17 世纪中期奥斯曼势力的鼎盛

在奥斯曼帝国的上升时期,它那生机勃勃、数量庞大而且骁勇彪悍的军队将它的边界不停地向外推进,与之相随的劫掠、晋升和个人发财致富的机会也在不断增加。前程的"大门向每一位立志攀登权势顶峰的豪杰和后来的能人敞开着"。(Coles 1968:54－55)16 世纪期间,奥斯曼帝国不仅征服了阿拉伯穆斯林的大部分世界、阿塞拜疆、格鲁吉亚、匈牙利的大部分(包括克罗地亚和特兰西瓦尼亚)以及无数的地中海岛屿,还打击了威尼斯、热那亚和西班牙的海军力量。1521 年攻占位于多瑙河中部和数条重要支流汇合处的要塞贝尔格莱德,为苏丹苏莱曼大帝(1520－1566 年在位)攻占匈牙利(1526－1544)和包围维也纳(1529)打开了大门,尽管后一行动没有成功。然而,奥地利哈布斯堡王朝固执地拒绝放弃匈牙利王位的继承权(自从 1526 年奥斯曼在摩哈赤战役[Battle of Mohacs]中决定性地击败匈牙利人后,王位一直空缺),而且在匈牙利,由于补给线拉得过长,奥斯曼终于"变成了强弩之末"。(Coles 1968:82－87,103)从 16 世纪 30 年代以来,对于来自奥斯曼统治下的东正教塞族难民,奥地利哈布斯堡人鼓励并且支持他们在位于哈布斯堡和奥斯曼国界之间的(而且,不是完全无关地,是西方天主教与东方东正教欧洲之间)流动边界地带的半自治的"军事阵线"地区(the vojna Krajina)定居。历经数个世纪后,这导致了克罗地亚和伏伊伏丁那(vojvodina)地区(后来扩展到南匈牙利)好战的塞族人口的壮大。这就是为什么所谓的克罗地亚克拉伊纳(Krajina,前线)地区的居民以塞族人为主(他们在 1991 年的前南斯拉夫发起了武装冲突)。这也是伏伊伏丁那逐渐被塞尔维亚化的来源(他们的匈牙利少数派现在觉得,在"它自己的"省份,它竟然是一个不占优势的被歧视的克罗地亚少数派)。

奥斯曼人势力仍然十分强大,他们在 1683 年发起了第二次(尽管是不成功的)对维也纳的围攻。他们的欧洲领土在最晚的 1676 年达到最大疆界。(Coles 1968:160)而他们在亚洲和北非的阿拉伯穆斯林统治区域,甚至在 18 世纪还处于继续扩张中(尽管已经不合时宜)。只要奥斯曼看上去似乎不可侵犯,许多巴尔干基督徒就很少给它们增添麻烦。事实上,作为一个成功扩张的帝国的一部分,巴尔干地区的人口享受到一段相对和平安宁的时期,而且这段时期财政和"封建"负担相对较低。

再者,至少直到 17 世纪,奥斯曼帝国仍然对于新的外来思想、产品和技术保持一种乐于接受态度,无论它们来自亚洲还是来自欧洲。奥斯曼人很快学会了大炮、小型火器和轮船等的设计、生产和应用。事实上,奥斯曼早期兴盛的秘密正在于它具有"非凡的吸收能力"。(Coles 1968:71)尽管西方人倾向于将奥斯曼人视为"非西方人",但是许多苏丹都曾迎娶过基督教公主,或者同时是基督教公主的儿孙,他们与欧洲的其他地区保持密切联系(参见边码第 71、78 页)。15 世纪的奥斯曼精英,包括数位苏丹在内,"大部分都来自巴尔干或者其他欧洲地区",(Finkel 2005b:159)而且深受探究人文精神的文艺复兴的强烈影响。(Stavrianos 1958:131－132)"奥斯曼苏丹自视参与到囊括他们王国和西方在内的文明的建设当中……穆罕默德二世对于斯巴达人、雅典人、罗马人和迦太基人非常着迷,但是他最为认同的人物是马其顿的亚历山大和朱力斯·恺撒……文艺复兴时期的奥斯曼君主完全可以与他们辉煌一时的欧洲同伴相媲美……而且就他们所写诗歌的质量而论,甚至有过之而无不及"。(Finkel 2005b:157,162)尽管军事冲突时断时续,但奥斯曼和其他欧洲地区共同构成了单一的普世教会合一运动(Oecumene,著名的居住地)组成部分。(Goffman 2002:8－9)詹蒂莱·贝里尼(Gentile Bellini)和康斯坦察·费拉拉(Constanzo da Ferrara)的图画为后代记录了 15 世纪地中海欧洲和奥斯曼地区的"一体性",在当代人眼里,费迪南德·布罗代尔的《菲力二世时期的地中海世界》(1975)以另一种方式描绘了 16 世纪时期的方方面面。从地理以及文化和经济方面看,实际上苏丹的国民与其说是"亚洲人",不如说是"欧洲人",至少 1516－1517 年间如此。

90

第七章　奥斯曼衰落时期的 巴尔干,1687 — 1921

91　　由于篇幅所限,本书无法全面叙述奥斯曼帝国的军事、经济、文化衰落和领土收缩情况,也很难公正地评价有关这些重大进程的原因和后果研究的丰富文献和争论。本章只能重点强调主要的分界点、决定因素、影响和原因。

继 1683 年奥斯曼第二次围攻维也纳失败之后,奥地利哈布斯堡王朝发起了一次重要的反攻。它和它的盟国深入腹地,一直推进到匈牙利、希腊以及黑海沿岸。在 1687 年的第二次摩哈赤战役和 1697 年的森塔战役中,决定性地击败了奥斯曼。此后,匈牙利、克罗地亚和特兰西瓦尼亚转归奥地利哈布斯堡王朝控制。《卡尔洛夫齐和约》(Karlowitz,1699)是奥斯曼第一次作为战败方被迫签署的条约。奥斯曼将大量领土割让给"异教徒",而这些领地长期以来为奥斯曼所控制,并且被认为是伊斯兰大家庭的一部分。"《卡尔洛夫齐和约》是标志欧洲和伊斯兰世界军事力量对比的决定性的转折点……《卡尔洛夫齐和约》之后,土耳其帝国发现自己只能退居守势,很难再能与欧洲列强平起平坐。"(Coles 1968:195)哈布斯堡帝国成为中东欧的主导力量,而且为发起侵略奥斯曼巴尔干领土而蠢蠢欲动。它在 1716 — 1717 年完成了对匈牙利和大部分塞尔维亚(包括贝尔格莱德在内)以及部分波斯尼亚和瓦拉几亚的征服。这些领土收益在 1718 年的《帕萨罗维茨条

142

约》中得到正式承认。欧洲此后再没有感觉到来自"土耳其危险"的严重威胁。相反,此后的欧洲面临着所谓的东方问题(Eastern Question),即由于奥斯曼权力收缩所引发的问题。逐渐地在近东地区形成了一个权力真空,"直到第一次世界大战前,欧洲外交当中的一个基本问题就是该如何填补这个真空"。(Stavrianos 1958:177)具有讽刺意味的是,欧洲的这个新关注点意味着,间接地把奥斯曼帝国视为欧洲一强,尽管是作为"欧洲病夫"来接受。

若非欧洲列强之间持续不断的争吵和分歧,奥斯曼人在1687—1699年间和1716—1718年间甚至可能失去更多的领土。正是由于欧洲的争吵和分歧,使得奥斯曼能够在1736—1739年间恢复某些失地,并且在后来大约三十年间"处于和平状态"。然而,从1768年开始,由于一个对奥斯曼帝国的更大威胁的出现,这种和平被多次打破,这个威胁就是俄罗斯帝国力量和影响迅速渗入巴尔干、黑海和外高加索地区。与之同时形成威胁的是,俄罗斯对于黑山、塞尔维亚和保加利亚的年轻东正教的斯拉夫基督徒的支持,尤其错误的是,俄罗斯还支持希腊人、罗马尼亚和格鲁吉亚东正教以及亚美尼亚"格里高利"基督徒(也就是说,只要它们仍然在奥斯曼统治下;此后俄罗斯的"关注"逐渐减少)。从1768—1919年在全部三条战线上,土耳其人都多次败给俄罗斯人。因此,在1768—1774年,俄罗斯人得以控制黑海草原地带的大部分;1782—1783年控制了库班河和黑海本身;并在1787—1792年控制了黑海草原地带的其他地区;1806—1808年间控制了(独立的)北阿塞拜疆,1806—1812年间控制了东摩尔达维亚(比萨拉比亚);而且在1827—1828年间控制了高加索的亚美尼亚地区。此外,俄罗斯还在1774年获得了商业"最惠国待遇"和事实上的对整个奥斯曼帝国境内的东正教基督徒的"保护"特权。这进一步增长了俄罗斯帝国主义者梦想替东正教基督教会"重占"君士坦丁堡,尤其是在18世纪八九十年代和19世纪70年代间,1915年又曾如此。从积极方面看,英俄的军事干预确保了希腊在19世纪20年代摆脱土耳其统治取得独立,俄罗斯在1877—1878年间对土耳其的重大胜利还为塞尔维亚、黑山和罗马尼亚挣得了

92

完全的独立,并且为保加利亚赢得了 1878 年以后的事实上的独立。奥斯曼帝国的衰落是如何发生的呢?

奥斯曼衰落的"文化"解释

一些研究近东/远东的西方历史学家,如伯纳德·刘易斯(1961,2002,2005:398－400,453)、科勒(JP. Coles)和彼特·曼斯菲尔德(1992),一直认为,从 16 世纪以来,奥斯曼的政体及其统治者不如以前那样乐于接受新事物,也不如以前那样开放,部分是因为 1516－1517 年奥斯曼征服了阿拉伯穆斯林的心脏地带。这些征服活动加重了保守的穆斯林乌玛的势力和影响,以及其他纯粹的穆斯林对具有越来越浓烈的伊斯兰特色的帝国真实面貌的特殊兴趣。重要的是,奥斯曼对北非和在 1902 年后逐渐被知名的所谓"中东"地区的征服,主要是由 1514 年镇压安纳托利亚地区的异端什叶派叛乱促成的。这推动了奥斯曼对位于波斯和美索不达米亚(伊拉克)这个新什叶帝国的惩罚性攻击,该帝国的创立者是伊斯梅尔·萨法威(Ismail Safavi),他是什叶派的领导人和波斯萨法威王朝(1500－1736)的奠基人。这反过来引起了波斯与奥斯曼帝国之间断断续续的长达 200 多年的战争。结果,1516－1517 年间,奥斯曼征服了那时为马木鲁克王朝所控制的叙利亚、巴勒斯坦、埃及和西阿拉伯,以便取代可能形成的埃及马木鲁克苏丹和萨法威王朝之间的同盟。类似地,后来奥斯曼对于北非(除掉摩洛哥之外)的征服阻碍了 1511 年由萨迪·谢里夫(Sadi Sharifs)在摩洛哥建立的什叶国家的发展。(偶然之间把奥斯曼帝国带入到与基督教西班牙的海上冲突中,直到 1492 年西班牙才最后摆脱穆斯林的统治。)

由于奥斯曼赢得了它们的新阿拉伯穆斯林民众的支持,它就成为逊尼派穆斯林正统保守派的拥护者,并且一致反对什叶派穆斯林的异教和颠覆活动。科勒曾经论证指出,1514－1528 年针对什叶派异端的公开行为采取残酷镇压之后,"奥斯曼领土上的大多数什叶派同情者又回复到外表与逊尼派实践保持一致的传统欺骗性做法上",结果,迄今"动荡不安的社会"受制于"穆斯林教规和信仰的保守体系的约束"。

(第72－74页)因为军事成功和"对异端与不信教者的居高临下的态度",奥斯曼"越来越忽视了伊斯兰教思想谱系中那些有可能让他们与……欧洲保持同步发展的因素"。(第75页)再者,由于1516－1517年间土耳其对穆斯林心脏地带的征服,奥斯曼苏丹自然地成为伊斯兰"圣殿的守护者"(麦加、麦地那、耶路撒冷和希伯伦)和"伊斯兰的哈里发",尽管只有最后几任苏丹真正充分利用了后一头衔来逆转和约束他们衰弱不堪的帝国的分离倾向。

刘易斯、科勒和曼斯菲尔德反复论证的是,奥斯曼在伊斯兰世界中的新监护人的角色进一步限制了它们在制度改革、教育、书报检查制度、吸收西方观念和知识、外部关系以及对待非穆斯林方面的灵活性。因此,尽管奥斯曼能够接受西方的武器和船只,因为这些能够服务于伊斯兰反抗异教的斗争,"却不愿接受印刷术和时钟,因为它们不能达到此类目的,而且可能暴露出伊斯兰社会肌理的缺陷"。(Lewis 1961:41)奥斯曼帝国加剧了"伊斯兰教化",也不可避免地加深了"奥斯曼人与他们的基督教国民之间难以弥补的鸿沟"。(Coles 1968:73)尽管他们对待东正教的宽容值得赞许,但是奥斯曼人根本不可能把他们当成平等同伴来对待,而且也不存在基于共享的信仰和目标之上的共同联系。

奥斯曼强化了乌玛的等级制度,坚持一种严格的逊尼穆斯林正统,并且动员逊尼穆斯林支持对什叶派和罗马天主教欧洲的进一步战争。不幸的是,这类回应"冻结了奥斯曼帝国的思想生活"。(Coles 1968:68)粗略地看,奥斯曼帝国内部穆斯林表面上团结一致,与宗教改革时期欧洲的宗教狂热、不团结和世俗冲突形成鲜明而有利的对比,但从长远看来,这种对比更有益于欧洲:基督教教会和派别之间的激烈争辩和"相互谩骂"刺激了学术话语和研究,而奥斯曼对于任何偏离"严格意义上传统的"逊尼穆斯林观念、思想和见解都秉持排斥态度,使得欧洲能够在各个领域接二连三地"超过"土耳其人和阿拉伯人。(第68页)因此,奥斯曼统治下的伊斯兰世界陷入"正统复辟的不宽容状态,它的拥护者对于任何外部因素的渗入都越

93

来越不能容许"。(第62页)

对穆斯林来说,所谓的欧洲成为"野蛮主义和不信教的外部黑暗世界,伊斯兰世界阳光普照从它那里无甚可学,也无所畏惧"。(Lewis 1961:34)因为奥斯曼帝国陶醉于最初令人印象深刻的军事力量,他们沉迷于"他们自身文明无与伦比和永恒的优越性的危险"太久,但这种优越感只是一种舒适的幻觉。(第35页)此外,穆斯林关于"一系列真相"的教义,也鼓励穆斯林将西方思想和文明视为早期(因此是不完善的和不完备的)基督教观念的产物加以贬低和排斥。(第40页)奥斯曼国民"被拘束在一个缺乏可持续发展能力的社会政治体制内,他们的价值观基本上不具批判性,不具创造性;而且奥斯曼的精英们认为,要超越暴力和骄奢淫逸的寄生方式……取得进步是不可能的"。(Coles 1968:117)即使斯塔夫里阿诺斯这个通常看问题很全面的人,也未能幸免地这样取笑道:"奥斯曼文化绝非是灵活的或者低劣的","然而它不能位列一流的文明当中。它缺少一个真正伟大文明所具备的原创性"。(Stavrianos 1958:90)

继刘易斯之后,曼斯菲尔德还论证道,这些变革使得奥斯曼忽视了具有发展潜力的工商业,而后者正不断地落入非穆斯林之手。可以肯定的是,"奥斯曼军事主义与对工商业的轻视密切相关。其后果便是,在帝国全盛时期,它就已经在物质力量上被更具创新性的……基督教欧洲国家的经济所超越"。(Mansfield 1992:32)在奥斯曼帝国内部,工商业"被留给了那些被征服的非穆斯林国民来从事……由此异教的污名被贴到了那些不信教者从事的职业上,甚至许多工匠已经成为穆斯林之后仍然如此……基督徒、银行家、商人和手工业者全都表现出这种总体的轻视,这种轻视态度使得奥斯曼穆斯林对基督教的原创思想或者发明秉持一种不容渗透的姿态,而且不愿将自己的思想与那些艺术家和卑鄙的商人从事的问题关联起来"。(Lewis 1961:35)因此,西方对奥斯曼越来越强的渗透在穆斯林的心灵和信仰中产生的影响微乎其微……他们沉迷于伊斯兰教具有优越性的认识,对非穆斯林民族的方式毫无兴趣。这与先前的穆斯林政府形成了鲜明的对比,"那时的

穆斯林政府在汲取其他文明的智慧和知识方面从未犹豫过"。自从 16 **94**
世纪以后,奥斯曼唯一真切地学习西欧和中欧先进性的领域是军事和
航海领域,包括数学、航海和绘图等,但其产生的影响"完全是表面上
的"。(Mansfield 1992：39)

奥斯曼"帝国的过度扩张"：奥斯曼"掠夺机器"的自然/逻辑极限

　　许多研究巴尔干和奥斯曼帝国的西方历史学家同样论证指出,一
旦帝国停止扩张或者达到它扩张的"自然极限",最初那些维持或者有
益于奥斯曼势力和领土扩张的因素不再发挥作用,当帝国开始收缩时,
这些因素甚至最后发挥相反作用。"奥斯曼的军事组织体系、民事管
理、税收和土地租赁等体制全都契合于扩张的需要,而扩张与征服和对
异教进行殖民化紧密联系在一起。它们无法根据战线的推进、停止或
者后退而作出相应调整。"(Lewis 1961：27)"土耳其体制完全不能适
应于固定不变的生活方式。它所具有的优点,就是发动持续不断的战
争和维持永不停歇地扩张的机器所具有的优点。只有这样一种状况能
够提供人们所需要的奴隶、管理和力量以及维持它们所需的战利品和
税收⋯⋯无论是在体系的中心还是边缘,一旦扩张的动力衰竭,体系崩
溃就开始了。"(Woodhouse 1977：114)补给线、指挥链以及通信渠道的
拉长,意味着帝国不可能继续无止境地扩张,"它的内部就已包括了它
自身衰亡的种子"。(第 100 页)恶性循环开始了,"低效率带来了压迫,
而压迫导致了无效率"。(第 115 页)

　　根据埃里克·琼尼斯(Eric Jones)的观点,"奥斯曼国家是一个掠
夺机器,它需要战利品或者土地作为它的动力,为它开道,为它的军官
阶层献上回报⋯⋯一旦军事扩张停止,国家就承受沉重的压力。岁入
下降,陆海军的正常运作难以为继,反过来减小了军事选择权的余地。
体系只好转而依赖自身的调节"。(Jones 1981：185)到 17 世纪,帝国变
得"过于庞大以至于对像苏丹这样高度集权的政府来说很难管理"。
(Woodhouse 1977：114)再者,随着被蹂躏地区从帝国边界地带向中心区

域移动,奥斯曼体制因领土扩张停止和劫掠得到收入下降而承受重压,导致政治动荡和政治骚乱节节攀升。(Coles 1968:170)中央控制力的瓦解导致地方各自为政的现象不断扩散,地方政治势力乘机崛起。然而,试图采取任何形式让权力重返帝国掌控,都只能加速帝国的内部崩解。

保罗·肯尼迪曾经论证指出,到 16 世纪后期,奥斯曼帝国已经显示出战略上过度扩张的迹象,大批部队驻扎在中欧,耗资巨大的海军在地中海航行,军队介入北非、爱琴海、塞浦路斯和红海,地区的事务中为了维持对克里米亚的占领还需要加强对俄罗斯的防备。(Kennedy 1989:13)要为奥斯曼帝国的过度扩张负责,基本上已成定局,只能由苏丹苏莱曼大帝(1520－1566 年在位)这最后一位"伟大的"苏丹来承担。

"帝国过度扩张"还导致了可怕的经济衰竭。"奥斯曼帝国主义,与西班牙、荷兰和英国等帝国主义不同,不是借助经济增长带来丰厚的收益。"(Kennedy 1989:13)从征服匈牙利开始,帝国内部就存在着"战争红利",但是奥斯曼的掠夺导致匈牙利经济被毁,人口下降,持续维护岁入的能力受到削弱。(Sugar 1977:284;Coles 1968:87)"对边疆地区的多方掠夺蹂躏使得 16 世纪的奥斯曼军队不靠供养单靠边疆地区本身就能过活。结果,17 世纪,军队难以为继,当时其军队规模基本达到原来的 3－4 倍,而且活动区域集中在……人烟稀少的乡村。"(Coles 1968:188,191)

奥斯曼"战争机器"的贪婪和无节制破坏了经济发展。军费在中央政府开支中的比例,前几个世纪仅占 10%左右,到 1600 年,猛增到 50%。(Lampe and Jackson 1982:26)"满足生计需求之后仍有一些农业剩余,本来是构成现代增长首要前提,为了维持扩充帝国所需的庞大军事机构的开销,这些农业剩余已经被提前抵押出去"。(第 22 页)强大的既得利益集团反对实施合理的税收制度,而且将税收装进自己腰包以自肥。奥斯曼体制更关心的是"战争",而不是"福利"。(Vucinich 1962:635)

战争模式和国家组织方面的变化

17 世纪奥斯曼的军事命运发生逆转,无疑既有异族的(外部的)原因,也有本土的(内部的)原因。尤其是,"三十年战争"(1618—1648)使得东中欧人熟悉了新型军事组织和军事技术,包括运用轻型的、移动的、火力强大而精准的瑞典和荷兰大炮,以配合训练有素、装备精良、快速移动并且功能多样、纪律严明的常备军。这种结合发挥的作用,某些方面类似于第二次世界大战时期的"闪电战",甚至能够战胜最大规模的骑兵袭击。这使得长久以来攻无不克的奥斯曼骑兵西帕希(sipahi)基本上派不上用场,完全过时。同样,奥斯曼庞大的、笨拙的大炮和轰击,曾经一度成为攻克坚强军事堡垒的理想方式,但就其灵活机动、精准和功能多样而言,无法实现与步兵进攻的有效配合。奥斯曼步兵的主体,新军队(又称Janissaries,"yeni-cheris"),越发退化成腐败、保守、志在攫取"商业利益"的辅助军事力量,它既是导致奥斯曼军事熟练程度和军事衰落的原因,同时也构成其后果。日益醉心攫取金钱的奥斯曼统治者曾经允许甚至鼓励这些骑兵追逐巨额"商业利益",作为他们急剧下降的帝国薪水的补充,但这些"商业利益"(包括许多垄断、巧取豪夺或者借保护之名进行敲诈)与他们的军事职责相冲突。(Lewis 1961:30;Coles 1968:186—191;Stavrianos 1958:121—123)有趣的是,类似情形在20世纪80年代的土耳其再度出现,当时土耳其将领的私人财产增长极大地导致了腐败,还导致土耳其军方上层之间的冲突。

再者,新的战争技术代价惊人地昂贵,结果,发动战争的成本至少上升到1500—1650年间的六倍。(Coles 1968:188—191)军事成本的节节攀升有利于主要的欧洲"土地强国"和强大的税收官僚的崛起(开始是法国,后来是哈布斯堡帝国,接着是俄罗斯,最后是普鲁士/德国),因为他们自身就足以能够满足这些增加的开支。贫弱的国家,如波兰、匈牙利、波斯米亚和意大利城邦,逐渐被这些兴起的"发达国家"所吞没。

新的战争还依赖于复杂而昂贵的新军需产业和崛起的供给体系的保障,而奥斯曼帝国在这些领域的发展极为缓慢。君士坦丁堡的技师"工艺熟练而且人数众多,但是墨守成规,对革新疑虑重重"。他们严格限定的技术行会与骑兵关系密切,骑兵部队"出于保持他们传统军事技术优势的猜忌心理,结果拒绝任何军事技术上的建议"。相反,哈布斯堡王朝能够利用东中欧的一切冶金技术,"合理地制作高效战争所需的精巧且不断改进的设备"。(Coles 1968:191)

法国、荷兰、英国、哈布斯堡和普鲁士统治者和国家与富商和银行家结成亲密联盟,有助于解决推动资本主义发展过程中快速增加的财政需求,但是奥斯曼统治者"未能"遵循此道。(Coles 1968:190)奥斯曼帝国也有一些富商和银行家,但"他们绝不可能发挥他们欧洲同行所发挥的财政、经济和政治作用",主要是因为他们大多数人是"基督徒或犹太人——在奥斯曼帝国虽受宽容但属于二级国民"。(Lewis 1961:31)虽然他们也有财富,但是他们"在社会上被隔离,他们获得政治权力的途径只能靠窃取,他们行使权力只能靠阴谋",结果不能建立起有利于商业的氛围,也不能建构一个牢固而稳定的银行和信用基础,以便将奥斯曼国家从"它长久的财政困境中"解救出来。(第32页)

然而,伯纳德·刘易斯和鲍尔·科勒提出的针对奥斯曼帝国(和更广泛的伊斯兰世界)"症结何在"的考察方法事实上是"把历史头脚倒置。认为某些方面出现症结,这种观点设定了一个比较视角,根据该视角,有一种关于事情本应怎样发展的标准,根据这个标准可以测定实际上错了多远……穆斯林世界从未拥有一条清晰标示的路线图,循此可以通向与欧洲平起平坐的希望之地……我之所以在这里如此自信地这样说,因为在欧洲和北美,也没有人能够预先知道他们乘坐的航船将驶向何方"。(Bulliet 2004:47 - 49)这种"症结何在"的考察方法,只是反映出西方人的自满、傲慢和短视,而非针对奥斯曼帝国的思想家和领导者当时面对的选择性和可能性所进行的严密而实际的思考。(Bulliet 2004:47 - 93)

奥斯曼帝国土地所有制的变革

长久以来,许多关于奥斯曼帝国的历史都在议论所谓 17 - 19 世纪之间巴尔干行省的土地所有制和农村社会结构的转型,将它视为 17

至 19 世纪末帝国衰落的一个重要原因,尤其是与中西欧相关的巴尔干境内的衰落。

奥斯曼法律,与它先前的罗马和拜占庭法律一样,包括三类不同的所有权:第一类,终极管辖权(rabaka or dominium eminens);第二类,所有权(tasarruf or usus);第三类,使用收益权(istiglal or fructus)。哈里里·伊那奇科(Halil Inalcik)是研究土耳其奥斯曼历史学的元老,他曾经坚定地认为,在拜占庭和奥斯曼的土地所有权和土地管理模式之间存在连续性,而不是差异性。(Inalcik 1997:105 — 106,143 — 153)在奥斯曼帝国的前两个世纪中,90%以上土地的终极管辖权都归于奥斯曼苏丹控制,(第 105 页)他把土地按照临时保有权有条件地以军事采邑制(蒂马尔,Timars)的形式(有条件的土地授予权)分封给他们的封臣和骑兵军官(即西帕希),要求受封者必须效忠于苏丹,而将土地使用收益权交给农民。直到 1528 年人口普查的时候,87%的奥斯曼领土都属于苏丹的财产。(Lampe and Jackson 1982:24)其余的大部分属于宗教机构所有。因此,几乎很少存在可继承的私有土地所有权。再者,西帕希骑兵军官每年可以要求农民在他们的军事采邑上服役三天(与之形成对比的是,在中世纪后期的基督教国家,巴尔干地主要求农民每周要有两天到三天的时间在他们的土地上服劳役)。他们还获准提取收成的 10%至 20%(作为他们的骑兵效劳苏丹的保养费)和收取某些租税(主要是成年非穆斯林男子的人头税,用于免除兵役)。事实上,"16 世纪期间上级发号施令的力量和程度如此之大,以至于地方名要仅仅依靠采邑和其他惯常的权利根本难以发财致富"。(Lampe and Jackson 1982:23)结果,14 — 16 世纪生活在奥斯曼统治下的农民,与同一时期生活在西欧的许多地区的农民相比,来自国家和地方的强制性摊派要更少更轻,而且在"奥斯曼统治下的和平"政策下,农民相对自由而富裕。这就是奥斯曼"战争机器"最初成功所依赖的社会经济基础。

通常认为,这种最初成功的体制在 16 世纪 90 年代以后经历了严重破坏,当时西帕希骑兵在军事上已经过时而且多余,奥斯曼的领土扩

97 张速度开始下降，甚至从 17 世纪 90 年代起更为严重，当时奥斯曼帝国已开始衰败。如上所述，过度漫长的补给线，以及逐渐缩小的领地、日渐难以实现的领地征服，共同导致依靠军事掠夺夺取新的土地所有权的范围减少。结果，作为曾经牟取暴利的重要工具，战争如今变成了奥斯曼财富流失的渠道，而且反过来削弱了帝国向它的军官们支付薪水的能力，这些军官借助巧取豪夺、收受贿赂、贪污以及其他腐败形式极力抵消相应的损失。（第 434 页）再者，这些变革削弱了军事上已经过时的西帕希(sipahi)和其他奥斯曼军官的进取动力，过去他们积极借征服活动去为自己和家人获得新的军事采邑，如今他们不得不把自己现存的军事采邑和其他地产转化为世袭的私人地产，也就是“世袭地产”(ciftliks)。“正是由于这些相互竞争的显贵、非正规武装成员或没落阶级的成员(军事采邑的所有者)实际上进行的转换活动，象征着奥斯曼帝国国内土地保有权的基本改变。”(Kasaba 1988：25)据说这些集团将他们的资源和能量从对苏丹外部敌人的依赖转向对它内部国民的依赖。同时，由于兴起中的市民和欧洲人对食物、原棉和烟草需求的增加，土地私人所有权的吸引力有所增强，结果粮价和地价快速上涨。事实上，“世袭地产(ciftliks)转型最多的时期”是 18 世纪，那时世袭地产的持有者毫不犹豫地采取暴力手段将农民束缚在他们的土地上……奥斯曼政府无力干预这一进程。地方官员，尤其是卡迪(Kadis)司法官员，常常与贵族们和其他篡夺者串通一气，因此，地方法庭或者无法或者不愿审理与世袭地产相关的案件。(Kasaba 1988：25)

结果，到了 17－18 世纪期间，原来号称的奥斯曼扈从(servitor)阶级脱离了从前的军事传统和职业，转而从事对土地及其耕作者进行无情的商业盘剥。中央政府对行省“贵族”控制力的下降更加便利了这种转变，结果，不仅削弱了国家抑制贪污、攫取国有的和农民个人的土地以及地主、税农、法官和其他官员习惯性地掠夺的能力，而且鼓励政府官员、税农和政府的其他代理人“参与此项活动”，并将多数收入据为已有，结果不仅损害奥斯曼财政，而且伤害贫困的巴尔干农民。渐渐地，世袭地产所有者得以自肥，势力增强，不断僭越行省权威，成为他们自己领地内和他们自己的法律中的实际君王。由此,世袭地产所有者不仅从日益增长的地方政府各自为政、法律废弛、贪污受贿、缺乏安全以及收取保护讹诈费等当中牟利,而且加重了上述现象。18－19世纪期间的奥斯曼深受这些现象的困扰。到19世纪开端时期,世袭地产的农业已经出现在色萨利的大部分地区、伊庇鲁斯、马其顿、色雷斯、马里卡峡谷、多瑙河的保加利亚、科索沃、莫特比加流域(the Metobija Basin)、阿尔巴尼亚海岸平原地带、波斯尼亚部分地区以及西安纳托利亚等。几乎奥斯曼帝国的所有出口谷物都来自这些地区,而且这些地区的世袭地产重点集中在主要的商业和交通要道附近。(Kasaba 1988:27)

初级商品(谷物、棉花、葡萄干、橄榄、坚果、豆类、无花果、其他水果、蔬菜、烟草、猪肉等)的生产和出口有了明显的增长,正如农业税、贪污、受贿、强占国家和农民的土地以及各种样式的腐败和滥用权力等也在同样增加。到18世纪80年代,所收税款的大约80％都被税吏和官员暗中窃取,而只有大约20％上交奥斯曼财政,结果,到那时候为止,奥斯曼国家的岁入只有同一时期法国的10％。(McGowan 1997:714)因此,奥斯曼帝国从前曾经无可匹敌的军事经济力量甚至下降到兴起的欧洲列强之后。

奥斯曼体制的所谓制度性僵化

通常认为,奥斯曼帝国的根本问题出在它的政治制度,尽管在起初的两三个世纪内,它效率奇高,但"它难以进一步发展和调整,以适应变化的需求和情势"。(Mansfield 1992:27)直到19世纪初期,像禁卫军制度、乌玛、苏丹制、王室所有制、"统治机构"(Ruling Institution)和"米勒特制度"等,证明都是极端反改革的。再者,"改革和复兴帝国的努力本身实际上也导致了它的瓦解和衰落"。(第27页)奥斯曼人被认为背负过去的枷锁。他们最终认识到有必要进行军事、制度和经济方面的改革,但是受这类改革威胁的既得利益者(奥斯曼人从某种程度上依赖于他们的社会、政治或者宗教的支持)坚持认为,更有必要的是,更

98

加严格地遵循过去的惯例和实践。习惯上认为,与彼得大帝(1689 −
1725)及其更聪明的继承者(伊丽莎白、叶卡捷琳娜二世、亚历山大二
世)统治下的沙俄帝国形成鲜明对比的是,奥斯曼体制"未能"参照西方
路线重塑自身模式,因为迄那时为止日益增长的"成功的"官方宗教对
它形成了更大制约,因为奥斯曼对那个更加伟大的帝国的过去总是念
兹在兹,"缺少一个彼得大帝式的人物荣登宝座,这个人物愿意……运
用他职位上的独断权力去实现革命目的"。(Coles 1968:185,172)

因此,直到 19 世纪早期,奥斯曼人还一直攀附在一个过时的社会
制度的摇摇欲坠的支柱上,这个制度"早已过了它的保质期"。再者,当
奥斯曼帝国在 19 世纪期间最终试图改革自身的时候,它似乎更关心的
是建立一个强大的、高效的、越发专制的政府,而不是推进自由、独立的
地方首创精神和私人企业。(Lewis 2002:59)由于"未能"培育"企业
文化",试图维持专制的政制,奥斯曼政治体制似乎根本无力效法它的
卓有成效的欧洲对手。

然而,支持对奥斯曼帝国相对衰落的这类解释的学者似乎忽略了一
点,构成奥斯曼直接威胁的主要竞争对手,也就是沙俄帝国和哈布斯堡
帝国,也在同样地加强控制,官僚的和军事的独裁类似地对于推进自由、
独立的地方首创精神和私人企业同样地不感兴趣。它们之间同大于异。

奥斯曼苏丹的后宫及所谓的衰弱

在西欧和中欧,随着科层制和代议制政府的发展,君主的影响和重
要性开始降低。然而,在奥斯曼帝国,依然保持着基本上独裁的"战争
机器",它不同寻常地仍然依赖于苏丹的个人品质。"两个半世纪以来,
十位杰出统治者领导帝国从一个胜利走向另一个胜利",(Stavrianos
1958:118)但他们的继承者中出现一些令人惊奇的"不称职者、堕落者
和不适应者"。(Lewis 1961:23)这种惊人的对比常常归因于奥斯曼
实践中的重要变化。长久以来形成的习俗是,即将就任的苏丹都会下
令将他的兄弟和同父异母甚至同母异父兄弟杀掉(奥斯曼实行一夫多
妻制,因而子女众多)。这种传统做法的残酷性已经超过拜占庭传统中

将实际的和潜在的竞争对手全部刺瞎的做法,这一惯例降低了争夺继承权、政治不稳定、内战和生理上近亲繁殖的风险。然而,从 17 世纪早期开始,这种习俗转变为,将所有的王子监禁在后宫,交由王室太监严加监视,唯一例外的是在位苏丹的儿子。斯塔夫里阿诺斯指出:"毫无疑问,他们就成了精神上和道德上的废人。"(Stavrianos 1958:118)与这种危及王朝的做法叠加在一起的还有 1617 年对继承法的改革。此后,王位传给王室中年纪最长的男子。"这意味着未来的苏丹将要……从兄弟、叔叔和堂兄弟当中挑选,而他们一直过着沉寂的隐居生活……自然的结果是,他们只能依赖于少年时代的特殊同伴。这些人后来成了帝国的上宾,傀儡苏丹成了他们手中的工具……此后的奥斯曼历史就变成了各类个人、各类朋党之间无休止的冲突的历史。"(第 118 — 119 页)奥斯曼国家将王子囚禁在后宫的做法一直持续到 19 世纪早期,据说要弥补造成的损害已经为时太晚。

99

　　然而,这种解释路径很大程度上过于夸大其词,或许难以站得住脚。奥斯曼"后宫"(harem)的实质以及通常认为的衰弱的意义,被西方男性官员和伊斯坦布尔/君士坦丁堡的其他男性参观者极度夸大了。这些男子实质上不被允许接近"后宫"——苏丹的私人事务——而且,部分程度是因为缺乏关于它的直接知识和了解,男人们关于他们设定的东方异族主义和声色犬马的种种幻想,就变成了天马行空的遐想。然而,考虑到曾经困扰许多欧洲王室家族的持续的近亲繁殖,以及常常出现的精神和肉体上的扭曲或者"堕落"(而且常常出现在各种各样的关于西班牙哈布斯堡王朝的画像中),完全确定的是,奥斯曼帝国的后来统治者与他们的中欧和西欧同伴们相比,在近亲繁殖和身体、精神的和道德的堕落方面,远不如后者。奥斯曼一夫多妻制持续地为统治阶级的家族带来"新鲜血液",而且由此避免了其他欧洲王室家庭中盛行的危险的近亲繁殖现象。

关于奥斯曼权力、影响和经济命运衰落的修正派观点

　　为了全面公正地阐明奥斯曼帝国和巴尔干地区奥斯曼领土内军

事、经济和文化"衰落"、"滞后"的原因,我们需要超越狭隘的制度概念和文化。奥斯曼统治之下,对穆斯林占多数和东正教徒占多数的巴尔干地区而言,它们的经济、教育和文化发展无疑落后于西欧和中欧,但是并非就此可以推断,奥斯曼统治就是导致这种现象出现的唯一的乃至基本的原因。罗马天主教徒占多数的巴尔干地区,大多数处于奥匈帝国统治之下,诸多方面也落后于西欧和中欧,尽管他们不如穆斯林和东正教徒占多数的地区那样生机勃勃。信仰东正教的俄罗斯人的发展也落后于西欧和中欧,尽管他们处在强大的独立的东正基督教的沙俄统治之下。实际上,巴尔干和奥斯曼帝国的"衰落"或"滞后"很大程度上不在统治者的控制范围之中。那些研究巴尔干地区的带有偏见的历史学家忽略或者低估了"政治上中性"的要素的作用,它们部分程度上免除了人为因素的作用,正是它们更应承担"谴责"。

人口的缩减

奥斯曼巴尔干的人口,在 15 世纪和 16 世纪的"奥斯曼主义统治下的和平"时期曾经有所增长,根据某些有影响力的估计,据称从 1600 年的至少 800 万骤减到 1750 年的不足 300 万。(Lampe and Jackson 1982: 37 − 38,48 − 49;McGowan 1997: 652)不幸的是,这些人口究竟多大程度上受到了巴尔干民族主义者和共产主义者关于奥斯曼统治在半岛上的作用的直接或者间接影响,这一点并不确定。它们是否建立在没有偏见的政党的持重而超然的统计之上呢? 还有,关于得出这些至关重要的人口估计的资源和方法,都缺乏充分的讨论或者估计。

有关 19 世纪以前的奥斯曼巴尔干(就帝国整体而言)人口的估计极不可靠。1831 年以前帝国的任何一个部分都没有进行过专门的人口统计(McGowan 1997: 652)。奥斯曼收税官提供了关于 15 − 17 世纪末期唯一可能的、系统的人口估计基础,但是这些估计覆盖的仅仅是非穆斯林人口(因为穆斯林是被排除在主要的征税对象之外的),而且只是以家庭(不管规模大小)而非个人为单位。卓越的土耳其历史学家曾经警告指出:"基于这些数据,即使是估计非穆斯林的总体人口,也是不可能的"。(Inalcik 1997：25)然而,人口估计还是要进行。奥斯曼人头税征收记录显示,1491 年奥斯曼巴尔干地区,可以缴纳人头税的非穆斯林家庭大约有 67.4 万人,而伊纳西克(Inalcik)曾经表示,如果豁免人头税的人口占总人口的 6%,每个家庭平均人口 5 个人,这意味着,1491 年的奥斯曼巴尔干地区大约有将近 400 万的非穆斯林。(第26 页)然而,即使考虑奥斯曼统治下的地区以及每一次穆斯林的迁入,那么,上述关于 1600 年,也就是仅仅 109 年以后的奥斯曼巴尔干地区的人口达到 800 万,仍然存在疑问。随着时间推移,奥斯曼家庭的人口规模以及穆斯林和非穆斯林所占人口很可能都已发生相当的变化,尤其是随着大规模的迁徙、战争、瘟疫和经济危机等因素不可避免地不同程度影响到不同地区人口数量的增减,要进行跨时代的不同比较,不太可能。1695 年以后,收税记录显示,人头税的征收依据从家庭人数变为依照人均收入状况,(McGowan 1997：713)这使得要对 18 世纪以税收为基础的人口估计与 1695 年前以家庭为基础的人口估计更为困难。我们可以合理依据的是,奥斯曼巴尔干地区的人口在 15－16 世纪期间总体上升,而在 17－18 世纪早期总体下降。更极端的观点是,有关该地区所发生的实际情况完全建立在不可靠的数据之上。

一位重要的土耳其学者将奥斯曼人口减少的原因归于下述因素,如不断蔓延和不断加剧的管理混乱、法治废弛、缺乏安全、贫困和地方性疾病,以及由此带来的迁徙活动,即从肥沃危险的低地向相对安全的、偏僻但不肥沃的地区迁移,以及向毗邻的奥匈帝国和俄罗斯帝国迁徙。(Faroqhi 1997：442)因危机引发的迁徙或者"外逃"对于奥斯曼国家的经济财政基础肯定会产生负面影响,严重削弱它自身抵抗日渐强大的哈布斯堡帝国和沙俄帝国的能力。

然而,17－18 世纪早期的人口缩减绝非限于奥斯曼巴尔干地区。它大体上与整个西班牙地区、意大利南半部地区、东部法国、德国、波兰和匈牙利地区发生的类似人口下降相一致。(Hobsbawm 1965：7)尤其是,意大利和伊比利亚半岛经历了普遍的较大程度的经济衰落、贫困化、流行性瘟疫、气候寒冷(17－18 世纪早期的所谓"小冰川纪")以及普遍的受贿和不安全。(Hobsbawm 1965：7,18;Cipolla 1970：121－126,177－179,196－214;Cipolla 1976：233－243; Faroqhi 1997：467)在巴尔干地区的情形中,最突出的是大规模人口迁移和外逃。这种情形无疑因为奥斯曼、哈布斯堡和沙俄帝国之间为争夺巴尔干半岛而进行的初期军备竞赛而进一步恶化。因之发生的1686至1920年间的战争多次迫使大量人口逃离家园,并且极度削弱了奥斯曼帝国,而有益于它的欧洲竞争对手。还有论者指出,巴尔干地区的穆斯林居民还遭受到瘟疫和其他疾病影响,部分是因为他们主要住在城镇里,部分因为他们对这类疾病的反应过于狂热或者过于被动,而且这进一步削弱了他们18和19世纪期间继续控制巴尔干地区的能力。

尽管巴尔干的商业和人口在18世纪开始增长,但这种复苏几乎完全建立在初级商品出口之上,结果,巴尔干半岛和奥斯曼帝国在国际经济体系中越来越处于依附性和边缘性的地位。

大西洋经济体的崛起与巴尔干半岛和奥斯曼帝国的边缘化

国际商路从黑海、红海和地中海地区大转移之后,受其负面影响最大的地区很可能是东部地中海地区,受其积极影响,大西洋经济体开始崛起,西欧跨洋航运业迅速发展,西欧发现了"新大陆"和绕过非洲到达印度和远东的航路。葡萄牙人1497年绕过好望角,次年到达印度加尔各答,1510年攫取爪哇岛,1511年占领马六甲(扼守的"香料之岛"的咽喉)。葡萄牙人由此成功地实现了对传统商路,即通过东地中海和跨越叙利亚、埃及、小亚细亚和波斯到达远东的迂回包围。他们还成为危及红海、波斯湾和印度洋的穆斯林商人的祸害,而他们的要塞和堡垒则确立了葡萄牙对南阿拉伯和海湾地区的主导权。尽管如此,这些葡萄牙掠夺者和"侵略者"的到来,欧洲、印度和东南亚的"香料之岛"之间的有利可图的陆上商路,在经历1516－1517年的奥斯曼对于叙利亚、巴勒斯坦、阿拉伯和埃及的征服之后,又重新获得强劲复兴。香料经陆上商路运输,较之于绕过好望角的漫长、黑暗而风暴频仍的海上航行,更为安全。

然而,16 世纪以后,西北欧的"草料革命"(fodder revolution)前夕,香料贸易和相关的过路费和岁入稳定地下降。在北欧的绝大部分地区,新的作物和农业实践使得全年都可以获得鲜肉,结果是,"借助香料去除变质猪肉的异味,再无必要"。(Jones 1981：179)此外,17 世纪以降,"荷兰和英国在亚洲的势力初步奠定,世界贸易路线转向更为开放的海上,这共同剥夺了土耳其人大部分的外部商业的机会,并且使它和它统治的国家处于停滞状态,世界贸易的活力之源不再流动"。(Lewis 1961：28)

由此产生的后果是巨大的。东地中海和黑海地区过去长久以来一直是跨洲贸易的核心,如今它遭受的不仅仅是商业、航运业和转口贸易规模上的缩减。它们很大程度上还错失了大西洋经济体与"新世界"所体现出来的质量上的发展,以及后者(几乎是独一无二地)馈赠给西欧的关键性的驱动力和额外的资源。正如琼尼斯所强调指出的那样,"新世界"的天然资源宝库"永远地被西欧人打破",他们挪用了这些额外的资源和市场,其方式和规模是"旧大陆"的其他地区所绝无可能重复的。这就是"one-off windfall",而西方人首先到达那里。再者,增加的渔业、金属矿产和林产品、天然纤维和食品作物,改变了西欧的发展选择和可能性,另外的影响因素还包括西欧人渗入和侵占"新世界"和(较低程度上的)亚洲带来的商业和资本积聚扩张的机会。(Jones 1981：81－84)大西洋的海岸位置以及西欧国家具有的冒险、掠夺以及有系统地探索和创新的航海导向,使得他们"轻而易举地获得了源自美洲、海洋和更广阔的外部市场的丰富资源"。(第 227,279－280 页)

这有助于多数的西北欧的国家继续维持较大的非农人口扩张,这些国家致力于发展制造业、采矿业、建筑业和经济服务部门。因此,作为欧洲境内城市化程度最高的宏大地区(macro-region)开始让位于地中海盆地(包括巴尔干地区)正在兴起的大西洋列强。此外,跨洋航海还为数学、天文学、解剖学、钟表、绘图、计时和物理学等等的发展提供了强大的驱动,这反过来促成了 17 世纪的欧洲(主要是西北欧,但不是

102

唯一的地区)的"科学革命",西北欧及其毗邻地区的世俗的和科学的文化的出现。(Cipolla 1970b)这些变革有助于西北欧在科学革命、商业革命以及后来的工业革命中较之于地中海世界以及大部分被陆地包围的东中欧地区,抢得先机。仍然盛行于地中海和黑海地区运输船只(包括用奴隶划桨驱动的平底大船)和航海技术已经不再适合于跨洋贸易。

沦为依附性的初级产品出口经济体

巴尔干地区依靠出口初级产品换取工业制品,这种日趋被动的依赖关系在1838年的英奥商业条约(the Anglo-Ottoman Trade Treaty)中达到极致。该条约赋予英国和欧洲列强有权在奥斯曼全境从事商业活动,奥斯曼只收取少量的泊船费和3%的进口关税费用。这为外国经济支配奥斯曼帝国打开了大门,很大程度上也堵住了奥斯曼两大重要收入来源之一(来自进口税和来自帝国垄断的收入),并有效地阻止了帝国对与外国形成竞争的奥斯曼产业所采取的保护。"随着欧洲制造业泛滥,传统的手工业和纺织业遭受重大冲击",尽管商人和银行家借助外国对于原料的需求以及城市对食品的需求获利甚多,但是"新创造的绝大多数财富还是流入了外国人的腰包"。(Mansfield 1992: 57, 65－66,69)

这些挫折促使奥斯曼帝国和巴尔干地区"卫星国"逐渐转化成欧洲发达资本主义国家的金融和商业"依附国"或"附庸"。它们日渐成为西欧和中欧的城镇与工业所需食品和原料的被动供应者,而且成为西欧和中欧的加工商品和资金的输入国。再者,19世纪后半期,奥斯曼成为现在所谓的"第三世界债务国",他们不得不拖欠不断增加的外债和债务偿付(如同它在1875年实际上所做的那样)。这往往打击和削弱了投资者的商业信心,鼓励巴尔干和"外国"资本家从事短期的和投机性的商品和财产经营活动,而非鼓励从事长期的生产性和基础设施的风险投资。

导致巴尔干衰落的自然、环境和地理位置的因素

巴尔干的经济"衰落"和"落后"部分程度上应该归因于数个世纪以

来过度放牧、滥伐森林和巴尔干山地的土壤流失所造成的环境或生态破坏,数以百万计的巴尔干农民和地主在一定程度上造成了生态恶性循环(尽管他们的所作所为是不明智的,而且或许某种程度上是不可避免的)。

巴尔干高原多山,或者多为山地,一般认为不适合从事农耕。因此,巴尔干的地主和山地农场主饲养较多的绵羊或者山羊(而且,也饲养少量的猪、驴子和骡子)。然而这些动物喜爱吃庄稼类的青草,喜欢啃噬各种树叶、嫩枝和小树苗,常常还会把覆盖天然植被的小山坡啃得精光;另一方面,它们的四蹄总会蹚松土壤和小石块。这进而使得水土很容易因地中海暴雨(有时是山洪)而流失,那些低矮的草类为炎热的夏季骄阳所烤焦;同时,土壤和植被的减少也增加了地表水因蒸发和"散失"而大量流失。夏季土壤和植被的缺水,增加了森林发生火灾和遭毁的风险,而且后者进一步影响到水土保持、湿度保持,并有可能导致气候更加干旱。因此,从前茂盛的和森林覆盖的山坡或者山地事实上只适合绵羊、山羊、驴子、骡子等生存。生态的破坏逐渐加剧,直到持续裸露和干旱的高原甚至连为数不多的动物都很难养活。它们只能前往其他地方寻找新的牧场,而这些恶性循环又将在新牧场上重新开启。

这些似乎构成了巴尔干人(与多数的地中海欧洲人和北非海滨海地区)遭受的数个世纪越发严重的生态灾难的基本机制,受此影响,从前大量湿润和肥沃的高原变成了甚至山羊、绵羊、驴子、骡子都难以生存的光秃秃的低矮土地。这一后果更因两千多年滥砍滥伐而进一步恶化,砍伐的树木多用作燃料和建造居所、小船和轮船等。在巴尔干地区,如同在地中海盆地的其他地区一样,数个世纪以来,只有极端保守主义的政策才可能避免数以百万计的地主和山地农场主(很大程度上是非故意)所引起的生态灾难。然而,无论是奥斯曼还是拜占庭或者其他任何曾经统治过这里的国家,本来都可以采取严厉措施进行必要的限制,但是他们都未曾这样做,尽管他们曾经完全意识到有必要这样做。能够设想的是,只有某些"生态-法西斯主义"形式才有可能如此行事。

103

　　无论如何,长期的后果便是巴尔干高地的持续贫困化,进而削减了巴尔干国家在农村税收潜力,以及农村对巴尔干城镇和手工业产品的需求。限制了巴尔干加工工业所需的农业原料的潜在供应能力。近些年来,大规模移民导致的本来就处于不断退化中的巴尔干高地越发人口稀少。而且进一步削减了对农村地区的教育、基础设施和市场一体化投资潜力。再者,负面的后果不仅局限于巴尔干高地,尽管直到最近时期,巴尔干高地依然是大量人口聚居的地方。

　　另一方面,那些常常是潮湿的巴尔干低地尤其容易发生瘟疫、疟疾、猩红热、白喉和其他传染性疾病。罗马时代令人难忘的水渠、渡槽和"水利工程"表明,为发展巴尔干低地应该采取哪些措施,但是在中世纪的拜占庭、保加利亚和塞尔维亚的统治下,以及在奥斯曼统治下,他们变得年久失修,破烂不堪。再加上长期的战乱,这些因素共同导致大量巴尔干人口向不太肥沃但更安全、更健康的高地迁徙。奥斯曼税收,与此前的拜占庭税收一样,严重依赖的是可耕地而不是牧场,这也鼓励许多农场主选择山地和高山地区,因为这些地方摊派和征收税收更为困难。然而,这类反应只会加剧人口压力、过度放牧和对巴尔干高地的生态破坏。

　　再者,巴尔干地区的地中海式气候、贫瘠的土壤以及崎岖不平的高原地势,本身就很不适合新的根状作物(萝卜、芜菁、甜菜和土豆)、牧草、三叶草、作物轮作、重犁、大马、大车以及西北欧农业革命心脏地带的那种复杂的混合农业。相比之下,西北欧的多数地区气候更适宜、土壤更深厚而且地势属于略有起伏的山地和平原,更为适合。有些重要的新作物(如,玉米、棉花和烟草),在17世纪和18世纪受到巴尔干农民的普遍接纳。然而,与西北欧所接纳的新作物不同,这些作物难以引起巴尔干农业的"革命性"变革。直到20世纪50—80年代时期,真正的巴尔干农业革命才在共产党统治下的巴尔干地区和希腊境内大面积凸显出来,比如现代灌溉、防洪工程、排水系统、机械化、拖拉机、石铺道路、快速交通、园艺学、无土栽培技术、塑料大棚以及农村大众教育等。

奥斯曼土地制度的再认识

自从 20 世纪 70 年代以来,研究奥斯曼帝国农业的专家不断修正指出,所谓的世袭地产(Ciftlik)制度的发展和重要性被严重夸大、曲解。世袭地产一词的含义颇为广泛,它不仅可以指极小的农庄或大地产,还可指并非由主人直接耕种、仅仅作为佃农和分层农(share-cropper)所缴纳的地租和捐赋来源的多种土地形式中的一种。因此,它是否可称为一种"制度",值得考虑。更重要的是,它似乎仅仅出现在那些商业性质的农业可能发育的地区,那些地区的农业,与其说是首先是为了满足欧洲贸易市场的需求,倒不如说是为了满足君士坦丁堡或伊斯坦布尔的主要的和更容易到达的城镇市场。(Faroqhi 1997:447－448)事实上,世袭地产农业在塞尔维亚、黑山和罗马尼亚极为少见,而在保加利亚,它"仅占可耕地的 20％,而且这已经是其最大规模,而在其他地区,仅占 5％"。不到 10％的保加利亚农民采取这种所谓的世袭地产制度,而且,在南保加利亚、希腊东北部和马其顿,这些地区都属于适宜耕作地带,很少有超过 6－12 公顷以上规模的世袭地产土地持有形式。(Lampe and Jackson 1982:34－37;cf.McGowan 1981:69－79)比较而言,典型的世袭地产比俄罗斯农民平均土地持有量(1905 年是 11 公顷)要小,而且也不比法国农场的平均规模大多少(1882 年是 8.7 公顷)。(参见 Bideleux 1987:238－240)直到 18 世纪,"多数的农业组织单元都是极为小型的……即使是在少数以单一农产品种植(比如棉花)为主的地区,也是如此。即便有大块农业的出现,它们或许仅仅是小块农业的聚合,在土地利用和技术方面没有任何变革。事实上就奥斯曼的整体来说,不存在'高度发达的农业'"。(McGowan 1997:681)

再者,各省的权贵阶层(ayans)和显赫的奥斯曼官员的权力、收入和财富的不断增长,与其说依赖于土地变革,倒不如说来自敲诈勒索、收取保护费、贪污受贿等等,鉴于中央对地方行省官员、地主和收税官控制的弱化,以及对缴税农民的严重依赖,上述情形愈发加剧。

(Lampe and Jackson 1982：37)这些情形可视为原有拜占庭腐败和敲诈痼疾的重新复萌,它们一直延续,至今仍折磨着巴尔干地区和土耳其的公共生活。就国家和农民的基本收入被剥夺而论,其带来的后果与所谓的土地和农村社会结构变革所导致的影响同样有害,但是,导致经济和财政破坏的根源不像传统上认为的那样。日益严重的无政府状态、缺乏安全感和法制破坏状况,绝没有加快土地私有制的形成和巩固,而是阻碍了私有制和私有企业的发展。这也是导致巴尔干地区相对于西、中欧经济越来越"落后"的因素。

包税人、借贷者、商人、法官、官员、苏丹亲兵和其他(往往是退役的)士兵崛兴起来,成为地方实权派和实业家,他们基本上选择阻力最小——而且风险最少的路径。他们总体上认为,以"原在"(situ,通过租赋、分成以及勒索)形式剥削居住在他们地产上的农民更容易。而不是要把农民驱逐出去,把新获得的"农场"或者"地产"变成完全成熟的和直接管控的资本主义企业,这是出于多方面的因素:第一,奥斯曼财产法缺乏明确界定,而且强制力不足;第二,要从巧取豪夺来的土地上把其居住民赶走,存在困难;第三,糟糕的交通状况(以及由此导致的高运输成本);第四,适合发展出口导向型的农业区域仍然有限。

> 这往往导致完全取消农民的土地持有权利……因此,农民生产出的超出他们生计所需的物品都会被世袭地产的所有者"揩去"。但是奥斯曼中央政府反对剥夺农民,拒绝承认掠夺的合法化,加上商业贸易机会有限,使得地方权贵阶层对以个人名义攫取地产没有很大兴趣,也就是说,他们无意于把农民剥夺得一无所有。结果,农民应缴纳的合法的、半合法的以及非法形式的租赋仍然构成了政治统治集团剥夺农业产品的典型形式。因此,只有极少数的地方实力派实现向农业产业经营的转型。(Faroqhi 1997：448－451)

绵延不绝的破坏性战争、地方盗匪滋生以及此起彼伏的社会动乱,加上大规模迁徙和其他形式的移民,使得 16 世纪的奥斯曼法规难以将农民完全束缚在他们的村庄和土地上。(Faroqhi 1997：436)

这些因素,加上世袭的土地贵族缺乏坚定的合作精神(esprit de corps,法语)和持久稳定的权力基础,使得东中欧和俄罗斯曾经盛极一时的"农奴制再版"未能在奥斯曼巴尔干的区域内出现。(Faroqhi 1997：550)应该承认的是,费尔南·布罗代尔声称,奥斯曼的世袭地产"首先而且最重要的是,生产出谷类",而且"土耳其的情形与多瑙河各省或波兰一样,谷类种植与巨型出口贸易相互关联起来的时候,就造就了能够孕育'新农奴制'出现的情势……这些无处不在的大地产降低了农民的重要性"。(Braudel 1975：vol II,第 725 页)布罗代尔的女婿斯托亚诺维奇(Traian Stoianovich)也给出了类似的判断:在巴尔干地区,"从 16 世纪后半期到 19 世纪早期,介于自由民和奴隶之间、居于中间身份的人员的数量重新有了增加,导致或可称为'奴隶制再版'的现象"。(Stoianovich 1967：160—161)

然而,布罗代尔的观点建立在一个错误的类比之上。"根本没有证据能够显示,(奥斯曼农业)体制受到了如今多瑙河流域以外东欧地区的农奴制再版的影响,尽管事实上,奥斯曼土地制度的(重新)形成与东欧地区的大量农奴化是同时发生的。"(McGowan 1981：46)巴尔干的世袭地产比东中欧和俄罗斯的大地产规模要小得多,而且绝没有导致后一地区出现的领主庄园文化和土地贵族的家庭世袭制。(参见第104 页)

从蒂马尔(Timar)向世袭地产土地占有形式转变的最初障碍存在于奥斯曼帝国内部,它是对持有蒂马尔的西帕奇骑兵逐渐过时和多余的直接反应,而且它略微早于东中欧和俄罗斯地区的农奴制再版的出现,因此,它不可能模仿了后者。新的奥斯曼土地占有制因此是"内生的",不是从欧洲"借来的"或者"复制的"。奥斯曼帝国"不是如同布罗代尔所设想的那样,确立了再版的农奴制。它这样做无利可图,因为政府不仅是土地占有阶级的工具,而且从农民阶级的衰落中的确捞不到任何益处"。(McGowan 1981：73)再者,世袭地产制度的发展和领地的扩张受到了一系列因素的阻碍,例如,奥斯曼从 1604－1829 年限定谷物出口(第 36 页);糟糕的交通设施;奥斯曼从 1475－1783 年排斥来自黑海的外国商船(第 xi 页),奥斯曼领地内 17 世纪的严重的人口下降(由于受到疾病、战争、土匪和向更安全地区大规模移民等的影响);以及由此造成的劳动力短缺等等。因此,如同沃勒斯坦论及东中欧问题时一样,布罗代尔确定无疑地夸大了所谓的"农奴制再版"的地理范围,设想谷物出口构成了所谓的"农奴制再版"的基础,而且设想这一基础早在农奴制再版实际出现前的大约两三个世纪就已经奠定。就奥斯曼帝国而论,如同在俄罗斯、匈牙利和罗马尼亚一样,只是在 19 世纪期间,谷类出口在数量上才更为重要,其时间要落后于世袭地产制出现两个世纪。

    巴尔干地区具有实质性的"农奴制再版"出现的唯一地区,是在克罗地亚境内(如同哈布斯堡帝国的部分地区一样,它受到匈牙利的严重影响)、波斯尼亚和瓦拉几亚以及摩尔达维亚的半自治的行省境内(现代罗马尼亚的核心区域)。然而,即使在瓦拉几亚和摩尔达维亚,15 世纪和 16 世纪在土地上劳作、具有经济依附性的罗马尼亚农民"实际上并不能称为农奴,因为他们保留某些财产权,甚至具有变更居住地的权力"。(Sugar 1977:117)随着罗马尼亚特权贵族(地产主人)越来越强,并且对于现金租赋、种类和劳役的需求的增加,"农民几乎被压迫到农奴的程度"。(参见第 126 页)然而,农民持续的高度流动性(包括轻易逃到毗邻地区)使得强制执行 1600 年颁布的农奴法令非常困难。(McGowan 1997:683)1741－1746 年间,例如,瓦拉几亚地区就曾因移民而失去了近一半的农业人口,(Sugar 1977:137)直到 18 世纪后半期,罗马尼亚农民被强制为奴的农奴制再版模式才得到法律的认可(第137－138 页),当时,瓦拉几亚和摩尔达维亚更多地融入国际经济和强制劳动增加促成的农业出口机会渐增的形势中。

    上述情形中尤为突出的是,奥斯曼统治期间,那些一度出现并统治巴尔干农村社会的权贵,如同拜占庭帝国期间出现的情形一样,他们的权力、地位和财富并非主要来自对土地的控制和占有,而是来自他们作为帝国代理人所发挥的作用和所拥有特权,无论是行政官员、军官、法官还是包税人,都是如此。他们主要通过贪污、受贿、敲诈勒索以及征收高额的国家税赋——也就是主要通过不加节制地滥用权力的公然腐败的途径,以牺牲农民、工匠、小商人和国家的利益得以自肥。因为他们拥有土地,这与其说是他们权力和财富的来源,倒不如说是他们权力和财富的象征。再者,部分是由于奥斯曼的统治者,与他们的拜占庭先驱一样,坚持要求维持对所有土地的"至高无上的统治"(而且在相当长的时期内的确成功地实现了这一点),对于拜占庭和奥斯曼统治下的"实权阶层"而言,要将所持权位和影响,转换成独立的、有保障的土地财产,相当困难。这种情形也同样适应于富裕商人。在奥斯曼统治下"即使是最大的商人,就其财富而言,无法超过一个中级的行政官员,例如低级的总督(sancabeyi),更不用说是科层制中的高级官员了……整个 16 世纪和 17 世纪期间,富裕的商人仍然处于政治阶层的控制之下"。(Faroqhi 1997:546)因此,富人和实权阶层仍然屈从于国家,他们仍然依靠国家的恩惠来维持和运用他们捞到的权力和地位。由此,私人地产和风险资本根本不可能像在西欧那样独立地有保障地建立起来。

　　"实权阶层"(Les puissants)的目标主要倾向于官职、影响、腐败和敲诈,而非瞄准生产投资和实业——由此导致巴尔干地区难以出现"改良的土地制度"(improving landlordism)和"高级农耕"(high farming)。西欧土地贵族或许与拜占庭和奥斯曼的官员、军官、保税人以及其他中间商同样贪得无厌,这一点我们不得而知。对于巴尔干地区来说,与那些陷入严重的功能障碍和衰弱不堪的垂直权力关系和权力结构中的世界其他地区相同的是,他们的权贵阶层仍然维持极强的寄生性、不发展性(non-developmental)、寻租性、庇护性,以及对现状和日益衰弱的习俗力量的冥顽支持。

　　巴尔干地区根深蒂固、僵化不变的"垂直的"权力关系和权力结构,一直构成巴尔干相对于西欧表现出"发展受阻"或者"相对落后"的主要原因。在拜占庭和奥斯曼帝国持续衰落期间,以及后来的民族主义、法西斯主义和共产主义统治期间,他们固执地坚持或者维护他们自身利益。一旦固化之后,它们就很难消亡,正如我们在最近巴尔干地区见到的情形一样,这里仅举出几个突出的例子,例如,米洛舍维奇(Slobodan Milosevic)统治下的塞尔维亚、弗拉尼奥·图季曼(Franjo Tudjman)统治下的克罗地亚和伊利埃斯库(Ion Iliescu)统治下的罗马尼亚。这种权力体系的本质在于,凭借相对多数的人口维护他们施行欺压的权力,而且逐渐将行贿、腐败和勒索视为生存和自肥的"正常"方式,部分是因为任何足够冷酷无情和娴于"玩弄游戏"的人都可以参与其中。这种体制和实践虽然有利于普遍认可的上行的社会流动,但是它们的长期后果则是倒退的、衰弱的和有碍于发展的。社会成为这些腐败和腐败媒介以及权力掮客的俘虏,后者执意要压制或者至少除去任何构成与之竞争的(尤其是独立的)权力和财富源泉。因此,奥斯曼在巴尔干地区统治的后几个世纪期间出现的农业体系和财政体系可以视为逐渐恢复并防护这一种新拜占庭式的"垂直的"权力关系和权力结构,地方性的和系统性的贿赂、庇护主义(clientelism)、腐败和勒索出现,它们至今仍然在危及巴尔干多数地区的公共生活和经济发展。然而,这绝不意味着,这种情形为巴尔干地区所独有,我们认为,它存在于大多数地区的人性当中。世界上只有少数地区能够幸运地逃脱此类困境,它们的法宝在于依靠维护"水平式的"权力关系和权力结构,这种权力关系和结构不仅能够使得下述现象成为可能,而且可以从中谋取生存之道,即法治、法律面前人人平等、有限政府、代议制政府、市民社会以及市民经济。

总之,很显然,巴尔干和奥斯曼在 17 — 19 世纪期间相对衰落的经济命运很大程度上是奥斯曼统治以外的因素造成的。不能将主要原因归于文化和制度因素,更不能归于奥斯曼统治的实际欠缺或者所谓的先天缺陷。

"延长的"19 世纪期间奥斯曼的"自强"运动

将奥斯曼帝国的最后一个半世纪(1774 — 1922)视为"完全令人绝望",是不正确的。它还出现一些有益的发展,这些发展有必要结合广为宣传的灾难和倒退的背景来加以考察,上述灾难和倒退直接影响了1877－1919 年间帝国的逐渐崩解,以及 1922 年 11 月 1 日它的最后覆灭。关于"欧洲病夫"病入膏肓的广泛假定值得质疑。如果它的周围不是聚集了那么多乘人之危的帝国主义者,这些帝国主义列强静候瓜分和"吞没"奥斯曼帝国大部分领土的有利时机的出现,可以想象的是,奥斯曼帝国很可能会以更少衰退和更多尊严的方式退缩到它最易于防守的核心地区。

自从 20 世纪 60 年代以来,研究奥斯曼历史的许多土耳其专家和部分西方专家开始转向对奥斯曼帝国的肯定性评价,强调它正采取的治理和公共管理方式、它的法律体系、它的学校和大学以及它的武装部队都在积极地"欧洲化"。对于奥斯曼帝国后期"欧洲化"的强调越来越与一种愿望联系在一起,也就是将今日的土耳其视为——而且逐渐广泛地被接受为——一个现代的世俗欧洲国家,它完全具有"欧洲"的特征,有资格成为欧盟的一员。(除了北约之外,欧洲理事会和欧洲安全与合作组织[OSCE],它已经成为其中任何一个组织的长期的重要的成员国。)关于奥斯曼最后 200 年统治的最为确定的修正性解释是由查士丁·麦卡西(Justin McCarthy)所提出的(1997,第 5、6、9 章,尤其参照 2001,第 1－2 章)。他根本没有把 19 世纪后期的奥斯曼帝国视为"病入膏肓",而是强调"帝国的经济和人口正在增长",与一两个世纪的缩减相反。"它的行政体系正经历全面的检修和更新。教师和医生的人数也在增加。铁路、道路、电报和轮船全都在快速增长。奥斯曼人正尝试迈出建立代议制政府的一步,这要远远早于世界上的多数国家。"(McCarthy 2001:3)在"新型"国家学校中注册的学生人数从 1867 年的 1.6 万人增加到 1913 年的 30 万人,到 1913 年为止,大约有相同数量的人数加入非政府的米勒特和外国学校中,包括 2.3 万名学生在亚美尼亚的基督教会学校。进而,为新闻出版和正在萌兴的图书业提供了越来越多的读者。在苏丹阿卜杜勒拉·哈米特二世的专制统治期间(1876－1909),许多西方记载将他被视为一个固执己见的反动者加以排斥,实际上,在此期间,铁路里程增长了三倍,风雨无阻的道路里程增

108

加六倍,平均预期寿命显著提高,而且欧洲风格的公共建筑数量激增,能够容纳整个现代政府机构(第28、33页)。然而,麦卡锡的著作对于巴尔干和亚美尼亚的基督徒及其对奥斯曼统治的"抗争"表现出很少的同情(或者理解)。他在书中将他们仅仅描述为奥斯曼帝国的敌人(而且间接地称之为针对奥斯曼压迫力量的公平游戏),他同情的对象与其说是那些加之于基督教弱势群体的苦难,倒不如说是那些由奥斯曼的土耳其人和穆斯林民众所引发的灾难和苦难。(第42−74、87−94、106−112页)事实上,他直言不讳地宣称:"奥斯曼帝国没有生病;它只是为它的敌人所伤害,并最终为它们所谋杀。"(第3页)在麦卡锡的解释中,其中涉及的"敌人"十分明确,不仅包括实施掠夺的帝国列强,而且包括寻求平等权、自治和独立的奥斯曼国民。然而,他十分正确地指出,巴尔干各民族和亚美尼亚人为了争取更大权利和自治或者分离而进行的(经常性的武装)斗争导致数以百万计的奥斯曼穆斯林(不仅仅是土耳其人)成为难民,甚至死亡。在许多巴尔干的和西方的有关奥斯曼巴尔干地区"去殖民化"的叙述中,这些苦难被忽视或者低估。

关于奥斯曼帝国的更为公平和更为明智的修正派观点还可参见下述作者的著作:唐纳德·柯塔尔(Donald Quataert,1993、2005)、布鲁斯·麦高万(Bruce McGowan,1981、1997)、卡洛琳·芬克(Caroline Finkel,2005a、2005b)、埃里克·朱彻(Erik Zurcher,2004)、丹尼尔·戈夫曼(Daniel Goffman,2002)、考里·埃姆贝(Colim Imber,2002)、米切尔·帕拉丽特(Michael Palairet,1997),而且最为明确的是,各位卓越的土耳其历史学家,包括哈里里·伊纳西克(Halil Inalcik,1969、1991、1997)、苏莱亚·法洛齐(Suraiya Faroqhi,1997、2004、2005)、塞柯特·帕木克(Sevket Pamuk,1987、2000)、柯马尔·卡帕特(Kemal Karpat,1972、1984)、里法特·阿里(Rifa'at Ali)、阿布·埃·哈齐(Abou-El-Haj,1991)、希玛尔·卡法达尔(Cemal Kafadar,1995)、雷萨特·卡萨巴(Resat Kasaba,1988)和卡格拉·柯德尔(Caglar Keyder,1991)。与麦卡锡形成鲜明对比的是,卡萨巴明确承认,奥斯曼世袭地

产的所有者和金融中介所拥权力的"恶毒本性"刺激了农民的敌对情绪,巴尔干地区的农民多数是基督徒,他们与僭取者相对立,而后者多为穆斯林。(Kasaba 1988:27)

即使 18 世纪的奥斯曼帝国是"欧洲病夫",但是它仍然不是"一个形势完全超出其控制之外的绝望无助者……奥斯曼商人成功地组织了手工产业并建立了有效的分配网络,那些试图打入奥斯曼市场的欧洲商人发现奥斯曼商人与他们旗鼓相当……换句话说,奥斯曼经济拥有它自身的潜力,不是完全迟钝、毫无竞争力……对商队路线的控制使得奥斯曼商人能够建构和控制他们自己的贸易网。除了海岸地区外,18世纪后半期以前的欧洲进口商无法与地方生产的商品进行竞争"。(Faroqhi 1997:470,480,526)

19 世纪期间,"奥斯曼经济远远没有达到完全凋敝的程度,它表现出某些令人印象深刻的活力迹象"。(Kasaba 1988:1)从 19 世纪 40年代开始至 19 世纪 70 年代,它的出口增长超过了它的进口。(第 87页)奥斯曼出口的手工制作的精美的织品、亚麻和皮革商品直到 18 世纪末在欧洲仍然"供不应求",而且,经过 18 世纪 90 年代至 19 世纪 40年代之间的手工制品出口的急剧衰落之后,从 19 世纪 50 年代至 1914年之间,奥斯曼机械制造的丝绸和地毯的出口量有了强劲增长。(Quataert 2005:135)此外,奥斯曼的国家机制也有了急剧增长和专业化:奥斯曼"民事官员"(civil officials)的数目从 18 世纪末的 2 000 人增加到 1908 年的 3 5000 人至 5 000 人之间,而"军事人员"(army personnel)的数目从 1837 年的 24 000 人上升到 19 世纪 80 年代的 12万人。(Quataert 2005:62－63)

此外,乔治·康托乔基斯(Georges Contogeorgis)还强调了从拜占庭时代到奥斯曼时代,并延续到现代、他称之为"希腊人的世界体系"(Cosmosysteme hellenique)(源于希腊人以城市为基地的海上商业传统)的弹性和持久性:"希腊人的生活空间中,城邦(或国家)成为希腊社会的顶峰状态,从 17 世纪起,为了鼓励生产……通过希腊世界主义取代了奥斯曼独裁政权……城邦(或国家)的希腊人控制了奥斯曼帝国的经济,构成了当时最强大的、唯一的世界性而不是'民族性'的资产阶级,这种运动在俄国、奥匈帝国以及地中海沿岸也铺展开来"。(Contogeorgis 2003:116)事实上,1650 年以后君士坦丁堡的海岛(以岛屿为基地的)和海上希腊人的地位比以前更为强大,(Stonianovich 1960:269)因为希腊商人和船主逐渐控制了巴尔干、爱琴海、东地中海和黑海的商业和航运。

这些观点与不断提出的关于 17、18、19 世纪的印度、中国和日本的修正派观点同时并存(在琼尼斯[E. L. Jones 1988]和波默安[Pomeranz 2000]的研究中通常被综合起来)。17-18 世纪期间,主要的"东方帝国"(奥斯曼、哈布斯堡、俄罗斯、中国、莫卧儿帝国和日本)并不是像西方的"东方特性论"宣传的那样,近于迟钝、专制、停滞不前、貌似巨大而资本主义毫无发展。实际上,西方的军事和经济的优越性刚刚体现出来之际,并不具有决定性优势,而且也不足以让西方人能够操纵这些东方帝国,或深深渗入它们的市场内部,至少并不是因为运输困难和成本高昂天然地保护了东方帝国免遭外国商品的渗透。18 世纪期间,这些"东方帝国"经历了重要的人口增长、耕地和牲畜数量的重要扩张、商业化程度的提高、跨地区的专业化以及广泛推进的原工业化。它们绝不是"黑暗的王国",而且它们对早期科学革命和工业革命的经济技术进步有所贡献,并分享其部分成果,科学革命和工业革命绝非仅限于西方。(这些论题在波默安[Pomeranz]2002 年关于亚洲论述的作品,以及古迪[Goody]1996 年和弗兰克[Frank]1998 年的作品中得到进一步阐释)在奥斯曼帝国,如同在俄罗斯一样,启蒙运动和快速推进的经济商业化逐渐战胜了东方的东正教文化的自闭、自满、反现代化和反西方化,并且有助于将这些帝国锁定在似乎不可抗拒的现代化发展轨道上,很难说这种发展趋向是更好还是更糟。

第八章　巴尔干民族国家的出现,1817 — 1913

穆斯林谋求叛乱的兴起和他们的统治者

1687 年以后,奥斯曼人遭受的无数军事失败削弱了帝国中央政府对行省的控制。然而,不仅在巴尔干的基督徒当中,而且在北非、安纳托利亚、阿尔巴尼亚、叙利亚、黎巴嫩、库尔德和阿拉伯半岛上的苏丹穆斯林民众当中,行省独立逐渐得到确认,并呈扩张之势。在埃及、叙利亚、阿尔巴尼亚、安纳托利亚、贝尔格莱德和巴士拉,野心勃勃的行省总督、军事领导人或冒险成性的军政高官(pashas),这些统治奥斯曼或马木路克(阿拉伯语"奴隶"的意思)的军事阶级的主要成员,利用"苏丹权威难以企及和软弱性的特点,截留行省的大量税赋,并把各自行省变成事实上的独立王国"。(Lewis 1961:37)

这些穆斯林叛乱分子和篡位者多数都不是民众领导者或原民族主义的领导者。然而,在遥远的沙漠或者山区,像阿尔巴尼亚、阿拉伯、利比亚、黎巴嫩、库尔德和安纳托利亚内地,的确出现了一些地方根系发达并获得部分民众支持的穆斯林统治者。然而,无论是哪种方式,奥斯曼权威和声望的丧失以及他们日渐显示的无力击败"叛变的"敌人,都给许多穆斯林叛乱者和机会主义者留下深刻印象。相反,对巴尔干和

亚美尼亚地区的苏丹非穆斯林民众来说,一系列的军事耻辱愈发证明
奥斯曼的软弱可欺,也打破了奥斯曼起初不可战胜的神话,激发了基督
徒"奋起"公然开始挑战奥斯曼的权威。

从西欧和中欧输入的民族主义观念产生的影响

对于 20 世纪的思想而言,如果基于"民族主义"观念的背景进行考
察,令人吃惊的不是巴尔干的东正基督徒最终反叛奥斯曼的统治,而是
他们中的很多人一直接受了奥斯曼的统治。民族主义直到 19 世纪才
成为奥斯曼帝国瓦解的强力因素。在此之前,很少的保加利亚人、塞尔
维亚人、阿尔巴尼亚人、希腊人、亚美尼亚人、库尔德人、阿拉伯人甚至
土耳其人都发展出一种文化认同或种族认同意识,这种认同意识带有
民族的特点(就其现代含义而言,属于一种清晰界定并为人接受的"民
族"),而不是宗教的或者狭隘的意识。因此,众多的苏丹基督教民众直
到 19 世纪一直接受奥斯曼的统治。直到那时,激起许多地方叛乱的因
素多是个人野心、机会主义或专门的经济、社会或者政治抱怨,而不是
具有超越狭隘教区观念、广泛基础的民族认同或者原民族认同。

1805－1809 年间,克罗地亚和斯洛文尼亚的大部分地区被拿破仑
的军队所征服,而且,1809－1814 年间,这一地区被统一起来,成为法
国的一个行省爱奥尼亚省——该名称令人想起罗马的伊利里亚和古代
的"伊利里亚人"。法国统治者引入了法律面前人人平等的观念,废除
了封建义务,发起了采用"伊利里亚"语(克罗地亚人此后开始闻名)的
教育活动,并发行了首份"伊利里亚语"(克罗地亚)的报纸。法兰西的
统治由此再次唤起克罗地亚以及更广阔的南斯拉夫的种族文化意识,
这些意识在 17－18 世纪期间一度泯灭。(Djilas 1991:20－21)

伴随法国大革命和拿破仑战争,同时受西欧、德国和东中欧以及俄
罗斯的影响,民族主义得到广泛地宣传,它在巴尔干地区比在西欧产生
了更具爆炸性的影响。与哈布斯堡帝国一样,奥斯曼帝国不是由多数
服服帖帖、忠心耿耿的民众组成、具有凝聚力的一个新生民族国家,而
是由差别明显的半自治族群构成的一个聚合体。这在一定程度上削弱

112

了它们抗击外国领土入侵、商业渗透和军事侵略的意志和能力。"由于民族主义不是充当维系帝国的黏合剂,它反而成为一种最终瓦解帝国的离心力。奥斯曼民族主义的缺失留下了一个意识形态的真空,后来填补这一真空的是巴尔干的、阿拉伯的甚至土耳其的民族主义。"(Stavrianos 1958:130—131)斯坦福·肖(Stanford Shaw)强调指出:"总体上,民族主义情感甚至与当时最开明的奥斯曼人设想的社会制度都不吻合。他们无法理解,为什么民族主义再无可能维持存在了数个世纪的米勒特制度,无论赋予米勒特多么大的自治权。"单就米勒特而言,不断增加的自治只能加速帝国的瓦解。然而,从19世纪70年代开始至1913年,旨在加强中央集权的改革者反其道而行之。他们"倡导一种全民的'奥斯曼化',激励巴尔干行省适应低度的地方自治,终结米勒特制度,取而代之的是一种不分宗教、种族和阶级的全体苏丹民众共享的公民权",但是,这"遭到了巴尔干民族主义者的坚决抵制"。(Shaw 1963:74)因此,奥斯曼帝国和巴尔干民族主义两种力量彼此难以调和,无法找到能同时满足双方意愿的方式。

"商业革命"、基督教与犹太教商人以及"商业资本主义"的兴起

18世纪期间,在欧洲其他地区日渐加强的商业影响以及奥斯曼行省内日益增加的混乱和不安全感下,每个共同体或者集体都"拼命地提升自己的地位,通常又拼命地打压其他集体"。(Stoianovich 1963:625)奥斯曼政府无力解决这些冲突,结果导致了帝国社会制度的革命性转型,它从一种基于僵化的合法界定的等级制和界限分明的社会阶层和宗教共同体之上的帝国社会制度,转向基于更具社会流动性的阶级和民族国家之上的新社会。(第625页)

斯托亚诺维奇(Stoianovich)论证指出,"巴尔干民族精神和政治觉醒以及文化重新定向"的关键因素在于民族商人阶级的发展。尽管他们所占人口比例不过总数的10%,但是,无论是商业上还是意识形态上,"他们都是将巴尔干民族和欧洲联结起来"的人力催化剂。

(Stoianovich 1960：235)他们资助"在他们同胞中以本民族语言创办学校,传播书籍。他们还接受启蒙运动的新思想"。有些人"甚至以民族革命为代价"来谋求民族独立。(第 306 页)18 世纪西欧和中欧的城镇、人口和工业的扩张,扩大了对于巴尔干所产原料的需求,如谷物、兽皮、肉类、酒类、烟草、菜油、蜂蜡、生丝、原棉、羊毛和原木等,提高了商品的价格并且鼓励种植经济作物以便出口。(第 255 页)玉米和棉花种植的扩张尤为迅速。欧洲人对于奥斯曼的(而且主要是巴尔干的)初级产品的需求的增长,加上奥斯曼政府为奥斯曼(而且主要是巴尔干的)工业提供有效地激励、支持和保护的能力越来越弱,共同将奥斯曼帝国(包括大部分的巴尔干地区)变成了食物和原材料的出口国,以及"欧洲制造的、加工过的、'殖民主义的'和奢侈品的进口国,主要是糖类、咖啡、织品、贵重的俄罗斯皮毛和中欧的五金及玻璃等"。(第 259 页)尽管这些外国贸易模式阻止了许多传统手工业的发展,导致巴尔干地区某种形式的去工业化,但是,他们还是为巴尔干商人增加了商业机会,无论是对于进口商还是出口商来说,都是如此。事实上,"巴尔干商人较之于欧洲商人,从这种变革中受益更多"。(第 259 页)这是因为外国商人对巴尔干市场状况的忽视"为巴尔干商人提供了一系列机会,包括控制全国大多数转口贸易(carrying trade),部分的海上零售业以及实际上巴尔干地区内的全部商业。巴尔干经济中的商业部门有所扩张,而整个巴尔干经济衰落下去"。(第 263 页)

起初,这种扩张的巴尔干商业的主体是希腊人、犹太人和亚美尼亚人。然而,到 18 世纪晚期,这些群体依靠一些中间商联系起来,他们是塞尔维亚、保加利亚、马其顿、波斯尼亚和阿尔巴尼亚的贩卖牲畜和骡子的商人,以及活跃在曲折的亚得里亚海海岸和岛屿上的克罗地亚和阿尔巴尼亚的海上贸易商、船主以及船员们,后者多数是海盗。(Stoianovich 1960：269,281,283)然而,从 18 世纪末开始,奥斯曼/穆斯林的地主和官员都试图阻止巴尔干基督徒商人势力的扩张,认为后者构成了对奥斯曼/穆斯林社会和政治统治权力的威胁(这种认识无疑是正确的)。一旦认识到自己利益受到奥斯曼/穆斯林统治权和反动力量的威胁,或者不为其所重视,"希腊商人和塞尔维亚商人就暂时与农民求同存异,团结一致,并且担当起塞尔维亚(1804－1815)和希腊(1821－1829)民族解放战争的领导者"。然而,逐渐地,希腊商人和塞尔维亚商人只支持有限的社会革命。他们渴望将土耳其人和穆斯林的财产占为己有,然后在安全的基础上确立即存的所有制。(第312页)

巴尔干的土匪、海盗和革命浪潮的兴起

奥斯曼统治之下(尤其是在非穆斯林当中)生命和财产毫无保障,加强了(或者逆转了从前的衰落趋势)大家族和类似南斯拉夫"扎德鲁加"(Zadruga)①的血缘以及部落的联系,尤其是在偏僻的、崎岖的高山地带和边陲地区。(Stoianovich 1962：631－632)这种形势也加速了巴尔干地区和亚得里亚海、爱奥尼亚和爱琴海岛屿盗匪和海盗的滋长。这些岛屿和毗邻的大陆上的游客往往不断会意识到,他们可能会被劫为海盗,许多亚得里亚和爱琴海港口实际上依靠海盗才得以维持。因此,在19世纪早期的奥斯曼巴尔干人当中,"几乎10％的基督教人口,至少……在边陲地带,在军事上组织起来以便改变或推翻帝国,而不是保卫它"。(第632页)这些成为塞尔维亚和希腊民族叛乱的温床,他们后来发展成为塞尔维亚和希腊的"民族解放"战争。然而,当各种巴尔干部族、家族成员、盗匪、海盗、游牧部落和商业组织需要具有统一性和目标的领导和控制,当面临这一任务时,商人、部族和盗匪的领导者就会拉拢"知识分子"和公众人物,借他们传播统一的民族主义的意识形态,并且逐步建立民族主义运动和组织。这些知识分子是巴尔干商人资助的新式学校的早期产品,并或有国外教育背景。他们在国外接触到欧洲的启蒙运动、法国大革命和拿破仑帝国的观念。尽管他们人数不多,但是他们施加的影响却是远远超出他们的人数。他们设法为巴尔干叛乱者提供了"一个新的意识形态目标:基于阶级和民族之上而

---

①　扎德鲁加(Zadruga)是古代南部斯拉夫人、克尔特人的家长制家庭公社。——译者注

114 非团体和帝国之上来重新组织社会……按照这种方式,巴尔干革命不幸地与法国或者西欧革命发生了联系"。(第 632 页)首先他们吸收并且传播了民族国家的观念,在民族国家里,法律面前个体拥有平等权利和义务的个体,社会阶级划分的标准是以经济地位和财富的基础,而不是依照超民族的和神权的帝国制度所规定的那种界限森严的社会等级和宗教团体。

世俗主义的影响

与此同时,受文艺复兴、科学革命和启蒙运动影响,西欧文化和观念的逐渐趋向世俗化,这为东方的东正教徒猛然接受西方影响铺平了道路。"只要西方文明本质上仍然是天主教或新教的文明,它对于东正教徒来说,就不可接受。一旦它变得以科学和世俗为主,它就成为可接受的,对于数量渐增的接纳者来说,西方文明甚至成为人们所渴望的对象。"(Stavrianos 1963:188)18 世纪的启蒙运动以及与之相伴的与西方贸易和接触的增加,共同激发了重新向西方看齐的需求,而且"直指一个超出东正教东方的视阈中可能的未来模式的新世界"。然而,同时,这种渐趋增长的关于"寻找东正教文化世界,新的替代者"意识也植入了焦虑,并带来了困境,到了 19、20 世纪,它们必将困扰现代巴尔干人良知并激发巴尔干东正教各族之间新的(内部)意识形态分歧和冲突。(Kitromiledes 1995:5)

巴尔干半岛的领土分裂

巴尔干民族革命的发生不是(而且也极不可能)横扫一切,也不允许在统一的或者连续的基础上迅速划一地重建巴尔干社会。相反,从1804－1918 年间(以及此后)革命的整个进程变化无常,而且是零星发生的,逐渐席卷一个又一个地区,而且持续加重了东南欧的政治和宗教/种族的碎化("巴尔干化")状况。这些延长的、零星的和过于破坏性的革命进程,部分是由于外部因素造成的。它们包括大国之间的竞争和干预,奥地利向北巴尔干和东巴尔干的领土扩张,奥斯曼帝国残余(尽管是减弱的)势力和影响,以及几个欧洲列强(包括英国)试图支持"欧洲病夫"。(旨在封锁俄罗斯在巴尔干的帝国扩张,以及维持欧洲整体的"均势"。)但是它们也反映出巴尔干境内形形色色的种族状况、种族意识以及社会和经济状况。仅有一次,也就是在 1912 年的巴尔干战争期间,几个主要的巴尔干民族设法成功联合起来对抗共同的外敌,也就是奥斯曼帝国。但是短暂的联合之后,接踵而至的是 1913 年巴尔干战争胜利国之间的"自相残杀",即第二次巴尔干战争,以及 1914—1918年间更加残酷的"第三次巴尔干战争",后者波及整个欧洲,并导致奥斯曼帝国、沙俄帝国和哈布斯堡帝国最终解体。

不仅奥斯曼帝国的巴尔干行省情况迥异,分崩离析,而且它们的"民族革命"、"成熟"的时刻各不相同。由于非常靠近并且经济上依赖于君士坦丁堡(伊斯坦布尔),保加利亚的革命时机直到 19 世纪 70 年代才得以成熟。再者,更分散的、犹豫或者甚至支持奥斯曼穆斯林的地区,如阿尔巴尼亚、科索沃、波斯尼亚和西马其顿,"民族"自治的时机直到 20 世纪以后才真正"成熟"。阿尔巴尼亚在 1913 年获得了"民族"国家的权利,与其说是本民族对于民族自决要求的回应,倒不如说是列强竞争的结果。因此,在某些方面,"巴尔干化"(包括巴尔干事务中的广泛外部干预)就是(不可避免地)无规律的、延长的和零星爆发的巴尔干"民族革命"不可避免的结果。在这个异常驳杂、因种族冲突而分裂的半岛上,要实现彼此分离的、相对紧密和同质的民族国家,几乎(而且现在也)不可能。

尽管如此,与似乎不可能的概率相悖的是,塞尔维亚和希腊革命"实现了财产和财产权的几乎完全的转换……转入新的政治阶级和农民之手……(而且)……建立的新社会制度确保财产安全,它奠定了下述原则:契约自由,法律面前平等,以及基于自由的政治和经济竞争之上的社会流动原则"。(Stoianovich 1963:312)尽管这种新的社会制度需要"反复地为之斗争……许多类似于曾经引入西欧的制度……很快地得以形成"。(Stoianovich 1967:152—153)借助"反对国内和国外专制"的斗争,新生的巴尔干民族逐步实现"承认法律面前一律平等的

原则",并且废除了基于世袭的法定社会地位之上的社会等级制。(第162页)

"未完成的革命"

同样,巴尔干的民族革命仍然是"未曾终结的革命",因为它们根本未能培育出"强大、同质和独立"的"中间要素",完全建立允许它们巩固和完满实现形式的/法律的变革的社会结构。这些"中间要素""足以……能够解决异常的社会张力,这种张力来自两次世界大战、一次经济危机、共产主义革命、法西斯反革命、经济变革、技术倒退、'人口爆炸'以及文化传统与政治传统相互之间的冲突"。(Stoianovich 1967:153)事实上,19世纪60年代以后产生的许多问题都源于"下述事实,即法律面前的平等并没有废除经济不平等……(而且)……经济不平等因为'人口爆炸'而愈发加剧,后者使得农民拥有的土地越来越少,在这方面他们越来越趋同"。(第162页)

人口爆炸、社会不满和大迁移

巴尔干的"人口爆炸"加剧了社会、经济和生态现有张力。就塞尔维亚而论,人口密度在1800至1910年间增长了六倍,(Stoianovich 1967:164)而罗马尼亚(瓦拉几亚和摩尔达维亚)的人口密度在1815至1912年间上升了五倍。(Stoianovich 1967:200)到20世纪第一个十年末,每一个巴尔干邦国内的人口增长率大约以年均1.5%的速度增长;这个速率是奥匈帝国的两倍,比英德两国的人口增长速度快50%。(Lampe and Jackson 1982:164)因此,就塞尔维亚而言,1815—1900年间,森林覆盖地区缩减了三分之二,1859—1905年间人均获得的肉、奶和役畜下降了三分之二,迫使塞尔维亚人的饮食结构调整为以谷类为主。(Stoianovich 1967:89,165)这些变化在其他巴尔干国家内也同样出现,它们与巴尔干人长期聚居在人烟稀少的巴尔干低地密切相关。但是生态破坏一直很严重,尤其是在高山地带。

尽管如此,由于巴尔干地区开始时人口密度相对较低,巴尔干国家并没有变成马尔萨斯意义上的无力养活新增人口那样的人口过剩。相反,除了希腊情况以外,人均谷物和土豆的产量仍然较高。(Bideleux 1987：250,table 11)因此,巴尔干国家"人口过剩"仅仅是就它无法为全体居民提供收入而言,尤其是在剩余劳动力增长迅速的农村地区。从事农业的人口固然很多,但毋宁说,盛行的种植业对于劳动力的需求仍然很大。(Stavrianos 1963：200)这个问题随着农民土地所有制的"瓦解"而加剧,因为土地在他们当中代代相传。再者,巴尔干工业部门(在每个巴尔干国家里,它雇佣的劳动力占全部劳动力的不到10％,贡献的国民收入也不足10％)发展低下,这意味着在第一次世界大战前甚至两次世界大战之间,要将农村剩余劳动力吸纳到工业部门中就业,是不可能的。此外,尽管农业没有实现充分的商业化,但在现代农业设备和器具改良方面,规模却相当的大(例如铁锹、锄、长柄大镰刀、镰刀、马车、独轮车、马蹄铁和铁桶等)。这些改良,与下属事实,即农业变得越来越商业化,耗费更多的心思和生产力,也使得农业人口中失业部分的比例增加,甚至更为过剩。

116

因此,在巴尔干地区的每一个国家内,不满情绪都在日益增加,无论是农民还是漂泊到城镇谋求就业(通常无果而终)的人,都是如此。"保加利亚人、塞尔维亚和希腊农民之所以不满,似乎因为他们缺乏资金而不是缺乏食物或者其他生活必需品;所缺资金也不是用于纳税的部分,而是能够用来购买工业制品尤其是购买更多土地的部分,购买制成品和土地是出于人口压力的理性反应"。(Lampe and Jackson 1982：193)在罗马尼亚,1907年农村的不满扩大成广泛的农民骚乱,1万多人在骚乱中丧生。在保加利亚,从1900年直到20世纪20年代早期,农民的不满转变成支持日渐壮大的激进的保加利亚农民国家联盟(Bulgarian Agrarian National Union),此间,该联盟的领导人建立了一个残暴但短命的"农民专制制度"。

巴尔干"人口爆炸"的另一项后果是,从巴尔干地区向西欧和中欧首先是向"新大陆"的移民流的加剧。1876－1915年间,超过31.9万希腊人,9.2万罗马尼亚人,8万保加利亚人,1 380名塞尔维亚人移往其他大洲。因此,到 1912 年希腊移居国外的人口所占比例大约在10％,(Lampe and Jackson 1982：195－196)而黑山男子中移往国外的多达三分之一。(Stavrianos 1963：206)移民成为巴尔干的安全阀。它还带来了归国移民和汇款,进而有助于为商业资金短缺(尤其是在希腊)、新的商业和资金构成中拨款。另一方面,移民还改变了不利的人口结构。那些移民都是依靠巴尔干培育出来的勇敢者,潜在的企业家和身体强健的年轻人。

围绕"相对滞后"的争论

许多研究巴尔干地区的巴尔干历史学家,武断地谴责奥斯曼统治对该地区造成的影响是经济、教育和技术上的"倒退"或者"滞后"。(Palairet 1997：158)然而,彼特·苏嘉(Peter Sugar)曾经指出,不是奥斯曼完全掌控巴尔干发展期间,而是在 19 世纪期间(当时许多地区正逐步从奥斯曼统治之下"解放"出来),巴尔干与西北欧和日耳曼中欧之间的发展差距才真正开始。这一种观点有许多有待解释之处。18 世纪末和 19 世纪,由于工业革命在西北欧和日耳曼中欧的影响,在人均收入和支出方面,上述两个地区间的差异急剧扩大。尽管关于奥斯曼忽视、限定、压制和阻止巴尔干经济、教育、文化和政治发展的指控不计其数,但是,直到 19 世纪,许多欧洲国家"较之于伊斯坦布尔统治下的那些国家,并不好多少。"(Sugar 1977：283)然而,"到了 1880 年,在思想、经济甚至政治方面,'巴尔干人'似乎被'文明的'欧洲远远地甩在后面,而且似乎要远远落后于 18 世纪 80 年代的欧洲"。(第 282 页)

117 　　尽管如此,仍然能够想象的是,奥斯曼统治产生的某些影响,与巴尔干战争造成的破坏性后果,以及奥斯曼试图牢牢控制巴尔干地区,结果却难以实现,这些共同导致了所谓巴尔干人"未能"掌握、吸收 18 世纪末和 19 世纪西北欧和中欧地区出现的经济技术进步。后者明显基于先前发展或者"前提"之上,而这些发展或"前提"在巴尔干明显不具备,由此奥斯曼就可能遭到"谴责",认为其"未能"为 19 世纪的技术进步、工业化、教育和民主化铺平道路。根据苏嘉的观点,帝国"把一个极

为低端的、中世纪的制造业部门遗赠给其后续国,奥斯曼时代必须对此负有责任"。(Sugar 1977：285)

与葡萄牙、西班牙和意大利国家一样(它们在16、17世纪期间率先取得的跨洋航海和商业优势地位,让位于英格兰、荷兰和法兰西),巴尔干地区的发展也受阻于相对西北欧和中欧来说较低层次的教育服务,受阻于它们极度庞大的、寄生的和故作高深的教会阶层及其浓厚的教士和隐士情结,受制于低效的政府权威体系。而且,曲折多山的高原地貌,抑制了农业生产率的提高,并使得内陆交通和通信相当缓慢,成本高昂。这些国家都缺乏内陆航运体系,而建造跨越高原的道路和铁路成本相当昂贵,由此,内地的市场一体化和商业化受到阻碍。就大部分地区而言,它们的煤铁矿藏产区分布不够理想,而西北欧和日耳曼中欧有利的矿藏分布催生了许多重工业中心。

然而,查理·伊沙维(Charles Issawi)强调指出,尽管巴尔干地区无疑在经济、教育和技术上明显落后于西北欧和中欧,但是,按照同样的标准,它们并不比以前奥斯曼的其他领地更先进。"大约1800年左右,巴尔干人总体上并不比中东地区好多少。谷物产量或许略高。交通也未必更方便：只是马车更多,适于航运的河流也较多,但高原地带泥泞不堪,而且崎岖不平,驼队运输都不可能。在某些地区,尤其是在保加利亚,手工艺品广为传播,但是该地区缺乏伊斯坦布尔、开罗、阿勒颇(aleppo)和伊斯法罕(Isfahan)地区的高级工艺。识字率略高,尽管肯定不是很高,但城市化程度更低"。(Issawi 1989：16—18)然而,到1914年,根据多项发展指标,巴尔干地区绝对超过了中东,或许是因为"巴尔干人较早获得独立,而且,尽管巴尔干政府绝不是稳定和启蒙的样板,但是它们对国民的需求极为敏感。第一次世界大战前,它们通过建造基础设施和扩大信用,以及推行一定的工业化来拉动经济发展"。(第17页)再者,"数量巨大的农民开始拥有自己的土地,因为相当长一段时间内人口密度较低,他们的小块份地充足"。拥有自己耕作土地的所有权使得农民获得了强大的动力,他们致力于提高产量,而且在多数的巴尔干国家内,这种情形有助于缓和潜在激烈的阶级矛盾。"只有罗

马尼亚还拥有一个庞大——而且是寄生的——地主阶级和一个遭严苛
剥夺的农民阶级,尽管早在 1864 年农业改革法令就已经颁发。(第 17
页)一般认为,异常腐败和残酷的地主及其代理人("arendas")对农民
的贪婪剥削和压榨,是构成 1907 年的罗马尼亚农民大起义的根本原
因,但就此而论,罗马尼亚人实际上倒是有些例外。此外,巴尔干人民较
之于他们的中东同伴,"受教育的数量要大得多"。到 1910 年,在 5 — 14
岁的巴尔干儿童中,接受初等教育的比例达到 35％至 40％,而且巴尔
干的识字率明显高于埃及、安纳托利亚和中东其他地区。巴尔干人还
具有一项"天然优越于中东的重要优势: 拥有更多的降雨量而且更有
规律,因此森林更多,水源更大,更适于航运的河流更多"。(Issawi
1989: 16 — 18)

　　较之中东地区,在巴尔干,独立的"民族"国家出现更早。伊沙维对
上述事实的积极影响的强调与我们的下述观点并不矛盾: 第一,奥斯
曼征服不是巴尔干地区相对落后于西方的主要原因,因为早在奥斯曼
出现在该地区之前就已表现出落后;(参见第 57 — 58、63、70 页)第二,
总体上看,奥斯曼对巴尔干的统治纯粹延续了拜占庭的谱系。(参见第
77 — 79 页)

　　然而,关于巴尔干地区实现国家独立之后经济发展和教育进步加
速前进的观点,白慕德(Michael Palairet)存有异议。他极为雄辩地证
明,在奥斯曼统治下,塞尔维亚、保加利亚和马其顿最后几十年当中,各
自都经历了中等速度的经济发展,而且到 19 世纪中期为止,奥斯曼制
度并非有损于私人企业和经济发展,相比之下,塞尔维亚和保加利亚的
经济在它们获得完全自治之后却急剧衰退,独立的黑山在整个 19 世纪
期间也是如此。(Palairet 1997: 28 — 33,41 — 57,66 — 128,142 — 152,
171 — 202,298 — 370)

　　如此说来,我们该作何结论? 我们认为,尽管巴尔干从 18 — 19 世
纪中期,在经济和技术方面越发落后于西北欧和日耳曼欧洲,但是它们
还是稳定地领先于它们的中东邻居;而且关于奥斯曼统治导致经济、技
术和教育滞后的观点,即便是就 19 世纪而言,也是被极端夸大了,尤其

是被研究巴尔干地区的巴尔干历史学家夸大了。

农民的困境

根据斯托亚诺维奇的观点,"作为资产阶级理性社会的要素,能够渗入农民当中的唯有……国家拥有的征兵、惩罚和抽税的权力"。(1963：320－322)然而,斯托亚诺维奇对此后果持一种更为积极的态度:"货币经济的扩散……加强了村庄与外部世界的联系而且由此影响到传统的乡村生活模式。农民感觉到,在新的制度下识字是最基本的……由此,只要有可能,他都乐意让他的孩子们接受小学教育……年轻一代很快开始怀疑农民生活所一直依赖的那些设定和态度……一种新的自由主义精神和一种对自我进步的渴求破坏着乡村生活甚至家庭的稳定性……茶、咖啡、糖类和其他商品失去了往昔的奢侈品特征,进入寻常之家。城镇制造的台灯取代了家庭制造的蜡烛,而且更富裕的农民也购买家具和家用器具。铁犁更为普遍地运用,尽管较穷的农民仍然使用家制的、铁尖类型的犁。许多家庭主人开始购买成衣……一些农民家庭中甚至可以见到一些书籍。"(Stavrianos 1963：204)

这些看似不大的变化代表了与此前几十年自给自足状况的延续断裂,还代表着中世纪和现代早期封闭的、内向的村庄世界的终结。所有这些变革的另一面是,货币经济的扩张将巴尔干农民抛入有时急剧动荡的国内和国际市场上。这加剧了农村经济的不平等、阶级分化和社会(包括种族的)冲突以及对抗。不幸的是,在相对和平和谐的状态下共同生存了数个世纪的不同种群,由于市场的力量,加上为了努力创立"民族"国家和扩充"民族"领土,日益反目为仇。农民的"土地渴求"是民族性现象,在今日的巴尔干依然如此。

城市化、铁路和新兴产业

新独立的巴尔干国家急剧地发展首都大城市、常备军、官僚阶层、铁路和现代国家应有的其他标志。例如,从 1878－1910 年,布加勒斯特的人口从 17.7 万增加到 19.3 万,而索菲亚的人口从 2 万上升到

119

10.3万,贝尔格莱德的人口从3万增加到9万。(Lampe 1975：72)从1885－1913年间,巴尔干地区的每一个国家的外贸和财政收入实际价值都翻了一番。(Spulber 1963：348－349)从1870－1911年间,铁路网的扩张情况如下：罗马尼亚,从248公里增加到3 479公里;保加利亚从224公里增加到1 934公里;塞尔维亚,从零公里增加到949公里;希腊从12公里增加到1 573公里。(Mitchell 1978：317－318)然而,即使是在20世纪20年代,每1 000平方公里的铁路密度仍然远远低于西欧和中欧：阿尔巴尼亚,零公里;希腊22公里;波黑,25公里;保加利亚,28公里;塞尔维亚,29公里;瓦拉几亚和摩尔达维亚,32公里;克罗地亚,53公里;特兰西瓦尼亚,55公里;斯洛文尼亚,67公里;法国,97公里;德国,123公里;比利时,370公里。(Stoianovich 1967：96)巴尔干地区的铁路发展程度较低,有时被部分归因于它的多山的高原,但是,在奥地利和瑞士,其山脉数量更多,可是我们注意到并没有因此而出现铁路里程很短的现象。

斯托亚诺维奇论证指出,阻碍19世纪巴尔干工业化的因素包括1837年的英奥自由贸易条约,以及1878年关于新成立巴尔干国家要获得大国认可必须遵从的条件。根据他的观点,"高度工业化的国家""极力维持柏林和会(1878年)条款的不容更改,借此阻碍巴尔干的工业化,因为那些条款否认塞尔维亚、保加利亚和罗马尼亚有权建立保护性关税"。(Stoianovich 1967：97)他还在别处声称："巴尔干国家不能自我保护,免除欧洲工业制成品的竞争,或者是因为既存的条约禁止他们建立保护性关税……或者是因为他们的大量出口商品被划拨给一两个欧洲国家,如果它们敢于维护他们的经济独立的话,上述欧洲国家就剥夺它们的市场。由此,谋求一个更具凝聚性的经济纲领,一直被拖延到该世纪末。"(Stoianovich 1963：319)

然而,结果并不像所认为的那样绝对。在低端技术活动领域(如食品加工,纺织,烟草加工,酿造业以及建筑材料),巴尔干工业的确有所发展,此间,截至1914年,罗马尼亚的炼油业达到世界第五位。这些领域中,由于可以从当地获得大量的适宜原材料和廉价劳动力,巴尔干人占有成本比较优势。自由贸易只是意味着,能够以相对廉价价格从精心打造的外国供应部门那里进口必需的工业工厂和设备。直到 20 世纪很长一段时间后,巴尔干国家仍然缺乏建造复杂工程和冶金业所需的资金、教育和技术资源。在这种情势下,与其说工业保护主义可能会激发充满活力的企业和成功的革新,毋宁说更有可能保护低效率的生产商和地方垄断产业的超额利润。

愚笨的资产阶级和发育不全的资本主义

尽管如此,部分是由于私人企业、私人资本和中产阶级的发育受阻,在新"独立的"巴尔干国家中较晚出现的工业资本形式严重依赖国家的"资助"和赞助,其形式包括选择性的保护主义、补贴、优惠合同、免税、垄断和特许经营等。这为腐败的滋生提供了沃土。由于国家对公用事业、矿山、森林、铸造、军火工厂和军工企业等的普遍控制,这种背景更加强化。"(巴尔干)的资本主义绝不是一个自治力量,它依赖于大量的政府官僚和部门……资本主义阶级依赖于国家;国家依赖于外国资本。"(Stoianovich 1963：336)巴尔干的资本家因此与巴尔干国家一样的不"独立"。

在巴尔干,如同第三世界的许多发展中国家一样,资本主义国家不只是一个竞争利益的仲裁者,也不只是些微的法律和制度以及公共服务的提供者。它还是终极的赞助者,直接指导和控制(同时也作出针对性反应)社会和经济力量和压力。其发挥的作用,不是进行民主的审理以及"授权",而是提供它的权力和合法性的主要来源。它部分程度上也服务外国资本或者外国"帝国主义"的利益。再者,每一个巴尔干国家严重地(而且脆弱地)依赖于向主要出口到西欧和中欧大国的有限类别的初级产品(通常只有两三种)。这种依附性产生的危害导致它们在 20 世纪 30 年代不幸地自食其果。

虚弱的国家和普遍的腐败

1878—1914 年间,巴尔干人民中多数的东正基督教徒获得并且巩固了独立的国家以及所谓的"自治"。其余的人民,以及巴尔干人民中

120

的多数罗马天主教徒和穆斯林,直到一战结束,哈布斯堡、沙俄和奥斯曼帝国最终崩溃后才达到上述状况。新出现的"民族"国家和文化奉行完全的民粹主义,彻底摆脱了贵族的影响。他们的农民文化与"高层"贵族文化相比占压倒性优势,后者几乎难以与它竞争(不像波兰和匈牙利那样)。中世纪巴尔干地区开始兴盛的本土贵族文化和基督教贵族文化,在穆斯林-土耳其统治的四五个世纪中,大部分已经消失。只有教会和巴尔干农民的口头传统中,才能找到零星的关于中世纪巴尔干基督教文化的遗迹。

新"独立"的巴尔干民族的领导者总体上试图在西方模式的基础上重塑民族国家,尽管新的国家事实上由完全不同的人民所构成。然而,新的政体很快为战争派系所搅乱,结果是,这些缺乏民主和真正"民族"合法性的脆弱而动荡的政权,诉诸压制、资助、裙带关系和任人唯亲来维系权力。政府"制造"选举而不是其他方式。经济摇摇欲坠,法律统治名存实亡,卑微的民众很快就失去了对新国家的信任,以及对政府正直、效率和公平的信任,他们继续将更多的信任投向地方代理人和亲族组织来保护他们的利益。

巴尔干政权宣称要实行"进步"、"秩序"和"欧洲化",鼓励欧洲人投资于巴尔干的铁路、银行和工业,保护有产阶级的利益,并且对他们的同胞进行教育和"西方化",认为与西方发达资本主义国家保持密切联系,能够自发地带来工业化和农业进步。新的大部分属于"自我奋斗"的巴尔干精英阶层,包括帝国官员、企业家、政治家、军官和自由职业的成员,相对来说,对于钱财和才能同时"兼收并蓄"。或许是因为新巴尔干"民族"国家缺乏那种勇猛捍卫民族"荣誉"和民族身份的"源远流长的"上层阶级,他们没有承袭贵族那种优雅和敬重的风度,没有继承那种窃取官职(以及借官职中饱私囊)的"游戏规则",也很少能够有效地阻止或限制滥用公权或挪用公款来让公共职位占有者及其"朋友和亲戚"大发私财。在这种"肥者幸存"(survival of the fattest)的环境下,一切事情"似乎都能巧取豪夺"。借助"金钱"之道买得公职,是拜占庭、奥斯曼和其他代理人长期统治巴尔干地区期间留下的间接遗产,他们都被期望能够利用公职捞取私利以补偿买官的费用,并且偿还他们擢升公职期间留下的债务。

将这种状态完全归之于奥斯曼统治的遗产,已成惯例。因此,苏嘉论证指出,由于在那些间接受奥斯曼统治之下的地区,同时赋予穆斯林和非穆斯林米勒特以相当的地方自治权,许多个人获得了政治和管理经验,而且正是这些从前的公职担当者,在许多东南欧国家独立前后轻而易举地接管了政治领导权。政治和管理问题接着产生了,它不是因为缺少经验,而是因为下述事实,即自私的和带有裙带关系的巴尔干公职人员和寡头早已深谙政治欺骗和腐败的计谋与伎俩。"他们的行动正是体现出奥斯曼的遗产和训练。奥斯曼过去当中的这个层面是他们先民遗赠给东南欧民族的一切遗产中最具危害的部分。"因此,"奥斯曼遗产必须视作那些再次统治他们命运的民族所面临的最严重问题"。(Sugar 1977:286—288)根据瓦西奇尼的观点,"奥斯曼社会体系培育了许多不良习惯(如贿赂、不信任政府等)……认为欺骗和窃取政府钱财完全情有可原的观念,长期保持下来,没有一个后继国家能够完全成功地解决这一问题"。(Vucinich 1965:120)

这类痼疾无疑一直在困扰着新的巴尔干民族国家的政治生活,但是将这种遗产完全"归咎于"奥斯曼,不仅是误导,而且也是不公正的。相反,奥斯曼控制力的渐趋衰落和领土收缩,导致巴尔干地区积习已久的腐败、裙带关系、无视法纪、敲诈勒索、借保护之名讹诈以及损公肥私的管理模式等沉渣再度泛起。这些不仅出现在奥斯曼统治过的地区,而且在整个巴尔干都是如此,这表明存在更深层的原因。它们在中世纪的多瑙河沿岸国家和南斯拉夫国家当中以及拜占庭的持续衰落时期即已昭然若揭。

大国的干预和竞争

巴尔干国家的命运直接或间接决定于"大国",其地位只相当于半独立国家。自拜占庭衰落以后,巴尔干地区屡遭大国干预。1827年和1920年出现的独立的巴尔干国家(分别是希腊和阿尔巴尼亚)很大程度上归因于大国之间在该地区的竞争和对它的干预,巴尔干地区内部的发展也是如此。"哈伊杜克(Hajduks)、希腊爱国者(klephts)、土匪(armatoles and brigands)是巴尔干民族主义神殿中的英雄",但是"无情的现实是,常规军队和海军力量(较之于非正规军队)在决定政治结果中更具重要性。俄国1877年部署在横跨多瑙河的16万名军队比任何哈伊杜克和希腊爱国者在替巴尔干基督徒赢得自由方面作用更大"。

所谓的东方问题,如同贯穿1718—1918年间欧洲外交的一条银线,本质上就是欧洲列强如何瓜分没落的奥斯曼帝国领土的问题。(Stavrianos 1963:199)希腊赢得独立,靠的是19世纪20年代英俄对希腊独立战争的军事干预。塞尔维亚、黑山、罗马尼亚和保加利亚是借助1877—1878年间俄土战争中俄国胜利赢得的,尽管准确的结果直到1878年柏林会议才由其他欧洲列强修订并批准(对保加利亚的损害是,它被迫割让领土并且勉强承认目前是完全自治)。最后,如果不是大国在1912—1913年间以及1920年间(再度)坚持要求保留一个单独的阿尔巴尼亚国家,阿尔巴尼亚很可能会被意大利、希腊、黑山和塞尔维亚瓜分。查理斯和芭芭拉·耶拉维奇(Charles and Barbara Jelavich)(1963:xiv—xv)论证指出:"沙俄,比其他任何别的国家都更应该对于巴尔干民族的身体解放负责。"事实上,俄国在1769—1774、1787—1792、1798—1812、1829—1834、1848—1851及1877—1879年间数度侵入巴尔干的部分地区。广泛的设定是,俄国的这些军事侵入,再加上泛斯拉夫文化以及东正教的宗教联结,共同最终将巴尔干地区置于俄国统治之下。然而,一旦它们从奥斯曼统治下获得解放,新的巴尔干国家很快发现,俄国能够给予它们的帮助少而又少(除了文化产品,尤其是音乐和文学,以及某些后来保护其免受土耳其、奥地利或者意大利的进攻之外)。因此,正是西欧和日耳曼中欧地区新国家寻求发展模式、帮助、贸易、投资和鼓励而求助的对象。

第3—8章总体上论述的是,现代巴尔干地区的主要苦难基本上来自混乱的和反复提到的"垂直"权力关系和权力结构,而非来自文化因素。尽管很少会低估具体"心态"、"思维方式"和态度的作用,至关重要的是,要防止简单的文化成见的陷阱,并且意识到这种归因所依赖的变量的程度,而不是所脱离的变量的程度。它们往往是混乱的权力关系、机会结构和激励结构产生的结果(或带来的反应),而不是它们的主要原因。因此,我们拒绝各种形式的文化本质主义、成见和讽刺,它们都将现代巴尔干半岛的突出问题归咎于设想中的半岛居民与生俱来的、恒定不变的特质、心态和态度,似乎这些人们具有各种形态的缺陷或者是天生铸错的种群。(参见第 27－37、58、87－90、96、98－109、121、546－547 页)完全相反,我们从下述前提出发,即研究巴尔干(和事实上涉及的亚洲和伊斯兰)政治和社会的方式,必须按照通常研究以及概括西方政治和社会的方式一样:通过考察它们主导的权力关系、阶级结构和制度,以及这些因素与社会的和文化的异质性和流动性相互勾连的学科考察方式,而不是通过把主导宗教、价值体系、"心态"和"思维方式"歪曲为所谓积重难返的行为失范的源泉。以更少武断、更少偏见的方法来研究政治、社会、权力关系、权力结构、文化以及所谓的"社会资本"之间的关系,我们在别处也已经更全面地表达过这种研究方法的宽广(激进)意涵。(Bideleux 2005 and 2007)

第九章 战争对巴尔干地区的灾难性影响

对于巴尔干来说,第一次世界大战是 1912 年 10 月至 1913 年 5 月以及 1913 年 6－7 月发生的巴尔干战争的直接继续,因此,它有时也被称为"第三次巴尔干战争"。总之,在巴尔干地区,从 1912－1918年,有持续六年的武装冲突时间。

1912－1913 年的巴尔干战争

1911－1912 年困扰奥斯曼帝国的主要危机(包括利比亚被意大利攫取)最后迫使奥斯曼政府答应了 1912 年春夏阿尔巴尼亚自发暴动中所提出的领土要求。当时,阿尔巴尼亚民族主义运动似乎即将实现它的直接目标,即在奥斯曼保护性统治下实现完全的民族自治。然而,这引起了黑山、塞尔维亚、希腊和保加利亚政府和民族主义运动的担心,他们认为阿尔巴尼亚自治运动一旦强大,它足以危及他们自己的领土扩张的愿望,结果,阿尔巴尼亚自治运动鼓励他们尽早采取军事行动来实现这些目标,当然这是以牺牲奥斯曼和阿尔巴尼亚为代价,采取军事行动来实现这些目标,否则为时已晚。因此,1912 年 10 月 17 日,塞尔维亚、保加利亚、希腊和黑山组成了巴尔干联盟,对奥斯曼帝国宣战,旨在将奥斯曼排挤出欧洲。1912 年 1 月至 1913 年 5 月间,大约 35 万名黑山、塞尔维亚、保加利亚和希腊联军迅速击败了力量弱小的奥斯曼部队,结束了奥斯曼在巴尔干地区的统治。佩奇(Pec)和贾科维察(Djakovica)被并入黑山。塞尔维亚攫取了科索沃、新帕扎尔的桑扎克(Sandzak of Novi Pazar)以及西北马其顿大部分地区的控制权,面积超出它原来领土的两倍。希腊攫取了南马其顿、南伊庇鲁斯、克里特和萨默斯(Samos),人口和领土达到几乎是它原来的两倍。但是,保加利亚,作为在反对奥斯曼战斗中首当其冲的力量,感觉自己遭到"欺骗",因为它只获得了中等的领土收益——东北马其顿和色雷斯地区。1913年六七月间,保加利亚轻率地发起了针对塞尔维亚、黑山和希腊联盟(整体实力远远强于塞尔维亚)的战争,许多保加利亚人希望"公平"分配到那份领土赃物。然而,保加利亚的部队已经精疲力竭,遭到它的前盟友的重创,后者以牺牲保加利亚为代价进一步增加了自己的领土收益。与此同时,奥斯曼帝国抓住机会,重新收复它曾经丧失给保加利亚的色雷斯地区,而罗马尼亚则借 1913 年 8 月主持和会协商签署布加勒斯特条约之机,从保加利亚那里夺取了南多布鲁甲。

　　许多保加利亚人退出了 1912－1913 年的巴尔干战争,他们感到自己的祖国遭到了来自他们邻国的强暴,尽管保加利亚人在发动两次战争方面难辞其咎。正是出于这种原因,而不是因为他们与日耳曼民族具有深厚亲缘关系或者隶属关系,保加利亚后来在两次世界大战中投身到与他们邻国敌对的军事"阵营",驱动这种做法的意愿,就是为它曾经在 1913 年对奥斯曼战斗胜利后遭到"背叛性掠夺"而复仇。

　　理查德·赫尔(Richard Hall)提供了关于 1912－1913 年间的巴尔干战争中伤亡情况的评估,如下表所示:

表 9.1　巴尔干战争中估计的伤亡情况,1912－1913

战争中死亡人数		受伤或者患病人数	死于疾病人数
保加利亚	14 000＋18 000	50 000＋60 000	19 000＋15 000
希　　腊	5 169＋2 563	23 502＋19 307	n/a
黑　　山	2 836＋240	6 602＋961	n/a
塞尔维亚	36 550	55 000＋另外的死伤病人 19 000	

　　资料来源:Hall(2000,136－137)

对于像保加利亚、希腊、塞尔维亚和黑山这样的小国,这些伤亡率已经是相当惨重。赫尔还估计,奥斯曼的战斗伤亡人数大约有 10 万人,而且另有大约同等数目的人死于疾病。(参见第 137 页)但是另一份资料显示,由于 1912－1913 年的巴尔干战争,有将近 150 万的穆斯林死亡,有 40 万的巴尔干穆斯林沦为难民。(Hupchick 2002:32)根据贾斯汀·麦卡锡(McCarthy)的估计,有 27％的"土耳其人和奥斯曼巴尔干人中的其他穆斯林死亡,另有 35％人沦为难民"。(McCarthy 1997:354)

1912－1913 年巴尔干战争的余波

经历 1912－1913 年的巴尔干战争之后,塞尔维亚被认为没有能力再打一场战争。或许部分地正是由于这一点,奥匈帝国的一些主要当权者"相信一劳永逸地解决塞尔维亚问题的时机已经成熟",尽管"完全可能的是,俄国会支持塞尔维亚",而且这将冒着把欧洲主要大国拖入一场更大范围的战争的危险。"萨拉热窝刺杀事件之后,塞尔维亚政府几乎做出了奥地利要求的所有让步。奥地利还不满足,挑起了第三次巴尔干战争。一周之内,由于欧洲两大竞争同盟设定的各自义务,所有大国都卷入其中。"(Mazower 2001:99)关于哈布斯堡帝国应承担发动一战主要责任的问题,将在第二十章中给予更详细地讨论。

第一次世界大战期间的巴尔干地区

第一次世界大战期间的巴尔干地区内,塞尔维亚和奥匈帝国间的冲突进一步引发了罗马尼亚和奥匈帝国之间的冲突,以及从前占绝对性优势的基督教民族与土耳其人之间的冲突。保加利亚国家抓住这个机会再造了一个"大塞尔维亚",而希腊在 1918－1920 年间谋求实现"大希腊",以摆脱其作为支持协约国反对轴心国的基地地位。

塞尔维亚

第一次世界大战开始于奥匈帝国对毗邻塞尔维亚北部边界城市贝尔格莱德不成功的炮击。接着,奥匈帝国从波黑侵入塞尔维亚。一般认为,居民只有450万的区区塞尔维亚,对抗居民多达5 000万的奥匈帝国,绝无反手之力。但是善战的塞尔维亚军队,深受1912－1913年的巴尔干战争胜利的激励,不仅赶走了敌人武装,还侵入到哈布斯堡的领土。到1914年12月早期,自负的塞尔维亚部队已经是强弩之末,贝尔格莱德落入敌人之手,但他们重振旗鼓,让世人震惊的是,他们在12月中旬重新占领贝尔格莱德。从1915年1－9月间,塞尔维亚的军事压力减退,一方面是因为奥匈帝国面临着来自俄国在加利西亚(奥地利的波兰)的严重威胁,另一方面是因为1915年4月协约国与意大利签订协定,承诺让意大利获得从弗罗(阿尔巴尼亚境内)和达尔马提亚和的里亚斯特海岸贯通伊斯特里亚、戈里齐亚(Gorizia)和格拉迪斯卡(Gradisca)一直到特伦蒂诺(Trentinoh)和南蒂罗尔的领土,作为它1915年参加反对奥匈帝国的回报。然而,地处内陆的小国塞尔维亚无法从协约国那里获得最新补给,而且伤亡惨重,食物和军需品严重缺乏以及重度斑疹伤寒流行。再者,1915年9月,轴心国通过签署一项条约承诺支持保加利亚对大部分马其顿和科索沃的领土要求,设法将保加利亚拉入他们一方参战。1915年10月和11月,由于遭受德国、奥匈和保加利亚的三面夹击,塞尔维亚被迫穿越科索沃、黑山和冰天雪地的阿尔巴尼亚高山地区,向亚得里亚海港口城市斯科德(Shkoder)、都拉斯(Durres)和弗罗(Vlore)撤退。撤退过程中,一部分军队因冻伤和疾病并发而死亡,而另有一部分遭到阿尔巴尼亚部族的杀害,后者是要报复1912－1913年间巴尔干战争中塞尔维亚人对阿尔巴尼亚部族施行的恐怖暴行。到1915年年中为止,塞尔维亚军队数量就已经从1914年年中的45万(约占人口的10％)下降到30万,但是又有将近一半的部队毙命,只有不到10万的军队撤退到亚得里亚海岸,他们被法国海军从那里接到科孚岛,许多人死于当地疾病。塞尔维亚人以其坚韧和勇猛赢得英法舆论界的尊重,尽管相关的品质与1913年和20世纪90年代备受辱骂的那种品质有多大差别,存有疑问。塞尔维亚的陆军残余部队后来加入到协约国一方作战,1917－1918年间在希腊的台萨洛尼科(Tessaloniki)地区发起对轴心国的攻

125

势。而轴心国后来在 1918 年的 9 月最终成功地战胜保加利亚。总之,1912－1918 年间,塞尔维亚最初的将近 450 万人口中,有大约 75 万人丧生。

保加利亚

保加利亚内部对是否参战存在严重分歧,不仅仅因为 1912－1913 年的巴尔干战争中牺牲了大量生命且毫无实际收益。然而,保加利亚最终还是于 1915 年 9 月被拖入第一次世界大战,站在轴心国一方,它期望德国和奥匈帝国能够帮助从塞尔维亚和希腊手中夺回马其顿和科索沃的广大地区,它早在 1912－1913 年的巴尔干战争中就垂涎上述地区。在全部的 500 万人口中,令人吃惊的是,最终有 80 万人口被动员起来,(Mazower 2001:100)而且凭借与轴心国的结盟,它在 1915 年底至 1918 年年中确实成功地重建了"大保加利亚"。然而,保加利亚也因为它的日耳曼同盟而耗尽了最后一滴血,很快地,它的军需品、医药和食品奇缺。这不仅激起了保加利亚农民的不满,而且引发了马其顿奴隶的反抗,他们刚刚摆脱奥斯曼和后来的塞尔维亚或希腊统治的奴役获得"解放",结果却发现他们的保加利亚新主人虐待他们的程度有过之无不及。保加利亚及其在新征服领土建立的政权最终于 1918 年 9 月被英国、法国、塞尔维亚和希腊军队所推翻,因此,在历时六年代价昂贵而且损失惨重的战争之后,保加利亚几乎一贫如洗。总体上,1912－1918 年间被征召入伍的 40% 的青壮年男子中,有超过 15 万人丧生而且有超过 40 万人受伤。(Bell 1977:122)农民对民族主义-保皇主义联盟统治期间这种毫无代价的牺牲、强取豪夺、腐败无能极为愤怒,最终爆发了 1918 年 9 月的拉多米尔叛乱。10 月 3 日,沙皇斐迪南逊位给他的儿子博伊斯,叛乱才有所减缓。激进的、小农主义的和越发勇猛的保加利亚农民民族联合会,曾经动员过农民反对保加利亚卷入这些无益的战争。从 10 月开始,他们也卷入政府活动中,直到 1923 年 6 月告终。

罗马尼亚

罗马尼亚在第一次世界大战期间最初保持中立,尽管它曾经续订了 1887 年与轴心国签署的同盟条约,而且尽管它曾经为霍亨索伦王朝的斐迪南(1914 — 1927)所统治过。(斐迪南是德国皇帝威廉二世[1890—1918 年在位]的同一王室的成员。)然而,1916 年 6 月,俄国发起一场针对轴心国的重要攻势,并且承诺支持罗马尼亚关于对罗马尼亚居民占多数的特兰西瓦尼亚地区、巴纳特和南布科维纳地区的领土要求。8 月,形势变得不利于轴心国,而且在罗马尼亚的自由主义者的敦促之下,国王斐迪南和国民自由党领袖约内尔·布勒迪亚努(Ionel Bratianu)综合考虑,决定带领罗马尼亚参战,支持协约国一方,希望这一行动能够帮助罗马尼亚从奥匈帝国手中夺回特兰西瓦尼亚、巴纳特和布科维纳的部分地区,并且预计,如果罗马尼亚没有加入到可能获胜的一方,那么罗马尼亚以后的日子将不会好过。然而,很快证明,侵入到特兰西瓦尼亚、巴纳特和布科维纳地区的罗马尼亚军队根本不是轴心国的对手,而且此间沙俄的攻势耗竭。12 月,罗马尼亚在失去 30 万人的性命和寄望于俄国救助的情况下,撤退到雅西(Iasi)地区,同时,德国和奥匈帝国占领了瓦拉几亚,包括布加勒斯特和至关重要的普洛耶什蒂油田。1917 年和 1918 年的大部分时间里,依靠强制运输方式,轴心国得到了大量石油、粮食和其他战略物资。在那时,石油已经成为德国和奥匈帝国战争机器的生命线,而且罗马尼亚仍然是世界上的第五大产油国——事实上,它仅仅次于俄国。罗马尼亚还是欧洲最大的产油国。1918 年 3 月,新建的苏俄政府与德国签署不列斯特-利托维斯克和约,此后罗马尼亚政府也于同年 5 月与德国签署了一项独立和约,由此,罗马尼亚以牺牲俄国为代价获得了位于东部的比萨拉比亚(即今天的摩尔多瓦),作为对北部奥匈帝国和多布鲁甲(Dobrudja)地区向保加利亚的领土退让和经济收益的回报。

然而 1918 年秋,在德国和奥匈帝国的占领军被迫撤出之后,罗马尼亚于 11 月 10 日(也就是战争结束的前一天!)再次参战,加入到即将获胜的一方。结果,罗马尼亚被列入"战胜国"行列,并且以牺牲战败的奥匈帝国、保加利亚和俄国为代价,在年底"解放"(占领)了特兰西瓦尼亚、巴纳特、布科维纳、比萨拉比亚、多布鲁甲以及南多布鲁甲地区。1919 年 3 - 7 月,罗马尼亚在特兰西瓦尼亚、巴纳特、布科维纳的控制权遭到来自匈牙利的以库恩·贝拉(Bela Kun)为首,具有强烈扩张主义和复仇主义特征的"民族布尔什维克"政权的挑战。制服该政权后,从 1919 年 8 月初至 11 月,罗马尼亚的部队乘胜追击,还占据了南匈牙利以及布达佩斯市。此外,由于成千上万的匈牙利人从特兰西瓦尼亚、巴纳特和布科维纳逃到四分五裂的匈牙利,罗马尼亚对上述地区的控制权得到巩固。1918 年底,罗马尼亚的领土和人口翻了将近一番。然而,在第一次世界大战期间,大约有 33.5 万名罗马尼亚居民(大约占战前总人口的 5%)牺牲,而且,这还不包括在奥匈帝国和俄国部队效劳中丧生的数以千计的罗马尼亚人。

希腊

第一次世界大战期间,希腊(与罗马尼亚一样)最初保持中立,因为希腊人在对待协约国和轴心国的立场发生严重分歧。从 1908 年起,希腊境内一直弥漫着一场重要的危机。这一年当中,青年土耳其党在奥斯曼帝国执政,奥匈帝国正式吞并波黑,保加利亚成为完全独立的王国,而且加剧了对马其顿的领土要求,而克里特岛(自从 1878 年以来一直保持自治)宣布与希腊联合起来。面对奥斯曼和西方联合挫败希腊民族主义者试图将马其顿、塞浦路斯和克里特岛合并起来组成"大希腊"的企图,由于希腊政府公认的怯懦软弱,结果,1909 年 8 月,一组军官在雅典发动政变夺取政权。希望建立一个更坚定自信和更具民族主义的政权。1910 年 10 月,这个军事集团密谋任命一位杰出的克里特政治家艾拉特里奥·维尼泽鲁斯(Eleutherios Venizelos)担任首相,维尼泽鲁斯由此成为此后直到 1933 年间希腊政界当中的主导人物。依靠在 1912 年和 1913 年的巴尔干战争期间发挥的领导作用,维尼泽鲁斯成功地吞并了南马其顿、南伊庇鲁斯、克里特和萨默斯,这些地区加起来使得希腊的人口和领土增加了一倍。

几乎在第一次世界大战刚刚开始之时,维尼泽鲁斯及其追随者就赞成加入协约国一方作战,旨在赢得协约国对于希腊关于获得北爱普鲁斯、大部分色雷斯、塞浦路斯和多德堪纳斯(Dodecanese)群岛以及西安纳托利亚(即利兹米尔地区),希腊可以凭借对它们的控制实现控制爱琴海的目的。参战的主要障碍来自国王君士坦丁一世,他1913年继承希腊王位,是一位亲德派,一位德国陆军的荣誉元帅和威廉二世皇帝的连襟。君士坦丁一世在感情上明显倾向于支持轴心国,但是,考虑到希腊国内支持协约国的力量不小,君士坦丁一世正式宣布保持中立。

1915年10月,受维尼泽鲁斯之邀,英法远征军在重要的港口城市萨罗尼加(Thessaloniki)登陆,旨在发起解放塞尔维亚的攻势。然而,尽管这些部队起初表现得战果不佳,但他们的到来加剧了国王与首相之间的对抗,促使维尼泽鲁斯辞职。然而,1916年,维尼泽鲁斯在萨罗尼加建立了一个自称是希腊的合法政府,对抗位于雅典的合法的王室政权。同年12月,英法官方承认了维尼泽鲁斯政府,并且对那些反对它的希腊地区实施海上封锁。借助于炮舰外交政策,英法强迫君士坦丁1917年7月让位给他的儿子,并将君士坦丁一世流放。1918年9月,大约30万希腊、塞尔维亚、意大利、英法联军开出萨罗尼加,协同作战,一直推进到保加利亚、马其顿和科索沃,终于迫使保加利亚瓦解和投降。反过来这也切断了奥斯曼帝国与它的日耳曼同盟之间的贸易和商业通道,并且推动了奥斯曼在1918年10月投降。总之,保加利亚在1918年9月末的崩溃"导致日耳曼军事领导者得出结论认为,战争已经告负"。(Mazower 2001:101)

奥斯曼帝国

由于1876－1878年以及1911－1913年间欧洲敌人的操纵和争霸,奥斯曼帝国遭受巨大的灾难和领土损失,再加上19世纪中期以来经历了愈发令人蒙羞的欧洲监控,奥斯曼帝国决定借助1914年爆发的欧洲战争来扭转乾坤。然而,尽管德国军队"顾问/指导者"从战略上早在 19 世纪 30 年代以来就开始帮助训练现代化奥斯曼陆军(另一方面,英国对奥斯曼海军采取同样的策略),而且尽管德国公司曾经积极参与发展奥斯曼的钢铁和军需生产以及为所谓的柏林-巴格达铁路工程供应铁轨和设备,但奥斯曼帝国加入轴心国一方作战绝非不可避免。奥斯曼帝国的重要外部经济和文化联结点仍然是在与英国和法国之间,而后者如果能够保持对奥斯曼帝国的中立或者甚至支持协约国,那么英法战争的结果将大大受益。而且,对于奥斯曼帝国统治者来说,要阻止两大对立集团之间开战,信守承诺和让步以保持中立,几乎完全肯定是愚蠢至极的做法。

奥斯曼统治精英(包括民族主义者青年土耳其党)的主要担心是,英法是俄国的盟国,而俄国一直是南斯拉夫和亚美尼亚的利益的捍卫者,这种捍卫为的是将巴尔干地区、高加索和里海和黑海完全置于俄国摆布之下,并侵入奥斯曼帝国。俄国甚至心存希望,将君士坦丁堡、博斯普鲁斯海峡和达达尼尔海峡从穆斯林/土耳其的控制之下"解放"出来。此外,英法还是奥斯曼外债的主要持有国,并且是所谓的"投降"政策的支持者和受益者,该政策将把"额外领土"权(特权)授予给奥斯曼领土上他们自己国家的公民,此外,他们还是"欧洲病夫"的西方监护者。有些英国集团对于美索不达米亚、海湾和阿拉伯半岛潜在的石油资源初显兴趣,而且进一步强化了英国通过埃及、红海亚丁湾以及海湾地区通往英属印度的运输线。另一方面,某些法国团体也染指叙利亚和黎巴嫩。因此,喜悦过后的胜利几乎注定会导致奥斯曼帝国的更加重大的损失和耻辱,很可能是致命性的。再者,1914 年 7 月 28 日,英国时任海军大臣温斯顿·丘吉尔下令没收英国船坞内为奥斯曼修建的两艘战舰,而这两艘战舰的费用已经公开支付过,为此引起了土耳其公共舆论的激愤。

出于这些担心和激愤,奥斯曼的民族主义者国防部部长恩维尔·帕夏(Enver Pasha)说服奥斯曼政府在 1914 年 8 月 2 日与德国签署一项密约,当天正是德国对法宣战的前天。同时,奥斯曼政府宣布,未来不再偿付它的巨额外债的沉重利息。8 月 10 日,奥斯曼政府允许受英国海军追逐的两艘德国战舰进入奥斯曼控制的达达尼尔海峡避难。奥斯曼政府然后伪称,这些舰船是从德国购买、用于替代上周被丘吉尔没收的战舰。10 月 29 日,饰有土耳其新的名称但仍然配备德国人员的这两艘战舰炮击了黑海沿岸的俄国重要港口敖德萨(Odessa)、塞瓦斯托波尔(Sevastopol)以及尼古拉耶夫(Nikolaev),击沉俄舰数艘。(Finkel 2005a:527－529)"这一行动决定了奥斯曼的命运——俄国在11 月 2 日对土宣战,英法(相继)于 11 月 5 日宣战。1914 年 11 月 11日,苏丹米哈伊五世雷萨德(Resad)对英、法、俄宣战。两天后……发布了针对全体穆斯林的'圣战'……奥斯曼帝国以其农业国的身份投入到一场工业化的战争中,虽然能够保证它的军队不至于挨饿,但缺乏给军队配备足够装备的能力。"(第 529 页)

正如上面所强调的,巴尔干半岛长期以来一直是奥斯曼的支柱,为帝国提供了大量的人口、税收、军事预备人员、受教育的管理者和国际性的商人,而且控制巴尔干正是奥斯曼成为一名欧洲大国的优势所在。(参见第 73－75 页)通过将几乎所有巴尔干领地上的奥斯曼土耳其人排挤走(除南色雷斯和伊斯坦布尔/君士坦丁堡以外),1877－1878 年的俄土战争和 1912－1913 年的巴尔干战争有效地终结了奥斯曼帝国的大国地位。截至 1914 年,奥斯曼相继失去了埃及、利比亚和几乎所有的前巴尔干领地,庞大的农业国奥斯曼帝国仅仅拥有 2 600 万人口。(Quataert 2005:112)当时俄国人口 16 700 万、德国 6 900 万、哈布斯堡帝国 5 000 万,与它们相比,奥斯曼帝国简直就是侏儒。再者,要守卫奥斯曼的仍然辽阔的领地也非常困难。从伊斯坦布尔出发,到达俄奥边界耗时一个月左右,到达美索不达米亚需要两个月左右。(Finkel 2005a:529)从军事和地缘政治看来,奥斯曼已经成为相对弱小国家,尽管它在地理上给人的印象依然是领地绵延广远(由此也带来问题重重)。

这些巨大的不平衡构成了奥斯曼参战期间惨重灾难的主要原因,第一次世界大战中,大约有 32.5 万奥斯曼士兵死于军事行动,40 万至70 万人在军事行动中负伤,其中大约有 6 万人后来死亡,而且另有 40

万人死于疾病,"这使得奥斯曼战斗人员的死亡总数达到将近 80 万",而"帝国军队所取得的唯一的持续军事成功便是在 1915－1916 年的保卫达达尼尔海峡的战斗,即加利波利战役(Gallipoli campaign)"。(Finkel 2005a:530)此外,有超过 100 万苏丹居民在第一次世界大战中死亡,包括"至少 60 万亚美尼亚居民"(Quataert 2005:69),以及 30 万至 50 万叙利亚人。(Mansfield 1992:165)除了亚美尼亚人之外,另有 100 多万土耳其人成为难民,其中大部分死掉。(McCarthy 1997:363,365,380)

第一次世界大战给奥斯曼帝国致命一击,它再也无力在 1916－1918 年的阿拉伯起义中苟延下来。战争中英国割占了美索不达米亚和巴勒斯坦,1918－1921 年希腊、英国、法国和阿拉伯军队占领了奥斯曼的大量附属领地。米哈伊六世,作为最后一位苏丹,1922 年被从君士坦丁堡转移到英国战舰上(1926 年他死于意大利的圣雷莫[San Remo])。1923 年土耳其共和国成立,第二年新的共和国废除了哈里发制度。

第一次世界大战对巴尔干战争的长期影响

第一次世界大战培育(或者至少加速了)巴尔干地区农民立场和社会意识的重要转变,正如在东中欧和俄国发生的一样。战争期间成千上万应征的农民被动员起来加入民族军队和帝国军队当中,他们穿越或者宿营在数以千计的村庄,多数情况下似乎在一夜之间打破了它们与"外部"世界之间的隔绝。士兵们参加历经严酷的战斗和社会经济巨变,他们的视野迅速扩大,战争结束后,他们通常不再返回他们古老的乡村。那些确实返回乡村的士兵(仅仅是为了参加战后的土地分配)很快变得不安分起来,他们不甘守居一处。有些士兵,包括曾经是俄国战犯的少数重要士兵,加入新生的共产党当中,而另一些则支持激进的民族主义、社会主义或者农民政党。戴维·米特兰尼(David Mitrany)在他关于一战对罗马尼亚农民影响的经典研究中发现,从参战那一刻开始,"许多新的真理和疑虑开始在农民的思想中起作用了",因为他们认识到,"他们所受的苦难正是由于他们所尊敬的领导和管理者的失败所致",而且他们"在演讲和文章中被赞颂为英雄,而在他们生存的现实中,他们感受到的却是苦涩"。(Mitrany 1930：98)

甚至在战争结束之前,欧洲就已经处于"易手"(changing hands)风波之中。在西欧,也是同样,财产转移的形式表现为大地主加速销售和出让土地,之所以如此是因为战争造成了劳动力、马匹、资金和燃料的短缺,土地价值和财产税(尤其是遗产税)飙升,大地产制合理化,再就是担心或者预期发生农民叛乱。然而,在农民或者农民士兵开始兵变、逃亡和叛乱的地方,正如他们在巴尔干地区、东中欧和俄国不断所做的那样,土地销售和土地租赁很快让位于自发的土地占有以及更平等、更多控制的土地改革。无论采取的是哪种形式,在爱尔兰的大部分地区、意大利和波罗的海地区,以及在俄国、巴尔干和东中欧地区,目标都在于最后废除或者废止对乡村的封建领主式控制。这是对"封建主义"的最后一击,也是欧洲农业史上的分水岭。它还向那些曾经无情地浪费了成千上万(主要是农民的)生命的"领导者"的权威和社会差异的结构发起了挑战。正如米特兰尼在谈到罗马尼亚的情况时写到,第一次世界大战使得农民"成为田地里独一无二的人,他们是毫无争议的主人……他们为他们自己的阶级彻底地征服了乡村……社会角逐的边线已经离开乡村转向城市和农村以及工业与农业的边界"。(Mitrany 1930：101)这几乎也完全适用于欧洲东半部的其他大多数地区。农民与市民之间的战争即将到来,他们的冲突线已经(重新)划定,农民实现了政治动员,并或有了自己的代表,它们包括声势浩大、影响巨大的农民运动,还包括激进的民族主义者、法西斯主义者、社会主义者或者共产党。

130

第二编

从罗马时代到第一次世界大战时期的东中欧

第十章　广为争议的 10 世纪以前东中欧的"族源"问题

　　中世纪东中欧的民族和政治的起源问题,一直笼罩在迷雾之中。关于 10 世纪以前这一地区居民及其政治的文献几乎没有,甚至连 10 世纪的一些信息也是非常残缺和零碎的。直到 10 世纪,东中欧地区的人们仍然绝大多数是异教徒,而且处于蒙昧阶段,自然就缺乏一个有文化的基督教士阶层,他们有足够的热情和能力来记载或书写该地区的政治-历史年表。因此,就第一个千年的大部分时段而言,历史学家关于东中欧地区及其居民所做的大量论断很大程度上都是肆意的臆测和推断,它们确立的依据基本上极为模糊、零碎、模棱两可,其证据多以语言学和考古学为主,"大众的"或者"民族的"民间故事的特殊片段,由具有高度倾向性的拜占庭和日耳曼(法兰克)的编年者和其他局外人所做的往往不具可信性的叙述,以及哲学家、历史学家和考古学家所做的大胆但极为主观且偏颇猜测,迄今为止,关于中世纪早期东中欧历史的有影响的阐释,尤其是公元 6 − 10 世纪斯拉夫民族起源的阐释,都只不过是幻想性的和极不合理的猜测,其依据往往是零碎、模糊和支撑力不强的证据。(Barford 2001,2005;Curta 2001,2005)这是我们至今对于中世纪早期的东中欧了解非常有限的主要原因之一。库尔塔(Curta)和巴福德(Barford)强调指出,在这个问题上可信的信息和学术共识寥寥无几。目前,关于这一时期的东中欧历史和前史,能充分自信或有权威性的见解也是少之又少。截至第一个公元千年甚至包括这一时期在内,东中欧究竟发生了什么,对这些我们完全确定的认识少之又少,更遑论发生的现象彼此之间的时间序列、前因后果和相互关系了。关于这方面的思考和研究,我们认为将大有可为,而且,以另一类模糊的推断、民族主义的和伪人种论的故事传说引导读者避开问题本身,这种做法将徒劳无益。马来甲·金布塔斯(Marija Gimbutas)1971 年论述斯拉夫民族起源的著作在当时曾被认为是"英语世界中关于中世纪早期东中欧考古学方面"的"最有价值的全面调查"。书中强调了研究中的该时代考古证据的缺乏和不可信:

> 那些流动不居的农民和牲畜饲养者,既没有建造石质或泥质的房屋或庙宇,又没有创造出杰出的或个性化的艺术形式。他们留下的乏味的遗迹丝毫不能引起考古学家的兴趣……重建斯拉夫文化史前时代的重任仍然等待着一丝不苟的现代考古学家去完成。关于青铜时代和铁器时代早期的北喀尔巴阡文化的总体图貌……只是基于少量考古证据的拼凑……离开考古学的材料,古代斯拉夫的物质文化,它的发展阶段,有关它的年表和文化关系都难以重建。(Gimbutas 1971:26)

马扎尔人曾经在 9 世纪期间从伏尔加河草原地带迁居到多瑙河中部的流域。类似地,匈牙利历史学家洛泽鲁·马凯(Laszlo Makkai)论及他的马扎尔祖先时指出:"可获得的资料的相互冲突催生了许多关于匈牙利人迁徙的力量……唯一可以肯定的是,多数的匈牙利人直到 9世纪的后半期才离开伏尔加河。"(Makkai 1975d:21)

尽管如此,充分利用这些零碎的、模糊的、可获得的考古学和哲学证据,相互竞争的"民族主义"历史、考古、哲学和人种学学派长久以来已经把早期的东中欧历史研究领域当成了战场。他们当中的很多人或直接或含蓄地倡导、支持或者介入相互竞争的党派关于领土的主张中,常常通过断言,这个或那个"民族"或"种族"(往往是他们所称的祖先)是这一或那一地区的"原初的"、"本土的"或"当地的"居民,而一些对该地区提出领土要求的人则纯粹是没有所有权或者永久居住权的"异族"、"外来者"、"流动人口"、"闯入者",即便这类"民族"或"种族"很可能已经在同一地区生活了数个世纪。

东中欧的早期历史和史前史

当今的波兰和捷克共和国的领土历史上从未纳入罗马帝国,而且他们有记录的历史直到公元 10 世纪才开始出现——而且,即使那时,也仅仅是一鳞片爪。

在当今的波兰境内,考古学家曾经发现了不同时期的人类居住的证据,它们包括铁器时代(公元前 600 年以后)、青铜时代(公元前 1800 －前 400 年)以及甚至可以追溯到公元前 18000 年(靠近克拉科夫的奥伊楚夫[Ojcow]岩洞)。原始农业可以追溯到大约公元前 2500 年,而且似乎可能的是,所谓的卢日支人(依照他们被首次发现的日耳曼东部地区的名称命名)大约在公元前 1300 至前 400 年间曾在此居住过。他们建造木寨,包括一个位于东波美拉尼亚地区的比斯库宾(Biskupin)的著名的岛屿要塞,它的存在年代大约在公元前 550 年的某一时期,而且与斯堪的纳维亚人和多瑙河流域人有贸易往来。该地区从公元前 500年遭到塞西亚人(Scythian)入侵,但考古学证据表明,大约公元前 400年凯尔特人曾经在此居住过,而且在大约从公元 1 世纪起日耳曼人开始侵入该地区。现代波兰的东部和北部地区也曾广为居住着波罗的海的部落——他们是现代拉脱维亚人和立陶宛人的祖先。(Davies 1981a：vol. I,41,44,xxxix)

在波罗的海和维斯瓦河的中间地带,普遍发现了罗马硬币和人工制品,这一事实表明,罗马的远征军和商人很可能突袭过这些地区。(Geremek 1982：14)尽管如此,像塔西佗之类的作家明确地将该地区视为未知领域。关于该地区日耳曼居民的所谓"维尼蒂"(Venedii)的名副其实的评论,同样也适用于斯拉夫居民。(Davies 1981a：45)因此,对于 1945 年后的波兰境内而言,"把斯拉夫的标签贴在任何先于公元 500 年的考古学发现的做法,很可能是不明智的"。(参见第 44 页)

不同支系的斯拉夫人很可能在 7－8 世纪首度定居在奥德河与维斯瓦河之间的地带。(Davies 1981a:27)然而,根据穿越和进入该地区的不计其数的移民以及由此产生的该地区的人种混杂的状况看,"要把斯拉夫的种族元素与非斯拉夫的种族元素完全区分开来……完全是不可能的"。(第 46 页)应该承认的是,波兰的考古学、哲学和人种学组成的所谓"原生"学派,设定了一条人种演进的笔直直线:从(青铜时代的)卢日支人经过罗马时代的模糊的维尼蒂,再到 10 世纪时不再模糊不清的波兰或斯拉夫部落。然而,这种推断遭到了更古老的"普鲁士学派"的反驳,他们将同一地区视为早期的东日耳曼人的"祖传家园"。(第 39、282 页)再者,许多考古学家、历史学家和哲学家也质疑所谓的卢萨蒂亚人(Lusatian)和维尼蒂人是前斯拉夫人的"鼻祖"的说法。有些学者论证指出,斯拉夫人起源于北喀尔巴阡地区,他们与波罗的海人、日耳曼人、伊利里亚人、色雷斯人和伊朗人混居在一起,而斯拉夫人散布各地的时间大约在 5－8 世纪期间,当时斯拉夫人受到来自亚洲的匈奴人、阿瓦尔人和其他游牧武士的影响。(第 40－43 页)

波兰(Polanie,或波兰人意思是"开阔平原上的民族")一词在 10 世纪以前并无所指,而且即使有所指,也仅限于居住在瓦尔塔河和维斯瓦河流域的小部分地区的单一斯拉夫部落。关于居住在现在波兰境内的斯拉夫居民的最早幸存的文字记录可以追溯到公元 965－966 年间,据说当时波兰统治者米耶茨克一世(Mieszko Ⅰ,公元 992 年去世)迎娶了一位捷克公主,他放弃异教,改宗基督教。(Davies 1981a:3－4)他们的政治组织中孕育出波兰的概念,该词很可能出自波兰语 pole,意思是"一片场地"或者"开阔平坦的土地"。然而,尽管显示波兰教会成立于公元 1000 年,但受资料缺乏所限,有关后来的 11、12 世纪的情况依然模糊不清。因为当时除了教士以外,波兰社会"蒙昧状态依然是主流"。(第 78 页)尽管完全可以认为,在奥德河流域或维斯杜拉流域的某些地方,曾经居住过一支说着"一种可视为现代波兰语之雏形的语言,或一组相关的语言",但是由于"缺乏 13 世纪以前的任何语言方面的记录",已不可能追溯这个(些)民族及其语言的出现。(第 47 页)尽管许多波兰人热切地相信,他们的祖先长久以来一直居住在一个古老而且连续不变的波兰家园里,但"已经无法确认出任何永久的、曾经独属波兰人的、不可剥夺的混居领地。它的领土,如同它的人口的居住模式、文化同盟和种族混居一样,已经经历了持续的变迁"。(Davies 1981a:24)

　　在现在的捷克平原和斯洛伐克境内,有人定居的历史可以追溯到大约 7 万年前(以现在为基点),而当地的冶铁(开始是冶铜)可以追溯到大约公元前 2000 年。(Kavka 1960:9—11)公元前 6 世纪至公元 1世纪间,捷克平原和斯洛伐克境内似曾有凯尔特部落居住。有些罗马作家后来就把其中的一支称为波伊人(Boii)——"波希米亚"的名称就是由此而来。大约公元前 50 年,大夏人(来自今天的罗马尼亚和保加利亚)进入多瑙河中部流域。捷克平原上还曾居住过所谓的卢日支人,他们的足迹可以追溯到青铜时代,而且据称这些民族是斯拉夫人,他们是该地区可辨识的最古老的居民。大约从公元前 100 年开始,这一地区的凯尔特居民逐渐被西部来自北欧平原的好战的日耳曼民族所同化或取代。日耳曼人与罗马人在边界上的战争断断续续,一直持续到公元 2 世纪。这些日耳曼民族后来似乎被西面来自亚洲的掠夺成性的骑兵所取代——公元 4—5 世纪期间主要是匈奴人,6—7 世纪间主要是阿瓦尔人。

　　捷克和斯洛伐克人的斯拉夫祖先似乎是在 6 世纪或 7 世纪早期"出现"(或者很可能是"到达")于捷克平原和斯洛伐克境内。捷克民族的名称来自 Cechi,原指斯拉夫部落的一支。似乎相当确定的是,大约公元 623 年或 624 年,一个闻名的商业冒险家萨摩(Samo)成功地带领一支斯拉夫人奋起抗争阿瓦尔人,而且直到大约 658 年去世时,他仍然是驰骋在摩拉维亚和部分斯洛伐克和波希米亚地区的斯拉夫部落联盟的统治者。然而,波希米亚、摩拉维亚和斯洛伐克的斯拉夫人在现存历史记录中一度消失长达 170 年——也就是,直到 9 世纪 20 年代在尼特拉（Nitra，也就是现在所谓的斯洛伐克）以及大约830年的摩拉维亚境内出现自治的斯拉夫公国。东中欧境内有明确记录的最古老的基督教堂是在828年的尼特拉地区，该教堂是由日耳曼的大主教萨尔茨堡建造的，摩拉维亚的斯拉夫统治家族在831年由日耳曼的帕索主教施洗。大约833年，摩拉维亚的统治者莫伊米尔一世(Mojmir I)征服了尼特拉公国，实现了捷克平原上和斯洛伐克境内的斯拉夫居民在20世纪前罕见的一次短暂统一。846年，莫伊米尔去世，此后摩拉维亚遭到法兰克的日耳曼人的侵略，后者扶植了一个名叫拉斯蒂斯拉夫(Rastislav)的傀儡担任摩拉维亚国王。可能是为了摆脱法兰克人的监控，也可能是为了排除日耳曼/天主教对于他的新领地的侵犯，863年，拉斯蒂斯拉夫邀请了两位拜占庭修士，即闻名的君士坦丁（即后来的西里尔）和美多迪乌斯，为摩拉维亚(以及后来的波希米亚)的显赫家族施洗，成为拜占庭东正教会。摩拉维亚已经发展起与拜占庭以及与新生的保加利亚王国之间的商业、文化联系，而且自从公元855年后，这两个具有语言学天赋的修士投入到更具重要性的任务当中，他们开始设计一种斯拉夫的字母表(格里高利文字体系)，并且将部分的东正教礼拜形式转换成最早的斯拉夫书面语言。然而，这两位来自萨洛尼卡的卓越兄弟实施的宗教和文化突袭，激起了日耳曼和天主教的激烈反抗。公元870年，拉斯蒂斯拉夫的统治不幸被推翻，遭到监禁，而且他的残暴的侄子斯瓦托普卢克(Svatopluk)弄瞎了他的眼睛，日耳曼天主教徒参与了这一系列事件。885年，在西里尔和美多迪乌斯去世以后，紧接着，他们的信徒和弟子被逐出捷克，斯瓦托普卢克王子强制执行教皇禁令，禁止采用过去的斯拉夫礼拜形式。然而，894年斯瓦托普卢克死后，波希米亚的捷克人摆脱了所谓的摩拉维亚帝国的统治。898－906年，在马扎尔人对多瑙河中部流域的一连串侵袭下，摩拉维亚帝国终于土崩瓦解。然而，一个新的捷克王朝，即闻名的普舍美斯(Premyslid)王朝出现在波希米亚，而且掌管着波希米亚境内自治的天主教教会。根据捷克民族神话的说法，这个新王朝(一直存在到1306年)的开创者是一个名为普舍美斯的强壮农夫，他娶了9世纪波希米亚国王的勇敢的女儿公主利布舍(Libuse),而且他们"此后一直过着幸福的生活"。

关于西匈牙利和西南斯洛伐克的有据可查的历史,出现于公元前10 世纪至前 9 世纪,当时该地方占多数的凯尔特人被迫屈服于罗马人的统治。而低洼的多瑙河中部平原(又称潘诺尼亚匈牙利平原,Pannonian plain)沼泽丛生,只有零星人口居住。然而,崎岖的西部山区(外多瑙河地区,包括巴拉顿和现在的佩奇和布达佩斯),以及现在位于西南斯洛伐克的布拉迪斯拉发,德温(Devin)和斯图帕瓦(Stupava),被并入罗马帝国,成为潘诺尼亚行省。当地罗马人的主要城镇是阿昆库姆(Aquincum),它的实际遗迹(包括两个圆形剧场和一些公共浴室)后来被发掘出来,位于现在的布达佩斯的第三区。其他一些重要的罗马遗迹,位于佩奇、索普朗和松博特海伊(匈牙利西部城市)以及斯洛伐克境内靠近斯图帕瓦和布拉迪斯拉发(Stupava and Bratislava),尚未出土。(Mannova 2000：12)考古学家已经确定,罗马的潘诺尼亚人的经济以谷物栽种、家畜饲养(主要是养马)、葡萄栽培、果树种植和石刻、马车厢建造以及陶器制作等手工业。罗马帝国的东北防线一直延伸到多瑙河,罗马人在沿岸建造了瞭望台和营房,防止"蛮族"入侵。类似的,多山的特兰西瓦尼亚也成为罗马达西亚行省的一部分。

当罗马人在"蛮族"多次侵袭下退却的时候,多瑙河中部平原遭到来自欧洲的一波又一波的马背尚武游牧民族的占领:4－5 世纪的占领者是匈奴;6 世纪末至 8 世纪的占领者是阿瓦尔人;9 世纪末至 10 世纪早期的占领者是马扎尔人。这些极具毁灭性的入侵似乎迫使位于这个开阔平原的凯尔特人不得不一步步地向西寻找更安全的避难所。在匈奴人和阿瓦尔人统治的间隔期,似乎出现了日耳曼人和瓦拉几人(罗马尼亚人)的实质性的内迁,他们后来为阿瓦尔人和马扎尔人所吞并,并且被迫纳贡。阿瓦尔人反过来被 8 世纪末的法兰克人所制服。在 9世纪 40－90 年代中间,马扎尔人(匈牙利人)名义上的祖先似乎被彼切尼克族(Pecheneg)的草原武士们从临时据点上赶走。他们在顿河、第聂伯河以及德涅斯特河短暂逗留一段之后,896－900 年间,占据了(他们先前曾经洗劫过的)多瑙河中部流域。多达 40 万的马扎尔人,仿照他们的主要部落,轻易地推翻了该地区居多数的斯拉夫人,以及日耳曼人、阿瓦尔人和瓦拉几人,他们的总人数可能胜过前者的一倍。马扎尔人后来不仅吞并了多瑙河中部流域,而且包括外多瑙河、斯洛伐克、部分特兰西瓦尼亚地区,并且在 907 年吞并了奥斯特马克(奥地利)。此外,他们对意大利的无数次洗劫一直持续到 926 年,对德国的洗劫持续到 955 年,对巴尔干地区的洗劫持续到 10 世纪 60 年代。有时他们甚至跨过法兰西,进袭到西班牙境内。904 年,马扎尔人部落联盟的副首领或格尤拉(Gyula),①攫取了权力,建立了阿尔帕德王朝,该王朝统治匈牙利直到 1301 年。尽管德国、意大利和巴尔干的统治者们诚惶诚恐,不得不定期向马扎尔纳贡,但是他们逐渐联合起来反抗这些劫掠者,德国军队在 933 年和 955 年数次遭到马扎尔人重创(恢复了奥斯特马克对于日耳曼的控制),而到 10 世纪 70 年代,拜占庭帝国成功有效地巩固了它的多瑙河边界。此外,受基辅罗斯人的影响,马扎尔人还进一步接受坐着工作的欧洲生活方式。基辅罗斯人的出现限定了马扎尔人对黑海草原侵袭的范围,而且阻止了马扎尔人与顿河和伏尔加河流域的土耳其居民的接触。所有这些使得马扎尔人成为楔入西斯拉夫人和南部斯拉夫人之间、区隔两者的一个重要“界标”。

备受争议的中世纪东中欧的斯拉夫“民族”(所谓的“西斯拉夫”)的起源问题

实际上,能完全断定的是,截至 10 世纪,一个普遍被识别为“斯拉夫”的“民族”或一些“民族”的语言-文化群体和一个生物-种族群体构成了东中欧居民的主体;而且,东中欧的“斯拉夫”居民逐渐演进成为捷克人、斯洛伐克人、波兰人、索布人(Sorbs)和卢日支人;而且那种接触以及由此产生的“西斯拉夫人”和巴尔干半岛上的“南斯拉夫人”兄弟之间的联系,因为 896－907 年之间马扎尔人大举流入多瑙河中部流域,遽然遭到隔开。

---

① 一项荣誉名称,指有软胡须的男性匈牙利人。——译者注

保罗·巴福德(Paul Barford)(2001、2005)和弗洛琳·库尔塔(Florin Curta)(2001、2005、2006)曾经论证指出,关于 7 世纪以前的斯拉夫民族及其发祥地的可靠信息,少之又少(如果说有一点的话)。依照树木年轮学(利用树干的年轮来判断过去事件的年代)的数据显示,在东中欧"所谓的斯拉夫文化……只能追溯到公元 700 年"。(Curta 2005:9)保罗·巴福德是一位波兰考古学方面的重要专家,他坚持认为,"鲜有证据能够表明,7 世纪末或者 8 世纪初有斯拉夫人存在于波拉比亚(polabia,即现在的德国东部)或者波兰的中部和西北部。实际上,就大多数地区而言,最早在 7 世纪后期……才有零落的定居点出现"。(Barford 2005:62)长久以来一个聚讼纷纭的问题是,波兰人、捷克人和斯洛伐克人的斯拉夫族祖先是何时、如何"出现"的:他们是否在公元 6-7 世纪期间的某一时间首次出现在他们目前的"祖国";而且如果他们是从其他地方"迁移"或者"到达"这里,那么它们又是何时来到的。关于斯拉夫民族与西斯拉夫、东斯拉夫和南斯拉夫语言和种族群体的分离或联合的进程的本质和时间,尚无共识。

现在看来似乎极不可能的是,在 6 世纪以前的东中欧存在有大量的种族上或者语言学上可以辨识的斯拉夫人口。重要的是,这段时间以前,拜占庭(东罗马)帝国"对他们北部边界称为斯拉夫的民族的存在基本上熟视无睹。(用于指称斯拉夫民族的)术语似乎只是在 6 世纪 50 年代的东罗马学者创造或者采用的,他们用以描述某种蛮族"。(Barford 2001:36)再者,似乎不再合理的是,西斯拉夫人的"祖先"从其他地方"迁居"到东中欧。没有充分的证据来支持以往的假定,即来自现在的乌克兰和白俄罗斯地区的可辨识为斯拉夫的人群被迫大规模地离开家园进入东中欧。(Barford 2001:16,45-46;Curta 2001:336-337;2006:56) **138**

关于公元 3-7 世纪间"广阔的俄罗斯平原"上居民的存在和特征,尚未有书面的文献记录。他们"没有共同的姓氏,他们是'斯拉夫人'还是其他民族,不得而知",(Dolukhanov 1996:ix-x)而且他们"不能被归于任何一个种族群体中"。(Curta 2001:13)再者,作下述设想也是不合理的,即斯拉夫人进行的大规模的聚集和迁徙完全未被同时代的邻居民族和国家所注意。然而,斯拉夫民族迅速扩张成为东中欧地区人数最多的种族文化群体,其速度之快堪称人口自然爆炸,而难以给出合理解释。(Barford 2001:16;Urbanczyk 2005:142)"移居到这块新领土上的少量原始人口的后裔,不论有关其生育率采取何种计算方式,从生理学上看都是不可能的"。(Barford 2001:46)库尔塔和巴福德共同认为,一些斯拉夫民族(不仅西斯拉夫人)是如何形成的,仍然不得而知,尽管这并没有阻止他们和其他研究者继续就这个永无止境的千古之谜提出创新的、有趣的假定和推断。(参见 Curta 2001:3,13,118－119,335,346－350;2006:59;Barford 2001:46;Urbanczyk 2005:143－147)

不论事实如何,如果纵贯公元后第一个千年的大部分时期内,欧洲多数地区的人口处于地域迁徙或变化当中,那么极不可能的是,上帝会带领波兰、捷克和斯洛伐克的祖先来到原民族的(proto-national)"祖国",在那里他们能够安然享有对该地区持久、排他的管辖权,不受外来者和更早期居民的影响。不是一定要把现代特定的种族的、民族的和领土的观念或观点建构在前现代的多民族社会之上,因为在前现代的多民族社会中,现代的种族和民族认同尚未形成(常常具有误导性的是,将现代种族和民族冲突的根源归于前现代的过去时期),坚持认为东中欧的民族全是民族大杂烩,也许更为稳妥可信。试图"发现"或创造出种族上和生物学上纯粹的中世纪种族谱系,以迎合现代的民族、种族和领土要求,这种现代做法是极为荒谬的。特别值得注意的是下述关于民族的贬义界定:民族是"依靠对他们祖先的共同错误认识以及对他们邻族的共同憎恶所统一起来的一组群体"。(Deutsch 1969:3)我们在这些事情上的态度类似于匈牙利作家保罗·伊格诺思(Paul Ignotus):"匈牙利民族……被认为完全不同于它的亚洲种族和语言。关于它的种族的一切言论都是垃圾;语言自身是鲜明的现实。欧洲是由不同人种的种族所混合而成的。但是匈牙利的人种的混杂性位居欧洲首位。如果它北部和南部的斯拉夫人,它西部的奥地利德国人以及它东部的罗马尼亚人,都是种族混合物,那么匈牙利就是所有这些混合种族的混合。"(Ignotus 1972:21)值得欣慰的是,许多马扎尔人(匈牙利人)甚至没有试图宣称,今日的匈牙利就是他们民族自古以来的"祖国",因为一直相当确定的是,他们的"亚洲"马扎尔人祖先到达这片后来成为匈牙利的地区的时间,最早只能确定在 9、10 世纪。

东中欧民族混居起源难以确定,并不意味着这些民族的起源完全不同于南欧、西欧和北欧的起源。所有欧洲民族都有着不同的而且常常是非常模糊不清的人种和种族起源。唯一重要的差别在于:第一,与第一个千年的南欧(包括巴尔干地区)和西欧以及日耳曼欧洲相比,关于东中欧人口的种族构成、文化、生活方式和社会组织的可靠证据更少,更加模糊不清;第二,这使得对民族主义的(西斯拉夫)的历史学家、哲学家和考古学家来说,要提出关于第一个千年内的特定的种族、人种和领土方面的叙事和观点,相对较容易一些;第三,反过来,这导致有关现代东中欧民族的更狭隘和更排他性的种族和人种观更容易出现。

最后,需要强调指出的是,中世纪的波兰、捷克和马扎尔的王国的出现,在时间上实际先于具有排他性的现代领土主权观和现代国家观。王权在地方上的直接实施往往遭遇到划界不当的阻碍,控制边界的往往是那些不同程度上以命令代替法律的"边界军阀"(marcher lord)。"政治权力从多个权威中心发出,它们的影响领域往往会扩大或收缩,而且常常相互交叠。"(Davies 1981a:33)在东中欧,许多地区或者是茂密的树林,或者是沼泽地,(而且部分由于这些原因)横穿东中欧要比横穿西欧的许多地区困难得多。这种状况,在波希米亚王国一直持续到17 世纪,在波兰和匈牙利一直持续到 18 世纪末期。由此,极力把特定的"民族"或者种族群体与特定的领土或者(设想的)一直居住的"祖国"联系在一起,并且极力以那类虚假的历史叙事来支撑现代的领土要求,这两种努力都是极不合理的。

第十一章 10－16世纪东中欧与西方基督教国家明显趋近

　　10－16世纪,东中欧和西欧国家文化和经济之间的"距离"大大缩短。东中欧在经济、文化和社会等方面明显地被西方(罗马天主教)基督教国家所同化。其中托波尔斯基(Topolski)(1981:375－379)、彼得·亚蕾(2001:36,18－61)、杰诺·朱斯(Jeno Szucs)(1988:331),伊凡·贝伦德(Ivan Berend)(1986:331－332)、米哈伊·沃伊道(Mihaly Vajda)(1988:343)和安德鲁·哈诺斯(Andrew Janos)(1982:30－31)都竭力支持这种观点。西方基督教分支的皈依,加上德国殖民者、商人、牧师、律师和行政管理人员大量涌入,都进一步促进了东中欧与西欧日益密切的文化交流。这通常被看作,至少是部分地澄清了下述事实,即大部分东中欧(不像巴尔干地区)国家并没有袭承原"希腊-罗马的文化传统",只有小部分东中欧国家曾源于罗马帝国。

　　而对于基督教国家来说,融入了德国商人、牧师和移民,并增加了与西欧的接触,进而促进了其书面语言、神学和科学研究、学术成就、法学、商业、农业和采矿技术等方面的发展,颁布了更正式、更正规的管理规定,城镇中也临时设置了教会、商务、求知和公民文化的场所。从14－16世纪,波兰、立陶宛、匈牙利和波希米亚的君权进一步受到限制,上述的每一个国家都曾经历过商业、手工业、采矿业和城镇的重大发展。波希米亚是 14 世纪欧洲白银的主要出产国,铸币厂出产的大量白银极大地帮助了白银的货币化和经济的商品化。(Kavka 1960:34 – 35)14 世纪重犁和三圃制被引入东中欧的农业。(Topolski 1981:376;Wandycz 1992:30)后来,从铜矿中分离出白银的 seiger 过程的发现进一步刺激了东中欧的采矿业,结果,1460 – 1530 年间金属货币的铸造量增长超 5 倍。(Anderson 1979:22)

东中欧的教育精英以极大的热情投入文艺复兴、宗教改革和早期的科学革命当中。从 13 世纪起,东中欧的白话文激增。主要的世界性大学先后于 1348 年的布拉格,1365 年的维也纳,15 世纪的克拉科夫和 1579 年的维尔纽斯得以建立。还有 1361 年在佩奇以及 1465 年在波诺尼的伯拉第斯拉瓦建立的大学,但它们没能幸存下来。第一批印刷机于 15 世纪 60 年代的波希米亚和 1473 在匈牙利建成(相对于 15 世纪 60 年代在意大利及 70 年代在英格兰和法国而言)。被译成方言的《圣经》开始出现在德国和意大利,后来,在波希米亚和匈牙利,随后在英格兰和法国。(Wandycz 1992:36 – 37)首部方言版《圣经》印刷书籍于 1513 年在波兰和 1541 年在匈牙利出版。16 世纪有约 8 000 多个篇目在荷兰出版,而英国出版的篇目有上万之多。(第 50 – 51 页)

那时的多瑙河平原"与西欧的关系比任何一个时期都密切"。(Evans 1979:xxii)16 世纪大约有 25% 的居民居住在摩拉维亚,20% 居住在波希米亚和荷兰(包括立陶宛的大公国),约 15% 的居民生活在匈牙利的城区,虽然这仍远低于同期生活在低地和意大利北部地区占人口 50% 的比例。(第 60 页)到了 17 世纪,在斯洛伐克仍有约 150 个小"城镇"。(Kirschbaum 1995:64 – 65;Spiesz et al. 2006:68)而且,16 – 17 世纪早期的波兰、波希米亚、摩拉维亚、特兰尼瓦吉亚(不够正式地)和斯洛伐克,都因其宗教宽容可作为避难所而闻名,同时期的西欧则是处在宗教迷信与冲突之中。

要进一步了解 10 – 16 世纪的东中欧,读者可阅读温迪斯基(2001:18 – 61)和本书第一版(Bideleux 和 Jeffries 1998:111 – 261)。在旧版中我们着重呈现了文艺复兴和宗教改革时期的波希米亚、波兰-

141

立陶宛和匈牙利的主要特点。

波希米亚王国的宗教改革和文艺复兴

西欧人不仅错误地认为 16 世纪的宗教改革起始于西欧并以此为依据来区分东西欧,而且忽视了这样一个事实,那就是欧洲第一次成熟的基督教改革起源于约翰·胡斯的波希米亚,而不是马丁·路德的德国。胡斯的宗教改革是中世纪波希米亚规模最大、对 16 世纪欧洲文化发展下欧洲新教改革的先驱者贡献最大的改革。

在日渐扩大的卢森堡的世界性王朝(Cosmopolitan Luxembourg dynasty,1310 − 1437)版图中,捷克以其文化和经济实力而闻名,国王查尔斯也于 1345 年成为神圣罗马帝国的君主。1348 年查尔斯建立了布拉格大学,它是神圣罗马帝国和东中欧的第一所大学,查尔斯想把它建成为一所真正的、世界性的学府,可以同时采用捷克语和波兰语与拉丁文、意大利文和德语作为教学语言。这个仅有 4 万居民的城市,布拉格大学就迅速聚集了大约 7 000 名学生。(Bradley 1971:38)1350 年查尔斯决定把布拉格建成"神圣罗马帝国"的首都的地位一直维持到 15 世纪。他发起创建的布拉格"新城"的人口最终超过了"旧城"人口的数量。他重建了城堡区的皇家城堡以及许多堡垒、教堂和修道院,修建了一座横跨维尔塔瓦河的石桥(著名而造型优雅的查尔斯桥,至今仍连接着两岸的首都),并开始建造圣维特大教堂。他还邀请一些外国建筑师和艺术家用晚期哥特艺术风格装饰布拉格城,他的王宫和大法庭成为艺术和学习的中心。(Kaminsky 1967:7)布拉格由此发展成为一个真正的雄伟壮丽的欧洲城市,它吸引了来自德国、法国、意大利、波兰和匈牙利的商人、贵族、牧师、建筑师和学生。14 世纪 50 年代查尔斯驯服了那些不守规矩的大资本家和胆敢越轨的男爵贼党。由此,贯彻到乡村的法律和命令以及王道(the King's highway)对贸易商来说就相对的安全了。在农业部门,他积极倡导推广葡萄栽培、水果农业和商业性的鲤鱼养殖,还设立了专门的法院来裁定业主与农民间的纠纷。查尔斯的公共工程计划、货币改革和经济初期习惯法的编纂都刺激了

商业和手工业。(Bradley 1971：35－36)

15世纪波希米亚的胡斯宗教改革

但是,捷克及其天主教会财富的增长也助长了其道德上的放纵和腐化,15世纪早期的胡斯改革就是以改革的方式对此发起反抗。和许多其他天主教国家一样,波希米亚的天主教会很明显需要改革,部分是因为基督教会财富的积累明显已走到了它的尽头。14世纪教会就占有了波希米亚三分之一的土地。(Kavka 1960：45)据说高级的神职人员和一些中间教团以各种欺骗、滥用职权的手段攫取财富,包括买卖圣职,宣传宗教多元论,收受高昂的葬礼费等。(Kaminsky 1967：11,20；Betts 1947：375,379)而且,波希米亚经济和税收膨胀,加之圣迹和圣祠的激增,信教自由环境中迅速增长的非法交易,以及教会任命的、批准上交给罗马教皇的款项,凡此种种,使得波希米亚成为教皇剥削和欺诈的主要目标。

1363年,查尔斯劝传教士康纳德·瓦尔德豪瑟(Konard Waldhauser)在布拉格定居。从那时起直到1369年去世,瓦尔德豪瑟经常严厉斥责布拉格大多数德国市民的贪婪、自负、奢华和宗教软弱,并痛斥托钵修道会教团的恶习和渎职,甚至正式的牧师"都只顾为自己攫取利益,而不去关注交托给他们的灵魂"。(Kaminsky 1967)他的训诫影响了捷克激进的一代宗教改革者,尤其是来自克洛米利兹的简-米利克(Jan Milic)和来自热诺威的梅特杰(Matej)。

1363年,米利克决定放弃他舒适的生活和作为王室高级仆从的职位,结果成了一名贫穷的传教士。从1364年直至1374年去世,他都宣称,很多迹象表明,期待已久的审判日正在临近,但不幸的是,基督教国家并没有为耶稣的第二次降临做好准备。因此,他敦促基督徒经常举行饼酒同领的圣餐礼("饼和酒"合为体),目的在于依照耶稣在最后的晚餐中的命令,随时为他的第二次降临和最后的审判做好预备。不久,捷克宗教改革运动的主要拥护者就以"饼酒同领派"而知名,因为他们坚持基督徒和教士应经常的举行圣餐礼,(即sub utraque specie,或叫

"Calixtines")由此,圣餐杯成为他们的象征和对人的号召。在罗马天主教的习俗中(从 12 世纪起)圣餐酒只为牧师所保留。米利克强调这是有悖于耶稣明示的训诫,在神的眼里,信徒和他们的牧师地位应该是平等的(实事上也是如此)。

1367 年,米利克获准来到罗马,阐明自己对基督教国家与罗马教皇间的危机的看法。他后来因批评天主教牧师而遭罗马审讯被捕入狱,在查尔斯王亲自干预下,他才得以安全释放。而且,在回到布拉格后,他获准可以不受任何干扰地继续他的传教事业,直到 1369 年去世。"他还吸引了一批传教士加入他贫穷的生活中来,他们靠救济过活,不断在民间进行传教。"越来越多的意大利人也投入到他所开展的运动中。米利克开启他救赎和改革城市妓女的使命后,查尔斯王把布拉格一个最有名的妓院交给他管理。米利克在凑齐了能够买下妓院旁临近产业的钱,并接受一些捐赠之后,就建立了一个团体,他为之命名为"耶路撒冷",把它作为那些皈依教会的妓女的住所和供养处。(Kaminsky 1967:12)

米利克对教会堕落和失败的谴责给予教会重重一击。他不仅揭发教会买卖圣职的行径,还谴责"高级教士的奢侈和实行纳妾制,谴责他们的财富和多元主张,以及他们的高利贷交易……"他还跟随瓦尔德豪瑟斥责托钵修教会教团的特权,他们出售赎罪券,并用其特权地位聚敛财富。但他反复表示,他对教皇忠诚,并热切地希望教皇能够使"教会保持纯洁,以便在罗马更好地召开全体教会会议"。他这样的姿态表明,"他并非想要颠覆教会权威,而是想恢复它"。(第 11 页)

来自克洛米利兹的简-米利克是真正的捷克宗教之父。但他的"耶路撒冷"社团没能在他 1374 年去世后得以幸存,而经常举行的圣餐礼也于 1388 年遭到来自布拉格大学"院长们"的责难,于是宗教大会颁布法令规定,平信徒每月只能举行一次圣餐礼。(Kaminsky 1967:14,18)但 1391 年,伯利恒的小礼拜堂成为米利克所发起的宗教改革运动新的中心,它强调要积极热情地把福音传到每个角落,并采用 14 世纪70 年代的第一版捷克语《圣经》译本。(Kavka 1994:132)米利克没有

143

把他的教义和信仰发展成为一个详尽连贯的体系。他的思想和活动常是对一些特殊问题的临时性回应。来自热诺威的梅特杰肩负起使命,他将这些训令编订成一部前后连贯一致的宗教教义文集。梅特杰是捷克贵族,1372年曾受米利克运动的影响,1373—1381年就读于巴黎大学。在巴黎期间,他理解了威廉·圣阿默尔(William of St Amour)早年对教会滥用职权,奢华放纵的批评,并把这些训诫合并成为他的著作《旧约和新约教规》(*Regulae veteris et novi testamenti*)。梅特杰似乎在做一件几乎难以完成的事,那就是"把虔信派的思想体系与教会体系融合"。依着他的热情、他的博学和他思想的广度,他研究了欧洲范围内的许多问题,并用整个基督教的历史来界定当前的形势,他的这些特质为他之后的《旧约和新约教规》一书提供了不竭的灵感源泉,对捷克较为激进的宗教改革者更是如此。(Kaminsky 1967:14－15,22－23)虽然他尽力调和严格的圣经主义与"圣灵不断显现"之间的关系,但同时也倡导"把教会恢复到使徒时代"。(Kavka 1994:132)其中心思想是对教士的生活应加以改革,对神真正的信仰应传教给平信徒,或非信徒,在"圣众与基督教会内圣徒团体"的带领下,他们应通过圣餐礼与耶稣连为一体。(Kaminsky 1967:21)

14世纪八九十年代间,波希米亚基督教改革者与保守派间的争论与对抗,演变为捷克与德国对布拉格大学的控制权之间的争夺,布拉格大学建校之初的普救与世界性的理念也被尖刻、互不容忍和仇外情绪所淹没。查尔斯王的继任者瓦茨拉夫四世(1378－1419年在位)试图利用这一斗争攫取自己政治上的优势地位,但最终丧失了对双方的控制能力。1403年仍居主导地位的布拉格德国人指责与他们政见不同的牛津哲学家和神学家约翰·威克里夫(John Wyclif,1330－1384),他是一位富有激进思想的信徒,他主要的宗教小册子写于1374－1384年。威克里夫主张平信徒自己应能够阅读《圣经》,并能用自己的语言加以解读。他还描述了平信徒与教士的不同,谴责教会的财富与奢侈,否认教皇至高无上的地位,反对圣餐变体论的教义(相信面包和酒在圣餐礼中会分别变为耶稣的身体和血)。威克里夫的宗教教训在1382－

1392 年被英国的天主教大主教斥为"异端",而到了 1403 年,布拉格大学的主要德国圣会则把被斥为异端的威克里夫 45 条原则立为行为准则,称为"四十五条规则"。那时威克里夫的思想为一些志趣相投的捷克人所研习。1382 年英国国王理查德二世(1377－1399 年在位)与波希米亚王瓦茨拉夫四世妹妹联姻,使得英国与波希米亚间的关系明显好转。

144

14 世纪 90 年代,捷克接纳威克里夫主义成为上述布拉格大学内捷克与德国"院长们"(教授们)冲突的焦点。(Kaminsky 1967：23－24)威克里夫的思想极大地影响了简·胡斯(Jan Hus,1371－1415),后者是捷克的一位传教士,兼大学教授,而且曾领导过米利克运动。(第 34－35 页)但胡斯并不是对威克里夫思想的简单挪用。威克里夫思想不仅可以视作胡斯运动的原因,就此而言,具有重要作用,还可以认为,二者对 14 世纪天主教的基督教国家(第 24－25 页)中的一些问题在观念上(回应)具有相似性。"胡斯确实把威克里夫作品中整篇整段抄写到自己作品中",但事实上这是因为早期的"波希米亚宗教改革的遗存"为其做好的先期预设。(第 36 页)当时人们对剽窃的看法与现在有所不同。对原创的崇拜尚未发展成熟,而剽窃,即使是在牛津,也是司空见惯的事情。胡斯"并非盲目地照搬照抄,而是有所创新,他以一种完美的写作技巧把威克里夫的作品整理成内容实用而充满力量的书籍"。(Kaminsky 1967：36)这样,威克里夫思想为胡斯运动所吸收,尽管它原来的形式和体系对英国影响甚微,但对全国性的宗教改革的出现作出了重大贡献,并对毗邻的匈牙利和波兰产生了潜在影响。胡斯所信奉的威克里夫的各种思想即"耶稣法则"(lex Christi)成为教会的主要机构以及所有基督教思想和行动的"绝对自主"(absolutely self-sufficient)的根基。"这些法则都包含在《圣经》中,它是高于所有其他信仰之源的法则,尤其是天主教会所依赖的传统;依据《圣经》,运用我们的理性,我们可以知晓神的真理。"(Kavka 1994：132)在君士坦丁王统治期间,教会屈从于"财富与权力的诱惑,背叛了它的使命",(第 133 页)胡斯从那时起接受了威克里夫的观点。在《论教会》(De ecclesia,

1413)一书中,他宣称"没有一个人是基督真正的代表,除非他在生活的各个方面都遵从他的道"。(Kaminsky 1967:53)他期望牧师都能放弃财产和统治权,以榜样的形象去领导和影响他人,自己依靠救济过活。他认为教会的财产使牧师们背弃了他们的使命,更关注于攫取圣俸。(Kavka 1960:46)正像威克里夫所倡导的那样,胡斯还做了如此预定,那就是如果这些权势(包括高级神职人员)陷入道德的罪中,就应剥夺对他们的尊敬和权力,以示惩罚。他还相信"每个人都有权,甚至有责任反抗违背正义的准则,这是为每个人的理性所裁判的"。(Kavka 1994:132－133)

但胡斯对威克里夫的某些原理也持不同态度。他不支持威克里夫对圣餐变体论教义的否决,也不完全赞同威克里夫相信世俗统治者可以"自上而下"的方式对整个教会改革起作用的意愿。与米利克和热诺威的思想不同,胡斯认为教会改革要取得成效,应主要遵循"从内到外,自下而上"的路线,从真正信守的基督教士和平信徒的社团开始,最后他赞同恢复基督社团的选举牧师和高级教士,进而取代自上而下的任命制。(Kavka 1994:133)

1378年,布拉格捷克与德国天主教徒的冲突注定与罗马帝国的政治和1378－1417年所谓的"教皇分裂教会罪"纠缠在一起(罗马和亚威农竞争者之间)。简而言之,简·胡斯为此在康斯坦斯会议(1414－1417)(即天主教会领袖的集会上)为反对异端的指控而为自己辩护。这次集会是应瓦克拉夫(Vaclav)的兄弟西吉斯蒙德的邀请而召开的,西吉斯蒙德1410年成为神圣罗马帝国和匈牙利的国王。会议的主要任务就是恢复教会的统一和权威。西吉斯蒙德王对解决他的兄弟波希米亚执政时期的紧张问题表现出极大的兴趣,胡斯事先得到了西吉斯蒙德保障他个人安全的允诺,并为有这样的机会可以在天主教会领袖面前阐述自己的观点和并为其辩护而感到愉快,在这种朴素的信仰中他们可以公平地对待他,真诚地倾听他的所说所讲。毕竟,胡斯的目的是为了改革和复原罗马天主教会,而不是要颠覆或破坏它。(Kaminsky 1967:222)他希望至少能在罗马天主教会的社团中达成对波希米亚改

145

革的共识。他倾其所有资助康斯坦斯议会的这次公开听证会,就是希望能由此确保欧洲的第一次改革运动——它既是整个欧洲宗教改革的开端,更是地域性的"一国范围内改革"的开始。

1414 年 11 月 4 日,由于西吉斯蒙德背弃了曾经的承诺,胡斯在到达康斯坦斯后不久被捕入狱。他被迫接受审判,并被指控为异教徒,并于 1415 年 7 月 6 日处以火刑,这不仅因其胆敢批判教会的腐败,还因为他与那些趾高气扬的高级教士们在教义方面存在的分歧。那些高级教士们其实并没有来到康斯坦斯,参与同来自布拉格自命不凡的教授们的辩论。胡斯发现他已经不再是为自己的观点辩护,而是被迫针对反对宗教改革整体的敌对方的意见而为自己辩护,一方面是因为他们以同样的方式玷污所有的改革者,另一方面是因为实际上他们并不情愿去阅读他们所攻击的他们所谓的"异教"或"颠覆性"作品。面对四十五条教规,胡斯的答复是,他不能赞成其中的部分条规的("nec tenni nec non teneo"),"而且大多数情况下他的观点恰恰或说总体上是正确的"。(Kaminsky 1967:53)

胡斯对教士的罪恶有力的谴责,无疑激起了教会的仇恨,同时也引导人民从 1408 年起走上反对顽固不化的天主教士的道路。而且,威克里夫的教会论也含蓄地表达了对天主教士的否定,"它标榜是慈善的圣座,因此而享有权威……"对此胡斯与威克里夫的观点并无矛盾(第 38页)。胡斯最后似乎在说罗马教皇是"伪基督",(第 40 页)教皇的法庭是"撒旦的集会",(第 53 页)那些充满"罪与恶"的高级教士就是耶稣基督的敌人。(第 38 页)

然而,胡斯的教义事实上或说他所提出的供思考的教义"并非异端"。他确实接受了威克里夫思想,但往往会作必要的修改,以便更加与正统相融。(Kaminsky 1967:35)"他从来没有放弃……而是坚持他的所作所为就是正统。"(第 5 页)与许多基督教的改革者相同,胡斯的目的是为了恢复教会最初的纯洁,并非意在否定、颠覆或分裂它。当他被控认为"教士财富的充实就是有违耶稣的准则"时,他的回答是,"只要他们不滥用职权,教士可以正当地获得财富"。(第 54 页)

与更多的拒不退让的改革者所不同的是,胡斯要关注的是,使天主教会作为一个整体,与福音和圣保罗的教训相统一。(Kaminsky 1967:79)这不仅是他来到康斯坦斯的初衷,也是1415年6月21日前他一直拒绝同意号召举行经常性的世俗圣餐礼的重要原因,那时距他被处以死刑只有两周之久。(第134页)更激进的改革者相当一段时间内坚持认为,他的这一举动不仅是明智可取的(为了使其信徒能够为耶稣的第二次降临做恒久的准备),并与早期的教会相一致,而且对个人的拯救也是必不可少的。他们引用《约翰福音》第6章第53节("你们若不吃人子的肉,不喝人子的血,就没有生命在你们里面。")和《马太福音》第26章第27－28节("又拿起杯来,主谢了,递给他们,说:'你们都喝这个,因为这是我立约的血,为多人流出来,使罪得赦。'")而与之相反的是,胡斯从来不主张圣餐酒(圣餐杯)是获得拯救的先决条件。(Kaminsky 1967:127)他似乎接受了天主教的教义,即平信徒只需要领受面包,因为,第一,耶稣的"现身"必会是这面包与酒一体的现身;第二,《约翰福音》第6章第53节对精神上的解读更为明朗;第三,耶稣的十二个门徒是牧师的原型,而非平信徒。(第11页)而且几乎直到最后,胡斯认为,捷克的改革者更加坚持平信徒可以用圣杯,只是为对天主教徒的强烈愿望竖起一道不必要的屏障。在不同的情况下,可能会采取折中的办法,这是因为,考虑到世俗圣餐礼直到12世纪在天主教教会中仍是一个公共性的活动,而在东正教教会中经常举行。但是康斯坦斯会议明显是为了重建天主教会的统一和权威,并不是调和分歧。因此,1415年6月15日,世俗圣餐礼遭到了强烈的责难。(Kaminsky 1867:6)教会的领袖们"对于调和分歧不感兴趣"。(第222页)

当胡斯意识到康斯坦斯会议强烈阻止任何与捷克的改革者进行调和的可能时,他最终只得认可世俗圣餐礼,这并不是因为他改变了自己的观点,认同世俗圣餐礼是获得救赎的先决条件,而是为了在改革中争取教义方面更大意义上的统一,以进一步与他所号召的恢复教会早期习俗这一思想相一致。胡斯明白,改革运动想要继续,改革者势必要接近饼酒同领派。1415年6月21日,针对那些仍然反对平信徒分享圣

146

餐酒的捷克宗教改革者,胡斯写道:"不要反对圣礼上神的杯,那是神通过他自己和他的信徒们共同设置的。因为没有一部《圣经》反对这一做法,我个人认为这一习俗只是在其发展历程中被忽视了。我们不应该跟从习俗,而应跟从耶稣的道……我恳求你们不要再为神而抨击(激进的饼酒同领派)雅克贝尔(Jakoubek)领袖,以免信徒中发生分裂而让恶魔愉悦。"(胡斯 1972:181-182)

康斯坦斯并没有准备聆听像胡斯或其同伴捷若尼姆·布拉格(Jeronym Prazsky)所做的有关教会渎职的真实令人不愉快的陈述,依照康斯坦斯会议指令,布拉格于 1416 年 5 月 30 日同样以异端罪被处以火刑。简·胡斯和布拉格被斥为"异端",有助于限制捷克第二次宗教改革运动,同时也延缓了改革运动在欧洲更大范围内的扩展,直到 1517 年马丁·路德公然违抗这一指令。

康斯坦斯会议对简·胡斯的监禁、审讯和处以火刑,以及对饼酒同领派毫不退却地责难,共同激起了波希米亚民众的抗议和混乱,并激怒了实力日增的捷克饼酒同领派的贵族阶层。发生了不计其数的抗议和请愿,都是反对会议对胡斯实施的暴行,这些不满不仅来自捷克,还来自波兰贵族阶层。(Betts 1947:381-382)1415 年 9 月,452 名捷克贵族在八封上诉信上加上自己的印章,声明简·胡斯一生"对耶稣友善而虔诚",他的教训是符合天主教的,并非异端。他们在对康斯坦斯的信中陈述道:"胡斯没有犯任何罪,没有犯法,没有不端行为,没有犯错,也非异端……"那些宣称波希米亚和摩拉维亚正在受着错误教义训导的人,被斥为邪恶的说谎者和叛徒。最后,信中告诫说,这些签名者将向未来的教皇上诉,同时,他们会"以自己的鲜血去捍卫和保护住耶稣和基督的道,和那些虔诚、谦卑、不断为之努力的传教士,而反对那些无视全人类的法令"。(Kaminsky 1967:143)同月,许多胡斯派的贵族结成胡斯同盟,他们在创始条约上写道:"我们将使神的话语在我们的领土之上以及所有物之中得以自由传播、自由倾听……我们也同意禁止那些在我们之下的教士不接受来自任何人的剥夺教籍的指令。但是如果任何凌驾于我们之上的大主教图谋通过剥夺教籍或以武力压迫我们,或是我们的教士……我们将不再听令于他……如果任何人企图以国外教会的名义发布法令开除我们教籍并调用世俗军队相配合来压迫我们,我们应当并希望彼此给以援助……以免我们遭受压迫。"(第144－145页)这事实上是号召波希米亚(捷克)教会在胡斯贵族的保护下脱离欧洲罗马天主教会的审判,变成自治政体,胡斯贵族承诺会保卫胡斯贵族反对王室和主教的压迫以及外国干涉。同时,布拉格大学也支持胡斯的立场。(第159页)

147

波希米亚的天主教高级教士、贵族和一些王室官员(特别是波希米亚德国人)立即做出反应,不断袭击并威胁将开除那些未经许可的巡回传教士和信徒的教籍,因为他们公然挑衅议会的禁令,并继续举行圣餐礼。1415年10月,天主教联盟开始对胡斯联盟实施重压。(Kaminsky 1967:147,157)1415年11月,鉴于康斯坦斯的压力,布拉格大主教温希特·康纳德(Konard of Vechty)(德国人)命令波希米亚天主教牧师有权惩罚胆敢公开挑衅的捷克人……拒绝为他们做任何圣餐礼(除施洗外),但是这道所谓禁令简直是惹火烧身。"由于……所有教堂寂静而空阔,胡斯派的牧师和传道士可以进入并加以控制。"(第158－160页)而且,自从天主教教士背弃了他们的宗教职责后,胡斯派贵族、教授和公民加速将教会的地产世俗化的进程,这部分土地"大约占可耕作土地的三分之一",(第149页)并剥夺了许多天主教牧师的财产。(第156页)1415－1416年的冬天,"大部分的波希米亚教会组织落入胡斯派之手"。(第161页)1416年2月,康斯坦斯会议召集曾在反对1415年9月对胡斯处以火刑的挑战信上签章的452名捷克贵族,要求他们"到会等待审判"。(第149页)贵族们露面,结果,会议决定在1416年5月30日以异端罪判处布拉格(Jeronym Prazsky)火刑。会议还下令关闭布拉格大学(它原是教皇的一个基地),但大学完全无视这一命令。(Bradley 1971:47)天主教教会的强硬手段恰恰帮助了那些在饼酒同领派领导下持不同意见的人,他们团结在本国的捷克宗教体系下,结果"到1416年底,世俗的圣餐杯为所有支持胡斯的人所领受",虽然(与胡斯一样)大部分布拉格大学的"院长"仍然"从激进的立场上有所退却,不再坚定地认为,饼酒同领派的圣餐礼是获得救赎必不可少的仪式"。
(Kaminsky 1967:161)

1416－1418年王室和教会的权威崩溃了,因为胡斯和天主教的贵族、农民和市民纷纷不断地攫取物品(和财产)。1417年康斯坦斯会议选举了新的教皇,1418年新教皇命令瓦茨拉夫四世重新宣布王室和罗马天主教会对波希米亚的控制,甚至迫使胡斯派公开赞同对简·胡斯的定罪和火刑。(Kaminsky 1967:266)1419年2月,迫于来自西吉斯蒙德王——当时他一心期望能继任波希米亚王位——更多的压力和威胁,瓦茨拉夫四世最终发起了对胡斯派蓄谋已久的斗争,对饼酒同领派实施严格限制,恢复先前教会的地产,恢复先前天主教领圣俸者的圣俸。从1419年2－6月,布拉格的胡斯派似乎温顺地接受"在一些教堂中苟活下去的主张"。(第269页)他们只保留了"天主教会结构的一部分",并被否认具有独立教会的存在资格。(第268页)天主教会的侍俸最终得以恢复,天主教似乎重新获得对布拉格宗教生活的完全控制权。(第272页)

为了回应这些新限定和挫败,1419年饼酒同领派和更多激进派基督徒开始定期地在偏远的地方进行聚会。他们的聚集地主要选在小山顶上,他们在那儿接受世俗圣餐礼"面包和酒",在更为热烈的气氛中聆听热情洋溢的布道。这就是激进派的塔博尔运动的开始,取名于宗教中最有影响力的营地。塔博尔营地位于波希米亚南部的一座小山上,是一个与《圣经》有关的名叫泰伯山的地方。这些山顶聚会,不仅仅是为了回避王室对布拉格和其他城镇对世俗圣餐礼"面包和酒"的限制。基督教的早期传统中把泰伯山视作耶稣及其门徒为逃避迫害、在和平安全的环境下进行祷告和沉思的避难所。耶稣被钉十字架后,他的门徒在此地建立了早期的基督教会,(Kaminsky 1967:282)恰好,在新的泰伯山波希米亚激进的基督教徒重新发起胡斯运动,并于1419年7月在瓦茨拉夫四世和天主教议会的斗争中转败为胜。(第277－228页)

148

经过一番犹豫之后,瓦茨拉夫四世于1419年7月6日开始发动攻势。他任命反胡斯派人物为布拉格新城的新行政首领(镇议会会员)。

他们禁止群众游行,把教区内胡斯派控制下的学校强行恢复到天主教教会中,并逮捕一些违法举行"饼酒同领"圣餐礼的世俗基督徒。但到了7月22日,几万捷克人参加了在泰伯山上举行的"全国范围内的聚会",可能是在为夺权行动做准备,以便布拉格能重回胡斯派的掌权之下,也可能是为新的(胡斯派)大主教和首领的选举而做的应急计划。(Kaminsky 1967:289－291)7月30日,激进的饼酒同领派的群众队伍包围了布拉格新城,驱逐了反胡斯派的地方行政官以及在这里参加会议的其他天主教徒,把他们中的三个人扔出窗外摔死,还杀掉了其中的另外几个。这一举动开始了捷克的一个传统,就是把政治对手从高高的窗户上扔出去,并被委婉地称作"抛出窗外"(defenestration)。紧接着被掷出的是新的地方行政官。胡斯派中的"实力派"而非那些贫穷的激进分子当选为领导层。他们在政府部门受到瓦茨拉夫四世的充分肯定,瓦茨拉夫四世勉强接受了先前的几个月中胡斯派政变所取消的天主教的既得利益,但胡斯派的胜利在1419年8月16日瓦茨拉夫四世因中风去世后又立刻陷入危险的境地。(第294－296页)

为了增进统一,胡斯派和宗教激进分子匆忙公布了联合纲要,即所谓的"布拉格四条禁令":① 每个人的传福音活动不受任何阻碍;② "饼酒同领"的圣餐礼适用于所有基督徒;③ 剥夺牧师所有的世俗权力和物质财富;④ 对死罪进行公开惩罚,不论其阶层或地位。(Kavka 1994:152)所要接受的惩罚中还加上了盗窃、酗酒、赌博、勒索封建租金,增加利息和赋税。这是对封建压迫以一定的形式进行的彻底打击。(Macek 1958:46－47)

瓦茨拉夫四世去世后,布拉格的激进分子"到处袭击教堂和修道院,拆毁妓院,整座城市陷入一片混乱……其他省区也是同样,激进的胡斯派攻击、捣毁并焚烧修道院"。(Kaminsky 1967:298)激进的宗派主义分子的狂暴中心一时间从波希米亚南部的泰伯山转移到西部的皮尔森,(第299页)因为当时这一地区发生了匈牙利人与土耳其人和威尼斯人间的冲突。西吉斯蒙德国王命令波希米亚贵族坚持和平,坚守旧有的教规,甚至是波希米亚教会法院和会议的教规,"这些仪式中的

决定也适用于教皇"。(第 303 页)

其中较为温和或保守的胡斯派人(包括大多数胡斯派贵族、政府官员、贵族和布拉格大学的院长们)一直都倡议与当权者合作,借此改革教会、剥夺教会过度权力和财产,他们得出的结论是,他们除了最大限度地遵从西吉斯蒙德王的命令外,其他几乎别无选择。而且,1419 年10 月 16 日,还出现了一个"天主教与胡斯保守派的联盟"。显然,它包括同意对有关圣餐礼的含义和实践持不同见解,而且约定要"和平共存,直到西吉斯蒙德入主执政,并争取推动教皇对饼酒同领派予以重新评价"。(Kaminsky 1967:301-302)甚至布拉格旧城的正式地方行政官也屈从于王权。10 月,在一片喧闹声中塔博尔派的激进分子从布拉格撤退,他们离开的时候还"捣毁了教会和修道院的雕像",与此同时,保皇党人雇用了"德国和其他非捷克的雇佣兵用以维持秩序"。(第 306 页)

作为反击,1419 年 10 月 25 日,在职业军人让·兹卡(Jan Zizka)的率领下,激进分子袭击并攻占了维谢城堡的皇家城堡,11 月初又一批塔博尔派的地方成员进入首都,驰援激进派。来自波希米亚西部的分遣队进入布拉格,未遇阻碍,但来自南部的部队则受到兹布豪斯特附近王室贵族的伏击,伤亡惨重。这场战斗标志胡斯战争已经打响,闻讯后,布拉格的激进分子将贵族从布拉格旧城及其城堡内驱逐出去。(Kaminsky 1967:307)1419 年 11 月 13 日,诚惶诚恐的布拉格地方行政官与保皇党签订了另一休战协定,他们包围了维谢城堡(Vysehrad fortress),竭力阻止任何严重破坏雕像、教堂和修道院的行动,而作为回报,他们向保皇党保证,对饼酒同领派采取宽容的态度。(第 308 页)

然而,天主教和保皇党利用这一表面上的休战时机,打击各省的胡斯派和饼酒同领派。那时许多饼酒同领派聚集在"避难五市"(它们分别是皮耳森[Plzen]、泽特克[Zatec]、洛乌尼[Louny]、斯拉尼[Slany]和克拉托维[Klatovy]),信守基督复临论的预言:即耶稣第二次降临之时,"罪恶之人将会灭亡,被消灭,良善之人将在这五市中幸存下来"。(Kaminsky 1867:310-312)同时,西吉斯蒙德直到 1419 年 12 月才离开匈牙利,他没有直接去布拉格,而是命令波希米亚大贵族到马拉维亚的布尔诺参加在那里举行的基督教大会。会上,他要求贵族们信守誓言,承诺清除胡斯派设置的任何障碍和防御工事,保证返回布拉格天主教徒的安全。(第313、362页)

但是,"当天主教的牧师、官员以及市民(大部分是德国人)重返号称在西吉斯蒙德(他已在波希米亚全境以天主教徒取代波希米亚胡斯派城主[castellan]和贵族)领导下前途美好的布拉格时",布拉格贵族、布拉格大学院长以及胡斯派贵族背叛了1419年12月对国王的承诺,结果"诱发了新一轮的反动复仇"。(第314-315页)不久,保皇党男爵聚集起来,把胡斯派和饼酒同领派"派往德国人建设的库特纳霍拉(Kutna Hora)灭绝中心"。(第326页)布拉格的温和的胡斯派只能绝望地袖手旁观,他们认为"自己简直是屠杀自己同胞的刽子手无声的同党"。(第363页)

随着这种野蛮屠杀行为的不断升级,饼酒同领派的激进分子迅速地从对《新约》的虔诚、反战主义,转向对旧约派的愤怒和好战情绪,他们以神的名义呼吁对天主教、德国人和保皇党进行惩罚。(Kaminsky 1967:320-322)"大规模的群众集中在饼酒同领派聚集的城中……城中缺乏任何常规性的支持,而且群众中充斥着下述信念:即他们共同体之外的一切事物都注定遭受彻底毁灭。这样的情势注定会引发暴行。"(第232页)布拉格大学胡斯派"院长"意识到基督教具有自卫权(第326-327页),但这也是宗教的暴行,不仅狂暴而且是仪式性的……它们是净化这个世界以备耶稣的第二次来临。(第347页)1420年3月,皮塞克(Pisek)、乌斯季(Usti)和皮耳森(Plzen)地区遭催逼的饼酒同领派激进分子聚集在废弃的哈拉迪斯特(Hradiste)城堡中,这里迅速成为一个"泰伯"城(Tabor),来自全国各地的胡斯派纷纷前往此地,同时,发起了共同的基金会,作为一种新经济秩序(就是共产主义)的基础。(第335页)这里的常住民组成四支自配装备的民众大军(其中一支是在让·兹卡的指挥下),每一支队都夜以继日地执行防御工事的任务。(第336页)他们开始尽可能地把饼酒同领派的统治推广到包括南波希米亚在内的更多地方。此间,"敌人的城镇、城堡、修道院和村庄均被征服,当地民众惨遭屠戮……这样的冲突简直就是同书上说的信徒(Chiliast)的军事教义号召的全面战争"。(第367页)许多附近的村庄都不复存在,因为那里的村民都移至泰伯城了。(第336页)饼酒同领派坚信《马太福音》19：29语："凡为我的名撇下房屋或是弟兄、姐妹、父亲、母亲、儿女、田地的,必要得着百倍,并且承受永生。"

在这些关键的早期阶段,泰伯城幸存下来的可能性极大地提高了,这源于西吉斯蒙德先前为反对土耳其的战争所做的军事准备。他没有从布尔诺直接到达布拉格,而是深入弗罗茨瓦夫的西里西亚城(Silesian),在那里他召集帝国会议以便得到国际社会对他规划的反奥斯曼远征的"国际"支持。然而,他在1420年1月委婉地抛弃了以前的政策,即对胡斯派中温和/保守派的"支持",谋求一种以渐进主义的策略来扼杀胡斯派和饼酒同领派的反抗。取而代之这一政策的是他要让他的政敌明白,除非全波希米亚的宗教反对者立即屈从于他的权威,否则,他会以武力惩治整个胡斯集团,到那时他就能集中全部精力和财力对奥斯曼帝国作战。1420年2月,他致信给全波希米亚男爵、政府官员、高级教士和地方行政长官,提醒他们,任何胆敢承认威克里夫主义或拒绝对饼酒同派集会进行排斥或打击的人,都将被判处死刑。(Kaminsky 1967：332)1420年3月,他不仅说服教皇批准天主教反对威克里夫派、胡斯派和异教徒所进行的十字军东征(圣战),而且下令处死布拉格商人让·克拉撒(Jan Krasa),只是因为他拒绝接受谴责胡斯、杰罗尼姆(Jeronym)和饼酒同领派的各项条款。这进而推动了胡斯派"对大批入侵的德国十字军的抵制"情绪。由此,西吉斯蒙德的"愚蠢之举"成功地动员了胡斯派,他们重新团结起来,捍卫布拉格四条款。(第362—369页)

1420年5月27日,激进的胡斯派和塔博尔派在布拉格发动了"激进派政变"。那些屈从于西吉斯蒙德的市行政长官被罢免,他们的职位更多地被当选的激进分子所取代。(Kaminsky 1967：372)政变之后是对饼酒同领派进行的挨家挨户的探访,他们或是选择接受圣餐礼或是选择流亡。(第374页)

西吉斯蒙德最终于 1420 年 6 月率领 10 万天主教雇佣兵和十字东征军进驻布拉格,他占领了布拉格城,在布拉格大教堂(横跨流过这个城市的河流)让康拉德大主教为自己加冕,并包围布拉格新城和旧城。7 月 14 日,西吉斯蒙德的军队在维特科夫山上被让·兹卡率领的军队击溃。1420 年 11 月西吉斯蒙德又率领另一支规模巨大的军队重返布拉格,但又被兹卡率领的饼酒同领派奇兵所击溃。胡斯派和塔博尔军于 1421、1422、1426、1427、1431 年多次打败西吉斯蒙德及其德国/贵族盟军对波希米亚的入侵。所有这八次入侵使那些波希米亚的宗教反对者停止了内部彼此的政见不一、争吵和权力之争——这足以分裂整个王国。他们的胜利不仅归功于宗教信仰的力量,还归功于让·兹卡的军事战略和创新,后者倡导利用轻炮兵来展开攻势。那时,欧洲还仅仅用大炮作为围攻的武器。兹卡巧妙地部署了野战炮(榴弹炮),将其安装在防御工事的武器上,(需要之时)可迅速连在一起组成几乎不可攻破的循环式战车堡垒(即临时防御阵地),射击手和步枪手可以在这个堡垒中自由地向易受攻击的敌方骑兵开火,袭击敌方的步兵。他还能够娴熟地利用地形、部队的快速调动性和奇袭战术等。

1424 年兹卡(在布拉格)去世后,饼酒同领派的军队由出身贵族、受过高等教育的士兵牧师削发的普罗科普(Prokop the Shaven)率领,这支部队同样锐不可当,神勇过人。他们以攻无不克战无不胜而誉满于世,十字东征军闻风丧胆……在塔科弗(Tachov)(1427)和多玛泽利克(Domazlice)(1431)战斗中,伴随着战车轰隆隆的推进,胡斯战士高唱“你是神的勇士”赞歌逼近,所到之处,十字军望风而逃。(Kavka 1960:50)但是这些捷克勇士并不满足于对波希米亚和摩拉维亚的防守,他们认为“他们肩负神圣的使命,要把神的话语带到其他的国家领土上,他们令人恐怖的战车碾过西里西亚、图林根、萨克森、巴伐利亚,所经之处,一片狼藉。1433 年捷克士兵甚至推进到波兰维斯瓦河口(Vistula)”。(Hay and Betts 1970:228)

虽然军事力量强大,但捷克的宗教反对派并不团结。1420 年 8 月,饼酒同领派搜查教会任何隐瞒残留的财富,买卖圣职罪以及隐藏的雕像和遗物的信息,还包括将布拉格大学院长们的著作提交给狂热的基督徒,让他们严密监视、审查的信息,以及对通奸、卖淫、高利贷、欺诈、商业欺骗、盗窃物品的非法交易、咒骂、买卖酒精饮料、教士的不端行为以及着奇装异服等罪行进行清除和公开惩罚的信息。(Kaminsky 1967:376－377)1420 年 9 月塔博尔派与胡斯温和派之间的分歧明朗化,当时塔博尔派决意选举自己的大主教(例如,并非受到教皇或其任命者授职与所谓的使徒传统[apostolic succession]相一致)并给予他们所选举的教士与平信徒同等的权力和地位,以此与罗马的天主教会分道扬镳。"饼酒同领派的胡斯主义者期望 16 世纪的宗教改革能重建基督与世人之间的直接关系。"(Kavka 19994:134－135)

151

对于追随胡斯训诫的温和信徒来说,"教会革新的伟大梦想首先在波希米亚实现,然后在全世界实现",仍然构成最主要的目标。(Kaminsky 1967:435)他们仍然相信使徒传统——牧师通过主教任命,主教是受过教皇或高级教士授职的,而后者又是受过胡斯圣祝的,(第 383 页)他们也惧怕主教和其他教士的选举中包含的平等主义(和其他潜在的不稳定因素)。由此,出于政治、社会以及宗教等原因,他们无意于断绝与罗马教会之间的联系。他们甚至期望,通过 1421 年 4 月 21 日加入胡斯派的康拉德(Konrad)主教,使胡斯教会合法化,并重建主教权威。(第 437 页)然而,1421 年仍然由贵族主导的波希米亚会议宣布废掉西吉斯蒙德王位,如果波兰-立陶宛统治者约杰里拉(Jogailia,又称 Jagiello)接受并支持布拉格四条款的话,可拥立他为波希米亚王。约杰里拉客气地拒绝了这一"有毒的圣杯"(poisoned chalice),而将其拱手让给他并无影响力的侄子齐格蒙特·科尼布托维兹(Zygmunt Konybutowicz)。但激进的捷克反对者并不接受后者来做统治者,他们要求一位捷克本族的统治者,并于 1427 年将齐格蒙特逐回波兰-立陶宛。由于缺少一个普遍接受的国王,贵族主导的波希米亚会议于 1420－1436 年,以及 1439－1453 年拥有了波希米亚的最高统治权。他们甚至"任命教士的宗教法庭,控制那些直到 1620 年一直统治胡斯教会的大学院长和负责人"。(Hay and Betts 1960:50)布拉格与饼酒同领派相争的最后关头是在 1434 年,他们各自传播自己的宗教、政治和社会方案,试图扩大各自的统治权。(Kaminsky 1967:461)1419－1434 年的胡斯战争最终结束,其标志就是,1433 年天主教与胡斯派之间暂时妥协,达成一项不稳定的协定,此外,另一标志就是 1434 年,胡斯保守派与波希米亚天主教联盟,血腥镇压了更激进的胡斯派。

胡斯派改革产生了根本性的影响。它"将中世纪自由的概念,即个人特权只有通过等级、薪俸或金钱才能获得,扩大成一种普遍道德准则"。(Brock 1957:22)与东中欧的其他国家所不同的是,捷克市民在波希米亚会议上获得了一种实质性的代表权,与此同时,天主教会则失去了先前它所拥有的大量财富和权力,道德的捷克人以牺牲道德的德国人利益为代价获得了较大收益。许多德国人成群结队地离开波希米亚,一是因为他们在 1409 年失去了布拉格大学的控制进而丧失对捷克人的控制,二是源于 1419－1421 年对教会财产的征用以及城区动乱的影响。此后,捷克人重新获得了在布拉格和其他城镇(直到 17 世纪 20 年代)的优势地位,而捷克语在行政、教育、学术以及礼拜等领域也日渐成为主要语言。(Krofta 1936:85－86;Kavka 1960:53)

但这些收益呈递减的趋势。爱国主义很容易蜕化成侵略和仇外。宗教和社会的动荡不安,以及时断时续的战事造成国家分裂、资源流失,实力虚弱,贵族的大地产增加,权力扩张,加之初期的劳动力短缺,地主渴望从农民那里掠取更为沉重的税收。许多农民试图反抗,但反抗的最终结果是,1478、1497、1500 年规定对农民自由的束缚进一步合法化。

随着德国人的大批离去,长期的动荡,频繁的战争,这些因素使得方言开始普及,拉丁语和德语的使用逐渐减弱,布拉格大学不再是一个重要的世界性的学院。布拉格变为一个更加"地域性的城市",而捷克则在文化/思想方面显得有些贫乏,至少在 16 世纪早期是这样。"胡斯派对捷克发展的影响不仅仅在文化方面,它甚至阻止了西方国家中一些新思想的流入。"(Krofta 1936:87)大量波希米亚的艺术和建筑遗产都成为胡斯派和塔博尔盲信者的牺牲品,他们毁坏了无数的教堂、修道

152

院、绘画和雕塑。暴力冲突随处可见。胡斯派和塔博尔的实力主义,加上王权和教会任免权的缺乏,使得艺术家、建筑师和工艺师不能进行艺术、建筑方面的创新活动,许多人不得不改行和移民,波希米亚本国的艺术和建筑艺术也由此暂时陷入停滞。(第 86 页)在文化上,波希米亚的胡斯派只重视世俗教育、简单的读写能力和音乐的培养(尤其是圣歌和赞美诗)。为了使母语版《圣经》和祷告文能够更加贴近平信徒,胡斯派在推广大众读写能力和世俗教育方面坚持男女平等政策。(Kavka 1960:52 − 53)

胡斯派和塔博尔的运动,加之他们的天主教反对者同等的狂热和自大,共同导致令人生厌的褊狭、热衷宗教以及文化视阈的狭隘。所有这些“严重阻碍源自意大利文艺复兴的文化艺术转型的输入”。(Macek 1992:215)他们关注于“世界与人的种族和宗教概念,阻碍了古典文化遗产的传播”,抑制了世俗艺术的产生。(第 210 − 211 页)15世纪晚期当克拉科夫大学促进文艺复兴中人文主义传播的时候,布拉格大学“所教授的仍是中世纪的课程。”(第 199 页)1480 − 1526 年间,波希米亚的出版物中只有 8%可归入文艺复兴文学之列,(第 206 页)文艺复兴终究未能在国内获得正常发育的环境,有些思想只是照搬意大利而已。(第 212 页)但这也不完全是捷克的错,天主教对波希米亚不断进行圣战,加上教皇对外国商人进入波希米亚的禁令,都极大地“封锁”了捷克与意大利文艺复兴源头之间的联系。(第 198 − 199 页)1437 年卢森堡王朝瓦解,其政治的遗产是长达十年之久的动荡与不安,波德伯拉德(Jiri of Podebrad)(1448 − 1471 年在位)借助强力统治,结束了这一状态。波德伯拉德本人是坚定的胡斯保守派,他被誉为胡斯改革运动中的“奥利弗·克伦威尔”。从 1465 年直至 1471 年去世,他一直与匈牙利王马蒂亚·洪亚迪所支持的天主教联盟反抗派存在冲突。结果,波德伯拉德和波希米亚的会议试图争取波兰-立陶宛统治者(Jagiellon)的支持,并承诺把波希米亚的王权让与后者。

在雅盖隆王虚弱的统治下——1471 − 1526 年他一直统治波希米亚(1490 年他还取得了匈牙利的王位),捷克的政治寡头的特权不断扩大,压迫和为己牟利的现象不断增长,它逐渐削弱了国家的(王室的)中央政权及其繁荣的城镇、市民和自耕农的利益。波希米亚王雅盖隆在1526年的摩哈赤战争中被奥斯曼土耳其打败,并在逃亡中去世。此后波希米亚会议把空缺的王位授予哈布斯堡王朝,于是捷克逐渐归于奥地利的统治之下。起初,哈布斯堡给予波希米亚以相当的自由和自治权。这部分导致了16世纪捷克国内新教改革的迅速传播——开始是在大量的德国人中间(16世纪20－40年代),但后来扩散到大部分的捷克居民中(16世纪30－80年代)。

波希米亚第二次(新教的)"宗教改革"

16世纪20年代,波希米亚开始受到德国新教改革者马丁·路德教义的影响。路德常常致信声名显著的饼酒同领派和"布拉格市民",虽然路德的天主教反对者警告他不要走"异教徒胡斯"的老路,他却公开承认胡斯训诫的重要性。胡斯改革的先例应该受到欧洲新教改革者的重视,世俗圣餐礼也应被"几乎所有教会"纳入应有的行列中。(Kavka 1994：140)值得注意的是,16世纪20年代期间,胡斯用拉丁文书写的主要著作《论教会》(1413)的两个新的修订版问世,它所针对的是为世界范围内的欧洲读者(而非捷克一国的读者)。胡斯和路德的改革影响到诸多教派,它们包括激进的华尔多教派、千禧年信徒、末世论潮流,此外,胡斯和路德的改革还影响到各式的信念,包括"一切信徒的教士"的信念,《圣经》的终极权威,对世俗和大众教育的拥护以及先定论("上帝的选民"的理念)。两者都清楚地认识到,管理上的改革不能弥补精神上的荒芜,"善行"必以辅之以"恩宠"之礼。

但16世纪新教改革与早期的胡斯改革在许多主要的方面有所不同。对捷克饼酒同领派来说,"神的恩宠"只有通过不断地聚会才可获得,教士和平信徒奇迹而神圣的复兴,要通过他们主动参加"面包和酒"兼备的圣餐礼才可实现。而对于后来的新教改革者而言,借助精神的重生,即对神的坚信和恪守承诺便可获得。换句话说,饼酒同领派认为,仅有信仰和"善行"是不够的,神的恩宠和救赎只能通过频繁而神圣

153

地消耗面包和酒才能获得,饼酒同领的意义神奇而神秘,而且限于精神层面。与之相反,新教认为,饼酒同领派的恩宠和救赎与其说首要的是获得神学权利,毋宁说是在严格地依照耶稣的要求恰当而频繁地举行圣餐礼,再现最后的晚餐的情景而已。在这方面,捷克的饼酒同领派与新教和天主教存在根本的分歧。(Betts 1931:347—350)

14、15 世纪波希米亚的宗教改革者主要强调一种感知上的需要,即改革、简化教会机构和仪式,努力让它们更接近福音的山上宝训、最后的晚餐以及早期教会中所能感知到的精神、训诫和道义。胡斯派反对偶像崇拜、圣迹和赎罪券,但他们也并没有发展完善因信而释罪(救赎)的教义。他们只是鼓励基督徒能像耶稣一样生活,并严格遵守他的训诫,后来的新教改革则与之相反,更强调神学,重视圣保罗所写的书信上的内容,拒绝天主教中的涤罪观(所有依其而行)。总之,强调的是因信而得的个人救赎。

依靠大量印刷制品的宣传和文化知识的普及,激进派的思想在大众中得到广泛传播,这是胡斯改革与路德改革情势方面最重要的不同,胡斯运动发生在上述进程之前,而路德运动发生在上述进程之后。路德所使用的语言是数百万遍布欧洲的德国人通用的语言,而胡斯所使用的语言则是局限在人口不足百万的捷克境内所使用的本国语。如果捷克人同德国人一样地广泛分布,如果胡斯能有幸利用大众印刷术,那么捷克的胡斯改革一定会成为欧洲一场影响更广的改革运动。

路德改革并非只是简单地强化对胡斯改革,而是为捷克的宗教、政治和文化引入了更多样、更复杂和更容易导致分裂、摩擦的元素。具有讽刺意味的是,鉴于他们开始敌视胡斯派,急切接受路德思想的群体竟是西里西亚和卢塞蒂亚的日耳曼人社团以及德国人为主的摩拉维亚和波希米亚北部边境的城镇。(Kavka 1994:141)这些德国人之所以对路德思想很敏感,一方面是因为在胡斯改革中他们曾被极大地忽视,另一方面路德是德国人,并用德语致信给他的德国同胞。在波兰-立陶宛和匈牙利的路德主义,尤其增强了德国人的本体意识,成为日耳曼德国"Germandom"的象征。

154

　　许多摩拉维亚和西里西亚的捷克卷宗中还保留有一些关于罗马天主教的东西,这些地方缺少像波希米亚那样的教会财产被世俗化的经历,也没有遭受过教会的贪污腐化、滥用职权的压迫。他们把胡斯主义、饼酒同领派以及塔博尔的宗派主义看作是仅在波希米亚范围内的事物,而非全捷克的普遍现象。但是,在路德的影响下,他们中的一些人也开始接受天主教会机构和教会需要改革的思想。

　　与之相反,路德主义一开始对波希米亚饼酒同领派的捷克人就不具备普遍的吸引力。他们已经自行加入他们伟大的宗教改革运动中,对于这一运动他们感到非常骄傲,并非常拥护。教会的土地已被世俗化,它曾荣耀一时的贪污腐化和滥用职权也已遭到镇压。"那些心怀不满的贫穷阶层,尤其是植根于德国农民战争的农民和普遍的激进派改革者,也找到了像塔博尔-华尔多教派(Taborite-Waldensian)这样的宗教发泄对象。(Kavka 1994:141)德国人以前对胡斯改革的敌意使得许多捷克人开始怀疑德国人所策划、宣传的改革运动本身。(在路德的影响下)当饼酒同领派总体上赞同1524年会议上的一系列'教规和管理革新',但布拉格饼酒同领派中的保守派起来反对来自国外的对他们所建立的信仰与教规的腐蚀。""暴乱和酷刑迫使饼酒同领派领袖不得不放弃改革",许多饼酒同领派成员"加入天主教中,要求压制德国人的信仰"。(Bradley 1971:64)

　　但是不久,捷克的饼酒同领派便分裂为"新""旧"两个支派。"新饼酒同领派是公开的新教和福音派"。(Bradley 1971:70)声称他们的先驱胡斯就是"福音派信徒",新饼酒同领派和弟兄会推断,从布拉格的胡斯和热诺威到波希米亚弟兄会直到路德主义,一直保持传统的连续性。(Tazbir 1994:171)弟兄会是原新教中饼酒同领派运动的产物,它兴起于15世纪后半叶,它的成员后来因16世纪后半叶将《圣经》翻译为捷克语而闻名,它最著名的信徒是17世纪学者兼教育家让·阿默斯·考门斯基(即夸美纽斯)(Jan Amos Komensky [Comenius]),弟兄会的"重生"先是对路德主义,后来对加尔文主义产生了一定的牵引作用,这一点在布拉格的卢卡斯从1495年直至1528年去世期间所做的训诫中就有所昭示。

"威克里夫和胡斯以及塔博尔派针对耶稣戒律准则所进行的教会改革，在卢卡斯看来不是目的，仅仅是手段而已……对于卢卡斯来说，坚信作为获得救赎的唯一途径是神而非《圣经》中的要求。他也期待着路德的训诫……但与路德不同的是，卢卡斯并不反对《圣经》，他认为它是信仰不可分离的补充，还是泄露天机的证据。"（Kavka 1994：138－139）1546 年，一些"新""旧"饼酒同领派成员支持德国新教同盟对查理五世的挑战，并"胆敢派遣了一支军事小分队向德国新教贵族领袖萨克森公爵挑战"。（Bradley 1971：70）

波希米亚迟到的文艺复兴，1575－1617

在马克西米安二世（1564－1577 年在位）、鲁道夫二世（1577－1611 的在位）和马提亚（1611－1617 年在位）执政期间，波希米亚并没有遭到严重的压制。虽然马克西米安二世开始拒绝解除其父反对波希米亚路德主义和弟兄会的禁例，但他还是有所节制，没有执行特伦特教会议会（1545－1547，1551－1552，1562－1563）制定的反改革（或天主教改革）计划。据谣传，1565 年他曾与路德派在奥地利密谈，他"感觉能够允许贵族及其追随者自由信仰路德教"。（Evans 1979：6）在波希米亚，"只要贵族向他缴税，并为土耳其战争提供军事力量，他宁愿只身离开捷克"。（Bradley 1971：73）

这对波希米亚的路德教、饼酒同领派和弟兄会是一个鼓舞，他们借此在宗教信仰及习俗上达成一致，并于 1575 年编纂成一部名为《捷克忏悔》(*Czech Confession*)的文集。波希米亚议会把最终草案委托给由六名工业大地产者，六名一般贵族和六名市民所组成的委员会。文本中近半数的内容来源于 1530 年德国新教统治者之间达成的奥格斯堡信条。另外的三分之一引介的是 1567 年弟兄会所使用的信条，最重要的部分是布拉格四条款（1419）、1421 年的胡斯教会会议决议、捷克赞美诗和胡斯作品中有说服力的章节。它以这样的方式表明，16 世纪宗教改革是它的胡斯先驱运动的继续和"结束"，与之伴生的教会条例也同此情形。在 1575 年的波希米亚议会的一次会议上，群情激奋，马克西米亚二世"声称捷克忏悔和圣餐礼只限于口头规定,而且只对上层社会有效……即便如此,相对于其他国家,捷克在对教会事务的管理上享有最广泛的宗教自由"。(Kavka 1994：146)

虽然这一成果依赖的是天主教和王室对不具有约束性的君子协定的遵守,而不是具有法律约束力的宪法文件,但是就宗教宽容以及大多数非天主教来说,已经是一个胜利了。16世纪晚期的波希米亚一片繁荣,捷克与德国之间保持亲切友好的关系,而且直到1599年,波希米亚的新教与天主教才开始以他们之间相互宽容为荣。宽容成为波希米亚政治上的主要训诫,它直接影响到16世纪的统治,基于彼此相互尊重的需要,最大限度地确保和谐……这一处理宗教事务的原则,还体现在像容忍其他教派这类宗教问题上,它还深深地渗入贵族家庭内部的人与人关系中。许多情况下,同居一室的成员,甚至家庭成员也信仰不同教会,而且这种宗教差异并不妨碍个人生活和公共活动。(Polisensky 1974：85)

鲁道夫二世统治时期,布拉格再次成为神圣罗马帝国的政治、商业和文化中心以及东中欧的中心。波希米亚地理上所处的这种关键位置,加上矿业、农业、税收的增长,以及土耳其-哈布斯堡1568－1592年暂时放松对匈牙利的控制权,这些共同使鲁道夫二世得以在艺术、建筑和音乐方面进行大量投资。他引入了大批来自荷兰、德国、瑞士以及部分来自意大利的艺术家和建筑师,按照晚期矫饰主义(Late Mannerist)的风格来整修布拉格城。一些精美的世俗艺术和建筑风格也不断涌现,不仅展现在无数的城堡和宫殿中,还呈现在大资本家、工业大地产者的住宅中。与此同时,布拉格成为欧洲音乐之都,这得益于鲁道夫二世对管弦乐队、唱诗班以及复调音乐发展的大力支持。他还建立了艺术收藏中心,内中包括列奥纳多·达·芬奇、拉斐尔、丁托列托、提香、勃鲁盖尔、杜勒、霍尔拜因、克拉那赫等艺术家的作品。鲁道夫二世时期的布拉格还是诸多名人的故乡,包括捷克天文学家、子午线的发现者哈杰克(Tadeas Hajele of Hajek),德国数学家、天文学家乔纳森·开普勒(Johannes Kepler)和荷兰天文学家第谷(Tycho de

Brahe),同时,在医学领域,布拉格大学的让·杰赛纽斯(Jan Jessenius)开创了解剖学研究。

波兰-立陶宛的文艺复兴

14、15 世纪的教育虽然起点较低,但取得了长足的发展。到了 16 世纪威尔科波斯卡(Wielkopolska)和玛洛波斯卡(Malo-polska)6 000 个教区中 80％以上都拥有了自己的学校。(Zamoyski 1987:119)大部分的贵族已达到了一定程度的文化水平。(Wyrobisz 1982:157)卡兹密尔兹四世(Kazimieriz IV,1446－1492 年在位)时期,近 1.5 万名学生在克拉科夫新修葺的雅盖隆大学(Jagiellonian University)接受教育。1491 年入学的尼古拉斯·哥白尼,别名哥白尼库斯(Copernicus, 1473－1543)就是其中的一个,他的《天体运行论》(1543)不仅改变了人类看待他们栖身的宇宙的观点,也改变了他们对自己的看法。较之阻碍新思想发展的意大利、法国和西班牙来说,波兰则较少有如此的思想负担。与意大利的文艺复兴不同,在波兰,"阻碍新思想进步的因素很少或没有。教会鼓励新思想的传播"。(Zamoyski 1987:68)齐格蒙特一世和齐格蒙特二世在位期间,大批意大利的艺术家、建筑师流入波兰,他们改变了宫殿、城堡以及乡村宅第的面貌。波兰也产生了大量的教会音乐和具有影响力的民族画家,如马辛·克拉里(Marcin Czarry)和米科雷·哈伯夏拉克(Mikolay Haberschrak)。从 16 世纪 20 年代起,大量的印刷书籍的出版推动语言拼写和语法规则更为统一,波兰语成为一种易于理解、声音悦耳、利于传播的表达形式。

波兰-立陶宛的新教改革

波兰-立陶宛的路德运动曾被视为一场特殊的德国宗教运动,16 世纪 20 年代起,路德主义在波兰的德语市民中,特别是在波罗的海港和西里西亚和威尔科波斯卡(Wielkopolska)城中获得了众多信徒,这强化了他们的"种族分离"意识。(Tazbir 1994:168)但到了 40 年代,非德语的加尔文主义吸引了大资本家和波兰-立陶宛贵族中有实力、有

影响力的皈依者和赞助商,他们中的一些人为许多生机勃勃的加尔文
院校、公共机构和加尔文教会的公共设施建设提供资助。加尔文主义
由此在世界范围内先进的贵族阶层中传播开来,这些贵族还时常"劝
说"他们的土地上生活的居民以及邻近居民点中的居民接受加尔文主
义教义,甚至向他们施加压力。到了16世纪60年代新教徒在波兰下
议院中占居多数,而且在由平信徒构成的上议院中也占多数。但这并
不代表整个贵族阶层的宗教倾向都是如此。(Zamoyski 1987：81)势
力扩大的天主教贵族往往支持那些作为他们代理人的国会中的新教
徒,以期能更加坚定地捍卫其政治特权和贵族特权,从而反对天主教君
主的专制主义行径,也就是说他们这样做是出于政治目的而非宗教原
因。1569年,新教中包含了约20%的贵族以及约15%的民众,虽然三
分之一的民众是德国路德派市民。(Davies 1981a：183,162)重点强调
波兰国内支持改革运动出于政治而非严格的宗教动机,这与塔兹比尔
(Janusz Tazbir)的观点相一致,即与西欧所不同的是,波兰的加尔文教
徒崇敬的是"圣徒和贞女玛利亚,视马利亚为全民族崇高的守护神,并
同天主教一样庆祝圣诞节和复活节"。(Tazbir 1994：212－213)

较之在清一色的天主教国家情形不同,新教在波兰-立陶宛并没有
引起天主教太多的惊恐,因为在宗教改革前,这里的基督教便显现出多
教派的状态。罗马天主教会没有动用它中世纪时期曾在南欧和西欧所
使用过的、不可挑战的权力和权威,在波兰-立陶宛的天主教感到必须
与广大的东正教民众缔结妥协协定,(与新教徒一样)该协定反对牧师
独身,主张礼拜仪式使用方言,接受圣餐礼中的"双重形式"——面包和
酒。(Tazbir 1994：168)15世纪晚期信仰东正教的人口约占40%,亚
米尼亚基督徒约占1%－2%。1569年,天主教徒也仅占总人口的
45%－47%。(Davies 1981a：162,166,172)王室关于反对"异端"的法
令不断遭到具有独立思想意识的贵族和国会挫败。"在一个强大的中
央政权的国家,教会法庭不能实行强制性统治权,也不能强迫信仰同一
种宗教。"(第199页)1555年,王室颁布法令,允许放弃天主教信仰,事
实上这种做法已经合法化,由此以来,教会法庭的审判难以再凌驾于世

俗法庭之上。1562 — 1563 年,教会法庭的审判权最终被废除。
(Tazbir 1994:169;Zamoyski 1987:84)

匈牙利王国(包括斯洛伐克)的文艺复兴

中世纪晚期的匈牙利已被信奉基督教的国家所同化,拉丁语成为受过教育的上流社会通用的语言。人文主义的民族精神和价值观,以及罗马法、财产和契约的思想观点在文艺复兴时期盛行开来。较之东正教占主导地位的巴尔干和俄罗斯,匈牙利在这些方面表现得更为西方化。

马蒂亚-洪亚迪国王(1458 — 1490 年在位)是欧洲一位受过良好教育的君主,一位真正的"文艺复兴王子"(Renaissance Prine)。"他与许多有名的人文主义者都有书信往来,他创建的科维纳图书馆是欧洲最好的图书馆之一,这里聚集了大批的抄写员、人文主义者、书籍装订工和插图作者,并以其收藏的数量巨大的古代文学作品和人文主义著作而成为欧洲主要的学术中心之一。"(Klaniczay 1992:167)这座以洪亚迪的家族徽章乌鸦命名的图书馆(Corvus)不幸在 16 世纪奥斯曼的入侵中惨遭破坏。其他的一些图书馆是由高级教士和大资本家出资建造的。虽然第一本匈牙利文(为反对拉丁文)书籍直到 1533 年才出版,但匈牙利第一台印刷机于 1472 — 1473 年就已投入使用了。马蒂亚是最早使用印刷业和海报作为政治宣传工具的君主之一。他联合大部分著名的匈牙利人文主义者,鼓励人们相信匈牙利是欧洲基督教和人文主义价值观的主要捍卫者,共同反抗"土耳其的威胁"。在他执政期间,大量的外籍(主要是意大利人)艺术家、建筑师和人文主义者被吸引到匈牙利,他们在匈牙利居住、工作,其中包括加里托·马兹奥(Galeotto Marzio)、安东尼奥·波法尼(Antonio Bonfini)、巴托罗米欧·方泽奥(Bartolomeo Fonzeo)、欧里奥·布兰多里诺·李普奥(Aurelio Brandolino Lippo)和弗兰西斯科·班迪尼(Francesco Bandini)。(Klaniczay 1992:166 — 167)在很短的时间里,匈牙利已是阿尔卑斯山南部人文主义和文艺复兴最重要的中心。匈牙利也产生了本国著名的人文主义者、总理大臣热诺思·维特兹(Janos Vitez)及其身为佩奇大主教的侄子(第一位伟大的匈牙利诗人)。15 世纪,5 000 多位匈牙利人在国外大学学习,大部分集中在意大利、巴黎、(越来越多的在)克拉科夫以及维也纳。1465 年,被称为伊斯特洛波利达纳(Istropolitana)学术中心的大学在斯洛伐克的布拉迪斯拉发建成(伊斯特是多瑙河的希腊名字)。它拥有艺术、神学、医学和法律等领域的教师,但 1490 年后,除法律教师外其他教师全部移至布达。(Mikus 1977:18; Kirschbaum 1995:57)

匈牙利(包括斯洛伐克)的新教改革

动荡的 16 世纪是文化和宗教热烈发展的时期。人文主义的著作和学术成就同文艺复兴的建筑和艺术共同突破了王室和高级教士的狭小圈子,而向更广泛的地主贵族和受教育的市民阶层扩展。匈牙利第一批新教改革者源自"伊拉斯谟的追随者"。(Makkai 1975a:140)

在 1526 年奥斯曼在摩哈赤战争中击败匈牙利武装力量之前,马丁·路德的思想曾在王室阶层内引起轰动,随后,新教精神得到了更加广泛的关注。在拉约什二世——1526 年死于摩哈赤战争——去世之后,1523 – 1525 年发布的反对路德主义的法令成为一纸空文。(Peter 1994:158)1530 年后,匈牙利当局开始允许福音派教会掌管当时的教堂,许多英国国教教士公开宣布他们的福音派信仰,叛离天主教会,并与新教的赞助者共建避难所,他们成为热情的新信仰的宣传者。(第 160 页)新教的两方面实用性对教士具有吸引力,即新教教士可以自由使用方言,进行传教、著书、做礼拜,而不必一定采用拉丁语;教士可以结婚。16 世纪 40 – 70 年代,在马顿·卡曼彻·桑塔(Marton Kalmancsehi Santa)、伊斯特万·什杰迪(Istvan Szegedi Kis)和彼特·摩流斯·朱利亚(Peter Melius Juliasz)强有力的领导下,加尔文主义力排路德主义和天主教会的势力获得迅速发展。这些加尔文派领袖建立了加尔文信徒的改革教会,在匈牙利占据主导地位,并成为匈牙利 16 世纪 60 年代最大的宗教教派。70 年代,"80%的基督教徒归依新教

158

派"。(Peter 1994：161),到了 17 世纪,十分之九的天主教国家为新教所把持。(Klaniczay 1992：172)1522－1564 年约 200 多名斯洛伐克学生就读于威丁堡的路德大学,大部分斯洛伐克人成为路德派,其影响主要来自威丁堡和德国人居住的采矿区(班斯卡·比斯特利卡[Banska Bystrica]、班斯卡·斯蒂维尼卡[Banska Stiavnica]、克里尼卡特·沃伦[Kremnica arts Zvolen])的路德传教士和牧师,以及 15 世纪大量流入的胡斯派(他们于 15 世纪 50 年代推广捷克弟兄会所预备的捷克版《圣经》)。少部分斯洛伐克人成为加尔文教徒,这部分人主要受到加尔文派马扎尔贵族的影响。16 世纪 20 年代至 17 世纪,斯洛伐克设立的83 所学校中,天主教学校不到 10 所。而且,对捷克书面语的使用大为增长,尤其是在斯洛伐克的路德教徒中,他们中的许多人逐渐认为,他们自己及其教会更倾向于捷克而非斯洛伐克。(Spiesz et ah 2006：65－67；Man nova 2000：115－121;Kirschbaum 1995：67－68)

16 世纪 40 年代匈牙利宗教形成三足鼎立之势,结果匈牙利陷入一种无政府状态,这进而无论是政府还是天主教,要阻止新教改革,其难度都加大了。加上对新教的迫害并不是全面性的,这使得匈牙利成为波希米亚和德国南部地区新教难民相对安全的避难所。新教徒活动的主要地区特兰西瓦尼亚因其宗教宽容政策而闻名于整个欧洲。60年代,一神论教会在匈牙利东部得以建立。(Peter 1994：161)特兰西瓦尼亚的神位一体论暂时成为官方所认可的宗教教派,虽然东正教中的罗马尼亚农民对此保持宽容,但它已与加尔文主义、路德主义以及天主教教义平起平坐。

新教主义奉行的是政治温和路线,与新教并存的还有激进的再洗礼派,后者在匈牙利也赢得了部分追随者,并在 16 世纪 20 年代引发了动乱。但是到了 30 年代,土地贵族阶层严厉镇压了动乱。(Peter 1994：160)部分新教派的农民于 1570 年在提萨河掀起的反抗土耳其和地主所有制的起义也遭到同样的镇压。(Makkai 1975a：141)再洗礼派教徒后来"撤退到狂热分子(他们过着简单的自给自足的农民生活)的自卫区中"。(Evans 1979：10)路德思想在匈牙利德语区的市民中以及斯洛伐克地区影响最大,唯一神教派主要局限于特兰尼瓦吉亚。与之相反,加尔文教和再洗礼派的思想则在分裂的匈牙利的上述全部三个地区吸引了许多马扎尔信徒(后者的影响略弱)。

16世纪中晚期,大部分匈牙利地主贵族拥护加尔文教,部分是为了限制君主和教会的权力,插手王权和教会财产。匈牙利新教得到的主要资助,不是来自各国君主和城市贵族,而是来自信奉加尔文教的地主阶级——他们期望教随国定(cuius regio、eius religio)原则,希望他们统辖的居民遵从其领主和雇主的宗教信仰。加尔文教中的"天命"和"拣选"理念显然号召匈牙利、波兰、立陶宛以及波希米亚和法国贵族阶级要树立自爱(amour-propre)意识。

159

文艺复兴提升了匈牙利对宗教改革的承受能力,而宗教改革也推动匈牙利的文艺复兴运动进一步发展。新教教徒设立了多所学校,还架设了多台印刷机。他们用方言传教,举行仪式,印制书籍。第一本马扎尔语法书是新教徒马蒂亚·德韦比欧(Matyas Devai Biro)在1538年出版的。第一部完整的匈牙利语新约译本由新教徒于1541年出版。坐落在德布雷城(Debrecen)、萨洛斯帕达(Sarospatak)和马洛斯瓦萨哈利(Marosvasarhely)的加尔文派学院,以及一神论派在科洛斯·扎瓦尔(Kolos Zvar)建立的学院,都是匈牙利最著名的学术中心。16世纪70年代至17世纪,在新教教徒的影响下,"本土文化进入其形成的黄金时期,这期间,许多书籍都是用匈牙利语编写而成的"。(Peter 1994:163)

第一部完整的马扎尔语《圣经》译本出版于1590年,由维兹索利(Vizsoly)出版社出版,它对马扎尔语的进一步发展起到重要作用。马扎尔人"所拥有的丰富读物,绝大部分是由信教作者提供的"。1570－1660年匈牙利近半数的印刷作品是以"通俗版"的形式出版的。这些印刷品使用的语言,75％是马扎尔语而不是拉丁文。(Peter 1994:165－166)但部分例外的是,匈牙利并不要求新教教徒经常为自己诵读《圣经》,诵读中受到教育,被认为宗教改革时期促进本国语言和文学发展背后的又一推动力。事实上,第一部完整的马扎尔语《圣经》译本直到 1590 年才出版,这表明,在匈牙利的宗教改革中,"《圣经》并没有直接传到普通百姓手中……实际上,一位有名的加尔文大主教曾抱怨宗教改革对下层社会的'文化缺乏'状态改变不大"。(Peter 1994:165)因此,尽管匈牙利宗教改革在形式上取得了许多成功,但较之那些拥有实力更强的城区和数量更多、受过更好教育的《圣经》读者的国家来说,新教在匈牙利的根基还很浅。进而这有助于解释为什么 17、18 世纪的匈牙利能够轻而易举就实现了部分回归天主教。

与德国北部以及英格兰形成强烈对比的是,匈牙利转信新教并不是新教统治者煽动的结果。相反西部的匈牙利人成为新教徒是对王室持续(尽管效果不佳)支持天主教会的逆反。甚至是 90% 的天主教信徒都投靠到新教阵营,当天主教仅剩 300 — 350 名天主教牧师的时候,"罗马教会的等级制度仍完整保留着",天主教教士们仍被委任到当时处于奥斯曼统治之下的主教辖区。(Peter 1994:161 — 162)这就意味着,17、18 世纪匈牙利的天主教徒最后展开反宗教改革运动时,天主教会强大的组织结构仍受他们支配。他们投入战斗虽然迟缓,但从来没有丢掉手中的武器。

第十二章 "分道扬镳"：15 世纪末至 18 世纪末东中欧和西欧发展路径的根本分离

关于 10 − 16 世纪东中欧国家经历了严重的"西化"，赞同这一观点的有些学者承认"西化"仍然是"浅层次的"，只停留在"表面"。(Wandycz 1992：6)杰出的匈牙利经济史学家伊万·贝伦德(Ivan Berend)强调，在这几个世纪里，东中欧国家(像俄国一样)并没有建立"西方意义上的封建主义"：东中欧国家也许引入了一些封建主义的表面形式，但"封建主义的实质从未与东中欧国家社会机体融入一体"。(Berend 1986：331)佩里·安德森(Perry Anderson)认为："这些国家边界的特征决定了驻守边疆的军人和地主要服从君主的意志尤其困难……这些不同身份的贵族要凝聚起来，缺乏足够的有机联系。"(Anderson 1979：243)

大多数东中欧国家的村庄属于外来的德国人和犹太人的飞地，它们不具备挑战或抗衡贵族和君主权力的能力。同样，它们也没有与斯拉夫民族或匈牙利人形成有机融合，不能像西欧国家中兴起的那些村庄、城市和城邦(city-states)那样，达到可以塑造社会的程度。商品生产以及相关的货币经济渗入社会生活中的程度，也难以达到西欧国家那样深入。(Gunst 1989：66)很多西欧城镇的作用很快不再限于原来的军事的、教会的或行政管理方面,它们渐次发展成为商业和生产中心。比较而言,16世纪的东欧城镇通常只不过是行政中心、驿站、收费点、要塞或特许的村庄。(第57－59页)它们是消费中心而不是生产中心。而且,正是这些村庄的规模(有时也有法律地位因素)赋予它们城市的面貌。也许波斯尼亚和摩拉维亚是例外,其他的东欧城镇无论在独立程度、政治代表性方面,还是民众自由度方面都难以与西欧国家城镇相提并论。这方面差异的重要性凸显在东西欧国家各自对中世纪末期封建制度危机的不同反应中。

大约1300－1450年间,东中欧国家和俄国处于王朝扩张之际,很多西欧国家正承受马尔萨斯人口危机带来的苦难,如普遍的饥荒、传染病流行、人口锐减以及广泛的社会和政治骚乱。然而,从16世纪末至18世纪末,西欧国家的经济危机和马尔萨斯危机对人口增长和经济增长的阻碍,由于下述一系列现象逐渐得到突破,如地区间和对外的商业贸易的增长,农业、工业、海洋组织机构和科技的进步,国家领土的巩固,以及支持民族独立的君主(proto-national monarchies)与新生的资产阶级之间的相互联合。所有这些方面的发展,有利于资产阶级或君权对封建特权的攻击,推动了经济专业化的增长,以及新产品的生产和发展。"欧洲封建主义——整体上绝不是一个纯粹的农业经济——是历史上第一个能自发地调整适应城市生产和交换的生产模式。"(Anderson 1979:2)1450－1620年间,西欧国家还见证了贵金属和半贵金属的大量进口,起初的进口来源国是德国和东中欧国家,后来是新世界的国家,这些贵金属的流入增加了货币供应量,提高了价格水平,促进了与亚洲的贸易,并加快了农业的商品化和农奴社会的瓦解。

然而,从16世纪末至18世纪中叶这段时期内,当西欧国家正缓慢地克服并步出中世纪末期的马尔萨斯人口危机之际,东中欧国家正日益深陷社会经济危机的痼疾之中,主要表现为饥荒、传染病、人口锐减以及城市和农村出现的动荡。东中欧国家危机(马尔萨斯人口危机)本来就造成了人口锐减,而毁灭性的战争无疑是雪上加霜,这类战争包括匈牙利和奥地利境内周期性爆发的土耳其人军事掠夺(尤其是从16世纪20年代至17世纪80年代)、"三十年战争"(1618－1648)以及其他摧毁性的战事,主要包括波兰立陶宛联邦在1655－1709年间与瑞典的冲突以及18世纪与俄国的对抗。

再者,与西欧地区发生的情形构成鲜明对比的是,在早期的现代东中欧国家和俄国,这些危机有助于实现绝对专制的君主与地主之间的联盟,无论这些君主属于事实上的绝对君主,还是尚处于心存绝对统治抱负的君主。结果造成了农奴制的广泛扩展和进一步巩固,以及实际上的去城市化(de-urbanization),大多数农民和城镇人生活状况恶化。

现代早期的东中欧国家纷纷加强专制主义统治之际,唯一例外的国家是波兰立陶宛联邦。这个庞大的国家经历了去城市化和大规模的农奴制扩张,它的无数实力强大的土地贵族试图借助对政治和经济权力的垄断,进一步巩固自己相对于君主和中央政府的地位(同样是以牺牲农民和城镇人民的利益为代价)。然而,长远来看,波兰立陶宛与东中欧国家盛行的专制主义倾向的部分偏离,只是为18世纪末俄国、普鲁士和奥地利瓜分波兰立陶宛联邦国铺平了道路,总体上,它的臣民最终也未能幸免于现代早期东中欧国家中盛行的专制主义扩张趋势和强化趋势。

从长远来看,西欧国家先期发生的危机强化了商业阶级和城镇经济的重要地位,以及它们的政治调控能力,尤其是在荷兰和英国主导下的西北欧萌生的资本主义经济体中,而且这还有助于加速农奴社会的瓦解和终结。相比之下,在大多数的东中欧国家和俄国,16、17世纪的危机使得城镇和城镇居民的政治经济地位下降,结果,农奴制得到普遍扩张和强化,农奴社会的寿命得以延续到19世纪中期。事实上,早在15世纪90年代的匈牙利、波兰、勃兰登堡、梅克伦堡和普鲁士,以及在前一次经济繁荣时期的波斯尼亚和俄国,就已经出现巩固东欧农奴制的法律地位的现象。劳动力日益短缺(相对于迅速扩张的可耕地和采矿业),价格和生活成本上升,再加上大多数地主缺少足够资金去为东欧生产的粮食、牛、木材和金属矿石扩大出口市场,结果就是,一致同意限制农民权力、限制农民流动,农民被迫负担日益增多的强制性的费

162

税和劳役。东西欧国家的社会经济发展分道扬镳,就出现在这个时期:

> 西欧国家正在孕育资本主义社会之时,易北河东面的地区明显地偏离了这一趋势……农奴再次地被束缚到土地上……实物地租和劳役地租……渐渐地代替了习惯上的货币地租。这个变化开始于 15 世纪末期……欧洲的两部分明显地发生分离……现代世界经济体形成中的劳动分工,使得东欧国家沦为粮食和牲畜供应国的角色。(Berend 1986:334－335)

现代早期的"西方模式"(Western model)是建立在对农奴制废除的基础之上的。然而,"东欧模式却是建立在农奴制延长之上"。(Szucs 1998:312)具有讽刺意味的是,由于对东欧主要出口商品需求的增加,西欧国家的经济复苏进一步强化了所谓的东欧"农奴制再版"的地位,进而,"由强制劳动力耕作的大地产,就成为当时东西欧劳动分工中典型的东欧特色"。(第 313 页)

颇具影响力的马克思主义农业史学家罗伯特·布伦纳(Robert Brenner)认为:"与西欧国家的农民相比,东欧的农民是远远没有做好抵制领主反击的准备,因为地主基本上领导和控制了东北欧殖民化的全过程。因此在所谓的'农奴制再版'下,这些地区受到封建土地所有制关系更为严苛的束缚。"(Brenner 1989:44)这种体制的重要性绝不仅仅限于狭窄的经济领域。结果,东西欧社会之间的差异由此发生,并影响深远。"这些差异还包含重要的文化和道德维度,影响所及不仅限于地位下降的农奴,还包括他们的主人,这些主人就因为享有对农奴的专制权力而愈加腐化;而且农奴制的遗产也一直影响着大众的和精英的态度,并持续至今。"(Longworth 1994:298)的确,这种所谓的"农奴制再版",相比巴尔干半岛的国家,在东中欧更为流行,因为巴尔干半岛盛行"农奴制再版"的国家主要是罗马尼亚、克罗地亚和黑塞哥维那。(参见本书边码第 51－52、58、67、72、104－107 页)

伊曼纽尔·沃勒斯坦(Immanuel Wallerstein)认为,从 16 世纪开始,东中欧国家已经列为崛起中的"资本主义世界经济"的一个边缘性和依附性角色;这个"资本主义世界经济体"的核心位于欧洲西北部,重点是荷兰和英国。从这个角度来看,现代早期东中欧国家的农奴制度的加强和扩张,不是一个"前资本主义"或"封建主义"现象,而是新兴的资本主义的一个特定产物和表现。它类似于美洲地区的强制性的"经济作物劳动力制"(cash crop labour systems),在美洲,奴隶制性质的劳动力类似地被当作商品在经济市场上加以买卖,同样,这个经济市场为攫取利益和出口进行自我调整,生产可以远销西北欧核心经济体的主要商品。进而,这些国家又剥削了由"世界经济体"所生产的大部分"剩余价值",并使得不发达的边缘国家一直处于"依附性"的地位。(Wallerstein 1974a,1974b)

无疑,16世纪见证了粮食、纤维和牲畜等从波罗的海的腹地运往西北欧的大宗货物贸易兴起的盛况,这些商品主要来自农奴耕作的大地产。然而,彼得亚雷·毕苏斯基(Piotr Wandycz)正确地指出,所谓的现代早期东欧兴起的"农奴制再版"花费了很长时间才得以巩固,而且,与其说它是农业繁荣的产物,毋宁说是17世纪繁荣的市场经济的产物。(Wandycz 1992:59)同时人们还应该意识到,引起东欧农奴制蔓延的外部市场力量诱因的存在。在16世纪出口到西欧国家的粮食产品中,很小的一部分来自东欧。这些出口很大程度上仅限于容易到达波罗的海港口的沿河地区,例如维斯瓦河沿岸到格但斯克(但泽)。从相对内陆的奥地利、波斯尼亚、摩拉维亚和匈牙利出口的粮食的数量,在那个时候可以忽略不计,或者认为为零。毕苏斯基(1992:58)认为,即使荷兰出口的粮食也只是达到大约总出口的12%,不会超过粮食总出口量的2.5%。(Topolski 1981:391)从波罗的海出口到西欧国家的粮食所占份额,"相对于总需求和总供应",一直是"次要角色"。(第392页)此外,直到19世纪下半叶铁路系统建设开始,匈牙利、俄国和罗马尼亚的粮食出口才刚刚起步,而这个时候,南部的波兰、匈牙利、瓦拉几亚和摩尔达维亚,已经积极参与欧洲市场上的牛的交易。(第397页)由于交通运输原因,16世纪东中欧国家的农产品的交易很大程

163

度上只限于当地城市市场。(第 396 页)

沃勒斯坦有一个著名的论断：16 世纪出口到刚形成为西北欧的城市工业核心市场的波罗的海粮食和木材,构建了东中欧国家的经济模式,并使它们处于新兴的资本主义世界经济的从属地位。但是,该论断跳过了两三个世纪。事实上,东中欧国家的经济及其相对于西欧国家的缓慢的经济发展模式转变,应更多地归咎于内因,尤其是社会结构,而不是外部的因素。(Kochanowicz 1989：119)再者,正如丹尼尔·希罗(Daniel Chirot)指出,缓慢发展的东中欧国家经济从 17 世纪直至 20 世纪早期形成的对西欧国家经济的依赖,既没有如马克思主义"依附论"学者假定的那样,产生的全是负面影响,也没有如"现代化"和"西方化"理论家所假设的那样,全是积极的刺激和"示范效应"。(Chirot 1989a：8 - 10)

然而,中世纪末期和文艺复兴时期东中欧国家刚刚兴起的经济和文化发展的确被一系列因素共同扼杀在摇篮中,它们包括：奥斯曼的屠杀,17 世纪广泛的宗教战争,绝对主义帝国的无止境的扩张,对领主特权和农奴制的强化,城镇的衰落,对宗教异端、自由思想者和(哈布斯堡帝国的)犹太人的迫害以及他们的迁离等。迁出的人口中还包括很多商人、贵族、工匠师。他们主要到新信仰教徒的德国、斯堪的纳维亚国家、英国和荷兰寻找庇护,而这些国家在经济和人才上的收益恰好就是东中欧国家的损失。

不可否认,在现代早期的西欧国家曾产生不同形式的"专制主义"。然而,"在西欧国家'专制主义'一词恰恰是一种误用",因为"就不受约束地推行专制统治而言",没有一个西欧国家君主"对其臣民行使过专制的权力"。(Anderson 1979：49)因此,16 世纪法国大革命的著名理论家让·博丹(Jean Bordin)认为,对专制君主权力的限制是理所当然的："随意向其臣民征税,或者随意掠夺其臣民的所有物,不是世界上任意一位合格君王的所为";因为,"既然君王——作为上帝在人间的化身——没有权力去超越上帝制定的自然法律,那么,他也不能在缺乏正当合理理由的情形下把别人的财产据为己有"。(Anderson 1979：50)相似的言论也可以在其他的欧洲理论家关于专制主义的著作中找到,例如像苏奇所提到的霍布斯(Hobbes)和格劳秀斯(Grotius)。(1988:320)

佩里·安德森确切和雄辩地阐明了东、西欧国家在专制主义特征方面显示出来的最重要差异。西欧的专制主义政权是"对接受领主缴纳税费的封建阶级的政治机制进行重新调整的产物"。"封建阶级面对着难以完全控制但又必须适应的日益城市化,在这样的经济大背景下,专制主义政权是消亡的农奴制的替代物。"相比之下,东欧的专制主义政权是"在清除了自治的城市生活或抵抗的背景下,强化农奴制的一种制度设计"。在东欧,庄园主的反动行为意味着,要建立一个新世界,必须依靠武力自上而下地推行。相应地,渗入社会关系中的暴力现象必然非常严重。(Anderson 1979:195)17世纪东欧的专制主义政权的成熟,"给可能实现独立的东方城市以重创。霍亨索伦王室、哈布斯堡皇室和罗曼诺夫王室的新君主们在政治上牢牢地控制住了城镇贵族……在捷克地区,'三十年战争'终结了波斯尼亚和摩拉维亚的引以为自豪的增长"。(第205页)具有讽刺意义的是,波兰贵族成功地挫败了他们的君主试图攫取绝对统治的野心,结果,波兰的君主在1772、1793、1795年先后被俄国、普鲁士和奥地利的专制主义国家(又称为"瓜分波兰的列强")所打败。

塑造"专制主义"的结构和外在形式的因素,与其说是16、17世纪西欧国家的战争需求,毋宁说是17、18世纪东中欧国家和俄国的战争需求。东中欧国家和俄国的贵族很大程度上是服役贵族,日常生活中的他们往往身着制服,因为他们代表这个国家强大的武装力量。在俄国,在哈布斯堡王室统治下的奥地利领土上,在普鲁士,"整个国家靠军事治理得井井有条,全部社会系统也都为军国主义服务"。(Anderson 1979:213)在东中欧国家和俄国,绝对主义政权推行强硬统治和军国主义,是领主普遍担心可能会发生反对农奴制的农民暴动而做出的反应。(第212页)安德森得出的结论是:"在东欧,贵族的社会权利与蓬勃向上的资产阶级获得的权利是不相称的,因为领主的统治没有受到削弱。因此,相比西欧的专制主义,东欧的专制主义更明确地体现在它

的阶级构成中。鉴于国家的结构建立在农奴制之上,因此,它的封建色彩更浓厚,也更明显。"(第430页)

在17、18世纪,僵硬和封闭的政治社会严重阻碍了这些东中欧国家的发展。城镇和新的城市商人阶级也迈向短暂的衰落,一方面是因为上面提到的政治迫害、迁徙和极具破坏性的战争的影响,另一方面是因为向国外出口粮食、木材和牲畜的贵族与西欧国家商人和金融家建立起直接联系,避开了被视为"外来种族"的波罗的海城镇市民和其他一些中间商。此外,荷兰境内的新兴贵族颁布了一些法律,禁止中产阶级市民和商人购买土地、到国外旅游或者从事对外贸易,这些法律最早可追溯到1496年。"因此,波兰商人以交易的中间人为主。他们不具备任何程度上的专业性,更重要的是,银行业并没有变成他们业务活动的一部分,而在西欧,一些业务熟练的商人已经从事这方面的商业活动……波兰城镇市民和中产阶级市民难以发展成独立的社会力量或政治力量。他们缺乏社会凝聚力,难以作为一个统一团体采取共同行动。他们也无力支持国王,去抵制贵族对君权的侵蚀。"(Kochanowicz 1989:112,114)就哈布斯堡皇帝的内陆腹地而言,土地贵族越来越严格控制和运用像粮食生产和酒类售卖之类的垄断权。(Gunst 1989:71)到1735年,那些地区住在城镇的人口规模下降了8%,到1840年,仍然徘徊在8.6%。(Hanak 1989:63)在波罗的海的南部和东部,城市化的水平甚至更低。

第十三章　奥地利哈布斯堡在东中欧霸权的兴起，1526－1789

关于哈布斯堡帝国的历史根源、精神特质和"使命"，可以追溯到东马尔克(Ostmark，东征活动；此后称为奥斯特里茨[Osterreich]或东部王国，拉丁语的名称是奥地利)。东马尔克形成于公元 803 年，查理大帝将它作为防御性的东部前哨，抵抗西部信仰罗马天主教的基督教国家以及公元 800 年被教皇新加冕称帝的(法兰克-日耳曼)神圣罗马帝国。从 803－1918 年，它一贯的目标和首要的使命就是捍卫天主教国家在多瑙河的门户，避免斯拉夫人、"异教徒"和"蛮族"可能从东部的突然入侵。纵观历史，奥地利王国多少形成了身陷重围之中的"边境国家"(frontier state)特有的坚强、有力、严阵以待的精神特质。它的邻居捷克、斯洛伐克、斯洛文尼、克罗地亚和波兰相继皈依天主教，此后的相当长的一段时期内，奥地利王国一直自视为置身无数具有敌意的斯拉夫人当中一个具有特定"日耳曼"天主教价值的堡垒。这同时培养了它的强烈的内忧外患意识，最终，奥地利军队与其说成为"一个抗拒外来入侵者的防御工具，毋宁说是一个维持内部凝聚力的工具"。(Jaszi 1929：137)

和普鲁士一样，奥地利崛起的基础依赖于好战的德意志殖民者持续东移,并最终进入东中欧和北部巴尔干。一方面,迁居东北欧的日耳曼人(包括臭名昭著的条顿骑士团)建立了未来普鲁士政权的核心,另一方面,日耳曼的定居者在波斯尼亚、摩拉维亚、匈牙利、特兰西瓦尼亚、克罗地亚、斯洛文尼亚结成新的奥地利政权联盟和"突击队",在东中欧和北部巴尔干地区的斯拉夫人、马扎尔人和罗马尼亚人中传播日耳曼-天主教的地方文明、教育、建筑和耕种经验。

976－1246年间,巴本堡王朝(Babenburg dynasty)统一了东马尔克,并扩张到施第里尔(Styria)和卡尼奥拉(Carniola),而巴本堡家族却在1246年突然终结,因为那年执政的公爵在与邻国匈牙利的战争中战死。可在1251年,夺取空缺的巴本堡封建政权的不是匈牙利国王,而是神圣罗马帝国王位的抗争者——波斯尼亚国王奥托卡二世(King Premysl Otaker Ⅱ)。但直到1273年,这个大德意志帝国联盟决定选举德意志西南部富可敌国的富豪、哈布斯堡的鲁道夫(Rudolf)继承王位。1276年和1278年,他先后决定性地击败波斯尼亚。1282年,他确立了世袭统治权,即只有他的后代才能成为奥地利王国(Austrian Crownlands)的统治者(哈布斯堡王朝一直延续到1918年)。从1306－1307年,一位哈布斯堡国王占据了波斯尼亚的王位,从1437－1439年,哈布斯堡国王阿尔布雷希特五世(Abrecht Ⅴ)身兼匈牙利和波斯尼亚的国王,经过多次努力,阿尔布雷希特五世首次将匈牙利和波斯尼亚纳入德意志奥地利的统治之下。哈布斯堡家族也在1335年征服了卡林西亚、1363年征服了提洛尔、1374年征服了伊斯特里亚、1375年征服了福拉尔贝格、1382年征服了的里雅斯特、1500年征服了戈里齐亚、1511年征服了弗留利。维也纳也于1146年成为东马尔克的首都,并于1469年提升为主教管理区。从1438－1740年间,只有哈布斯堡家族成员有权当选为神圣罗马帝国的皇帝,实际上这也是哈布斯堡家族延续其世袭统治的法宝。

1453年奥斯曼攻占君士坦丁堡之后,匈牙利王国已不堪一击,并已处于不利的战略地位,但它仍全力扩张,以牺牲奥地利为代价来壮大自己。匈牙利国王洪亚迪-马蒂亚斯甚至在1485年夺取了维也纳。自

166

从他在 1490 年死后,四分五裂、身陷重围的匈牙利王国转而求助奥地利,借助巩固王室家族联姻谋求建立王朝联盟,共同防御土耳其。结果,哈布斯堡神圣罗马帝国的马克西米安一世(1493－1519 年在位)由于 1477 年与勃艮第(包括低地国家)女继承人的"王朝"婚姻,大大充实了自己。在他的推动下,1496 年,他的儿子与阿拉贡(西班牙)统治者的女儿卡斯蒂利亚结婚,1506 年,他的孙子与统治匈牙利、波斯尼亚的国王的女儿完婚。这些"王朝联姻"为哈布斯堡领土的巨大扩张铺平了道路,甚至使哈布斯堡增加了源于欧洲中部、操西班牙语的美洲国家的银矿收入,也增加了欧洲、美洲、亚洲同比利时、西班牙的海上贸易收入。

哈布斯堡的神圣皇帝查理五世(1519－1556 年在位)继承这块非凡领地财产之际,正值新教改革在欧洲中部和北部推进,奥斯曼土耳其对西部基督教国家的威胁也达到极致。查理五世是勃艮第、低地国家、西班牙、说西班牙语的美洲国家、意大利部分地区和神圣罗马帝国的共同的统治者,他自视为卓越的仲裁者、上天选定的罗马天主教国家的监护人,地位堪比当时伊斯兰世界伟大的苏丹苏莱曼一世(1520－1566 年在位)。查理五世认为,新教"异教徒"不仅构成对帝国权威与正统的挑战,而且对广袤领土上的宗教团结构成重要挑战。为了应对外部敌人(奥斯曼)和内部敌人(新教),他不屈不挠地推行了一系列战争,结果,挥霍掉来自拉美国家银矿的大量收入,并造成中欧主要的金融家族破产(富格尔家族和威尔瑟家族,他们的财富源于采矿和冶金),欧洲最富有的货物集散地(安特卫普港)没落,成千上万能带来经济效益的新教商人、工匠和金融家遭到驱逐,他们被要求远离他的日益褊狭的罗马天主教领地。

1526 年,在摩哈赤战役中,当时的匈牙利和波斯尼亚国王被奥斯曼苏丹苏莱曼一世穷追不舍,最后死在逃亡途中。接着,奥地利的哈布斯堡国王斐迪南一世(1517－1564 年在位)声称有权继承空缺的匈牙利波斯尼亚王位。这一要求很快得到了贵族主导下的波斯尼亚议会的批准,他们当时期望的是,奥地利哈布斯堡家族能够带给波斯尼亚一个统一的、提供军事保护而且"强大的政府",这些正是波斯尼亚面对日益增长的"土耳其威胁"所迫切需要的,到了1527年末,斐迪南一世已迫使大部分马扎尔贵族接受了他对匈牙利王位的所有权,并且以增加税收(伪称"什一税")来巩固匈牙利对土耳其的防御。但苏莱曼一世并不想让战败的匈牙利落入哈布斯堡控制之中。1529年,他再一次侵入匈牙利,围攻维也纳,试图阻止或避免奥利利哈布斯堡的反攻。结果,奥斯曼军队的物力财力、技术方面的开支增大,补给线延长,都超出了他们的能力和范围。在马丁·路德及其教徒和天主教德意志诸侯的支持下,奥地利哈布斯堡王朝坚守阵地,终于迫使苏丹撤退并放弃对维也纳的包围。这些只是奥斯曼帝国与奥地利哈布斯堡王朝之间为争夺匈牙利控制权而展开的旷日持久的争斗的先声。后来,在1683年奥斯曼第二次围攻维也纳失败的斗争中,以及1686－1689年间哈布斯堡王朝将奥斯曼人从大部分匈牙利地区驱逐出去的斗争中,争夺战达到极致。与奥斯曼人的这场权力之争,成为铸就奥地利的绝对主义、军国主义和蒙昧主义的两大严峻考验之一。而另一场考验就是发生在东中欧的"三十年战争"。的确,无论哈布斯堡王朝是否意识到这一点,似乎他们的确热衷于主宰欧洲。

查理五世在位期间耗费了哈布斯堡太多的财力物力,结果,国弱民疲。他最终退位之后,奥地利哈布斯堡王朝的斐迪南一世继任神圣罗马的皇帝(1556－1564年在位)。斐迪南皇帝及其继承者统一了东中欧奥地利哈布斯堡家族的领地。他们同意把低地国家、意大利和说西班牙语的美洲地区的管理权让给西班牙的哈布斯堡王朝,但是,西班牙哈布斯堡王朝却继续挥霍剩余的"美洲银矿"收入,把它们不幸地或错误地用在军事行动上,例如,1588年遭到圣弗朗西斯·德雷克(Sir Francis Drake)重创的西班牙无敌舰队行动,以及试图征服北尼德兰的军事行动(1566－1648)等。

虽然16世纪20年代新教主义在东中欧吸引了相当一部分追随者,但哈布斯堡王朝却虔诚地信仰罗马天主教,因为这是他们政权保持正统性、权威性和自尊的关键所在。到16世纪80年代,形形色色的新教派别占据了波斯尼亚和匈牙利的大部地区。甚至在下奥地利(包括维也纳),罗马天主教也开始衰落,例如,在教会活动出席人数、费用收入、捐赠物资和教士招募等方面都有所体现。1568 年在下奥地利,新教领导者获得了哈布斯堡统治者保证容忍异端的宗教誓约,这种情形后来相继发生在 1575 年和 1609 年的波斯尼亚,1608 年的摩拉维亚和西北部匈牙利。当时,在匈牙利境内以及西北巴尔干地区的反对穆斯林土耳其的斗争中,哈布斯堡王朝急需新教和天主教的支持。奥地利哈布斯堡王朝后来就在上述地区建筑了一道防御性的"军事隔离带"(Vjna Krajina),最终成功地抵御了奥斯曼人的入侵。

从 1599 年开始,哈布斯堡王朝不断容许好战的天主教保皇党垄断波斯尼亚主要的行政管理和司法审判职位,积极支持天主教及其教义,排斥其他教派。捷克、德意志的新教贵族和自治市民,连同圣杯派和自由捷克、德意志的许多新教徒都认为,他们的生存自由、波斯尼亚自治权以及容忍异端的态度,正面临来自危险的天主教绝对主义阴谋的越来越严重的威胁与危害。

"三十年战争"(1618－1648)及其遗产

波斯尼亚与哈布斯堡王朝之间持续的武装冲突最终让波斯尼亚议会在 1619 年 8 月作出决定,正式终结哈布斯堡王朝在波斯尼亚的统治,波斯尼亚的王位授予给了腓特烈。腓特烈是勃兰登堡的选帝侯,当时德意志新教的领袖。结果,冲突变得"国际化"了。在巴伐利亚的马克西米安一世的帮助下,西班牙的哈布斯堡王朝、撒克逊的(新教)选帝侯、奥地利的哈布斯堡王朝联合起来,在 1620 年 11 月的白山(布拉格附近)决战中,击溃了波斯尼亚的起义军。这场决定性战役的惨烈后果就是预示着未来长达十年的冲突和近三个世纪的征服,波斯尼亚的人口至少下降四分之一,同时,一半以上的土地财产转移到天主教保皇党的富豪和幸运的士兵手中。后者还接管了波斯尼亚的行政管理,压制波斯尼亚传统上就拥有的权力和自由,强化农奴制,并课以重税。

无论是因为遗弃了自己的波斯尼亚同胞深感内疚,还是出于对哈布斯堡王朝在欧洲日益增长的统治地位的恐惧,新教国家,如荷兰(1621)、丹麦(1626)和瑞士(1630),以反哈布斯堡的"新教事业"的名义,迟迟地举起武器。这进一步扩大并延长了这场毁灭性的欧洲战争,直到 1648 年《威斯特伐利亚和约》的签署才正式终结这场战争。至少在此后的一个世纪以内,其破坏性的影响还能明显感受到。东中欧,特别是波斯尼亚,承受了大部分的灾难性后果和屠杀。

"三十年战争"也迫使东中欧发展和采纳新的战争方式,基于使用训练有素、灵活、快速的专业步兵之上,还配备荷兰人、瑞典人生产的轻便、准确、机动、火力威猛的大炮。这些新的作战方式需要耗费巨额资金,但效果显著。在东欧地区,只有那些拥有强大的、创新性的官僚阶层和公共财政体系的集权国家才能负担得起。欧洲的交战国不可能再致力于采取老式的掠夺和攫取"战利品",倘若如此,他们的战场就会转瞬即失,为战争提供保障的流动资源也会尽失。这种情势有利于崛兴的哈布斯堡帝国而不利于更小、更弱或者不如它集权的邻国,同样,这种情况后来也有利于兴起的俄国和普鲁士帝国。因为奥地利的哈布斯堡王朝拥有东中欧的矿产、冶金和技术资源的管辖权,所以它们相对于较容易满足新式战争对于工业和技术方面快速发展的要求。这些因素不仅有助于哈布斯堡王朝强化对东中欧的控制,而且导致控制匈牙利和巴尔干地区的斗争拖延下去,逐渐打破了原来与奥斯曼人的军事平衡。(Coles 1968:186 — 191)如果奥地利哈布斯堡王朝当时没有迫害、驱逐和流放那么多新教徒、犹太人以及有自由思想的商人、工匠、金融家,它将变得更加强大。"事实上,哈布斯堡王朝非同寻常之处,既不是它们的英雄气概,也不是它们的聪明才智,而是它们的无可匹敌的顽强、永无止境的雄心以及它们难得的幸运。"(第 118 页)

"三十年战争"的其他影响还包括,欧洲说德语的民族分裂成 300 多个小国,其中有许多都被哈布斯堡王朝的奥地利统治近 150 年,在东中欧大部分地区,专制和固执战胜了自由思想和宽容。奥地利的哈布斯堡王朝统治者斐迪南二世(1619 — 1637 年在位)的地位荣升到相当于十字军皇帝的角色,结果,他成了"他自己家族的主宰者"。他的继承人斐迪南三世(1637－1657 年在位)更加机智和老练,进一步巩固了这一成就,缔造了和平盛世。实际上,直到 17 世纪 40 年代,斐迪南三世享有无与伦比的优越感,他常常津津乐道的是,他的统治"现在就代表了仅可实现的中欧秩序",因此,也必然为一切"寻求和平与复兴的人"所接受。(Evans 1979:76)

《威斯特伐利亚和约》(1648)签署之后,天主教的反宗教改革得以继续"更有力"地推进,而且,在东中欧有了更加"坚实的基础"。(Evans 1979:117)"基督教会和世俗政权相互联合,形成新的统一性。"(第 140 页)不过,《威斯特伐利亚和约》的签署也标志着自 16 世纪早期以来持续困扰欧洲的"宗教战争"的结束。此后,战争爆发主要在于王朝内部、商业和地缘政治的缘故,而不会是意识形态的缘故。直到法国大革命之后,更具分裂性、破坏性的意识形态战争才重又回到历史舞台。虽然实际当中对伊斯兰国家的战争还在继续,但是,这些战争变成了争夺匈牙利和巴尔干半岛控制权的世俗性的、非意识形态化的战争,而不再是宗教性质的或意识形态的"神圣战争"了。

1648 年以后的欧洲,除了巴尔干半岛局部地区以外,宗教合作变成了纯粹各国内部的事务,而不再是战争和干涉其他政权内部事务的借口。《威斯特伐利亚和约》奠定了新的欧洲国际体系,主要因为在各自领土范围内排除了其他国家的司法审判权,虽然在实际上,当大国觉得有必要采取行动的时候,还会侵犯弱小邻国的主权,最臭名昭彰的例子就是,俄国、普鲁士和奥地利等大国在 1772－1795 年实现了对位于它们之间的波兰立陶宛的瓜分。

17、18 世纪早期奥地利哈布斯堡国内的经济文化落后现象

哈布斯堡王朝在 1686－1699 年间取得的对匈牙利土耳其人的一系列胜利,进一步巩固了奥地利绝对主义和天主教反宗教改革的胜利,结果,在之后的 17－18 世纪早期的东中欧,造成了知识与文化的严重"停滞"。成千上万的异教徒-新教徒、犹太人和自由思想者遭到折磨、

迫害、驱逐流放,许多人被迫逃往信仰新教的英格兰、苏格兰、荷兰、斯堪的纳维亚和德国北部避难。这加速了知识、科学、技术和金融的控制权从天主教的欧洲转移到新教控制下的西北欧,西北欧地区汇合了西北欧的"商业革命"和快速发展的大西洋经济体,后者还刺激生产出"新"的非欧地区的产品,如棉花、丝绸、靛青、土豆、烟草、糖、可可、咖啡和茶等。进而,这些也为商业、工业、农业和科技的新增长带来可能,包括罪恶的奴隶制经济、大西洋的奴隶贸易、海运、造船业、航海技术的广泛发展,以及由此带动的数学、光学、钟表学和(作为科技革命的主要推动力的)物理学等学科的发展。对于地处内陆、偏狭顽固的哈布斯堡帝国来说,这些机遇的大门从 17 世纪 20 年代起一直关闭着,直到 18 世纪中后期,姗姗来迟但又生机勃勃的启蒙运动、"开明专制"以及内地贸易才在中欧、东中欧和俄国发展起来。

东中欧地区推行的天主教绝对主义以及大地主、大农奴主统治的强化,无意中促进了西北欧的商业革命和科学革命。与此同时,天主教的反宗教改革和"三十年战争"的影响,加上哈布斯堡王朝对匈牙利的"再征服",在很大程度上造成了西北欧和东中欧发展程度出现巨大鸿沟,发展路径方面出现暂时性的"分道扬镳"。西北欧积极发展了资本主义,以及越来越严重的世俗化、科学主义、理性主义的文明,而东中欧却经历了越来越严重的偏执、反智主义和"再封建化",包括农奴制的强化以及土地所有权集中到少数非进步人士手中。

在东中欧的大部分地区,正如著名的捷克历史学家约瑟夫·波利森斯基(Josef Polisensky)指出,其不良后果难以估量,社会的发展倒退了近一个世纪,那些显赫的贵族变得目光短浅、缺乏竞争力,仅仅依靠牺牲农民的利益来获得成功。(Polisensky 1974:263)最大的财富逆转发生在波斯尼亚,在那里"再封建化……延缓了一切的发展,束缚了经济的主动性",导致捷克和德意志的冲突"变得更加激烈",因为德意志开始统治波斯尼亚,而由于帝国的政权落入了"那些依靠没收财产攫取财富的'奥地利'新贵族手中"。(第 264 页)而且,天主教权贵尽可能地通过剥夺新教徒、圣杯派和反哈布斯堡的天主教的财产以自肥，他们也在自身立场和独立性方面作出妥协。直到完全进入 19 世纪后，"被斩首"（decapitated）的波斯尼亚王国仍然难以有效、独立地捍卫它的特定利益。同时，兴起的东、西欧地区间的劳动分工，激励东中欧通过强化依靠大量雇佣奴隶劳作的大地产制来推进产品专业化和初级产品出口，换取西北欧地区依靠工资劳动力生产的工业制成品。结果，东中欧越来越从属于、低于西北欧，甚至沦为其半殖民地。（Polisensky 1974：260）总体来说，这些似乎构成了 17、18 世纪早期东中欧在经济、技术和文化方面落后于西北欧的最重要原因。

从 17 世纪 40 年代至 18 世纪 40 年代，正值"封建反动"如日中天之时，东中欧不断稳步提升租金、税费，侵犯农民和土地所有者的权利，扩大庄园的耕地并强化农奴制。大地主（包括天主教会和王室家族）越来越积极投身于地产的管理，还介入到木材、亚麻、羊毛纺织品、硬饮料和矿产（例如铁、铜、煤、盐）以及谷物等商品的生产和贸易中。他们逐渐绕过城市的中间商，资助能避开城市手工业和行会的乡村手工业生产。他们往往雇佣犹太人作为商业代理人。这样非犹太市民变得越发狭隘、保守，更坚定其排犹立场。结果，加剧了城市的相对衰落。大地主在处理农业问题时依然不断雇佣犹太人作管理员或管家（"前锋"[front men]），自然，农民的反犹现象更加突出。另一方面，下层贵族越来越依赖军队、官僚和罗马天主教教会对他们的雇佣。尽管如此，他们仍然面临来自有能力的富裕平民的竞争。因此，那些下层贵族在子女教育问题上，更加注重专门教育。

170

"再征服"，反宗教改革和战争，1683 － 1711

1683 年，土耳其第二次（最后一次）围攻维也纳遭到惨败，这为奥地利成功发起对奥斯曼的反击开辟了道路。1686 年和 1699 年，哈布斯堡发起了对匈牙利平原、克罗地亚-斯拉沃尼亚、特兰西瓦尼亚的"再征服"。不幸的是，伴随这场"再征服"运动的是大肆掠夺、大范围的迫害匈牙利新教徒（他们在土耳其封建领主的权力之下相对来说更安全），与之相伴的还有大规模重分土地,分到土地的主要是"移居"的天主教保皇党贵族,以及参加反对土耳其人的"光荣的十字军"军团的幸运的天主教士兵。掠夺和迫害导致 1703 至 1711 年在匈牙利、克罗地亚、斯拉沃尼亚和特兰西瓦尼亚爆发了大规模的反哈布斯堡王朝骚乱。叛乱分子充分利用了当时的可乘之机,即那时西欧大部分奥地利哈布斯堡的武装部队正卷入西班牙王位继承战,难以脱身。奥地利哈布斯堡王朝付出惨重代价,却未能争取到空缺的西班牙王位。但是他们与英格兰、荷兰相配合,夺得了尼德兰南部和宝贵的意大利领土(托斯卡纳、伦巴底、帕尔玛、撒丁岛)的控制权,粉碎了法国国王路易十四世在西欧建立波旁王朝霸权的企图。

1711 年,在西欧和匈牙利境内,战争弄得两个地区都元气大伤,马扎尔有产阶级同意与不堪重负的奥地利哈布斯堡王朝达成妥协。结果签署了《萨特马尔条约》(*Treaty of Szatmar*)(1711),该条约赋予匈牙利贵族享有自治、"自由"(包括信教的自由和免于征税的自由)以及司法独立等权利,由此形成了高度分权的匈牙利体制。这构成了贵族"保皇派"与奥地利哈布斯堡王朝在 1711 — 1847 年间合作的基础,也奠定了匈牙利在奥地利哈布斯堡王朝中的特殊地位。

战后复苏和重商主义,1711 — 1740

约瑟夫一世(1705 — 1711 年在位)和卡尔六世(1711 — 1740 年在位)并非固执己见的国王,他们比自己的先辈更加务实,更善于安抚。卡尔六世的时代是相对和平、重商主义居主导的时代,也是大力提倡农村手工业(特别是亚麻、羊毛纺织品)的时代,国家大量补贴"工场手工业"(无机器的工厂)、采矿业、冶金业和奢侈品手工业(包括瓷器、玻璃器皿、丝绸,丝带、皮革制品和衣服)。这些产业集中在维也纳及其四周、波斯尼亚-摩拉维亚,施第里尔和西里西亚还是当时的采矿和重工业中心。与东地中海和奥斯曼境内的贸易因为下述一系列因素而盛极一时,包括 1717 年宣布与亚得里亚海进行自由贸易,1718 年与土耳其缔结和平条约(永久放弃奥地利哈布斯堡王朝对腾斯法的巴纳特进行统治的权利),的里雅斯特和阜姆港此后成为"自由港",这些港口通往维也纳的交通干线被建造起来，再加上威尼斯垄断和贸易特权在大西洋、东地中海、奥斯曼境内遭遇"破产"等。一个全新的外部世界对东中欧人民敞开了。

玛丽亚·特蕾萨时代"开明专制"的开始，1740—1780

1740—1780 年的哈布斯堡君主制受益于当时的统治者玛丽亚·特蕾萨(Maria Theresa)推行的"开明专制主义"(enlighted despoism)，特蕾萨是一个秉持"国家至上论"(Erastian)①的狡猾的天主教徒，或称为"改革"的天主教徒。她坚决认为，出于国家或者仁爱的目的，鼓励动用教会财产，包括首倡在德意志奥地利和波斯尼亚-摩拉维亚地区推行公众教育(直接与日耳曼的/路德教的国家相竞争)，为救济院、贫困救济者提供更多食品等。但是，尽管卡尔六世极力让波斯尼亚人(1720)、克罗地亚人(1721)、匈牙利人(1722)、特兰西瓦尼亚人(1723)、比利时人(1724)、伦巴底人(1725)和日耳曼诸侯都意识到他的女儿有权继承整个哈布斯堡(通过颁布历史学家所谓的合法的"国事诏书")，但玛丽亚·特蕾萨的继承权还是一度为与之竞争的巴伐利亚国王阿尔伯特(King Albert of Bavaria)所窃取，阿尔伯特在卡尔去世的 1740 年"当选"为帝国皇帝。

"奥地利王位继承战"(1740—1748)的后果是，玛丽亚·特蕾萨最终成功地使她的丈夫洛林的弗兰茨(Francis of Lorriane)在 1745 年当选为神圣罗马帝国皇帝。不过，真正的权力依然操纵在她手中。她曾被迫将蕴藏丰富矿石的西里西亚低地割让给普鲁士的弗里德里克二世("大帝")——这一次的领土让步无形中有助于推动普鲁士的扩张进程，最终，该进程在 19 世纪德意志的统一战争中达到顶峰，也让哈布斯堡帝国黯然失色。

171

———————

① Erastian，伊拉斯特派，信奉伊拉斯特学说的人，国家万能论者。源自一个名叫托马斯·伊拉斯特(Thomas Erastus，1524—1583)的人，他曾经在巴塞尔学习神学，是神学改革家茨温利(Zwingli)的学生，后来在德国海德堡从医。他主张国家有权力干预教会事务。——译者注

1749－1756 年,"奥地利王位继承战"余波中,在奥地利的本部、波斯尼亚-摩拉维亚爆发了改革和中央集权的倾向,虽然这些不是发生在奥地利哈布斯堡王朝的匈牙利、克罗地亚和特兰西瓦尼亚境内。这些变革旨在扩大哈布斯堡政权的经济基础,有效地维持 10.8 万人组成的常备军。它们的执行,主要依靠首相弗里德里克·郝维茨(Chancellor Friedrich Haugwitz)监控下的新贵阶层,而后者遭到旧贵族和贵族占主导的地方议会或大地产阶层的坚决反对。此外,在与普鲁士的竞争中,奥地利建立了土地登记制度,依靠该制度可以对当时其财富尚在征税标准之下的土地贵族(未来)进行系统征税的依据,同时可以从法律上对大地主不断蚕食农民土地进行限制。后者标志着温和专制主义的"保护农民"政策的开端,这有助于遏止并最终改变东中欧地区独立的自耕农农业相对衰落的趋势,由此带来的政治、社会和经济结果是,到 19、20 世纪,一大批一度消失的、被压制的"农业民族"后来崛起和复苏了。

"七年战争"(1756－1763)发生在哈布斯堡帝国、法国和俄国一方与不列颠、汉诺威和普鲁士的另一方。此后更长一段时间内,出现了缩减经费、改革和相对和平的局面(1763－1792)。这段时间内国家政策的首要目标是,扩大哈布斯堡王朝的收入基础,有效地维持 30 万人的常备军队。同时努力避免成本昂贵的有争议性的军事行动,以便为经济的平稳发展提供缓和的机会。

皇帝约瑟夫二世时代推行的"开明专制",1765－1790

1765 年,玛丽亚·特蕾西娅的严肃而开明的儿子约瑟夫二世继承帝位(在他父亲去世当天)。虽然核心权力和权威仍掌握在他母亲之手,但约瑟夫仍然积极地倡导改革。他的政权见证了哈布斯堡改革联盟的崛起,该联盟的主要成员包括少数贵族、市民阶级、农民、"伊拉斯图者"或"改良"的天主教者,他们反对掌握特权的教会和贵族,但是这些仅仅只是发生在帝国的一半区域内,也就是发生在奥地利当中。

1767 年,德意志奥地利制定了法律条文,限制农民的劳役数量。

1775 年,一场捷克农民起义也在捷克境内引发了类似改变。1769 年创
设了定期向天主教会征税获得大量财富的制度。1773 年,经教皇同意,
哈布斯堡王朝解散了富裕而狂傲的耶稣会,以及相关的它的培育上层阶
级子女的学校和学院。这为后来迅速推进更具利他主义的民族教育铺
平了道路,后者建立在更普遍的初级和中级教育的基础之上。德意志奥
地利和捷克由此得以迅速跻身于欧洲教育发展的前列,几乎与信仰新
教的德国北部地区、瑞士、荷兰、斯堪的纳维亚不相上下,并遥遥领先于
法国、不列颠、南欧和俄国。该教育体系为 18 世纪晚期至 20 世纪早期
涌现的大批杰出知识分子以及哈布斯堡帝国的文艺复兴打下了基础。
最终,培育出许多杰出人物,例如,心理学家西格蒙德·弗洛伊德,作家
弗兰兹·卡夫卡、卡雷尔·恰佩克、雅罗斯拉夫·哈谢克、阿尔图尔·
施尼茨勒、霍夫曼斯塔尔,物理学家恩斯特·马赫、托马斯·马萨里克,
马克思主义者奥托·鲍威尔、鲁道夫·希法亭、捷尔吉·卢卡奇,经济
学家卡尔·孟格、欧根·博姆-巴维克、路德维希·冯·米塞斯、弗里德
里希·维舍、约瑟夫·熊彼特,画家古斯塔夫·克林姆、奥斯卡·柯克
西卡,同样重要的还有,作曲家贝拉·巴托克、柯达伊、贝德里希·斯美
塔那、安东尼·德沃夏克、莱奥斯·雅那切克、弗朗茨·舒伯特、雨果·
沃尔夫、安东·布鲁克纳、古斯塔夫·马勒、亚历山大·冯·策姆林斯
基、阿诺德·荀白克、阿班柏格、埃里希·科恩戈尔德等。

172

　　事实上,与通行的理念相反,除了纯粹军事和领土意义上以外,19
世纪的哈布斯堡王朝并没有进一步"衰落"。新兴的德意志帝国作为一
股巨大的力量最终超越了它。哈布斯堡王朝的领土在德意志和意大利
的统一进程中丧失很多。但直到第一次世界大战为止,哈布斯堡帝国
在经济、文化和思想方面,依然蓬勃发展。到了 1913 年,奥地利的年均
国家收入低于德国将近 10％,与法国大体相当。

18 世纪 80 年代:约瑟夫二世改革极度活跃的十年

　　18 世纪 80 年代,随着玛丽亚·特蕾西娅的去世,约瑟夫二世迎来
了他治下极度活跃的 10 年改革期,摆脱了他的谨慎的母亲的束缚。

1781 年,约瑟夫二世不仅在奥地利和捷克废除了私人农奴制和强制征收农民税("banalities"),而且颁布了针对路德教、加尔文教和东正教的宽容法令,虽然少数基督徒和犹太人仍然不在其列(他认为,"解放犹太人"和"解除"福音派新教信徒的时候还未到来)。为了让公众畅所欲言并激发改革热情,他放松了书报检查制度。但是,约瑟夫二世非常专制,缺乏耐心,容易冲动,并深信他的行动的"正义"建立在公认的责任心之上。认为他必须对自己的行动负责或者推行民主的任何见解,都是对这个仁慈但与众不同的、独裁君主的诅咒,约瑟夫往往被不恰当地比喻为米洛斯·福尔曼的著名电影《莫扎特传》(Amadeus)中的畸形儿。

1782 年约瑟夫二世解散了将近 700 家"默祷"的修道院和修女团,取缔了修道士的乞讨生活,但是允许 1 400 家公开支持和提供"真正有用"的贸易、特权和健康护理的修道院和修女团继续存在。1784 年,他颁布禁令,全面禁止进口多数工业制成品,以此保护奥地利-捷克的工业,培育帝国更强的自给自足能力。这也鼓舞了瑞士、德、英、法的公司与奥地利建立交流。1785 年,他取缔了匈牙利贵族的"自由"(如特权)和地方自治权,强加给它一个奥地利人集权统治的政权,希望在匈牙利扩大自己的激进改革,扫除马扎尔贵族和教会对改革的反对意见。他在匈牙利主要的目标就是建立更加有效和公平的税收,废除私人农奴制,统一匈牙利市场。

约瑟夫二世时代的另一突出特点就是积极提升日耳曼语言和文化。德意志作家的作品在日耳曼社会(German Society)非常受欢迎。1772 年,法国演员公司被日耳曼宫廷剧院取代,之后约瑟夫二世又在 1776 年将宫廷剧院改造成德意志帝国剧院。1782 年,在皇帝的指挥下,这里上演了第一场用日耳曼语演出的戏剧莫扎特的《后宫诱逃》(Die Entfuhrung aus dem Serial)。更有意义的是维也纳的一家乡村剧院也在 1791 年被委托上演了莫扎特的《魔笛》(Die Zauberflote)。具有争议的是,约瑟夫二世于 1784 年发布命令,强行在匈牙利将德语(在拉丁地区)作为之行政管理的官方语言,但是 1790 年他去世之后,这种情况又被改变了。尽管如此,德语还是强化了它在东中欧的官方语言和"高级文化"(high culture)地位。

最后,1789年大革命爆发的当年,约瑟夫二世在实行统一的税制,即无论是贵族土地还是农民土地(官方登记在册的为准),无论是在德属奥地利还是在捷克,国家统一按照总收获量的12%的标准征税。而且,严格将农民向封建领主和教会缴纳的税费限定在总收获量的18%以下。结果,推行该税制以后,这些地区的农民可支配的剩余量就能达到他们土地总产量的70%(可以刺激生产,销售更多的产品),这样,以牺牲贵族和天主教会的利益为代价,政府的收入开始逐渐增加。

总之,约瑟夫二世改革几乎涉及方方面面,但总体上都出自他一个人的意志(one-man revolution)。不过这个明显的力量也正是他的主要弱点所在。他的革命政策缺乏"一个革命阶级的支持"。(Taylor 1976：19)悖论的是,他的目标要全面实施只能借助真正的革命来完成,但这样一来就会摧毁哈布斯堡君主政体。更苛刻地看,罗伯特·坎恩(Robert Kann)将约瑟夫二世的成就归为"系统的开明警察国家：一切为了人民,没有人民的任何参与……它过于僵化,毫不妥协"。它的核心在于下述观念："只有一个人可以统治和管理国家,那些被委以管理重任的人就应该从这个人中得到权威。"(Kann 1974：184)约瑟夫二世常常被亲切地或者讽刺性地称为"人民皇帝"(the people's Emperor),他为20世纪东中欧法西斯主义或共产主义的统治者树立了一个典范。

奥地利"内部"经济的复苏,18世纪60—80年代

哈布斯堡帝国发现自己不能成功地与以大西洋海岸为中心的西方资本主义"世界经济"相竞争,就在哈布斯堡帝国内部相对自给自足的区域内做了地区间的劳动分工规划。由此,奥地利和波斯尼亚、摩拉维亚、哈布斯堡的西里西亚在1775年形成了关税同盟,并显著地扩大了相互间的贸易和专业化。进而,也刺激了河运的改善、运河的建造、高

速公路网的形成(1800 年提高到 700 多公里),市场一体化,进一步扩大农村手工业,增加水磨和工厂(至 1790 年在奥地利至少有 280 家"工厂"),而城镇重新成为工商业中心。与这些改变伴生的是,人口的急剧增长,这些都有益于耕地面积的扩大,新的粮食作物(如玉米和土豆)的扩散,新的农业耕作体制的引进,家畜的繁殖(例如墨洛温[Merion]羊),农奴制的松绑和瓦解,净收入的增长,新式的税收制度和布品(如棉花)的出现,面粉磨制、面包烘烤、酿造、酒的制作和蒸馏等。纸币之所以大量发行和使用,一方面是因为政府在军队、武器制造、教育和基础设施方面的支出增加,另一方面是因为预算赤字。结果,加速了财政流通,哈布斯堡王朝经济的商品化和扩大化。因此,到了 1789 年,哈布斯堡帝国绝大部分地区而言,引入工厂工业(factory industry)的时机完全成熟:资本、技术、企业都已具备,制度框架也非常有利。(Gross 1973:247)到那时为止,德意志奥地利、斯洛文尼亚和捷克地区变成了工业制成品的净出口地区。1782－1783 年,成品在出口中的比例占到 66%,而在进口中却只占到 16%。(Gross 1984:25)

经济和社会最剧烈的转型发生在波斯尼亚、摩拉维亚和哈布斯堡的西里西亚。"三十年战争"结束以后,捷克的政治野心和积极性有所减弱,贵族和市民转而寻求舒适的、非传统的方式来表现自己,他们将能力、教育和才华投入到发展城市和农村的纺织品、食品加工、酿造、蒸馏、木材、玻璃制品和冶金工业等方面,这样就便于从相对分散和丰富的农业、矿业、木材和水资源方面赢利。农业和工业的不断商业化,农舍、庄园、城市手工业快速发展,共同加速了农奴制的瓦解,为 19 世纪捷克的"民族复兴"奠定了经济和社会的基础,捷克由此也转变为哈布斯堡王朝的工业中心。

所有这些经济和社会的改变突破了社会障碍,加大了社会的"融合"(包括不同阶级、宗教和国籍的人们相互通婚),提高了社会、人口和职业的流动程度。这就允许更多的人寻找和追求他们自己"真正的职业"(在这类职业的活动中,他们可以超越和表现出他们最好的一面),而不是依然被束缚在他们与生俱来的社会、宗教、种族、职业团体中。

通过促进人力资源的全面和最大化的提升,社会流动性的加强有助于现代经济的增长,也有助于社会发展的方向逐渐偏离相对僵化严苛的社会、种族、宗教等方面的等级制和精神视域(mental horizons)。潜在性地,这些变革的最大受益者是那些当时仍被束缚的团体,也就是农奴和犹太人。随着他们逐步获得解放,他们的受压抑的人类天赋就有可能结出新的果实。

第十四章　波兰立陶宛联邦，
1466－1795

　1386 年,在雅盖隆王朝的统治下,波兰和立陶宛合并为波兰立陶宛联邦,并在随后的 1410、1454、1466 年取得对条顿骑士团的重大胜利,此后成为欧洲列强中的一员,也是领土最大的国家之一。1471－1526 年,在雅盖隆(Jagiellon)建立了对匈牙利(1440－1444、1490－1526) 和波斯尼亚(1471－1526)的统治之后,雅盖隆王朝统治了近乎三分之一的欧洲大陆,(Zamoyski 1987：50)并且在与哈布斯堡家族东欧霸权争夺中似乎已占上风。此外,尽管波兰大地产者在 13、14 世纪通过君主制增强了权力和财富,雅盖隆大公卡兹米尔兹四世(Kazimiercz Ⅳ)还是设法在没有对波兰大地产者做出太多让步的情况下于 1466－1467 年当选并加冕为波兰国王。(Fedorowicz 1982：92)在抗击条顿骑士团入侵的“十三年战争”(Teutonic Order, 1454－1466)初期,为了争取贵族的支持,卡兹米尔兹四世发布了《涅兹瓦法令》(*the Statute of Nieszawa*,1454),其中规定,在未经贵族领导的地方性会议(下议院)同意的情况下,禁止加收新税和征兵。在 15 世纪的波兰,下议院定期召开会议当时已成惯例。卡兹米尔兹四世借此动员地方贵族(即乡绅)抗衡大地产者,并像一些西方欧洲君主所做的那样,动员并给予地方选举权,更多地依靠城镇从而减少对土地贵族的依赖。

（第 93 页）

通常认为,波兰立陶宛君主制的权力在 15－16 世纪期间衰落了,这种说法有点言过其实。由于一些君主成功地动员中层贵族(即乡绅)来制约贵族大地产者的势力,至少在 1573 年以前,君主权力是趋向于加强而非削弱。总的来说,在 1374、1425、1454、1505 年和 1562－1569 年对贵族的重大让步,应被视为"试图通过获得乡绅支持来反对大地产者以加强王权,而非'王权的弱化'"。(Wyczanski 1982：97)其结果是中央集权加强,管理更为有效,同时也削弱了大地产者的势力。(第 148 页)维森斯基(Wyczanski)的论文有助于矫正下述研究倾向：轻易地得出结论认为,15－16 世纪波兰立陶宛君主制就难出现 17 世纪中叶到 18 世纪末困扰王权严重政治虚弱和瘫痪问题,结果就把波兰立陶宛王国的逐渐衰落并最终灭亡视为不可避免和先天注定。

然而,在 1526 年的摩哈赤战役中,无子嗣的匈牙利和波斯尼亚国王雅盖隆被奥斯曼土耳其击败并遭到杀害。匈牙利和波西米亚的王位随即传给哈布斯堡皇室的斐迪南,斐迪南娶匈牙利和波斯尼亚已故国王拉约什(卢德维克登,Ludwik)的姐姐为妻,国王本人的配偶也是一位哈布斯堡王朝的成员。然而,后来权力从雅盖隆诸王转移到奥地利哈布斯堡皇室的过程,是渐进性的,因为即使在哈布斯堡封建君主统治下,直至 1620 年,波斯尼亚仍保留着相当的自治权,而从 16 世纪 30 年代至 17 世纪 80 年代,匈牙利大部分地区却是处于土耳其或附庸特兰西瓦尼亚的统治下。

176

16、17 世纪初处于全盛时期的波兰立陶宛

波兰立陶宛在 16 世纪非但没有衰退,相反在经济、文化、精神,甚至政治上进入鼎盛时期。14－16 世纪期间,波兰与欧洲西南部地区之间在经济和其他方面的差距明显缩小。由于相对偏远且人口稀少,波兰在很大程度上避免了 14 世纪西欧爆发的黑死病和相关危机所带来的破坏。相反,16 世纪波兰的经济和人口持续增长。(Zamoyski 1987：59)波兰的主要河流：维斯瓦河、巴格河、奥得河和珊河都开辟

了航运线。运输道路得到修缮,轮式运输取代了驮马,一个更加统一的市场开始出现。加之 16 世纪波兰初级商品价格上涨 300％,这刺激了矿业、农业生产和粮食贸易的发展。(Davies 1981a:128－129)16 世纪欧洲的通货膨胀和价格革命使得粮食价格较之于制成品价格上涨了很多,这极大地改善了波兰的贸易地位。这使得地主阶级扩大教育和国外游学的开支,尤其是前往意大利的游学更容易,1501－1605 年间,来自波兰的留学生往往占帕多瓦大学生总人数的四分之一。(Zamoyski 1987:108)

截至 1500 年,15％的波兰人居住在人口超过 500 人的"城镇"上(不包括立陶宛大公国)。格但斯克是波兰最大的城市,约有 30 000 户居民,其次是克拉科夫(18 000)、利沃夫(8 000)、托伦/索恩(8 000)、埃尔布隆格/埃尔宾(8 000)、波兹南(6 000－7 000)、卢布林(6 000－7 000)、华沙(6 000－7 000)。(Bogucka 1982:138)截至 1600 年,25％的波兰人居住在人口超过 500 人的"城镇"。格但斯克大约有 70 000 户居民,其次是克拉科夫(28 000)、华沙(20 000－30 000)、波兹南(20 000)和利沃夫(20 000)。(第 139 页)随着城镇数量的增加,犹太人口的数量也在增长,截至 1648 年,犹太人口达到 45 万,占了波兰立陶宛联邦人口总数的 4.5％。1492 年和 1496 年后,分别来自西班牙和葡萄牙的大量犹太难民进入波兰。他们从事的职业不再局限于商业和金融业,居住地甚至是城镇范围。他们创办了自己的手工业行会,"离开了传统的城市避难所",并"在东南部土地尤其是乌克兰的开发中发挥重要的开拓性作用"。(Davies 1981a:440)像基督教社区一样,犹太人建立了他们自己的自治政府机构,其自治的极致表现就是,1580 年创立了它们自己的司法和立法委员会。

路德宗教改革带给条顿骑士团致命的打击。1525 年,绝望的条顿骑士团集体转信路德教,大首领阿尔布雷西特-霍亨-索伦要求波兰国王齐格蒙特一世(1506－1548 年在位)把东普鲁士变成波兰王室授予世袭公爵的长期封地。(Davies 1981a:143,295)以前的日耳曼州——利沃尼亚地区在 1561 年也类似地转变成了波兰世袭公爵制下的长期封地,该州的大部分地区位于现在的拉脱维亚和爱沙尼亚境内。同时,主要的港口城市——里加并入波兰王国,基本上拥有与格但斯克市同等的特权和自治权。(第146－147页)

波兰立陶宛联邦(共和国)的诞生,1569－1576

与哈布斯堡家族统治的奥地利王国一样,雅盖隆王国也是由人口、风俗、管理形式差别巨大的地区共同组成的。把这些差异因素组合在一起的力量,既不是封建契约,也不是官僚体系,更不是军事霸权,而是一种广泛的共识,其有形的具体表现就是雅盖隆王朝本身。(Zamooyski 1987:92)

177

16世纪60年代,年迈的波兰国王齐格蒙特二世缺少子嗣,雅盖隆王朝濒临灭绝,由此一个颇具危险的问题摆在面前:波兰立陶宛联邦以现在的模式能否"继续存在"。(Zamoyski 1987:92)由于担心俄国沙皇伊凡雷帝(1533－1584年在位)的扩张政策,1569年,波兰国会与立陶宛议院在卢布林举行联席会议,讨论制定新的联合法案。"卢布林联盟"成立,二者的国会自此合并为一个,新联盟的首都位于面积虽小但地处中心的华沙市。这两个国家组成联邦或共和国(RzecZpospolita Obojga Narodow)将形成具有统一市场和货币的单一政体。原则上,立陶宛贵族逐渐获得了和波兰贵族大致相同的权利和地位,但一些立陶宛大地产者有理由担心,他们以前的主导地位和特权将遭到削弱,强大的立陶宛大公国将沦为这个暂时性的联邦中的二流角色。在齐格蒙特二世正式向波兰王国移交立陶宛的乌克兰省份(波德拉谢、沃里尼亚和基辅)时,这些大地产者试图加以阻挠,并因此受到惩罚。(Davies 1981a:152－153)

1572年,齐格蒙特二世去世。之后的第二年,4万多名波兰和立陶宛贵族在华沙城外出席选举新国王的盛大评议会。最终,他们选择了亨利-德-瓦卢瓦王子,亨利王子曾和他的兄弟——法国国王查理九世于1572年8月24日一起参加了臭名昭著的圣巴托罗缪大屠杀,其间大约2万名法国新教徒(胡格诺派)遭到杀害。但是考虑到联邦的主要竞争对手实力非凡,他们包括沙皇伊凡雷帝、哈布斯堡的欧内斯特王子、瑞典国王约翰三世以及特兰西瓦尼亚的士兵幸运的斯特凡·巴塞瑞等,土地贵族的选择自然易于理解。与俄国和瑞典的统治者一样,哈布斯堡家族也希望实现对当时仍是欧洲最大国家的波兰立陶宛王国的吞并。与之相反,法国则试图构建一个反哈布斯堡联盟。波兰立陶宛贵族似乎认为,他们选举出的人员最有能力保卫联盟、贵族特权和联邦独立性。在确定选举亨利-德-瓦卢瓦之前,他们让亨利王子宣誓拥护和遵守新的类似宪法的文件,其后来被称为《亨利王约》(Acta Henriciana),并且以后每一位君主在选举为国王之前同样必须要遵守。它责成国王:(1)维护和尊重波兰立陶宛君主选举制;(2)依照立陶宛联盟规定的条款,至少每两年召集一次国会会议;(3)尊重1573年华沙联盟通过的著名的宽容法案的宗教宽容原则;(4)开征任何新税,宣战或召集贵族服兵役都要得到国会的批准;以及(5)如果国王打破了任何庄严的承诺,贵族有权反抗,不服从,甚至放弃对国王的效忠。(Fedorowicz 1982:110;Davies 1981a:334)

亨利-德-瓦卢瓦终于很快厌烦了贫穷单调的波兰农村,并厌倦了似乎无休止的立陶宛-波兰宫廷会议(这是他所不能理解的)。1574年5月,他的兄弟查理九世(Charles Ⅸ)去世,由于查理没有子嗣,亨利返回家乡,成为法国的新国王。

1575年,由于在利沃尼亚和乌克兰分别遭到伊凡雷帝和克里米亚鞑靼人的攻击,波兰立陶宛联邦处于动荡不安和群龙无首状态。波兰立陶宛贵族明智地选举实力强大的特兰西瓦尼亚的斯特凡(伊什特万)·巴赛瑞(Stefan Bathory)为国王,依靠自己的军事实力,巴赛瑞已经在1571年当选为特兰西瓦尼亚亲王。(Davies 1981a:416-423)巴赛瑞除了在1576年加冕前接受《亨利王约》,而且必须宣誓遵守外交政策和王室财政行为进行约束的《帕克塔条约》(Pacta Conventa),以此为未来的君主选举建立另一个先例。(第334-335页)尽管如此,"国王仍然保留有相当的重要权力和斡旋余地",精明、精力充沛的巴赛瑞(1576-1586年在位)将这一部分权力发挥到了极致。身为国王,他掌

178

控着皇家的财产(全国六分之一的土地和人口)并行使相当大的任免权,其中包括行政、司法和教会职位等的任免权,以及对利润丰厚的皇家财产和垄断部门的控制。他担任联邦军队的名义总司令,对外交政策有重要的发言权,行使颁布一切领域法令的权力而无需对国会有所保留,拥有召集和解散国会、规定国会议程,以及签署决议使之生效的权力。(第336页)

16世纪波兰立陶宛的宗教宽容和泛基督教主义

16世纪的波兰立陶宛贵族积极抵制当时危害南欧、西欧的各种形式的宗教迫害。1554－1555年间,波兹南的主教试图将四个"异教徒"绑在火刑柱上烧死,然而他们却得到拥有武装的贵族的营救,这些贵族中许多人都信仰天主教。其中一人指出:"这不是宗教问题,而是自由的问题。"(Zamoyski 1987:84)

选举亨利-德-瓦卢瓦为波兰立陶宛国王的华沙联盟在1573年同样通过了一项宽容法令,其中规定:"尽管我们的联邦在基督教信仰的问题上不存在小的分歧,但为了防止由此引起的任何有害冲突,就像我们所见的在其他国家发生的那样。我们以自己和后代之名,以我们的尊严、信念、仁爱和良知对着彼此发誓,即使持不同政见的教徒之间存在分歧,我们彼此之间都将保持和平,而且将不会因各种信仰和教会差异的缘故,发生流血屠杀、没收财产、剥夺信仰、监禁或者驱逐等,我们不会帮助或支持任何致力于此的势力或教会。"(Zamoyski 1987:90－91)

宽容法令并没有规定,对袭击新教教堂、住宅、商店、葬礼或墓地的人给予制裁。它也没有阻止新教教堂的关闭以及新教徒于1591、1611、1627年被驱逐出克拉夫特、波兹南、卢布林。(Tazbir 1994:174)罗马天主教仍然是官方(国家)的宗教。然而宽容法令却涵盖几乎所有的基督教教派,包括东正教会和波兰教会。它是一个惊人的"关于分歧的协议",远远领先于它的时代。它启发了理应弥漫在16世纪末期整个欧洲的文艺复兴特质的人文宽容精神,也是联邦对人文主义精神的最大贡献,并取代了德国、西欧和南欧宗教改革与反宗教改革中盛行的宗教分歧和摩擦。尽管在危机严重时期(比如 17 世纪 50 年代以及 18 世纪初)存在一些非法的私自定刑和判处死刑的现象,但是该法令的大部分内容得到后来的波兰立陶宛联邦统治者的遵守和支持。根据一名反宗教改革派的加尔文教徒的记录,和同一时期的英国和荷兰相比,1550－1650 年间,英国、荷兰分别杀害了 500 多名和近 900 名新教徒,而波兰立陶宛联邦只发生 12 起新教徒处决或宗派屠杀事件。(Zamoyski 1987:91)事实上,尽管他们所谓的宗教热情不可遏止,但就迫害本国人民的暴行而言,波兰人要比其他多数欧洲人施行的少得多。尽管波兰人并不总能克制对犹太人和乌克兰少数民族的迫害,也未能克制与邻国发生暴力冲突,但他们往往会从内部暴力冲突的边缘退出来。其动机无疑包含了民族自我保护的强烈愿望,但同时也有一个更为深刻的理解,即自由是不可分割的。因此,现代波兰的国家口号是,"为了我们的自由,也为了你们的自由"。

16 世纪中期,致力于维持这个多元文化社会和平的人们一再试图制定一套所有人都能接受的忏悔形式。(Davies 1981a:183)1555 年,国会下议院的多数代表甚至要求建立一个普世教会(跨教派),该教会可以用白话执行仪式,允许牧师结婚,提供两种形式圣餐仪式(面包和酒)和法衣,并最终在一次波兰立陶宛宗教会议上摆脱教皇的干涉,完全控制了教会。齐格蒙特国王二世(1548－1572 年在位)在保留天主教的同时非常关注新教和教会改革,在给罗马教皇的信中他的一句名言是:"我不是你们宗教的国王。"(也就是他视宗教为私人和个人的事情,并坚持宗教信仰自由)然而,对于西方教皇来说,这种开明的观点难以理喻,他只会斥责国王"允许臣民提出这类异教的要求"。(Zamoyski 1987:86)

1595－1596 年间,联邦的泛基督教主义(ecumenicism)也有助于东仪教会(Uniate Church)的出现,不幸的是,后者很快就夭折了。这是一种混合教会,在礼仪和习俗上属于东正教(它保留了斯拉夫东正教礼拜仪式和牧师可以结婚的习俗),但它却效忠罗马教皇和梵蒂冈教廷,而不是君士坦丁堡东正教的主教。它的创立,一方面是因为波兰天主教试图使联邦的东正教居民(他们构成了大约 40％的人口)免受俄国莫斯科人的影响,并使他们更紧密地与有政治优势的天主教教徒结合(天主教徒组成了 45％至 47％的人口)。它也起因于乌克兰和白俄罗斯(程度略低)的许多东正教牧师和贵族试图拉近与罗马天主教会的关系,波兰贵族在 1453 年君士坦丁堡陷落后紧紧跟随西方反对土耳其人,后来还参与反对土耳其人和克里米亚鞑靼人的北上攻击。此外,君士坦丁堡的陷落鼓舞俄国,后者渴望成为所有东正教教徒的领袖。这也是莫斯科声称自己是(继罗马本身和君士坦丁堡之后的)"第三个罗马"和一个"正在崛起"的世界强国和世界文明的起因。然而,在波兰立陶宛联邦看来,野心勃勃的莫斯科帝国是险恶的帝国主义者,而沙皇声称其拥有的许多土地是"属于共和国的,并且从未属于俄国"。(Davies 1981a:387)

1588 年,在主教对联邦的一次访问期间,君士坦丁堡东正教元老似乎已授权东正教主教与罗马天主教主教进行谈判,以实现双方在各自教区之间增进坦诚和地方合作。(Zamoyski 1987:160)然而,在接下来的一年,一个完全成熟的东正教会在莫斯科建立了,这进一步壮大了后者在乌克兰和白俄罗斯领土和教区的野心和虚荣心。作为回应,并在争取到耶稣会的支持下,联邦的一些东正教主教于 1595 年致信教皇,请求其允许乌克兰和白俄罗斯的东正教徒进入罗马天主教教会,而无须放弃他们的东正教/斯拉夫的基督徒习俗和礼拜仪式。耶稣会会士向教皇施加压力,要求其同意这项制度,这样做很可能是为了让乌克兰和白俄罗斯的东正教基督徒实现波兰化,并便利他们转信罗马天主教。结果,教皇被说服,并发布诏书,据称诏书要结束联邦内东正教和天主教的分裂。然而,事与愿违,许多东正教牧师和信徒因没有征求其意见而感到愤怒,并认为他们被一些迫于耶稣会压力、专横或腐败的主教和贵族"出卖"给罗马天主教。因此,1596 年 10 月 8 日在布列斯特召集成立的所谓的东仪教会,饱受埋怨和异议。许多东正教徒(包括一些主教)拒绝接受布列斯特联盟,而且,当天的会议以对立的教会互相驱逐对方教徒而告终。

那些接受布列斯特联盟和东仪教的波兰立陶宛联邦东正教徒,后来被称为东仪天主教(unici [uniates]),而那些拒绝这样做的教徒被斥为持不同政见者(dysunici[disuniates]或 dissidentes)。在接下来的 37 年中,后者时时受到打击,并被剥夺了官方的认可和地位。然而,这种视乌克兰和白俄罗斯的东正教徒为反对派和分裂主义者的行为,只是鼓动他们向东看,向新兴的俄国东正教学习。认识到事态的真相之后,波兰立陶宛联邦的天主教统治者终于缓和局势,在 1633 年恢复了东正教的教阶制度。(Davies 1981a:175)

总之,这次为统一联邦内主要教会而做的笨拙的尝试,反而加大国内的宗教分歧和对立。这也导致东正教斯拉夫人(俄国人、乌克兰人和白俄罗斯人)和波兰人此后的长期对抗。许多波兰天主教徒倾向于把那些热衷于东正教或东斯拉夫文化,或者(最近的)马克思列宁主义的同胞视为"反对派",还把他们视作波兰和民族宗教中实际上的或潜在的"叛徒"。这种情况还导致先前的乌克兰和白俄罗斯东正教贵族信奉完全成熟的天主教,而不是信仰混合的东仪教。波兰立陶宛联邦违反创建东仪教的协议,从未授予其教徒与天主教同等地位,而且,东仪教教徒的数量稳步减少,有的投奔东正教,有的转而信仰罗马天主教。

上述事件带来的深层影响在于,无论是东仪教还是东正教,它们逐渐都被视作乌克兰和白俄罗斯边境地区农民对抗日益天主教化和波兰化的贵族的旗帜和焦点。这不仅在 1648－1668 年间动乱中表现极其明显,而且在下述时段的战争和动乱中也表现出显著的"余震",例如 18 世纪初,1733－1735 年间、1792－1794 年间的战争和动乱,1830－1831 年间、1846 年和 1863 年的波兰起义,两次世界大战和战后时期,以及 20 世纪 30 年代的经济大萧条期间,等等。这些对立也有助于 17、18 世纪乌克兰和白俄罗斯的东正教的显著复苏。然而,由于东正教徒聚居的大部分地区在 17 世纪下半叶被俄国瓜分,结果,东仪教人数在 1772 年仍约占联邦人口的 33%,与之相比,天主教徒占 43%,东正教徒占 10%,犹太教徒占 8%,而新教徒只占 4%。(Davies 1981a:

162)相对于在波兰立陶宛联邦,东仪教在俄国甚至受到历届政府的虐待和迫害。许多俄国的东正教偏执狂和民族主义者将东仪教徒视为叛徒和变节者。可悲的是,除了冲突、痛苦和悲伤之外,布列斯特联盟没有带来任何有益的东西。

1576－1648,波兰的最后余晖

国王斯特凡·巴托雷(1576－1586年在位)迅速重组了波兰立陶宛联邦的军队和司法机构,财政收入提高了近一倍,驯服了大权在握的权贵和难对付的第聂伯河哥萨克人,收复了支持奥地利哈布斯堡家族的格但斯克,确保了教会、格但斯克和其他城市"甘愿"向皇室金库捐献。(Davies 1981a：425－428)巴托雷由此筹集了击退俄国进攻立陶宛的必要资金,征服了波洛茨克,围困了普斯科夫,"进入了敌军所在地",迫使伊凡雷帝放弃利沃尼亚、波洛茨克、维利兹和乌斯维塔(Ushviata),确保了1581－1582年间的和平。(第429－431页)

巴托雷短暂但有效的统治清晰表明,在波兰立陶宛联邦中,一个有能力、精力充沛的统治者还是可以动员和运用巨大力量的。而且,如果贵族是基于已经证实的能力为标准来选举君王,那么,这个当选的君王至少不会比世袭的君主差。当选的君主也很有可能超越世袭的君王,因为他受王朝近亲联姻的危害要小。但总体来说,贵族们往往更会注重短期内的战略得失,保卫自己区域内的利益、特权和崇高地位,而不会那么关心整个联邦的利益。因此他们往往会选择能力比较弱的君主。

181

1587年的皇室选举主要是在以下两人之间展开：一位是瑞典国王约翰三世华沙的法定继承人、说波兰语的儿子西吉斯蒙德·瓦萨(Sigismund Vasa),他刚从波兰娶回雅盖隆公主——一个忠实的天主教徒;另一位是哈布斯堡家族的马克西米安,他是哈布斯堡皇帝鲁道夫二世的兄弟。1587年,就在西班牙哈布斯堡王朝正积极准备出动一支庞大的海军舰队进攻英格兰的时候,哈布斯堡的"阴谋家"(mafia)似乎蓄谋在欧洲建立至高无上的统治。这一举动刺激了波兰立陶宛联邦的

巨头和贵族,出于对奥地利哈布斯堡推行天主教专制主义的担心,他们决定提前启动选举,让21岁的瓦萨王子当选为波兰立陶宛王国的国王,这就是后来的齐格蒙特三世。波兰的权贵们还联合挫败了哈布斯堡王朝武力争夺波兰立陶宛王国王位的企图。但具有讽刺意味的是,掌权后的齐格蒙特三世也像马克西米安那样,迷恋天主教专制统治,但到那时,再想弥补当初的错误决定,为时已晚。君主与宪法相悖,这让联邦不堪重负。

长达81年的瓦萨统治(1587—1668)由此开始。这段统治时期给瑞典的政局带来了极大动荡,让联邦付出了难以估计的代价。齐格蒙特三世迎娶了哈布斯堡的大公夫人,结果,一度支持他的波兰立陶宛人开始疏远了他。不仅如此,齐格蒙特三世还极容易受耶稣会和哈布斯堡王室的摆布,几次试图利用王权击退新宗教改革,在联邦王国和瑞典推行天主教专制统治(君权神授),可惜都没成功。尽管他在公众面前多次致歉和让步,但他的内心深处仍不思悔改。这意味着,波兰立陶宛联邦的贵族们将不再尊重齐格蒙特三世,不再相信他会支持自己所珍视的自由、宪法和章程。齐格蒙特三世这么做的目标就是,实现"达到与联邦的机构一连串毫无成果的、破坏性的联盟"。(Zamoyski 1987:136)

齐格蒙特三世统治时期(1587—1632)恰逢联邦发展的"黄金时期",也是波兰立陶宛王国历史上统治时间最长的一段时期。然而,直到齐格蒙特三世去世,他还是更多地将权力运用在波罗的海地区以牵制宗教改革方面,试图让瑞典当地居民恢复对天主教的信仰,而对联邦王国的事情却不那么上心。他的所作所为,不仅浪费了王国的资源,也为他的二儿子扬·卡齐米日·瓦萨(Jan Kazimiercz Vasa,1648—1668年在位)后来在联邦王国的统治埋下了灾难的种子。

1593年,约翰三世去世,齐格蒙特三世回到瑞典,期望能够继承王位,却遭到瑞典贵族的强烈反对。齐格蒙特三世害怕自己不在联邦时会被罢免,就在1594年回到波兰立陶宛王国,而他的叔叔卡尔九世(基督新教徒)留在瑞典成为瑞典的统治者。1598年齐格蒙特三世试图在瑞典称王,第二年就被议会反对派赶下了台。这一行动,标志着新教日益兴盛的瑞典和天主教占主导的波兰立陶宛联邦王国之间公开对抗的开始，这一对抗断断续续，一直持续到1709年。1604年，当齐格蒙特三世的叔叔（前任统治者）当选为瑞典国王、改称卡尔九世的时候，事态变得更加严重。信仰新教的瓦萨家族成功地将瑞典变为欧洲强国之一，并且支持东中欧新教事业，吞并波罗的海海岸地区，打败了在波兰立陶宛联邦王国信奉天主教的表兄弟们，反败为胜。

在17世纪的头10年当中，为争夺波罗的海地区王权的漫长战斗在利沃尼亚打响，而后在20年代又转战波美拉尼亚。这些冲突因为宗教原因愈演愈烈，在波罗的海东南部几个港口，占主导地位的新教商人和贵族开始时效忠联邦王国，后来渐渐转向效忠新教瑞典。1635年签订的斯图姆多夫条约（Stumska Wies）只是暂时延长了信奉天主教的华沙家族对瑞典统治的争夺（至1660年才最终宣布放弃）；该条约还让联邦收复了位于普鲁士和波美拉尼亚境内的几个港口，承认瑞典对利沃尼亚的统治。但这些都只是17世纪50年代后期到来的瑞典疾风骤雨般摧毁波兰立陶宛联邦王国之前一段短暂的平静。

与此同时，俄国境内也在酝酿着风暴，只不过和瑞典有所不同。继长时期统治俄国的留里克王朝灭亡之后，俄国进入了所谓的动荡时期：政治体制分崩离析，粮食歉收，瘟疫流行，社会动荡。所有这些，加上人们对于沙皇鲍里斯·戈杜诺夫（Boris Godunov，在位时间1598－1605年）上台手段的负面猜想，使得俄国出现了一批想要冒名顶替上台的人。其中有两个"冒牌的德米特里"，都宣称自己是伊凡雷帝的、多次遭刺杀而又奇迹般活下来的儿子，他们想登上俄国宝座的努力都得到了波兰立陶宛王国和耶稣会的支持。1605年，其中一个冒名者进入了俄国，在没有什么阻力的情况下就戴上了沙皇的皇冠。但就在第二年，一位显赫的俄国权贵瓦西里·苏斯基（Vasily Shuisky）精心策划了一场叛乱，结果，冒牌沙皇被赶下了台，并在叛乱中遭到杀害，而苏斯基自己登上沙皇宝座（1606－1610）。

1607年，另一个"冒牌的德米特里"获得了波兰立陶宛贵族的支持，试图夺取俄国的大片土地。1609年，沙皇苏斯基和瑞典国王卡尔九世签订了对波兰立陶宛的军事协定,齐格蒙特三世因此得到了教皇和基督会的支持,去讨伐信仰东正教的俄国和信仰新教的瑞典。1610年,俄国军队的主要力量在索鲁什诺受到波兰立陶宛军的强力打击,俄国于是罢免了苏斯基,转而支持齐格蒙特的儿子瓦迪斯瓦夫,并选他为沙皇(1610－1613年在位)。然而,齐格蒙特三世过分热衷于让天主教统治俄国的做法激怒了一大批反天主教的俄国人,后来,他们选举出一位东正教的俄国沙皇,麦克尔·罗曼诺夫(Mikhail Romanov,1613－1645年在位),罗曼诺夫很快就成功地发起了一场反击式的防御战。

波兰立陶宛就这样搞砸了瓦解敌方势力的最好机会。诺曼·戴维斯曾告诫说:"凭借波兰立陶宛共和国一般的军事资源和勉强维持的金融实力,试图'占领'或'征服'俄国的广阔疆域,是十分滑稽可笑的……波兰人之所以能够勉强干预俄国,是因为俄国权贵中比较有权势的派别在迫使他们这么做。"(Davies 1981a：455)这点也许不假,然而,"占领"和"征服"俄国同培育分裂势力明显不同。波兰立陶宛王国没能从多灾多难的莫斯科得到什么好处,但俄国人还是在1654－1668年间设法抓住了有利于自己的决定性因素。

然而,在当代人的眼中,1630－1648年间恰恰预示联邦一个和平繁荣的新纪元的到来。这时带有侵略倾向的奥地利哈布斯堡和新教华沙都忙于他事,而俄国人则忙于内部重建。波兰立陶宛王国没有什么直接的威胁,齐格蒙特三世的儿子瓦迪斯瓦夫四世(1632－1648年在位)也顺利继承了他父亲的王位,并成功地调解了卷入"三十年战争"中的诸侯国。

然而,一场巨大的危机正在悄悄酝酿。1640、1644年,克里米亚半岛上的鞑靼人袭击了波多利亚和沃伦,抢夺了上千名俘虏。这些突袭促使国王瓦迪斯瓦夫四世联合俄国人和第聂伯河的哥萨克人,向克里米亚半岛鞑靼人和土耳其的封建君主发起大规模的军事进攻,瓦迪斯瓦夫四世还向俄国人和第聂伯河的哥萨克人许诺分给他们以权益。然而,议会并不信任瓦迪斯瓦夫四世,1647－1648年设法阻挠了他的进攻准备。可是,充分武装和精心动员的第聂伯河的哥萨克人和克里米亚半岛鞑靼人互相联合,进攻波兰立陶宛联邦王国。哥萨克的这次叛变还试图奴役部分哥萨克人,但这些拙劣的举动激起了乌克兰农民的大规模反抗。当时,乌克兰是很多逃亡农奴、异教徒和各类农民反对派的家乡,这些农民反对波兰立陶宛联邦王国地主所有制向南扩展、反农奴制、反犹太"中间人"收取租金等。1648－1654年的哥萨克农民大规模起义突然终结了联邦的"黄金时代",漫长而又多灾多难的衰落(1648－1796)从此开始。

183

1648－1764,衰落的加剧

1648年5月,瓦迪斯瓦夫四世突然去世,而他是唯一一个能够轻而易举地征服哥萨克的人。他的弟弟扬·卡齐米日在与哥萨克的短暂的休战期内匆忙继位为王。然而,乌克兰权贵贾勒玛·维斯尼奥维奇(Jarema Wisniowiecki)王子迅速打破这次停战——他试图镇压哥萨克叛军的举动失败了。结果,反叛之火愈燃愈旺,直到1654年,哥萨克首领博格丹·赫梅利尼茨基(Bogan Khmelnitsky)将桀骜不驯的哥萨克人交给沙皇"保护",多年的冲突才就此结束。

然而,1648－1656年间,波兰的犹太人成为大屠杀的首要目标。这段时间里,犹太人口减少了将近10万;在南部和东部地区,屠犹行动更加频繁,因为那里聚集着很多犹太中间商,他们收税收债,越来越成为波兰贵族阶级、皇权甚至天主教会的代理人。(Davies 1981a:467)在这种情况下,犹太人退回到自己的势力范围。"绝大多数的波兰犹太民众生活在极度贫困中,他们所面对的局势也越来越具有敌对性。"犹太法师抓住这一点,断言中世纪正统犹太教派的回归。而这一举动同时也促进了哈西德主义(Hasidism)的增长,哈西德主义是犹太教的一个神秘教派,该教派吸引了越来越多的犹太贫民和社会弃儿。

1655年,鉴于俄国支持的乌克兰叛军正让波兰立陶宛王国焦头烂额,利用这一时机,瑞典国王卡尔十世(1654－1660年在位)乘虚而入,快速攻占波美拉亚,然后又继续摧毁华沙、克拉科夫和波兰的其他城镇。这种无节制的杀戮和破坏并没给瑞典带来太大的好处,反而更像是第二次世界大战期间纳粹和苏联摧毁波兰时的做法。卡尔十世"只注重守卫波美拉亚和利沃尼亚,把波兰的其他地区都当作占领地。他和他的将军们开始掠夺一切可以掠夺的东西……新教瑞典人也开始焚烧教堂,掠走一切能拿走的东西"。(Zamoyski 1987:169－170)1648－1660 年间,饱受饥饿、贫穷和疾病侵袭的波兰立陶宛人口下降了四分之一,有一些城镇的人口直到一个多世纪以后才恢复到 17 世纪 40 年代水平。(Bogucka 1982:140－141)

侵略者无休止的杀戮、掠夺、焚毁和侮辱天主教堂和神殿的行径,激怒了波兰人。他们重整旗鼓,想要赶走瑞典的贪婪者。琴斯托霍瓦(Czestochowa)附近的亚斯纳古拉修道院(Jasna Gora)加强要塞防御,击退了侵略者。据说这次胜利得到黑圣母的武力帮助,她的画像至今仍陈列在教堂中受人瞻仰。瑞典人在琴斯托霍瓦战败的消息鼓舞了联邦军的士气,扭转了乾坤,结束了国王扬·卡齐米日流亡的生涯。从那之后,琴斯托霍瓦的黑圣母就成了波兰爱国主义和天主教复兴的象征,同时也带动了全国对于圣母马利亚的狂热崇拜。

除了琴斯托霍瓦以外,波兰其他的中心,比如格但斯克和利沃夫也击退了瑞典人的进攻。荷兰和丹麦等国家也来帮助联邦王国(他们认为敌人的敌人就是自己的朋友)。1657 年赫梅利尼茨基去世,此后,哥萨克人开始在俄国和联邦之间选择自己的结盟伙伴问题上,内部分歧也越来越大。1668 年,无儿无女的扬·卡齐米日因妻子去世而伤心退位,联邦王国的华沙统治就此匆匆画上了句号。

毫无疑问,联邦王国的衰落开始于 17 世纪 50 年代,但与此同时,新生力量也在蓬勃发展。如果能完全调动联邦的资源,其数量还是相当可观的。联邦王国疆域广阔,衰落的时间段较长,地域上较分散,程度上较不均,"其国防、财政和行政权力分散的状况还将长期存在"。(Davies 1981a:58)从 15 世纪早期至 17 世纪晚期,骑兵骁勇善战:他们的积极性很高,战术出其不意,武器装备精良。联邦军培育了鞑靼马和欧洲马的杂种马,并使用轻质鞑靼马鞍,采用马扎尔人和波兰人参照鞑靼模型改良生产的弯刀,这些弯刀"极其锋利,事半功倍"。

184

(Zamoyski 1982：154－156)这些武器、骑马技巧和出其不意的战术极大地推动了联邦王国的实力经济,但对国防的投入却远远不足。(Majewski 1982：182－183,186,189)"胜利来得太轻易了,似乎没有付出太多的艰辛,这一点造成了很坏的影响。"(Zamoyski 1987：156)16 世纪晚期,欧洲大部分的君主国家都将财政收入的 60%至 70%用于军费开支,而在波兰,这一数字还不到 20%。(第 103 页)联邦王国从 16 世纪 60 年代至 17 世纪 40 年代建立了一支精干的海军部队,并曾在 1627 年甚至打败了瑞典海军。然而,中下层贵族(szlachta)和议会更倾向于资助常备军,而不是海军。于是在 17 世纪 50 年代的危机过后,海军日渐削弱,联邦王国越来越仰仗荷兰和英国的海军。(第156 页)尽管这样,议会还是不停地否决扩大常备军的提议,他们之所以这样做,原因有二:一是出于成本考虑,二是害怕扩大的常备军会压制下层贵族的"自由",从而建立一个绝对的君主王国。(第 103 页)联邦王国甚至没能建立一个常规的外交使团,也没有建立一个能清晰策划外交政策的核心领事馆。(第 175 页)

联邦经历的一个看似微小的麻烦所引发的后果最终竟然成为致命的劫难。1656－1657 年间,勃兰登堡的统治者霍亨索伦王室和普鲁士巧妙地策划挑起瑞士和波兰的对立,以获得他们控制的封地。这些封地后来成为勃兰登堡-普鲁士王国的中心,并孕育了一支新兴的日耳曼帝国主义力量。

1669 年,贵族们无视哈布斯堡皇室和波旁王族作为波兰立陶宛王位候选人的资格,选举了有钱却无能的乌克兰权贵米切尔·科尔巴特(Michal Korybut)作为他们的新国王。1673 年,这位新国王因暴食醋泡小黄瓜而毙命,而此间他的摇摇欲坠的王国的部分地区正遭受奥特曼帝国的入侵。具有卓越军事才能的权贵让·索比尔斯基(Jan Sobieski)意外地彻底摧毁了土耳其侵略军,从而使联邦免受进一步的破坏和凌辱,也被心存感激的贵族选举为国王。

不幸的是,索比尔斯基没有彻底地提高有助于联邦长治久安的设施、税收基础和武器制造能力。这位杰出的勇士国王索比尔斯基

(1673－1696年在位)更愿意选择依靠勇气、献身精神、团队精神、马术、机动性、东方的轻巧马刀,以及与他一样的贵族志愿军和骑兵所具有的战术威力。这在短期内尚可满足需求,但从长远来看,却无法对抗其邻国不断扩充军费所建立的庞大的职业军队、官僚政治、税收和军火工业。索比尔斯基"率先垂范,将自己的财产捐给国家,用于解决开支问题",短期内一度激发了"共和国前所未有的斗志"。但他没有检修过时的国家机器,结果,机器几乎瘫痪。在他统治的晚期,很多行省中没有领到军饷的军人成为普遍的麻烦产生的源泉。(Davies 1981a:478)

奥特曼帝国1683年围攻维也纳之时,奥地利哈布斯堡皇室很乐意将保卫自己领土和基督教徒的任务交给了曾在17世纪70年代成功击退土耳其军队的简·索比尔斯基。然而,尽管这位波兰国王在1683年秋为自己赢得了解救维也纳的荣耀,并在随后对土耳其军队的反攻中取得了著名的胜利,但是他的联邦的胜利收益远远赶不上新兴的奥地利哈布斯堡皇室那样多。另外,战后波兰立陶宛王国的军队向多瑙河流域转移,结果,1686年联邦难以阻止俄国吞并乌克兰。

已经破产并且饱受战争摧残的联邦日益走向无政府统治,1697年的皇室选举越来越被强大的邻国所支配。索比尔斯基的儿子雅库巴(被哈布斯堡皇室看好)输给了由沙皇彼得大帝支持的撒克逊的腓特烈·奥古斯都(即奥古斯都二世,1697－1733年在位)。原则上,信仰天主教的撒克逊国王应该和波兰立陶宛联邦一样,警惕瑞典瓦萨和霍亨索伦王室日益膨胀的力量,撒克逊人和联邦贵族结成新的联盟,对抗新兴的新教徒才符合逻辑。然而,事实上,这位极端自大、好色的撒克逊皇帝(有大约300个子女)只是促成了瑞典和俄国之间旷日持久、大规模的毁灭性军事竞赛,其中很多发生在波兰-立陶宛境内。

奥古斯都二世轻率地发起对瑞典的里窝那(包括里加)的进攻,幻想改变他在波兰-立陶宛新国民和欧洲其他列强心目中的无为形象,由此开启了北方战争(1700－1721)。这项愚蠢行为导致瑞典在1702－1709年间毁灭性地占领了波兰-立陶宛的大片领土,并在1706－1709

年间占领了撒克逊的大片领土。事实上,瑞典人 1702 年进入立陶宛是应持不同政见者的邀请采取的行动。结果,激起立陶宛其他贵族集团求助俄国进行反对瑞典的军事干预。1709 年,彼得大帝在具有决定意义的波尔塔瓦战役中击败瑞典国王卡尔七世,最终将瑞典军队消灭在了波罗的海的东南岸。由此,奥古斯都二世才重新取得了他的撒克逊和波兰-立陶宛的王位。其间,波兰立陶宛联邦的领土几易其主,人口减少了四分之一。(Leslie 1971: 6) 1701 年,勃兰登堡的霍亨索伦选帝侯和普鲁士公爵抓住机会,将分裂的领土重新统一,并宣布自己为"普鲁士国王腓特烈一世"。

1709 年在波尔塔瓦取得历史性胜利之后,彼得大帝将波兰-立陶宛的大片领土轻而易举地并入俄国。然而,他倾向于借助国王奥古斯都二世对联邦进行间接操控,奥古斯都二世当初是依靠俄国军事干预才夺回王位的。彼得认为,在历经多年毁灭性战争之后,波兰立陶宛联邦已经失去了被吞并的价值。

1715 年,鉴于对强加给联邦一个不受欢迎而且声名狼藉的撒克逊统治一直耿耿于怀,一个所谓的波兰-立陶宛贵族和大地产主组成的"联盟"发誓要将撒克逊人全部驱逐出去。但是由于受到 1715—1717 年俄国新的军事干预和仲裁的阻挠,他们的计划落空。(Davies 1981a: 499—500)1716 年,俄国官方劝说奥古斯都二世将他的撒克逊军队从联邦永久地撤出,以换取波兰-立陶宛贵族"默认"法律限定的联盟军事规模(大约 2 万战士)和每年税收标准。(第 500—502 页)这项耻辱的协议由俄国担保,同时俄国也保证波兰-立陶宛的贵族和传统基督教徒享有大打折扣的"民主"。然而,由于十分之九的人口生活在贫穷和被奴役状态,大多数高贵的公民所认为的作为共和国荣耀的"宝贵自由"也失去了其意义。(第 515 页) 1717 年 1 月 30 日,这项新措施在一个为期一天、俄军威胁下举行的特别"沉默"国会会议上得到违心的批准。此后俄国开始了对波兰 200 多年的占领,从 1709 年一直持续到 1989 年,此间,在 1806—1814 年和 1915—1945 年出现过短暂中止,其采用的一系列手段预示着 1945 年至 20 世纪 80 年代苏联控制波兰的手段的出现。确实,联邦甚至失去了比领土更加重要的东西:尊严。"波兰政要出于对亡国的惊惧,很快地就从漠不关心转向强烈的反抗,以捍卫他们仅存的特权,其态度之好战似乎总是易于引发灾难的降临。"(Davies 1981a:500-501)

一方面,中央政权和国会软弱无力,结果,联邦受大地产主的控制达到史无前例的程度;另一方面,政府军队开支严重入不敷出,于是越来越依赖将士兵疏散驻扎地方、盗窃和敲诈勒索来满足部队需求。这些情况刺激了一大批私人(男爵的)军队出现,他们逐渐掌握了执法的权力。(Davies 1981a:502-504)事实上,到1763年,联邦军队和普鲁士政府军的数量比例是1:11,和奥地利的比例是1:17,和俄国的比例是1:28。(第504页)这些国家逐渐习惯"将联邦的领土作为解决争端的战场",而且"不论波兰人民何时开始重建家园,俄国和普鲁士就会采取破坏措施,挫败他们的一切努力"。(第513页)

1733年,奥古斯都二世去世,波兰-立陶宛的贵族违背俄国意志选举法国支持的本国贵族斯坦尼斯拉夫·列希尼斯科(Stanislaw Lescynsk)为他们的新国王。然而,俄国坚持要求举行第二次(操纵性的)选举,以扶植他们青睐的撒克逊候选人奥古斯都三世(奥古斯都二世的儿子),奥古斯都三世承诺,一旦当选即把利沃尼亚割让俄国。1734年,蓄养军队支持列希尼斯科的格但斯克市遭到俄国占领。奥古斯都三世(1734-1764)在波兰-立陶宛"主政"的三十年间,只有一届国会曾通过立法。"这个国家的运转似乎仅仅依靠自己内在动力。"(Zamoyski 1987:212)

然而,加速联邦衰落的因素并不只是政治、军事方面的失算和不幸。庞大的享有特权的贵族,财富和权力大量集中在权贵手中,农奴制新一轮的扩张和加剧,以及维斯瓦河谷物贸易,城市制造业和波兰新教的衰落等,都发挥了重要作用,尽管这些因素产生的影响与匈牙利、波斯尼亚和奥地利境内的影响多少有些差别。再者,鉴于拥有私人军队的大地产主越来越控制着下层贵族和行省法院,并且不受软弱的中央政权的节制,农奴的处境每况愈下。(Zamoyski 1987:212-214)

规模庞大、享有特权和逐渐分化的贵族阶层

1569－1700 年间，贵族在全联邦人口总量的比例从 6.6％增长到了 9％。(Davies 1981a：215)截至 1569 年，贵族拥有全联邦 60％的土地，相对地，教会和国王分别只拥有 25％和 15％的土地。实际上，许多教会和国王的地产也受控于世俗权贵之手。(第 218 页)但是，尽管许多权贵拥有自己的小型王国，大多数贵族的物质生活条件并不比农民好多少。"按照共和国整体来看，一半以上的贵族都不拥有土地。"(第 228－229 页)不过，成为贵族(施拉赤塔，szlachta)成员就像是成为罗马公民一样。贵族构成了政治国家的主体，尽管全国绝大多数人口(平民)"在政治上并不在统计之列。"(Zamoyski 1987：92)大地产主竭尽全力试图建立寡头政治，而其他贵族(施拉赤塔)则极力争取自己在国家中的政治优势。(第 93 页)1569－1696 年间，国王册封的贵族总数不超过 2 000 人，实质上关闭了平民进入贵族阶层的大门。到 1600 年，只有富裕的格但斯克行政长官才有机会被册封为贵族。(Davies 1981a：237；Mactak 1982：127)标志性的重大事件参见年表。(见边码第 xxxiii－xxxv 页)

更重要的因素是"自由否决权"，根据这一权利，任何一位持异议的代表都有权阻止地方议会的立法、财政或规章等决议生效。"自由否决权"的取得表明，在一个只有取得政治一致性的前提下行政机构才能正常运转的社会，达成全体共识要付出高昂的代价。"存在着反对声音的法律和决议，都难以得到合理的实施。"(Davies 1981a：339)这一当时颇受欢迎最终却贻害无穷的原则，1652 年 3 月 9 日，在乌克兰危机中首度作为专门术语运用，其目的是为了破坏国会的立法活动。然而，它的危害在一定程度上被夸大了。与其说这一原则的误用是联邦政治问题的诱因，倒不如说它只是其症状，而且，1652 年之后，直至 1666 年和 1668 年，它才被再次误用。只有在奥古斯都二世和奥古斯都三世时期，"自由否决权"遭到全面滥用，其目的旨在破坏立法进程和州事务的解决，其施行者主要是地方议会代表，他们往往受到恶意的权贵和(或)

187

掠夺性的政权所买通和支配,特别是俄国人的指使和支配。"伪装成'珍贵自由'(Golden Freedom)的捍卫者……他们可以确保共和国难以自我组织起来,难以形成抵抗力量。"(Davies 1981a:347)最后一位试图实行"自由否决权"的是一位被俄国买通的国会代表,他在一片嘲笑声中被赶出了议会。否决权在首度被运用之前就已然存在了一百多年,而且,在最后一次援用之后又持续了三十年。(Zamoyski 1987:207)

更具有持久危害性的是"邦联权力"。该权利涉及一群贵族联盟,他们宣誓追寻特殊原因和申诉直至"正义"被伸张。他们致力于保障贵族权利,对抗不公正法律,并拒绝继续效忠于背弃加冕誓言和王国法律。原则上讲,组建邦联并不是谋反行为,而是为了实现共同利益的宪法程序。然而在 17、18 世纪它越来越多地被国外势力利用来实施阴谋(特别是被俄国人)。武装邦联(Armied Confederation)早于 1302、1382 — 1384、1439 年开始形成,主要成员形成于 1560 — 1569、1573、1606 — 1608、1656、1672、1704、1715、1733、1767、1768 — 1772 和 1793年。(Davies 1981a:339)尽管人们声称这是为了保卫"珍贵的自由",但相对于和"邦联"极其相似的昙花一现的法国投石党,其总体影响力更大程度上是削弱了共和国。

17 世纪的前半叶,波兰-立陶宛的财政总收入只占法国的十分之一,主要就是由于贵族、神职人员和格但斯克人大部分是免税的,至少直到 1662 年一揽子"相对次要"的税收被引入之前,情况如此。(Zamoyski 1987:130)贵族维护着他们在政治、社会和经济方面的霸权地位,这种霸权"压倒并消灭一切其他可能的强权,按照自身的想象将国家塑造成符合自身所需的样子"。(Fedorowicz 1982:5 — 8)贵族最后一次"征兵"(levee en masse)发生在 1667 年。然而服兵役的贵族的数量越少,他们越是迷醉于自己的骑士角色;参政的贵族的数量越少,他们越是坚信自己作用的不可或缺。(Zamoyski 1987:182,221)这种无处不在的霸权,甚至抑制了城镇中产阶级精神特质和价值观的形成。贵族在争取和保护他们的明显的利益时表现出的漫不经心,结果只是让人感觉其虚弱无力。"在这命定该收获属于他们的美好事物期间,贵族无时无刻不需要对市场因素保持高度敏感:节俭、冒险、投资和金钱的价值等观念被漠视了。"(Zamoyski 1987:57)结果,面对一个越来越依赖市场、企业家、革新和工业的欧洲,联邦的有产阶级毫无准备、措手不及。悖论的是,后来将联邦推至毁灭边缘的社会集团,正是复兴改革方案的始作俑者。历史的发展,很少会按照可预料的、注定的剧本演出。

"农奴制再版"与维斯瓦河-波罗的海粮食贸易的兴衰

随着波罗的海粮食贸易的兴起和农奴制的进一步扩大强化,贵族的综合特权也在膨胀,虽然有关这两者之间因果关系的发挥作用的机制以及相对重要性问题仍然是大家长期争论的焦点。然而,农奴制的出现毫无疑问地早于15、16世纪兴起又迅速消亡的维斯瓦河-波罗的海的粮食贸易。因此,维斯瓦河-波罗的海的粮食贸易仅仅是加快了(而不是导致了)早期波兰立陶宛联邦农奴制的扩大和强化。的确,外部需求的大量增加和粮食价格的上涨,都对农村经济的一个方面——劳动力造成了越来越大的压力,因为仍然存在广泛的对劳动力剥削的空间。为了满足这种需求,贵族地主强迫农民们做更多的农活,工作条件也变得越来越恶劣。(Davies 1981a:280)然而,农奴制的进一步扩大与加剧,不仅局限于积极参与波罗的海粮食贸易的地区,因此,这不是导致农奴制再次扩大和加深的唯一重要因素。许多贸易不发达地区屈从于所谓的"农奴制再版"。其中封建君主、政府心态和意识形态的改变起到了推动作用。社会和经济呈现的这种倒退趋势,不仅仅是由于贵族权利的扩大和波兰立陶宛联邦中央政府权利的削弱,因为在现代俄国,早期农奴制也曾有扩大和加深的现象。那时的俄国中央政府权力甚至要大于贵族权力,而并非处于严重的危机时期,如"动荡时代"(Time of Troubles,1598－1613)和"科万斯奇纳"时代(Khovanschina,1682－1689)。很多马克思主义者称这是一种"没有差别的不同",因为中欧和东欧的专制制度同波兰立陶宛联邦的"贵族

188

共和制"一样,都体现并服务于贵族地主的阶级利益。然而在我们看来,国家的利益、抱负和责任都代表了包括社会、经济和政治的诸多不同因素。尽管贵族地主仍然是影响力最大的阶级,这些因素常常优于贵族地主的利益和与贵族地主的利益相冲突;因此,一方面是地方君主权力和自治扩大与国家力量的削弱,另一方面是波兰-立陶宛联邦相对分散、受市场驱动的农奴制的扩大和加剧,当两方面同时出现时,邻国俄国的农奴制的巩固与加剧至少部分是为了将社会的各个阶级(不仅仅是农奴)结合在一起,服务并统一于强大的沙皇政府的控制之下。由于政治和经济的差别,匈牙利、奥地利、波斯尼亚、勃兰登堡、克罗地亚和罗马尼亚的"农奴制再版"及其不同影响都进一步表明,国家衰弱,贵族权力和现代早期农奴制的扩大或加深之间不存在全面有序的联系。

自 1620 年来波兰立陶宛联邦的粮食出口贸易岌岌可危,加之瑞典侵略(1655－1660、1702－1709)的极端后果和反土耳其战争(1672－1676、1683－1691)的发生,情况变得更加复杂。"面对毁灭性的灾难,地主们不是去寻求长期的解决办法,而是用极端手段来完成紧迫的任务……失去了剩余产品,农民在经济上就失去了独立。他们只能将自己局限于自给的农业领域,并更加依赖庄园。"(Kaminski 1975:262)因此,"农奴制再版"的发展得益于"维斯瓦河贸易的兴起,以及看似矛盾的是,它得益于维斯瓦河贸易的衰落……(农奴们)通过艰辛的劳作……去缔造共和国黄金时代的繁荣,现在他们被迫做更多的农活,以便降低不幸所带来的影响"。(Davies 1981a:285,290)因此,戴维斯做出下述评价:"相比之下,英国是多么的幸运,它们的羊在早期便蚕食了英国的封建社会!"(第 296 页)

然而,尽管农民的流动性受到越来越多的限制,因为对农民的司法管辖权从中央政府移交到地方贵族地主,因而导致农民无法获得法律保护权和通过法庭惩治压迫他们的地主。研究进一步表明,波兰立陶宛联邦的农民"从来没有失去他们的法律实体。农民可以以原告或被告的身份出席法庭,对可动财产有全部的所有权,在一些情况下他还可以买卖或馈赠土地"。(Kaminski 1975:267)从这些方面来说,而不是其他方面,他们的地位相比俄国农奴仍然高一些。然而,相对弱小的地主试图通过牺牲农民的利益来保护他们自己,这种企图是"不可能长久的",因为随着他们拥有的土地面积和数量的减少,土地所有权越来越集中在那些大财主手里。(第263页)

维斯瓦河/波罗的海的粮食贸易,从1648年和1666年哥萨克南部叛乱分子对联邦造成的毁灭性打击以及外国由北部和东部向联邦发起的侵略中恢复过来。例如,仅仅在1655年,由于瘟疫和围攻的影响,格但斯克有五分之一的居民不幸遇难。(Davies 1981a：288)在1672－1676年、1683－1691年的反土耳其战争,和更加激烈的1702－1709年瑞典重新发起的猛攻中,联邦的对外贸易再次受到重挫。"1648年后,维斯瓦河贸易的衰落正逢整个共和国权利和繁荣走向衰落。"(第287页)此外,在对外贸易中"外国仍然占有绝对优势,这就意味着有很大部分利润是在国外生产的",而显著增加的制造业出口并没有抵消粮食出口的大量减少,因为制造业只是局限于"少数低质量的成品如啤酒、绳索和衣服"。(Zamoyski 1987：175)

其实早在1648年前维斯瓦河的粮食贸易就已经开始衰落了。在1618－1619年,维斯瓦河的粮食贸易达到了顶峰。自此之后,即使联邦试图置身战争之外,整个中东和北部欧洲的经济生活由于"三十年战争"而变得混乱。到17世纪40年代,在格但斯克的荷兰商人面临波兰粮食供应不足以至于难以装满船只的困难。此外,事实证明,一旦17世纪50年代和18世纪的灾难破坏了曾经建立的贸易关系,这种关系就变得难以恢复。国外商人和波兰生产者的信心都发生了极大的动摇,而西欧的消费者不得不寻找其他的供应商来满足所需。而当冲突消退时,再赢回这些消费者已经变得非常困难。(Davies 1981a：288－289)另外,人们常说,在1600年时波兰土地的生产率已经达到了顶峰,此后地主的主要策略就是变本加厉地压迫农民,尽管通过不断增加新的强迫劳动力来抵消生产率不断下降的损失,只是徒劳一场。(第285页)波兰立陶宛联邦缺乏足够的财力和实现统一的政治决心来克服这些局限,而它的邻国普鲁士对此则采取了一系列方式,通过国家倡导开

189

垦荒地,提高农业技术,改善现有水运航道和建设现代化的波罗的海港口等。(第 290 页)

同时,先进的农业和灌溉技术提高了西北欧的农业生产率,而成本低廉的其他地区的粮食正向南欧、俄国和格兰登堡普鲁士开放,联邦在粮食生产方面的相对优势相对丧失,进而导致其贸易日渐衰落。尤其是波兰立陶宛联邦波罗的海的港口和落后地区,面临着来自里加、格尼斯堡、斯德丁、卢贝克、罗斯托克和 18 世纪的圣彼得堡日益增多的竞争。那时,维斯瓦河作为天然的海上航道的局限性,也越来越明显。因为不能在中部流域的洪水易发区建造堤坝,这就妨碍了欧洲其他地方发展起来的更现代化的水上交通方式的运用。(Davies 1981a:291) 1772 年,格但斯克被普鲁士王国占领,联邦遭受致命的一击。

城市的衰落

由于 1655 - 1660 年和 1702 - 1709 年的灾难,联邦的城市人口下降了 60％至 70％,只占联邦总人口的 10％多一点。到 1750 年,城市人口在总人口的比例仍然不到 20％(Bogucka 1982:140)。波兰立陶宛联邦的历届国王授予贵族的特权,犹太和非犹太市民(公民)从未享受过。城市社区的德国和犹太的领导人很少能在地方议会中谋求到直接的代表席位,他们更愿意通过国王或请求地方贵族领主来代表他们的意愿。(Zamoyski 1987:102)由于无法培育出城镇的公共机构,也无法在城镇之间建立定期的交流和稳定的联盟,波兰立陶宛联邦城镇的兴起也受到妨碍。(Fedorowicz 1982:115)这也减弱了他们对抗贵族的力量。此外,在 1565 年,由贵族控制的色姆通过一项禁止本地市民出国贸易的法令,该法令使得商业越来越落入外国商人、金融家和贵族地主经纪人的控制之下。这对市镇和国家的经济都是极大的损害。(Malowist 1959:186 - 187)同时,贵族地主"增加了食物和初级产品的出口,以及优先进口制造业产品……这对本国的商业和制造极为不利"。(第 188 页)这也导致了市镇的衰落。因此,联邦城市的衰落不能全部归咎于瑞典的野蛮侵略,在一定程度上是咎由自取。

天主教的反宗教改革

肇始于 16 世纪末的天主教的反宗教改革运动,在多方面导致了联邦的衰落,例如,削减了它的文化多元性和活力、对多样性的包容、对外国(尤其是西方)影响和观念的接受,对基础教育和人文的学习和研究的重视,等等。不管这场改革在宗教上的功绩如何,它结果导致了文化和知识的匮乏,以及思想视域的狭隘。

16 世纪期间,天主教会仍然控制着大量的财富和昂贵的教堂设施,尽管贵族和市民普遍"背叛"转向新教教义。因此,他们仍然有足够的财力对反对改革者进行有力的反攻。由红衣主教斯坦尼斯拉夫·霍修斯(Stanislaw Hosius)提议,耶稣会,作为天主教反宗教改革的突击队,在 1564－1565 年被引入联邦。皮奥特·斯卡尔加(Piotr Skarga,1536－1612)的地位迅速上升,成为信奉天主教的好战的国王齐格蒙特三世的忏悔师和个人顾问,齐格蒙特三世认为波兰立陶宛联邦一定会"再次被罗马征服……不是被武力,而是被各种示范、教育、讨论……劝导"所征服。(Zamoyski 1987:89－90)斯卡尔加和其他的耶稣会士"集聚在王权之下,尤其是在他们的盟友齐格蒙特三世就任后"。(第147 页)

到 1642 年,联邦已经建立了 47 所耶稣会学院。(Davies 1981a:168)1589 年,维尔纽斯的耶稣会学院地位提升至大学级别。各级耶稣会学校和学院仓促之际培养出成千上万的年轻贵族,灌输给他们"一套现成的宗教、社会和政治准则"来反对 15、16 世纪早期人道主义,因为它"曾经为新教主义提供了肥沃的土壤",(Zamoyski 1987:147)这些学院和学校巩固了"要做波兰人就要信奉天主教",还灌输各种形式的新教主义、正教、美国基督教和犹太教都是"外来的"观念,尽管天主教本身也源出"外国的"思想。"信奉新教的人开始被视为怪异,甚至可疑的人。"(第 149 页)耶稣会教育大都"将自己局限于教授给学生们宗教、社会和政治的教义问答,还教给他们足够的拉丁语和修辞学,以便让他们在政治集会上能拖延时间说上数个小时"。

(Zamoyski 1987：181)继而,这导致了真正的开放意识的萎缩,以及普遍的拉丁人文主义与隔绝的联邦文化、知识相混合现象的越来越弱化。"排外、顽固和全然无知共同培育了一种有害的态度,该种态度称颂无政府主义,倡导用酗酒代替思想。"(第 221 页)波兰立陶宛被视为反对土耳其、鞑靼和俄国群众的天主教基督徒的堡垒。联邦的精力和资源在对抗这些敌人的战斗中慢慢消失殆尽,最终,形势变得有利于它的地区竞争对手。

然而,耶稣会的影响不应被夸大。直到 1773 年瓦解,在共和国 1 200 所修道院中,为耶稣会控制的修道院数目不超过 70 所。耶稣会影响的扩大,应该是与其他(较少玩弄权术的)隐修的、教条的和慈善性质的修道院的扩大同步。(Davies 1981a：168)(寄生性的)修道院的数量从 1572 年的 220 所迅速上升到 1648 年的 565 所,而本笃会修道院和加尔默罗会修道院的建立,则标志着波兰宗教生活神秘传统的开始。(Zamoyski 1987：145)这究竟是其"原因"还是其"结果",仍有讨论的余地。但是在波兰立陶宛联邦,对圣母玛利亚的温和崇拜变得尤为狂热。到 17 世纪,成百上千所圣母玛利亚圣坛如雨后春笋般发展起来,每一所都充满着对上帝之母不可思议的崇拜。(Davies 1987a：171)

因为新教的大男子主义忽视了女性的精神需求和愿望,新教贵族的妻子们公开身份仍然是天主教徒或转归天主教教徒,并坚持把自己的孩子培养成天主教徒。(Zamoyski 1987：90)这也使新教的教堂在 1569－1600 年间减少了三分之二。当加尔文主义变得不再流行,新教教徒便不再是议会的多数派了。波兰新教主义的衰退与发生在大部分信仰天主教欧洲地区的普遍的"思想环境变化"也有非常密切的关系,这种变化即是 16 世纪早期的理性主义和现实人本主义让位给"对绝对的苦苦追寻"。(第 145 页)

由于人文主义知识分子对新教教义的背弃,改革进一步遭到削弱。这些知识分子之所以背弃新教,是因为他们"无法忍受他们的领导人,新教忏悔仪式的琐碎,以及令人联想起经院哲学争论的无趣的思想辩

191

论,结果,他们大失所望"。(Tazbir 1994：178)联邦的新教教徒也未能让大量农民转变为新教教徒。改革有其内部的"城市偏见",部分是因为城镇可以提供"密集的人口、交往的节点以及知识分子和重要教士的居所"。改革在农村人口中只取得了较小的进展,不仅仅是荷兰,还有法国、意大利、葡萄牙和西班牙。然而,宗教改革设法在波斯尼亚的农村克服了这些障碍,在那里革命"与国家认同紧密相连,不管其背景是在城市还是在农村",在西班牙的农村,革命的主要倡导者们自己陶醉在乡村和小城镇的生活中,因此可以"很好地解决匈牙利流行文化的需求"。(第 23 页)然而在波兰立陶宛联邦,路德教仍然被视为代表了德国公民的地区利益,而加尔文主义则与某些贵族的关切和抱负紧密联系在一起。在西北欧,文艺复兴和改革的动力某些方面来自城市文明的兴起,以及建立城市统治农村的驱动力,(第 219 — 221 页)而且往往与文艺复兴和新教的统领结成联盟。(第 2 页)因此,数量和规模较小的东中欧城镇,及其在 16 世纪末和 17 世纪大部分时间的规模萎缩,加之东中欧统治者与贵族成员(虽然其中很多是新教教徒)的频繁结盟,而不与城镇结盟,导致了东中欧文艺复兴和改革的最终失败。

　　长期执政的齐格蒙特三世通过皇室赞助的方式,对天主教表现出一贯的支持,这也加速了新教在波兰立陶宛联邦贵族中的萎缩。(Zamoyski 1987：145)非天主教教徒在议会上院中的席位从 1587 年的 41 位猛降到 1632 年的 5 位。(Tazbir 1982：204)17 世纪 50 年代和 18 世纪,瑞典新教对波兰立陶宛联邦的毁灭性入侵也导致新教共同体的数目急剧缩小。瑞典人敦促联邦的新教教徒忠于瑞典,但只有极少数人愿意这样做。这诱发了天主教野蛮复仇的一面,也迫使很多波兰和立陶宛新教教徒重新改信天主教"以证明他们的爱国主义精神"。(Davies 1981a：198)

　　1638 年,两个新教学生亵渎了一座路边的神殿,此事发生后,议会命令关闭位于拉科夫的一所神论学院,并停止其出版物的发行。(Tazbir 1994：175)另一所著名的一神论学院位于莱什诺(Leszno),

1628－1656 年间它的院长是捷克哲学家和教育家让·阿莫斯·科门斯基(Jan Amos Komensky,又称夸美纽斯)。在 1655－1660 年瑞典入侵之初,因为拒绝交出它的瑞典驻军,该学院被波兰军队洗劫并烧毁。(Davies 1981a：189)一些神论者在 1658 年甚至被逐出联邦,因为他们在极其危险的时期拒绝拿起武器去保护自己的国家。(Zamoyski 1987：144)类似地,反战的贵格会教徒也在 1600 年被迫从格但斯克地区移居外国。此外,在 1668 年议会命令天主教教徒不能改变其宗教信仰(否则将受流亡之苦),而在 1673 年非天主教教徒被阻止进入贵族阶层,在 1733 年议会禁止非天主教教徒担任公务员或在议会任职。(第145、221 页)因此,在 17 世纪末和 18 世纪初期间,反宗教改革运动确实严重阻碍了那时新教教徒(尤其是新教贵族)卓有成效地参与联邦政治和文化生活,但"改革也为这次成功付出了惨重的代价",因为联邦政治多元化和文化多样性由此遭到削弱,结果,"胜利阵营内部出现知识停滞的现象"。(Tazbir 1982：216－217)

　　然而,波兰立陶宛联邦境内的非天主教徒鲜有因宗教信仰被判处死刑的情况。他们通常都被流放或被处以象征性罚款。此外,17 世纪末和 18 世纪早期,贵族非天主教徒政治权利削减的现象在 1768、1773 年发生了逆转,这远远早于信奉新教的英国(1829)或瑞典(1849)对天主教徒做出相似的让步。(Tazbir 1994：179)波兰天主教的特征与其说是"对外的好战性",倒不如说是"内心的极端虔诚"。(Davies 1981a：170)重要的是,反伊斯兰教运动从来未能吸引众多的波兰参与者,因为伊斯兰威胁"太近,太熟悉以至于缺乏强大的吸引力",而中世纪的波兰一再受到条顿十字军的威胁,后者与其说是更致力于"让异教徒皈依天主教",毋宁说是将时间更多花在与天主教同伴交战上。(第165 页)波兰天主教也发展出一种烈士情结,将波兰看成是"各民族中的耶稣"而不是激进的侵略精神。另外,由于缺少可以动员的强大的君主制国家或中央集权国家,波兰立陶宛联邦的天主教教会无法采用西班牙、意大利和波斯尼亚境内行之有效的、更严苛的皈依和再皈依(reconversion)措施。(第170 页)

残酷命运的一波三折：迟来的联邦复兴为何竟然加速它的灭亡

1771 年,在第一次被瓜分(1772)前夕,联邦仍然是欧洲最大的国家之一。联邦拥有 73 万平方公里领土,比法国和西班牙都大(虽然小于沙俄帝国和哈布斯堡帝国),有大约 1 100 万人口,仅次于法国、俄国和哈布斯堡帝国。(Wandycz 1974：3)此外,联邦在 55 年(1735 － 1790)间,一直设法避开欧洲的持久战。联邦的大地产者甚至开始推动一些基础工业的发展,尽管(或者,更可能是因为)它的主要商品谷物和木材的出口陷入停滞,而且 1772 年遭到第一次瓜分后,在经维斯瓦河和格但斯克通往波罗的海联邦的航线上,联邦不再能够畅通无阻。新工业主要是基于地产上的劳动密集型"低技术含量"庄园企业。这些公司依靠奴隶劳动来生产一系列产品,如布料、衣服、鞋类、服饰、伏特加酒、玻璃器具、陶器、瓷器、铁器、器具、刀剑、马车等,甚至为隐蔽的国内市场生产来复枪。在"工业村庄"(industrial village)还有一些重要的农民手工业,而中央权力机构则在华沙及其附近建立了一些大规模纺织品和武器制造厂。其人口从 1760 年的 3 万人飙升至 1792 年的 15 万人。此外,富裕的克拉科夫主教区最终建成为波兰重工业中心地区(Zamoyski 1987：238 － 239)。具有讽刺意味的是,联邦在欧洲战争中未被瓜分以及其令人生厌的对其军备规模的限定,无意中却节省了部分资源可以用于其他目的,并为经济和人口的复苏作出巨大贡献。1750 － 1790 年间,联邦的人口以年均大约 1.2％的速度增长,比法国甚至英格兰都要快。(Grochulska 1982：247)然而,尽管经济和人口状况充满好转的希望,但 18 世纪联邦的社会结构基本没有改变。在 1770 年第一次被瓜分的前夕,贵族占总人口的比例为 8％至 10％,犹太人(大部分在城市)占 10％,而非犹太公民占大约 7％。农民仍占大多数,其中大约 64％生活在贵族统治的土地上,大约 19％生活在国王统治的地产上,还有大概 17％生活在教堂。贵族占据了所有土地的大约 78％,国王占据了 13％,天主教堂占据了 9％。(Wandycz 1974：5 － 6)

193

1764 年,奥古斯都三世去世。联邦的幕后操纵者俄国控制了王室选举,并支持曾经是俄国女皇叶卡捷琳娜(1762 - 1796)情人的斯坦尼斯洛·奥古斯都(Stanislaw-August,1764 - 1795 年在位)当选国王。一旦加冕成为国王,波兰的这位新统治者便不再愿意扮演一个温顺和顺从的角色。他天资聪明,富有主见,这也是他为什么能够吸引俄国大公夫人、1771 年的俄国女沙皇叶卡捷琳娜的原因(她最初是沙皇彼得三世的妻子,据说彼得三世是在 1762 年被她谋杀的。)。甚至是选举斯坦尼斯洛·奥古斯都的"邦联"(confederated)议会也制定了许多"进步性"的改革,包括确保省级代表会议的多数人投票、关税和建立新的财政和军事委员会来加强联邦的税收和防御能力等条款。1765 年,斯坦尼斯洛建立了新的研究院,其校长安德烈夫·扎莫斯基(Andrzef Zamoyski)在 1766 年提出了包括废除自由否决权在内的宪政改革。出于对波兰立陶宛联邦可能进行自我改革的警惕,俄国和普鲁士威胁联邦,如果改革不予废除,地方议会的"邦联"不予以立即解散,那么,他们就会联合起来,入侵联邦。他们还决定为联邦制造麻烦,一致要求联邦在担任公职上给予东正教和路德基督教教徒与天主教教徒同等的权力,尽管俄国和普鲁士都没有给予本国的少数宗教同等的权力! 随后俄国军队便进入联邦支援两个反"政府"联合会:一个是托伦(索恩)的路德教,另一个是卢克的东正教。1767 年 10 月,引起是非的地方议会匆忙开会,并被沙皇部队包围,被迫服从俄国的一系列要求,包括重新肯定自由否决权、"联邦"的权力、选举君主政体、贵族对土地所有权和公职的控制以及"地主"有权决定其农奴生死等。(Zamoyski 1987: 225 - 226)

无论如何,到 18 世纪 60 年代晚期,波兰立陶宛联邦的政治阶级开始分化成彼此敌视的武装阵营,而新("崛起")的国王好像无力阻止这一切。由于新国王是依靠"不正当"方式夺取王位,加上他总体的调和、容忍立场(包括他默许地方议会在俄国压力面前卑躬屈膝),引发了激烈的废除王位和放逐国王的要求。1768 年 2 月,在波多利亚的酒吧之城,波兰和立陶宛的大地产者和贵族的"忠实走狗"(hangers-on)发起了一场"独立战争"，俄国著名将军亚历山大·苏沃洛夫(Alexander Suvorov)历时将近四年时间才将其打败，甚至 1768 年末参加起义的东正教农民和哥萨克人攻击"联盟者"之后，在这次攻击中，他们杀害了 20 万波兰天主教和犹太教徒，最终他们自己"也遭到同等程度的屠杀，之后被镇压下去"。(Davies 1981a：519)的确，18 世纪 70 年代早期的联邦，整体来看，就像充满社会动荡、政治动荡和宗教动荡的沸腾的油锅。然而，1768－1774 年的俄国土耳其战争占去了很多本来可以用于"平息"这个失控的共和国的资源。因此，叶卡捷琳娜女皇越来越愿意接受普鲁士人的提议，即俄国、普鲁士和奥地利共同瓜分波兰立陶宛联邦。

　　然而，正是哈布斯堡家族 1769 年单方面地吞并了斯派兹(Spisz)，并在 1770 年吞并新多戈(Nowy Torg)，由此卑鄙地开启了瓜分活动。第一次对波兰立陶宛联邦的三方瓜分在 1771 年达成共识，并于 1772 年付诸实践(全然不顾更民主的国家例如英国、荷兰和丹麦的抗议)。因此，联邦丧失了 35％的人口和 29％的原领土。俄国不仅加强了对利沃尼亚和库兰的控制，而且吞并了(白俄罗斯种族的)波罗茨克、维特比斯克、摩斯罗和戈梅利等省，占据了联邦原领土的 12.68％，和 130 万前居民。奥地利吞并了南方的一些省，总共占联邦前领土的大约 11.17％和 210 万前居民。普鲁士"谨慎地"占领了一块面积不大却非常宝贵的波罗的海港口区域，该地区"仅仅"占联邦前领土的4.49％，拥有"仅仅 5.8 万"居民。(Davies 1981a：521－522)然而，到那时为止，这不仅把并不接壤的勃兰登堡-普鲁士帝国的领土连接起来，而且控制住了联邦的主干道：干道的河岸延伸到格但斯克和波罗的海。当然，普鲁士很快就对波兰沿着维斯瓦河向欧洲其他国家出口的谷物征收"严苛的关税"。(Zamoyski 1987：229)

　　诺曼·戴维斯强调，这种"伴随波兰共和国命运的特殊愤怒感，部分是因为下述事实，即欧洲的国王吞食了一个年轻的欧洲(a fellow European)。另一方面，这也是因为这一时刻非同寻常。对波兰的瓜分恰逢民族主义与自由主义诞生前夕，因此，对于那些把民族自决和被

194

统治的认同当作主导的政治原则的人们而言,被瓜分成为一种象征"。
(Davies 1981a:525)因此,不足为奇的是,在信奉自由主义的欧洲人眼
里,联邦的命运成为轰动一时的事件。然而,人们必须警惕,防止掉入
某类片面辩护、双重标准以及把所谓波兰立陶宛联邦"政治民族"理想
化和浪漫化的陷阱。道德问题,并不像它们的捍卫者说服我们时所表
明的那样泾渭分明。毕竟,大部分的居民,尤其是非波兰和非立陶宛农
民,甚至是在瓜分前就被剥夺了任何形式的自决权,而且它们遭到统治
时也未得到相应的认同。他们生活在波兰和立陶宛贵族("政治民族")
的压迫统治下,其中许多人是纯粹的农奴主,联邦是否能在真正的"自
决"和"认同的统治"初期继续生存,也值得怀疑。此外,大部分波兰和
立陶宛贵族地主在新统治者的统治中继续享有广泛的地方权力(特别
是在所谓的"加利西亚"哈布斯堡王朝统治下的地区),相比 19 世纪其
他低一级的民族群体,要广泛得多。因此,人们普遍认为,波兰立陶宛
联邦富有声望的"政治民族"的命运,特别值得同情和关心,因为它是一
个"伟大"和"具有重大历史意义"的国家(即长期被列为压迫者的行列
而非被压迫者),是一个很难被吞并的国家! 但我们怀疑,联邦的被压
迫农民是否真的为享受特权、傲慢且经常残酷无情,或压迫他们的"主
人"权利的一点点减少而痛心,因为这是他们应得的报应,而且在瓜分
势力的统治下他们只尝到了较小的恶果。无论是波兰农民还是非波兰
农民,都倾向于支持波兰和立陶宛贵族随后恢复政治独立的努力,尤其
是在沙皇统治下 1830－1831 年和 1863－1864 年失败的"民族"贵族
起义期间。重要的是,许多波兰人和一些描写波兰历史的西方作家习
惯性地只提到"瓜分波兰"和"波兰人"的悲惨命运,这说明立陶宛和立
陶宛人的命运和感觉相比波兰或波兰人没有那么重要,或程度更低,他
们也往往忽略立陶宛贵族大量参与 1830－1831 年和 1863－1864 年
的所谓"波兰暴动"的事实。历史意识觉醒的立陶宛人觉得他们被这种
波兰式的傲慢轻视了,这也导致后来波兰和立陶宛两国的政治阶级之
间的关系非常冷淡。

　　有些波兰历史学家喜欢将波兰立陶宛联邦内部"政治民族"的地位

与罗马帝国内罗马公民的地位相比较。(例如,Zamoyski 1987:92－93)然而,尽管人们能找到有教育意义的积极的相似之处,但也存在一些黑暗面。在这两个事例中,很多生活在相同制度下的人不是农奴就是奴隶,他们没有代表权、申诉权或自主权。然而特权阶层却理所当然地把这种可耻的不平等视为"自然的"或"天定的"社会秩序的一部分。另外,一个人不必非得成为爱尔兰人、黑人或印度尼西亚人,才能察觉到英国和荷兰"自由派"表现出的目光短浅、自欺欺人和虚伪,后者是在面对波兰立陶宛联邦受到瓜分国操纵的命运时流露出上述情感的。

在我们看来,任何一个倾向于民族自决原则的人,不论他是基于所有国家一律平等自由的原则而持此种观点,还是基于对一国压迫另一国感到愤怒而持上述观点,他们都不能理所当然地觉得,一些国家比其他国家"更伟大"、"更高贵"或"更高尚"。特别是我们不能在道德上把波兰人或前波兰立陶宛联邦的"政治民族"凌驾在其他从前被征服的东中欧和巴尔干半岛人民之上,尤其是所有一直被波兰贵族压迫的人民。卡尔·马克思关于只有波兰的(政治)得到解放欧洲(社会)才有可能解放的观点,可能是对的,但他也应为那些迫切渴望摆脱波兰压迫、获得自由的欧洲人着想!

联邦在 1772 年遭到瓜分后,以惊人的速度稳定下来,至少直到 1786 年腓特烈大帝去世为止。政治阶级越来越分化为两极,所谓的"俄国党"(那些以接受现状为基础、或多或少愿意与俄国合作的人)和"爱国党"(那些希望通过巩固联邦以便最终推翻可耻的、令人苦恼的现状的人)。沙俄女皇叶卡捷琳娜的依靠力量包括:① 那些她曾经许诺要维护其特权的主要大地产者;② 那些她曾经承诺要保护其职位的联邦的多数(或大部分)东正教和路德教基督徒;以及③ 相当多的议会代表和天主教主教,其中有些人获得俄国资助。大部分波兰人"愿意为分裂势力的利益服务。在历经 50 年的政治分裂和'俄国保护'之后,并不缺少那些依靠为外国主子……卖命……而谋生的人,那些胆敢冒失去生命和事业的危险进行抗议的人……少之又少……在第一次遭到瓜分之际的 1773 年的议会中,只能找到两个诚实的人"。(Davies 1981a:

525－527)

　　然而,虽然可以列举出大量商业大地产者的"合作者"和众多议会代表、军队首领、高级官员和天主教主教的名字,他们的财富和地位也都应归功于这种"合作",但是联邦远远没有成为一个被动的受害者。它或许没有能力去击败攻击者,但却不应该把这种合作理解为共谋或者默许。"俄国党"并不包括所有的工业大地产者和天主教牧师。而地方议会也不是一直温顺地服从俄国的要求,除非有时(并非不经常发生)在俄国暴力威胁下联邦必须执行的时候(即使这样联邦往往也拖拖拉拉)。许多爱国的波兰人和立陶宛人当然对第一次瓜分感到十分惊讶和措手不及,当他们认清这一暴行、瓜分联邦的讽刺意味和精准度的时候,一切都已成为事实。虽然如此,最开始的麻木、麻痹和震惊,慢慢地被愤怒和痛苦的轻蔑所取代。因为在 20 世纪七八十年代的波兰,"爱国者"们开始嘲讽他们所处的窘境,然后寻找或发明社会的和知识的"空间",他们期望在这种"空间"中实践和主张一种内心的精神自由,来反抗看似无所不能的俄国霸主。

196　　占据道德制高点优势的"爱国党",开始依靠下述力量的支持:① 中下等贵族中稳步增长、坦率表明自己是"爱国者"的那部分力量;② 一个新生的、越来越善于表达和政治上越来越自觉的"民族知识分子阶层",他们主要来自贵族但也不全是贵族;以及③ 一位谨慎的、虚荣的、享乐的但却异常机敏和具有奉献精神的国王,他酝酿了一场"开明"的政治辩论和文化复兴。许多"开明的"权贵,包括伊格纳兹(Ignacy)、斯塔尼斯洛·波托茨基(Stanislaw Potocki)、安德烈·扎莫斯基(Andrzej Zamoyski)、斯坦尼斯洛·马洛科夫斯基(Stanislaw Malochowski)、亚当·卡兹米尔斯基·萨尔托瑞斯基(Adam Kazimiercz Czartoryski)、斯坦尼斯洛·路波米尔斯基(Stansilaw Lubomirski)、米切尔·卡兹米尔斯基·欧基尼斯基(Michal Kazimiercz Oginski),还有卡罗尔·罗迪威尔(Karol Radiwill)等,"他们将自己的命运和影响贡献给同一事业,而包括许多牧师在内的那些地位不甚高贵的人物,则往往不遗余力地将计划付诸行动"。(Zamoyski 1987:237,245－246)

联邦最初的政治和文化复兴受益于外部因素的帮助。同时代的欧洲启蒙运动提供了许多有用的政治和社会的批判、讽刺模式，并促进了思想的形成，而美国的独立战争进一步提供了宪法体制和军事方面的经验和启迪。的确，联邦未来的英雄军人塔德乌什·科希丘什科(Tadeusz Kosciuszko，1746－1817)因为参加了美国独立战争(在战争中他得到了陆军准将军衔)，得到了皇家的认可。之后，在1789年——法国大革命的第一年，他着手大肆改组波兰立陶宛军队，这也是另一个强有力的范例和鼓舞。同样重要的是，叶卡捷琳娜女皇和沙皇俄国的建设，受到强大的农民力量、哥萨克人和伏尔加鞑靼人的叛乱的巨大牵制(关于这一点，一些波兰立陶宛的正统历史则奇怪地保持沉默)。在哥萨克人领导人叶梅利扬·普加乔夫(Yemelyan Pugachev)的带领下，这次起义波及的区域比法国还要大，他声称是被叶卡捷琳娜谋杀的丈夫彼得三世，并且宣布在他控制的区域内废除农奴制和沙皇规定的兵役。为了镇压这次暴动，沙俄被迫削减其守卫和部署在波兰立陶宛联邦的军队。这为波兰立陶宛的政治复兴和改革提供了出乎意料的良机。

1773年，当初"支持"第一次瓜分波兰的同一个国王和议会建立了一所国家教育委员会，旨在将所有的学校、大学和学院(包括那些由教堂管辖的)组建成一个全国统一的教育系统。这个委员会由一些开明的贵族组成，包括伊格纳兹·波托茨基、亚当·卡兹米尔兹·萨尔托瑞斯基、安德烈·扎莫斯基、乔基姆·彻尔波多维斯基(Joachim Chreptowicz)和主教伊格纳兹·玛萨尔斯基(Ignacy Massalski)。委员会的一部分资金来自耶稣会(1773年在教皇的命令下解散)的捐赠，它"设置课程，选择和出版教材，并对教育标准和教师进行监督"，作为"扫盲运动的一部分……其目标是通过社会的再教育实现国家社会和政治的复兴"。此外，在1778年，校长安德杰夫·扎莫斯基(Andrzej Zamoyski)出版了一部新的《法律法典》，再次重申王室特权，号召国家官员对议会负责，并对牧师和教堂的财务进行监督，还增加了城市和农民的权力。但是在1789年，议会对这部法典的批准受到来自"顽固的

牧师和普鲁士阴谋"的共同阻挠。(Zamoyski 1987：230)

　　1765 年,斯坦尼斯洛·奥古斯都创立了一个叫"监察者"的周刊(模仿爱迪生[Addison]的刊物《观察者》[*The Spectator*])和一个新的国家剧场。然而,在 18 世纪七八十年代晚期,讽刺期刊和戏剧迎来一个大发展时期。到 1792 年,至少四十五分之一的居民订阅了(二十分之一是读者)不止一份这种新期刊。大量新剧本都模仿莫里哀、伏尔泰和谢里丹等法国戏剧家的创作原型。(Zamoyski 1987：231)在反对复古着装、狭隘"无知"的观念和萨尔马提亚贵族的酗酒的战役中,改革者穿着夸张的法国服装,引用启蒙运动先哲的话语,并宣扬禁酒。

　　国王也不惜斥巨资来赞助绘画、音乐和建筑的创作。包括绘制肖像和作曲、建立五个唱诗班和管弦乐团,吸引了帕塞罗(Pasiello)和奇马罗萨(Cimarosa)在华沙做宫廷作曲家,并在拉津基(Lazienki)修建了(除了别的以外) 欧洲最精美和最优雅的宫殿之一。尽管所有这些都使国家债台高筑,他还是"满怀信心地相信艺术作品的教育价值",并辩称他正在努力给子孙留下宝贵的文化遗产,这将会启发后代人,并使知识和精神复兴的联邦永远保持活力。在完成这个任务上,他无疑是成功的。(Zamoyski 1987：240 － 244)

　　斯坦尼斯洛·奥古斯都登上王位时,既没有财富也没有显赫的家世,作为叶卡捷琳娜的前情人和一个暴发户,他还被很多人鄙视。因此,他不得不常常依靠他的智慧、耐心、机智和魅力。他曾任议会的代表,议会的工作方式和思维方式对他来说谙熟于心。他也清楚地意识到"王权的巨大影响力和效力",为了达到个人目的,他将王权发挥到淋漓尽致的地步。这不再是"一项政策,而是一种政治眼光"。更重要的是,从他的学识和横跨欧洲的游历中,他获得了一种"把国家看作一个机构的观念,这是迄那时为止波兰政治思想中一直所缺少的"。(Zamoyski 1987：236 － 237)他通过国家的帮助积极地动员社会,并通过动员社会来支持国家的方式,对贵族产生革命性的影响,自从 17 世纪 50 年代起,他们便开始承认(甚至是理想化)这种无政府状态是一种"正常的"状态。似乎维系联邦的因素仅仅只剩下惯性的力量。

这个新生的知识阶层主要(但不全是)来自贵族的各个阶层。然而,它部分超越了阶级的划分,而是由具有相同教育背景、观点、启蒙使命,以及为国家服务的思潮凝聚在一起。这是对以往贵族观的崭新的启蒙版本,贵族被视为政治国家。过去,贵族提出的国家领导者的标准是血统高贵。现在,这一标准被知识阶层转变为更具教育气质、训练和使命的精英标准。由于18世纪七八十年代改革后的学校、学院和大学培养出了大量的启蒙运动传教士和反蒙昧主义者,知识分子的阶层迅速扩大。(Zamoyski 1987:237)然而,波兰立陶宛联邦的启蒙运动最早主要是由700－800人完成,他们作品的出版引发了18世纪末知识和文化界的骚动。(Grochulska 1982:249)

第一次瓜分波兰立陶宛联邦的主要煽动者,普鲁士的腓特烈于1786年去世。他的继承者腓特烈·威廉二世(1786－1797年在位)十分担心俄国会过度扩张,因此更赞同联邦改革和复兴的尝试。在争夺叶卡捷琳娜女皇好感的竞争中,斯坦尼斯洛·奥古斯都在1787年将女皇诱骗到他在华沙的王宫,并表示在即将开始的俄国土耳其战争中为她提供军事支持(她希望俄国能得到一个或更多的黑海港口),以此来换取:① 联邦军队扩张的许可;② 波兰立陶宛联邦在黑海区域预期的商业和领土收益;以及③ 允许联邦建立正式的与俄国平等的合作关系,这暗示被瓜分的联邦将恢复其全部主权和国际地位。结果,叶卡捷琳娜女皇拒绝了这些提议。因为她相信,联邦更多贪婪的大地产者将会无条件地支持俄国在黑海的开发(以期盼私人参与和从中获益),同时也觉得,没有必要去接受国王的提议,或是宽恕联邦的改革。对于她来说,维持波兰立陶宛的蹒跚和服从地位更合情理,在一封私人信件中,她甚至说道"说实话,对俄国来说,在波兰变得更积极,既没必要也没有利益可言"。(引自 Davies 1981a:529)

于是,在徒劳无功地阻止沙皇扩张之后,普鲁士与英、荷缔结联盟,并告知联邦,如果它们决定深化改革和重申主权,它们将得到普鲁士的支持。因为普鲁士明显地支持联邦的"进步",1788年召集的议会才敢于推行更彻底的改革和复兴计划。议会立即就增加军事预算和议会委

198　员会对军队和外交政策的既定控制权开始投票。1789 年,受到法国突然爆发的革命和俄、土持续交战的刺激(1787 - 1791),议会甚至对贵族的土地征收了 10% 的所得税,并对教会的土地征收了 20% 的所得税。议会还任命了一个委员会,来起草一份新的成文宪法,并决定,在需要的情况下无限延长它的开庭期以保证这项宪法改革项目顺利完成。(Zamoyski 1987:246)

宪法最终在 1791 年 5 月 3 日公之于众。它保留了君主制(虽然国王还是单身,但依然希望它变成世袭制)和天主教教会和贵族的特权身份。但是,新宪法要求国王的大臣们(重新指定宪法的"守护者")对议会负责,它恢复了信仰自由,废除了自由否决权和联邦的权力。此外,公民将与贵族享有"同样的权力和特权",而农民获得了受"国家政府和法律保护"的承诺,常备军也将被扩大到 10 万人。(Davies 1981a:534)这部新宪法很快在 1792 年 2 月被议会和地方选举代表认可。

俄国曾在 1792 年 1 月同土耳其人签署了和平条约,然而,到了 1792 年 5 月,叶卡捷琳娜向联邦派遣了 9.6 万名俄军,显然是为了回应来自托尔高维卡的、由"俄国党"成员组成的同盟的"求援",以恢复联邦从前的"珍贵自由"(特别是自由否决权)。1792 年 4 月,普鲁士遭到革命法国的入侵,难以对联邦请求援助的呼吁给予回应(尽管它的统治者曾倾向于帮助联邦)。此外,直到 1792 年 4 月,越发令人担忧的法国革命联合欧洲反改革的君主,成功地来阻止另一个革命国家的产生——就在他们自己的"后花园"。在塔德乌什·科山斯科(Tadeusz Kosciuszko)和约瑟夫·波尼亚托夫斯基(Josef Poniatowski,国王的侄子)的带领下,联邦军队进行了顽强的抵抗,但是胜利的希望却压倒性地倾向另一边。1792 年 8 月,为了避免更大灾难的发生,斯坦尼斯洛-奥古斯都宣布它的政府将向俄国支持的托尔高维卡联盟投降,并命令联邦军队停火。"这是一个令人震惊的背叛,它的执行是为了最人道的动机。面对俄国三倍的人数……他想使它的国家免于不必要的痛苦。军队解散了。指挥官们匆忙地逃亡。华沙未经抵抗就被对方占领了。"(Davies 1981a:536)

1792 年 8 月,在普鲁士人侵略波兰西北部的前夕,俄国和普鲁士就对联邦的第二次瓜分达成共识,这一共识在 1793 年初被付诸实施。俄国占领了立陶宛大公国的残余部分(25 万平方公里),而普鲁士不仅吞并了格但斯克和托伦,还有威尔克波斯卡(Wielkopolska)和大部分马洛波斯卡(Malopolska),波兰历史上的"种族中心地带"(58 万平方公里)。奥地利在这次瓜分中则两手空空,一无所获。经过三个月的拖延,及其成员经受俄国的恐吓、威胁、逮捕、殴打、关押和胁迫没收其财产后,第二次瓜分协定在 1793 年 10 月最终被议会认可。

然而,1794 年 3－11 月,爆发了波兰立陶宛联邦反对俄、普占领军的为期九个月的起义,这场起义(同时还有政府管理实质上的停顿)造成了经济崩溃和人民态度的激进化。1794 年 3 月 24 日,流放结束后归来的科希丘什科(Kosciuszko)在克拉科夫宣布了起义法,并开始进行独裁统治。4 月 4 日,一支 4 000 人的联邦军队和 2 000 名农民,在拉克拉维斯用长柄和镰刀击败了一支俄军,鼓舞了华沙和维尔纽斯(维尔诺)的居民加入起义军。5 月,最高议会宣布解放农奴,没收教会财富,引进了(史无前例的)分级所得税,并霸占了所有的工厂。由于极其缺少枪支,叛乱军队采用炮轰、骑兵冲锋,与手握镰刀为武器的农民展开搏斗。然而,到 11 月 16 日,起义军被俄国、普鲁士(迟来的)和奥地利残酷地镇压下去,而奥地利在 1795 年瓜分了联邦仅剩的最后残余领土。俄国再次分得最大的份额(12 万平方公里),但是划分给普鲁士的 4 800 平方公里包括华沙在内,奥地利则在克拉科夫附近夺取了 4.7 万平方公里的领土。(Davies 1981a：522)总之,作为三次瓜分的结果,俄国得到了前联邦 61％的领土和 45％的人口(沙皇帝国的领土和人口分别只增长了 3％和 16％)。普鲁士得到了前联邦 20％的领土和 23％的人口(使其领土和人口大大增加,分别扩大了 50％和 40％)。哈布斯堡帝国获得了前联邦 19％的领土和 32％的人口(哈布斯堡的范围分别扩大了 25％和 17％)。(Skowronek 1982：262－263)

归根到底,波兰立陶宛联邦 1794 年的起义如果得到革命法国的帮助,本来可以成功,但法国却听任它专制主义的邻居粗暴地对待联邦。

"欧洲对起义的失败漠不关心,未作任何抗议,就接受了对波兰[-立陶宛]①的瓜分。具有讽刺意义的是,波兰[-立陶宛]最终被灭掉,不是因为其混乱的无政府状态,而是因为它曾经是诱发东中欧发生革命的因素"。(Gierowski 1982:237)

---

① 原文如此。——译者注

第十五章　革命与"反动"：1789— 1848 年的哈布斯堡帝国

1789 年法国大革命的爆发以及 1790 年约瑟夫二世的死亡,导致他的哥哥列奥波德二世(Leopold Ⅱ,1790—1792)治下的改革倒退,而列奥波德二世还曾经被认为是托斯坎纳的"开明"统治者。由于对帝国惊恐不安的贵族深表怜悯,列奥波德二世立即废除了他弟弟执行的备受争议的土地税,并且恢复了匈牙利贵族的"自由"和自治(以 1711 年的萨特马尔条约[Treaty of Szatmar]加以"确保")。1791 年,他还试图平衡对"反动势力"的让步,为此,他引入了警察改革,确立人身保护令和公民告知权,同时规定警察有维持公共安全的义务(例如,涉及检疫制度)。他还增加了农民和市民在地方议会或者等级代表中的名额。

弗朗茨二世(Franz Ⅱ)在他漫长的反动统治(1792—1835)时期,改革出现了退却,后来又变成轻率地放弃。在严重的焦虑中,他以整肃帝国中央政府的改革者开始,重新承认领主和教士的特权,并在实质上颠覆了玛丽亚·特蕾萨和约瑟夫二世具有启蒙意义的改革。整个气候为之改变。

1792 年,革命的法国对越发反动的哈布斯堡帝国宣战。从 1792 年 4 月至 1797 年 10 月,从 1799 年 3 月至 1800 年 7 月,从 1805 年 9 月至 12 月,以及从 1809 年 4 月至 7 月,哈布斯堡帝国未能成功地击退革

200

命法国的进攻以及后来的波拿巴主义政权。哈布斯堡的战争努力严重受到土地贵族、天主教会和匈牙利王国,尤其是军事和社会"精英"阶层重新恢复的特权和优先权的制约。由于一连串的战争失败,哈布斯堡王朝失去了东尼德兰(该地区曾在 1789 年爆发过反哈布斯堡的反叛),而且暂时地失去了他们的意大利和南斯拉夫领土,以及他们的日耳曼和阿尔卑斯山区的一部分(拿破仑甚至在 1805 年直接占领维也纳)。1804 年,(在教皇的恩准下)拿破仑自己加冕为法兰西帝国皇帝,哈布斯堡把它剩余的奥地利德国、波斯尼亚、匈牙利和波兰(加利西亚)领地重新组建为"哈布斯堡帝国"(不希望被"科西嘉的暴发户"胜过)。1806年,预感到奥地利试图联合日耳曼世界共同反对法国,拿破仑帮助新成立的"莱茵同盟"强迫弗朗茨二世逊位,辞去神圣罗马帝国皇帝,并正式终结了名存实亡的(日耳曼)神圣罗马帝国。

　　一系列代价昂贵的失败的战争,加上领土和税收逐渐减少,以及相应出现的财政赤字攀升(很大程度上是通过滥发纸币来提供资助),最终导致哈布斯堡王朝在 1811 年宣布其国家在经济上破产。这种"国家破产",在后来的数十年内动摇了国内外投资者的信心,而且降低了帝国的国际信誉。总体而言,不断出现的战争,既定的商业网的破坏和"大陆体系"(拿破仑试图从经济上封锁英国),使得哈布斯堡帝国完全与英国工业革命的新产品和新技术相隔绝,并且引起了德意志奥地利和捷克境内 18 世纪已经有所发展的工业的严重倒退。许多产业(例如棉纺织业和糖类加工业)或许暂时受益于免受英国竞争,但是当 1815年重新恢复的和平和自由贸易使他们完全暴露在"肃杀的寒冬"中时,它们或者倒闭(糖业),或者陷入严重的倒退(棉纺织业)。

梅特涅时代,1809－1848

　　1809－1848 年,哈布斯堡王朝外交政策的执行,落入能干但极端保守的克莱蒙·梅特涅伯爵(Clemens Metternich,从 1813 年成为亲王)之手。1821 年,他还成为王室和帝国的首相,统揽帝国事务。他极力让脆弱的奥地利脱身无法取胜的战争,而且让其他国家在欧洲战争中首当其冲,并且(一旦风向明确)他就充当战胜国的主要调停人。由此,他使得维也纳成为 1814－1848 年间欧洲事务的中心。他深知,要想使哈布斯堡帝国保持它"大国"的虚幻头衔,必须谨慎地运用它的力量。梅特涅通过外交手段收复了他的前任因为愚笨的战争而失去的领土。在他的指导下,哈布斯堡帝国发现了它的欧洲新"使命",并且成为对抗革命(无论是激进的、自由的还是民族主义的)的堡垒,进而重新焕发生机。

在梅特涅看来,欧洲的利益与哈布斯堡帝国的利益是一致的。君主制"在欧洲不可或缺"。因此,对于哈布斯堡帝国有益的必然对于欧洲有益。从他的极端保守的立场看,两者之间没有差别或者冲突。他的非凡成就(或者好运)在于欧洲的其他列强服膺这一点,至少在一个统一的德国和一个统一的意大利在 19 世纪 60 年代遽然崛起并搅乱这些稳定的假想之前一直如此。结果就是,梅特涅不仅引导着哈布斯堡帝国的外交政策,而且通过它影响到欧洲的命运。有学者指出,没有梅特涅,19 世纪的欧洲将会按照更自由主义的路径发展下去。

1813 年 3 月,紧随 1812 年拿破仑侵俄遭遇惨败之后,普鲁士对法宣战。起初"奥地利犹豫不决,而只向交战双方提供'军需品'"。(Kann 1974：226)然而,由于元气大伤,实际上未经一战,拿破仑就答应了奥地利提出的大量领土要求。奥地利加入俄国、瑞典和英国组成"大同盟",并在 1813 年直接对法作战,尽管当时国内财政赤字和通货膨胀严重。拿破仑在 1813 年 8 月的莱比锡战役中被决定性地击败。他依然拒绝了梅特涅的调和性建议,即承认法国的"自然边界",1814 年春,大同盟接着把拿破仑赶下了台,占领巴黎并恢复波旁王朝的统治。一方面由于温和派的影响,另一方面是梅特涅基于地理方面的考虑,后来维也纳会议(1814 年 9 月至 1815 年 6 月)强加给法国的和平条款成为约束性措施的典范。

梅特涅巧妙地阻止了俄国和普鲁士关于强加给法国更多惩罚性和约条款的要求,因为这些要求只能为在德国境内建立俄国支持下的普鲁士统治打开方便之门,而且作为回报,普鲁士将接受俄国对波兰的完全控制(两者都不利于奥地利)。它与英、法代表团订立一项密约,以阻止俄、普关于波兰和德国的规划,而同时也接受沙俄的建议,同意建立一个由俄、普、奥组成的保守的"神圣同盟",以维持目前的政治和领土现状。这样更遵照梅特涅所偏爱的对下述原则的强调:"合法性",无论怎样都要完全恢复"原状",进行必要的领土"补偿"以及维持欧洲"均势",这些构成了一个(保守的)"新欧洲秩序"的合理基础。

202

　　1815 年的维也纳会议达成的领土争端解决方案中,梅特涅似乎谋求一个更团结而且更易捍卫的哈布斯堡帝国。作为永久失去了有经济价值但战略上脆弱的尼德兰(比利时),哈布斯堡谋求到意大利北部和中部的大部分地区(伦巴底、威尼托、特伦蒂诺、托斯坎纳、摩德纳、皮亚琴察和帕尔玛),并且与教皇和教皇国结成一个保守的天主教同盟。依照威斯特法利亚条约(1648),"神圣罗马帝国"已经分化成 300 多个小国。取代这个名存实亡的帝国,梅特涅谋求一个由 39 个邦国(包括英国统治下的汉诺威、丹麦统治下的赫尔斯泰因、荷兰统治下的卢森堡、波斯尼亚和四个城邦)组成的似乎更为协调和更有效的"德意志邦联",它听命于法兰克福的两院制议会(或联邦会议),并且永久性地受奥地利的"主导"。初建时期,它是作为防卫法国复仇主义和俄国帝国主义的工具,后来它很快地成为 1817－1848 年间维持帝国国内现状、封锁内部交流、为列强干预德意志小邦内部事务的工具,同时还在反对威胁国内安全斗争中充当加强政治监控和书报检查方面密切合作的工具,这些威胁被认为来自新生的德国民族主义、自由主义和学生的激进主义。

　　1819 年 9 月,继著名的剧作家奥古斯都·冯·柯策布(Kotzebue)被德国民族主义学生卡尔·桑德(Karl Sand)谋杀之后,在梅特涅的压力下,法兰克福的德意志邦联的帝国议会一致批准了此前德意志各邦在 1819 年 8 月的卡斯巴托(Karlsbad)会议上通过的一组苛刻的法令。截至 1848 年,这些臭名昭著的卡斯巴托法令(1824 年被无限期地延长)使得"德意志世界"(包括波斯尼亚)受到警察权力的广泛监控,它包括细微且令人生厌的监察,对大学的整肃和监控,禁止所有学生社团,遍布的警察"监视"和"告密"网，以及把嫌疑犯列入黑名单等，也就是说，它包括现代警察国家的全部内容。然而，1820 年，德意志邦联的第十三号法令被予以修改，将一切权力集中到统治者手中，并且控制议院如各省议会的"立法权"和"磋商权"。1832 年和 1834 年，也就是在1830－1831 年欧洲各地风起云涌的革命之后，这些条款和对警察、检查、间谍告密网的支持更加强化，结果直接造成对数次议会和大学的镇压。

因此，哈布斯堡帝国重新成为东南欧以及意大利半岛上的重要的反动势力。这一点还强化了它在达尔马提亚、克罗地亚、亚得里亚海和东地中海的地位。然而，表象往往具有一定的欺骗性。从长期来看，将一种异己的、压抑的和极端保守的奥地利霸权强加给意大利，引发了意大利民族主义的反抗，最终在意大利统一的系列战争中，这种反抗达到极致（1848－1849 年、1859－1860 年和 1866 年，以及 1915－1918 年的统一"尾声"）。1815 年以后，极度削弱、政治上四分五裂的"日耳曼世界"，也使得奥地利的统治远不如它在 17、18 世纪那样完整和安全。中等规模的德意志邦国（例如巴伐利亚、萨克森和汉诺威）通过挑动普鲁士和奥地利之间的战争来获得更多的自治权。就普鲁士而言，它在1815 年占领了莱茵兰，从 1818 年起就支持自由贸易，并且从 1834 年以来德意志关税同盟和更为一体化的德意志经济持续发展，它借助这些因素，把工业化程度更高的德意志各邦紧紧地与自己捆绑在一起，而且逐渐将奥地利边缘化。事实上，在不惜代价谋求各自在德意志的利益和野心方面，普鲁士比奥地利更为坚定，而且，由于地理原因，几乎所有的一体化的德意志市场和交通体系都不得不将普鲁士和莱茵兰囊括进去，但是却可以（而且实际上越来越）绕开奥地利。在公开承认普鲁士作为德意志境内"另一大邦"的地位和作用正日益上升的时候，奥地利越来越依赖普鲁士来"监视"和"保护"德意志邦联。"理论上，奥地利和普鲁士共同捍卫德意志；实践上，奥地利将主要任务交给普鲁士，而且它也发现了这种自作聪明的做法受到的惩罚，只是为时太晚。"(Taylor 1976：34)

203

再者,奥地利扩张进入巴尔干地区,意味着它步入与俄罗斯帝国发生潜在"冲突的征程",后者正忙于强化它与东正教的塞尔维亚、黑山、保加利亚的"兄弟般"关系,而且与非斯拉夫的罗马尼亚和希腊发展不那么持久的"兄弟"关系。实际上,俄国 1812 年占领比萨拉比亚(今天的摩尔达维亚)使得它渗入到多瑙河流域。俄罗斯向巴尔干地区的任何进一步扩张都会导致俄罗斯控制多瑙河的出口和低地地带,它们正构成哈布斯堡帝国的主要干线。最后,由于推进到巴尔干地区,哈布斯堡帝国无疑为未来存储了一个潜在引爆的"南斯拉夫问题",而这无异于给马扎尔、意大利、德意志和波斯尼亚问题火上浇油。

经济和社会变革步伐的加快

尽管如此,直到 1848 年以前,这些缓慢孕育的问题一直未曾爆发。尽管(或者或许是因为)梅特涅时代具有强制保守主义(repressive conservatism)和稳定性,哈布斯堡帝国在 19 世纪 20 年代期间经济稳步复苏,而且在 19 世纪三四十年代早期,经济增长较快。据估计,1830 — 1845 年间,在帝国的"奥地利一半",该地区工业总产值年均增长率达到 2.5% 至 3.3%,矿产量达到 7%,冶金业达到 4% 至 5%,工程 4%,纺织业为 4%(棉纺织业达到 7%),而且食品加工业达到 2%(就糖类加工而言达到 5%)。农作物产量年均增长率达到 1.2% 至 1.4%。相比之下,人口年均增长率只有 0.7%。(Good 1984:45 — 48,69)在同一地区,到 1850 年,非农劳动力已经达到整个劳动力的 28%,但是在波斯尼亚地区,这个指标是 36%。(第 46 — 47 页)像上述指标所依赖的充分的统计原则,它的存在本身就显示出,19 世纪中期的奥地利尤其是波斯尼亚地区已经取得的重要的经济和管理成就。

1831 年多瑙河蒸汽航运公司成立,这在多瑙河的航运史上具有里程碑的意义。多瑙河后来成为哈布斯堡帝国的"主干道",因为用蒸汽做动力的船只可以轻易地逆流而上,如同它轻易地顺流而下一样。在 19 世纪三四十年代期间,匈牙利成为谷物、羊毛、纤维和面粉的重要出口国,这些商品经多瑙河运往奥地利和德国。这又迅速地刺激了匈牙利的首家大型磨面厂和蒸汽动力锯厂的建造,反过来又有助于加快匈牙利的农业、主要的谷物种植和牲畜饲养部门,重要的排水、灌溉和河道改善方案,并且以雇佣工资劳动力取代农奴的进程也在加快。相比之下,在德属奥地利和捷克的土地上,同一时段的主要产业发展集中在食品加工、酿造、蒸馏、纺织、冶铁、开矿和机械制造,吸引了更多投资和更多受过教育且有一技之长的工人。在19世纪30—40年代,甜菜加工业重新兴起,哈布斯堡帝国(而且尤其是捷克地区)注定要成为甜菜产量和技术的世界领导者。在维也纳、布拉格和皮尔森(著名的大麦淡啤酒大型加工的产地),大规模的啤酒酿造开始发展起来。城市的发展推动了对于食品、饮料、服装、纤维、农业原材料和运输改善方面的需求,而且地区间贸易和专业化的发展鼓励更大产量和更具市场导向的农业的增长,土地改良、资本积累以及新的回报率更高的根状作物和饲料、作物轮作和牲畜饲养在哈布斯堡帝国的各个部分当中。1836年,

204

从事海上航运的奥地利劳埃德蒸汽运输公司成立,启动了从阜姆港和的里雅斯特的服务。1835—1839年间,奥地利的首个蒸汽动力铁路贯穿维也纳南北,采用的是奥地利自己制造的铁轨。到1839年,铁路运营里程超过140公里,到1842年长达378公里,到1848年,长达1 025公里,尽管到1846年在匈牙利境内运营的仅仅有46公里。

1815—1848年间,在东中欧以及西欧地区,出现了一个从土地和"工业"村庄平稳地向大城镇和城市迁移的潮流。到1850年,维也纳大约有44.4万名居民(1800年只有24.7万),布达佩斯人口数量达到17.8万(1800年仅有5.4万),布拉格的居民达到11.8万(1800年仅有7.5万),而且克拉科夫居民达5万(1800年是2.4万)。1792—1814年的革命和拿破仑战争造成了成千上万的农村村社不得安宁,而且迫使数以万计的人流浪,背井离乡。那些参加作战(常常是在国外)的许多成千上万的人们后来发现要回到他们从前的家乡、村庄和职业,非常困难。许多人染上"漫游癖",而另一些人简直是片刻不安宁,而且通常他们很可能不知道为什么如此。

此外,战争、革命、农业变革以及持续增长的资本主义有助于加快

农奴和所谓"封建主义"之间紧密关系的崩解,因为"封建主义"仍然将数十万农民束缚在事实上等级制的住所、社会地位和职业上。然而,与半工业化的英国相比,背井离乡、漂泊到欧洲大陆大城镇和大城市里做工的人们,其中只有很少比例的人们被吸纳到可以定期获取薪俸的工作中。在大陆,欧洲的工业化还没有能力像英国那样吸收大量的闲散人员。不是完全被吸纳到一个相对稳定和安全的城市无产阶级或上层/底层中间阶级当中,如同在英国那样,大陆的"无业游民"仍然是相对未能融入的"笨拙的无产阶级"(如果他们未曾受过教育),或者一个未能融入的、不安稳的"愚笨的"知识阶层或者"愚笨的"资产阶级(如果他们受过教育)。因此,欧洲大陆上越发拥挤的大城镇和城市中充斥着数以十万计的无家可归的无业者(流浪汉、流浪儿和乞丐)、妓女、小偷、临时工、机会主义者和碰运气的人。

欧洲大陆与其说是受害于工业的发展,倒不如说是受害于工业和商业的不充分发展。尽管工业产量方面出现了显著增加。事实上,商业化(尤其是纺织业当中)的起步、运输成本的下降、铁路的发展以及大陆欧洲工业规模、集中程度和生产率的增长,都抢走了大量职业,并且导致数以万计的城市人口和农村手工业者出现剩余(尤其是手工织工),他们觉得要与工厂产业的产品竞争越来越困难,无论这些是国内的产品还是进口的产品。某些农村手工业中心成功地实现了向大规模商品化生产的转换,而且成为"小曼彻斯特"(包括部分波斯尼亚、德属奥地利和莱茵兰地区)。但是他们的成功仅仅加剧了多数手工业中心的困境,它们中的多数最终未能适应和幸存下来,尤其是在"饥饿的"19世纪40年代。(对于像西里西亚、弗兰德尔、爱尔兰的西南部和农村的匈牙利地区,尤为如此。在19世纪30－50年代间,它们经历了严重的农村"去工业化"。)

然而,由于工业化和铁路的修建破坏了传统手工业,也同时催生了新的雇佣形式的手工业,或者为一些幸存的手工产业提供了更大市场,依赖土地和手工产业的欧洲大陆的人们,就其绝对总量而言,没有下降,只是他们在总人口中的比重有了大幅下降。关键在于,这些"传统"

职业无法吸收欧洲不断增加的人口。主要来说,正是这些"剩余"劳动力(剩余只是相对于传统活动的需求而言)不断地流向大城镇和大城市,他们绝望地寻求着新的谋生方式,即使这意味着他们将从事轻微犯罪、卖淫、乞讨或者捡垃圾为生。这类现象如今被视为第三世界工业化过程的突出特征(通常它还不能创造出足够的付薪工作)。但是应该永远记住的是,欧洲大陆在 19 世纪中期经历了一个类似阶段,而且它构成了 1848 年革命的基本社会经济背景。从社会上看,有理由认为,1848 年革命更多的是资本主义不充分发展(而非发展)的结果。那些在欧洲新兴的城市-工业文明中或者丧失或者未能找到安稳的立足点的人们,构成了参与 1848－1849 年革命的"赤脚士兵"、"惹是生非的人群"(rent-a-mobs)和社会不满者。

匈牙利的政治和文化复兴,1790－1848

在 18 世纪 90 年代和 19 世纪第一个十年当中,受欧洲军队战争物质需求以及欧洲主要战区的农业生产瓦解的刺激,谷物和羊毛价格增长了四倍多。作为对这些战时异常情况的反应,匈牙利的谷物和羊毛生产和出口急剧增加(不仅在数量上而且尤其是在价值上)。马扎尔地主扩大谷物种植面积,并且增加种植方法。马扎尔贵族借此可以大量扩张对于西式食品、饮料、服装、家具、玻璃、银器甚至书籍报刊的消费(包括许多出口的产品),而且一些富裕贵族开始资助新生代的"改良型地主"和"开明的"农民绅士,效仿英国的类型。

在 18 世纪末的"启蒙运动"和"开明专制主义"的观念、态度和政策相配合的行动中,这些新情势和新元素揭开了"文化革命"的序幕,对于匈牙利逐渐受到良好教育并且坚定自信的贵族来说,他们的心态、观点、生活方式和渴求等都在发生重大变化,他们占当时人口总数的5%。(Deak 1979:4)

马扎尔贵族的规模却非同寻常地庞大,因为它包括全部声称来自中世纪的阿帕德王朝的无数家庭仆人、封臣和其他封建农仆的后代,而且它还包括大量曾经被授予贵族头衔的士兵的后裔。在 16、17 世纪的土耳其战争中,当时为了扩大作战人员,授予战士以贵族头衔以便让他们为相互竞争的匈牙利统治者效劳。到 18 世纪 80 年代,108 个贵族家族("巨头")控制了匈牙利 27 个郡的全部采邑的 40%(包括克罗地亚-斯洛文尼亚,但不包括特兰西瓦尼亚)。另外的 40%的采邑属于数量上更大的那部分贵族,他们是著名的"bene possessionati"。19 世纪早期,后者开始自称为"绅士"(gentry),采用英语单词或者它们的马扎尔化形式的英语(dzsentri)。他们开始模仿他们的英国"表兄"的方式、观念和生活方式。但是五分之四的贵族都不是领主或者"封建地主",他们的数量在 1787 年大约有 38.9 万人(包括依附者),在 1839 年大约有 61.7 万人。他们多数是小农,或小官员或富裕财主的下属,而且区别于平民之处仅仅在于他们形式上享有财税豁免和法律豁免,并且具有参加地方"贵族议会"的权利,以及当选匈牙利国会下院议员的权利。(Janos 1982:17 − 19)最穷困的贵族通常称为穿草鞋的(sandaled)贵族,因为他们无力购买漂亮的靴子。直到 19 世纪早期,马扎尔贵族成员实际上就等同于马扎尔政治上的"民族"(natio)的成员。实际上,"马扎尔人是一个阶级概念:它是指免除土地税的土地所有者,或者参加郡县议会并参加国会选举的人"。(Taylor 1976:26 − 27)公民通常也享有地方自治和国会中的象征性代表权,但是公民"阶层"通常是由德国人(而且,从 19 世纪 40 年代开始,包括来自波兰的犹太移民、奥地利人和俄国人)而非马扎尔人构成。

从 1792 − 1809 年,为了引诱马扎尔人在反法的系列战争中"贡献"更多的人力物力,奥地利皇帝(弗朗茨)多次信誓旦旦,并奉承马扎尔贵族/"民族"。在 1809 年的匈牙利国会会议中,他甚至摆出"匈牙利爱国者"的姿态,以便抗衡拿破仑号召匈牙利人反抗哈斯堡统治的行径。(Taylor 1976:44)但是在 1811 年,当奥地利国家宣布破产时,匈牙利国会拒绝接受哈布斯堡关于让匈牙利货币贬值的主张(以便降低它的价值,使之与贬值的奥地利货币相匹配)。盛怒之下,皇帝最终宣布国会休会,并且拒绝召开下一次国会,直到 1825 年。这就违背了他至少每隔三年必须召开一次国会的宪法规定。(Kann 1974:237)

再者,继 1814 年拿破仑战争终结之后,谷物和羊毛的有效需求和价格急剧下降。这导致大多数马扎尔贵族财力匮乏,他们在 18 世纪 90 年代和 19 世纪初期曾经借下大量债务,他们或者已经入不敷出。1814－1824 年间,经济形势只能让人们勉强维持生计,此后商业竞争越为激烈,更多的人经历了更大困难,他们已经逐渐习惯于"身份消费"方面越来越高的开支。(这种调整的困难反映在马扎尔人的下述格言中:"绅士从来都不慌不忙,从来都处乱不惊,从来都是借债不还!")许多直到现在仍系富人"奢侈品"的物品,他们早已视之为"日常必需品",例如茶叶、咖啡、糖类、白面包、报纸、书刊、香水、化妆品,以及最重要的是定期更换服装。巨富单纯依靠他们的地产就能稳坐钓鱼船,但是对于"绅士"当中的小地主来说,要维护他们日渐增加的"现金周转"的需求,就显得不那么从容不迫;而无地或者近似无地的"底层贵族"要达到这一点,几乎毫无可能。因此,"绅士"的子孙,以及那些仍在迅速增加的"底层贵族"全都投身于不适宜地追求教育深造方面,以及国家的或专门的职业方面。到 1846 年,匈牙利已经拥有 3.3 万名"大学专科毕业生"。而且"人均拥有获证律师的比例是帝国西部更为发达省份的两倍",但是只有少数一部分能够谋到与他们资质相应的职业,而且"许多学生生活在极端贫困中,依靠体力劳动和施舍来维持生计"。(Janos 1982：42－43)因此,马扎尔贵族成为个人职业和社会抱负受挫者以及地方的经济焦虑和政治不满者汇集的大熔炉。逐渐形成的共识是,这些问题只能依靠创造出马扎尔国家来解决,它能够为失业的马扎尔贵族子弟提供工作岗位。

同一时期,并非毫不相干地,马扎尔贵族逐渐意识到,匈牙利的经济和文化/技术发展越来越落后于西北欧。自从 15、16 世纪以来,这个差距已经明显拉大。作为金、银、铜和牲畜与谷物的重要生产国和出口国,文艺复兴的匈牙利曾经在从波罗的海到东地中海的大陆贸易中占有战略地位,它吸引了大批已经创造出实质性的手工产业和城镇的德意志商人和工匠。然而,匈牙利的城市经济和文化在 17 世纪已经衰落,因为它的金银矿濒于枯竭,而且欧洲贸易转向了大西洋。

18 世纪的匈牙利是一个四面陆地的内陆国家,它的手工产业也遭到哈布斯堡商业歧视,哈布斯堡帝国支持德属奥地利和波斯尼亚的工业。到 1787 年,"自由市"的人口占全部人口的 6%(高达 60%的所谓的"市民"实际上至少部分地依赖于农业);而且在哈布斯堡帝国议会的下院中,城市代表所占席位被降为一个(而对于"贵族"郡县来说多达 55 个)。(Janos 1982:30 − 33)流浪者和盗匪蜂起,而农业受制于强制性的和无效的农奴体系,有些地区甚至倒退到原始的以货易货的经济状态。尽管如此,"肥沃的土地和有利的人口土地比例还是为多数人提供了充足的营养"。(第 33 页)另一方面,在 1711 − 1780 年间,国家的宗教宽容、自然财富以及大量"空闲"土地吸引了大约百万移民前往,而且此后还吸引了相当数量的犹太移民。

然而,从 18 世纪 90 年代开始,统计研究和外国参观者的笔记开始地显示出匈牙利落后于奥地利、德意志邦国和西北欧国家的程度,并且已经公开化。许多从前被马扎尔人引以为自豪的和神话中的"神圣"对象,甚至马扎尔贵族吹嘘的"自由"(也就是,特权)也开始受到质疑,或者被视为有效医治匈牙利弊病的障碍,或者视为愚昧、迷信、压迫、效忠和羞耻的根源。例如,法国人马瑟尔·德·塞勒斯(Marcel de Serres)在他的《奥地利旅行记》(*Voyage en Autriche*,1814 年出版于巴黎)就曾写道:"匈牙利人天生游手好闲……尽管匈牙利是一个天然肥沃的国度,它的居民却不知道该如何利用土壤的肥力……愚昧无知和迷信,匈牙利人是糟糕的农业经营者,而且低于贸易也同样毫无兴趣。"(引自 Janos 1982:47 − 49)

尽管许多马扎尔人反对这样的描绘,但另一部分已经开始呼吁进行重要改革。19 世纪 30 年代,出现了一位重要的改革者,他是一个富有地主,伊斯特凡·塞切尼(Istvan Szechenyi,1791 − 1860),广泛地被视为现代奥地利之"父"(甚至他的批评者也持此见)。塞切尼钦羡英国贸易和工业,尤其是"改良的地主制"和辉格党,倡导匈牙利有限土地法令的自由化,废除农奴制并且扩大教育和信用,以便利土地的购买、销售和抵押,借此鼓励国内外像他这类巨富对商业-农业革命的投资。在他看来,农业生产率和收入确定无疑的增长足以补偿地主阶级失去农奴劳动和"封建"费用(劝说他们放弃长久以来的税务豁免),提高大众购买力,扩大国内农产品和工业产品市场,并且生产出农场剩余以便满足偿还外债,以及为扩张的工业部门提供资助。他希望,这种"良性循环"把马扎尔人转变成一个"幸福的大家庭",当然这个家庭的领导者应当是巨富。这个贵族的、新重农主义的、"农业优先"的战略,主要体现于他的两本主要著作中,一本是《论信誉》(*Credit*,1830 年出版),另一本是《论启蒙运动》(*Enlightenment*,1832 年出版),这两本书后来成为自由-保守派的专制统治的"圣经"。根据这些纲领,大众教育、法律面前人人平等以及由此产生的废除农奴制,对于将所有成年人转变成经济交易中完全开化的、法律上负责的经济活动者和契约方,都是必需的。再者,他还倡导,用马扎尔语取代拉丁语作为匈牙利的官方语言,这种做法纯粹出于实用主义考虑,即能够使更多的人参与到民事和经济生活中,而不是出于沙文主义愿望,即把匈牙利的大量非马扎尔的少数民族语言废弃掉。事实上,他还告诫他的同伴,不要试图将马扎尔语强加给克罗地亚人、斯洛伐克人、罗马尼亚人和鲁塞尼亚少数民族。作为一位曾经的渐进主义和"忠诚的"贵族,塞切尼旨在通过与哈布斯堡和非马扎尔少数派协同(而不是对抗)来"有机地"实现他的纲领目标。他避开了对抗、激进主义、种族主义和粗暴的民族主义,坚持认为他的方案(以及同样地他的阶级)需要来自多民族帝国所提供的支持和稳定。

塞切尼率先垂范。他将个人地产上的一整年收入捐赠出来,成立匈牙利学院(以便再造马扎尔文化)。他还建立了"民族娱乐场"(National Casino)(作为一个论辩社会)并倡导河道改良、城市改造以及在布达和佩斯之间建造一座永久性的大桥,而另一方面在国会中,他炮轰那种主张地产世代完整相传的继承法。他似乎更欣赏人们志愿采取国家行动。但是他的多数贵族同伴并不愿轻易放弃他们的财政和封建领主特权。匈牙利国会只通过了一项大大削弱的解放(农奴)法令(1826),允许在个别意义上由农奴主谨慎地解放农奴。直到 1848 －

208

1849 年革命之后,经过革命惩罚的马扎尔贵族才接受塞切尼方案的主题,尽管部分内容在革命后已经成为既成事实。

1831 年,匈牙利的东北部发生一起严重的农民叛乱,叛乱一方面是因为俄占波兰境内的波兰人起义,另一方面是 1831 年那场席卷波兰、俄国和奥地利以及匈牙利的可怕的霍乱传染病所致。许多农民认为,要求他们服用的药品,投放到公共水井中的化学物质以及临时的霍乱诊所的治疗措施,都是惊恐的统治阶级试图通过投毒来消灭"具有威胁性的"农民的绝望行径。他们开始攻击官员、地主、牧师和犹太人。匈牙利农民叛乱被无情地镇压下去,至少有 100 多名叛乱者被处死。此后,同样是由于对农民叛乱的恐惧,马扎尔的"政治民族"在对待叛乱的态度方面出现截然的分化,一方倡导压制,另一方倡导改革。(Deak 1979:22)事实上,直到 1848 年,正因为此,政府和贵族已经没有勇气和政治意愿来引入社会和农业改革,以缓解农民的困顿,而这些农民中多数是农奴。

然而,19 世纪 40 年代期间,政治革新的精神传递到更激进、更热切和更具锋芒的马扎尔民族主义"绅士"身上,他们的领导者是富有煽动性的路德教律师和新闻记者拉杰什·科苏特(Lajos Kossuth,1802—1894)。必须注意的是,奥地利人、捷克人和斯洛伐克人都声称科苏特是一个斯洛伐克的马扎尔主义"皈依者"。他的母亲是德国人,但他父亲的马扎尔血统可以追溯到 1263 年。(但是有一些戏谑者提出,"那在此之前呢?")(Deak 1979:9—10)科苏特恭维马扎尔贵族都是"绅士",而且让他们确信,不管他们地方上出现何种偏见和排外情绪,他们就是马扎尔民族及其"民族精神"的化身和守护者,借此赢得马扎尔贵族的信任。作为一位不屈不挠的作家和作者,科苏特在 1833—1836 年间创作了匈牙利的(书写体的)《国会报告》,1837—1838 年间创作广受欢迎的《市政报告》以及 1841—1844 年间广泛发行的《佩斯时报》(Pest News),科苏特在上述报刊书籍中重点阐明了马扎尔贵族的希望、偏见和焦虑所在。按照他的观点,"绅士"不应再默许"忠诚的"贵族在匈牙利国会中占据领导地位。相反,兴起的激进民主主义者应该逐渐地向巨富、哈布斯堡人和维也纳官僚发号施令,后者应当逐渐退居防卫地位。即便在 1837—1840 的三年监禁期间,科苏特也没有保持沉默。相反,他之所以成为民族的一个焦点人物,这与他在审判时自我辩护当中表现出的政治技巧不无关系。(Deak 1979:32—33)

在经济领域内,科苏特拒斥塞切尼热衷的分权、自由放任、"农业优先"(新重农主义)的发展战略。相反,科苏特提倡工业补贴和更集权、更具干预性的国家主导的工业化战略,他吸取了弗里德里希·李斯特(Friedrich List)的《国民的政治经济学体系》中的观点,该书初版于 1841 年,一直以其倡导征收关税保护"幼稚产业"的观点赫赫有名。1843 年,科苏特与人合著了一份备忘录,将匈牙利的相对落后归于它对奥地利的"殖民依附",缺少技术人员以及背离工业利益的社会政治制度的存在,并且倡导,调动一切可能方式发展"民族工业",包括工业补贴和税收减免。当这些遭到"忠诚的"贵族和帝国权威的抗拒时,科苏特在 1844 年支持史无前例的马扎尔人联合抵制进口工业品活动。1846 年,作为对李斯特经济民族主义观点的回应,科苏特写道:"那些不拥有独立的文明工具的人民,只是一个人群或种族,绝不能视为一个民族。在诸多的文明工具中最为重要的是贸易和制造业。离开了它们,就只能作为一个国家而存在,而不再成为一个民族。"(转引自 Janos 1982:66—68)

在 19 世纪 20 年代早期和 40 年代中期,匈牙利经历了一场"表层的"政治、社会和文化变革。(Deak 1979:61)在 19 世纪 20 年代早期,它的国会停止召开,"农业停留在中世纪水平,贸易陷入危机,社会结构陷入僵化",而且马扎尔语"除了在口语中之外别无使用",匈牙利成为哈布斯堡帝国中"较为落后和影响力较小的行省";然而,到了 19 世纪 40 年代,"国会经常召开……政党已经组建……报纸被允许针砭社会时弊和陈述政治见解;国家的内部管理机器几乎完全实现了马扎尔化;匈牙利文学兴盛……社会结构不再那么僵化",而且农奴制行将废除。(第 61—62 页)尽管如此,匈牙利的复兴是"建立在摇摇欲坠的基础之上。匈牙利的进步不是由一个冉冉升起的资产阶级创造的,而是由地主贵族推动的,因此,它缺乏稳固的经济支撑"。(第 62 页)事实上,尽管在农业、商业、交通和工业方面取得了"中等的成就",但"匈牙利的经济要落后于君主制的西部地区"。(第 62 页)后者拥有的资本主义企业是匈牙利的 10 倍之多,采用的蒸汽机是它的 15 倍,生猪和铸铁的产量是它的 6 倍。(第 50 页)一段时期内,马扎尔的领导者将它们的经济弱点掩饰在"现代化标语和精妙的政治组织的光环"的背后,但是"只要王室和奥地利-德国(以及捷克)统治阶层都未能采用类似口号和政治组织",这种虚张声势就可以奏效。(第 62 页)

1844 年,国会宣布马扎尔语成为匈牙利王国的官方语言,尽管马扎尔人占全国人口的比例只有 37%(如果将克罗地亚-斯洛文尼亚地区排除在外,该比例可达 45%)。(Janos 1982:11)通过排挤包括说德语的帝国官员在内的非马扎尔人,1844 年的"语言法"几乎帮助马扎尔贵族垄断了匈牙利公职。再者,它把马扎尔语作为第二教育语言强加给非马扎尔人(甚至在克罗地亚-斯洛文尼亚地区),似乎匈牙利王国是一个统一的和文化上同质的王国。(Kann 1974:288)事实上,科苏特就公开要求"以伊斯特万王(Istvan)的名义实现领土统一"(是下述观念的委婉用语:加强集权、实行扩张性的"马扎尔化",并且以对克罗地亚人、斯洛伐克人、特兰西瓦尼亚的罗马尼亚人和喀尔巴阡的鲁塞尼亚人的地方自治和文化认同分离倾向进行压制)。当然,许多非马扎尔人借助联姻自愿同化入"主导的"种族当中,或者希望实现社会地位和职业的提升。更加适用于特兰西瓦尼亚地区的所谓"撒克逊德国人"(他们通过与马扎尔人的"合作"设法维持他们长久以来的特权地位)以及犹太人,他们被授予权利法案,而且依照 1840 年的匈牙利国会的授权,他们具有公民权(尽管受德国市民游说的影响,王室最初否决了该法案)。1847 年,科苏特最后被选入匈牙利国会,由此,加快了马扎尔人的民族主义运动进程,让匈牙利更快成为"他们自己的"国家。

捷克的文化"复兴",1809 — 1849

捷克的语言和文化的重大"复兴"很大程度上是一个偶然现象,它是皇帝约瑟夫二世(1765 — 1790)推行社会、行政和教育改革的副产品,同时也是生机勃勃的捷克经济发展的副产品。为了支持和鼓励帝国的某些官员(主要是德国人)更有效地学习捷克语,约瑟夫二世下令设立捷克语和捷克哲学方面的大学教席。然而,与官方意图相反,这些教席成为"民族主义的研究中心",而且有助于将捷克语"从作为农民彼此交流的手段的谦卑地位提升成为一门专业学科和文学工具"。(Bradley 1971:113－114)

1809 年,第一部完整的捷克语法由拉迪斯特(Hradiste)讲座的主持者、约瑟夫·多布罗夫斯基(Josef Dobrovsky)神父颁布。神父说服很多年轻教士和以前的学生采用"正式捷克语"布道、作诗,遵循他编撰的语法。当时,捷克语"还没有固定的语法,主要由方言构成"。(Bradley 1971:114)约瑟夫·容格曼(Josef Jungmann)是布拉格体育学院的学长,他后来出版了指导捷克语文学体例学习和研究的权威手册。他还将许多外国著作译成捷克语,既是为了表明捷克语是一个完备的文化表现工具,(第 122 页)又是为了说服当局允许在中学教授捷克语言。(Kann 1974:385)

210

不久,捷克语就迅速发展成为捷克民族认同的主要外部象征,也成为新生代的捷克教师、牧师、律师、作家、记者、教授、医生、工程师、科学家、建筑师、音乐家、商人和实业家进行大众文化交流偏爱的工具。事实证明,他们是约瑟夫二世推行的社会和教育改革的主要受益者,也是捷克民族复兴的重要"传播者"。这种捷克文化"复兴"不仅受益于而且有助于波斯尼亚科学社团(成立于 1784 年)、捷克产业促进会(1833)以及最重要的是新闻和波斯尼亚博物馆的捷克出版委员会,后者是由捷克历史学家和民族主义者弗朗蒂斯·帕拉茨基(Frantisek Palacky)分别于 1827、1830 年缔造。在 19 世纪二三十年代,捷克爱国者克拉麦利乌斯(V. M. Kramerius)成为捷克"复兴"报刊的定期出版者,包括一份具有预言性标题的《捷克斯洛伐克》(1820－1825)、两份"复兴"期刊(*Ceska vcela and Kvety ceske*)从 19 世纪 30 年代起一直在发行,直到 1849 年被帝国政府查封为止。一份创办于 19 世纪 30 年代的捷克报纸延续时间更长。"捷克文化成果的制度化产生了直接而深远的影响……捷克文学开始真正地繁盛起来并且吸引了大量读者。"(Bradley 1971：122－123)在大量的农村-城市移民的支持下,捷克的知识阶层开始修正17世纪波斯尼亚城镇德国化的情形。尽管如此,意味深长的是,即使在19世纪后期,一些重要的捷克作家、作曲家和知识分子仍然发现,用德语进行创作更为便捷、更有优势(例如,弗朗兹·卡夫卡和贝德里奇·斯美塔那)。非贵族的知识阶层在19世纪的捷克"复兴"中占据主导地位,与同时代的马扎尔复兴中贵族的主导作用形成鲜明对比,试图解释捷克复兴的强烈的文化和非政治性导向:"捷克人,不同于匈牙利人,不会成为政治上的民族主义者,因为捷克贵族拒绝承担政治领导权……捷克民族主义者必须是文化的,因为只有捷克的知识分子为继续这份事业做好了准备。因此,从1780－1880年,只有在1848年出现过短暂的中断,捷克民族主义的表达形式是诗歌和散文,是研究性著作和戏剧,是歌剧和音乐,是期刊、报纸、博物馆和国家剧院,但是根本很少用社会的和政治的形式。"(Bradley 1971：115)然而,捷克与马扎尔之间的这种差别并非如其所显现的那样泾渭分明。无地的、贫困的但是受过良好教育的马扎尔贵族如此重要,是因为他们实际上成为领导民族"复兴"的马扎尔知识阶层。例如拉约什(Lajos)、科苏特、厄特沃什(Jozsef Eotvos)和费伦茨·迪克(Ferenc Deak)之类的人物既是知识阶层中的重要成员,同时也是贵族中的重要成员。马扎尔巨富更类似于波斯尼亚贵族,不仅在财富和特权方面,而且在对待民族主义和革命方面表现出优柔寡断和矛盾心态(这两个阶层都极力地做到八面玲珑)。再者,认为知识阶层不能承担政治领导,或者认为知识分子的爱国主义更多表现在文化层面而非政治层面,这些观点在俄国和马扎尔的例子中都会遇到挑战。布拉·德利(Bradley)就强烈地坚持认为,历史学家在捷克复兴中具有重要作用。(Bradley 1971：114－116)

早在波斯尼亚国会1829年钦定弗朗蒂斯·帕拉茨基(Frantisek Palacky,1798－1876)为波斯尼亚"官方历史学家"之前,历史学家多布诺(G. Dobner)、皮特(B. Piter)、伏格特(A. Voigt)和佩尔茨尔(M.

Pelcl)在捷克"复兴"中都已发挥至关重要的作用。意义深远的是,多布诺、皮亚特、伏格特都是德国人,他们依靠历史学家澄清历史真相和维护历史失败者权益的热情,投身捷克的民族事业。从某种意义上,这正是 18、19 世纪德国知识阶层在促进斯拉夫文化、语言和历史的"重新发现"和"复兴"当中扮演先驱角色的诸多明证之一。但是捷克的情形有些特别。捷克平民与德国人一衣带水(而且在现代化的标准化的书面捷克语形成之前),许多捷克平民在被德国化的同时,也成为捷克贵族的最后残余。"历史本身就能让他们确信,他们是一个有能力谋求单一的民族存在的孤立民族。"(Bradley 1971：114)

211

　　这就是捷克民族主义者为什么热衷于捷克历史以及历史学家在 19 世纪早期到中期的捷克民族运动中的作用急剧上升(尤其是帕拉茨基)的原因。这反过来有助于解释,捷克的民族领导者从 19 世纪 40 至 70 年代间反复重申(早已垂亡的)波斯尼亚王国的"历史权利",似乎只是不切实际的和年代错乱的幻想。他们关于恢复波斯尼亚国会从前的司法和财政自治、重建波斯尼亚的美好理想,让它同时成为捷克人和德国人(以及天主教徒和非天主教徒)的宽容的、多文化的共同家园,他们彼此和睦共处、权力分享而且像 16 世纪那样兴盛繁荣。这也部分地解释了帕拉茨基在对待波斯尼亚德国人和德国主导的波斯尼亚国会(而且后来正好相反,至少在 1848 年 3 月以后)的调和主义态度。这种态度常常被贬斥为"保守主义的"和"倒退的观点",但是这是一种误导。它的确源出于一种境界高远的人文主义愿望,它要重建 17 世纪曾被哈布斯堡帝国胡乱破坏掉的体现宽容、合作和权力共享的"波斯尼亚范型"。

梅特涅的政权

　　梅特涅的政治制度建立起数道阻挡民族主义、自由主义、激进主义和社会不满潮流兴起的防波堤。1848 年,这些大堤崩溃,一方面是因为欧洲大陆的政治中心全都由于强大的社会和意识形态思潮而剧烈动摇(而且哈布斯堡帝国不可能完全不受其影响),另一方面是因为它们与雨后春笋般兴起的新的社会阶层同时并起。这些新的社会阶层、资产阶级和无产阶级，不能为植根于特定的前工业的经济和社会中现存社会等级制度所容纳。只有那些真正位于欧洲大陆政治边缘的国家（英国、爱尔兰、斯堪的纳维亚、俄罗斯、塞尔维亚、希腊、阿尔巴尼亚、西班牙和葡萄牙），在1848年的革命中才幸免于难。

梅特涅统治之下的哈布斯堡帝国是一个警察国家，因为国家实施书报检查、鼓励监视、间谍和告密活动，拦截信件，随意拘捕，限制出行以及对居民、公务员、旅客和犹太人实行强制登记等。但是作为同一枚硬币的另一面（多少有些悖论），梅特涅对"法治社会"深信不疑。位于维也纳的"超民族"帝国政府（不像1867年以后位于布达佩斯的马扎尔同伴）确实试图在对待不同"民族"上保持不偏不倚的态度，即便泛德意志民族主义出现了令人厌烦的增长，且奥地利的德国人在帝国政府中占据优势。梅特涅信仰"纯粹的"而非"立宪的"君主制。他并不支持独裁的君主制，他把独裁君主制等同为"东方专制主义"。他期望君主能够广纳建议，谋求"整齐有序的政府实践"，并且坚守君主权威和合法性所依赖的法律、正义、社会秩序和罗马天主教的戒律（而且君主如果背离这些，就是自取灭亡）。本质上，梅特涅将哈布斯堡帝国视为"多种民族性共处于一个基于社会等级制和法治之上的君主制框架内的制度"。（Sked 1989：25,16）

19世纪的哈布斯堡官僚政治，与位于欧洲更南和更东国家的官僚政治相比，相对称职、勤勉、公正、敬业、遵守法令并且鲜有腐败。作为一种遗产，相对"法治"的管理传统和社会（甚至超出更高层次的教育、技术和经济发展），成为捷克共和国、斯洛文尼亚、（更小规模的）匈牙利和斯洛伐克胜过1989年革命后的欧洲其他后共产党国家的重要优点。这项遗产使得它们跻身于欧盟成员国候选前列（与它们一起的还有波兰和波罗的海国家），也使得它们成为诸多的欧洲后共产党国家中西方公司和投资偏爱的地方。法治原则构成了民主和市场经济，尤其是与国际贸易和交易相关的经济，能够允当发挥作用的前提条件。当然，市场经济可以在没有民主的情况下运行。然而，如果它们要得到完满的实施,就同时需要法治和一个能够持续地坚持和实施它们所依赖的法律和契约的完全公正的国家,这个国家把这些契约当作自主的、多元的政治、社会、文化和经济活动的基础。

对于德占奥地利、捷克、奥占波兰、匈牙利、北意大利和斯洛文尼亚来说,幸运的是,梅特涅的哈布斯堡帝国很大程度上依赖于王朝的"权力"和"合法性",以及国际条约和国际法。因此,"法治"构成了它幸存的条件,即使它从来没有得到完全的执行和实施。按照 19 世纪的标准,哈布斯堡帝国很少关押,也很少使用(如果说也有的话)酷刑折磨政治犯。外国的(甚至"禁止的")文学广泛传播,而警察的实际数目微乎其微,在重大危机时很难实施有效控制。因此,在 1848 年的维也纳革命中,梅特涅所能依赖的仅仅是 14 000 名卫戍部队,一支 1 000 人的警力和一支 14 000 人的市政卫兵(他们中的多数人都是乐队队员),而整体来说,哈布斯堡帝国可以认为处于疏于监管的状态。(Sked 1989: 44－52,82－83)

第十六章 "1848年革命"：危机中的哈布斯堡帝国

东中欧动荡局面的开端

伴随梅特涅政权的垮台,东中欧在1848年失去了政治稳定性,经过断断续续一个世纪的地方性动荡和危机之后,直到1948年,随着斯大林主义控制并强加于这个地区,它才重新实现稳定。1848年之后哈布斯堡专制主义永久性地处于守势,"王朝的观念遭到挑战,而且一旦如此,它就再难以恢复过去那种无意识的安稳状态"。"奥地利观念"与其他别的观念一样,要争取知识界的支持,王朝能够幸存下来不是依靠它自身的力量,而是依靠相互竞争的民族和阶级的力量。(Taylor 1976：56－57)最后,"哈布斯堡君主制与民族主义彼此难以兼容;彼此之间难有真正的和平。对这一点,梅特涅比他的后继者中任何一位看得都清楚"。(第40页)这种情形一直构成了此后地方性动荡和危机的核心,直到1918年甚至更远,当时这个问题转化为用什么来取代哈布斯堡帝国。1848－1849年的革命也使得一些欧洲人首次充分意识到,要把一个主要由诸多小民族和邦国(或者有可能成为国家)构成的欧洲塞入一个统一的德国政体,是多么困难。实际上,1848年的捷克领导者是第一批需要直面"德国问题"的人物,这个问题此后在欧洲事务中

急剧膨胀。由于这种或那种原因，尤其是对于东中欧的国家而言，1848
年成为现代欧洲出现的"特定时刻"。

对于 1848－1849 年间多处爆发、不断变化并且相互影响的事件
来说，要做一个深入、全面的观察非常困难。哈布斯堡帝国内的革命
"发生在不同的地区，而且程度各异，彼此之间相互关联。这种因素绝
不可能在历史表现中得到充分的显示，当时也不可能完全展示这些"。
(Kann 1974：299)再者，这些国内、国际事件之间彼此作用相互影响；
例如，在革命与普奥争夺德语世界领导权问题之间，或者在奥地利反对
皮特蒙特-撒丁的战争与伦巴底、威尼斯的革命中。此外，哈布斯堡帝
国内的革命"在某些地区星火燃起，继而熄灭，转移到其他地区，后来又
在原初地方复燃。革命事件的发生缺乏中心或连续性"。（第300页）
尽管如此，刘易斯·纳米尔先生还是强调指出，1848－1849 年的革命
"多大程度上源于希望，同样也在多大程度上源于不满"，而且"它们的
共同因素集中在意识形态方面"；出于这种原因，他把革命称为"知识分
子的革命(La revolution des clercs)"。(Namier 1946：4)

早在 1848－1849 年革命发生之前，一些地区谷物歉收，1845－
1847 年间土豆收成遭受严重减产，而且 1847 年出现工业萧条。再者，
1846 年 2 月，波兰民族主义贵族在半自治的克拉科夫举行的一场不成
功的叛乱诱发了加利西亚西部和中部的贫困的、受压制的农奴发起反
对他们的波兰"主人"的叛乱。（参见本书边码第 180、295－296 页）这
就加重了本已严峻的社会紧张和经济萧条形势，而且让本已严重的流
荡、盗窃和城市失业问题雪上加霜。1847－1848 年间，许多欧洲地区
在大规模霍乱传染病的打击下痛苦地抽搐。一种陌生疾病呈现的可怕
的胃部症状，加上对它的性质与传播的可悲无知，以及成千上万受害者
主要集中在社会底层（包括流浪汉、无家可归者、乞丐和流氓无产阶
级），共同助长了谣言的传播，即疾病的蔓延是由于身体方面接触到人
类"寄生虫"所致，而且恐怖的上层阶级试图"全部毒死"那些大量的肮
脏的、危险的、迅速增长而且近于犯罪的下层人员。这类谣言进一步加
剧了社会阶层之间以及统治者与被统治者之间的紧张和相互的不信

214

任。然而,最终,1848－1849 年的革命失败了,因为除了在匈牙利,"国家机器的终端控制者,以及欧洲大陆列强的军队中的多数人,仍然与保守派站在一起"。(Namier 1946:31)

爆发的开端:1847－1848,意大利

1848－1849 年革命首先在意大利打响。1847 年,在哈布斯堡统治下的伦巴底和威尼斯,民主派和"爱国者"向"温和派"领导施加强大压力,要求正式向皇帝斐迪南申请自治和民主自由。由于 1847 年 9 月警察攻击了米兰的一次和平集会,冲突爆发,北部的意大利民主派和"爱国者"受此鼓励,他们支持联合抵制(哈布斯堡)帝国的烟草垄断("戒烟"运动)。作为报复,1848 年 1 月 3 日,奥地利政府激起了手无寸铁的民众与武装部队之间的暴力冲突,部队的最高统帅是垂暮之年的陆军元帅拉德斯基(Field Marshal Radetzky),他要为战争法令的强制执行"讨回公道"。

跃跃欲试的意大利北部"爱国者"和民主派受到西西里反拿破仑波旁专制民众起义(1848 年 1 月 12－27 日)的成功消息的激励,那不勒斯和西西里王国(1 月 29 日)以及托斯坎纳(2 月 11 日)的自由立宪迅速扩张,法国国王路易·菲利普被强制逊位(2 月 24 日),维也纳的梅特涅被迫辞职(3 月 13 日)。3 月 18 日,在年轻的意大利"爱国者"和民主派的领导下,工人和手工业者在米兰发动一场反哈布斯堡统治的起义。然而,趁激进分子立足未稳,伦巴底的有产阶级(他们对于"共和的无政府状态"以及深远的"社会革命"充满恐惧)抓住主动权,呼吁临近的皮的蒙特和撒丁王国军事援助以反对奥地利,并且(间接地)反对激进的"爱国者"、民主派和民众。他们向激进分子和共和派许下空头允诺,表示国王卡洛·阿尔贝托(Carlo Alberto)率领下的皮的蒙特部队的侵入将不是吞并伦巴底,而是要接受全民投票的结果;而且一旦哈布斯堡帝国被决定性地击败,就在全国范围内讨论制定意大利宪法和意大利命运问题。他们借此将激进分子和共和派晾在一边。相比之下,在威尼斯,获悉哈布斯堡帝国军队为了应对伦巴底危机正在撤兵,丹尼

尔·曼宁(Daniele Manin)在 1848 年 3 月 22 日迅速上台,立即宣布成立新的威尼斯共和国。鉴于哈布斯堡王朝在意大利统治似乎已经"终结",它在帕尔玛和摩登纳的"代理"统治者数天之后也宣布投降。

尽管如此,国王卡洛·阿尔贝托和意大利的"爱国者"未能将他们的最初优势坚持到底。他们在关键时刻的延误、缺乏组织和战术失误使得拉德斯基得以重整哈布斯堡军队,击败了皮的蒙特-撒丁(1848 年 7 月和 1849 年 3 月两次最终击败),重新占领奥地利的意大利属地(1849 年夏),并且恢复了原有状态。

梅特涅政权的终结,1848 年 3 月

1848 年意大利境内发生的翻天覆地的事件,以及 1848 年 2 月 24 日发生的法国君主制的垮台,这些消息很快地通过火车、邮局和电报传送到哈布斯堡帝国和德意志世界各地。然而,这些来自法国和意大利的"波澜"仅仅起到了催化剂的作用。哈布斯堡的专制主义在 1848 年以前的德语区奥地利、波希米亚和匈牙利地区,已经遭到越来越严重的挑战,在北德意志和莱茵兰地区,普鲁士的专制主义命运也是如此。

到 1848 年 2 月止,激进的和民族主义的学生已经开始在布达佩斯街上聚集。1848 年 3 月 3 日,科苏特,这位匈牙利国会当中激进民族主义的马扎尔贵族的领导者,号召将匈牙利从奥地利的监护下解放出来,并且抵达维也纳,在哈布斯堡帝国的中枢地区鼓动叛乱。1848 年 3 月 11 日,激进的捷克人和德国人在布拉格会集,要求重新恢复古老的波希米亚王国的统一、人民自由和自治(换句话说,就是恢复到 17 世纪 20 年代前的波希米亚宪法和准国家状态)。3 月初,随着维也纳街道上的集会越来越紧,并且渐趋成为焦点,哈布斯堡惊恐不已,准备牺牲梅特涅,期望借此平息迅速蔓延的骚乱。

1848 年 3 月 13 日,在那些对梅特涅不满和觊觎他的职位和权力的人们的怂恿下,同时也是为了找到一个替罪羊,奥地利国会下院(维也纳地区)公开要求他辞职。这个要求立即得到维也纳街道示威者的支持。由于没有人愿意聚集起来支持他,梅特涅只好屈从。然而,他的

辞职并没有缓和危机,只是创造了一个权力真空,并且鼓励那些反抗者加快他们的鼓动和要求。哈布斯堡临时失去了控制事态能力,因为权力转移到了地方和城市社区,而且 1848－1849 年的哈布斯堡帝国较之第一次世界大战前的任何时候,都更接近于瓦解状态。维也纳的骚乱和梅特涅的下台导致帝国瘫痪,也失去了高度集权、目标明确的政体中一度存在的方向和权威,结果,离开了明确的或可行的指导,混乱的地方当局只能在无望中挣扎。1848－1849 年革命暴露出,构成哈布斯堡帝国的不同民族之间及其内部存在着潜在的冲突和矛盾。

1848－1849 年的匈牙利革命

1848 年 3 月,继梅特涅辞职之后,匈牙利国会宣布中止维也纳政府对匈牙利的统治权和司法权,并且只维持该王国与哈布斯堡君主的"个人的联合"(包括位于布达佩斯的哈布斯堡的总督)。国会批准建立独立的马扎尔民族国家,它是由"伊斯特万王"的所有领土组成(也就是说,包括特兰西瓦尼亚、斯洛伐克和克罗地亚)。这还意味着它将拥有自己的军队、外交政策、财政、货币,以及对于一个完全成熟的国会负责的政府,这个国会是在完全限定 6.5％人口的"上层"选举产生的(大约相当于那时的大不列颠)。最为重要的是,这个本质上保守的国会还废除了农奴制、什一税、贵族的免税权以及封建地产的继承制。据论证,除非"绅士"在推进激进改革中发挥领导作用,否则"实际的"激进派将会动员大量的骚动不安的非马扎尔农民(多数是农奴)来反对(大量的马扎尔)有产阶级,"欧洲的特立独行者科苏特,说服他的追随者付出胜过激进派的更高代价,而不是谋求以王朝保护来防止他们。"(Taylor 1976：59)这是一个重要的功绩,但是更大的成就接踵而至。史蒂芬大公(Archduke Stefan)这位匈牙利的哈布斯堡总督,怯懦地将权力交给了拉约什·包蒂亚尼(Lajos Batthyany)伯爵领导下的马扎尔政府,科苏特担任政府的财政部长,伊斯特凡·塞切尼(Istvan Szechenyi)出任公共事务部长,费尔伦斯·迪克(Ferenc Deak)出任司法部长,约瑟夫·厄特沃什(Jozsef Eotvos)担任教育部长(也即是,实现了巨富与

"底层"贵族的联盟)。

1848 年 4 月 11 日,所谓的"三月法令"和相关的变革得到斐迪南皇帝批准,正式赋予匈牙利革命和独立的匈牙利国家以合法性。(第63 页)事实上,伊斯特万·迪克(Istvan Deak)把他关于科苏特领导下的匈牙利的研究著作称之为《合法的革命》(*The Lawful Revolution*,1979),因为这些变革获得了必备的"王室认同",而且马扎尔人只是抓住梅特涅政权倒台的时机重申匈牙利的自治权,这项权力过去一直被认为在萨特马尔条约(1711)中得到尊奉,而且作为匈牙利和特兰西瓦尼亚国会在 1722 — 1723 年同意 1713 国事诏书(the Pragmatic Sanction)的条件。从这层意义上讲,匈牙利国会在 1848 年 3 — 4 月的行为,与其说是"革命的",倒不如说的确是"反动的"。(Sked 1989：58 — 59)实际上,马扎尔的领导人都"值得尊重"并且是社会上保守的有产者,他们并不将自己看作革命者,而且对于旨在反对有产阶级的"真实的"(社会)革命是非常恐惧的。

特兰西瓦尼亚国会就是在那些惊恐的马扎尔和"撒克逊"德国地主的主导之下。国会投票赞成特兰西瓦尼亚完全并入统一的匈牙利。然而,对于这场变革可能后果的警惕也导致引发其他叛乱,在特兰西瓦尼亚地区更多的罗马尼亚农民当中发生的叛乱,在军事边界地区的塞尔维亚人的叛乱。许多农民对于农业改革深感失望,因为改革未能深入进行下去,而且使得他们中的多数人与以往一样贫穷、难以独立和不受欺负。实际上,许多地主并不急于在自己的地产上推行改革,他们本身就是法律。

克罗地亚对于向马扎尔人的巨大让步表示不满,结果,斐迪南皇帝在 1848 年 3 月派遣克罗地亚军官、地主和"爱国者"约斯伯·耶拉西克(Josip Jelacic)出任克罗地亚总督。但是在 6 月,迫于马扎尔人的压力,耶拉西克几近被解职,尽管实际上他仍然继续维护着哈布斯堡帝国的利益。他在 1848 年 9 月正式复出,象征着克罗地亚军事对抗马扎尔人的开始。这很快演变成匈牙利和奥地利之间的一场全面战争,四分五裂的包蒂亚尼政府被迫辞职。匈牙利国会(在 1848 年 6 月选举产生)将全力移交给由科苏特领导的国防委员会。科苏特迅速组建了一

216

支非凡成功的、由 17 万名强壮的马扎尔人组成的国民军(以其"洪韦德营"["Honved"]而闻名),平定了非马扎尔少数民族中的叛乱和持不同政见者,击退了克罗地亚和奥地利德国人起初对于匈牙利的入侵,并且巩固了他的事实上的独裁者的地位。1849 年 4 月,在他个人权力和事业的顶峰之际,他宣布成立共和国并正式"废除"哈布斯堡帝国在匈牙利的统治。然而,科苏特的匈牙利共和国很可能从一开始就注定了灭亡的命运。诸多困难使它难以生存。缺乏生产军工产业的重要能力,匈牙利绝望地处于军事被动地位。由于叛乱和缺少来自多数农民和非马扎尔人民的支持,它受到严重削弱。匈牙利共和国的单纯存在威胁到君主制的合法性、欧洲"均势"以及俄国对波兰的控制。(这在事实上决定了俄国将对匈牙利进行军事干预,正如 1849 年 7－8 月发生的那样。)甚至当时的英法"自由"政府也委婉地欢迎它的覆灭,因为哈布斯堡帝国对于东中欧稳定、俄国遏制和欧洲势力均衡都具有重要作用。因此,科苏特政权仍然处于孤军奋战(除了波兰的"爱国者"支持,不过最终显示,他们与其说是骨干,倒不如说只是可靠而已。)。最终,在 1849 年 8 月,马扎尔人选择了向俄国人而非向奥地利不可抗拒的武装屈服,但是,战争造成了大约 5 万名"奥地利人"死亡,543 名俄国人死亡(11 028 名死于霍乱者不计入在内),大约 5 万马扎尔人死亡。(Sked 1989:102)这一地区的流血冲突并未就此停止。大约 150 名马扎尔人(包括 13 名将军)因为在匈牙利革命中的领导作用而被处决,1 765 人遭到监禁,尽管科苏特本人逃往国外,永远流亡。匈牙利后来经受了来自维也纳的十多年的惩罚性、高度集权的专制主义"直接统治",也就是说,为奥地利的德国官员所统治。然而,1848－1849 年匈牙利革命中推行的许多改革(尤其是废除农奴制以及废除贵族的免税权)仍然保持下来,如果对反叛的马扎尔贵族进一步惩罚,可能会有更多改革被保留。具有讽刺意味的是,奥地利的直接统治甚至被强加给克罗地亚、特兰西瓦尼亚和军事阵线地区,因此,这些或可视为马扎尔人遭到惩罚的"回报"。对于马扎尔领导者来说,很难拒绝 1848 年出现在他们面前的极具诱惑的民族自决机会,在认识到这一点的同时,迪克

217

悲伤地总结道："塞切尼是正确的,科苏特是错误的：在不拥有发达的经济实力和一个资产阶级社会的情况下,匈牙利不应该轻易启动它的政治冒险行为。"(Deak 1979：62)按照我们的观点,匈牙利的 1848 － 1849 年革命是早产的、轻率的,而且受制于它的致命的精神分裂,但是民族主义者往往对于严苛的现实视而不见。在一个层面上,这是一场自由的普世主义的革命,它抛开了宗教或者种族歧视或者热忱,留下了权利和义务。然而,它也是一场马扎尔人的民族主义革命,因为非马扎尔人要完全参与其中,就必须接受马扎尔语和理想的优越性,接受从以前多文化的、无民族偏见的匈牙利国家向一个专门的马扎尔人的国家的转变。类似的自由主义与民族主义的紧张构成了此后欧洲东半部地区实行立宪政府、法治和自由民族的羁绊,但是,作为东欧的永恒问题和困境的第一次公开显示,出现在 1848 － 1849 年的匈牙利。

克罗地亚、斯洛文尼亚、特兰西瓦尼亚和鲁塞尼亚地区初步的"民族觉醒"

在 19 世纪 40 年代,具有侵略性的"马扎尔化"政策开始激怒了克罗地亚、斯洛伐克、鲁塞尼亚和特兰西瓦尼亚的罗马尼亚民族或者"前民族",并且在政治上"唤醒"了他们。这是马扎尔民族主义者酿成的巨错,对 1848 － 1849 年匈牙利革命的失败以及后来"具有千年历史的匈牙利王国"在 1918 － 1919 年的完全分裂,负有重大责任。

面对马扎尔民族主义和"马扎尔化"政策所带来的威胁,斯洛伐克、鲁塞尼亚和特兰西瓦尼亚罗马尼亚人的最初反应是完全保持沉默,因为他们缺少"政治的和领土的组织",(Kann 1974：287)还因为当时他们的社会经济发展状况和民族历史意识相对较低。相比之下,自治的克罗地亚贵族从一开始就反应强烈。具有讽刺意义的是,克罗地亚的贵族到那时为止一直是马扎尔贵族的坚定同盟者,他们团结一致,共同捍卫他们的地方自治和阶级特权,反对"来自上层"(哈布斯堡皇帝和帝国官僚)和"来自下层"(被压制的农民)的威胁。从 1591 年开始,克罗地亚大会(议会)定期派遣代表参加匈牙利国会的审议活动。由于已经深受维也纳直接统治(1768－1778)之苦,1779 年克罗地亚议会决定恢复到匈牙利的间接统治中。历经约瑟夫二世(1780－1790)的集权统治之后,克罗地亚议会自愿将税赋("贡赋")的投票权以及克罗地亚和匈牙利的"共同事务"的控制权移交给匈牙利国会(1790)。克罗地亚大会甚至决定,在克罗地亚的学校内应该教授马扎尔语(1827),克罗地亚官员应当掌握马扎尔知识(1830)。"匈牙利和克罗地亚贵族之间应该不存在敌意。事实上,克罗地亚的特权能够保持,应该归功于与匈牙利的联合;如果分离,克罗地亚贵族将会面临捷克同样的命运"。(Taylor 1976：27)然而,克罗地亚贵族很快就开始怨恨马扎尔人在 19 世纪 40年代试图对克罗地亚人强制推行的深远的"马扎尔化"。除了与马扎尔贵族之间有着长期的同盟关系外,克罗地亚贵族还具有强大的在帝国武装部队中服兵役的传统以及效忠哈布斯堡皇帝的传统,而且"马扎尔民族主义将克罗地亚贵族推入到哈布斯堡帝国的怀抱中"。(第 28 页)1847 年,绍尔博(Sarbo)自身屈从于民族主义语言学,宣布塞尔维亚-克罗地亚语是克罗地亚-斯洛文尼亚人的官方语言(在马扎尔地区和拉丁地区)。这使得它处于与匈牙利国会的直接冲突中。1848－1849年,约斯泊·耶拉西克男爵(Baron Josip Jelacic)统领下的克罗地亚部队在镇压匈牙利和威尼斯革命中发挥重要作用。然而,后来的哈布斯堡帝国未能回报克罗地亚在 1848－1849 年的忠诚,既没有在 19 世纪50 年代允许克罗地亚完全自治,也没有保护克罗地亚人免受始于 1875年的新一轮"马扎尔化"的渗透,哈布斯堡帝国最终将许多克罗地亚人驱赶到另一族群,即克罗地亚在文化和政治上彼此亲近的东正教南斯拉夫"表兄"——塞尔维亚,但由于宗教分歧,克罗地亚人与塞尔维亚之间迄今为止彼此仍然分离。

帕拉茨基、"奥地利-斯拉夫主义"和作为"欧洲必然产物"的哈布斯堡帝国的观念

对于波希米亚和摩拉维亚人来说,1848 年是一个获得真理的时刻。它让许多捷克人认识到,尽管他们缺乏政治自治,但是他们至少在

多语种的哈布斯堡帝国内能够捍卫和发展自己本民族的语言、文化、认同和经济,而且维护这个多民族国家的存在,提供了防止被更大的德国渗透和最终被吞并的更好(而且或许是唯一的)方法,正如1848－1849年的法兰克福议会(前国会)中的德意志自由派和民族主义者所预见的那样(正如1938－1939年希特勒所实施的那样)。在法兰克福派和波希米亚德国人的眼中,古老的波希米亚王国只不过是德意志版图中的一部分,如同德属奥地利一样。因此,德国自由民主主义的国会邀请帕拉茨基,这位公认的捷克演说家和领袖参加他们的代表团。这个邀请是以兄弟般的情谊而非掠夺式的或者帝国主义的精神传达的。尽管如此,它还是招致帕拉茨基1848年4月11日作出的那个著名的冰冷的回答:

> 先生,我不能接受您的邀请……您的议会旨在建立一个德意志民族的联邦,借此取代现存的王国组成的联邦,以便引导德意志民族达到真正的统一……而且以这种方式扩张德意志帝国的权力和力量。尽管我尊重在这基础上的努力和情感,但是我不能,或许正是因为我怀疑它的动机,加入其中……我不是一个德国人……我是一个流着斯洛文尼亚血液的波希米亚人。(Palacky 1948:303－304)

帕拉茨基坚持,捷克民族"从来都不认为自己从属于德意志民族……捷克领土最初与神圣罗马帝国、后来与德国邦联之间的全部联合只是王朝之间的联系"。(Palacky 1948:304)帕拉茨基不愿参与德国议会的另一项原因在于,它的间接目的是要"破坏作为独立帝国的奥地利,并且实际上让它永远绝无此种可能",但是从它自己的观点看来,哈布斯堡君主制是"这样一个帝国,它的维护、完善和巩固,成为而且必须成为一个重大问题,它不仅对于我们自己的民族而且对于整个欧洲来说如此,实际上对于人性和文明本身来说,都是如此"。(第305页)

帕拉茨基警告说:"在俄罗斯帝国的边界沿线存在着起源、语言、历史和道德方面差异巨大的许多民族——斯拉夫人、瓦拉几亚人(罗马尼亚人)、马扎尔人和德国人……土耳其人和阿尔巴尼亚人——它们当中没有一个民族足够强大,有能力一直完全蔑视俄国东部的高级邻居们。他们唯一能够做到的就是将它们紧密地团结在一起,如同一体。各民族间的必然联合的关键渠道就是多瑙河。要保证联合有效而且一直如此的话,这种联合的权力焦点绝不能偏离多瑙河太远。诚然,如果奥地利国家不是存在了数个世纪,那么,对于我们来说,为了欧洲的利益,事实上为了人性,我们的使命就是要把它创造出来。"(Palacky 1948:306)为了激起欧洲人(而且尤其是德国人)的俄罗斯恐惧症,帕拉茨基指出,庞大的几乎不可征服的俄罗斯国家正在"年复一年地"不断扩张,而且它似乎没有止境的扩张使人们感到了要建立"一个全欧君主国"的威胁,也就是说,是一种无尽的和无法言表的邪恶……例如,我,尽管心灵上是斯拉夫人,但是从人性的立场出发,还是为此深感遗憾。(第305页)帕拉茨基否认他反对俄国,"相反,我满怀喜悦和同情地观察着这个巨大的民族在他的自然边界内沿着文明的轨迹所迈出的每一步"。

尽管如此,"一个俄罗斯世界君主可能遇到的最为坚定的反对者或敌人,莫过于我自己。——不是因为该君主是俄罗斯人,而是因为它是世界性的"。(第305页)然而,哈布斯堡帝国依然能够成为抗拒外界对东中欧和巴尔干地区威胁的一道有效的屏障,只要它设定了一种联邦的形式。从它自身的长远利益看,君主制将不得不接受"最基本的规则……它的王权之下的所有民族和所有宗教都应享有权利平等和尊重……民族天生不存在高低贵贱之分。如果把许多不同民族维系为一个单一政体的力量足够的牢固和持久,那么没有民族有理由抱有下述恐惧,即这种联合将会让它失去它弥足珍贵的东西。相反,每个民族都应抱持下述希望:它在中央政府中都能得到防卫和保护,不受危及平等原则的邻族所造成的可能伤害"。(第306页)

帕拉茨基的颇具影响的同胞卡勒尔·哈弗里塞克(Karel Havlicek)在1848年表达了类似的观点:"当此之时,少数庞大的帝国正在欧洲形成,对于此时的捷克来说,完全独立将会非常不幸。我们只

348

不过是一个非常微弱的小国,依赖于其他别的国家,而且我们民族将一直处于危机中。另一方面,如果我们与奥地利境内的其他斯拉夫人密切团结,我们就可以享有很大程度的独立……而且,同时享有来自联合强大国家的相当的优势。我们所能做的一切就是坦诚地共同致力于建立和维护哈布斯堡帝国。"(引自 Kann 1950a：166)帕拉茨基在 1864 年进一步阐明了他的所谓"奥地利-斯拉夫"(Austro-Slav)的立场：

> 我们波希米亚人的确真诚地渴望奥地利能够维持下去并且统一。考虑到依靠我们个人的努力,我们几乎无法创造出一个独立的主权国家,我们能够保持我们的历史-政治实体,我们特定的民族性和文化,最后还有我们的经济生活,没有任何地方比奥地利更好,而且没有比我们留在奥地利内这种更好的出路了。这意味着,在一个自由的奥地利国内,一个按照自治和平等基础组织起来的奥地利。除了奥地利之外,我们没有别的希望或者政治观点。(引自 Kann 1950b：138)

帕拉茨基将哈布斯堡帝国视为一个不可或缺的"屏障"防护,否则难以抗拒俄国、德国或马扎尔人对东中欧和巴尔干地区的半包围的控制,还把它视为"欧洲防卫任何可能类型的亚洲因素的卫兵"。(Palacky 1948：306)因此,出于历史和地缘政治的考虑,帕拉茨基"不是转向法兰克福,而是转向维也纳,去谋求能确保和维护我们民族的和平、自由和权利的最安全地方。但是先生们,您的努力,现在在我看来,似乎导向的……不仅仅是毁灭性的破坏,而且甚至是完全摧毁,我努力寻求拯救的权威和力量所维系的那个中心……如果欧洲要得到挽救,那么维也纳必须不能沉沦到一个地方城镇的地位。如果在维也纳果然有人要求把法兰克福作为他们的首都,那么我们只能大声呼吁：上帝啊,原谅他们吧,因为他们知道那根本不是他们所要的!"(第 307 页)

关于哈布斯堡帝国"对于欧洲不可或缺"的观点得到了帕默斯顿勋

爵(Lord Palmerston),这位任职最长的 19 世纪英国外交秘书和首相的支持。1848 年,他对英国众议院这样说道:

> 奥地利在维持欧洲均势中是一个非常重要的因素。奥地利位居欧洲中心,是抵挡来自左右两个方向入侵的屏障。欧洲的政治独立和自由,在我看来,与维持和完善奥地利作为欧洲一强密切相关;而且因此,任何企图……削弱奥地利的事情,甚至企图将它从一流大国的地位上拉下一点的做法……对于欧洲来说都是一个巨大的灾难,而且每一个英国人都应当反对并极力阻止这种行径。
> (Bourne 1970:296)

220 类似地,在 1848 年 7 月 27 日,俄国外交部部长查理·冯·内斯尔罗德伯爵(Count Charles von Nesselrode)声明,哈布斯堡帝国的消失"所产生的真空状态将是如此强大,而且填补它的困难如此巨大,以至于会持续相当长的一段时间,因为缺少取代它的位置的东西"。(引自 Sked 1989:18)1860 年,甚至卡尔·马克思也承认:"奥地利自中世纪以来持续存在,赋予其合法性的情势在于它可以抗击俄国在东欧的扩张。"(转引自 Jaszi 1929:9)

帕拉茨基 1848 年致法兰克福议会的公开信中注意到,在捷克人看来,波希米亚和摩拉维亚属于斯拉夫世界而非日耳曼世界,而且最西部的斯拉夫人不再被动地将自己的命运屈从于他人的摆布。这反过来同时唤醒了波希米亚人和奥地利德国人,让他们注意到一个事实,即他们不能再无忧无虑地认为,他们的利益将与捷克人美好地、"兄弟般"地一致,而且捷克将一直愿意遵从他们的领导。这预示着捷克人之间以及波希米亚人德国人和奥地利德国人之间的潜在对立,这种对立从 19 世纪 60 年代起将不断地困扰波希米亚和奥地利/帝国的政治,直到哈布斯堡帝国完全终结。这种对立还阻止了一个能超越狭隘民族主义利益的、和谐自由的联盟的出现,并且毁灭了对君主制进行自由化、民主化或者联邦化并且协调捷克人和波希米亚的德国人之间关系的任何希望。它预示着巨大的危险,这不仅是直接遭受危难民族的危险,而且是整个欧洲的危险。

尽管如此,如果捷克人和波希米亚人愿意并且能够制定出脱离于更宽广的帝国和日耳曼世界,属于他们自己的地方法律、文化和经济制度,那么帕拉茨基的"历史主义"和理想主义就有可能提供一个实践基础,1848 年以后的波希米亚争执双方就在这个基础上寻找共同可接受的暂时解决方案。许多波希米亚德国人,包括富裕贵族的成员,在 19世纪 40 年代,内心充满了朴素的、傲慢的、狭隘的和干预性极强的哈布斯堡专制主义精神,并且愿意联合起来,共同实现捷克领导权的相互协调。1848 年 3 月中旬,当梅特涅辞职的消息传到布拉格,它立刻唤起了人们深层的希望、解放、共同的美好愿望。

在 1848 年 3 月中旬的波希米亚国会上,主持会议的是德意志人和大地主,他们要求重新恢复所谓的古老的波希米亚王国的自治权利,如同 1846 年所做的那样,并在这项活动中起到领导作用。(Bradley 1971：124；Taylor 1976：50)他们的请求并不如听起来那么激进,因为它进一步提升了波希米亚德国人的特权阶级的统治地位。国会选举产生一个所谓的"国民委员会",捷克的民族主义领导者后来很快加入其中。1848 年 3 月 20 日他们共同派遣一个代表团去呈送他们关于重建波希米亚自由和自治的请求。然而,新任的帝国首相安顿·科洛夫拉特(Anton Kolovrat)伯爵,同时也是一位波希米亚巨富,他对这些请求以及 3 月底提出的其他更激进的请求不屑一顾。他只是向波希米亚地区的捷克人和德意志人提供教育和管理方面的形式上的语言平等权,而实际上这些已经是既成事实。

1848 年 6 月的斯拉夫大会与哈布斯堡对布拉格的炮击

捷克代表团的成员于 1848 年 3 月在维也纳寻求重建波希米亚自治期间,他们偶然遇到了来自帝国其他地区的斯拉夫请愿者。他们一同发起召开一个("奥地利的")斯拉夫国会的倡议。与共同的信念相反,这种集会最初旨在进行学术集会而非政治集会。其组织者是语言学家、作家和历史学家(包括帕拉茨基),会议召开的目的是要讨论斯拉夫哲学、语言以及与斯拉夫统一相关的(学术性的)理论问题。获益于新的言论和机会自由的规定,他们邀请了大约 150 名来自不同派别的斯拉夫人出席 1848 年 6 月初的布拉格集会。(Bradley 1971:126)这次集会,除了保加利亚代表外,来自所有斯拉夫民族的 300 多名代表莅临,结果这场集会变成了一场泛斯拉夫的大会而不是一个狭隘的奥地利-斯拉夫大会。(Macurek 1948:329－330)而且,许多参与者身着民族服饰到会。

1848 年 4 月 8 日,与此同时,波希米亚接到一份要求授予行政自治以及捷克人与德国人完全平等的章程。3 月 29 日,波希米亚的帝国首脑,列夫·图恩(Leo Thun)伯爵,对于维也纳加剧衰落的权威做出反应,成了一个实际上存在的"临时政府",这个政府由温和的捷克人和波希米亚的德国人组成。起初,这得到了哈布斯堡帝国的同意,但是由于布拉格未曾预料到可能的事件出现,这次集会被认为可能会促使兴起中的重建波希米亚自治趋向完满。(Taylor 1976:68)

1848 年 6 月 2 日,位于布拉格的斯拉夫大会的开幕式基本上太平无事地进行完毕。然而,在 1848 年革命风暴"眼"中聚会,卷入政治在所难免。它通过了两项重要的政治文件。一项是,《致皇帝的忠诚演说》,它详述了它的斯拉夫民众的自治请求,并且热情地谴责泛德意志和德意志自由派关于成立大德意志的吁求(包括哈布斯堡帝国的大块地区)。另一项是较为激进的《第一届斯拉夫大会致欧洲民族宣言》,它把"拉丁和日耳曼民族"的军事征服传统与宣称的斯拉夫民族的和平和自由传统相对比(有意忽略了沙皇的黩武主义和扩张主义以及对中世纪的波兰、塞尔维亚和保加利亚王国的军事剥削)。"我们斯拉夫人拒绝并且憎恶一切基于武力和蔑视法律之上的统治;我们拒绝一切特殊地位和特权……我们要求法律面前无条件地平等,全体人民权利和义务平等。"宣言还指出,斯拉夫大会"向我们绝大多数生活在其宪治之下的奥地利皇帝提议,帝国政府应当转变成为各民族共享平等权利的联邦"。至少,斯拉夫人应当获得"与德意志和马扎尔民族已经享受到的

同等的权利"。此外,宣言号召结束波兰一分为三的状态以及"非人性
地和残暴地"对待匈牙利王国的各类斯拉夫居民。它还要求奥地利德
国人、普鲁士和萨克森给予他们的斯拉夫民众以更多的尊严和尊重。
要求奥斯曼的斯拉夫民众"能够以国家的形式自由地表达它们的渴
望"。最后,它还提议"召开一个总体性的欧洲各民族大会,讨论一切国
际事务"。(该宣言的英语全译本 1948 年出版于 Beardmore,上述引文
均出自此。)

然而,一方面是斯拉夫大会号召"各民族的自由、和睦和平等",以
及所有个人,不分民族,一律享有自由和平等权,另一方面,1848 年革
命中许多重要的德意志和马扎尔民族主义者和自由主义者,确在继续
妄想对东中欧和北巴尔干地区保持至高无上的统治,维持有产阶级的
现存特权,赞同民族的等级制,并且对于斯拉夫大会的崇高志向表示轻
蔑或不屑。

斯拉夫大会的后来几次会议计划讨论"奥地利"斯拉夫人之间更密
切合作的问题。然而,从 5 月底以后,布拉格就已经受到"兴奋而紧张
的"帝国武装分子的笨拙监视,武装的领导者是阿尔弗雷德·温迪施格
拉茨王子(Alfred Windischgraz),他发表了极具挑战性的公开宣言,并
在城市高地布置重兵监视市中心的举动。再者,尽管捷克"复兴"更多
是非政治的导向,但是它已经培育了一触即发的文化热忱,这种热忱加
剧了 1848 年波希米亚充满兴奋和期待的氛围。6 月 12 日,在中心广
场(就是现在的圣文萨斯雷)举行一个和平的集会之后,学生与街道上
巡逻的部队发生冲突。军队反应过激,在多处架起路障,布拉格陷入为
期六天的街头流血冲突,直到 6 月 7 日,经过数小时的重机枪炮击之后
才告平息。温迪施格拉茨成为第一位反革命"英雄"(8 月以后是拉德
斯基),甚至连法兰克福议会都考虑调动部队来帮助平息叛乱。
(Taylor 1976：70)

斯拉夫大会遭到解散,布拉格市实行戒严,由此牵制了军队投放到
其他地方。确信最初的冲突(他自己的笨拙行为引发的)是捷克叛乱者
和革命者所致,温迪施格拉茨煽动逮捕(根本不存在的)"罪魁"并且拘

捕了 94 名"嫌疑犯"。斯拉夫大会 1848 年 6 月在布拉格举行集会,这导致许多奥地利和波希米亚德意志人将斯拉夫人视为叛徒、忘恩负义者,以及哈布斯堡帝国存在和他们自身在其中的各种特权地位的潜在威胁。(Rath 1957:255,258)"波希米亚的德意志人谴责大会是严重叛乱。在斯拉夫人的团结一致显示出来之后,他们……确信只有与德国密切联合才能保护他们免受斯拉夫统治。"(第 260 页)在斯拉夫团结一致的背后,奥地利和波希米亚德意志人看到了俄罗斯帝国主义的幽灵。(第 254 页)进而,当南斯拉夫人开始把奥地利德意志人称为"压迫者",并且批评德语在斯洛文尼亚和克罗地亚的中学教育中占有优势,这类来自"劣等民族"的"不当行为"使得奥地利德国人巧妙地回答道,只有在德意志人和德国指导下的斯拉夫人才能加入"巨大的中欧文化共同体中"。(第 257 页)

1848 年 7 月,奥地利立宪大会实行选举,当时布拉格仍处于戒严状态。温迪施格拉茨声称,戒严令将使得选举活动更为自由,甚至一位捷克候选代表被作为"暴乱分子"加以逮捕。更倒霉的是,奥地利立宪大会中的德意志"自由"多数派甚至拒绝讨论捷克关于实行波希米亚有限自治的提议。捷克领导者将这些拒绝行为视为"民族歧视,甚至迫害"。(Bradley 1971:127)最后,1849 年 5 月,又有捷克学生和激进分子(所谓的"共谋犯")被逮捕,他们中的许多人被判处长期监禁,或者被驱逐流放到西欧。另有一些捷克人移居美国,他们构成了后来重要的捷克-美国人共同体的核心。

1848－1849 年维也纳的革命

与此同时,在哈布斯堡帝国的神经中枢,1848 年 3 月 13 日梅特涅的倒台导致了被认为是"自由"立宪派政府走马灯似的更换,他们的领导者分别是弗朗茨·安柔·科洛弗拉特(Franz Anton Kolowrat)伯爵(3 月 17 日至 4 月 4 日)、卡尔·菲凯尔蒙(Karl Ficquelmont)伯爵(4 月 4 日至 5 月 3 日)、弗朗茨·冯·彼勒茨多夫(Franz von Pillersdorf)男爵(5 月 3 日至 7 月 8 日)以及冯·海森堡(Johann von Wessenberg)

男爵(7月19日至11月20日)。他们中没有一个人能够确立足够的权威,无论是在维也纳内部还是在外部。所有四位都行动迟缓、思想顽固,不愿下定决心作出及时满意的宪法承诺以及推进实际改革。因此,他们的政治主动权最终失去,落入到早已不耐烦并且愤怒不已的激进派手中,他们暂时成功地推动了许多奥地利德国市民转向左派,并且采取具体行动。因此,在1848年的维也纳,革命浪潮一波胜过一波,每一次都比上一次更为激进。

1848年3月中旬,发生了一场自由立宪革命,很大程度上这场革命是由于统治阶级内部反梅特涅力量(包括数位哈布斯堡大公和公主,以及总指使人弗朗茨·约瑟夫[Franz Josef]的母后)之间的摩擦所引发和操控。他们操纵着公众对于梅特涅的敌意借以达到他们个人利益,指使实施有限的宪法承诺和人事变动(只不过是"更换卫兵")。明显的是,没有采取任何行动来防止3月13日推翻梅特涅的示威和暴乱。这避免了潜在的流血冲突。再者,哈布斯堡帝国证明仅仅只是急于把他们的尤其不受欢迎的首相作为替罪羊,事实上,梅特涅并不如很多人认为的那样势力强大。而他的老对手和抗议者(protegees)早已蠢蠢欲动,准备取而代之。然而,有些所谓的"自由派"实际上只是嫉妒或仇视梅特涅权力和影响并渴望取而代之的保守派。

奥地利的德意志"自由派"在1848年3月革命前夕宣称的目标和关注点非常有限。自19世纪30年代以后,"自由派"对梅特涅的批判声音越发强烈,他们批判的形式多样,还包括国外出版物,尤其是采用德意志各邦发行的书刊和报纸,这些书报避开奥地利的出版检查和警察监视,非法进入国内并在受过良好教育的有产阶级当中传播。(Rath 1957:10−11,19−31)以抗议为主题的文学也在"自由派"俱乐部当中讨论和传播,而这些俱乐部与奥地利议会下院议员,也就是自由派贵族,一些国家低级公务员和下层的奥地利制造业协会成员,来往密切。(第28−32页)然而,1848年以前,"没有一个……'自由派'作家曾经表达过关于立宪、权利法案、民治或者真正'自由'国会的意愿"。(第27页)没有一个人要求免于搜查的自由,集会自由,废除君主或部

223

长负责制,实现直接选举产生议会。(第 44 页)"除了路易大公
(Archduke Louis)以外,帝国家族成员中没有人遭到攻击……在所有
的抗议文学中,甚至从未提及要求革命。"(Rath 1957:27)奥地利的
"自由"反对派只是呼吁宗教宽容,放松书报检查和警察监视,贸易自
由,废除垄断,降低政府集权,实现议会协商以及要求部长更为称职等。
(Sked 1989:53—55)

　　1848 年,与他们的欧洲别处的同伴一样,奥地利的自由派既不想
实现民治,也不想实现普遍的政治参与权。相反,他们所渴望的只是一
部能够提升"值得尊重的"有产阶级权利和特权的宪法,宪法要确保他
们具有与君主共同商定制定法律、协商征税的特权,并且禁止王室践踏
他们作为财产拥有、纳税和守法的主体的权利。因此,"'三月革命'中
温和的自由派……所要求的仅仅是一个有产者的议会,它能够限制皇
帝的绝对权力并且能够建议皇帝依法行事"。(Rath 1957:3—4,194)
奥地利的新兴中产阶级认为他们拥有国家所需要的"智慧、判断力和金
钱",对于自己一直被排除在特权和上流社会之外,愤愤不平。"他们要
求用一个他们可以实施相当控制的自由君主制来取代绝对主义①的政
府。"(第 16 页)然而,无论是最上层的资产阶级还是专业的和低级官员
阶层,他们都不是革命的拥护者,前者只是期盼国家能够给予他们一定
贵族权力和保护,而后者期望国家能够解决他们的就业、救济金和教育
补贴等。但是对于这些中间阶级来说一个重要的问题是,高等教育的
扩张已经远远超出了国家为大学生提供白领工作岗位的能力。这就导
致了大规模的大学生失业以及政治上不满的学生,出现了一个贫困的
异化的和激进化的知识阶层。(Sked 1989:78—80)在奥地利,如同东
中欧的其他地区一样,这些人尽其所能地将 1848 年革命向左的方向
推进。

　　1848 年 3 月 15 日,斐迪南皇帝最后同意召开代表会议进行宪法

---

　　①　Absolutist 也可译为专制主义,只是绝对主义多是就法国、德国的专制主义而
言。——译者注

协商之后,他受到聚集在约瑟夫广场的庞大人群的热烈欢呼和"礼赞"。那一夜,举行了盛大的火炬游行,整个城市亮如白昼。"成千上万的人们——包括德国人、匈牙利人、意大利人、波希米亚人、波兰人和犹太人——如同兄弟一般竞相庆祝即将到来的新的自由。在大街上,素昧平生的人们相互拥抱,载歌载舞"。(Rath 1957：86－87)狂欢气氛一直持续到第二天,科苏特经过协商成功地争取到了匈牙利的自治权,他被众人举在肩上,穿过维也纳的大街小巷。"全体反抗者共同推动了革命。"(第88页)然而,一旦有产的"自由派"得到了他们所想要的东西,就立即开始大量逮捕那些曾经帮助他们推翻梅特涅统治并且让议会承诺起草宪法的下层激进分子、叛乱者和示威者。到3月15日,监狱已经人满为患。(第88页)从"自由的"有产阶级看来,"三月革命"已经达到目的,他们开始担心他们发起的"温和的"政治革命会超出他们的控制范围,导致更为激烈的社会革命。因此,他们就开始逞威重建法律和秩序。"他们现在所要的是和平和稳定,以便他们能够依照他们关于革命的观念来重建社会……并且充分利用他们认为革命所带给他们的特权。"(Rath 1957：4,88,224)5月15日和29日,革命急剧左倾之后,大量的"自由派"立即叛逃到"极端保守主义阵营"。(第274页)

224

然而,激进的知识阶层、大学生和维也纳的"下层特权"阶级感觉不断地被欺骗、漠视和疏远。他们甚至感到新政府"背叛"了他们,因为政府采取镇压行为、缺乏深入改革、将以前政权的坚定的拥护者选入政府,皇帝斐迪南甚至(单方面地)"颁布"十分有限的精英主义的宪法(4月25日)以及有限的选举法(5月11日),而此前他曾经允诺召开能够自由决定宪法的全民代表大会。斐迪南还让一项广泛的设想和预期落空,即这次大会将是在一个更广泛普选权的基础上选举产生的,尽管他从来没有作出允诺。

1848年5月15日,由于不断增加的不安以及认为"自由"政府与(学生组成的)学术团、(市民组成的)国民卫士之间将会有重大对抗,"信仰民治的激进民主派在对抗"三月革命"的温和自由派中取得胜利。他们赢得了对普选权和民治原则的认可,因为皇帝和政府被迫同意将

'皇帝的宪法'提交给一个民主选举产生的国会根据需要加以修改"。
(Rath 1957：194)

5月17日,表面上是为了斐迪南的安全考虑,王室将他和他的妻子转移到茵斯布鲁克。对于许多保守派和有产者来说,哈布斯堡帝国皇帝已经"被迫从首都逃亡"的消息是一个重要信号,但是其他人(包括政府)感到失望、遭到背叛甚至侮辱。一方面,这个消息确实将公众舆论推到极致,另一方面,皇帝后来勉强返回维也纳进一步降低了他作为仁慈的费迪(Ferdi the Benevolent)一直享受到的民众的尊重与热爱(尽管对于皇帝身患的癫痫病有许多尖刻和不善意的见解)。

拙劣行事的政府试图在5月25日镇压(学生组成的)学术团,结果,国民卫士、工人和部分中下阶层进行了声援学生的集会。这导致建立了一个更为有效的"人民权力"组织,一个由市民、国民卫士与学生共同组成的革命性的委员会,即著名的安全委员会(或公共安全委员会)。从5月26日至8月23日,学生和他们的无产阶级与小资产阶级同盟成为"维也纳工人的领导者。他们的安全委员会密切注视着政府的一举一动,并且严密监视警察和军队的动向"。(Rath 1957：218)政府间接地沦为一个临时的"看守政府",政府对哈布斯堡帝国其他地区的权威实际上也在不断下降。到仲夏时节,说德语的奥地利、波希米亚、摩拉维亚、加利西亚、匈牙利、克罗地亚、伦巴底和威尼斯实际上已经纷纷成立了独立政府,而奥地利的德意志拥护者已经分裂成政府、维也纳安全委员会、位于茵斯布鲁克的王室顾问团、即将选举的奥地利宪法大会和位于法兰克福的德意志国民大会。

鉴于自己的激进的意识形态(部分是"乌托邦社会主义")以及对下层民众支持的需要,维也纳安全委员会为自己确立的首要任务是缓解失业、食品供应短缺、生活成本激增以及维也纳下层阶级日益贫困化等一系列问题。由此它成立了劳工委员会扩大普拉特地区、多瑙河以及维也纳河沿岸地区的公共工程,这些工程是1848年3月"自由派"为了缓解贫困和失业造成的政治威胁而发起的。但是工程很快就玷污了它们自身和革命的声誉。"就许多工程而论,它们的成本需要由城市支

225

付,但是却毫无用处。越来越多的工人开始投入到普拉特地区毫无意义的工事中。他们监管乏力……工人们很快就明白,他们什么都不做只需要学会汇报工作就可以挣得一天的工资。"(Rath 1957：220)到6月初为止,这些工程雇佣的人数多达2万多人(占到维也纳劳动力的五分之一以上),而且还在源源不断地吸引着私人车间和工厂里缺钱的工人。试图压缩日益攀升的成本和浪费现象,却引发了6月15至17日以及8月21至23日的大规模抗议活动。这些活动被国民卫士镇压下去,但是给激进联盟的团结造成了致命的裂痕。公共工程计划最终为实现它的慈善性的意图,反而疏远了当初对它抱有美好幻想的人们。在维也纳,这个几乎完全的失败行为的确给1848年革命打上了深深的印记。然而,鉴于革命对市场、商业信心、赋税以及劳动纪律产生的破坏性影响,加上工厂、机器和财物时断时续的被捣毁破坏,以及维也纳越来越难以确保和支付食品、原材料等基本物质的供应,这项试验很可能从一开始就注定了它的命运,即要"在一个城市内实现社会主义"("乌托邦")是不可能的。

　　奥地利人长久渴盼的宪法大会(基于6月份一次广泛的但是间接普选产生的)最终于1848年6月22日开幕。哈布斯堡帝国内部的矛盾在这次大会中暴露无遗。它作为帝国机构的合法性和胜任性不可避免地受到下述事实的影响,即匈牙利、伦巴底和威尼斯没有派代表出席(而且根本就不愿意出席),而奥地利和波希米亚的德国人已经选举代表参加了在法兰克福的德意志民族大会,后者早在5月18日即已经开幕,并且据认为正在围绕采取联邦制还是邦联制来实现"统一的德意志"(包括德属奥地利、波希米亚,尽管捷克反对)进行磋商。再者,几乎一半的奥地利帝国议会代表是斯拉夫人,他们在会议之初就反对官方关于国会辩论只能采用德语作为唯一语言的建议。斯拉夫的实质性代表基本不懂或者很少懂德语。再者,25%的代表是农民,而非受过良好教育的、掌握双语的市民。然而,鉴于德语是唯一的可用的语言,斯拉夫人最后退步,要求所有的议程都必须全部译成非德语代表团的母语,这严重地影响了大会的事务。另一个问题在于,资产阶级代表所占比例(占全部代表的 60%)过高相应地导致其他社会阶级的代表所占比例不足。这个多种族大会围绕会议制度和成员构成争论不休,结果白白浪费许多时间。

所有这些的最终结果就是立宪大会(或许不可避免地)未能抓住政治主动权,辜负了期望或公众的信任和支持。再者,多种族的哈布斯堡帝国也许不能在西欧的"自由"(立宪君主制)的基础上进行统治,这个教训也减少了奥地利德意志人对于哈布斯堡帝国绝对主义复辟的阻力。1849 年 3 月 7 日,哈布斯堡帝国绝对主义统治正式恢复,帝国议会(Reichstag)被新的"强人"菲利克斯·施瓦曾伯格(Felix Schwarzenberg)强行解散(他本人从 1848 年 11 月 21 日起一直担任奥地利的首相)。施瓦曾伯格的政变完全唤起一阵悲叹,部分是因为从维也纳撤离到位于摩尔多瓦的克罗麦里兹(Kromeriz)的立宪大会已经被边缘化,避开 1848 年 10 月 6 日开始的维也纳起义的危险局面。

农奴制的最终瓦解,1848 — 1850

短命的奥地利帝国议会实施的最为重要的一项立法就是 1848 年 9 月 7 日通过的《农民解放法令》。该法令被认为是"1848 — 1849 年革命的最为重要的成就。"(Taylor 1976:72)实际上,这些革命发生在农民占主导的社会,他们的唯一不可抗拒的力量就是农民渴望摆脱强制性劳役以及其他"封建义务"。这支重要力量沿着来自城市激进主义的不同渠道。再者,"农民反对强制性劳役的叛乱使得他们的领主也具有革命性,至少不再是帝国权威的依赖者"。在巨富与哈布斯堡帝国之间进行的间接讨价还价破裂之后,甚至它们的忠诚也发生了动摇。君主制无法将农民镇压下去,因此,土地贵族环顾四周寻求新的同盟者。(第 57 页)实际上,自从 1846 年以后,奥地利和匈牙利的统治阶级就一直在担心,那年 2 月和 3 月毁坏了奥属波兰的农民扎克雷起义会以其他任何可能的形式再次爆发。

尽管如此,农民解放法令只不过是对于 1848 年 4 月 11 日的帝国宣告的正式生效和相关阐释,该宣告承诺"到 1849 年 1 月 1 日将农民从各种形式的劳役和应缴的土地赋税中解放出来"。(Rath 1957：127)1848年9月24日,大约2万农民(包括周边地区的许多农民)成群结队穿过维也纳庆祝"废除农奴制"。许多激进的民主派乐观地认为,鉴于他们在"给予"从前的农奴以自由方面起到重要作用,农民将会反过来非常感激地支持他们的(主要是与城市有关的)激进主张。(第316页)但是城市激进派后来注定极为失望,而且这种失望感(加上相互的不理解以及各自的政治问题不同)后来就一直困扰着农民与城市激进运动之间的关系,在20世纪的最初10年直至40年代的东中欧达到极致,农民与马克思主义政党之间甚至发展到彼此之间完全怀疑、不信任和相互指责。在这一事件中,许多农民深感失望(甚至被欺骗)的是,1848年的《农民解放法令》的范围有限且条款苛刻,对于大地主所有者的某些形式的"封建"依赖依然留存。他们尤为愤怒的是,自己居然还要为他们的新的"自由"和分得的土地支付费用(尤其是因为他们从前的"主人"失去了劳役、收入和土地还获得了部分补偿),这让他们感觉受到了羞辱而且处境艰难,而大地产制绝大部分原封未动,并且依然占全部农地的将近一半,更没有被划成小块分配给世代在其上耕种的农民和农场劳动者。再者,茅屋农(cottars)和农场"雇工"/工人未能分到土地,这使得他们更有理由愤恨而不是感激一直召开大会的激进派和"自由派"。另一方面,那些对于《农民解放法令》的范围和条件满意的农民,与其说感激的是一直存在的大会,倒不如说更感激哈布斯堡帝国皇帝,因为正是他1848年4月11日的宣言首次宣布废除农奴制,而且正是"他的"官员们贯彻执行了这个宣告的内容。较为满意的农民"对于继续革命丧失了全部兴趣",转而支持恢复法律和秩序。(第127页)到9月底,许多农民"对于革命结果特别冷漠",(第316页)因为革命一直在推进而且其进展涉及的议题,与他们的直接利益或作用鲜有关联。有些农民,尤其是那些"忠诚的"说德语的奥地利天主教农民,完全"对激进派持敌意"。(第120、316页)

无论怎样,《农民解放法令》是对农奴制的致命一击,加上它临时解决农业问题和农民与地主贵族之间的阶级斗争,因此,《农民解放法令》

降低了农民继续革命的兴趣。此后,帝国政治的重心就从阶级斗争转移到种族间或者"民族"斗争,换而言之,形势转向了更为有利于右派而非左派,更为有利于"反动"而非"革命"或者"改革"。数十年来,这极大地推动了东中欧政治的右转。

尽管如此,在奥地利与在匈牙利一样,农民解放法令"严重动摇了多数贵族地主经济所依赖的牢固根基"。地主贵族丧失了此前一直由"他们的"农民所供给的物品、劳役和货币赋税,同时还有他们以前的税收豁免权以及拥有的部分地产。"他们的赔偿金不足以与他们的物质损失相抵,而且由于赔偿金价值贬值而越发降低实际价值。"(Blum 1978:425)再加上贵族的冷漠、奢侈以及缺乏实业专长和商业敏感,他们的困难一起袭来。"19世纪五六十年代高昂的谷价能够维持生产率低下的他们的生存"。但是,随着19世纪70年代面对来自美国和俄罗斯的廉价谷物竞争而导致的谷价下跌,奥匈大地产者的经济损失翻番。许多人被迫全部或部分出售地产,或者被迫将它们出让给债主。(第426页)再者,他们领主地位的丧失"也剥离了作为其应有之义的贵族观念"。(第419页)数个世纪以来,土地贵族的种种特权所赖以存在的官方理由就是,他们对自己控制的农民担负有所谓关照的责任和义务,但是解放法令很大程度上将这些权力和功能转移给了国家。再者,《农民解放法令》还使得法律面前人人平等(至少名义上如此)。一个全民适用的法令坚持全体人民具有"民事的、人格的和财产的平等",尽管实践中依然存在许多不平等。(第440页)例如,在匈牙利,农场"雇工"或劳工的迁徙和民事权利受到严重限制,直到20世纪才有所改变。(第430页)然而,"过去这些残存的遗迹注定将会消失",随着个人获得的自由不断增加,他们可以自由地择业,选择婚嫁对象,自由地迁徙,自由地订立契约、买卖,并且对于男子来说,他可以如其所愿地处理个人财产。(对于女人来说,这种情形极为罕见)(第440—441页)同时,解放法令还为破坏和摧毁东中欧地区素被尊崇的权力、权威、等级制度、敬重和效忠的基础提供了强大动力,在1918年的哈布斯堡帝国瓦解中,这种摧毁性达到极致。

维也纳政治的激进化,1848 — 1849

与此同时,随着国民自卫军(Civic and National Guards)在 1848 年 8 月 23 日野蛮地镇压了抗议降低(公共工事工程中的)工资的无产阶级,将维也纳激进政治联盟维持在一起的脆弱团结崩溃了,事实上,在此之前,国民自卫军本是激进政治联盟的一部分。这种"血腥的背叛行径",正如工人和激进派认为的那样,只是让这个下令削减工资并命令卫队镇压抗议活动的"自由派"政府暂时确保了它虚弱的威信。

面对着 8 月 23 日以后(重新组织的)反革命力量的不断加强(不仅在维也纳还有波斯尼亚和北意大利),备受围困的激进派当中的少数人(他们来自知识阶层、下层中间阶级、学生、民兵和维也纳的卫戍部队)试图进行绝望的"背水一战",通过从 1848 年 10 月 6 日至 31 日控制维也纳借以挽救不断受到危及的"革命收益"。

到 10 月的时候,已经不存在任何的中间立场。因此,或者是激进派胜利,或者是反动派胜利。正是"决一死战"的一刻。加剧维也纳"十月革命"的催化剂是极具威胁性的"钳形"运动,其发起者包括耶拉西克统帅下的克罗地亚保皇党军队,温迪施格拉茨统帅下的波希米亚保皇党军队,拉德斯基统帅下的哈布斯堡北部意大利军队,除了这些,促使"十月革命"形势恶化的因素,还包括"自由派"政府的军力分散,他们试图让政治上离心离德的维也纳卫戍部队的炮兵去从事反革命活动,镇压 1848 年 10 月初由科苏特领导的匈牙利活动。到 9 月底,大部分维也纳的中下层阶级和工人阶级处境已经更加艰难,挣扎在饥饿死亡的边缘线上。(Rath 1957:320)暴动缘起于 10 月 6 日维也纳的里克特营的兵变,当日,他们得到命令去剿灭马扎尔人之后。暴乱的支持者是激进派、学生和不满的工人和卫兵,他们愤怒之至,最后在当天晚些时候实施了可怕的谋杀,将国防部长拉图尔(Latour)杀害。

1848 年 10 月 7 日,此前在 8 月 12 日终于返回维也纳的斐迪南皇帝,逃往摩拉维亚,在那里他很快就被政府当中的很多"自由派"、立宪大会的代表以及许多高级官僚所跟踪(留有足够的尊重他的距离),皇 **228**

公实际上已经将维也纳放弃给叛乱者。尽管如此,维也纳城内骚乱不断,人们濒于饿死,但是"很少有盗窃行为"。这证实了"即使是对于极端激进者也应尊重他们的财产权"。然而,没有人知道该怎么办。"人人都在发号施令,但是没有人愿意听从……勇气取代不了领导权"。(Rath 1957:339)马扎尔人最后一刻试图在 10 月 30 日缓解叛乱并冲破哈布斯堡帝国的包围圈,但是,被轻而易举地击败了。(第336—337页)由于军事包围和饥渴难耐,维也纳叛乱分子最终于 10 月 31 日投降。许多市民热烈欢迎胜利的哈布斯堡军队,把他们视为"解放者",因为市民们不仅免受饥饿,而且摆脱了最后一段时间某些绝望的叛乱分子实施的恐怖统治。(第 351—353 页)温迪施格雷茨接着颁发检查戒严令,禁止政治俱乐部活动,禁止一切公共集会,政府扣留了 2 000 多名民众,并且处死了 9 名叛乱分子头目。(第 363—364 页)他的堂弟,温迪施格雷茨在 11 月 21 日发起成立一个由"忠诚派"和"自由派"叛徒组成的新保守政府,说服斐迪南皇帝逊位,扶植他的 18 岁的侄子弗朗茨·约瑟夫(Franz Josef)于 12 月 2 日登基,并于 3 月 7 日解散制宪大会,毁弃了此前的诺言,即一旦紧急状况结束,由新政府起草的新宪法将很快生效。(第 364—365 页)反革命者现在可以将它们的全部注意力集中到匈牙利,在那里,马扎尔民族主义革命于 1849 年 8 月遭到决定性的失败,彻底扼杀了 1848 年激进派(可怜的)"最后希望"。

致命的分离:日耳曼人与斯拉夫人

德语区的奥地利和波希米亚境内的 1848 年革命,既没有发展到它们的匈牙利和意大利同伴的那种程度,也没有实现在法国推翻君主制的那样明确结果,根本原因在于,说德语的奥地利和波希米亚的领导者多数未能围绕一个共同的革命目标团结起来,或者共同承担一个单一的清晰可识的问题。马扎尔人和意大利激进派只是就建立自治政府泛泛地达成一个最高的目标,但是这个政府是在君主制之内还是之外,未能确定,而在法国,几乎众口一致地拥护废除国王路易·菲利普。但是 1848 年春在法兰克福召开的泛德意志民族大会使得许多奥地利人和波希米亚的德国人面临更为艰难的选择,是选择大德意志还是选择大奥地利,是选择泛德意志主义还是选择超民族的哈布斯堡帝国。他们不愿或不能在上述两项之间作出斩钉截铁的抉择,他们在 1848 至 1849 年的政治表现显得犹疑不决。这反过来使得哈布斯堡帝国的行政和军事当局替他们做出了选择,这样更有利于大奥地利,也有利于巩固强大的哈布斯堡专制主义。

1848－1849 年的奥地利革命失败的另一原因在于,它们激化而非缓和了奥匈帝国内的民族主义的情绪和渴望。1848 年的维也纳的各种政治派别因为敌视捷克人而联合起来,尽管捷克人只是希望"得到'三月革命'中维也纳人得到的同等自由"。(Rath 1957:145)后来承认捷克人具有与波希米亚境内的德国人同样的自治权和平等权"严重地激怒了"一部分奥地利属下的德国人,他们渴望"建立一个能够囊括神圣罗马帝国全部领土的德意志帝国。他们难以理解的是,居然有一部分明智的人志愿沉沦,愿意与日耳曼民族共享未来"。(第 146 页)

1848 年春夏之际,随着匈牙利人和波希米亚人重申他们的自治权,北意大利人也在酝酿脱离奥地利,另有一些波兰人在谋划反对"瓜分波兰的列强",许多奥地利人和波希米亚人认为,他们在"统一的德国"当中失去的甚少,得到的将会更多。他们很少在意,与德国各邦的联合将会对哈布斯堡帝国内的非德意志民主产生的后果。再者"绝大多数的维也纳人"认为他们在德国获得的革命特权只是"他们个人的",而且将法兰克福召开的德意志民族大会视为即将成立的属于他们自己的立宪大会和帝国议会的前奏。对于许多说奥地利语的日耳曼人来说,"奥地利境内的自由改革……较之于德国境内的改革来说居于次重要的地位。从这个意义上说,1848 年的维也纳革命是一个与德意志革命一样的奥地利革命"。这种认识对于维也纳的学生和激进派来说尤为真实,因为他们中的许多人"是德国统一的热情的支持者"。他们希望奥地利与德国其他领土联合起来,建立"一个由一切说德语的民族构成的中欧地区的单一民主制国家"。(Rath 1957:133,251)因此,他们与意大利人和马扎尔激进派以及民族主义者联合起来,共同谋求反对哈布斯堡

229

人,因为他们完全希望而且接受北意大利和匈牙利的独立。然而,奥地利和波希米亚的德国激进派也支持那些最好战的、固执的而不宽容的日耳曼民族主义者和沙文主义者,反对捷克人和南斯拉夫人,后者甚至不乐意出现一个民主的大德意志。(第145—153、255—266页)

总之,"奥地利境内的日耳曼人不能理解,对于非日耳曼人来说,'自由'意味着摆脱古老的德意志统治的自由,也是摆脱专制主义的自由。他们的优越感妨碍他们承认,其他民族的民众对于自由的渴望,与德国人对于政治解放的渴望一样,自然、真实"。(Rath 1957:267)这种态度和盲目的目标有助于解释哈布斯堡帝国内"奥地利一半"地区内后来出现的种族间关系的恶化。它们也为后来希特勒、纳粹和大量的奥地利、波希米亚德国人在1938—1945年间实施的反对东中欧和巴尔干地区的斯拉夫人埋下了种子。就波兰人、捷克人和南斯拉夫人来说,卓越的奥匈历史学家刘易斯·那米尔先生(Lewis Namier)坚持认为,1848年的德国"自由派"和民族主义者"实际上就是希特勒的先导"。(Namier 1946:33)

由此,1848年革命和日耳曼民族主义"时代的来临"让奥地利境内的德国人面临一个致命的困境:这个两难的困境不仅决定性地影响到这些革命的失败,而且导致了1918年哈布斯堡帝国的垮台、1938年奥地利"第一"共和国的覆亡以及1938—1939年捷克斯洛伐克遭吞并。作为德国人,他们是否渴望成为一个统一的德意志帝国的完全的成员呢? 或者他们是否愿意保留和谋求他们鲜明的"奥地利"认同、利益和国家权利呢? 这种困境直到1945—1946年才最终得以解决,当时"奥地利人"发现在一种"集体健忘"的异常状态下,要埋葬和遗忘长久渴望的与德意志统一的想法非常容易,而且可以与纳粹帝国的罪行划清界限,希特勒和许多其他奥地利人对这些罪行则难辞其咎。1848—1849年的革命以及相伴生的日耳曼民族主义的"绽放"为波希米亚日耳曼人(又称"苏台德"日耳曼人)设置了类似的困境。他们困境的最终解决,是在1945—1946年间300多万的波希米亚/苏台德日耳曼人被从捷克领土上驱逐出去。强调1848—1945年间作为一种重要的政治力量的出现的泛德意志"种族"的民族主义造成的长期后果,其目的不是要鼓励(更不用说赞同)"日耳曼恐惧症",而是为了表明在多种族的东中欧地区和巴尔干地区的民族万花筒中,"种族性"的民族主义会带来令人恐怖的和难以预料到的影响。泛德意志"种族性"民族主义兴起的极端毁灭性后果正是一个更普遍性问题的重要显示,而非一个单单的"日耳曼民族性格"的显示。(如果存在这种东西的话)就小规模而言(由于他们包括更少的民族),马扎尔人、克罗地亚人和更近的塞尔维亚"种族"民族主义者也产生了类似后果,而保加利亚、罗马尼亚、阿尔巴尼亚、希腊、土耳其、斯洛伐克和波兰的"种族"民族主义有时也显现出那样做的潜在性。

1848 年,甚至是哈布斯堡人也因为选择支持日耳曼人的"使命"还是选择接受多瑙河"命运"而发生分化。1848 年 6 月 29 日,在法兰克福举行德意志民族大会(以 436 票对 85 票)通过了一项提议,提名著名的哈布斯堡大公约翰担任(尚在酝酿中的)"统一德意志"的"帝国代理人"。然而,1848 年 6 月 22 日,这位哈布斯堡帝国大公在维也纳也召开了奥地利制宪大会。他由此成为两个相互竞争的制宪大会的形式总统,而这两个制宪大会分属不同的政权。总是把眼光盯着主要的机会,哈布斯堡人从某种意义上是在脚踏两只船。事实上,保皇派和维也纳激进派以及"自由派"有一个共同的观念,即重塑哈布斯堡帝国应当"根据'主要民族'的意愿"。奥地利德国"自由派"和激进派事实上也认为,哈布斯堡帝国是"一个将在新的自由德意志中发挥主要作用的德意志邦国,而且它们强烈要求法兰克福的德意志民族大会的选举权,也同时强烈要求奥地利的制宪大会的选举权"。(Taylor 1976：63)

然而,奥地利的有产特权"自由派"和保守派已经开始质疑,奥地利作为一个统一的大德意志的边界一省,与作为它自己的多民族的多瑙河帝国的都市中心,在实际上是否更为有利。奥地利的"自由派"政府宣称它最早维持在 1848 年 4 月 21 日的状态,"奥地利渴望与德国密切联合,乐意利用任何机会来证明它对于共同的德意志事业的忠诚。然而,它决不能完全声明放弃它领土内的不同地区的特殊利益……它也不能同意任何不合法地向德意志联邦屈服,或者放弃它在国内管理中的独立……有鉴于这是与联邦之间本质上不可调和的矛盾,奥地利不适合加入其中"。(摘自 Rath 1957:139－140)大城市维也纳和奥地利的有产阶级确实从一个统一的"大德意志"中所失甚于所得,但是要让他们接受二者不可兼得的事实,仍然必须假以时日。

第十七章 帝国回潮：哈布斯堡君主制下的反革命、新绝对主义和改革,1849 — 1918

奥匈帝国的种族和领土构成,19 世纪 50 年代—1914

1910 年,奥匈帝国这个绵延多山、行将解体的帝国纵横 257 478 平方英里,是欧洲第二大国(仅次于当时的沙俄)。它拥有 5 000 万居民,分别来自 13 个重要的"民族"或者民族团体。但是,如下所示,没有一个种族在数量上占绝对优势:日耳曼人,22％;马扎尔人(匈牙利人),18％;捷克人,12％;波兰人,10％;鲁塞尼亚人或称乌克兰人,8％;罗马尼亚人,6％;犹太人,5％－6％;克罗地亚人,5％;塞尔维亚人,4％;斯洛伐克人,4％;斯洛文尼亚人,3％;意大利人,2％;波斯尼亚穆斯林,1％。(Kann 1974：606－607)上述关于犹太人的官方统计数字,有所取整,或者调整,因为当时犹太人不是官方认定的"民族",他们多数情况下是合并计入德国人和马扎尔人当中的。犹太人的数目可以从有关宗教信仰状况的统计报告中大体推测出来:罗马天主教徒(包括奉行东正教仪式的乌克兰天主教徒"Uniates"),占总人口的 77％;新教徒,9％;犹太教,4％;穆斯林,1％。(Kann 1974：607－608)很大数量的犹太人已经改宗基督教,尤其是如果他们信仰马克思主义,他们就是无神论者。因此,犹太人所占比例应该远远大于 4％。在哈布斯堡帝国内,犹太人在商业领域和自由职业中成就斐然,尤其是法律、医药和新闻方面,而且他们对于资本主义、自由主义、马克思主义,总体意义上的知识生活以及出版业等,贡献巨大。然而,他们在这些领域取得的辉煌成就却悲剧性地导致他们成为奥地利反动派、种族主义者和社会不满者首当其冲的目标,也为 1939－1945 年大屠杀埋下了种子。两个最大的种族团体,西部的日耳曼人和东部的马扎尔人(匈牙利人),实际上在数量上不及斯拉夫民众(捷克人、斯洛伐克人、波兰人、鲁塞尼亚人、克罗地亚人、塞尔维亚人、斯洛文尼亚和波斯尼亚穆斯林),后者总数占帝国人口的 46％。

帝国的"奥地利"一半是由一大片整齐不一、差别各异的领土构成,它们全都屈从于或直接为奥地利哈布斯堡掌控下的威尼斯人所统治,而且已经长达数个世纪。居于奥地利"各省"的核心,是德语区奥地利(又称"德意志东王国")。它包括半工业化的下奥地利(首都维也纳),农业为主的上奥地利(首都林茨);半工业化的斯提里亚(Styria,首都是格拉茨城[Graz])以及阿尔卑斯山地、森林广布牧草覆盖的西部山区(提洛尔,萨尔斯堡[Salzburg],福拉尔贝格和喀尔巴阡山)。贵族、官员和德语区奥地利的市民统治着帝国西北部地区,同时占据统治地位的还有罗马天主教会、军人、多数说德语的大地产主和波希米亚王国的市民(包括捷克地区或者波希米亚、摩拉维亚和部分西里西亚地区),以及加利西亚和布科维纳的波兰贵族和教士。最后两个行省构成了"奥地利的波兰",在俄国、普鲁士和奥地利共同对前波兰-立陶宛联邦的持续"瓜分"中(1772－1795),哈布斯堡帝国把它逐步吞并的。

直接服从于奥地利-德国统治的地区包括:斯洛文尼亚人占多数的卡尔尼奥拉(Carniola)、戈兹(Gorz,今戈里齐亚[Gorizia])和伊斯特里亚(包括重要的以说意大利语人为主的港口的里雅斯特)行省,它们是在 14 世纪时被吞并的;克罗地亚人占多数的达尔马提亚(Dalmatia)行省,1797 年被吞并;以及部分塞尔维亚人和部分克罗地亚人,但波斯尼亚人/穆斯林占居多数的波黑行省,该地区 1878 年被军事占领并于

1908年被正式吞并。

哈布斯堡人直接或间接地与富裕的马扎尔贵族协同一致，共同统治帝国的东半部，后者属于宪法上独立但结成一体的匈牙利王国，它构成一个天然的自然单元：肥沃的碟状匈牙利平原，多瑙河及其主要支流蒂萨河从中穿过，几乎被森林或牧场高原所覆盖的边缘地区所包围，这类高原包括斯洛伐克、鲁塞尼亚、特兰西瓦尼亚、巴奈特和克罗地亚－斯洛文尼亚等。从1711－1848年，哈布斯堡控制下的匈牙利王国拥有一个鲜明的、高度分权的贵族管理体系，这一方面造成中央政府微弱，另一方面也使得地方获得相当自治权。这种状况有助于匈牙利保持单独的司法、行政以及文化传统与认同，而且阻挡了那些为实现更强的政治、行政集权和统一而发起的零星的哈布斯堡攻势，不过，攻势很大程度上局限于帝国的西半部（"奥地利"地区）。从1848－1860年，作为马扎尔贵族热情参与的流产的1848－1849年匈牙利"民族革命"的惩罚，匈牙利人被迫在一段时间内屈服于奥地利"直接统治"。后来，哈布斯堡即奥地利在意大利（1859、1866）和德国（1864、1866）遭受一系列屈辱的军事重创，然而在此前夕，从1867年开始直至1918年，帝国却转变成为所谓的"君主二元制"。这段统治期间，马扎尔贵族和下层贵族获准在匈牙利王国内部建立有活力的中央政府，以取代早期分权的地方贵族主导的行政自治国家体系，但是他们却借此来谋求对斯洛伐克人、鲁塞尼亚人、克罗地亚人和罗马尼亚民众进行侵略性和压迫性的"马扎尔化"（文化同化）。从19世纪70年代开始到19世纪90年代，由于匈牙利王国自然融合为一个物理意义上和经济意义上的整体，而且马扎尔"当权派"在政治和文化上牢牢控制着它的非马扎尔民众，后者的民族"觉醒"尚未被完全唤起，"马扎尔化"的进程似乎突飞猛进。这个时期的同化很大程度上仍然是自愿的，之所以如此，主要是为了谋求社会和经济的进步，对于犹太人和斯洛伐克人以及罗马尼亚人来说，尤其如此（后两者较之前者程度略低）。然而，在实践中，马扎尔"当权派"离间并造成"忠诚的"或服帖的民众相互对立，并让斯洛伐克、罗马尼亚和鲁塞尼亚或乌克兰人颇具扰乱和复仇特征的民族主义死灰复燃,民族主义在 1900－1918 年间就表现为斯洛伐克、罗马尼亚、克罗地亚和鲁塞尼亚或乌克兰地区快速发展的自治主义和分离主义运动。

直到铁路建造之际,哈布斯堡帝国仍然由地方化的纯粹农村庄园经济体、土地贵族、行政或卫戍村镇松散聚合在一起,控制庄园经济的是罗马天主教会支持下的遥不可及、积弱积贫的国家。渐渐地,只是随着铁路延及,谷物和木材贸易、工业和村庄城镇的扩大以及资本主义的发展才摧毁地方的孤立和纯粹性,国家和民族市场的影响和权力有所增长。

通常认为,即使是帝国的核心地区,也缺乏经济和地缘凝聚力:"波希米亚通过河流与德国经济联结在一起;加利西亚和布科维纳因高山阻隔与君主国其他地区隔绝开来;沃拉堡(Vorarberg)与士瓦本(Swabia)的纺织生产地区联系在一起,君主国缺乏任何可以直达亚得里亚海沿岸重要港口的河道,多瑙河航运相当不便;君主国三分之二以上的地区都是大大小小的山脉。(Sked 1989:198)这种不利的高原地形使得建造铁路和开凿运河的成本要远远超过西欧地区,这在一定程度上阻碍了帝国的一体化。"

然而,另有一些学者认为,哈布斯堡帝国确实拥有将它分散的人民连接起来的潜在纽带。卓越的匈牙利社会学家奥斯卡·贾西(Oscar Jaszi)写道:"尽管这个帝国整体上缺乏统一的民族和地理根基,但仍存在发挥作用的重要民众力量,他们在奥地利、波希米亚、匈牙利和克罗地亚人之间形成一个以帝国为核心的模糊的一致感。"(1929:38)著名的哈布斯堡历史学家罗伯特·卡因(Robert Kann)提道:"自从波希米亚、匈牙利、克罗地亚和世袭的(奥地利)帝国的土地 1526－1527 年间结为一体后,多瑙河地区的民族利益共同体就一直延续到……1918年。"(Kann 1967:30)

哈布斯堡帝国的东中欧核心地区拥有视觉和文化交织的双重传统,尤其是音乐、文学,以及具有东中欧城镇的独特风情的氛围、建筑和烹饪。对于许多东中欧的思想家(正如导言中介绍的那样),以及该地区的许多外在观察者来说,这些共同特征构成了把东中欧形象地称为一个独特地区、实体或文明的理由,而且也构成了接受上述观点的众多

233

实质性基础。

将帝国联结起来的"大动脉"就是多瑙河,正如克劳迪奥·马格利斯(Claudio Magris)令人浮想联翩的描绘中所述一样(1989)。无论是在全河道贯通运行之前,还是铁路建造之后,多瑙河盆地就构成了下述诸多城市的重要连接点：巴伐利亚、林茨、维也纳、布拉特斯拉法(斯洛伐克首都)、布达佩斯(匈牙利首都)、塞格德(位于流入匈牙利平原的多瑙河重要支流蒂萨河蒂萨)、斯洛文尼亚、扎格里布(克罗地亚首都,在多瑙河的另一个支流萨瓦河上)以及帝国之外的,贝尔格莱德(塞尔维亚首都)、瓦拉几亚(罗马尼亚首都)和黑海等。从 1784 年以来,奥斯曼帝国开始允许国际河流运输到达贝尔格莱德、瓦拉几亚和黑海地区,在此基础上马扎尔人开始将多瑙河部分地区的河道取直。从 19 世纪末期,随着谷物培植和出口贸易的扩张,匈牙利平原和罗马尼亚境内河道改良开始与控制洪水、河道疏浚以及灌溉体系等联系起来。1831 年多瑙河蒸汽航运公司成立,到 19 世纪 70 年代,穿梭于河流上隶属该公司的汽船数目已经多达 140 多艘。

1878 年柏林会议指定,重点由奥匈帝国负责改造位于喀尔巴阡山和巴尔干地区之间危险的铁门大峡谷(Iron Gates)。1895－1899 年间,在这一部分的多瑙河区开凿了贯通大瀑布的运河。1901－1913 年,穿越铁门的运输量翻了一番(向上游主要是运往东中欧和德国的罗马尼亚石油和农产品,向下游主要是从中欧运抵黑海的煤炭和工业产品)。至 1913 年,多瑙河运量达到年均 1 300 万吨,尽管这仍然远远低于西欧莱茵河年均 6 000 万吨的运输量。唯一不幸的是,多瑙河运输,基本上是流出欧洲主要商业、工业和人口中心,而不是流入这些中心。

从自由的"反革命"到新绝对主义,1849－1860

1848 年革命政治失败前夕,受到磨炼的奥地利德国"自由派"指望哈布斯堡帝国通过官僚方式执行经济上的"反封建"和统一的"自由"方案,这与普鲁士德国"自由派"曾经指望霍亨索伦国家在 19 世纪 30 年代成立的德意志关税同盟中所做的如出一辙。有产阶级的"自由派"曾

234 在 1848 年亲历了真实的恐慌。在轻启民主这一"潘多拉魔盒"之后,他们似乎就无力控制那些"激进派",他们渴望超越"富人民主"的有限性、等级性和精英主义,将它进一步推进到人人平等的"大众民主"阶段,这就威胁到富人的特殊地位和一系列特权。因此,经进一步反思,"悔恨不已的自由派"认为,依赖君主权利和权威、以一种严格可控的方式("自上而下地")来贯彻"自由"纲领中重要部分内容将更为妥当。因此,许多"自由派"向王朝兜售一系列方案,认为他们可以"利用"它实现"自由派"的重要目标。这些包括统一帝国关税;建造铁路;扶植工业、银行和股份公司;实行法治;成立"责任制的"半立宪政府;进一步压制领主特权;废除地主的世袭地方司法或行政权力;削弱地主统治的行省议会的权力;创立更为统一和一体化的国家;仕途向(主要是资产阶级的)"才俊"敞开。

然而,从 19 世纪 50 — 70 年代,在这些前沿领域取得相当"进步"的同时,也付出了巨大的政治代价。吊诡的是,"自由进步"使得基本上是反自由的哈布斯堡的绝对主义得以重获生机。王朝利用一支温顺驯服的"自由派"力量实现了保守王朝的目标,创造了一个更大、更强和更现代的王朝权力根基,国家权力集权,削弱了地方的或封建的"特权派"和地产贵族的作用,极大地扩大了帝国官僚的权力和管辖权,在中东欧地区建立一个受压抑和噩梦般的[①]"大兄弟"国家,直到很久以后共产党独裁统治出现。

在对 1848 年激进的、自由的和民族主义运动取得政治军事胜利之后,受此表面上成功的鼓励,施瓦森伯格(Schwarzenberg)政府和皇帝弗朗茨·约瑟夫并不满足于仅仅恢复现状。他们也无意回到保守主义(immobilism)、混乱的或无所作为的梅特涅时代。他们还极力抹去 1848 年的一切屈辱和妥协的记忆。胜利者没有完全重启贵族的帝国会议、行省议会、地方的"封建"司法权和匈牙利的联盟(comitat)体系,因为这所有一切都为 1848 年的"自由派"提供了平台,胜利者决定坚决

---

① Kafkaesque,又称卡夫卡式的。——译者注

维护他们的胜利,让约瑟夫二世关于德意志国家的梦想变成现实。这也预示着一个集权的和统一的帝国的出现,它由直接来自维也纳的高度专业化且说德语的帝国官僚、军部、行省和地方全权代表控制。不可一世、说德语的帝国官员和军事领导不仅踢开 1848 年的"自由派",而且把联邦主义的贵族保守派弃之一旁。

巴赫体系,1852－1859

所谓的"新绝对主义"的首席设计者是施瓦森伯格政府的第一任司法部长以及后来的内务部部长亚历山大·巴赫(Alexander Bach),他曾经是 1848 年 3 月维也纳的"自由"革命中发挥卓越作用的"自由派"律师,后来在夏天逐渐叛投到"法律和秩序阵营"。甚至早在 1852 年 4 月施瓦森伯格暴毙之前,巴赫就已经成为新绝对主义政权(尽管皇帝弗朗茨·约瑟夫允许首相职位正式失效,巴赫在实际上成为皇帝的后台人物)。在所谓的"巴赫体制"之下,职业的中产阶级德国官僚以一种近乎雅各宾主义的狂热压倒了传统的地方自治权以及贵族特权,并且将历史声明和特权搁置一旁。他们论证道,匈牙利在 1848 年中伪造它的从前的宪法权利,反叛奥地利并且形式上废除哈布斯堡帝国。匈牙利作为一个新被征服国家,对它的管理将由来自奥地利的军官和官员负责。作为著名的"巴赫轻骑兵",他们身着华美的准匈牙利制服(编织的紧身短上衣,佩剑,带有作为徽章带结的帽子)。类似地,克罗地亚、特兰西瓦尼亚、斯洛伐克、波希米亚和加利西亚获得的自治权较之从前更少。"哈布斯堡帝国,第一次而且也是最后一次,成为一个完全的统一国家。它有单一的管理体系,根据维也纳的命令由德国军官执行管理;唯一的一套法典;唯一的一套收税体系。"(Taylor 1976: 85)

经济自由化、市场整合以及第一次铁路繁荣,19 世纪 50 年代

新绝对主义体制采取一系列措施刺激贸易和经济增长:解散许多从前的垄断企业、国家企业,去除行会限制;放宽矿业法令;降低外部关税,并且废除奥地利和匈牙利之间的关税壁垒等。哈布斯堡帝国还在

235

1851－1854 年间启动一项铁路建造计划,促进和进一步整合后革命时代的帝国经济。到 1854 年,全国铁路里程 1 433 公里中有 70％属国家所有。但是由于以下一系列因素造成国家预算赤字,并且恶化,例如,1848 年革命以及担保与匈牙利和皮德蒙特的战争,建造铁路的费用,支付农奴主失去农奴的赔偿金,加上 1854－1856 年克里米亚战争造成的商业被毁,这一方面是与俄国战争所致,另一方面是与英国、法国、皮德蒙特和奥斯曼帝国的战争所致。因此,在 1854－1858 年,国家决定将铁路私有化,并向私人支付继续修建铁路的利息,但是国家保证分红并且对进口铁轨和铁路运输工具减免关税。这个勉为其难的大转变被视为对"愤懑的自由派"的大贿赂或者大退让。它也刺激了外资(尤其是法国的)大量流入奥地利银行和铁路领域。

这种经济自由化和市场一体化政策便利了匈牙利地主向奥地利出口谷物、木材和鲜活畜产品,而且出售的价格低于许多奥地利德国人和捷克农场主,迫使他们退出该地市场,转入到发展中的城市产业。它还将匈牙利变成了奥地利德国和波希米亚纺织业和产品加工业可以自由进入的"被动市场",损害了匈牙利的低度发展的纺织业和手工业,并且引起马扎尔民族主义者的惊骇。新生的匈牙利面粉加工业、制糖、酿造、蒸馏、造酒和皮革工业(匈牙利人已经或很快就获得了这些产业中的比较优势)获益于不受阻碍地进入扩张中的奥地利波希米亚市场,而且匈牙利的面粉和糖类出口因此急剧增加。从长期来看,由于外资(尤其是来自说奥地利语的日耳曼人和犹太人的资金)和生产资料流入量的增长,匈牙利经济发展也相应地呈加速度增长,流入的资金和生产资料更新了匈牙利的设备,使它的基础设施扩大并且现代化,而最终创造出一些重要的具有动力效应的产业(最著名的是甘孜工厂 [Ganz works])。在奥地利经济和匈牙利经济之间出现了一种互惠互利关系。(Komlos 1981: 10－12)

这些发展提升了维也纳作为商业、金融和产业中心的重要性,有利于维护哈布斯堡帝国的政治稳定,以及奥地利在德意志世界中暂时的经济、文化和政治领导权,也争取到许多泛德意志"自由派"以及民族主义者结盟。1850 年 12 月，普鲁士重申它实现北德意志统一的主张，并且同意恢复奥地利主导下的德意志联邦。然而，与 19 世纪 60 年代的普鲁士不同，奥地利未能放下尊严全面地动员和号召德意志民族主义，进而未能担负起完满地实现恢复德意志的领导权。因此，奥地利在 1864、1866、1870 年的德意志统一战争中不止一次地输给俾斯麦领导下的普鲁士。

皇帝弗朗茨·约瑟夫（1848－1914 年在位）

皇帝弗朗茨·约瑟夫在专制主义复辟中发挥了重要作用。1848 年 12 月，王室家族决定让斐迪南皇帝逊位之后，年仅 18 岁的新君主宣誓就任皇帝，他认为自己并非注定要受到来自他的"斐迪南叔叔"的诺言和特许的束缚，这些诺言和特许是在受到胁迫之下给出的，而且违背王朝权力"神授"的原则。出身于普通的"弗朗茨"家庭，他给自己增加了"约瑟夫"的名称，是想承继"亲民皇帝"约瑟夫二世的精神和重任。最终他的变更后的名字成为执拗和"坚定"（如同他的叔父弗朗茨一样）以及"自上而下改革"（如同约瑟夫二世一样）两者结合的象征。弗朗茨·约瑟夫的生活单调乏味，他完全致力于履行职责、王朝事业和捍卫哈布斯堡帝国祖传基业的活动，他本人成为典型的奥地利官僚，也成为帝国惯性和常规的化身。"对他来说永远困惑的是，他无法一天 8 小时地坐在办公桌前签署文件，以此来维持他的帝国大业。"（Taylor 1976：78）有限的视野，不拘成见以及无情的机会主义，正是使得他能够在 19 世纪末和 20 世纪初的惊涛骇浪中长久幸存的重要所在。他把自己看作他一切子民的仆人。然而，他却不愿与他们分享丝毫的国家权力和国家重要机关的控制权，也就是说，包括武装部队、帝国官僚、警察和决定战争与和平等。弗朗茨·约瑟夫和他的主要大臣缺乏一个融贯一致、清晰详明的未来方案。"反革命中心依赖的不是实力和方向，而是争论和混乱。"（Sked 1989：134）

天主教会和 1855 年的政教协定

放任自流和茫然无主的混沌局面，由于绝对主义权力和天主教会

236

东 欧 史

权威的重建而被掩盖了(由此产生的权力真空也为它们所填补)。强加的外在形式表明,缺乏能满足快速工业化和数量不断增加的知识阶层及复杂的帝国需求的现代实体。作为一种政治组织形式的君主制,越来越落伍于时代。正是因为帝国的经济、军事和文化实力持续发展,1855年的政教协定赋予罗马天主教会以史无前例的独立权和教育控制权、书报检查权以及结婚公证权利。非天主教人员不得在天主教或公办学校中从事教育,而且新增许多关于犹太人的限令,"不宽容精神毁灭了知识生活"。哈布斯堡帝国实际上受制于另一个天主教的反革命力量,一个靠警察告密和间谍来强化统治的力量。(Kann 1974:321 — 322)然而,与绝对主义的复兴一样,这种人为的教会复兴只不过是试图"借用17世纪博物馆的武器来击败现代精神"。(Taylor 1976:89)

新绝对主义的反复无常倒退,1859—1866

"巴赫体系"仅仅维持到1859年。1857年的证券交易危及投资者对政权的信心,这也导致外交政策领域的致命错误。克里米亚战争期间,背信弃义的哈布斯堡帝国拒绝与俄国合作共赢,支持俄国在黑海地区的英国、法国、土耳其和皮埃蒙特的敌人,而哈布斯堡帝国曾经在镇压1849年匈牙利革命中获得沙皇尼古拉一世"道义上"和军事上的重要支持。相反,1854年6月,一位忘恩负义的奥地利人向俄国发出最后通牒,要求其撤出摩尔多瓦和瓦拉几亚(尚在孕育中的罗马尼亚)。俄军撤退后,奥军迅速取而代之,奥地利成为该地区的统治者,控制了几乎整个多瑙河流域。然而,这场胜利代价惨重,因为这种变动之后,奥地利已经没有重要的同盟者。俄国将它在克里米亚战争中的失败归于奥地利的背叛,而英法得出的结论是,如果奥地利从一开始就支持它们(而不是宣称中立),那么血腥的、代价惨重的克里米亚战争本可以避免。1856年,奥地利被迫从摩尔达维亚和瓦拉几亚撤军,事实上,上述地区在1859—1866年间成为法国保护下的独立的罗马尼亚国,而这暂时地抑制了奥地利在巴尔干地区影响的扩大。

克里米亚战争期间,奥地利的这些误判和不光彩的诡计,标志着沙

378

俄和哈布斯堡帝国之间在巴尔干、波兰和匈牙利问题上长达近一个世纪的、卓有成效的合作彻底终结,也标志着巴尔干地区互为敌手和公开争夺的开始,这场争夺在"一战"及这些帝国对手的瓦解中达到极致。然而,更直接的后果是,通过与英法为伍介入克里米亚战争,皮埃蒙特获得法国关于未来法军帮助反对北意大利的奥地利的承诺。这就带来了 1859 年法国-皮埃蒙特对奥地利的军事胜利,哈布斯堡帝国永远失去了伦巴底,而且在 1860 年形成一个反奥的"统一"的意大利,让哈布斯堡在 1866 年再失去威尼斯。

1859 年的战争失败,加上官僚集权的日益不受欢迎,迫使巴赫在 1859 年 7 月辞职。为了巩固受削弱的个人地位和威信,弗朗茨·约瑟夫开始转而依靠社会和政治方面的保守派,赞同王室与哈布斯堡帝国保皇派贵族结盟的半联邦主义者。波兰贵族(也就是加利西亚的前任总督)阿革诺·格鲁乔乌斯基(Agenor Goluchowski)成为新"国家首相"。1860 年,大量权力被委任给地主控制下的行省议会,改组的目的正在于此。极端保守派和极端保皇的加利西亚波兰贵族首次获得实质性的行省自治权,而克罗地亚、特兰西瓦尼亚、波希米亚和摩拉维亚只在变动的但更有限的程度上获益。在匈牙利本土,恢复了 1848 年前的贵族议会宪法和地方自治的郡县体系,同时减少了奥地利的"直接统治"。1860 年 10 月,所谓的"十月法令"(October Diploma)宣布,帝国的多数立法(除了一切军事和外交问题外)此后都将提交给各省议会和扩大的帝国议会[①]审查,帝国议会的新增成员由皇帝弗朗茨·约瑟夫从行省议会成员当中遴选。

这些变革并未让马扎尔贵族满意。受意大利统一的热情以及对意

---

① Reichsrat 在德语中意为议会,一般特指"奥匈帝国议会"。例如,奥匈帝国的全称是"帝国议会所代表的王国和领地以及匈牙利圣史蒂芬的王冠领地"(德语:Die im vertretenen)。(Reichsrat)还可以指代魏玛共和国时期的联邦参议院。德语中还有一个词"Reichstag",指根据 1849 德意志宪法规定成立的君主立宪制政体下的两院制的帝国议会:上院是国家院(Staatenhaus),以邦为单位产生议员,代表各邦利益;下院是人民院(Volkshaus),由全德人民按普遍、平等、直接和秘密的方式选举产生的议员构成,代表德意志民族的普遍利益。——译者注

大利民族主义"自由斗士"加里波第狂热崇拜的影响,马扎尔民族主义一度火爆难控,1848－1849年一些马扎尔老兵甚至加入加里波第的"红衫军"。科苏特与皇帝拿破仑三世修好,并且与皮埃蒙特首相和意大利统一的"推手"加富尔(Cavour)达成协议。1860年3、4月,相继发生了一名年轻的马扎尔抗议者在布达佩斯暴死以及伊斯特万·塞切尼(Istvan Szechenyi)伯爵自杀身亡的事件,受此影响,马扎尔公共舆论蜂起。马扎尔领袖既不谋求恢复梅特涅时代有限的、分权化的贵族自治,也不渴望争得帝国议会中的议席(即便是名副其实的议会,也不渴望获得其中的议席)。他们联合起来要求帝国议会扩充席位,而且要求恢复他们1848年4月的现代"自由"宪法,包括在布达佩斯建立一个完全成熟的匈牙利政府和国会。另一方面,奥地利的德国官僚、维也纳的"自由派"报刊和部分奥地利的德国资产阶级强烈反对十月法令,因为它威胁要取消19世纪50年代"逐渐统一的"中央集权,而且损害说奥地利语的德国人对帝国事务管理的统治权。

面对着决不妥协的马扎尔民族主义,皇帝弗朗茨·约瑟夫同时认识到,贵族制的联邦主义将是医治政治瘫痪的关键,因为如果不以某种方式抚慰马扎尔人,那么政治瘫痪将会削弱君主制,并疏远奥地利德国的帝国官僚和资产阶级,皇帝决意反其道而行之。1860年12月,保守的波兰贵族格鲁乔乌斯基(Goluchowski)遭到开除。取而代之的是奥地利德国的"自由派"施梅林(Anton von Schmerling),他的主要任务就是重申"集权主义",并且重新争取动摇的奥地利德国"自由派"、官僚和资产阶级的支持。通过1861年2月所谓的"二月特许令"(February Patent),帝国议会升级为两院制的帝国准议会,上院代表由皇帝弗朗茨·约瑟夫提名,下院343位成员由行省议会选举出的代表组成。议会(甚至匈牙利的议会)间接地降为选举联合会和地方政府的机关。再者,通过所谓的"选区划分法"(任意划分选区)①以及对财产资格的限

---

① electoral geometry(Gerrymandering),通常指为了自己党派在选举中获胜而进行不公正地划分选区的行为。——译者注

定以及全体选民分组成为"地区元老院"（库里亚），行省议会中的代表
以及（更准确地说是）帝国议会中的代表更向有利于德国人的方向严重
倾斜。

这些新规与"十月法令"一样，不为哈布斯堡的非德意志民众所接
受。马扎尔国会决定依照实际的匈牙利议会行事，他们坚持不懈地推
行马扎尔联合抵制帝国议会，而且通过一项由自由派地主和律师费伦
茨·迪克（Ferenc Deak）所起草的《致王国人民宣言》，声明 1848 年春
通过的匈牙利宪法具有合法性。马扎尔人持续的反抗导致 1862 —
1865 年间匈牙利议会和国民体系被延期，以及"巴赫轻骑兵"和奥地利
直接统治的重返。此间，克罗地亚议会联合抵制帝国议会的决定，也遭
取消。捷克从 1863 年起，加利西亚波兰人从 1864 年起，也经历了此番
历程。

这些共同导致了实际上的绝对主义的回归，这种绝对主义只是由
于一个不具代表性的和广泛遭到抵制的帝国议会存在而有所缓和。即
使是享有特权和拥有过多代表的奥地利和波希米亚德国人也感到不
满，部分是因为 1861 年的"二月特许令"丝毫没有包含任何本质上属于
宪法体系的条款。它没有规定新闻自由，免受任意拘捕（即使是对于帝
国议会的成员来说），独立的司法权或者部长对帝国议会负责等。征
税、军事问题以及外交政策等仍然在帝国议会权力之外。帝国议会休
会期间，帝国政府甚至要根据皇帝权威来进行管理和发号施令。
（Taylor 1976：107）再者，"二月特许令"只是皇帝恩典所致，随时会因
为皇帝的意愿更改而撤销。"帝国议会没有达到它斗争的位置；因此，
尽管它具有议会的外表，但是它不具有相应的权利。"德国人在帝国议
会中占据多数，这源于受限的普选权和"选举几何法"，这一事实使得他
们更依赖于政府的支持，而不是相反，让政府依赖于他们的支持。（第
114 页）进而，针对政府 1861 年 8 月对马扎尔议会毫不让步的决议，帝
国议会的德国人竟然鼓掌通过，他们背叛了他们从前的"自由"原则而
且成为哈布斯堡帝国的卑屈同盟者。（第 112 页）他们决定，这正是保
卫吹嘘的帝国关税同盟、经济自由化和德意志霸权的方式，也是反对更

"反动"或者公然具有民族主义色彩的各民族要人贪得无厌要求的方式,这些人包括马扎尔人、波兰人、捷克人和克罗地亚人等。在泰勒尔(Taylor)的判断中,"1861 年采取的决议注定了东中欧的稳定与和平……德国人获得了一个破产的议会中的人为多数议席;作为回报,他们放弃了他们的自由原则……而且使得他们犯下盲目支持王朝政策的错误"。(第 114 页)

很少人认为,哈布斯堡帝国绝对主义的实际恢复能够持续长久,因为它仅仅基于奥地利和波希米亚德国人的狭隘支持基础上,而且有时会使用暴力。实际上,1861 年秋在匈牙利颁布的恢复奥地利在匈牙利的直接统治的法令在官方被称为"临时条例"(*provisorium*)。哈布斯堡帝国的非德国民众决定与它奉陪到底。

1864 年秋,帝国议会中的德国人最终开始阻挠帝国政府采取的不妥协政策,并且选择接纳马扎尔人。正如 1848 年一样,马扎尔人对匈牙利的统治成为奥地利和匈牙利德国"自由派"、民族主义者愿意负担(至少是暂时负担)的代价,而他们强化了对君主制的其他地区的统治。1864 年末,甚至弗朗茨·约瑟夫皇帝开始试探费伦茨·迪克,迪克是继科苏特和塞切尼之后马扎尔人实际上的领袖。

到 1862 年,流放国外的科苏特最终失去对实现马扎尔独立的信心,无论是借助革命战争方式还是借助法意联合军事干预。他态度大变,告诫他的马扎尔同伴修复与克罗地亚人、塞尔维亚人和罗马尼亚人的关系,且不是讽刺或压迫他们,而是应当推进一个反哈布斯堡的多瑙河联邦,马扎尔人应当成为这个联邦的成员和领袖。他论证道,马扎尔人必须将自己置于一个多民族的反哈布斯堡(而且间接地反奥斯曼)多瑙河解放运动的排头兵,如果他们不打算"被德国人的联合所终结,或者被觉醒的民族的进攻所摧毁"。(Jazi 1929:313)

重要的是,科苏特的高远视野和思想的变更,结束了他在马扎尔人中的实际政治影响,尽管鉴于在 1848－1849 年中的巨大作用他仍然是一个备受尊重的"民族英雄"。"科苏特的警示性预告和他建立邦联的计划遭到贵族中领导层的反对,这不是因为它们的乌托邦本质,而是因为它们的调和性,因为这近似于声明放弃匈牙利的主导地位和国家的领土完整"。(Hanak 1975c:313)自负的马扎尔"优秀种族"竟要跻身于"落后的"斯拉夫和罗马尼亚"农民民族"之列,或者与之平起平坐,任何有关此类的提议无疑都是对傲慢的马扎尔贵族和强硬的马扎尔民族主义者的冒犯。后者宁愿与说奥地利语的德国人进行交易,把后者视为"真正的平等者"和"天然伙伴",尽管他们在 1848 年革命前夕曾经遭到说奥地利语的德国人的屠杀和压制,也不愿意让自身与"低等的"巴尔干民族搅在一起。(Taylor 1976:122)这种态度成为任何试图解决罗马尼亚、塞尔维亚、克罗地亚和斯洛伐克境内(及其相关)的马扎尔少数民族问题的持久障碍。

1863、1864 年,施梅林政府面临的不满越发高涨,甚至在他的奥地利德国"天然"支持者内部。由于 1859 年战争之后接踵而至的财政和货币"挤压",不满进一步加剧。1865 年初,施梅林终于被迫重新召开一度中止的马扎尔和克罗地亚议会。在 1865 年 4 月 16 日出版的一篇文章中,费伦茨·迪克否认任何企图削弱哈布斯堡帝国的根基和领土完整的意图,只是在这一框架内才"给予"匈牙利宪法的基本法令以充足空间。同年 5 月,他继续承认,存在奥地利和匈牙利所共同关注的一些重要事务。这些重申为 1865 年 7 月罢免施梅林及其"集权主义"同盟者以及此后漫长的谈判扫清了障碍。这种状况在 1867 年 5 月的马扎尔人和他们的君主之间的相互妥协达到极致,当时君主亲自来到布达佩斯,宣布他将满足他的匈牙利民众的忠诚的、合法的愿望。(Hanak 1975c:315;Taylor 1976:122)

一方面是内部要素和动因变化达到极致,另一方面,1863－1866 年间的俾斯麦治下的普鲁士在外交上强加给哈布斯堡帝国的羞辱,迫使马扎尔人和他们的君主日趋接近。1863 年 8 月,仍然由哈布斯堡主导的德意志邦联会议遭到普鲁士国王的抵制,离开普鲁士国王的参加,其他的德意志统治者难以达成任何交易。同年秋天,普鲁士还将奥地利拒之于德意志关税同盟大门之外,当时,普鲁士主导之下的关税同盟欣欣向荣。由此,奥地利在德意志的经济事务中日益被边缘化。1864

年,普鲁士和奥地利联合入侵石勒苏益格和赫尔斯泰因,割去了丹麦三分之一的领土,但是它也向许多德意志青年王子表明,他们有一个新的普鲁士"老板",并且开始采用武力将大部分德意志地区统一在普鲁士王室名下(完成于 1870－1871 年的普法战争)。

1866 年初,哈布斯堡帝国已经做好准备,决定不久的将来与俾斯麦领导下的普鲁士"摊牌"。他们似乎获得了许多天主教和某些路德新教的德意志州邦的支持,共同反对普鲁士的扩张主义或者"帝国主义"。奥地利外交部长甚至与拿破仑三世签署秘密协定,协定规定,在可预期的哈布斯堡战胜普鲁士中,奥地利将把威尼斯割让给法国(法国再将它割让给意大利,以此作为荣誉和奖赏),而且以牺牲普鲁士为代价,在征得法国同意的情况下,奥地利将获得在西里西亚和莱茵兰的领土补偿。然而,俾斯麦更胜哈布斯堡一筹。1866 年 4 月,他向普鲁士和其他地区的"自由主义"、民主主义者发出呼吁,并且将自己列入其中,建议德意志邦联的国会此后应当由所有成年男子普选产生(类似于普鲁士国会)。接着在 1866 年,通过承诺让意大利获得威尼斯,换取意大利支持之后,普鲁士迅速侵入汉诺威(不列颠的一个附属地区)、撒克逊、库尔西斯(Kurhesse)和波希米亚,而且在 1866 年 7 月 3－4 日的萨多瓦战役中,决定性地击败了奥军主力。俾斯麦的快速"击败战略"成功地避免了战争久拖不决以及普奥战争双方的相互摧毁,而且避免了法、英或俄国在交战双方进行任何有偿的斡旋。欧洲的其他列强,与奥地利一道,只能接受俾斯麦带来的既成事实。布拉格条约(1866 年 8 月 23 日)终结了数个世纪以来哈布斯堡在德国和意大利的权力和影响,并且最终鼓励哈布斯堡到巴尔干地区寻求领土补偿(由此产生的后果是灾难性的)。协定还规定,奥地利支付一笔数目极少但颇具屈辱性的补偿金,并正式认可普鲁士统治下的北德意志邦联成立,以及汉诺威、石勒苏益格、赫尔斯泰因、拿骚、法兰克福和库尔西斯等并入普鲁士。

尽管如此,这些和平条款中任一款都算不上苛刻。俾斯麦坚决拒绝普鲁士国王关于割让哈布斯堡更多领土的要求。(Kann 1974：276)他甚至极力维护哈布斯堡帝国作为德意志各邦中一个被击败的初级伙

240

伴的角色,而不是去摧毁它。哈布斯堡帝国的持续存在构成一个大德意志崛起的障碍,而俾斯麦和普鲁士容克阶级本来希望长期控制的更不止于一个大德意志,而且奥地利的存在很可能会在欧洲激发一个反德意志同盟的出现。受过良好教育的马扎尔人、捷克人、斯洛伐克人、斯洛文尼亚人、波兰人、罗马尼亚人、俄罗斯、法国、意大利和英国似乎都更愿意维持一个哈布斯堡帝国,而不是出现一个可能会统治欧洲并且危及欧洲稳定的大德意志。奥匈帝国(成立于 1867 年)被从意大利和德国排挤出来以后,仍然构成德、俄(两者存一的)在东中欧和巴尔干地区霸权的一个有效制衡因素。它的持续存在,使得欧洲列强不太情愿解决的重大问题(也就是,该用什么来取代它的位置,也即自从 1918 年以后一直困扰东中欧和北巴尔干地区的问题),顺理成章地得到推延。作为欧洲名副其实的政治家,俾斯麦认识到,有必要"维持奥地利1866 年的现状",尽管这造成 1867 至 1918 年间奥地利帝国政治区域内一定程度的"消极无为"。(Taylor 1976：127－129)1866 年,如同1815 年一样,"奥地利被保存下来,仅仅是出于对其他列强的便利,而不是因为它自身具有的实力"。(第 37 页)这标志着哈布斯堡帝国作为军事强国终结的开始,尽管它的经济和文化仍然持续发展到第一次世界大战时期。

1867 年的奥匈妥协

1859－1866 年间历经失败和屈辱,皇帝弗朗茨·约瑟夫最终决定谋求与奥地利境内的德意志"自由派"以及马扎尔贵族达成长期和解,与 1848 年甚至 1859 年相比,后者在 1866 年的危机期间已经表现出的忠诚和克制堪称模范。弗朗茨·约瑟夫现在需要他们的积极支持,不仅是为了确保他和哈布斯堡王室能在 1859 年和 1866 年屈辱的败退后维持不倒,这些败退与他个人过多地卷入到外交和军事密谋有关,而且是为了尽力挽回哈布斯堡的某些损失。1866 年 10 月,他将哈布斯堡的外交政策托付给萨克森的前首相,费迪南德·贝苏特男爵(Ferdiand Beust,后来成为公爵)。他被(错误地)认为是与俾斯麦相匹敌的更合适人选。他的首要政治任务就是极力建构一个新的反普鲁士同盟(不仅在国内而且在国际上),以此扭转乾坤,恢复1863年的哈布斯堡帝国地位,即便不能回到更早期的地位。这种"复仇主义"策略成功的机会甚至微乎其微,它要求全面重组哈布斯堡帝国内部力量,包括与马扎尔贵族和奥地利境内德国"自由派"之间的全面和解与权力共享。(Kann 1974:276－277)所有这些重要缺陷在于,这两个集团都极不情愿欢迎和支持对普鲁士再启战事。因为,他们认为,他们在1867年的巨大收益就是靠1866年普奥战争中击败奥地利获取的。类似地,他们担心,一旦奥匈在对普战争中获胜,他们的这些利益会被葬送。再者,对奥地利境内德国人来说,要参加反对德意志民族统一的战争,也是勉为其难,即便这个国家由颇受憎恶的普鲁士来主导。然而,1867年的妥协协定使得要谋求(更不必说实现)一种能全面解决君主制下至关重要的"民族性问题"的方案,几乎不再可能,因而,奥地利人要"报复"普鲁士人更加困难,而非更加容易。

实际上,奥匈的1867年妥协协定促成两个平等的半自治国家,即奥地利和匈牙利之间的联合。他们愿意拥有同一个君主,统一关税,单一货币,共同的财政,共同的外交和国防政策,统一的外交代表,联合的武装部队和一个以维也纳为中心的一体化的军事领导结构。德语仍然是军事统领中的官方语言和帝国的交际语言,而奥地利皇帝或匈牙利国王将保持对外事和军事的唯一仲裁权。匈牙利只能建立自己的象征性的武装力量,而且在帝国的军事事务中只有很少的发言权。"匈牙利国会在军事问题上的权威局限于确定招募人数、参与完成军衔、决定部队驻扎地方等。王朝对于其他军事问题有绝对的控制权……军队充当独立的力量,常常以挑衅性地反匈牙利的方式行事,而且故意侮辱其他民族的感情。"(Hanak 1975b:119)这就成为马扎尔人和奥地利帝国权威之间彼此争执的重点,发展到极致便出现了1903－1906年的"互不相让"(导致了1906年初奥地利皇帝和武装部队暂时中止了匈牙利国会和宪法的效力)。

部长们继续由哈布斯堡帝国皇帝或者国王委任,向他负责,而不是由奥地利和匈牙利的议会任命，也不向其负责。有少数几个相同部门的部长对皇帝或国王和一个专门委员会负责，该委员会分别由来自奥地利和匈牙利议会的同等数额代表组成。他们就日常政策方面的问题进行磋商，向皇帝或国王提出建议，因此撇开了议会对重要政策的许多层面的审查和控制。所谓的"财政共担"只限于那些维持帝国的共同政策和机构，重点是国防和外交政策。这些共同支出按照一定比例分别由奥地利和匈牙利承担，承担的比例由各自议会相互协商确定，每10年确定一次，作为所谓的"经济协定"的一部分（还包括像外部关税和贸易、金融事务、铁路线路和10年一次的关税同盟的修订等）。帝国的"支出分担"的比例最初确定为70：30，奥地利的财政负担明显重于匈牙利，但是1907年时，比例已经变为63.6：36.4，更趋于均衡。有时为了体面地续订"经济协定"，双方不得不进行不厌其烦的协商。

重要的是，1867年的"妥协"不是由奥地利和匈牙利的各种代表机构和人民在多边协商中达成的。它是双边商定的结果，也就是在皇帝弗朗茨·约瑟夫一方和自行任命的马扎尔谈判代表一方之间，而撇开各个民族及其（间接）选举的代表达成的。奥地利的帝国议会曾经一直试图发展成为一个能代表哈布斯堡帝国整体的机构。它甚至被作为一个不可改变的既成事实，匈牙利议会也是一样。这仅仅是强调，两者都不是完全成熟意义上的议会，而且两者都不能对作为整体的帝国的事务实行积极控制，这种控制完全不同于它的持续分离的两"部分"内的统治。相反，"妥协协定"成为某种"阻挠宪章"式的东西。它允许各方可以否决另一方在宪法安排以及两者关系方面的任何重要变动，因此阻碍了与哈布斯堡皇帝的非德意志和非马扎尔民众达成任何更具理解性的方案或者共识。

"妥协协定"还有助于维持帝国的两个"优秀民族"，即奥地利德国人和马扎尔人的领导地位。然而，马扎尔人的忧虑和不安全感（与他们在匈牙利王国内的统治的脆弱性和非完全自治的地位相关）意味着，他们绝不愿意冒险授予"各自所在帝国的一半"领土上其他民族以平等权利和地位。他们还忧心忡忡地看待帝国的"奥地利一半"领土上更大程

242

度的种族平等,以及民众对准国会机构的参与。问题的要害在于,在帝国的当权者和马扎尔领导人看来,"如何将哈布斯堡君主制一分为二而同时又让它连为一体"。(Sked 1989:194)解决方案的本质蕴涵于(或者以伪装的形式)马扎尔的重要谈判者安德拉希伯爵(Gyula Andrassy)对一位奥地利德意志同僚的话语中:"你监管好你的斯拉夫人,我们将看管好我们的那一部分。"(第190页)"安德拉希渴望出现一个集权的、自由的和日耳曼人的奥地利,正如匈牙利将是集权的、自由的和马扎尔人的一样……日耳曼人和马扎尔人都要成为'代表国家的民族'(Peoples of state);而至于其他民族,安德拉希说道,斯拉夫人不适合从事管理,他们只能接受统治。"(Taylor 1976:130)

尽管如此,奥匈的"妥协协定"无法令任何人满意。"君主国中的日耳曼人开始憎恶它,而且许多匈牙利人也想改变它。君主国的其他种族——非常正确地——感觉受到了欺骗……1867年的'协定'将它们的命运交给主要民族来主宰"。(Sked 1989:188-189)在1895年,奥地利的右翼基督教社会党的领袖卡尔·吕格尔(Karl Lueger)对帝国议会说,他认为二元君主制是"我的祖国迄今为止所遭受的最大的不幸"。(第189页)奥地利公众开始抱怨痛恨"匈牙利在君主国中起到的险恶而显著的作用",因为马扎尔人常常否决任何改变现状的变革,而"马扎尔公众舆论仍然认为匈牙利处于被压迫地位",因为自治的匈牙利尚未获准坚持它的完全主权、独立和自由。(第190-194页)

透过马克思主义的棱镜,1867年的"协定"也可得到阐明,它是"资产阶级革命时代的谢幕演出"。继1848-1849年的"自由派"和民族主义革命以及1849-1866年的新绝对主义统治失败之后,"妥协协定"提供了一个"解决资产阶级转型问题的反民主方案"以及资本主义的发展方案。"皇帝,为了挽救他的帝国,认同了宪法对他的至高无上权利的温和限制……新的体制没有改变,事实上加强了民族压迫……大地产体系并未削弱,反而巩固。"以这种方式,"封建主义的残余被保留在资本主义的框架内",而绝对主义的残余"被包裹在立宪主义的外壳之下"。因此,妥协协定"仅仅结束了一个时代",它既没有完成"资产阶级革命"，也没有解决革命的"基本问题"。(Hanak 1975：318－319)这种转型的片面性注定构成所谓"二元君主制"日益攀升的冲突和骑墙背后的重要因素。

妥协后君主国的"奥地利一半"，1867－1918

1867－1893 年间，君主国"奥地利一半"享有两段相对较长的稳定宪政时期。第一段是由卡尔·冯·奥尔施佩格(Karl Von Auersperg，1867－1871)亲王和他的弟弟阿道夫·冯·奥尔施佩格(Adolf Von Auersperg)亲王共同领导的奥地利帝国"自由派"统治时期，介于两者之间的是六个短命的保守派首相(1868－1871)。第二段时期是在爱德华·塔费(Eduard Taafe)领导下代表德国、波兰和捷克保守派、天主教会以及大地主的所谓的"铁环"时代，从 1879－1893 年。然而，从1893－1914 年，奥地利政体向来脆弱的稳定和泰然状态遭到日益增加的种族冲突和竞争的破坏，冲突的一方是奥地利和波希米亚种族的德国人；另一方是捷克人、斯洛文尼亚人、克罗地亚人、匈牙利人(马扎尔人)和犹太人等。这些冲突和竞争最终使得君主国的"奥地利一半"不能再用议会方式进行统治，而且导致了(奥地利帝国议会)从 1914 年 3月(四个月后爆发了第一次世界大战)至 1917 年 5 月休会。总之，维系君主制的力量仅仅只是官僚为主干的力量、忠于皇帝的残余势力以及大量"忠诚的"武装部队。

奥地利的德裔"自由派"的最初统治，1867－1879，以及自由派改革的"高潮"

在君主国的奥地利一半，德意志族人口仅占全部人口的三分之一，但是他们的纳税额占到直接税总额的三分之二。奥地利德国"自由派"否认他们只不过是一个劫持奥地利国家服务于自己非法目的的新精英集团。与 19 世纪欧美其他地区的"自由派"一样，他们坚持认为，财富是政治责任的首要资质，而且"经济斗争中的奖金会归到那些'赚取'它们的人那里……他们不是民主派"，但是他们也不是狂热的保守派、反

243

动派或者民族主义者。(Whiteside 1967：178－179,184)由于一个有
利于有产者和纳税人的政治代表体系(与 19 世纪欧洲其他地区的"自
由"议会体系一样)的作用,在 1867 至 1879 年间的奥地利,德意志族的
"自由派"的统治得到实质性的加强。平均说来,一个德国人纳税的税
额相当于一个捷克人或者一个意大利人的两倍,相当于一个波兰人的
四倍半,相当于一个南斯拉夫人的七倍。(Jaszi 1929：278－279)尽管
如此,德意志族人在君主国的奥地利一半中所占的统治地位与其说是
建立在非凡的议会实力之上,倒不如说建立在基于各种教育和社会优
势而获得的经济特权地位之上。(Kann 1974：426)最迟至 1914 年,14
个中央部长(包括 3 个"联合"部长)中有 80％的官员,受过高等教育的
学生和高级教士中有一半以上人员,以及帝国武装部队中有 78％的被
任命的军官,都是德意志族人。(Whiteside 1967：164－166;Zollner
1967：222)德意志人继续控制着君主国奥地利一半的经济、文化和知
识生活,虽然 19 世纪捷克复兴中产生了许多令人印象深刻的经济和文
化成就。(Jaszi 1929：279－280)根据怀特赛德(Whiteside)的观点,
"德意志共同体的开放性特征"使得其他民族融入其中更为容易。"聪
明的、有雄心的人都被吸引到德意志共同体中。"因此,"德意志文化渗
入并且影响到帝国的许多民族"。资本主义强化了奥地利德国文化的
优势地位和整合作用。"值得怀疑的是,该地区的任何其他种族-文化
群体是否能够完成建设和维系帝国的政治、经济和文化任务……无论
如何,正是德国人拥有填补东欧地区政治经济真空所需的人力资源和
物质资源。"(Whiteside 1967：168－169)然而,怀特赛德多少有点夸大
其词。这些因素只是有助于奥地利的霸权,而非确立了奥地利霸权的
合法性。

为了铺平通往帝国议会的 1867 年"妥协协定"的通道,皇帝弗朗
茨·约瑟夫接受了一连串的"自由派"立法,并且提升了德意志"自由
派"在奥地利的领导权。在 1867 年 5 月召开的奥地利帝国议会当中,
德意志"自由派"占有三分之二多数的议席,(Kann 1974：338)尽管德
意志族人仅占全部人口的三分之一。1867 年 12 月通过的五项"立宪

法令"强化了个人的自由和国会的权力。(第 339 页)1868 年 5 月和 1869 年 5 月通过的法令确立了一系列权利,如世俗结婚权、世俗的义务教育权(将教士的作用限定在宗教指导方面)以及所有宗教部落法律面前平等的权利。宗教部落之间的通婚变得更为容易,1870 年 8 月,与梵蒂冈 1855 年达成的宗教和解法令被否决,同时被否决的还有 1870 年关于教皇"绝对可靠"的教皇通谕。1874 年,教会财政和管理被纳入国家监管之下。

244

1867—1873 年的繁荣和 1873 年的股市暴跌

1867—1873 年间,由于史无前例的经济繁荣,奥地利德国"自由派"的领导地位得到进一步巩固,这次繁荣就是历史学家惯称的经济景气。为应付 1864 年和 1866 年战争而大量发行纸币,以及外国资本(主要来自法国和比利时)的净流入,受这些因素影响,银行业、不动产和建筑业等领域出现投机性繁荣,另外,铁路网里程成倍增长,结果,到 1873 年德意志奥地利、波希米亚和匈牙利的所有主要城镇和城市之间以及与外部世界之间,都有铁路连接。铁路建造的狂热反过来也刺激了采矿、冶金、工程和粮食等领域的增长,而一夜暴富的公司创办者发起成立了无数的联合证券公司(包括五家联合证券银行)。当时维也纳市内甚为浓重的暴发户氛围被约翰·斯特劳斯的令人振奋的轻歌剧《蝙蝠》(*Die Fledermaus*,1874)捕捉到,该歌剧成为一首令人陶醉的香槟颂诗。

然而,1873 年 5 月,也就是在维也纳大型世界博览会成功开幕不到一个月后,在德意志中欧地区(并进而影响到中欧东部的许多地区),证券市场发生巨大崩盘,因而突然之间终结了经济景气。奥地利的德国"自由派"的(以及对他们的)信心因这次崩盘和持续六年的萧条而严重动摇,当时,与萧条并行的还有高利率,大范围的破产,国际粮食价格下降,社会和商业保护主义需求的增长,以及国家对经济事务干预的增加等。股市暴跌还把繁荣时期充斥的许多腐败或非法的、有漏洞的金融交易公之于众,其中有些甚至牵涉一些重要的"自由派"政客和企业巨头。它还促成一股强大的普遍(反资本主义的)反犹太主义(一直持续到第二次世界大战时期),同时还有"自由主义"的退却。股市暴跌和后来的丑闻将数百万人的心思聚焦在"自由派"政权的邪恶和伪善上,该政权"理论上强调自由和平等,但是却一直在损毁它们的存在"。人们对"民族主义民主派、关注社会的天主教徒甚至封建贵族"的谴责作出了回应。到危机后的十年末期,许多人乐于支持"希望取代现存自由派体系的政治运动,期望取而代之的是以民族性、宗教、阶级或者职业阶层为中心组织起来的某类社会共同体"。(Whiteside 1967: 180)因此,出现了从"自由主义"向各种形式的社团主义的倒退,其中一些形式的社团组织在 20 世纪前半期造成了可怕的后果。

哈布斯堡帝国占领波黑的灾难性后果,1878 — 1918

皇帝弗朗茨·约瑟夫从来就未曾真正喜欢过奥地利的德意志"自由派",1879 年,在他们未能赞成奥地利几年前对波黑的军事占领(这一占领在 1878 年的柏林会议上得到欧洲列强的批准)之后,遂将他们从政府中扫地出门。弗朗茨·约瑟夫对于这个问题尤为"敏感"(也可以说,"不敏感"),因为这次占领和后来(1908)吞并波黑代表了他统治期间唯一一次领土收益,而屈辱性的军事失败和领土丧失给他的统治期内投上厚重的阴影。然而,按照预定的进程,这项收获危险地放大并且点燃了哈布斯堡帝国内部的"南斯拉夫问题",而且引入一个新的摩擦根源,摩擦双方分别是维也纳的帝国主义"当权派"和马扎尔的政治精英。许多马扎尔人担心,将新的南斯拉夫领土和人口并入到奥地利或者并入到作为整体的君主国,任何一种行为都将强化斯拉夫人关于把二元君主制转变成三元君主制的要求,由此斯拉夫人就正式与马扎尔人平起平坐,并危及 1867 年"妥协协定"的脆弱均衡和排他性的双边基础。由于这些缘故,马扎尔人的政治领袖(与奥地利德意志"自由派"一样)对于哈布斯堡在巴尔干地区的领土野心非常警惕,而且拒绝波黑完全并入奥地利,甚至完全并作为整体的君主国。任何此类风吹草动都会激怒诸多俄罗斯人和塞尔维亚人,如同 1908 年君主国单方面宣布

245

吞并波黑一样。鉴于维也纳帝国主义"当权派"同样不情愿允许他们并入到奥地利(如同某些马扎尔"鹰派"所希望的那样),波黑只能局限为正式的君主国之外的半殖民地,表面上处于哈布斯堡武装部队和来自奥匈财政部官员的"保护"之下。这种政权导致贫困攀升、社会问题严重,以及武力镇压和对于天主教(克罗地亚)少数派以及天主教会的煽动性高调支持,还导致了反动的和实行高压统治的"非圣战同盟"的出现,该同盟由穆斯林地主阶级和保守的穆斯林教士共同组成,旨在伤害东正教塞尔维亚多数派。直到奥地利统治结束时为止,80％以上的波黑人口仍然是文盲。奥地利统治最明显的积极影响体现在,建造了华而不实的罗马天主教教堂、会堂以及夸饰性的"帝国巴洛克式"公共建筑,在首都萨拉热窝地区尤为明显。然而,这些建筑不是与本地漂亮的建筑融为一体,而是非常扎眼地立在那里,成为一种狂妄自大、侵入他人领地的、陌生政权的令人憎恶的象征。这些不同的政策加剧了不同种族之间的紧张和怨恨。

为了防卫君主国,新的领主们"热情洋溢地投身于发展波斯尼亚经济的行动当中"。到 1907 年,他们建造了 1 022 公里的铁路、1 000 多公里的公路、(铁路和公路上的 121 座)桥梁、化工厂、钢铁厂、雪茄和地毯厂、示范性农场、示范性葡萄园、为穆斯林法庭专门培训法官的伊斯兰法律学校、将近 200 多所小学、三所中学、一所技术学校、一所师范学院和一所农学院,同时还发展铁、铜和铬等矿业以及林业技术。(Malcolm 1994:141,144)公办学校的免费中小学教育中,学生接受各自宗教派别独立的宗教教育,1909 年,中小学教育列为义务教育。(第143—144 页)到 1913 年,波希米亚的工业劳动力超过 65 000 人,(第141 页)从 1879 年开始,41 500 名农奴已经能够赎买自由,虽然仍有93 000 个家庭处于奴役之下。(第 140—141 页)

尽管如此,这些夸大的成就,与其说是驳斥了倒不如说是证实了哈布斯堡在波黑地区进行的统治本质上具有异化的、侵略性的、毁灭性和殖民主义的特征。许多其他的殖民政权当时也在吹嘘类似的"成就"。无论物质上有多大受益,事实仍然在于,波斯尼亚穆斯林、东正天主教徒和天主教之间数个世纪以来形成的微妙的共处和均衡,却因为大量的天主教官员、殖民主义者、士兵和教士的突然之间涌入而遭到严重扰乱。这种情况由于与天主教徒结婚,或者抚养此类婚姻生育的后代,在此过程中,非天主教徒往往承受改信天主教的压力而进一步恶化。波斯尼亚地区(天主教徒为主的)奥匈移民的数量从 1880 年的 16 500 人增加到 1910 年的 10.8 万人。(Malcolm 1994:143)尽管奥斯曼人当时只需 120 名官员就可统治波黑,但是到 1910 年,同样是维持该地区统治,哈布斯堡帝国所需雇员上升到 9 533 名。(第 138 页)

　　本杰明·凯利(Benjamin Kallay),是前马扎尔外交官,后来成为一名受人尊敬的塞尔维亚史研究者,从 1882－1903 年间,负责波黑地区的民事管理,同时也担任奥匈共同的财政部长。凯利勇敢地培育独特的波斯尼亚民族认同感,希望这种认同能够将该地区的穆斯林、东正基督教徒和天主教居民团结起来,并且让他们与他们的塞尔维亚和克罗地亚邻居隔离开来。(Malcolm 1994:147－148)当时波黑地区盛行的走在民族主义之前或者支持民族主义的东正教、天主教和穆斯林宗教情感或者认同感尚未凝结为塞尔维亚、克罗地亚和波希尼克(Bosniak,波希尼亚穆斯林)的种族认同。马尔科姆认为,如果有可能让波黑完全与外部世界隔绝,凯利的政策或许能够成功。然而,未能从宽容的、世界主义的、有公民责任心的萨拉热窝穆斯林当中唤起积极的反应,这些穆斯林长久以来坚持与他们的东正基督教徒、天主教和犹太教邻居之间保持温和的民间关系,而且,"通过奥匈帝国的政策帮助培育的教士、学校教师和有文化的报纸阅读者",塞尔维亚和克罗地亚的民族主义观念确实传播到波斯尼亚和黑塞哥维那地区信奉东正教和天主教的人民当中。(第 148－149 页)再者,政府与萨拉热窝穆斯林领袖合作,不仅激怒了特拉夫尼克(Travnik)和墨斯塔(Mostar)地区决不妥协的穆斯林领袖(他们采取决不妥协立场"以便让他们的萨拉热窝对手声名扫地"),而且引起了一部分天主教和东正基督教徒的怀疑和不满,他们认为自己应该独享官员特权。(第 145－147 页)与此同时,奥地利君主国对邻近的塞尔维亚和克罗地亚人越来越采取拙劣的侵略和分裂措

246

施,这煽动了塞尔维亚和克罗地亚民族主义和南斯拉夫主义的怒火。因此,鉴于君主国对待南斯拉夫总体政策的内在矛盾,它的波黑政策注定会失败。(第150页)由此类推,哈布斯堡不理智地种下并且培育了后来南斯拉夫地区悲剧的种子。因此,总体上不足为奇的是,1914年6月,第一次世界大战的扳机在波希尼亚地区扣响。

君主国的"奥地利一半"内保守的"铁环"统治,1879－1893

奥地利德意志自由派在被解职以后,他们丢掉了1879年夏天的选举,一个由爱德华·塔费伯爵凝聚在一起的保守的德意志、波兰和捷克天主教徒与地主联盟取而代之。塔费伯爵劝说"老捷克"领导者放弃他们对帝国议会的联合抵制,承诺他们在波希米亚地区加大行省自治,并且享有与德意志人同等的语言或文化权利。他还向加利西亚地区和斯洛文尼亚的保守的天主教徒和地主领导人许下了类似的动听诺言。(实际上,因为1868年特许加利西亚人具有广泛的行政、教育和文化自治,以及1871年设立加利西亚事务委员会,波兰贵族已经被"拉拢"过去。)结果,奥地利的非德意志人多数派不再中止新的宪法体系,而是积极地争取政府支持,争夺在迅速膨胀的帝国和行省官僚机构中的职位。首相常常有诸多许诺,今天答应在此地修建一条新路或者铁路,明天答应在另一地方修建一所学校或者大学,政府联盟因此被维系在一起。相互竞争的民族政党的领导人,一方面与首相讨价还价,另一方面汲汲于通向帝国议会的功名利禄,他们"放弃了任何改变体系的要求"。因此,塔费的政治把戏能够为奥地利带来一段政治稳定、经济复兴和管理权力下移的时期。

1879年奥匈帝国与德国"二皇同盟"危险的深远影响

1879年10月(起初秘密)签署的"二皇同盟"(Dual Alliance)进一步巩固了新的保守派趋势,哈布斯堡帝国和霍亨索伦帝国彼此利益被牢牢地锁在一起。早在1870年,(匈牙利议会中的一位塞尔维亚议员)乔治·斯特拉铁莫拉维奇(George Stratimirovich)就曾警告说,如果普

247 奥结盟,那么他们谋求的肯定不是欧洲的和平。相反,(作为回应的)法俄结盟将成为新的世界大战的隐患,进而,它将威胁到我们的存在。(引自 Barany 1967：249)待到精明的奥托·冯·俾斯麦掌管德意志的外交政策,他避免了这种导向于欧洲大陆战争的两大敌对阵营的潜在灾难趋势,他让德意志与俄国修好(作为一种"最后保险机制"),俾斯麦1881 年预先启动一项与俄国、奥地利的三国同盟,而且在 1884 年又续订三年。1887 年,俾斯麦再次修订策略,与俄国秘密签署了《再保险条约》(Reinsurance Treaty),担保俄德两国即使在受到第三国攻击时,也要对另一方保持善意中立。因此,尽管(本质上是防御性的)有"二皇同盟"的存在,德国仍然不会被迫支持奥匈帝国进攻俄国。相反,俄国也不会支持法国对德国的复仇战争。再者,俾斯麦多次拒绝给予奥地利在巴尔干地区野心勃勃扩张和自由行动的支持。1876 年,实际上,俾斯麦已经告诉德意志帝国议会,巴尔干地区甚至不值得牺牲任何一个普鲁士士兵。然而,1890 年俾斯麦下台之后,缺乏经验、行为不慎的德皇威廉二世将俾斯麦的告诫抛掷一边,放任德国与俄国签署的《再保险条约》失效。这个举措的直接后果就是法俄同盟的结成(1894),以及欧洲大陆日益危险地分裂为两大相互怀疑的武装阵营,两者之间冲突的气息似乎已经可以嗅到。

1879 年的"二皇同盟"更多地代表的是一种战略或者外交动作,尽管它的重要作用对于当时的当事方来说似乎并不明显。它是德意志世界中的一种更为重要的战略调整。1878 年,首相俾斯麦已经摆脱了新教徒占优势的北德意志民族自由派(坚决捍卫李斯特的"自由主义的"自由贸易和自由放任的德国思想),转而支持与坚定的天主教、保护主义、南德意志和亲奥地利的(天主教日耳曼)中心党结成同盟。这种调整意味着有决定性意义的重新定位——从政治的、社会的和经济的自由主义转向社团主义、保护主义和国家社会主义,和保守的军事、政治和经济集团,即所谓的同盟国的出现。继 1879 年秘密签署的"二皇同盟"之后,很快出现了一个密约,根据这个条约,1881 年,贪得无厌的奥布雷诺维奇王朝将塞尔维亚转变成哈布斯堡帝国事实上的保护国。再者,1882年,意大利加入"二皇同盟",由此扩张为秘密的"三皇同盟",而罗马尼亚则在1883年与奥匈和德国秘密签署了防御协议。这些密约强化了彼此的经济联系,一方面是因为受到德意志在奥匈帝国、意大利、塞尔维亚和罗马尼亚的投资、银行、工业补贴和贸易平稳增长的驱动,另一方面受到罗马尼亚谷物、木材和石油对奥匈帝国、德国和意大利出口增长的驱动。

德意志"种族"民族主义和泛德意志主义发展的破坏性后果,1879—1914

塔费伯爵的"铁环"政策在19世纪90年代早期复兴的种族冲突的礁石上撞得粉碎。这一问题的根源在于,1879年奥地利和波希米亚德意志人对于他们从前在奥地利独享的政治优势地位突然中止积怨甚深。他们倾向于把责任归结于德国对这些所谓的危险、怯懦的政治"老手"们以及这个王朝的主导与控制逐渐衰落所致。在1882年颇有创意的林茨方案(Linz Programme)中,许多政治上不满的泛德意志"自由派"大胆呼吁将奥地利(包括波希米亚-摩拉维亚,但是排除加利西亚和达尔马提亚)融入一体化的德国中,并与德意志建立经济联盟和军事同盟,而与独立的匈牙利王国仅仅保留王朝之间的联系("个人之间的联合")。这个"自由的"泛德意志宣言的主要作者是军国主义的泛德意志主义者格奥尔格·冯·熊纳勒(Georg von Schonerer)、律师罗伯特·帕泰(Robert Pattai)、作家巴格尔伯特·佩纳施托弗(Engelbert Penerstorfer)、奥地利犹太物理学家(后来的奥地利社会民主党领袖)维克多·阿德勒(Victor Adler)和卓越的奥地利犹太历史学家海因里希·弗里德永(Heinrich Friedjung)。与1848年的泛德意志"自由派"一样,他们期望广泛的"德意志民族"能够将奥地利转化成一个统一的德意志国家。在最后的分析中,真正的泛德意志人宁愿接受奥地利与德国的联合,而不是保留奥匈帝国,就此而论,林茨方案可以被视为奥地利社会党和泛德意志要求与德国联合的"自由"开拓者(trailblazer),而这种愿望在1918—1929年和1929—1931年遭到了法国的

248

阻挠(只是在1938年在希特勒主政时期才得以完成)。然而,两年之内,熊纳勒最后与"自由派"闹翻,并且公然发起了一场种族主义、反犹主义以及反天主教的泛德意志运动——德国民族联合会。尽管这并未吸引大众效尤,但它确实在奥地利德国军官和泛德意志知识分子赞助下的德国学校联合会和田径俱乐部这类组织的幕后发挥了邪恶作用。它还充当了亲纳粹意识形态的孵化器。

奥地利和波希米亚德国人自视身处团团围困之中,在抗击"蛮族"和保持他们对于最好的学校、大学、博物馆、艺术馆、剧院以及行省议会和无数"糟糕的自治市"的反抗斗争中,招致失败。在许多"感到深恶痛绝"的奥地利和波希米亚德国人看来,随着他们最为神圣的制度和私人护佑者被"劣等"的非德意志"暴发户",尤其是斯拉夫人和犹太人擅自侵犯、玷污和亵渎之后,"世界将会向何处发展",殊难料定。他们认为,诡诈的、颠覆性的和骇人的斯拉夫人是要入侵他们作为"代表国家的民族"所独享的地位和光荣("神圣")的血统,因此,他们要参与反对斯拉夫人、坚决捍卫自身的活动,同时也越发具有反犹倾向。

塔费伯爵"铁环"的失败,1893

1890年,德意志人的义愤濒于迸发状态,当时,塔费伯爵领导下的温和折中的捷克和德意志委员会决定按照种族边界线重新划分种族混杂的行省,试图借此来缓和种族间的紧张。事与愿违,这个决定引起德国人和捷克人的公愤,在1890年的波希米亚选举中,塔费的温和的捷克和波希米亚德国支持者遭到决定性惨败,首相急需的议会支持由此丧失。首相后来又原路折回,试图安抚愤怒的波希米亚德国人,赢取温和的奥地利德国人的支持。然而,这种徒劳无益的努力进一步激怒捷克人,而他们此前一直是塔费最可信赖的支持者。绝望之下,塔费伯爵打算越过"资产阶级"民族主义者和泛德意志"自由派",寻求更保守、更恭敬、更忠诚和更少具有民族主义色彩的大众支持,急剧扩大选举权的范围以及下层阶级在国会中的议席。

这种谋略在1893年或许有所奏效。对牢骚满腹的民族主义者和

"自由"运动的积极支持似乎很大程度上被限定在职业阶级和有产阶级中，尽管分裂性的民族和阶级意识在下层阶级，尤其是非德国人中尚未发育。再者，正如普鲁东（Proudhon）曾预测的那样，事实表明，成年男子普选权在法、德确实较好地充当了反革命角色。在奥地利，如果塔费伯爵 1893 年获准引入更宽泛的普选权以及下层阶级在国会中的更多议席，那么"资产阶级"民族主义者和"自由派"很可能就会失去新获得的"多数党"地位，落入右派、天主教徒、"忠诚分子"和反犹太主义的基督教社会党之手。1887 年，在一位长期煽动转向"自由"的政客和反犹主义者卡尔·吕格（Karl Lueger）的发动下，基督教社会党很快地赢得在保守派、天主教徒、忠诚派且以奥地利人为主的德国商人、店主、小农场主和下层官员当中多数人的支持，这些人嫉恨并且感受到来自下述人群的威胁、漠视或者欺骗，他们包括"大产业者"、犹太中产阶级、部分有影响的犹太资产阶级、由犹太人实际拥有的"自由"出版业和帝国议会中包括部分犹太"自由派"在内的代表团。通过快速赢取奥地利农村和城市中潜在的下层中间阶级以及说德语的选民的支持，基督教社会党人与奥地利资产阶级发生了严重摩擦，并且抢走奥地利"自由主义"和泛德意志主义者的潜在支持以及政治影响。实际上，到 1895 年，吕格在维也纳市长选举中，选票超过了此前占优势的"自由派"。尽管皇帝弗朗茨·约瑟夫拒绝让这位声名狼藉的政客就职，直到他连续四次选举获胜。最后一次已经是 1897 年了，此后，吕格一直就任维也纳市长，直到 1910 年。

然而，允许粗鲁的平民群众进入国会政治，由此产生的前景不仅引起塔费的"资产阶级"民主主义者和"自由"反对派的警觉，而且引起帝国议会和政府中其他保守同盟者的警觉。毕竟，选举改革本来应当向更"值得尊敬的"基督教社会党，以及马克思主义（甚至更为"危险的"）奥地利社会民主党开放，后者是由前任的"自由派"维克托·阿德勒（Viktor Adler）在一个反资本主义、反军国主义、泛封建主义和反宗教的平台上建立。面对着"自由派"、保守派和泛德意志主义者提出的共同反对首相的选举策略，弗朗茨·约瑟夫决定解除塔费的首相职位，尽管皇帝本人在 1907 年也诉诸类似的选举策略。

二元君主国"奥地利一半"立宪政府日趋崩溃 1893—1914

从 1893—1895 年,二元君主国的"奥地利一半"一直在阿尔弗雷德·温迪施格拉雷茨(Alfred Windisgratz)亲王领导下的"大联盟"统治之下,但是它也植根于种族冲突的礁石之上,这次冲突主要在斯提里亚地区的德国人和斯洛文尼亚人之间。依靠国会的方式越来越难以维持国家的统治。从 1867—1895 年,无论是在"自由派"还是在保守派当中幸存下来的政治体系,都逐渐破产,这导致弗朗茨·约瑟夫决定将它的信仰诉诸意志坚定的、无党派"强人"。他希望这样一类人能够努力切断奥地利的"哥特情结",并且克服它的政治无力,通过将勇猛但明智的"方案"加之于奥地利的非常分离性的、不稳定的和似乎无法解决的问题上。对于这项艰巨的任务,皇帝不是选择一个德国人或者马扎尔人,而是机敏地选择了一位"忠诚的"但名义上属于"自由派"的波兰人卡西米尔·巴德尼(Kasimir Badeni),他时任加利西亚执政官。

1896 年,巴德尼上任伊始,实施了个人渐进所得税和一项广受欢迎的选举协定。这包括附加的第五款选举条例,即在成年男子普选权的基础上选出 72 名帝国议会代表(从总数为 425 人中产生),由此首次引入了少量的无产阶级代表。巴德尼在波希米亚问题上采取勇敢的"冒险行动"。1879 年,作为塔费伯爵与捷克领导人之间达成的一项政治"交易",双语制被强加给波希米亚从事"外部事务"的官员,也就是说,那些直接与公众人物打交道的官员。然而,波希米亚所谓的"内部事务"官员(那些与其他官员和维也纳人打交道的官员)仍然只能说德语。然而,1897 年,巴德尼颁布法令,即使是波希米亚的"内部事务"官员也必须熟练掌握捷克语和德语。尽管表面上不偏不倚,但实际上,这项变革几乎赋予捷克人在波希米亚地区的近乎所有官职的垄断权,因为只有多数捷克人实际上同时学习德语和他们的"母语",而少有波希米亚德国人学会捷克语(而且他们也不愿意那样做!)。巴德尼的语言法令引爆了德国人的愤怒,而且在熊纳勒的德意志民族联合会的煽风点火之下,愤怒情绪进一步升温。奥地利全境大规模的游行示威和骚乱不断,而且得到德国许多地区的愤怒集会的声援。

这个"有德意志民族特点的愤怒"产生的抗拒力量,迫使巴德尼在1897 年 11 月离职,它只是在越发攀升的种族间抗议和暴乱中达到顶峰,这也是 19 世纪 80 年代早期以来波希米亚的公共生活中最惊恐的一幕(Bradley 1971：135－138);而且德意志人骨子里毫不妥协的力量"摧毁的不仅仅是哈布斯堡帝国"。(Taylor 1976：183)德国人的力量尚不足将二元君主国的"奥地利一半"并入到德意志民族国家中,然而,两者都不足以能够就种族间冲突给出任何别的"解决方案"。这就使得政府僵局越来越紧,双方在政权问题上陷入僵持。

在经历了巴德尼的失败之后,皇帝弗朗茨·约瑟夫和他的大臣们实际上放弃了寻求解决所谓的"民族问题"的确定方案的努力。这强化了皇帝固有的悲观主义、听天由命的观念以及末日将至的感觉。早在1866 年,他在给母亲的信中就曾写道:"一个人只有尽可能地长久支撑,尽可能地坚守责任到最后一刻,直到最终与名誉同陨亡。"(引自Sked 1989：229)这就成为他漫长统治中的信条。似乎,他预见到,他的王室和帝国迟早会灰飞烟灭;他就一直在等待着众神和万物被毁这一刻的到来。奥地利政治势必变成一种维持现状的一时之法,也会时断时续地受到来自防御一方突然攻击的困扰。奥地利统治者有一种生活在苟延残喘之中的令人恐怖的飘忽感,而且面对无法控制的威胁力量和完全未知的事件,他们只能苦苦防守。

就其作用而论,帝国议会中政党的领袖们越来越无力组建(更不用说维持)一个立宪政府。他们宁愿竞相将统治奥地利的责任推让给其他人。因此,帝国议会中政党的领袖越发的"不负责任","鼓励甚至迫使皇帝个人独掌实权",尽管这两者都进一步助长并使得议会中政党领袖继续回避他们的宪政责任。(Taylor 1976：170－172)这导致了恶性循环。政府的实际事务逐渐落入到弗朗茨·约瑟夫从帝国的高级官僚中挑选组成的"无耻的"国家官员手中。与此同时,帝国议会几乎失去了对政策事务的任何影响,仅仅成为一个论坛,首相(现在只不过是一个高级的政府官员)在这里时不时地与议会党的领袖们会面,听取他们诉苦,与他们讨价还价以及给予安抚(此处修建一个新的学校,彼处修建一段铁路等),以此达到让他们"宽慰"的目的。(第198－199页)

1900至1904年间担任首相的恩斯特·冯·科贝尔(Ernst von Korber),试图通过公共工程和铁路建设方案(所谓的"政治交易[politischer Kuhhandel]"、"政治奶牛交易[political cow-trading]",相当于美国"政治分肥"政策的奥地利政策),来解决波希米亚的"语言问题"并"安抚捷克和斯洛文尼亚民族主义不满",但仍以失败告终。在他执政期间,甚至不得不动用紧急法令和帝国法令来维持统治。

保罗·冯·高奇(Paul von Gautsch)担任首相期间(1904－1906),经济一度繁荣,但是在奥地利和匈牙利关系上出现严重危机。这一危机挑战了1867年"妥协协定"以及二元君主国的全部基础。从1903－1906年,马扎尔人拒绝在奥匈帝国的军队中服兵役,除非马扎尔语成为马扎尔陆军的官方"指令语言"。这在实际上就产生了马扎尔军官领导下的独立的马扎尔军队,因为极少非马扎尔士兵会说或会写迥然不同的匈牙利语言。马扎尔人在这个问题上联合一致,皇帝弗朗茨·约瑟夫和哈布斯堡当权者中止议会,实行军事统治,并且威胁要在成年男子普选权的基础上产生新的议会,直到这时,马扎尔人的联合才告破裂。一旦实施普选,必将导致马扎尔人丧失他们在匈牙利王国"固有的"议会多数和政治优势地位。

在马克斯·冯·贝克(Max von Beck)担任首相期间(1906－1908),由于多数的马扎尔巨富和贵族妥协,再加上1907年对至关重要的"妥协协定"(包括所谓的"经济妥协协定")的和平修改和续订,奥匈关系一度"正常化"。然而,皇帝弗朗茨·约瑟夫在"郑重"威胁要在1906年匈牙利实行成年男子普选的基础上,在1907年实际上将成年男子普选权强加给勉强且疑惧不安的奥地利帝国议会,借此谋求"摆脱中产阶级政治家之间的民族主义冲突"。皇帝的努力效果甚好。1907年以成年男子普选为基础举行的帝国议会选举,恢复了基督教社会党和(仍然具有马克思主义特征的)社会民主党作为两大党派的地位。吊

251

诡的是,这代表了"帝国观念的胜利",因为这两大党派都希望维持哈布斯堡帝国领土的完整(尽管社会民主党看到了希望,并采取联邦制的形式),而且弗朗茨·约瑟夫"重获了较之于1867年以来他曾享有的更大自由行动权力"。(Taylor 1976:212)预算不必诉诸紧急法令就获得通过,而且最不寻常的是,贝克甚至将帝国议会的一些成员纳入他的政府中。然而,"蜜月"非常的短暂。到1911年,甚至社会民主党人在民族问题上也出现分裂,尽管煽动性的和反犹主义的基督教社会民主党很快就丢弃了所有崇高的罗马天主教的普世主义虚伪说辞,厚颜无耻地捍卫奥地利德国人至高无上的特权和群体利益。

在奥地利最后一位任职较长的首相卡尔·史德格(Karl Sturgkh)伯爵任职期间(1911—1916),由于捷克境内种族间再次发生冲突而越发陷入僵局,加上边缘化的奥地利帝国议会从1914年3月起就一直休会(也就是说,在"一战"爆发前的四个月),直到史德格伯爵被社会主义者弗里德里克·阿德勒(Friedrich Adler,维克多·阿德勒[Victor Adler]的儿子)在1916年10月被暗杀以及1916年11月弗朗茨·约瑟夫去世。

奥地利立宪政府渐趋破产,尽管几经波折,但似乎不可避免。多民族的王朝政体似乎无法产生和维持最低限度的共识和基本的宽容,而这些是维系王朝政体并且使得稳定的议会统治所不可少的,尽管事实上这段时期经济进步之大令人印象深刻,而且文化知识创新也令人倾倒。当时生活和工作在二元君主国的"奥地利一半"的显赫人物有:弗洛伊德,卡夫卡,诗人霍夫曼斯塔(Hoffmannstal)和里尔克(Rilke)等,作曲家马勒(Mahler)、绍恩伯格(Schonberg)、博尔格(Berg)、德沃夏克(Dvorak)、雅纳切克(Janacek)和苏克(Suk),艺术家克里姆特(Klimt)和柯柯什卡(Kokoschka),哲学家马赫(Mach),经济学家门格尔、米塞斯(von Mises)、哈耶克、熊彼特等,以及马克思主义理论家希法亭和鲍威尔(Bauer)等。具有讽刺意义的是,这些知识光辉和文化热忱更多的是动摇而不是稳固君主制、基督教会、官僚和武装部队的地位,它们全都处于知识分子持续的批判之下。

从 1867 年"妥协协定"至 1917 年的匈牙利王国

1867 年,也就是奥匈帝国签署"妥协协定"前夕,马扎尔统治下的特兰西瓦尼亚议会被轻易地说服,自我投票出局,允许特兰西瓦尼亚(它的居民 54％是罗马尼亚人,29％是马扎尔人)完全并入统一的匈牙利王国,同时并入的还有更大的南斯拉夫军事阵线地区(也就是现在的克罗地亚)。然而,根据哈布斯堡当局与克罗地亚领导人 1868 年的协定,克罗地亚获准保留它自己的议会和官方语言,45％的税收以及在完全属于内政、宗教、教育和司法领域事务方面的一定程度的自治,但是它的统治者或总督要由布达佩斯的匈牙利政府委任(并对后者负责),而并不是由萨格勒布或者阿拉格姆(Agram)的克罗地亚议会委任。

1867－1871 年间,新成立的匈牙利王国处在一个温和的实用主义的"自由派"和家长制作风(辉格党的)贵族统治之下,它的领导者是安德拉西(Gyula Andrass)伯爵,弗里德里克·迪克的国会"党"负责维持并掌权。新生的匈牙利国家的重要法令,尤其是 1868 年的《种族法》和 1868 年的《教育法》,确立了一个充满希望的开端,沿着这条道路,将通往一个统一的但相对自由的政权,这个政权奠基于对新出现的匈牙利民族国家秉持广泛而包容的"公民"观念之上(而非持一种狭隘的、头脑冷静以及不宽容的"种族"或者"整体的"马扎尔民族观,这种观念主张对无数生活和工作在匈牙利土地上数个世纪的非马扎尔人进行统治,并且挑衅性地对他们进行"马扎尔化"。)

1868 年"种族法"的起草者是进步作家和宗教、教育部长约瑟夫·艾厄特沃什男爵(Baron Jozsef Eotvos)(获得迪克的支持),他宣布,"匈牙利的一切公民,在政治上组成一个民族,一个不可分割的统一的匈牙利民族(nemzet),其中每个公民,不论属于哪个种族(nemzetiseg),都享有成员平等权"。(引自 Sked 1989：208)艾厄特沃什明确地将马扎尔人视为匈牙利历史上几个重要政治民族(nemzet)中的一个。(第 209 页)根据这种用法,nemzetiseg 相当于一个种族标签,而 nemzet 用来指一个广泛的、具有历史意义的领土单元或者"政治民族",它可以包括形式上地位平等的数个各具特色的种族和语言共同体。马扎尔共同体，作为匈牙利王国"历史"疆域内最强大的共同体，表面上仅仅是同辈中资格最老的。《种族法》和 1868 年的《教育法》都规定，6—12 岁的儿童实行义务教育，实际上尊重匈牙利王国内民族和文化的多样性。(Jazi 1929：314—315)种族少数派形式上获准使用本民族语言进行地方治理，而且，数量巨大、集中居住的种族群体的教育，可以由国家按照他们本民族语言施行教育。每个种族可以自由地发展它自己的一种或多种民族宗教，而匈牙利的犹太少数民族几乎完全获得"解放"——获得非犹太人享有的绝大多数公民自由和权利。

如果马扎尔统治阶级确实能够践行这种最早的政治和文化自由主义话语与精神，那么，这个半自治的匈牙利王国很可能会演化成一个类似大英联合王国（"联合国家"）的政体，或者甚至类似于瑞士联邦。然而，1871 年，艾厄特沃什去世，理想破灭的迪克从激进政治中退却（他于 1876 年去世），而且安德拉西"明升暗降"至帝国外交部长的职位上。作为匈牙利首相安德拉西的继任者，前任财政部长孟尼赫特·龙雅（Menyhert Lonyay），缺乏维持不同群体间广泛的联盟以及避开各种要求所需的政治计谋和名望，这些请求来自马扎尔"上流人士"、知识阶层以及新生的资产阶级内部混乱和民族主义的要求，他们要求在国家、公共就业以及公共教育体系上实行更激进的"马扎尔化"。再者，1873 年的"股市暴跌"，以及后来美国、俄国和罗马尼亚谷物出口的持续快速增长引起国际谷物价格下滑，使得相对更为贫困、两极分化的多种族以及大部分农业人口经历了更多的经济和社会痛苦的折磨。"被毁"的马扎尔上层地主打造政治谣言，尽管他们绝不是受苦最深的受害者。他们不断要求马扎尔贵族子弟垄断政府和专业岗位的就业（书面表述为"适于男孩的工作"），作为对他们（往往被夸大的）领地和收入方面损失的"补偿"。19 世纪 70 年代还出现了农民和无产阶级的严重骚乱，但是很快就被坚定地镇压下去。20 世纪以前马扎尔政府不能容忍农民或者工人运动的发展。实际上，"（匈牙利）独立的意识形态——或多或少有意识地——成为打击危及统治阶级利益的一切努力的高压型的意识形态"。(Jazi 1929：359)成立于 1868 年的统一工人联合会,在 1872年遭到取缔(它的领导者以"叛国"罪被审判),而且此后常常遭到官方的骚扰。社会主义者组成的非选举党(1878 年成立时当局允许它使用的唯一名称),以及 1890 年成立的匈牙利(马克思主义的)社会民主党也遭受类似厄运。实际上,挑战马扎尔统治阶级霸权的任何政治或者社会运动都极可能被镇压或者被指控"叛国"(包括"颠覆")、"诽谤"或者"煽动民族仇恨"等。这就是 1876 年以后,伴随马扎尔"至尊主义"的强化,各种斯洛伐克、南斯拉夫、罗马尼亚和鲁塞尼亚文化团体和民族主义政党必将遭致的命运。

强制性的"马扎尔化"和所谓"自由党"的高压威权统治, 1875－1905

1875 年,马扎尔上层不满人士与统治联盟中的残余分子结合在一起,形成所谓的自由党。这个混合体很快就成为著名的"执政党",因为它努力设法执政长达 30 年(直至 1905 年),而且它不仅由国家官僚中的主导力量构成,还由国会议员共同组成。从 1875－1890 年,自由党一直在卡尔曼·蒂萨(Kalman Tisza)的领导下;蒂萨是一位杰出的加尔文地主和一位经历 1848 年马扎尔民族主义革命的老兵。作为议会和操纵选举以及营私舞弊的高手,蒂萨掌控的是议会和宪法粉饰下马扎尔地主推行严酷统治的警察国家。马扎尔的"自由主义"很快"就背叛了它所代表的 1848 年真正价值的民主观念。只剩下盲目的民族主义,狭隘、愚蠢而且腐败"。(D. Sinor,引自 Barany 1967：251)

蒂萨政权加快为深陷危机的马扎尔"上层人士"创设公共服务职位,自从农奴解放以来马扎尔"上层人士"面临的困难,由于世界粮食价格下降以及适应资本主义发展带来的挑战变得更加严重。匈牙利官员数量,从 1867 年的 1.6 万人增长到 1875 年的 3.2 万人,翻了一番。到1890 年再翻一番,而且到 1914 年又翻一番,当时公共雇员的总数目(包括市政当局和国有企业在内)达到 38.8 万人,占劳动人口的3.5％。(Janos 1982：94)1867 年以前,马扎尔上层人士曾经是政治集权的坚定反对者,而 1867 年以后,他们成为最激进的集权政治的代理人。

膨胀的国家行政队伍加强了对国会选举和地方政府的过度集中控制。他们滥用收税、管理、征兵以及拘捕权来影响或者恐吓选民,伪造选票,"填塞"选票箱,或者审查选举登记人,总体上是为了达到自由党长期执政的目的。再者,某些重要的罪犯获准参加 160 个"糟糕自由市"的选举,这样这些地区就很安全地"落入政府囊中"。这类以权谋私的官员逐渐构成下院中"执政党"的三分之一,成为几乎无法超越的议会多数派的核心。(Janos 1982：95－97)下列方式更是加剧了操纵选举和腐败现象,比如,在匈牙利农村地区,依靠所谓"公开选举"而非秘密投票(所谓公开是指让当地的候选人有机会亲眼看见选举人按照被事先告知的方式行事),通过将普选权限制到仅占成年人口的 7％,以及实行不公正的选区划分等。具有讽刺意义的是,许多"糟糕自由市"都位于马扎尔人很少、享有特权而且勉为其难的少数民族地区(依赖于政府的保护和支持),而非马扎尔的多数派很大程度上没有选举权。在这些地区,马扎尔人代表的仅仅是匈牙利境内全部马扎尔人的很小部分,却产生出一个相对较高比例的马扎尔议员代表。这些马扎尔人绝大多数都与政府为伍。因此,对于人口不足匈牙利一半的马扎尔人来说,他们的代表一直能够"赢得"议会下院 94％的议席,赢得 90％以上的全部官职,占据议会中几乎所有上院(世袭)议席。但是,这不应该忽视或者遮蔽下述事实,即不仅非马扎尔人多数派,而且马扎尔人中的多数(包括许多穷苦马扎尔人),总体上在这个所谓政府"代表"体系下所拥有的代表极少。相反,通过不公正地划分选区、选举垄断、恐吓以及限制选举权等,马扎尔人的上层阶级(尤其是那些居住在非马扎尔人占多数的地区)的代表数量总体上是过剩的。然而,按理说,"协定确立的新'立宪主义'……只能在非常有限的选举法的基础上发挥作用……但是在匈牙利,这个选举法却与行政腐败和动用武力结合在一起。"(Jazi **254** 1929：349)实际上,在一个剥夺了大多数成年人选举权,并且"让令人生畏的少数人借助公开投票、腐败和动用军队而行使选举权"的政权下,匈牙利的"议会制度"变成了纯粹的伪装。(第 363 页)

　　蒂萨政权还发起了极为激进的"马扎尔化"政策,涉及的领域包括教育、公共管理、司法体系、新闻出版、议会代表以及文化娱乐、国有企业(包括铁路)和农业殖民化等。(Jazi 1929:318－336)这些政策一直不间断地持续到 1918 年,而且远远超出 19 世纪 40 年代零乱的"马扎尔化"策略。马扎尔统治阶级此时将尊重匈牙利民族和文化多样性的借口全都弃之一旁。鉴于马扎尔统治阶级被拒绝成立一个完全独立的匈牙利国家,他们更加决心实现彻底的霸权,而且要"掌控"一个完全"马扎尔化"的匈牙利。由于被拒绝成立"他们自己的"独立的武装部队,他们可能(通过补偿的方式)会在奥地利人刺刀的帮助下,向他们视为"劣等"的民族更凶恶地实施"马扎尔化",这一定程度上也是为了发泄怒气。

　　再者,从 19 世纪 70 年代至 20 世纪初,马扎尔行政官员数量迅速增长,匈牙利工业和基础设施建设在同期也出现了繁荣景象,伴随乡村马扎尔人向主要城镇的涌入,致使迄那时为止匈牙利境内德意志和犹太人一直占据多数的城镇市民开始经历大规模"自然"、自发地"马扎尔化"。布达佩斯的人口从 1870 年的 20.2 万人猛涨到 1910 年的 88 万人。正是在这一时期,德意志和犹太市民开始真正地与地位上升的马扎尔人融合(此前他们彼此一直保持相对独立),而且公然表示出惯有的对"新的皈依"的极度热诚,(Jaszi 1929:321,324－325)而受雇于城市工业和建筑业中的斯洛伐克人、南斯拉夫人、罗马尼亚人和鲁塞尼亚人迅速地与他们的马扎尔同伴融合。"现代的"经济活动、政治权力、公共就业和文化娱乐以及文化赞助高度集中在繁荣的布达佩斯,这对地方行省的天才,包括少数"受过专科教育的"斯洛伐克人、南斯拉夫人、罗马尼亚人和鲁塞尼亚人,产生巨大的"吸纳效应",并且培育了一个早熟的但盛极一时的"现代主义"文化和科学创造性。"大都市的知识胜景影响所及,将急切渴望拥抱西方文化的一切乡村力量都吸入其中。"(第 325 页)因此,布达佩斯昙花一现式的崛起为文化同化赋予了额外的重要动力。为了在布达佩斯争取成功机会,热忱的音乐家、作家、学者、艺术家、科学家、律师和教士通常都不得不成为或者"变成"马扎尔人,甚至他们不惜变更他们的姓名、信仰和身份。马扎尔化的犹太人在布达佩斯的崛起中发挥了显著作用,它在伟大的科学文化复兴中充当先锋——他们表现如此突出以至于卡尔·吕格(Karl Lueger),这位奥地利基督教社会党的反犹太主义领导人,习惯上把布达佩斯称为"犹大佩斯"。

　　总之,具有侵略性和高压统治特点的"马扎尔化",强制性地维持马扎尔人的优势以及与之相伴的所有社会和政治罪恶,面对有增无减的种族和阶级对立,筑起一道维持封建特权的壁垒。马扎尔贵族发现,煽动和利用马扎尔恐惧症颇为便捷有效,尤其是对"劣等"种族很有用。"这种恐惧情结……系统地通过新闻出版、学校和国会议员以及社会演讲使得所有三代人的努力都无果而终,而且使得任何严肃的社会经济改革都不可能。"(Jaszi 1929:326)

　　不言自明的后果是,或者是权势日增的马扎尔人对非马扎尔人实行同化,或者是后者将摧毁匈牙利国家;那些拒绝学习(艰难的)马扎尔语的人们就是参与密谋颠覆匈牙利国家的叛徒;而且"国家内只可能存在一种文化,马扎尔文化"。(Jaszi 1929:320)极少数被选入匈牙利议会的非马扎尔人,如果他们试图高声谴责强制性的"马扎尔化",通常他们的声音会被更大声音压倒,或者被谴责为"叛徒"。然而,任何敢于用文字批评强制性"马扎尔化"的人,很可能因被指控为"叛国"或者"煽动民族仇恨"而遭监禁。(第327－328、334－335、338页)尽管如此,无论是出于纯粹的无知,还是出于自我妄想,"那些应用这些体制的多数人以及(马扎尔)资产阶级和知识界人士全都深信,在匈牙利,没有种族迫害",而且马扎尔人赋予其他("劣等")种族以"难以匹配的……自由和特权"。因此,"这些二流民族对这种慷慨行为报之以指控和污蔑,煽动外国公众反对马扎尔民族,这简直应当视为闻所未闻的忘恩负义"。(第337页)任何胆敢批评匈牙利统治形式和实际状况的人,都将不得不承担替国际密谋颠覆匈牙利政府势力效劳的罪名,而且被直接扣上"严重叛国嫌疑"的帽子。"马扎尔人统治是替天行命。只有叛徒才能对它抗议。"(第338页)罗伯特·塞顿沃森(Robert Seton-Watson),是

255

卓越的英国巴尔干和东中欧专家,因为将国际注意力引导到第一次世界大战前马扎尔人实施的恶劣民族压迫和选举欺诈行为方面,他不可避免地受到了马扎尔新闻界的谴责。(第 328 页)

国家采用各种方式推行强制性的"马扎尔化"。早在 1875 — 1876 年,它就压制几所斯洛伐克的中学。后来,以 1879 年的《(初等)教育法》和 1883 年的《(中等)教育法》为起点,国家采取系统步骤对教师职业进行"马扎尔化",扩大义务教育的指导并且限制使用非马扎尔语言,公然违背 1868 年的《种族法》。到 1900 年为止,全部小学的五分之四以上、全部小学教师的六分之五、全部中学生的 80％以及高等教育学生的 90％形式上都说马扎尔语。(Jaszi 1929：328 — 330)马扎尔语在 1883 年各级学校中成为义务教育内容,而 1907 年的教育法不仅强制所有教师进行"忠诚宣誓",而且"如果他们的学生不懂马扎尔语,他们就会被解雇"。(Taylor 1976：186)

超过 90％以上的政府官职是为马扎尔人保留的,(Taylor 1976：186)而"国家所有的文化机构则成为用来实现马扎尔民族同化的工具"。(Jaszi 1929：319)许多所谓的马扎尔文化联合会成立的目的,与其说是为了"提升马扎尔大众的文化层次",倒不如说是为了控制和威胁非马扎尔民族主义者和文化组织,"为特权阶级成员提供闲职"。其他措施还包括对地名的"马扎尔化"(甚至在很少马扎尔居民居住的地区)以及"马扎尔农业殖民化"。(第 336 页)1887 年,劳什·莫斯卡瑞(Lajos Mocsary),一位对激进的马扎尔化政策进行批判的、杰出的但日益被孤立的马扎尔批评家,注意到,"政府不是将纠正而是将培育沙文主义的错误以及进行盲目破坏视为它的合适任务……这种态度导致了一种猜测,即只要是为宣传马扎尔化,都是可容许的,而且为达目的,可以不择手段,人们可以通过这类行径来获取不道德的功绩"。(引自 Jaszi 1929：339)"马扎尔化"掀起了针对非马扎尔人的无缘无故的暴力狂热,而且由上层、中层和下层的流氓全都参与一直推行。

贾西(Jaszi)预见到,这个整体的方案具有深刻的瓦解性和反生产力的特征,驱动着邪恶的意志和种族间的冲突,并且耗尽了本可用于产生更加有用的有限资源。对于非马扎尔人来说,"在小学中推行马扎尔化的唯一的好处就是便于通过死记硬背学习爱国主义的诗文和歌曲",结果"他们既没有充分地掌握他们的母语,也未能充分地学会马扎尔语",而浪费在学习马扎尔语方面"却未能取得预期目的"的时间,挤占了可用于学习专业知识的时间。(Jaszi 1929：330)然而,马扎尔下层阶级也蒙受损失,因为国家没有充足的资源来满足他们的基本教育和文化需求,而同时却将马扎尔教育和文化强加给数量更大的非马扎尔人。(第328—329)具有讽刺意义的是,即使在那些成功地进入马扎尔的中学或者高等教育的非马扎尔人当中,他们中相当一部分人后来却热情地支持本族人民的民族权利要求。(第330页)再者,"强制性的同化使得统治民族的道德标准下降",从而造成了政策实施者的"道德标准变得残酷",但是"在知识和道义上却提升了被压迫民族的积极的一面"。(第340页)强制性的同化政策降低了"总体上的文化水准"通过将学校变成"沙文主义的育婴室",由此阻碍了学生的知识进步。实际上,"真正的同化"是不可能实现的:"现代社会中所有的实际上的同化只能依赖于精神和经济价值的自发交换"。这类交换的可能性(基于1867年以后匈牙利境内的城市化、经济发展和"自然"同化的"自发"进程之上)却遭到"强制性的同化政策"的根本修正。(第340—341、325、321页)对这些低级的、侵蚀性的和反生产力的"马扎尔化政策"负有责任的,主要是心胸狭窄的马扎尔上层阶级,(Jaszi 1929：326,336—337)他们对于二元君主国的最初瓦解作用甚大。

　　在19世纪80年代早期的匈牙利,还存在一股邪恶的反犹主义,而来自波兰和俄国的犹太人不断涌入匈牙利,且他们在商业、财政、小额信贷、工业、专业技术和匈牙利的文化生活等领域越发发挥突出作用,这一事实则为这股反犹主义的形成起到推动作用。马扎尔人的反犹主义在所谓的提撒尔拉(Tiszeszlar)事件中达到极致。1882年,提撒尔拉村的一个小女孩失踪之后,当地的犹太人被控在宗教血祭仪式上杀害了她。1883年他们被正式开释,导致数个国家的反犹呼声不绝于耳。在1884年的选举中一个新的反犹主义政党就职。然而,马扎尔"当局"

256

的许多成员认识到他们需要犹太人的资金和商业或金融专长来帮助他们解决自身以及国家的债务,结果"执政党"很快决定真要实行公开形式的反犹主义。尽管如此,反犹主义转入地下,尤其是在下层贵族、低级官员和部分农民以及小资产阶级当中。从 1919－1922 年,以及从1931－1956 年,它又死灰复燃,当时各种形式的社会群体都随意地将它们自身的以及他们国家的悲哀发泄到犹太人身上。实际上,经过1918 年的斯洛伐克、克罗地亚和特兰西瓦尼亚分离之后,犹太人就取代斯洛伐克人、南斯拉夫人和罗马尼亚人,成为匈牙利"没落阶级"所钟爱的种族替罪羊。

在经济阵线上,蒂萨政权承受着持续的压力,他要对越发加重的"农业危机"做出反应,尤其是,要得到马扎尔贵族的支持。除了在国家官僚机构中"为男孩子们提供更多的工作"外①,越来越具有干预主义倾向的自由党启动积极发展工业和制造业方案,与此同时,推动高压性和压迫性的农村劳动力立法,以便帮助地主削弱农业劳动力的地位,降低农业工资,镇压农村骚乱,强制实行新的农奴用工形式。

从 19 世纪 80 年代至 1914 年,匈牙利利用多种途径发展国有的工业和基础设施。按照 1867 年的"协定"的规定,禁止匈牙利建立针对来自德属奥地利和捷克地区的工业制成品的关税,而且,匈牙利不能担负启动针对匈牙利农业出口的奥地利零售业关税的风险,因此,马扎尔政府设计了更为全面的保护和促进匈牙利工业的措施。1881 年,工业系列法案中的第一项法案规定,对于所有在匈牙利境内新建的工厂实行减税,而且对于支付国外进口设备所付关税,实行补偿。1884 年还引入了新建工厂的免税制度,1890 年,经济刺激的领域进一步扩大,包括对特定产业提供现金补贴和信贷,控制铁路运费以便支持匈牙利的企业,在公开采购和分配国家合同方面实行支持匈牙利人公司的歧视政策等。这些政策在 1907 年的工业法案中达到极致,该法案在对匈牙利的工业瓶颈和潜力进行系统研究的基础上提供了更多的补贴,而且更

---

① 委婉用语,指为马扎尔贵族的子弟垄断行政职位创造条件。——译者注

明确确定优先发展的产业,把规划补贴的 57% 集中用于纺织业。(该部门提供了最大范围的增长和进口替代,一直持续到 20 世纪 30 年代。)

1880 年以后,国家还成为基础设施发展的强大推动力。到 1914 年为止,匈牙利已经拥有适于蒸汽机船航行的水道 3 500 公里,而匈牙利国有铁路公司在 19 世纪 80 年代还开展水路运输方面的多元化,到 1914 年为止,匈牙利拥有蒸汽帆船 338 只、驳船 1 500 只。更重要的是,匈牙利的铁路网里程从 1880 年的 7 200 公里扩张到 1913 年的 22 200 公里,但大部分都是国有企业修建的。到 1900 年,匈牙利的人均铁路里程和每平方公里的铁路密度事实上已经赶上了奥地利,而且并不落后于西欧太远,甚至远远超过巴尔干地区、波兰和俄国的欧洲地区。铁路和铁路建设总体上推动了经济发展,整合了产品市场,增加了劳动流动性,刺激了土地和资金市场,便利了进出口,而且为匈牙利工业产品提供了最大的单一市场。(Berend and Ranki 1974b:37—39)

然而,不管这些政策在定性方面多么具有革新意义或者开创性,马扎尔经济史学家所做的定量研究倾向于低估它们实际上的相对重要性。他们通过计算得出,即使在极盛时期,给予私人工业公司的直接国家补贴仅仅占他们全部投资的 2%。"更重要的是,国家购买了 13% 的工业产品——实际上,在机器制造业方面……国家购买的产量占到产量的近三分之一。"(Berend and Ranki 1974b:55)然而,就其本身而言,国家干预不能完全补偿由于经济发展以及资金积累低水平造成的缺陷。从本质上而言,它只能调动不太多的匈牙利可支配资源。"逐渐地,国家活动的有效性,仅仅根据它为外资创造的有吸引力的环境的程度,尤其是通过让外国投资更安全更有利润。因此,资本主义转型中唯一的要素与其说是直接的国家干预,倒不如说是外资的流入与合作。"(第 69—70 页)到 1913 年,外资企业在匈牙利占到全部企业的 36%。(第 109 页)这些事实构成格申克隆提出的那些有影响的命题(1962,1968)的重要证明,根据他的观点,从 19 世纪 80 年代至 1914 年间,欧洲所谓"落后经济体"的经济发展中,国家直接参与经济活动和进行干

257

预发挥了重要推动作用。

匈牙利的吸收外资的战略包括许多方面,如维持政治稳定、"法律和秩序";相对低廉的工资,税收刺激;压制罢工和有组织的劳工;官方容忍外国工人、外国人士以及大量的宗教派别等。在实践中,腐败而且实行高压统治的自由党的三十年统治中,他们所做的不是排斥而是吸引外国投资者和企业家,后者并不关注民主方面的细枝末节。实际上,宗教是这个政权唯一实行自由政策的领域。与尖锐的反对哈布斯堡、贵族的和罗马天主教徒的反对派不同(尤其是在议会上院中),自由党坚持不懈而且最终成功地削弱罗马天主教在教育、婚姻和家庭事务中的过于强大的权利和影响,并且建立了宗教自由和各种信仰与教派(包括犹太教)的平等地位。1892—1894年间,自由派、加尔文派、路德派、犹太教徒、世俗主义者和反牧师团体(the anti-clerical left)联合起来共同击败了罗马天主教右派(正如一个世纪以后,在1994年的大选中他们所做的一样)。再者,信奉新教和犹太教的企业家和移民,包括无数的工程师、经理、技师、医生和律师等,都受到匈牙利社会中日益增长的世俗主义、教义多元化以及宗教宽容政策的吸引(前哈布斯堡传统的美好复兴或者回归)。因此,早在1875年,"外国人"就占到布达佩斯劳动人口总数的25%。(Berend and Ranki 1974b:79)

在农业领域,马扎尔政府的决定性的干预,旨在强化马扎尔地产精英相对马扎尔尤其是非马扎尔农场雇工和劳动者的经济、社会和政治地位。1876年的《农业劳动法案》限制了农业劳动法面前的人身自由和平等,宣称受雇佣的劳动者或者农场雇工必须"服从主人的权威",而且向地主颁发许可证,允许他们羞辱或者体罚他们的雇工,而不必担心受惩者进行任何法律上的"反击"。它还规定,未经雇主同意擅自逃跑或者变更工作的农场雇工或者劳动者,会被警察或者宪兵队提拿归还给他们的"主人"。1878年的《刑法法典》宣布,"暴力抗争","干扰他人工作",还有"聚众"谋求高工资,这些行为都属非法。1898年的《农场雇工法令》(即著名的"奴隶法")甚至更为严厉,强迫农场雇工和劳动者与他们的雇主订立具有法律强制意义的合同,禁止他们离开他们的土地或者接受"陌生人"到访家中,而且规定煽动罢工者处 60 天的监禁。最后,1907 年的《农场雇工法案》禁止一些"封建"劳役的残余和对成年人施以体罚,但是保留了对于青少年的体罚,并且承诺在地主请求驯服"不守规矩的"雇工的时候可以获得军事帮助,并且规定严惩罢工者。

以上这些大部分都是经济措施,旨在强化农业雇主对他们雇工的地位,以便降低雇工的工资和其他生产成本,以此保护投资和谷物出口,同时也是保护地主免受 19 世纪末粮食价格下跌以及向工资劳动经济艰难转型中所受的损失。马扎尔统治阶级"基于保护大型农业生产单位的边际利润,以便维护国家的谷物出口和国内资金积累的需要",达成共识。(Janos 1982：131)然而,这些同时也是社会-政治措施,借用更现代的资本主义"警察国家"的面貌来重新引入农奴制的要素,借此支持马扎尔农业贵族实施的政治垄断和农业的"社会控制",面对多种因素提出的挑战,如新生的社会主义运动和观念,有组织的劳工,以及随着越来越多的马扎尔人迁居城镇寻求高工资,能够提供更高比例的庄园主的劳动力的非马扎尔人的挑战,还有民族主义运动和意识的增长等。总之,该政权仍然将马扎尔地主庄园视为对匈牙利被压制但越发骚动不安的农村人口进行社会政治控制的主要工具。

尽管存在这一切倒行逆施,匈牙利在 1867－1914 年间仍然取得了巨大的经济和社会进步。在这段时期内,布达佩斯的人口从 20 万增长到 90 万人,铁路网里程从 2 200 公里上升到 22 200 公里,工业产量年均增长率达 5％,农业产量年均增长率达 2％,国民收入每年增长 3.2％。(Berend and Ranki 1974b：73－74)农业劳动力所占份额从 1870 年的 80％下降到 1910 年的 64.5％,而同一时期的工业、商业和交通运输业所占比重则从 11.5％上升到 23.6％。(参见第 74 页)1867－1870 年和 1911－1913 年间,农业总产值翻了一番。(第 48 页)19 世纪末国际粮食价格下跌不仅刺激了技术和结构的变革,而且这一变革抵消了粮价下降造成的影响。在 1873－1913 年间,每公顷谷物产量增长 70％,耕地面积总量扩张 30％,从谷物生产为主转向更集约化、更高利润的多元化经营,如家畜饲养和土豆、甜菜和其他根类作物

种植。可耕地中休耕地所占比例下降了 60%。此外,在传统的农业工
具方面也有较大进步。但是这些技术进步后来都因为大庄园中采用用
马牵引和蒸汽动力的机器而黯然失色。蒸汽脱粒机的数量从 1871 年
的 2 500 台增加到 1914 年的 3 万台,而采用马拉条播(种子)的概率从
1871－1895 年增长了 7 倍。谷物产量在 1864－1866 年以及 1911－
1913 年间增长 3 倍,但是土豆产量增长 7 倍,甜菜和芜菁的产量同期
增长 20 多倍,而到了 1900 年,有超过 40%的农场收入来自家畜饲养。
259 (第 44－47 页)总之,这近乎一场小规模的"农业革命",堪与沙皇俄国
末期发生的情况相比。(参见 Bideleux 1987:11－18;1990)

　　由于拥有丰富的、种类繁多的农业资源基础,食品加工业长期主导
着匈牙利的工业发展就不足为奇了。早在 1884 年,曼菲尔德·威尔斯
(Manfred Weiss)开创了匈牙利的第一个食品罐头厂("未来事物的雏
形")。更重要的是,匈牙利还是一个重要的铁路机车、铁轨、面粉加工
设备、农业机器和蒸汽涡轮发电机(Ganz Works and Mavag)的生产者
(甚至是出口者),它还是电灯泡、电力变压器、瓦特表和电动机车生产
的欧洲先驱(如今它依然是重要的灯泡的生产国和出口国)。到 1914
年,匈牙利也是一个重要的化工(化肥和炸药)、军火和钢铁的生产国,
它甚至生产出自己的第一台拖拉机、卡车、汽车和航空器。这项技术的
早熟在一定程度上得益于有进取心的外国人,例如亚布拉姆·甘孜
(Abraham Ganz)(来自瑞士),而且它肯定也要归因于非同寻常地"追
求发展"的马扎尔政府所推行的科学和技术方面的高等教育。有些"重
要品牌"(Kando、Blathy、Dery、Hevesy 和 Szilard)很明显属于马扎尔
人的,它们是伯罗①和立体魔方(Rubic)之类家庭品牌的先驱。

　　更加自相矛盾的是,实行高压统治的(在很多方面实行高压统治)
马扎尔国家还发起了一场"文化革命"。小学的入学人数从 1869 年的
110 万上升到 1910 年的 270 万(或者从 6－12 岁儿童的入学率从 48%
升到 89%),尽管中学入学率从 1870 年的 34%,1910 年才增加到 69%

---

　　① Biro,原子笔的商标名。——译者注

(80％的 7 岁以上男性,以及 88％的工厂工人)。到 1914 年,匈牙利还
拥有 14 000 名大学生。(Berend and Ranki 1974b：26 － 28；Janos
1982：156)这个表面上的悖论的关键在于,热忱的马扎尔民族主义者
渴望使匈牙利既变得"伟大",而且完全由马扎尔人组成。这就牵涉到
把促进教育作为马扎尔化的工具。实际上,就整个王国来说,1837 年
登记在册的"马扎尔人"所占比例是 37％,1910 年该比例上升到 48％;
而在"匈牙利本部",该比例从 44％上升到 52％(也就是,排除了克罗地
亚-斯洛文尼亚)。

然而,这场"教育革命"还拓宽了社会和政治起点,提升了期望,并
且增加了马扎尔人和非马扎尔人对于马扎尔统治阶级维持下的过时的
政治垄断的不满。这也加剧了 19 世纪 80 年代到 20 世纪初期间匈牙
利国内的社会和政治紧张,其起点就是 1890 年蒂萨政府的倒台。1889
－1990 年间,蒂萨被迫通过马扎尔控制下的匈牙利国会对哈布斯堡的
武装力量进行极不寻常的"德国化"改革,作为推进现代化和扩大帝国
防卫的一部分。然而,在这样做的同时,他耗尽了他的民族主义马扎尔
上层支持者赋予他的政治声誉,1890 年,他被迫辞职。蒂萨的继任者、
更"自由"的久洛斯札帕里和桑德尔·威克勒(Gyula Szapary and
Sandor Wekerle)政府(分别在 1890－1892 年以及 1892－1895 年间),
在一场最终取得胜利的反教士的"世俗化"改革中耗尽了他们的精力。
他们的继任者是极不宽容的、实行沙文主义和高压统治的班菲
(Banffy)政府(1895－1899)。该政府最终在奥匈关系的危机开始时倒
台,这场危机早在 10 年一度的对 1867 年"妥协协定"精确条款的更新
和续订中沉积下来。班菲的自由党继任者——更软弱的卡尔曼·塞尔
(Kalman Szell)(1899－1903)以及固执的"强人"卡洛里·库恩-赫瓦
德利(Karoly Khuen-Hedervary)伯爵(1903)、蒂萨伯爵(卡尔曼·蒂萨
的儿子,1903－1905),也都由于类似原因下台。

濒临革命的匈牙利,1905

1905 年元月,由于对渐趋高涨的农民、无产阶级和种族的骚乱越

260　来越严厉的镇压,自由党最终在相对"自由"和激烈竞争的选举中失败,这就招来一场试图解决奥匈之间越来越深的僵局的并不成功的努力。残暴的蒂萨被一个大杂烩的政治"联盟"击败,他们包括更极端的马扎尔民族主义者、改革倾向的"自由派"和民主派,以及政治上不满的保守派,天主教徒和贵族等,他们仅仅是出于共同反对蒂萨对奥地利和皇帝弗朗茨·约瑟夫的屈从才联合起来。然而,皇帝拒绝允许按照反抗"联盟"自己的条件组建政府(也就是说,激进地修订1867年"协定"的条款),而"联盟"并不准备按照弗朗茨·约瑟夫的条件(接受既定现状)来组建政府。在这个双方僵持的权力真空时期,农民和无产阶级的骚乱逐步增长,他们受到正在发生的俄国1905年革命的消息的鼓舞。最后,1905年6月,弗朗茨·约瑟夫劝说"保皇党"将领和从前的国防大臣格扎·杰弗里(Geza Fejevary)组建政府。然而,杰弗里政府被议会中的"联盟"多数派通过选举推下台,这就要求采用惯常的方式来进行马扎尔式的"民族抵抗":不准收税和不准招募兵源。

　　工人的抗拒在"红色星期五"达到高潮(1905年9月15日),当时10多万示威者包围了布达佩斯的议会大楼。但是他们从真正的革命中退却下来(必然会产生政治权力向街道和路障的转移)而且最终和平地解散了。或许,一个革命性的机会就此失去,但是似乎不太可能的是,左派能够取得对仍然组织有序而且纪律严明的"反动"力量的胜利。经过这次徒劳无功的力量展示之后,工人的起义很快就失去了它的目的和机会。

　　1905年10月3日,在阜姆(Fiume),克罗地亚和塞尔维亚领导人发布"决议",宣布他们准备支持马扎尔民族主义者反抗哈布斯堡,作为报答,马扎尔人承认克罗地亚和达尔马提亚人的"民族权利",以及包括长久以来区分为匈牙利和奥地利的两个克罗地亚居民占多数的行省的联合。但是,这种关于团结一致的坦率号召,在马扎尔民族主义者心中激起了更多的恐惧而不是希望,他们中很多人轻易地认为,自己命中注定会遭受"劣等"邻国统治。

试图恢复现状的努力，1906—1910

1906 年早期，当帝国当局和杰弗里政府停止支付给马扎尔官员薪水，中止反抗的议会，强制实行军事统治并且以引入普选权相威胁（这可能剥夺马扎尔党派在议会中的多数），马扎尔民族主义"联盟"很快地崩解。这一联盟的主要成员（包括弗伦克·科苏特［Ferenc Kosuth］、拉什·科苏特的儿子弗伦茨·科苏特［Ferenc Kossuth］）都加入前自由派首相桑德尔·维克勒（Sandor Wekerle，1906—1910）领导的政府中，后者秘密同意不加变更地续订 1867 年的"妥协协定"，而且维护匈牙利的现状。当遭到反对时，"联盟"的部长们很快就违背他们当初采取的立场，因而疏远了他们更激进的支持者并且在他们自己的阶层内部造成了无法弥补的分裂。然而，借助于通过新的《农场雇工和工业法案》，以及镇压农民、无产阶级和非马扎尔民族主义者的叛乱，他们对重新恢复企业自信和新的经济繁荣作出了贡献，后者有助于给政府带来希望，缓解经济不满状况。再者，他们从俾斯麦的做法中断章取义，扩大并集中一个新的健康保险体系，而且为产业工人建立了一个强制性事故保险体系。这为旨在缓解阶级对立和控制左派民众呼吁的新保守派之间进行合作奠定了基础。

尽管如此，城市工人阶级、农民和知识阶层在教育、意识、自信和力量方面已经相当"成熟"。在 1905 年，他们获得了少量权力和些微的自由。现在看来，要把魔鬼重新装入瓶中几乎不再可能。社会民主党、城市工人运动和匈牙利独立社会农民党（建立于 1906 年），在成员数量、复杂程度和组织力量方面稳步增长，至少直到 1913—1917 年间伊斯特万·蒂萨实施新一波高压统治到来之前如此。知识阶层中的激进派和自由派在《20 世纪》杂志上寻找到更有效更明确的表达形式，该刊由奥斯卡·加兹（Oscar［Oszkar］Jaszi）及其公民激进党（成立于 1910 年）领导；从 1913 年后，在激进的独立党内，领导者是米海里·卡罗伊（Mihaly Karolyi）。所有这些运动都致力于取代保守主义、寡头政治、马扎尔种族优越论和压迫等这些现存政府的重要特征。尽管他们的发

261

展在1913－1917年间遭到蒂萨统治以及第一次世界大战爆发的无情打断,但是,这些运动在1918年以更强大的力量、更敏感的反应和更高的民众支持而再度复兴。

伊斯特万·蒂萨的威权统治,1910－1917

然而,在议会和政府,权力重新回归到前自由党老手们手中,其领导者是伊斯特万·蒂萨,自由党在1910年重新组织成为民族事业党。它支持卡洛里·库恩-赫德瓦利(Karoly Khuen-Hedervary)伯爵的政府,后者在1910－1911年间重返首相职位。他在1911年的左派和马扎尔民族主义者反对军队法案中被推下台。1912年5月,实权落入到伊斯特万·蒂萨之手,他作为下院的发言人,通过议会对于陷入麻烦的法案突然发难(甚至逐出一些反对派的政府官员)而且镇压了由工人和激进的知识阶层组织的民众抗议和示威。1913年,蒂萨成为首相,对匈牙利实行铁腕统治,直到1917年5月,在更具自由思想的新皇帝卡尔的逼迫下被迫辞职。

第十八章 资本主义和民族主义：社会革命的种子和奥匈帝国的分裂，1867－1918

奥匈帝国的经济复兴，1867－1914

从 18 世纪 60 年代末至 1914 年,许多因素刺激和促进了哈布斯堡帝国的"奥地利一半"(我们有时将之简称为"奥地利")的经济复兴,其中包括:政府在物质基础设施(尤其是铁路)和军备方面支出增加;工业保护主义和卡特尔化不断发展;匈牙利和巴尔干地区垄断性出口市场的创造;与德国经济联系的加强,由此奥地利有了越来越多的受过教育的工程师、管理者和劳动力,他们很容易吸收最先进的技术、商业方式和金融实践。

262

格罗斯(N. Gross)的著作(1973：229)表达了对 19 世纪奥地利经济表现的一种较早的(更多负面的)看法,他写道:"哈布斯堡的顶级强权地位一直处于不断下降之中,这至少阻碍了经济增长,因为为了阻止或至少掩盖衰落进程,帝国付出了坚定而代价惨重的努力。"然而,现在人们广泛认为,1880－1913 年间,奥地利的工业产出年均增长率大约 3.6%,与德国 1870－1913 年的情况大致持平。(Rudolph 1976：235)1880－1895 年间,奥地利的工业产出大约翻了一番,1880－1913 年间则大约翻了两番。(Good 1984：258－259)更有甚者,奥地利的真实人均 GNP 在

1870－1913 年间以平均每年 1.32％的速度增长,同一时期,与瑞士的 1.32％和挪威的 1.35％大致等同,远远领先于西班牙的 0.25％、意大利的 0.81％、荷兰的 0.93％、英国的 1.0％和法国的1.06％。只有几个欧洲国家较为出色:德国 1.51％、匈牙利 1.7％、丹麦 2.19％、瑞典 2.39％。(第 239－240 页)到 1913 年前,奥地利德语区的人均 GNP 与法国持平,仅低于德国 10 个百分点,然而哈布斯堡帝国的"奥地利一半"的人均 GNP 低于法国 38 个百分点,低于德国 43 个百分点,大约与意大利持平,而且高于匈牙利约 44 个百分点。(Good 1984:219－220,241－242)

在 1880－1913 年间,奥地利过去的"主导行业"(食品加工和纺织)的年平均增长率分别降至 2.7％和 3.1％,(Rudolph 1976:13)这部分是因为,随着特定市场接近饱和点,对这些产品的需求量的增长率在轻微地下降,还有部分是因为,推动工业革命化的技术进步起初的爆炸性增长潜能已接近耗尽。然而,捷克平原和奥地利的德语区在以下几个轻工业领域开始作为欧洲的技术领跑者,其中包括制糖、酿酒(比尔森贮藏啤酒)、玻璃制造。新的"主导行业"是工程和冶金业,它们分别以年均 9.5％和 7％的比率增长。(第 13 页)这些工业直接受益于政府在铁路建造上的高额支出,以及泛欧洲军备竞赛、工程和冶金技术相对快速的发展、日益增加的工业集中、在数十年间导致第一次世界大战的保护主义和卡特尔化。保护主义、军备竞赛和基础设施的高支出特别促进了在斯第里尔和(尤其是)捷克平原的重工业发展。到 1910 年,捷克平原人口仅占帝国的奥地利一半人口总数的 36％,却生产了其生铁总量高 58％,比其铸铁总量高 80％以上,比无烟煤(硬煤)高 86％,比褐煤高 84％,比化学制品高 75％,比纯糖高 94％,比啤酒高 59％,比纺织业高 75％。1902 年,捷克平原提供了工业劳动力的 56％以及奥地利机械马力的 68％。(Rudolph 1976:41)碱性转炉炼钢法的引入使低级别、高含磷的波希米亚和摩拉维亚铁矿在钢铁生产中的运用革命化了。到 20 世纪头 10 年,斯科达工厂(由埃米尔和卡尔·斯科达管理)变成了君主政治的机器和军备的主要生产者。

理查德·鲁道尔夫(Richard Rudolph)争论道,第一次世界大战之

263

前的奥地利德语区和捷克平原的"令人钦佩的增长"和工业成就被奥匈帝国内人口稠密的欠发达地区的出现以及关税联盟的出现而阻碍或掩盖了,对哈布斯堡君主国而言,关注人均数字是一种误导,就像关注总体数字对"大英帝国整体"而言也是一种误导一样。(第 9－10 页)相反,他提出,像匈牙利和加利西亚这些地区应该被视为"飞地经济",奥匈君主国的发展可以被视为工业化地区的发展,奥地利-捷克平原复合体凭借其政治力量,在与其穷乡僻壤的陆上利益的合作中,通过其经济力量及其作为金融中心的角色和它的卡特尔,能够以飞地地区为代价来发展自身。(第 10 页)

　　这一解释的主要问题在于,几位著名的匈牙利经济史学家(包括伊凡·贝伦德、热约什·兰迪、拉约什·卡图和彼得·汉纳,他们在共产主义统治下被迫在官方指定的马克思主义范式内工作)已经中肯地阐述过,1870－1913 年间哈布斯堡帝国的"匈牙利一半"(以下将简称为"匈牙利"或"匈牙利王国")受到剥削的经济,实际上比其奥地利一半增长更快,通过其所谓的"依附"于奥地利,它的所得远超过所失。特别是,按照政治和经济的稳定及连贯性,它吸引了外国(尤其是奥地利)资金和创业,以及主要出口商品的安全市场的优先通道。这不是一个零和游戏:奥地利所得并非必然成为匈牙利所失。对奥地利和匈牙利双方而言,互惠互利是常态。的确,1867－1914 年间,来自匈牙利之外(主要来自奥地利)的投资占匈牙利总投资的 40%,而且奥地利"海外"投资额的将近 80% 注定要投向匈牙利。(Good 1984:108)然而,从 19 世纪 60 年代中期以来,匈牙利的快速增长期恰好与奥地利的慢速增长期相契合,反之亦然。(Komlos 1981:10－11)奥地利和匈牙利的年平均增长率如表 18.1 所示:

表 18.1　奥地利和匈牙利经济年平均增长率　　　　　　　　(%)

	1867－1871	1871－1884	1884－1898	1898－1907	1907－1913
奥地利	3.9	2.4	2.8	3.8	1.6
匈牙利	1.4	5.1	3.3	2.4	5.3

"此模式的机制可以在奥地利和匈牙利之间的资金流动中看到"。(Komlos 1981：12)特别是,1873年的崩溃刺激了奥地利资金的外流,投机者在1867－1873年繁荣时期向匈牙利的过度投资现在看来似乎是个更安全的赌注。相反地,正如19世纪80年代至90年代间奥地利工业化逐渐重新获得动力一样,资金开始向奥地利回流,1874－1883年间匈牙利的工业繁荣开始减速。最终,1907年之后奥地利的工业减速伴随着从奥地利向匈牙利的新一轮资金流出,在1911－1913年间奥地利工业的短暂恢复(敏锐地反映出政府在基础设施和军备上的增加支出,为战争而作的显而易见的准备)之前资助了匈牙利另一轮的工业繁荣。

    各种自然的和人为因素的互补造成了奥地利和匈牙利之间的经济关系中互利(共生)多于"掠夺"和"剥削"。到1901年,匈牙利吸纳了奥地利35％的出口,提供了其38％的进口,但奥地利吸纳了匈牙利72％的出口,提供了其79％的进口。1913年,匈牙利依然吸纳了奥地利37％的出口,提供了其32％的进口,而奥地利吸纳了匈牙利75％的出口,提供了其72％的进口。(Jenks 1967：36)1913年,奥地利和匈牙利仅出口其合并GNP的7％到君主国之外的市场。(与之相比,德国出口了其GNP的14.6％,法国的对应数字是15.3％。)更有甚者,1910年奥地利和匈牙利仅占欧洲出口的5.6％(德国占20.4％、法国13.4％、英国23.7％、俄国8.9％)。(Good 1984：109)奥地利匈牙利相对较小的出口份额和帝国内相对较高水平的自给自足均反映和加强了对内部地区间贸易的依赖,尤其是(但并非排他性地)奥地利和匈牙利之间的贸易。这进一步支撑了如下评论,即"民族主义情绪飙升……少数人竟然到了鼓吹帝国原子化的地步。部分而言,这种局限可能由奥地利-匈牙利北部与东部的强有力的邻居所刺激,这些邻居以其无情对待少数民族而闻名。这种局限甚至在更大程度上可能由以下共识引起,即,就其全部缺陷和不足而言,相对于中欧的巴尔干化而言,关税联盟是更好的选择"。(Marz 1953：135)

"金融资本主义","垄断资本主义",鲁道夫·希法亭和马克思-列宁主义的"社会主义"路线

与德国和瑞士一起,奥地利成为欧洲"金融资本主义"和"垄断资本主义"发展的前哨。首个主要的卡特尔条约(1883)由奥地利人弗里德里希·克莱因渥希特(Friedrich Kleinwachter)所撰并非偶然,具有企业家精神的银行家及银行信贷的创造对约瑟夫·熊彼特的影响深远的资本主义经济发展理论至关重要也绝非偶然。此外,马克思主义关于竞争、兼容的"自由资本主义"向垄断的"金融资本主义"转型的开创性分析由另一位奥地利人鲁道夫·希法亭(Rudolph Hilferding)所撰(1910),其人此后分别于1923年和1928—1929年间任德国社会党的财政部长。列宁于1917—1918年间关于"垄断资本主义"的更著名的分析则对希法亭的开创性分析影响甚微。

与在德国一样,在奥地利,保护主义的增长及政府和银行在铁路建造、军工产品及附属重工业上的投入的增长创造了一个有助于工业集中、卡特尔化和共谋的/垄断的实践环境。在西北欧和美国,法院和立法机关普遍将私有部门的卡特尔和垄断性安排视为限制贸易的非法阴谋,它们会危害公共利益和市场经济的长期健康和活力。相反,日耳曼世界采取更宽容甚至更积极的支持卡特尔和垄断的态度。19世纪50至60年代间德语国家的"自由"插曲仅仅是暂时的越轨,反映出"自由的"英国在其实力、成功和影响达到极致时其短暂的意识形态优势和榜样。像德国和瑞士一样,奥地利从未完全放弃组成工业和贸易协商组织。因此在1839—1892年间,奥地利建立了74个自发的制造商联盟,主要为保护性关税游说。(Good 1984：218)

联盟间的联系和相互支持促进了合谋、合并和随之而来增多的协议加价和瓜分市场协议,尤其在那些利用提出保护性关税来隔离潜在的分裂性的外国竞争的行业中。(Gross 1973：258—259)奥地利的首个卡特尔协议由铁路建造商于1878年签订,紧随1873年大萧条之后。到1890年共有18个这样的协议,半数以上集中在矿业和金属冶炼业。

265

奥地利到 1900 年有 57 个卡特尔协议,到 1909 年有 120 个(其中矿业和金属冶炼业 19 个、化工业 12 个、纺织业 27 个、玻璃制造业 10 个、食品加工业 9 个),到 1912 年 200 个,到此时,卡特尔已经成为奥地利工业中的惯例而非例外。(Good 1984:219)"像德国一样,奥地利法庭倾向于将卡特尔协议视为合法的捆绑合同",而非限制竞争的非法阴谋。(第 235－236 页)在奥地利,卡特尔被吹捧为可以避免竞争的"无序状态"的方法,保护弱小生产者,护卫工业利润边际、企业、投资和工作,从而鼓励和促进在新技术、科技产业、合理化和大型工业复合体中的投资,使劳动力不那么害怕和对抗变化。(第 235 页)

卡特尔化反过来为管理者职位的并联连锁、工业管理者委员会中的银行家代表、工业和银行业家族之间日益增加的联姻铺平了道路。而且在 1873 年的大崩溃中,幸存的银行不得不阻止"过度扩张的"工业客户并寻求良好的工业资产。然而,1873 年的崩溃也阻止了银行再次向工业大量投资,直到 1895 年,奥地利银行才开始促成第二经济繁荣期。(Good 1984:209;Rudolph 1976:102－103)到 1914 年,奥地利主要银行已经"牢牢地将自身嵌入一系列主要的工业企业中",银行大约持有联合股份矿业和碾磨公司的股份资本的 73%,联合股份糖业公司的股份资本的 80%,联合股份金属制造、机器制造和军备公司的股份资本的几乎 100%。(Rudolph 1976:118－120)同样地,到 1913 年,五个最大的布达佩斯银行占有匈牙利全部银行信贷的 57%,持有匈牙利工业企业资产的 47%,控制了匈牙利 250 个最大公司中的 225 个。(Good 1984:108;Janos 1982:151)著名的信用机构,奥地利罗斯柴尔德银行,最终近乎控制了奥地利工业资产的三分之一,这正是其 1931 年的崩溃带来如此巨大的灾难性经济影响的主要原因。

相对于自由时代甚至更早的更有活力的、英雄的、竞争的、创新的、海盗式的资本主义而言,希法亭的《金融资本》(1910)将金融资本主义新时代的银行家描绘为本质上寄生于工业和农业之上的,资本主义之高度腐朽的产品(甚至原型)。对希法亭而言,奥地利从以前的自由资本主义转变为不自由的、卡特尔化的、垄断的金融资本主义的意义在政治上与经济上同样重大。"金融资本主义在其成熟时期是经济和政治权势集中于资金寡头之手的最高阶段。"（Hilferding 1981：370）"金融资本主义终结了此前在工业、商业和银行业的资金上的分离，将它们聚集在高度金融的共同方向下，在其中工业巨头和银行业巨头结成紧密的联盟"。（第 301 页）这从根本上改变了资产阶级和政府间的关系。当资本主义还是一个自发的、孤立的力量时，资产阶级反对重商主义，反对大型的贸易和殖民公司以及封闭的手工业协会的特权和垄断，反对"集中化和特权分配的政府"。这变成了一场为了经济自由的斗争，它反过来又发展成一场更广泛的为了个人自由反对政府独裁的斗争。（第 301 页）直到 19 世纪 60 年代，那些激发资产阶级的问题本质上是宪政性的，即那些问题影响着所有公民，他们联合起来共同反对封建的和专制官僚政治制度的复辟和残余。（第 337 页）然而，卡特尔和金融资本主义的发展根本上改变了政治联盟和力量平衡。"卡特尔化……整合着资本的政治利益，使经济力量的整个重心对政府产生影响。"（第 338 页）李斯特要求对新生工业实施暂时选择性保护让位于有组织地对发展完备的工业、垄断和卡特尔的永久性保护，以便在国内市场创造超额利润，一方面补贴出口，一方面资助更多投资。（第 304－310 页）"卡特尔化也加强了雇主在劳务市场的地位，弱化了工会的地位"，（第 365 页）从而开创了"资产阶级和无产阶级之间的阶级斗争的终极阶段"。（第 367 页）

按照希法亭的观点，由工业集中、卡特尔化以及银行、工业和其他垄断的金融资本主义的发明之间的联姻所产生的对私人企业和产品超级经济控制也能极大地促进"驯服"资本主义的任务。（Hilferding 1981：367－368）"一旦金融资本将最重要的产品分支纳入其控制之下，社会就足以攫取金融资本以便获得对这些产品分支的直接控制——通过其有意识的操作机构，即被工人阶级控制的国家。"（第 367 页）为了在垄断金融资本主义掌控的社会里建立社会主义，社会主义者必须充分掌握对最大银行的控制，因为他们已经控制了大规模工业的最大份额，这反过来主宰着大部分小制造商。"没必要扩大没收农民农

266

场和小商业,因为他们长期依赖的、对大规模工业的攫取已经足以导致他们的间接的社会主义化了。"(第 368 页)这允许没收逐步开展,"确切地说,在那些分散化的产业领域内,这将是一个……危险的政治进程"。(第 368 页)

在此之前,大多数马克思主义者认为,要让资本主义完成其孕育社会主义所必需的经济、社会和工人阶级的条件完全成熟的历史使命,也就是说,让工人阶级变得生产更高效,更有文化,有政治意识、阶级意识以及组织性,才能够消灭资本主义和资产阶级,那么,必须耐心等待相当长一段时间。然而,日益增加的卡特尔化的、垄断的金融资本主义揭示出,整个历史进程无疑有可能被压缩为一个更短的时间间距。希法亭无疑是这种新可能性的"发现"者,这种可能性似乎提供了一条捷径,一条更快更简便地进入社会主义的通道。更有甚者,马克思主义的社会主义不用再使无数小所有者和小生产者(小资产阶级)因为担心革命之后的财产没收而惊恐不安。相反,"既然金融资本已经实现了社会主义所要求的没收,那就可能免除政府突然采取的没收行为,通过社会主义社会协商的经济利益,代之以社会主义化的逐步进程。而且,在为社会主义创造最终的组织上的前提条件时,金融资本也在政治意义上使转型更容易"。(第 368 页)与此同时,在垄断金融资本主义时代资本阶层对政府的公然攫取,伴随着对国家机器更赤裸裸的利用以便服务于资本主义利益,这些都驱使每一个无产阶级为征服政治权力而斗争,因为它是唯一的能结束资本主义剥削的手段。

此外,希法亭主张,工业集中、卡特尔化、垄断以及保护主义的增长加剧了对垄断市场、资本输出、帝国主义和国家间紧张和冲突的要求。"过去的自由贸易者相信自由贸易不仅是最好的经济政策,而且也是和平时代的开始。金融资本很久以来抛弃了这一信仰……现在的理念是为了自己的民族而谋求对世界的主宰。"(第 335 页)最终,"伴随着世界市场扩张的减速,资本主义民族间在争夺世界份额上的冲突变得更尖锐了……战争的危险增加了军备和税收负担"。(第 369 页)最后,"金融资本的政策必定会导致战争,进而导致革命风起云涌"。

267

（第366页）

　　希法亭受到源出列宁和巴枯宁在 1915 － 1917 年间关于金融资本、垄断资本主义和(资本)帝国主义的理论著作引申出来的理论的强烈影响,他的新理念提供了新的理论和纲领基础,在此基础上,后来的马克思列宁主义共产党提出了夺取政治权力,夺取"经济制高点"的控制权,将"社会主义"的纲领"从上面"强加给那些处在日益集中的、由卡特尔化和垄断的"金融资本主义"所创造的经济体系掌控之中的国家。俄国及随后东中欧和巴尔干地区的马克思列宁主义政党由此提出以下论断,即共产党人对政权的夺取以及以共产主义为导向的社会主义转型能够(的确已经)在东中欧、巴尔干地区和俄国等"欠发达的"资本主义国家中发生,而非在那些更自由繁荣的、"更发达的"西北欧和北美国家中发生。到 20 世纪早期,哈布斯堡帝国、德国、罗马尼亚和沙俄很显然在金融资本主义的高度集中化的、卡特尔化的、保护主义和垄断形态的掌控中(可能比英国、法国和低地国家更甚)。正是在这个(限定的)意义上,它们能够被认为向"社会主义"的(哪怕是粗糙的)形态"过渡"(十分粗糙的设想和实施的过渡)的条件已经变得"成熟"。日益集中化的工业、金融和基础设施体系在国家监护所促进和扶持的垄断金融资本的保护下,的确已经在欧洲的中部和东部地区显现出来。这些新出现的经济和政府体系能够被(而且大部分情况下已经被)彻底无情的、机会主义的和坚定的马克思列宁主义政党所夺取,随后他们借助于这些高度集中化的经济体系的制高点的控制,自上而下地强制其粗糙的、教条的、强制性的、有点斯巴达幻境的社会主义,尽管一方面这些国家的居民中相对来说只有很少的人表示出渴望拥有这些强加于他们的马克思列宁主义的社会主义图景,另一方面,依照他们的经济产品"极大丰富"只能是遥不可及。结果是,所能获得的只是平庸的、受管制的、强制的、经济文化上落后的"社会主义"的拙劣模仿和滑稽产物,多少有点像欧洲那些短命的法西斯主义制度那样,令人厌恶。

　　欧洲共产主义政权的非马克思主义和正统马克思主义评论家共同指出,即便粗陋的、高压的"社会主义"冒牌货真的能够在俄国、东中

欧和巴尔干地区的不怀疑的、敌对的或不情愿的居民中强制推行,能够
利用集中化的经济体系和垄断的"金融资本"(又称"垄断资本主义")创
造的控制管理权力高度集中的可能性,这些国家中的大部分也绝对没
有"成熟"到能够建成一个较少管制的、较少斯巴达式的、较为广泛接受
的马克思主义的"社会主义"。而且,在这些地区,除了 1944－1946 年
间处境特殊的捷克斯洛伐克、南斯拉夫、阿尔巴尼亚和希腊以外,没有
一个国家有足够的证据表明多数居民支持马克思主义的运动。那些情
况特殊的国家当中,只有一国——捷克斯洛伐克——拥有受过充分教
育的、有阶级意识的、有创造力的民众基础,可以尝试建立一个民众认
同而非强制推行的真正的社会主义体系。实际上,如果真的允许那样
做的话,可以想象,在 20 世纪 40 年代晚期及之后,捷克斯洛伐克也许
能够追求一条"通向社会主义的民主道路",一种"具有人性的社会主
义"。再者,尽管在哈布斯堡、德国和沙俄帝国的最后几十年里,小生产
者和业主对银行信贷和大企业的依赖在加深,经济和政治力量集中化
的不健康程度在加深,不自由和不民主的财阀寡头的操控也在日益增
长,希法亭和主要的马克思列宁主义理论家都无疑过高估计了马克思
主义的社会主义者利用这些国家的经济制高点来实现有效的对大量小
生产者的集中化控制的可行度。在(前电子时代的)垄断"金融资本主
义"之下,银行和大型企业对雇主和小型生产者实行的松散管理型金融
和商业控制,较之严格的"系统性之链条"和"自上而下"施行的更加广
泛的日常控制(这对指令性经济的有效运行十分必要)而言,是一个远
为低级的层次。尽管欧洲的共产主义政权和中央计划体制所实行的集
中控制程度是其诸多特征中最具压迫性的、最不可接受的之一,但实际
上它们依然谈不上实现了必要的"整体"控制,以服务于其脱离实际的、
不成熟的、过于雄心勃勃的目标。集中计划和控制体制看似建立了,但
"计划"并没有得到贯彻,设想的中央计划经济仅仅贯彻于对大量半合
法和完全不合法的经济活动的容忍中,这些都是"计划"无法正视的。
随着欧洲前共产主义政权的压迫、等级、计件工作、高压和对劳动力的
剥削之高级程度为人们所认可,以下情势也很清楚,即这些政权从未接

近于建立一个任何形态的真正的社会主义,他们建立的至多只能算作极度粗糙和高压的国家资本主义形式,这种社会与其说接近社会主义,倒不如说更接近法西斯主义。这是本书极力避免把前欧洲共产主义政权及其建立的经济体制称为"社会主义"的主要原因。因为真正形式的社会主义从未在任何地方真正建立起来,也未曾在实践中得到检验。

民族主义和帝国分裂

民族主义在哈布斯堡君主国的消亡中所扮演的角色,一直成为历史学中聚讼纷纭争论的主题。有些分析家将民族主义的兴起视为帝国分裂的主要原因,但另一些分析家则坚持认为这并非根本原因,还有一些分析家甚至否认民族主义成为帝国生存的严重威胁。

奥斯卡·贾茜(Oscar Jaszi)的分析框架:"向心力"和"离心力"

卓越的马扎尔人、社会科学家奥斯卡·贾茜在其著作《哈布斯堡君主国的消亡》中,针对对立的社会力量进行了开创性研究,她区分出能够将帝国维系在一起达数世纪之久的 8 种超民族的"向心力","王朝、军队、法律、罗马天主教会、官僚政治、资本主义(以犹太人所代表的为主)、自由贸易联合体、(多少显得奇怪的是,还包括)社会主义"。(Jaszi 1929:134)

奥地利哈布斯堡家族将自身视为罗马天主教会的神圣注定的、绝对的捍卫者,反对异教宗教改革运动(尤其是胡斯主义、路德主义、加尔文主义),反对奥特曼土耳其人(他们在 1529 年和 1683 年曾对维也纳进行围城)的"异教威胁",从 1815－1918 年,反对任何革命(无论是共和党的、民族主义的、还是社会主义的或无神论的)。他们秉持超国家的纯粹的王朝政府概念。"整个帝国仅仅被视为世袭领地的延伸、王朝的祖传领地。"(第 137 页)"哈布斯堡帝国的最强大的支柱是其统一的、说德语的、超国家的军队,由君主创立并只对君主负责"。(第 141 页)

269

一直到 1910 年,"至少其军官中的 85％都是德国人"(第 279 页)。王朝及军队的角色被贵族和罗马天主教高级僧侣强化为"专制力量的主要维护因素"(第 220 页)。1910 年,罗马天主教会宣称奥地利人口的91％和匈牙利人口的 60％都是效忠的,这部分地归因于合一教会(正统礼仪的天主教)与罗马天主教徒的联合所带来。(Jaszi 1929:160)

　　集权化、以德语为行政语言的帝国官僚政治牢牢强调责任、统一和规则,极力根除任何形式的特殊恩宠论,维护梅特涅的警察国家。不过,"它代表了一种值得高度尊崇的秩序、精确、忠诚和人道主义……它很少被指控对穷人和被压迫者残酷无情"。(Jaszi 1929:166)最终它甚至默许马扎尔人、波兰人、捷克人和南部斯拉夫人的官僚政治的增长。(第167 页)

　　1850－1914 年,哈布斯堡帝国的不同人群大多受益于共同外部关税下的自由贸易。该贸易政策倾向于促进帝国自给自足经济和帝国内人口和领地的优势互补。"无疑地,如果自由贸易的全部可能性都被正确地运用,那么不同民族的日益增长的经济团结便能阻止离心的以及排他主义的倾向。"(Jaszi 1929:185)贾茜推测,如果帝国的各个组成领地完全参与到经济发展、繁荣、双边贸易、劳动分工而且共同发展,那么他们大大提高的独立性将会压倒分裂主义的"离心的"力量,"真心认同帝国皇帝所确立的经济框架"。(第 189 页)

　　最终,1889 年建立的(马克思主义的)奥地利社会民主党成为主要的、超民族的团结力量,试图超越"资产阶级"的民族纷争,将各民族的工人和劳动者团结起来,争取为社会正义作斗争。其主要的马克思主义理论家,卡尔·伦纳和奥托·鲍威尔,谴责"资产阶级"的分裂主义企图,在超民族的联盟或国中之国的框架内为文化和教育自治以及君主政治的各民族团体的平等而斗争,这最终将成为超越民族分歧和冲突的未来欧洲社会主义政策的模型和胚胎。(Jaszi 1929:178)最后,具有悖论的是,极力捍卫帝国经济统一的不是"富有的受益人,不是德国大资产阶级和马扎尔地产阶层,而是社会主义的主要理论家"。(第181 页)

贾茜指出，"向心力"最终无法维护帝国统一，部分是因为"这些力量没有结成一个统一战线"。只有王朝、军队、贵族和教会(尽管不是完全地)"组成了一个真正的上层建筑组合。另外四种向心力与前四种向心力在重要事务上彼此冲突甚至内部亦有冲突"。(Jaszi 1929：134)甚至，有些从前的聚合力量在哈布斯堡君主政治的暮年成了制造分歧瓦解帝国的源泉。(第133页)例如，马扎尔人日益严厉地反对一直把德语作为唯一的帝国军队的唯一智慧语言，而这项反对只是要求实现"匈牙利完全独立"主张的一个重要方面，(第143页)另一方面，匈牙利的"官僚阶层"已经成为推动帝国分裂的重要离心力之一。(第169页)类似地，皇族权力和财产与其说构成了凝聚力的源泉，倒不如说是更具有可靠性。通过阻止农业改革，"土地寡头，削弱了君主制的向心力，同时加大了瓦解的趋势"。(Jaszi 1929：201)现实表明，奥地利社会民主党也无力控制局面。同样不可能的是，把各民族工人阶级团结起来，组成一个单一的超民族的政党。1907－1910年，弱势的偏远民族的社会主义者和无产阶级开始组建独立的社会主义工会运动和组织，与奥地利的社会民主党在1911年的帝国议会大选中展开竞争。(Jaszi 1929：184)的确，帝国的真正问题并非"如何消灭全部历史的个体性……在一个无民族的超国家的联合中(如社会主义者……所想象的)，而是给予各民族平等的机会，以便建立其自己的国家……而且将它们组合成联盟内的平等成员"。(第246页)

同样地，资本主义和内部自由贸易也难以发挥其作为"最具决定性的和最有效的"动力的潜能。(Jaszi 1929：171)在奥地利和匈牙利，自由主义在围绕宪法的和反神学的无尽的竞争中耗尽了自身。它照抄西欧自由主义的话语，"但从未真正接触过社会大众力量"，对后者的利益和问题少有同情和理解。(第171页)甚而，作为日益分裂并伴随着种族发展的布尔乔亚，自由主义被民族主义和反犹主义侵蚀着。(第172页)最终，"通过煽动种族和民族斗争，奥地利资本主义发展出严重的离心倾向"，(第173页)而且"资本主义不可避免地导致民族感情和意识的增强"。(第176页)

270

最后的分析认为,哈布斯堡帝国败于其无力解决民族问题。"所有的离心力都是民族形式的",或者至少呈现为民族主义的形式,无论是作为地方领主利益的"特殊"论,还是作为上升的民族资产阶级为了职业的提升而进行的斗争(尤其是进入行政管理职位),或者作为渴求得到土地并要求激进的土地再分配的形式,无不如此。(Jaszi 1929:215)从1848－1918年,"在封建特殊恩宠论的谬论被清除后",民主民族主义是危害哈布斯堡帝国的凝聚力和完整性的主要"新兴力量"。鉴于哈布斯堡王朝"轻而易举"地打败了基于压迫性的和没落的领主特权的封建特殊论,新的"民主民族主义"试图在哈布斯堡势力范围内建立"大众"的(又称民族的)主权之上、"君主制难以企及的一种更高政治组织原则"。代表着"王朝无法战胜的更高的政治组织原则"。(Jaszi 1929:246－247)哈布斯堡帝国被两股合力撕扯着,一是特权民族对新兴力量的盲目抵制,二是从前的被压迫者在足够强大后扭转形势反败为胜之际的夸张性诉求。(第267页)统治集团在很大程度上"无法设身处地地理解被压迫民族的愿望"。统治集团"并未尝试解决问题,相反尽力维持其民族特权"。(第216页)

贾茜总结说,"有五组显著的原因危害着旧邦国的团结":① 各民族日益增长的民族意识"难以在僵化的专制主义结构中找到真正可靠和充足的自我表达";② "封建阶级统治加上高利贷资本主义带来的经济和社会压力,阻碍帝国各组成民族和地区的创造性潜能发挥";③ 因为意识到自己正变成"德国资本主义"和"大维也纳金融"的殖民地,"实力较弱"的民族的义愤和不满不断攀升;④ 不充分的"公民教育"意味着,各组成民族"彼此间视同路人";而且⑤ "奥地利的王朝史诗和匈牙利的封建史诗都难以创造一个足够强大和凝聚的国家理念"。(Jaszi 1929:453)

在贾茜看来,哈布斯堡帝国的日渐瓦解和最后崩溃有三个主要原因:① "多元民族的持续发展",他们的领导人日渐认识到,帝国整体联邦化的希望很"渺茫",这促使他们的想法转向"分裂或分立";② 毗邻国家的民族统一主义鼓励他们解放生活在哈布斯堡"压迫"下的同

胞;并且③"世界大战的分裂影响,使民族间潜在的憎恨燃烧起来",从
而,"心怀不满的知识分子"反对帝国的斗争不断升级,内部的冲突和纠
纷"逐渐"摧毁君主制的道德和经济力量。(Jaszi 1929：454)不过,他
强调,"世界大战不是原因,只是君主制深层内部危机的最后偿还"。
(第23页)

关于民族主义和资本主义导致哈布斯堡帝国瓦解的其他新视角

　　贾茜的某些断言和假设已经受到挑战甚至驳斥。东中欧和巴尔干
地区的民族主义的性质和影响,民族主义兴起和帝国分裂间的关系等
都成为激烈辩论的主题。然而,正是贾茜的论著及其分析框架之独创
和博学的证据,依然构成哈布斯堡帝国消亡分析的直接或间接的出发
点,以及大部分系统分析的概念性框架,至少在英语为母语的历史学家
中是如此。更多新研究提供了不同的答案,但依然大大受惠于贾茜,后
者以其如斯才华、洞见和天分设定了相关议题,并为八个关键问题确定
了分析框架。

　　与其他许多分析家一样,贾茜大大低估了哈布斯堡帝国在19世纪
和20世纪早期的经济活力及其大部分人民和地区的经济利益。鲁道
夫(Rudolph)(1975,1976,1983)、卡图(Katus)(1970)、休塔(Huertas)
(1977)、古德(Good)(1979,1980,1984)、爱迪尔(Eddie)(1985)、考罗
斯(Komlos)(1983a,1983b)收集的量化历史数据尤其展示了对下述情
况的质疑是合理的,即,尽管涌现了(或甚至因为)垄断金融资本主义及
宗主国核心对帝国外围的剥削,奥地利和匈牙利从19世纪30年代至
1913年间的经济增长率与欧洲其他大部分地区相比很有利,地区间经
济统一和一体化进展神速。无论其政治的、社会的还是军事的失败,19
世纪哈布斯堡帝国作为经济严重落后者或失败者的传统构图被错误地
建立和误导了。诚然,350万人民通过在1876－1914年间从奥匈帝国
移民出境,来"用脚投票"。然而,这与斯堪的纳维亚、德国、意大利、希
腊、西班牙和英国同时发生的大量移民出境没有很大的不同。大量移

民出境与其说是经济发展相对失败的明确证据,不如说是社会安全阀以及对不断扩张的全球一体化和机遇的积极回应。

斯蒂芬·费舍尔-加拉茨(Stephen Fischer-Galati)争辩说,自治和分裂运动领导人的渴望和要求"无足轻重",因为中央政府相信"他们并不代表大众的希望"而且"只要维也纳能够满足贵族和中产阶级的社会-经济要求并持续改进大多数农民的前景,一切在恺撒忠诚的庇护之下,帝国是安全的……这些考虑强调了哈布斯堡国家系统中的民族主义表征及其无伤大雅的政治特性"。(Fischer-Galati 1963:32-33)随着塞尔维亚和罗马尼亚在1877-1878年间独立,哈布斯堡帝国的完整性的确遭受南部斯拉夫平原和大斯洛文尼亚(tran-sylvania)的严重威胁。不过,"斯拉夫南部和罗马尼亚的政治家们的活动就其本身而言并没有唤起维也纳的警觉。王朝的忧虑更多来源于国际上尤其是俄国对帝国内外民族主义示威运动的可能支持",也即,帝国内部"民族问题"的"国际化"以及曾对奥特曼帝国的逐步分割有贡献的奥匈策略的进一步拓展。(第33-35页)他总结道,"只有两个现象"能够致命地威胁到哈布斯堡帝国:要么是民族主义本身,要么是"社会革命"和"在帝国内外扮演着罗马尼亚和南斯拉夫政治家们的民族主义和联合主义支持者的外部力量的介入"。(第35页)

272 这种分析的主要缺陷在于,大体低估了大部分现代民族主义运动的独立流动性,它们具有相对的自主性和生命力,会按照超出其"组织者"和"操纵者"意愿的方向发展;另一方面,这些分析又过高估计这些运动能被"镇压"的程度,因此,匈牙利王国的马扎尔民族主义绝不会因其获得的特权而满意。相反,特权阶层助长马扎尔民族主义者向匈牙利提出更多的独立性要求。再者,欧洲历史上不乏纠结于那些民族主义运动的例子,也不乏在其民族的经济力量和成功之上成长起来的例子(最新的例子是弗莱芒人、加泰罗尼亚人、巴斯克人、苏格兰人、克罗地亚人、斯洛文尼亚人的民族主义),欧洲还纠结于另外一些例子,后者表达出经济挫折和相对损失之情(譬如斯洛伐克人、科索沃人以及19世纪爱尔兰的民族主义)。分离主义被经济轻而易举地点燃,一如其被经济失败和经济剥夺所助燃。

彼得·苏伽(Peter Sugar)论证指出,瑞士和英国的例子表明,单一国家之内存在几个独特民族,"不足以使哈布斯堡国家走向末日",(Sugar 1963:43)而且"一旦斯拉夫复兴走过了其早期的文化-语言发展阶段……斯拉夫统一体的理念就绝不会构成君主制的重要因素,也难以对维也纳构成严重威胁"。(第10页)类似地,胡格·瑟顿-沃特森宣称,在斯拉夫西部,"唯一共同的文化是天主教。认为在波兰、捷克以及克罗地亚还有一个特别的'斯拉夫'的文化,这只是神话"。(Seton-Watson 1977:118)即便危及斯拉夫的全部因素聚合在一起,也未必威胁到帝国。所谓"奥地利-斯拉夫主义"本可以提供一个有利于帝国团结更宽广的基础。对帝国统一体的真正威胁并非来自奥地利-斯拉夫统一体之梦,而是来自涌现出的各自为战的无数斯拉夫民族的认同和忠诚,它们逐渐侵蚀和削弱了捷克人、斯洛伐克人、波兰人、斯洛文尼亚人以及克罗地亚人对君主和帝国的忠诚。

民族主义的兴起当然是一柄双刃剑。一方面它通过创造新的非帝国的身份和忠诚严重威胁帝国团结和统一。另一方面它进一步导致帝国国体瓦解,挑起民族间彼此纷争,使得哈布斯堡家族更易于谋求"分而治之"策略以对抗日益棘手的问题。凯瑟琳·弗德里(Katherine Verdery)强调,哈布斯堡"有意识地使各少数民族彼此争斗",而且梅特涅自己声称"如果匈牙利人反叛……我们应该立即让波希米亚人来反对他们,因为他们彼此忌恨;波希米亚人后面则有波兰人,或德国人或意大利人"。(Verdery 1979:393—394)

有些学者论证指出,"在奥匈君主国里没有主导民族,只有主导阶层"。从而所谓的"民族冲突"在匈牙利实际上是"马扎尔上层阶层和马扎尔及非马扎尔较低阶层之间"的阶层冲突,而帝国的"奥地利一半"的"民族冲突""主要由拥有财产的多民族或教育阶层之间"的冲突组成。(Deak 1967:303)对许多遭践踏的和剥削的工人、农民、雇工和苦力而言,其压迫者和剥削者,不管是"外乡人",还是"同胞",其实毫无区别。某些最严苛、最公然的压迫和剥削就发生在民族团体内部(而非民族团体之间)。

不过,尤其是在奥匈帝国,阶级冲突常常披着民族外衣,阶级仇恨常常受到种族对立主义毒害和煽动,这些仇恨针对"外乡"地主、商人、贷款方、店主和其他(常常是犹太人)"中间商"或中介,他们日益被看成邪恶的政治和经济体制的代理人和亲信,或看成阶级和民族渴望最终实现的障碍。民族斗争常常伴随或并入到社会-经济的经济性的"阶级"斗争中。这在一定程度上是其之所以有如此爆炸性力量的缘由。大部分对君主国的民族问题的分析,倾向于聚焦在依附的"走狗"对其"霸主"或"主人"的斗争和不满方面。然而,为了捍卫政治的、经济的和教育的统治与特权,在特权民族中(奥地利德国人、马扎尔人以及某种程度上加利西亚波兰人)激起的论辩和狂热情绪,丝毫不亚于在相对贫困的民族中(捷克人、斯洛伐克人、鲁塞尼亚人、南斯拉夫人、罗马尼亚人)为争夺更多平等和自治而展开的论辩和狂热。在对贾茜的隐晦批评中,汉斯·科恩(Hans Kohn)声称:"将君主国未解决的民族问题视为其衰落的基本原因,是错误的。对君主制的幸存有着决定性重要意义的,并非凝聚的或分裂的力量。"(Kohn 1967:256)以科恩之见,是帝国的外交政策铸下大错,尤其在 19 世纪六七十年代和 20 世纪前 10 年,"并非民族冲突带来君主国的崩溃"。(第 259 页)在这方面,悖论性地,"君主国的分裂拜主导民族之赐,较斯拉夫或罗马尼亚人民为多……对国内适时改革的抵制较之他们在外交政策上的邪恶影响而言,前者的作用不及后者"。(第 256 页)日益衰弱的哈布斯堡帝国信奉"中立"及领土说,避免有风险的外交政策冒险和失和。"由君主国里的德意志人和马扎尔人促进的与普鲁士-德意志帝国的联盟,以及对波黑的占领是最根本的错误,这在其自身种下了即将到来的灾难的种子"。(第 262-263 页)

然而,如此假设是荒谬的,即,仅仅由于哈布斯堡帝国未能在第一次世界大战中幸存下来,就推定其在战争之前就已经步入穷途末路。阿兰·斯科德(Alan Sked)论证指出:"事实上无人想看到君主国倾圮……它只是在战争中被打败,因此战争推动了它的崩溃;并且战败的

273

事实直到 1918 年初夏才明确。"(Sked 1989：187)因而哈布斯堡君主国并非败于无力控制或解决其民族问题；相反，"它衰败是因为它输了一场主要的战争"。君主国的大部分问题被其战争的努力支撑着，"直到最后。1914 年前，如果说有什么民族问题，也似乎处于缓解之中。其在 1914 年的真正衰弱是军事和财政上的"。（第 264 页）"1867—1914 年间，君主国都未曾面临过其在 1848—1849 年间所面临的那种对其存在的挑战。事实是，1867—1914 年，君主国的崩溃并非来自内部的压力；也不是来自对王朝的批驳；相反，有些地区问题实际上得到了解决或达成了妥协。同时，经济在持续增长，君主国在生活水平、基础设施和财政上越来越一体化。"(第 231 页)从而，当商业、工业和农业的统一在飞速前进时，(第 199—202 页)1907 年在奥地利和匈牙利之间出现了双方可以接受的经济"妥协"；并且 1905 年在摩拉维亚，1910 年在布科维纳双方还实现了语言与选举和解。（第 222、225 页）此外，罗马尼亚(如德国和奥匈联盟一样)，不愿意在大斯洛文尼亚挑起分裂主义倾向，(第 212 页)在克罗地亚人、波希米亚人、奥地利波兰人(加利西亚人)中的主要政治力量依然致力于在帝国框架内攫取利益，而不是帝国框架外谋求利益实现。（第 217、223—224 页）"没有一个主要的领导人或政党为君主国的解体而呐喊。"(Jelavich 1983b：231)

（像贾茜一样）分析并参与了哈布斯堡帝国瓦解问题、杰出奥地利马克思主义者奥托·鲍威尔强调了在民族主义兴起、第一次世界大战和哈布斯堡君主国的消亡之间的紧密联系：大战爆发前的数年中，民族对立的加剧，动摇了帝国的根基。君主国力图通过海外战争来克服其国内的长期危机。结果是，它坠入了战争，但其存在却依赖于战争的结果。战争消耗的生命和财富的可怕牺牲使斯拉夫人民陷入双重苦难：他们似乎在为了外邦国家和敌对的原因而牺牲。战争持续时间越长，反对奥地利的民族革命运动积聚的力量便越大……奥匈同时进行着一场不仅对抗外部敌人而且对抗本国三分之二公民的战争……而且只能通过运用战时专制主义的高压机制来迫使其人民与外部敌人奋战。(Bauer 1925：14,24,27,71—72)

274

　　吉里·科腊尔卡(Jiri Koralka)就民族主义的兴起和哈布斯堡帝国的分裂的关系给出了一个精细的、富有洞察力的、非教条主义的马克思主义解释。它避免了粗糙的经济决定论,强调了宽泛的社会变迁因素,诸如资本主义的兴起,特权的侵蚀以及大众的政治动员。在他看来,自从 18 世纪以来东中欧国家和巴尔干地区面临的挑战注定要包括"社会变化的巨大进程,基于全体公民在社会和政治生活中的积极参与,从旧的、特权的、封建的社会进入一个现代工业社会"。(Koralka 1967：147)从而,"哈布斯堡帝国分裂的主要原因并非民族主义本身,而是君主国未能为自己创造一个与现代资本主义社会的动态增长相匹配的和谐的民族观念"。(第 149 页)"在西欧,差异巨大的民族团体和政治领地常常被王朝统一到民族国家中。"然而,哈布斯堡家族甚至很少尝试把其异质的领地统一到"一个西欧式的民族国家"中,因为他们已经"背负着神圣罗马帝国的普世主义遗产……太久"。(第 148 页)他们一再由于在意大利、荷兰、西班牙以及致命性地在德国等地的勃勃雄心而分神。终于,过分延伸的帝国求助于一项政策,即试图"保留所有问题而从未尝试真正解决它们"。(第 149 页)最后,帝国的崩溃构成"君主国无力创造一个自己的现代社会概念的逻辑结果。对于任何地方来说,处于民族文化的这一发展阶段就不可能被中止,也绝无可能阻止民族国家政治纲领的构建"。(第 150 页)

　　每一个哈布斯堡君主的首要责任是捍卫由众多领地和人民组成的哈布斯堡遗产,它们中无一具有绝对的优势地位。从而,即便绝大多数帝国军官和官员讲德语(德语是行政、商业和军队命令的共通语),四个末代君主也无力采用德意志民族主义作为国家意识形态或绝对地认同讲德语者的利益和抱负。基于慎重考虑,带着深深的怀疑和不信任感,作为一个罗马天主教的多民族帝国的统治者和"精神监护人",君主弗兰茨·约瑟夫将反教会的奥地利-德意志自由主义、民族主义者的泛德意志主义、脱离罗马运动和卡尔·吕格的反犹基督教社会党视为对其权力、权威和地位的间接挑战和威胁。的确,他反复多次宣告群众领袖卡尔·吕格当选为维也纳市长一事无效。在致力于至少在其德语区尤其是其中的有钱阶层里重夺狂热的忠诚时，弗朗茨·约瑟夫不得不作秀，似乎超越了狭隘的"民族"和"部门"利益；而且，在过长的统治期间，他支持占优势的斯拉夫人、天主教徒和保守主义联盟(1879－1893)，反对那个时代弱小的奥地利-德意志"名嘴精英"中的自由主义者和反教会与泛德意志派。寻求君主专制庇护下的"民族团结"，对德国的霍亨索伦家族而言是一个可行的政治策略，而且对俄国的罗曼诺夫王朝而言不妨也可视为这样，但对奥地利-匈牙利的哈布斯堡家族而言，根本不存在这个问题。

　　罗伯特·康恩(Robert Kann)论证指出："君主的宪政权力的衰颓，是较之民族主义而言，在哈布斯堡帝国分裂中发挥的作用更大。18世纪，哈布斯堡统治下人民的普遍忠诚是极其有力的向心力。对君主共同忠诚的感情在此后一个世纪里迅速淡化了……确切地说，当更有必要去抵消日益增长的离心力量时，尤其如此。"(Kann 1967：25,29)同样地，泰勒论证指出："哈布斯堡君主国不是一个多民族的帝国，而是一个超民族的帝国。如果有一种共同的忠诚将它们绑在一起，民族是可以合作的……哈布斯堡家族曾经提供过这种忠诚；19世纪他们再也不能提供了，正是这个原因导致哈布斯堡帝国的失败，而非民族主义的兴起注定帝国之厄运。"(Taylor 1967：130－131)

　　这些观点都很重要，但在这些事例里面，泰勒和康恩都忽略了民族主义的兴起，尤其是民族忠诚在削弱并最终取代大众(尤其在中产阶层中)对超民族的哈布斯堡君主国的忠诚中所产生的关键影响。然而，康恩的确承认，"较之在欧洲任何其他地方，民族主义在奥匈是很重要的一个削弱力量"，(Kann 1967：25)同时泰勒在其另一部作品中也承认，在19世纪，哈布斯堡的不同民族"开始有了自己的想法和志向，这些最终证明彼此间是不相容的，而且也是与帝国的生存不相容的"。(Taylor 1976：21)这些民族运动在很大程度上陷入零和游戏的困境：每一个民族的渴望的实现意味着另一个民族付出代价；而且任何满足要求的尝试都削弱了作为整体的君主国。从而"哈布斯堡君主国和民族主义是不相容的；它们之间没有和平可言"。(第40页)

民族主义不仅坚决地维护选民的利益、诉求以及帝国的领土主权，而且为选民和领地的关系确立了不同的基础：不同的政治组织(或联盟的或完全独立的"民族国家"取代帝国);权威和合法性的一个不同的原则和源泉(民族/人民和民族的/通行的主权,取代王朝/君主国)。更有甚者,哈布斯堡帝国各民族间的仇恨、争斗和冲突的范围被哈布斯堡"家长制管理"的无处不在,私立(从而独立)学校、大学、医院和铁路(直至1890年这些都是国有的)的匮乏而扩大了。如此境地下,"每位学校教师、铁路运输工人、医院医生和税收人员的委任都具有民族争斗的涵义"。(Taylor 1976：173)事实上,私人独立活动的欠缺使得这些委任都带有"政治色彩"。

哈布斯堡帝国生存面临的主要挑战并非来自其欠发达的"外围",而是来自高度发达的捷克平原。虽然塞尔维亚人、罗马尼亚人、波兰人、鲁塞尼亚人和意大利人聚居区分崩离析,君主国仍有可能幸存下来,但波希米亚的独立,注定君主国会彻底崩溃。(Taylor 1976：238－239)在19世纪期间,当波希米亚成为哈布斯堡君主国的工业心脏时,捷克不再作为一个民族而遭致压迫和践踏,即便(或者的确是因为)越来越多的捷克人作为工人而被压迫和剥削。捷克人发展了其自身的大学和文化生活,以及在波希米亚行政管理中的主要角色。他们产生出了一个资产阶级,成功地压迫和剥削捷克人。不过,在波希米亚,显著的斗争不是阶级斗争,而是捷克人和德国人之间的斗争。"捷克人无法满足于其语言的使用……他们宣称,而且不得不宣称,要拥有其民族家园"。(第204页)然而,由于这意味着废黜那时占主导地位的波希米亚德国有产阶级,而后者竭尽全力予以抵抗。尖锐的冲突导致致命的结果。在较之维也纳而言更大的程度上,波希米亚成了德国"民族社会主义"的熔炉,后者在20世纪20年代输出到魏玛德国。此外在两次战争间的捷克斯洛伐克的300万波希米亚德国人的困境为希特勒提供了借口,后者于1938年9月和1939年3月分两步将波希米亚并入扩张的纳粹德国,从而预示了第二次世界大战的来临。

哈布斯堡帝国的"联邦化"方案

哈布斯堡帝国在暮年见证了自由主义的、奥地利-斯拉夫的以及奥地利-马克思主义等多种思想的孕育,后者意图在新的、民主的、多民族的"联邦"基础上重建帝国政体。它们的倡导者认识到"官僚政治的虚弱、致命负重、民族要求的冲突等;但所有人都期待着问题的解决"。普遍期待的解决方案是联邦制,这是一个对多个方案来说有吸引力的名字。(Taylor 1976：224)因为每个人在紧随帝国分裂而来的地方冲突和经济崩溃的前景警示下都退缩了,大家都渴求解决方案,愿意相信解决方案。问题是如何获得一个普遍接受的解决方案。(第 225 页)

奥地利斯拉夫人、奥地利马克思主义者、奥地利自由主义者都转向维也纳和哈布斯堡家族,寻求联邦式"解决方案"解决帝国的民族问题。然而之所以如此是因为"没有理解君主政体的性质"。(Taylor 1976：226)哈布斯堡家族普遍致力于使其领地分隔而非联合;他们害怕这些领地联合,即便在服从的情形下。(第 12－13 页)除了约瑟夫二世这个可能的例外,哈布斯堡君王们将其臣民视为王朝的仆人而非其他。更有甚者,按照贾茜·弗莱芒特(Justus Freimund)关于未来奥地利的论著(1867),"联邦制是与强有力的君主政体概念不相容的。联邦制唯有在像瑞士那样的共和国里才是可能的"。奥地利不能容忍自由,似乎"自由必然导致奥地利的彻底分裂"。然而,既然历史的步伐迈向更大的自由,"世界历史将审判加诸奥地利并谴责其走向灭亡"。(转引自Kann 1950b：140)康恩怀疑弗莱芒特的断言,即联邦制与君主政体不相容。不过,他总结说,"如果说东中欧人民在联邦民主基础上的联合会如愿以偿的话,它必定与在哈布斯堡帝国上所建立的联邦几无共同之处"。(第 290 页)

所有服务于联邦化的多民族帝国的"最后时刻"的方案都假定,维也纳和/或哈布斯堡家族会继续提供中央政府的全面合作,尤其是经济政策、外交政策和军队事务。然而,帝国的任何彻底的民主联邦化,亦即将真诚的自治授予其所有的民族和领地,这都实在无法与这个特别的君主政体相容(或在任何程度上都难以被接受)。"恺撒式忠诚排除了民主改革,还排除了基于民族和个体主权之上的帝国重组。"(Fischer-Galati 1963:32)"哈布斯堡……遵循一种纯粹的王朝政策来保护其世袭权利,强调恺撒式忠诚(对君王及其家庭的忠诚),提倡一种王朝爱国主义。恺撒式忠诚将帝国凝聚在一起,直到第一次世界大战结束,从而令大多数民族团体几乎直至最后为其国家内部的不满寻求……一种解决方案。这表明,与其说是统治家族的政策的成功,不如说是其臣民们无力寻求另一种令大部分人都赞同的原则。"(Sugar 1963:2-4)更有甚者,哈布斯堡家族和奥地利德国人中的绝大多数似乎宁要一个与生机勃勃的德意志帝国更接近的关系,而不要一个任何形式的权利分享,即与他们的斯拉夫臣民们分享,对后者他们展示出屈尊俯就的傲慢或自大的轻视。

无论如何,哈布斯堡帝国的任何深远的联邦重组能否长久解决或平息其"民族问题",是值得怀疑的,即便它有可能实施(或施加)这样一种"解决方案"。当降低中央权威的地位以维持现状时,给大部分从属的民族团体或领地授予的实质自治,很可能刺激他们的胃口,从而要求完全独立。不管帝国领地细分到什么程度,某些分支依然是不安全的、虚弱的和不满的少数民族,它们中的某些会在相邻的国家和地区里的族人中寻求联合(或保护)。甚而,哈布斯堡帝国的各组成民族和领地在经济发展水平、阶层结构、教育成就、地理政治导向以及民族意识程度等方面都大相径庭。将它们视为一个可行的、和谐的联邦或联盟内部的相容的组成部分,这需要一流的满怀信心的思考;但乐观主义和盲信并非建构一个可行的国家机构的充足基础。(Sugar 1967:119)"人们本想通过改变其内部结构来变更哈布斯堡君主国在欧洲的地位;但实际上在其内部结构中的改变只能带来另一个内部结构的改变,甚至是其在欧洲地位上的灾难。"(Taylor 1976:225)

可以想象,任何种类的东中欧联邦或联盟都恰恰可能被同一种族内部的摩擦、嫉妒、对抗和文化错位所撕裂,这些已经于1918年帮助摧毁了哈布斯堡帝国。的确,超民族的哈布斯堡世袭权利和恺撒式忠诚较之任何东中欧联邦或联盟在控制局势和弥补裂痕上是否更胜一筹是可以讨论的，因为王朝构成了一个强有力的超民族的仲裁人和忠诚聚焦点，居高临下地调停种族内部的不和。在东中欧，一个极大的超民族的帝国的存在限制了（种族结构上的多民族的联邦之内或种族基础上的两个国家之间的）暴力冲突的危险范围。正如泰勒适宜地指出的，"君主政体不是一个'解决方案'；它仰赖对一个'解决方案'之可能性的怀疑，因而，尽管不信，依然试图保存那些长期以来已经丧失了道德认可的体系"。（Taylor 176：252）至于动机，这话是对的，即，"哈布斯堡君主国可不是一个为了若干民族和平共处的容器"。（第132页）不过，客观而言，那是其执行的至关重要的功能之一。在此意义上，1918年君主政体的解体是一个历史性"错误"，即便它似乎不可避免。

与此观点相左，亚当·扎莫斯基（Adam Zamoyski）争辩道，"中欧的大部分问题是由哈布斯堡统治造成的，其恶意的逻辑使得其全部臣民不得不彼此仇恨"。（《泰晤士报》，1995年11月30日，第38页）然而，当哈布斯堡帝国的分而治之策略无疑在所谓"继承国"里播下了许多相应的冲突种子时，否认以下事实也是无礼的，即，在哈布斯堡家族统治期间，（为了其自身的国家原因）它将这些冲突控制在一定范围之内。

到1918年，哈布斯堡帝国内的全部主要民族都有了自己的书面语言、文学传统、历史学家、学校以及初步或完全成熟的知识阶层，他们在涌现的"民族"官僚政治、学校、大学和司法职位以及报纸等处谋求优先之位。不过，归根到底，民族问题不仅仅是一个入学和公共职位的问题。这些仅仅是餐前点心。涌现的民族迟早会寻求或要求决定自己命运的权力。归根结底，"哈布斯堡帝国的大多数民族团体就像任何其他被压迫或感到被压迫的民族一样，要求国家地位而非只是民族平等"。（Kann 1974：442）作为在第一次世界大战结束期间，沙俄、哈布斯堡和奥斯曼帝国失败与解体的结果之一，这些新兴的东中欧民族的民族权力寻求者获得了比他们所期望的还要快的"民族独立"。然而，20世纪30年代和40年代早期的经验很快使他们深刻认识到了位于德国和俄国之间的"边疆地带"的弱小民族的无助。

第十九章　劫后余生：被瓜分后的
　　　　波兰,1795－1914

　　　　继 1795 年波兰-立陶宛被第三次瓜分以及 1794 年的科希丘什科(Kosciuszko)起义被完全镇压下去之后,在瓜分后的波兰-立陶宛联邦内部,一度盛行惊骇、冷漠和听天由命的情绪,"深层的政治革新由此暂时失败"。(Skowronek 1982：263)1797 年俄国、普鲁士和奥地利签署的瓜分条约秘密地、令人不寒而栗地宣布,"鉴于废除一切可能恢复关于波兰公国的记忆的必要性……订约各方一致高度同意并保证,决不在他们的名称中出现关于波兰王国的名字或定义,它将从此永久性地被埋没"。(引自 Davies 1981a：542)重要的是,作为所有瓜分行动的合谋者,沙俄政权声称,它只不过是恢复了曾经属于它的祖先的财产的一部分。1793 年,叶卡捷琳娜女皇曾经下令打造一枚勋章,刻上铭文"我恢复了曾被分离出去的领土"。尽管如此,对于她的这种行为的认识,"并不为她同时代的多数人所共有",而她的直接继任者就认为,瓜分波兰是一种犯罪行为。(Wandycz 1974：17)但是,普鲁士类似地声称,它只不过恢复了它的条顿祖先的失去的领土。(Davies 1981a：81)而在1772 年,奥地利决定把它第一次瓜分波兰所得的份地称为"加利西亚和罗德米西亚王国"。这些名称是对于哈里茨(Halicz)和弗拉基米尔(Vladimir)的拉丁化处理,后者是两个中世纪公国的名称,哈布斯堡人过去用它们指早已逝去的匈牙利王朝的名称。然而,哈里茨"仅仅构成了瓜分所得领土的一小部分",而弗拉基米尔完全处于该地区之外,而且两者都不曾重新复归到匈牙利王国内。(Wandycz 1974：11)1795年并入奥地利(而非匈牙利)的另外领土,被重新命名为新加利西亚,哈布斯堡狡诈地利用从前的手法来影响另一方。而且这个诡计奏效,因为直到今天,历史学家总体上还用这个伪造的加利西亚名称来指涉1772、1795、1815、1846年被奥地利吞并的地区。

这些诡计和特殊的"合法化"重在强调瓜分似成终局。参与瓜分的列强发表郑重声明,宣称他们对新领土的权利远远超出单纯的"征服权利",这一点有助于解释他们谋求的政策以及他们行为的固执。再者,似乎由于共同参与了反对一度存在的波兰-立陶宛联邦的罪行,瓜分的列强彼此几乎形成铁板一块。1814－1815年间,继拿破仑以及他从1807－1813年早期发起成立的华沙大公国战败之后,出现了第四次瓜分波兰的情形。尽管如此,这并不意味着通向波兰和立陶宛政治、经济和文化生活的道路就此封闭。名存实亡的波兰-立陶宛联邦拒绝接受死亡的命运,它在政治阶级的良心中一直存在到1939年,这一年,《苏德互不侵犯条约》的签署(实际上是对波兰-立陶宛的第五次瓜分)完成了由腓特烈大帝和叶卡捷琳娜女皇所开辟的这项工作。此后,尽管波兰和立陶宛各自虽然不止一次地"重生",但是关于波兰-立陶宛联邦的概念却永远地消失了。

虚幻的曙光,1794－1814

瓜分列强之间的稳固性实际上要比通常认为的脆弱得多。未过多久,事实表明,这三个国家当中的每一个都乐意使用波兰人或者抚慰波兰人,以便偷偷地抢在另外两个国家之前。签约的三个国家之间持续不断地"相互攻讦",因此似乎完全可以认为,1797年的瓜分条约中关于誓决不再使用"波兰"一词的秘密条款,在应用于反对波兰人的同时,同样也是"直接针对三个王室可能启动的恢复波兰计划"。(Wandycz 1974：25)然而,"疯狂的"沙皇保罗(1796－1801年在位)很快就释放

479

了波兰的政治犯(包括科希丘什科,他返回到美国),只要他们承诺绝不再拿起武器反对俄国。沙皇保罗之所以如此行事,是为了庆祝他极端憎恶的母后叶卡捷琳娜大帝的去世。沙皇保罗还长时间地与退位的斯坦尼斯拉夫·奥古斯塔(Stanislaw Augustus)一起探讨重建以前的波兰联邦的计划。1798 年,波兰的前国王去世,"保罗给予他国葬并且亲自参与了葬礼"。(Zamoyski 1987:257)沙皇保罗致力于毁灭他母亲的"功绩",结果导致他在 1801 年被俄罗斯贵族谋杀。

早在 1796 年 10 月,拿破仑·波拿巴的波兰副官约瑟夫·索克斯基(Jozef Sulkowski)就曾暗示,如果他在意大利取得作战胜利,那么他的主人很可能会领导法军进攻俄国,"以迫使它承认波兰独立"。(Wandycz 1974:28)再者,1796 年 12 月,波兰的移民成功地说服多少有点神经过敏的法国督政府允许亨利克·达布罗夫斯基(Henryk Dabrowski)(他在科希丘什科起义中表现非常突出)组建一个辅助的"波兰军团",在拿破仑的带领下到意大利进行反对奥地利的战斗,并使用像他那样的波兰移民军官和俘获的奥军中的波兰战犯(他们是在加利西亚被大量招募的)。1797 年 7 月,数量较小而且缺乏纪律的一组波兰移民军队从奥斯曼控制下的布科维纳侵入加利西亚,事实证明,这支部队只是奥军的虎口之食。尽管如此,另外的两个"波兰军团"却成功地组建起来与法军协同作战,一支在约瑟夫·查加塞克(Jozef Zajacek)将军的带领下出现在 1798 年的意大利战场,另一支在卡罗尔·卡尼塞维茨(Karol Kniaziewicz)的带领下出现在 1800 年的莱茵战场上。1800 年科希丘什科从美国来到巴黎,波兰人的希望和斗志猛增。(Wandycz 1974:26 − 30)唤起这些"波兰军团"猛醒的进行曲后来就成为波兰的国歌。

1797 − 1801 年间,在"波兰军团"中服役的人数大约有 2.5 万到 3 万名,他们在特雷比亚战役(1799)、马伦哥战役(1800)以及霍恩林登(1800)战役中英勇作战,损失惨重。然而,从 1801 − 1805 年间,法国军队设法避开与奥地利和普鲁士国家之间的战争,结果,波兰军团地位下降被派往意大利履行警察职责,而不是去从事他们长久以来渴望的解放波兰-立陶宛的战役。1802－1803年,与他们的愿望相背离,他们被派往法国殖民地圣多明各(海地)担负镇压奴隶起义,结果很多波兰军人不是在为争取自由而是在反对自由的战斗中死于疟疾。(Davies 1981b：296)

1800年,出现一个题为"波兰能否开辟一条通向独立的新路?"的匿名小册子。它实际上是由科希丘什科和他的秘书约瑟夫·波尼亚托夫斯基(Josef Pawlikowski)合撰而成。他们论证指出,波兰人不能指望法国的支持或者其他列强的支持,因此必须依靠一位有独断权的魅力型领导,动员他们自己的社会和军事资源(包括农民)从事一场国内的"独立战争",类似于1794年起义那样。(Wandycz 1974：32)这构成了波兰暴动传统的重要理论依据。科希丘什科警告他的同伴们说："不要指望波拿巴会重新恢复波兰。他只是替他个人考虑……他唯一的目标就是满足个人野心,他是一位暴君。我确信,他绝不可能创造出什么久远的东西。"(引自Davies 1981b：295)尽管如此,"波兰军团"还是以自己的英勇和潜力向拿破仑做了最好的证明,军团中的幸存者后来成为按照拿破仑的军事方法训练出来的极有价值的军官骨干和人员。他们"证明对于未来的华沙大公国的军队组织来说不可或缺",这使得波兰重新回到地图上。(Wandycz 1974：32)再者,波兰人与拿破仑法军的接触有助于将波兰民族主义的内涵进一步扩大,它形成了包括扩大了的政治民族观以及大众的("民族的")权利和义务观的意识形态。

1801－1805年在战争的缓和期内,波兰的政治火炬成功地从西欧的波兰移民手中传到了俄国境内的杰出的波兰贵族之手。1795年被恰尔托雷斯基(Czartoryski)王室作为事实上的人质和"善举的保证者"送往圣彼得堡的恰尔托雷斯基王子,依靠个人魅力进入到未来沙皇亚历山大的内部的小圈子,该圈子中的人多数是改革者,有自由思想的朋友和一些顾问。甚至早在1801年沙皇保罗遭谋杀而将亚历山大及其亲信一同推上权力之巅之前,恰尔托雷斯基就诱发了这位俄国未来继承者对于波兰事业的同情感。恰尔托雷斯基成为俄国的外交部长、议员,亚历山大的教育委员会(负责俄国的教育扩展和现代化问题)的成员,而且担任前立陶宛大公国的教育"部长",俄国是通过瓜分获得的该大公国。似乎"成功地在他的内心中调节了大俄罗斯与最后的波兰再生之间的感情冲突"。他明确地希望一个现代化的、自由的俄国的出现将最终迫使其他两个瓜分波兰的国家放弃他们各自在波兰的那部分领土,而且希望"重新成立的波兰国家与俄国结成的亲密联盟,能够同时满足波兰人和俄罗斯人的利益需求,该联盟可能的情况下由罗曼诺夫王朝统治"。(Wandycz 1974:34)恰尔托雷斯基在俄罗斯事务中的影响如日中天的时候,维尔纽斯和塔尔杜大学重新改组。在他的领导下(1803－1823),大学"迅速成为波兰文学和求知的最重要的中心",(Davies 1981b:313)其翼下有 430 个学校组成的教育网。(Wandycz 1974:95)然后,他还提议,为了清除法国革命和波拿巴主义的破坏性和动荡不安的影响,俄国(与英国合作)应当努力发起重建欧洲活动,把它建成包括东部地区两个宽泛的斯拉夫联盟在内的基督教联邦。这将赋予每个民族以自由表达权和框架内的自由权,这个框架将导向和平、和谐和抑制侵略本能和野心。(Kukiel 1955:30－36,156－157)

然而,拿破仑在 1805 年遭到俄奥的共同进攻,俄奥联军在 12 月的奥斯特里茨战役中被全面击败。1806 年,法国成立了由它主导下的莱茵联盟,诱发了普法战争,结果拿破仑在耶拿战役和奥尔施塔特(Auerstadt)战役中以微弱优势战胜奥军,他于同年 10 月攻占柏林。这为波兰起义和复兴的"波兰军团"参与到"解放"普鲁士统治下的波兰开启了道路。在进入柏林之后,拿破仑召集达布罗夫斯基和约瑟夫·维比茨基(Jozef Wybicki,一位有影响的移民)并且督促他们寻求科希丘什科支持在普鲁士占领的波兰领土内发动波兰人的起义,并且嘲弄他们说,现在到了波兰人证明他们是否真正值得再次成为一个民族的时候了。

在这一事件中,很少波兰人愿意重建一个法国庇护下的波兰国家。波兰的激进派,还有那些与法国共和派有过联系以及带有关于"波兰军团"早期不愉快记忆的移民,对于拿破仑都持不信任态度,拿破仑曾经回避对于伯兰德的坚定支持,而主要的波兰大地主从一开始就担心公开支持拿破仑法国。科希丘什科宣布,他愿意在满足三个条件下与拿破仑进行合作:解放农民;重建从格但斯克到里加、奥德萨和喀尔巴阡山的波兰国;采用类似于拿破仑的主要敌人大不列颠模式的政治体系。因此,没有波兰人发动起义支持法国 1806 年 11 月和 12 月"解放"波茨南和华沙的行动。(Wandycz 1974：36－38)

然而,等到法国对华沙和波茨南的控制变成既定事实,大量的波兰支持者迅速将他们从前对于拿破仑及其政权的不信任完全抛开,而且"波兰的激进派宣称支持与法国合作。拿破仑对于瓜分列强的胜利激发了民众的想象力,为他戴上了英雄主义的光环"。(Wandycz 1974：39)而对于那些保守的波兰大地主来说,他们很快发现他们所担心的法国和拿破仑的"激进主义"很大程度上是不应该有的。甚至在称帝之前,拿破仑就已开始控制革命的激进主义,他也不希望通过鼓动革命来惊吓波兰-立陶宛和瓜分的列强的有产阶级。"拿破仑最不想做的事情就是让三个瓜分国联合起来反对法国",(第 37 页)他也不希望"将他的波兰政策建立在大众的拥护之上"。(第 39 页)相反,与多数的暴发户、机会主义者和独裁者一样,他急于与当权者进行交易,只要他们能够接受他。他指望波兰贵族和巨富的领导和支持。他把华沙新的管理委员会的重要大臣职位留给了贵族们。约瑟夫·波尼亚托夫斯基(Jozef Poniatowski,最后一位波兰国王的侄子)王子被授权统领新的波兰军队,到 1807 年有将近 4 万人在他的统治之下。"左派在政府机构中没有代表。"(第 40 页)科希丘什科在关键时刻犹豫地回到波兰,使他丧失了作为一位有魅力和受到普遍尊重的领袖的"进步性"。人们不知道他是不是主要出于对拿破仑憎恶的情感的驱使,或是出于他对后来的沙皇保罗的承诺,或是由于每况愈下的健康(他于 1817 年去世),或者是以上三者的结合。

1807 年 6 月拿破仑对普鲁士的完全征服(在波兰人的帮助下),是对重启波兰"问题"的一个必然的"回答"。恰尔托雷斯基(Czartoryski)强烈建议沙皇亚历山大一世(1801－1825 年在位)恢复俄国庇护下的波兰王国,以便阻止波拿巴控制下的傀儡波兰国的出现。拿破仑和亚历山大在位于提尔西特(Tilsit)的涅曼河一个木筏上进行了著名的会晤,他们相互之间互赠波兰王冠,但是作为受惠者却都不愿意支付足够的代价! 最后,格但斯克成为法国"保护下"名义上独立的"自由市",而俄国取得比亚雷斯托克(Bialystock),而大波兰(Wielkopolska)和马佐维亚(Mazovia)的260万名居民重新组建成为华沙大公国。这体现在《拿破仑法典》和法国宪法中,而根据"两法"规定,正式废除农奴制,宣称所有公民法律面前一律平等,把罗马天主教作为主导宗教,而且确保宗教自由。尽管如此,许多农民的困境实际上在加剧,而在1808年,以"尚未被同化"为由将犹太人可获得的政治权利推迟十年。(Wandycz 1974:46—47)说波兰语的萨克森国王(拿破仑的同盟者)仅仅到过华沙大公国才六次就被确定为公国君主的继承者。立法权被联合授予给了君主(或者他的提名者)和两院制国会,后者由提名组成的上议院和一个选举产生的代表议会组成。然而大公国的官方语言是波兰语,而且在许多波兰人看来,波兰第二天就会奋起战斗。从1808年开始规定,20—28岁的波兰男子至少要服兵役六年以上,主要是随拿破仑的军队在欧洲的其他地方的战役中作战。部队人数从1808—1809年的3万人扩充到10万人,部队由此也成为公国的人力和财力资源的巨大消耗者。

1809年,大公国遭到奥地利的入侵,奥地利再次与拿破仑开战。由于曾经与奥地利人打成平局,大公国的军事参谋(包括达布罗夫斯基和波尼亚托夫斯基)怯懦地向哈布斯堡帝国献上华沙,但是后来开始解放加利西亚。在1809年7月奥地利被拿破仑决定性地击败之后,大公国获准吞并所谓的新加利西亚(包括克拉科夫),大公国的领土由此扩大到155 430平方公里,居民增加到430万。(Wandycz 1974:43,53)在1810年,由于被他的两个分别效忠波兰和俄国的支持者搞得筋疲力尽,恰尔托雷斯基最后向沙皇亚历山大无限期地"请假",沙皇当时正在让他确信,他打算重新恢复一个俄国支持下的波兰大王国。这个消息传到拿破仑耳朵之后,他勃然大怒,指责亚历山大蓄意侵略和欺骗。拿破仑于 1812 年春在穷苦的华沙大公国内集合 60 万大军,准备在 6 月侵入俄国,这在一定程度上预先阻止了沙皇的方案(或许是为了迫使他回到法国同盟体系中),将近 10 万名波兰士兵参加这场战役,战役号称要把白俄罗斯、立陶宛和乌克兰的大部分领土从俄国的统治下"解放"出来。然而,通过让 3.5 万波兰人公开组成"民族的"军团,而非由波尼亚托夫斯基(Poniatowski)的领导,拿破仑并未能充分利用波兰和立陶宛贵族的民族主义。更雪上加霜的是,拿破仑把立陶宛、格罗德诺和明斯克托付给根本不懂得地方情势和语言的笨拙的荷兰军事领导者。直到 1812 年 12 月才在立陶宛贵族中进行总动员。(Wandycz 1974：59)到那时,拿破仑正迅速逃回巴黎,经过华沙时甚至未顾得去看一眼他长期相好的波兰情妇玛丽亚·瓦留斯卡(Maria Walewska),而"她后来一直追他到巴黎,并且最终到了厄尔巴岛"。(Davies 1981b：304)在 1812 年 9 月的波罗地诺(Borodino)与俄军决战以及接下来的一个月见证了莫斯科大火之后,只剩下 2 万波兰士兵返回波兰。1813 年 2 月,华沙重新沦为俄国统治,此后公国经历了俄国两年的实际军事统治,直到 1814－1815 年的维也纳会议才决定了它的长期命运。

总之,拿破仑战争残酷地激起而又毁灭了波兰和立陶宛的有产阶级的希望(下层阶级与其说是在行使他们的权利,倒不如说更多的是应付了事)。科希丘什科直觉上不信任拿破仑在很大程度上得到了证实。拿破仑出于一己之私无情地剥削了波兰"爱国者"。尽管如此,拿破仑用一种舍他难成的方式将波兰"重新带回到地图上"。就此而言,科希丘什科做出了一个代价惨重的错误判断。波兰人据认为本来可以获得更大更长久的收益,如果他们消除个人的疑虑并且领导新生的波兰国家和那些加入拿破仑战役中的波兰军队,即使他不愿意发挥积极作用的话。然而,同样,在辉煌的维也纳会议上,胜利的瓜分国也没有重新试图永久性地把波兰从欧洲的历史中消灭掉。一度存在的华沙大公国的大部分地区被并入到 1815 年新建的波兰王国,尽管是置于沙皇亚历山大的统治之下。拿破仑战争和华沙大公国也留下了希望和勇敢、奉献、行动和国家观念的范例,它们持续地鼓舞着一代代波兰人(以及立陶宛人,不过程度略弱)直到 1989 年的革命。

　　然而,人们必须意识到,对于瓜分后的波兰的一段时期内,波兰-立陶宛的贵族的观点和行为的叙述,经过了浪漫化和民族主义的处理。只有少数从前的施拉赤塔(szlachta)设法在他们新的帝国获得了贵族头衔。成千上万的人们沦为普通民众。作为整体上的贵族已经失去从前的政治特权、虚职和代表权,它从前的绝大部分财富和影响,以及实际上截至那时的几乎全部的习惯法给予的对于王国政府和教会财产的管理和剥削权,尽管他的封建领主特权很大程度上原封未动。一旦发现他们现在置身于欧洲的"多余人群"之中,许多受挫的并且降级的波兰或立陶宛贵族,就沉湎于一种漫无目标和毫无节制的生活中,他们的活动场所限于"缩小的"华沙或者克拉科夫市,各个偏僻孤立的行省,或者外国的度假地、疗养院、娱乐场,他们中的一些人在那里挥霍或赌输他们的剩余财富。有些丧失财产的、贫困的波兰贵族开始怀疑法国大革命的观念和波拿巴主义的吸引力本身。然而,这也强化了那些多少还沉湎于他们过去的擢升地位和财富的人们的警觉和焦虑感,并且迫使他们更愿意与瓜分国进行合作或者去讨好他们。因此,不足为奇的是,(主要是波兰人或者波兰化的)立陶宛贵族在 1795 年向叶卡捷琳娜大帝递交请求,感谢她接管了他们的国家,而华沙市也发布了一个宣言,称赞俄国陆军元帅苏沃洛夫(Suvorov)为"解放者"。(Wandycz 1974:21)不幸的是,一旦波兰-立陶宛贵族和巨富们甚至连形式上都不再对于波兰-立陶宛联邦的福祉、安全和良好管理负责,这就进一步鼓励了他们中的一些人较之于以前更为不负责任,尽管另一些人在他们的同伴的态度和行为面前战战兢兢地退却。这种令人遗憾的困境使得波兰-立陶宛贵族和巨富们与以往一样严重地分裂。

　　1795 年之后,波兰人和立陶宛人终于接受了名存实亡的联邦不再存在的事实,并且培育了一种新的民族观念,一个不仅包括贵族而且包括全体人民在内的民族观。他们不得不学习如何挑战和摆脱过去领主阶级享有的特权和领导权,学习如何吸引其他社会群体投入到努力恢复民族独立的斗争中。

283

对波兰-立陶宛事实上的第四次瓜分,1814－1815

在 1814 年的维也纳会议上,沙皇亚历山大一世提议,成立一个波兰种族的王国,由他担任该王国的世袭立宪君主。然而,由于俄国在1772、1793、1795 年的瓜分活动中获得了立陶宛、白俄罗斯和乌克兰地区,而且这些地区当时明显已经被视为俄罗斯帝国的固有领土的一部分(作为俄国的“西部诸省”),胜利的沙皇希望新生的波兰王国能够与普鲁士和奥地利在瓜分波兰-立陶宛联邦中获得的那些领土份额完全脱离,这样在实际上就可以用沙皇式的保护来取代对昔日华沙大公国的拿破仑式保护。普鲁士人准备接受这项建议,只要他们能够获得德国境内领土(萨克森以及莱茵兰)的慷慨补偿。但是,奥地利、英国和法国不信任亚历山大,并且决定把俄国对波兰的西部扩张以及普鲁士向德国的西部扩张缩到最小范围内,这部分是出于担心欧洲均势遭到破坏的缘故。就亚历山大来说,他的同伴们不情愿答应将几乎整个波兰托付给他尽心地关照,是对他的一种冒犯。具有讽刺性的是,这促使他以非常不符合他的性格的宽爱和自由来对待他的新波兰民众,尽管他们积极合谋参与了拿破仑在 1812 年对俄国的灾难性入侵。“尽管对于波兰人心怀愤恨……但是沙皇并未图谋报复”,而且他“真正表现出在他的波兰王国内进行自由试验的兴趣”,它“几乎每年都要巡视波兰一次而且希望用波兰王国……作为改变他的帝国的一个因素”。(Wandycz 1974：61,77)“亚历山大对于出现的波兰难题,既不图谋借机报复,也不视而不见。”(Zamoyski 1987：265)俄罗斯君主的这种极为复杂的心结在当时被评价过低,而且一直如此。

最后,维也纳议会同意将华沙大公国的核心地区转化成为波兰王国,沙皇成为它的国王。然而,格但斯克和大波兰的大部分地区(重新命名为波森或者波兹南)回到普鲁士统治之下,而奥地利重新获得除去克拉科夫的“新加利西亚”大部分地区,克拉科夫成为一个名义上独立的城邦。在波兰人看来,维也纳达成的这桩交易“等于是对波兰的第四次瓜分”。(Halecki 1957：9)然而,由于恰尔托雷斯基持续的外交攻势和活动,再加上沙皇的(很可能是真诚的)渴望补偿过去的瓜分行为,以及其他的瓜分国无力将坚忍不拔的波兰民族完全地"消灭",维也纳的"最后法令"包括了一项保证,即波兰人可以获得民族代表和机构(national representation and institutions),"只要它与瓜分国之间的利益一致"(第1款)。它还要求在从前的波兰-立陶宛联邦的领土内或者之间"维持自由通航、农产品和工业产品流通自由以及交易自由"(第14款)。实际上,在1815年后的数十年当中,波兰人一直在前联邦的不同地区之间非常自由地往来和通信。"波兰文化知识一直在跨越政治的边界得到传播。没有一个瓜分国能够孤立地执行它们的波兰政策,而且一个地区的发展尤其是波兰王国内的发展,影响到波兰的各个地区的形势。"(Wandycz 1974:62,67)因此,当阅读到关于不同地区的单独叙述时候,人们应该记住的是,它们之间的相互影响从未停止过。19世纪的波兰人拒绝把新的国界线称为"普鲁士警戒线"或者"奥地利警戒线",但是,在精神领域,前联邦"一直无视边界线的约束而存在着"。(Zamoyski 1987:267)

俄国控制下的波兰"议会王国"

1815年维也纳会议上认可的新波兰王国领土面积是12.7万平方公里,较之从前法国保护下的前身,华沙大公国来说,略微小了些,但是它的人口却从1815年的330万猛增到1913年的1 300万。(Davies 1981b:307)根据1897年的人口统计,31.5%的人口生活在城镇,而且其中72%的人口是波兰人。(Wandycz 1974:206;Leslie 1980:40)

沙皇亚历山大允许那些曾经反对过他(但是现在却在他的控制之下)的贵族保留他们的地产,而且只要有可能,还允许保留他们的军职。他还允许所谓的议会王国保有它自己的议会、政府、法律、法庭、武装力量、国民卫队、教育机构和官方语言。与他后来的统治者的做法相比,并没有那种报复性的"肃除异己"行动。华沙甚至获允在1816年开办它的第一所大学,到1821年,王国已经拥有1 000多所小学,18世纪七八十年代发起的教育改革得以继续。尽管如此,俄国统治者"拒绝承认最穷困的、近于农民身份的施拉赤塔的贵族地位"。他们中的相当数量的人被重新安置在黑海草原一带,当时俄国正忙于在该地区从事殖民活动。(Wandycz 1974：18)到 1864 年,由于乡间的生活、持续的经济危机以及对参与 1830－1831 年和 1863－1864 年间起义的贵族的惩罚,在这些因素的共同作用下,从前的萨拉赤塔的一大部分都失去了他们在议会王国的昔日贵族地位。(Davies 1981b：82)

　　1815 年 11 月颁布的宪章是那个时代听起来最为自由的宪章之一,而且后继的沙皇-国王都信誓旦旦坚决信守它。该宪章允诺个人和宗教自由(包括不受随意逮捕和惩罚的自由),宣称私有财产不可侵犯,承认罗马天主教为多数人的宗教,并且允许施行两院制议会,议会上院由提名产生(参议院),下院由选举产生,尽管议院成员必须是地主。(Wandycz 1974：74－75)然而,在 1818 年的议会会议的开幕式上,沙皇发出了下述(有点傲慢的)挑战:"你们辛劳的结果应能向我表明,我是否能够愿意兑现我曾经向你们允诺的扩大对你们的让步。"(引自 Zamoyski 1987：266)然而,作为波兰国王,亚历山大保留了一些特权,包括任命和辞退部长和官员,召开立法会议和修改法规,掌管外交政策,控制警察,绕过议会的预算以及充当最后仲裁者等。

　　议会王国的常备军数量有 3 万人,"能够在战时迅速扩张",用波兰语作为唯一的指挥语言,身着波兰颜色的制服,军费开支占公共支出的40％。(Davies 1981b：311)"训练精良,管理有序,他们成为所有波兰人的骄傲"(这也就预示了 1918 年后及 1945 年后的波兰军队!),然而,它被置于亚历山大的弟弟康斯坦丁大公的领导之下。而他是一个典型的沙皇式严苛而且"执著"的人,尽管他屈尊迎娶波兰人的做法排除了他所有就任俄国王位的可能性,并且使他成为他的第二祖国的真诚的挚爱者和保护者。为了使得波兰在军事上依附于俄国,议会王国被禁止建立军工厂。(Wandycz 1974：77－78)

　　拿破仑战争尾声阶段,整个前联邦境内的许多波兰地产都受到国际粮价萧条出于防止"廉价的"外国粮食而对一些重要的西欧市场进行的保护(尤其是 1816 年通过的《英国谷物法条例》),不受阻碍地与格但斯克(但泽)和其他波罗的海港口往来造成的损失,以及普鲁士政府给予容克地主贵族的支持而造成的不利影响。这些情势造成许多用保证金抵押或者抵押过多的波兰贵族金融破产,他们当中有人被迫将自己的土地出卖或者赔偿给借贷者、银行家、市民或者非波兰人(包括波兹南,马祖里和波兹南地区的普鲁士容克)。

这场农业危机,紧随着法国大革命和波拿巴改革与机会主义的极具动乱性的影响之后而至,再次把农业改革问题提到了公共关注和辩论的前台。这最终导致了普鲁士式的对农奴的"无地解放令"(Landless emancipation),1816年出现在爱沙尼亚,1817年在库尔兰(Kurland),1819年在利沃尼亚(Livonia),1823年在普鲁士领导下的波兹南。这些改革有助于将大地产转换成雇佣无地或近于无地的零工的大规模的资本主义企业。在当时的议会王国、俄罗斯的"西部诸省"、俄国本土和哈布斯堡帝国(包括加利西亚),这类坚定的方案被指责为过于冒险和(或者)缺乏人性。尽管如此,农业问题"要求一种基于经济的、社会的和人性化之上的解决方案,而且它还孕育着政治含义。依赖于采纳方案的类型,农民有可能成为瓜分帝国的忠诚的民众,也有可能成为有政治自觉意识的波兰民族的一员"。(Wandycz 1974:67)沙皇政权证明了更愿意比普鲁士统治下的波兰和加利西亚的统治者走得更远,他努力利用农业改革作为赢取农民支持的手段,或者至少使得农民"保持中立",进而剥夺了叛乱的波兰-立陶宛贵族可能获得的农民对于分离和自治运动的潜在支持。

然而,从19世纪20年代开始,在前波兰-立陶宛联邦的领土内,出现了一系列更有成效地加剧农业危机的因素,它们包括土豆、亚麻和蜂蜡的大规模扩种,作物轮种和养羊业的增加与改良,用土豆和剩余粮食为饲料的养猪业的集约化,伏特加(主要由土豆和多余粮食酿造)、香肠、啤酒、糖、亚麻和羊毛织品产量的急剧增加,以及对主要的生计谷物和经济作物依赖的急剧下降。这相应地导致对农奴种植粮食劳动的依赖降低。从广义上而言,率先放弃农奴制的地区也是新的作物模式、蒸馏、酿造和食品加工模式发展领先的地区。

在议会王国内,由于基础更为广泛的工业化开始启动,1814 年后的农业危机也远比普鲁士或奥地利占据的波兰土地较为缓和。从 1816 年开始,政府和一些具有远见的波兰议会王国的巨富们成功地促进了煤炭、锌和铜的开采,锌、铜和铁的冶炼,钢铁制造以及非直接地促进了蒸馏、酿造以及王国的蓬勃向上的羊毛和棉纺织业。后者因为波兰议会王国被纳入俄国的帝国关税同盟而大为受益。直接进入广阔的俄罗斯市场(当时普鲁士、奥地利和西欧的竞争者逐渐被排斥在市场之外)不仅给予议会王国的本地企业以优先地位,而且鼓励了德意志以及西欧的纺织业和纺织机器方面的企业家、工程师和制造者在议会波兰建立公司(或者与它们结盟),这不仅构成了现代的"关税跨越"(tariff-hopping)战略的一部分,而是为了利用充沛的可获得的廉价农奴和外地农奴作为劳动力,这些农奴是当地农业需求当中的剩余劳动力。再者,参与到正在兴起的波兹南纺织业当中的一部分企业家、工程师和工匠,后来发现由于瓜分的缘故,自己受到更多支持的或者更为发达的德意志中部和西部地区的纺织业生产商的挤压,他们就"重新回到"了波兰议会王国。总体说来,除了在蒸馏、酿造和食品加工业以外,波兹南和波美拉尼亚的工业家或者未来工业家发现要与萨克森、西里西亚、柏林和西德的更强大的工业相竞争越发困难,而奥地利的波兰部分更无力与波希米亚和日耳曼的奥地利的新兴产业相竞争。相比之下,波兰议会王国成功地成为远未工业化的俄罗斯帝国当中工业化程度最高的地区。它能够满足圣彼得堡、莫斯科和沙皇国家的众多工业需求,包括为控制自己的俄国军队供应军服！因为 19 世纪五六十年代俄罗斯帝国执行外贸政策的自由化,王国被置于与西方竞争的环境中。这种政策一度危及波兰议会王国的优先的经济地位,但是,当俄国的进口关税在 19 世纪八九十年代急剧上升之后,这种威胁很快退去。波兰议会王国的工人在 1858 年增加到 7.5 万人,1885 年增加到 15 万人(当时波兹南只有 2.8 万人而加利西亚仅有 2.5 万人),1913 年人数达到31.7 万人。(Wandycz 1974：158,202,280)

尽管如此,波兰议会王国得自俄罗斯帝国的关税保护墙的有限的

286

经济利益本身,既不足以说服波兰爱国者放弃反抗令人憎恶而且越发具有强制性的俄罗斯监护,也不足以被清晰地观察到(至少直到罗莎·卢森堡的那部备受称道的博士论文《花粉的工业开发》[*Die Industrielle Entwicklung Pollens*]在 1898 年出版之前如此)。再者,尽管沙皇亚历山大一世原则上打算授予波兰议会王国的波兰人以自治权和某些宪法民事权利,尽管这位最开明的俄国沙皇在得知"厚颜无耻的"波兰人坚持要求实施他们所"吹嘘的"权利的时候也会怒不可遏。亚历山大一世与他的新的波兰民众之间的漫长蜜月在 1820 年终告结束,这一年,一群自由反对派代表努力"揭露出政府的专断和它试图钳制议会舆论"。深为震惊的沙皇将这种批判解释为"对君主制的攻击",并剥夺了批评者在议会中的议席,解除了王国的教育和宗教自由特派员,提高康斯坦丁大公的宪法外权力并且将下一届议会的召开时间一直压到 1825 年。(Wandycz 1974:84)1823 年,在俄国的"西部诸省"出现了数例维尔纽斯大学的具有自由思想的波兰人被开除、逮捕和流放的情形。

俄国-波兰的关系在沙皇尼古拉一世(1825－1855 年在位)统治时期迅速恶化。尼古拉一世即位之初,他的根基就因一次未遂的政变而严重动摇,政变发生在 1825 年 12 月 14 日的圣彼得堡,参与者是俄罗斯的精英卫队兵团。这些所谓的十二月党人与华沙的秘密反对派有联系,它的"始作俑者"(按照沙皇的指示)在 1828 年被带到议会法庭当庭审判。然而,沙皇和康斯坦丁大公既没有接受议员的规定,即"一个未统一的社会的成员本身不构成叛国行为",也没有对这次强加的审判进行宽大处理。议员的诉讼被宣布无效,被指控者后来被"带上锁链流放到西伯利亚"。(Davies 1981b:314)一个经典的模式出现了:"已经把一个政府和一部宪法强加给卫星国波兰,俄国人却不支持它们合法地运作。"(Zamoyski 1987:269)再者,1828 年,沙皇发布一个针对俄国西部诸省的东仪天主教会(Uniate Church)的罪恶的迫害和镇压运动。这在东仪天主教会信徒等级制在 1839 年重新"回归"到东正教"信仰"中达到极致,其间民众一直在进行抵抗活动。

沙皇早期曾经承诺恪守宪法并继续执行亚历山大一世的政策,而

如今却再三地践踏,波兰人对这些相关的臭名昭著法令极为仇视,这推
动了 1830 年 11 月 29 日华沙的一场混乱的士官生起义。这场所谓的
"十一月起义"起源于一场严重的经济危机和一场惊人的霍乱传染病,
也是在法国的波旁王朝政权被最后推翻以及比利时脱离尼德兰实现独
立之后。然而,这些无能的叛乱士官生(他们偶尔还会杀死他们自己的
人民)使得王国政府中的保守派攫取到了政治主动权。出于避免不必
要的流血冲突以及避免完全断绝联系的考虑,他们允许康斯坦丁大公
安全地把军队和军官从波兰议会王国撤回到俄罗斯(而不是扣押他们
作为人质),并且极力利用暴动的态势作为用以获取沙皇的宪法保证和

287

让步的手段。不幸的是,尼古拉一世要求无条件地投降,拒绝进行任何
协商,通告康斯坦丁大公,俄国,或波兰,两者必有一个"必须立即消
亡"。(Davies 1981b：320)1831 年 1 月 25 日,俄国侵略部队聚集在比
亚雷斯托克,波兰议会匆忙选举决定推翻罗曼诺夫王朝在波兰议会王
国中的统治(效仿近期的比利时人推翻奥伦治家族)因此与沙皇的拒不
妥协作出相应的回应,并且将当时受到限制的"神经过敏的战争"转换
成了民族独立的"生死决战"。这也疏远了另外两个瓜分国,它们曾经
一度为俄国的狼狈而一直欢欣。2 月,亚当·查莫斯基王子出任波兰
民族政府的首脑,政府一方面徒然地搜遍欧洲寻找新王,另一方面,动
员了 5.7 万多名预备役人员,他们起初对人数庞大、装备精良但是受到
霍乱袭击的俄军造成重创和重大伤亡。然而,王国的军事行动未能与
立陶宛、白俄罗斯和乌克兰地区的 2 万多名波兰和立陶宛叛乱者的行
动协同一致。(Wandycz 1974：112－115)再者,波兰领导者在废除农
奴制方面犹豫不决(担心会疏远支持并资助他们的中坚人士和军官阶
层),阻止他们充分动员农民,本来农民是可以将他们的武器对准他们
的"主人"。因此,到 1831 年 9 月,议会王国不再能够抗拒俄国的沉重
压力,华沙投降,而波兰军队也随之解散,许多政治领导者逃亡国外。
对于许多波兰人来说,最为残酷的打击是在 1832 年,当年教皇谴责"十
一月起义"并且称赞沙皇对它的镇压。

　　这一次,沙皇的报复毫不留情。尼古拉一世缺乏亚历山大一世的

宽宏大量。大约 360 人被判处死刑(尽管他们中的大多数已经逃往国外),数千处地产被充公,一半的天主教男女修道院被封闭,有 5 万多名波兰的和立陶宛的贵族与军官被判处流放边远地区(西伯利亚、高加索和伏尔加河流域以外的地方),有些成为囚犯,有些成为下层士兵。王国的宪法、议会、军队和高级知识机构被废除掉,威尔诺大学也遭此厄运,俄罗斯语言取代波兰语成为俄国所谓"西部各省"的官方语言(甚至在学校也是如此)。王国实际上处于俄国实施的戒严令之下,它的教育体系完全毁掉。到 19 世纪末期,它的成人识字率甚至低于俄国。

1831 年以后,有将近 8 000 名受过良好教育的波兰人成为政治难民,"接下来的 15 年中,波兰知识生活和政治活动的中心移到国外,主要移到法国"。(Namier 1946:43—44)那些仍然留在他们的古老家园的人们埋头于实际的("有机的"[organic])工作,寻找归属感和安慰,这至少可以产生经济回报。新出现的波兰和立陶宛有产阶级的去政治化倾向,因为 1846 年加利西亚地区猛烈的农民叛乱而被进一步强化,这场暴乱导致了 2 000 多名波兰地主的死亡,并且鼓励沙皇政权开始登记和限制"西部各省"农民的权利和义务,把它当成牺牲农奴主人的代价来讨好农奴的一种工具。(参见第 289、295—296 页)

从 1832—1851 年间,继俄国和波兰议会王国之间的临时关税壁垒消除之后,工商业恢复到早期的迅速扩张状态,并且受克里米亚战争(1853—1856)刺激的作用有了进一步发展。然而,政治"冰期"直到 1855 年尼古拉一世去世之后才告终结。波兰人试图以军事和外交手段利用克里米亚战争重提"波兰问题",但是未能成功。尽管如此,俄国在克里米亚战争中屈辱地输给英法,的确有助于政治僵局的松动,这表现在,引发帝国许多地区的民众的骚乱,消耗尼古拉一世继续活下去的意志,通过让沙皇亚历山大二世(1855—1881)确信解放俄国和波兰议会王国内的农奴再也不能往后推迟——他必须坚定果断地处理这一棘手问题。这个坚定的信念推动亚历山大在 1858 年邀请王国新成立的农业社团(Agricultural Society)阐释农民解放和农业改革的深远意义。拥有 400 名成员和 77 个地区支部的农业社团,成立之初明显是为

288

了推进"地主制的改善",实际上它充当着波兰地主贵族的代理议会作用。它的主席,亚当·扎莫斯基(Adam zamoyski)伯爵,成为"王国内波兰人的非官方代理人"。(Wandycz 1974：156)到1861年2月,大量人群为代表团到达集会地点欢欣鼓舞。

　　然而,早在此之前,俄国在克里米亚的挫败和尼古拉一世的去世已经激起一些希望、精神和预期,新沙皇实际上必须对此做出回应。然而,事实证明,要抑制或者满足这些变革的预期都非常困难。按照马克思主义观点,俄国和波兰"生产力的发展"达到了临界点,它受到了而且正不断地与盛行的"社会生产关系"发生冲突,因此,必须变革。(参见Bideleux 1994：16—19)

　　1856年,亚历山大二世宣布准备与他的有产阶级同伴一起发动改革。他还(按照俄国标准)委任一名自由派总督到波兰议会王国,赦免那些自1831年被驱逐的衰弱不堪的波兰人,恢复议会自由,并且允许重新填补长期空缺的华沙大主教教职,但是同时也警告他的波兰民众：不要耽于不切实际的白日梦。长期被禁的话题重新被提起、争辩,成百上千的新社团如雨后春笋般兴起。有人甚至号召解放犹太人并且同化他们。最杰出的俄国人倡议(在亚历山大·赫尔岑领导下),为了兄弟友谊、自由和改革的共同利益,俄国和波兰捐弃前嫌共同合作。实际上,从整个19世纪看来,俄国人和波兰人之间有过深厚的友谊和同盟,当然也有过可怕的对立。

　　然而,到1861年,"冰释的"、重新燃起的波兰民族主义正培育出沙皇政权不愿(而且很可能没有能力)平息的愿望和预期,同时还有大规模游行,不幸的是,当局对它反应过激,导致农业社团不必要的伤亡,甚至遭到镇压。(从1861年开始)逐步解放农奴的条款,远远无法满足民众的期望,并且成为痛苦争执的焦点。1861—1862年间,在波兰议会王国和俄国"西部各省"的一些大天主教弥撒上演唱的爱国歌曲,表达出日渐高涨的民族主义热情,也预示沙皇时代后期以及苏联后期出现的波兰和其他波罗的海民族的"歌唱革命"(singing revolutions)。1861年10月"西部各省"和议会王国强制实行戒严令,未能平息叛乱,只是将它驱赶到地下。实际上,1862－1863年间,波兰"爱国者"组建了一个精巧的地下国家,它有自己的政府、秘密军队、外交机构和情报网络,它准备掀起一场统一行动的武装暴动。与1830－1831年相比,波兰人常规部队中欠缺的东西,如士气高昂,纪律和组织良好如今则一一具备。(预示了1942－1944年的情形)俄国政府及其波兰同僚(主要是由保守的改革者亚历山大·维勒波斯基[Alexander Wielopolski]领导的)感觉到有什么不妙但又无力把它镇压下去,他们狡猾地宣布,计划在1863年1月14日招募3万名年轻波兰男子服兵役。然而,这个骗术因为迅速启动计划好的暴动而受阻,暴动的到来让政府完全措手不及。

"一月起义"的叛乱者不得不避免直接遭遇驻扎在王国内的4.5万名俄国军队。然而,在1863年1月至1864年5月(在某些地区甚至坚持的更久),他们成功地坚持对俄国卫戍部队、驻扎地和政府部门实行游击式的进攻战(hit-and-run),迫使俄国人临时地撤出他们曾经占据的四分之三的地区。(Wandycz 1974:172－177)起义蔓延到立陶宛、白俄罗斯和乌克兰地区的腹地。成百上千的俄国人、意大利人、德国人、法国人、英国人和爱尔兰志愿者加入其中。尽管在某一特定时刻参加的"田野中的起义者"的人数不超过2万至3万人,但是总体上有将近20万人卷入其中。(第179页)值得注意的是,除了少数之外,多数人的实际身份未能查明,而且20万名叛乱者当中绝大多数在最后"只是消散了"。(Davies 1981b:363)然而,与1831年的情形一样,欧洲的多个列强当时只是隔岸观火,无论是普鲁士还是奥地利,都无力承受起义成功的代价,无论是英国还是法国,也都不愿因为起义者的利益甘冒武装干涉的风险。

较之于尼古拉一世,亚历山大更决意通过牺牲农奴主的代价授予农民额外土地的方式来抚慰农民。不管叛乱者向农民允诺在多大程度上满足他们的渴求,或者在多大程度上阻止地主继续向他们的从前农奴征收封建税赋,亚历山大都愿意出价更高。狡猾的农民很可能意识到,与其冒着自己生命危险去支持叛乱者的日趋激进的农业方案,倒不

289

如耐心地等待从沙皇那里获取同样的农业收益(而不必冒任何风险!)。实际上,就 1864 年俄国"西部诸省"和波兰议会王国范围内被解放的农民而言,他们被解放的条件是东中欧和俄罗斯帝国当中最为有利的。

1863 年起义失败之后,多达 3 000 多处波兰和立陶宛地产被充公(许多地产被赏赐给沙皇的军官或者官员)。有将近 400 多人经过既定的司法审判后被处死(被枪毙和绞死的总体人数很难统计),另有成千上万的人被流放到西伯利亚和其他类似的偏僻地区。华沙成为"维斯杜拉地区"或者"十个省区"的首都,尽管波兰议会王国直到 1874 年才被正式废除。这个领地"由俄国人用俄语作为官方语言进行统治",(Wandycz 1974:196)而且在 1885 年俄语成为该地区学校中唯一获准使用的语言。(Zamoyski 1987:315)无论是"维斯杜拉地区"还是"西部各省",都废止了 1864 年俄国专门成立的选举产生的地方议会体系(省议会),还废止了 1870 年后引入的、选举产生的市杜马(议会)。鉴于沙皇治下的波兰民众不愿意也没有被鼓励参加沙皇政权,他们大多数人又再次地推出公共政治活动,回到"有机劳动"领域:平静地构建经济和文化领域正复兴和强大的波兰、壮大的工业部门和现代化的基础设施。然而,从长期看来,这不可避免会把新的活动者带到政治舞台上:一个越发自信的资产阶级和"资产阶级"政党;一些不够自信的农民政党;以及政治上觉悟的并越发自信的产业工人商会和社会主义政党,包括部分犹太人在内。所有这一切,最终在 19 世纪 90 年代和 20 世纪前 10 年,构成了对巨富、贵族和移民知识阶层的从前政治优势的挑战。

1881 年亚历山大二世遇刺身亡,亚历山大三世(1881－1894 年在位)继位,政治气候变得更糟。首先,这些事件促成了乌克兰、立陶宛、在从前的波兰议会王国内官方容许的迫害犹太人活动浪潮,波兰议会王国内反犹程度略低。这些迫害活动既有利于官方甚至民间对待某些宗教和种族群体(包括波兰人、天主教徒和亚美尼亚人以及犹太人)态度的重大"固化",又在总体上造成种族间以及不同信教者之间关系的恶化。波兰人、立陶宛人、乌克兰和白俄罗斯的民族运动,自 1863－

1864 年起义以及后来的镇压和相互控告以来,就一直处于分裂状态。此时民族运动的反犹倾向越发明显,部分是因为资本主义的发展似乎扩大了"剥削性的"犹太中间商的作用,部分是因为日益增长的城市化使得种族上属于波兰、立陶宛、乌克兰和白俄罗斯的人们越发陷入与犹太市民的竞争当中。迫害活动在乌克兰、白俄罗斯和立陶宛地区重新兴起,愈演愈烈,也引发犹太难民(所谓的立陶宛犹太人)不断流入相对安全和文明的前波兰议会王国内,到 1881 年为止,该地方的犹太人占总人口比例达到十分之一多("西部各省"的情况也是同样)。然而,在亚历山大三世和尼古拉二世(1894－1917 年在位)统治期间,沙皇统治重新回到尼古拉一世时期的压制状态,而且动用现代警察国家的技术和手段来推行压制。对一些人来说,至少在俄罗斯帝国西部边界的生活,2％变得比从前更为困难更加残酷,而且这种越来越猖獗的"狗咬狗"状态并没有因为教士阶级憎恶浪潮的兴起而有所缓和! 这种致命的民族主义的发展,与其说因为阶级对立的加剧而消散或者减缓,倒不如说更为强化。两者结合之后,就产生出极具毒性和破坏性的怪胎。

现代的波兰人、犹太人和(后来的)立陶宛民族主义运动引导着兴起中的实业家和职业阶级的方向,运动在 19 世纪八九十年代期间发展迅猛,而且开始促成从前联邦内不同地区之间的跨界联系。类似地,在波兰人、犹太人和立陶宛人居民为主的一些地区,领导工薪无产阶级的小社会主义团体(完全不同于农民)在 19 世纪 80 年代蓬勃兴起。经过 1892 年的罗兹工人大罢工之后,它们在 1893－1896 年结成规模更大的运动和政党,远远走在他们的俄罗斯和乌克兰的同伴前面。然而,这些社会主义者最终锻造出俄罗斯、德国和奥地利以及前联邦的不同成分居民之间的同类运动中的联结关系。可是,尽管有些人把这些联系解释为"无产阶级国际主义"重新兴起的显现,但是另一些人却将他们视为值得警惕的另外理由。再者,关键考验到来的时候,这些炫耀吹嘘的"联结"并未能阻止(而且仅仅是承受)1914 年大战的爆发。

在前波兰议会王国境内以及在俄国"西部诸省",甚至在俄罗斯本部,1904－1905 年的日俄战争恶化了原本严重的经济和社会危机。后来就爆发了 1904 年秋至 1907 年夏之间的反战和反沙皇示威运动,政治和经济罢工,以及工人与沙皇保安部队(他们有时得到了波兰有产阶级的支持)之间的流血冲突,此后,随着沙皇政府诉诸越发严苛的镇压和分而治之的策略,革命热情暂时冷却下来。然而,工人动乱在 1912 年和 1914 年 8 月间再度兴起,但沙皇借一战的爆发获得喘息之机,它将俄国、波兰、乌克兰、犹太人、白俄罗斯和立陶宛的民众集聚在努力战胜的目标之下,并且把潜在的"造事者"置于军事纪律的约束之下。

波兰的"普鲁士地区"

霍亨索伦王朝从波兰-立陶宛联邦攫取的主要领土包括西普鲁士(1772－1807,1815－1918)、摩扎维亚(Mazovia)和比亚雷斯托克(Bialystock, 1795－1807)以及最为重要的格但斯克、托伦(Thorn)和大波兰(Wielkopolska, 1793－1807,1815－1918)。从 1795 年开始,普鲁士法典、行政实践和人事都被引入到上述地区,而且基于选举产生的省议会被废止,同时废止的还有城市自治。(Wandycz 1974：14－15)从前的王室地产和属于叛乱贵族的地产先是被普鲁士政府充公,后来又出售给德意志人(主要是容克和银行家),表面上是为了增加岁入,而实际上很可能是对这些新吞并的领土进行德意志化。在普鲁士的波兹南、马祖里(位于东普鲁士)和西里西亚,还有一些真正意义上的波兰人,1800 年,波兰人占到普鲁士王国的人口总数的 40％多。然而,从 1807－1815 年,普鲁士将它的大部分领土丧失给了华沙大公国,而在 1814－1815 年的维也纳会议上,霍亨索伦王朝还将马祖里(包括华沙)和比亚雷斯托克转让给胜利的俄国,尽管它在别处得到更为丰厚的补偿(莱茵兰地区和萨克森的部分地区)。在 18 世纪 90 年代后期,霍亨索伦王朝统治下的波兰地区出现了一次主要得益于大地主的粮食繁荣,但是在 19 世纪最初的 10 年,由于英国封锁和拿破仑大陆体系政策的共同作用,这次繁荣却崩溃了。因此,许多波兰的贵族(施拉赤塔)不得不将自己的土地出卖给富裕的德意志人。

1815 年,大波兰地区被重新建构为半自治的波森大公国,或称波兹南。1815 年,它的领土仅有 2.9 万平方公里,人口(80％说波兰语)只有 85 万人,到 1911 年,人口上升到 215 万。(Davies 1981b：120;

291 Leslie 1971：21)它拥有自己的议会,议会由贵族选举产生,而波兰语成为教育、行政和司法当中的官方语言。相比之下,波兹南、上西里西亚和东、西普鲁士的行政和教育语言都是德语,这些地区被纳入普鲁士王国的有机组成部分。而针对那些以波兰方言作为自己母语的居民,普鲁士王国对他们刚刚萌发的"民族"情感做出些微的让步。然而,较之于多数说德语的格但斯克居民来说,上述人群中的大多数人只有极其微弱的"波兰"意识,(Davies 1981b：112)而且普鲁士君主制能够更成功地激发"忠诚的说波兰语的普鲁士人"的观念,因为第一,普鲁士国家较之于(德意志的)"民族"仍然更多君主色彩;第二,波兹南、马祖里和普鲁士的西里西亚地区讲波兰语的人们基本保持地方认同,对国王的忠诚更甚于对波兰"民族"的忠诚。对比可见,19 世纪 40 年代期间,波兹南的人口可以分为三类：60％是波兰人,34％是德意志人,6％是犹太人。(Wandycz 1974：139)到 1911 年,由于巨大的人口变迁,犹太人所占比例降到 1.2％,(参见第 286 页)德意志人的比例是 30％,波兰人所占比例上升到 68％。(Leslie 1971：21)

有助于使普鲁士的波兰民众顺服的因素还有,相对受到良好教育并且恪尽职守的新教地主(容克)统领下异常勤奋、高效和遵循法治的普鲁士文职人员与军队,而这些新教地主的权力基础又集中在波兰人占实质性多数的地区。对于受教育相对较差的波兰人来说,要维持本民族特性,反对一个主导欧洲最发达教育体系之一的统治阶级,无疑存在双重困难。这种教育体系除了产生出类似康德、黑格尔、费希特、洪堡、本生(德国化学家)、克莱斯特和莱辛这样的杰出人物之外,还具有文化磁石的强大吸引力,把柏林和孔尼斯堡变成一流的知识中心。"尽管是威权国家,普鲁士的所有政治变革都服从于寻根究底的辩论……在波兰土地上就缺乏任何可与之比较的思想发展,许多波兰人不可避免地被纳入德意志文化领域中……因此,除了官方政策之外,普鲁士地区的许多波兰人认为,现代化就同时意味着德意志化。"(Davies

1981b：118－119)"到1848年,儿童入学率达到82％。"(第123页)许多有影响的波兹南波兰人认为,他们唯一的道路就是尽可能发展出比他们的普鲁士新教领主更有效、更有秩序、更为勤勉、受教育更多,以便以其人之道还治其人之身! 正如他们当中有人在1872年写道:"学习、工作、制度和节俭,这些是我们的新式武器……用这种方法你将能够拯救自己和波兰。"(引自Wandycz 1974：229)

从1811－1853年间,普鲁士地区的农奴制逐渐瓦解,尽管在波兹南,这一过程直到1823年才得以启动。但是在普鲁士,与波兰议会王国、奥匈帝国和俄国不同的是,从前的许多农奴都转变成了无地的农业劳工,而不是独立的小农,另一方面,容克把持的地方法庭甚至在农奴制瓦解以后仍将大多数农业人口置于地主的司法控制之下。对于普鲁士的波兰人民来说,形式上的人身解放的积极作用完全被极大增加的税收和义务兵役制(甚至远远超过从前波兰-立陶宛联邦强加的各种捐税)抵消了。

在波兰议会王国,经过1830－1831年的流产的起义之后,波兹南地主不再被召集到议会,而且某些曾经支持过波兰叛乱的波兹南波兰人的财产被充公,在1846年的加利西亚危机中有250多名波兰人遭到逮捕。然而,随着1848年3月20日柏林的革命起义的爆发,这些人随即被释放。(Davies 1981b：12)1848年的许多德意志自由派、激进派和民族主义者都是反俄人士。有些人认为,"一个新统一的帝国的首要举措就是向俄国开战",而且"把波兰建成发挥德国和俄国缓冲带作用的独立国家"。(Leslie 1971：19)在1848年8月19日的《新莱茵报》上,马克思和恩格斯宣称,"一个民主的波兰的建立是成立一个民主的德国的首要前提……她必须达到至少是1772年的边界……和一个相当漫长的海岸"。(引自Namier 1946：51)

然而,在1848年7月的德意志民族大会关于波兹南的辩论中,一位来自东普鲁士的德意志人一举扫清德意志自由-民族主义者从前对波兰人事业的同情感:"50多万的德意志人……难道要受制于文化上不如自己的另一个民族而沦落到被同化的外国人的地位吗?"他质问

292

道:"我们的权利就是更强大的权利,我们的权利就是征服的权利⋯⋯
单纯的生存不能让一个民族有权利政治独立,只有实力才能维护他作
为一个国家的地位。"(Namier 1946:88)这种关于强力政治的赤裸裸
的呼吁为此后的德波关系定下了基调。然而,到 1848 年 4 月为止,普
鲁士军队已经镇压了波兹南波兰武装力量和 3 月出现的国民委员会。
1848 年后,波兹南失去了从前自治的最后遗迹,降为普鲁士王国的一
个纯粹的行省,因为德意志人对待波兰事业的态度已经从同情转向了
敌视。德意志人态度的这种强硬甚至似乎影响到恩格斯,他在 1851 年
5 月 23 日(给马克思)的信中写道:"我愈思考这个问题,在我看来愈清
楚不过的是,波兰人是一个幸运的民族,一个可以使用的工具,仅仅出
现在俄国自身被卷入到农业革命时候。从那一刻起,波兰就失去了所
有存在的理由。波兰人在历史上除了参与勇敢的、叫嚣的愚蠢行为之
外,什么也没有做!"(引自 Namier 1946:52)然而,与恩格斯不同的是,
马克思坚持他对波兰事业的支持。

　　随着 1871 年俾斯麦主导下的德意志帝国的出现,普属波兰行省的
地位急剧转变。波兹南从原来的霍亨索伦王国的多个行省之一,变成
了德意志帝国的名副其实的殖民地。"德意志领土实现了帝国统一,由
此牢固地确立了德国作为受尊重对象的基石,这种方式前所未有。"
(Davies 1981b:131)1872 年,德语成为所有中小学校的官方教导语言
(甚至在波兹南,当地只有宗教教育才允许部分使用波兰语)。1847
年,禁止使用波兰语的教科书。1887 年,甚至把波兰语作为"外语"用
于教学也被叫停,转而使用英语。再者,禁止公办学校的教师参加波兰
人或者天主教组织,1876 年规定,德语作为唯一的行政使用语言,甚至
在邮局、铁路售票处和法庭都是如此。(Wandycz 1974:235)

　　这些措施与俾斯麦臭名昭著的文化斗争①(Kulturkampf)相配合,
对德国以及波兰的天主教中所谓的理性和分裂主义趋势进行打击。新
成立的德意志民族国家决议维护它对天主教会的各个地方分支的世俗

---

① 　1873－1887 年罗马大主教会和德国政府之间围绕教育和教职任命权进行的文化斗争。

统领权,因为教皇庇护四世当时正在谴责民族主义、鼓励超民族主义,以此挑战新德国的权威和合法性。1872－1876 年间德国通过了一系列法令,驱逐耶稣会士,没收天主教会财产,切断与教皇的联系,并且大量剥夺波兰天主教牧师的教职(多数由德国的新教徒取而代之)。保守的波兰格涅兹诺大主教(Gniezno)和普属波兰的天主教大主教(Primate)起初非常乐意与普鲁士当局配合,共同反对波兰民族主义、民主和世俗激进主义,想以此来将普世的天主教会"置于"或"超越于"世俗政治之上(尽管它本不是同一类型!),但是在 1874 年,由于拒绝同意让天主教会服从国家而遭到逮捕和(两年的)监禁。这个从前的"汉奸"一夜之间却成了"民族英雄"。同时遭监禁的还有德国的克隆大主教、两位波兰主教、许多波兰的教会执事和 100 多名波兰教区的牧师,更多的人不断受到干扰,或者被开除教职。这些反天主教运动针对德国教士,同时也针对波兰教士,但是运动在德国的波兰行省中破坏更深、影响更久,在那里它们与同等尖锐的语言和教育问题密切结合在一起。(Wandycz 1974：228－234)

然而,在 19 世纪 80 年代期间,德国的公共人物、学者和政治家开始注意到大批德国人纷纷离开波兰行省,向德意志工业化、城市化程度更高和更为繁荣的地区迁居。这种逃离东部地区的行为(即著名的 Ostflucht)引起了德国人的担忧,他们认为,尽管存在国家资助的德意志化计划,但是"德意志国"(Deutschtum)正把地盘拱手让给"斯拉夫国",而且德国对这些行省的控制越来越不安全。德国在 1885－1886 年间猛然开始反击,在一片争议声中驱逐了将近 2.6 万名拥有俄国或者奥地利而非德国公民权的波兰人和波兰犹太人,尽管这些家庭中有些曾经在普鲁士世代居住。(Leslie 1980：32)1886 年,感觉到自己的政治地位越来越不稳定,俾斯麦还强调并迎合了德意志恐惧症,呼吁设立一个委员会收购东部地区的波兰人的土地,交给德国农民进行殖民开发。(Wandycz 1974：236)结果由此设立的殖民委员会,获得了 1 亿马克的资助,不仅得到了德意志帝国主义者而且得到民族自由派的资助,后者将农民殖民视为一项对于"东部行省"日渐膨胀的容克地

293

主力量的反击,一些容克地主也支持这一殖民,因为他们将殖民活动视为提供廉价的和依附性劳动力的潜在蓄水池。

然而,文化战争、德意志化方案以及殖民委员会的整体重要后果是,激发、动员甚至凝聚了波兹南、波美拉尼亚、马祖里和西里西亚地区的波兰人,他们共同支持波兰的民族主义、天主教和文化反抗。波兰人受到刺激,转而进行了成功的政治、经济、教育和文化反击,这在实际上逆转了德意志化,尽管德国的"东部"帝国主义和殖民主义进一步升级。

继1891年泛德意志同盟成立之后,1894年又发起成立了一个旨在促进德国人在"东部行省"利益的联合会。它就是当时颇为著名的哈犬塔(Hakata)运动(是依照它的最初发起人的名称哈斯曼、卡内曼和塔德曼[Hansemann, Kennemann and Tiedemann]命名的),1899年该运动正式成立为德国东部三月法令。它得到了大量的私人、官方的以及学术的支持,鼓吹具有原-纳粹色彩的生存空间方案和意识形态。它对"东部"地区的名称和公共标记进行系统地德语化,培育德国文化帝国主义,而且为引导德国农民、官员、牧师和教师在东部地区居住和工作,提供财力和其他诱惑。1890年俾斯麦下台之后,威廉二世积极地鼓励这一切。

作为回应,波兰人和或波兰信贷联合会、农业合作组织、互助金社会团以及土地银行等,这些在19世纪六七十年代期间在普鲁士的"东部行省"成立的组织受到刺激激发出更高的行动热忱。波兰农民的合作社("circles"),其成员在1873－1914年间上升了10倍,(Wandycz 1974:286)帮助他们的成员承担了购买大量种子、化肥、设备和燃料,谋求更有利的生产条件,购买多余的土地以及提高农业技术和教育。(Davies 1981b:192)在波兹南、波美拉尼亚和上西里西亚,信贷联合委员会(the Union of Credit Associations)的成员数量从1890年的26 533人上升到1913年的146 312人,它的储蓄额上升了20多倍。(结果产生的中间人"挤出效应"使得大规模的犹太人迁移。)再者,1897年波兰人成立的土地购买银行(Land Purchase Bank)由于其高效和绵密的运作网络,迅速超过它的德国竞争对手,投资分红更多,而且信贷

条件更为宽松。1896－1904 年间,波兰人拥有的土地数量净增了 5 万英亩。(Wandycz 1974：286)

　　通过殖民委员会,成千上万的德国农民定居在普鲁士的"东部行省",但是这些人当中不到一半的人属于来自德国其他地区的内迁移民,而且他们证明确实全都愿意在后来重新卖掉获得的土地(通常卖给波兰人),以便利用土地升值套现。(Leslie 1980：35)再者,被动员用于对这些"东部行省"进行"殖民化"和德国化的大量资金全都落入了容克地主的腰包,"他们把爱国主义变成了一项高度牟利的事业"。(Wandycz 1974：237,285－286)实际上,尚不清楚的是,后者在多大程度上成为该方案的真实目的,民主主义者的殖民说辞主要充当了欺骗德国公众的烟幕弹(他们并不急于补贴那些获利者和容克地主)。无论如何,该方案并未能阻止(更不必说逆转)波兹南的德国人口长期下降的趋势,该地区的人口从 1861 年的 666 083 人下降到 1911 年的 637 000 人,另一方面,该地区的波兰人口在同一时段从 801 372 人上升到 1 463 000 人。(Leslie 1971：21)

　　此外,波兰人开始充分利用由德国提供的无处不在的学校、读写教育、公共图书馆、阅览室和博物馆,而将他们自己的教育和文化支出节存下来,用于开展广泛的波兰语、波兰文学、波兰历史和天主教等方面的私立教育。(Wandycz 1974：232,235,283,285)由此开启的传统有助于后来纳粹统治和共产党统治期间继续维持波兰文化和信念。然而,20 世纪前 10 年期间,波兰人开始优先购买当地生产的产品,而不是来自外地的产品,另一方面,波兹南地区的产业工人的数量从 1875 年的 3 万人上升到 1907 年的 16.2 万人。(参见第 281 页)这些趋势让德国人路德维希・伯恩哈特(Ludwig Bernhald)得出结论,认为,在 1910 年,普鲁士的波兰人能够被视为这样一个典范,即"一个少数民族能够在面对一个远远强于自己的国家的形势下,维持其独立存在,甚至让自己更加强大"。尽管如此,需要关注的是,从长期看来,波兰人能否继续维持这种局面,尤其是当德国政府准备转向"无限压迫政策"之后。(第 286－287 页)但是,我们无法知道这个问题的答案,因为在许多普

294

鲁士的波兰人看来,第一次世界大战中的惨败使得德国霸权突然终结。

加利西亚:哈布斯堡的波兰

1822 年,加利西亚领土面积达到 77 300 平方公里,人口 480 万,这几乎是波兹南和波兰议会王国两处人口之和。(Davies 1981b: 143, 120,307)实际上,按照我们的计算,1822 年它的人口密度(每平方公里 62 人)大约相当于波兹南(1815 年人口密度是每平方公里 29 人)或者波兰议会王国(1815 年每平方公里是 26 人)的两倍。然而,到 1910 年,加利西亚的人口只有 730 万,远远为波兰议会王国(将近 1 300 万)所超过,到那时波兰议会王国的人口密度已经超过了加利西亚和波兹南。(按照我们的推算,波兰议会王国、加利西亚和波兹南的人口密度分别为每平方公里将近 101 人、94 人和 74 人。)从 1870 - 1914 年间,将近 110 万人口从加利西亚移出,大约 120 万人离开普鲁士波兰,而离开波兰议会王国的人数多达 130 万。(Wandycz 1974:276)与人口相关的是,加利西亚的人口迁出率要高于从前的波兰议会王国,但是普鲁士波兰地区的人口迁出率是其中最高的。加利西亚地区人口增长相对缓慢的最重要原因是该地区极端贫困,相对缺少机会以及较高的发病率,所有这一切都反映在它的相对来说较高的成人和婴儿死亡率方面。它是一个身处内陆、经济相对停滞的落后地区。根据万兹(Wandycz 1974:330)的观点,加利西亚 1913 年的人均收入只有 38 美元,而在相对工业化的波兰议会王国,达到 63 美元,在农业仍然占主导的普属波兰,达到 113 美元。在 1887 年利沃夫出版的一本名为《加利西亚人的苦难数据》(*Galician Misery in Figures*)的书中,斯坦尼斯拉夫·斯切帕罗夫(Stanislaw Szczepanowski)给出了下列证据:加利西亚的人均农业产值仅占波兰议会王国和奥地利的 2/3,只占法国的 1/2;它的人均食品消费不足法国和英国的一半,不足匈牙利的 2/3;加利西亚地区的死亡率甚至高于普属波兰和议会王国的任一地区;每年大约有 5 万人因为营养不良挣扎在死亡线上;而且形势甚至比 19 世纪 40 年代饥荒之前的爱尔兰还要糟糕。(Davies 1981b:145 - 146)这些问题产生

295

的一个重要原因在于教育匮乏：1880 年入学年龄以上的人口中 77％
全是文盲。(Leslie 1980：15)

　　另一方面,在瓜分波兰的列强中,奥地利是唯一尊奉罗马天主教的
国家(因此,它尊重波兰的天主教),而且,作为一个行将瓦解的多民族
混合体,奥地利重视保持其民众的文化和种族多样性(部分是为了分而
治之),而不是尽量将它们同质化。加利西亚相对来说未因战争受到损
伤,因为它从未卷入 1793 年的瓜分活动中,也未卷入到 1794 年的起义
中,而且它经历的只是 1809 年和 1813 年的小冲突,然而加利西亚从未
充当过一次主战场。再者,1782 年后,它的农民相机获得了形式上的
结婚自由、改变职业自由以及离开土地的自由。哈布斯堡帝国统治还
曾经限制非农民对于农民土地的攫取,并限制地主向农民索要劳动费
用。另一方面,缴纳税赋和服兵役的义务也有了极大增长,劳役一直持
续到 19 世纪 50 年代(尽管规模有了削减)。而且,在这个相对封闭的、
比较单一、未被商业化的经济体中,农民仍然对地主相当依赖,并且很
容易受到地主压迫。(Wandycz 1974：13)

　　1815—1861 年间,构成奥地利在加利西亚地区的统治中极为不利
的因素是,它的专制主义以及对这个贫穷、偏僻和战略上不重要的省份
的忽视。"加利西亚对于奥地利来说是一个位于喀尔巴阡山以外的行
省,它的损失不会产生动乱,也不会危及帝国安全。"(Leslie 1980：26)
正如在普鲁士波兰,议会王国和俄国的"西部诸省"一样,下层贵族在奥
地利的统治下已经相当灰心。因为加利西亚的法典、行政和政治机构
自从 1786 年以来,都被"奥地利化"了,政治议会被作为纯粹咨询机构
的等级议会取而代之,把持这个等级议会的是巨富和天主教会。
(Wandycz 1974：12)到 1848 年,在加利西亚,登记在册的(贵族)地主
家庭不到 2 000 个,而其中 300 个家庭来自国外。(Davies 1981b：143)
再者,由于地主阶级负责收税、司法以及供给哈布斯堡帝国武装力量所
需装备,奥地利统治加剧了农民–地主之间的冲突,1846 年,冲突演变
成广泛的叛乱。(Wandycz 1974：13)

　　1846 年 2 月,在半自治的克拉科夫,波兰民族主义贵族发动了一

场未成功的骚乱,叛乱激发了加利西亚中西部地区的异常贫困和备受压迫的农奴发起反对他们波兰"主人"的大规模叛乱。双方死亡人数都超过 2 000 人。一直争论不休的一个问题是,这场农奴叛乱是否由奥地利当局故意煽动所致。万兹声称,波兰民族主义暴动"被那些由奥地利领导者动员和收买的农民组织所彻底击败……加利西亚政府对于日渐到来的革命毫不防备,实际上助长了农民对革命贵族的仇恨,并且串通甚至在某些情况下助推了农民叛乱"。(Wandycz 1974:134－135)然而,阿兰·斯科德(Alan Sked)争辩说,"哈布斯堡政府——尽管后来被指控共谋此事——对于即将发生的一无所知,而且对于结果产生的血拼极为惊骇"。(Sked 1989:63)无论如何,两种对立的解释一致认为,在这场扎克雷式的起义被奥地利军队残酷镇压下去之前,数以千计的波兰地主和地产经营者遭到备受压迫的农奴杀害。在波兰的瓜分国看来,这类教训不可多得,因为他们通过这个事件发现了波兰民族主义者的"阿喀琉斯足踵"。梅特涅给战地元帅拉德兹基(Radetzky)写信说:"一个极端的事件刚刚发生……波兰移民在从前的波兰地区发动另一场革命的企图……已经被波兰农民平抑下去……因此,一个新的时代,曙光初现。"(参见第 64 页)加利西亚的地主阶级主要是波兰人(有时有一些德国人),而农民主要是鲁塞尼亚人(乌克兰人),尤其是在东加利西亚地区。根据 1822 年的人口统计,47.5％的加利西亚人是波兰人、45.5％的人口是鲁塞尼亚人,6％的人口是犹太人,另有 1％的人口是德国人。(Wandycz 1974:71)然而,由于德国人以及尤其是犹太人移民的结果,到 1880 年,种族构成显示为,45％是波兰人、41％是鲁塞尼亚人、11％是犹太人、3％是德国人。(Davies 1981b:144)这是一个潜在的具有威胁性的混合。实际上,1846 年的血腥的农民叛乱使得加利西亚的有产阶级对于"群众"、激进主义以及其他可能激发农民对于富人和当权者仇恨的任何现象都惶恐不安。因此,1846 年以后,哈布斯堡帝国指望惊恐万状、历尽磨难的加利西亚贵族能够表现出"忠心耿耿"。

这有助于解释,为什么在 1848 年加利西亚只出现很少的社会变革或教育改革,而且没有出现加利西亚革命。1848 年 4 月,在利沃夫(加利西亚的首府)和半自治的克拉科夫组成了波兰的"民族委员会",他们请求哈布斯堡帝国给予加利西亚自治,并且解放农奴,但是在 1848 年 4 月,克拉科夫被哈布斯堡帝国用武力和炮击压制下去,利沃夫在 1848 年 11 月也遭到类似命运。

1861 年 2 月,在哈布斯堡王朝被屈辱地逐出伦巴底前夕,加利西亚被批准设立独立的司法和行政机构,缺少自治的情况有所改变。1867 年 12 月,哈布斯堡帝国在德国和威尼西亚遭到羞辱性惨败之后,加利西亚再次获得了以利沃夫和克拉科夫为基地的议会选举权(sejm Krajowy)。起初,不到 10％的人口有选举权,而且选举体系严重向利于加利西亚占据优势的波兰地主倾斜。然而,1868 年在利沃夫出现了要求进一步扩大选举权的大规模示威活动。作为回应,波兰语逐渐获得与德语同等的地位:1868 年先是应用在法庭中,1869 年在行政机构中,1870 年在雅盖隆大学(位于克拉科夫市)。加利西亚在 1872 年还获准成立了自然科学院,并且在 1873 年成立教育部来构建全民义务教育体系。(Davies 1981b:150－151)1867 年以后,加利西亚的天主教波兰人实际上获准进入哈布斯堡帝国"优秀人种"的高职人员当中,享有与奥地利德国人和马扎尔人同等地位,尽管这也是为帝国下层民众日益膨胀的仇恨火上加油。

从 19 世纪 70 年代到第一次世界大战期间,在普鲁士波兰地区,正推行侵略性的德意志化,在俄国的"西部诸省"和前波兰议会王国,也在实行具有同等侵略性质的俄罗斯监管,而克拉科夫和利沃夫开始成为波兰文化和知识中心。它们出版书籍、期刊、报纸、戏剧和文学作品,超越地区瓜分的限制,从精神上把波兰人统一起来,(Davies 1981b:155)利沃夫大学(成立于 1817 年)和克拉科夫的雅盖隆大学在医药、物理学和历史方面享有很好的国际声誉。加利西亚的波兰人甚至获准庆祝卢布林联合会成立三百周年 (1569),1898 年在克拉科夫设立他们的"民族诗人"亚当·密茨凯维支的塑像,而且建造了一座纪念碑纪念格伦沃尔德(Grunwald)战役五百周年(1410)。加利西亚的波兰人甚至能够擢升到奥地利首相巴德尼(Kazimiercz Badeni)、奥地利财政部长杜纳乔斯基(Juljan Dunajewski)和哈布斯堡外交部长格鲁乔斯基(Agenor Goluchowski)伯爵的职位。另一方面,加利西亚的农民仍然处于欧洲最穷困的最底层。

在加利西亚(与其他地区一样),20 世纪前十年见证了日益增加的农民和无产阶级骚乱。在东西里西亚,这种状况因为占统治地位的波兰(和天主教)有产阶级与人口占多数的鲁塞尼亚(以及东正教或者东仪天主教会的信徒)下层阶级之间的种族紧张而进一步强化。1902 — 1903 年的东加利西亚地区的重大农民暴动致使委任了一位具有调和倾向和改革打算的总督安德兹耶·波多克(Andrzej Potocki)伯爵,他提出了农业让步政策,通过讨好日渐蓬勃的农民有产者来化解社会不满。尽管如此,1904 年末和 1905 年初,野蛮的沙皇主义者还是镇压了华沙和彼得堡的工人示威,这导致利沃夫和克拉科夫的工人举行了声援他们的波兰和俄罗斯"同志"的大规模示威行动。

1905 年间,工会、罢工运动以及社会主义和民族主义的骚乱鼓励了激进派要求进行普遍直选,而且奥地利政府对此也有考虑。然而,1905 年 10 月,加利西亚诚惶诚恐的有产阶级代表们投票否决了关于奥地利国会选举改革的建议,由此,加利西亚、德属奥地利和波希米亚越来越分化的城镇经历了更大规模的政治骚乱和抗议。1905 年 11 月 28 日,奥地利政府决定采取折中办法,满足普遍直选这个看似革命性要求,但是三个月后,政府却因此被抗议权威的奥地利德国人和加利西亚有产阶级的代表们选举出局。然而,最后,奥地利皇帝弗朗茨·约瑟夫通过支持成年男子选举权的干预才化解了这场危机。1907 年,在此基础上,进行奥地利帝国议会的新式选举,结果加利西亚的(鲁塞尼亚,也有波兰的)民族主义、农民主义、基督教民主和社会主义等组成的政党获得的政治代表数量大增,而贵族统治阶级的数量大幅下降。

1908 年 2 月,(未加改革的)加利西亚议会选举中上演了同样的模式,除了数个波兰政党进入到选举公约中,并且痛击了他们的鲁塞尼亚对手。后者对此怀恨在心,1908 年一个乌克兰社会民主党的学生自作

297

主张刺杀波多克总督,鲁塞尼亚新闻界和党派领袖拒绝谴责该项谋杀,由此失去理智的波兰民族主义者号召鲁塞尼亚共同体进行更严厉的报复。事实上,波多克一直试图在加利西亚的波兰人和鲁塞尼亚的政客之间做一个权力均衡的中间人,部分是出于真诚地希望化解冲突和避免进一步的流血冲突,但更是为了挑起两者之间的争斗,以便将权力和机构维持在保守派贵族之手。

新总督迈克尔·博布任斯基(Michal Bobrzynski)是一位忠诚的历史学家和教育学家,他准备授予鲁塞尼亚人更多的教育和文化自治权(包括在利沃夫他们自己的大学在内)以便换取他们接受波兰贵族治下的自治统一的加利西亚中的“初级伙伴”地位。1911 年,他召集保守的“彩虹联盟”在选举中获得压倒性的多数。但在 1913 年,他提出一项妥协性的选举改革协议,计划赐给鲁塞尼亚人国会中仅仅 27 个席位,将他们敷衍过去,但是即便如此,也引来加利西亚反动的天主教主教和执拗的波兰民族主义者的咒骂。这些人谴责博布任斯基是一个叛徒,而且成功地逼迫他辞职。然而,面对鲁塞尼亚人协同一致的非合作运动的威胁和阻挠,新的总督谋求议会赞同对博布任斯基的政治协议采取多少“软化”的观点,并且成功地在此基础上举行了新的选举。尽管如此,鲁塞尼亚人和波兰人之间的矛盾只能靠“战争摩擦”来解决,两次大战的间隙,复兴的波兰以不可抗拒的武力取胜,只是到了 1939 年 9 月,这种状况才在苏联笨拙的力量下逆转过来。

精神的维系：天主教教会的模糊地位

波兰天主教会总体上被认为是波兰民族认同的一个坚定维护者和象征。然而,在波兰被瓜分期间,教会的作用是模糊的。它通常能够提供精神力量和抚慰,而且许多教士还积极参与政治和教育活动。尽管如此,教阶制度的主导倾向是“将恺撒的所有之物归于恺撒”(render unto Caesar that which is Caesar's)。维持教会作为一个超民族的天主教机构和部门,还是维持波兰的民族文化与认同方面,它赋予前者以更大的优先性。实际上,天主教主教和教皇也常常支持国家政府反对波兰民族主义者,甚至反对普鲁士波兰和波兰议会王国地区的民族主义者。

298　　　在漫长的瓜分时期里,波兰人对于民族认同感和共同体的认识得以维系、扩张和"民主化",主要是依靠波兰语言、文学和音乐的蓬勃发展。波兰人幸运的是,与现代捷克人、斯洛伐克人、乌克兰人、立陶宛人、拉脱维亚人、芬兰人、爱萨尼亚人、匈牙利人、罗马尼亚人和塞尔维亚-克罗地亚人相比,上述一系列国家语言的词汇、语法和句法直到19世纪中后期才完全成型或者标准化,但是,波兰语"早在被瓜分之前即已成为一个功能完备的工具"。(Davies 1981b：227)

　　在被瓜分时期,波兰文学发展过程中主要的人物包括密茨凯维支(Adam Mickiewicz, 1798 － 1855)、斯洛瓦克(Juliusz Slowacki, 1809 －1849)、卡拉辛克(Zygmunt Krasinski, 1812 － 1859)和辛克凯维支(Henryk Sienkiewicz, 1846 － 1916)。然而,波兰最著名的作家,约瑟夫·科尔仁尼耶夫斯基(Josef Korzienowski, 1857 － 1924)"叛变"到英语语言创作中,并且采用英文名字约瑟夫·康拉德(Joseph Conrad)。波兰音乐的重要火炬手,除了肖邦(Fredery Chopin,1810 － 1849)之外,还有斯坦尼斯拉夫·莫纽什科(Stanislaw Momiuszko, 1819 － 1872)、亨里克·维尼亚夫斯基(Henryk Wieniawski, 1835 － 1880)、伊格纳西·帕德雷夫斯基(Ignacy Paderewski, 1860 － 1941)以及卡罗尔·席曼诺夫斯基(Karol Szymanowski, 1882 － 1937)等。

　　在这些文学和音乐人物中,密茨凯维支占有特殊地位。波兰人将他视为"精神领袖",近似于"神谕的最高使者"。(Zamoyski 1987：295)在他那本《波兰民族和波兰教徒手册》(*Books of the Polish Nation and of the Polish Pilgrims*,1832)中,密茨凯维支普及一种观念,即波兰是"各民族中的基督"。波兰人曾经因为正义的事业被钉在十字架上,但是它被钉将救赎世人的原罪。反过来,这也会加快他自身的复活。他宣称(引自Namier 1946：48)"波兰将重新崛起并且将欧洲各个民族从被奴役中解放出来"。波兰民族文学的政治和精神意义进一步显示在俄国人的下述估计中,到1901 年,大约三分之一的波兰议会王国的人口都卷入到基于这类作品之上的各种形式的秘密（"地下"）教育中。

通向复兴之路

1815 年以后,部分波兰爱国者逐渐得出结论认为,他们不能依赖于(或者指望)外国同情者的积极支持,因此他们必须依靠自身的努力(或者是通过民族起义,或者是通过与瓜分波兰的列强中一两个国家合作)。另一部分人逐渐认为,离开外部支持去谋求复兴或者解放波兰,徒劳无功,因此应该谋求"有机的努力"或者与外部势力合作,直到更为有利的外部情势出现。尽管如此,许多波兰人还是花费相当长的时间才得出这个痛苦的教训,即,不管波兰民族自身在精神、文化或者物质层面有多大程度地"复兴",只要三个"瓜分强国"彼此之间没有失和,那么波兰既不能自我解放,也不能在外国的同情支持下获得解放。直到德国和奥地利决定在 1914 年夏向俄国宣战,波兰的政治复兴才有了真正可能。实际上,除了在欧战的大背景下,任何对波兰事业的积极干预注定要被视为与西欧列强的利益格格不入。不仅是因为它可能打破欧洲均势,而且因为从根本上而言他们渴望的是欧洲和平,除非仅仅出于商业考虑,否则,(如同 1939 年那样)支持波兰人的事业必将引发战争。

在被瓜分的年代里,许多波兰的地产精英或者通过与他们的外国地主进行不同程度的合作,或者通过共同挑选一些新型的波兰和犹太资产阶级(甚至与之联姻),设法来维持它们自己的和"瓜分列强"的统治地位。尽管如此,这种脆弱的统治常常遭到来自民众运动的挑战(或者是民族主义的、社会主义的,或者是农民性质的)。在奥地利和俄国之间存在发生严重冲突的可能,不仅在 1853－1856 年的克里米亚战争中,在 1877－1878 年的土俄战争以及 1908 年的巴尔干危机中。然而,在上述每一种情况下,"瓜分列强"之间的潜在战争都被成功地避免了。1848－1849 年的欧洲革命期间,一度出现过俄奥战争的危险,这是他们继续争夺德意志世界的领导权的一部分,而且实际上,在 1866 年他们还在这个问题上互相攻击。然而,在 1848 年战争最终得以避

免,而且在 1866 年被严格限定在一定时间和地域范围内,结果,瓜分波
兰的稳定局面并未受到威胁。再者,在波兰议会王国和俄国的"西部诸
省"在 1830－1831 年间以及 1863－1864 年间发生起义期间,奥地利
和普鲁士极力克制,正如俄国在 1846 年加利西亚发生叛乱时极力克制
自己从中获利一样。在上述每一种情形下,其他的瓜分国都满足于对
边界国家发生的事件幸灾乐祸,仅仅在追查"嫌犯"方面进行有限的
合作。

第二十章　奥匈帝国通往战争之路,1908－1914

第一次世界大战的核心起因在于,奥匈帝国试图通过制服塞尔维亚而不是完全吞并它来解决南部斯拉夫问题,类似于 1878 年控制波黑但并不将它完全并入帝国。哈布斯堡王朝希望借此补偿对意大利和德国作战的损失,证明它仍然是一个大国,尽管这冒着与俄国(塞尔维亚的主要赞助者和保护者)开战的危险。相比之下,德国则很少有兴趣或有意征服塞尔维亚。1906－1908 年间,德国甚至通过为塞尔维亚猪肉出口提供替代市场来帮助塞尔维亚摆脱奥匈帝国的经济束缚。但是,最终,欧洲各国注定不得不为奥匈帝国无力挽回自己地位、证明自己英雄气概以及运用和平手段解决南斯拉夫问题而付出惨重代价。

在 19 世纪 80 年代至 90 年代,继 1871－1881 年间俄国对塞尔维亚的阴谋被欧洲其他列强挫败之后,塞尔维亚已沦为奥匈帝国政治、经济上的附属国。1882 年,奥匈帝国与塞尔维亚签署了一项相对自由的商业条约。到 1903 年,哈布斯堡帝国 60％的谷物和 95％的家畜要来自塞尔维亚,反过来,塞尔维亚进口物资的 87％来源于奥匈帝国。然而,1903 年,塞尔维亚亲奥匈帝国的奥布雷诺维奇王朝(Obrenovic)被推翻,取而代之的是更加自信的泛斯拉夫和亲俄罗斯的卡拉德杰奥杰维奇王朝(Karadgeorgevic)。此外,在奥匈帝国1906—1907年与马扎尔人的妥协协议的续订中,马扎尔获准建立针对塞尔维亚主要农产品(主要是猪肉)出口到帝国的保护性关税。这场贸易战,通常称为"猪战",迫使塞尔维亚通过跨越希腊和土耳其领土向西欧和德国新市场出口农产品来获取更大经济独立,并且迫使塞尔维亚从法国而不是奥地利政府贷款取得武器装备。在塞尔维亚政府这些努力成功的刺激之下,哈布斯堡帝国做出反应,于1908年10月正式吞并波黑地区,这一行为极大地激怒了塞尔维亚民族主义者,不仅仅是生活在塞尔维亚境内,还包括生活在波斯尼亚和克罗地亚地区境内的民族主义者。只要波黑地区仍然处在奥匈帝国军队的占领下,塞尔维亚民族主义者就仍怀有强烈的希望,奥斯曼帝国的瓦解将会带来一个"大塞尔维亚"地区,它包括波黑地区、马其顿地区、科索沃地区,可能还有达尔马提亚,这是塞尔维亚一直渴望获得的不受阻碍的出海口。哈布斯堡帝国正式吞并波黑地区,旨在毁灭塞尔维亚民族主义者建立"大塞尔维亚"的希望,同时迫使塞尔维亚接受成为永久内陆国和半独立的现状。(当时黑山尚没有与它的塞尔维亚兄弟共同的海岸线。)

作为对奥匈帝国吞并波黑地区的行为,塞尔维亚民族主义者发起愤怒的群众集会并且组建许多"地下"民族主义组织,希望通过武装斗争的方式借此实现"大塞尔维亚"的愿望,这些组织包括民族护卫、统一或死亡,此外还有黑手党等。但是,俄国外交大臣伊兹瓦斯基(Izvolsky)劝告愤怒的塞尔维亚政府,要保持克制,不要做出激怒奥地利帝国的事情来并提供给奥匈帝国一个机会去消灭塞尔维亚民族主义者。(Malcolm 1994:151)

1908年,为了给发动对塞尔维亚战争寻找口实,同时也为以"叛国罪"之名审判克罗地亚的53名塞尔维亚和克罗地亚领导,奥地利帝国当局捏造了塞尔维亚-克罗地亚密谋反对哈布斯堡帝国的证据。1909年3月,塞尔维亚政府收到最后通牒:它要么承认和接受哈布斯堡帝国对波黑的吞并,要么接受哈布斯堡君主对其宣战。同时德国告诉俄国,它必须在放弃对塞尔维亚的支持和面临与轴心国开战的危险两者当中做出选择。(Kann 1974:414)俄国退步,因为它尚未从1904—1905年的日俄战争(当时俄国在陆上和海上均被远东地区的日本打败)以及1905年革命中恢复过来,塞尔维亚被迫屈从。

因此,哈布斯堡君主国对塞尔维亚的战争计划被搁置起来,因为奥匈帝国外交政策的制定者后来醒悟,即使在对塞尔维亚战争中获胜,也不能解决任何问题。吞并塞尔维亚,令南斯拉夫更为痛苦,只能加重君主国的负担;不吞并塞尔维亚,它必然在实际上成为受挫的泛塞尔维亚野心和南斯拉夫不满滋生的温床,如同哈布斯堡意识形态宣传中描绘的那样。(Taylor 1976:217)塞尔维亚并入哈布斯堡帝国,不可能不激发德国奥地利人与马扎尔民族主义者之间本已紧张的关系。因此,哈布斯堡帝国获得巴尔干地区的领土,与失去该部分领土,付出的代价将是同等的。领土方面的重大收益可能会产生严重失败的同等分裂性结果。(Kann 1950b:288)哈布斯堡帝国的最佳收益在于维持领土现状不变。鉴于清醒地认识到哈布斯堡帝国军队貌似强大实则虚弱,上述结论更得到强化。皇帝弗朗茨·约瑟夫和王储弗朗茨·费迪南认识到,这些军队在对付内部敌人比对付外部敌人更为有效,而且真正可能的是,塞尔维亚"大卫"可能会在侵略哈布斯堡"歌利亚"巨人中遭受屈辱性的失败(正如1914年的情形那样,在德国援救哈布斯堡君主国之前两次惨败)。

然而,尽管哈布斯堡帝国在1909年撤回对塞尔维亚的军事行动,但是危害已经产生。塞尔维亚人深信奥地利的侵略只是早晚的事情,而且"急切地启动反奥地利政策"。(Taylor 1976:218)再者,塞尔维亚和克罗地亚领导人在克罗地亚被错误地审判,将著名的捷克教授托马斯·马沙尔克(Tomas Masaryk)卷入其中,他为反抗维也纳的帝国当局带来一件自由的外衣。1909年所谓的"扎格里卜叛国案"以及马沙尔克关于帝国官方伪造事实的揭露,共同导致君主国在国际上声名狼藉,撕下了它的值得尊敬的外表。(第219—220页)

1908年奥匈帝国吞并波黑地区,暂时熄灭了塞尔维亚和黑山试图将波黑从非斯拉夫者统治之下"解放"出来的愿望,塞尔维亚和黑山转而将注意力转移到南部,对马其顿、阿尔巴尼亚和科索沃更为关注。1912 年 10 月至 1913 年 5 月,利用奥斯曼帝国国内的一次重大危机(而且哈布斯堡帝国在袖手旁观),塞尔维亚、黑山、希腊和保加利亚等乘机清除了科索沃、马其顿、北阿尔巴尼亚和新帕扎尔的桑扎克(Sandzak of Novi Pazar)地区的奥斯曼残余势力。这场巴尔干战争,几乎使得塞尔维亚、黑山和希腊的领土扩充一倍,而且将南斯拉夫民族主义提升到胜利的顶点,由此构成了对奥匈帝国的挑战。"民族原则取得胜利……巴尔干地区成为奥匈帝国的'势力范围';然而……她毫无影响可言——尽管阿尔巴尼亚只是在意大利的帮助下才(从巴尔干的胜利者的瓜分之下)得以解救。"(Taylor 1976:229)实际上,由于奥斯曼帝国几乎完全被排挤出欧洲,奥匈帝国成为新的"欧洲病夫",正是由于胜利的巴尔干民族在 1913 年 6 月和 7 月的短暂的巴尔干战争中同室操戈,奥匈帝国的苦难才得以暂缓。重要的是,在这些巴尔干战争中,德国告诫奥匈帝国要谨慎,保持自我克制。(第 230 页)

众所周知,一战(以及由此产生的哈布斯堡帝国的最终瓦解)爆发的导火索是,哈布斯堡大公和王储弗朗茨·费迪南夫妇在预定的对萨拉热窝的国事访问中遇刺,时间是在 1914 年 6 月 28 日,这也是科索沃战争纪念日(塞尔维亚民族主义历史上最为重要的日期)。刺杀他们的凶手是波斯尼亚的塞尔维亚民族主义者加维日罗·普林西比(Gavrilo Princip),曾经在贝尔格莱德求学并且接受来自塞尔维亚民族主义组织民族护卫的武器资助,普林西比还曾效力于塞尔维亚的最高军事情报机构"蜜蜂上校"(Colonel Apis)。

利用国际上对塞尔维亚民族主义恐怖行径(即使在萨拉热窝,大公夫妇遇刺还引发了反塞尔维亚的游行示威和袭击塞尔维亚人商店和住所的行为)的激烈反应这一时机,1914 年 7 月 23 日,奥匈帝国向塞尔维亚发出最后通牒,提出了镇压国内外的塞尔维亚民族主义行动的 10 项要求,其中 9 项实际上已经为塞尔维亚政府接受。最后通牒没有认为塞尔维亚对于萨拉热窝刺杀事件负有主要责任,但是它合理地指责塞尔维亚"容忍了各种形式反奥匈君主国的社团和组织的存在,并且对新闻舆论不加限制,颂扬那些参与颠覆活动的官员和军官的行为"。
(Malcolm 1994:156)塞尔维亚拒绝接受奥地利的全部 10 项要求,这
为奥匈帝国对塞尔维亚宣战提供了口实,反过来又刺激了俄国为支持
塞尔维亚的军事动员,进而推动德国对俄国及其盟国法国宣战。鉴于
德国有可能对法国和比利时采取先发制人的军事打击战略,依照在条
约中承诺的对比利时独立和中立义务的保证,英国也被卷入。然而,正
如波斯尼亚的塞尔维亚历史学家弗拉迪米尔 · 德迪杰(Vladimir
Dedijer)所强调的:

> 把萨拉热窝刺杀当作 1914—1918 年的世界大战的基本原因
> 或直接原因,实在是言过其实。它只不过是这样一个事件:在正
> 常的国际背景下它不可能引发这些轰动性的后果……它对于维也
> 纳的主战派来说,无疑是一个意想不到的赠礼,因为自从 1908—
> 1909 年的吞并危机以来,他们就一直谋求攻击塞尔维亚、镇压南
> 斯拉夫以及将哈布斯堡势力推进到萨洛尼卡(Salonika)的大门的
> 理由。(Dedijer 1967:445)

第一次世界大战的爆发部分是由于欧洲日益分裂为相互对立的两
大军事阵营。这加剧了国际的紧张,使得"国内"和国际政治愈发放纵
和狂暴,加剧了欧洲军备竞赛,而且似乎将日耳曼世界和东正教斯拉夫
世界推入到冲突的轨道上。

奥斯卡 · 贾茜(Oscar Jaszi)宣称,无论是在奥地利君主国内部还
是它的周边,开始出现的情况是,"民众心态"推动了整个体系"逐步地
走向爆炸,使得哈布斯堡帝国主义与俄罗斯的泛斯拉夫主义之间的斗
争逐年紧迫"。(Jaszi 1929:420—421)德国的威廉二世把日益迫近的
战争描述为"条顿人与斯拉夫人之间的最后决战"。然而,贾茜坚持认
为,对"战争罪责"的追究,某种意义上是寻求"个体责任",这是一种误
导,极不合适的,因为"任何外交的策略,任何……友好的条约,都不能
避免这场战争的爆发,它的真实的根源在俄国和奥匈二元帝国的社会

303

经济和民族结构中……人们不应忘记,德国、奥地利和俄国三个国家君主缔结的自然的反动同盟最后解体,不是因为他们个人竞争的因素瓦解的,而是迫于广泛的民族公共舆论压力"。(第 422－423 页)

由于工业发展阶段和速度在空间扩散方面的明显差异,再加上后来不同国家内部及其之间权力与财富布局方面的新变化,欧洲固有的秩序同时受到挑战,失去它的稳定性。欧洲统治者们为此恐慌不安,他们越发希望诉诸一场"先发制人"式的战争来消除这些不安,不管战争被视为本质上是防御性的还是侵略性的。即使欧洲列强认为他们有能力就亚非地区的殖民地和势力范围问题达成一致,但是保护主义、卡特尔主义和垄断性的金融资本主义的增长都加剧了欧洲竞相争夺欧洲本土以及欧洲以外的殖民地和"势力范围"内的"垄断市场"。"1914 年,意识的力量没有推动世界走向战争。现在,大多数历史学家认为,引发战争的原因是综合性的,一方面缺乏一个公认的仲裁者有能力去处理复杂的形势,另一方面无政府主义形式的行为未受控制,持续发展,直到它不可控制。事实上,在这个竞相争夺权力和地位的体系内部,已经植入了一个加速器。"(Duchene 1965:231)

对这种国家体系而言,适应这种由国际运动和意识形态的发展引发的强烈挑战确实是变得非常困难。在欧洲,大部分国家已经加强联合和巩固已经存在或者早期的政治和同盟关系。德国和意大利的联合已经给邻国带来破坏性的、潜在威胁。但是这种情况曾经被保守的正统王朝的政治家们娴熟地(特别是俾斯麦和加富尔)控制住了。然而,在欧洲东半部,民族主义和国家统一在很大程度上与现有的(主要是超民族的和帝国的)国家结构与边界是不一致的。最重要的是,奥匈帝国与新兴的新欧洲国家秩序的概念是不相容的,后者是建立在独立主权的民族国家基础上的。

然而,真实的是,尽管欧洲国家体系中的一些重要因素(与之相伴的还有民族主义对它的挑战)确实足以诱发战争,但是并不能就此推断出,该体系中所有国家都应受到同等谴责,或者这些国家中没有一两个国家或集团尤其应为 1914 年战争的爆发和快速升级接受"谴责"。

自从弗里茨·菲舍尔(Fritz Fischer)的《世界强权的追逐》(*Griff nach Weltmacht*, 1963)发表以来,盛行的观点是,"谴责"德国"引起"了第一次世界大战由此宽恕奥匈帝国的"战争罪责"。与菲舍尔高度合理的推理相一致,诺·马尔科姆(Noel Malcolm)坚持认为,"德国不辞余力地推动战争,以便决定性地遏制俄国势力的日渐增长。奥匈帝国更多是举棋不定,担心俄国(作为塞尔维亚的保护者)会如同德国人期望的那样卷入"。(Malcolm 1994：157)

尽管如此,我们秉持一种(不流行的)相反的观点,即奥匈帝国对于将欧洲拖入战争负有主要责任,主要是它在捍卫高估的帝国荣誉和特权方面表现得有勇无谋,同时在与俄国争夺巴尔干地区领土自我扩张当中鲁莽行事。我们强烈反对那种把奥匈帝国描绘为欧洲外交中的稳定力量的观点。在我们看来,明晰的是,它的统治者反复地认为,拒绝用和平方式来解决奥地利君主国的问题是完全合法的。奥匈帝国而非德国的野心、不安全和反应过敏,构成了1859－1914年间欧洲外交中的不稳定因素,不仅是因为"帝国荣誉要求未经战斗决不可有领土的割让",而且因为,奥地利君主国在失去了它在德国和意大利的领导地位以后,决定通过获得"巴尔干的优势统治地位"来弥补它的损失。

尽管如此,反对塞尔维亚的战争——无论是属于积极的扩张主义,还是仅仅作为一种先发制人的打击——本来都是可以避免的。塞尔维亚和南斯拉夫民族主义对于奥匈帝国的威胁过去而且现在依然被夸大了。塞尔维亚对于哈布斯堡帝国的威胁,既不是直接的,也不是不可解决的。塞尔维亚人对攫取哈布斯堡帝国领土"丝毫没有兴趣"。"塞尔维亚人渴望将他们的兄弟从土耳其人的统治之下解放出来,恢复历史上一度属于塞尔维亚的领土;这种雄心扩展到波斯尼亚和黑塞哥维纳,仅此而已,再无其他。"(Taylor 1976：228)信奉东正教的塞尔维亚人主要是渴望向南扩张(解放或联合位于马其顿、科索沃和波斯尼亚地区的南斯拉夫宗教同胞)或者向海上扩张,借此成立一个大塞尔维亚国家,而哈布斯堡帝国对大塞尔维亚充满敌意,如同它对出现一个真实的南斯拉夫国家同样敌视一样。(第190、237页)尽管在1918年和1945年一个广泛的南斯拉夫国家施加给塞尔维亚人,但是对于"大塞尔维亚"感兴趣的只是少数塞尔维亚人。

正是由于自负的哈布斯堡人渴望避免帝国荣誉与特权的任何损失,导致战争似乎成为解决奥地利-塞尔维亚对抗的唯一方式。奥匈帝国在南斯拉夫统一过程中产生的消极影响,本来不必大于它勉强迟迟接受 19 世纪 60 年代意大利和德意志统一产生的后果。具有悲剧色彩的是,奥地利君主国甘愿冒世界大战的风险,"而不是在南斯拉夫问题上对内和对外有任何的妥协"。(Sked 1989:255－257,269)

当时也有一些聪明人士(例如,塞尔维亚的前首相弗拉丹·乔尔杰维奇[Vladan Georgievic])试图将冲突双方从战争的边缘中拉回,而且最晚在 1912 年塞尔维亚的首相尼古拉·帕希奇(Nikola Pasic)还曾就推动塞尔维亚和哈布斯堡君主国之间的经济联合问题咨询过托马斯·马沙尔克,希望提出长久的建议。(Jaszi 1929:406－407)然而,这些友好表示都被奥匈帝国拒绝了。正如皇帝卡尔(1916－1918 年在位)的内阁首脑波尔兹·郝底兹(Polzer-Holditz)伯爵在 1928 年回忆说:

> 没有人考虑到要矫正我们的巴尔干政策,因为这意味着对于我们国内政策的全部变革。塞尔维亚人的仇恨……是由我们的关税政策引起的;南斯拉夫人渴望的只不过是统一起来寻找一个出海口;依照我们的阿尔巴尼亚政策,我们关闭了最后的安全阀,由此战争不可避免;上述这些认识从来没有得到统治阶级的认可。(引自 Jaszi 1929:420)

因此,毫无疑问,"对战争发生负有首要责任的是奥匈二元君主国"。(Jaszi 1929:423)从 19 世纪 90 年代开始,在官员和受教育群体中渐趋形成的信念是,日耳曼世界和斯拉夫世界狭路相逢。(第 420页)愚不可及的悲剧在于,"没有采取任何严肃的态度来解决一个重要的问题,明智的观察者感受到的日益严重的局势……构成正在降临的巨大灾难的直接原因"。(第 421 页)"防御性侵略的"哈布斯堡帝国使得德国卷入到外交赌博和挑衅中,而德国在其中鲜有利害或者没有直接利害,而且要控制这种外交走向,它甚至也无能为力。"德国在欧洲保持完全的孤立,只是限于与奥地利生死相依⋯⋯德国被迫追随它的盟友,跃入万劫不复的死亡深渊。"(Jaszi 1929:426)"奥地利设定了冲突的时间表,而且德国未能阻止它的盟友。奥地利的重要责任正在于此,它不是源于它的政治家的个人罪行,而是由整个体制的社会和民族的原罪所致";相比之下,德国的原罪在于某种"疏忽",而不是在于"犯罪"。(第428页)再者,"维也纳的领导层促成了战争,因为⋯⋯奥地利年复一年地变得不堪一击"。他们担心"随着俄法国内正在进行的军事改革的完成,以及反奥地利意识形态不可遏制地增长,奥地利的机会实际上越来越少"。(第428页)维也纳的主战派急不可耐。在震惊世人的萨拉热窝刺杀事件后,德国犯下的严重错误在于给予奥匈帝国所希望的支持,而不是极力抑制它的悲伤盟友。德国的统治者错误地认为,奥匈帝国行动时会采取负责的态度。切尔宁(Czernin)伯爵,哈布斯堡帝国最后外交部长当中的一位,后来坦承了奥匈的"战争罪责":

305

> 当然,无法判定,如果战争得以幸而避免,君主国的解体会以何种方式发生。诚然,解体的方式会不如实际情形中通过战争那样恐怖。很可能解体的步骤更缓慢,而且无疑也不会将整个世界拖入战争的漩涡。我们注定要面临灭亡。我们肆意地选择了我们死亡的方式,而且我们选择了一种最为恐怖的死亡方式。(Czernin 1920:38)

第二十一章　第一次世界大战
对东中欧的影响

　　早在第一次世界大战之前数十年间,国内民族矛盾和阶级对抗加剧,就已经动摇了哈布斯堡王朝的统治基础。到 1914 年,哈布斯堡帝国内许多重要人物都希望借发动战争来转移国内持续的危机。这种尽人皆知的方式曾经运用多次,希望借此达到一系列目的:将那些皇权和战争的支持者凝聚起来,将内部的不满转向外部目标,把所有政治和社会的不同政见视为通敌叛国,如果成功的话,还可以重新恢复帝国军事强国的地位、自信、荣耀和团队精神。尽管如此,这是一种风险极大、孤注一掷的策略,因为它将把帝国的持续存在与战争的后果绑架在一起。(Bauer 1925:71)

　　1914 年 7 月 28 日,哈布斯堡帝国对塞尔维亚宣战,引发国际连锁反应,战争迅速升级并超出哈布斯堡帝国控制能力。哈布斯堡帝国发动战争是为了捍卫名存实亡的帝国荣誉、骄傲和领土完整,反对亦真亦幻的来自南斯拉夫的"威胁",并努力证明帝国依旧强大。这些因素严重限制了他们战争期间策略的灵活性和部队调遣的自由度。德国政府本希望哈布斯堡帝国能将特兰托、达尔马提亚和阿尔巴尼亚的一部分割让给意大利,将特兰西瓦尼亚的部分地区割让给罗马尼亚,以便吸引意大利和罗马尼亚(1882 年已经和德国、奥匈帝国结成联盟)站在同盟国一方反对协约国(英国、法国、俄国)的战争。但是哈布斯堡、奥地利德国人和马扎尔人不愿意进行任何此类交易。他们绝不会为了把领土割让给意大利和罗马尼亚就去进行反对塞尔维亚及其保护者俄国的战争。南斯拉夫境内的领土收益将能够少量补偿割让特兰托或特兰西瓦尼亚的损失。无论如何,马扎尔人的首相伊斯特凡·蒂萨(Istvan Tisza)爵士根据秘密协定已经接受帝国 1914 年的对塞尔维亚宣战,前提是奥匈帝国对塞尔维亚的胜利必须不能导致另外的南斯拉夫居民和领土并入哈布斯堡帝国,因为这样会强化建立三元帝国的愿望,并由此动摇 1867 年的"协议"。确实,哈布斯堡希望通过战争掠夺的领土都是斯拉夫人聚居区,因此,不能为马扎尔人的统治者接受,实际上,奥匈帝国发动战争仅仅是借展示帝国实力和雄风来鼓舞加强帝国斗志、提升帝国荣誉和声望,即使战争以哈布斯堡帝国胜利告终,哈布斯堡帝国也不可能获得实际的重大领土收益。

严重削弱的哈布斯堡帝国最终屈从于德国压力,在 1915 年春答应向意大利提出领土诱惑。到那时,意大利国家已经决定,加入协约国一方作战,借此实现它的扩张野心将更为可靠。罗马尼亚在 1916 年如法炮制。事实证明,对于英、法和俄国来说,向意大利、罗马尼亚和塞尔维亚承诺给予它们少量哈布斯堡帝国领土,便可将它们吸引到协约国一方。这些变动严重改变了 1915 年保加利亚加入同盟国一方作战带来的实力均衡状况,尽管在 1916 年 9 月至 12 月间,同盟国迅速征服罗马尼亚使得损失部分程度地得以降低。

鉴于 1867 年"协定"的不牢固性,马扎尔人可以通过一种奥地利-马克思主义者和或者奥地利-斯拉夫人都能接受的方式来使得帝国联邦化或者民主化,以此否决奥地利或者哈布斯堡帝国任何旨在更广泛的战争动员的努力。实际上,二元君主国体系和后来未能形成高度集权的政治和行政结构(例如俄国中的情形),使得很难围绕战争需要实现军力、资源的有效动员和集中。

然而,一旦战争开启,幸存下来并赢得战争就成为压倒一切的目标。在哈布斯堡帝国内部,令人惊奇的是,起初很少有公开的反战行

为。许多奥地利和波希米亚德国人都希望,战争能够恢复他们对帝国的
"奥地利一半"的渐趋衰弱的统治。马扎尔民族主义者满怀希望进行一
场德国支持下的"反斯拉夫的十字军"战争,而数以百万计的波兰天主教
徒乐意进行反对东正教俄国的战争。大量的信奉天主教的克罗地亚人
急切地渴望与他们的信奉东正教的塞尔维亚兄弟开战。"只有捷克人保
持一种闷闷不乐地默许态度。"(Taylor 1976:232)实际上,在经过相对和
平的 48 年(1866 - 1914)之后,奥匈君主国的许多居民对于全力以赴的
战争将会是什么样子,毫无认知,而那些反对战争的人往往被视为"叛
徒"。(Kann 1974:421)再者,很少有人能够预见到新近技术革新对于
战争本质的全面影响,战争造成的死亡和毁灭的范围之大,难以想象。

战争的进程和指挥

从一开始,第一次世界大战就在哈布斯堡帝国方面出现灾难性的悲
剧。当时,进攻塞尔维亚和黑山的奥匈帝国军队迅速被击退,塞尔维亚
军乘机侵入南匈牙利。只是在保加利亚军队 1915 年 9 月积极支持哈布
斯堡帝国和德国之后,重新进攻塞尔维亚和黑山军队才成为可能,最终
在 12 月,同盟国征服了塞尔维亚及黑山。后来,进攻俄国的奥匈帝国也
遭到惨败,结果,俄国能够在 1914 年年末至 1915 年年初侵入加利西亚
(奥地利所属波兰)大部分地区。哈布斯堡帝国得以免遭进一步的屈辱
和领土损失,只是由于德军在对俄军的战斗中大获全胜(尤其是在 1914
年 8 月的坦能堡战役和 1915 年 5 月的戈尔利采战役),这迫使俄军抽调
兵力防卫俄国,否则,俄军大量兵力会用于全面侵略奥地利和匈牙利。

俄国遭遇到工业化程度更高、装备更精良的德国的打击,遭受毁灭
性的惨败,士气重挫,其极致便是 1917 年沙皇制度崩溃与俄国战争努
力告负。这一事实绝不可以遮蔽下述事实,奥匈帝国在军事上根本不
是俄国的对手,甚至不是塞尔维亚军的对手。经过 1904 - 1905 年俄
日战争的失败,自 1908 年起,俄国就积极发展自身的重工业,重新武装
和组织其军队。因此,同盟国的军事策划者和战略家赞成,对俄战争,
越早越好,因为俄国的军事实力每年都增长迅速,而且俄国经济在

1908－1914年快速发展。事实上,到1914年,奥匈帝国的军事开支仅占俄国或德国的四分之一,大约是英国或法国的三分之一,甚至低于意大利(普遍被认为是"列强中最弱的国家")。1878－1914年间,德国的军备开支增了五倍,俄国、英国、法国的军备开支增了三倍,而奥匈帝国的军备开支则还不到之前的两倍。(Taylor 1976：229)

　　1913年,奥匈帝国在啤酒、红酒以及烟草等领域的支出是它在军事领域支出的三倍以上。(Sked 1989：262)而且,1914年战争时期,奥匈帝国的军队有230万人,相比之下,俄国此时军队数量是530万,德国、法国军队380万。几十年来,奥匈帝国在军队结构以及军队预算上一直争执不休,最终他们自食其果。奥匈帝国、奥地利以及匈牙利在下述许多问题上很难达成共识:是否应该重组军队或增加军费支出;谁来掌管军队;谁来负责军费支出。任何重组或者扩充奥匈帝国军力的努力都招致尖刻的讽刺。从1890－1900这10年间,只是部分程度上重新恢复哈布斯堡专制主义才避免了军事事务完全陷入僵局。正是由于这些原因,军装依然光鲜的奥匈帝国士兵在战争中面临资金短缺、装备缺乏的不利形势,结果,"有几乎一半的常备军在1914年的战役中毙命"。(Sked 1989：258)

　　因此,奥匈帝国在一战期间日趋依附和服从德国,否则,战争伊始,它的战争努力可能就化为泡影。用切尔宁伯爵的话来说:"由于没有认识到这一点,战争刚刚爆发,我们就失去了独立性。我们由主体变成了客体。"(Czernin 1920：38)事实上,通常认为,1915年之后奥匈帝国只是承蒙德国帮助才维持其存在,尤其是威廉二世大帝对哈布斯堡王朝满怀深情。"奥匈帝国因德国而被'挽救',而这种'挽救行为'标志着哈布斯堡的实际终结。他们为德国(在中东欧地区)的统治提供了一个尚可容忍的替代者;一旦德国人掌管奥匈帝国的军事和政治方向,这个替代者就停止了存在……德国现在倾向于做欧洲的主人;哈布斯堡王朝只不过是德国的副手而已。"(Taylor 1976：233－234)

　　托马斯·马沙尔克教授是捷克的著名领导人和未来的捷克斯洛伐克国家的重要设计者,他在1914年冬天就认识到,迄当时为止,至高无上的哈布斯堡帝国实际上已经被德国人控制的东中欧所取代,而且这威胁到捷克人、加利西亚波兰人和其他主要民族的利益,他们在哈布斯堡帝国统治最后几十年中争得的有限自治和文化自由将被永远消除。捷克人对战争消极抵抗日益增加,以及捷克士兵(尤其是战俘)大规模地倒戈加入协约国军队,共同证明,相当数量的捷克人逐渐接受了类似结论。捷克人从前是最勇敢的奥地利-斯拉夫人,他们起初的精神变节构成对哈布斯堡帝国持续存在的最严重的内部挑战。然而"马沙尔克并没有'摧毁'哈布斯堡王朝,摧毁它的人是德国人和匈牙利人"。(Taylor 1976:238-239)尽管如此,直到在1918年9月,(在马沙尔克和爱德华·博尼斯 Edvard Benes 领导下的)捷克斯洛伐克国民大会得到西方列强认可,承认它是已经不再存在的捷克斯洛伐克国家的"流亡政府"。(Sked 1989:260)这项决定虽然是在战争快结束的时候出现的,但是仍然非常重要,因为这与奥匈帝国的存在不可兼容。捷克斯洛伐克国家的成立,注定是要在奥匈帝国心脏深处划出一道裂痕。

"国内战线"的危机、营养不良和通货膨胀

第一次世界大战期间,奥匈帝国的两个"主导种族",即奥地利德国人与马扎尔人之间的关系达到前所未有的紧张,演化成"实实在在的极度狂热"。(Jaszi 1929:365)其中一个基本原因在于,无论在奥地利还是在匈牙利,战争当中农产品产量都剧降到大约战前的一半,这主要是因为约有一半的男性农业劳动力以及一半以上(或许绝大部分)可用马匹都被迫服务于军事需要,只剩下贫弱的劳动力和散存的牲畜一如既往地在耕种土地。(Bereend and Ranki 1974a:174-175;1974b:92)

为了应对农业危机,也为了应对匈牙利人关于占主导地位的奥地利德国军事领导人滥用马扎尔人作为炮灰的抱怨,匈牙利政府严厉限制从匈牙利向君主国的"奥地利一半"运送粮食,由此,后者开始遭受日益严重的食物短缺和营养不良。

反过来,维也纳的奥地利当局"指责匈牙利的自私的政策加剧了奥地利的饥荒"。(Jaszi 1929:365)然而,匈牙利经济史学家认为"匈牙

309

利不能输送物资了,因为它甚至不能满足自己的需要"。(Berend and Ranki 1974a：174)这种相互指责中的苦痛与中伤显示出下述事实：从根源上看,奥匈两国在 1867 年的"协定""源出于"彼此互不信任。(Jaszi 1929：350)因此,任何严重的危机几乎都可能将这种不信任推至濒临破裂的边缘。事实上,贾茜认为,奥地利与匈牙利这两个都想支配对方的国家之间的对抗,"甚至比霸权国家与二流国家之间的对抗更激烈"。

马扎尔人决心对匈牙利运往奥地利的粮食施加严格限制,再加上最初是俄国后来是德国对于加利西亚谷物种植的军事破坏,以及英法海军对于同盟国的海上封锁日益见效,这意味着,奥地利与德国或者西侧的交战国相比,战时物资匮乏的程度严重得多。(Bauer 1925：28)到 1918 年,非农业的奥地利人口人均每天面粉的消费从战前的 380 克降至 165 克,而匈牙利则降至 220 克,与此同时,奥地利人人均每天肉类消费从战前的 82 克降至 17 克,而匈牙利则降至 34 克。农村人口被大量征用,如果以 1914 年的生活成本指数为 100,至 1918 年 6 月这一数据上升至 1 082,城市工人的生活成本指数则为 1 560。(Sked 1989：263)在奥地利(包括捷克的领土)和匈牙利,工业生产经历最初一段时间显著增长以后,由于日益严重的燃料、原料以及人力短缺,加上交通运输的限制,最终在 1917－1918 年之间下降至战前的一半。(Berend and Ranki 1974a：174－175,177)

在战争期间,巨大的通货膨胀压力对供给方(成本推动)与需求方(需求拉动)都产生了影响。尽管有战时的定额供给、工资以及价格控制,工资在战争过程中仍然上涨了 5 倍。然而,在战争期间通货膨胀压力的迅速增长使战争时期的控制措施毫无成效。同盟国为了备战,发行了大量的纸币,扩充自己的财政,战后重建中也是如此。因此,在奥匈帝国,纸币流通量从 1913 年的 30 亿元上升到 1918 年的 426 亿元,到 1921 年,飙升至 2 000 亿元。此外,战争后期对于战败国及同盟国退出国的货币普遍失去信心。第一次世界大战刚刚结束之际,发生在欧洲中部的德国以及欧洲东部的奥匈帝国的恶性通货膨胀,甚至比由于战争消耗而造成的物资短缺以及战争期间的工资上涨所造成的影响更严重,这些地区普通家庭和富庶家庭的私人储蓄全都化为乌有。在奥匈帝国继承国中,只有捷克斯洛伐克"努力避免了严重而长期通货膨胀造成的灾难性后果"。(Berend and Ranki 1974a：180－181)再者,奥匈帝国的其他所谓"继承国"都屈从于威权统治,直到20世纪30年代中期,仍然唯一例外的是捷克斯洛伐克。通常认为,一战后恶性通货膨胀导致私人储蓄损失,由此造成广泛的政治疏远与幻灭,在这一进程中也发挥了重要作用(德国的情形同样如此)。

代价估计

310　　维持满负荷的奥匈帝国战争机器带来的压力和张力,代价惨重。第一次世界大战期间,奥匈帝国有120万战士阵亡,350万受伤,220万成为俘虏,尽管后者当中许多人叛投到另一方。按照奥托·鲍威尔(Otto Bauer)这位奥地利马克思主义反对派中的重要人物的报告,"战争最初几个月,军队损失惊人,使得以下情况不可避免:不断征召新的军事人员;将在校儿童招募军中;满头白发的父亲与青年儿子一同走上战场。饥饿的工人被迫进入军工厂;工厂实行军事化管理。宪法中止、议会关闭、舆论受到钳制,人们屈从军事法庭的即决审判"。(Bauer 1925：28)战争期间,哈布斯堡帝国的人们越来越寄希望协约国取得胜利。"奥匈帝国不仅要反抗外部的敌人,同时要反抗它本国的三分之二的人民。"(Bauer 1925：24)"哈布斯堡君主国不得不与斯拉夫民族的敌视行为斗争",它只有"运用战时专制主义的强制机构力量"强迫斯拉夫人去与外敌斗争。(第27页)在斯拉夫人看来,奥匈帝国的战争努力是"为了一个外国和一个邪恶的目标而在施行可怕的……牺牲。战争持续的时间越长,斯拉夫土地上聚集的反奥地利活动越多"。(第72页)

哈布斯堡帝国的垂死挣扎

奥匈帝国的最终崩溃始于1916年秋。9月,日益严重的物资紧缺,对于早日结束战争不再抱什么希望,俄国攻入奥匈帝国的危险明显迫近,而且美国加入协约国一方作战的可能性不断攀升,在这种种乱象当中,军工产业中爆发了严重的劳工骚乱。因此,一些在上议院有影响的贵族议员请求重开帝国议会。首相卡尔·斯图尔克(Karl Sturgkh)不仅拒绝这一请求,而且严厉镇压所有的敌对、分离和不满。这使得反战的社会党人弗里德里克·阿德勒(维克多·阿德勒之子,奥地利社会民主党的奠基人)通过 1916 年 10 月 24 日暗杀首相的方式来打破这一僵局。性格深沉而有着强烈个人魅力的皇帝弗朗茨·约瑟夫,恪守职责 68 年,已经成为奥匈帝国名存实亡的权威、尊严和神秘的荣誉象征,在此刺杀事件之后不久,于 1916 年 11 月 21 日去世。他的去世可以看成奥匈帝国体制走向尽头的标志,像一艘船失去了安全的锚,一个时代的逝去以及效忠帝国的核心的消失。

随后,对弗里德里克·阿德勒的"公开政治审判"(1917 年 5 月 18 — 19 日)是哈布斯堡政权搬起石头砸自己的脚,因为这给了弗里德里克·阿德勒一个展现个人才华的讲坛,他对于该政权及其战争行径给出了详细的、令人感动的控诉。而这次审判还重新点燃了社会党国际的火焰,并且使弗里德里克·阿德勒成为奥地利和国际上的著名人物。

皇帝卡尔(Karl,1916 年 11 月—1918 年 10 月在位)是弗朗茨·约瑟夫侄子中年龄最大的一位,"他不是在统治德意志邦联和作为神圣罗马帝国皇帝的哈布斯堡传统中长大的……实现和平……主宰着他的思维"。(Kann 1974:474)受 1917 年 3 月俄国革命以及沙皇倒台的警醒,年轻的卡尔皇帝和斯图尔克的直接继任者恩斯特·科尔贝、海因里希·克拉玛提尼克和恩斯特·塞德勒(Ernst korber, Heinrich ClamMartinic and Ernst von Seidler)放宽了对军工产业中的劳工限制(1917 年 5 月 18 日),重新召开奥地利帝国议会(1918 年 5 月 30 日),任用在匈牙利辞职、遭排挤的伊斯特万·蒂萨(1917 年 5 月),向西方协约国伸出橄榄枝(1917 年 3 — 5 月),恢复奥地利宪政,并且宽赦政治犯(1917 年 7 月),撤销对弗里德里克·阿德勒(Friedrich Adler)和捷克民族主义领袖卡雷尔·克拉默(Dr Karel Kramar)的死刑判决(1917 年 7 月)。

311

1917 年奥地利和匈牙利(程度较低)的政治松动迎来了政党政治、商业联合会以及左派的复兴。1918 年 1 月和 2 月,紧接着维也纳和布达佩斯重要产业罢工而至的是,古腾堡、丰克尔钦、伦贝格、布达佩斯和科托尔的兵变。左派从 1917 年俄国布尔什维克"十月革命"(按照西历是 1917 年 11 月)的勇敢、反战立场以及(表面上的)最初成功中吸取灵感,继俄国 1917 年 12 月退出战争并且在 1918 年 3 月与同盟国签订和平条约之后,"10 万见证俄国革命的战俘返回祖国",布尔什维克对奥匈工人、士兵、船员和知识分子的影响上升。(Bauer 1925:38)再者,1918 年初挥舞红旗的兵变者要求,在伍德罗·威尔逊总统著名的十四点计划的基础上实现和平,该纲领是 1918 年 1 月宣布的。(第 37 页)这证实了美国以及布尔什维克的影响。然而,左派无力将那时奥匈帝国境内日益上升的权力和革命影响推向圆满成功。1918 年 1 月和 2 月的罢工与兵变轻易地就被"值得信赖的"哈布斯堡军队镇压下去:

> 即使奥地利军国主义者不再完全听命去镇压革命性起义……奥地利革命除了导致德国对奥地利的侵略之外,也不可能产生别的任何后果……德国军国主义当时达到极致。自"十月革命"爆发以后,俄国军队瓦解。德国东线上的大量军队可以抽调出来……德国军队有可能迅速占领奥地利,如同它在"十月革命"后迅速占领大片俄国和乌克兰领土一样……我们认识到危险有多严重……我们意识到,即使是捷克革命者也担心德国入侵,因为他们整个战争期间的战略就建立在下述信念之上,即只要德国军国主义不被打败,捷克革命只能导致德意志帝国军队占领波希米亚和马拉维亚。(Bauer 1925:34—37)

同盟国军事瓦解的后果

埃里克·霍布斯鲍姆认为:"在决定镇压革命运动并继续一场输掉的战争时,哈布斯堡帝国当局确信,将会出现的是威尔逊式的欧洲而不是苏联式的欧洲。"(Hobsbawm 1992：129)或许偶然性大于目的性,1918－1919 年,哈布斯堡帝国当局确信无疑的是,在 1918－1919 年间的东中欧地区,民族或种族渴望和动员会胜过阶级的或社会主义的渴望。即便如此,在当时那些地区的工人和农民看来,两者会同时发生,或者成为一枚硬币的两面。最终,对于哈布斯堡帝国和沙俄的以前主体民族来说,迄那时为止,一直渴望将社会革命与民族革命结合起来,他们没有经历激烈的社会革命就勉强完成了民族革命,这种民族革命是在胜利的西方列强的保护伞下(或者他们如此认为而已)。然而,对于战败的德国、奥地利、匈牙利及保加利亚来说,同盟的瓦解导致了(至少暂时导致了)缔结惩罚性和平条约以及社会改革。结果,民族主义的出现不仅"是作为社会革命的温和的替代者",而且实现了对从前受挫的以及极度不满的军官、行政官员以及中产阶级民众的政治动员,他们转向了反革命和法西斯主义。(第 130 页)

　　然而,需要强调的是,第一次世界大战既不是为建立一个基于民族自决和单一民族国家理念之上的欧洲新秩序而开启的,也不是为它而进行的。这些都是战争的结果,而不是战争的起因。直到 1918 年 6 月,西方大国一直基于维护奥匈帝国作为平衡德国和俄国势力的大国地位,从而避免造成中东欧的权力真空,这个真空地带很可能被复兴的德国或者俄国所填补。早在 1918 年 6 月以前,瓜分哈布斯堡帝国的方案从来没有摆上西方大国的议事日程。西方大国们想分解哈布斯堡帝国的部分领土,但这种分解与其说是否认,倒不如说是认可哈布斯堡帝国权力的存在。

　　1917 年 4 月,美国加入第一次世界大战,随之带来的还有美国总统伍德罗·威尔逊更加高尚的、带有理想主义色彩的外交政策和战争目标。他试图用他的"十四点计划"给世界带来和平,但如同摩西试图用十诫来规范以色列人的行为准则,未能如愿。美国参战,加之沙俄的统治在 1917 年 2 月(西历 3 月)瓦解,英法俄帝国主义协约国与同盟国之间以前的纷争被一场更公开的意识形态争论所取代,一方面是西方的"盟国"或者"民主派",另一方是专制主义。

312

然而,即便是"十四点计划"(在 1918 年 1 月正式宣布),也只是设想奥匈帝国的重组或联邦化,而不是它的完全解体,或者肢解成为独立民族国家的集合体。计划第十条只是阐明:"我们希望,奥匈帝国的人民在国家中的地位得到维护和保障,并能获得自主发展的最自由的机会。"此外,计划第十三条规定:"一个独立的波兰政权应该建立在这样的基础上:在其领土上无可置疑地只居住着波兰人民;能够自由并安全地获得出海口;政治经济的独立以及领土主权完整,应该获得国际公约的确保。"这清晰地表明,未来波兰政权应该同波兰民族相一致,因此德国、俄国、奥匈帝国都要将此前割让的领土归还给这个复活的波兰政权。但是,"十四点计划"并不是为了创立除了波兰之外的任何"民族"继承国。更不用提捷克或斯洛伐克国家了。确实,一些历史学家、经济学家、政治学家、政治评论家一直认为,在东中欧和巴尔干地区建立单一民族国家是不适合的、不谨慎的,甚至是不可能的。这样做,无论是在政治上还是在经济上,都是冒险的,并且会对欧洲的和平、繁荣和安全产生永久的威胁。(例如,参照 Cole 1941)在某些方面,这种疑虑最后都变成了真切的现实。

然而,到 1918 年秋,三个要素最终说服西方同盟国,使其认识到,在东中欧建立新的单一"民族"国家是必要的、安全的。首先,因为俄国持续的解体。其次,是因为奥匈帝国做出一个至关重要的决定,即把赌注全都押在 1918 年春夏之际德国在西部前线取得预期胜利上。此前,德国在 1918 年 3 月强迫苏俄接受苛刻的和平条约,并借机占领整个波兰、白俄罗斯大部分地区、立陶宛及乌克兰地区。第三,德国后来军事惨败,主要是因为德国领土在东部过度扩展,以及大量装备精良、供应充足的美军主力到达西欧。促成哈布斯堡帝国瓦解和瘫痪是再容易不过的事情,只需官方正式认同那些事实上公认的且自命独立的波兰、捷克斯洛伐克及南斯拉夫流亡政府即可。而且,同时发生的德国军事失败和俄国进一步瓦解,似乎让人们相信,在"民族自决"的基础上建立东中欧的新的政权体系,是安全的(实际上是必需的)。

似乎西方大国一劳永逸地解决了许多问题,如遏制了战争,设计出一个适于公正、民主的新政治秩序的简洁"魔幻范式",而且合力绞杀布尔什维克政权。试图包医百病的西方大国领导人并没有意识到,他们把最急迫的问题"抛在一边",播下了更严重隐患的种子。

　　1918 年 9 月 4 日,为了停止这场血腥战争,奥匈帝国呼吁所有参战国立即着手和平谈判。但是,西方协约国回绝了这项请求,因为它们现在所寻求的是对手投降而非政治谈判。随着保加利亚在 9 月 29 日宣布投降,10 月 4 日同盟国宣布将它们针对美国总统威尔逊提出的"十四点协议"所做的最后临时修改作为非惩罚性和平谈判的基础。哈布斯堡帝国将 10 月 16 日颁布的对外宣言解释成由联邦组成的奥地利君主国所管辖民众的地方民族自治,而匈牙利则保持不变。但是一切为时已晚。大多数捷克人、波兰人以及南斯拉夫人现在只希望国家的彻底独立。而且在同年的 10 月 18 日,威尔逊总统公开支持它们的政治诉求。

　　10 月 27 日,奥匈帝国的最后一届内阁——由首相海因里希·拉玛任(Heinrich Lammasch)和外交大臣朱利叶斯·安德拉西(Julius Andrassy)牵头——接受了捷克、波兰和南斯拉夫等国的分离。奥匈帝国也寻求同西方协约国达成一项单独的和平停战协定,努力从德国的政治束缚中解脱出来,并且尽可能最大限度地保留奥匈帝国的国家力量和领土,当时看来为时已晚。当奥匈帝国在 11 月 2 日正式宣布投降时,德国最高军事司令部下令德军入侵奥地利,但是由于某些原因,该项计划没有贯彻执行(至少,直到 1938 年 3 月 12 日,德国才进入奥地利)。与此同时,德国人占多数的奥地利一些聚居区已经建立了一个由社会主义分子领导的地方政府,并且在 1918 年 10 月 30 日成立了共和国政体。但是,皇帝卡尔和他的帝国内阁直到 11 月 11 日才正式放弃奥匈帝国。最后,皇帝卡尔没有正式退位,但是仅仅将他的权力和职责交付于刚成立不久的德意志-奥地利共和国。这个共和国谋求与德国统一,但是西方协约国禁止它这样做。

　　匈牙利在 1918 年 10 月 17 日事实上已经独立,并且在 11 月 16 日变成一个共和国。克罗地亚和斯洛伐克分别于 1918 年 10 月 29 日和同年的 10 月 30 日脱离匈牙利。但是,所有这些行动仅仅是帝国瓦解的最后谢幕演出,帝国实际上早在几个月前已经崩溃。事实上,在1914 年年底之前,奥匈帝国的许多主权都已割让给德国,而随着弗朗茨·约瑟夫 1916 年 11 月离世,哈布斯堡帝国的真实精神——坚韧与安然——灰飞烟灭。由此说来,第一次世界大战仅仅是执行了给帝国棺木下葬的仪式。

一战对被瓜分的波兰的影响:期待已久的波兰复兴机会

1914 年 7 至 8 月,波兰瓜分国无力或者不愿从战争的边缘后撤,这最终为绝大多数波兰人提供了一个长久期待的恢复波兰独立和国家主权的机会。然而,吊诡的是,许多波兰人直到一战临近结束时期才可能认识到这一点。选入波兰瓜分国议会中的多数波兰人尽职尽责地投票支持战争,并且支持各自国家的“战争努力”。到 1916 年,“瓜分国”的军队中已经有 200 万波兰人,包括 4% 的波兰议会王国的人员,15%的普鲁士属波兰人和 16% 的加利西亚波兰人。1914 - 1918 年间,为波兰瓜分国效力的波兰人大约有 45 万丧生,100 万人受伤。(Davies 1981b: 382)再者,作为他们“焦土”政策的一部分,撤退的沙俄军队迫使大约 80 万波兰人离开波兰议会王国,进入俄罗斯,(Leslie 1980:115)波兰族人在那里总体上待遇糟糕透顶。

有效利用一战爆发开启时机的人物是约瑟夫·毕鲁苏斯基(Josef Pilsudski, 1867 - 1935),未来的总统和自封的波兰独立守护者。这位波兰化的、贫困的立陶宛贵族,曾经在 1887 - 1892 年间被驱逐到西伯利亚,他认为沙俄(而非德国)构成了波兰民族生存的巨大威胁。他梦想重建一个由波兰人、立陶宛人、犹太人、波罗的海德国人、乌克兰人和白俄罗斯人共同组成的宽容的、多民族联盟,它足够强大能够抗衡俄国的“亚洲专制主义”和“野蛮主义”。那些与约瑟夫·毕鲁苏斯基共同拥有反俄倾向的人们担心,按照波兰谚语的说法,“我们靠近德国,失去的是我们的身体;靠近俄国,失去的是我们的灵魂”。然而,当约瑟夫·毕鲁苏斯基在 1892 年重新恢复他的政治活动生涯的时候,他是以波兰社会主义党(the PPS)的重要领导人的身份出现的,该党 1893 年成立于威尔诺(Wilno)地区。他在 1894－1900 年间担任该党派的重要刊物《工人》的编辑,而且他引导该党着重向民族主义方向前进,尽管也不排斥社会主义和国际主义。他得出的结论是,由于从前波兰-立陶宛联盟中的有产阶级绝大部分都在与波兰瓜分国合作,任何重建波兰的希望都首先依赖于多重文化中的无产阶级、农民和知识分子为实现社会正义而进行的联合斗争。波兰社会主义党谋求波兰人、立陶宛人、犹太人、德国人乌克兰人和白俄罗斯人之间的民族平等和兄弟情义,反对沙俄的压迫、种族歧视和暴政。尽管 1900 年毕鲁苏斯基遭到沙俄警察的逮捕,但是他很快就逃脱出来,在国外继续密谋反对沙俄统治。他甚至在 1904－1905 年的日俄战争期间到日本去考察联合抗拒沙俄的可能性。此时,他的思想正明显转向依靠革命手段实现自己目标。

1905 年的俄国和波兰议会王国革命失败以后,约瑟夫·毕鲁苏斯基转到加利西亚。1908 年奥地利吞并波黑,俄奥在巴尔干地区处于对立状态。基于对波兰瓜分国之间的军事冲突未来可能加剧的正确判断,他迅速做出反应,在加利西亚建立一个半秘密的军事组织(即著名的积极斗争联盟)。毕鲁苏斯基最初设想,一旦瓜分国之间战事开启,他的准军事组织就开进波兰议会王国,(与奥地利军队合作但是保留自己对军队的领导权)掀起一场新的反对沙俄的波兰起义。反过来,这会为波兰-立陶宛国家的重建铺平道路。然而,当他意识到他的主要政治对手,诺曼·迪莫夫斯基(Roman Dmowski, 1864－1939)领导下的民族民主党(NDs)准备联合沙俄反对德奥时候,他改变了革命策略。迪莫夫斯基认为德国而非俄国帝国主义是波兰民族生存的最大威胁。再者,由于他将种族同质性视为高于前波兰-立陶宛联邦中的多种族性,所以他并不急于"恢复"立陶宛人、白俄罗斯人和西乌克兰人,或者说并不急于将它们的居民(尤其是犹太人)纳入重建的波兰国家中。因此,他愿意与俄国联合反对德国和奥地利,而且他似乎接受下述观点,即如果有可能的话沙俄对非俄国民众实行的野蛮统治,与他作为"种族纯洁的"波兰领袖很可能将采取的对待波兰的"外来"少数民族(尤其是犹太人)的政策没有什么两样。他是一个冷酷的精于算计、"科学"的种族"净化"的倡导者。就毕鲁苏斯基的全部缺陷而言,他的渐趋自负、军国主义和狂妄自大与迪莫夫斯基更具危险性的外在品质相比,危险要远远小得多。

在 1912－1913 年间巴尔干战争引起的军事警报中,毕鲁苏斯基决定他的 7 000 步兵的作用将是"通过战争方式实现"并且向他的同胞表明,他们能够通过效力一个或更多的战斗组织通过军事专长来实现成功,(Wandycz 1974：327－328)正如拿破仑战争时期波兰士兵所做的那样。毕鲁苏斯基的部队招募了"具有卓越军事才能的领导",包括弗拉迪斯拉夫·斯科尔斯基(Wladyslaw Sikorski),爱德华·斯密里-里德(Edward Smigly-Ryd)和马里安·库基尔(Marian Kukiel)。这给 1918 年后的波兰留下"一群疑心很重但非常在意自己在政治机构中的地位的军官"。(Leslie 1980：109)

1914 年 8 月 6 日,也就是德国对俄宣战之后的第五天,毕鲁苏斯基领导他的新的"波兰军团"进入从前的波兰议会王国地区。他发表一个出自华沙(虚构的)波兰民族政府的声明,声明号召波兰人奋起抗争并且断言应当推举他为最高领袖(披上科希丘什科斗篷)。然而,这些举措遭到波兰人的冷遇,他们担心再度卷入叛乱而遭罪,或者重回那些声名狼藉的暴动老路,而就那些有产者而言,他们或者将毕鲁苏斯基视为同盟国的代理人(他曾经血洗了卡里兹),或者将他视为危险的社会主义者、革命者或者幻想家。(Wandycz 1974：331－332)尽管如此,毕鲁苏斯基集结的军事力量还是赋予他们在战斗中相当有利的合法地位,并且设法维持半独立的存在,这一事实奠定了一战末期毕鲁苏斯基在波兰权力斗争中的标杆地位。战败的德国军队和政治机构选择将他们仍然控制的大量地区移交给他们的长久合作者毕鲁苏斯基,而不是移交给布尔什维克或者那些与协约国合作的波兰人(包括迪莫夫斯基)。令人痛惜的是,许多波兰人长期以来渴望的独立结果证明只是"令人失望的东西",(Zamoyski 1987：340)不仅仅因为他们不再能够将任何问题和缺陷都便利地加到波兰瓜分国的头上,而且因为他们备受压抑的雄心和怨恨如今爆发出来并且彼此之间冲撞。

大战造成的长期社会影响

第一次世界大战造成了农民尤其是欧洲东半部地区农民的意识、态度和地位的重大变化。成千上万的士兵穿越或者驻扎在村庄里,终结了数个世纪以来农村与广阔的外界相隔绝的状况。战争还加快了农村中卡车和公交车服务体系的发展,因为它们到达了铁路尚不能到达的地区。然而,大战期间,数以百万计的农民被军事动员起来,加入本民族或者帝国主义的军队中。它们亲自参与了血腥的、重大的冲突和剧变,而且亲眼看见了其他阶级和民族是如何生存和灭亡的,在此之后,他们往往决定战争结束后不再回归到视野狭窄的、单调的乡村生活当中。那些确实返回的农民(仅仅是为了参与战后的土地重新分配)常常对年轻的村民们保持无法消除的影响,他们或者主动对青年人施加着不确定的影响。

战争造成的劳动力、马匹、资金和燃料的短缺,土地价值上升,地税加重,地产的合理处置,以及对可能爆发的农民叛乱的担心等等,都引起了广泛的土地流转,最初表现为大地主出售、抵押或出租土地,后来表现为土地改革以及或者自发地攫取土地。在捷克斯洛伐克和波罗的海沿岸国家,这导致最后废止或弃绝领主的乡村控制权,但是在波兰和匈牙利却没有出现上述情形。废除领主制也对那些所谓"上层人士"的权威和社会尊严的结构发起严重的挑战,普遍认为,这些人们对战争期间残酷无情地消耗数百万人的生命负有责任。只是在反动的匈牙利和波兰,地主所有制很大程度上被原封不动地保留下来。直到 1918 年,某种意义上可以认为,哈布斯堡领土仍然是"继承权受限定的地产的汇聚,而不是一个国家;哈布斯堡人是地主,不是统治者……他们能够包容一切要求,唯一例外的是关于不受地主控制的要求;这项要求就代表着他们的覆灭"。(Taylor 1976:10)从这个视角看,一战期间大范围的农民和农民士兵的叛乱与兵变,也给哈布斯堡和沙俄在中东欧的统治以致命一击。

结语：哈布斯堡在东中欧和巴尔干北部的影响和遗产

欧洲没有任何王朝政权能像奥地利哈布斯堡王朝(1273－1918)那样存在长久，或者对欧洲历史产生过如此深刻的影响。在许多国家，政府和王朝兴衰更迭，但是领土依然保持不变，至少短期内如此。就哈布斯堡君主国而言，相比之下，领土不断变更，但是王朝却一直持续到1918年。较之于多数人认识到的情形更严重的是，自1918年以来(甚至自1989年以来)东中欧地区出现的很多情形都间接受到哈布斯堡帝国解体的影响。帝国的政治和经济统一、安全和秩序让位于政治经济碎化、不安全、失序、不稳定、领土收复、复仇主义、以邻为壑的保护主义以及国际动乱等。在20世纪30年代后期与40年代早期，哈布斯堡帝国瓦解后的权力真空为纳粹德国所填补。某种意义上，希特勒的崛起和他对德意志强大的技术、经济和军事力量的灾难性运用，都是针对1859－1918年间强加给奥地利德国人的一系列军事和外交耻辱而发起的"奥地利人的复仇"。"希特勒在奥地利学到了他所知道的一切东西，从绥纳勒(Georg Ritter von Schönerer)①那里学会国家主义，从吕格(Karl Lueger)②那里学会反犹主义和对'小人物'的呼吁。他把一种典型的属于维也纳人的煽动术带入德国政治生活中。"(Taylor 1976：258)希特勒本人极为仇视犹太人、吉普赛人、捷克人和南斯拉夫人，这对于决定和驱动实施针对犹太人的大屠杀，针对吉普赛人的种族清洗以及1938－1939年间瓜分捷克斯洛伐克和1941年瓜分南斯拉夫，负有重要责任；而这种仇视情绪与其说是受到北德意志，倒不如说受到奥地利-德国人的启发。这不是要否定，在德皇威廉二世(1890－1918年在位)统治下的德国和魏玛德国(1918－1933)，都曾经出现广泛公开的反犹主义宣传，某些形式的反吉普赛人情绪，为造成所谓捷克地区波

---

① 绥纳勒(Georg Ritter von Schönerer, 1842－1921)，奥匈帝国政界人物，奥地利泛德意志主义和德意志国家主义的主要鼓吹者。希特勒青年时代深受其影响。——译者注

② 吕格(Karl Lueger, 1844－1910)，奥地利基督教社会党创建人和领袖。他领导的基督教社会党发动的民粹主义和反犹政治运动被视为希特勒纳粹主义的样板。——译者注

希米亚德国人困境而进行复仇的情绪,以及针对斯拉夫人的一些消极陈见或偏见(尽管没有把南斯拉夫或者塞尔维亚人单独列出)等。然而,我们怀疑,如果单单是这些情绪,是否在北德意志足以强大到或者蔓延到实际上能够造成反对犹太人和吉普赛人的大屠杀,以及对捷克斯洛伐克和南斯拉夫的肢解。希特勒 1933 年上台,直接的结果是 1938 年吞并奥地利和所谓的苏台德地区,而且这加强了南德意志人(主要来自奥地利波希米亚和巴伐利亚地区)的权力和显赫地位,所有这一切都把典型的属于奥地利德国人、波希米亚德国人和巴伐利亚人的复仇、焦虑、恐怖和仇恨带入到北德意志政治中,而迄那时为止,北德意志一直处在北德意志人尤其是普鲁士新教徒的统治之下。这些额外的因素有助于解释第三帝国——这个极度扩张的德国——为什么以及何以可能发展到下述极端地步,即在事实上推行种族屠杀以及肢解捷克斯洛伐克和南斯拉夫政策。

冷战时期,一组美国移民学者深感惋惜的是,第一次世界大战末期奥匈帝国瓦解,失去了将它转变成一个联邦制的多民族缓冲国把德国和俄国隔离开来的机会。乔治·凯南是美国一位杰出的外交官,冷战时期俄国与东中欧事务的顾问和专家。按照他的判断,(1979:423)"奥匈帝国的存在,仍然可以视为较之于它后来的一切继承国,更有利的解决该地区事务的方法"。它的覆灭致使该地区出现许许多多弱小且远非同质性的民族国家,并且产生出一个很可能将会由德国或者俄国填补的权力真空。结果,先是纳粹德国填补了该真空地带(由此引发了第二次世界大战和大屠杀),后来,在 1945－1989 年间,苏联填补了该地带,向西一直扩张到巴尔干和东中欧地区。

A HISTORY OF
EASTERN
EUROPE

东欧史（下）

"中间地带"的困境

Robert Bideleux　　　Ian Jeffries

[英] 罗伯特·拜德勒克斯　[英]伊恩·杰弗里斯——著

韩炯　吴浩　柴晨清　等——译　庞卓恒——校

中国出版集团 东方出版中心

第三编

从民族自决到法西斯
主义和犹太人大屠杀：
1918－1945 年间的
巴尔干和东中欧

第二十二章　后 1918 年的巴尔干和东中欧政治秩序

为什么两次世界大战期间巴尔干和东中欧的民主普遍衰败？这是 20 世纪历史中最为关键的问题之一。这次失败实际上瓦解了 1919 — 1920 年的和平基础，加速了德国纳粹和意大利法西斯的扩张，从而把欧洲卷入到了第二次世界大战的漩涡之中，这场战争也为 1945 — 1949 年间共产主义力量在欧洲和亚洲巨大的领土扩张铺平了道路，是冷战升级的加速器，造成欧洲东西划分 40 年。

第三编在很大程度上详细地回答了为什么两次世界大战期间民主在东中欧和巴尔干衰败这一关键问题。有些作者认为，整个方案把一个新的政治秩序建立在民族自决和民族国家边界与"种族划分"一致的基础上，从一开始就注定是要失败的。他们坚持认为这项计划本质上是有缺陷的，或者是由于东中欧和巴尔干复杂交错的种族关系而不切实际，或者认为那简直就是一个导致灾难的方案。在英语文献中，这一立场的最彻底的两位主张者是杰出的英国社会主义者 G. D. H. 科尔（Cole 1941）和发展经济学家多琳·沃里纳（Doreen Warriner 1950）。另一些学者认为，这个方案主要方面是好的，但是却由于战时的承诺、大国的野心和对布尔什维克的恐惧以及经济和战略的考虑而被折中了，因此没有能够以足够公正、始终一贯和坚决彻底的方式贯彻实施。

休·赛顿-沃森（Hugh Seton-Watson）按此思路写过一部开创性的英语典籍。（Seton-Watson 1945）然而,第三个学派认为这个方案基本上是合理的,如果环境许可,就能够公正地、始终一贯地贯彻实施下去,并认为如果有 20－30 年的欧洲和平繁荣时期,新的秩序就会逐渐地扎下更深、更壮实的根,获得更广泛的接受,而许多的争论和意见冲突将会最终被折中解决,或是由全民公决,或是万不得已使用强制力解决。从这一观点看,主要是由于 20 世纪 30 年代的大萧条和(并非无关的)法西斯的扩张这样的外因最终使这方案告吹了。在英语文献中,约瑟夫·罗斯柴尔德(Joseph Rothschild 1974)对这一基本论点做了强有力的论证。

实际上,据说这三种观点和一系列的论证都有许多人支持。新的政治秩序确实已经出现严重裂痕,甚至可能是致命的缺陷。然而,如果没有战时的承诺,自私的地缘政治野心,胜利的西方强国的极度偏袒行为折中干扰,该方案本来可以产生比现实状况更多正面的积极成果。西方强国竭力强调"胜利者的正当权益"(偏袒他们的朋友和盟友),而不是尽力在环境许可条件下尽可能始终一贯地、公正地去贯彻他们高调宣示的原则(特别是民族自决原则)。而且,1918 年后的协议安排和新政治秩序随后又由于法西斯主义的兴起(20 世纪 20 年代已经开始发动)和 20 世纪 30 年代全球大萧条造成的巨大衰减的影响而遭到进一步的破坏。

虚妄而不确定的民族自决教条怎样酿成种族集体主义的祸害

321   在 1918 年以前,大部分东中欧和巴尔干地区曾经被超国家的帝国统治过数个世纪。1919－1920 年的和平协议标志着第一次试图以民族国家和民族自决为基础对东中欧进行重新组合,并按此方针在巴尔干针对 1914 年前的状况采取进一步的行动。1919 年 6 月 28 日由战败的德国签字的《凡尔赛和约》解决了波兰和捷克斯洛伐克的西部边界问题,但是希望与德国统一的大量德裔少数民族却被留归波兰和捷克统治。被肢解的奥地利在 9 月 10 日签署了《圣日耳曼条约》，规定了德奥与波兰、意大利、捷克斯洛伐克和南斯拉夫新的边界，同时也阻止了左翼和右翼与魏玛德国在政治和经济上联合的想法的实现。战败国保加利亚在 9 月 27 日签订了《纳伊条约》，肯定了与罗马尼亚、南斯拉夫、希腊和保加利亚之间新的边界，否认了保加利亚对马其顿、西色雷斯和南多布鲁甲的领土要求。1920 年 6 月 4 日战败的匈牙利签订了《特里亚农条约》，解决了捷克斯洛伐克、罗马尼亚和南斯拉夫与信誉扫地的匈牙利之间有激烈争议的国家边界问题，然而失去了斯洛伐克、特兰西瓦尼亚、巴纳特、伏伊伏丁和克罗地亚和斯洛文尼亚，几乎把 300 万匈牙利人丢弃到缩小的新匈牙利之外，而且使它与大部分天然的经济腹地隔开了。最后，在 8 月 10 日，被肢解后的奥斯曼帝国政府签订了《塞弗尔条约》，使希腊获得了东色雷斯，爱琴海的一些岛屿以及安那托利亚西部的一些地区，其中包括重要的港口士麦拿（现伊兹密尔）。然而，土耳其从未承认过这项条约，同时，希腊国家很快就遭遇反弹。1921－1922 年土耳其国民党人一次成功的反击重新建立了它对西安纳托利亚和爱琴海一些岛屿的拥有权。1923 年 7 月 23 日签订的《洛桑条约》确认了这一点，同时也批准了 1918 年后欧洲唯一的一次人口交换，大约有 110 万希腊难民（大部分来自士麦拿［现伊兹密尔］）被重新安置在希腊，38 万穆斯林从希腊被赶到土耳其。（Clogg 1992：101）其他方面，除了此番重大例外，巴尔干和中东欧 1918 年后的局面的创建者们都主要致力于划分新的国界以适应现实的种族人口分布，而不是按照既成的或先前定下的国界去"调整"或重新安置人口（如像二战结束时发生的大规模调整，涉及了 2 000 万人的重新安置）。

1918 年 1 月 8 日，美国总统威尔逊在向国会阐发"十四点计划"时，他傲慢地宣称，"所有人民和民族"都应获得这一"正义"，政治边界应该根据"历史上形成的划分和国家边界线"来划定。这在美国人听起来精彩、正当而且合理。然而，可能因为威尔逊是美国人而不是欧洲人，看来他没有意识到"历史形成的划分和国家边界线"在欧洲并不存在（依此而论，在亚洲、非洲也是不存在的）！民族和国家是晚近心理建构的产物,而且构建当中没有统一的标准。它们的界定标准因"民族"语言、"民族"宗教、共同的领土、共同的历史或对王朝的效忠而各异。因此,在一个人口密度较大的大陆地区,"民族"领土的范围以及国界的"恰当"划定,往往就注定会成为激烈争议的焦点,对于东中欧和巴尔干地区正分崩离析的多民族帝国来说,注定会如此。对一个民族的"公

322 正"往往就是对另一个民族的"不公平"。然而,威尔逊总统明白,美国国会直觉上坚持孤立主义路线,因此,要说服大多数美国人更多地干预欧洲事务是不可能的,除非赋予美国一种道德和意识形态的"使命",即通过为这个麻烦不断的(次)大陆确立一个更公正、更有序和更统一的"新秩序",一劳永逸地解决欧洲的争端。他感到有必要求助于美国"自由派"和新教徒匡扶正义的道德本能。像 1947 年的杜鲁门主义一样,民族自决教条和"十四点计划"在很大程度上是为满足美国国内需求而设定的。虔诚、自负、具备清教徒素养和心灵的威尔逊,以其巨大的毅力、坚韧和宗教热情鼓吹他的学说,尽管事实证明,这些教条"很难广泛而灵活地应用于"1917 年后欧洲的复杂政治现实。(Schulz 1972:24 − 25,85)威尔逊设想,整个世界正稳步迈向"自由"民主的民族国家和自由放任的市场经济。这个所谓"威尔逊邪说"源于 19 世纪实证主义和进化论影响下的某种观念,它设想"进步"、资本主义、工业化和资产阶级统治等具有历史必然性。这些观念强化了威尔逊的下述信念:在 19 世纪西欧多数地区取得胜利和繁荣的"民族"主权国家体系,同样适用于 1917 年后的巴尔干和东中欧,也会产生类似结果。

1919 − 1920 年的和平协议所规定的国界划分原则,较之于东欧历史上此前种种划分体系,事实上更近似种族原则。(Seton-Watson 1945:269)然而,威尔逊吹嘘的民族自决原则永远不可能在现实中实现。它们的效力已经为英法两国战争期间所做的过多允诺所抵消。战争期间,为了说服意大利、希腊和罗马尼亚反对(而不是支持)轴心国,英法以义务绑定或发布正式声明的形式做出承诺。类似地,由于向塞尔维亚流亡政府和捷克流亡者(尤其是马萨里克和贝奈斯)的战时保证,同盟国后来拒绝允许克罗地亚、斯洛文尼亚或斯洛伐克代表团出席

旁听1919年的巴黎和会。此外，不难理解，胜利的西方列强要确保新建或扩大了的亲西方国家（波兰、捷克斯洛伐克、罗马尼亚和保加利亚）的经济能够充满活力地发展、边界易于防御而且尽可能获得更多领土，冀望他们成为未来对抗欧洲内部敌手或欧洲战败国（德国、奥地利、匈牙利和保加利亚）的强大而可靠的"堡垒"，同时也能成为对抗苏联共产主义的"堡垒"。很大程度上，由此带来的一个后果是，它们获得了远远超出严格应用民族自决原则所容许的更多的领土和经济资源，而另一方面，那些本可成为民族国家的乌克兰、白俄罗斯、斯洛伐克、克罗地亚、斯洛文尼亚和马其顿等，无论是其民族自治权还是建立独立国家的可能性，都完全遭到了否定（尽管奥地利德国人曾经以此为武器，攻击西方列强严重违背了他们的意愿）。政治、军事和经济私利往往战胜了威尔逊所声称的原则。的确，尤其是对英法及其盟友而言，"1919年和平协议在东欧地区的基本目标就是，在两大危险国家——德国和俄罗斯——之间建立一个由新建国组成的防疫带（cordon sanitaire）"。（Seton-Watson 1945：362）

　　因此，出于多种原因，备受赞誉的民族自决原则未能如其可能的那样连续一致地贯彻下去。胜利的西方列强积极支持他们的战时仆从国，削弱战败国和"奉行失败主义"（defeatism）的苏俄，后者在1918年3月3日签署的《布列斯特–立托夫斯克和约》中与德国及其盟友达成了"独自和解"。他们更强烈地倾向于支持下述类型的新兴国家，即部分程度上依靠西方资助得以建国、进而被期望坚定地奉行亲西方政策、积极反对"苏联威胁"并秉持对先前敌国"复仇"态度的国家。

　　然而，在很多人看来，很快明晰的是，胜利的西方大国严重失算。民族自决原则没有高举道德的大旗，同等公正地应用于战胜国和战败国，让自己成为胜败双方都可接受的原则。民族自决原则在实际应用中表现出的明显不公平和不一致，意味着它越发成为西方背信弃义、虚假伪善和口是心非的象征。这不仅代表了前"敌对民族"的主导认识，而且意大利、希腊和其他国家都有同感，他们深感被协议条款欺骗了，或者对条款"失望至极"。这反过来加剧了对协议的愤怒和敌意，助长

323

了巴尔干地区、东中欧、德意志轴心国以及意大利法西斯主义的兴起。因此,即使是那些受惠于西方列强甚多的国家,他们也没有始终如一地亲近西方、反对苏联和敌视前轴心国。意大利曾经支持过西方列强,这种支持与其说是出于道义,倒不如说是期望(实际上对方曾向其承诺过)战争结束可以获得更多领土收益。但是,后来由于意大利在巴尔干和爱琴海地区一贯的帝国主义野心未能实现,感觉"被欺骗"了。实际上,巴黎和会批准给予意大利的领土,主要是意大利基于民族自决原则有权对其提出领土要求的地区,也就是特伦提诺和伊斯特利亚(Trentino and Istria)。和会还拒绝了意大利关于巴尔干地区的其他领土要求(英法战时曾允诺过的)。因此,20 世纪二三十年代期间,"修正主义"国家要求按照有利于他们的原则修改协议时,意大利甚至给予支持。这直接促成了 1936 年罗马-柏林轴心的出现。再者,许多巴尔干和东中欧地区的"新建国"谋求与轴心国的"和解",放松了与西方列强的联系,尽管这主要可以归因于,面对 20 世纪 30 年代的大萧条和法西斯主义的兴起,西方列强未能给予"新建国"以充分的物质、道义和军事方面的援助。最终,随着实力的天平向有利于轴心国方向倾斜,希特勒才有可能援引民族自决原则对西方列强来个大逆转,提出奥地利、波希米亚和波罗的海地区的日耳曼人自治,借此在 1938－1939 年撕毁和平协议,"摧毁它的拱心石——捷克斯洛伐克"。(Warriner 1950:64)事实上,德国的一个自由派曾这样评估协议,"'凡尔赛体系'的失败不是因为条约本身毫无价值,也不是因为它犯下的错误,而是因为没有及时或着眼于长久未来去修订这些条约,没有继续完成巴黎和会上未竟的工作。"(Schulz 1972:236)这种特殊的失败不仅应归于英法两国的过失和缺乏想象力,而且应归于和平协议的"道义缔造者"(moral author)①时运不济,因为他未能说服美国国会批准该项协议。按道理,他对于确保协议"生效"负有主要责任,而且要争取足够的资源、道义和军事援助来确保协议的履行。成立国联是威尔逊的创举,但美国拒绝

---

　　① 指美国总统威尔逊。——译者注

加入国联势必剥夺了国联必备的权力、资源和权威。1920 年,美国重新回到它昔日的"孤立主义"政策上。此后,威尔逊身心衰竭,理想破灭,很快辞世。

尽管如此,由于民族自决原则运用中的不公平和不一致而产生的问题,尚不是最主要的问题。总起来看,通过巴尔干和东中欧的重构,"摆脱外族统治的"人口数量大约是那些新沦为"外族"统治的人数的三倍左右。(Rothschild 1974:4)然而,大体而言,1918-1920 年间民族自决原则严格运用中出现的异常和偏颇,并非刻意为之,也不是出于无端攻击的目的。实际上,它们是为了提供合法的、可靠的经济和安全保障,并遏制潜在的侵略者(尤其是匈牙利、德国和苏俄),尽管它们有时与所声称的民族自决原则并不一致,而且由此最终酿成了下述危险,即他们企图限制对手或者先发制人地打击对方。不幸的是,各种重要的经济和安全原则无法与民族自决原则协调一致。遇到这种情况,民族自决原则往往就被牺牲掉。一方面,那些感觉遭遇不公的民族表现出愤怒或挫折感,另一方面,波兰、捷克、罗马尼亚和塞尔维亚民族主义者期待的满足感久候不至,两者部分程度上实现了相互抵消,而且对这些深感遭遇不公的国家而言,在战败和领土被割让前夕,民族自决原则极大地保护它们免受剧烈的政治、社会动荡。就此而言,俄国和匈牙利、奥地利、保加利亚、德国都未逃此劫,不过匈牙利的动荡程度要轻得多。(Rothschild 1974:13)尽管集中关注协议激发的愤怒和不满,属于正常思维,但应当指出的是,德国(怨恨最深的国家)绝非是遭到最苛刻待遇的国家。实际上,与俄国、匈牙利、奥地利和保加利亚的领土丧失和经济困境相比,德国的苦难算不了什么。(参见第 330-332 页)相反地,一些其他民族却从成功设法克服第一次世界大战后的危难中初步感受到一丝喜悦。

到 20 世纪 40 年代,民族自决原则普遍被视为"基本上无效"。许多难题源于同一个根源:将一个"整齐的民族-国家体系强加给一组胡乱拼凑而成的国家"。这注定会产生一些棘手的国家分裂问题,因为无论是划定一条能创造出同质性民族国家的边界,还是将一切民族聚合

324

为一个"按照民族性他们所当隶属的"国家,都是不可能的。(Warriner 1950:64;参见 Cole 1941:63 − 68,93 − 105)

然而,两次大战间隔期间巴尔干和东中欧的所谓"民族性问题",因为其隐蔽的前提假设而愈发难以解决,即按照理想情形,"民族-国家"(nation-states)应当具有"族群方面的同质性"(ethnically homogeneous),如果某部分人不构成其族群中的多数,鉴于事实本身严格说来,该部分人就不"属于"或者不应当存在于该国当中,即便他们的祖先此前在该地区生活劳作了数个世纪。把这个虚伪的、邪恶的"族群同质性"概念作为"民族-国家"确立的理想基础,这一点得到了巴黎和会上的政要们的认同,而且为多数"新建国"的政府所接受,他们错误地以为,他们能够将西欧的"民族国家"体系移植到巴尔干和东中欧地区。实际上,他们所做的根本不是那回事,这类"族群同质性"即便在西欧也从来未曾存在过(就此而言,巴尔干和东中欧地区与西欧同样缺乏此种基础),而且它很少被视为西欧的"民族国家"(national statehood)存在的前提或者基础。所有的西欧民族都是两种以上民族的混血,而且每一个西欧国家都是混血种国家,这是数个世纪的迁徙、"民间流浪"(folk wandering)、文化同化以及相互联姻的结果。在西欧,国家常用来界定"民族",但是"民族"很少被用于界定国家。在西欧,所谓的"民族性"通常是由特定的长久定居的居民权所赋予的,而不是由先天的"种族"因素决定的。因此,第一次世界大战后,致力于在巴尔干和东中欧地区建构"民族"国家,是基于一种邪恶的"族群同质性"观念,种族主义者迅速地将这种概念转化成(并且需要)"种族净化"意识。这类建构实际上是建立在对西欧历史匪夷所思的误读之上,尤其是建立在对危险的日耳曼"理想主义"或浪漫主义的民族主义意识形态的过度解读之上。

造成这个悲剧性错误的主要原因是,具有分裂性和爆发性可能的"少数民族"(ethnic minority)问题,而这些问题一直困扰着巴尔干地区和东中欧的"新建国"。也就是说,如果西欧的民族、民族性和"民族国家"概念按其本真意义移植到巴尔干和东中欧那些新建国或再建国中,那么,这意味着,那些家庭世代在此居住劳作的民族,都应当被界定为或者视为这些国家完全意义上的公民和"国民",不论他们属于哪一个种族。

实际上发生的是,每个国家最大的"族群集团"使自己构成为"一个名义上的民族"和这个国家唯一的所有者,而其他所有族群被划分为(暗含"外来的"或勉强收容下来的)少数民族,尽管这些族群在过去的几百年里曾经对于所在社会的经济和文化发展作出了重大贡献。巴尔干和东中欧民族就以这种狭隘和排他性的方式设想出来,而且进而界定下来,这就进一步加强了已经很强烈的种族集体主义,政治和社会排外性,以及大民族和少数民族之间的对抗或敌对的关系。这就通常阻碍后者在他们居住的"新建国家"后来的发展中充分发挥作用,而且使他们难以表现对那些新建国家的忠诚。

不难理解,19 世纪后期以来,在东中欧和巴尔干的德意志族群中间盛行的这种总体上狭隘的、排他性的和偏执的"种族国家主义"与"种族集体主义",势必要造成有害的、危险的后果。然而,民族自决原则还有一个关于"族群同质性"的重大的外加保证条件,因为如果没有它,民族自决就不起作用,或者就成为种族之间冲突的诱发剂。事实上,民族自决是"赢家通吃"综合症的极端形式,因为凡一开始就占有多数族地位,它就总要无限期地保持下去,而少数族就几乎永远成为政治斗狗场中的败狗,或至多是二等或三等公民。而且,因为国家的"所有权"的性质事实上由公开的或默认的公民表决来决定(也就是按照对当地自认的族群的大小的了解来决定),动听的民族自决原则为新建或扩建的国家推行"种族净化"或"种族清洗"提供了新的有害刺激,借此去保障或增强各自国家"有资格的"族群的"所有权要求"。事实上,伍德罗·威尔逊总统关于民族自决原则的动听的宣告意味着,如果某个族群在某个地域占据了多数地位,就赋予它一种道义权利,使它有权将自己的文化和种族认同强加于生活在那片土地的每一个人,这就无形中给邪恶的种族沙文主义和种族集体主义开了绿灯。

这些考虑凸显出杰出的美国法理学家罗纳德·德沃金的告诫的重要性,即"自决主义是我们这个时代最有效同时也是最危险的政治理

325

521

想"。(Dworkin 1996：21－22)意大利法西斯等极端主义意识形态曾经公然造成了巨大的损害,但是较之于那些来自诱惑人心、娓娓动听但危险荒谬的民族自决原则的书面或原教旨主义的阐释,它们的影响可谓小巫见大巫,按照民族自决原则的逻辑,针对犹太人的大屠杀和五花八门的种族"净化"、种族"清洗"或种族灭绝,已经是其应有之义。

　　重要的是,巴尔干和东中欧的新政治秩序的西方支持者们也明确地认识到,按照他们策略实施,结果在多数的"新建国"中将会产生易受攻击、缺乏安全保障的"没完没了的少数国民"问题,而且这会引发未来相当长一段时间的更大问题出现。首先,尽管公开宣称,民族自决原则构成了新秩序的基本原则,但是每一个"民族"仍然不可能都建立一个"属于本民族的"国家,每一个人也不可能都定居在属于他自己的"民族国家"内。然而,在处理诱发少数民族问题原因的问题上,他们没有返回到整体面貌中思考新秩序基础的内在缺陷,而是采取治标不治本的方式。在美国犹太族议员和美国"专家"的施压下,西方列强迫使每一个"新建国"或扩大的"新建国"勉强签署了"少数民族保护和约",期望和约能够迫使他们遵守某些基本法令,尊重少数种族和宗教少数派的基本权利,并且给予遭受侵略的少数民族向新成立的国联申诉权,国联认同后,将会"在原则上"推动该国关涉基本人权方面的法律进行一些调整。然而,只有奉行相对自由主义的捷克斯洛伐克的领导人自愿接受了这类条款,"他们甚至没有遵守他们的许诺。鲁西尼亚人……根本不可能拥有他们自己的国会(Diet),同样,斯洛伐克人也绝不可能拥有他们自己的议会或者法庭"。实际上,捷克斯洛伐克的教育、法律和行政大权全都掌握在捷克人手中,"尽管鲁西尼亚人的确谋求到了类似路边摊贩这类非正式工作"。(Longworth 1994：68－69)

　　和约条款由此引起了少数族群的广泛恐惧、不信任乃至仇恨,并且被指责伪善、奉行双重标准,因为无论是法国在处理阿尔及利亚问题上,还是英国在处理北爱尔兰问题上,绝不可能接受类似的制度安排。他们在实践中鼓动意大利法西斯主义者和其他极端民族主义者借助南斯拉夫和阿尔巴尼亚的意大利少数族群问题挑起事端,鼓动德国纳粹分子和其他极端民族主义者保卫波兰和捷克斯洛伐克的日耳曼（海外德国人）少数族群的"权利"；鼓动霍尔蒂政权和其他马扎尔极端民族主义者煽动罗马尼亚、南斯拉夫和捷克斯洛伐克境内的马扎尔少数族群的不满情绪；以及国际马其顿革命组织（IMRO）和马其顿的其他斯拉夫极端民族主义者为了南斯拉夫的马其顿斯拉夫族群的利益而挑起暴乱，发动暗杀，这些都揭开了法西斯主义军事入侵东道主国家（host countries）的序幕。事实证明，"保护少数族群"政策是一把双刃剑。

波兰在《凡尔赛和约》签署的当天（1919年6月28日）同时签署了第一批这类"少数族群保护协议"，重在暗示，波兰得益于战败德国的重要领土收益，直接与波兰能否进一步保证国内大多数的日耳曼人、犹太人、乌克兰人、白俄罗斯人和立陶宛人等少数族群的权利密切相关。1919年秋和1920年夏天，在《圣日耳曼条约》、《纽伊利条约》和《特里亚农条约》签署后不久，捷克斯洛伐克、希腊、南斯拉夫和罗马尼亚相继签署了类似条约，同样表达类似的寓意。（Schulz 1972：200）国联收到了一些根据这些条约条款所提出的申诉要求，"但国联对此无能为力，而且没有采取任何强制方式来确保……法定义务的履行。新建国憎恶这些条约，因为条约限定了他们的主权，而少数族群抱怨这些条约在维护他们的权利方面毫无成效"。（Seton-Watson 1945：269）

尽管如此，整个20世纪二三十年代期间，忽视和践踏少数族群权利的巴尔干和东中欧国家几乎都能完全逃脱惩罚。20世纪30年代，波兰对乌克兰人、白俄罗斯人和犹太人的凶残镇压，罗马尼亚人对马扎尔人和犹太人的迫害，以及捷克人和塞尔维亚人拒绝给予他们国内主要的"少数民族"[①]以联邦自治权，凡此等等，西方自由民主派几乎从未抗议过，只有美国犹太游说团以及作为普通公民、来自乌克兰、白俄罗斯、斯洛伐克和克罗地亚的移民曾经表达过抗议。西方列强感兴趣的

---

① "national minorities"翻译为"少数民族"，强调其虽为国家中多民族中的少数族，但拥有国民的合法身份，以有别于单纯强调其种族来源的"ethnic minorities""少数族群"。——译者注

是,将这些国家视为对抗德国沙文主义、意大利法西斯主义和苏联共产主义的潜在"堡垒",对于这些国家的内部政策和政治或"当权派"(占统治地位的族群、宗教和公共制度)统治下该国国民的实际待遇如何,不愿问津。也没有致力于在财政或其他方面提供帮助,借以创造一些尊重和维护少数族群权利或基本人权的条件。对于那些忽视或践踏这类权利的"新建国",也没有运用国联的权力来进行制裁。巴尔干和东中欧国家中那些在两次大战期间遭受侵犯的日耳曼、马扎尔、意大利和马其顿等少数族群,自然期盼他们的种族或文化"母国"(对应的是德国、匈牙利、意大利、希腊和保加利亚)能够给予"保护"或"支持","反对'东道国'的压迫"。(Rothschild 1974:12)然而,像犹太人和吉普赛人这些"无国家归属的民族"(stateless nations),以及实际中的斯洛伐克人、克罗地亚人、斯洛文尼亚人、乌克兰人和白俄罗斯人,甚至连这个选择权都没有。

基于对 1930—1931 年间"全国性"的人口普查的分析,(Warriner 1950:68)沃里纳估计,巴尔干和东中欧地区新建国的少数民族人口"总量达到大约 2 500 万人(包括 360 万犹太人在内),而该地区的全部人口大约有 9 000 万"。除了犹太人外,当地主要"种族"还包括 600 万日耳曼人(其中捷克斯洛伐克境内 320 万、波兰境内 100 万、罗马尼亚境内 80 万、匈牙利境内 50 万、南斯拉夫境内 50 万),540 万乌克兰人和白俄罗斯人(其中波兰境内 430 万、罗马尼亚境内 60 万、捷克斯洛伐克境内 50 万)以及 270 万马扎尔人(其中罗马尼亚境内 150 万、捷克斯洛伐克境内 70 万、南斯拉夫境内 50 万)。然而,应当强调的是,沃里纳的数据来自"全国"多个而不是一个人口普查机构。"全国"各地的普查机构会篡改普查结果,降低少数族群的人口规模,高估多数"民族"或者"享有主导特权的民族"的规模。因此,捷克斯洛伐克在进行人口统计时没有区分捷克人和斯洛伐克人,而南斯拉夫的普查机构负责人也没有详细区分塞尔维亚人、克罗地亚人、黑山人、波斯尼亚穆斯林、马其顿人和保加利亚人。(Polonsky 1975:157,160,162)各地犹太人的数量都被低估了,绝不是因为犹太人被高度同化了,这些犹太人也常常宣称他们"东道国"的语言就是他们的第一语言或"母语"。因此,实际上,"少数民族"的数量很可能至少高达3 000万,或者将近巴尔干和东中欧全部人口的三分之一。即使是在战败的保加利亚和匈牙利,按照和约规定,它们的领土只剩下"族群核心居住区",其少数民族的人口也占其全部人口的10%,而在其他人口繁多的国家,这个比例会高达30%以上。(Polonsky 1975:20)

借此,许多少数族群认识到,他们在新建或扩建的东中欧和巴尔干"民族国家"中面临的困境,与当初在哈布斯堡帝国和奥斯曼帝国的情形相比,有过之而无不及。至少,后两个帝国都是奉行四海一家的多民族国家,而不是本质上公然拥护"民族性的"国家,而且,总体上给予各"民族"以相当的文化和宗教自治权。无论是在1878年(对于多数巴尔干国家而言),还是在1918年(对于东中欧而言),实现完全的"民族"独立并获得国家权(statehood),就意味着每一个所谓"新建国"中的"名义民族"(titular nation)(往往是占主导的族群)获得了一个"长久渴盼的"机会,由此独占国家机器和全部国有机构,并严重排斥其他族群掌控这些机器和机构。每一个"名义民族"都会把本族群的语言和文化提升为该国的"官方"语言和文化,而很少发展少数族群的语言和文化(甚至使之退化)。实际上,在全国实行统一的文字和语言,这一愿望构成了两次世界大战期间国家大学和义务教育迅速发展的重要驱动力。对于主导的"名义"民族的成员而言,这是一个胜利的时刻。他们为自己新发现的"民族自由"而欢欣鼓舞,即使这个国家逐渐走上政治独裁的道路。然而,对于少数族群而言,很少人能够预见到这一进程的最终结果,在20世纪40年代,不仅他们的公民权被剥夺,而且他们甚至遭到大批驱逐(实行"种族清洗")或者大批处决(实行"种族净化"或种族屠杀)。一方面,多数西欧民族主义植根于对民族和民权相对自由和包容性的"人民性"概念中,因为民族和民权被纳入受宪法约束的政府和法制的框架之内,但另一方面,东中欧和巴尔干的民族主义却没有招致类似上述的任何限定,而是完全奠基于非自由主义和排他性的日耳曼主义"种族"观之上,它按照血族关系、谱系,或者按照伊格纳季耶夫

(Ignatiev)的惯用表达法,按"血缘和亲密关系"(blood and belonging)来看待民众(Volk)的种族属性。

威尔逊在东中欧和巴尔干地区推行的"新秩序"还招致了其他批评。例如,一位杰出的英国社会学家科勒(G. D. H. Cole)曾雄辩地指出:"将民族性作为独立国家基础的观念过时了……事实上除了足够发达的、最大和最富裕的国家外,几乎所有国家,更不用说小国,要实现独立,现在都不切实际……任何小国所期望的将来能实现最大限度的'独立',都是虚假的独立,现实的状况是,其背后离不开一个更大邻国的操控。"(Cole 1941:13)

科勒严苛的评论或许不适应于所有小国。例如,瑞士和瑞典就是在没有屈从它的强大邻国下存在的,它保持了相当的自由。然而,一个广泛的共识是,20世纪二三十年代,形式上"独立的"新建国,事实上在经济、心理和战略上仍然"依赖"西方大国。因此,它们的正式独立很大程度上只是一种幻象,一旦最初的"民族愉悦感"(national euphoria)消亡,正式独立就变得不那么令人愉快了。科勒还阐明了威尔逊主义的"新秩序"在东中欧和巴尔干地区产生的破坏性经济后果:"从经济便利和福利角度看,它有可能无限地扩展1939年划定的荒谬的欧洲边界……通常认为,导致经济边界划分显得荒谬的原因在于,1919年的政治家蠢不可及。但实际上,问题的根源隐藏得更深。它完全超出欧洲划界可能性本身允许的范围,竟然设想每一个'民族'都应当构建成一个单独的国家,而同时保留其基本的经济合作组织单元。毫无疑问,如果民族国家打算把它们的独立仅仅视为纯粹'政治性的',而且无意于设置任何的自由贸易障碍,那么这将无关紧要……但是,尽管实际上小国绝不可能在经济上摆脱大国控制,但对其权力的限定将使它们更加痛下决心,即使是以牺牲彼此小国的利益为代价,也要实现经济独立。"(Cole 1941:103－104)

尽管实际上审慎的经济考虑还是导致较严重地偏离了民族自决原则,使之没有得到严格的运用,但许多国界的"划定还是拆分了原来天然形成的生产和交换单元"。(Cole 1941:104)许多城镇和港口与他们从前的经济腹地之间的联系被隔断,许多村庄无法到达它们从事贸易的传统集市市场所在地。一方面,原有的铁路贸易网被新划定的国家边界线隔离的支离破碎,另一方面,从前几乎未曾联结的地区如今铁路网却密密麻麻(例如,斯洛伐克和捷克高地上的铁路系统,罗马尼亚一些偏远地区以及南斯拉夫某些地区),甚至一些铁轨轨距宽窄不同、滚动装置互不兼容的铁路线也联结起来(波兰的各地区就是如此)。再者,由于多瑙河平原的"巴尔干化",多瑙河运输量暴跌,它的运输能力再未回复到1918年前作为巴尔干和东中欧经济运输大动脉的地位。随着多瑙河重要性的消失,一同随之消失的还有它塑造的哈布斯堡和一体化的多瑙河文化、烹饪的重要性。这是一个经济、文化和烹饪没落的时代,但或许在21世纪,随着欧盟东扩带来的多瑙河一体化,它们也许会重新复兴。两位著名的匈牙利马克思主义者悲叹道:"新出现的一组独立国家取代了原来的大帝国,大的领土单元和经济单元分崩离析,一部分国家的人口和土地规模缩减到原来的三分之一,而另一部分国家的领土和人口规模扩大一至两倍,从前属于不同国家、不同经济发展阶段的地区拼接在一起,国家各区域的经济状况良莠不齐——所有这些创造出一个崭新的形势。即使是在通常情况下,整合成一个浑然一体的经济整体,开创新的经济发展的可能性,以及实现稳步可持续的经济发展,这些适应新形势的调整的完成,需要相当长的一段时间,甚至实际上可能需要一个完整的历史时代。但是,历史没有容许以这样的方式来解决问题。新秩序调整的需求迫在眉睫,从战时经济向和平经济转型问题也与战争造成的千疮百孔的经济问题相互叠加,而且所有问题都急需解决。所有这些问题几乎同时爆发,导致经济状况一片混乱。"(Berend and Ranki 1969:170)

与上述悲观主义的论点相反,捷克修正主义经济史学家瓦克拉夫·普鲁查(Vaclav Prucha)论证指出:"尽管战后充斥着绝望的情感,不过,即便在领土剧减的奥地利和匈牙利,生计依然还是可以维持的。对于上述两国的邻国来说,昔日僵化保守的多民族君主制体系曾将资金源源不断地吸纳到维也纳和布达佩斯,并与奥地利-日耳曼人和匈牙利的农业精英……以及天主教会的特权维系在一起。如今这个帝国土崩瓦解,由此更能证明其邻国的政治家和人民具有建设管理新国家的能力。"(Prucha 1995:40-41)然而,我们无意否认,新独立的民族国家的建立的确具有解放和释放能量的效果,但鉴于后来加重它们经济负担的许多问题迅速出现,我们更受打击。不仅新国家很难处理国家重建问题。"而且它们不得不在它们继承的拼凑的版图上,创造出新的行政管理机构和民族经济。更糟糕的是,他们几乎在没有西方援助的情况下被迫去完成这些任务,除了美国提供了短暂的救济援助。因此,他们寻求的救赎之道是采取严格的贸易政策、货币贬值和通货膨胀,希望借此实现基本自足和推动结构性变革……尽管最初呈现出出口繁荣的景象,但一旦通胀失去控制,它很可能就会弊大于利。"(Aldcroft and Morewood 1993:33)

"赢家"和"输家":1919-1920年的和平协议

1919-1920年和平协议的主要受益者是罗马尼亚,它从俄罗斯手中获得了比萨利比亚,从保加利亚手中获得了多布鲁甲,从奥匈帝国手中夺取了特兰西瓦尼亚、布科维纳和班纳特,其领土面积增加一倍。事实上这些领土收益是有争议的,因为罗马尼亚曾经在1917年12月与同盟国单独缔结和约,而且在1918年11月10日,也就是仅仅在停火前一天,又加入协约国当中作战。1919-1920年签署的和平协议很大程度上是因为协约国对"布尔什维克主义"一直心存畏惧,还因为他们后来更愿意让(波兰、捷克斯洛伐克、南斯拉夫和罗马尼亚)四个国家的领土规模和实力达到最大化,这不仅是为了防护巴尔干地区和东中欧免遭可能东山再起的轴心国的侵害,更直接的原因是,要形成一条阻止"布尔什维克瘟疫"的"公共隔离带"(cordon sanitaire,该词的原初含义是指设在欧洲和奥斯曼帝国边界的一排检疫站哨所,它的功能是降低来自奥斯曼疾病易发区的瘟疫蔓延到欧洲的风险)。

波兰民族也从1919-1920年的和平协议中受益匪浅。第一次世界大战期间波兰人曾经与交战双方合作过,也开战过,尽管如此,战争结束时他们还是被视为"胜利的盟友",同时保留了与轴心国协同反对沙俄时所获得的收益。再者,继 1920 年俄波战争中波兰获胜之后,西方列强允许波兰占有从前属于乌克兰和白俄罗斯领土的大片狭长地带(相当两次世界大战期间波兰领土的一半),这明显严重背离了民族自决原则。

奥托·鲍威尔(Otto Bauer)是一位奥地利马克思主义者,按照他的视角,东中欧和巴尔干地区的新秩序,是"斯拉夫民族的资产阶级民族革命和协约国帝国主义胜利"的共同产物。民族革命使得捷克人、南斯拉夫人和波兰人摆脱外族统治、重获自由,而且它开创了一个民主新时期(尽管对于波兰和南斯拉夫来说相当短暂)。然而,同时,"协约国帝国主义的胜利……篡夺并扭曲了民族革命的果实"。(Bauer 1925:125)胜利的西方"如此划定新建国家的边界,以至于困扰哈布斯堡王朝的民族问题在这些新建国家中重新浮现"。就捷克斯洛伐克而论,捷克人"只能通过武力来统治居住在它的领土境内的德国斯洛伐克人、马扎尔人和鲁西尼亚人",而南斯拉夫从建立开始就遇到"克罗地亚人和斯洛文尼亚人抵抗大塞尔维亚中央集权"的问题。(第 277 页)按照鲍威尔的观点:"任何对捷克和南斯拉夫的内部困难的过度强调都只能有利于意大利和匈牙利的反革命力量攫取国家权力。塞尔维亚和克罗地亚间的每次冲突都为意大利法西斯实现他们称霸亚得里亚海计划提供一个良机。马扎尔军官对居住在斯洛伐克和特兰西瓦尼亚的马扎尔人聚居区寄予厚望"。因此出于对意大利帝国主义和马扎尔复仇主义的恐惧,"整个前多瑙河公国地区处于一种潜在的战争状态"。(第 277 —278 页)鲍威尔的上述担心证据确凿,尽管他未能预见到后来德国复兴最终带来的更大威胁。对德国潜在威胁的低估是 20 世纪 20 年代的共同特征(不仅在法国如此),而且不仅仅是一种典型的奥地利或马克思主义的失察。

鲍威尔认为"协约国资产阶级面对社会革命来临时产生的恐惧感……是造成实施捷克国家权力过程中超出捷克民族权限的原因",而且基于同样原因,"波兰的情形也是如此,它溢出了波兰民族的边界。

330

夸大俄、德的威胁,结果也招致两者的敌意……波兰被迫成为法国帝国主义抗拒德意志共和国和俄国革命的工具"。(Bauer 1925:126)实际上,鲍威尔认为,西方同盟在打败轴心国和号召建立新斯拉夫国家中发挥的关键影响在于,使得后者不得不依赖于并"屈从于西欧资产阶级"。(第 76、79、126 页)20 世纪 30 年代当事实已经证明西方列强不愿或不能有效帮助它的斯拉夫保护国的时候,这种病态的心理依赖感和屈从感加剧了后者的心理恐慌和背叛感。

奥斯卡·贾茜(Oscar Jaszi)的分析路径与上述路径相似,他告诫指出,在哈布斯堡帝国母体内培育的所有国家当中,没有一个国家能够诞生出具有真正自我意识和自信心的资产阶级,"如同西方国家的情形那样,这个资产阶级有能力引导该国家向前发展"。从这种意义上说,"新建国"仍然是政治侏儒,与世界上的许多后殖民主义国家没有两样。(Jaszi 1929:171)

德国的潜在胜利

1919－1920 年协议产生的一项(往往被忽略的)重要后果是,前哈布斯堡帝国的领土被分割成至少七个小型和中等的国家,结果进一步加强了德国相对于中欧和东欧的力量权重。对此,雅克·贝恩韦勒(Jacques Bainville,法国民族主义者)尖刻地评论道,"德国被保留了下来,但是欧洲却支离破碎"。(Schulz 1972:224)这类判断可能会在下述人群中激起惊愕和愤慨,他们大多曾受到约翰·梅纳德·凯恩斯(John Maynard Keynes)的那本极具说服力的著作的影响,该书名为《和平的经济后果》(1919 年出版),书中有力地论证了德国在凡尔赛和会遭到第一次世界大战胜利国的严厉惩罚。德国被解除军备,并背上"战争赔款"和"战争罪责"的重负,还被迫放弃了阿尔萨斯-洛林、上西里西亚的部分地区、普(鲁士)属波兰、石勒苏益格-荷尔斯泰因的部分地区、它的全部殖民地,甚至还要出让萨尔煤矿一段时间。凯恩斯还正确地指出,基于德国的经济规模及其在欧洲的中心地位,德国经济复兴对欧洲经济复兴至关重要。再者,如果羞辱和经济崩溃驱使德国人转而拥抱布尔什克主义,那么,受这些生活在欧洲大陆中心地带的人们的影响,欧洲其他部分也会做出相似的选择。当时的实际情形是,应当降低天文数字的"战争赔偿"要求并更合理地确定"战争罪责",因为高额的战争赔偿如同高悬在德国经济复兴之上的一柄达摩克利斯之剑。然而,为了尽可能有力地论证他的观点(这种意图似乎也可理解),凯恩斯误导他的读者按照下述路径思考,即鉴于胜利者对德国的处理方式,结果德国当时已"一败涂地",不再有能力威胁或统治它的邻国了。他还为"修正主义"提供了充分的依据,而修正主义后来很快地又吸收了纳粹的观点。凯恩斯的诸多读者倾向于低估了德国的潜力或余力,而且未能认识到下一点,即按照和平协议整体来看,相对于德国的东部和东南部邻国,实际上德国的实力得到了加强。因此,面对 1933 年后德国实力及其控制东中欧和巴尔干地区的能力复兴之突兀、程度之迅速,许多人惊愕不已,其奥秘也在这里。

331

实际上,德国复兴根本不足为奇。德国的实力一直隐藏在灾难之中,只需等待西格弗里(Siegfried)赐给酣睡中的布伦西德(Brünnhilde)一个关键性的"生命之吻"。[①]《凡尔赛和约》对德国的主要实力(它的"高科技"以及孵化"高科技"的工业和教育体系)基本上毫发未损,这绝不是因为 1914 — 1918 年间的战争从未在德国土地上进行,而是战争努力极大地加速了德国相对发达的科技和生产体系的发展。20 世纪20 年代期间,尽管存在大范围的失业,但是在电气、冶金、工程、机械工具、化学、石化和综合产业领域,德国在欧洲的技术方面仍然领先,上述产业当时都是先进产业,1933 年后纳粹把这些产业应用于军事,导致毁灭性的效果。德国在 1918 — 1919 年间失去的领土(大部分)是相对贫瘠和衰败的农业地区和矿区,按照(德国表示愿意接受和坚持的)民族自决原则,德国对其中的绝大部分地区几乎不再享有合法的领土主权,而且这些地区的居民多是非日耳曼人。再者,几乎待到所有富庶区

---

① Siegfried,德国民间史诗《尼伯龙根之歌》中的英雄人物。Brünnhilde,《尼伯龙根之歌》中的冰岛女王。——译者注

域被英法占领后,德国才在海外攫取到殖民地,对于德国来说,这些殖民地与其说是资产倒不如说是责任。失去殖民地使得德国摆脱了虚荣的超欧洲的"帝国主义负担"和精力分散(不像英法那样),得以将精力和资源集中在进一步发展先进产业和技术方面,依靠这些产业,德国后来能够用经济手段征服欧洲,(在希特勒统治时期)还能用其他方式征服欧洲。基于对战争罪责一边倒的划定,《凡尔赛和约》规定的"战争赔偿"数字惊人。虽然如此,但是在 20 世纪 20 年代期间,实际赔付的数额相当有限(相对于德国经济的规模和潜力而言),而且因为美国资金的实际流入很大程度上被抵消了。20 世纪 30 年代,德国迅速停止了支付"赔款",起初是因为胡佛总统发表了"延债宣言",1933 年以后,纳粹干脆否决了整个这一要求。"战争赔偿"计划完全是政治和心理意义层面的,而非经济意义上的。实际上,在一本某些情况下可视为有害的著作中,泰勒(A. J. P. Taylor)尖锐地论证道,胜利的西方列强在 1919 年有两个选择,或者是他们仁慈地、慷慨地宽恕德国,免除它的战争罪责,将它重新建造成各民族的新共同体,以便推进全面和解和全方位的"友好"。或者是,如果他们决意要求德国独自承担战争责任,对它进行领土方面惩罚并且"让德国买单",那么,胜利的西方列强就应当占领并且瓜分德国(如同 1945 年所做的那样),以便牢牢掌控惩罚方案和强迫其支付"战争赔偿"两方面的主动权。可是,在这个事件中,胜利者两头落空。他们强迫德国割让领土,承担"战争罪责",支付"战争赔偿",并且禁止德属奥地利和日耳曼人居住的波希米亚地区与任何其他地区"合并",但是他们没有瓜分和占领德国。因此,他们放弃了最为安全的武力方式的保证,与此同时,却激怒了多数(或许绝大多数)日耳曼"民族"。开始是东中欧,后来是整个欧洲,为西方列强的不一致政策付出了代价。(Taylor 1964:41-88)

然而,隐藏在西方列强所犯错误中的风险,与德国相对于它东部和东南部邻国在两次世界大战期间实力的增强,二者汇聚在一起。如果不把领土缩减和受毁坏的苏联计算在内,按照民族自决原则签署的协议必然使得德国成为欧洲的人口大国。实际上,"德国从昔日邻国哈布斯堡帝国的瓦解中受益不少,哈布斯堡帝国虽然虚弱不堪,但它仍然是一强,如今取代它的是多瑙河地区许多脆弱的、相互敌对的新建国家……而且由于波兰和波罗的海国家取代俄罗斯成为德国的直接东方邻国,德国也从中受益不少"。(Rothschild 1974:5)德国很快发现自己能够威胁和主导一个日渐分裂的巴尔干和中东欧地区,而且远远胜于第一次世界大战前自己对该地区的影响。到 1939 年,"德国在中东欧的经济霸权甚至超过了它 1913 年的情形,这证明了,哈布斯堡帝国被数个小国所取代,不仅给德国提供了政治优势,而且提供了经济机会"。(第 24 页)类似地,正如一位奥地利历史学家所论证的那样,"尽管和平协议给德国强加了一切可能的重负,但是 1919 年的德意志帝国的潜力仍然未损"。它的领土损失"与俄国的领土损失相比无足轻重"。德国是幸运的,因为"协约国未曾制定任何瓜分德意志帝国的计划,尽管 1870 年以前德意志帝国瓦解成多个主权国家……也根本不可能没有背离普法战争前现代德国的进程"。(Fellner 1968:24 — 25)实际上,正是通过军事威吓和征服的方式,俾斯麦才将许多独立的日耳曼王国和公国强行"统一"成为日耳曼帝国。截至 1918 年,它的历史之短可谓屈指可算。或许,西方列强在 1918 — 1919 年间应当恢复巴伐利亚、萨克森和汉诺威的独立,以便与哈布斯堡帝国的四分五裂状况相一致,这样才可能使得欧洲乃至世界变得更为安全。

332

第二十三章 从革命和反革命到 脆弱的稳定和复兴, 1918 — 1929

第一次世界大战遽然之间导致哈布斯堡帝国、沙俄帝国和奥斯曼帝国等三个超级大帝国的瓦解。在巴尔干和东中欧地区,基于"民族"国家拥有民族自决权和主权的观念之上的一种新政治秩序呈现出来。然而,实际上,所谓的新建国绝不是同质的"民族-国家"。早在1914年以前,无论是在东中欧还是在巴尔干地区,强大的帝国分裂势力已经蠢蠢欲动。在1809、1859、1866年,奥匈帝国连续多次遭到毁灭性挫败,威严扫地,而奥斯曼帝国在1687 — 1912年间逐渐从巴尔干地区撤退。19世纪期间,独立的巴尔干"民族"国家和自治的匈牙利已经出现。不仅如此,第一次世界大战进一步加剧了帝国瓦解的进程,列宁就曾将第一次世界大战视为"一场巨大的历史危机,一个新时代的开端。与任何危机一样,战争加剧了本已根深蒂固的矛盾,将他们暴露出来,并且撕毁了虚伪的面纱,动摇了一切协定,打击了一切腐朽政府的权威"。(Lenin 1964:98)若非一战带来的巨大冲突和严重失败,哈布斯堡帝国、沙俄帝国和霍亨索伦帝国或许能再苟存几十年,其采取的手段无非两种情形,一种是向有叛逆企图的社会团体和族群及时让步,另一种与之相反,是加强对这些群体的压制。

与 20 世纪欧洲的其他重要战争一样,第一次世界大战源于东欧,而不是西欧,其影响也主要集中在东欧。西部战线上,相对静态的壕沟战中上演着冷酷和恐怖的大屠杀,有关这些屠杀的有影响的诗歌和想象转移了人们对东线战场的关注,事实上,在东部战线,运动战造成了更严重的屠杀和毁灭。东中欧和巴尔干地区有好几个战场。波兰是德俄之间、奥匈与俄国之间争夺的主战场。它也是 1919 年苏俄和复兴的波兰之间战争的主战场,1920 年,二者在这里的战争更激烈。战线在战败的波兰境内来回移动,造成大规模的毁坏和人员伤亡,比较而言,作为战争主角的俄、德两国本土却几乎没受什么破坏。与低洼易涝的弗兰德尔地区相比,东部战线没有陷入类似的胶着状态。巴尔干地区同时上演着多重冲突和争夺:塞尔维亚和奥匈之间,罗马尼亚和奥匈之间,保加利亚和它的巴尔干邻国之间,以及基督徒和土耳其之间等。对于欧洲地区而言,第一次世界大战从某种意义上来说就是继 1912 年和 1913 年之后爆发的"第三次巴尔干战争"。总之,在波兰(1914—1920)和巴尔干地区(1912—1918),连续六年几乎一直上演着持续不断的冲突。关于人员和社会经济方面的损失,详见第九章和第二十一章。

1918—1919 年的革命

334

有学者指出,1918 年 10 月哈布斯堡帝国的瓦解"不是一场革命,只不过是一场民族的和宪法的变革",因为"在哈布斯堡王朝从前的行省地区,固有的社会经济秩序被保存下来……而且管理机构原封未动",尽管统治它的是"民族"政治领袖而非超民族政治领袖。实际上,哈布斯堡帝国瓦解的过程,遵循的"不是共产主义意识形态的路径,甚至不是社会主义意识形态的路径","也不是有些人所认为的 1914 年前对多民族帝国存在实质性威胁的泛斯拉夫意识形态的路径"。(Fellner 1968:19,23)发生的情形只是"看门人的变更"。在"政治变革的表面之下,其社会结构丝毫未动;经济体系因为危机打击而发生动摇,但其经济结构仍然稳固未动;道德的、政治的和实践方面的价值体系得以保存下来"。(第 97—98 页)在费尔纳(Fellner)看来,"社会民

主党领导人阻挠革命的做法"能够解释"为什么 1918 年发生的仅仅是
政治重组而非社会变革",进而也解释了"为什么东中欧在经历再次建
立共和国之后没有继之以社会制度的民主化"。(第 20 页)

　　这种带有争议性的观点提供一种有用的解毒剂,它有助于纠正夸
大 1917 — 1918 年帝国解体前夕东中欧社会重构的规模及其呈现的暴
力的倾向。同样,费尔纳也言过其实。实际上,除了俄国(从 1917 年
10 月或 11 月以后)和库恩·贝拉(Bela Kun)领导下的短命的匈牙利
苏维埃共和国(从 1919 年 3 至 7 月)之外,许多俄国和东中欧的马克思
主义者所预言的(而且也是令欧洲有产阶级惊惧的)"国际无产阶级革
命"并未在更多地区得以实现。一战后巴尔干和东中欧地区唯一存在
的另类激进政权是,1919 — 1923 年由斯塔姆波利斯基(Aleksandur
Stamboliski)领导建立的保加利亚"农民独裁"政权。无论是斯塔姆波
利斯基政权,还是库恩·贝拉政权,很快都被血腥的反革命推翻。然
而,这并不意味着巴尔干和东中欧在一战前夕就已经实现了社会革命。
相反,它仅仅表明,1917 年后巴尔干和东中欧地区发生的社会革命,与
其说类似 1918 年 10 月俄国发生的布尔什维克革命,倒不如说更类似
于 1789 年法国大革命。1918 年巴尔干和东中欧地区盛行的政治观念
是法国大革命的观念。(Seton-Watson 1945:154)部分而论,波兰和
匈牙利有些例外,1917 年后两国在巴尔干和东中欧地区进行了一些社
会革命,包括剥夺旧(往往是"外族的")地主的土地给农民,进行有意义
的土地再分配,扩大政治参与和选举权(基本普及到所有成年男子),建
立全"民族的"(往往是极端民族主义的)免费义务和(不同程度)世俗性
的国家教育体系。他们还将权力从超民族的帝国旧贵族、军官和资产
阶级手中转移到新生的农民和资产阶级掌控的"民族"国家手中,由地
主、军官和官僚组成的旧精英阶层依然保持绝对的影响,占有绝对的财
富,但是不再能够独享政治权力和行政职位。权力转移到兴起的"民族
资产阶级"(专业人士、知识阶层、经理层、资本家、非贵族的军官和行政
官员等)手中,因为事业的大门向一切"有才之士"以及富有的且受过良
好教育的阶层敞开。旧精英阶层中只有极少数人被剥夺了财产,但他

们能够幸存,只是因为被视作扩大的有产阶级和专门统治阶级中的一部分。

　　"战争有时就意味着革命。"第一次世界大战摧毁了几种僵化的政治结构。"因此,大多数的国家胚胎……成长为一个独立的生命体,而且对成千上万的民众而言,通往民族解放和社会解放的道路豁然打开。"然而,同时"战争又以极度残酷和可怜的形式取代了理性和道德。与革命一样,战争只能局部地、大体地解决问题,它同时又引发了新的麻烦和不公正"。(Jaszi 1929：454－455)

　　按照当时奥地利马克思主义领袖奥托·鲍威尔(Otto Bauer)的观点,1918 年 10 月哈布斯堡帝国的最终瓦解"是一场民族民主革命","由资产阶级政党、农民党和无产阶级政党的领袖共同组成的多民族政府,取代了哈布斯堡王朝的超民族的官僚体制,它的将军以及外交人员"。然而,这些相同的事件,一方面标志着争取独立国家的各类民族斗争已经完成,另一方面也"唤起了社会革命",并缓和了各个新独立国家内的"阶级斗争"。(Bauer 1925：53)"脱胎于战争中的社会革命首先是从军营中发生的,而不是工厂当中发生的……为了赎回自己被压抑了整整四年的尊严,现在士兵们选择了野蛮的方式向军官复仇。"(第 56 页)然而,"军营中的革命旋即激发了工厂中的革命"。战争期间,产业工人受制于军事纪律的约束,但是如今"随着军事力量的瓦解,私人产业的权威及其组织也相应地垮掉了",而"工人的自我意识和自我依赖感却是得到了极度的强化"。(第 60 页)因此,1918 年的东中欧革命"是对资本主义生产方式的沉重打击"。工业完全受制于战争努力的需求,但随着战争的结束,"运营中的机器戛然而止"。(第 130 页)几乎同时,一种全新的生产方式社会化的版本样式出现了。"资本主义社会对自身的信心遭到削弱",(第 131 页)因为"工厂开工不足,无法吸纳因军工产业停产而大量失业或流落街头的工人"。(第 132 页)一系列因素都影响到劳动纪律的快速恢复:战争末期工人们精疲力竭,"投身革命时表现出的极度狂热",加上燃料和原材料无法定期供应,这些因素使得夜以继日的生产难以成为可能。(第 140 页)"许多雇主,面对经济衰

335

败垂头丧气……不愿努力调整自己的产业适应和平时期的生产……他们宁愿撤出资本……将它兑换成外币谋求保障"。(第 133 页)

鲍威尔坚持认为,与所有革命一样,这场革命是借助暴力来实现的。但是曾经激发革命的那种力量已经被消耗掉了,而且不是被消耗在城市街道和街垒中,而是在"毁灭""没落"的帝国政治和军队的一战战场上。(Bauer 1925: 65)战争起初表现为"帝国主义列强阵营内部的斗争",后来演变成"两种政治体制之间的斗争"。(第 70 页)"西方列强对轴心国的胜利,是资产阶级民主对寡头的、黩武的君主制的胜利。它成为世界历史上最大、最血腥的革命。"(第 71 页)实际上,冲突期间有超过 800 万人丧生,接踵而至的俄国内战(1918 — 1921)和俄波战争(1920)中另有 800 万人丧生。再者,捷克、波兰和南斯拉夫成功地实现了国家独立,同时也成为一场"资产阶级革命",因为它"瓦解了哈布斯堡王朝、德奥官僚阶级和马扎尔贵族的统治",取而代之的是"按照新的民族国家组织起来的捷克的、波兰的和南斯拉夫的资产阶级的统治"。(第 76 页)

长期以来,围绕法国大革命多大程度上能被视为"资产阶级革命"争论不休。鉴于这一争论,应当强调的是,给一场革命贴上"资产阶级"的标签并不必然意味着(更不用说要求),革命的积极推动者和领导者一定是工业的、商业的和金融的资产阶级,甚至也不必然意味实施革命就直接符合他们的利益。他们可能害怕革命,倾向于维持现状,因为急剧的和灾难性的政治社会变革(至少短期内)会毁坏财产、商业信心和现有的商业组织网络,对于那些依靠国家订单和国家特许的商业来说,尤其如此。就奥匈帝国而言,构成商人、银行家和实业家的多数是"厌恶冒险"、社会和政治方面保守的日耳曼人和犹太人,而不是主张"民族"分离的政治领袖。然而,按照马克思主义的观点,1918—1919 年的革命(与 1789 年革命一样)有助于削弱旧统治阶级的力量,并且有助于"解除他们的武装"。它为资本主义"不受限制地"发展,以及权力向东中欧新生民族国家中上升时期的"民族"资产阶级的转移,做好了准备。正如 1789 年的法国一样,革命的主要领导者和开创者不是商人,而是

336

资产阶级专业人员(律师、教师和新闻记者)。他们的"历史作用"在于发动一场"资产阶级民主革命"，它有助于提升和凝聚政治社会地位正在上升的新生资本家阶级，尽管当时鲜有人们能够充分意识到这些资产阶级专业人员活动的全面意义和长期后果。表面上呈现出来的政治图景是多种政治利益较量的结果，正如朗沃思(Longworth,1994：65)评论指出的那样，这种结果"追溯起来很难充分理解，而且确定的是，即使连冲突中的主角也无法完全理解这种结果的来龙去脉"。

实际上，任何试图根据谋求私人物质利益来解释革命的观点，都要面对下述事实带来的问题，即1918－1923年间，大部分初有成就的资产阶级因为意想不到的经济衰败以及后来严重通货膨胀而穷困潦倒。"数以千计的战前富人只能靠变卖家产、珠宝以及抵押房产来糊口度日。"(Bauer 1925：198)真正的受益者是那些游手好闲者、投机商和食利者，他们在战争期间以及后来的严重通货膨胀时期、向和平经济发展转型过程中敛聚大量财富，而20世纪20年代作为胜利者的资产阶级绝不是旧帝国的资产阶级。或许不足为奇的是，许许多多堕落的和愤懑的奥地利德国人和波希米亚德国人后来迷恋上了纳粹主义。

20世纪20年代期间的政权巩固

对于第一次世界大战后的东中欧和巴尔干地区来说，如何重建权威、忠诚和服从的新基础，构成欧洲"东方帝国"瓦解后最迫切的内政问题。这在很大程度上需要依靠"种族集团"的民族主义来解决。新国家和新政权的权威和合法性基本上是"民族的"，而在新的"国民"当中，也就是新的占主导地位的种族集团当中，忠诚和服从的主要动力来自"种族集团"的民族主义。正如罗斯柴尔德所注意到的，(1974：4)民族主义在两次世界大战间隔期间巴尔干和东中欧地区的运用，一方面有力地证明了民族主义作为一种合法的意识形态所呈现的优点和长处，另一方面，也充分显示出民族主义的缺点和不足。或许民族主义促成了多数人对每一个新国家的归属、服从和忠诚，即使是像南斯拉夫和捷克斯洛伐克这样情形尤为复杂的国家也是如此，但是，它为取得这样的效果而付出的代价是,永远疏远了实际上的少数族群,而且这种疏远产生了破坏性后果。实际上,如果说民族主义在瓦解大帝国中的作用举足轻重,那么可以认为,它也能够诱发暴力,导致一部分国家的解体,例如捷克斯洛伐克和南斯拉夫(正如 1938 至 1941 年间所见到那样,而且在 20 世纪 90 年代早期又得以复现),两次世界大战期间的波兰(1939 年 9 月),或许未来某一天的俄国、乌克兰、马其顿、摩尔达维亚、爱沙尼亚或者拉脱维亚等。实际上,如果接受民族主义的前提,并且按照它们的逻辑加以推定,那么得出的结论会是,正在推进的民族主义进程似乎是"自然的、合法的,而且永无终结的"。(Carr 1945:24)至此,许多人肯定会问,"它将终于何处?"再者,在西欧,民族统一和民族整合总体上推动了多数小政治体结合成少数大"民族"国家,但是,在巴尔干和东中欧,民族主义和"民族"国家的出现却导致相反的后果。(Rothschild 1974:1)公正地说,事实证明,两次世界大战期间,民族主义是巴尔干和东中欧的主要"祸根"。民族仇恨,无论它们是真实的还是想象的,合法的或者非法的,都为独裁统治和压迫提供了口实,为纳粹和法西斯主义影响、干预、入侵乃至(最终的)统治等一系列行动提供了支点。同时,经济民族主义和"民族"关税壁垒限定了地区经济的整合,限定了贸易和专业化带来的收益,从长期看,也限制了整个地区的经济发展。(Warriner 1950:64)因此,经济发展最终被经济民族主义"窒息",而政治民族主义使得该地区越发易于遭受外部干预和操纵——在民族主义支持者看来,民族主义应该做的,恰好与之相反。

两次世界大战期间,巴尔干和东中欧地区几乎每一个国家都处于数量上迅速扩大的"民族资产阶级"的统治之下,他们接管了国家机器,逐步清除了高级知识分子、商业和金融领域中的"非民族"元素,挟持着许多政治党派(包括农民党和社会民主党),并且借助急剧扩张的"民族"教育体系招募新成员。(Seton-Watson 1945:123 — 126)"1918 年后东欧国家的统治阶级的主要任务就是将尽可能多的新元素吸纳到他们当中,以便强化自身力量应对可能的反对派。他们迫切需要扩充有志于维护现存政权的人员的数量,但是又要防止不法之徒借招募之机混入革命队伍。"(第 125 页)在波兰和匈牙利,"民族资产阶级"与"民族"旧贵族实现了政治合作,后者之所以权力不丢是因为他们特殊的民族主义身份包含的非凡力量,还因为他们一直控制着农村和大量的专门职业岗位(而且,在匈牙利和波兰的部分地区,占据着官员职位)。在经济领域,波兰和马扎尔贵族因其依靠大地产经营的农产品获得保护和津贴而被"怀柔",但是在更多领域,政策却是有利于"民族资产阶级"的。(第 127 页)

　　然而,根据罗斯柴尔德的观点,两次世界大战期间巴尔干和东中欧的"统治阶级","与传统认为的相反,不是资产阶级。资产阶级当时十分弱小,他们或者依赖国家补贴,或者依赖'异族',实力不堪一击。相反,统治阶级是官僚阶层,他们与知识阶层结盟而且本身就来自知识阶层"。(Rothschild 1974:17)"无论是它的公务员还是军职人员,都是从所谓知识阶层中招募的,反过来,鉴于他们拥有知识文凭,其地位进一步得到确认"。这个受教育阶层主要来自绅士阶层、中间阶级、异己农民。"它可能会参与地主阶级和实业阶级的统治,但不可能成为贵族或者资产阶级的纯粹工具"。(第 19 页)

　　关键在于,对两次大战间隙巴尔干和东中欧地区的统治阶级("资产阶级"与"官僚阶级")的这些不同认识,并不像表面上的那样泾渭分明,有些争论是属于语义方面的。就前马克思主义的用法而言,"资产阶级"(Bourgeoisie)一词的含义并不局限于资本家或者企业家阶级,沃森(Seton-Watson)就是在这层意义上使用该词。此外,"资产阶级"还包括中层军官和官员以及自由职业人员。在两次世界大战期间的巴尔干和东中欧的农业或者半农业型国家中,最晚到 18 世纪的法国,典型的"资产阶级"不是资本主义企业家,而是公职人员、律师或者医生。因此,罗斯柴尔德上述非难中适用的"资产阶级"一词,是狭义上的马克思主义用法,它用以指资本主义的或者企业家的有产阶级,而非指沃森用法中的宽泛的含义。事实上,假定"知识阶层"一词在两次大战前或者期间它包含着激进的或者相反的寓意,那么,罗斯柴尔德关于"官僚阶级"是从"知识阶层"中招募的观点更成问题。

20 世纪 20 年代巴尔干和东中欧地区发起的"新重商主义"工业化方案,受到了经济民族主义的激发。新政权认识到,工业民族比农业民族实力更强大。因此,在欧洲民族国家当中,每一个新建国都决定建成他们自己的工业体系。"新工业体将为国家提供巨大的国际声望、安全保障和独立性。它还为统治阶级提供自肥的方式。它还为相当数量的年轻的统治阶级人员提供就业机会……最后它还为农村剩余劳动力提供就业。"(1945:126-127)然而,除了土地改革、教育支出以及非农就业机会外,农民的多数需求基本上被巴尔干和东中欧政府忽视了,因为他们主要"致力于加强那些可以直接让统治阶级受益的经济活动"。(第 128 页)再者,尽管它们严重依靠高额的进口关税,政府的垄断性产品如食盐、火柴和烟草等的利润以及大众消费产品的间接税,但是,估算起来,税收体系"却让穷人阶级为统治阶级的经济方案买单"。(第131 页)

20 世纪 20 年代,除了捷克斯洛伐克以外,巴尔干和东中欧国家也十分依赖流入的外资(主要是西欧国家),资助他们多少有点雄心勃勃的基础设施建设和工业化方案。实际上,到 1929 年,外资在各国合资企业中所占比例分别为:保加利亚 48%、南斯拉夫 44%、波兰 40%、匈牙利 28%。(Berend and Ranki 1974a:236-237;1974b:109)只有极端民族主义者布拉蒂亚努"自由派"(Bratianu "liberals")严重阻止外资流入,从 1922-1928 年间,"自由派"主导着罗马尼亚的政治,其口号是"只依靠我们自己"("Prin noi insine")。这部分是因为布拉蒂亚努兄弟试图让私人"民族"企业控制多数外资炼油业,但未能成功。到 1927 年为止,罗马尼亚是世界第六大炼油国,欧洲首屈一指的炼油国(苏联除外)。即便如此,罗马尼亚多数产业仍是外资企业。再者,罗马尼亚全国农民党在 1928 年大选中获得压倒性胜利,发起了(短暂的)"开放"政策,试图扭转布拉蒂亚努家族("家族资本主义")执政下腐败的和倒行逆施的经济民族主义。

民族主义者的确可以有充分的理由来表明,应该关注甚至反对巴尔干和东中欧过度依赖外资及其引发的外国债主"政治干预",尽管无论是在当时还是在现在,这类抱怨并没有对"自由派"和社会主义者产生很大影响。严重依赖外资被视为是对"民族"独立和"民族"自强的民族主义目标的部分否定。它加大了西方对于巴尔干和东中欧国家的干涉和影响。一些外国投资者甚至批判民族主义者的经济文化政策,还批判波兰、匈牙利和罗马尼亚"民族资产阶级"日渐强烈的排外主义和反犹太人的态度和行为。许多民族主义者担心,西方投资会加重西方文化的影响,会扩大"自由"的和世俗的西方价值观,尽管实际上那种情形没有什么值得他们担忧的!更重要的是,作为西方投资者首选的产业(主要是消耗资源的产业)并不是巴尔干和东中欧政府和民族主义者支持的产业。这部分是因为该地区不够稳定,由于担心新的"民族"边界可能最终会遭到德国、匈牙利、保加利亚或苏联的挑战(进而威胁该地区的和平和经济稳定),巴尔干和东中欧国家只能以较高的利息借债,结果,他们背上沉重的经济债务负担。这自然被视为有害于巴尔干和东中欧国家集中力量从事国内急需的经济社会建设的能力。尽管如此,不管它有什么缺陷,外资还是帮助恢复甚至增加了巴尔干和东中欧的工业产量。如果以 1913 年为基点,到 1929 年,匈牙利国内的实际工业产量增加了 12%,奥地利 18%,罗马尼亚 37%,保加利亚和南斯拉夫 40%。捷克斯洛伐克非常明显,高达 72%(就欧洲整体而言,增长了 27%)。只有遭受战争严重摧残的波兰直到 1929 年尚未恢复到它 1913 年的工业产量。(Berend and Ranki 1974a: 240)

　　有学者指出,在一个新生的议会民主制当中,"政权巩固"的前提是依靠国家的力量成功地整合多个竞争集团和多种利益关系,由此形成 339 "与边界明确的疆域相关的一套规章和结构,以及中央能对其疆域实施统一控制的一个人员群体"。(Arter 1993: 31)在 1918 年后的巴尔干和东中欧地区可能的议会民主制中,新生的政治党派和政党体制被赋予"民族整合的主体"的关键角色,它们要负责"动员、社会化和组织群众选举,吸纳新的政治领导层和建构支持体制的认同感"。另一方面,不太有利的是,"党派要充当不同政见和反体制情绪的宣泄渠道",表达意识形态方面或地方层面对新生国家合法性的反对或挑战。(第 32

页)新建国家中,新成立的共产党、不妥协的分离主义或者奉行自治的少数民族政党、多数农民党和多数新法西斯主义运动和政党,发挥的作用都属于上述提到的后一类型,造成 20 世纪 20 年代匈牙利、保加利亚、波兰、南斯拉夫和阿尔巴尼亚等国家真正的议会民主制的夭折(或者说胎死腹中),而且最后对 30 年代的奥地利、罗马尼亚乃至波兰都导致同样的后果。

多数新建国的政党体系从确立伊始就遇到过度分散化带来的麻烦。结果,在波兰出现将近 100 多个政治党派,其中包括 5 个不同的农民党,都参与到 20 世纪 20 年代上半期的政治选举中,而且有 30 多个在国会中获得议席。到 1920 年,捷克议会有 17 个政治党派(没有一个获得四分之一以上议席),而且对于南斯拉夫来说同样如此。(Longworth 1994:72－73)议会力量如此分散而且内部摩擦不断,以至于很难召开全体会议,结成稳定的统治联盟,做出重大决定,采取重要行动以及做好长远规划。短期内需要考虑的内容基本上总被议会当作最重要的。只有在奥地利,相对明确的两党制为选民提供了清晰的、完全针锋相对的政治选择,选民面对的是左派和右派截然对立的政治、社会和经济计划,但两个互相极度仇视的党派也造成了共和国的分裂:"红色维也纳"地区拥护马克思主义社会主义,而阿尔卑斯行省地区拥护反动的而且脱离实际的天主教主义。在好几个新建国中,许多政党都是"依靠对个人的忠诚而不是对政治方案或意识形态的笃信而结成的个人小圈子"。政治支持通常"依靠精英内部以及从精英自上而下的回报和专卖制"来维持的。(Schopflin 1993:21)总体上看,选民期盼的是万能的、有魅力的"救世主",而不是政策连贯、纪律严明的政党。再者,构成新建国的是先前多国瓜分的区域,而这些区域的司法和行政传统、种族构成、政治导向以及发展阶段往往不同,而且缺乏政党间协商、和解以及议会统治经验,甚至毫无经验可言。

两次世界大战间隔期间,巴尔干和东中欧地区没有一个国家(甚至捷克斯洛伐克也没有)能够从种族和宗教方面将不同的居民整合成为一个统一的、全包含的阶级结构和"市民社会",形成浑然一体的状态。

这些国家既缺乏这方面的意愿,也缺乏相应的手段。反过来,这导致它们不能实现民意整合以便对政治领域实施有效控制。(Schopflin 1993:19)它还导致负责任的政府越发难以选出,只有捷克斯洛伐克例外。或许各种社会集团、种族集团"自身内部团结一致……但是他们缺乏参与同一种政治冒险的意识"。(第24页)因此,在战争期间的巴尔干和和东中欧地区,较之于西欧,国家更具有主导性统治地位(而且自治的成分更少更弱)。国家权力偶尔也会受到挑战,但是这些挑战通常都会遭到镇压,结果社会阶层和其他群体的自治性难以成长。更有甚者,社会群体和种族群体之间、统治者与被统治者之间的相互责任意识非常"微弱",尽管并非完全没有,而且自觉的法律约束意识也是如此。(第11页)"国家统治完全凌驾于社会之上,而社会所能做的变动微乎其微",(第13页)这部分是因为东中欧城市缺乏西欧城市所具有的高度市民荣誉感和自主性。(第17页)

340

　　两次大战间隔前期实行半议会统治,政府首脑通常来自政治精英,而且在它们当中选举产生。政府然后"选举"议会为之服务。因此,通常是政府决定选举的安排和结果,而不是由选举决定谁能进入政府。现任政府一般很少会落选。选举往往只是某些情况下不得不走过场的一种骗局,旨在确认在任新政府或现政府"命令"的合法性,同时"罢免"议会中具有制造潜在麻烦的反对者。然而,政府不必控制全部选民,只需控制那些能够实质性影响公共事务和决策的部分选民。政府主要依靠贿赂、赞助、为一党之私重划选区、选举欺诈、限制选举权以及(最后诉诸)暴力和胁迫等手段,来保住他们的职位。(Seton-Watson 1945:155;Arter 1993:45;Schopflin 1993:21;Longworth 1994:73－74)虽然匈牙利在1921年后实现了稳定的半议会统治,但它的选举也只是通过胁迫、剥夺选举权或"收买"那些极端不满的人,以及恢复农村地区的"公开"(而非秘密)选举,进而把农村选民置于大地主、农村官员和警察的摆布之下才实现的。所有24岁以下男子、30岁以下妇女(有三个孩子或受过"高等教育"的女性例外)以及不满六年学校教育的人都被排除在选举之外,结果,有选举权的选民人数只占全国人数的 27％。

　　1918 年后的巴尔干和东中欧的政治经济口号往往听起来非常激进,它们或者是民族主义的、农民主义的、社会主义的、共产主义的、国家社会主义的、法西斯主义的或者新自由主义的。然而,这些宣传的主要纲领集中在“受教育阶级和部分受教育阶级……的物质利益……与农民和工人的利益相对立,前者把后者置于警察恐怖统治和税收的巧取豪夺之下”。(Seton-Watson 1945：154)这里存在的许多问题,与法国大革命导致的结果和诸多社会/意识形态矛盾,非常相似。实际上,巴尔干和东中欧的政治斗争多数是“少数统治阶级内部小集团为争夺人民领导权”而发生的。对于多数公职人员和权力掮客来说,“群众”只不过是“选举人的货币,是他们政策操纵的被动对象”。(第 256 页)

　　沃森曾经描述了一个完全可以适用于共产主义时期的情景,“巴尔干官员不喜欢工作。他自我感觉非常良好,竟至于认为国家和公众应该以供养他为荣,而且不应让他去做那些耗费体力和脑力的活动”。在农民排队耐心等待各种批文和特许的时候,巴尔干的官员们或许正对着土耳其咖啡杯连续数小时坦然愉快地闲聊着。毕竟,农民们对正义的期待已经数个世纪了,因此,再多等几个小时也无伤大雅。实际上,巴尔干的官僚政治包含着“自始至终含混复杂的程序和公文,结果法律和税收的印章密密麻麻”,成为“官僚增加收入和国民滋生不满情绪”的源泉。腐败无处不在。多数官员薪水微薄,不靠受贿简直无力养家糊口,因为法律“总是累赘的、愚蠢的、无效的,而且总是具有压迫性”,向来不缺少行贿者。然而,官员做出的决定往往还需要上级的审批,在拖延数天或数周之后,有事要办的国民“才被通知要到都城去,而跑一趟都城只是为了解决某些琐碎的程序问题,其间,他们白白地浪费自己的时间,耗费自己的费用”。(Seton-Watson 1945：147)

　　然而,更严重的内部危害来自上层腐败。“在东欧,巨大财富的积累不是靠工业或者银行业,而是靠政治。”(Seton-Watson 1945：148)小的腐败的治理可以借助提高官员薪资来解决,但要找到治疗上层腐败的药方,就相当困难了。多数新建国的政府部长们“占有大量的‘来历不明的资金'(discretionary funds),部长们往往会从中贪腐挪用。财政部长们也通过向工业家出售保护性关税得以自肥",而且来自劳动部的工厂高级视察员也发现,当他们在例行的视察报告中故意隐去某些"微不足道的违章和缺点"时,工业家多数会报之以极度的感激。(第148页)在波兰、匈牙利和巴尔干地区,税收常常是以"极端残酷的形式收缴",向农民征收的时候尤其如此。(第148页)殴打不交税者,或者罚没他的重要财产,都是惯用手段,而且"没有采取任何措施用以纠正权力的滥用"。当然,可以诉诸法律权利和法庭,但"这些都不过是一纸空文"。那些抱怨官员滥用权力的农民常常被诬陷为"共产主义者",遭到毒打、军事法庭的审问,"或者被判处徒刑或劳动改造"。实际上,"除捷克斯洛伐克之外,整个东欧无处不充满着冷酷和残忍,即使在捷克斯洛伐克,这种现象也并非不可见"。(第148—149页)在新并入的、人口杂居的"落后"边界地区,权力滥用现象最为严重,例如比萨拉比亚、布科维纳、马其顿等,在波兰,主要是波里西亚和沃尔海尼亚(Volhynia),因为那里的居民"缺乏发达地区具有的政治文化水平,也缺少进行自卫必需的物质武器和道德武器"。在这些地区,"官员们可以殴打、抢劫、强奸,为所欲为"。他们给任何胆敢反抗的人都贴上"布尔什维克分子"或者"人民公敌"的标签,最终将"那些潜在忠诚的人推向了真正的共产主义者和分离主义者一边"。(第153—154页)

除了捷克斯洛伐克外,所有的新建国都生活在对"布尔什维克"的持续恐惧中,这一点激发了他们推行匆忙酝酿的土地改革,建立很大程度上属于装点门面的福利保障以及加快取得容易突出成就的教育事业。公正地说,新政权"尤其引以为自豪的是他们在教育领域取得的进步"。在从前学校严重匮乏的地区新建了众多学校。各个国家都建立了义务教育和普遍的初等教育体系。两次世界大战间歇期间,许多地区的文盲率仍然高达80%以上(例如,波斯尼亚和比萨拉比亚以及多数的阿尔巴尼亚地区)。然而,沃森认为,这不能完全归咎于政府,因为"有些家庭中大人下地干活,家中需要劳动力,父母往往不允许自己的孩子去上学"。(第139页)(类似问题在20世纪90年代初的阿尔巴尼亚再度出现。)再者,即使在那些教育取得巨大进步的地区,老年人当中的文盲率仍然居高不下,除了教育年限较长的捷克地区以外。尽管如此,在两次世界大战期间巴尔干和东中欧的文盲率还是大幅下降,而且在捷克斯洛伐克、保加利亚、南斯拉夫和罗马尼亚等国,较之于更"封建的"国家,更加重视和致力实现"让具有天赋的穷苦孩子获得较高级的教育"。(第 139 页)

教育的快速发展唤醒了"对知识的渴望",同时"知识分子在东欧地区享有较之于世界上任何其他地区更高的声望"。(第 140 页)这在后来的巴尔干和东中欧地区的政治历史上(一直到 1989 年后共产主义政权垮台以及向民主和市场经济转型)注定会发生关键性的影响。在两次战争之间的巴尔干大学,尤其是东中欧大学,出现了许多杰出的知识分子、作家和科学家,科学研究和医疗设施获得大量经费支持。在捷克斯洛伐克和克拉科夫、布达佩斯以及华沙,更是如此。(第 140 页)然而,由此带来的直接后果并非全是积极的。绝大多数学生出生寒门,需要国家资助才能继续完成学业。对这些学生来说,获得大学教育意味着迈进提升个人社会地位的门槛。"通常认为,每一个通过此类入学考试的人都有权在国家机构供职。工作的意义无关紧要,但它赋予了农民或者乡村牧师的子弟以较大声望……大学文凭被视为要求国家替他余生买单的依据。"(Seton-Watson 145:126,142)(这是后来困扰世界其他地区许多发展中国家的所谓"文凭病"的预演。)巴尔干和东中欧国家在高等教育方面的投入与他们在初等教育的投入以及"他们农业为主的经济部门的吸收能力"比例严重失调(除了在工业化和相对受教育程度较高的捷克地区以外)。很快地,毕业生数量过剩,质量较差,难以找到带来足够回报的工作。因此,与农民出现的"土地渴求"类似,知识分子阶层出现了"职位渴求"。这导致"数量激增的政党更关注对他们的资助,而不是关注政策本身"(也就是"为孩子们提供工作"的政策),还导致了维护一党之私的官僚政治继续膨胀,它的"固执的而本质上却是停滞的权力"阻碍了新建国的政治发展。(Rothschild 1974:20)只有工业化的和教育状况良好的捷克地区例外,因为它有能力为捷克知

342

识分子提供有回报的工作职位。但是,"有些观点认为,巴尔干和东中欧地区,社会流动性已低到不可再低的程度"(Schopflin 1993：24)与这种观点相反,很明显,臃肿的国家官僚结构和"资产阶级"统治阶级的成长本身就包含了大量的向上流动性,正如沃森强调的那样。(1945：123—126)

对于两次世界大战期间的巴尔干和东中欧地区来说,一直存在普遍的教育困境,包括完全称职的师资力量一直匮乏,教育工作委任中裙带关系盛行,"教育所能提供的内容和质量严重不足"。(Seton-Watson 1945：140)例如,历史教学只是以狭隘的排外主义形式进行机械式地灌输,对中世纪成就肆意夸大。"每个民族的年轻人得到的教导是,要视其邻族为低等民族。"(第141页)在高等教育中,急需的医药、农业和工程科学仍然严重不足。"而引人注目的是,法学专业师资大量过剩,他们的毕业生多数接受的只不过是一种旨在为其走向官僚政治岗位奠定基础的沙文主义训练。"再者,很大程度上正是法学毕业生过剩应该对居高不下的毕业生失业问题"负责",因为失业的毕业生成为东欧各类法西斯运动"'领袖'(Führer,德语,元首、领袖、指挥官)的源源不断的来源"。(第144—145页)尤其是在20世纪二三十年代的波兰和罗马尼亚,大学成为法西斯主义和反犹主义运动的真正温床,知识阶层中"急不可待、心怀不满的理想主义"被"政府和政客利用以实现最卑劣的目的"。(第142—143页)罗马尼亚、波兰和匈牙利法西斯主义运动中的突击队就是基于这样的背景招募来的,最初是为腐败的政府、政治党派和警察("作为恶棍、密探、罢工破坏者或者犹太迫害者")所雇用,他们毕业后明目张胆地从事政治犯罪活动。(第143、206—207页;Longworth 1994：84—86;Crampton 1994：160—167)

更不知不觉的是,巴尔干和东中欧的教育体制培养出一种自负、虚伪、奉行排外主义的民族主义,"往好处想,它算是鼓励了沙文主义,就其坏处而论,它全面摧毁了道德观念"。实际上,它的影响"并不局限于学校和大学,而且波及新闻、各类出版物、戏剧和官方的意识形态宣传等"。不足为奇的是,这种氛围中形成的统治阶级"缺乏对其他阶级的

责任意识,缺乏对个体自由原则的理解"。(Seton-Watson 1945:143)
同时,"年轻一代是在对其他民族的憎恨和仇视的教育环境中长大
的……他们将任何与其他国家的合作都视为与苏维埃成员、犹太人和
共济会会员的带有罪恶企图的合谋",这使得他们"很容易为反犹太主
义、反民主和法西斯主义的煽动者所捕获"。再者,在对邻族的语言、文
化、社会和历史的研究方面,几乎没有进展。因此,"东欧国家之间缺乏
文化联系,成为他们彼此难以合作、共御外侮的重要原因之一"。(第
145 页)这个问题一直持续到 20 世纪 90 年代。第二次世界大战之后,
法国、德国、意大利、低地国家以及斯堪的纳维亚国家一直致力于推动
相互间的认识、理解和协调,与之相反,东欧的另一半民族彼此之间仍
然所知甚少。实际上,在 20 世纪七八十年代所谓"民族共产主义"的口
号下,他们被"强行灌输"关于他们本民族历史的极端民族主义和丑化
他们邻族的叙述。整个共产主义时代,对巴尔干地区的居民来说,到邻
国参观、学习相邻民族的语言都很困难,即使他们愿意这样做也不可能
(东中欧的民族之间的文化联系要略微多些)。意味深长的是,1994 年
8 月 29 日至 30 日在布达佩斯举行的学术会议表明,那些非罗马尼亚
的多数巴尔干代表此前从未踏进罗马尼亚国界半步,而且,彼此缺乏认
识和理解成为阻碍巴尔干政治合作和经济一体化的重要因素。即使在
本书写作期间(2006),对于巴尔干地区国家的居民来说,要实现彼此互
访,不仅相当困难,而且费用不菲。再者,他们彼此了解甚少,尽管
2004 年东中欧和波罗的海国家加入欧盟极大地改善了这种状况。而
对于罗马尼亚和保加利亚来说,在 2007 年注定要迈出这一步。①

　　20 世纪 20 年代的巴尔干和东中欧地区的半议会制虽然存在诸多
缺陷,但它仍能容纳多元政治和多元文化的存在,部分程度上允许表达
不同声音(若非总是"表达自由"的话)以及采用部分(相对有限的)政治
法律手段平反个人和集体冤屈。这些政权绝不属于"集权主义"政权。
正如沃森所强调的:"假定认为虚伪的议会制与公开的独裁没有什么两

---

　　① 2007 年 1 月 1 日,罗马尼亚和保加利亚正式成为欧盟成员国。——译者注

样, 这种假定是错误的。在虚伪的议会制下, 至少存在一些安全阀。"(1945: 156) 然而, 渐渐地, 半议会制的诸多失误以及腐化自肥的政党弄得所谓"民主"名誉扫地。"人民对旧政党不再心存幻想, 而是寻求新的政治人物", 寻求那些声称能够铲除社会腐败、强横、无能和"窃国行为"的人物。"极端的左派和右派运动都找到支持力量", 他们允诺实行强有力的领导、树立远见(vision)、推行改革、进行道德再造以及培养新的共识感, 以行动取代空话, 以坚强的政府取代无果而终的讨论、阴谋诡计和放任自流。30 年代突然降临的大萧条加剧了国内国际紧张关系, 也加剧了民众对"民主"的失望以及对威权政府万灵论、法西斯主义和共产主义的狂热支持, 但是隐患早已埋下。第一次世界大战后建立的新秩序在某些重要方面存在先天不足, 实践表明, 多数新建国迟早都无力应对 20 世纪的政治经济挑战。鉴于自己难以胜任以及民众失望和不满情绪增加, "统治阶级越来越惊恐不安"。他们不断诉诸镇压手段(除了在社会结构相对有韧性的、自由的捷克斯洛伐克以外), 而且, 认识到他们不再具有维持虚伪的议会制外观的能力, 他们允许民主的最后标志被一点点地扯下(他们甚至亲自参与到这一活动中)。因此, 除了捷克斯洛伐克以外, 半议会统治逐渐让位于保皇主义、民族主义、军事主义或法西斯主义独裁。如果说 1918—1919 年的纷乱的事件真正实现了(尽管是有限的且是有缺陷的)一场"革命", 那么 20 世纪二三十年代发生的纷乱事件则是一场迟缓的"反革命", 它随着法西斯主义的兴起以及 30 年代大萧条的爆发而呈加速推进。

第二十四章　20世纪30年代的经济大萧条及其后果

经济危机之所以能撼动两次世界大战期间的欧洲,一个重要原因在于,欧洲资本主义已经耗尽了其产品和工艺的技术动力和增长潜力,尽管它在18、19世纪依靠生产和利用这些产品和工艺取得了投机性成功。在相当程度上,欧洲成为它自身过去成就的牺牲品。欧洲的棉花、羊毛、亚麻、食品和饮料加工、鞋类、钢铁、煤炭、轮船、铁路建造以及铁路设备等趋向饱和,纺织、煤炭、钢铁、造船以及铁路等成熟的工业也面临产能过剩的问题,这些问题只有依靠两次大战创造的额外需求来暂时加以缓和。原则上,除了捷克部分已实现工业化的地区外,巴尔干和东中欧国家的这些部门仍然存在着进一步发展的空间。然而,实际上,财经困难和财政限制,西方贸易保护主义以及巴尔干和东中欧"民族"市场的相对狭小和购买力贫弱等,都限制了它的发展潜能。诚然,像它的西欧工业先驱在他们全盛期那样,轻而易举地就能获利,畅通无阻地推行出口导向的经济扩张,已经不能复制。欧洲"传统"工业生产曾经雄踞的非欧市场,面临来自亚洲、拉美和澳大利亚地区步步紧逼的工业化及其不断攀升的贸易保护主义的威胁。

许多马克思主义者错误地把不断加剧的危机当成是长期宣称的资本主义的最终危机。然而,实际上,在西方尤其是在美国和德国,资本主义新"高科技"产品和工艺已经处于孕育中。然而,它们的长期效应和巨大潜能仍然模糊不清,而且对其认识(同时也是其转化成现实)[①]受到一再阻碍,先是受到20世纪30年代大萧条的阻碍,继而又受到重整军备和第二次世界大战爆发影响带来的传统工业暂时复兴的阻碍。在美国直到40年代,在西欧直到50年代,新"高科技"产业(主要是耐用消费品)通过吸收旧的"没落"产业弃置的或者未加利用的资源才得以大范围地"重整旗鼓"。然而,从30年代以来,在巴尔干地区和东中欧以及部分"发展中世界",由于发展国家主导的进口替代产业,如冶金、工程、造船、煤炭和纺织业,那些"夕阳型"产业注定会残存下去,而在西欧,这些产业逐渐实现了向高科技资本主义的转型。

　　与世界上任何其他地区相比,20世纪30年代,或许巴尔干和东中欧遭受大萧条打击最为严重(按照比例计算)。通常认为,这种沉重打击是外部导致的苦难,是主导性的西方经济体内部(主要是美、英、德、法四国)主要经济力量的相互作用导致的结果。而微弱的巴尔干和东中欧国家能够加之于西欧经济体内部经济力量的影响微乎其微,甚至完全没有,更不用说控制对方了;结果,巴尔干地区和东中欧的居民就成为倒霉的牺牲品。因此,巴尔干和东中欧政府被免除了这场接踵而至的战争的任何"罪责"或责任。通常设定的是,即使采用不同的政策或任用不同的政治家,只能略微减轻大萧条对于巴尔干和东中欧的灾难性影响。实际上,可以努力的空间相当狭小,可以进行干预的活动也极少,因为巴尔干和东中欧国家实力虚弱、不堪一击,而且缺乏保护,它面对的是更加广阔的市场力量以及狂暴冲击这些细小经济血管的巨大浪潮。尽管如此,巴尔干和东中欧还是卷入到20世纪30年代的大萧条中,它们既构成了大萧条的原因,又成为其结果。巴尔干和东中欧国家不仅仅是大萧条被动的作用对象,它们同时也是作用者。

　　第一次世界大战及其直接影响在于,由于大规模的人力、马匹和交

345

---

　　① 在英语中,"认识到"和"实现"是同一个词realize。——译者注

通的战时动员,西欧和东欧(尤甚)初级商品生产迅速瓦解,遭到广泛毁坏。再加上战时物价飞涨以及造成的某些原材料和能源的需求剧增,这些共同刺激了美洲、非洲、亚洲和澳洲的农业和矿业增长。然而,在20世纪20年代中期,尤其是在欧洲大陆的中东部地区,欧洲农民和小型公司开始通过借贷全力以赴地恢复他们的战前生产规模。然而,部分是由于战争及其余波造成的大规模的"人口短缺"和购买力下降,欧洲对初级产品的有效需求一直未能恢复到相当规模,也没有壮大到一定程度,达到足以能同时吸纳欧洲地区恢复后的产量以及欧洲以外地区扩大了的产量。因此,初级产品市场仍然比较脆弱,甚至在欧洲工业已经超过了战前生产规模之后仍然如此。

如同世界其他各地一样,由于过度生产和残酷竞争,巴尔干和东中欧地区的农场主和矿产生产者被迫接受低定价,以便增加他们的市场份额。因此,在1929年9月华尔街大崩盘的前几年,初级产品价格严重下跌。除了较发达的捷克斯洛伐克以外,巴尔干和东中欧地区几乎都受到国际商品价格下跌的影响,例如,粮食、木材(受影响国主要是罗马尼亚、匈牙利和波兰)、煤炭(波兰和罗马尼亚)、有色金属(南斯拉夫和匈牙利)、烟草(保加利亚),甚至石油等(罗马尼亚)。在20世纪20年代后半期,苏联和波罗的海国家也遭遇同样情形。只有实现工业化的捷克斯洛伐克没有受到初级产品需求和价格变动的负面影响,这有助于解释捷克斯洛伐克经济为什么当时能够保持生机。实际上,捷克斯洛伐克农民因为政府实施的抵制廉价进口商品政策获得了充足的关税保护。

作为世界上最大的农矿产品生产商,美国也受到商品和土地贬值的负面影响。这是大萧条率先在美国爆发的一个重要原因。再者,农民和矿主,尤其是巴尔干和东中欧以及美国地区的农民和矿主,实际收入和购买力下降削弱了他们购买西欧和当地工业制成品的能力。华尔街大崩盘导致初级产品和不动产价格直线下跌,进一步削弱初级产品生产商的实际收益,以及他们的工业产品有效需求。结果,突然停止向初级商品生产商借贷导致更严重的后果,本来,初级商品生产商短期内借贷是为了能在商品价格下跌时继续维持他们在 20 年代的消费水平。在巴尔干和东中欧地区,不仅新的国内借贷停止,而且源自西方的资金也停止流入。因此,如同美国情形一样(充分体现在约翰·斯坦贝克的《愤怒的葡萄》一书中),巴尔干和东中欧的许多银行被迫借款给那些愿意大肆抵押的农民和矿主(但是,与美国相反,巴尔干和东中欧的农民很少出让他们的土地)。这不可避免地导致他们的债务人付不起利息(更不用说偿还本金了),那些当初的抵押财产的价值如今却直线下跌。反过来,这又危及公众对许多欧洲央行的信心,这在 1931 年奥地利著名的联合信贷银行(Creditanstalt)和东中欧其他金融机构破产中达到极致。与 1873 年的崩溃一样,1931 年灾难性的银行危机进一步打击了投资者的投资信心、商业信心,减损了德意志中欧以及邻近的东中欧和巴尔干地区的流动资产,极大地加深和加剧了 30 年代大萧条在这一地区的影响(包括捷克斯洛伐克在内。即使现在,捷克斯洛伐克也不能免于其邻国危机的影响)。

这绝不意味着东中欧和巴尔干地区的苦难就此终结。在西欧,绝大多数工业家能够针对商品价格和需求下跌做出反应,他们采取"封存"或削减生产能力、冻结甚至降低工资以及解雇工人的方式,削减成本,避免破产。再者,许多工业家在政府支持下(甚至在所谓"自由放任的"英美都是如此),结成强大稳定的国内和国际卡特尔组织①来抑制竞争性价格的下降,并协同一致共同限制成员国的工业产量。提高关税以及实行进口限制在保护西欧的农场主、工厂主和矿主(尤其是煤炭开采方面)免遭廉价进口商品和所谓"倾销"损害方面,效果显著。实际上,这种有效的贸易保护主义对加强和稳定西欧的卡特尔组织和国营农场补贴方案都相当关键,否则,必将受到廉价进口商品带来的削弱和损害。然而,由于多种原因,巴尔干和东中欧以及其他地区的农、矿业出口经济无法实现有效地自我保护。原因之一是它们的经济、社会结

①　卡特尔,垄断组织的形式之一,它的主要特点是实行企业联合达到控制销售价格赚取超额利润的目的。——译者注

构僵化,阻碍了它们像西方经济体(例如瑞典和英国)那样迅速灵活地调整。除了已经工业化的"捷克之地"以外(1933年以后由于捷克人和支持纳粹的波希米亚德意志人形成相互对峙局面,捷克地区的复兴进程受到严重阻碍),巴尔干和东中欧国家只能生产出有限类型的产品。这不是因为缺乏求新尝试。尽管存在巨大困难、极度贫困以及预算束缚,但是仍然有大量的政府(和部分私人)投资用于发展教育和培训,以及创造新产业(尽管这些产业多是用于军用工业而非民用工业)。巴尔干和东中欧的民族并不缺少潜在的企业家和"企业家精神"。与之相反,尤其是格申克龙(Gerschenkron,1962)指出,盛行的观点都完全忽视了东欧地区自从19世纪末以来出现的强大的企业私有化浪潮,该浪潮一直持续到1928—1929年苏联集体化开始,和1930、1931年中欧、东中欧和巴尔干欧洲地区的企业银行倒闭潮,甚至1989年后东中欧和巴尔干的大部分地区私人企业的强大复兴。可惜,到那时,格申克龙已经去世,无法再见到。即使在巴尔干和东中欧地区,成千上万的富农(Kulaks,沙俄时代之富农)本质上也是企业家,同样,那些备受辱骂的俄国中间商和极具贬损歧视的称谓所指的"富农"(rich peasants,这种称谓源于列宁主义的说法)也属于企业家。在整个20世纪30年代期间,与许多受大萧条打击的其他国家的做法一样,巴尔干和东中欧的许多民族都致力于克服经济困难。真正的问题在于,它们的经济发展层次低,低技术含量的农业仍占主导,工业和技术缺乏,以及(由此导致)大众的多方面能力和购买力受限,因而使得迅速将资金、人力资源重新配置到新的经济活动领域,改变产品结构获得高额投资回报和(往往是冒风险的)努力的回报,以适应经济动荡和经济挫折,变得难上加难。再者,由于多数的巴尔干和东中欧农场主必然依赖无薪酬或者低薪酬的家务劳动,因此,对他们来说,要想(像西方工业家那样)通过降低工资或解雇工人的方式来压低成本,也不可能。他们相对固定的成本不太可能有进一步压缩的空间,没有"虚肥部分"可以削减。相反,多数加工提取业属于相对资本密集型,而且它们的多数资本都已(名义上)"沉入"到矿井井筒和石油油井当中。因此,他们也无法通过降低工资或解

347

雇工人来进行实质性地削减成本,因为工资只是他们整个生产成本中相当小的一块。无论采取何种方式,随着初级商品价格下跌,初级产品生产商只有通过增加产量的途径无望地寻求补偿。然而,这对于每一个个体农场主和矿主来说或许是一个理性的反应选择,但整体来看,它实际上是有害的。巴尔干和东中欧的初级产品生产商注定要长期深陷于商品价格暴跌的困境,直到纳粹德国、公共工程计划出台、重整军备等的兴起以及英国房地产繁荣出现,西欧部分经济体才在 20 世纪 30 年代末得以复兴。

因此,关键性差别在于应对危机的行为方式不同,面对他们各自产品价格下降的时候,工厂主倾向于降低他们的产量,工业价格很快就稳定在一个新的(尽管较低的)层级上,但是农场主和矿主倾向于增加他们的产量,由此导致他们的产品价格一路走低。

再者,由于初级产品的平均价格在 1929 – 1933 年间降低了一半多(而工业品的平均价格降得幅度更大),工业家和产业工人在工业产品和初级产品贸易收益方面反而有了巨大增长。同样道理,高度工业化的西方国家,以牺牲世界各地的初级产品生产商的利益为代价,获取了巨大收益。加上资金供给突然中断,二者共同大大加剧了初级产品出口经济体(包括巴尔干和东中欧的许多国家在内)的萧条。由于初级商品卡特尔和靠政府补贴形成的稳定商品价格方案难以为继,而且成效不大,这更加剧了初级产品出口国的不利地位。这更主要是因为那些从事基本农产品生产和出口的生产商数量庞大但又各自为政、分布散乱。随着生产商遭遇淘汰的可能性增加,加入卡特尔组织成员的数量也相应地增加。像黄金、钻石和白金等(那些由相对较小数量的公司和国家生产的)产品,更容易结成卡特尔,但不幸的是,巴尔干和东中欧国家总体上缺乏这类自然资源禀赋。

1929 至 1933 年间,主要由于初级产品价格下降,出口收益的名义价格也有所下降,波兰下降了 66%,匈牙利下降了 62%,罗马尼亚和南斯拉夫下降了 58%,保加利亚下降了 56%。(Berend and Ránki 1974a:248)同一时期,由于类似原因,农业名义收入下降幅度为,波兰

59％、罗马尼亚 58％、保加利亚 52％、匈牙利 36％。(第 245 页)受大萧条打击最为严重的行业群体是牛肉出口商。1929－1933 年间,牛肉出口的名义价格下降幅度为,波兰 89％、保加利亚 86％、罗马尼亚 73％、南斯拉夫 59％,因为绝大多数西欧和中欧国家共同严格限制甚至禁止牛肉进口,以便保护他们自己的农场主。(第 247 页)

　　1929－1932 年间工业产量的名义价格下跌幅度为,罗马尼亚达到 11％、南斯拉夫和保加利亚将近 17％、匈牙利 24％、波兰 37％、捷克斯洛伐克 40％。(Berend and Ranki 1947a：250－254)巴尔干地区的工业产量下降幅度不如工业化程度较高的其他国家。造成这种差别的一个简单原因在于,巴尔干最初的工业产量很小,国内工业产品需求虽然收缩,但是很容易通过该地区工业进口量的限定来加以抵消,(第 249页)而无论是 1929 年以前还是以后,巴尔干地区工业产品出口量一直很少。

348　　西方极少人能意识到,20 世纪 30 年代大萧条对巴尔干和东中欧主要农业国的影响,大于它对西欧和德意志中欧国家的影响。之所以如此,除了"自扫门前雪"的因素外,主要因为工业国为应对大萧条的重负调整转移到工资和就业方面,导致贫困和领取失业救济金人数呈可见的、明显的增长。然而,这些负面影响可以通过公共工程计划、福利补贴以及降低贷款利息等轻易地抵消。但是对于巴尔干和东中欧更直接、更脆弱和更贫穷的农业与矿产出口经济来说,大萧条造成的后果更为严重,但更不易觉察、不易量化,更"内在化",而且更不易被有效缓和。除了通过实施严苛的进口限制、外贸控制和通货紧缩、厉行节俭方案来大幅削减进口和公共支出之外,巴尔干和东中欧国家的确别无选择。实现了工业化的德、英和瑞典等国应用的那些缓解大萧条影响的政策,很难在僵化和受束缚的初级产品出口经济体中达到类似积极效果。它们无力承担或实施反经济周期战略,只能更依赖于出口的复兴,尽管它们中的多数国家依靠"进口替代型工业化"战略取得了一定的成就。实际上,削减工业进口产品数量及其带来的实际成本的提高,以及"传统"初级产品出口带来的实际回报降低和出口产品范围的急剧收缩,都推动了本国企业家投资于"民族"产品加工业以提高产量,他们可以不考虑农业国和矿业出口国政府明确的经济政策,也可以不考虑严重阻碍经济调整的结构因素。

重要的是,对于以农、矿业出口为主的巴尔干和东中欧国家而言,如果它们只是那种既没有任何重要工业又没有本国的广阔城市销售市场的小国,若要畅通地获得重要工业国的市场、金融、服务和专业技术(know-how),那么,它们对工业国的依赖往往超过了后者对它的依赖。20 世纪二三十年代(尤其),从工业国获得上述内容的路径受阻的时候,多数巴尔干和东中欧经济体的功能受到严重损害,但是它们要改变这种状况却力不从心。它们自己的保护主义(激发和指导保护主义的,与其说是高调的、简单化的经济民族主义,倒不如说是审慎的"选择性回击")只能保障它们弱小的"民族"市场安全,但是无法保障更重要的出口市场。实际上,一方是相对贫弱狭小和依赖外贸的巴尔干和东中欧国家,另一方是有着较大国内市场(如美、德)和帝国"殖民地"市场(英、法)的国家,不断攀升的全世界性的贸易保护主义运动将前者置于相对后者越来越不利的地位。然而,由于多数巴尔干和东中欧国家本身就建立在有害的政治经济民族主义学说之上,而且不断加强的威权主义统治者将民族主义视为他们合法性和他们自身(有限的)思想的全部出发点,他们就不会根本性地反对美国和欧洲主要工业国不断增长且极具破坏性的政治经济民族主义。

在国际经济关系中,权力和控制力完全掌控在资本主义体系"核心区"的工业国(美、德、英、法)之手,而不是居于资本主义体系"边缘区"的农业国和矿业出口国之手。进行国际贸易更大程度上有利于前者,但后者不得不尽致力于将自己融入这个不舒适的现实中。因此,两次战争期间清晰明确地证明了一点,即小"国"可以负担得起实施极端"民族主义"的代价,但前提是大"国"和强"国"不能也实施极端"民族主义"。否则,小"国"不自觉地就被排挤在主要"国家"市场之外,而且在接踵而至的任何巨型战争中,小"国"注定会成为输家。小国,尤其是那些基本属于初级产品出口国的小国,通常受益于并依赖于开放的、自由

349 的、非民族主义的政治经济和国际秩序,即使民族主义者有时对此置若罔闻。在政治经济民族主义概念塑造的欧洲(同时是一个由热诚的"民族"国家组成的欧洲),所有国家都因欧洲大陆不断的"巴尔干化"而蒙受损失,但上述更弱、更小、更依赖贸易的国家尤甚。对他们而言,民族主义只是造成事实上的屈从、相对停滞等后患无穷,而不是什么获得"解放"的秘籍。

1930 年 8 月,巴尔干和东中欧政府领导人在华沙聚集,他们模糊地期望能协同一致应对刚刚开始的大萧条。但他们难以就地区合作或者"集体经济保证"达成任何框架,因为他们面临着在几乎相同的出口市场上同时销售相似产品的残酷竞争,而且都在为"民族"利益你争我斗。在政治经济民族主义的紧张氛围中,所有关于地区合作和一体化的建议都被置若罔闻。因此,这些国家在应对萧条时候注定会采取民族主义的"以邻为壑"(beggar-my-neighbor)以及自谋生路(*sauve qui peut*)的策略,包括提高关税、颁发进口许可证、贸易限制、中止双边互惠贸易制度、争相实施货币贬值、债务抵押、内债减免、外债拒付以及建立官方的"国家"农业订单收购和贸易机构(或"委员会")。首先,在持续萧条以及同时发生的西方在巴尔干和东中欧的投资全部停止(部分程度上构成了 1931 年以后他们债务支付中断的原因,同时也是其结果)前夕,波兰、匈牙利和巴尔干国家的统治者实施了国家资助的、进口替代的工业化战略(几乎可以和同一时期许多拉美国家发起的进口替代战略相比)。这些很大程度上都受到经济民族主义以及下列因素的驱动,例如,国家渴望把当下许多独立的经济活动置于持续扩张的国家权力控制之下,消灭"异族"、中间商、投机分子、食利者和工商业以及金融部门中潜在的"第五纵队"的排外主义或反犹太主义主张,提供"年轻人工作岗位"(尤其是为那些"民族资产阶级"和寡头统治者的子弟的就业)压力的影响,以及为了保障他们虚幻的"民族"安全而在"战略"上强调加强军备生产和潜在的战争产业,等等。"政府加强了对卡特尔的控制,并且接管了一些工业,尤其是那些军需产业"。(Seton-Watson 1945:130)

　　最为雄心勃勃的国家工业计划是匈牙利的"十亿辩戈计划"①(1938－1940)以及波兰的"中央工业区计划"(1936－1939)，这两项计划都是为了打造军工产业，而且选址都定在大城市及其周边，同时远离易受侵入的边界。在 1936－1938 年间的捷克斯洛伐克，也就是斯洛伐克人米兰·霍查(Milan Hordza)担任首相期间，斯洛伐克推行一项重要的工业发展战略，一方面是为了减少贫困，改变当地工业就业岗位缺乏的状况，以便减缓正不断激发斯洛伐克民族主义的社会经济不满情绪；另一方面是因为斯洛伐克被纳粹德国吞并的可能性较小。类似地，在南斯拉夫，斯托亚蒂诺维奇政府(Stojadinovic，1935－1939)培育了国有化学工业和冶金业。在罗马尼亚，国王卡罗尔二世(Carol Ⅱ，1930－1940 年在位)和他的智囊团扮演了类似角色。不过，由于国王本人拥有大量的军需、纺织和制糖工业，此间他大发其财。(Seton-Watson 1945：131，210)然而，短期之内(而且多数情况下，甚至更长久)，这种进口替代工业战略主要是以劣质、高成本的本国工业制成品替代廉价的优质进口产品。高关税、进口限制以及外贸控制保护下的物品的"价格与以前从西欧进口的同类商品的价格相比，通常要高出 50％至 300％不等。许多这类'手工'工业因为战略需求不能得到保护。这些工业的受益者只是一小撮直接介入的人们，而更穷的城镇人口以及更穷的农民却要承担它们的高成本"。(第 131 页)实际上，强化了的贸易保护主义和贸易控制刺激了"寻租"行为，并且使得本国工业垄断者能够通过避开来自外国产品的竞争、损害本国产品消费者的利益(包括其他更多依靠本国投入的加工业)来攫取暴利。我们未能发现那种基于下述理由对"自然的"或自发的进口替代型工业化的正当的反对，即该国在某类产品生产方面有着实际的或潜在的比较成本优势，对贸易条件的某种理性回应，持续受外国竞争和世界市场确立的规则的冲击，等等。就 20 世纪 30 年代的巴尔干和东中欧地区而言，本来可以沿着这个方向取得巨大成就。然而，过度的、不加区分的、持续的保

350

---

　　①　辩戈，匈牙利的早期货币单位名称，1964 年后用"福林"取代。——译者注

护主义,"为青年人提供就业"以及国家订单和津贴分配方面的腐败等,都刺激了"权力寻租"、低效、浪费、贪污、资源的错误配置或不合理地配置,以及市场体系总体上的有害扭曲等。再者,30 年代执行的进口替代政策是植根于经济民族主义之中,由于强调自力更生(自给自足)进而从更大的国际贸易、专业化和投资中获取更多收益,最终阻碍或取消了他们自身的效率。具有讽刺意义的是,直到 50 年代,进口替代型工业化战略才达到相当规模,足以能从根本上改变巴尔干、东中欧和拉美等以初级产品出口为主的经济体的收入、就业和生产潜能,但是到那时候,最有利于进口替代工业化战略的情势早已不复存在,只剩下遥远的一片记忆。

第二十五章　农民阶级的困境：
对农民贫困和诉
求的再评估

"农民欧洲"的觉醒

　　从 19 世纪 60 年代至 1929 年,从爱尔兰到乌拉尔,农民一直处于
"流动中"(on the move)和"形成中"(on the make)。最迟到 1929 年,
农民人数仍占欧洲居民总数的将近一半,而在欧洲东半部分地区,这个
比例几乎达到四分之三。农民正作为一个有着特定社会经济和政治利
益与诉求的自觉阶级出现,尽管起初他们的利益都依靠资产阶级政治
家和知识分子来表达,而后者有时为了本阶级的利益会利用农民作为
他们的工具。19 世纪 40—80 年代期间,东中欧和巴尔干部分地区的
农奴制不断瓦解,农村教育机会缓慢增长,数量缓慢扩张的农村知识阶
层(包括教师、医生和地方政府职员)与农村工业无产阶级(包括铁路工
人和矿工)接触增多,更普遍的兵役制和城镇就业提供的一些机会都开
阔了视野,加上对自己依然不利地位的意识(和愤懑)的增长,所有这一
切都唤醒了农民保护自我利益的需求以及从经济和政治上组织起来的
必要。到 1905—1907 年间,在爱尔兰、法国、斯堪的纳维亚、拉脱维
亚、爱沙尼亚、立陶宛、波兰、乌克兰、俄罗斯和罗马尼亚等国,出现了许

多以农民为主的大规模的运动(1907 年罗马尼亚的农民大起义部分程度上是因为受到 1905－1906 年俄国农民起义的激发)。再者,在 1906－1914 年间,一些国家的农民合作社数量剧增,明显参照 19 世纪八九十年代丹麦开创性的合作运动的模式。因此,到 1914 年,许多丹麦人、瑞典人、芬兰人和罗马尼亚人以及超过三分之一的俄罗斯和爱尔兰农民家庭都加入贸易合作社或信用合作社中。

泛农运动也成果颇丰,在关键的 19 世纪,出现了浪漫主义、民间文学、人种学、语言学、民间文化和亲斯拉夫主义关于地方农民文化的“再发现”或“再创造”。这些思潮开始弥合了启蒙运动以来形成的大众文化和精英文化之间的分野。与之同步出现的还有农民的民族和前民族长期被埋没的方言和各种新创造的民间文学。(包括拉脱维亚、爱沙尼亚、立陶宛、芬兰、乌克兰、捷克、斯洛伐克、克罗地亚、塞尔维亚、保加利亚、希腊、罗马尼亚、阿尔巴尼亚、斯洛文尼亚、马其顿和爱尔兰等)这些语言-文字的复兴或许最初受到外部民族(例如,德国人、瑞典人和天主教教士)的影响,但是它们的影响远远超出了最初的意图,有时剧烈地改变了农村的权力平衡,使得更有利于当时的下层农民而不利于外族的地产精英,尤其是在拉脱维亚、爱沙尼亚、芬兰、乌克兰、捷克、克罗地亚、保加利亚和爱尔兰等国。19 世纪末 20 世纪初欧洲地区农民激进主义和迄今被淹没的农民民族文化共同形成的巨大浪潮,与之互相呼应的是,小农(佃农)经济力量在争取建立独立的农民为主的民族国家和剥夺外来地主贵族的民族革命斗争中相对增强。

农民普选权的逐渐扩大,农民合作社数量的增长,教育和廉价交通的稳步推进,农业保护主义的兴起乃至工业化的“进步”,绝不意味着(经典马克思主义所预测的)农村的“去农民化”,而是增加大规模密集饲养业、乳品业、葡萄栽培、树木栽培等产业的潜力,给不断商业化的小农经济一线生机,同时,也不断排除了大规模农业靠吸纳廉价、温顺的劳动力来获利的可能性。1874－1896 年间国际粮价的下跌沉重地打击了那些靠雇工为国际市场大规模生产粮食的农场,而有利于那些作为纯粹粮食购买者的佃农。较之于那些低薪劳工,自雇、自产的农场家庭劳动力面对变化的形势反应更为积极,而且劳工只知道如其所教的那样干活(绝不多干),而且在监工不在场的情况下更有理由偷懒。建立在雇佣劳动之上的农业需要支付各种监督和管理成本,而对于那些更灵活更自主的佃农来说,这部分成本却没有上升,因而他们可以收获更多的自己劳动成果。这导致了经济严重萧条时代有名的小农"韧性",例如20世纪30年代早期的情形。越来越艰难的环境并没有自然地导致大批小农弃地逃亡。农业的经济效力依然在增长,这反映在农民消费总体上升上。农民饮食越来越多样化(可以吃到更多的肉、蔬菜、白面包、水果、咖啡、茶、糖和啤酒),有些农民甚至学会了抽烟。他们购买更多的鞋子、廉价的水洗衣服、火柴、煤油和煤油灯。即使在这些货物征收重税的地区,农民们这方面的消费依然居高不下。因此,农民对这类产品消费的扩张能够推动欧洲轻工业的扩张。

许多农民,尤其是农业劳工,很大程度上甚至完全不能按照这种提高了的农村消费标准得到必需品。奥地利波兰(加利西亚地区)的贫苦农民遭受贫瘠土地养育巨量人口的马尔萨斯人口压力[①],而罗马尼亚农民深受"租赁"制度的残酷剥削。许多偏僻山区,由于过度放牧、森林退化、水土流失和农村凋敝,正遭受严重破坏,巴尔干地区尤为严重。这些因素迫使大量移民离开欧洲涌向新大陆,尽管少数地区例外。对于巴尔干和东中欧的许多低地地区来说,这是一个农业集约化和农产品人均收入增长的时期。(Bideleux 1987:13,23,250;1990)

因此,无产阶级不是1917年后欧洲唯一"变动的"阶级。欧洲全境还出现了一个以农民为主的运动风暴,从爱尔兰和斯堪的纳维亚贯通德国直到斯拉夫世界。在爱尔兰、波罗的海、东中欧、巴尔干和乌克兰,觉醒了的农民民族-国家已经出现;在俄国1917年革命中,农民发挥了核心作用;在巴尔干、苏联和波罗的海地区,进行了激进的土地改革;大

---

① 马尔萨斯人口压力:马尔萨斯人口论是马尔萨斯于1798年所创立的关于人口增加阻碍经济增长的一种人口理论。根据该理论,经济增长的同时要带来人口的高速增长,后者反过来阻碍经济增长,直到人均产出降到只能维持人的最低生活时,人口才停止增长。——译者注

战期间及其结束以后,农民不断参与政治生活,不同政党围绕选举的竞争,以及国际意识形态领域呼吁奉行"热血和土地"①的民族主义、甘地主义和俄罗斯农村社会主义(后者主要在斯拉夫和罗马尼亚),等等,这一切都加剧了所谓的"绿色起义"。再者,后 1917 的欧洲,普选权和义务教育的广泛推行,使得农民比任何其他阶层获益更多,同样,合作社网络的持续扩大也给农民带来巨大益处。G. K. 切斯特顿(G. K. Chesterton)在 1923 年指出:"大战之后,欧洲实际发生的情形是,农民获得巨大胜利,相应地,共产主义者和资本家遭受巨大失败。""在一种可怕的静默中,农民与布尔什维克主义及其孪生兄弟大企业展开了一场巨大的、无声的、针锋相对的较量,最终,农民取胜。"(Chesterton 1923:8)

20 世纪 20 年代的土地改革

1918 年,巴尔干和东中欧的经济以农业为主,各国农民和农业工人在全国人口中所占比例如下,保加利亚 80%、罗马尼亚 78%、南斯拉夫 75%、波兰 63%、匈牙利 55%、捷克斯洛伐克为 34%。(Seton-Watson 1945:75)前奥匈帝国、波兰和罗马尼亚都是以大地产为主,而南斯拉夫和保加利亚仍以小农所有制为主。经过 20 世纪 20 年代的土地改革以后,除了波兰和匈牙利以外,各国经济主体多是小农经济。

20 年代的土地改革不被视为经济措施,而且也不应当如此看待。(Seton-Watson 1945:80)"应当明确认识到,改革的动机是政治性的、社会性的和民族主义性的,而非经济的。"(第 79 页)它们是匆忙出台的预警措施,旨在消除第一次世界大战前夕农民的"土地饥渴症"和社会动乱,并纠正可能因为 1917 年俄国革命带来的潜在政治"破产"。同时,受教育阶层中普遍存在的一种感觉是,"鉴于农民承担了战争的苦难,而且在巨大的危机中证明自己的确是迄今人类史上真正的民族脊梁,因此,它有理由分取国家财富的份额。这种思想注定比其他一切观

① 纳粹的口号。——译者注

点都更有说服力"。(第79－80页)

土地再分配方案(完全不同于从前承诺的更激进的分配方案)包括剥夺"外国"地主的地产。然而,只要给他们名义上的补偿(形式上遵循私有财产神圣不可侵犯的原则),那么,所付费用就被认为是为换取更大政治稳定性和社会和平而应付出的代价。再者,胜利的民族主义者欢呼这类剥夺,称之为他们民族生产力资源的重新配置。因此,截至那时,捷克地区和波兰西部日耳曼地主拥有的土地,特兰西瓦尼亚、斯洛文尼亚和伏伊伏丁那地区马扎尔地主拥有的土地,以及波黑地区前奥斯曼穆斯林地主拥有的土地,在进行重新分配的时候都几乎没有遇到抵抗,因为这些被剥夺了土地的"外国"地主在新建或者扩建的"民族"国家中缺乏相应的利益代言人。(Seton-Watson 1945：77－78)大地产制在波兰和匈牙利仍占主导地位,第一次世界大战前,这两个国家的地方贵族在公共生活和民族运动中发挥领导作用。因此,实现民族独立之后,他们设法掌控着自己的经济大权和财产。(第78页)

正是因为土地改革不是被视为经济措施,所以,普遍认为它们有大量缺陷,这些缺陷注定它们招致经济方面的失败。因此,按照沃森的观点,新分或新增土地的主人缺乏必备的技术知识和设备来推动经济的成功,而且"新政府没有重视农业改良和对农民的资助,直到大萧条出现后他们才不得不采取这类措施"。(1945：80－81)再者,即使在1929－1933年大萧条前夕,巴尔干和东中欧的农业面临着来自欧洲外产量区的严酷竞争。"把美国高度资本化的农场生产出来的产品,经水路从纽约或布宜诺斯艾利斯运到汉堡,较之于从陆路把匈牙利低度资本化经营中产生出的农产品(更不用提巴尔干地区不盈利的农业产品)运输几百里远,运输成本更低。来自美国粮食的竞争不仅仅是弥补了……世界市场上俄罗斯黑麦消失的份额。""大地产主和中等地产主对竞争激烈程度的感受胜过小地产主,但竞争直接或间接地影响到全部东欧的农业人口。"(第81－82页)然而,在20世纪20年代的"相对繁荣"时期,"富裕农民借钱……以便改良土地。穷苦农民借钱为了在青黄不接的关键时期购买食物……贷款往往要背负很高的利息,尤其是向那些高利贷者借的款项的利息……农产品价格的下降极大地加重了债务负担,因为农民现在的农产品带来的收入只有从前的一半,而……他们的债务保持不变"。(第83页)同时,地产越来越小块化,因为按照巴尔干和东中欧很多地区的习俗,世袭土地应该在现存儿子中平均分配。"如果地产质量有别,可种植特产的土地类型有别,那么每个儿子都能分得其中的一份……数英亩的地产可能被分割成四十多条块土地,彼此相距甚至数英里。为便于地主从此块土地走到彼块土地,大片耕地被用于修路。土地条块分割太细,无法保证生产的高效率。"(第81页)按照沃里纳的观点,(Warriner 1950:143)两次世界大战期间,"东欧农场的平均产出只能达到西欧农场的三分之一,但每一英亩土地必须供养的人口的数量却是西欧的两倍"。(这里所说的西欧,似乎所指的是英、法、德、低地国家和丹麦等。)

尽管如此,沃森多少有点言过其实。事实上,两次世界大战期间巴尔干和中东欧的农业和农地分配方面的确存在严重不足,但是这些问题程度各异。巴尔干和中东欧的粮食和土豆亩产量一直近乎南欧的两倍,超出法国的25%以上,德国的5%以上,只是比丹麦低3%,另一方面,每公顷粮食的年产量高出南欧国家的17%以上,仅低于西北欧和日耳曼中部欧洲的22%。(Bideleux 1987:250−251,表11,12)再者,巴尔干和中东欧的人均拥有牲畜量和整个欧洲(除苏联以外)的拥有量大体持平,远远高于南欧的数量。(第254页)此外,沃森自己也指出,在大农场主占主导的匈牙利,粮食总体产量和农民生活水平并不比保加利亚或南斯拉夫高多少,而后者是小农所有制占主导。(Seton-Watson 1945:102)从1934−1938年,匈牙利每公顷土地的谷物年均产量是1.5吨,波兰是1.1吨(类似地也是大农场主占主导),相比之下,捷克斯洛伐克的年产量是1.7吨,南斯拉夫是1.4吨,保加利亚是1.2吨,罗马尼亚是0.9吨。(Bideleux 1987:251,表12)两次大战中间也见证了一种重要转变,即从"单一种植业的"(monocultural)农作物生产转向更多样的劳动密集型作物和牲畜的生产,而后者更适宜于小农经济,这一点正如正如罗斯柴尔德(1974:353)、贝伦德和兰基

(1974a：296)前面所述。

有趣的是,1934 年,亨利·蒂尔特曼(Henry Tiltman)报告说,保加利亚"已经发布消息称,种植草莓、豌豆,生产白酒可以赚钱,而世界上小麦产量严重过剩……为了实现保加利亚从农场向果园的转变,农民在每一轮转变中都将得到政府资助,因为政府总是在关键时刻保持清醒的头脑。鉴于传统市场已经消失,保加利亚必须为它的新作物赢取新的市场。因此,必须未雨绸缪,确保每一只鸡、每一个鸡蛋、每一篓水果和每一瓶葡萄酒都符合质量要求,以此推动而不是阻碍国家的进步。为此,保加利亚参照丹麦模式建立了审查体系,并采取严格的产品分等级措施"。(Tiltman 1934：68)

总体上看,巴尔干和中东欧农业劳动生产率和农村生活水平明显更多地受到环境因素(高原和气候条件)、城市化和工业化水平的影响,而其农业部门是小农所有制还是大地产制,发挥的影响作用不大。然而,沃森关于 20 世纪 20 年代土地改革和农业经营的所谓负面的"连带"影响多少有些悲观和夸大其词,这些看法一度而且仍然广泛流行。例如,摩尔、(Moore,1945：26 − 35,87 − 94)政治经济规划处、(PEP 1945：26 −33)沃里纳、(Warriner 1950：xii − xiii,142 − 144)贝伦德和兰基、(Berend and Ranki,1974a：288 − 295)科克伦和克兰普顿(Cochrane 1993：851,Crampton 1994：35)等都这样认为。因此,按照汤普森的观点:"两次战争期间东欧土地改革并没有给农民带来繁荣……到 20 世纪 30 年代,东欧的人地比率变化很小,(甚至)有所下降,因为农业改革没有缓解农村人口压力过大的状况……两次战争期间土地改革的主要影响在于略微加快了东欧农业结构的转型。"(Thompson 1993：844)另一方面,科克伦斯认为 20 年代土地改革"总体上未能根本性地改变农业结构"。她正确地强调了通过发展"合作社、信用机构、新的营销结构和推广服务"来为农业提供适度的基础支撑作用。(第 55 页)但是她的下述认识也极具误导性,即"许多……政府未能把土地改革进行到底,辅之以从制度和基础设施方面扶持新型农民……整个地区的推广服务事实上闻所未闻"。(第 853 页)"某种程度上,20 世纪 20 年代

355

的改革未能改善农村人口的条件,因为缺乏这种必要的支持。"(第855页)相反,我们认为,农村基础设施有了相当地发展,而且农业出现了重要的变化。我们下面就转入对这一见解的详细论证。

在我们看来,两次战争期间巴尔干和东中欧的农村问题并不是由土地所有权的制度安排所决定的。坚持如此认为,无异于缘木求鱼。不应简单地谴责从前的大农场主,认为普遍严重的贫困就是它留下的遗产,也不应谴责作为大农场主制的对立的一面,即20世纪20年代的土地改革和盛行的小农制(不论这两种解释多大程度上迎合了人们的政治经济偏见)。人们也不能简单地将贫困问题归因于农业人口的增长。到这一时期,在法国、德国或联合王国,每公顷可耕地上的农业人口密度实际上比巴尔干、东中欧要高。(Moore 1945:197－204)然而,早在农村"人口过剩"出现之前,在巴尔干和东中欧地区,就已经出现了严重而广泛的农村贫困问题。相反,随着教育和农业科技水平的提高,巴尔干和东中欧的土地和农业很容易维持高密度的农村人口的生存(可以和荷兰、比利时、挪威和芬兰等各类国家相比)。重要的是,两次战争期间巴尔干和东中欧地区的农村贫困主要是因为(同时表现为)长期的社会文化剥夺和重视不够。这些地区的农民和农业劳工仍然饱受教育不够、公共卫生和社会保障缺乏、清洁的饮用水源缺乏,以及普遍的不卫生的居住和生活方式的影响等。正如沃森观察到的:"教育缺乏使得农民很难理解卫生的重要性,也很难充分利用他们可支配的稀缺的食物资源。"(Seton-Watson 1945:95)再者,"多数小农居住在破陋不堪的小屋内,以至于最为优秀的卫生专家对此也一筹莫展。一张床上挤满了六七个大人和孩子。在部分波斯尼亚地区和其他穷困地区,牛、猪等牲畜与人同处一室"。(第92页)"匈牙利的农村无产阶级的生活状况接近于邻国的小农阶级的状况。全家人拥挤在狭小、肮脏的房间内。有些家庭有属于他们自己的小房间,还有一部分家庭住在地主提供的窝棚内"。(第102页)在布加勒斯特,有一个博物馆展览的就是罗马尼亚不同地区农民传统住舍。在博物馆公园的布景下,表面上看它们漂漂亮亮、奇特有趣,但实际上,其中的绝大多数房舍极为狭小、黑暗、拥挤、易燃，而且绝缘性极差，还有一些房舍明显与"地上掘个洞"再加个顶盖毫无二致。两次大战期间的东中欧，尤其巴尔干地区，是欧洲文盲率最高的地区，(Bideleux 1987：227，表 3)也是婴儿死亡率最高（第 225 页，表 2）以及肺结核、伤寒、猩红热、天花、白喉、百日咳和霍乱等疾病发病率最高的地区，苏联的欧洲部分不包括在内。

　　如果这构成了两次战争期间巴尔干和东中欧地区的贫困的基本面貌，那么依靠土地改革根本无法从本质上加以消除，正如土地所有制度（无论是旧制度还是新制度）也不是它的直接原因一样。即使在那些土地被没收并在农民中重新进行再分配的地区，多数小农的土地增加量仅仅在 10％至 35％之间，短期收益很快就因为农村人口的激增而被抵消了。因此，土地改革只能是暂时缓解了农民的"土地饥渴"。

　　土地改革的基本影响（如同它的主要动机一样）集中在政治和社会方面，而非经济方面。实际上，在瓦解（至少是削弱）传统地主阶级权力方面，土地改革的确有助于排除那些阻碍农业组织、合作社和自我救助等发挥高效的因素。除了最为开明的地主和农村官员以外，几乎所有人都反对任何有可能打破农村权力平衡而且有利于农民的做法。解决农村贫困的长期有效的方法在于扩大农村教育、农事帮助，以及其他旨在提升农民自助能力的措施。除了捷克地区以外，巴尔干和东中欧的工业部门都尚未发展到足以能够吸纳大量农村剩余劳动力的程度（即使这些工业能够比他们实际发展的要迅速），与此同时，由于美洲（北美）移民配额的紧缩，从巴尔干和东中欧移居北美的农业移民有所减少。正如蒂尔特曼（Henry Tiltman 1934：72）所报告的那样，保加利亚（只是诸多国家之一）"已经发现，唯一的真理在于，农业国通向未来繁荣之路的关键在教育，以及未来更多的教育"。

　　后来，农村还是取得了更大成就，超出了像沃森（1945）、贝伦德和兰基（Berend and Ranki 1974a）、汤普森（Thompson 1993）和科克伦（Cochrane 1993）已承认或愿意承认的那些成就，尽管从当初采取措施到完全结出果实必须经历一个时期。最重要的改革在于，在农村地区建立了免费的普遍义务教育，这一进程早在第一次世界大战前的时期就已经开始。到 20 世纪 30 年代,该地区(阿尔巴尼亚除外)全部人口的入学率与西欧基本持平。(Bideleux 1987:22,表 3)

当然,仍有一种广泛的意见认为,农民不需要太多的教育,因为所谓小农经济具有的简单性不需过于重视正式的知识和训练。再者,许多地主、官员和市民不希望农民能够获得有助于他们自我组织、游说立法、获取资源以及争取自我利益所需的知识和技能。甚至米特拉尼(Mitrany)对此也模棱两可。一方面,他认为,"如果农村生活标准的确需要提高的话",那么,"改善教育"是三个必备的关键前提之一(另外两个是改善交通和改善管理);另一方面,他声称,"目前已提供的这类教育总体上削弱了村庄实力,它对于调整农民适应分散的农村村社上的生活和耕作来说,益处不大,而且它诱使有能力的青年农民离开乡村到城市求职。这产生的另外结果就是,该地区多数国家背上了一个躁动不安又有知识的无产者阶层的重负"。(PEP 1945:14—15)

尽管如此,一个无可争议的事实是,欧洲受过良好教育的农民同时也是最健康、最有活力和最富裕的农民(主要体现在丹麦、瑞典、芬兰、瑞士、荷兰,以及新近出现在奥地利和捷克国家)。受过良好教育的农民乐于接受新设备、新科技、新的耕作方法、种子多样性、建筑材料,并且具有公共卫生以及人与动物卫生保健等观念。他们还比较响应农民党派、农业合作社以及新形式的金融、营销、食品加工和政治游说,更有机会获得农村服务以及农事帮助,以及避开或排挤掉无情的中间商的操控。到 1937 年,各国农业信用合作社的数量(和成员)分别如下:捷克斯洛伐克 6 080(1 440 784)、波兰 3 736(816 007)、匈牙利 1 008(421 507)、罗马尼亚 4 638(905 420)、南斯拉夫 4 283(414 645)、保加利亚 1 899(216 538)。而各国的牛奶和其他产品贸易或者加工合作社的数量(和成员)分别是:捷克斯洛伐克 2 579(486 385)、波兰 5 176(1 082 551)、匈牙利 22 435(746 462)、罗马尼亚 1 906(219 207)、南斯拉夫 3 204(233 939)、保加利亚 1 640(202 256)。(PEP 1945:154)此外,各国(集中在农村的)消费合作社的成员数分别是:捷克斯洛伐克 805 544、波兰 373 516、匈牙利 127 428、罗马尼亚 29 063、南斯拉夫

86 983、保加利亚 84 449。(第 155 页)

需要强调的是,直到第二次世界大战结束的相当一段时间以后,欧洲农业的主要进步极少依赖大规模农业机械化和大量施用化肥。大规模的机械化最初出现于 19 世纪的英美农场,但是应用于欧洲小农场,成本太高,不合算。普鲁士率先在农业中大量使用化肥,但因其价格昂贵,小农也很少使用,而且只局限于庭院花园中使用,种植大宗粮食作物时基本不用。农民通常认为,大量施用化肥,每英亩谷物可增加的产量有限,回报率较低,似乎得不偿失,而且农民们在这一点上通常都是正确的。相反,直到第二次世界大战,推动欧洲小农业进步的动力主要依靠耕作方式的变化,包括引进新作物(比如根茎类作物和豆类)以及新的高产良种,还有农场工具和其他小型设备的改进等。愿意接受这些形式的农业革新,部分程度上是出于农场规模和财富的缘故,但更主要是因为农民通过阅读关于种子和设备的介绍、报纸广告以及农民杂志等,理性能力提升,并且可以发现最新可种植的良种、作物以及可利用的工具和小型设备。因此,我们拒绝接受沃里纳关于"阻碍农民改进方法的因素没有被忽略"的观点。(Warriner 1950:144)我们认为,克服无知是战胜贫困和"落后"的关键。加入农业信用销售合作社的人员数量越多(它本身与农民受教育水平和意识的提升密切相关),越有助于加强他们关于新农具、种子多样性、农作物和农业技术的意识。或许,同等重要的是,受教育水平的增长加强了人们的卫生观念,人们觉得有必要定期更换衣服和清洗被单、饮用开水,清理供水设施,排干发臭的、容易滋生疾病的泥塘沟渠,发展安全处理"人粪"的方式,以及区隔牲畜圈所和人的居所等。

重要的是,蒂尔特曼报告说,保加利亚从一个农作物种植占绝对主导地位的国家,变成具有多种农产品经营的国家,这种转型所必需的知识和技能是由堪与当时欧洲其他国家比肩的农业教育体系提供的。(1934:70-71)该体系的顶层就是索菲亚大学农学院,同时该教育体系还包括四所农业高级学校,15 所农业试验学校(其中七八个是女子专科学校),30 个培养成年农民的冬训班。农民培训学校组成一个覆盖全国的庞大网络,到 1933 年 6 月,规划建设的 800 个学校中有 110 个已经投入使用。继续教育学校完全建成后,基本覆盖全国每一个大的村庄和城镇。每一个孩子上完小学后,通常必须参加两期共四个月的农业继续教育。这些培训一般在冬季举行,男孩往往会获得现代耕作方法的指导,尤其是与学校所在地主导农耕方式相关的现代农业方法,而女孩都要学习做家务、烹调、缝纫,照顾孩子以及基本的卫生知识。

撇开这些角色分工的"性别"特征不论(尽管如此这些与当时的社会期待完全一致),两次大战间隔期间保加利亚的确奠定了它后来(20 世纪 50 年代和 60 年代)成为农业强国的基础。保加利亚这方面的成就也告诫我们,应当警惕把两次大战期间的巴尔干和东中欧地区说成一抹黑的危险。这个黑暗的世界当中还是有许多亮点的。实际上,保加利亚农民的生活方式当时正经历一个重要的转型。"保加利亚人'脱贫致富了'(lift off the floor)……保加利亚最穷的农民如今基本上都有自己的土地、自己的房屋、部分家具,以及自尊……而且随着这种心理转型,人民的健康也有了改善。死亡率,尽管仍然很高,但还是有了下降……农民可以住在根据国家帮助设计建造的两居室里,他们的牲畜实行隔离圈养。泥地换成了砖头和木板地面。还安装了可自由推关的窗户……许多人……如今可以躺在床上睡觉,坐在桌旁就餐。每人一份的餐具取代了过去的公碗。甚至一些村庄还用上了电灯"。(Tiltman 1934:83)

简而言之,保加利亚农民进入 20 世纪算是姗姗迟到。然而,事实充分证明,集约化特征最明显的农业也只是解决了两次战争期间巴尔干和东中欧的"一半"农业难题。解决"另一半"的方案(接受大规模向外移民已经不再可行的事实)只能依靠强化工业化的路径。这种途径可以增加高附加值农产品的总需求,提供更多化肥和农业设备投入,从土地上吸走所谓"剩余"人口。(Warriner 1950:xii — xiii, 144;Seton-Watson 1945:115 — 117)"到 20 世纪 30 年代,大量农业人口成为'剩余'——因为他们即使离开土地也不会降低农业生产力。这些剩余人口的规模无法准确估计,因为对于多数农业人口来说,它采用的是半雇佣方式。但是,不同的估计一致认为,这个比例是比较高的,约占该国总人口的四分之一到三分之一……人口对土地构成压力,这意味着土地必须分成更小的单元。农耕方法仍然是原始的,因为农民们太穷,无力支付机器和大牲畜方面的费用,以及维持谷物产出期间的必需品(指肥料、种子等)的费用……治疗这种普遍贫穷存在的唯一药方是工业化。但农民贫困造成的资金短缺、国内市场狭小等成为实现工业化的重要障碍……结果农民贫困造成了恶性循环。"(Warriner 1950：xii)

我们不是要完全拒绝上述观点(错误地将农业进步等同于机械化以及由工业供给的化学物质应用的增加),我们重在强调另一面。对于两次战争期间的巴尔干和东中欧来说,除了在高度工业化的捷克斯洛伐克,快速、以城镇为中心的大规模工业化本身只能解决农业问题的"一半",难题"另一半"的解决方案来自农业的集约化,以及分散的、小规模的、劳动密集型的农村工业化:首先,因为资本、工业技术以及"专业技术"实际上是稀缺的;其次,因为巴尔干和东中欧的工业部门和城市制造业要强大到足以完全吸纳农村"剩余人口",注定需要 20 - 30 年的时间(尤其是因为,与农业相比,多数工业本质上更是资本密集型和技术密集型的)。此间,正如巴尔干和东中欧的农民党所指出的那样,就地发展农业经济和农村工业,而不是将成千上万的农民移植到拥挤不堪、资本化程度很低的城市工业部门,将更便捷、更安全、更见成效。实际上,大量问题取决于将要推进的工业化形式和工业类型。农民党派一致认为,在农民为主的社会里,工业优先以及谋求的工业化模式主要应满足农民的"基本需求"。这是民众的意愿,不仅仅因为农民构成了人口中的大多数,而且因为采用这种方法可以培育出一种和谐的、有机的工农业发展的关系。农业部门为巴尔干和东中欧的工业发展提供市场和原材料,后者反过来为农业提供市场和工业投入,同时,基础设施成本和社会动荡可以降到最低。实际上,"东欧没有必要实行那种导向于庞大的、城市群集聚的、不健康的西欧式工业化"。(Seton-Watson 1945：118)事实证明,巴尔干和东中欧的独裁者、经济民族主

359

义者、共产党、军事集团以及某些有影响的西方发展经济学家(包括沃里纳、多布和格申克龙)等,他们所中意的那种片面强调大规模、资本密集型、城镇为中心的重工业和工矿业发展模式,是一个十分糟糕而且代价惨重的错误,如今,巴尔干和东中欧人民依然在为这种发展模式的社会、经济和环境的高代价买单。

巴尔干和东中欧的泛农主义运动

两次大战期间的巴尔干和东中欧地区的几乎每一个国家都出现过重要的农民运动,它们共同渴盼终结"封建"地主制度,在原地建设一个自耕农在合作运动中团结一致的民主社会。由于固有原因,农民主义的支持者比马克思主义社会主义、法西斯主义或自由主义的支持者多得多,只有在斯洛伐克、斯洛文尼亚、匈牙利和波兰,农民政党仍然处在(天主教的)教会强烈影响之下。只是在波兰反动的萨纳奇(Sanacja)[①]体制下,匈牙利反革命的霍尔蒂(Horthy)统治下,阿尔巴尼亚的索古(Zog,1895－1961 年在位)高压政府统治下,地主寡头统治几乎原封不动地保留下来。但即使在波兰和匈牙利,农民党最后还是联合起来(分别于 1931 年和 1939 年),支持激进的方案,这为他们在 1945 年选举中赢得绝对胜利奠定了基础。

然而,在 1929 年 4 月至 1938 年 9 月期间的捷克斯洛伐克,农党(the Agrarians)仍然是每一届国会和每一届政府的最大党。农党(the Agrarian party)"组织有力,在省级和地方政府机构中深孚众望,全面参与到合作社和银行体系中",以至于它成为政府的精英党,"对于任何一届政府内阁联盟来说都不可或缺",从不背叛它的多数农民朋友的利

---

① "萨纳奇",一种高度中央集权的独裁统治,类似法西斯主义。"萨纳奇"(Sanacja)来源于拉丁语"Sanatio",意思是"纯洁"。"萨纳奇"的发起者都是前军官。1926 年 5 月,毕苏斯基在一场军事政变中重新上台后,开始在波兰全国推行"萨纳奇"政策。相应地,波兰政府也被称为"萨纳奇"政府。他们对原波兰民主政府日益严重的腐败感到强烈的不满,因此决定纯洁波兰人的思想和政治。尽管"萨纳奇"政府是一个高度中央集权的军事独裁政府,但当时波兰基本上消灭了腐败和通货膨胀,经济形势日益好转,政府统治得到了大多数波兰人的支持。——译者注

益。(Rothschild 1974：97)在罗马尼亚 1928 年 12 月举行的真正意义
上的自由选举中,迈因(Iuliu Manin)领导的全国农民党(National
Peasant Party 1926 年合并而成)获得了压倒性胜利。它在施政纲领中
承诺铲除罗马尼亚政府的腐败体系,解除以牺牲消费者(主要是农民)
利益为代价换取少数工业家的富裕的保护主义政策,进一步扩大农村
教育、卫生工作,推广服务和农民合作。最后一点但并非最不重要的
是,两次战争期间的克罗地亚仍然处于克罗地亚农民党的统治下
(Croatian Peasant Party,1904 年成立),它的领导人开始是斯特潘和
安特·拉迪克(Stjepan and Ante Radic),后来是马奇克(DrVladko
Macek),而斯洛文尼亚一直处在天主教的、小农的而且受过教育的斯
洛文尼亚人民党(Slovene People's Party)及其附属的信用和营销合作
社的统治下。

两次世界大战期间,巴尔干和东中欧地区的多数农民运动奉行民
主和非暴力的准则和导向,但斯塔姆波林斯基(Aleksandur
Stamboliski)领导的农民联盟(Peasant Union,它的前身是农业联盟
Agrarian Union,成立于 1901 年)有所例外,后者曾在 1919 年 10 月至
1923 年 6 月统治保加利亚。"由于将'城市'和市民视为具有邪恶性、
寄生性……斯塔姆波林斯基的行动常常演变成受挫农民复仇心理的几
近残酷的宣泄。"他的法西斯主义准军事组织橙色卫队(Orange Guard)
成为"寄生的"资产阶级和他的政治竞争对手的梦魇,而且"与其说他是
为了让农民阶级受益,倒不如说他似乎更着意于搅扰其他阶级"。
(Rothschild 1974：338)

在 1923 年 6 月的血腥军事政变中,斯塔姆波林斯基和他的许多积
极拥护者遭到肃清。政变的支持者是复仇的城市资产阶级和民族主义
极端分子,而共产主义者和社会民主党在一边幸灾乐祸地品味着这场
复仇斗争,坐山静观虎斗。斯塔姆波林斯基延续下来的成就仅仅包括,
推行平均地权的改革(1924 年部分程度上被他的后继者所修正),更持
久地扩大农村教育、农业合作以及信用社设施;持久的全民义务劳动制
(取代了兵役制),以及国有粮食机构取代私人对粮食的经销,尽管这证

360

明只不过是利弊参半。

斯塔姆波林斯基曾经以占全国人口达 80％的农民的名义滥施暴行。然而,他的农民联盟在 1919、1920、1923 年的选举中得票率分别仅占 32％、38％和 53％,虽然在 1920 年和 1923 年橙色卫队曾对其竞争对手极尽威吓之能事。许多农民明显并不支持他,他的过激行为一度令该地区全部农民的整体声誉扫地。整个这场悲剧提供了一个真实的教训,即建立在残酷的阶级仇恨和狂妄自大而不是对农民自身反思之上的运动,将是非常危险的。

在欧洲,自从 19 世纪末以来,大规模的工业化和马克思主义社会主义不断传播,导致城市产业工人运动与农民运动间的裂隙越来越大,进而加剧了彼此间在意识形态方面的分离。马克思主义正统学说过于抽象、学术化和教条化,很难在独立的小农那里获得支持。它未能认识到,在一个农民占主体的国度,如果农民自身不能受益,所谓的经济“进步”或“发展”就毫无意义,甚至只不过是骗人的把戏。不论马克思主义政党多么强烈地批驳那些恶意辱骂和谴责农民阶级的做法,但是,只要他们在推行资本主义形式或社会主义形式的工业化中,把某个阶级视为一个无望的、“注定”要灭绝的阶级而加以抹煞,或者,部分马克思主义政党将该阶级看作代表私有制和小资本主义利益的反动小资产阶级的尾巴,那么,这类政党就不可能持续或合法地赢得该阶级成员的真心拥护。马克思主义和小农主义是两相分离的世界。马克思主义者,与资本家一样,在意的是如何以最低数量的劳动投入土地生产换取最大的产出,并且寻求规模经济的最大化。农民们更着意的是,如何让土地最大化地供养参加村庄和合作社中的自治农民和农村工业户,以便维持农民共同体、农民价值观、他们的习俗惯例和生活方式。马克思主义正统学说是冷冰冰的经济中心论,但小农主义却致力于广泛的人的价值和关怀。(Mitrany 1951:50,126－127)

不管马克思主义政党如何攻击资本主义工业化中包含的剥削、弊端和异化行为,但是它们完全打算沿着资本主义工业家走过的相同路径前进,只是它们工业社会的领导者是社会主义者或共产主义者而已。

这终究不过是没有资本家的资本主义类型工业化。马克思主义政党之所以支持激进的土地变革，只是仅仅把它视作政治权宜之计。通过剥夺带有压迫性和寄生性的地主阶级的权力，这种政策实现农民在政治上的"中立"，并且清除了快速推进工业化的可能障碍(并间接地实现农民的无产阶级化)。对于任何能给小农经济带来一线生机的激进农业改革，他们都鲜有兴趣，因为他们担心这只会阻碍大规模的工业化进程和无产阶级化进程，而后者正构成了正统马克思主义学说关于未来设想的基础。尽管马克思主义政党名义上地表示，绝对无意于强行剥夺农民自己的私产，但他们仍然宣称农民转变成无产阶级具有"不可避免性""进步性"，进而热衷于实现这一点，也就是说，采取上述方式让作为一个阶级的农民"自愿消亡"。

相反，受另一种社会发展观的影响，农民运动渴望沿着完全不同于上述的方向运行。他们预期一种"合作社会"，既不同于资本主义社会，也不同于马克思主义的工业集体主义。在他们看来，完全民主的实现只能依靠农民打破城市和阶级来实现，因此社会只能采取"自下而上"的方式来治理，而不是"自上而下"的方式。如同其他阶级正在做的或曾经做的那样，农民们将不得不推动自我解放，并维护自己的利益。

1942 年 6 月，波兰、南斯拉夫、捷克斯洛伐克、匈牙利、保加利亚、罗马尼亚和希腊的代表们聚集在伦敦，共同发表一个有关农民运动的政策和宗旨的联合声明。声明开篇名义："以《圣经》的名义，我们相信，我们都是一个有机体的成员，我们坚持认为，提高农民生活水平是全民族进步的先决条件……要建构一种安全的进步的农业共同体，其首要基础在于建构农民拥有的独立农场。然而，我们认为，农民不可能生活在彼此隔绝的状态，我们还认为，他们在土地耕作方面有自愿合作的意愿。"他们号召采取措施控制土地投机以及抵押、扣押农业用地的做法，以便"保护农民土地使其免遭剥夺和挪用"。为了防止土地过于分散化，"必须通过志愿合作的方式……或通过法律规定的机械化方式，来确保每个农民的不动产不受侵犯"。在农民们看来，"农民的力量依赖于他们共同机构的力量，同样也依赖于自己拥有的土地……农民应该借助于他们自己的力量按照民主方式自己组织起来的机构,控制交易、信用和农业设备的供给"。合作组织"可以扩大到农产品加工领域、农产品销售市场,参与到特定类型生产的村社共同体以及农业教育推进等方面"。在人口过剩的农村地区,"只要有可能建立合作基础,工业就可以提供必要的基业。他们应当主要致力于地方农产品加工或林业产品的加工。我们深信,通过这些方式,我们可以提高农民的生活水平,并且避免生产过于集中在大城镇"。这份宣言还计划推出一系列方案:如对农产品的收购价进行国内和国际调控,实施全面的医疗、社会保障、住房、农业银行和保险、农村电气化、灌溉、排水设施、蓄水库、水力发电、化肥和设备供应,以及种子和畜产品改良等方案。所有这一切,都实行国家支持、地方和合作社的控制以及农民自己发动这三方面相结合的原则。(这份文献的全文翻译参见 F. Gross 1945:113-117)

实行自愿的、民主的村村合作,有望能够解决村民生活中的一切需求,但由于一系列因素抛弃了那种苏联模式的集体农业经营方式,例如苏联的政体形式,将农民置于共产党、国家和中央计划的统治之下,以及压制农民的自治、自由、创造性、习俗和价值等。弗拉德科·马切克(Vladko Macek)是 20 世纪 30-40 年代的克罗地亚农民党领袖,他宣称,农民不可能愉快地接受那种"把农民变成国家农奴"的集体农业形式。尤其是在那些刚刚从"封建农奴制"下解放的农民所在的地区。按照他的观点,"以一个村庄为一个经济单位是可能的"。每一份农民土地一方面用于满足农民家庭所需,一方面是为了市场而生产。前者应当是"农民家庭自己的事",但后者却涉及"合作生产,作为整体的村社共同关心所在。在土地匮乏的地方,必须首先在村庄内寻求创造谋生职业的可能性,例如无论是家庭手工业还是村办工厂。但农民与土地的联系一定不能隔断,一定不能将农民从赖以为生的土地上赶走"。(引自 Mitrany 1951:116-117,143)

在巴尔干和东中欧地区,农民运动的后续影响与民主密切勾连。二者都同时面临来自右派法西斯主义或君主专制主义以及左派马克思主义的威胁,但泛农运动仍然代表了大众和知识分子诉求的最高、最真

实的表达。除了在工业化的捷克斯洛伐克之外，由于不存在大量城市
无产阶级和马克思主义政党，农民运动难以成为政治动员和激进改革
的重要载体。它们吸引了许多激进民主知识分子的支持，同时，后者反
过来提供了具体的领导，并强化了他们的激进民主立场。巴尔干和东
中欧地区出身于农民家庭的知识分子阶层，不断研究他们纯朴的草根
阶层出身，引以为豪，加以浪漫化，而且把它们诉诸文字。"而在从前，
他们总是极力掩饰这一点。"(Mitrany 1951：131 − 133,141)两次大战
期间的巴尔干和东中欧还经历了一场俄罗斯样式的"到民间去"(几乎
是对农民的膜拜)，它由一群所谓的乡村探险者、人种学家、农学家、民
间学家和作曲家推动(比较著名的有巴托克［Bartok］、科达里
［Kodaly］、恩涅斯库［Enescu］等)。相应地，农民对待乡村牧师、教师
和知识分子的态度也发生了变化。"乡村现在需要的是服务，而不是教
导。牧师和农民能够发挥他们的作用仅仅因为他们能帮助他们的村民
解决他们面临的问题"。(第133页)

　　不幸的是，除了在自由的捷克斯洛伐克，农民运动几乎没有成功地
介入到政府领域。波兰的两个主要农民政党在 1920 − 1926 年间的政
府统治中发挥重要作用。维托斯(Wincenty Witos)是人数较多的政党
的党首，同时是一位有影响的政治掮客，他曾在 1920、1923、1926 年 5
月 10 日数度出任政府总理。然而，经过毕苏斯基(Pilsudski)元帅
1926 年 5 月 12 日政变之后，政治权力一直为集权的萨纳奇(复兴)政
权所垄断控制，直到 1939 年，波兰再次为德国和俄国所"瓜分"。经历
数年之后，匈牙利和保加利亚的农民党才从 1919 年 8 月推翻库恩·贝
拉的白色恐怖以及 1923 年 6 月推翻斯塔姆波利斯基的农民政权相伴
的血腥杀戮中恢复过来。在南斯拉夫，农民运动的力量仍然重点集中
在克罗地亚和斯洛文尼亚人聚居区，因此对塞尔维亚人主导的中央政
权影响甚少。实际上，他们的主要作用在于，在承受塞尔维亚人在斯拉
夫国家的残酷统治的状况下，设法赋予克罗地亚和斯洛文尼亚农民以
高度地方自治权。

　　农民政党无疑遇到某些先天的困难。许多农民仍然贫穷不堪，受

362

教育不足,缺乏自信,难以组织。有能力的年轻农民往往特别倾向于移居到城镇或者美洲地区,尽管农村村民受教育层次和观念层次正迅速提升,外迁比率实际处于下降中,但农民运动仍然成为世界萧条、法西斯主义和新重商主义("以邻为壑"的贸易政策)三者罕见地罪恶结合的牺牲品。在罗马尼亚,例如,国民党政府很快就在一些问题的应对方案上出现分歧,例如,如何解决出口和税入的突然崩溃问题,如何应对国王蓄意采取策略一心想成为法西斯主义的君主独裁者等。与其他地区一样,在巴尔干和东中欧,大萧条以及相伴的税收下降、出口下降诱发了一系列问题,如削减公共支出,普遍的金融债务拖欠以及持续的种族冲突和民族统一主义等,结果摧毁了民主社会的重构方案。这为城市和农村滋生法西斯主义提供了沃土。再者,农民运动持续扩展,以及它们已显示出的有效运用多数巴尔干和东中欧国家宪法中吸收的民主权利的能力,都"让统治集团非常惊恐,因为此前连社会主义运动都未能做到这一点"。(Mitrany 1951:121)这使得他们成为君主、独裁者、法西斯主义者和城市中腐败的"政党操纵者"进行政治打击和迫害的首要目标。拉迪克等杰出的农民政治领袖和罗马尼亚前财政部部长马德杰鲁(Virgil Madgearu,1928－1931年在位)遭到谋杀。其他领导人,如温森特·维托斯(Wincenty Witos)和罗马尼亚前首相伊优琉·马纽(Iuliu Maniu)等,被判处监禁。尽管如此,巴尔干和东中欧的许多农民党仍然竭力维持他们官方法令和方案中奉为神圣的民主原则。但是"这种坚定不移的行动,这种不愿意玷污民主的意图,也意味着农民党不可能遏制快速蔓延的反动势力,而遍布各处的反动势力却毫不犹豫地借助贪污或暴力方式来摧毁它们"。(Mitrany 1951:122,129)再者,尽管"其他政党或者运动都未能在奠定民主进程的基础上来遏制法西斯主义和布尔什维克主义,或采取类似措施",但西方政府丝毫未曾尝试去加强两次战争期间巴尔干和东中欧的农民党和民主之间的深度联系。(第129页)西方国家未能预见到,由于这些"不作为的罪过",欧洲后来付出了惨重的代价(这种忽略并非仅仅事关过去)。第二次世界大战主要是由于法西斯主义在巴尔干和东中欧的推进不受遏制引发的,反过来,这又导致战后苏联对该地区

363

的统治,以及东西欧分裂局面的再度形成。

这些政治和经济挫折将农民运动推进到一个自我审视和自我更新阶段,此后,到1945年他们才得以以强大的面貌出现。但是,在他们经历法西斯主义统治严酷考验结束之前的那段时间,数以百万的农民证明了他们进行主动或被动抗击法西斯的非凡能力。历史地看,农民一直是巨大的被动抗击力量。然而,第二次世界大战期间,农民也成为巴尔干和东中欧抵抗运动的主力军。

第二十六章　民主的失败

　　整体回顾两次世界大战间隔期间的欧洲,可以发现,第一次世界大战的后果、和平协议、民族自决原则、民主宣言、民众运动的兴起以及关于社会改革的允诺等,大大提升了民众的期望。不幸的是,20 世纪 20 年代期间,这些夸大的预期只有极少数得到实现。最后,到 30 年代大萧条爆发时,先前的梦想全都灰飞烟灭。从一个更积极的角度看,许多国家确曾实施过意义重大的土地改革,扩大普选权和受教育机会。但是,这些建设性方案也提升了民众的期望,而 20 年代总体上没有(实际上也不可能)真正实现 1918－1919 年抱持的过高期望。很多期望彼此之间相互冲突甚至互相排斥,有些梦想根本不可能实现。再者,除了捷克斯洛伐克外,许多国家的改革因为腐败、低效率和经济不利等举步维艰,与此同时,新政权和政党逐渐脱离他们的选民,而且领导形式上倾向集权、个人崇拜或个人独断。许多冠以民主名义实施的(和未能实施的)方案结果让民主落得声名狼藉。许多人并非一开始就倾向法西斯主义或者共产主义,他们只是对巴尔干和东中欧荒谬的"民主"失去幻想,或不再持有耐心,他们吁求"强力政府"的出现,其目的并不一致,有些人是为了维护现存利益,免遭来自"食利者"、"投机商"、"外族人"、犹太人、布尔什维克或者"无政府主义者"等的直接威胁,有些人却是为了实现"道德"再造或"民族"振兴,以及社会政治经济的重大变革。在 90 年代的欧洲后共产主义国家中,类似的动荡情形曾经再次出现过。

其他情形也是同样的糟糕,经济衰败以及民众心态的变化,或许视为转向广泛拥护共产主义政党的理由。盛行的腐败,未见减缓的经济困境,未曾施行的农业改革,对工人、农民和少数民族赤裸裸的压迫,财富和权力日趋高度集中以及严重滥用等,都被解释成下述因素带来的必然结果,即日渐加深的"资本主义危机",本质上具有欺骗性的"资产阶级民主",资本主义越发求助法西斯主义或者准法西斯主义手段来控制危机,以及伴随的阶级斗争和种族冲突加剧等,这种解释具有一定合理性。

具有讽刺意义的是,从长期看,那些保守而专权的政客、时事评论家和教士们习惯性地谴责那些社会公正运动的发起人,以及对政府腐败、投机、沙文主义、压迫或者权力和财富滥用和过于集中等的批判者,把他们斥为"共产主义者"。除此之外,没有任何措施比这更能强化(多数是非法的)共产党的伦理和政治立场。持续不断地进行反共谩骂(主要来自那些明目张胆地腐败集团、沙文主义者、剥削和压迫集团)激发许多非共产主义者看重共产主义者,而且不仅认同后者公然的政治勇气和正直,甚至对他们敬仰有加。巴尔干和东中欧的统治者弄巧成拙,反而给共产主义者涂上一层与他们实际力量和事迹不相符的神秘性,这对于第二次世界大战后共产主义者掌权不无贡献。

然而,从短期来看,官方精心炮制的"布尔什维克"恐惧论(英、法两国的煽动与纳粹德国和意大利的夸张不相上下)意味着,"资产阶级民主"和自由放任资本主义祛魅的主要受益者,是那些两次大战期间巴尔干和东中欧的各种各样的超民族主义和准法西斯主义运动及其领导人,后者极力效法法西斯主义和纳粹实施"全民动员"和治理的方法。然而,20世纪30年代后40年代初出现的法西斯主义、准法西斯主义运动和政权,与20年代的所谓"民主"党派和"民主"政府一样,无力实现民众期望。到1942年为止,那些残存的巴尔干和东中欧独立国变成了纳粹和法西斯主义欧洲轴心统治计划的帮凶。这些曾被认为视"民族"原则神圣不可侵犯的集权国家,实际上未经一战就放弃了全部主权,只是空有外部形式上的民族主权。然而,谴责弱小的巴尔干和东中欧政权顺从纳粹德

365

国和法西斯意大利的霸权野心,这只是将问题简单化,不应忘记的是,主要的"绥靖者"是英、法政府。实际上,只有这两个国家有能力堪与墨索里尼和希特勒政权匹敌,而且有能力领导其他国家与后者对抗。如果1939年以前强大的且推行民主制的英、法都觉得难以与希特勒和墨索里尼抗衡,那么更弱小且属于集权制的巴尔干和东中欧民族国家还有什么与之抗衡的可能呢? 或者怎么可能指望它们那样做呢?

可以认为,既然胜利的西方盟国在两次世界大战期间帮助巴尔干和东中欧的新建或扩建国家"成立",并且决定要在民族自决的原则上建立新的政治秩序,那么,西方盟国就有义务帮助这些卫星国实现政治稳定和经济繁荣。再者,既然击退了俄国的影响,那么,显然,发展巴尔干和东中欧国家及其经济,作为制约意大利和暂被削弱的德国的力量,就符合西方民主的利益。否则,后者最终将填补欧洲中心的这一真空地带,并且再度对西欧构成威胁。然而,20世纪20年代西欧的稳定贷款和私人投资主要流向德、奥,而不是巴尔干和东中欧。应该承认的是,正如约翰·梅纳德·凯恩斯1919年强有力地论证指出的那样,德国的稳定和经济复兴对于欧洲整体的和平和繁荣,关系重大。但西方民主国却犯下一个致命的错误,他们除了给予巴尔干和东中欧国家少量贷款,以及适量投资于当地精加工业外,很大程度上让它们自保。实际上,有学者指出,1918年后的和平协议的主要弱点,与其说来自其内部,倒不如说来自"盟国未能做出必要的努力和牺牲"以确保这些协定的维持和实施。与这些失策并行起作用的还有,一方面是作为胜利的盟国,新成立的波兰、捷克斯洛伐克、南斯拉夫,以及扩张的罗马尼亚等所导致的国际紧张和对抗,另一方面,奥地利、匈牙利、保加利亚和德国等被视为"敌对国",被强制承担"战争罪责"和赔款义务。(Mamatey 1967:234－236)

假定巴尔干和东中欧国家能够实现某种程度的地区团结、经济整合和集体安全,那么它们或许更能抗拒20世纪30年代大萧条以及意、德两国的利诱、威逼和入侵。但是由于"天然形成的领土纷争、少数族群冲突、社会经济贫困、互相倾轧的心理以及纯粹政治短视"等,上述可能性已被排除。(Rothschild 1974:8)实际上,建立一个强大的巴尔干/东中欧国家防御联盟已无可能,其原因与当初造成哈布斯堡帝国分崩离析的原因别无二致,即"主导民族与从属民族之间的冲突"。(Taylor 1976：257)

366

1920－1921 年间由捷克、南斯拉夫和罗马尼亚结成的小同盟国,主要是针对匈牙利的复仇主义,而 1934 年由希腊、土耳其、罗马尼亚和南斯拉夫共同缔结的巴尔干同盟国,本质上是针对可能出现的保加利亚复仇主义。但是,二者都没有规定联合抵抗德国、意大利和苏联潜在侵略的任何条款。因此,地区防御联盟,很大程度上是针对那些单凭其一己之力难以构成威胁的小国,而不是针对那些其实力足以对巴尔干和东中欧安全构成重要外部潜在威胁的大国。再者,波兰错误地相信它与法国签订的双边协定,以及与苏联(1932)和德国(1934)签署的互不侵犯协定,而且轻视自己鼻子底下那些不具有"贵族"气质的巴尔干和东中欧小国,却与抱有如意算盘的匈牙利和保加利亚结合,结果进一步削弱了战略结盟的效力,本来可以凭借这些同盟国推进地区统一和合作,保护巴尔干和东中欧国家免遭德、意或者苏联干预和侵略。

1936－1937 年间捷克斯洛伐克首相米兰·霍查曾积极推动建立一个由小同盟国以及波兰、奥地利、匈牙利和保加利亚共同组成的经济阵营,此举既是为了加强地区间的密切联系,又是为了反对不断加强的德国经济霸权。但是,波兰、南斯拉夫、罗马尼亚和匈牙利担心会冒犯纳粹德国。再者,罗马尼亚和南斯拉夫并未准备好与匈牙利和保加利亚完全和解,也不想让它们获得与自己同等的伙伴国权利。然而,匈牙利期望妥协,而且必须改善捷克斯洛伐克、罗马尼亚和南斯拉夫国内占实质性少数的族群的地位,否则,任何国家的马扎尔人都不能加入拟议的经济联盟,因为加入联盟被视为意大利和德国的"恩准"。当时奥地利政府正奋力抗拒纳粹的施压,只有它欢迎捷克斯洛伐克的主张。(关于霍查的提议和磋商,参见 Hodza 1942：125－139)

羽翼未丰的巴尔干和东中欧国家浸淫于自己新获得的民族独立,但为了谋求更广泛的地区和谐、稳定、和平与繁荣,他们极为勉强接受了对自己主权的限定和削减。第一次世界大战告终之时,接受了国家主权不受约束和民族自决原则,并以此而不是以超国家联邦作为巴尔干和东中

欧政治新秩序的建立基础。类似地,在经济领域,"新国家首先致力斩断
与传统经济的联系,而且尽可能地实现完全的经济独立。他们认为,他
们的主要任务就是要消灭从前帝国时期的主导劳动分工形式……摆脱
那些一度构成它们商品销售市场和主要商品来源的国家和地区的支配。
新独立国家禁止出口,推行高关税,结果很快地将自己封闭起来……因
此,过去为推进本国自给自足而构筑的壁垒……将东中欧国家分割成比
西欧还零碎的无数孤立小国"。(Berend and Ranki 1969:176-177)巴尔
干和东中欧国家之间的贸易额缩减到它全部外贸额的 10%-15%。相
反,这些国家出口额的 75%-80% 流向西欧,反过来,来自西欧的物品占
他们进口额的 70%-80%。(第 178 页)

　　再者,极端政治经济民族主义以多种方式阻碍了巴尔干和东中欧经
济问题的解决。这不仅体现在将稀缺资源用于生产低劣的军工复合体
工业方面,还体现在更加导致这些地区的国家碎片化(巴尔干化),它们
变成过于狭小的"民族"经济单元,以至于无法为国家资助的进口替代性
工业化战略提供所需的充分市场。即使是像苏联和纳粹德国那样庞大、
具有多样性的国家,要实现彻底的经济独立发展,都十分困难。对于像
匈牙利和保加利亚这样的小国,要实现完全的经济独立,事实上难度更
大,代价更高,而且更不可行。

　　然而,尽管两次大战期间的巴尔干和东中欧国家面临着这些导致实
力削弱的地区问题和地区冲突,但是仍然可以合理地认为:"衰败的根本
原因不在于这些国家的失误,而是在于西方列强的政策的失误。"(Seton-
Watson 1945:412)罗斯柴尔德指出:"必须将 1939-1941 年大灾难的责
任更多地归咎于西方大国的恶毒、冷漠和不尽职,而不是无可否认地归
于这些国家的巨大失误。"(Rothschild 1974:25)再者,按照泰勒(A. J. P.
Taylor)的观点,(1976:259)西方列强"除了抗议之外,能提供给东欧的别
无他物。对东欧军事援助的可能性被完全排除,此外,他们甚至根本不
打算推动工业力量向东欧转移,事实上,工业力量东移是解决'德国问
题'的唯一之道"。

　　20 世纪二三十年代,美国退回到孤立主义和保护主义。英法效仿美

367

国外交政策,完全专注于帝国内部,在贸易政策方面只着意于"帝国内部优惠"和保护主义。这种保守的防御观也导致军事方面"背水一战"的心态,法国严重依赖臭名昭著的马其诺防线,这种心态于此可见一斑。因此,起初是意大利法西斯,后来是纳粹德国,推进到欧陆的经济、军事真空地带只是迟早的事。实际上随着俄国被暂时排除局外,意、德的推进完全未遭抵抗。

起初,巴尔干和东中欧的新统治者还庆幸他们终于摆脱德国霸权而且未落入俄国掌控,由此创造了一个奇迹,"这种奇迹的基础在于与法国结盟"。然而,事后证明,这完全是对两次战争之间的体系产生的诸多幻象之一,而且导致该体系的失效,因为该体系鼓励新建或者版图扩大的战胜国依赖于1918年后法国的表面实力,然而,法国却寄希望于它的巴尔干和东中欧新盟国(波兰和小同盟国)来弥补自己实力的不足。(Taylor 1976:259)法国的保守主义防御心态,以及英法对1918—1921年间划定的巴尔干和东中欧国际新边界的勉强"保证"(与之形成对比的是,1925年他们乐意将这类保证扩大到西欧边界地带),迅速抵消了法国关于其东部地带同盟承诺的效力。"随着1936年3月7日法国被迫接受希特勒关于莱茵兰重新军事化的要求,这种效力最终化为乌有",此后希特勒毫不担心法国会从德国西部边界发起进攻,便一劳永逸地摘取他的巴尔干和东中欧的胜利果实。(Rothschild 1974:8)这也培育了希特勒的下述信念,即不必先将德国拖入全面战争就可以实现他的多数扩张野心。

再者,法国没有借助加强牢固的商业联系来强化它的军事同盟,相反,它与巴尔干和东中欧同盟的贸易量极少。法国严格保护本国农业免遭对方主要农产品的出口竞争,而且阻碍同盟国任何发展本国矿业冶炼、加工的努力,许多矿产资源都操控在法国公司手中,或者为其所开采。法国也不积极鼓励巴尔干和东中欧盟国内部的密切联系(更不必说加强经济合作和经济一体化了)。小同盟国的成员国宁愿强化与他们的敌国、奉行"复仇主义"的匈牙利之间的商业联系,而不是他们内部彼此之间的联系。另一方面,捷克斯洛伐克和南斯拉夫分别与德、意进行更频繁的贸易往来,其亲密度胜过与他们的小同盟国伙伴间的贸易往来。

纳粹德国在 20 世纪 30 年代轻而易举地就控制了巴尔干和匈牙利的经济。德国采取的方式是,向它们提供可靠的市场以及看似有利的农、矿产品出口条件,作为交换,它们用不可兑换的德国马克作为货币支付手段,因为马克的流通当时仅限于德国国家银行"有限的"范围,而且只能用于购买德国商品。实际上,一位重要的英国社会主义者甚至危险地认为:"对于那些经济被德国渗透的东南欧国家而言,它们的农民……因为有了德国作为他们产品的市场,即使贸易条件极为不利,他们的境况或许仍然大为改善,至少境况比没有德国市场要好……由于这一因素,再加上这些农业国上层阶级对可能因饥饿和绝望而爆发革命动乱的恐惧,纳粹能轻易地渗透到这些国家的经济、政治思想方面……德国人处于提供市场的有利位置;而且几乎不论在什么样的贸易形势下,有德国这个市场总比没有要好得多。"(Cole 1941:73 — 74)

然而,匈牙利和巴尔干国家(除了意大利控制下的阿尔巴尼亚和英国控制下的希腊外)加入了与德国的双边贸易协定,不仅仅因为这些是摆在它们面前的唯一的经济生命线,而且因为它们那时都犯下共同的时代错误,即低估纳粹德国的经济和军事能力以及扩张主义野心,却过高估计了法西斯意大利和苏联的相应能力和野心。实际上,尽管苏联一直敌视 1919—1920 年的和平协议以及继而产生的民族主义和反共产主义政权,但鲜有证据表明两次大战之间苏联的确对巴尔干和东中欧抱有领土野心,苏联只是在 1939 年以后开始对德国威胁有所回应。匈牙利和巴尔干国家很快就"堕入对德国持续不断的收购、供应、零部件和基础设施完全依赖之中"。(Rothschild 1974:24)20 世纪 30 年代,受国际重整军备的刺激,世界经济和商品价格多少有些回暖,此时这些国家发现,请神容易送神难,摆脱德国控制比当初落入其控制要困难得多。再者,它们几乎完全没有认识到纳粹主义可能带来的最大威胁,直到要逃脱它的魔掌时,为时已晚,甚至那时要充分估计其流毒也仍需假以时日。只有波兰和捷克斯洛伐克,由于多种因素,如它们存在日耳曼少数民族问题,地理上靠近德国,带有德国统治的记忆,以及它们的出口产品与德国的出口产品相互竞争(而非互补),它们更直接地感到复兴的德国的威胁,所以,两国都抗拒德国的经济吸引力。

英、法、美三国在巴尔干和东中欧国家问题上一直专注自己利益,反应迟缓,这也导致它们各自为政,并形成一个致命的错误观念,即西方列强把复兴的德国在该地区重新崛起视为自然而然的,积极的,同时也不可避免。反过来,这导致许多巴尔干和东中欧国家自我调整,尽其所能地去适应新生活。由此,纳粹德国相对轻易地就控制了这些国家,而这部分是因为意识形态的、经济的、种族的和派系纷争以及该地区的局限性,部分是因为其他列强行动上不够主动。一方面是西方列强袖手旁观,尽管没有完全视而不见,另一方面,这些成熟的果实必然会落入希特勒的囊中。正如沃里纳所论证的那样,(1950:xiv)"西欧,就其对东欧的兴趣而言,主要在于维持该地区的落后面貌,使之成为廉价的食品和劳动力的源泉"。如果西方列强1945-1947年间在对待巴尔干和东中欧问题上有自己的思路,那么"它们重新建立的仍然是过去存在过的老式政府,而且其失败会直接导致法西斯主义出现"。第二次世界大战期间,它们阐述的对巴尔干和东中欧地区政策"毫无新意":它们支持在伦敦的流亡政府,"从最好的到最糟的,从旧式自由政治家到近乎法西斯主义分子"。因此,祛除这些新成立国斑斑劣迹的任务就落到了共产党手中。实际上,就从1919-1920年间巴尔干和东中欧和平协议的失败中汲取的教训而论,西方列强获取的微乎其微,但苏联和这一地区的共产党人却从中受益匪浅:"他们关于未来的观念明确无疑,因此攫取权力的战略也明确无疑。"(第xiv页)

沃里纳敏锐地观察到,巴尔干和东中欧1945-1950年间革命的真正意义,不仅存在于政治转型当中,包括"摧毁旧的统治集团",而且在于与之相伴的"经济影响力量"。"东欧主要需要的是工业革命,而且若无苏联胜利带来的欧洲政治格局的新变化,工业革命绝不可能发生。"(Warriner 1950:xiii)沃里纳的观点仍有许多待阐明之处:"民主需要一个去推动它发挥效用的中间阶级,而就东欧整体而言,不存在这样一个强大的中间阶级,因为这地方从未发生过工业革命。1919年的'资产阶级

369

革命'之所以流产,是因为缺少可以鼓起新自由宪法之帆的便利东风。只有在捷克斯洛伐克,新的模式才发挥作用,因为该国已经实现了高度工业化,并且有了强大的中间阶级。"(第 x — xi 页)

民主不仅依靠形式上的规定、保护措施和程序,而且依赖多元的独立社会集团的存在,这些集团愿意而且能够保护民权,反对权力和权威过于集中在少数人之手,同时,支持和接受切实可行的行政、立法和司法制度以及法治的必要性。因此,商会和农会的许多缺陷,加上中间阶级的弱点,共同导致了两次大战期间巴尔干和东中欧的民主过早覆灭(捷克斯洛伐克的情形例外)。

然而,民主仍然未能在两次大战期间的巴尔干和东中欧生根发芽,还因为"西方列强自身并不支持它……实际上,英法之所以关心小国,只是因为它们构成了抗击俄国的防役带:只要独裁政权推行反苏路线,即便它们也是反民主的,那也关系不大"。(Warriner 1950:ix — x)20 世纪 20 年代发生在匈牙利和保加利亚的镇压民主、践踏少数族群权利的现象,西欧列强很少提出抗议。按照张伯伦 1938 年 9 月慕尼黑会议返回途中发表谈话的意思,这些国家离西欧"非常遥远",西欧人对它们所知甚少,所关心的更少。仅当巴尔干和东中欧"民主"面临的危险更多地来自左派而非右派的时候,西欧国家的政府、报纸和公众舆论才会专注于此,西欧因其对左派和右派一直奉行双重标准,注定要为此付出沉重的代价。

与第一次世界大战前夕的情形相比,到 1939 年底,德国对巴尔干和东中欧的经济控制似乎更为全面,这意味着,德国取代了昔日哈布斯堡帝国的地位,借助聚拢一撮小国而获得地理政治优势,这种地理政治优势与其经济领域的优势相互匹配。(Rothschild 1974:24)尽管如此,1939 年晚些时候,匈牙利、保加利亚、南斯拉夫和罗马尼亚经济体已经与德国经济紧密地缠绕在一起。1938 — 1941 年间,希特勒按照符合罗马-柏林轴心的利益的原则努力将彼此的经济联系转变成上述数国牢靠的军事互保。当此之时,这些国家的统治精英起初还在玩弄"难以得手"的游戏。经济依附并不会自发促成坚定的军事忠诚和政治忠诚。(Crampton

1994：37)

　　似乎悖于常理的是,葬送东中欧和巴尔干地区的原因,不在于波兰、匈牙利和巴尔干小国的明显劣势,而在于貌似强大的捷克斯洛伐克共和国的覆灭。希特勒机警地选择捷克斯洛伐克(而不是选择波兰),因为它构成与法国结盟、潜在敌视德国的包围圈中最薄弱的一环。由于拥有重要的工业资源而且战略地位重要,(英法担保下)人为缔造的捷克斯洛伐克共和国成为巴尔干和东中欧国家安全保障和 1919 - 1920 年和平协议的基石。然而,匈牙利、波兰和纳粹德国或明或暗地企图夺取捷克斯洛伐克领土,而且一旦夺取捷克斯洛伐克领土进程开启,捷克斯洛伐克的瓦解将动摇整个地区的稳定性,完全暴露出法、英、巴尔干和东中欧统治精英的反复无常,以及后 1918 时代欧洲边界、同盟和权力平衡的脆弱性。再者,捷克斯洛伐克由多民族构成,这一点基本上与 1919 - 1920 年间和平协议所框定和合法化的民族自决原则暗含的"种族"原则相冲突。捷克斯洛伐克人口的近四分之一是日耳曼人,而东半部分地区聚居着大量具有分离倾向的斯洛伐克、鲁西尼亚和马扎尔少数族群。数量不断增加的捷克人只占全部人口的三分之一略多,但他们却发号施令,控制公共要职和文化资源,并且拒绝要求建立联邦国家的温和请求。之所以如此,他们部分是出于担心,在联邦自治问题上向人口占多数的族权或聚居区做出任何实质性让步,都可能煽动而不是平息种族分离主义,进而危及该国安全和团结。总统托马斯·马萨里克(Tomas Masaryk,1918 - 1935 年在位)和他的后继者"神授"总统爱德华·贝奈斯(Edvard Benes, 1935 - 1938 年在位),都曾竭尽所能地来实现建立宽容的多元文化国家的理想,他们试图在捷克斯洛伐克培育一个能号令其大多数成员保持忠诚和热爱的"全民"民族,但这些努力并未成功。因此,即使时任外交部长的贝奈斯在 1919 年 5 月 20 日发布的一份外交声明中宣称,他的政府的目标在于"建立一个瑞士类型的捷克-斯洛伐克共和国",(Wiskemann 1938：92)他自己绝不相信,这份声明就能让他或者他的内阁同僚们接受建立瑞士类型的联邦国家。然而,一方面捷克人面临严苛的政治困境,另一方面,许多斯洛伐克人感觉受到欺骗,因为他们要求的联邦自治愿

370

望一直未曾实现。因为斯洛伐克人完全缺乏高等教育,大城镇和现代工业,而且他们受马扎尔人统治的时间非常之长,甚至超过威尔士并入联合王国的时间,但多数斯洛伐克人感觉,无论在文化上还是经济上,与捷克人很难融为一体,他们主要渴望能够实现联邦制下的某种自治。孤立地看,斯洛伐克自治似乎更有利于加强而不是削弱捷克斯洛伐克的凝聚力。捷克人面临的困境在于,鉴于他们未能给予人口更多、更加富裕和教育水平更高的日耳曼少数族群自治权,也就更不能给予斯洛伐克人联邦自治权。因为一旦向日耳曼少数族群让步,那么复兴的德国就能轻易地把这个多民族国家的各个组成部分一一瓦解。重要的是,直到 1938 年 9 月的慕尼黑会议上捷克斯洛伐克被迫将它的日耳曼人聚居区(所谓的苏台德地区)割让给德国之时,斯洛伐克人和鲁西尼亚人才赢得了他们长久为之奋斗的自治。而且,斯洛伐克和鲁西尼亚自治只不过是两次大战期间捷克斯洛伐克完全瓦解的序曲。实际上,捷克斯洛伐克国家的安全和凝聚力不可分割。

按照 1935－1938 年担任捷克斯洛伐克总理的米兰·霍查的观点,1918－1919 年的巴尔干和东中欧地区确立的新秩序,并非完全失败。在他看来,该地区不能不"经历一个新欧洲形成的全部苦难,新欧洲的出现不可能通过外交渠道以一种温和的方式创造出来,新欧洲的出现只能是历经磨难浴火重生,如同任何重大成就和政治制度的出现一样"。(Hodza 1942:5－6)霍查同意,两次战争期间,"许多斯拉夫知识分子领袖承担的一项高尚任务是,为他们的民族文化家园打开一扇窗户,让西方文明的清新空气涌入。政治独立的 20 年也意味着文化自觉的 20 年"。这使得昔日备受践踏和或蹂躏的巴尔干和东中欧民族得以"平息他们难耐的精神渴求",而且调整了"日耳曼文化和全欧洲文化在该地区影响"。(第 171 页)尽管如此,困扰两次战争期间巴尔干和东中欧新制度的问题如此棘手、如此众多,以至于不足为奇的是,许多所谓"新成立国"很快就坠入到集权的民族主义、保皇主义或者军事独裁中。但是它们仍然设法维持主权和领土完整长达 20 年之久,直到后来屈服于希特勒的新秩序。实际上,新成立国的最持久成就在于,在世人眼中,"它们为自己争得主权存在的合法性",这种合法性如此明确,以至于无论是希特勒还是斯大林,都未能成功地永远将它们从欧洲政治地图上抹掉。(Rothschild 1974：24)第二次世界大战期间及其之后,国际共同体认为,这些国家理所当然地应参照其最早时期版图的可能性重建为完全主权实体,正如应理所当然地承认,哈布斯堡帝国和奥斯曼帝国曾经在不久前的几乎同一地区存在过(及其存在权)。列强一旦患上集体遗忘症,程度也非同寻常。①

---

① 　此处是双关语,英语中 great power 的含义同时指"强国"和"强力"。原文为：The Great Powers have greater powers of collective amenesia. ——译者注

第二十七章 法西斯主义的诱惑： 对法西斯主义的 重新解释

　　20 世纪 30 年代,几乎巴尔干和东中欧的所有统治寡头,都曾谋求借助威权民族主义和准法西斯主义的方式来解决或遏制一系列的尖锐冲突、政治压力和军事挑战,而促成上述问题出现的主要原因在于,20 世纪30 年代发生大萧条以及法西斯意大利和(1933 年后)纳粹德国实力增强和其领土、霸权野心。保护主义的增长、贸易控制、进出口配额、进口替代工业化战略、债务减免和农产品价格补贴方案等,都大大加强了国家层面上对巴尔干和东中欧经济的控制。似乎单单推行对内的和非自由的政治经济民族主义并不足够,许多国家都谋求其他意识形态和地缘政治支持,以及通过与意大利、(早在 1932 年就已开始)与德国建立密切的经济和政治关系来赋予它们的政策以合法性。它们开始在外部标志、样式、宣传、制度、文化政策、政治暴力、恐吓和"民众动员"的策略等方面展开竞争,先以法西斯主义体制为榜样,后来效仿纳粹体制的做法。事实上,这些做法至少部分程度上是出于防御所需,部分是为了寻求某类保障,它们通过服从兴起的法西斯强国的经济意愿和政治庇护,(徒然地)冀望于规避潜在的外部政治干预、军事威胁或领土入侵。

　　如今,由于显而易见的原因,墨索里尼在该地区的野心并未被充分洞察,而且较之于阿道夫·希特勒,前者的野心往往被低估。至少直到20世纪30年代中期甚至直到1940年或1941年,所夸耀的墨索里尼军事"威力"实际上被严重高估,而且法西斯意大利被认为是巴尔干国家的主要直接威胁者(这种认识多少带有合法性),同时被夸大的还有"苏联威胁"论。法西斯意大利计划侵占的领土是一个狭长地区,它包括阿尔巴尼亚、达尔马提亚,以及斯洛文尼亚、克罗地亚、波斯尼亚、马其顿和希腊等,法西斯意大利希望能够重续古罗马在巴尔干地区的统治和"文明",将亚得里亚海和爱琴海再度变成"意大利的内湖"。墨索里尼还期望与奥地利、匈牙利、罗马尼亚和保加利亚的统治者缔结一个攻守同盟的协议。法西斯意大利旨在填补奥匈帝国和奥斯曼帝国覆灭后在巴尔干、中南欧和东地中海地区留下的权力真空。为了实现这些目标,它支持并且助长匈牙利、奥地利和保加利亚的"修正主义"和集权主义-法团主义倾向,以及马其顿民族主义和克罗地亚法西斯恐怖主义。

为了围堵、削弱那些来自更蛮横、更无政府主义和更具暴力的法西斯主义和准法西斯主义运动的潜在威胁和挑战,或者对其实行政治上"中立化",统治寡头往往也诉诸建立法西斯主义国家或者准法西斯主义国家的手段。巴尔干和东中欧多数国家都出现过这类运动,最为有名的是,罗马尼亚境内科德雷亚努(Corneliu Zelea Codreanu)领导的凶猛难控的"铁卫队"(Iron Guard),(参见第387－388、395－396页)以及匈牙利境内由弗伦茨·萨拉希(Ferenc Szalasi)领导的"箭十字"(Arrow Cross)。(参见第388、439－442页)同时,(构成波兰主要反对党的)罗曼·德莫夫斯基(Roman Dmowski)领导的国家民主党(National Democrats)在意识形态、宣传、领袖崇拜、集权主义、反犹太主义和运用准军事组织、青年运动以及其他"民众动员"策略方面,越来越法西斯化,它们对实力不断加强的法西斯主义"上校政权"(1935－1939)发起类似挑战。与法西斯意大利结盟,使得弱小但威猛的克罗地亚天主教法西斯主义乌斯达莎运动(Ustasa,1929年由帕韦利奇[Ante Pavelic]创立)心生幻想,希望有朝一日能瓦解南斯拉夫,创造一个"独立的"强大的克罗地亚法西斯国家,并且吞并大部分的波斯尼亚、黑塞哥维那、塞尔维亚和黑山地区。再者,

373

体操教练康拉德·亨莱恩(Konrad Henlein)领导的有新纳粹组织苏台德党(Sudetendeutsche Partei),该党在 20 世纪 30 年代它迅速发展为波希米亚的重要政党,成员由自成一体的苏台德日耳曼人组成。对于苏台德党、天主教民族主义者和不断加强的法西斯主义斯洛伐克人民党(两次大战期间成为斯洛伐克的主要政党)来说,纳粹德国的诞生有可能瓦解捷克斯洛伐克。类似地,对于巴尔干和东中欧的"修正主义"国家(匈牙利、奥地利和保加利亚)来说,加强与兴起的法西斯主义国家的政治、经济结盟,可以把彻底"修正"令人生厌的 1919－1920 年和平协议从一种绝无可能的白日梦变成切实的可能性,而且预示着有望彻底颠覆胜利者确立的"新秩序"。

意大利法西斯主义和德国民族社会主义的恐怖权力、生命力、冷酷和成功,强化了集权的民族主义、保皇主义和军阀专政政权,当时这类政权正在巴尔干地区、东中欧、波罗的海、伊比利亚半岛和拉美地区涌现,助长了法西斯主义或者准法西斯主义运动、制度以及一党制的形成。这种强化行为不仅集聚法西斯明显的实力来鼓动、统一、重振和动员"国民",而且希望借此消灭或者弱化那些"来自下层"的更具暴力、更激进和更具颠覆性的挑战力量。"实力弱小的国家,尤其是新建或重建国,总体上都把当时看似强大而成功的大国当作自己的发展楷模"。(Rothschild 1974：21)1933 年之后,法西斯国家明显体现出实力、生机和目标明确的特点,而西方的议会民主制则显得越来越衰微、低效和目标游移。在墨索里尼和希特勒的崇拜者看来,法西斯主义成为一种时代精神,一种未来潮流。

然而,通常认为,由传统上更专制的统治者(往往是国家官僚、军官以及"令人尊敬的"政党的领导或创始人)"自上而下"创立的法西斯或准法西斯的政党、制度和组织,基本上不同于在其领导人和积极支持者看来能"摆平一切"的更自治、更积极、更激进、"更具动员能力"的法西斯运动和政党。"一切对法西斯主义及其风格的模仿行为,都无法掩饰本质精神的差异。"(J. Linz 1979：21)多数学者对这种公认的重要差别的解释是,尽管巴尔干东中欧和波罗的海的许多国家似乎为法西斯主义提供了"沃土"，但是它们的法西斯主义尚不具备一个有组织有纪律的"民众运动"所必备的"最低限度的政治自由"，也未达到相应的"经济、社会、文化和政治发展的程度"。再者，"本来有可能在意识形态上领导法西斯类型的运动的城市阶级，如同国家资产阶级一样，与官僚、军队、同行公会和商业组织的联系过于密切"。（第 49 页）按照类似思路，沃森(1945：257)认为，两次大战期间巴尔干和东中欧地区出现的独裁政权，"有别于严格意义上的法西斯主义政权"。从 1938－1940 年，罗马尼亚国王卡罗尔二世(Carol Ⅱ)通过他的(一党制的)民族复兴阵线(Front of National Rebirth)，"极力模仿法西斯主义"，但是该组织"从未能成功地提升民众对法西斯主义的热情"。同时，"专门的法西斯运动，例如波兰民族激进组织，匈牙利箭十字党，罗马尼亚的铁卫队等，都未能实现自己的目的。东欧独裁政权依靠的根本不是人为刺激引起的大众狂热，而是警察的高压……这些政权缺乏希特勒和墨索里尼政权的类似支撑基础。他们能够幸存，是因为他们牢牢控制住官僚和军事机器，人民愚昧和对政治冷漠，以及资产阶级总在他们需要的时候给以支持。当然，部分资产阶级和知识分子阶层深受这种政权的危害……但是如果该政权受到来自下层的严重威胁，那么，大多数资产阶级和知识分子会团结在它的周围"。（第 257 页）

这些专制政权声称要实现民族团结、道德再造、超越党派纷争和建立强力政府，但是在沃森看来，它们"不过是贪婪、腐败和冷酷的阶级政权"。它们的领导人"是一些愚蠢、胆怯、虚伪和狡猾的可怜虫"，他们面对国内和国际重要问题时候，"只会犹豫、妥协、欺软怕硬"。（Seton-Watson 1945：156)约瑟夫·罗斯柴尔德(Joseph Rothschild)认为，巴尔干和东中欧的独裁政权"不愿意也不可能模仿希特勒的集权主义统治机制……它们本质上倾向于官僚主义和保守性，充其量是技术官僚型和寡头型的政权。它们不能设计出任何大众化的意识形态，也未能煽动大众支持，或者干脆拒绝那样做。尽管它们宣传声势很大……事实证明它们懦弱、外强中干，常常优柔寡断"。（Rothschild 1974：21)

因此，我们就要面对两种观点。一种是坚持狭隘的、统一的或者

"纯粹的"法西斯主义观念,但这种观念会带来极具误导性的认识,认为两次大战期间巴尔干和东中欧地区出现的法西斯现象是相对次要的、外部侵入的、边缘性的。另一种是坚持宽泛的、更多样化的法西斯主义观念,根据这种观念,近似的法西斯主义运动(而且多数属于自我标榜的)、法西斯组织和政权可以归入两次大战期间欧洲各类"民族"法西斯主义当中,进而,有可能更充分地评价欧洲法西斯主义本质的多样性,以及两次大战期间巴尔干和东中欧法西斯主义的渗透性影响和作用。这两种理解路径都存在概念理解上的问题。但第二种理解路径总体上更具优势。

"纯粹主义"的法西斯主义理解路径的局限

"纯粹主义"的理解路径基于一个特定的前提,即"真正"地道的法西斯主义是独一无二的意大利现象,在意大利以外的地方不可复制。正如"真正"纯正的民族社会主义是德国独一无二的现象,它仅仅是对德国和奥地利的问题、关注点和意识形态潮流的回应。"纯粹主义者"由此轻易地淡化或者弱化巴尔干和东中欧的独裁统治、政治党派、运动和组织等意义,后者具有日趋强烈的法西斯主义要求和倾向,公然声称他们拥护并且政治上受益于法西斯主义,因为"纯粹主义者"认为上述形形色色的统治和政党都不是"真货色"(the real McCoy)(这种立场很值得怀疑)。"纯粹主义者"的理解路径更有助于坚持下述(并不总是无知的)观点,即法西斯主义在巴尔干和东中欧地区基本上只是一种外源的、表面性的现象,属于"外部传染的"意大利式和德国式疾病,甚至可以认为是由于意、德两国对该地区控制渐强而强加的。因此,坚持法西斯主义标准版的学者认为:"两次大战期间欧洲的右翼独裁统治缺乏法西斯主义的许多基本要素。波兰、罗马尼亚、希腊和南斯拉夫都属于不同形式的保守型军事独裁,尽管它们镇压左派,但绝没有发展到法西斯主义类型的那种集权主义独裁的地步。"巴尔干和东中欧的法西斯主义运动"一直处在激进右派的边缘,直到德国武装占领该地区之后他们掌权为止。例如,匈牙利、克罗地亚和斯洛文尼亚的某些情形。因此,它们只是输入型政权(imported regimes)，并不能反映出其统治下国家的社会结构和政治动力机制"。(Kitchen 1976：88)

上述理解完全低估了 20 世纪 30 年代晚期 40 年代早期巴尔干和东中欧兴起的自封的法西斯主义运动和政权，是误导性的，不可靠的。 相反，在两次大战期间的整个巴尔干和东中欧地区，政府的策略、机构和狭隘的民族精神，都逐步堕入典型的"东方"法西斯主义形式中，捷克斯洛伐克除外(这是唯一的一个例外，因为在 1938－1940 年间，斯洛伐克和所谓的苏台德地区曾经爆发过有助于建立法西斯政权的运动)。驱动这个堕落进程的不只是环境因素，例如 20 世纪 30 年代的大萧条、广泛的经济灾难、法西斯意大利和纳粹德国的兴起等，还有第一次世界大战后巴尔干和东中欧地区新建制度的一些内在缺陷。可怕的法西斯运动和个人当时正渗入或影响到巴尔干、波罗的海和东中欧的许多国家，反过来这些国家不断加强对这些运动的资助和吸纳，以便壮大他们的合法性和权威，并动员更多的行动和更广泛的支持。因此，法西斯主义绝非一种异族的、边缘的或者"输入"现象，它正成为不断渗入这一地区霸权性的意识形态和世界观。有种观点认为，由德国支持、在匈牙利、克罗地亚和斯洛文尼亚出现的法西斯主义政权"不能反映出它们主导国家的社会结构和政治机制"，实际上这种观点非常荒谬。它恰好表明，"纯粹主义者"坚持用狭隘的、严格的法西斯主义概念，"牵强附会地解释"那些机械的、范畴无法涵盖的、明确的或类似的法西斯现象，为此他们不惜歪曲和扭曲事实，而这实际上不过是徒劳。因此，有必要拒斥下述做法，即"首先武断地将意、德两国的法西斯经验升华成一种范式，然后探究每一个类似运动建立的基础，看它是否完全囊括范式中内含的'法西斯实质'。采用这类方法，不可避免地会得出与其理论出发点同样武断的结论"。(O'Sullivan 1983：40－41)

基钦(Kitchen)补充指出，客观而论，尽管纳粹德国和法西斯意大利是"法西斯主义行动的最佳例子"，但"把法西斯主义仅仅局限在这两种形式，仍是一个严重错误"，因为它使得"分析今天的法西斯主义危险不再成为可能"。(Kitchen 1976：88)然而，基钦并没有因此重视 20 世纪30年代晚期40年代早期巴尔干、东中欧和奥地利的许多政权所具有的法西斯主义本真特征,误将一些(并非全部)政权的建立原因归于德军占领和扶持。其实,只是在少数情况下德军占领和扶持才发挥关键作用,就此而论,人们可以提出一个贴切且有意义的类比:没有人敢妄下结论,认为第二次世界大战后该地区部分或主要靠苏军占领和支持而建立的巴尔干和东中欧政权事实上不属于斯大林模式。再者,即使它们很大程度上视为外来的或者"输入型"政权,也不能据此否认,它们迅速成功地控制和动员了许多本土"行动"和支持,正如某些"输入型"法西斯政权中发生的情形一样,例如,斯洛伐克的蒂索政权(1938年末至1945年初)①,以及克罗地亚的乌斯达莎政权(1941年至1945年初)②。与许多"纯粹主义者"相同,基钦也明确否认下列国家政权具有法西斯主义要素,例如,葡萄牙萨拉查(Salazar)领导下带有明确法团主义特征的新国家(Estado Novo)体制③,西班牙的佛朗哥独裁统治,希腊的梅塔克萨斯(Metaxas)政权,阿根廷的庇隆政权(Peronist regime)以及"欠发达世界的独裁政权"。(参见第88、91页)然而,尽管基钦对各种政权的法西斯主义本质的质疑总是正确的,但是当他对所有重要考察对象都不关心的时候,就很难判断他心中的其他法西斯主义政权究竟是什么样子。实际上,基钦在下述观点上表现比林茨(Linz)更为激进,他坚持认为:"法西斯主义只是发达工业国中的现象。如果资本主义没有发展到某种程度,构成法西斯主义运动的特定阶级关系不可能形成。只有在发达资本主义才可能存在强大的资产阶级,以及大规模、有组织的工人阶级和大批小资产阶级。这类工人阶级倡

376

---

① 1938年10月1日德国进入捷克斯洛伐克,占领苏台德区。1939年3月14日占领波希米亚和摩拉维亚省。前捷克斯洛伐克的东部的斯洛伐克宣告独立。1938年起该地区成立了以天主教牧师Josef Tiso领导的斯洛伐克傀儡政府。——译者注

② 帕韦利奇(Ante Pavelich)领导的克罗地亚族恐怖团体乌斯达莎(Ustasa,又称为Ustashi),起义者,暴动者之意。主张克罗地亚独立。——译者注

③ 葡萄牙历史上的"第二共和国",始建于1933年,在1974年4月25日的"康乃馨革命"中被一批中下级军官组成的"武装部队运动"推翻,萨拉查领导下的持续42年的极右政权就此终结。——译者注

导进行激进的社会改造,具有潜在的革命意识形态,而小资产阶级介于资本和劳工之间,无法寻找到摆脱社会、经济和政治困境的出口。"(见第83页)

如果接受上述公认的法西斯主义存在的前提条件,那么,在两次大战期间的巴尔干和东中欧,很大程度上就不可能存在"真正的"法西斯主义。例外的是高度工业化的捷克地区,当地的确出现了一种广泛的、热烈的法西斯主义运动,即康拉德·亨莱恩(Konrad Henlein 1898—1945)领导的苏台德党(Sudetendeutsche Partei)。然而,基钦坚持准马克思主义(quasi-Marxist)的教条立场,认为真正的法西斯主义形成的前提条件是资本主义发展达到特定的"门槛"阶段,这个立场与许多基本目标相冲突。更荒谬的是,似乎在法西斯主义的实际诞生地,已经存在真正法西斯主义的可能性! 意大利作为法西斯主义的"母国",并不比东中欧国家的工业化、受教育程度以及资本主义发展程度更高(甚至比捷克或者德属奥地利都低)。实际上,意大利国内大规模的工业化推进只是在19世纪中期,到19世纪八九十年代才进一步加速,基本上与东中欧发展同步,而且也只比巴尔干国家(除阿尔巴尼亚之外)提前了20至30年。直到20世纪30年代后,意大利工业在国民产值中的比重才首次超过农业比重(部分是因为农产品价格较之于工业产品价格下跌更厉害),而且直到50年代,意大利的劳动力比重中工业从业人数才首度超过农业从业人数。再者,在意大利境内,法西斯主义的主要支持者不是在工业化、受教育程度、阶级意识以及资本主义发展相对较高的北部。在那里,20世纪20年代早期,相对强大的工人阶级仍然忠于受困的左翼政党和商会,而大企业和资产阶级却积极地倾向于支持乔维尼·乔里蒂(Giovonni Giolitti)领导的自由党。只有北部的大地主才积极支持法西斯主义者,雇佣他们充当管家和流氓,去痛殴"信仰布尔什维克的"佃农、小农和农场工人。法西斯主义的堡垒位于爱米利亚(Emilia)、托斯卡纳和中部意大利,以及一些小规模的、手工业市镇占优势的地区。成群结队的年轻的"饥饿行动"(Action hungry)的退伍军人、失业人员、学生、理想破灭的社会主义者、社会不满者、骗子和恶棍等加入似乎激进而富有生气的法西斯主义方队(squadri/squads),借助反动的、恐惧的大资本家和政府官员提供的金钱、工具和武器方面的资助,他们试图通过破坏罢工和同业公会,攻击社会主义者和商会办公场所、印刷厂和会议室,或者追捕和铲除信仰社会主义的工人和激进的小农等多种形式,来消除20世纪20年代初的"红色危险"。从某种意义上,法西斯主义是一种强大的黑手党类型的保护网,它(几乎不可避免地)失去控制,危及到它预定目标以外的人员,而且开始勒索和恐吓它的富裕的资助者,并且要接管国家权力。具有讽刺意义的是,法西斯主义要渗透到意大利南部很困难,因为这地区长期以来处在地方保护主义、威胁恫吓和勒索性保护网的控制之下(当然,包括西西里的黑手党)。然而,就其本性而言,这些资助者和保护集团都会与任何控制罗马中央政权的人寻求合作并"给予"支持,作为对政府的某种"资助"以及允许其在地方事务上自由行动的回报(至少直到它们在1942—1943年被美国资金"买断"为止,当时,美国采取这种行动是为了便利盟军在意大利南部的登陆和推进)。

人们也可以将基钦的观点反过来看。正如威廉·科恩豪泽(William Kornhauser 1960:197—198)所强调的那样:"高度发达的资本主义社会经历了最小规模的法西斯运动,而商业共同体的价值观却最大程度地倾向于民主,而且……正是在工业较少的国家(如意大利),以及政府具有承担工业发展重要职责的国家(如德国),法西斯主义运动才如此强大,才能博得至少部分商业公司的支持。"再者,极端的民众运动的勃兴(无论是左翼还是右翼)主要发生在大规模工业化和城市化早期阶段(尤其是它们迸发期间而不是渐进式发展期间),当时城镇、工厂和劳工运动的能力尚不足以吸收新移民进入城市人口、劳动大军,以及能够有效卫护新阶级利益的组织当中。城市化和工业化的早期阶段正是大规模的社会剥夺和动荡、共同体和家庭生活断层,无助的个人迷惘困惑等最容易发生的时期。(参见第125、145、150—158页)

再者,基钦的观点往往隐藏在一种伪马克思主义(pseudo-Marxist)的话语中,"真正的"马克思主义者将会始终如一地认为,法西斯主义的"成熟"程度应当根据国际标准而不是狭隘的民族标准来判定，也就是说通过评估整个欧洲或者大部分欧洲的经济、社会和政治形势、趋势以及实力均衡状况，而不是单独地根据某一个国家的标准。

最后，"纯粹主义者"的理解方法并非非常有用。它基本上回避了更广泛和更清晰的"法西斯主义"或者"准法西斯主义"现象的存在所设定的难题。可以论证的是，这只是一种知识分子的逃避。因为，即使接受下述观点，即"法西斯主义本来仅仅适用于意大利法西斯运动和政权，最多也只是适用于德国纳粹运动和政权，但是对那些被概括为具有'法西斯主义'的'准法西斯主义'或者'半法西斯主义'现象，要给出令人满意的名称和解释，将会非常困难"。正如一本相当有影响的论述法西斯主义的著作中所论："明显迫切需要一个能够描述下述类型的政治体制(及其相应的活动)的词语，即那些既不同于民主议会制类型，也同样有别于共产主义类型，然而又不是纯粹的军事独裁或者保守政体的政治体制。"(Nolte 1969：569)

这个命题尤其适用于 20 世纪 30 年代末和 40 年代初的巴尔干和东中欧。该地区多数国家发展出极度残酷、广泛、黩武的、"动员性的"、激进主义和反犹主义的政治组织因而成为"法西斯主义"政府，而没有基于其环境蜕变成相对温和、腐败、自利的保守-威权型军国制、君主制或者民族主义政府。基钦勉强认为，在第二次世界大战以后，"几乎整个欧洲国家都体现出法西斯主义的趋势。他们拒绝议会民主制。他们反对有组织的工人阶级……他们是极端的民族主义者。他们认同一种模糊的反资本主义观念。他们鼓吹服从权威、纪律和非理性的共同体意识"。(Kitchen 1976：ix)

像"准法西斯主义"、"半法西斯主义"、"代法西斯主义"、"伪法西斯主义"(quasi-fascism, para-fascism, *ersatz*-fascism, pseudo-fascism)等这类标签令人厌烦，而且过于模糊，往往不能客观表明所描绘现象的危险或重要性。再者，将"法西斯主义"一词狭隘地限定在意大利和德国，并不意味对大量同源的现象的理解就此"烟消云散"。它们仍然有待给以解释。再者，它们都不同程度地带有或者卷入下属类型政府代表的欧洲发展大趋势,即不断强化的狭隘且好战的民族主义、排外主义、反共产主义、国家社会主义、闭关自守主义、法团主义、威权主义、"绝无错误的"亲民型魅力领袖情结、战争和军功意识、倡导黩武主义价值观、惯常运用选举和政府暴力来对付事实上或潜在的反对者与竞争对手(包括法西斯运动和政权内部的最初同盟者和持不同政见者),以及"激进主义"和"动员主义",以上都是"法西斯主义"的基本标志。因此,人们同样可以称之为"法西斯主义"。由此,我们赞同的方法是,不仅能识别出意大利、德国、东中欧、巴尔干、波罗的海和伊比利亚半岛等不同国家和地区的法西斯主义特征的准确差别,而且要认识到,"法西斯主义"一词恰切而且有效地用来所指的对象,在 20 世纪广泛存在(该词的最初运用者是那些作为法西斯主义运动首当其冲目标、受害者及其意识形态持续攻击对象的马克思主义者)。遵循这个宽泛的理解路径,我们就可以将两次世界大战期间的巴尔干和东中欧地区所出现的明确无误的法西斯政党、运动和政权,视为法西斯主义在不同民族或不同地方独一无二的(*sui generis*)变种,是结合当地情势的"创造性"产物。

法西斯主义和德意志民族社会主义

378 　　较之于与德意志民族社会主义的共同点,意大利法西斯主义政权与巴尔干和东中欧地区的运动和政权在很多重要层面有更多的共通之处。正如一位从事法西斯和所谓"极权主义"(totalitarianism)研究颇具影响的学者所论:"经过第一次世界大战以后,一种深度的半极权主义和极权主义的反民主浪潮席卷了欧洲……法西斯主义运动从意大利一直扩展到几乎整个东中欧国家;然而,即使对'极权主义国家'一词情有独钟的墨索里尼,也并未努力建立一个成熟的极权主义政权,也未能实现满意的独裁和一党专制。类似的非极权主义独裁统治在战前的罗马尼亚、波兰、波罗的海国家、匈牙利、葡萄牙和佛朗哥的西班牙都兴盛起来。"(Arendt 1966:308-309)

　　某些独裁者(包括墨索里尼在内)诚然都喜欢建立"极权主义政

体",甚至吹嘘说他们正在从事这样工作。然而,实际上,这些国家并未强大或者富裕到足以让它们的统治者能够实现"极权统治"(total domination),"在那些人口稠密地区没有太多的可征服空间,这些国家的暴君被迫采取传统的妥协方式,以免失去那些他们必须统治的人群"。(Arendt 1963:310)这些"平庸的"(tinpot)独裁者不得不扳着指头计算着他们的劣质资源,既不能采取极端措施,也不能像强大且冷酷的纳粹政治组织那样豪赌一把。越是国力微弱的小国的独裁者,必须越加小心慎微,善于妥协,以便保持他们有限的权力。纳粹宣传部长约瑟夫·戈培尔(Joseph Goebbels)在他1942年的日记中写道:法西斯主义"根本不同于民族社会主义。后者根深蒂固,而法西斯主义只是一种流于肤浅的东西"。类似地,纳粹党领袖海因里希·希姆莱(Heinrich Himmler)在1943年的演说中宣称:"就作为精神的、意识形态的运动而言,法西斯主义和民族社会主义完全不具有可比性……法西斯主义和民族社会主义是两种完全不同的东西。"(以上都引自Arendt 1966:309)尽管墨索里尼的法西斯运动热衷于攫取权力,并且把法西斯主义"精英"确立为意大利无可争议的统治者,但更狂热、更"极权的"纳粹运动根本不满足于仅仅通过外在手段进行统治。纳粹设计并且发现了"从内部统治和恐吓人类"的强有力的意识形态和司法手段,如同苏联的斯大林体制一样。(第323－325页)这让他们得以实现更"全面"或者更具渗透性的政治、经济、社会和文化控制。

许多法西斯运动和政权,包括20世纪30年代和40年代早期的巴尔干和东中欧的法西斯运动和政权,它们的典型目标不过是要控制政府,将法西斯党员安插在政府大大小小的公职上,以便"实现国家和政党的完全一体化";由此,所谓的"统治"党成为纯粹的"政府的一个宣传组织。这个体制只是在否定意义上是'极权的',也就是说,因为统治党不能容忍其他任何政党、公众的任何反对和表达自由"。(Arendt 1966:419)这种类型的一党制通常"毫不触动党和国家之间固有的权力关系;政府和军队照例行使同等权力,'革命'仅仅存在于所有政府公职都由党员担任这一事实当中"。(第419页)因此,统治党的权力仅仅包括它对公职的垄断或者接近垄断,而非确立党在国家当中独步天下的地位。相比之下,更激进更"极权"的纳粹党,有意识地努力"维持国家和运动之间的基本差别",而且阻止运动的革命机构被政府所吸纳,进而导致政治上被削弱。(第 419 页)在阿伦特看来,更"极权主义"的政权的一个突出特征在于"所有实在权力"和决策都集中在统治党的高层手中,而不是在"国家和军事机构中",后者不断成为政党领导手中越发驯服的工具。(第 420 页)因此,通常认为,20 世纪 30 年代后期至 40 年代早期,巴尔干和东中欧不断加强的极权民族主义政权中,法西斯主义和新法西斯主义政党从未实现对于国家和军事结构的绝对统治,这本身并不意味着就构成了下述事实的证据,即这些政权没有成为法西斯主义。它仅仅是强化了下述观点,即较之于希特勒更"极权主义"纳粹政权,巴尔干和东中欧的极权民族主义政权的重要方面接近于原初的意大利法西斯主义模型。

意大利法西斯主义是在一种半农业、半工业、半开化的和强大的捕客社会(clientelistic society)中孵育出来的,君主权力至高无上,天主教会具有统治权且相对自治,有产阶级实力强大极具侵略性,而且国家官僚阶层膨胀腐败。在南意大利,穷苦的和教育水平低下的意大利社会仍然处于大地主或黑手党的统治之下(其起源于收取保护费的勒索者),而且仍然相对难以接近法西斯主义,或者对其感觉迟钝。为了赢得和重获权力,墨索里尼不得不做出调整以适应这些压制性的"生活事实"(facts of life),后者力量仍然非常强大,足以阻止法西斯主义在意大利社会"全面"上升的趋势。法西斯主义因此绝没有实现对意大利社会和资源的"全面动员",而且不时令墨索里尼沮丧的是,他可以调遣的人力资源总是差强人意。这正是墨索里尼政权关键性的"阿喀琉斯之踵"所在,在第二次世界大战期间尤其如此。

这种情形更类似于威权主义(authoritarian)和法西斯主义不断加强的巴尔干和东中欧国家,而不是类似于纳粹德国。与巴尔干和东中欧伙伴一样,墨索里尼发现很有必要并且/或者很紧迫的是,要努力寻求"那种权力"(powers that be)的容器,也就是巩固的教会、君主制、军事机构和有产阶级。与其说是出于对"现代化"的偏爱,毋宁说是受到某些局限,墨索里尼被迫正式承认自治区的持续存在以及它们在民族生活的重要领域或重要部门中至高无上的地位。例如,天主教会在1929 年《拉特纳和约》签署以后仍享有传教自主权,并对教育和家庭事务不断施加控制。实际上,意大利法西斯总是不得不与罗马天主教会的权威、影响和合法性展开较量,后者(不论它与法西斯政权多么纠缠或者声称属于"胜他一筹的政体")仍然坚持宣扬它的独特教义、价值和行为准则。这些基本上与法西斯主义的相应内容都不一致。在法西斯主义的意大利,正如在巴尔干和东中欧的数个国家一样(但不同于纳粹德国),法西斯主义运动和元首制(Fuhrerprinzip)甚至不得不与君主制共存或者"相互亲近"(co-habit),后者的合法性高于法西斯主义的合法性,因此对它毫不蒙情。从宪法上看,意大利国王仍然排在第二元首的位置上,而且最后,伊曼纽尔三世(Vittorio Emanueles Ⅲ)可以开除法西斯领导人的总理职务(正如他最后所做的那样:1943 年 7 月,经过法西斯大会[Fascist Grand Council]正式同意,他宣布罢免总理职务)。

　　所有这一切导致的关键结果是,在法西斯意大利,正如在巴尔干和东中欧不断加强的极权主义和法西斯主义国家一样,仍然存在法西斯主义无法完全压制的、重要的多元化要素,以及相对自治的领域。反过来,这使得在各种政治、军事、官僚、教士和社会"机构"内部及其之间,不同的声音依然可以表达出来,如同后来战争时期的反战运动和抵抗运动的出现一样,它们从那些机构的持不同政见者以及有产阶级那里获得重要支持。实际上,在意大利,较之在德国,接受法西斯主义与其说是少了一些信仰、狂热,毋宁说是多了一些条件、精心算计以及机会主义。巴尔干和东中欧的情形也是如此。因此,在 1943 年,当轴心国开始遭受重大军事反击时,在意大利重要人物开始背叛法西斯主义,这一点很类似巴尔干和东中欧的情形,但是纳粹德国的情形不同。意大利和东中欧法西斯主义本质上不那么极端(换言之,本质上较少"极权主义"),这使得该地区出现大规模的、公开的、从内部反对法西斯主义的现象出现成为可能。(Kolinsky 1974：59－60)

　　相比之下,德国民族社会主义,是欧洲最发达、教育程度最高的工业社会的产物,它既没有君主制,也没有占优势的"民族"教会(德国人在宗教上分为两类:一类是罗马天主教,一类是多种新教教会)。德国也有一个由地主贵族、军事科层和政府官僚组成的有些声名狼藉的阶层,以及由于 1918 年战败和 1919 年惩罚性的《凡尔赛和约》而受到严重削弱和限定的军事机构。因此,对纳粹来说,20 世纪 30 年代,要"触及"并渗入到德国社会的各个部门,确立纳粹在国家机构和大部分有产阶级、教会和武装力量中的纳粹霸权统治相对容易些。多数德国人比意大利、东中欧和巴尔干以及伊比利亚半岛上的多数居民受教育程度更高,这一点使得他们对法西斯主义更多地(而不是更少地)秉持怀疑。实际上,从职业看,1935 年大约三分之一的(50 万左右)纳粹党的官员和领导是教师。在大学学生和教授中,支持民族社会主义、极端民族主义和泛日耳曼主义尤为明显。(Kolinsky 1974:87 — 88)后来的党卫队(SS,即 Schutzstaffel 的缩写)精英中有博士学位的占四分之一,而在 1930 — 1931 学年德国全部 18 所大学举行的大学生联合会选举中,其中 14 所大学的纳粹党候选人得票率在 40% 及以上(这类统计数据由此保存下来),在其中的 9 所大学,得票率超过 50%。(Kornhauser 1960:188)这并不必然推导出下述结论,即所有受过高等教育的人都从内心怀疑法西斯主义,但学生和大学教授在多数重要法西斯主义运动中占明显的多数,包括两次大战期间的巴尔干和东中欧情形也是如此。(Seton-Watson 1945:142 — 145,195,206 — 207;Carsten 1967:183;Weber 1964:90 — 91,97;Linz 1979:26,53)在德国、奥地利、波罗的海国家以及巴尔干和东中欧国家,知识分子一直是激进的文化、族群民族主义思想的散播者。这些"民族知识分子"一度发现或者创造了"民族",并且宣传着民族神话,他们成为当时最易为民族问题激动不已或奋起战斗的人群。受教育极少的阶级倾向于关注奶油面包等更现实的问题、诉求和不满。因此,单是充足的教育本身不太可能唤起对法西斯主义的抵制。相反,倒是几乎一体化的高等教育,以及后来对日耳曼民族的文化统合(cultural unity)和技术培训,帮助纳粹实现了对德国社会和资源更"全面"的控制和动员，而在当时的意大利或者巴尔干和东中欧，都不太可能实现这一点。因此，尽管有大约15万德国人因反对纳粹而牺牲，但德国的抵抗仍然是"碎片化的，个体性的；它绝没有达到公众公开抵抗运动所及的效力"。(Kolinsky 1974：59)

　　在法西斯主义和民族社会主义之间还存在着重要的原理差别，后者强调或者强化意大利和巴尔干以及东中欧之间不同形式的法西斯主义的亲密关系。墨索里尼反复提出建立"法团"(corporative)社会的目标，其提出方式被认为采用了(同时也败坏了)无政府工团主义(anarcho-syndicalist)和天主教的社会基本理论。他自己也承认："在法西斯主义的巨流当中也能见到一些像索瑞尔(Sorel)[①]、佩吉(Peguy)[②]，拉加戴尔(Lagardelle)的《社会主义运动》[③]以及意大利工团主义者的思想支流，后者为1904－1914年间的意大利社会主义带来一些新颖的观点。"(Mussolini 1932：168－169)墨索里尼的法团主义原理并非要废除和超越社会阶级。相反，它旨在通过将全部劳动人口融合到一个由不同部门相互结合的"工团"或者"法团"网络中(代表了雇主、雇员、自雇阶层、重要职业和国家等)来消解阶级冲突，在这样一个网络中，通过调解和仲裁相结合来协商工作条件和工作待遇，化解冲突。"法西斯主义认识到社会主义和工团主义运动兴起的紧迫性，另一方面，在认同它们的同时，也希望将它们置于国家控制之下，并且在统一的国家框架下所调和的法团利益体系内，为其确立一个目标。利益相近的个体组成阶级；根据这些利益内经济活动的不同，他们组成不同的法团。"(第166－167)再者，按照法西斯主义大理事会1927年4月鼓吹的《劳动宪章》的规定："只有服从国家控制、得到法律认可的法团才有权代表整

381

---

①　Georges Sorel(1847－1922)，意大利工团主义思想家索瑞尔。——译者注
②　Peguy，佩吉，意大利法西斯主义理论家。——译者注
③　《社会主义运动》(*Le Mouvement Socialiste*)由贝尔·拉加戴尔(Hubert Lagardelle，1874－1958)在1899年创立，1914年停刊，在很长时间内，它是欧洲左翼作家的刊物。——译者注

个雇主,或者代表该雇主的全部雇工,在以下活动中捍卫法团利益,例如,与国家和其他职业联合会谈判,签订法团全体成员必须遵守的劳动合同,代表公众利益募捐和控制其成员的代表权……劳动法庭是国家干预劳动纠纷的机构,法团内部尝试调解纠纷无效后它才介入其中。"(第184—185页)

墨索里尼还美化意大利的"民族"和"种族",称颂意大利在历史上对欧洲文明做出的贡献,但是它几乎总是采用文化的、历史的和非生物学的术语表达。更准确地说,他把意大利"民族"和"种族"视为国家的傀儡和仆人,而不是相反:"法西斯主义反对个人主义,赞同国家利益至上……法西斯主义重申国家是个人主义的真实的实际情况……因此,对法西斯主义者来说,一切都存在于国家之中,国家之外不存在任何人文的或者精神的东西,不存在任何有价值的东西。按照这种意义,法西斯主义是极权主义……不是民族产生了国家……相反,民族是由国家创立的,国家赋予人民以一种意志,因而成为一种有效的存在……法西斯主义原理的基石在于国家的概念……对法西斯主义而言,国家是一种绝对的存在,个人和集团在它们面前只是相对的存在……唯有国家才有规模的增长和实力的增强。唯有国家才能解决资本主义的严重矛盾。"(Mussolini 1932:166—167,175—177)

因此,墨索里尼绝不是将法西斯"法团"纲领视为仅可应用于意大利,或者视为只有突出优等"民族特征"才可实现的某种东西,而是自豪地宣称,它可以"输出"和应用于其他更多国家,尤其是那些自身有着强大"法团"或工联传统的国家。否则,将很难印证墨索里尼下述夸大其词的观点,"法团制注定成为20世纪的文明"。在很多人看来,法团主义模式的宣传颇具诱惑。它旨在提供一种介乎共产主义和自由放任的资本主义之间的"第三条道路"。它将社会一体性和社会和谐的观点整合起来,取代阶级分化和阶级冲突的观点。它便利和强化了工农业联合、卡特尔化、垄断经营和保护主义。它似乎为那些在职劳动者提供了更多长期就业保障。它使得法西斯主义者、民族主义者、工团主义者、社会天主教派、社会保皇主义者和技术官僚更易于协同行动,因而制造出一种基于共同事业团结一致的幻象。它的有些支持者甚至宣称，"法团"
体制是一种"功能性"或者"生产者的民主"（producer's democracy），据称
优越于腐败的、欺骗性的和分散的议会民主。最后，它用近乎普世的、协
作主义（collaborationist）和一致赞同的（consensual）花言巧语，似乎将赤
裸裸的法西斯主义强权政治转化成合法权威，由此赋予实际上基于严密
监控、压制和威吓之上的政权以合法性和可敬性。（O'Sullivan 1983：132
－137；Kolinsky 1974：56－58；Kitchen 1976：50－55）重要的是，墨索里
尼关于"法团"的虚妄言辞的确在巴尔干、东中欧、奥地利、葡萄牙、西班
牙、比利时和法国（尤其是在贝当元帅领导下的维希政权）政治生活实
际中唤起了积极回应，并激起了部分模仿。

　　墨索里尼的"法团"方案往往被作为无足轻重的现象被轻易地抹杀
了，（Kolinsky 1974：56，117）例如，被视作"精心炮制的意识形态外
观"，或者"墨索里尼独裁的进一步提升"，或者"国家对社会控制权的一
种技巧"，或者"最普通的贸易保护主义"。（O'Sullivan 1983：136）按
照基钦的观点，"'法团国家'从未在实际上存在过，因为没有出现新的
经济政策，没有经济结构方面的重要变化……没有法团（Consiglio
delle Corporazioni）的实际权威人物或者法团部长出现……他们仍然
从属于传统的官僚"。（1976：51－52）在基钦看来，法西斯"法团主义"
只不过是一种控制劳动者的手段，它让私人垄断组织和卡特尔在符合
自己利益的情况下便利地控制价格和限制竞争。（第52－55页）假若
情况果真如此，那么，这就能够部分解释意大利以外的法西斯主义"法
团"方案的强大吸引力，当然，不是能够完全解释。

　　重要的是，帕尔米罗·陶里亚蒂（Palmiro Togliatti），作为意大利
共产党的长期领袖和反法西斯主义的著名"斗士"之一，非常重视法西
斯"法团"方案。在1935年莫斯科发表的一系列演讲中，他警告年轻的
共产党员，"法团主义不仅仅是一种意识形态宣传工具和法西斯主义蛊
惑大众的一条标语，而且同时是一种现实：法团主义是法西斯主义已
经赋予并且正在努力赋予意大利社会乃至国家的某些活动的一种组织
形式"。（Togliatti 1976：87）"绝非偶然的是，天主教会和梵蒂冈后来

382

接受意大利法团主义,而且奥地利国内法西斯主义与天主教会的联系比意大利境内的联系更为密切,法西斯主义直接着手在法团基础上重建国家机制。"(第91页)按照陶里亚蒂的观点,"法西斯法团主义"是保守资本主义为"克服"两次大战期间"资本主义危机"而采取的保守的资本主义方式。(第93页)从另一角度看,第一次世界大战期间呼吁"为组织好战时经济,创建工业动员委员会","法团结构成为战争重要产品的组织基础"。(第102－103页)同时,"法团是一种关于阶级合作的意识形态宣传工具",旨在"摧毁每一个民主制的自由",和"镇压劳工大众任何自我解放的努力"。(第103页)

　　相比之下,纳粹宣传并灌输极端"极权主义"国家的"有机体"观念——元首制和一体化(the Fuhrersprinzip and Gleichschaltung),也就是要求整个社会机构的复合体完全服从唯一的权力核心和权威。(Kolinsky 1975：91)全体劳动者不是分属各个不同部门的"工团"或"法团",否则,它们每一个"工团"或"法团"都会(以中世纪行会的形式)保留个体交往和单一职业的特殊性,而是共同属于唯一的德意志劳动阵线,该阵线拥有2 500万会员,受唯一的全面监控官僚机构所控制。(第92－93页)正如桑巴特(Wener Sombart)在他的《论德国社会主义》(1934)著作中所强调的那样,纳粹目标是"德国民众的完全整齐划一",它是"统一一致的,天生具有某种单一精神,并且从唯一的核心全面延伸到整个社会生活中"。(引自 O'Sullivan 1983：132)(最终)取代第三帝国社会各阶级成员资格的是,完全听命于堪称单一有机体(a single organism)的"有机的"、种族"纯洁的"民族和"德意志民族成员资格"(Volksgemeinschaft)。纳粹坚持一种本质上基于种族原则的经济社会观,根据这种观念,只有"雅利安"白色人种或日耳曼"主要民族"完全有资格参与并且"实现自我"。对墨索里尼来说,国家是至高无上的,民族、社会、群体和个人固然拥有意义、价值和存在,但当且仅当国家赋予它们相应内容时它们才具有那些东西。然而,在希特勒看来,国家只是一个花瓶,种族就是它所装进的内容。"花瓶当且仅当保藏和保护内容的时候,才具有意义。否则,它毫无价值。"(引自 O'Sullivan

1983：173)因此,希特勒关于社会的种族("生物性的")概念,与墨索里尼本质上秉持的非种族性的、社会经济性的、国家主义(statist)的和几乎普世性的"法团主义"方案,二者恰好正相对立。

按照法西斯主义的国家社会观,在领袖和人民之间有一个自治或半自治而且属于"法团的"机构,它能够调节和间接抑制领袖的所谓的绝对权力和权威。相比之下,纳粹意识形态设定的元首与其民众间的关系属于完全无拘无束和不受阻碍。在传统独裁制中,独裁者并不宣称他是他治下人民的"护民官"或者代表。但在纳粹意识形态中,元首不仅是该民族唯一的代表和"护民官",而且是民族和民族"意志"的直接化身。正是这一点,而不是他占据的国家公职或顶有的头衔,也不是他的崛起过程,构成元首合法统治和绝对权威的源泉。国家机构的权威和合法性来自元首授予,而不是相反。(O'Sullivan 1983：156 — 158)然而,元首"与他代表的民众'意志'的相互依赖程度,同样强烈。离开了元首,民众'意志'就缺少了外部代表,仍然是一群毫无组织的羊群;离开了民众,领袖只是一个虚无"。希特勒在 1936 年 1 月 30 日的柏林演说中强烈表达了元首与民族的这种关系:"你们之所以成为一切,唯有借助于我;我之所以成为一切,唯有借助你们。"(Arendt 1966：325)

在意大利,正如在巴尔干和东中欧一样,法西斯主义出现也是政治分离和资产阶级缺陷的反应。帕尔米罗·陶里亚蒂在 1934 年 10 月 5 日发表在《国际共产党》(L'Internationale Communiste)上的一篇文章中对此给出了中肯的解释:"意大利资产阶级在法西斯主义出现前并不拥有强大的政治组织",存在许多政党,"但他们都带有教会和地方特征,缺乏明确的纲领,而且在政治组织和干部方面他们形同虚设"。19世纪后期和 20 世纪初,意大利的主要资产阶级政治家,尤其是乔维尼·乔里蒂,"不是急于创建一个有明确纲领和牢靠组织的强大的资产阶级政党,而是急于阻止这类党派的形成。相反,他们的治理手段是瓦解现存的政党,并通过妥协、腐化、操纵等手段实现在议会中占据多数"。然而,当这种资产阶级霸权和政府模式遭到更稳固、更有纪律性

383

和纲领更明确的大众党的挑战之时(例如社会主义党和天主教民众党),"资产阶级的整个政府体系就失去了均衡"。在接着发生的危机中,"法西斯主义……为自己确立的任务是创建一个牢固的、团结的资产阶级政治组织……法西斯主义给予意大利资产阶级它一直缺乏的东西,也就是强大的、中央集权且纪律严明的单一政党,该政党拥有自己的武装"。(Togliatti 1976: 137 – 138)法西斯主义着手努力弥补现实状况与此目标间的巨大差距。这几乎准确反映出巴尔干和东中欧成熟国家的政治形势,在上述国家中,资产阶级政党甚至更零散、更动荡、更腐败、更具操纵性和更弱小,而且这些国家的政治形势完全不同于魏玛共和国国内政治情形,后者曾拥有数个强大的、有组织的而且能代表资产阶级利益的政党。因此,就此而论,意大利境内兴起的法西斯主义与巴尔干和东中欧兴起的法西斯主义更相似,而不是与德国情形更相似。这种观点不是基于下述陈词滥调,即法西斯主义只是资产阶级为了努力克服它统治下或资本主义制度下的严重危机而努力创造的产物。相反,它表明,在其他诸多方面,意大利和巴尔干以及东中欧的法西斯主义者已经发现(并且间或抓住)某些绝好时机,而且不同程度成功地推动它们成为"民族"资产阶级政党,其方式包括抓住政治媒体关注的焦点领域,动员新政治阶层和恶毒攻击马克思主义劳动党(或脆弱的少数族群),进而抓住政治主动性,"发号施令"并猛烈掠夺或篡夺老"资产阶级"惯常的"特权"。

　　法西斯主义意识形态专家,以及最早开始研究意大利法西斯出现的意大利学者和外国评论家,最初将法西斯主义视为针对意大利独特问题、烦扰和意识形态潮流而做出的独一无二的意大利式反应,并且将它视为,意大利被延误的、未完成的民族统一过程中取得的成就,作为欧洲一强的首次亮相。然而,很快地,意大利学者、外国观察家和法西斯主义者自身都曾注意到欧洲其他地区出现过类似运动和宣言,并且认为它们与意大利法西斯非常相近。(Linz 1979: 19)法西斯主义者宣称已经形成一种融合天主教主义、合作主义、法团主义和民族主义的独具特色的意大利式传统,但他们同时并不非常乐意被视为欧洲政体中

一种重要新趋势的先驱和标兵。墨索里尼在 1923 年曾吹嘘道,正如
"19 世纪曾经是社会主义、自由主义和民主制的世纪一样",那么"本世
纪将享有同样的殊荣,只是它将成为'右派'的世纪,成为法西斯主义的
世纪"。(Mussolini 1932：175)"如果每一个时代都有该时代的学说,
那么,从多种迹象判断,似乎可见的是,当下的世纪是法西斯主义的世
纪。"(第 178 页)"法西斯主义……综合了人类精神史上一切重要学说
(只要该学说得到充分实践)的优点。"(第 179 页)事实上,这正是法西
斯主义得以能够渗透到 20 世纪 30 年代巴尔干和东中欧的形式。因
此,通常认为 30 年代晚期至 40 年代早期巴尔干和东中欧的法西斯主
义运动和政权不是真正法西斯主义的观点,这种否定不仅基于一种不
可靠的法西斯主义本质"纯粹论",而且夸大了德国和意大利法西斯主
义形式之间的相似性,同时也夸大了意大利、巴尔干和东中欧法西斯主
义多元性之间的差别。因此,在许多方面,德意志民族社会主义和意大
利法西斯主义之间的关系与其说是家族相近,倒不如说像磁场两极那
样相互吸引;而且,洞见法西斯主义和民族社会主义之间的重要差别,
有助于突出意大利法西斯主义和奥地利、巴尔干、东中欧以及伊比利亚
半岛地区的"弱法西斯主义"之间的更大相似性,不注意这些细微处,采
用一般意义上的"法西斯主义"术语将会失去意义。

　　实际上,尽管巴尔干和东中欧的"统合"/"族群"民族主义、排外主
义、反犹太主义和"种族净化"纲领中过于强调人种的决定性作用,但
是,与希特勒更具危险的种族理论相比,似乎墨索里尼的不带种族歧视
性的(non-racial)国家主义、激进主义、志愿主义(volunteerism)和法团
主义,在巴尔干和东中欧的法西斯主义和权威主义统治者当中有更大
吸引力。希特勒的种族理论坚持"种族"特征和"种族"问题(往往是虚
假的)的重要性,坚持实现"种族净化"和"种族清洗",坚持对犹太人、吉
普赛人和其他所谓"寄生虫"和"劣等人"进行大规模处决,坚持日耳曼
人是所谓的雅利安"优等民族"。较之于他们从希特勒潜在地更直接、
更具颠覆性和摧毁性的种族理论、"种族决定论"和"优生学"当中学到
的东西,巴尔干和东中欧地区的新生威权民族主义者从墨索里尼的国

384

家社会主义、激进主义、志愿主义和法团主义当中获益更多,后者重视他们的权力和权威性,并且能够"自上而下"地动员整个民族支持国家主导的计划和目标的实现。再者,法西斯主义者要实现对巴尔干和东中欧国家和社会的"霸权"统治的最容易、最有希望的方式,就是借助从内部"渗透"并且逐渐接管现存的(既定的)权威的民族主义政权,逐渐强化它们自身的法西斯主义特征和精神:采取"颠覆"策略,实现"自上而下形式的法西斯主义"而不是"自下而上形式的法西斯主义"。法西斯主义者并不需要推翻巴尔干和东中欧的民主制,因为在他们看来,这种民主制已经为那些惊恐的君主和军事统治者所削弱了。作为一个例外,捷克斯洛伐克 1939 年 9 月受到惶恐不安的英法政府压力才屈服于轴心国。

在巴尔干和东中欧国家,只有克罗地亚法西斯主义组织乌斯达莎、罗马尼亚铁卫队和安东尼斯库将军领导下的国民兵团(National Legionary state)热情地效仿希特勒的种族灭绝政策。然而,乌斯达莎种进行的种族屠杀与其说针对的是犹太人和吉卜赛人,倒不如说更多是针对正宗的塞尔维亚人,旨在实现对大克罗地亚国家的"种族清洗"(套用现代的术语)。其动机更多地来自罪恶的和狂热的"统合"民族主义(integral nationalism)或"族群"民族主义(ethnic nationalism),而不是真正的种族主义(real racialism)。实际上,乌斯达莎组织发现,要识别出克罗地亚人和塞尔维亚人之间稳定的"种族"或"生理"差异,非常困难,两者都源出巴尔干的"熔炉",而且甚至采用相同的口语(塞尔维亚-克罗地亚语)。因此,他们往往只是依据宗教信仰而不是"族群"相似性或者"种族特征"来区分塞尔维亚人(以及波斯尼亚人和犹太人)和克罗地亚人之间的差别。

在宗教、经济、政治乃至族群等方面散布充满敌意的反犹太主义恶臭气息,是巴尔干和东中欧法西斯主义与希特勒的民族社会主义的共同点之一,相比之下,在这方面,前者与墨索里尼的法西斯主义并不具有更大相似性。与意大利法西斯主义 1938 年后采取的人为的、半真诚的反犹太主义(出于担心被纳粹抢占先机)不同,巴尔干和东中欧的反犹太主义是"内生的"，不是"外部"输入的。到 20 世纪 30 年代中期，恰在沦为德国统治之前，波兰、罗马尼亚、匈牙利、斯洛伐克、克罗地亚和鲁西尼亚"统合民族主义"出现极端的反犹太主义。波兰人、罗马尼亚人和匈牙利犹太人遭遇到人身的严格限制和不定期的大屠杀，他们的地位变得越来越脆弱不堪，缺乏保障。到 1939 年 9 月德国入侵波兰之时，有三分之一的波兰人因为罚没性税收和政府支持的对所有犹太经济组织的联合抵制而沦为乞丐，(参见 Crampton 1994：174－176，和 Heller 1977，尽管这些观点遭到戴维斯的质疑，Davies 1981b：240－246 and Marcus 1983)具有讽刺意义的是，如果纳粹德国和苏联没有入侵波兰，那么完全可以想象的是，20 世纪 30 年代和 40 年代早期有关波兰的记忆能够被保存下来，主要是因为它曾经严酷虐待犹太人，而不是因为其在抵抗德国占领中表现出的英雄主义、勇气和坚韧，以及许多波兰人被迫承受的巨大苦难。纳粹德国和苏联从互为矛盾的两个方面挽救了波兰的声誉。匈牙利民族社会主义者贡姆波斯（Gyula Gombos)担任总理期间，也就是 1932－1936 年，曾经推行恶毒地反犹主义，幸好，该计划因其 1936 年的早逝而中断。但是从 1938 年开始，匈牙利境内的犹太人遭到更为危险和更致命的反犹威胁，而这些威胁当中只有部分来自纳粹德国的施压。

巴尔干和东中欧的反犹主义是赤裸裸的、残忍的，但也是有预谋的、机会主义的。激发反犹主义的主要因素包括嫉妒、排外主义、盲目反资本主义、反共产主义以及盲目的基督教复仇心理，而不是伪科学的人种学说，但是在有些克罗地亚和罗马尼亚人当中，其反犹主义的残酷和狂热程度堪比希特勒致命的、伪生物学的人种论。

关于法西斯主义的两种对立观念：方法、意识形态和"风格"

关于何种政治党派、运动和政权能够被贴上"法西斯主义"的标签，明确的共识还很少，正如对法西斯主义很难给出明确界定一样。有关法西斯主义的"本质构成"、它所代表的内容及其在政治左右派的谱系中所处的位置等的认定，也都很难达成共识。不能简单地将倾向于顽固维持现状的保守的民族主义政党和政权都纳入其中,因为法西斯主义总是非常激进,而且激烈反对现存的政治、社会和国际秩序。它之所以能吸引诸多积极拥护者,是因为据说作为一种激进的(或者说革命的)运动或政权,它能够建立一种实际上有别于现状的"新秩序"。然而,不存在一个总体接受的、明确划定的界标,据此判定,迈过这个界标,威权的民族主义运动就属于法西斯主义。前者"逐渐演变成"后者。

决定法西斯主义政党、运动和政权的形式、导向与内容的,不是"备受尊崇的"经典和教规,也不是标准的宪法样式和规章条例或者具有至高权威的国际组织和"教皇"。与斯大林主义不同,法西斯主义不只是一种单一现象。当然,从某种意义上看,每一种法西斯主义都是独一无二的,反映了各个国家各种力量和事件的特定结合,同时也反映出它出现前后为争取政治权力和大众支持时作为整体的特定构成。每一种法西斯主义都会利用并汲取它独特的民族根源、传统、兴趣、意识形态以及政治、社会文化和经济背景。法西斯主义很大程度上是民族主义推进到极致的产物。然而,就此而论,具有开拓性的意大利和德国法西斯类型,与其他法西斯主义形式一样,都带有独一无二的特性,而且它们彼此的差异如同它们与其他类型法西斯主义间的差别一样大。法西斯主义的研究者倾向于将不同类型的法西斯主义带有的明显民族独特性视作确立"纯粹"法西斯主义的理论依据,这不仅仅是一种回避(cop-out)。它同时也间接表明,这些分析者没有能力区分普遍性和特殊性,不能认识到,法西斯主义的每一种独特民族表现形式,实际上只是20世纪广泛的和根深蒂固的诸多可能版本和表现之一种,它们是在欧洲资本主义发展到新的特定阶段(按照马克思主义关于法西斯主义的分析),或越来越狭隘和极端的民族主义、种族主义、政治"激进主义"和"群众"政治兴起所促成的,(根据许多自由派关于法西斯主义的分析)它趋向于(但是很少能实现)形式上更"极权"的统治和"群众动员"。

因此,对于像法西斯主义这样多义和多维的概念,作任何主导的和单方面地理解或界定,都不可避免地会出错。当然,这并非某种绝对的错误,因为任何一个融贯的、诠释性的概念,它的重要功能之一就在于对复杂多样的现象进行"编辑",以便它们合乎人脑的控制和认知。思考和运用不同的法西斯主义概念,可以引出或重点考察该现象的不同重要层面或维度。但是,要用一个概念来囊括法西斯主义的各个层面和各种表现形式,实际上是不可能的。事实上,试图建构一个关于法西斯主义的无所不包的构成性概念,结果,这个概念或者显得过于温和(通过聚焦最普通的统治者),或者变得过于复杂和过于笨拙。无论采用哪一种方式,其结果都不会具有启迪作用。林茨(1979:25)不经意间道出了试图认真建构一个全面的、构成性的法西斯主义概念时可能产生的曲解和困难:"我们将法西斯主义界定为一种超民族主义、往往是泛民族主义的、反议会制的、反自由的、反共产主义的、民粹主义因此也是反无产阶级的,它部分地反对资本主义和反资产阶级,反对教会人员或者至少属于非宗教性的运动,目标在于借助其内部成员并非一律平等的单一党派和法团的代表,来实现民族社会的融合;它具有鲜明的风格和蛊惑性宣传,总是依赖热衷于暴力行动和选举干预的激进主义骨干分子来攫取权力,借助合法手段和暴力策略实现极权主义目标。其意识形态,尤其是蛊惑性的宣传,都呼吁有选择性地把民族文化传统融入新的总动员和总介入组织观念中。"

这种做法不仅不够明智,而且是一种误导,因为并非每一个法西斯主义运动或政权都无一例外地体现了所有这些特定要素,另一方面,甚至连法西斯主义至关重要的社会经济层面未被提及。要更多了解法西斯主义,可以通过思考数个片面的概念或定义来实现,一次只选取一类或者几类概念,不宜试图借助全面的或无所不包的法西斯主义概念来完成。我们偏爱的方法并不能带来融贯一致的法西斯主义整体构图,但这确实反映出法西斯主义事实上是一种非常奇特、非常不一致、内部非常矛盾的现象。实际上,它通常被描述为由恐惧症、信条和粗俗观念混合而成的大杂烩或混合物。正因为此,没有人能够就哪些属于或者哪些不属于"真正"法西斯主义给出一个明确标准。对这样一个如此怪异、如此不连贯的东西要进行"提纯",毫无意义。相反,思考它的多样性和多面性,倒是更有成效。

重要的是,任何卓有成就的法西斯主义领袖的一项关键性任务,就是要通过创立和维持某种幻觉将不同选民扭在一起,这种幻觉就是他所提出的"观念"与他所领导的运动之间彼此融贯一致。他主要是通过在他个人身上具体表现出或者凝聚所有潜在可能冲突的因素,并将法西斯主义者的全部恐惧和憎恨汇聚在某个单一"死敌"上(通常是共产主义者、犹太人或者共产主义犹太人)。在《我的奋斗》(*Mein Kampf*,1925)一书中,希特勒敏锐地注意到:"领导的艺术……在于将人们的关注点始终集中在反对一个对立面上,而且注意时时刻刻不因其他事物而转移对该事物的注意力……天才领袖总是具有某种能力,即运用貌似同一个范畴来囊括五花八门的对手。"否则,如果"犹豫不决的群众发现他们与多种类别的敌人相对立时,群众就会萌发客观性意识,他们会询问,为什么总是别人是错误的,而他们自己和他们的运动单单却是正确的"。(引自 O'Sullivan 1983:125)

通常强调的一种现象是,许多法西斯主义运动,包括墨索里尼的法西斯主义和希特勒的纳粹主义以及东欧和西南欧的法西斯主义运动,都"乐于结盟",而且"与当局达成妥协,以便攫取权力"。(Linz 1979:27)这并不意味着巴尔干和东中欧有什么特殊之处。"无论是在意大利还是在德国,老的政治领袖认为,他们能够按照自己的目的塑造法西斯主义运动。"(Kolinsky 1974:119)这通常被证明只是意、德两国政治领袖的一种可怕妄想,待到他们意识到自己错误之时,要改正过来已经为时已晚。

法西斯主义崛起过程中,他们通常会发现,他们与狭隘的保守派在下列观点上保持一致,即捍卫和称颂民族、家庭、等级、秩序、纪律和爱国美德,"反对任何被视为破坏这些制度和价值的共同敌人",尽管法西斯主义"最终可能把保守的精英人物更换、排挤或除掉,致力于推进他们内涵的革命化"。(Griffin 1993:X)法西斯主义领导人,包括墨索里尼和希特勒在内,都从统治精英成员和高级军官那里获得过关键性的帮助。"离开这些帮助……墨索里尼政府的产生就无从谈起。离开巴伐利亚政府和军队的支持,国家社会主义者就不可能在 20 世纪 20 年代发展成为一个大众党。后来表明,魏玛防卫军(Reichswehr)地位的暧昧不明以及它可以置(魏玛)共和国于不顾,这些对希特勒具有不可估量的价值。类似地,他从某些工业家那里获得的财政资助,对他意义重大。"(Carsten 1967：234)

巴尔干和东中欧的情形大抵相似。因此,罗马尼亚的铁卫队"如果不是曾经获得来自卡罗尔国王和工业界的支持,不可能成为一个群众运动",而"在匈牙利,军队为法西斯的兴起提供了难以估量的帮助"。(Carsten 1967：234－235)然而,卡尔森(Carsten)也强调指出:"法西斯主义运动的确将目标瞄准政治结构的重要变革……以及以新的精英取代(旧的)统治集团",尽管他们仍然广泛地利用那些一度掌权的"老的专家、公务员和将军"。尽管如此,权力的天平不断从旧统治精英倾向"那些往往来自完全不同的社会集团、地位远低于旧统治集团之下的新领导者倾斜。法西斯主义'革命'不是在街垒上展开的,而是在各部委和政府大楼里上演的"。(第236页)

就这些至关重要的层面而论,巴尔干和东中欧不断加强的法西斯主义政权与意大利和德国的这些政权之间的差别,只是推进速度和程度不同而已。前者刚开始时,进展缓慢,犹豫不决,而且巴尔干和东中欧某些国家民众支持率较低,结果导致法西斯主义者接管旧精英集团的权力更慢、更勉强。尽管如此,但法西斯主义基本的方向和动力非常相似。

20 世纪 30 年代后期巴尔干和东中欧对法西斯主义支持的不断加强

1937 年 12 月,在两次战争期间罗马尼亚进行的最后一次"自由"大选中,科德雷亚努领导的铁卫队正式获得了 15.6％的选票,而库扎(Alexandru Cuza)的反犹主义和极端民族主义组织国民基督教防卫团(League of National Christian Defence)获得了 9.2％的选票,这两类法西斯主义和准法西斯主义的选票加在一起,占总数近 25％,结果以高出对手 66％胜出。(Rothschild 1974：310)然而,"法西斯主义者的实际得票率要远远高于上述比例。事实上,国王决定……将政府交给高噶和库扎(Octavian Goga and A. C. Cuza)组成的右翼联盟,明确反映出他意识到国家正趋向于极端右倾"。(Fischer-Galati 1971: 117)

388

1939 年 5 月,在匈牙利举行的第一次秘密选举中,各种"法西斯主义和民族社会主义党"得票率加在一起达到总数的 37%。(Barany 1971: 77)实际上,拥有 25 万成员的箭十字党(这些党派中最大的党)自己的得票率就达到 25%,第二次世界大战的爆发强化了"法西斯主义者自上而下地变更政府的希望"。(Ranki 1971: 71)

在 1935 年 5 月捷克斯洛伐克的国会选举中,所谓的苏台德日耳曼人将选票的 62%投给新纳粹苏台德德国党,该党 1934 年由一位野心勃勃的体操教练康纳德·亨莱恩组建。在 1938 年夏的自治选举中,也即希特勒吞并奥地利之后并且开始在所谓苏台德问题上豪赌一把的时候,亨莱恩的政党赢得了日耳曼人选民惊人的 91%的选票(这在自由竞争的选举中是极为罕见的成就)。

这些选举数据明显低估了两次大战期间巴尔干和东中欧地区公众对法西斯主义的支持力度。选举方面的公开支持只是巨大危险的冰山一角,因为在 20 世纪 30 年代中后期,巴尔干和东中欧的"统合民族主义"和政府模式也变得越来越法西斯化。这种情形在匈牙利、罗马尼亚、波兰、保加利亚和希腊以及附近的奥地利和波罗的海国家尤为突出。只有捷克和(程度上较低的)阿尔巴尼亚、塞尔维亚明确拒绝法西斯主义的诱惑。

即使在法西斯主义者确实占据政府公共部门的地区,自由国会明显无力有效解决两次大战期间困扰他们的结构性的经济、社会、政治和种族难题,而这些难题为法西斯主义者制定纲领和确立目标打开了方便之门。在许多人看来,似乎"恶魔总是有着最好的天赋"。法西斯主义政党和政权似乎总有能力将事情摆平,让失业者重获就业机会(至少能够让他们从街道上消退,无论后来是进入兵营、监狱还是重回社会)。法西斯主义的"实力精神"(ethos of power)似乎象征着一种再造能力。

骑虎难下：1938－1941 年间罗马尼亚的实例

最后,正如墨索里尼和希特勒大权在握之后会镇压他们运动中的社会激进派一样,巴尔干和东中欧的一些统治者也做好了镇压无政府主义者和潜在具有颠覆性的法西斯主义运动的准备,一旦他们认为有必要维持现存"秩序",他们就开始采取镇压行动。例如,面对科德雷亚努领导的铁卫队的实力不断壮大,(参见第 387、395－396 页)罗马尼亚国王卡罗尔创立了自己统领的一党制"法团"国家。这是仿照葡萄牙安东尼·萨拉查(Antonio Salazar)的基督教专制法团主义建立的新国家体制(Estado Novo),而不是参照希特勒治下的德国和墨索里尼治下的意大利,在激进的、一往直前的铁卫队看来,后两者都过于保守。(Ioanid 2000：43)卡罗尔委任"超级民族主义者"、东正教主教米隆·克里斯蒂(Miron Cristea)为首相,取缔并逐步镇压了独立的政党和运动。数百名的铁卫队成员在随后的镇压活动中被监禁或被杀害。1938年 4 月,科德雷亚努本人也被监禁,第二年 11 月被处以绞刑(同时处死的还有 13 名铁卫队的青年犯人),据称他"试图逃跑"。然而,这次镇压中幸存下来的许多铁卫队队员,不择手段地谋杀他们的政敌和犹太人,为那些牺牲的"烈士们"复仇。

1939 年 9 月,受希特勒闪袭波兰成功的鼓舞,一组铁卫队成员暗杀了国王卡罗尔政权的"强人"卡里内斯库(Calinescu)。在 1938 年的镇压铁卫队活动中,他时任内政部长,1939 年 3 月他继主教克里斯蒂之后升任总理。卡里内斯库死后,铁卫队遭到进一步镇压,许多牺牲的铁卫队成员成为受人尊敬的"烈士"和"圣徒",他们的遗体被安放在许多东正教教堂内。(Carsten 1967：189)然而,1940 年初,在轴心国的强大压力下,国王卡罗尔被迫下令释放数千名铁卫队队员,或者允许他们从流放地返回并加入他的一党制政权中,铁卫队队员借此得以谋杀保皇党、共产党人和犹太人,为那些死去的铁卫队"烈士"复仇。

卡罗尔和铁卫队之间结成的不和谐联盟很快崩解,部分是因为苏联在 1940 年 6 月 28 日到 30 日占领和吞并比萨拉比亚(今摩尔多瓦)、

389

北布科维纳。在 1939 年 8 月签署的臭名昭著的《苏德互不侵犯条约》的秘密条款中,苏联保留了对上述地区行动的"选择权",尽管实际上,北布科维纳此前从未成为俄罗斯国家或帝国的一部分,比萨拉比亚也只是从 1812－1918 年才处于俄罗斯控制之下,而且这两个地区的当地居民大部分是罗马尼亚人。罗马尼亚安全部队被迫从比萨拉比亚和北布科维纳撤离,"是对罗马尼亚声望的一个沉重打击,并引发严重后果",大量罗马尼亚犹太人惨遭杀害——凶手多半是愤怒的或愤懑的罗马尼亚士兵,"但有时也是罗马尼亚或乌克兰的暴徒"。(Ioanid 2000：38－40)尽管罗马尼亚犹太人鲜有加入当时弱小的、影响相当有限的罗马尼亚共产党(只有不到 1 000 多名成员),而且大多数罗马尼亚犹太人对苏联吞并该地区的真实意义以及他们未来可能实施的政策极度恐惧,但罗马尼亚人仍然将犹太人与共产主义联系在一起,谴责他们,要求他们为苏联的罪行买单。(第 39 页)1940 年 6 月底 7 月初,在加拉茨和多洛(Galati and Dorohoi)地区,至少有 450 名罗马尼亚犹太人遭到杀害。1940 年 7、8 月间,摩尔达维亚农村地区开始驱逐犹太人,拉开了罗马尼亚反犹运动的序幕。(Ioanid 2000：41－43,61)

更糟糕的还在后面。希特勒强迫国王卡罗尔在 1940 年 8 月 30 日把特兰西瓦尼亚北部割让给匈牙利,1940 年 9 月 7 日把多布鲁甲割让给保加利亚。罗马尼亚人口和领土损失三分之一。这些损失使国王卡罗尔在他的国民心中威严尽失——无论是在左派、右派还是在中间派心中。出于对自己生命安全的考虑,卡罗尔或者主动选择流亡,或者可能在武装部队总司令安东内斯库将军和铁卫队的武力威逼下流亡。卡罗尔最后逊位,接替他的是他 19 岁的儿子米哈伊·迈克尔(Mihai Michael),新王随即任命安东内斯库为总理,全权负责,同时任命铁卫队领导人霍里亚·希玛(Horia Sima)为副总理。(Hitchins 1994：445－455,476;Ioanid 2000：43)然而,尽管安东内斯库设法维持罗马尼亚国家的剩余人口和领土,但其付出的代价是,罗马尼亚被迫完全服从第三帝国的需要和野心——不仅作为它的主要石油供应国,而且成为它战争努力中食品和原料的重要供应国,同时也是"德国东部战线的

南方大本营"。(Hitchins 1994：456－458)

　　1940 年 9 月 14 日,安东内斯库将军和铁卫队宣布成立"民族军团国家"(National Legionary State),安东内斯库接受总督(Conducator)的头衔,铁卫队成为唯一合法的政党。起初,铁卫队队员扬眉吐气,似乎盖过了情绪低落的军队的风头,后者因为大罗马尼亚不加抵抗沦为被肢解而蒙受羞辱,并且失去道义支持。(Rothschild 1974：315)从 1940 年 9 月 24 日到 1941 年 1 月 24 日,铁卫队偶尔开始横行霸道。他们任意监禁或殴打成千上万的犹太人,没收大量犹太人的财产,并且杀害了大约 136 个犹太人,至少 64 个非犹太自由主义、保皇党人和有声望的农民党人(包括 Virgil Madgearu),甚至罗马尼亚极端民族主义、严肃的历史学家尼古拉·艾奥加(Nicolae Iorga)。(Ioanid 2000：44－60)

　　铁卫队得到包括海因里希·希姆莱在内的德国纳粹党和党卫军主要成员的支持贺电。(Ioanid 2000：46－47,52)然而,随着暴力的不断升级,特别是 1940 年 11 月 26 日和 27 日,发生了 64 起暗杀行动和 5 起暗杀著名非犹太罗马尼亚人的未遂行为,罗马尼亚政界极端恐慌:深感没有人是安全的,任何人都可以被任意处决。(第 46 页)此外,安东内斯库、德国军方领导、外交和经济部部长对铁卫队的蓄意破坏、罚没财产以及放血式的消耗罗马尼亚经济越来越警惕,因为罗马尼亚(如前所述)是第三帝国石油的重要供应国,也是食品和原材料的主要供应方。(第 52 页)因此,1941 年 1 月 14 日安东内斯库拜见希特勒的危机谈话中,元首敦促他"铲除……那些将破坏一切视为自己职责的狂热激进分子"。(第 53 页)安东内斯库返回罗马尼亚之后,就着手镇压军方铁卫队成员,先是于 1 月 18 日解除了"罗马尼亚化委员"的职务,接着 1 月 20 日解除内政部长和警察局长的权力,但是这遭到铁卫队队员自 1941 年 1 月 20 日至 24 日的反抗,他们要求安东内斯库辞职,并在霍里亚·希玛的领导下建立一个"纯粹的"军团国家(Legionary State)。(第 54 页)但是,希特勒偏袒安东内斯库领导的、军方法西斯主义者组成的高效、可靠、纪律严明的团体,而不是狂热、任性、有破坏性的法西斯铁卫队。因此,希特勒亲自下令德国军队协助安东内斯库在 1 月底

390

残酷镇压铁卫队。此间,据报道有 374 人(包括更多的犹太人,以及军人和铁卫队成员)被打死,380 人受伤。(第 54 页)接着,安东内斯库正式解散国家和民族军团,清除铁卫队内的"流氓阿飞"。至少 9 000 名军团成员被逮捕,铁卫队的多名领导(包括霍里亚·希玛)被判终身苦役(尽管只有一位领袖未逃往国外,多数逃亡活动是在德国帮助下进行的),那些被宣布对 1940 年 11 月 26、27 日著名的 64 位罗马尼亚人谋杀案负有罪责的犯人,被判处死刑。(第 55 页)然而,安东内斯库法西斯专政还是保留了一些不那么激进的前铁卫队队员,作为他的军事法西斯主义独裁政权的文官,因为他们比纯粹的铁卫团更加务实,更有纪律,而且更有精英治国的导向。

从 1941 年 6 月至 1944 年 8 月,安东内斯库下令 27 个罗马尼亚陆军师协同德国共同入侵苏联,其中约 30 万罗马尼亚人丧生,约 20 万人受伤。(Rothschild 1974:318)幸存的军团士兵和铁卫队队员获得精神抚慰或"烈士之殇"的赞誉,因为这场战争被认为是一场讨伐"犹太共产主义"和"新的敌基督者"的准宗教战争,而且,同时是将北布科维纳和比萨拉比亚从苏联控制之下解放出来的战争。罗马尼亚人也希望从匈牙利那里收复北特兰西瓦尼亚。然而,由于匈牙利与纳粹德国结盟,直到 1944 年 8 月安东内斯库政权被推翻,而且罗马尼亚重新加入苏军参加抵抗纳粹德国和匈牙利的战争之后,匈牙利的特兰西瓦尼才被收回。但是,罗马尼亚为此付出的代价是,11.1 万名罗马尼亚人丧生,5.9万人受伤。(Rothschild 1974:318)

军事独裁国家

与霍尔蒂将军治下的匈牙利和东条英机大将治下的日本一样,安东内斯库将军认为,罗马尼亚越来越符合哈罗德·拉斯韦尔(Harold Lasswell)的军事独裁国家的概念。1941 年拉斯韦尔推测:"我们这个时代的趋势是,远离辩论型专家主导的时期……而越来越趋向于推崇暴力、军事的专家。在军事独裁国家内,一切有组织的社会活动都被纳入政府管理之下,因此独立社团的作用将消失。不仅管理结构上实行集权，而且每个方面都要将权威集中到少数人之手。"(Lasswell 1941：455，462－463)在这类国家，至少在起始阶段，民心注定很重要……而增加阻挠因素总是很容易。因此，如果需要一直维持齐心协力的状况，就必须树立深刻而广泛的国家总体大局参与意识。(第458页)现代战争(或者后来逐渐被称为"全面战争")的本性越来越趋于废除民用职能和军用职能的差别。由于多种原因，在军事独裁国家内，必须有全民就业的现象——全民就业成为一种职责。鉴于所有工作转变成民众事业，不接受就业就是公然蔑视军纪。对不能适应这类国家结构的人来说，要么服从，要么选择死亡。(第459页)此外，"军事独裁国家的统治者能够调整生产率，因为他们不受那些为实现生产率提高目标任务而采取的成规的限制"。然而，"他们坚定地阻止现代生产力全面应用于非军事目的的消费"，因为他们"一直在意操纵那些专门服务于暴力的机械生产"。(第464－465页)"为了让民众一直甘愿放弃当下消费"，同时也是"为了让他们永久坚定地默许他们所钦羡并受益的政权能够随意行动"，军事独裁国家不得不设法让生活在该政权下的民众心理上时刻感觉处在内忧外患之中。然而，他们也倾向于"采用军事化的方式组织日常行动和日常管理，作为(危险的)真实战争到来时采取行动的预演"。"在军事独裁国家，一切按照军事化方式而不是作战本身来处理，成为一切重要事务的重中之重。"(第465－466页)

在大萧条后的欧亚和拉美地区，一些国家明确无误地迈向这类国家形式。拉斯韦尔还间接提到有必要区分"军事独裁型国家"与"政党宣传型国家"和"政党官僚型国家"，"在政党宣传型国家中，统治者往往是意识形态宣传者；在政党官僚型国家中，政党的组织者负责做出重大决定"。(第455页)如果依此区分，我们就可以区别出法西斯"军事独裁型国家"和法西斯"政党专制型国家"。安东内斯库治下的罗马尼亚，以及程度上略逊一筹的霍尔蒂领导下的匈牙利，可归为法西斯"军事独裁型国家"，因为这些国家中军事领导人成功实现了对人民和准法西斯者的统治，尽管准军事法西斯主义者在民众动员和组织合法化中发挥一定作用，而且使这些国家变得不单纯是军事独裁政权。相反,墨索里尼治下的意大利和希特勒治下的德国属于法西斯"政党专制型国家",因为他们的法西斯领导人成功地凌驾于各级军官、国家官僚、旧统治阶级之上,而且就意大利而论,比天主教会和君主地位更高。

然而,这些区别不是绝对的,只是重点各异。多数国家官僚、各级军官、旧统治阶级、(在意大利)教会和君主政体之间彼此积极合作,对希特勒和墨索里尼的政策得以维持和执行是非常必要的。正如在法西斯日益增强的匈牙利和罗马尼亚,各种政治既得利益集团彼此需要相互支持才能实施重要计划和维持政治权力(在教会-法西斯主义治下的斯洛伐克和君主-法西斯主义治下的保加利亚,只是合作方式有所不同)。在匈牙利和罗马尼亚,军事和准军事的法西斯主义者若无支持不可能攫取统治权,同样,统治意、德两国的主要是平民型的法西斯政党,单靠一己之力绝不可能实现上台掌权。法西斯主义者和政治既得利益中的其他势力之间广泛的互助和合作是必不可少的。相反,如果军事和准军事的平民法西斯主义者发生公开冲突(例如,1940－1941年间罗马尼亚爆发的情形),而且不能迅速得到控制,那么对法西斯政权的存在可能构成潜在致命威胁。

希特勒显然更倾向于让一位可靠的军事"领导"来掌控罗马尼亚,而不会纵容"不可靠的"和不团结的流氓把罗马尼亚弄得鸡飞狗跳。希特勒期望的是一位可信任的人,而且这个人能维持秩序、听从指挥、积极配合轴心国入侵苏联,在德国发起最后战争挑衅前为之备好石油、粮食和原材料的充足供应。(Carsten 1967:192)安东内斯库后来成为颇为受希特勒器重、称誉和尊敬的外国盟友之一。希特勒甚至可以允许他偶尔与自己反目。尽管如此,希特勒仍然容许霍里亚·希玛和其他领导人在德国避难,以备将来非常时期用到他们。事实上,当国王米哈伊(Mihai)和一些著名反法西斯主义者推翻安东内斯库,并联合盟军在1944年8月抗击希特勒的时候,纳粹还支持霍里亚·希玛建立罗马尼亚法西斯流亡政府,试图作垂死挣扎。(Rothschild 1974:317)

作为政治"迟到者"的法西斯运动

法西斯运动在政党政治舞台上是相对的"后来者",因为它们的产 392
生晚于自由主义、保守主义、社会主义、基督教派、共和主义、农业主义
和"传统的"民族主义政党,而且是在政党体制和政党忠诚"结晶"之后。
(Linz 1979：13 – 14)法西斯运动因此往往无法取信那些其最初的宣
传对象,他们很快发现自己不得不支持另类社会群体的利益,即那些没
有被旧的和既得利益的政治党派视为特定目标和服务对象,因而在政
治和社会中被忽略(或者感觉如此)的集团。因此,在许多国家,法西斯
主义者仍然"很少或根本不具有选举吸引力"的少数派运动,只是骨干
分子的权力意志和他们着力诉诸的方法才让他们成为真正的"权力争
夺者"。(第 15 页)

即使在意大利,法西斯主义崭露头角也不是通过选举途径(意大利
法西斯在夺权前国内只有少数政党),而是通过暴力、恐吓和恐怖活动
并配合选举干预的多种极端形式并用来实现的。(第 25 页)法西斯政
党和运动不是经过稳定、持续的发展,而是通过非常规手段瞄准攫取权
力才壮大的。他们不是希望成为诸多政党中的一个,各自代表各自特
定地区的选民,而是想成为一个全民党。(第 14 页)法西斯运动为自己
设定的目标是,"代表整个国家共同体,整合各个阶级力量,克服阶级矛
盾和冲突,呼吁旧政党的昔日支持者为实现共同的国家利益一道与外
国组织相抗争"。(第 19 页)事实上,较之于社会主义、共产主义、自由
主义和保守政党拥有显著的阶级基础,他们并不能长久争取到特定阶
级的支持。他们的理论和方案属于折中主义,并愿意接受几乎任何方
面的潜在支持,更类似今天"无所不包"的政党,他们严重依赖不稳定
的、松散的、立场游移不定的选民。(第 13、16、20 页)事实上,欧洲法西
斯主义在相当程度上是一种"聚合现象",它是第一次世界大战后的危
机和 20 世纪 30 年代大萧条独一无二的特定情势下的产物,它"吸引了
来自不同社会基础的支持者,这些支持者很大程度上是以代沟为基础
而不是以阶级特征和忠诚度为基础"。(第 14 页)

　　法西斯主义在政党政治图景中属于相对的迟到者,认识到这一点有助于解释,为什么法西斯主义很大程度上是根据它所反对的事物来界定的,它反对共产主义、阶级斗争的辞藻;唯物主义;(独立的)有组织的工会;议会民主制;政治和经济自由主义;个人主义;和平主义;世界主义;国际主义;国际"金融资本"和犹太人;"盎格鲁撒克逊"帝国主义;1919－1920 年的和平协议;高利贷者;资本主义"投机"和"不劳"而获;女性主义;同性恋和混血种。(或者法西斯主义者喜爱的一切能令人生畏的名称!)然而,就法西斯主义本身而论,这些"反对"立场远远不够,因为它们会疏远而不是吸引那些潜在的拥护者。(Linz 1979：29－30,38)

激进主义和极端主义的代表

　　对于经历过第一次世界大战的老兵,以及在动荡不安的 20 世纪20 年代迈入成年阶段的男性来说,法西斯主义运动的确有一种积极号召力。法西斯主义是一种准军事组织,有强制性的策略,进行极端民族主义宣传,承诺建立"同志式的"、人人平等且纪律严明、科层制的"新秩序",而且它们有鲜明的新风格、新象征、敬礼、颂歌、圣歌、庆典、阅兵、群众游行和惹眼的衬衫等。因此,对作为各类法西斯运动初期领导核心的退役军人、学生和青年人,以及那些特别渴望出人头地的创始会员骨干,法西斯主义运动有特殊吸引力,对此,"不能仅仅根据法西斯主义意识形态或纲领的基本立场来理解"。(Linz 1979：54)对那些历尽第一次世界大战艰辛还要重新适应平民就业以及社会和态度转变的复员军人来说,法西斯主义民兵组织提供了有关战时英雄业绩、战友情谊、军事价值观以及理想化的战争和英武的人物形象。第二次世界大战之后欧洲军队复员工作推进得井然有序,与之相比,1918－1919 年的复员措施来得过于迅猛混乱,导致复员者失业严重、流氓行径盛行以及非法的半军事暴力行为猖獗。重要的是,加入法西斯主义或支持法西斯主义的民兵,对退伍军人的吸引力远远大于对现役军人的吸引力,后者更倾向于通过严格的"专业"训练和对"那类政权"的"非政治性的"忠诚

393

来求得军功擢升。(第56—61页)另一方面,在学生和青年男子看来,法西斯主义似乎能满足他们对下述愿望的追求:浪漫气息,英雄事迹,不是语言而是行动,成为有头有脸的人物,为了"国家"利益加入勇敢的集体事业中。法西斯民兵、准军事组织和仪式取代了服从和为理性、争辩而战,给那些深受第一次世界大战传奇故事影响或鼓舞但当时年龄太小未能参战的年轻男子提供了所谓军事暴力、激情和友情的机会。在那些受到蛊惑、不懂世故的人看来,法西斯主义大胆的花衬衣代表了对陈规,个人主义和单调、灰色的着装以及资产阶级循规蹈矩的抗拒。(第53—60页)有鉴于法西斯主义对刚刚成年的男子和青少年具有特别吸引力,重要的是,两次大战之间巴尔干和东中欧年龄在30岁以下的人口占总人数的一半以上,而且,对于像波兰和巴尔干等高出生率国家,这个比例甚至更高。(Longworth 1994:78)依此而论,巴尔干和东中欧法西斯的"自然构成比例"高于西北欧和日耳曼中部欧洲的相应比例。

法西斯主义倡导的科层制旨在超越阶级划分,化解阶级冲突,消解与生俱来的社会等级和社会机会,灌输和谐思想和"民族"共识,基于对法西斯主义运动的贡献(以及在其中位置)逐步重新确定人的社会地位。虽然法西斯运动一直未能兑现对大地产、大企业和"寄生金融资本主义"所承诺的社会革命,但成千上万普通法西斯官员积极投身法西斯运动并加入它们密切相关的民众组织中,以另类形式推动了社会进步。多数法西斯运动确实招募和培育了一批精英,它们不局限于受过良好教育的人、上层阶级或社会地位较高的人,而且"对一切人开放,不论其社会出身如何,只要他们甘愿效力法西斯主义运动"。(Linz 1979:37)

民族主义：复兴与再生

有时人们会认为法西斯主义首先是民族主义的一种。例如,林茨(Linz 1979:28)指出,"民族主义是法西斯主义运动的核心诉求"。(第47页)因此,很难判断某些特定运动是"法西斯运动"还是仅限于"极端民族主义运动"。在有些形势下,例如,斯洛伐克的人民党,"最初不是法西斯主义运动,但后来渐渐地法西斯化"。(第28页)我们关于巴尔干和东中欧民族主义的解释,与他的下述认识完全一致,即"东欧统合民族主义往往属于法西斯主义或准法西斯主义"。(第18页)持此论的基本理由是,巴尔干和东中欧"新建国"的近三分之一的居民,都是所谓"少数民族"成员,不仅因为该地区人口比欧洲其他地区人口更"混杂",而且更根本的原因在于,议会按照狭隘的、排他性的、"种族主义"的术语来界定"民族"。这种定义"民族"的方式,对那些要求进行种族"净化"或者种族"清洗"的民族主义者来说无异火上浇油。采取种族"净化"或"清洗"的上述民族主义者目的在于摆脱那些被认为属于"外来民族"的领土和人口,实际上,数个世纪以来,后者一直与他们和平相处,并且表现非常勤劳。然而,我们还应当记住的是,许多形式的民族主义中都隐蔽性地存在法西斯主义潜质。"显然,如果民族代表了最高利益,如果它是历史上曾经出现的神圣精神的世俗体现,如果它是它的民众福祉和自我成就实现的绝对必需,那么它的利益就一定是至高无上的;像财产权、个人自由权等任何微小权利都不能构成与它对立,因为财产权、个人自由权和文化自我表达权等只是存在于民族之中,而且借助该民族来表现。部分利益……几乎应当完全从属于整体利益,并且能够为整体利益牺牲。"(Weber 1964:21)正如雅各宾派领袖圣茹斯特(St. Just)站在法国大革命的高度观察到的那样,"在对祖国神圣的爱之中,也有一些可怖的东西;它是如此排他性以至于一切东西在公共利益面前都要牺牲掉,没有怜悯,没有恐惧,也没有对人的尊重"。(引自Kedourie 1993:18)

按照罗杰·格里芬(Roger Griffin)的分析,"法西斯主义最好被定义为一种革命性的民族主义,它要成就一场政治、社会和伦理的革命,它在秉持英雄主义价值观的新精英的领导下把'人民'与生机勃勃的民族共同体融会在一起"。(Griffin 1993:xi)在他看来,法西斯主义意识形态的独特性主要在于"构成其核心的民族复兴神话",(第xii页)而且"正是对革命新秩序的幻想为一种意识形态提供了情感力量"。(第35页)就法西斯主义而论,"能够动员民众的幻景就是,一个民族共同体唯有在经历一段毁坏性的、侵蚀性的衰退时期之后，才会如凤凰涅槃般地浴火再生"。(第38页)在某些条件下，"法西斯主义关于从一个损毁的古老体系中诞生出生机勃勃新民族的幻景，给那些接受者的内心植入一种近乎点石成金的力量，他们可以借此将完全的绝望转化为狂热的乐观主义"。这有助于解释法西斯运动为什么可以迅速地改变一个国家的国民心态，并"受到大众的追捧"，法西斯承诺"用'青年、英雄和民族之伟大'取代'暮年、平庸、国家之贫弱'，用'一个令人振奋的新世界代替衰老的、精疲力竭的世界'"。关键在于，法西斯的言论是否能切中肯綮，是否说出了人们那时想听的话，而不在于法西斯主义者宣称的目标是否可行或者其人文意涵如何。(第39页)

法西斯主义反映了"现时代"特有的深度焦虑情结，尤其"担心作为一个整体的国家和文明正遭到衰退性力量的侵蚀"。(Griffin 1993)这就是为什么它总是承诺要"革新"、"振兴"、"重塑"、"重造"或者"再造"民族，并且创造一个"新人"，一个革命的"青年"和一个新的、能够实现个人抱负的国家和社会；而且它还认识到，战争是"民族生活中的本质的再造动力"。(第74页)部分由于这些原因，匈牙利和罗马尼亚的统治者们不需太多游说，就加入轴心国在1941年6月发起的侵苏战争中。

令人吃惊的是，法西斯主义主要是在下述类型的"民族"中发展起来的，即刚刚实现"民族"统一、获得国家的地位(statehood)(说它"迟到"，暗示存在一个特殊的、命定的或者自然的"时间表"，按照这个时间表可以推断它的出现时间)，但还没有建立那类由来已久的"民族国家"所具有的稳定的、有保障的"民族"认同和政治制度。

1932年，墨索里尼亲自宣布："法西斯主义，是最适合代表类似意大利这类民族的目标、心态的学说，这类民族在历尽数百年的外族奴役之后，实现了重新崛起。"(Mussolini 1932：178)描绘新获得"民族"独立、国家的地位和统一的未来成就，是意大利法西斯与巴尔干、东中欧、波罗的海国家、芬兰政权、希腊、德国等法西斯运动和其他极端民族主义运动和政权的共有基本点之一，在欧洲以外的新独立国家的极端民族主义运动和政权中，也程度不同地带有这种特点。然而，这并非法西斯主义和准法西斯主义政权的一个普遍特征,如果将萨拉查统治下的葡萄牙、庇隆治下的阿根廷或者 20 世纪 40 年代的西班牙都视为法西斯主义或者半法西斯主义的话。再者,应该强调的是,德意志民族社会主义和类似默勒·范登布鲁克(Moeller van den Bruck)和恩斯特·荣格(Ernst Junger)这类作家在魏玛共和国时期反对的"颓废",是一种更黑暗、更深刻、更令人绝望的精神、哲学和文化危机,而不仅仅是肤浅的政治和经济腐败、衰退、无果和无益的交涉(wheeler-dealing),意大利、巴尔干、东中欧、波罗的海国家和伊比利亚半岛法西斯只是对它的部分反动以及这种反动所产生部分后果。这就是民族社会主义采取如此极端或者"集权"的反动行为(包括臭名昭著的焚书行为以及驱逐"世界大同主义者"、唯物主义者和"颓废"作家、艺术家、音乐家和知识分子)的原因之一。纳粹所承诺的日耳曼民族和种族的复兴和重生,应该通过种族文化"净化",以及对那些"典型的日耳曼情势所塑造"的"民间共同体"(folk community)和制度的再发现来实现。(Weber 1964:81)

欧洲基督教会和法西斯主义

几乎所有形式的法西斯主义都严重依赖"重生"、"复兴"和"复活"这类概念,但在巴尔干和东中欧等地区,这个概念不仅带有世俗民族主义色彩,同时仍然带有强烈的宗教民族主义色彩。罗马尼亚、克罗地亚、斯洛伐克、波兰和匈牙利的多数法西斯主义和反犹太主义宣言都具有强烈的宗教情结,它从"民族教会"神职人员统领下的各部门获取道义、人事、制度和实践方面的支持,同时,法西斯主义也严重依赖宗教的象征、概念和仪式。

迈克尔·曼(Michael Mann)试图区分具有不同来源和动机的两类法西斯主义:一类是前现代的排外的、宗教净化式的"清洗"(purgative),另一类是现代的和世俗化的、在 20 世纪表现出更残酷的仇外和"清洗"色彩。(Mann 2005:34—69)但这种宗教-世俗的两分法在实际上很难奏效。极端民族主义,法西斯主义,对犹太人的大屠杀,20 世纪 40 年代克罗地亚法西斯主义组织乌斯达莎对塞尔维亚人和黑山人的暴行，以及 19－20 世纪期间巴尔干和东中欧地区形形色色的宗教、种族和族权的"清洗"和排外主义，依然弥漫着宗教的思想、语言、图像和（假定的）动机，而且往往受到基督教会的帮助和煽动。"清洗"或"净化"，以及与之相关的"复兴"、"重生"的概念，最初都源于宗教热忱、狂热主义和千禧年主义，而且他们原先的宗教或末世论的特性似乎从未抖落，尽管现代宗教的衰退已经导致"清洗"和"净化"心态的实质性"世俗化"。世俗的现代种族主义和反犹太主义，与其说是旧的宗教和千禧年鬼神学、排外主义和驱除可察的心内恶魔或抗拒心外的威胁物的欲望的替代物，毋宁说是构成了它们的补充。

例如，罗马尼亚铁卫队的"精神核心"是所谓米迦勒天使长兵团（Legion of the Archangel Michael），1927 年由科德雷亚努建立。（Heinen 2006）其起源可追溯到（科德雷亚努和他的亲信 1922 年在雅西大学建立的）一个基督教学生联合会，以及科德雷亚努所谓他在 1923－1924 年监禁期间见到米迦勒天使长。军团本质上是一个暴力型的民族主义和反犹太的"基督教兄弟会"，致力于复兴一种超民族主义的信仰。由此，它派出所谓"十字兄弟会"到罗马尼亚的乡村、学校和大学宣传它的信条。该军团的精英要经受火与斗争的考验才能够得到"锻造"和"纯化"。军团要拒绝所有过度的、奢华的和肉欲的放纵，过一种相对禁欲、实际上为他人服务的生活，率先垂范从而赢得"皈顺者"。（科德雷亚努著的）军团规则手册第 3 条规定："沉默原则：尽量少说话。说你不得不说的。仅当你需要的时候才开口。你的箴言就是付诸行动。你只管去做，交由别人去说。"（Weber 1964：100）但是，这种禁欲主义和服务他人的生活也是为了赎罪，因为军团甚至被告诫要杀生。手册里有这样一句话："当我必须在我的国家死亡和暴徒的死亡二者之中进行选择的时候，我宁愿让暴徒死。如果我没有容许该暴徒伤害我的祖国和毁掉它，我就是一个更好的基督徒。"（Weber 1964：103）此外，每个军团必须发誓，致力于"推动工作、诚信、牺牲、正义的新精神更广泛深入地渗透"，而且"深信，借助耶稣基督，借助统合民族主义，借助军团的行动，能够缔造一个新罗马尼亚"。（Weber 1964：100）科德雷

396

亚努还解释说,罗马尼亚"由于缺乏大人物而不是缺少纲领"正岌岌可危。"再者,米迦勒天使长军团不只是一个政党,更是一所学校和一支军队……我们的心灵能够想象的最高贵的灵魂,我们能够生育的最值得骄傲的、最高大的、最挺拔的、最强大的、最聪明的、最洁净的、最勇敢和最勤奋的人种,这就是军团学校必须给我们的。"(第 167－168 页)

米迦勒天使长军团由此一度被描述为"一个奠基于宗教之上的运动,或者是东正教教会的再生或觉醒",(Turczynski 1971：111)还被描述为"一个'重生'的基督教东正教运动,在这场运动中,科德雷亚努将成为米迦勒天使的凡间代表"。(Fischer-Galati 1984：28)军团会议召开期间往往伴有赞美诗、祈祷或宗教服务,有时会在整个村庄搞火炬游行和"骷髅地①重走活动"。军团"烈士"往往按基督教"圣徒"崇拜的仪式加以供奉。该军团使用中世纪宗教的千禧年说(chiliasm)语言。在科德雷亚努看来,"终极的目标不是生命(life),而是复活(resurrection)。一些民族以救世主耶稣基督名义复活……那一时刻终将来临,世界上所有的民族都起死回生,与他们死去的人一起……那个最终的时刻,'死而复活'的时刻,是一个民族要努力实现的最高级和最崇高的目标"。(引自 Fischer-Galati 1970：330)"这虽然完全是胡说八道,但是,显然,作为宗教信条和一本正经的宗教仪式,它得以传播并被接受。

类似地,克罗地亚法西斯组织乌斯达莎成员被认为是按照军事的、暴力的、征战的、天主教规章的形式来组织的,它实际上奉行了一种晚期版的条顿骑士团制度②。事实上,至少有一个隶属乌斯达莎的组织就曾命名为十字军(Krizari)。(Djord-jevic 1971：132)此外,意大利境内(包括梵蒂冈)的许多克罗地亚天主教神父,与克罗地亚境内的神父

---

① Calvary,骷髅地,耶稣受难之地。——译者注

② 条顿骑士团的名称源于其拉丁文称谓"Ordo Teutonicus",德文原意是"耶路撒冷的德意志圣玛丽医院骑士团",因此通常被称为条顿骑士团,早期成员全来自德意志民族,后被迫接受波兰人。与圣殿骑士团、医院骑士团一起并称为三大骑士团。条顿骑士团的口号是"帮助、救治、守卫"(Helfen, Heilen, Wehren)。——译者注

一样,都在为乌斯达莎效力,他们坚信,如果他们不这样做,巴尔干地区将最终沦落到持无神论的共产主义奴役之下。他们的无情反映出他们秉持的一种信念,即他们正参与到一场反对恶魔凡间化身的生死决战当中,这些恶魔包括信仰东正教的(也是俄罗斯支持者)塞尔维亚人,以及公开的共产主义分子和犹太人在内。

在斯洛伐克的法西斯主义和反犹太主义中,民族主义和反共产主义的天主教神职人员也发挥了重要作用,这一支反犹主义还保留最后一点尊严,因为它的反对只限于宗教方面,而非人种方面(和进行种族屠杀),这种情形也适用于匈牙利。但是这并没有把斯洛伐克和匈牙利犹太人从纳粹集中营里挽救出来。然而,与他们的德国同伴不同的是,斯洛伐克和匈牙利的法西斯无意处决犹太人,只限于"纯粹"的驱逐,把他们驱逐到那些在第二次世界大战结束后愿意接受他们的国家——或者,如果有可能得到安排,越快越好。

巴尔干和东中欧的法西斯主义宗教热情,部分程度上可以依照下述事实进行解释,即就大部分地区而言,其社会结构仍然以农业的、区域性的和宗教主导为主,其精神境界也很有限。除捷克斯洛伐克以外,因为它的法西斯主义多局限于波希米亚日耳曼人(又称苏台德日耳曼人),这些社会与德国还是西北欧的情形相比,其城市化、自治和复杂程度以及世俗化程度,都要低得多。在巴尔干和东中欧,法西斯主义者在面向他们听众发表演说的时候,同样都极力转换他们的语言和信息,他们可能仔细考虑过,采用喜闻乐见的宗教观念和形象,更易于为农民、农民工、农村劳工和第一代产业工人所理解和吸收。更重要的是,巴尔干和东中欧的法西斯主义者能轻易地利用和吸收宗教领域鲜活的反犹太主义传统——主要是罗马天主教,罗马尼亚的东正教除外。

巴尔干和东中欧的法西斯运动带有宗教论调和"宗教结构",还可归因于以下事实,即在这些地区,民族主义已经弥漫着宗教的图像、热情、观念、语言和目标,而且往往得到"民族"宗教和民族主义教士的强烈支持。西欧民族主义通常被描述为一种世俗宗教,但多数巴尔干和东中欧的民族主义在20世纪30年代还没有世俗化。正如北爱尔兰情形一样,部分程度上正是宗教赋予了巴尔干和东中欧的民族主义以特别尖刻、偏执、狂热、不宽容和执拗的特征。在罗马尼亚、塞尔维亚、黑山、马其顿、南斯拉夫、希腊和保加利亚的民族主义和民族认同中,东正教处于核心地位,正如罗马天主教是波兰、克罗地亚、斯洛文尼亚、奥地利和斯洛伐克民族认同的中心,尽管在更世俗化和多教派的捷克和匈牙利,程度略逊一筹。再者,东正教基督教会鼓励个人专注于集体的或者团体的信仰中,而罗马天主教不仅强调对权威和国家的服从,也倡导"法团的"或"社团主义的"社会学说和合作关系,而后者与奥地利、波兰、斯洛伐克、斯洛文尼亚和克罗地亚的法西斯运动倡导的观念中的绝大部分都相互重叠(倡导上述观念的还包括,意大利的法西斯主义者、西班牙的佛朗哥主义者和葡萄牙的萨拉查主义者的新国家制度)。

苏嘉强调,占主导的民族宗教,以及主导的民族教会的容纳甚至支持态度,加上中小学校、大学、国家官僚机构和军方给予的公开的或者策略性的支持,共同奠定了巴尔干和东中欧的法西斯主义运动和学说在该地区主要权力结构中的基石(major foot holds)。这有助于解释,为什么这些法西斯主义运动"能够在现存体制下发展并且坐大势力",这一点有别于西欧的法西斯主义。(Sugar 1971b:153)苏嘉得出的结论是,巴尔干和东中欧的法西斯主义的这些基石和"本土的"或土生的内容非常强大,足以孕育某些东西,"这些东西,就其本质和多数表现而论,我们仍然可能会将它们视作法西斯主义的同一货色。即便墨索里尼当初不是为他的政党选择性地贴上'法西斯主义'的标签,即便我们很可能不会称其为法西斯主义",即便法西斯意大利和纳粹德国从未存在过。(第156页)

然而,正是由于巴尔干半岛和东中欧法西斯民族主义的密切联系,两次世界大战期间,法西斯运动从来没在捷克和塞尔维亚蓬勃发展过。只有少量的捷克和塞族法西斯运动。(Sugar 1971b:49-51,61-62,129-131,136-138)但大多数"具有民族意识的"捷克人和塞族人清醒地认识到,他们的法西斯主义和法西斯邻国已经对他们"民族"生存构成了威胁。因此,对他们来说,法西斯主义是一种威胁,而不是救赎之道。不幸的是,巴尔干和东中欧法西斯运动或者没有认识到下述事实,或者被下述事实所蒙蔽,即通过推进法西斯主义以及与纳粹德国合作或与法西斯意大利合作,后者削弱了而不是加强了他们的"民族"主权、安全和生存的机会。

法西斯主义：一种新型政治运动

关于法西斯主义特征,有许多颇为有益和富有启发性的概括,沙利文(O'Sullivan)就提供了这样一种洞见(1983)。他不是将法西斯主义视为某种一时的偏差,而是视为现代欧洲文明主流的一种极端表现。(第63－64、80页)他把法西斯主义定义为"一种激进主义(activist)的政治运动",它将"人的最高价值"视为"不惜自我牺牲,全面积极地投身于民族国家的事业",以及"对法西斯'领袖'的无条件的忠诚,领袖的个人命令就是判断真理的唯一最终标准"。实际上,这等于要求对领袖的绝对服从,不管他是如何攫取权力和实施权力,也完全撇开了宪法的形式制约。(第33页)这包括全面排斥"传统的有局限的政治运动方式"和基于国家之上的政治秩序,政治共同体受到共同的法律以及关于公共领域和私人领域的明确区分的约束和维系,而且宪法将获取和运用权力严格限定在历史上特定领土和司法范围内。"激进主义的政治运动"把意识形态和"使命"感(或者"共同目标")作为新政治共同体确立的基础。它建立了一种无所不包和无孔不入的政治秩序(废除公共领域和私人领域的区分)。它废除了宪法上关于获得和运用权力的约束。它拒绝承认国家的现存边界,拒绝承认司法制度不可违背,它极力根据个人的军事意识形态使命和观念来重新确定边界。(第34－37页)法西斯主义是"这种新政体的最极端的、无情的和全面的表达"。(第41页)它是革命的,因为它明确地"着手摧毁建基于有限政治生活之上、有500年历史的国家概念",以"另一种政体取而代之,在这种政体下,没有任何本质上与司法相关的东西;国家和社会被全面渗入其中的运动所淹没;宪法对权力的全部制约都被排除,至少原则上如此;民族……基本上只是一个流动的实体,它的领土边界完全决定于法西斯领袖的意识形态狂热"。(第 39 页)它礼赞战争、持久的"斗争"、力量、青年、生机、英雄精神和军事价值。(第 44、70 — 74 页)

　　由此,法西斯主义将政治运动变成了一种千禧年的征服运动,它要建立一种新的社会和政治秩序,清除一切邪恶、腐败、颓废和政治异己分子。新秩序中除了领袖命令所形成的法律、法规或道德限定外别无其他法律法规和道德限定;另一方面,"自由"被界定为对"领袖"无条件地自我牺牲精神、奉献精神和绝对服从,只有"领袖"才是民族"意志"的唯一表现和象征。(O'Sullivan 1983:58 — 63)法西斯主义还包括,政治生活转变成盛大的公共庆典、仪式、体育盛会、游行和歌咏比赛,这些活动由法西斯主义政权所指挥,旨在形成对民族政治共同体更"全面"和更"积极"的认同,形成一种更完全意义上的"有机的"政治社会整体,以及对法西斯主义运动和政权更"全面"、更"积极"的献身和服从。

　　沙利文总结出法西斯世界观(Weltanschauung)的五项核心理念:① "法团主义",在某种意义上秉持下述的整体观,"社会是精神上统一的和道德上具有再生能力的有机系统,在这类社会中,分歧、冲突将得到化解或超越,公民摆脱了琐碎的、日常的和'利己主义'的困扰,全身心地为国家及其领袖服务";(第 132 — 134 页)② 不间断的、长期"斗争"的需要;(第 138 — 139 页)③ "领袖原则"(元首制),法西斯领袖被确立为民族尊严和意志的唯一的、绝对的化身,他是凝聚群众忠诚、自我牺牲和团结的全部核心所在,也构成一切法律和权威的源泉;(第 149 — 153 页)④ 进行征服和统治的"弥赛亚式的救世使命";(第 161、166 — 167 页)⑤ 追求自力更生、新重商主义、国家社会主义。(第 170 — 171页)

　　沙利文得出的结论是:"法西斯主义的知识吁求主要源于它的某种技巧,即它利用了人类古老的和强大的梦想,梦想在一个行将分离和腐朽的社会中创造出精神的统一性和纯洁性。"(第 181 页)沙利文的极具穿透力的思想不仅适用于意大利和德国法西斯运动和政权,而且适用于巴尔干和东中欧的法西斯运动。很难接受他的下述断言,即"巴尔干和东中欧法西斯政权或者是德国、意大利的照搬,或者是德国和意大利创造的另外傀儡政权。"（第34页）因为每一类法西斯运动和政权除了共同特征外同时还带有本民族的根源和独特性。然而,他论文的要点多数源于墨索里尼1932年的法西斯主义宣言：

> 　　法西斯主义的目标是塑造一个积极行动的人,一个以其全部精力从事活动的人……它认为生活即战斗……因此,正如法西斯主义者认为的那样,生活是严肃的,是严酷的……法西斯主义鄙弃那种"舒适的"生活……法西斯主义秉持一种宗教观念,在这种观念中,人与先验的规律和某种客观的目标具有不可分割的内在联系,这一目标就是要实现特定个体的超越,使他能够清醒意识到自己是某个精神团体中的一员……最重要的是,法西斯主义既不相信永久和平的可能性,也不相信永久和平的有效性……唯有战争才能给一切人类活力带来高度紧张,并且给那些有勇气实现这一点的民族打上高贵的烙印……因此,法西斯主义者把生活视为职责,视为进取,视为征服。(Mussolini 1932：165,170－171)

399

1929年12月法西斯的法规同样强调法西斯黩武性的、征服性的、极端民族主义和"激进主义"特征：

> 　　国家法西斯党是全面服务于国家的平民义勇军。其目标在于：实现意大利人民的伟大价值……从一开始,本党始终认为自己处在战争状态,首先是与那些破坏国家意志的人做斗争……进而捍卫和加强意大利人民的力量。法西斯主义……首先是一种信仰……在这种信仰的推动力之下,新意大利人像士兵一样工作,确保在全民族与它的敌人的战斗中实现胜利。(转引自 Oakeshott 1940：179)

沙利文关于法西斯主义特征做出了一针见血的概括,与其他聚焦于法西斯主义运动和政权的鲜明的方法、意识形态和"风格"的概括一样,其主要局限在于,比较忽略和几乎摒弃了广泛争议的法西斯主义的经济和阶级基础,以及法西斯主义的维度和背景。相比之下,按照马克思主义和社会学关于法西斯主义的观念,这些另外层面倒是处于核心地位。正是这些层面值得我们给予注意。我们尤其应当关注共产主义官方对法西斯主义的理解和解释,特别是共产国际公开给出的那些阐释。这些不仅有益于阐明两次世界大战之间共产主义与法西斯主义的竞争和"斗争",而且还能阐明欧洲共产党,尤其是巴尔干和东中欧的共产党,通过"领导反法西斯主义的战斗"来赢得权力的愿望得以实现的基础。

第二十八章 共产国际的"法西斯主义理论"及其在赋予共产党1945—1948年夺取政权合法性中长期被忽视的作用

在两次世界大战期间的欧洲,许多杰出的马克思主义者起初将法西斯主义视为晚期资本主义"垂死挣扎"以及对马克思主义左派和无产阶级"先发制人的打击",或者视为"腐朽的"或"垂死的"垄断"金融资本主义"危机的最终降临(和设想"终结")的最后一搏。这场重要时刻的危机起始于第一次世界大战期间及其剧烈的影响阶段,20年代中期经济复苏时期危机不断提升,而到了20世纪30年代随着大萧条的降临危机遽然加剧。第一次世界大战期间,由于战争吸纳了成千上万的新(通常是不熟练的)就业人员,欧洲工人阶级的规模经历了实质性的扩张,其尊重和顺从行为减少,政治和阶级意识有所提高。1919－1920年,百万老兵和军需产业工人开始失业。不过,与19世纪中后期相比,第一次世界大战前夕的欧洲劳苦大众已经不再那么温顺,那么容易驾驭(虽然与1900年和1914年间相比对比不是那么强烈)。无论是在欧洲的农村还是城市,都出现了广泛的骚乱,但城镇动乱是精心组织的。此外,城镇和农村出现频繁的罢工、抗议和"静坐"示威,雇主试图恢复劳动纪律、企业的盈利能力和"管理的管理权"(management's right to manage,即采取高压强制的管理风格,不做任何"解释"地解雇工人),但困难重重。因此,雇主普遍采取停工、运用骚扰和攻击性的强硬手段打击有组织的劳工,这种行为甚至得到欧洲各国政府的全力支持,自19世纪90年代以来,政府在采取措施"制服劳工"方面力度越来越强,越来越严厉,甚至采用"自由"民主制的方式。

在政治战线上,在1914－1918年战争前,旧政府和老"自由"政客已经习惯于对政治生活的有限参与,即使是在议会制国家,也是如此。他们发现,要应对刚刚获得选举权、受教育年限越来越长、工会参与度越来越高并被政治"动员"的工人阶级和农民选民,越来越困难。盛行的不满和持续的紧迫需求越发加速新的群众政党的崛兴,无论该政党是左翼政党还是狭隘的民族主义右翼政党,反过来这使得许多以前庄重高贵的政治机构"大门敞开",甚至连欧洲的乡巴佬和流氓都加入了绅士俱乐部。面对社会巨变,欧洲各国政府全都热衷于采取镇压、警察侵扰和其他攻击性形式来镇压或疏散总罢工、"静坐"、群众游行和抗议活动,无论是在英、法、瑞典、德、意、西、葡、奥地利,还是巴尔干和东中欧,概莫能外。严重的劳工骚乱及其招致的各国政府、工业家和地主的镇压反应,构成全欧洲"有产者"和"无产者"(property and labour)之间以及"富人"和"穷人"之间对抗的一部分(20世纪20年代,布尔什维克革命已开始"忍痛割爱",当时列宁政权采取镇压罢工、工人骚乱的方式和推行"泰勒主义",包括计件工资,工作效率研究等)。

401　　尽管细微的解释会引发热烈的争论和尖锐的对立,但整体而言,马克思主义者一致认为,危机重创下惊恐的资产阶级对革命左派接二连三地实行凶猛的打击,其愤怒如同怪物受到致命伤害一般。因此,法西斯被视为欧洲资本主义向有组织的工人与马克思主义左派所做的绝望的、最后的反革命反扑,而意大利法西斯主义仅仅是欧洲这类攻击行为在意大利本土的变种。法西斯主义被看作介于资产阶级和贫苦大众之间,凭借"保护"前者免受后者侵扰而勒索保护费的组织。起初,工业家、地主、政府官员和传统政治领袖视法西斯暴徒为党羽,但在攻击无产阶级或马克思主义受害者的活动中,法西斯暴徒逐渐胜过他们那些轻而易举就被吓倒的操纵者们,占据了上风。1923 年 6 月 23 日,共产国际执行委员会(ECCI)通过了《关于法西斯主义决议》:

> 法西斯主义是一种典型的腐朽现象,是资本主义经济逐渐解体的反映……其最根本的原因在于下述事实,即帝国主义战争以及加剧和加速该战争的资本主义经济的瓦解,对小资产阶级、中等资产阶级、农民和知识分子等广泛的社会阶层来说,不是意味着他们一直希望的结果出现,而是往昔生活条件尤其是生命保障的摧毁。社会各阶层关于社会彻底改良的模糊希望也化为泡影。(转引自 Degras 1960:41)

同样在这份共产国际《关于法西斯主义的决议》中,还明确指出,这类不安全感、失望、幻灭和挫折感往往驱动着麻木异化的人们向法西斯主义靠拢,这种情形绝不限于小资产阶级和中产阶级:"他们已经接受许多无产阶级的思想,而这些无产阶级一直在寻找机会采取行动,也在要求行动,他们对一切政党的行为感到不满。法西斯主义也吸引了那些失望的和落魄的人们、难以在各社会阶层中找到定位的人们,尤其是那些战争结束以来去职的前军官们。"(Degras 1960:41)1924 年 7 月,共产国际第五次代表大会通过《关于法西斯主义的决议》再次肯定,法西斯主义的"根源在于因为资本主义危机而注定要衰落的中产阶级,以及那些因为战争而丧失社会地位的人们(例如去职的军官)和革命愿望难以实现、蒙受苦难的无产者们"。(Degras 1960:139)

对共产国际预期的"大众社会"的法西斯主义解释

共产国际《决议》中阐释了一种惊人的观点,即对法西斯主义的社会支持力量,不仅源自一个阶级,而且源自那些失望的、幻灭的、心存不满或者边缘化的社会各阶层成员,以及失去了与原阶级联系、寻找新的情感归依(或者新的"归属感")的人们,而法西斯主义恰好可以满足这类迷茫者的此类要求。名义上讲,上述惊人观点的提出应当归于汉娜·阿伦特(Hannah Arendt)(1966：305 — 339)和威廉·科恩豪泽 (William Kornhauser)等"大众社会"理论家。(1960：14 — 15,179 — 182)鉴于上述观点构成了关于法西斯主义整个文献最关键和最具争议的主题之一,这里将深入展开探讨。

    "大众社会"理论家的中心论题是现代"极权主义运动",也就是说,渴望创造"极权主义"政权的运动,"根本上是群众运动,而不是阶级运动"。也就是说,"尽管法西斯主义倾向于从中产阶级招募大量的拥护者,共产主义倾向于从工人阶级吸收更多的追随者,但是这些运动不可以仅仅理解为中产阶级和工人阶级的各自单独的政治表现。这两种情形中的运动主体都是阶级联系松散的人们,而非阶级联系牢固的人们。此外,这两类运动都倾向于从所有主要社会阶层中吸收支持者"。(Kornhauser 1960：14 — 15)简单地说,这只是一个简单的政治算术题。任何渴望依靠民众支持而上台的政治抱负者,都必须赢得相当数量的民众拥戴,不仅需要中产阶级而且需要无产阶级的支持,因为这些阶级的规模是上台成为可能所必需的。即使某政治团体为了赢得重点支持只依赖于某单一阶级的时候,也是如此。(第 194 页)"大众社会"的理论要点在于,假定"社会各阶层都可能构成极权主义运动的社会基础;它尤其假定,正是各阶级中失去了社会依附和社会根基的那部分人构成运动的最初支持者及其主体。这意味着,无依无靠的知识阶层、边缘化的中间阶级成员、孤单的工农业工人都是极权主义运动的主要社会构成力量"。(第 182 页)用"法西斯主义"一词来替代"极权主义",这份宣言简直可以视为共产国际关于法西斯主义的另类版本!

    这些声明清楚明晰而且毫不含糊地预先表达出科恩豪泽的下述意图,即"法西斯运动……不能全被认为是中产阶级的现象",而且"法西斯运动依靠工人阶级的支持,他们的支持占相当高的比例"。(第 196 页)由此,1933 年 42％的纳粹党成员是"体力劳动者和服务业工人",52％的纳粹党员是劳工,而 1922 年 43.5％的意大利法西斯党员是工人。(第 219 页)在 1940 年的匈牙利,工人占法西斯党员比例同样达到 41％,当时其成员已超过 10 万之众。(Barany 1971：77)

在巴尔干和东中欧,中产阶级数量过小,难以像德国那样构成法西斯主义的群众基础(德国除了有中产阶级,还有许多工人和农民)。此外,多数东中欧和巴尔干(程度较弱)的中产阶级,相当程度上是由犹太人和其他弱势少数族群组成。他们对暴力、极端民族主义、排外主义、反犹运动和法西斯运动和制度(尤其是在匈牙利、罗马尼亚和波兰)更为警惕而不是为之所吸引。在捷克地区,捷克"民族资产阶级"对法西斯主义的崛起同样也感到恐惧和厌恶,法西斯主义不仅威胁多族群的捷克斯洛伐克的生存,而且威胁捷克斯洛伐克人珍视的理想。

因此,尽管许多学者已经设法摆脱下述误导性的观点,即在德国、法国或意大利,法西斯主义是一个狭隘的、独属中产阶级的现象。这类观点即便在巴尔干和东中欧的背景下也绝对行不通,因为在这些地区,支持法西斯主义的大众基础除了来自规模相对较小而且或许主要是反法西斯的资产阶级外,还必须有来自其他社会阶层的支持。

关于法西斯主义,"大众社会"理论家采用的社会分析视角,经常与"多数"马克思主义者的视角形成冲突,前者误以为马克思主义将法西斯主义纯粹视为(中产)阶级现象。(例如,Kornhauser 1960:198-207;Kolinsky 1974:74-93,116-120;Cohan 1975:146-172)但是,过去和现在都完全可能的是,可以将法西斯主义看成针对(深重的)资本主义危机(及其带来的后果)作出的回应,并不是将它视为一个狭隘的或排他性的中产阶级或"资产阶级"现象。毕竟,两次世界大战间隔期间"资本主义危机"不仅威胁到工人和农民,也威胁到中产阶级的安全和生计。因为那场危机,各阶层成员都迷失了方向,或极度忧虑,或极度不安。因此,毫不奇怪,共产国际关于法西斯主义社会基础和支持力量的判断方式,与"大众社会"理论家如出一辙。共产党的领袖们虽然知识贫乏,但他们绝非蠢不可及,甚至相当一些领袖是敏锐的社会观察家和知识分子。至少在这方面,所谓的粗疏和僵化,与其说更多地存在于共产国际关于法西斯主义社会基础的官方见解中,倒不如说存在于那些没有认真且足够细致地阅读思考共产国际宣言的批判者当中,以及那些偏爱讽刺共产国际观点的批判者当中,后者这样做,只是

403

因为共产国际的其他一些方面容易引起异议且极具危险。

1923 年 6 月,共产国际《关于法西斯主义的决议》间接承认,法西斯主义的危险性和令人不安的政治模糊态度,使得它成为共产主义的直接竞争对手,同时也成为共产主义的敌人。"在革命动乱和无产阶级起义时期,法西斯主义对无产阶级革命要求的态度有些犹豫不定。追随法西斯主义的群众在两大阵营之间摇摆不定……但是,随着资本主义统治的巩固和资产阶级发起进攻,他们毫不犹豫地投身于支持资本主义活动。资产阶级立即招募法西斯加入对抗和围剿无产阶级的战斗队伍中……尽管按起源及其支持力量看法西斯主义也有革命倾向的一支,而且还可能转向反对资本主义及其国家,但它最终越来越成为一个危险的反革命力量……法西斯主义在意大利的胜利,激发其他国家的资产阶级采取同样措施来击败无产阶级。无产阶级革命先锋队最明确的任务就是,拿起武器去打败暂时胜利的法西斯主义……法西斯主义力量的组织是国际性的,因此,将工人的反法西斯主义斗争国际化,很有必要。"(转引自 Degras 1960:41 − 42)

滥贴标签的危险

在 1923、1924 年,共产国际《关于法西斯主义的决议》把某些特定的法西斯分子视为"突袭队",他们自己并不排斥资产阶级,而是甘愿为担惊受怕的、反共产主义的资产阶级服务,尽管在后来法西斯主义纲领和阵营中也出现对更激进的革命性元素的背叛和妥协。事实上,这是法西斯主义攫取国家权力和操控他们"资产阶级"资助者的最便捷方法。

对于法西斯主义的兴起,真正的西方自由派心怀不同程度的恐惧和贵族式的嫌恶,认为它是对西方政府自由规范和守法行为的否定。1932 年墨索里尼本人声称,"针对自由主义的学说,无论在政治领域还是经济领域,法西斯主义都与之完全对立"。(Mussolini 1932:173)但从共产党的立场上看,在 20 世纪 20 年代的意大利,法西斯主义针对马克思主义政党和工人运动发起的攻击,起初似乎与同一时期"自由"议会民主制中"资本""劳动"对立引起的其他反革命攻击没有什么区别。根据1924年7月共产国际第五次代表大会通过的《关于法西斯主义的决议》："法西斯主义是在资本主义社会没落的时代,同时也是无产阶级革命的时代,出现的一种典型的反革命形式……法西斯主义是资产阶级对抗无产阶级的战斗工具。为了打败无产阶级,资产阶级国家采取种种手段,无所不用其极……随着资产阶级社会一天天地没落,一切资产阶级政党,特别是社会民主党,都或多或少呈现出法西斯主义的特征。法西斯主义和社会民主主义是资本主义专政工具同一枚硬币的两面。因此,社会民主主义永远不可能成为战斗着的无产阶级的可靠同盟。"(Degras 1960：138－139)

应当记住,绝大多数共产主义者眼中的欧洲反革命攻势,无论它们来自法西斯主义者、保守派、民族主义者、"自由派"、社会主义者还是社会民主党,起初似乎没有太大区别。的确,欧洲共产党把德国、波兰和其他社会民主党谴责为"社会法西斯主义者",他们发起或者默许对工人民兵组织和极左派的战斗,希望推动资本主义在西欧和东中欧的稳定和复苏,以及"资产阶级"在该地区的议会统治。他们谴责这些所谓"社会法西斯主义者"是他们声称所代表的阶级的"叛徒",还谴责他们是一切公然奸灭激进的革命无产阶级和农民运动的法西斯主义者事实上的帮凶。然而,正如共产国际及其领导下的共产党支部1935年间接承认的那样,这是在社会民主主义与法西斯主义对抗问题上所作的严重歪曲和误解,共产国际及其下设共产党支部在态度上来个大逆转,强烈督促与社会民主党合作,建立广泛的反法西斯的人民"统一战线"。

404

诚然,欧洲的社会主义者和社会民主党全面放弃马克思主义立场,并公开宣称,欧洲市场经济和议会民主制的完全复兴,符合数量上仍占多数的工人阶级选民的利益。这意味着,不得不与尚具存在必要性和优点的资本主义制度妥协,这反过来还意味着,为了让资本主义和民主制继续发挥功用,必须痛苦地接受相对严苛的财政、货币和劳动纪律,必须制止左派力量采取的革命活动和反民主活动,因为这些活动具有破坏性而且往往带有暴力或恐吓色彩。因此,真正的思想分歧在于,一方是越发"渐进性"的或"改良性"的社会民主党和社会党,另一方是革命的、反资本主义、反民主的左派,重点是共产党。与共产党相比,社会主义者和社会民主党在本质上更致力于捍卫民主制,共产党只是想利用民主自由扩大他们的反民主运动,以及为酝酿建立共产党领导的"无产阶级专政"而进行的准备活动。

《共产国际纲领》(1928)是对东、西欧所有共产党支部都具有约束力的文件,它重申了通过"罢工和武装示威以及最后反对资产阶级国家政权的总罢工"(第 61 页)来"完成无产阶级专政的历史使命"。(Comintern 1929:58)它公开地鼓吹暴力、拒绝和平宪法:"无产阶级的权力征服并不意味着借助议会多数派和平地'接管'现成的资产阶级的国家机器。无产阶级的权力征服是采用暴力手段推翻资产阶级政权,摧毁资产阶级国家机器(资产阶级军队、警察、官僚等级、司法和议会等),用无产阶级的权力机构取代资产阶级的相应机构,作为镇压剥削者的工具。"

欧洲越来越"布尔什维克化"的共产党,开始给一切压制性的、威权主义的、反马克思主义的政府和运动贴上"法西斯主义"的标签,因为它们都愿意促进或参与资产阶级反劳工和反革命左派的活动。其中不仅包括墨索里尼昭然的法西斯政权,而且还有 1920 年匈牙利的极权政体,1923 年的保加利亚和西班牙,1925 年的阿尔巴尼亚,1926 年的波兰和立陶宛,1929 年的南斯拉夫,1933 年的葡萄牙、奥地利和德国,1934 年的拉脱维亚和爱沙尼亚,1938 年罗马尼亚和 1939 年的西班牙(两度出现)和斯洛伐克,等等,它们在马克思主义文献中都被描述成"法西斯主义者"。事实上,在 30 年代后期,"匈牙利的主要政治家经常吹嘘说,匈牙利是欧洲第一个引进法西斯主义的国家,他们甚至坚称,霍尔蒂的'白色恐怖'以及后来的体制显示出曾征服德国和意大利的意识形态和实践特征"。(Ranki 1971:65)兰基勉强承认"法西斯主义"一词"不属于匈牙利反革命词汇的一部分",然而,他还是肯定,1919 —1920 年的"白色恐怖"(及其所建立的政权)包括了"德、意法西斯崛起中同样显示出来的几个特征",包括"无情地迫害劳工运动乃至全面迫害民主思想及其拥护者的政治制度",同时强调,"匈牙利'族群'的重要性,以及建立强大的民族国家的思想。它成为可归入此类的欧洲第一个官方意识形态"。(第 65 页)然而,兰基也认识到,1920 年匈牙利在国际上孤立、经济总量破产,以及后来急需西方的认可和经济援助,共同迫使霍尔蒂及其新总理贝瑟伦(Count Bethlen)钳制贡姆波斯前已出现领导下更难驯服的法西斯主义,并佯装当时正在更积极地推进自由,(第 68 页)正如墨索里尼在他执政前两年所做的那样。

405

斯大林论 20 世纪 30 年代初期"资本主义危机"的加深

1929 年以后,"资本主义危机"骇人地加深,似乎可以解释 20 世纪 30 年代法西斯政权进一步扩散和加剧的原因。苏联官方的观点是斯大林在 1930 年 6 月的苏联共产党大会(CPSU)的政治报告中提出的。他首先强调了危机的普遍性。"资本主义无所不能的幻象正在被打破。"这场危机不是先前资本主义危机的"简单复发"。这场危机"严重地打击了资本主义的主要国家,它的中枢,美国",此外,"主要资本主义国家的工业危机"也"与农业国的农业危机交织在一起",二者互相加剧,共同延长了危机周期的时间。再者,20 世纪资本主义的垄断结构鼓励"资本家联合起来","不顾生产过剩",共同维持他们产品的"高额垄断价格"。这使得那些构成其主要消费者的大众越发感到危机带来的痛苦和灾难,他们只能阻止它实现这一点。"当前的危机正是资本主义总危机基础上进一步发展,早在帝国主义战争阶段,总危机即已形成,并且不断侵蚀着资本主义的根基。"危机"赤裸裸地暴露了并且加剧了主要帝国主义国家之间……战胜国与战败国之间……帝国主义国家与殖民地和依附国之间的矛盾",由此,"资产阶级通过在他国内政策上实行进一步的法西斯化来寻求摆脱困境的出路",而"在对外政策领域,资产阶级通过发动新的帝国主义战争来寻求出路"。(Stalin 1955a：243－261)

1934 年 1 月的苏共大会上,斯大林感叹道,"资本主义的危机""当下已经进入到它的第五个年头,它正年复一年地摧毁着资本主义国家的经济,并且消耗着它此前数年的丰厚积累"。他将这场危机史无前例的持久和严重,归于下述因素。首先,"工业危机无一例外地影响到了每一个资本主义国家,这使得一些国家要以牺牲另一些国家来操纵危机越发困难"。其次,"工业危机与曾经影响到所有农业国和半农业国的农业危机交织在一起"。第三,"农业危机越来越严重"导致了技术上的"农业倒退"。第四,"主导工业的垄断卡特尔组织极力维持高额的商品价格,这阻碍了库存商品的消耗"。第五,也是最重要的一点,"工业危机是在资本主义总危机的形势下爆发的,此刻资本主义已经失去其战前的力量和稳固性……而且由于战争的持续作用,工业连续开工不足,失业人数达百万之众"。再者,尽管"卡特尔垄断组织"极力阻止,但多数商品价格还是下跌,进一步削弱了借债者和"缺乏组织的"商品生产者("农民、手工业者和小资本家")对抗信贷方和"卡特尔资本家"(capitalists united in cartels)的能力。因此,资本主义"不同程度地成功缓解了工业的艰难处境",但它主要是"以牺牲农民的利益……以及牺牲殖民地和经济落后地区农民的利益,乃至进一步强制性地降低他们的劳动力价格来实现的"。此外,为争夺市场而"越发紧张的斗争"引发了日益加剧的倾销、贸易保护主义和"极端民族主义的经济政策",紧张的国际关系,加上潜在的"军事冲突"可能性,导致"符合更强大国家利益的……重新瓜分世界"。这就是为什么"资本主义国家的统治阶级热衷于摧毁……议会制的最后残余",以及"法西斯主义在好战的资产阶级政客中……大行其道"。因此,1933 年德国法西斯主义的胜利,不仅应当视为"无产阶级软弱以及由此造成的社会民主党背叛无产阶级的征候",也当视为资产阶级"不能再用议会制和民主制的传统方法继续统治",以及"不再可能在和平外交政策的基础上找到走出目前困局的出路"。它"被迫……诉诸恐怖手段和战争政策"。(Stalin 1955b:288 - 292,297 - 300)

　　撇开马克思主义者不论,自由派中很少有人曾预测到,在未来的20 年内,资本主义和"资产阶级民主"能够享有一个史无前例的时代:经济腾飞、技术创新、社会福利保障和大众参与多元的议会政治生活。

那种认为资本主义正达到"最终"危机的人,绝非仅限于马克思主义左派人士。即使是"自由"经济学家,他们对未来也忧心忡忡。所谓的"消费不足"学派(该学派为20世纪30年代的美国"新政"提供了许多理论支撑、人事和政策方面的)担心,美国和欧洲的工业和金融业中不断加剧的垄断结构将会导致利润和投资生产能力的增长超过工资、购买力由此导致消费的增长,进而导致持续的生产过剩或"消费不足"的问题。此外,汉森(Alvin Hansen)为首(并且对梅纳德·凯恩斯有强烈影响)的所谓"滞胀"学派论证指出,欧美资本主义已经永远失去了像18世纪末和20世纪初人口膨胀、工业革命以及欧洲向新大陆殖民"扩张"所带来的活力、动力、贸易扩张、高利润、旺盛需求和类似的无限商机。这在当时看来是空前绝后的"一次性"经验。此外,随着外部刺激因素突然枯竭,欧洲出生率持续下降,大规模移民的停止,越来越严重的市场保护和越来越明显的需求饱和,似乎很难保证,美国和欧洲的经济会再度不断扩大,并且扩张到足以创造充分就业,或者避免利润率的严重下降。由此产生的结果是,投资将最终枯竭,自由放任的资本主义和逐利动机不再可行(更不用说充满活力)。因此,许多欧美经济学家、政治家和知识分子逐渐趋向得出下述结论,自由放任的资本主义,不仅不能提供充分就业(还包括由此带来的社会和政治危险),而且实实在在地"会精力衰竭",甚至会"灭亡"。在很多人看来,唯一的摆脱途径似乎在于选择某种形式的社会主义或国家社会主义或法西斯主义。

共产国际对纳粹德国崛起的反应

1933年12月,鉴于希特勒快速、野蛮地强化纳粹统治,他领导的政府迅捷地恢复强大的德国经济并重新武装德意志帝国,为了应对局势,共产国际执行委员会颁布了《论法西斯主义、战争的危险和共产党的任务》。"德国法西斯政府是欧洲战争的主谋,它在但泽、奥地利、萨尔、波罗的海国家和斯堪的纳维亚半岛挑起动乱,而且,它以反对凡尔赛协议为借口,试图按照符合德国帝国主义利益来组建集团,目的是重新血腥地瓜分欧洲……当前的欧洲已经成为一个随时可能被引爆的弹

药库。"(转引自 Degras 1965：300)

上述共产国际宣言都预见到,即将到来的战争将在突袭苏联中达

到极致。"资产阶级妄想借助一场罪恶的帝国主义战争和击败胜利的社会主义国家的反革命战役来延缓资本主义的灭亡。"(第 301 页)日益加剧的世界危机和迫在眉睫的战争,对苏联和欧洲共产党的生存构成了致命威胁,但同时也提升了他们最终推翻欧洲资本主义的几率。经过较量,结果很快就见分晓。"资本主义摇摇欲坠之际,法西斯主义越发严厉地压制革命力量,从长远看,它不可能对先进的劳动阶层构成威胁。"实际上,"这种恐怖在那些追随社会民主党的绝大多数工人中引起的愤慨,将使得他们更容易接受共产党的煽动和宣传"。(第 299 页)经济危机已激化了资本主义的所有矛盾:"国际无产阶级的伟大使命就是把资本主义世界的这次危机转化成无产阶级革命的胜利。国际共产主义的伟大历史任务就是动员广大人民群众甚至在战争开始前就反对战争,从而加速资本主义的灭亡……在反对战争的战斗中,共产主义者必须随时做好把帝国主义战争转化成国内战争的准备。"(转引自 Degras 1965：299 - 303)

共产主义和法西斯主义的角力上升至首位

共产党蔑视自由主义和民主主义,部分是因为它秉持下述信念,即在两次大战期间的欧洲,真正起作用的两股力量是共产主义和法西斯主义,如今二者针锋相对,都决意一决雌雄。共产主义和法西斯主义者之间还存在一种间接的相互尊重和理解,这种态度是二者对任何其他别的政治运动和意识形态都阙如的。与法西斯主义者一样,许多共产主义者当时都认为,自由民主制已经成为明日黄花,而且 20 世纪欧洲自由主义和社会民主只不过是垄断主义和帝国主义"金融资本"的虚伪面具,金融资本早在 19 世纪就已经超越资本主义。因此,两次战争期间欧洲的自由派和社会民主派内心都"怀柔"法西斯主义,他们宁愿推行"绥靖"政策也不愿意抵抗。这种观点的极致表现就是,英国首相张伯伦和法国总理达拉第在 1938 年 9 月将捷克斯洛伐克拱手让给希特

勒。在 1939 年 3 月的大会报告中,斯大林挖苦地评论道:"人们或许能够想到,捷克斯洛伐克地区被交割给德国,是发起对苏战争而付出的代价。"(Stalin 1955c:368)

希特勒和共产党都认为,在即将来临的"巨灵大战"中(即强大的德国及其盟国小兄弟与苏联对抗),失败的一方很可能会输得精光。没有比这更高昂的赌注了。法西斯主义的胜利势必导致共产主义的灭绝(更不要说欧洲人文主义文明)。反之,共产党的胜利将会加速欧洲资本主义的垮台,让共产主义统治大规模扩展到中欧、东欧甚至西欧,形成两种不同版本的"历史的终结"。因此,逐渐明确的是,共产主义者必须不惜一切代价,尽其所能确保"社会主义祖国"能幸存下来,否则,一切尽失。

因此,根据 1939 年 8 月《苏德互不侵犯条约》,纳粹德国侵入波兰西半部,苏联进驻波兰东半部。在共产主义者看来,《苏德互不侵犯条约》是苏联为争取时间进一步推动工业化、重新装备以及军事重新组织而付出的代价,同时又要保存它与轴心国最后决战的实力。按照一位杰出的苏联军事史学家和斯大林传记作家的观点,1939 年 8 月苏德和约"似乎污点斑斑,而且道义上(苏联)与西方民主制建立联盟,将带来更不可估量的益处。但无论是英国还是法国,都没有做好缔结这样联盟的准备。从国家利益的层面出发,苏联别无选择。拒绝采取任何行动也很难让德国停止下来……无论怎样,英、法都曾打算在 1938 年与德国签署合约,而且在 1939 年夏天与希特勒密谈,目标在于创造一个反苏联的阵营"。(Volkogonov 1991:356－357)

1933 年 12 月,共产国际纲领(Theses)也昭告了一个法西斯主义的定义,这个定义颇具影响,但也备受批评:

> 法西斯主义是金融资本中极端反动、极端沙文主义和极端帝国主义因素(推行)的公开的、恐怖的独裁。法西斯主义试图在小资产阶级中为垄断资本获取群众基础,吸引那些脱离生活常规的农民、工匠、职员和公务员,尤其是那些在大城市中丧失地位的人

408

员,同时也极力渗入到无产阶级当中……一朝掌权后,法西斯主义就排挤、分化和瓦解了其他资产阶级政党(比如在波兰的情形),甚至解散它们(在德国和意大利的情形)。法西斯主义极力争取政治垄断,加剧了统治阶级地位的冲突,在那些日渐法西斯化的资产阶级看来,这些冲突正是来源于其内部矛盾。(转引自 Degras 1965:296 − 297)

警惕歪曲共产国际关于法西斯主义阐释的做法

需要强调的是,共产国际的这些纲领包含了广泛的、远非单一性的法西斯主义概念(因此,还有关于法西斯主义的"内部矛盾",资本主义统治集团内部的矛盾以及毕苏斯基[Pilsudski]领导的波兰也属于法西斯主义类型)。再者,这些相同的命题都坚持认为,"法西斯主义独裁不是各国资产阶级统治中不可避免的一个阶段",(第 297 页)"共产党首先必须全面肃清法西斯主义独裁不可避免的狂热主义、失败主义"。(第 302 页)对官方共产主义关于法西斯主义的观点进行恶意的歪曲,往往是忽略或者故意忽视了这些要点。共产党并非将法西斯主义视为"资本主义的最高阶段",所有"高级"资本主义都不可避免地要迈向这一阶段。相反,他们认为,法西斯主义只是资本主义政治生活的最极端的(也是"最反动"和"最具沙文主义")形式,这类例子同时见于(不足为奇地)东欧、中南欧其他极端民族主义和低度发展的资本主义国家中,但是在西北欧(至少德国 1940 年占领低地国家、法国、丹麦和挪威以前)却不存在此类国家。这一点明确体现在意大利共产党领袖陶里亚蒂 1935 年在莫斯科所做的一系列演讲中。他坚持认为,"资产阶级民主转向法西斯主义"绝非"不可避免",因为"帝国主义"(类似于垄断资本主义或者金融资本主义)"并不必然产生法西斯主义独裁……例如,英国就是一个拥有民主制的庞大的帝国主义国家……法国、美国等。在这些国家中,你将发现迈向法西斯主义类型社会的可能趋势,但是议会制形式仍然存在"。(Togliatti 1976: 4 − 5)1933 年 12 月共产国际

的纲领同样坚持认为,"法西斯独裁不是各国资产阶级独裁中不可避免的一个阶段"。(Degras 1965：297)

这种见解多少与基钦的下述观点不符,即认为20世纪30年代共产国际将法西斯主义视作一个"庸俗马克思主义决定论之经济主义的惊人例子",也就是说,是经济决定论的范例。(Kitchen 1976：10,29,47,65,81)这类批判性观点未能认识到,共产党建立的理论基础(甚至可以说前提)是列宁主义式的排斥彻底的经济决定论,而赞同近乎机会主义和冒险主义的志愿主义。共产国际及其附属共产党支部非常合理地声称,转向法西斯主义只是对两次战争期间深刻的"资本主义危机"的广泛的"资产阶级"样式的反应。然而,他们并不认为,存在某种自发的、不可避免的或经济方面严格限定的从"资产阶级议会"向法西斯主义转变的通道,即便明显存在推动国家转向法西斯主义的强大经济政治力量。

409

迈向反法西斯主义的"人民战线",1935－1939

共产国际认为,人们对共产主义事业的日益支持,是20世纪30年代资本主义深刻的(或许是最终的)危机中大众对法西斯主义政权扩散及"巩固"的一种自然反应。一般认为,如果共产党应对正确,他们可以扭转局面,转换成自己的优势,变不利为有利。但是共产党领导人并不指望欧洲就此唾手可得,他们希望借助战斗来掌控欧洲。1934年7月在与赫伯特·乔治·威尔斯的一次会晤中,斯大林明确强调:资本主义正在衰退,但是且不可把它比作一棵摇摇欲坠、腐朽至极最后自行倒下的大树。不,革命,作为一种社会制度取代另一种社会制度,总是意味着一场斗争,一场痛苦而又残酷的斗争,一场生与死的搏斗。而每一次新世界的人民要上台,他们必须与试图借助武力恢复自己旧政权的旧世界的人们进行斗争,才能保护自己。(Stalin 1955c：35)

因此,共产国际在1935年8月通过的大会决议中告诫道:"警惕任何关于法西斯主义独裁会自行崩溃的危险的幻想",强调"只有工人阶级领导全体劳动大众团结一致,通过革命斗争才能推翻法西斯主义专政",重申要实现从日益深化的资本主义经济危机向"无产阶级革命的胜利转化","只能依靠共产党在无产阶级大众中的力量和影响力,依靠共产党的能量和自我牺牲的奉献精神"。(Degras 1965：360,355)这是极端的唯意志论,恰好与共产党备受诟病的经济决定论相对立。

1935 年 8 月,共产国际大会也一改过去对欧洲民主党态度,甚至在 1934 年 3 月,共产国际宣传部的纲领中还指责欧洲民主党与法西斯主义的新近胜利相关:"当最后的'决战'来临的时候,工人阶级的分裂暴露出其弱点……这种分裂源于社会民主党的背叛,源于它挽救资产阶级统治免受无产阶级革命冲击的政策。"(Degras 1965：324)

现实中,共产党拒绝与所谓的"社会法西斯"合作,不幸地导致德国左派分裂,结果左派试图重建温和的中左政治来取代极端民族主义右翼统治的梦想破灭,却强化了"资产阶级"和"小资产阶级"有关"共产党威胁"的恐惧,并且有助于纳粹分子在 1933 年 1 月夺取权力,尽管在 1932 年 11 月的帝国选举中纳粹仅获得了 33％的选票(比共产党和社会主义党总共获得的 37％选票还要少)。(Kolinsky 1974：77 − 78)共产党渐渐意识到他们的重大失误,后来决定建立和形成广泛的反法西斯同盟,即著名的"人民战线",尽管那时纳粹分子已经牢固掌权,德国左派已经被镇压。如今,社会民主党人士不再指控为"社会法西斯分子"和冷血动物,而被视为反法西斯斗争的亲密战友。然而,这里需要强调的是,采取人民统一战线的政策并不意味着,共产主义官方关于法西斯主义的观点有任何根本改变。共产国际保加利亚支部的共产党领袖(即后来的保加利亚专政者)乔治·季米特洛夫(Georgi Dimitrov)只是重申了 1933 年 12 月共产国际关于法西斯主义的界定。(Degras 1965：359)更重要的是,共产党改变的只是策略,他们的目标并没有改变。1935 年共产国际大会提出了加强共产党和社会民主党之间"团结"的主张,但条件必须是,"认识到采取革命手段推翻资产阶级统治、建立苏维埃形式无产阶级专政的必要性"。(第 368 − 369 页)

410　　　1935 年 8 月,共产国际大会通过了《关于新世界大战危险的决议》,告诫指出,"法西斯主义德国疯狂的军备扩充"带来了"整个资本主义世界新一轮的军备竞赛。急于参战的国家,诸如德国、日本、意大利、波兰,已经把他们的国民经济调整到战时状态"。值得担心的是,这些"法西斯主义政府"战争贩子将会协调彼此竞争关系,"以苏联为共同敌人,新的帝国主义战争的危险每时每刻都在威胁着人类的生存"。(转引自Degras 1965:373－374)这份《决议》强调指出,倘若这样的战争一旦爆发,"共产党将领导所有反战人士……努力将帝国主义战争转变成一场反对法西斯主义者的国内战斗……最终推翻资本主义"。(第377－378页)这在部分程度上与下述观点相矛盾,即按照人民阵线政策,共产国际(以及苏联)宣布放弃其发动国际性革命的最初目标。如果人民阵线没法阻止法西斯主义,那么放弃革命的方式是不可能的。其实,季米特洛夫(共产国际的领导人)在1939年11月第二次世界大战在欧洲爆发后发表的一篇文章中重申了共产党推翻资本主义的隐蔽意图:"随着战争的继续,群众的愤怒会增加,抗战运动波及的范围也会越来越广。资产阶级的残酷镇压和迫害也无法阻止和扼杀无产阶级反对帝国主义战争的战斗。当下作为工人阶级先锋队的共产党的历史性作用在于,组织和领导这场战斗……号召工人阶级采用自己的方式,为了自身的利益乃至所有劳动大众的利益,来结束这场战斗,从而一劳永逸地摧毁导致帝国主义战争爆发的根本原因。"(Degras 1965:458－459)

从一个共产主义者的立场来看,这种预先诊断似乎过于乐观。如同第一次世界大战的情形一样,多数欧洲工人忠于他们所在国的作战事业。只有共产党领导的巴尔干地区和东亚的诸多战时抵抗运动,才直接促成这些地方一些新的共产主义政权的建立。然而,1938年4月30日,由共产国际执行委员会发表的《五一宣言》证明,无论是东欧还是西欧,都处于战争阴云笼罩之下。德国法西斯已经吞并了奥地利,"正准备进攻捷克斯洛伐克。它还伙同波兰法西斯一起,极力想占领并瓜分立陶宛"。德国"对巴尔干半岛虎视眈眈……还威胁着比利时、荷兰、瑞士和斯堪的纳维亚国家。德国构筑了针对法国的法西斯主义包围圈,随时都可能通过闪电战来夺取它。就像一头正在捕食的野兽,它四处寻找原料……和人力,为发动大规模的反社会主义战争而储备"。

(Degras 1965：420)这是一个相当精准的预言,唯一的例外是,德国法西斯没有与"波兰法西斯"协同一致(如同 1934 年德国波兰协议规定的那样),而是最终决定吞并了波兰。

《慕尼黑协定》与"民族共产主义"的缘起

1938 年 9 月,英法"出卖"捷克斯洛伐克,倒向"法西斯阵营",这标志着共产主义历史上一次重大转折。实际上,它遽然重新定位了共产国际及其欧亚共产党支部与民族主义之间的相互对立关系。1935 年以后,在当年一致通过的人民阵线策略(旨在争取中间党派和意见更加坚决地抵抗法西斯力量)促进下,共产主义对民族主义的态度有所"缓和"。然而,直到 1938 年 9 月,共产党仍被认为是"国际主义者"和"反民族主义者"。毕竟,共产主义学说总是不断否定民族主义和爱国主义,赞同"无产阶级国际主义",号召各民族劳动阶级"团结一致",反抗"资产阶级民族主义"对劳动人民的欺骗、剥削和压迫。再者,广为人知的是,世界各地共产党都是从位于莫斯科的共产国际总部获取"指令"。因此,民族主义者和公众广泛对共产党抱有猜疑,后者往往被认定为随时都会"背叛"自己国家的"叛徒"。"成为一名共产党员就意味着是成为外国势力的一个代理人,在大多数人看来,这是非常可恶的。"事实上,"阻碍人们加入共产党的最大禁忌在于:共产主义意味着对自己国家某种不忠的感觉"。(Hammond 1958：282)这同他们的无神论一起,显然构成共产党赢得选举的最大障碍,也成为最受他们对手欢迎的笑料。在波兰和罗马尼亚等国,公众对共产党的敌视尤为严重。这些国家长期积聚着对俄国的不满情绪,而且其国民认为,他们国家的"领土完整"和"民族"安全受到了苏联东进计划以及波兰和罗马尼亚共产党的影响,后者准备支持(甚至参与)苏联即将实施的瓜分波兰和罗马尼亚的活动。事实上,波兰的东半部分主要居住着乌克兰人、白俄罗斯人和立陶宛人。因此,按照民族自决原则,他们并不真正属于波兰,但居住地与民族并不一致的事实未能对波兰民族主义者产生任何影响,他们中大多数人坚决捍卫自己在 1919－1920 年期间所占领的乌克兰、白俄罗斯和立陶宛的领土与人口。所以,他们深恶痛绝的是,苏维埃和共产党明确要求把这些领土从波兰的"压迫"中"解放"出来,并且间接暗示要将他们与乌克兰、白俄罗斯、苏联共和国以及立陶宛境内的同胞们"重新统一"起来。然而,苏联对布科维纳和比萨拉比亚(现在的摩尔多瓦)的企图并不能从威尔逊主义的"种族"合法性中得到支持,因为所谓的罗马尼亚"种族"显然占大多数,斯拉夫人属于人口很少的少数民族。苏联对比萨拉比亚的领土要求,只是"历史"问题,因为比萨拉比亚在 1812-1918 年期间曾被并入沙皇俄国,而苏联对于北布科维纳的领土要求,只是其"战略"需要问题,在 1940 年 6 月被并入苏联之前,它从未因俄国统治而受益。斯大林在吞并这些地区时,其行径更像一个"大国"帝国主义者,而不是一个领导世界革命的、具有革命精神的马克思主义者。

然而,1938 年 9 月,张伯伦、达拉第、希特勒与墨索里尼共同签署的(分割捷克斯洛伐克的)《慕尼黑协定》,给欧洲共产党一个绝好的机会,让他们把自己当作"集体安全"唯一"可靠的"护卫者,以及欧洲各国抵御法西斯威胁、对抗"资产阶级自由派"诡计的"忠实捍卫者"。事实上,《慕尼黑协定》签署后,那些一度误信西方大国的捷克斯洛伐克中间派遭遇到严重的信任危机,完全失去了支持。然而,捷克斯洛伐克共产党却声威大振,以至于他们甚至需要假以时日才能适应这种盛名!(但正因为这一点,20 世纪 40 年代共产党成为捷克斯洛伐克最受欢迎的党派,在 1946 年选举中获得 38% 的选票。)

共产国际迅速抓住这个"天赐良机"和关键性转折点。在 1938 年 11 月发表的"宣言"中,共产国际再次声明将保护捷克斯洛伐克免受德国攻袭(如果法国也愿意采取同样立场的话)。"在捷克斯洛伐克危机中,苏联政府明示应该如何签订协议,应该如何捍卫集体安全……《慕尼黑协定》不仅仅是对捷克斯洛伐克的打击。这也是英法把小国出卖给法西斯强盗的阴谋。"有人曾断言,捷克斯洛伐克本来可以获救,因为当时德国还没有为开战做好完全准备:"德国腹背两边都有对抗它的占压倒性优势的部队,捷克斯洛伐克拥有装备精良的军队和一流的防卫体系,加之英法舰队处于能封锁德军的有利位置上,苏联的行动可能会引起一股强大的反法西斯主义运动浪潮,捍卫人民的正义事业。面对如此强大的力量,德国法西斯分子本来除了撤退别无选择。但是经过《慕尼黑协定》,英国拽住法国支持它的政策,不让法西斯的欧洲宪兵遭遇政治失败。英法竭尽全力迫使捷克斯洛伐克屈服投降。"(转引自Degras 1965:430)

共产国际信奉"无产阶级爱国主义"

共产国际决定把共产党和工人阶级塑造成反抗欧洲法西斯主义分子,与"假"爱国者斗争的真正爱国英雄,以及民族自由和民族独立的忠实捍卫者。"要成功地加强和平事业,前提条件是必须取代那些因法西斯主义打击的威胁而背叛民族、丧权辱国的政府……一个真正拯救民族的政府,绝对不能走丧权辱国的投降道路。它无情地反击投降者和外国法西斯的代理人……它会解散法西斯联盟,使工人阶级成为国家防御的中坚力量。它会一如既往地推行集体安全政策,在反侵略斗争中绝不妥协退让。"(第432页)最具说服力的是,它宣称:"无产阶级现在的任务是,领导被奴役民族的解放斗争,保卫人民群众免受外国侵略的威胁。这个民族不再是法西斯分子、反动的金融家和工业巨头团伙掠夺和背叛人民的民族。这个民族是由千百万工人、农民和劳动人民组成的民族,而且这些人民是献身于自己的祖国、珍惜自由、捍卫独立的人民……无产阶级是这个民族的中流砥柱,是民族的自由,尊严以及独立的坚实堡垒。"(第432页)

在推动这一大转变并接受他们长期以来一直回避的民族主义和爱国情操时,共产党又为1935年推出的人民阵线政策赋予一种全新意义。对"人民"的认同突然变成新民粹主义,或对人民、民族、政党和祖国的新型民族主义认同,这为反法西斯的中左派爱国阵线或者祖国阵线组织的成立铺平道路,后者在第二次世界大战后变成巴尔干和东中欧共产党继续建立所谓"人民民主"政权的特洛伊木马。"工人",这个一向被共产党视作"资产阶级民族主义"对抗"无产阶级国际主义"的历史承载者,突然间被称赞为"民族"和民族美德最高尚、最纯洁的化身,对"工人"的礼赞几乎与法西斯分子和极端民族主义的宣传用语同出一辙。尽管驴唇不对马嘴,共产党仍然坚持在它认为任何合适的地方使用"无产阶级国际主义"的术语和符号,而且也会把它与新的"爱国的"工人阶级连在一起使用。欧洲更为坚持原则的(国际主义的)马克思主义者遭到这些无原则的思想"叛变者"的厌弃,原来的民族主义和爱国主义的自豪感和自负感则受到推崇。然而,除去"背叛"与"不忠"的污名,在 20 世纪 40 年代的捷克斯洛伐克、南斯拉夫、阿尔巴尼亚、希腊、意大利、法国和越南,许多共产党还是能够赢得前所未有的追随者。共产党先声夺人地来扭转局势(也就是说,按照符合自己利益原则运用一些煽情的爱国主义语言和意象),而且许多新选民或年轻选民都不加怀疑地"痴迷"共产党的这个策略。再者,在 40 年代反对欧洲及东亚法西斯主义和帝国主义的痛苦、英勇的斗争中,南斯拉夫、阿尔巴尼亚、意大利和越南共产党成功地蜕变成爱国的"自由斗士"和"民族解放运动",他们以非凡的勇气、毅力、耐力和英勇战斗来证明自己的新爱国主义情怀,并且赋予这种爱国主义以合法性。

查尔莫斯·约翰逊(Chalmers Johnson)曾经指出,如果巴尔干半岛和东亚国家的共产党不放弃他们此前的反民族立场和言论,转而投身于反法西斯主义、反帝国主义的民族解放运动,那么,在 40 年代,该地区的共产党就不可能成功夺权,当时民族解放运动之所以能很快获得群众支持并享有广泛政治号召力,与其说是归于共产主义,倒不如说应归功于爱国主义。在他看来,轴心国对南斯拉夫的侵占,没有给当地居民"留下接纳新秩序的任何空间"。(Johnson 1962：157－158,164)随后残酷的扫荡、肃反和"剿匪"运动,以及对那些试图抵抗的大小城镇、村落的报复性行动,大大提高了那些"'爱国运动'仅仅诉诸知识精英阶层的国家"中民众的政治、民族意识。(第 23、30、172－174 页)侵略者无意间削弱了"农民先前狭隘的地方本位主义和政治冷漠思想","一场不可避免的军事挑战"把大家动员起来,"他们失去了传统的效忠核心,农民奋起抗击侵略者,但是他们缺乏有效的领导,而共产党正满

413

足了他们的这一需要。共产党拥有战争磨炼出来的杰出领导干部和一支训练有素、军事过硬的军队,另外他们坚信只有战争才是社会改革的方式。更重要的是,共产党不仅愿意而且极度渴望领导"。(第156—158、166页)就南斯拉夫而言,在1929—1939年间,共产党因被宣布非法,其党员从1920年的8万人下降到只剩3 000人。(第165页)但是大约有1 200名南斯拉夫共产党员接受过战斗训练,参加了1936—1939年西班牙的反法西斯战争,后来成为南斯拉夫游击队军官层的核心力量。到1945年,南斯拉夫的游击队发展到80万人。(第166、173页)约翰逊得出的结论是,"不是共产主义的逻辑,而是民族危机的需要,给南斯拉夫共产党提供了执政机会",(第180页)"离开民族主义根基的共产主义,不可能存在"。(第179页)

　　约翰逊的观点是非常有说服力的,但他的错误在于将"民族共产主义"看成20世纪40年代南斯拉夫独有的现象。(第7页)到20世纪30年代末,共产国际热情地歌颂爱国主义(完全不同于掠夺性的民族主义形式),不仅仅是因为斯大林打算在即将到来的法西斯分子入侵苏联的最后时刻重新恢复和利用伟大的俄罗斯民族主义。在40年代的捷克斯洛伐克、阿尔巴尼亚、希腊、越南、保加利亚、法国和意大利等国,关于"共产主义爱国者"的新呼吁也产生了重大影响(尽管1939年8月至1941年6月的《苏德互不侵犯条约》引起了短暂的尴尬与困惑)。此外,约翰逊坚持认为,20世纪40年代南斯拉夫共产党的胜利是以对民族主义的认同为基础,这一观点具有误导性,也是值得怀疑的,(第175、178、184页)因为在南斯拉夫,民族主义主要呈现为残酷的、同族互杀(fratricidal)、近乎种族主义的(racist)、克罗地亚及塞尔维亚"族群"民族主义("ethnic"nationalism)。南斯拉夫共产党和游击队有时确实在战术上利用或迎合这些粗俗的民族主义。但是共产党胜利了,某种程度上是因为他们可靠地拥护一个超民族的南斯拉夫主义(supernational Yugoslavism),由此成为南斯拉夫唯一能成功(大体而言)超越"族群"民族主义局限的重要政治力量。从好的方面说,它是"民族主义者",仅仅是就它极力说服南斯拉夫各族群和"民族"停止互相残杀,团结一致对抗那些曾蹂躏和瓜分他们国家的外来侵略者。同样的,捷克斯洛伐克共产党基本拥护马萨里克(Masaryk)和贝奈斯总统提出的捷克斯洛伐克公民的理想,不赞同以自我为中心、暴躁的和内向性的捷克与斯洛伐克的"种族"民族主义。

为什么共产党关于法西斯主义的官方阐释值得重视

一些论述法西斯主义的西方主流文献似乎不赞成共产党关于法西斯主义是欧洲文明的毒瘤的官方解释,仅仅是因为共产党的声明代表的是官方"政党路线",因此这类解释必然是粗俗的、简单化的、还原论的(reductionist),值得怀疑的,或者几乎都是通过下定义的方式来认定。(例如,见 O'Sullivan 1983:17-19;Griffin 1993:3-4)然而,我们还是认为,关于法西斯主义的官方解释不能或不应因此就一笔带过。这些官方解释与其他一些片面的、单向的概念和解释没有什么两样,都会引人质疑、都有缺陷而且都失之偏颇。甚至后者往往只着重阐明法西斯主义的一些特定方面,并不提供全面的说明,尤其是有些关于法西斯主义的分析和概括,只是抽象地或有限地探讨它的特定社会经济背景和社会政治支持根源,比如,诺尔特(1969)和沙利文(1983)。

另一方面,正如诺尔特和沙利文对法西斯主义的意识形态、话语、风格和前提给出了一些有价值的新洞见一样,共产主义的官方解释也比较重视从社会经济层面分析法西斯主义,而忽视或故意忽视许多其他路径。共产党的解释也强调法西斯主义与共产主义之间这场巨型战争的核心地位(与西方民主制对法西斯软弱的"绥靖"正好相反),同时强调这些因素对共产党后来在巴尔干半岛和东中欧国家扩张势力以及在法国和意大利一度享有广泛民众支持所发挥的关键作用。

再者,直到20世纪30年代末纳粹发起的犹太灭绝活动开始后,被法西斯列为首批和最重要暗杀和残害对象的就是所谓"布尔什维克"。许多从事法西斯主义研究的欧洲重要共产党人,都亲身经历或见证了法西斯分子直接的言辞攻击或人身攻击,法西斯主义也构成危机重创

414

下惶恐且有攻击性的有产阶级针对马克思主义左派、独立的有组织劳工和公认的"苏维埃威胁"发动广泛打击的一部分。在布尔什维克革命前夕,以及第一次世界大战后的经济萧条和社会动荡背景下,"苏维埃威胁论"一直盛行。只要有这些原因存在,共产党对法西斯主义的解释就值得重视,正如人们不能也不应轻易抹杀后来犹太人关于大屠杀的解释一样。在我们看来,共产党关于法西斯主义的官方解释的优点可归纳为,他们将它描述成:① 与两次大战期间"资本主义经济危机"和"自由"/"资产阶级"议会民主制密切相关的一种普遍复杂现象;② 一种发展于思想和意识形态领域以及特定社会经济背景下,并有着特定社会政治支持源泉的现象;③ 一种更宽泛的经济民族主义、国家社会主义和威权主义潮流的一部分;④ 发生在大多数资本主义世界以及越来越具压制性、反布尔什维克主义和超民族主义的东中欧和巴尔干半岛政权当中,反对"布尔什维克主义"和独立组织的劳工"运动"的一部分。

至少在其初始阶段,法西斯运动通常设法将两种可能相互冲突的冲击或阶级对立现象结合在一起:一种是对好斗的劳工和马克思主义左派的"无产阶级冲击"的敌视;另一种是对金融资本主义、食利者、寄生虫和经济中介商("掮客")的明面上的仇视。马克思主义者经常因为强调前者却忽略后者而招致批判。格里芬(Griffin)指出:"把法西斯主义设定为一种反无产阶级力量,结果,他们淡化了对放任自由式经济学、唯物主义消费(consumerist materialism)以及资产阶级的敌意,从而未能重视法西斯主义代表了对 19 世纪以来自由主义的否定,而不是以另一种面目延续自由主义。"(1993:4)然而,这些批评是错误的。马克思主义者,包括共产国际和大多数共产党领袖,是最早意识到反资本主义宣传在动员群众支持法西斯运动中所发挥的重要作用的政治派别之一,这一点已在上面有所阐释。此外,马克思主义不仅意识到 19 世纪"自由资本主义"向 20 世纪"垄断资本主义"转化的重要意义,而且还孕育出一批论及上述转变的敏锐的和有影响的分析家(包括希法亭、布哈林、列宁、鲍威尔、葛兰西、陶里亚蒂和瓦尔加等)。大多数马克思主

415

义者径直地把法西斯主义的出现及其历史意义与垄断"金融资本主义"取代自由资本主义联系起来。所以格里芬上述关于马克思主义者"没有重视"法西斯主义的观点,即法西斯主义是"对19世纪自由主义的否定而不是换汤不换药的另类表现",是可笑的。然而,马克思主义者还是正确地强调指出,比起那些肤浅而又短暂的反对资本主义来说,法西斯主义意识形态中"攻击无产者的"反布尔什维克主义特征更明显、更普遍而且更持久,这种强调是相当正确的。实际上,所有成功的法西斯主义领袖(包括墨索里尼和希特勒)在上台掌权过程中,都努力寻求与"当权者"和有产阶级媾和,而且待他们坐稳后,还依靠军队、国家机关以及有产阶级的积极配合,即使他们不得不背叛和频繁镇压自身队伍中激进的反资本主义者。"法西斯主义并不是资本主义的产物,因为法西斯主义的支持力量来源总是多元化的",但如果法西斯主义"想要实现军事征服,就不能损害大企业的根本利益"。(Kolinsky 1974:84)另外,在后来兴起的那些欧洲工业化国家,大多数实业家不仅接受法西斯主义的经济民族主义和国家社会主义理念,也"习惯于把国家活动看作经济发展的重要部分"。(第85页)1932年1月在杜塞尔多夫的工业俱乐部发表的一次著名演讲中,希特勒宣称:"在我看来,今天人们认为借助商业就可以……恢复德国的强国地位,却没有认识到强国地位也是经济局势好转的条件,这种见解简直是本末倒置……没有强大的国家为之开道或为之后盾,都不可能出现繁荣的经济生活……除非全民族有坚强的政治意志作支撑,这种意志能够随时准备出击——而且是重拳出击,否则便不可能有经济生活的存在。"(引自Kolinsky 1974:84)法西斯主义不是大企业的创造者,也不是它的奴仆,但是为了加强法西斯主义的军事实力,就得保护工业利益。同时,通过将大企业"纳入到与国家更多的官方联系中",法西斯主义"进一步加深了有组织企业与国家之间的互相渗透"。(第121页)通过提供一个"解决社会稳定问题的机会主义方案",(第119页)同时也提供一个快速有效应对资本主义经济危机的方案,(第83页)法西斯主义引诱有产阶级与魔鬼签署了一个浮士德式的协定。

其他派别关于法西斯主义的社会经济解释

对法西斯主义的社会经济诠释绝不仅仅局限于马克思主义。例如,小詹姆斯·巴林顿·摩尔(James Barrington Moore Jnr)推断,在从前工业革命世界向现代世界转型过程中存在三类主要的历史路径:民主资产阶级革命,共产主义革命和法西斯主义革命。(Moore Jnr 1969:xii)他把法西斯主义路线看作是一场发生在工业化社会的有限的"自上而下的革命",旧的地主阶级努力设法避免失去权力,或者设法避免被资产阶级和下层阶级推翻。这类社会中的"资产阶级冲劲"(bourgeois impulse)远比那些历经资产阶级民主革命的社会脆弱得多。"如果它果然采取革命形式,革命也会招致失败。后来,相对弱小的工商业阶级部门,依靠仍占主导地位的旧统治阶级中那些持不同政见者(他们主要是来自农村),来完成现代工业所要求的政治和经济变革……受此保护,工业发展会进展的相当快。但结果……却是法西斯主义。"(第 12 − 13 页)

这种解释要站住脚,间接地依赖一种异常宽泛的法西斯主义概念。但是,无论人们对巴林顿·摩尔理论的上述见解持何种保留态度,但摩尔的下述推断的确是非常正确的,即旧的地主统治阶级极力利用法西斯主义达到本集团的目的,(第 450 − 451 页)不仅仅在意大利、德国、日本、伊比利亚半岛,甚至在巴尔干半岛和东中欧的部分国家(尤其是匈牙利和波兰),概莫能外。但是,法西斯主义并不是由旧地主统治阶级的后裔创建的。他们试图操纵一般法西斯政客(plebeian fascist politicians),但隐而不露,对他们进行傲慢的、贵族式的颐指气使。事实上,正是那些小地主贵族(而不是巨头)积极参与法西斯主义或准法西斯主义组织和活动,极力渗透并逐步接管一度统治着这些国家的保守的民族主义专制政权。此外,维护旧统治阶级的权力和特权,与法西斯主义纲领和意识形态并非有机地统一。法西斯主义独裁与旧地主阶级的频繁合作"与其说是该政权的重要特征,毋宁说是偶然的历史事件"。(Gregor 1979:312)实际上,法西斯政权经常意识到,由于过度依赖同旧统治阶级的合作,自己往往受到牢牢束缚,甚至力量受到削弱,而就旧统治阶级而言,他们后来则努力抛弃或摆脱法西斯主义的限制。无论怎样,同旧统治阶级的合作只是法西斯主义崛起过程中几个重要环节之一。因此,一方面,巴林顿·摩尔在这个问题上给出了一些新见解,但另一方面,他对法西斯主义现象的解释,又是不全面的和单维度的。

格雷戈尔(A. J. Gregor)更为大胆地把墨索里尼的法西斯主义独裁统治描绘成20世纪成长起来的最耀眼的"全民动员式的、发展型政权"的原型,特别是在那些正经历"滞后的工业化"国家尤为明显。(Gregor 1979:9,12,171,327)许多学者执意认为,墨索里尼及其法西斯主义运动从来没有提出一个实质性的、确定性的政治经济哲学和纲领。与他们相比,格雷戈尔的下述观点堪称首屈一指:"在上台之前,法西斯主义发布了一个能够解决那些直接困扰国家经济问题的特别方案。"(第127页)"早在法西斯主义成功地实现全民动员之前,它就许下一系列关涉思想意识形态、理论和纲领的承诺,并表示一朝上台便立即付诸实施。"这些都是"最具侵略性的、年轻的革命法团"的杰作,包括安其罗·奥利维蒂(Angelo Olivetti)、塞尔吉奥·帕努左(Sergio Panunzio)、罗伯特·米歇尔(Roberto Michels)、埃德蒙多·罗索尼(Edmondo Rossoni)和马西莫·罗卡(Massimo Rocca)。(第117页)"法西斯主义是革命法团主义直接的合法继承者。"(第97页)尽管他们的纲领在20世纪30年代才真正开始实施,但法西斯主义早就预见会出现一个法团的和革命性的国家取代低效的议会政权。新国家广泛介入劳资关系问题;它推行特定工业的关税保护政策(而且间接发放补助金)……法西斯主义分子期望,他们强大的国家能够为国家整个经济基础设施扩张和现代化提供强大动力。(第131页)因此,法西斯主义塑造了"一种加速推进现代化和工业化的意识形态",培养工作、牺牲和"阶级合作"的精神风貌,并倡导由一位"作为该进程精神具体化身、有人格魅力的英勇领袖来领导"来推进"一个充满活力、干涉主义和霸权主义的国家的扩张"。(第314页)据格雷戈尔所说:"构成一切大众动员型、发展型政权本质的,不是他们各自的阶级基础,而是他们的发展纲领……这些政权必须驯服劳动者,服务于消耗最小化、生产率最大化的经济需要。为达到上述目的,他们通过援引民族神话和吁求天赐领袖出现……精心协调,极力达成共识。"(第 312 – 313 页)

有批评者指出,格雷戈尔淡化了法西斯主义意识形态和经济纲领的特殊性,而夸大了它的融贯性和一致性。事实上,法西斯政权推动的"现代化"和"发展"趋势及成就,并不如他所说的那么强大,而且大多数民族主义威权型政权既不拥有一个强有力的政党基础,也不是建立在墨索里尼培育的那种魅力领袖类型之上。(O'Sullivan 1983：22 – 23, 187 – 189)然而,在我们看来,一方面,要接受差异性和相似性同等重要的观点,另一方面,格雷戈尔已经强调了法西斯主义和准法西斯主义政权的一个重要侧面。事实上,将他的考察路径推及应用到两次大战期间的东中欧地区和巴尔干的法西斯和准法西斯政权,较之于应用到纳粹德国,能够带来更多洞见。但这绝不会降低社会经济的作用和这些政权的意义。每种路径和解释都只是对法西斯主义的不完整的、片面的解释。

对法西斯主义的慎重、全面诠释体现出的优势

在 1935 年论述法西斯主义的演讲中,陶里亚蒂谨慎地告诫指出:"不能把法西斯主义看成一成不变的东西,也就是说,必须将其视为一个不断发展的过程;不是把它看作既定的东西,它既不是一种体制也不是一种模式,应当将它视作源于现实因素,例如经济形势,群众斗争等当中一系列现实的政治经济关系的产物。"(Togliatti 1976：26)他还强调指出,法西斯主义"是一个折中的意识形态……法西斯主义意识形态包含一系列异质性要素……法西斯主义服务于下述目标,即在争取对劳动大众独裁统治的斗争中,以及为了发展成一个规模巨大的运动,必须把各派系联结起来。法西斯主义意识形态就是聚合这些要素的工具"。(第 9 页)为了应对其社会支持力量的多样性和固有的不稳定性以及"矛盾"(这种应对只是徒劳),法西斯主义统治变得越来越"极权主

义"。(第 22—23、25—26 页)"法西斯主义并不是与生俱来的极权主义,而是后来形成的"。(第 24 页)不过,正如陶里亚蒂在 1934 年发表的一篇文章指出的那样,"认为法西斯主义独裁统治的建立就是为了平息各资产阶级群体之间的矛盾,这将是一个严重的政治理论错误",然而"幻想通过创建一个五花八门、人口众多的法西斯组织,法西斯主义就能最终抑制存在于法西斯专政和工人阶级的利益与愿望之间的根本矛盾,这是一个更严重的错误"。恰好相反:"受这种可能的'极权主义'和单一体制的庇护,资本主义剥削正在急剧增加,并为阶级斗争尖锐化创造了客观条件,这种情形只有在特定时期内才能出现,并最终与一切其他力量和因素共同消失",(第 140 页)如同 1945—1946 年期间在意大利、法国、东中欧国家和巴尔干半岛实际发生的那样。这种"反冲力",再加上(并非不相关的)苏联力量的扩张,在当时共产党在巴尔干半岛和东中欧夺取政权过程中发挥了至关重要的作用。

418

第二十九章　第二次世界大战的影响和种族大屠杀，1939－1945

欧洲东半部的生死"毁灭之战"

为了控制欧洲东半部,轴心国一方和苏联及其在巴尔干半岛和欧洲东半部的共产主义支持者组成的另一方,展开了生死决战,这场战争是第二次世界大战中最关键性的争夺。1939 年 9 月,德国入侵波兰西部,1941 年入侵波兰东部,4 月,德国领导的轴心国入侵南斯拉夫,6 月入侵苏联。与上述"歼灭战"和"殊死战"相关联的第二次世界大战中西欧和北非战场的战争,只是侧翼争夺,其攻击目标有限,死亡人数较低。东欧战场上上演的是残酷的和兽性野蛮的战争,相比之下,轴心国部队在西欧的破坏要相对温和、有所节制。再者,大约到 1943 年或 1944 年,东欧的犹太人、吉普赛人和大部分斯拉夫人模糊意识到,德意志第三帝国对苏军的胜利,将意味着他们族群中成千上万人被完全歼灭,大多数幸存者将沦落为"优秀民族"的奴仆。整个欧洲东半部的命运将取决于看似依然原始的、野蛮的、技术薄弱的苏联能否克服重重困难奇迹般地战胜第三帝国。悲剧性的是,尽管苏联最终成为胜利的一方,但"战局转折来得太晚",已经没有机会拯救居住在东欧的绝大多数犹太

人。(C. Browning 2005：427)

与绝大多数战争(包括德国对西欧国家的战争)不同,德国对波兰以及轴心国对阿尔巴尼亚、希腊、南斯拉夫和苏联的侵略,不是那种旨在使战败国蒙受失败耻辱的有限战争,而是只提出适度的领土要求羞辱对方,却不触动它们大部分的社会、经济和领土。意大利法西斯的目标是,征服和吞并阿尔巴尼亚、希腊和南斯拉夫西部;纳粹德国的政治和军事领袖都把对苏战争描绘成"毁灭之战",目的在于完全消灭所谓的"犹太-共产主义者"(Judaeo-Communists)以及摧毁苏联的经济和社会。(Hilberg 1985：100;C. Browning 2005：213－214)除了那些被视为"害虫"的犹太人、吉普赛人和"犹太-社会主义者"要被灭掉之外,纳粹分子还把俄国人、波兰人和大多数南斯拉夫人视为劣等民族,只适合"劈柴挑水做苦力";波兰知识分子"不论其实际身份如何,都该当处决"。(J. T. Gross 1979：47,74－75,92,233;2006：5;C. Browning 2005：71)希特勒的宣传部长约瑟夫·戈培尔在 1941 年 10 月 10 日的日记中写道:"元首对波兰人的裁决具有毁灭性,与其说是对人的判决,毋宁说是针对动物,这种裁决完全是愚蠢的,无组织的。"(引自 C. Browning 2005：46)

结果,东欧、巴尔干和苏联的居民在第二次世界大战中遭受的苦难远远超过西方国家。纳粹德国与其奥地利、东中欧的德侨(Volksdeutscher)、意大利、匈牙利、斯洛伐克、罗马尼亚、克罗地亚、保加利亚、波斯尼亚、科索沃、乌克兰、白俄罗斯、立陶宛和拉脱维亚等国的同盟不仅杀害了大约 500 万东中欧和巴尔干的犹太居民中的四分之三,除了其他人以外,还杀害了大约 2 000 万苏联公民(主要是俄国人),将近 200 万波兰人,成千上万的吉普赛人,以及数十万的南斯拉夫人、希腊人和阿尔巴尼亚人。

从 1941 年 6 月底至 1945 年 5 月,苏联承担着地面抗击纳粹德国的任务。从 1941 年 6 月至 1944 年 6 月,希特勒"将其 80％至 90％的陆军部署到与俄国的对决中……据德国军方数据,希特勒用 59 个二级师团保卫大西洋沿岸,而用来对抗苏联的多达 260 个师,其中包括最精

419

锐的部队"。(Deutscher 1966：485－486)德国 75％至 80％的"人员和物资消耗在东线战场"。(Davies 2006：244)从 1941 年中期至 1944 年中期,苏联一直在同不少于 90％的德军作战,甚至在诺曼底登陆之后,与西方盟国作战的纳粹国防军大约只占其总数的三分之一。英美目睹苏联为击败德国所不得不付出的惨痛伤亡这一局势,甚为惬意……英美从未曾基于满足苏联作战需要来进行战略调整。1942 年,他们也没有在欧洲开辟第二战场来减轻苏联的作战压力。他们 1943 年制定的地中海战略,并没有明显缓解苏联的军事压力。(Ponting 1995：96－97)尽管从 1941－1944 年西方盟国为苏联提供了飞机、坦克、卡车和吉普车这些极其重要的必需品,但他们的坦克和飞机数量从没有超过苏联产出的 10％,并且"在 1942 年后期下降到 3％"。(第 128 页)这有时被描绘成西方帮助苏联抗击纳粹德国的慷慨援助。但是英美派发这点援助,就希望苏联能够击败德国,无疑太微不足道,况且当时苏联的作战方式唯有在斯大林政权下才可维持那么长时间。确实,在 20 世纪30 年代,斯大林已经牺牲了上百万的苏联人,尽管确切数字还存在巨大争议。在 1941－1943 年,西方的自由民主国家无力承担抗击极盛时期德国武装力量所要付出的伤亡代价,在 1944－1945 年也无力承受夺取德国占领的主要城市所要付出的代价。第二次世界大战中大约有 2 000 万人死亡,其中英美联军死亡人数不到 60 万,德国死亡人数是 230 万,而苏联大约牺牲了 1 300 万人。(Ponting 1995：203)所以,纳粹德国主要是被苏联击败的,尤其是俄罗斯人发挥了重要作用。

诺曼·戴维斯最近试图贬低俄国在击败纳粹德国时所发挥的极端重要性。他指出,"俄国人仅占苏联人口的 55％至 60％",而且"战时最严重的人员伤亡发生在苏联西部的非俄罗斯边境地区:波罗的海东南岸、白俄罗斯、犹太、波兰和乌克兰地区"。(Davies 2006：241－242)然而,他的论点极具误导性。尽管苏联西部边境人口的确在第二次世界大战中苏联全部 2 000 万至 2 700 万死亡人员中占很大比重,但这些地区在轴心国入侵苏联之后就迅速沦陷了,所以并没有发挥击败纳粹德国的主要作用。相反,众所周知,许多乌克兰人、白俄罗斯人和波罗的海东南岸居民一开始将德军视作解放者来欢迎,他们中的许多人后来一直和占领军勾结,甚至曾作为苦力、战俘,或者战俘和纳粹集中营的凶残的看守,参与纳粹秘密策划的对犹太人和许多俄国人的大屠杀。(J. T. Gross 1979: 190－195;Beevor 2004: 113;Kolinsky and Michlik 2004: 26,438;Hilberg 1985: 139)超过 100 万的苏联公民,主要是非俄公民,支持纳粹德国对抗苏联。(Beevor 2004: 113)所以,正如戴维斯自己所说,苏联的俄罗斯人首当其冲地抗击纳粹德国,占苏联 1 300 万阵亡战士中的大部分。(Davies 2006: 245)第二次世界大战前夕,大多数欧洲国家处于威权民族主义或法西斯政权统治之下。正如马克·马佐尔(Mark Mazower)准确指出的,欧洲的主流趋势是偏离自由和民主的轨道,滑向各种形式的威权民族主义、法西斯主义和以邻为壑的贸易保护主义。(Mazower 1998: 2－3,20－27)悖论是,正是苏联战胜纳粹德国才逆转了这些趋势,使西欧在 1945 年后走向了一条自由、社会民主、福利国家和经济一体化的新路,尽管这并不符合斯大林及其苏联政权当时的意愿。虽然西欧国家更愿意忘记这些,但他们之所以能够享有自由、繁荣和经济一体化,却是要感谢俄国人。自从 19 世纪 50 年代以来,他们就享受到自由、繁荣和经济一体化,并认为理应如此,而且在 1989 年之后又将这些东西扩展到东中欧和巴尔干(程度要弱些)。

　　根据人口规模,波兰、南斯拉夫、希腊和阿尔巴尼亚人民遭到大规模的蹂躏、驱逐和杀害,其经历的灾难在程度上远远超过西方世界,只有苏联的苦难才能与之相提并论。这就是这四国创造了欧洲最大的抵抗运动的原因:南斯拉夫有共产党领导的游击队,在 1945 年早期有近 100 万的拥护者,还有米哈依洛维奇(Draza Mihajlovic)上校领导数量略少、由塞尔维亚民族主义者组成的赛特尼克(Cetnik)军队;在波兰,支持西方的本国军队在 1943 年拥有大约 35 万人,(J. T. Gross 1979: 281)鼎盛期有超过 30 万的“敢死队”,(J. T. Gross 2006: 5)还有一些其他小型军队,包括共产党领导的人民军;在希腊,共产主义者领导的、由 6 万名机动战士组成的国家人民自由军(ELAS),(Clogg 1992: 128)在 1944 年 10 月拖住了 20 万至 30 万占领军,并成功地打乱了轴心国军队的补给线,还有一个由具有传奇色彩、野心勃勃的硬汉上校拿破仑·泽维斯(Napoleon Zervas)领导的右翼(Venizelist)民族共和主义希腊联盟(EDES);在阿尔巴尼亚,共产党领导的民族自由阵线(LNC)于 1942 年 9 月成立,还有一支康贝塔(Balli Kombetar)领导的较小规模的民族共和主义的游击队民族阵线(BK,National Front)成立于 10 月。这些团体不仅顽强地同法西斯主义作斗争,而且也为未来能统治各自国家造成所谓的"既成事实"。

第二次世界大战结束前夕,为了免遭伤害或避免沦为强制劳工,数以百万的斯拉夫人、犹太人、希腊人和阿尔巴尼亚人加入反法西斯团体。他们对轴心国的积极反抗以及他们彼此间的合作,激起了德、意的凶残报复(后者报复的程度较弱)。轴心国对南斯拉夫、希腊、阿尔巴尼亚和波兰等国反抗团体的抵抗行为,进行了极其凶恶和全面的报复。例如,1941 年 9 月,在南斯拉夫作战的德军将领下令,当地的反抗团体每杀害一名德国人,德军将杀害 100 名当地人(以犹太人为主),而每有一名德国人遇袭受伤,就杀害 50 名当地人。(C. Browning 2005:338 - 339)不管出于什么样的抵抗动机,这些反抗团体的抵抗行动为苏联击败纳粹德国以及西欧重建自由、民主和繁荣做出了英勇贡献。

捷克抵抗运动开始于 1939 年 10 月,后来在 1942 年 5 月暗杀恶贯满盈的"保护者"和党卫军领袖莱因哈德·海德里希(Reinhard Heydrich)事件中达到极致。捷克的抵抗运动也引起了德军野蛮的报复,包括对犯人大规模地处决,驱逐至集中营,交军法处置,以及对犹太人与吉普赛人大屠杀。最臭名昭著的是,为了报复海德里希遇害,利迪策(Lidice)全村的成年男子都被杀害,整个村庄被夷为平地。然而,类似的报复场景在南斯拉夫、希腊和阿尔巴尼亚几乎常常上演。

罗马尼亚和匈牙利虽然没有发动大规模的反法西斯运动,却也有大量人员死亡和严重的战争损毁。主要因为它们介入到 1941 - 1943 年纳粹德国侵苏战争以及纳粹领导的大屠杀;加上苏联侵入它们各国,以及后来在 1944 年末和 1945 年初又参与苏联领导的抗击纳粹德国的战争带来的牺牲和损失。

东中欧和巴尔干的死亡人数

第二次世界大战期间,死亡人数大致如下:

- 450 万至 500 万波兰籍人,包括 290 万至 300 万波兰犹太人 (Polonsky and Michlik 2004:7;J. T. Gross 2006:4)

- 94.7 万至 100 万南斯拉夫籍人,包括 6 万南斯拉夫犹太人; (Covic 1991:35;Lampe 1996:380)

- 84 万至 95 万罗马尼亚籍人,包括 42 万至 52 万罗马尼亚犹太人;(Wiesel et al. 2005:388,关于犹太人的死亡数据;Rothschild 1974:318 and Romania 1974:9,关于非犹太人的死亡数据)

- 90 万至 10.5 万"大匈牙利"籍人,包括 50 万至 55 万犹太人; (Braham 2001 and Kontler 2002:387,关于犹太人的死亡数据;and Kontler 2002:387 and Hoensch 1994:163,关于非犹太人的死亡数据)

- 70.8 万希腊人,包括 6 万希腊犹太人,1941-1949;(Koliopulos and Veremis 2002:258,295)

- 12.5 万至 13.5 万捷克人,包括 7 万至 8 万捷克犹太人;(Sayer 1998:14 and Wandycz 2001:232)

- 5.7 万至 6.7 万斯拉夫犹太人;(Toma and Kovak 2001:130-132,and Liptak 2000:264)

- 3.5 万至 4.5 万保加利亚人控制地区的人,包括 1.1 万马其顿人和希腊犹太人;(引自 Mclntyre 1988:88 and Todorov 2001:11,23)

- 超过 2.8 万的阿尔巴尼亚人。(Marmullaku 1975:59)

就南斯拉夫、阿尔巴尼亚或许还有希腊而论,人员伤亡与其说来自与意、德驻军间的战斗冲突,倒不如说更多地来自经济崩溃、营养不良、疾病以及因军事占领而加剧的内部冲突。(指欧洲总体战争中的内战)

以上的总数绝非准确无疑。近几年,严肃的、权威的人口统计学家和社会经济史学家重新认真思考此前"估算"所依靠的重要证据、可能的偏见和假定,以此为基础,他们对东中欧和巴尔干地区第二次世界大战中死亡人数反复修订,并一再下调相关数字。第二次世界大战刚结束时期,出于自然的、自发的或纯粹人为原因,夸大了战争带来的巨大伤亡以及几乎所有参战国都经历的灾难。此外,伤亡规模经常被战后新建政权刻意夸大,不论该政权是民主政权还是专制政权,他们借助学术研究和宣传途径努力博取国内外同情,努力巩固新政权的合法性,而且无一例外地把自己塑造成饱受战乱之苦的国度中的和平倡导者。

422 造成战争死亡人数有意无意被严重高估的另一个因素似乎是,20世纪 60 年代后国际社会(重点是西方国家)中广泛存在的愤恨情绪引起了对欧洲犹太人,尤其是东中欧和巴尔干的犹太人曾经遭受的悲惨命运的关注。这就无意中使国际社会疏于关注战时非犹太人的伤亡及被剥夺状况,尽管按比例看,后者规模较小但伤亡人数也很重。

然而,导致早期对第二次世界大战期间死亡人数估计偏高的重要原因,或许在于下述事实,即由于 1939 年欧战爆发以及战后数年的政治、社会和经济大动荡,大约从 1930－1931 年直至 1950 年或 1951 年,未曾进行全面认真的人口统计。所以容易误以为,1950 年或 1951 年的人口普查中暴露的人口"剧减"或"短缺"(根据新普查结果与基于1920 年－1921 年至 1930 年或 1931 年人口增长率当时应达到的人口数量的对比所做的判断),主要由于战争本身、广泛的营养不良、疾病、饥饿等原因导致的,最重要的原因被认为是战争暴行以及对犹太人、吉普赛人后裔(受害程度稍轻)、塞尔维亚人、黑山人、希腊人和阿尔巴尼亚人等实施的种族灭绝。尤其是,20 世纪 50 年代,共产主义政权及其官方人口统计学家和历史学家未能充分考虑到下列因素的影响,如全球经济萧条、避孕和优生优育逐渐推广,法西斯主义和法西斯排外主义思潮抬头,对未来的普遍忧虑等其他因素。不仅在 40 年代早期和中期,而且在整个 30 年代,人口生育率一直呈下降状态。

正如 30 年代的苏联情形,东中欧和巴尔干东部人口在 1930 年或1931 年至 1950 年或 1951 年间出现的"剧减"和"短缺",主要源于出生率下降,而不是死亡率上升。实际上,许多统计方面"消失的人"(missing people)事实上从未出生过。

不过,官方和学界对第二次世界大战期间东中欧和巴尔干地区死亡人数的估计在不断下调,尤其是对南斯拉夫的相关估计(死亡总人数从共产主义官方政权公布的 170 万下降到刚好 100 万以下)最为突出。但调整后的死亡人数仍然巨大,与西欧交战国或被占领国的相应数目相比,完全是大巫与小巫之别。因此,由于西欧(这里被定义为英国、爱尔兰、法国、低地国家、德意志联邦共和国、奥地利、瑞士、斯堪的纳维亚、西班牙、葡萄牙和意大利)的总人数在 1940—1950 年间大约上升了 7.2%;同一时期,巴尔干西部和南部(南斯拉夫,阿尔巴尼亚和希腊)的总人口大致保持未变,东中欧和巴尔干东部(罗马尼亚和保加利亚)大约下降了 6.8%,苏联大约下降了 7.7%。(根据 Macura 1976:22 计算,后者引证的是联合国的数据资源)

对不同的军事和经济控制方式作出的不同反应

根据一项比较研究,欧洲国家对 1938—1945 年间轴心国或苏联的军事和经济控制做出了不同的反应,决定其反应方式的关键性因素是所在国最高统治者采取行动的方式。

普遍地,被占领地区人们的行为属于"占领者驱动型",这是套用简·格罗斯(Jan Gross)的一个术语。该词是指被占领地区人们对德国、苏联和其他占领国的行为做出的反应。例如德军在被占领的西欧国家的行为还算适度,至少刚开始如此,西欧平民对德国人的态度也就比较适度,不管他们与德国人是否存在某种种族亲缘关系。在被占领的丹麦,德军对自己受到民众欢迎和官方认可深信不疑,1940 年 4 月,也就是侵占该国后的几周内,德军把占领军人数减少到不足 1 万。这个数目远远低于丹麦军队和武装警察的人数……而且德国占领军允许他们继续履行职能。类似地,在法国,这个当然不能算作"日耳曼伙伴国"的国度……在 1942 年中期,德国占领军只有三个营,总数大约 2 500 人至 3 000 人,根本无法满足维持秩序或驱逐犹太人出境的需要。上述职能只是由法国警察代德军执行。另一方面,在南斯拉夫,德国的克罗地亚法西

423

斯主义组织乌斯塔沙同盟实行极端恐怖统治,那里几乎直接酿成了大规模的武装反抗。(Deak 2000:6-7)

战时仆从国和被占领国的经历判若两样。(Gross 2000:17-19) 1939-1942年间,受战时总需求急剧增长的刺激,一些国家,像匈牙利、南斯拉夫、奥地利甚至纳粹控制下的捷克,最初工业产品和就业都出现较大增长,罗马尼亚和巴尔干的工业增长也相对平稳。(Gross 2000:17-19;Berend and Ranki 1974a:320-323,328-333)具有讽刺意味的是,在这些国家,正是依靠第二次世界大战刺激的需求和公共支出大幅增加,最终成功地克服了30年代经济大萧条导致的大规模失业以及并存的贫困和经济难题。而在30年代和平时期实施的那些面向民用的救助措施,却明显招致失败。30年代,大多数欧洲政府继续顽固地坚持新古典主义"正统派"的财政和货币观点,反复借助通货膨胀(reflate their economies)来刺激经济,以达到降低大规模失业的目的。甚至在墨索里尼统治的意大利,以及大多数其他威权民族主义和法西斯主义国家,也是如此。纳粹德国是明显的例外,沙赫特博士(Dr Schacht)大胆实施赤字政策,到1936年就重新恢复了充分就业,而且后来的重整军备方案实际上导致1938-1940年间劳动力日益严重短缺、供给受限,并产生通胀压力。值得一提的是,在德国占领的波兰的维斯瓦河和奥德河中间有一个所谓的瓦尔特高地区(Warthegau)①,即使在那里,1940-1943年的工业就业率甚至也提高了3倍。

最初的战争景气,以及1940-1942年间重新实现的充分就业或近于充分就业,能够解释为什么多数国家的绝大多数人民没有反对战争的爆发,甚至有些国家积极欢迎战争的来临。在希特勒占领或统治的大多数国家,他们最初广泛接受"纳粹"并且与之"合作",而不是进行积极抵抗。"战争之初被德军击败并占领的西欧国家,后来实际上成了德军的同盟"。(Deak 2000:8-9)而且,在乌克兰和白俄罗斯的西部

---

① 瓦尔特高地区(Warthegau),纳粹德国兼并的波兰土地。——译者注

边界、波兰的东半部、波罗的海国家和比萨拉比亚(现在的摩尔多瓦),或者是在 1939 年 9 月,或者是在 1940 年 5、6 月至 1941 年 6 月期间,上述每一地区都招致苏联的吞并和残酷蹂躏。1941 年 6、7 月到来的德国侵略军及其匈牙利和罗马尼亚同盟,起初甚至被视为"解放者"而受到欢迎。然而,由于纳粹对同盟国和甚至可能的伙伴国都实施极度严苛的政策,迟早有一天,"全部德国同盟终将对德国倒戈相击"。(Deak 2000：9)

另一个极端情形是,从 1939 年后期开始,波兰的大部分被占领地区经受了严重的经济困难和创伤,1941 年以后轴心国占据的希腊、南斯拉夫、阿尔巴尼亚和苏联的西部地区也遭此厄运。所以,不足为奇的是,这些地区都对外国占领军进行了激烈反抗。事实上,"在希特勒治下的欧洲,波兰守军是唯一未向入侵者投降而且在未经挑衅的情形下就开始组织抵抗运动的军队"。(Deak 2000：7)不过,按照德国 1943 年的估计,即使是在波兰,他们可以依赖的本地"通敌者"(collaborators)也多达 85 万至 100 万。(Gross 1979：166)

最后,受第二次世界大战影响,各国物质损失如下：在波兰和南斯拉夫,损失的物质相当于国民财富的 30%,或是三年至四年的产值;在匈牙利,相当于三年的产值,在捷克斯洛伐克,相当于一年的产值,在保加利亚和罗马尼亚,相当于四个月的产值。(Berend and Ranki 1974a：340－341)

巴尔干和东中欧国家的工业、农业和矿业资源遭到轴心国战争机器全面地侵占和掌控,并且没有制定任何长远连贯的计划来加强被占领国的发展。例如在波兰,"德国占领军的初衷是建立一个能够无条件地剥削被占领地区人民的社会体系",而"德国占领政策的目标就是剥削波兰社会,直到将其毁灭"。(Gross 1979：xii,297)到 1943 年,波兰人民 80% 以上的需求(勉强地)靠在黑市得到满足。(第 109 页)纳粹德国控制的其他"东部"占领国或盟国的命运也大致相同,只是程度上略微轻些："被占领地区对德国的主要价值,最简单地说,就是提供一个可供剥削的地区。"德国的"东欧"盟国和德国的占领国之间的差别越发

424

模糊。

此外,截至 1943 年 11 月,来自东中欧和部分巴尔干地区的自愿移民工人占第三帝国总人口的 11% 以上。另外,纳粹德国役使几百万强制劳力(实际上就是奴隶),他们大多数有些来自被占领的斯拉夫国家,有些来自战争中的斯拉夫战俘。总体上来算,战争结束时,750 万外国工人"占德国全部国内劳动力的五分之一还多"。(Maddison 1976:468−469)在波兰所谓"共管政府"下的 1 500 万居民中,多达 130 万至 150 万的人被运往德国从事劳动,另有 40 万至 48 万获释的波兰战俘被当作劳动力役使,而其他波兰人则被送往当地集中营。

到 1943 年,或最迟到 1944 年,纳粹决定无情地榨取、征用同盟国和被占领国的一切资源,这一行为已经开始严重瓦解它们的经济、社会和政权,以及所谓的"新秩序"。从这个意义上说,纳粹"新秩序"是在自取灭亡:被占领国或仆从国简直已"运转失灵",越来越难以有效地担负起作为第三帝国或法西斯意大利卫星国的职责。这方面的原因有四点:这类国家的资源已被轴心国的需求榨干;它们的盟友或军事占领政权缺乏合法性;这些状况日益引起不同程度、不同形式、或主动或被动的抵抗运动;这些国家中有许多已经遭受英国海军封锁或盟军越发猛烈的炮轰。

希腊境内的轴心国"新秩序"

上述勾画的"新秩序"崩解的动因,马克·马佐尔(Mark Mazower)在关于希腊境内轴心国新秩序的最终自我瓦解的有力论证中,进行了详细分析。

希特勒本人倾向于将构成其欧洲新秩序主体的欧洲人民仅仅视为原料、食物和劳动力的供应者,而不是视为潜在的政治盟友。考虑到这一点,柏林和罗马试图借助先天软弱的政治领导人统治下的政治机器来维持对希腊的统治。但是希腊国家官僚机构,从来就未曾高效率地运转过,现在面对轴心国的过高要求,再次运转失灵。数月之内,希腊陷入严重的财政和货币危机。通货膨胀、黑市猖獗、食物短缺以及最终的饥荒本身,都标志着国民经济陷于崩溃。雅典人无力解决个人温饱,但仍然脆弱地掌控着国家。对于普通希腊人来说,出于对预期到来的饥荒和经济崩溃的担忧,他们认为团结一致更为重要。当国家的权威尽失的时候,替代性的社会组织群体就会出现。(Mazower 1993:xviii)

425

在阿道夫·希特勒看来,德国国防军、第三帝国的外事部门和意大利法西斯政权以及希腊的新傀儡政权,它们"唯一作用"在于"配合轴心国的意志,保证国家管理的正常运行。然而,后来出现的一系列事件很快表明,极度软弱的政府根本难以完成该项任务"。(Mazower 1993:20)第三帝国,尤其是意大利,需要并分担"高额的占领成本",而这很快成为希腊占领军和希腊民事管理之间利益争夺的主要焦点。实际上,"在民事和军事管理方面确实不可能存在明确的界限",而且"即使是军方也很难用同一个声音说话",因为德国和意大利的占领军在利益和优先权方面彼此存在冲突,这就开启了"具有拜占庭典型特征的官僚内耗"的阶段。(第22页)

希特勒坚持认为,"占领成本"的说法不正确,因为德国占领军"事实上在重建公路、桥梁和铁路,这些措施在服务轴心势力的同时也有益于希腊",并且(在他看来)"希腊并没有对此做出很大贡献";所以他的反应是,拒绝降低他的要求标准,而且提议将"占领成本"的说法改为更具积极意义的"建设成本"。(Mazower 1993:67)然而,由于战争和军事占领导致的经济混乱,以及希腊对英法贸易长期依赖的瓦解,再加上为维持德、意占领军生活开支而进行的大规模征用,以及关于情况会越来越糟的谣言,等等,共同导致雅典人在1941-1942年间经受了"欧洲沦陷区中发生的、仅次于集中营内的最严重饥荒",与此同时,楚拉科古鲁(Georgios Tsolakoglu)领导的傀儡政权"因为经济危机彻底瓦解掉了"。(第22,67页)

随着纳粹德国在1942年后期失去了它的北非据点,希腊的角色由

"先前的供应基地转变成一个似乎拥有自主权的行动中心"。由于预计1943 年盟军会在爱琴海某地登陆,希腊"要求进一步提升占领成本",(Mazower 1993:71)结果,开始借助印刷巨额面值的纸币,决然无望地去满足 1943－1944 年德国的需求。这导致了超级通货膨胀,反过来又导致人民的"无产阶级化"。"现在据称有高达'95%'的希腊人对轴心国抱有敌意。然而,国防军仍然拒绝削减需求。"(第 71 页)极度通货膨胀导致了货币贬值和市场经济功能失灵,此前的现金交易被物物交换的形式取代,而且(到了 1944 年)国家经济和国家机构几乎完全瘫痪,由此带来的结果是,国防军的需求再也无法得到满足,其地位也岌岌可危。(第 72 页)

在共产党为首的民族解放阵线或民族解放军(EAM/ELAS)的统领下,希腊抵抗运动在 1942－1945 年间发展迅猛。"在'自由希腊'的山区,出现一个试图取代旧政权的新国家,它正挑战着摇摇欲坠的现存合法的雅典政府。"(Mazower 1933:XVIII)尽管民族解放阵线或民族解放军试图控制抵抗力量,并且"威慑它的敌手",但这些措施"无疑仍然是受民众欢迎的……战争使得许多游击队更多地关注他们每日的生存本身,而无暇作解放之后的长远计议"。(第 xix 页)

国防军做出回应,采取一系列反游击的军事行动,包括报复性地屠杀和逮捕有反对倾向的平民。暴力……成了德国巩固对农村地区控制的主要方式。恐怖成了城市地区统治的基础……但是这些政策本身证明他们无力消灭抵抗力量,甚至适得其反。据民族解放阵线和民族解放军声称,截至 1944 年,他们的拥护者增加到100 多万。(Mazower 1993:xviii－xix)

然而,到 1944 年末,政治上的两极分化导致希腊中间政治力量不复存在。"两大武装阵营彼此对立,在雅典尤为显著。那些激烈的斗争和街头战斗,后来就成了拉响解放运动后内战全面爆发的导火线"。(Mazower 1993:xix)在希腊,英美的干涉以及苏联的不干涉政策确保了君主派武装力量最终战胜了共产党在 1948—1949 年期间领导的反法西斯主义抵抗运动。相比之下,地缘政治因素以及苏联军事力量可能最终左右着第二次世界大战的政治、军事结果,这有利于波兰、匈牙利、罗马尼亚和保加利亚等国共产党领导下的武装。然而在南斯拉夫、阿尔巴尼亚和捷克斯洛伐克,共产主义运动的胜利主要得益于他们自身的努力,以及他们所具有的超越内部族群和内部纷争的能力。

宗教的、种族的和族群的暴行以及系统化的大屠杀产生的影响

第二次世界大战期间,在巴尔干和东中欧地区,由于宗教、种族、族群迫害以及系统化大屠杀造成的死亡人数远远大于受战争直接影响死亡的数目。然而,要把第二次世界大战产生的直接影响,与那些由第二次世界大战引发或部分由其导致的其他暴行的影响,包括系统化大屠杀的影响泾渭分明地区分开来,多少有些武断。

轴心国对奥地利、捷克地区、波兰(最为重要)、希腊、南斯拉夫以及苏联的入侵,主要造成纳粹领导的针对欧洲犹太人的大规模屠杀以及针对吉普赛人和各斯拉夫民族(主要是波兰人、塞尔维亚人和俄罗斯人)的小规模种族灭绝。尽管纳粹分子的反犹主义大行其道,但也有少数德国本土上的犹太人安然无事。(据 Hilberg 1985:158 统计,1933 年有 51.5 万,1938 年下降到 35 万)80％以上的欧洲犹太人居住在欧洲东部,主要集中在波兰(按宗教信仰看,1931 年人数是 310 万,占总人口的 9.8％)、捷克斯洛伐克(按宗教信仰看,1930 年人数是 35.7 万,占总人口的 2.4％)、匈牙利(按宗教信仰看,1941 年人数是 72.4 万,占总人口的 4.9％)、罗马尼亚(按宗教信仰看,1930 年人数是 75.7 万,即总人口的 4.2％)、奥地利(1938 年 19 万)、希腊(1938 年 8 万)和苏联(1939 年在苏联西部边境大约有 220 万)。(Rothschild 1974:36,90,196,284;Mazower 1993:256;Hilberg 1985:107,158)

由这些严重的反人类罪行引发的议题,一直构成了巴尔干及东中欧现代史上最重大、最有争议的问题,因此,对它们的关注程度丝毫不

应该逊于对其产生的战争的关注程度。然而,有关20世纪30年代末至40年代期间东中欧和巴尔干地区发生的宗教、种族、族群暴行以及种族灭绝计划,存在纷繁芜杂的文献。因此,在本书有限的篇幅里,我们不可能对所有这些问题都一一加以公正判断。尽管如此,但我们将尝试勾勒出这些罪行的类别及其焦点问题的大致面貌,同时阐明认识和处理这些问题的基本方式。

第二次世界大战期间,有510万至580万的欧洲犹太人"牺牲在纳粹分子及其诸多东欧帮凶手中",其中包括东中欧和巴尔干地区的430万犹太人和苏联的7万犹太人。(Deak 2000:5;Hilberg 1985:338—339;Engel 1999;Stola 2004:386)与此同时,成千上万的吉普赛人和数以百万计的南斯拉夫人(大多是塞尔维亚人和黑山人)惨死在克罗地亚和波斯尼亚法西斯主义分子、天主教和穆斯林狂热分子及其同盟者手中。然而,成千上万的阿尔巴尼亚和波斯尼亚穆斯林信徒,在保加利亚人、马其顿的斯拉夫族人、塞尔维亚以及黑山极端民族主义者和东正教基督徒狂热分子手中丧生。另外,尤其是1939年9月苏联占领波兰东部前夕,1940年6月至7月吞并比萨拉比亚(摩尔多瓦)、布科维纳东部和波罗的海诸国,以及1945年重新吞并所有这些地区,数以万计的波兰人、乌克兰人、白俄罗斯人和波罗的海人以及相当一部分犹太人惨遭杀害,被驱逐到劳改营,或以另类方式遭苏联政权的迫害,尽管苏联受害人员的精确数目依然有待进一步证实。

在1939年底以前,在德国,纳粹分子通过引诱移民和零星驱逐犹太人的方法来实现他们所谓的"解决犹太人问题",似乎仍然可行。移民、低出生率以及针对犹太人的不定期(并不是大规模的)屠杀,已经使德国的犹太人从1933年的51.5万降到1939年5月的33.1万。(Hilberg 1985:41,158)1938年3月,纳粹吞并奥地利,奥地利的19万犹太人落入纳粹分子的控制,(第158页)3月纳粹占领捷克高地,又有35.7万的犹太人落入纳粹分子的掌控。(Rothschild 1974:90)然而,纳粹党领导人仍然认为,解决犹太人的方式首先应当是强制犹太人移民和驱逐出境,而不是种族灭绝。(C. Browning 2005:25,81—83,89)

1939 年 9 月德国征服波兰西部,大约 170 万至 180 万的波兰犹太人落入纳粹分子魔掌。然而,"当时战争爆发带来的直接威胁是,使本来就极度减少的移民更加受到限制……因此,占领波兰不可避免地启动了一项进程,努力寻找解决纳粹面临的犹太人问题(Nazis's Jewish problem)的新方案"。(C. Browning 2005:12)在许多德国人看来,"轻而易举地战胜波兰似乎只是证明日耳曼民族的确是一个名副其实的'天生优等民族'(Herrenvolk),它注定要统治那些低等斯拉夫民族"。这"再度激活"纳粹党内部激进的种族"灭绝主义"元素,战争状态使得纳粹政权可以采取极端措施攻击貌似拥有"合法的民族利益"的"敌人"和"潜在敌人",摆脱此前加于德国的"限制和阻碍"。(第 12 — 13 页)"因此,波兰注定成为纳粹分子推行种族帝国主义的'实验室',成为他们试图把思想意识形态的口号转变成现实的场所,这类口号诸如生存空间、族群或种族斗争……以及犹太问题的最终解决方案等",尽管这在最初必然要"经过反复试验,出现许多错误"。(第 14 页)

德国对信仰天主教的波兰人的攻击,至少从 19 世纪末就已开始(见上文第 292 — 293 页,Kulturkampf,所谓的"文化之争"),而且鉴于德国在第一次世界大战中战败,这种攻击就更为强烈。许多德国士兵和一些其他精英分子逐渐将波兰人和"东方犹太人"看作"原始的、低等的,只配由日耳曼优等民族实施殖民统治"的人,认为"他们天生通敌、反德国、危及安全"。(C. Browning 2005:16)然而,基于 1934 年波兰与德国签订的互不侵犯条约,加上 1938 年秋参与瓜分捷克斯洛伐克,希特勒就此认为,在一定程度上波兰愿意割让一部分日耳曼人聚居区给德国,作为回报,德国将以牺牲苏联为代价,帮助波兰在乌克兰和白俄罗斯获取更多领土作为补偿。1939 年初,波兰拒绝继续与希特勒合作,同年 3 月,波兰获得了英国关于在反抗德国方面给予军事援助的"保证"。这些事情发生不久,希特勒一改以往对波兰的态度。4 月,恼羞成怒的希特勒下令德国部队开始准备进攻波兰,最迟不超过 9 月就采取行动。(第 13 页)鉴于波兰违背自己的意志,希特勒自此决意要严惩它一番。

然而,"纳粹决定在波兰执行种族政策和生存空间(Lebensraum)计划,直到(1939)9 月才形成,并非此前早已有之"。(C. Browning 2005：25)截至 1939 年 9 月底,纳粹党完整制定了"一项基于种族原则的宏伟的人口工程计划",按照这项计划,实行野蛮的重新安置,也就是强迫成千上万乃至数百万犹太和非犹太居民迁往东部,以便给德国占领区内数以百万计的德国殖民者腾出生存空间。(第 27 页)后来之所以能达成关于对犹太人大屠杀的共识,其原因之一就在于东部地区广泛支持德意志种族帝国主义。(第 28 页)确实,"在波兰,若无一个犹太人问题解决方案……要为数百万德国人创造出生存空间是不可能实现的",因为波兰是 300 万犹太教民的家园。(Rothschild 1974：36)

然而,当时德国军方领袖仍然避免让国防军直接介入屠杀,以及强制性重新安置犹太人和波兰居民这一肮脏的工作。相反,这一任务主要委托给希姆莱党卫队(SS,纳粹党卫军,安全保卫队)的特别行动队(特别任务小组)。这些"流动屠杀小组"自 1939 年 10 月起,就初步清除了他们在波兰的障碍。后来经过精心组织,从 1941 年 6 月至 1943 年间,在德国占领的苏联西部边界,曾执行过大规模枪杀苏联犹太人和所谓"犹太共产党员"的活动。1940 年末,被德国人杀害的人数已达 5 万,其中主要是波兰平民,不管他们是不是犹太人。(C. Browning 2005：35)这还只是后来苏联境内的大规模屠杀的先声。而后苏联境内的大屠杀则是 1942 年初至 1944 年 11 月采用更科学化和更具工业化的方式在毒气室里消灭西欧、东中欧、中欧、波罗的海及巴尔干地区犹太人的序幕。

然而,在 1940 年期间,官方始终打算将欧洲占领区的"犹太人问题"主要依靠强制性移民和驱逐来"解决"。1940 年 5 月,法国沦陷后,许多纳粹分子提议,将大多数的欧洲犹太人流放到马达加斯加岛,而不是加以杀害。(C. Browning 2005：81－83,89)然而,在 1940 年末"不列颠战役"中,纳粹德国未能击败英国,上述方案的可行性似乎更低,特别是因为德国开始未能让英国保持中立,也未能夺取它的海军设施,要将 200 多万欧洲犹太人运送到马达加斯加岛,谈何容易。

1941 年 6 月底,纳粹德国入侵苏联,"风险进一步提高"。这"残酷的歼灭战"为"起先针对苏联犹太人、后来针对欧洲犹太人进行的系统化大屠杀"铺平了道路。(C. Browning 2005：214)这场战争不仅把几十万德国人,还将成千上万的匈牙利、罗马尼亚、斯洛伐克、克罗地亚、波斯尼亚、波罗的海、乌克兰以及白俄罗斯人卷入到这场全力以赴对抗犹太人和苏联"犹太共产党"的"十字军"斗争中。数百万乌克兰人和白俄罗斯人曾经历过 20 世纪 30 年代苏联推行的强制性农业集体化以及相伴的大规模流放和剥夺。苏联曾经吞并成千上万的乌克兰人、白俄罗斯人、波兰人、波罗的海和罗马尼亚人,他们的大片领土或是在 1939 年 9 月,或是在 1940 年 6 月至 7 月,被苏联吞并(按照 1939 年 8 月签订的苏德协议的条款)。如今这两类人开始向所谓咎由自取、据称是"犹太族"的共产党员发起了血腥复仇。无疑,在苏联共产党和苏联安全部队中有许多犹太官员,他们曾在下述运动中担任要职,例如,20 世纪 30 年代苏联强制性的集体化、流放和清洗运动,1939 年 9 月苏联吞并波兰东半部(乌克兰和白俄罗斯的西部),1940 年 6 月至 7 月吞并比萨拉比亚(摩尔多瓦)、布科维纳北部和波罗的海诸国活动(以及后来的暴力统治)。从 1941 年 6 月下旬起,反犹分子紧紧抓住这一点,大力提升他们的基督教主义或种族主义宣传,致力反对犹太教和"犹太共产主义"。然而,需要强调的是,犹太人在苏联共产党以及苏联安全部队中所占比例极小。应该为当初那些暴行负责的绝大多数"共产主义"暴徒都不是犹太人。此外,尤其是从 20 世纪 30 年代末至 70 年代,在苏联共产党内部涌动一股强力的反犹太主义暗流;从 1939 年 10 月至 1941 年 6 月(就像 1945－1953 年,1966－1978 年),犹太人成了苏联安全部队、苏联共产党及其附属的各支部所发动的迫害、镇压、大清洗、驱逐出境等一系列相关暴力事件的主要受害者的一部分。(见 J. T. Gross 2000：92－113;2006,各处)然而,20 世纪 40 年代早期针对"犹太共产主义"的反犹运动,不仅是致命的,而且是愚昧的。1941 年 6 月至 12 月期间,在波兰东部、比萨拉比亚、布科维纳以及苏联西部的漫长边境地带,有 50 万至 80 万的犹太人被杀害(平均每天 2 700 人至 4 200

人)。据报道,1941 年末,大部分地区已经成了"无犹太人区"。与此同时,每天死在德国战俘营(POW)里的苏联战俘(主要是俄国人)比例平均高达 6 000 人,到 1942 年春,累计有 200 多万人丧生。(Matthaus 2005：244)

克里斯托夫·布朗宁(Christopher Browning)曾经有力地论证指出,东线战场以恐怖的规模系统化地屠杀犹太人和俄罗斯人,而且1941 年 6 月至 9 月轴心国以惊人速度推进到苏联腹地。这些对于纳粹分子在 1941 年 9 月或 10 月之后把注意力集中到重新关注"最后解决方案如何实施",发挥了决定作用。采取的新方案就是把犹太人大规模驱赶进入装配有毒气设施的死亡工厂里流水线式屠杀。(C. Browning 2005：316－318,321－329)

完全没有联系但彼此同时出现绝非巧合,1941 年 9 月和 10 月期间,甚至在发起"工业化"方式的大屠杀之前,德军的另一小分队也发动了一场大规模系统化射杀塞尔维亚的犹太共产党员、塞尔维亚人和吉普赛人的事件。(第 336－345 页)实际上,

> 1941 年秋的塞尔维亚大屠杀已经预示着最终解决方案的出笼,因为所有(塞尔维亚)犹太人最终都被杀害只因为他们是犹太人……一旦遭遇到游击队抵抗的德国人给自己强加一项职责,即最大化地进行报复,那么所有塞尔维亚人就面临危险,犹太男子的命运更是已经注定……尽管大屠杀就其起源而言只是地方性的,但苏联领土之外系统化的大规模屠杀犹太人,还有其特定含义,其关系到德国开始为其最后处决方案做准备。不仅在东线,而且在欧洲其他地方,德军也把犹太人视为应当"无情地"正法的广泛"敌人"。德国外交部……证明自己同样迎合大规模屠杀……针对棘手的塞尔维亚犹太族问题,副外长马丁·路德(Martin Luther)自己就有考虑采取"局部解决方案"的意图,后来就此逐步与海德里希达成共识。这种自下而上的动议,排除了自上而下发布命令的必要性……赶在杀害所有欧洲犹太人这一最后解决方案全面实施

之前,杀掉塞尔维亚犹太男子,是国防军、党卫军和外交部的共同利益所在。难怪,欧洲全面屠杀计划一经确立,将不会遇到来自德国社会组织机构的任何严正的抗拒。(C.Browning 2005:346)

1941 年 6 月至 7 月,德国占领东加利西亚(波兰南部地区)并抓获当地 50 万犹太人(10%的人口)。该年秋天,并非受到东线和塞尔维亚发生的大屠杀的影响,只是由于地方动因,再加上战略方面的多种因素,共同推动德军对当地犹太人进行系统化的大屠杀。然而,这里的局势跟塞尔维亚的局势截然不同。正如从苏联手中夺取的、波兰东部的部分地区当时发生的情形一样,以乌克兰人为主的当地居民在德国占领军的默许甚至鼓励下,在利沃夫(Lwow)、特罗普(Tarnopol)和其他地区掀起了一场反犹太社会团体的大屠杀,而德国军队根本没来得及直接参与。(C.Browning 2005:347)

东中欧和巴尔干地区广泛存在大量日耳曼少数民族,这一事实也有助于德国全面实施大屠杀行为。20 世纪 30 年代,大约有 74 万日耳曼人驻扎在波兰,320 万在捷克斯洛伐克,47.8 万在匈牙利,50 万在南斯拉夫,74.5 万在罗马尼亚,尽管当时在保加利亚只有大约 4 000 人,(Rothschild 1974:36,89,192,203,284,328)希腊和阿尔巴尼亚境内的日耳曼人数更少。在德国盟国和占领国内部,这些群体构成了德国主要的隐蔽的"第五纵队"(内奸),而且事实证明,许多情况下(尽管不是所有),这些日耳曼人实在难以抵挡纳粹分子的种种诱惑。不管他们是否积极赞同纳粹,但是这些所谓的"德侨"(Volksdeutscher)蓦然意识到"自己摇身一变坐在主人的位置上",许多人开始专注于寻找机会肆无忌惮地抢劫、驱赶和屠杀他们的波兰和犹太同胞,(C.Browning 2005:13－14)同时还充当德国政策和德国统治的代理人。

然而,鉴于布朗宁是研究德国在犹太人大屠杀中关键的杰出专家,所以他对于大屠杀主要原因和诱因的系列分析重点集中在德国人身上。对波罗的海沿岸人、乌克兰人、白俄罗斯人以及罗马尼亚人所起的作用轻描淡写,而对德国着墨最多,这多半是因为他依赖的是德国当事

430

人和目击者提供的记录。(C. Browning 2005：268－277)他曾解释说，"因为大多可利用的当代文献资料都是来源于特别行动队(德国党卫队组织的流动屠杀小组)，不足为奇的是，其他机构——无论是德国的还是非德国的——就显得微不足道了"。(第272页)不过，这种观点带有误导性，因为现在关于其他国家在大屠杀中所起的重要作用和其他种族灭绝行为的文献越来越多，而且正不断呈现出来。更实际的情况是，作为一个研究纳粹政权的专家，布朗宁对德国以外其他国家在大屠杀中的作用关注甚少，因此运用的非德国的资源也就相应地较少，这也是常见的事。尽管如此，他还是坚定地声称："无论德国以外的其他国家犯下了多大罪行，但是，正是德国人，通过建立一套系统的迫害方案，对犹太人的生存构成致命威胁。"(第277页)然而，这样就削弱了作者围绕1940－1944年间匈牙利人、罗马尼亚人以及克罗地亚人的屠犹活动所做的一连串紧密相关然而又相对独立的原因分析，因为其中有些屠杀在时间上早于德国完全吞并这些国家之时。(参见下面第439－446页的小结)同样地，把波罗的海人、乌克兰人和白俄罗斯人全面参与大屠杀，以及波兰人小规模的屠犹罪行，完全归于德国侵占上述各国后提供的机会、诱因和其他动因，现在已越来越难以服人。(关于波兰情形，参见第434－438页)

尽管轴心国和苏联入侵构成了这一系列暴力事件和有组织的种族灭绝得以发生的主要背景和框架，但这并不能解释一切问题。早在1930年，波兰政府已经开始犯下反乌克兰人的暴行，从1935－1939年，波兰人有组织地虐待他们的犹太同胞也已经开始。这些情形都发生在1939年9月纳粹-苏联入侵波兰之前，甚至早于1941年6至7月纳粹分子入侵波兰东部和苏联。(见 Rothschild 1974：64；Crampton 1994：174－176；Heller 1977，尽管他们提供的观点遭到戴维斯和马尔库斯等人的质疑，此外还有其他人的质疑。Davies 1981b：240－266；Marcus 1983)类似地，1938年9月，分割捷克斯洛伐克的、臭名昭著的《慕尼黑协定》刚刚签署后不久，匈牙利的反犹部队就越过捷克斯洛伐克边境，开始屠杀该国部分地区的犹太人，甚至在1938年11月10日正式吞并这些地区之前这类事情就已发生。(Gryn 2001:74－75)同样,20世纪 30 年代末,在罗马尼亚正式与轴心国结盟以及 40 年代部分地区解体之前,罗马尼亚法西斯主义者已杀害了大量的犹太人。(Wiesel et al. 2005:390)因此,纳粹德国对一些国家实行军事占领,以及其他法西斯主义国家越来越听命于德国,这都无疑加速了大屠杀的进程,并促进了欧洲反犹主义传统内"灭绝主义"潮流的兴起。另一方面,大量证据表明:在这些地区更直接地沦为德国影响或控制之前,东中欧和巴尔干地区已经开始出现小规模地消灭犹太人的现象。由此看来,把东中欧和巴尔干地区的反犹暴行和有组织的种族灭绝运动仅仅看作德国实力增长带来的影响所作出的反应,是不全面的,可是这一点异常重要。

431

同样重要的是,1939－1941 年期间苏联政权的官员、保安部队以及"共产主义"支持者在苏联占领的波兰、波罗的海和罗马尼亚领土上大规模屠杀波兰人、罗马尼亚人、马扎尔人、波罗的海人以及犹太人,这一点不应被忽视。上述屠杀发生的地区大多是苏联根据 1939 年 8 月签订的《苏德互不侵犯条约》于 1939 年 9 月或者 1940 年 5 至 6 月占领或者吞并的,1944 年末和 1945 年初苏联又野蛮地重新占领上述地区。然而,比起 20 世纪 40 年代法西斯主义分子、民族主义极端分子、基督教反犹主义和排外分子开展的种族大屠杀,这些杀戮在规模上是小巫见大巫,诚然也就鲜有记载和统计。就居住在波兰东部、比萨拉比亚、布科维纳北部、波罗的海诸国、乌克兰和白俄罗斯等地区被囚禁的不同民族、宗教群体而论,他们遭杀戮、流放和死亡的规模究竟达到什么程度,存在着严重分歧,关于死亡责任的归因问题等也是聚讼纷纭。只有不遗余力地对 1905－1956 年期间在这些地区发生的大规模屠杀认真调查研究之后,才有可能给出公正合理的解释、描述和评价。长期以来,这些杀戮也被广泛认为本质上属于种族灭绝性的,而且屠杀者有种族灭绝的意图(至少在相关的领土范围内)。例如,简·格罗斯曾指出:"1941 年 6 月下旬至 1944 年末,许多曾经与纳粹分子合作过的乌克兰民族主义者,在 1941 年至 1944 年期间杀害了波兰东部 6－8 万波兰人。"(J. T. Gross 1979:192－193)按照格罗斯的观点,"旧仇正在清算……既成事实的政策继续执行。有人认为,最后,德国被打败,而且实力削弱的俄国被迫退回东部,西方同盟国就无法拒绝乌克兰人恢复其在该地区国家地位的要求,到那时该地区已经没有波兰人幸存……在德国的默许之下,乌克兰人大举驱逐或者公然屠杀居住在乌克兰西部的波兰人(更不用说犹太人)……乌克兰人为战后最终接管这些地区做好了准备"。(第 194 − 195 页)为了报仇反击,以波兰民族主义家园卫队成员为主的波兰游击队,把"乌克兰无数孤立村庄上的全体居民杀害"。(第 194 页)看待这类数字,应该十分谨慎,因为有些事件的相关叙述中往往包含带有倾向性的猜测,这些猜测可靠性很低,难以保证。

1945 年 5 月德国投降后,对欧洲犹太人的屠杀并没有停止。这就进一步证明,20 世纪三四十年代期间,德国绝不是欧洲大陆唯一一个凶残的反犹太主义国家。1945 − 1946 年苏联"解放"波兰期间,大约有 500 − 1 500 个犹太人在反犹暴力事件中丧生,主要是在 1945 年 8 月的克拉科夫(Krakow)和 1946 年 7 月的凯尔采(Kielce)大屠杀中。(J. T. Gross 2006:35)另外,20 世纪 40 年代末和 50 年代初期,欧洲共产主义政权内外进行的"大清洗",也暗中带有浓烈的反犹主义色彩,把犹太人作为监禁、处决和驱逐到劳改营的重点目标。

1938 − 1940 年期间,各国领土的重新划界以及 1945 年的再次划界,也引发了无数的暴力事件,有些事件中甚至伤亡惨重。例如,简·格罗斯曾认同(德国人中颇为盛行的)下述观点,1945 年,苏联发起把波美拉尼亚,东、西普鲁士和西里西亚大部分地区从德国范围内划归波兰,此间,波兰人对德国人的驱逐,"异常残酷,造成数千德国人"死亡。(J. T. Gross 2006:35)据说,1944 年 12 月至 1945 年 1 月间,当苏联军队切断了东普鲁士与德意志帝国的联系后,他们试图逃离东普鲁士,此间有 50 多万德国人丧生。(Woods 1972:68)然而,2006 年莱赫·卡钦斯基(Lech Kaczinski)和他的孪兄雅罗斯瓦夫·卡钦斯基(Jaroslaw Kaczinski)领导的波兰政府一再抗议,反对德国举办展览会纪念数百万逃离波兰"西部领土"时遇难的德国人。1945 − 1946 年期间,大约 300 多万波希米亚德国人被捷克驱逐出境,在捷克斯洛伐克还发生了

432

许多针对德国人的暴力事件,但伤亡人数比同期发生的波兰人驱逐德国人暴力事件中的伤亡人数少。(Sayer 1998:242—243)另外,1940年8月30日(纳粹德国与法西斯主义意大利实施的)《第二次维也纳仲裁协议》(*Second Vienna Arbitration*)签署之后,北特兰西瓦尼亚由罗马尼亚之手转交给匈牙利过程中,数以千计甚至万计的罗马尼亚人遭到热衷于"清偿旧仇"(score settling)的匈牙利正规军和非正规军的掠夺、强暴和杀害。相反,1944年秋,苏联支持罗马尼亚人重新夺取北特兰西瓦尼亚期间及其之后,又有数百名甚至数千名匈牙利人遭到上述相同的命运。直到1949年,还活跃着一小批独立的武装抵抗力量,他们反对苏联1945年强制性地吞并波罗的海诸国和(从前隶属罗马尼亚的)班内特(Banat)。(Milin 2000)

经历第二次世界大战之后,巴尔干和东中欧地区只有极少数族群和宗教团体还能保持清白的名声,不至于因这种那种复杂的种族问题而被玷污。与丹尼尔·戈德哈钦(Daniel Goldhagen)(1996)提出的观点相反,所谓"灭绝主义"的反犹活动,以及类似的驱逐或屠杀趋势,即使第三帝国的异常规模和实力有助于德国成为犯下此类罪行最严重的国家,但绝不是德国一国独有。尽管如此,即便是像纳粹德国如此规模、如此强大的国家,要实施大屠杀的行为,必须得到成千上万——或许多达百万——的非德意志欧洲人的甘愿帮助才行。就管理上和后勤上而言,大屠杀是一项巨型的复杂行动,它偏离了将人力资源配置到满足轴心国作战需求这一主要目标,具有严重讽刺意味的是,它昂贵的费用成为导致轴心国最终失败的重要因素。(Hilberg 1985:270—274)因此,正如克里斯托夫·布朗宁所指出的那样,对于那些曾有被德国占领经历的国家而言,"若无市长、市议会、居民委员会和大批当地管理员的积极支持,要确证犹太人的身份,尤其是农村地区犹太人的身份,剥夺他们的财产以及建立专门的犹太人区,其难度之大,将远远超出德国占领机构有限的后勤能力。"(C. Browning 2005:275)

对于那些德国的"同盟国"来说,尤其是匈牙利、罗马尼亚、克罗地亚、斯洛伐克、法西斯主义意大利、低地国家和法国维希政权,也同此情形。德国绝非唯一的"甘愿处决犹太人的刽子手国家"。非德国人卷入并积极参与到"犹太人最后解决方案"的规模,以及小规模的、针对其他种族文化族群的、组织性不太强的仇杀,这类情形仍然没有得到充分重视。然而,这方面的关注正越来越多,这主要得益于欧洲共产党政权崩解前夕和以后,东中欧、巴尔干和苏联有关 20 世纪三四十年代少数民族问题的档案实行开放,另外还有记者调查、独立媒体以及因特网的发展等。(见 Polonsky and Michlik 2004:26 — 29;Braham 1997;2004;Ioanid 2000;Wiesel et al. 2005;C. Browning 2005;还有第 449 页关于西欧通敌情况的研究)

基督徒、教会和大屠杀

在基督教信仰占主导的部分欧洲地区,善良的基督徒却同情甚至积极支持法西斯主义运动。这似乎部分源自下述事实,即多数法西斯运动宣称的核心目标中都包含建立"基督徒法团"(corporative-Christian)国家,而且部分地源于另一事实,即许多或许绝大多数欧洲基督徒当时仍然抱着温和的反犹太人态度,只是在特定情况下,这种反犹太人态度才变得强烈,而且他们把法西斯运动视为天赐工具或者同盟,帮助他们对抗欧洲基督教会的"真正祸患"或"真正敌人":马克思列宁主义的共产主义,以及类似的"犹太共产主义"、"犹太布尔什维克主义",在许多基督徒看来,上述的各种主义都属于旨在颠覆欧洲基督教价值观和欧洲文明的"犹太人的阴谋"。20 世纪 30 年代末 40 年代初期间,这似乎代表了包括教皇庇护十一世和庇护十二世、奥古斯特·隆德大主教(Hlond,当时波兰天主教会的头目)以及阿洛伊斯·斯特皮纳克大主教(Aloys Stepinac,当时是克罗地亚天主教会的头目)等多数(或许绝大多数)欧洲基督教教士的主导立场,或者主要偏好。(Cornwell 2000;Goldhagen 2002:39 — 49,81,104 — 105,141)

在对斯洛伐克、克罗地亚、罗马尼亚、波兰、奥地利、法国和匈牙利的法西斯主义者以及极端民族主义反犹太人运动的支持方面,基督教神职人员表现得更为显著、惹眼,其程度超过了在上述同一国家对反法西斯主义运动的支持,或者对公开谴责法西斯主义和反犹主义的支持。类似地,无论是当时还是以后,罗马天主教教皇和主教都热衷于谴责共产主义的罪恶,而对法西斯主义的种族屠杀却很少批评,甚至保持缄默(通常仅限于责怪和私下训斥)。无论他们是否出于有意,他们的确在事实上给人一种强烈的印象,即尽管罗马天主教会并未积极或者公开地发起或赞同大屠杀,但天主教会认为它的罪恶程度要次于所谓"犹太-共产党"。鉴于在共产主义的大清洗、监狱和集中营中牺牲的欧洲人(包括大量欧洲犹太人)数以百万,规模甚至最终超过法西斯主义运动及其统治所带来的总死亡人数,许多人似乎都秉持这样一种看法,即罗马天主教会领袖把法西斯主义和大屠杀视为比共产主义"罪恶更轻",并不算错。事实上,诺尔曼·戴维斯(Norman Davies)最近重申东中欧人(尤其是波兰人)长久以来的怨言,即西方一直过多地关注法西斯主义政权的罪恶,而没有对苏联及其共产主义盟国所犯罪恶给予足够多的关注。因为,第一,较之于他们所受到的来自苏联和其他共产党政权的危害,西方遭受到法西斯主义政权罪恶的危害更直接;第二,英美很快认识到,苏联在1941－1945年间打败德国纳粹及其巴尔干和东中欧盟国中的作用更为重要,因此被迫忽略或者至少淡化苏联政权及其仆从国所犯的诸多罪行。(Davies 2006:243－248)相比之下,巴尔干和东中欧的许多基督教神职人员主要关注他们各自教会以及同支宗教(通常包括皈依基督教的犹太教)教徒的安全,因此更倾向于谴责共产主义,而不是法西斯主义、种族主义和反犹太主义。这种对于罪恶倚重程度不同,有助于解释罗马天主教会在大屠杀问题上的相对沉默或者默许行为,尽管这不是为了替它开脱。

在轴心国的多数欧洲盟国或占领国当中,尤其是法国、低地国家(指荷兰、比利时、卢森堡)和奥地利以及东中欧和巴尔干地区,基督徒对犹太人的悲惨境遇最典型的反应似乎是极度冷漠或轻蔑,而非同情,而且对发生的无数反犹暴力事件的态度也是如此。(Szarota 2000)按照伊恩·克肖(Ian Kershaw)的说法,"通向奥斯威辛的道路是由仇恨建造的,但是是用冷漠铺就的"。(Kershaw 1983:277)在那些善良的基督徒中,似乎存在某种广泛的认识或者信念,即犹太人是"罪有应得",因为他们或者是"谋害基督者",不信神的"犹太共产主义者"、"布尔什维克的渣滓"、"罪恶的资本家",或者是从无辜的基督徒农民身上榨取高额利息、寄生的"血吸虫"("吸血鬼")。这类态度对于犹太族群来说的确是留下创伤和毁灭性的打击,因为他们数个世纪以来为东中欧和巴尔干的发展做出了重要贡献,而且尽管基督教反犹主义在该地区广泛存在,但他们一直将这些地区视为"家园",并且视当地的基督徒为他们的"邻居"和"同伴"。

2006 年夏,在布拉迪斯拉发城堡举办了一场名为"十字架之路"的意味深长的展览,展览主题是耶稣被钉十字架的礼拜仪式在德国南部、奥地利和东中欧罗马天主教会的反新教改革中,以及后来罗马天主教在东中欧的发展过程中所起的显著作用。该展览有助于说服罗伯特·拜德勒克斯相信,该礼拜仪式必然会强化天主教关于犹太人是"基督谋杀者"的认知、想象和意识。东中欧天主教反犹主义导致的流毒,或许构成该地区天主教反新教改革活动造成的"双重破坏"的另一层面。基督教关于犹太人是"基督谋杀者"的观念一直被笃信不疑,虽然今天不再盛行,但是放在 20 世纪三四十年代,却是广为流行,它不可避免地与耶稣被钉十字架的礼拜仪式密切地连在一起。这种现象绝不是罗马天主教所独有——它同样体现在许多罗马尼亚反犹太主义的东正教图像和语言中,尤其是科德里亚努领导的米迦勒天使长军团(Heinen 2006;Weber 1964:100-103,168)以及库扎领导的基督教民族党(National Christian Party)。然而,在东中欧的天主教教义中,至少直到 20 世纪 40 年代,这一观念事实上似乎非常盛行。这有助于解释,东中欧的反犹方式有别于德国的反犹方式,尤其有别于纳粹的反犹太主义方式。到 20 世纪 30 年代,反犹太主义越来越带有世俗化、激进化、伪科学和生物学的特征。

波兰人在大屠杀中的反犹活动和共谋

历史学家简·格罗斯有力地公开论证了 20 世纪 40 年代波兰反犹

活动的规模和表现出的强硬态度。(J. T. Gross 2000：81－117;2001；2003;2006)2001 年他的书《邻居》(*Sasiedzi*,2000)首次被译成英文出版,书名为《邻居：波兰耶德瓦布内犹太社区被毁》(*Neighbours: The Destruction of the Jewishi Community in Jedwabne*),书中介绍了波兰的一个小镇耶德瓦布内的犹太社区被毁灭的故事。该书很快成了国际畅销书,在国内和国际上掀起了一场关于波兰卷入大屠杀程度的辩论。波兰人在第二次世界大战期间以及以后对待犹太人的态度和行为所引起的问题,被格罗斯成功地描述成波兰近代史上最具争议的问题,该问题在波兰引起强烈反应,其程度甚至超过对共产主义者及其"同伙"在波兰 40 年的共产主义统治中罪责问题所引起的反响。(Jedlicki 2004：237)这在很大程度上是因为,书中所提出的这些问题,加上格罗斯公开表明的态度和曝光的暴行,共同对波兰人的以往形象发出了严峻挑战：即波兰人偏爱把自己塑造成英雄、受害者、烈士,他们坚忍地承受和勇敢地反对纳粹德国和苏维埃共产主义的占领和压迫。(Gross 2003：173－174)这次辩论的一些重要方面在英语文献中也有体现。(见 Brand 2001 和 Polonsky and Michlik 2004)

　　一方面,许多关于波兰现代史的文献都努力将波兰人提升为牺牲者、英雄和烈士的浪漫主义自我肖像,他们勇敢地反对德国、苏联军事占领,以及随后的共产党统治。另一方面,关于 20 世纪 30－60 年代期间波兰人对待犹太人态度和行为的研究,这方面的作品为数不多但影响越来越大,它们给许多波兰人抹黑——尤其是,波兰人被描绘成 40 年代期间波兰领土上实施针对犹太人的反人类滔天罪行中态度冷漠,或者表示蔑视,"袖手旁观",或者是积极参与者,甚至是帮凶。(参见 Polonsky and Michlik 2004：1－43)然而,许多波兰民族主义者,以及一些钦慕波兰在 1939－1989 年间表现出不可战胜的勇气和追求自由的愿望的西方人士声称,波兰的民族自豪感、荣誉和正直等遭到了一部分人的玷污,因为这部分研究者决定开展全面调查并公开发布一些不光彩的价值观、态度和行为。如果地下有灵,这一时期的波兰爱国者面对这些价值观、态度和行为,也会感到悲伤。由此形成了针锋相对的两派，一派希望继续发扬那些被不同程度编辑、提纯和美化(whitewashed)过的 20 世纪波兰历史，而另一派希望揭示历史的真相。后一派的成员本人及其家人因此被迫承受来自波兰民族主义者的巨大污蔑、攻击和骚扰。(见 Gross 2003：175 － 176,178,256 － 257)早在《同胞》一书出版之前，波兰人就宣称，德国占领波兰期间发生的大屠杀几乎完全是德国占领军和少数非德国的"通敌者"所为，这种观点表面上已经广为接受。尽管它此前屡次遭到多方面的质疑，但是，这个令人愉悦的神话终因《同胞》一书的出版而揭穿。

1941 年 7 月 10 日,耶德瓦布内镇大屠杀

波兰东部的小镇耶德瓦布内,1939 年大约有 2 500 人居住,从1939 年 9 月至 1941 年 6 月的 20 个月当中,处于苏军占领和统治之下。然而,继 1941 年 6 月 22 日德国开始入侵苏联后不久,苏联的管理机构、苏联占领军以及当地通敌者都被迫撤离波兰东部,新来的德国占领军被看作"解放者"大受欢迎,只有波兰东部的犹太居民例外,情有可原的是,他们对纳粹统治的恐惧胜过对苏联统治的恐惧。(Gross 2003：55)格罗斯强有力地指出,1941 年 7 月 10 日,耶德瓦布内镇波兰族居民抓住一切时机残酷无情地杀害了全镇大约 1 600 名犹太居民,随后把犹太人的财产据为己有;而且该镇全部 225 名成年男子和波兰族男性居民中至少有 92 名(也就是,占其成年男性中一半)参与了这场屠杀。(Gross 2003：87 － 88)格罗斯还宣称,只有少数德国士兵和盖世太保人员当时在场,因为德军正忙于为侵苏做准备。(第 64 － 65页)这场屠杀还得到了市长玛丽安·卡罗拉克(Marian Karolak)的配合;(第 73 页)而且战后,数名波兰族目击者在法庭上证实了耶德瓦布内屠杀纯粹由波兰人所为,德国人的参与活动仅限于为那些波兰人的反人类罪行拍照。(第 79 － 80 页)格罗斯暗示指出,东波兰有着悠久的反犹暴力传统,包括大屠杀以及其他"痛殴当地犹太人"——尤其是在像复活节之类特殊的基督教节日期间,天主教教士"在布道时唤起人们关于犹太人谋杀上帝的想象";而且犹太社团组织已经习惯于向世俗

权威和宗教权威缴纳礼品和保护费,试图缓解此类暴力。(第 38－39 页)他建议读者:

> 我们必须牢记,在反犹暴力背景下,一直隐蔽地怀疑犹太人借助仪式实行谋杀,即认为犹太人用无辜的基督教儿童的新鲜血液制作了逾越节面包。这在波兰许多天主教徒中成为一个根深蒂固的信念……毕竟,关于犹太人参与这些活动的谣言,导致了波兰城市一度发生万人空巷的愤怒抗议,愤怒的群众立即涌到波兰城市的大街上,即使在第二次世界大战后,也曾出现此类情景。正是这种机制诱发了 1945 年发生在克拉科夫和 1946 年发生在凯尔采(Kielce)的最不光彩的战后大屠杀。(J. T. Gross 2003:123－124)

最后,格罗斯引证一位来自格拉吉乌地区拉德兹柳村(Radzilow Grajewo)、名叫芬克(Menachem Finkelsztajn)的犹太人的亲笔证词,他声称,1941 年 7 月 7 日,在他本人所在的村庄里有 800 名犹太人被他们的波兰族村民杀害;同样的,1941 年 7 月 5 日,邻近的瓦索兹(Wasosz)村有 1 200 名犹太人被他们的波兰邻居杀害;苏联被迫从东波兰撤退后,该地区曾出现一段权力真空,此间,波兰人"立即与德国人靠近";但当地"德国军队已经开走,没有德国当局,也没有授权给任何人";再者,"从波兰社会上层人士中传出谣言,并蔓延到暴民当中。传播的信息说,该是向把耶稣钉死在十字架上的人,向用基督的血做面包的人,向作为世界万恶之源的人清偿仇恨的时刻了"。(J. T. Gross 2003:57－65)格罗斯还指出,"把耶德瓦布内镇单独挑出作为代表,以示在苏联 20 个月的占领期间犹太人和其他人关系更加紧张和对立,这是毫无理由的"。(第 43 页)克鲁科夫斯基(Zygrnunt Klukowski)医生是波兰靠近扎莫希奇(Zamosc)一家乡村医院的院长。格罗斯援引他在 1942 年 11 月 26 日的日记中绝望地写下的内容:

> 出于担心报复,农民在抓到小村庄中的犹太人后就把他们带

到城镇,或者干脆当场杀死。总之,在对待犹太人问题上,若干道德败坏的观念已经占据人们的心灵。某种精神病控制了他们,他们仿效德国人,因为他们在犹太人身上看不到任何人类的东西,只看到一些穷凶极恶的动物,像患上狂犬病的狗,或者老鼠,必须用尽一切办法除之而后快。(J. T. Gross 2003:161—162)

格罗斯暗示,耶德瓦布内镇发生的事情不是偶然的奇变,而是广泛存在的现象的一部分。然而,他的论断引起了很多反对。

波兰历史学家波格丹·穆西尔(Bogdan Musial)指责格罗斯"忽视了历史背景","随心所欲地利用资料",依靠"刻意挑选"的一些不可靠资料,包含"大量的矛盾、错误的解释、非历史的推测,以及荒谬的论断"。(Musial 2004:305,313,340)此外,穆西尔断言"格罗斯利用的资料中有充分证据表明,1941年7月10日的杀人事件是由德国人谋划、组织和实施,一些波兰人只是参与其中……耶德瓦布内镇大屠杀发生在德国进入(该地区)的两周后,很难说这场反犹暴力的爆发是突然的、自发的"。(第336页)斯托拉(Dariusz Stola)是从事波兰人和犹太人关系研究的波兰专家,格罗斯曾经赞同性地引证过他的观点。斯托拉给出了类似的质疑,即1941年7月10日的耶德瓦布内镇犹太人大屠杀是否"可以解释为是无组织的,很大程度上是混乱的社会活动进程中出现的未曾预料到的后果……这和同时在耶德瓦布内镇发生的犯罪行为似乎不是纯粹的巧合,德国当局在其他地区指挥或上演的犹太人种族灭绝活动,都是遵循德国领导人的特殊命令:'通过反对共产主义和反对犹太主义,实现强化……自身的清洗',而且这使得它看起来……似乎是自发的"。(Stola 2004:387)斯托拉发现,"很难认为,德国委任的耶德瓦布内镇镇长卡罗拉克先是萌生杀死镇里全部犹太人的想法,然后要求德国当局同意这次谋杀,并且派人为这个场景请来一群配有摄影设备的专门的(德国)军官"。(第390页)

大卫·恩格尔(David Engel)曾经强调指出:"现阶段的历史研究没有考虑到,某些不明确的因素决定着耶德瓦布内镇事件究竟是有代表性的,还是异常的。格罗斯揭示出在附近的两个小镇拉德兹柳和瓦索兹出现的类似事件,而且有证据表明,在洛姆扎附近的其他地区,如斯塔维斯基(Stawiski)和什切青(Szczuczn),也出现有波兰暴民挑起的、针对犹太人的暴力谋杀活动。然而,这种行为并不是普遍现象,即使在探讨的这个特定地区……正因为此,目前没有学术根据,可以认为,耶德瓦布内镇事件代表了某种通行模式。"(Engel 2004:412)

　　一些波兰历史学家也指出,格罗斯按其专业是一个社会学家,所以他"从来没有习得搜集和评价史料的历史技艺"。(Polonsky and Michlik 2004:380)然而,这是出于一己之见而作的批评,而且是不合理的推论:格罗斯出版了包括广为尊奉的历史著作在内的许多作品,正如萨罗塔(Szarota)在其他场合曾间接承认的那样。(第416页)

　　波兰官方的民族记忆研究所(IPN)从2000年9月开始进行了为期20个月的调查,2002年7月9日,得出结论认为,1941年7月10日,至少有40位波兰人(而非德国占领军)实施了对耶德瓦布内镇犹太人的大屠杀。有12人于1949年在共产主义法庭上以所谓帮助德国人实施大屠杀遭到起诉,而且参与新调查的责任律师声称,对大屠杀的实施者提出新的控告缺乏新的证据。(《国际先驱论坛报》,2002年7月10日,第5页)作为调查此事件的首席原告,伊格纳特耶夫(Radoslaw Ignatiew)认为,格罗斯对受害者人数(1 600人)的估计"异乎寻常地高"。他告诫说,在给出关于受害者的可能人数的最终估计前,仍然需要进一步的调查。在一个大墓里挖掘出来的受害者尸体大约有40至50人,然而在另一个坟墓里的尸体数量无法证实。调查结论认为,德国军队在大屠杀过程中在场,并且鼓励进行这次杀戮,但是调查也指明,没有确切证据表明德国士兵发挥积极作用。"我们不得不得出的结论是,在这次犯罪行为的实施中,本地人的作用是决定性的。"(《卫报》,2002年7月10日,第13页)

更广泛的背景

　　2002年10月,(波兰)民族记忆研究所出版了一本名为《耶德瓦布

437

内镇附近的沃克尔杰瓦布涅格》(*Wokol Jewabnego Around Jedwabne*)的书,该书的结论是,波兰人的确应该对第二次世界大战大屠杀中牺牲的 1 000 多名犹太人负责。此前,对这些人的屠杀一直归罪于德国占领军。民族记忆研究所档案显示,第二次世界大战后,100多名波兰人被指控参与了对犹太人的大屠杀,27 人被判有罪,4 人被判处死刑,而且其中 1 人已被处死。作者调查了 1941 年发生在波兰东北部的 30 起大屠杀事件。该书作者之一——克日什托夫·皮萨克(Krzysztof Persak)声称:"我们工作中最重要的发现是:耶德瓦布内镇大屠杀不是一个独立事件,而是更广泛现象的一部分……就现阶段的调查而言,我们可以肯定地说,犹太受害者的人数超过了 1 000 人,甚至达到了 2 000 人。"(《独立报》,2002 年 11 月 4 日,第 9 版)简·格罗斯的早期调查已暗示,1941 年 6 月至 7 月,在德国入侵波兰东部和苏联西部期间,波兰人明显卷入下述地区针对犹太人的"血腥屠杀"中,它们包括:博莱斯可夫(Bolechow)、博里斯莱夫(Boryslaw)、博尔茨夫(Borczow)、布尔兹占尼(Brzezany)、布扎兹(Buczacz)、左尔特考夫(Czortkow)、德罗霍比茨(Drohobycz)、杜布纳(Dubna)、格罗代克·亚捷隆斯基(Grodek Jagiellonski)、亚瓦诺夫(Jawarow)、科洛米贾(Kolomyja)、科里钦(Korycin)、克尔泽明涅奇(Krzemieniec)、勒乌(Lwow)、拉兹洛夫(Razilow)、散波尔(Sambor)、萨索夫(Sasow)、索尼卡(Schonica)、索卡尔(Sokal)、斯特里基(Stryj)、斯祖姆斯克(Szumsk)、坦莫博尔(Tarnopol)、特鲁斯特(Tluste)、特仑保拉(Trembowla)、图圳(Tuczyn)、维兹那(Wizna)、沃罗诺夫(Woronow)、扎波诺夫(Zaborow)和兹洛左夫(Zloczow)。(J. T. Gross 2000:105,125)然而,格罗斯也勉强承认,第二次世界大战期间波兰民族对波兰犹太人所犯下的暴行,"是偶然性的,波兰人没有刻意去犯罪。如果没有纳粹占领创造的氛围,这些犯罪就不可能发生。波兰人并不希望纳粹占领他们的国家,而且他们可歌可泣的勇气竭尽所能地击退纳粹"。(J. T. Gross 2006:249 - 250)

格罗斯及其支持者所做的论断,与波兰两次大战期间广泛存在的基督徒反犹主义大体一致,波兰"无疑是遭受此类事情困扰的诸多国家之一。波兰的意识形态领导人一直致力于提出一些观念,借此剥夺成千上万波兰公民的权利、财产,并将他们驱逐出境。唯一积极反对这些观念的群体是社会主义者和共产主义者以及知识分子中的自由派"。(Jedlicki 2004:241)1936－1939年间,萨纳齐政权和波兰民族主义(而且日渐法西斯化的)民族民主党(National Democratic Party)下令对犹太人经营的商店和企业实行联合抵制,并征收惩罚性税收。据称,到1939年底,这些举措将三分之一的波兰犹太人剥夺得一无所有。(Crampton 1994:174－176;Heller 1977)然而,如上所述,这些观点已遭到戴维斯和马尔库斯的质疑,(Norman Davies 1981b:240－266,Joseph Marcus,1983)此外,还有其他一些人的质疑。斯托拉(Dariusz Stola)曾经指出,两次战争期间的波兰反犹分子突然中止了关于灭绝犹太人的宣传:"据我所知,这种观点在战前波兰反犹作品中从未出现。尽管波兰的反犹宣传实际上往往被删除,但他们还是认为,迫使大量波兰籍犹太人移出波兰,不失为一种解决犹太人问题的方式。"(Stola 2004:389)

438

1940年末,杨·卡思基(Jan karski)在向伦敦的波兰流亡政府报告时指出,"理解"波兰犹太人所处的困境"是广泛的波兰社会群众中间所缺乏的。群众对待犹太人的态度冷漠无情,往往缺乏同情"。(Gross 2000:82)这个观点为格罗斯搜集到的大量证据所佐证。然而,杨·卡思基自己的文件材料对这个观点的论述只是蜻蜓点水地一笔带过。例如,在1941年秋发给位于伦敦的波兰流亡政府的报告中声称,"针对犹太人惨无人道的恐怖活动将会遭到普遍谴责,也会唤起人们的诸多同情",但同时这份报告还补充指出,当下犹太人正遭受的"社会孤立,尤其是经济方面的孤立",得到了波兰人的"总体认同"。(第83页)

其他地方的反犹主义和反犹暴力事件

近来,虽然波兰的反犹主义和针对犹太人的暴力事件引起了国际注意和关注,但实际上,波兰参与大屠杀的程度要远远低于其他国家,诸如奥地利、匈牙利、罗马尼亚、立陶宛、拉脱维亚、斯洛伐克和法国。
"1939 年后被苏联占领的所有国家,在 1941 年夏秋都实施了反犹恐怖
行动。他们死于自己的邻国人之手,这样的邻国有立陶宛、拉脱维亚、
爱沙尼亚、乌克兰和白俄罗斯。"(Michnik 2004:438)沃尔特·斯塔莱
克(Walter Stalecker)将军在当时的报告指出,"1941 年 6 月底,立陶宛
人在考纳斯(Kaunas)一夜之间杀死 1 500 名犹太人。其他资料估计,
考纳斯大屠杀中遇害的犹太人有 1 万名,发生类似大屠杀的立陶宛城
镇至少有 40 个。新近一项关于乌克兰西部的研究描述了……在纳粹
入侵苏联后 45 个地方爆发的大屠杀情形,造成 28 万到 35 万受害者死
亡……而在波兰境内,这类事件鲜有出现"。(Polonsky and Michilik
2004:26)

耶德瓦布内镇事件的争议引起了媒体的关注,由此容易给人的错
误印象是,认为波兰人极端地反犹太人,而且非常愿意参与大屠杀。然
而,正如格罗斯所承认的那样,

> 对被占领的欧洲国家而言,投机性地卷入到纳粹的反犹政治
活动中,是一种普遍现象——在巴黎、阿姆斯特丹、维也纳和萨洛
尼卡,犹太人及其邻居的经历与他们在华沙、威尔诺、里加、明斯
克、捷尔诺波尔和利沃夫的经历非常相像……波兰的反犹主义是
当时信仰基督教的欧美国家中的标准范例,甚为流行。唯一不同
之处是,战争爆发前夕,350 万犹太人生活在波兰(比德国占领的
其他任何国家都多),而且纳粹就在原地杀害了他们。在这个过程
中,"旁观者"不断地被卷入到这场共谋活动中……深度的宗教情
怀驱使个别天主教徒保护和帮助面临生命危险的人,因此挽救了
许多犹太人的生命。但是毕竟援救者只占极少数,而且一旦消息
泄露,他们自己也会遭到放逐。(Gross 2006:249)

《同胞》一书的出版引起了热烈的辩论,这也证明了波兰的知识分
子、媒体、学术界和政治机构愿意拿出勇气,以明确的态度公开地、批判

地和诚实地面对并讨论他们国家的过去,而这也足以令那些长期坚持否定大屠杀的其他几个国家感到羞耻。就卷入到大屠杀的规模而论,东中欧、波罗的海和巴尔干的其他几个民族,以及法国和低地国家(指荷兰、比利时、卢斯堡),都比波兰要大,波兰的反犹太人的历史绝对不是最糟糕的。这场论辩的规模和热烈程度都强化了本书一个反复出现的主题:东中欧和巴尔干历史上和政治生活中最棘手的问题,在这些国家共产主义政权建立前就已经存在。

439

匈牙利人参与大屠杀,1939－1945

1938 年到 1939 年间,统治匈牙利的是以"摄政者"米克拉斯·霍尔蒂将军(Admiral Miklos Horthy)为首的贵族寡头,随着奥地利、捷克高地和波兰西部相继遭德国蹂躏,匈牙利政权对德国的恐惧感与日俱增。然而,匈牙利统治者试图借助这种恐怖形势,以牺牲捷克斯洛伐克、罗马尼亚和南斯拉夫为代价,攫取长期图谋的领土。为此,他们在政治上支持轴心国,但设法不卷入与任何国家的正式战争。因此,1938 年 11 月匈牙利设法重获斯洛伐克南部和鲁塞尼亚部分地区(乌克兰次喀尔巴阡,sub-Carpathian Ukraine);1939 年 3 月重获鲁塞尼亚的其余地区;1940 年重获特兰西瓦尼亚北部; 1941 年 4 月重获南斯拉夫北部的伏伊伏丁那地区。在 30 个月的时间里,霍尔蒂政权总共收复了 8 万平方公里的土地,几乎占匈牙利在 1918－1919 年间丧失领土的一半。因此,匈牙利额外获得的 500 万人口中,一半是马扎尔族人,另一半是非马扎尔人,这部分人中,"除了包括斯洛伐克人、塞尔维亚人和克罗地亚人,还有 100 多万罗马尼亚人,70 万德国人和 50 万鲁塞尼亚人",然而很少马扎尔人怀疑这些改变的"正义性"。(Kontler 2002:377)

至少到 1942 年底(经济上而言,直到 1943 年底),这些战略带来了实质性的回报,而且损失和代价极低,每次新的成功都使匈牙利统治者越发深信,他们能够逃脱或至少推迟"不义之财"(ill-gotten gains)最终带来的"应得惩罚"(come-uppance)。然而,与轴心国"魔鬼"签订的这项浮士德式协议,从一开始就是一个高风险的策略。自 1936 年起,后继的首相开始时都无一例外地实行温和方案,但结果往往"比霍尔蒂所希望的更激进、更亲德。主要原因在于,这些政治家被赋予了不可能完成的职责:全面反对布尔什维克主义;依赖德国对其政治、军事和经济援助;减少犹太人参与经济和社会事务,但避免国内法西斯主义过于威逼犹太人,而且(与此同时)保持匈牙利对德国纳粹的相对独立"。(Deak 2000:51)

只有依靠纳粹德国的军事力量和支持,匈牙利才能积极地参与获取并接受可能得到的大部分领土收益,结果,匈牙利不可避免地将纳粹德国视为它的纳粹"教父"。为此,匈牙利在 1942 — 1945 年间付出了惨痛代价。对此,匈牙利领导人似乎早有强烈、坚定且充分的预兆,感觉未来注定难逃此劫,但可悲的是,事实证明,他们无论是从这条道路回撤,还是放弃凭此路径获得的大部分领土和人口,都已经不再可能,而且都缺乏道义上的支持。对此给出的解释主要是,无论是匈牙利的民族主义者,还是许多其他的"进步分子"和具有自由思想的匈牙利人,他们仍然深信,匈牙利重申 1918 — 1919 年间失去、现在正极力重获的领土的主权,是"天经地义的",而且"有历史渊源的",尽管他们内心深知,重占这些作为纳粹德国赠礼的领土,无异于玩火自焚。他们也竭力说服自己和许多马扎尔人相信轴心国会赢得战争,而且法西斯主义会成为"未来的新潮流"。许多匈牙利人把自己的命运和轴心国联系在一起,并显然认为,他们正融入法西斯主义时代精神,并且能驾驭这种精神。值得注意的是,在 1939 年 5 月 28 日至 30 日举行的相对自由的(无记名投票)议会选举中,拥有 25 万成员的匈牙利法西斯主义("匈牙利主义者")箭十字党及其联盟,获得了 75 万张选票(占全部 200 万张实际选票的 37.5%)。(Barany 1971:77)然而,很快就应验了。虽然匈牙利领导人一直尽力保障匈牙利的自主权,甚至直到 1944 年 3 月德国军队占领匈牙利,但是,他们却发现,他们的国家正一步步陷入纳粹德国正稳步收紧的经济和地缘政治"圈套"。它越来越意识到,匈牙利的出口市场、技术转移和其他重要的进口贸易,越来越依赖纳粹德国,并且越来越受到纳粹德国盟国的包围,结果大大降低了本国在策略上

440

的回旋余地。接受纳粹援助的一个后果就是,匈牙利那些自 19 世纪以来就对犹太资本家、有修养或有专业资格的犹太居民持宽容态度的贵族政治寡头,在 1938、1939、1940、1941 年间突然被迫实施越来越极端的反犹太法,尽管同时,他们在纳粹领导人面前坚持指出,匈牙利犹太人对经济发展和社会福利的影响举足轻重。此外,匈牙利的统治者认为,必须在 1940 年签署反共产国际协定,积极参加德国从 1941 年 6 月开始至 1944 年底的对苏作战,并从 1941 年开始,把匈牙利犹太人驱逐到纳粹集中营中。

　　兰多夫·布雷厄姆(Randolph Braham)是一位公认的研究匈牙利大屠杀的权威。据他估计,匈牙利反犹太措施"到 1944 年初夺去大约 6.4 万名犹太人性命。其中大约 4 万到 5 万人是劳工;有 1.7 万至 1.8 万的所谓'外族'犹太人,他们在 1941 年夏遭到驱逐并在卡缅涅茨-波多利斯克(Kamenets-Podolsk)近郊惨遭屠杀;这次屠杀中的幸存者,后来在 1942 年初维杰维德科(Ujvidek)及其周边的屠杀中未能幸免。不过,多亏保守贵族政府的实际保护,在战争前四年半的时间里,大多数犹太人仍然得以幸存下来。"(Braham 2001)

　　然而,1944 年 3 月中旬,霍尔蒂政权在力争得到纳粹德国划拨给匈牙利的领土的同时,也终于决定试图改变其支持德国的战时立场。他变化无常,结果招致 3 月 19 日德国对匈牙利突然发动的全面军事占领。此时正值德苏交战的关键时期,纳粹盘算仍需维持霍尔蒂至少名义上的统治权,尽可能地降低此举给战时德国带来的军事和经济损失,不应当铤而走险,让狂热的匈牙利法西斯箭十字党领导人费兰茨·萨拉希取而代之。

　　3 月 19 日,从种族或宗教来看,大约有 82.5 万名犹太人(包括数千名来自波兰、斯洛伐克、奥地利、克罗地亚和罗马尼亚的犹太难民),还幸存在匈牙利控制的地区,这些地区包括北部的特兰西瓦尼亚、南部的楼瓦卡(Lovakia)、喀尔巴阡鲁塞尼亚和伏伊伏丁。(Deak 2000:65)但是,1944 年 5 月至 7 月,大约有 43 万人(超过总数的一半)被驱逐到纳粹死亡集中营。(第 64 页)"在德国仅仅提供极少援助的情况下,匈牙利当局就从农村召集了近50万犹太人,把他们(其中的大约43万)送往奥斯威辛。这一过程的残酷性简直难以想象",而且是当着"冷漠公众的面"、众目睽睽之下完成的。(第53、59、64页)1944年5—6月间,约13.2万犹太人被从匈牙利北部的特兰西瓦尼亚北部驱逐到奥斯威辛",(Wiesel et al. 2005:388)这可能是"大匈牙利"①最受诟病所在。据兰多夫·布雷厄姆记载,"没有任何一个国家,能够像匈牙利这样如此野蛮、如此神速地贯彻最后处决方案,匈牙利政府设立中央和地方两级犹太人理事会,对犹太人实行隔离、剥夺财产、设置贫民窟以及集中安排和驱逐"。(Braham 1997:39—40)作为对美、英和罗马教皇在1944年6月发出的针对驱逐行动的抗议和警告,再加上盟军正在诺曼底西部登陆,苏军进军罗马尼亚,霍尔蒂"终于在7月份从幕后走向前台,并重申他的权威,禁止任何进一步的驱逐行动"。(Deak 2000:64)他解除了负责组织驱逐犹太人行动的拉兹洛·恩得(Laszlo Endre)和拉斯洛·巴库(Laszlo Baky)的职务,并于7月6日正式停止驱逐犹太人行动。然而,对于救助被驱逐的43万犹太人来说,这些政策为时已晚。(第64页)

匈牙利的上述驱逐行为,充其量算作好坏参半。一方面,一些非犹太的匈牙利人冒着自己和家人可能会受巨大牵连的风险,试图帮助犹太人抵制或抗议匈牙利的大屠杀,另一方面,绝大多数的少数族群袖手旁观,而且还有一些人实际参与谋划、杀戮和驱逐犹太人的活动。虽然1944年3月臭名昭著的阿道夫·艾希曼(Adolf Eichmann)到达匈牙利时,带来的纳粹党卫军不足200名。但是,此后,将大约43万犹太人驱逐到纳粹死亡集中营是

441

> 德迈·斯托尧伊(Dome Sztojay)将军领导下的新匈牙利政府的主要工作,同时负责此项工作的还有各行省和市政机构、残酷贪

---

① 指第二次世界大战前后在纳粹帮助下扩大了8万平方公里领土面积,增加了500万人口的匈牙利国家。——译者注

娄的宪兵队,某种程度上也包括犹太人联合会(the Jewish Councils)。这意味着,数千名匈牙利人积极参与了驱逐行动;相反,没有任何证据显示,有人进行过强力的反抗活动。有些省长和市长辞职……另有一些遭到解除公职,但是,一切的接替工作进行的都相当顺利,而且通常都是由他们的副手取而代之。许多天主教主教和其他教会领袖向政府发出抗议信,但只有一两封信件敢于公开批评由绝大多数虔诚基督徒组成的政权。一些主教冒险向盖世太保提出抗议,或者冒险介入营救个人,但只有一两位主教试图进入贫民窟,抚慰那里的"基督教犹太人"……(匈牙利地下)[①]抵抗运动没有采取任何(帮助犹太人的)行动。另一方面,倒是许多修道院、寺庙、天主教社会团组织,教士还有数以千计的平民,为那些未遭驱逐的犹太人提供庇护,尤其是到最后,当俄军已经迫近而且公众舆论开始转向反对箭十字党时。(Deak 2000：64)

虽然霍尔蒂的部分批评者暗示,他本可以而且本应该在1944年3月到7月间的某个时间主动辞职,或引咎辞职,"以表示他反对这种恐怖行径",不过也有人指出,"如果他这样做,那么,甚至是布达佩斯的犹太人,以及数以千计被征召入伍作为劳工役使的犹太男子,也会遭受被驱逐到奥斯威辛的命运。而且,权力还会落到箭十字党手中";然而,"霍尔蒂只关心他认为的少数'好'犹太人,那些功勋卓著的战争老兵和资本家,他们当中的有些人和霍尔蒂私交甚厚"。(Deak 2000：54)

1944年10月15日,令匈牙利人惊骇的是,霍尔蒂授权的无线电广播宣布,匈牙利已"通知德意志第三帝国的一位代表,我们即将结束与从前敌人的战争状态,并停止针对他们的一切敌对行动"。(Horthy 2000：321)当时极少匈牙利人能意识到霍尔蒂政权正派出成员与苏维埃当局进行秘密的停战谈判,但遍布且强大的德国情报网已获悉某种形式的谈判正在进行中,并通知了纳粹领袖、德军领袖和箭十字党领袖。此外,很明显,霍尔蒂对自己的处境越发感到不安,另外,战事正在逆转,匈牙利正面临着人员装备、军事和经济成本激增的困境。霍尔蒂及其心腹越来越感到,一旦机会出现,匈牙利就要"急忙抽身"。毕竟,国王维托里奥·伊曼纽尔三世(Vittorio Emanuele Ⅲ)和巴多格利奥将军(General Badoglio)于 1943 年 7 月已经成功地使意大利摆脱了与德国的联盟;1944 年 8 月 23 日,米哈伊国王(King Mihai)及其心腹领导下的罗马尼亚也采取了相同的做法;1944 年 9－10 月间,斯洛伐克的部分地区全面爆发了反对本国亲纳粹天主教法西斯政权的动乱,并反对继续加入德国进行战争。完全不难预料的是,霍尔蒂和部分匈牙利人也将步此后尘。德国的统治者已经做好了应急准备,打算在可能以及必要的时候,用更狂热的法西斯和反犹太主义人选取代霍尔蒂及其温和的同僚。

1944 年 10 月 15 日,"失败主义"的广播一经播送,霍尔蒂在布达**442** 佩斯的宅邸很快被德国军队包围。广播进一步解释说,霍尔蒂的声明被"误解"了,而且表示,匈牙利将继续支持德国作战。第二天,霍尔蒂被迫放弃他的匈牙利执政者职位,委任箭十字党党魁费兰茨·萨拉希(Fercnc Szalasi)取代盖泽·洛卡特(Geza Lokatos)将军担任总理。萨拉希仿效希特勒任第三帝国元首的形式,称为"民族领袖"。箭十字党及其在 1944 年 3 月 19 日至 10 月 15 日间窃取匈牙利重要部门职务的国家官僚、宪兵和武装部队中的亲纳粹同伙,终于在此时被纳粹德国委任要职,并誓言与第三帝国并肩作战,直至最后时刻,并完全遵守希特勒"对犹太人问题的最终解决方案"。这些团体立即发动恐怖统治,试图使匈牙利剩余的所有经济资源完全为德国所用,并极力动员(基本上没有成功)150 万年龄在 12－70 岁间的马扎尔青壮年入伍或服劳役,试图击退入侵匈牙利的苏军,挽救德国的败退之势,但结果证明,这只是绝望的徒劳。虽然萨拉希是一个偏激的反犹太主义基督徒、坚持传统的基督教或宗教立场,但有迹象表明,他个人并不支持灭绝犹太人,相反,倒是倾向于役使犹太人从事公共工程建设,直到战争结束时,他们可以或被强制移居到愿意接受他们的地方。(Carsten 1967:180;

Weber 1964：90,95)不过,他还是唯希特勒命令是从。后来事实证明,他根本无法中止匈牙利农村地区对犹太人的围捕行动,这项活动是箭十字党运动以及部分匈牙利官僚主义和宪兵对犹太人的(七月份霍尔蒂下令中止后)捕获行动的再继续,并为进一步把犹太人驱逐到纳粹集中营加以灭绝而做准备。还有更多的匈牙利犹太人在"围捕"行动中惨遭杀害或遇难,他们或者死于被捕时刻,或者死于试图逃跑当中。

　　然而,部分是因为纳粹在 1944 年底开始关闭死亡集中营,企图掩盖他们对犹太人犯下的骇人听闻罪行,大部分存活下来的(主要是城市居民)匈牙利犹太人被安置在匆忙造就的布达佩斯贫民窟中,那里拥挤不堪,设施简陋,缺少暖气。他们中的许多人因为营养不良、寒冷、枪击或殴打而死在那里。虽然箭十字党和匈牙利宪兵为此而备受谴责(无论是当时还是后来),但是实际上,"把犹太人关押在贫民区,而没有驱逐出境,很大程度上却挽救了布达佩斯约 15 万犹太人的性命"。(Karsai 2000：244)

　　然而,1941－1945 年间(含当年),约有 55 万匈牙利犹太人丧生,同一时期丧生的非犹太匈牙利人大约有 50 万。前者主要死于 1944 年 3 月至 1945 年 2 月间的处决、殴打、围捕和驱逐;(Braham 2001)而后者主要死于 1942－1943 年参加德国和罗马尼亚军队对苏联作战,或是死于 1944 年底和 1945 年初为击败纳粹德国而进行的保卫战或解放本国的战斗中。(Kontler 2002：387)此外,在 1944－1945 年间,有 25 万(Hoensch 1994：163)到 60 万(Kontler 2002：287)人,以非犹太族匈牙利人为主(但不是全部),被驱逐和关押在苏联的监狱和劳改营中,他们中相当一部分再也没有返回匈牙利(而且绝大多数被认定死在囚禁期间)。

　　匈牙利历史学家拉斯沃·康提尔(Laszlo Kontler)称,霍尔蒂未能在 1944 年 3 月德国占领匈牙利之前让匈牙利从战争中脱身,这加重了"之后的重建任务",并丧失了任何地位和尊重。相反,如果及早从战争中抽身,匈牙利本来是可以获得同盟国的尊重。(Kontler 2002：388)上述说法并不令人信服。在 1944 年 8 月 23 日的政权变更中,罗马尼亚成功地摆脱了对同盟国的作战,后来发现自己不得不加入盟军对抗德军的战斗,由此造成更惨重的人员伤亡(包括 30 多万人牺牲)和更巨大的经济损失。然而,战争结束后,它仍然被视为前"敌对国",在某些方面遭受严苛的对待(惩罚)。无论是匈牙利还是罗马尼亚,由于他们狂妄并轻率地与纳粹德国签署了本质上是出卖灵魂的邪恶的浮士德协议,结果都陷入第二次世界大战"没有赢家"的困境,最终这两个国家为此付出了昂贵代价。"具有讽刺意义的是,追溯这段历史,如果匈牙利在军事上一直(原文如此)消极怠战,只是政治上宣称是第三帝国的盟友,而不是积极介入实际上是徒劳的……外交努力,那么,匈牙利犹太人有可能平安地在战争中幸存下来",(Braham 1994a: 233 - 234)如同保加利亚犹太人那样。

战争结束后,依靠葡萄牙独裁者安东尼奥·萨拉查(Antonio Salazar)的保护,以及一些匈牙利犹太富翁的资助,海军上将霍尔蒂在海滨度假胜地埃斯托利尔(Estoril,里斯本附近)安享了一段舒适而平静的流亡生活,直到 1957 年去世。犹太富翁之所以资助霍尔蒂,是出于对他当初偶尔表现的真心禁止匈牙利的大屠杀行为心存感激。不过,在匈牙利第一届后共产主义政权精心策划下,1993 年秋,霍尔蒂在匈牙利得以重新正式下葬,结果,这一举措也导致该政府在 1994 年的匈牙利选举中失利。(Deak 2000: 40)

扬·安东内斯库将军的种族灭绝罪行: 1940 — 1943

1940 年 9 月至 1943 年 10 月,扬·安东内斯库将军领导下的罗马尼亚军事法西斯政权积极参与希特勒的"犹太人问题的最终解决方案"。虽然 1940 年初生活在罗马尼亚大约有 80 万犹太人,而在 1940 年 6 - 9 月间,由于罗马尼亚三分之一的领土和人口被苏联、匈牙利和保加利亚瓜分,实际留在罗马尼亚境内的只有大约 31.5 万犹太人。(Hitchins 1994: 483)

1930 年,犹太人占比萨拉比亚人口的约 7%(占城市总人口的 27%),约占布科维纳人口的 11%(占总人口的 30%)。(Ioanid 2000:

14,Rothschild 1974：289)1940 年 6 月下旬,比萨拉比亚和北布科维纳被苏联吞并时,仍有约 33 万犹太人居住在这里。(Mann 2005：305)后来其中的一些犹太人和苏维埃政权进行"合作",甚至加入苏维埃政权、红军或苏联共产党(苏共)。不难理解的是,作为犹太人,在残酷的苏联统治下比在实施种族灭绝的罗马尼亚或德国的统治下他们更觉得有安全感。这导致部分犹太人卷入苏联军方和民间方面在比萨拉比亚和北布科维纳所实施的暴行,这些暴行是针对那些身份已定的和有嫌疑的罗马尼亚、匈牙利和德国的民族主义者、反犹太主义者以及法西斯主义者。反过来,安东内斯库政权借机把犹太人描绘为"最重要的内部敌人,伦敦或莫斯科的代理人,导致罗马尼亚经济困难的主要原因"。实际上,"认同上述谎言比心理恐惧",更有助于解释为什么该政权针对罗马尼亚和乌克兰的犹太人所做的骇人行径在罗马尼亚几乎完全没有招致反对。(Wiesel et al. 2005：390)

　　然而,尽管反犹太的罗马尼亚民族主义者和法西斯主义者常常高声叫嚷反"犹太共产主义",但是他们极大地夸大了犹太共产党人的比例,也夸大了罗马尼亚犹太共产党的比例(当时大约占到总数的10％)。同样,波兰民族主义者极度夸大了参与 1939 年 9 月至 1941 年 6 月间苏联在波兰东部实施暴行的犹太人数,他们随后以此作为反犹太主义者对犹太人实施野蛮复仇的借口。他们还忽略或遗忘了下述事实,正如许多犹太人曾经预测和为之担心的那样,1939 年秋至 1941 年 6 月,在苏占东波兰地区,犹太人成为斯大林苏维埃政权主要侵袭目标和受害者。(Gross 2000：92－115)在 1940 年 6 月下旬至 1941 年 6 月的比萨拉比亚和北布科维纳苏占区,也同样如此。(Ioanid 2000：39)把犹太人与共产党等同起来,这种反犹主义方式不仅毫无根据,而且对事实严重歪曲,极具讽刺性。

　　从 1941 年 6 月至 1944 年 8 月,罗马尼亚支持纳粹德国,共同对付苏联。罗马尼亚由此暂时获得了对比萨拉比亚和北布科维纳的占领权,并一直持续到 1944 年初。另外,1941 年底至 1944 年初,纳粹德国授权罗马尼亚军队管理乌克兰西南部地区(包括敖德萨)。安东内斯库

444

政权的反犹政策"从罗马尼亚政治精英和知识分子精英长久奉行的反犹传统中汲取了力量"。(Wiesel et al. 2005：390)虽然如此,但在第二次世界大战期间,罗马尼亚作为纳粹德国盟友参加对苏作战,"使得其他情况下可能只是表现为一段严重的反犹太主义运动,却转变成一场名副其实的罗马尼亚人大屠杀"。(Ioanid 2000：108)

1941年6月,由于德国、罗马尼亚和匈牙利的入侵,苏联失去了比萨拉比亚和北布科维纳,多达13万犹太人(占该地区犹太人总数的三分之一至三分之二)随红军和苏共小心翼翼地向东撤退。(Hitchins 1994：485)其中大部分在战争中幸存下来——后来死去的人分为几类,他们中一部分人死于对苏作战,一部分人死于苏联监禁,还有一部分人死于被轴心国逮捕后。相比之下,留在比萨拉比亚和北布科维纳的诸多犹太人中的绝大部分,有些在1941年6月至9月被罗马尼亚占领军杀害;有些被驱逐到罗马尼亚管辖的"特兰西涅斯特里亚"(Transnistria)集中营,当时,汇聚此地的还有从摩尔多瓦、瓦拉几亚和特兰西瓦尼亚南部被驱逐过来的10多万犹太人。特兰西涅斯特里亚20多万犹太人"遭遇到一轮又一轮的杀害、饥饿和虐待……到1943年幸存下来的犹太人仅有5万"。(Hitchins 1994：485；Mann 2005：305)据拉都·爱安尼德(Radu Ioanid)估计,罗马尼亚安东尼斯库政权的安全部队和铁卫队至少应该为此间25万犹太人的死亡负责。(Ioanid 2000：289)劳尔·希博格(Raul Hilberg)则认为该数字可能高达27万,(1985：339)爱安尼德认为这样的估计比较靠谱。(Ioanid 2000：xxi)

2003年夏,罗马尼亚总统伊利埃斯库(Ion Iliescu)建立了一个专门研究罗马尼亚大屠杀的国际委员会(International Commission for the Study of the Holocaust),企图一劳永逸地解决关于第二次世界大战期间罗马尼亚国内反犹主义和种族屠杀规模各种对立的观点。根据该委员会的最后报告成果,"罗马尼亚控制下的领土上,有28万罗马尼亚犹太人、32万乌克兰犹太人遇害,或在大屠杀中丧生。此外,生活在罗马尼亚统治下的特兰西瓦尼亚北部大约有13.5万名犹太人遭杀害"

(虽然较后的死亡不能归咎于罗马尼亚人),大约 5 000 罗马尼亚犹太人被罗马尼亚当局驱逐或强迫移民到其他轴心国后,也遭此厄运。(Wiesel et al. 2005：387－388)

　　具体说来,这个委员会得出的结论是,1941 年 6 月至 12 月,有 4.5 万至 6 万名罗马尼亚和乌克兰犹太人在罗马尼亚控制的比萨拉比亚和布科维纳惨遭杀害——执行者主要是罗马尼亚人,另外还有驻扎在那里的德国军队。1941－1943 年间,大约有 10.5 万至 12 万的罗马尼亚犹太人被罗马尼亚当局驱逐到罗马尼亚管辖的特兰西涅斯特里亚,最终命丧于此。此外,11.5 万到 18 万名特兰西涅斯特里亚的当地犹太居民,特别是敖德萨、高尔塔(Golta)和贝里泽维卡(Berezovka)地区的犹太人遭到清除。再者,至少 1.5 万名犹太人在罗马尼亚老核心区(里加地区,Regat)被罗马尼亚人杀害,特别是在 1941 年 6 月底、7 月初的雅西市(摩尔多瓦首都,1930 年犹太人占当地人口的近半数)和摩尔达维亚农村地区。然而,在瓦拉几亚被杀害的要少得多,那里的犹太人只占当地人口的 5％。罗马尼亚当局还把约 2.5 万名吉普赛人驱逐到特兰西涅斯特里亚,大约 1.1 万人死在那里。(引自 Wiesel et al. 2005：388)

　　　　因此除德国外,所有纳粹德国的盟友中,罗马尼亚对灭绝犹太人负有最大责任。大屠杀期间,其中在雅西市、敖德萨、博格德诺维卡（Bogdanovca）、杜马诺维卡（Dumanovca）和佩西奥（Peciora）,对犹太人犯下的罪行尤其骇人听闻。罗马尼亚实施了针对犹太人的种族屠杀,这是其他地区犹太幸存者所不能改变的事实。(Wiesel et al. 2005：392)

445

当安东内斯库政权意识到政局新动向时,便于 1942 年 10 月开始撤销他的种族灭绝政策,也就是说,赶在轴心国在斯大林格勒战役遭到失败之前就已采取行动。安东内斯库坚决抵制德国关于把罗马尼亚犹太人驱逐到德国死亡集中营的要求。由于罗马尼亚的石油、食品和原材料对轴心国的战事至关重要,并基于对安东内斯库政权的尊重和信任,希特勒接受了这一点(他对保加利亚采取同样做法),他也放弃了鼓动德军入侵罗马尼亚以使他们遵守最终解决方案的打算。相反,从1942年12月起,安东内斯库开始设法把罗马尼亚幸存的犹太人转移到巴勒斯坦,他试图以此为筹码与盟军讨价还价,以实现其与盟国"单独缔结和平"(separate peace)这一愚蠢而不切实际的目标。(Mann 2005:306;Hitchins 1994:486)1943年三四月间,驱逐罗马尼亚犹太人进入特兰西涅斯特里亚的行动终于告一段落。"政策的这种调整至少挽救了29.2万名罗马尼亚犹太人。"(Hitchins 1994:391)这与下述判断基本一致,即到20世纪50年代,大约有30万罗马尼亚犹太人生活在以色列,而大约有2.3万名犹太人仍然生活在罗马尼亚。(Ross 1992)虽然罗马尼亚在卷入大屠杀中的级别可能仅次于德国、奥地利和匈牙利,但在罗马尼亚控制的领土上,犹太人的幸存率还是高于纳粹德国的其他盟国,这一数字也高于纳粹许多其他占领国的相应比率。(Mann 2005:303)

尽管如此,令人不安的是,许多罗马尼亚人继续尊崇安东内斯库为救世主,把他视为可引以为豪的民族英雄。20世纪90年代后,许多街道以他的名字命名,为他建造公共雕像,还以他为原型拍摄一些怀旧电影。罗马尼亚是后纳粹主义欧洲各国中唯一如此尊重推行种族灭绝政策的独裁者的国家——尽管表面上是因为他在1941年"解放"苏联控制下的比萨拉比亚和北布科维纳中发挥了重要作用。(Ioanid 2000: viii－ix,xxiii－xxiv)许多罗马尼亚人仍然否认,他们的前辈在大屠杀中甘愿充当帮凶,而宁愿坚持下述不切实际的谎言,即所有这些种族大屠杀几乎全都是德国人所为。(《国际先驱论坛报》,2002年8月2日,第3页)从某种程度上来说,这些态度反映了共产党政权和伊利埃斯库首届政权(1990－1996)有意掩盖下述事实:罗马尼亚和乌克兰的数十万犹太人丧生于安东内斯库政权或铁卫队之手。

"克罗地亚独立国"(NDH)推行的种族灭绝

虽然犹太人是目前估算的第二次世界大战大屠杀方案中最大的受

害者,但他们绝不是大屠杀唯一的受难者。克罗地亚天主教法西斯和极端民族主义者在克罗地亚独立国领土上(NDH)杀害了 30 多万塞尔维亚人和黑山人。该政权初建于 1941 年 4 月,在许多天主教徒、穆斯林(波斯尼亚穆斯林)和轴心国势力的积极支持下,由安特·帕韦利奇及其乌斯达莎法西斯政党建立。克罗地亚独立国领土内不仅有"克罗地亚本族人",还有许多斯洛文尼亚人、斯拉沃尼亚人、波斯尼亚和黑塞哥维那人,乌斯达莎党及其天主教同伙还强迫其中许多塞尔维亚和黑山东正教信徒改信天主教,违则处死,并在更广的范围内实施"种族大清洗运动"。乌斯达莎党行动相对不受限制,部分是因为克罗地亚无力对轴心国的战事给予重要支持,部分是因为从没有大量犹太人生活在克罗地亚。不过,它对塞尔维亚人实施的野蛮的"种族灭绝",着实令当地的意大利和德国占领者大为震惊。

20 世纪 40 年代末,南斯拉夫共产主义政权在给联合国的报告中指出,南斯拉夫的战争死亡人数达 170 万,其中包括 60 万塞尔维亚人、黑山人和犹太人,据称他们死于乌斯达莎党扎森瓦克(Jasenovac)集中营。这种极度夸大的死亡人数被许多论及南斯拉夫的外国文献不加批判地接受(也包括我们自己)。这倒有助于强化下述观点,即共产主义统治下的南斯拉夫联邦体制,是"医治"塞尔维亚种族优越论以及对 1941－1945 年间克罗地亚和波斯尼亚种族灭绝的强烈反抗的最有效药方。

然而,按照最新估计,20 世纪 40 年代被其本族青年杀害的南斯拉夫人的数目,有下调的趋势,做出修正的不仅包括希望掩盖克罗地亚所犯滔天罪行的克罗地亚极端民族主义者,而且包括那些貌似尊重事实的塞尔维亚和克罗地亚历史学家和人口统计学家。基于第二次世界大战前后人口普查资料,塞尔维亚流亡学者伯格里布·考切维奇(Bogoljub Kocevic)估计,因为乌斯达莎政权和第二次世界大战遇难的南斯拉夫人大约有 100 万。其暗含之意是,造成那个阶段出现"人口赤字"的原因,是出生率下降,而非死亡率上升。(Lampe 1996:380)之后进行的推算为上述观点提供了广泛支持(此项工作由 Vladimir

446

Zerjavic 和其他克罗地亚学者完成,但是建立在塞尔维亚和克罗地亚历史学家结论基础之上):1941－1945 年间,南斯拉夫人死亡约为94.7万,其中包括 48.7 万塞尔维亚人,5 万黑山人,20.7 万克罗地亚人,8.6 万穆斯林(波斯尼亚人),6 万犹太人和 3 万斯洛文尼亚人。基于这种估计,牺牲的犹太人占全部南斯拉夫犹太人的78％,穆斯林占南斯拉夫穆斯林(波斯尼亚人)的 8.1％,塞尔维亚人占南斯拉夫塞尔维亚人的 7.3％,克罗地亚人占南斯拉夫克罗地亚人的 5％。(Covic 1991：35)这个数字也与下述判断基本一致:犹太人、塞尔维亚人和黑山人是 20 世纪 40 年代南斯拉夫境内牺牲最多的人。虽然有些克罗地亚人和波斯尼亚人死于种族灭绝,有些死于对种族灭绝暴行的反抗与报复。

蒂索政权统治下的斯洛伐克参与种族灭绝,1942－1944

两次世界大战期间,斯洛伐克民族主义者对捷克人心怀严重不满,一方面因为捷克人主导着捷克斯洛伐克,另一方面,捷克人拒绝把统一的多民族国家转变成赋予少数民族更广泛自治权的联邦制国家。1938 年 10 至 11 月捷克斯洛伐克正被分割之际(根据 1938 年 9 月英、法、德、意共同签订的无耻的《慕尼黑协定》的条款),林卡斯洛伐克人民党(Hlinka Slovak People's Party,HSLS)借此机会于 1938 年 10 月宣布斯洛伐克自治,并建立以林卡斯洛伐克人民党领袖约瑟夫・蒂索(Jozef Tiso,蒂索本人是天主教牧师)为首的斯洛伐克政府。1938 年11 月,由民族主义者、激进的罗马天主教徒、反犹太主义者和"法西斯主义牧师"组成的林卡斯洛伐克人民党,通过下述一系列手段巩固了斯洛伐克境内的自治政权,包括宣布共产党为非法组织(已转入地下),禁止社会民主党和犹太组织活动,吸纳许多其他的斯洛伐克党派,等等,尽管它不敢去触动拥有 6 万党员的德意志党(德意志联邦共和党,简称DP)以及代表多达 6 万仍留在斯洛伐克的马扎尔人的匈牙利党。林卡斯洛伐克人民党还把它的名称扩展为林卡斯洛伐克人民党-斯洛伐克民族联盟(HSLS-SSNJ),并且在 1938 年 12 月 18 日向新斯洛伐克议会提交一份国民投票候选人名单,新斯洛伐克议会中,原林卡斯洛伐克人民党代表占有全部 70 个席位中的 54 个。(Toma and Kovac 2001:115)1939 年 3 月 14 日,捷克斯洛伐克解体,当时,纳粹德国侵占波希米亚-摩拉维亚的剩余领土,匈牙利则侵入且吞并鲁塞尼亚,还包括斯洛伐克一块拥有 4 万居民的狭长领地。(第 121－122 页)

版图被缩小后的斯洛伐克多少变为一个形式上独立的斯洛伐克国家,领土面积达 38 004 平方公里,人口 2 655 000(1920 年的斯洛伐克领土达 49 006 平方公里,人口有 2 998 000)。(Liptak 2000:244,259)在这个新政权中,激进的民族主义者、反共产主义者和反犹太的天主教牧师发挥领导作用。然而,本质上,斯洛伐克反犹主义很大程度属于宗教性的,而非种族性的,更非(或说还不是)种族灭绝主义的。几乎所有斯洛伐克反犹太主义者都主张,对信仰犹太教的公民实行重新安置,或驱逐他们到愿意接纳他们的地方,而不是把他们处决。1939 年 7 月,斯洛伐克采用共和国宪法后,斯洛伐克议会选举蒂索为共和国新总统,这使得更激进的民族主义者、更倾向对犹太人实行种族灭绝的反犹主义者图卡博士(Dr Vojtech Tuka)就任空缺的首相职位。

447

1939－1940 年,犹太人仍然能够从斯洛伐克迁出。但是,从 1940 年 9 月开始,斯洛伐克国会授权政府驱逐许多公共机构和职业中的犹太人,把他们的实业和财产"收归雅利安人所有",或者充公,冻结他们的银行账户,限定他们的着装和外出权利。(Spiesz et al. 2006:216)1941 年 9 月,新纳粹首相参照纳粹德国反犹太的纽伦堡法令,通过一揽子更激进的种族主义法令,尽管蒂索总统"授予了许多豁免权"。(Toma and Kovac 2001:130－131;Spiesz et al. 2006:216－217)

1942 年 1 月,蒂索政权发现"无力将商定好的 2 万名斯洛伐克移民输送到德国",就表示"提出以犹太工人替代斯洛伐克人"。(Spiesz et al. 2006:220)作为回应,"德国官员通知斯洛伐克政府,希特勒决定在已占领的波兰领地上为犹太人建立一个专门的国家……设想犹太人在那里自主管理,经营农业、商业和其他体力劳动"。(第 216 页)结果,1942 年 3 月 25 日至 10 月 20 日间,斯洛伐克共和国驱逐了大约 5.7 万至 6 万名斯洛伐克犹太人,其中大约 4.5 万到 5.7 万名死于前往德占波兰境内的纳粹死亡集中营途中,或者死于集中营中。(Liptak 2000:264;Toma and Kovac 2001:130 — 132)然而,无论是出于对梵蒂冈政府不断抗议斯洛伐克的反犹法令和驱逐大约三分之二的斯洛伐克犹太人行为做出的回应,还是因为蒂索总统和他的一些部长们意识到这些犹太人正遭受饥饿、残酷且每况愈下的待遇,乃至折磨,从 1942 年 10 月开始至 1944 年 8 月,驱逐斯洛伐克犹太人的活动中止了。(Toma and Kovac 2001:130 — 132)斯洛伐克后来一度变成犹太人相对安全的"避难所",犹太组织开始敦促有条件的波兰和匈牙利犹太人到那里去避难。

然而,从 1944 年 8 月初至 10 月底,斯洛伐克中部爆发重要的反德和反法西斯主义起义招来了大量的德国武装部队,包括党卫军在内。这些部队不仅镇压斯洛伐克起义,而且煽动对斯洛伐克犹太人的围捕。1944 年 9 月至 1945 年 3 月,大约 1.3 万至 1.35 万名斯洛伐克犹太人被驱逐到纳粹死亡集中营——其中大约 1 万至 1.2 万人丧命。(Liptak 2000:264;Toma and Kovac 2001:130 — 132)1945 年 4 月苏联红军解放了这些集中营,剩余的人们才得以幸存下来。然而,总体上看,全部 8.5 万至 9 万名斯洛伐克犹太人中,大约有 5.7 万到 6.7 万(约占总数的三分之二或四分之三)丧命,(Liptak 2000:264;Toma and Kovac 2001:130 — 132;Wandycz 2001:232)包括从 1938/1939 — 1945 年,沦为匈牙利统治的大多数犹太人在内。尽管斯洛伐克辩护者极力为蒂索及其政权辩护,理由是,据说他和他的主要基督教支持者历时很久,并且冒着巨大危险尽可能地拯救斯洛伐克犹太人,使其免遭屠杀,但是斯洛伐克犹太人的被害比例与捷克犹太人的被害比例一样高,或者几乎不相上下。(根据 Wandycz 的推算,这个比例大约占四分之三,Wandycz 2001:232)尽管对于捷克来说,从 1939 年 3 月至 1945 年初,波希米亚和摩拉维亚就遭到纳粹德国直接占领,而且完全暴露在德国党卫军的威胁之下。蒂索博士及其斯洛伐克基督教支持者尽可能"挽救"更多的斯洛伐克犹太人,这样的说法或者被夸大其词,或者是徒劳无功。

大屠杀期间的保加利亚和希腊

即使是在那些其主导教会没有公开支持法西斯主义运动和反犹主义的国度,只有极少的教会积极反对和谴责这些罪责,并取得突出成就。然而,也有欧洲基督教徒抗拒反犹主义的例外情形。保加利亚和 448 希腊的东正教领袖和教士们,他们谴责并积极抵制反犹主义和种族屠杀,彻底反对有组织地把保加利亚犹太公民大规模驱逐到纳粹死亡集中营,此间他们表现出的巨大勇气和高昂的气势。(Chary 1972；Todorov 2001：Mazower 1993：256 － 561)塞萨洛尼基地区(Thessaloniki)的希腊人更倾向于亲犹太主义而不是反犹太主义的立场:"总体上看,希腊人对犹太人显得相当慷慨"。(Mazower 1993：256 －561)尽管如此,轴心国的恶毒政策造成 1940 年希腊犹太人的数量由 7 万至 8 万下降到不足 1 万。(Mazower 1993：256)

一般公认的是,沙皇鲍里斯三世(Tsar Boris Ⅲ)、首相费罗夫(Bogdan Filov)、政府机构和武装部队曾经积极参与了 1943 年 3 月的大屠杀,他们下令把保加利亚占领下的马其顿和色雷斯的 11 355 名犹太人驱逐到纳粹集中营,其中只有 12％的犹太人在战后存活下来。(Todorov 2001：8－9)随后保加利亚的牧师、国会议员、学者、作家和记者成功地发起一项运动,劝说沙皇和首相灵活而坚定地抗拒德国关于要求大规模驱逐保加利亚犹太人的强制性政策。(根据 1934 年人口普查,保加利亚犹太人达 48 400,占总人口的 0.8％,Todorov 2001 年 4 月)在其他地方我们已经充分讨论了这次运动及其成功背后诸多相互矛盾的原因。(Bideleux and Jeffries 2007：80－83)

就欧洲其他地区的教会首领和基督教牧师采取的立场而言,唯一可以与保加利亚相提并论的是丹麦、挪威新教教会领袖和牧师的立场。就丹麦而论,这种立场取得了巨大的成功(只有不到 200 名丹麦犹太人丧命),但就挪威而论,其情形可谓失败。然而,无论是丹麦立场的成功,还是希腊东正教教士和教会领袖的立场体现的悲剧色彩和不成功,都未能唤起邻近国家同等的道德勇气。纳粹德国对丹麦心存敬意和宽

厚,在当地只驻扎了半个步兵团(不到 1 万人)。(Deak 2000:6)1943
年 10 月,丹麦基督徒设法把除 481 名之外的 7 500 名丹麦犹太人运送
到瑞典的安全地区。即使德国意识到发生的情形,他们对丹麦人也非
常礼貌,相反,希腊境内德国占领军对成千上万英勇的希腊人实施残酷
报复,两者形成了鲜明对比。

保加利亚是唯一的与轴心国结盟的欧洲国家中,其幸存的犹太人
数目在战后比战争之初不减反增的国家,(Chary 1972:xiii)而且它也
成功地置身于德国领导的反苏战争之外。因此,它遭受的人员伤亡和
战争破坏相对较低,甚至战争结束时还有领土净收益(得到多布鲁甲)。

僵化和随意定性的"指责"的危险

前述内容无意确立一个惹人不快的、最终似是而非的"谴责排行
榜"(hierarchy of blame),①而是为了强调,几乎上述论及的每一个族
群都无一例外地有着可以引以为自豪的历史记录,同时也是为了指明,
设想某个族群只能被视为恶棍或者怪物,这种认识是非常危险的,而且
有失公允。生活是多姿多彩的。在霍布斯主义所概括的"所有人反对
所有人"的战争状态中,单单是为了生存而进行的斗争,就有可能将几
乎每个人不同程度地卷入到不同程度的罪恶行径中。我们当中没有陷
入此类困境的人们,不可以(更不用说有资格)对那些不知不觉陷入此
类困境的不幸者的行径妄加评判。

我们强调罗马尼亚、匈牙利、斯洛伐克和克罗地亚非同寻常程度地
卷入第二次世界大战中种族屠杀,无意于对这些民族妖魔化,认为他们
比其他民族更具强烈的反人类和种族屠杀的固有习性。相反,我们认
为,反人类罪和种族屠杀主要是由于环境造成的,而不是内在因素所
致,我们赞同迪克(Istvan Deak)的看法,即"每一个族群都有潜在的做
谋杀者的危险要素,(若不加控制)这些因素就会被激活,用于实施犯

449

---

① 意思是指,前述国家因为其在反犹活动和种族屠杀中所犯罪恶的轻重程度不同,而
应该招致相应的不同程度的谴责,由此形成的一个排名序列。——译者注

罪"。(Deak 2001：56)因此,没有任何一个族群本质上比另外一个族群更邪恶,而且今天的恶棍往往是昨天的受害者(反之亦然)。应该着重控诉的不是某个特定的族群,而是下述心态(mindsets)：即虔诚于和屈从于种族或宗教集体主义,谋求族群、种族或宗教的"净化"和"纯洁化"(类似于"清洗")等这类本质上危险的观念,捍卫虚假的族群权利和理想(claims and aspirations),以及无论何地以何种面目表现的其他此类形式。

我们也不希望表明,东中欧和巴尔干地区比西欧和日耳曼中欧地区存在更多的屠杀犹太人和其他暴力犯罪的固有习性。毕竟,也有大量的奥地利人和法国人以及相当数量的荷兰人、挪威人和意大利人卷入驱逐犹太人到纳粹死亡集中营和其他暴力犯罪活动中,并且借此攫取利益。(Fraenkel 1967；Marrus and Paxton 1981；Presser 1969；Petrow 1974；Michaelis 1978)在纳粹德国占领过的国家中,有好几百万人,约占各国总人口的2%至3%,后来被指控曾经参与纳粹德国的犯罪行为。(Deak 2000：4)

应该承认的是,东中欧、巴尔干、波罗的海、乌克兰和白俄罗斯等民族对犹太人的袭击,总体上是零星的、杂乱的、缺乏组织性的,而不是像纳粹政权精心指挥下对死亡集中营中犹太人进行越发体系化、科学化、工业化的清理。(尽管德国和奥地利党卫军1939－1941年间在波兰实施的大规模杀戮,以及1941－1944年间在苏联领土上最初实施的大规模杀戮,其程度并不次于他们任何一次旧式野蛮屠杀)这种对比反映出下述事实,即德国是一个教育高度发达、科学化和工业化的国家,它有高度职业化、相对高效以及组织有序的安全部队和官僚阶层,而多数巴尔干和东中欧的国家仍然以农业为主,教会在其中发挥重要地位,教育上是半开化的,而且相对低效、缺乏组织,并且比较腐败,更类似于法西斯意大利而不是纳粹德国。这些地区盛行的反犹太主义仍然带有强烈的基督教特征,而不是世俗的和激进的特征,而且或许正是因为它的宗教色彩,与纳粹的反犹太主义相比,它更缺少科学性、专制性和处决的一贯彻底性。这些差别正是最终使得纳粹反犹太主义带有更严重的(而非更弱的)致命性、骇人性和野蛮性,而它所谓"不那么开化的"或者"更原始的"东中欧、巴尔干、波罗的海、乌克兰和白俄罗斯同伴,相比之下,各方面要逊色得多。

《欧洲的政治复仇:第二次世界大战及其影响》一书的编著者合理地论证指出,要在"抵制"与"合作",或者"抵制者"与"合作者"之间做出明晰可辨的区分,的确是非常困难的。(Deak et al. 2000)迪克强调指出,"欧洲国家遭受的物质损失和人口损失的程度,以及战后待遇,取决于运气、地理和大国政治。任何情况下,一国的战后命运绝非取决于它在战争中的功绩与过失,战后证明,奉行民族社会主义的奥地利、通敌卖国的法国、执行法西斯主义路线的斯洛伐克等国家甚为幸运,而奉行反纳粹的波兰却拥有不幸的经历"。(Deak 2000:55)

过去一个世纪以来,对于那些深受严重的内部分裂和冲突困扰的社会来说,其极为迫切的需求莫过于,消解内部纷争和冲突的根本原因,关注未来而不是过去,医治过去的创伤,平息过去的悲痛,重新团结一致。而着意于对"犯罪党团"进行谴责、根除、控告和惩罚的复仇政治学,或许根本不是满足上述迫切需求的最有效方式。持续不断地揭开创伤并重温悲痛的一幕,鲜有积极的作用。事实上,要为罪行和邪恶确定一个明晰确切的最终责任承担者,通常是不可能的。结果往往是,由于妄加中伤和惩罚好人,或者不加区别地一味苛责,造成新的不公、伤害和悲痛。要确定20世纪三四十年代所犯罪恶究竟达到什么程度,它们何以能够发生以及为什么会发生,还有大量工作要做。这些工作是必要的,因为它能够有助于纠正广泛存在的有选择性的遗忘和否定的倾向,帮助许多国家正视以往数十年间领土上所发生的事件,并且与相关国家达成和解,全面理解和承认受害者及相关人员遭受的创伤和苦难。

像戈德哈根(Daniel J. Goldhagen)所做的那样,(1996;2002)简单化"非黑即白"的道德判断以及粗俗的横加指责,应该极力加以避免。重要的是,努力理解促使大量"普通"人有意或无意、甘愿或不愿、或多或少地介入一些恐怖的令人讨厌的运动、倾向和政权时,他们背后的巨大压力和困境所在。正如哈维尔(Vaclav Havel)在论及欧洲共产主义政权下的生活时反复强调的那样,对于多数人来说,少数的通敌行为其实就是日常生活和他们努力改善自身和改善家庭所做的一切。即使那些最靠不住的政权(如匈牙利的霍尔蒂将军、斯洛伐克的蒂索博士和保加利亚的沙皇鲍里斯三世),间或也能顶住施加给他们的巨大压力,介入对他们国家的族群或种族全面“净化”或“清洗”,尽管结果好坏参半,但也有助于挽救更多的人免于第二次世界大战中被处决的命运。被迫与纳粹德国“结盟”的两三个巴尔干和东中欧政权,总体上看,更多的是破坏了希特勒的“最后处决方案”,而不是有利于该方案。60年来,许多问题仍然一直争论不休、修订不断,而且许多问题仍然未能得到解决。重要的是,必须警惕那种对新近犯下的罪行轻率地做出简单化的道德判断、指责和复仇的做法,要谋求了解罪行的真相、调解矛盾并治愈社会创伤,同样需要全面细致的调查和争辩,而不是依据不成熟的和肤浅的(“非白即黑”)判断和结论,犯下新的不公正,制造新的不确定、不安全和令人恐惧的氛围。(参见第22页)

第二次世界大战和大规模种族屠杀对巴尔干和东中欧社会的持久影响

第二次世界大战使欧洲绝大部分地区的政治和社会形态产生两极分化。这反过来引起“政治组织的两极分化”,成千上万的人因此加入抵抗“小组”(cells)。(Mazower 1993:xvi)共产党在抵抗运动中的卓越表现,尤其是希腊、南斯拉夫和阿尔巴尼亚共产党领导下的抵抗运动,让许多人相信,共产党领导下的抵抗分子不是“反民族”的颠覆分子,而是没有与法西斯同流合污的坚定爱国者。各国共产党继1939年8月苏德协定签署以后与纳粹及其盟国开展的(事实上相当有限的)合作,似乎已经得到普遍谅解,或许甚至已被遗忘,因为自从1941年6月以来,大多数共产党在反法西斯的抵抗运动中发挥中流砥柱作用、表现出巨大勇气和非凡而又坚韧不拔的毅力。同时,除了捷克以外,旧(两次大战期间的)统治集团和右翼民族主义运动很大程度上已声名狼藉，失去了他们先前的"爱国者资格"(Patriotic credentials)，因为他们的成员屈从于法西斯主义或与之"同谋"，而且在战争期间表现出他们不愿或不具备继续维护他们祖国独立和主权完整的能力。

451 　　　　如同大浪淘沙一样，占领行动扫除了陈旧的结构，并且改变被占领地区的整个面貌。历史上，欧洲曾经残酷地将某种政权强加给其他大洲。如今，占领行动以同等的残酷强加给欧洲的政权。但令欧洲始料未及的是，这种强加政权行为居然来自自己的后院。巨大的震撼引起了现存思想体系和统治体系的崩溃。由此，纳粹就充当了一系列难以预料的政治和社会反应的催化剂。(Mazower 1993：xiv)

　　苏联在打败德国、匈牙利、罗马尼亚和保加利亚的战争中发挥了重要的作用，随后又将东中欧和东巴尔干从法西斯的统治下"解放"出来，这引起了广泛的尊敬，以及毗邻的欧洲共产党的钦羡。不过这种敬重感也因为对苏联统治以及对苏联武装部队的暴行具有同样普遍的畏惧而有所抵消。苏军犯下的罪行包括，强暴 200 多万德国和波兰妇女(通常是轮奸而且是集体强奸)，并且有组织地抢劫德国的城镇和村庄。(Beevor 2004：25，28 — 37，46，65 — 67，106 — 108，117 — 123，188，326 — 327，406 — 415；Beevor and Vinogradova 2006：320，326 — 327，337；Naimark 1995，第 2 章)巴尔干和东中欧的许多知识分子或者因曾遭到法西斯迫害，或者基于对两次大战期间政权未能解决他们国家的社会经济问题而心生幻灭感，他们中的一部分转而信奉马克思主义意识形态。因为马克思主义宣称(并且一度表现出)超越民族主义和宗教偏见，并能提供理解近代历史进程和未来历史发展方向的钥匙。共产主义承诺建造一个更加美好的世界，尽管社会代价异常昂贵，但是在斯大林的苏维埃政权中似乎已经体现出共产主义政权的实力和能力。

　　法西斯主义败亡引发了可怕的、痛苦的政治经济崩溃。在此前夕，成千上万的失业者、缺乏保障的工人和知识分子投身于共产主义运动,似乎这些运动有能力依照苏联模式解决大量工人的就业问题以及大规模的社会阶层向上流动问题。出于类似原因,农民仍占人口主体的东中欧和巴尔干地区,主要是转向复兴的农民党,指望他们实施彻底的土地再分配法案,建造能满足农民需要和诉求的农村自主合作社。(Mitrany 1951)第二次世界大战期间及其结束之初,东中欧和巴尔干出现了包括共产党、社会主义者、农民党、自由主义者和基督教民主党员在内共同组成的反法西斯人民战线,它们就一些重要问题达成了广泛共识:当务之急是推行彻底的土地改革,没收德国和意大利财产,驱逐与希特勒德国的合作者,重建计划经济体制、健全的社会福利系统和公有制银行,建立大规模的工业和公用事业,等等。

结果,巴尔干和东中欧的很多(或许绝大多数)人都从心理上做好了持久的战后重建准备,激进的无产阶级和农民运动似乎赢得了决定议程和“发号施令”的某类道德权利。从 1944 年往后,这些地区的“反法西斯”政党坚决抵制公认的“骑墙”政策(half-measures)和“背叛”(sell-out)政策,因为这类措施如此妥协折中才导致无能的政府和大部分同样无能的自由、民主和激进的对立派在两次战争期间缴械投降。不只是在共产党当中,而且在农民党、社会主义者、社会民主党、自由派和基督教社会民主党当中,存在一种广泛的坚决态度,即坚决不重复两次战争中所犯的错误,坚决不勉强接受骑墙政策,而且坚决不允许旧寡头们重获他们昔日的职位。因此,即使是在 1946 年捷克斯洛伐克境内举行的相对自由的选举中,共产党作为最大的执政党脱颖而出,获得38％的选票。共产党与仍然属于半马克思主义的社会民主党实行联盟,获得了半数以上的选票。然而,尽管这些选举通常被描述成“自由”选举,但是仍需指出的是,共产党能够获得选举成功,很大程度上缘于农民党的帮助和支持,农民党是在两次世界大战之间捷克斯洛伐克最受欢迎的政党,而且在支持民主主义反对共产主义方面具有天然结盟的基础。鉴于农民党中一小部分地权平均论者曾经在 1938 年以后为纳粹德国所利用,农民党曾一度遭到取缔(一同被取缔的还有准法西斯

452

731

主义的斯洛伐克人民党)。

第二次世界大战的经历对于战后政权获得政治合法性发挥了重要作用。"战争在每一个社会的生活中是一个创造神话的经历。可是在东欧、中欧和南欧,战争却一直是一个生动的,但又非常危险的、合法化的叙事的来源。"而且,在波兰(其他地方也同样),"关于第二次世界大战期间民族集体受难的记忆,对 20 世纪波兰社会增强自我认识来说是极其重要的,而且它实际上也成为波兰民族集体受难的符号。每个城镇都有其纪念受害者的圣殿"。(Gross 2003:143)

第二次世界大战为民主奠定了强大的社会基础和普遍的要求。例如,就波兰而论,"波兰被占领导致的最重要的后果是,波兰社会实现民主化:面对德国恐怖政策的高压,不同阶级、地位和权势的波兰人之间的差别消失了。这段时间也见证了广大人民群众被大规模动员参加政治的情景"。(Gross 1979:291)波兰的公众舆论对旧精英集团越来越不满:"专家"、"受过良好教育的人"、"有教养的人"、"领导者"……全都受到抨击。整个政界弥漫着一种普遍的情感,即战争结束后的波兰应该是属于"人民"的国家,是属于"群众"的国家。(Gross 1979:172 — 173)

无论是在敌人的统治之下,还是在那些因效忠第三帝国和法西斯意大利而使其合法性受到侵蚀的政权统治之下,社会又都重新回到对本国资源依赖的轨道上,由此不得不越来越追求自力更生。传统"垂直型"的权力关系和权力结构,暂时让位于由自治的社会、家庭、公共机构和工会之间形成的"水平型"联系,而且这种结构在它们推动下相应地变化——换而言之,这种"水平型"联系属于一种有机的公民社会。例如,德国和苏联对波兰的占领摧毁了波兰国家,但是"不受法律保护的、政治的、专业的和自发的联合会"仍然存在,而且依然发挥作用,再者,"尽管遭到不同程度的毁坏,社会结构仍然存在"。(Gross 1979:264)因此,波兰的"地下"抵抗运动不只是"一项反德阴谋",同时是一个"秘密国家",它具有基本"适应教育、福利和文化活动等需要的管理机制",(第283 页)这个"秘密国家"致力于防止社会的"原子化"。(第287 页)

因此,存在某些新的基本原则和"道德资源",可以以它们为基础实现社会彻底重建和快速复原。但也出现新的恐惧、悲痛、憎恨、不公正以及复仇和再分配的渴望,其中多数被新生的共产党政权为达到自己邪恶目的而扭曲地操纵和利用。

第二次世界大战的经济遗产

20 世纪整个 30 年代和 40 年代初期,东中欧和巴尔干的大多数银行、大型工业和公共事业都被法西斯、占领军当局或傀儡政府收归国有,其方式主要有:没收犹太人的财产,德国强迫推行本土公司和德国公司的合并,签署不公平的生产交换合同,以及由第三帝国给每一个东中欧和巴尔干国家的颁发特许状,不管这些国家是德国形式上的"盟国"还是被占领国。这反过来使得德国能够在事实上控制这两个地区的绝大多数银行、公共事业和大型工业。(Berend and Ranki 1974a:320－325,328－338;Gross 1979:96)

因此,第二次世界大战刚结束的一段时期内,在东中欧和大多数巴尔干地区掌权的左翼人民战线联盟,只是继承了战时曾被法西斯、占领军当局或傀儡政权"国有化"的银行、工业和公共事业。这些财产通常会被战后新政权掌控,由他们根据需要加以支配,而不是将这些财产归还给它们战前的主人,因为这些财产的主人多数已经死亡(尤其是,如果他们是犹太人,死亡的可能性更大),或者已移居国外,或者可能被监禁、杀害或驱逐出境。在这些背景下,上述两个地区的共产党借机宣称,法西斯主义和第二次世界大战共同创造了金融、制度和公共基础设施等方面的基础,并实现了生产与所有权的高度集中,这些为后来该地区的经济快速向中央计划的"社会主义"经济转型准备了条件。按照同样的方式,列宁指出,19 世纪 90 年代至 1917 年之间的俄国,尤其是第一次世界大战期间的俄国,人为加速发展的、不断集中和集聚的"金融资本主义"或"垄断资本主义"也体现出同样的经济作用。(Lenin 1948:32,108;1969:41,46,87,89;1972:9－12)可以认为,在上述每一种情况下,共产党及其社会主义的"盟友"和"跟风者"所做的只不过

453

是接管已高度集中和集聚的经济基础和制度设施,并迅速地调整以期符合自己的目标。因此,"垄断资本主义"和"金融资本主义"内部固有的,导向于集中、集聚、民族资本主义(etatism)和批量生产技术的趋势,因为第二次世界大战而得到加强。据说,它们本身也是源于资本主义的逻辑和动力,而这也几乎将"现成的"经济、制度、技术、社会和政治基础创造并赠送给苏联式"社会主义"。正是这些工业无产阶级,借助于它们所谓的共产党"先锋",攫取了对这些国家和经济体新的"指挥高地",并利用它们实施"社会主义"规划来促进平均主义的国家计划经济、制度和教育的发展,创造出马克思列宁主义的"美好新世界"。

社会主义的希望和梦想取代法西斯和民族主义的可怕幻想

有鉴于广泛认为两次大战期间的民主试验总体上已经"失败",以及该地区法西斯主义政权和叛国政权最终失败、声名扫地和彻底崩溃,这些情势都为共产党领导下的政权以及中央计划经济的建立做好了准备,尽管尚不能预料所有国家的政权和经济都会采用斯大林式的独裁统治。用诺贝尔奖获得者波兰作家切斯拉夫·米洛什(Czeslaw Milosz)①的话说:

> 要理解战后最初几年东中欧发生的事件的进程,必须认识到,战前的社会状况迫切需要实施广泛的改革。同时,必须深入理解的是,纳粹统治引发了现存制度深层次的瓦解。在这些情势下,唯一的期望是,建构一种或许是全新的社会制度……因此莫斯科每一阶段视为奴役路线图的规划,都被相关国家心甘情愿地接受,并

---

① 切斯拉夫·米洛什(Czeslaw Milosz, 1911－2004),波兰诗人、作家。1911年出生于当时属于波兰版图的立陶宛维尔诺附近的谢泰伊涅。1980年获得诺贝尔文学奖,曾经流亡美国,其间他仍坚持用母语波兰文创作,他被形容为"记忆诗人"以及"见证诗人",作品包括有:《禁锢的心灵》(*The Captive Mind*)、《波兰文学史》(*History of Polish Literature*)、《波兰战后诗选》(*Post-War Polish Poetry*)。——译者注

好像这些都代表着真正的进步。(Milosz 1953：x)

米洛什还进一步解释说,为什么他和许多其他的作家和知识分子感觉到,抗拒共产党权力在他们世界中的扩张纯属徒劳,而且是反作用的：

> 在战后环境下,共产党是唯一能确保和平、重建国家、让人们赚取到他们每日面包,并能让学校、大学、商店和铁路等正常运营的力量。要得出上述结论的,非共产党不可。其道理对于每个人来说,都是不言自明的。杀害工人共产党员、破坏运输食物的列车、袭击努力建造工厂的劳工,这些都注定会延长混乱时期。只有疯子才会实施这些毫无结果、不合逻辑的行动。(Milosz 1953：103)

第二次世界大战结束后,东中欧和巴尔干地区的战后社会经济转型也因为该地区族群同质性(ethnic homogeneity)不断提升而得到深入推进。主要是因为四百多万东中欧和巴尔干犹太人被处决,此外,1945—1947 年间大约 1 300 万至 1 500 万的德裔犹太人从东欧逃亡到或者被驱逐到不完整的、被分割的德国。(Deak 2000：4)而且,还因为战后发生重要的领土变更：波兰国界向西部移动;罗马尼亚重获特兰西瓦尼亚北部、保加利亚重获南多布鲁甲;乌克兰人或者白俄罗斯人占多数而且两次世界大战期间属于波兰、捷克斯洛伐克、匈牙利及罗马尼亚的领土,都被并入苏联。这种剧烈调整减少了变革的潜在障碍,而且也使得这些本已遭残酷虐待、麻木不仁、伤痕累累的社会越发易于接受深度社会改造,或者说,更不具有能力抗拒或更不愿抗拒社会改造。尽管这次改造是在残酷的苏联共产党的阴谋下实施的。

第二次世界大战及外国军事占领的另一方面重要影响是,不论占领军当局是德国、意大利、匈牙利、罗马尼亚、保加利亚,还是苏联(1939—1941 年期间以及战争结束后再度占领),都造成整个社会严重的道德破坏和解体。格罗斯在 20 世纪 70 年代分析了第二次世界大战期间德苏占

454

领波兰带来的影响,在他的相对理想和乐观的分析中,他主要强调了战争可能强化社会团结、人人平等的情感以及"民主革命"等影响。(Gross 1979:172－173,305)然而,在他新近关于波兰对德苏占领的反应所做的带有倾向性和批判性分析中,强调了无处不在的"道德解体……禁止滥杀无辜的文化禁忌的崩溃"。(Gross 2003:158)"屈从于斯大林或希特勒统治的人们,屡次被挑拨互相争斗,并被鼓励按照卑鄙的本能行事……社会中凡是可设想的分裂最后都得到开发,每一丝敌意都被加剧……秘密警察鼓励告密,而且因告密盛行一时:以此分而治之(divide et impera)。此外……人们不同程度地卷入到为自己苟全性命而危害他人的事件当中。"(Gross 2003:4)新生的共产党政权不仅招募那些因为在社会变革、服务于"人民"和"事业"(不管方向多么错误)方面持理想主义态度而遭解雇的人们,而且(与他们的法西斯主义先驱一样)也大肆招募冷酷的机会主义者和野心家——"毫无原则的人"。(Gross 2003:165)反犹主义的基本观念是,新生的共产主义政权是"犹太共产主义"的产物。与这种原初认知相反,这些共产主义政权实际招募的反犹太主义者可能比犹太人还多。(第167页)

格罗斯早期关于第二次世界大战期间波兰的重要研究主题与其新近的研究主题互为补充,而非相互矛盾。他早期研究聚焦于波兰社会在德苏占领期间是如何设法实现继续运转和保持连贯一致的,尽管正式的波兰国家已遭到完全摧毁。而且,他的早期研究还集中关注支持波兰人奋起抗争和生存的勇气、自我牺牲和团结一致等品质方面。他新近研究的主题则集中在,这同一个波兰社会为什么同时表现出冷酷无情,丧失它的道德约束和精神支柱,竟至于有些波兰人愿意冷酷地谋杀或抢劫他们的犹太邻居,而且还有那么极少数人愿意冒着巨大风险(不仅关涉他们个人而且涉及他们家人)参与到帮助或庇护犹太人的活动中。

总之,一方面,要承认第二次世界大战在某种程度上唤起了人们巨大的勇气和坚忍,并且激发了对长期社会变革的崇高愿望和强烈要求,另一方面,更重要的是,要认识到,东欧深陷残忍的"毁灭战"中,导致各民族变得完全冷酷无情、道德沦丧。高贵的勇气和野蛮的堕落同时涌现,而且同出一辙。"这是一场没有一个民族能够全身而退的战争。"(Kovaly 1997:45)没有真正的赢家:即便他们在第二次世界大战中幸免于难(战争中死亡的人数远远超过3 000万),损失程度各不相同,但是绝大多数欧洲东半部人民脱离战争之时,已是衰败不堪、流离失所,而且因为深受苦难折磨而表现得冷酷、麻木。这有助于解释,在第二次世界大战结束后期斯大林政权统治下的巴尔干和东中欧地区,为什么许多人(尤其是警察、其他官员和苏联统治者)行动上会表现得那么卑劣,那么冷酷。但这并不构成为之开脱的理由。

455

第四编

在雅尔塔的阴影下：共产党统治下的巴尔干和东中欧，1945－1989

第三十章　东西欧的分裂，
1945 — 1989

　　第二次世界大战末期,苏联和共产党领导的反"法西斯主义"抵抗459
运动取得胜利,加上苏联的托管权以及共产党势力扩张到东中欧和巴
尔干地区,一定程度上改变了苏联"一国建成社会主义"的孤立状况。
到 1945 年初,英国和美国承认东中欧和巴尔干地区为苏联合法的"势
力范围";作为回报,苏联也默许英美两国维护或确立在诸如希腊、日
本、拉丁美洲和石油丰富的中东地区的优势地位。温斯顿·丘吉尔在
他的战争回忆录里记述了 1944 年 10 月 9 日在莫斯科与斯大林双边会
谈时自己在纸上潦草记录瓜分比例的情形:

罗马尼亚	俄国占 90%
	其他国家占 10%
希腊	英国(与美国共同)占 90%
	俄国占 10%
南斯拉夫	50 — 50
匈牙利	50 — 50
保加利亚	俄国占 75%
	其他国家占 25%

丘吉尔将这张纸推到斯大林面前,后者仅仅瞥了一眼,然后"掏出他的蓝色铅笔,在上面画了一个大对勾,然后又把纸传回给我们。一切完事"。沉默了许久后,丘吉尔问道:"我们用这样一种随意的方式处理了这些对上百万人来说至关重要的问题,这会不会被认为太有点讽刺意义了?我们还是烧掉这张纸吧。""不,你把它保存好。"斯大林答道。(Churchill 1989:852—853)也许是为了缓解自己的不安情绪,丘吉尔在给他"国内同僚"的信中竭力阐明这份特别密约的合法性。他解释道,这些比例"并不仅仅是要规定在不同的巴尔干国家所托管份额的数字,而是表示英苏两国政府处理这些国家问题的利益与情感所做的考虑"。他甚至补充道,他们"没有办法"与美国联手,因为美国并非该协议的参与方(尽管似乎在他看来,**其他欧洲国家**政府在该问题上还有发言权,完全不值得考虑)。不过他承认,"苏俄在这些黑海沿岸的国家中有着重要的利益关系,如苏俄一度遭到其中的罗马尼亚的猛烈进攻……再如,像保加利亚,苏俄与它的关系由来已久"。在南斯拉夫问题上,"利益各半的划分,旨在确立一个合作行动的基础……有利于一个统一的南斯拉夫国家的建立……同时也有利于确立对铁托元帅的团结友好政策"。而在匈牙利的问题上:"鉴于苏军正掌控着该地区……自然他们应该占据大部分的势力范围。"(第855—856页)就这样,到1944年底,匈牙利和大部分巴尔干国家都被划入共产党的"势力范围"。再者,斯大林甚至在接下来的希腊内战中克制自己,不去援助希腊共产党,借此希望英国遵守他们的协议,允许铁托元帅在南斯拉夫自由行动,确保苏联能自由干涉保加利亚、罗马尼亚和匈牙利。

丘吉尔过后声称:"我在10月访问莫斯科期间,的确与斯大林签署了非正式的临时协定,但就我个人而言,我从未打算在一旦德国战败后通过此协定来影响或者控制这些广大地区的未来。"(第876页)然而,事实证明这个《百分比协议》非常耐用,后来的确是按照该协议在这个地区分配权力和影响。然而,毋庸置疑的是,之所以能够达成这笔交易,部分原因在于丘吉尔和斯大林有着相似的帝国主义倾向。此外,在1945年2月丘吉尔、斯大林和罗斯福会晤当中,一致同意"俄罗斯应将它的西部边界扩至波兰,直到寇松线";作为补偿,波兰"应该获得德国的大量领土"。(第943页)这使得波兰在应对潜在的德国复仇主义卷土重来时,将不得不依靠苏联的支持,从而被苏联编织的网络紧紧套住。作为前殖民地同时也是反抗帝国主义的重要力量的总统(尽管在拉丁美洲和菲律宾实行帝国主义,并且在西方世界享有霸权主义),罗斯福可能已经发现他的老牌欧洲帝国主义对手英国和苏联有些令人讨厌,但为了尽早结束反抗日本和德国的法西斯主义战争,他还是准备和他们联手。东中欧和巴尔干大部分地区的居民为此付出了沉重的代价,因为他们被获胜却千疮百孔、贫困不堪、又极具报复性的苏联托管,而后者对东中欧和巴尔干的同情实在少之又少。匈牙利哲学家米哈利·瓦伊达(Mihaly Vajda)在1988年表达了一个普遍的担心:"西欧相信他们现在的自由是由通过征服东中欧换来的。毕竟如果二战后设定的既定格局被推翻,那么什么都有可能发生。"(Vajda 1988：336)因此,在20世纪90年代,欧共体或欧盟不急于为接纳欧洲的后共产党国家成为正式成员而确定一个确切时间表。共产党的统治已经瓦解,冷战也已经结束,但是90年代东西欧在制度方面的分裂依旧原封不动。在这10年间,东中欧和巴尔干的后共产党国家继续生活在雅尔塔的阴影下,他们中的许多居民认为,旧的"政治雅尔塔"只不过让位于一个更加持久的"经济雅尔塔"。直到21世纪初,这种局面才真正开始发生变化,但主要限于东中欧和波罗的海诸国,在后共产党的巴尔干国家,变化也非常有限。

对于成千上万不在乎共产主义之类的苏联公民来说,控制东中欧和大部分巴尔干地区,是苏联在第二次世界大战后对法西斯主义取得来之不易的胜利应得的回报。可怕的是,也有许多人把这视作强奸和掠夺的机会。成千上万的东中欧妇女受到红军"解放者"的性侵害,后者的行径完全是被击败的轴心国部队兽行的翻版。数年来,在苏联人眼里,匈牙利、罗马尼亚、保加利亚、奥地利和德国一直都是"法西斯主义"敌国。第二次世界大战期间,成千上万的东中欧、巴尔干以及波罗的海诸国的居民,确实曾心甘情愿甚至热情高涨地支持或协同纳粹德

461

国反抗苏联。因此,战后强加给巴尔干半岛尤其是东中欧国家的一些政治经济制度,某种意义上完全是报复性和惩罚性的,苏联 1956 年 10 月镇压匈牙利革命运动就是此例。由于第二次世界大战的缘故,苏联遭受严重的物资匮乏和毁坏,并牺牲了 2 000 万至 2 700 万人口(估算略有不同),巴尔干和东中欧国家被要求必须提供苏联重建所需的部分煤炭、石油、工业设备、技术、铁路机车和其他资源。然而,苏联不仅从战败的前"轴心国"征收经济"贡物",而且还从它战时"盟友"波兰和捷克斯洛伐克那里获得物资。据称,从 1945 年直至 1953 年斯大林去世,苏联从东中欧和巴尔干国家获得的资源净转移量,其规模堪与马歇尔计划中美国向西欧提供的援助相比。(Marrese 1986:293)前轴心国实际上被迫向苏联提供实物赔偿,同时,其他国家因其依靠红军所谓的"解放"才摆脱法西斯的统治,也被迫为此支付巨额的报酬。大部分苏联人民为摆脱纳粹对苏联人和欧洲的统治而遭受巨大伤亡和损失,从这一点来看,这些赔偿并非完全没有根据。然而,他们对波兰人显然过于苛刻,因为波兰人在战争期间比东斯拉夫人(俄罗斯人、白俄罗斯人和乌克兰人)遭受更大痛苦,特别是 1944 年 8－9 月华沙起义的惨痛失败,当时有 20 万波兰人丧生。(Crampton 1994:199)由于 1953－1956 年间在东中欧部分地区(在巴尔干地区程度要轻些)爆发了广泛的社会政治动乱,征收经济"贡物"活动很快受到削弱,另一方面,从 20 世纪 60－80 年代期间,苏联为东中欧以及部分巴尔共产主义国家提供大量能源和原料补贴,成为它们最大的供应者。因此,资源净转移情况绝不是像东中欧经常宣传强调的那样是单向性的。

不足为奇的是,西方人听到更多的是俄国或苏联在东中欧和巴尔干的共产主义国家的恶行以及索取经济"贡品",而很少听说后者随后从苏联那里经常以相当优惠的条件获得矿产资源和技术。然而,当这些国家在 1989 年"挣脱束缚"的时候,许多亲历或亲自参加反法西斯主义伟大卫国战争的俄国人切身感觉到,他们国家的合法性和来之不易的胜利果实遭到了非法剥夺。再者,不久苏联军队以较为体面的方式撤出德国和东中欧以后,俄国人的不满再度爆发,因为俄国这样做没有

获得任何相应的让步, 也没有获得任何回报。对于许多俄罗斯"爱国
者"而言, 先前的法西斯国家似乎最终成了"真正的胜利者"。这是为什
么一些俄国的极端民族主义者和被激怒的"老兵"继续渴望最终重新控
制部分东中欧和巴尔干国家。对多数人来说尤其令人愤懑的是, 苏联
在1991年居然"毫无尊严"地解体, 昔日"超级大国"地位就此终结。这
样, 俄国的极端民族主义政治家弗拉基米尔·日里诺夫斯基(Vladimir
Zhirinovsky)和他的同僚大肆抱怨和连篇疯话地严重刺激俄国人民的
情感和信仰, 后者呈现的症状已经超出"帝国丧失"综合征允许的程度。
从狭隘的经济层面来看, 后1945年时代苏联对东中欧和部分巴尔干国
家的霸权统治, 或许更多地意味着负担而不是资产。尽管如此, 这可能
满足了苏联对权力、控制和复仇的原始欲望; 从地缘政治和军事角度来
看, 这帮助苏联变成了一个"超级大国"。相反地, "1989年革命"给所
有这些都画上了句号。

　　然而, 承认战后苏联在东中欧和大部分巴尔干地区的"势力范围",
由此带来的准确影响在1945年没有立即显现出来, 或者尚不明确。当
时英国和美国的战略家把"势力范围"主要理解为非正式霸权, 类似于
英美在拉美、阿拉伯世界以及希腊的资本帝国主义统治, 而斯大林显然
预期了对东中欧、波罗的海国家以及大部分巴尔干国家更深远的形式
的控制。强大的资本主义国家通过间接("非正式")的方式能够相对容
易和明确地实现对它们"依附国"的经济控制, 这容易避免更直接的政
治控制方式所潜在的危险和弊端。相比之下, 战后苏联经济自身固有
的特点以及饱受战争摧残的经济状况, 都使得借助"非正式"的经济手
段去控制它新获得的"势力范围"不再可能。由此, 为了实现这样的统
治——凭借苏联在打败第三帝国、匈牙利、罗马尼亚、保加利亚, 以及把
东中欧和巴尔干东部从法西斯主义统治中解放出来的最高统治地位
(这在英美官方认知当中甚至是半合法化的)——苏联不得不主要依赖
于更直接的政治控制和更隐蔽的军事控制。苏联"指令性经济"
(command economy)的本质进一步突出了这一点, 因为国有经济和中
央计划在苏联占绝对优势地位, 这必然使它与新"盟友"和"依附国"的

462

关系政治化。苏联舍此而以其他方式维持自己在该地区的统治几乎不太可能。

再者,自 20 世纪 30 年代起,在最终推翻法西斯主义的统治后,斯大林一直在培植各种各样的(外人知之甚少)共产党激进分子到欧洲各国攫取权力。在苏联看来,西方自由资本主义国家对法西斯主义向来"手软",他们曾一再向法西斯主义"让步",也因此总是把它看作是"遏制"共产主义的一个潜在盟友或武器。因此,尽管在 30 年代与欧洲法西斯主义国家签订了各种暂时的"策略性的"协议,斯大林在本质上还是把第二次世界大战看作是共产主义和法西斯主义的斗争——而不是法西斯主义与没落的西方民主之间的斗争。结果,由于苏联和共产党领导的南斯拉夫、阿尔巴尼亚、希腊以及意大利与法国部分地区的抵抗运动的胜利功不可没,1944 – 1945 年欧洲法西斯主义的全面失败,就预示着大半个欧洲将"送给"胜利的共产党政权。借用波兰诺贝尔文学奖获得者切斯瓦夫·米沃什(Czeslaw Milosz)确切说法,就是"从莫斯科产生的历史哲学并不只是一套抽象的理论。它是一种物质力量,要使用枪支、坦克、飞机和所有作战和压迫机器的武装力量。一个军国主义国家的全部镇压力量被动员起来,反对任何胆敢拒绝接受新信仰的人"。(Milosz 1953:221)

不过,共产党政权和苏联"势力范围"的扩张仍然有可能采取下述几种不同的形式:① 直接将其他的"民族"吸纳到扩大的苏维埃社会主义共和国联盟中,构成新的或者扩大的苏维埃共和国——波罗的海诸国、比萨拉比亚(摩尔多瓦)、乌克兰西部和白俄罗斯西部就遭此类命运;② 在形式上独立的人民民主制中确立共产党控制下的人民阵线联盟,按照宪法负责管理他们的经济、社会和政治事务,该联盟与苏联结成"不可分开的联盟",东中欧和巴尔干大部分地区就属于情形此类;③ 苏联接受真正独立的共产党统治的国家,最终表现为南斯拉夫联盟和阿尔巴尼亚的形式;④ 苏联容许和承认那些不以苏联为潜在敌人的"友好"中立国,不准这些国家加入任何事实上或者潜在地针对苏联的反苏西方组织,但在其他情况下他们可以自由地决定自己的命运,如同

1955 年后的奥地利和芬兰的情形。

事实证明，从长远来看，第四种形式最不容易引发麻烦。事实上，芬兰在与苏联建立的"特殊关系"中获益颇多，同样，奥地利从它与东中欧和北南斯拉夫的"特殊关系"中受益良多。然而，让所谓"芬兰化"成为东中欧"人民民主"样板的愿望最终落空了，一方面是因为冷战的持续，另一方面是因为一个简单的推理：如果"芬兰化"国家的数量越多，随着它们渐渐变得更富有、更强大、更西方化，那么，最终脱离苏联"势力范围"的可能性也就越大。

第三种形式(自治革命)只有在那些不受苏联直接干预，共产党能赢得并保住政权的国家才可行——也就是说，像南斯拉夫、阿尔巴尼亚和捷克斯洛伐克等国。本来，希腊也可能是这种结局，但是在 1946－1949 年希腊内战期间，英美严重干涉并帮助希腊君主派对抗共产主义者。苏联给捷克斯洛伐克共产党施加强大压力，希望他们唯苏联马首是瞻，但这一事实不应混同下述情形，即如果斯大林甘愿任由捷克斯洛伐克自由发展，那么，人数众多、广受欢迎与尊重的捷克斯洛伐克共产党也许在 20 世纪 40 年代末至 50 年代初能够领导捷克斯洛伐克沿着"通向社会主义的民主大道"一直前进。实际上，直到共产党在 1947 至 1948 年间推翻捷克斯洛伐克民主政权之时，捷克斯洛伐克才在欧洲展示出一个真正"民主社会主义"的美好前景。但对于大多数捷克人、斯洛伐克人以及社会主义事业来说，莫大不幸是，在 1948 年的莫斯科看来，"民主社会主义"是不能被接受的，诚如 1968 年"布拉格之春"一样难以被其接受。

第一种形式(直接并入苏联)是最佳的也最符合马克思列宁主义和卢森堡主义的认识，即为了"团结无产阶级"共同抗衡反革命和资本主义的帝国主义，有必要"联合"所有工人(无论何种信仰、国籍和种族)，组成一个单一的超民族的"工人国家"，借此超越没落的"资产阶级"民族国家。然而，为了在经济和政治上对那些并入的人口和领土负责，这种形式又加重了本已贫困不堪和饱受战争之苦的苏维埃社会主义共和国联盟的负担，因此这项选择也是代价最大。此外，如果斯大林试图将

463

它应用到战后波兰或其他东中欧国家,他就无异于贸然挑起第三次世界大战——这次战争的双方是西方与苏联。

第二种形式(建立形式上独立的"人民民主政权")盛行的部分原因在于,受冷战和美国支持的欧洲复兴计划(ERP)——即众所周知的马歇尔计划——所带来的挑战与遏制。然而,由于苏联借助建立一个并不牢靠的卖国政权,间接地向其输入大量不合时宜和越发不受欢迎的政治经济模式和观念,由此必然带来的恶果很快就自发显现。东中欧国家、罗马尼亚和保加利亚的一些居民尽可能抓住每一次机会来反抗该政权——正如他们在 1953、1956、1968、1970、1976、1980、1989 年所做的那样。经济互助理事会(CMEA,即西方人熟知的"经互会")的创立和发展,苏联是为了在自己"后院"反击这些挑衅和问题,但在一定程度上这是一种自取灭亡的做法。经互会采取的方式是,切断东中欧以及巴尔干共产主义国家与它们之前的西方市场以及机器、设备、资本和技术供应商的联系,培育它们与苏维埃社会主义共和国联盟之间密切合作、同步发展、共同规划经济发展的机制。经互会还帮助所在国建立和维持长期独裁、过度集中的政治经济模式,并把资本和矿产相对匮乏的东中欧以及巴尔干共产主义国家锁定在本来就难以自给自足的、发展失衡的、资本和矿产密集型经济发展模式中,结果,经互会的努力最终只是放大和加剧了那些本打算缓解和克服的问题。雪上加霜的是,经互会还制约了东中欧和巴尔干国家获得有可能真正缓解他们问题的西方产品、技术和市场的可能性,而且使他们越来越依赖享受补贴的苏联能源供给,以维持由苏联及其代理政权强加给他们的效率低下、危害环境的工业发展模式。这导致东中欧以及巴尔干国家对苏联"监控"的愤懑感与日俱增;甚至苏联还期望这些所谓"卫星国"能对自己的慷慨援助表示"感谢",尽管它们从未得以自由地选择当下的这种经济发展模式,因为该种模式必然越发导致大量受高额补贴的苏联产品输入本国日益瘫痪的经济体制。

第三十一章 共产党政权在巴尔干和东中欧地区的崛起，1945－1960

通常认为，仅仅是因为第二次世界大战后强大的苏联军队在巴尔 464
干和东中欧的出现，才导致这些地区发生革命性的变化。斯大林或许
确实把东中欧和巴尔干地区视作苏联与其日益敌对的西方之间的保护
性封锁线或缓冲区。他可能甚至故意把该地区当作人质来抵御潜藏的
危险——美国一旦心血来潮，也可能对莫斯科投下一枚原子弹，正如它
当初对广岛和长崎的做法一样。然而，实际情况比这些直觉所暗示的
要复杂得多。共产党政权建立过程中，虽然苏联军队曾起过重要作用，
但并非完全是"在刺刀威逼之下"所致。除此之外，构成该地区共产党
夺取政权的重要原因还包括本土国家对激进的社会经济变革的普遍支
持，即使这些支持不是全部支持共产党。总体上说来，在战后的东中欧
和巴尔干地区，苏联普遍被视为乃至崇拜为主要的"解放力量"，击败欧
洲法西斯主义的主要胜利者，以及"美好新世界"的缔造者和建设者，这
种形象无疑对共产党和苏联在战后东中欧和巴尔干地区的扩张发挥了
重要作用，而在 20 世纪 20－30 年代，无论是(各种类型的)民主还是
法西斯主义，都曾在这些地区试验过，但都一事无成。尤其应该强调的
是，共产党在捷克斯洛伐克和阿尔巴尼亚夺取并巩固政权之后，苏联武

装力量才进驻上述国家(这两个国家感觉各自在 1938 年和 1939 年多少有点遭到西方的"出卖"),况且苏联武装力量对铁托的南斯拉夫共产党的支持也仅限于提供一点点迟到的援助。再者,在希腊内战中,如果不是英美对给予国内民意甚低的君主派武装支持,却反对似乎民意更高、势头更猛的希腊共产主义运动,那么希腊国内很可能就会出现自发的共产主义革命(正如南斯拉夫、阿尔巴尼亚和捷克斯洛伐克一样)。更准确的结论是,20 世纪 40 年代后半期东中欧和巴尔干地区的社会动荡和共产党领导政权的出现,以及广泛存在的(但绝非无处不在的)红军力量,是第二次世界大战多种结果交互作用的产物。

"冷战"的背景:修正派的视角

通常认为,东西方"冷战"爆发于 1945 — 1950 年期间,而这一时段正是共产党政权和苏联"势力"在巴尔干和东中欧地区扩张的背景。与通行的观点相反,马克思列宁主义与西方自由民主资本主义思想意识上的冷战,爆发的时间并非在 1945 — 1950 年间。它真正始于 1918 年,当时正值俄国的布尔什维克巩固其政权,西方政治军事力量反对布尔什维克主义的开始时期。共产主义与西方自由民主资本主义之间在思想意识形态以及经济方面或公开或隐蔽的较量,贯穿了整个两次世界大战,尽管这种较量大多数时候被其他问题和矛盾掩盖了。持冷战始于 20 世纪 40 年代末的观点,可能吸引了那些想在苏联等级制度中往上爬的新一代,而对于阅历丰富的"老布尔什维克"来说,这只不过是从 1918 年持续至今的一个宣传标语。"同斯大林一样,莫洛托夫(Molotov)从没有把冷战看作国际关系的一个新阶段",而且他们的思想依旧停留在列宁主义的基本假设、传统的"势力均衡"和"领土安全"的概念以及"势力范围"的划分上。(Zubok and Pleshakov 1996:37,73,89)应该承认的是,1945 年德国和日本战败以后,冷战较之于以前无疑很大程度上占据重要位置。然而,在苏联看来,后 1945 年时期绝不代表着完全脱离两次世界大战之间建立的模式的新起点,而仅仅是"两大阵营"间意识形态敌对状态的重新开始,这种敌对状态早在 1918

年就已开始,只不过在为大同盟国(the Grand Alliance)反抗轴心国的斗争期间(1941—1945)得以暂时缓和。苏联意识到,既然美国敢在1945年8月于广岛和长崎投下原子弹,那么它就有可能对莫斯科和列宁格勒进行同样的袭击,由此,苏联人的不安感和妄想被再度激起,(Zubok and Pleshakov 1996:7,27—34,40—43)但这一点不应夸大,它远远不能改变冷战的本质。西方一些过于简单化的主张宣称,苏联与西方资本主义世界自始至终都是"势不两立"的。与此相反,有学者认为,苏维埃关于苏联与资本主义"阵营"间关系的认知一直都是"极为矛盾的",甚至斯大林统治期间也是如此。苏联有时坚持认为,与资本主义进行持久的和平共处是"不可能"的事情,有时又坚守一个更郑重、更客观的认识——"有必要"与资本主义世界体系和平共处,因为似乎只有资本主义世界体系才能够在可预见的世界中得以生存,这两种主张一直交替存在。决定苏联在这些问题上的看法不断改变的,既有不断变化的经济、地缘政治和局势,也有变动中的意识形态推动作用。就像沙皇俄国曾经一直在下述两种状态中摇摆一样:一段时期它要与欧洲的其他地区和解,一段时期则与它们对立;一段时期奉行一致对外的西方中心主义,一段时期奉行关注内部的斯拉夫主义和"欧亚主义"(Eurasianism),苏联亦是如此。

苏联与西方关系的演变,1918—1947

为了理解苏联官方关于1945—1950年期间东西方关系的看法,同时为了避免就这些问题匆忙得出过于简单化或者误导性的结论,因此有必要就苏联及其与西方关系发展演进的方式,进行一番简要的分析。

按照经典马克思主义的标准,1917年10月布尔什维克在一个经济社会相对"落后"、以农业为主的俄国夺取政权,是革命的"早产",但是基于以下几项轻率的假定,列宁成功说服他的布尔什维克同事在俄国发动一场布尔什维克革命:① 他们自身武力夺取政权(coup d'etat)会立刻对德国、法国和波兰的马克思主义社会主义革命起到催化剂的作用;② 欧洲工业化较为发达国家中新生的马克思主义社会主义政权,不久就会甘愿并慷慨地支援欠发达的俄国,向它提供社会主义建设所需要的资本、机器设备和技术,这是遵循恩格斯 1875 年著名的文章"论俄国的社会关系"以及 1882 年俄文版《共产党宣言》序言中的思路;③ 不断加强的垄断资本主义和金融资本主义的全球统治,创造了一个崭新的国际环境和一个全新的跨国经济基础结构,这使得在经济和政治层面有可能,而且相当有必要发动马克思社会主义革命,由此推翻资本主义以及推进在俄国"建设社会主义"的历程,不必等到像俄国这样的国家发展到高度工业化和无产阶级化之后才迈出这一步。(Bideleux 1987:11,23 − 27,104 − 105)因此,布尔什维克革命性的战略和外交政策,起初要服从诱发欧洲其他地区革命这一目标的需要,尤其是服从挑起马克思主义的"母国"——高度工业化的德国国内革命的需要。

然而,到了 20 世纪 20 年代初,对于布尔什维克领导来说,一切已经相当明确:欧洲的"革命浪潮"正在消退,被围困的、新生的苏维埃政权不得不主要依靠自己的努力和本国的资源,苏维埃政府不得不制定一些权宜之计(modus vivendi),与欧洲其他一些主要国家以及苏俄社会地位较高的农民和小私有企业主达成妥协。丢掉天真的幻想之后,苏俄相继实施了一系列政策:推行更全面更具安抚性的"新经济政策"(1921 − 1927),与德国签署"修复关系"的《拉帕洛条约》(1922),与西方各国经济以及外交关系实现"正常化",以及 1924 − 1930 年大量西方资本、技术、工程师以及管理人员实质性地流入苏联。

托洛茨基(Trotsky)在 1922 年的共产国际会议(共产国际)上告诫道:"我们将不得不耗费很多年的时间借助市场来实现大规模的转型",而且"市场关系有它自身的逻辑,无论我们在恢复它们的时候抱持着什么样的目标";但他强调指出:这也有助于确保"可利用的资源配置到最需要的地方,诸如生产生活用品或者为工人和农民提供生产消费品的机构和部门……只有在农业和轻工业方面获得成功之后,工程、冶金、煤矿以及石油的发展才能获得真正的动力"。(Bideleux 1987:

105－106)

托洛茨基在 1926 年给出了赞成苏联与西方"和平共处"的经典论述。他指出:既然在俄国革命前,俄国推动工业发展需要进口近三分之一的设施和设备,"如果我们仅能生产超过五分之二或者最多一半的机器,那样在经济上就没有什么利益可言"。任何盲目尝试"生产新机器的大跃进"都会导致潜在的、具有破坏性的经济扭曲和失衡。有些发展方式可以使这些束缚降到最低:"任何能够填补我们经济体制空缺的每一件外国产品——原材料、半成品和生活消费品,在一定条件下都可以加快我们的重建。"再者,"历史辩证法还包括下一层含义,资本主义会暂时充当社会主义债权人的角色……我们现在不仅要强调社会主义反抗资本主义的斗争,还要强调社会主义和资本主义的有限合作"。当然,"贷款、退让、过多地依赖进出口也隐藏着危险"。然而,"还有一个更大的反面危险,它延迟着我们的经济进步"。此外,"国际经济关系越是多样化,我们的敌人扰乱它们的难度就越大"。(Trotsky 1926:第8－12章)

托洛茨基在这些方面是个彻头彻尾的国际主义者,也是一个真正的马克思主义者,这与斯大林打着社会主义的幌子、主张闭关自守的经济国家主义和保护主义形成鲜明的对照。1928 年,托洛茨基再次强调:"通过实施新经济政策,在我们国家为资本主义生产关系创造了一定的地位,我们在以后漫长的岁月里必须认识到它们是不可或缺的。"(Trotsky 1928:31)尽管他在政治上依然倡导进行革命性的社会主义运动,但是 1922 年以后,在苏联的社会主义建设中,托洛茨基不断提倡经济和解,与资本主义国家和平共处。这也是 20 世纪 20 年代中期所谓的左翼反对派通常采取的立场,他们包括杰出的经济学家叶夫根尼·普列奥布拉任斯基(Evgeny Preobrazhensky),著名的布尔什维克温和派、财政部长格里戈里·索科尔尼科夫(Grigori Sokolnikov),央行行长列夫·夏宁(Lev Shanin),计划委员会主任弗拉基米尔·巴扎洛夫(Vladimir Bazarov),以及贸易部长利奥尼德·克拉辛(Leonid Krasin)。(Bideleux 1987:83－114)

　　在最初的构想阶段,甚至斯大林关于"一国建成社会主义"学说的主旨,基本上是维持政权不垮,而不是预示着后来的自力更生、排外主义和对内高压态势。斯大林在《论列宁主义基础》(1924)中认为,对于苏联政权来说,"全部重点在于整体上维持政权,巩固政权,使它不可战胜",直到其他国家"无产阶级革命"胜利时刻的到来。斯大林在 1925 年 12 月苏共十四大(CPSU)上强调说:"我们国家……已经暂时实现了与资本主义世界的势均力敌,这种均衡状况决定了目前彼此'和平共处'……我们一度视作战后短暂的缓和期,现在看来将持续相当长一段时间"。(Stalin 1954:267—268)斯大林在该篇报告的后面继续指出:"布尔什维克革命带来的结果是,世界分化成两大阵营:帝国主义阵营和反帝国主义阵营。"(第 288 页)因此,斯大林的"两大阵营"学说起源于 1925 年,而不是 1947 年(往往被误以为如此)。这一学说并不意味着苏联将永远与有一个稳定的、统一的、团结起来反抗它的资本主义阵营作战。相反,斯大林从一开始就强调说,在资本主义阵营"没有一致的利益,也不是铁板一块","无论谁执政,都存在着利益冲突、分裂、征服者和被征服者的斗争、胜利者之间的斗争以及所有帝国主义国家为争夺殖民地和利益的斗争",结果"那个阵营的稳定就难以为继"。(第 288—289 页)然而,托洛茨基与其他领导人强调苏联需要更广泛地接触西方的产品、资本、技术、专业管理知识和市场,斯大林却强调,欧洲资本主义国家失调的经济需要重新获得苏联的自然资源和更大的市场。(第 294—296 页)此外,托洛茨基、普列奥布拉任斯基、夏宁、索科尔尼科夫、巴扎洛夫和克拉辛拒绝经济国家主义,赞成充分利用对外交流中获得的潜在资源,如外贸、外资、外国贷款、外国技术和管理知识,斯大林却宣称:"我们必须尽一切努力使我们国家变成一个依靠国内市场、经济上独立自主的国家,吸引其他国家逐渐摈弃资本主义、迈向社会主义经济,并成为它们的中心。该路线就要求尽最大可能推进工业扩张"。(Stalin 1955a:306)在斯大林看来,应优先发展的是大规模重工业,特别是燃料和冶金。(第 323—324 页)从 1926 年起,随着斯大林政权的巩固,苏联主要的工业投资集中在重工业。由此产生的比例失调、生产紧张和资源短缺迫使苏联沿着一条生产失衡、强制性的工业化道路前进,尽管直到 20 世纪 30 年代,这一经济战略隐含的可怕的人力和经济问题才完全显现出来。(Bideleux 1987：100,118,124－127)然而,相继公布的"各类"第一个五年计划(1928－1932)实际上预示苏联将依旧是一个以小农经济为主的市场经济。这完全建立在下述状况依然持续的前提下,即东西方仍然维持高层次贸易活动,而且美、德、英实质性地卷入一些重要经济部门的现代化和扩展当中,这类部门包括石油、化工、工程、采矿和木材产业等。除了 1927 年的战争恐吓及1928 年对一群疑似"破坏者"和"间谍"的外国工程师公开审判,苏联在那个关键时刻无力负担与主要资本主义国家对抗的代价。另外,1935年苏联外交部长马克西姆·李维诺夫(Maxim Litvinov)极力推动"集体安全",苏联分别与法国和捷克斯洛伐克签订了互助条约。1936 年 3月希特勒重整莱茵兰军备,随后 1938 年 3 月纳粹吞并奥地利,这些变局促使李维诺夫加速部署集体安全计划,"遏制"纳粹的扩张主义。

　　苏联在 20 世纪二三十年代也急切地渴望与美国建立更为亲密的关系。在布尔什维克眼中,美国与没落的中、西欧截然相反,是一个"新兴"社会(像苏联一样),而且苏联的第一个五年计划很大程度上依赖进口和仿效美国的技术,来实现石油工业、矿业、冶金以及交通的现代化(正如萨顿① *1968 至1972 年档案中记载的那样*)。从列宁以来的许多布尔什维克分子都痴迷于美国的技术、工业组织以及"科学管理"(泰勒主义、时间和运动研究、工效学),而且他们还特意去寻求美国的商业合作伙伴、方法和机器。苏联的国家报《消息报》在 1921 年 12 月 6 日公开宣称:"美国是世界上的主要力量……我们要采用这样那样的方式尽一切可能增进对美国的理解"。(引自 Kennedy-Pipe 1995：23)1931 年日本占领中国东北后,苏联加强了与美国的关系,1933 年 11 月,美国与苏联缔结外交关系,旨在针对日本和纳粹的扩张主义。1938 年,李维诺夫谋求与美国签订正式的军事协议,却遭到了美军的断然拒绝。

468

① 　Sutton,萨顿,英国英格兰东南部城市,在伦敦西南。——译者注

(Kennedy-Pipe 1995：24－26)

20 世纪 30 年代的大萧条及其不良政治后果深深地影响了苏联的国内发展进程,以及苏联对资本主义世界的认识。苏联的主要出口产品,如石油、粮食、木材和矿产在世界市场中的价格下跌,加上欧洲、美国和亚洲普遍采取保护主义和"反倾销"措施,迫使苏维埃社会主义共和国联盟变得更加"闭关自守"和独立自主,尽管这实际上提高了苏联工业化和农业机械化项目的成本。(Dohan 1976)不过,因为自力更生也是斯大林在 1925 年以后频频宣传的目标之一,所以这一自给自足运动也不能仅仅归咎于不利的世界市场条件。

我们已经强调,苏维埃或共产国际在 20 世纪 30 年代关于法西斯主义的声明,为共产党最终在 20 世纪 40 年代末接管东中欧和巴尔干地区提供了新马克思主义合理化的阐释(见第 28 章),如同列宁的《帝国主义是资本主义的最高阶段》一书以及相关作品为 1917 年布尔什维克在俄国夺取政权提供了新的理论论证。而很大程度上被忽视的是,这些声明为苏联改变对"帝国主义阵营"的看法铺平了道路,在 40 年代末冷战的巅峰时期,他们重申了这些立场。(见第 471 页)

战胜德国让苏维埃政权赢得生机,而且因为民众更广泛的支持以及涌现出新的领导干部和一批新的战斗英雄,政权的基础得以扩大。1941－1945 年间,苏联共产党招募了 840 万新成员,他们中的 80% 来自军队。因此,1945 年后三分之二的苏联共产党员曾经参加过这场伟大的卫国战争,这一点对战后苏联领导人的合法化及其"魅力化"发挥一定作用,正如参与俄国革命和 1918－1921 年内战赋予了他们的前辈以特定角色一样。(S. Linz 1985)45 年来,成千上万的书籍、战争纪念碑以及军事书店充斥着公众有关苏联这场规模空前的战争成就的强大认识。然而,斯大林晚年的苏联必胜信念很容易混淆这样一个事实,与美国不同,几乎为战争摧毁的苏联之所以成为"超级大国",主要因为事实默然使之：德国被同盟国占领并被瓜分,法国费了将近 15 年的时间才从 1940 年屈辱的战败以及战后印度支那和阿尔及利亚战争中恢复过来,日本被美国占领,英国为取得胜利,经济和军事元气大伤。相比于美国,"超级大国"的角色对苏联意味着更大的负担。战争期间,美国经济总量增长了 50%,而 1945 年苏联的国民收入比 1940 年减少了 25%。即使根据苏联官方统计,1950 年苏联的国民收入仅是美国的 31%,工业产量不及美国的 30%。(USSR 1977:95)因此,在同美国的军事较量中,苏联不得不将很大一部分原本就极低的人均产出用于军事目的。身心疲惫的苏联各族人民本无心思去从事苏联政权蛮横地强加给他们的这项西西弗斯(Sisyphus)[①]式的艰苦劳动。再者,在第二次世界大战之初,斯大林对经济建设一直一窍不通,这更加重了民众的负担。"他是通过血腥尝试和屡犯错误才得出总体性的智慧"。(Volkogonov 1991:452)到 1945 年,这位 65 岁的领导人已经精疲力竭。(第 497 页)体力方面,他"已经是垂暮之年……处于他这种情形下的政治家,一般要么退休,要么把国际事务的重任交给一位可靠的后继者",然而,"斯大林并没有那么做"。(Zubok and Pleshakov 1996:26)

在这样的情况下,许多西方冷战斗士的下述设定似乎荒诞不经,即胜利的苏联一门心思地要把冷战不断升级并取代美国在欧洲的地位,实现控制世界。事实上,30 年来敌对的资本主义包围圈已经培育了一种防御性的"暗堡"心态。"鲜有证据表明,斯大林早在马歇尔计划提出之前就有迅速扩张的总体规划。他不得不先巩固第二次世界大战中刚获得的利益。"(Zubok and Pleshakov 1996:130)重要的是,红军人数由 1945 年 5 月的 1 130 万下降到 1948 年的 290 万。(Kennedy-Pipe 1995:85)另外,由于法国暂时退出行动,英国也处于崩溃边缘,为了维护日耳曼民族降服和分裂状态,斯大林和莫洛托夫(Molotov)都指望从美国那里得到必要的帮助。斯大林"想要美国介入欧洲事务,但同时又想消解美国给苏联在欧洲的势力范围带来的影响"。(第 67 页)"苏联关于战后欧洲的每一项提议,尤其是对德国和奥地利的政策,都要正视英美的军事存在"。(第 44 页)为了确立三足鼎立而不是苏联单方控

469

---

① 西西弗斯(Sisyphus),希腊神话人物,遭诸神惩罚,令他把一块巨石推上山顶,由于巨石太重,总是推到半山坡又滚下去,致使他无休止劳苦而死。——译者注

制的世界格局,(第56页)斯大林甚至"说服他的西方同盟国与红军同期进驻奥地利"。(第50页)由于在反抗大德意志(包括奥地利)帝国的严峻斗争中遭受重创,苏联最害怕的就是德国会像第一次世界大战后那样快速恢复。斯大林在1943年的德黑兰会议上坚称,除非给予日耳曼民族最严厉的惩处,否则德国的霸权主义将在未来20年之内再次出现,因为他不相信德国的"民族性格"会发生改变,因此,他"预测德国问题需要东西方长期的政治和军事合作"。(第42页)1945年4月在莫斯科同南斯拉夫领导人的一次会晤中,斯大林重申了他的观点,德国实力"很快就会恢复。这是一个拥有许多高级技能的工人阶级和技术精英的国度。只需12 − 15年的时间,他们就会迎头赶上"。(M. Djilas 1963: 90 − 91)

因此,斯大林的直接目标并不是统治世界,更不用说发动世界革命,而是一个更加有限的目标,即通过军事条约和结盟、经济和意识形态依赖来创造一个与苏联利益相绑定的保护缓冲带。他认为红军"解放"的领土理应属于苏联新的"势力范围",正如他承认那些被西方盟军占领的领土属于他们的"势力范围"一样。如果英美希望在意大利、日本、希腊、利比亚、埃及、伊拉克、伊朗、菲律宾和日本等国不受阻挠地培养亲西方政权,撇开苏联直接"闯入"他们的势力范围,那么他们为什么还要就下述问题讨价还价呢? 即一旦东中欧和巴尔干国家在红军或共产党领导的抵抗运动中得到"解放",那么它们将进而被红军或共产党所统治。1945年4月斯大林提醒南斯拉夫领导人说:"无论是哪个国家占领了任何一块领土,它都会同时把这个国家的社会制度强加在这块领土上。只要它的军队有能力,这个国家都会将其体制强加到该领土的任何一块可能的范围内。相反的情形绝不可能。"(M. Djilas 1963: 90)类似地,他曾对一个1948年初到莫斯科访问的南斯拉夫代表团说:"西方国家将会把西德划为己有,我们将把东德变成我们自己国家的一部分。"(第119页)苏联的占领军把东德"布尔什维克化"了,"并不是因为他们事先有如此的规划,而是因为这是他们所知道的唯一的社会组织方法"。(Naimark 1995: 467)

迄今为止,根据 20 世纪 40 年代和 50 年代初未出版的一些回忆录和文件,更趋向于证实,苏联领导人真的以为,始于第二次世界大战期间苏联与西方国家的合作能够在战后持续数年。(Zubok and Pleshakov 1996：27－34)鉴于苏联人员伤亡惨重、物质匮乏、元气大伤,以及西方因苏联人民在击败希特勒当中发挥过重要作用而对他们感恩戴德,普遍认为,西方将会帮助苏联重建千疮百孔的经济和社会,而且出于道义方面的责任也应该给予支持。这一点加剧了苏联人对美国 1945 年 8 月向日本长崎和广岛投放原子弹的震骇。美国未经与作为其盟友的苏联协商就实施这类可怕行动,其矛头不仅被认为指向日本,同时也被认为指向苏联,这也预示,如果苏联胆敢试图抢夺来之不易的对德战争胜利的战利品,进而导致西方背弃他们对"英雄的苏联人民"的道义以及雅尔塔会议达成的"势力范围"百分比协议,那么苏联就将遭受类似的命运。(Zubok and Pleshakov：41)尤利·哈里顿(Yuli Khariton)是苏联首枚原子弹"之父"之一,根据他的说法,"苏联政府将轰炸广岛看作针对苏联的原子讹诈"。(第 42 页)部分西方学者认为,那些轰炸实际上并不是为了加速战争的结束和挽救生灵,而是为了给苏联一定的威慑。(Alperovitz 1995)

然而,苏联为战后重建所做的最初准备仍然建立在下述前提之下,即原先期望西方国家(特别是美国)至少在战争结束之初的数年会提供援助,而且斯大林一度继续与西方政府展开协商,并且抑制苏联"势力范围"以往地区的共产主义革命运动,因为这些"势力范围"多是苏联与其短暂的西方盟友在 1944－1945 年间的莫斯科、雅尔塔和波茨坦会议上明确承认的。1945 年 4 月罗斯福去世,7 月丘吉尔离职以及 8 月对广岛和长崎的原子弹轰炸,严重地加剧但并没有中止斯大林与其西方盟友的关系。斯大林和莫洛托夫仍然谋求西方能大规模援助苏联重建,并希望西方国家尊重苏联在东中欧和巴尔干地区公认的"合法利益"。反之,他们也接受英美同样有权在它们自己的"势力范围"内采取视为必要之行动,甚至还包括在欧洲实行的某些不受欢迎的"美元外交"(dollar diplomacy)。(Zubok and Pleshakov 1996：105)他们起初

470

也欢迎马歇尔计划(这让他们很吃惊),将其视作对某类"租借援助"或者"无条件援助反法西斯主义同盟"(包括波兰人和捷克人)的回报,结果,莫洛托夫参加了 1947 年 6 月巴黎的先期讨论。(第 104 页)莫洛托夫甚至接受下述条款:美国在德国享有特殊利益,并且在欧洲普遍享有利益。(第 101 页)实际上,苏联对德国国力任何潜在复苏可能性的极度担忧,以及对英法两国实力锐减的高度敏感,以至于苏联的政治和军事领导人仍然期望在不确定的未来美国能继续帮助降服和遏制德国。这也就解释了为什么斯大林最终同意让"法国帮助维持对德国的有效牵制",尽管他曾在此前反对法国介入,因为法国一度在军事、经济和政治方面声名狼藉。(Kennedy-Pipe 1995:53 - 55)

因此,推动苏联领导人在 1947 年 7 月转而反对马歇尔计划的决定性因素并不是美国经济影响在欧洲的潜在蔓延,甚至也不是附加在马歇尔援助计划中的有害条款,而是美国决定把德国(连同之前的其他一些"敌国")囊括进《欧洲复兴计划》援助对象当中。受凯恩斯 1919 年出版著名的《巴黎和会的经济后果》一书影响,许多英美经济学家、政治学家以及政治评论家逐渐认识到德国经济复苏在整个欧洲经济复苏中的重要性,而且在他们看来,确保德国全面参与马歇尔计划当中获得援助关系重大。然而在苏联人看来,西方企图恢复德国的经济实力,继而恢复其军事实力,从而扭转苏联的局势,违背他们的道义责任和应恪守的承诺,这是背信弃义的做法。马歇尔计划逐渐被视为"美国为了在欧洲获得持久和卓越影响力的一次大规模尝试",还被视为"试图恢复德国军事工业潜力,并且像 20 世纪 30 年代那样引导它对抗苏联的一项意义深远的方案"。(Zubok and Pleshakov 1996:50)

这些认识有助于正确理解安德烈·日丹诺夫(Andrei Zhdanov)1947 年 9 月在新的共产党情报局(别名"共产党和工人党情报局")成立大会上发表的臭名昭著的"两大阵营"演说。这篇针对西方的长篇演说,不仅标志着重弹斯大林在两次大战之间提出的"两个阵营"的老调,而且表达了一个相当合理的猜疑,即西方资本主义"帝国主义分子"故伎重演,再次蓄谋驱动德国发动一场右翼十字军运动,以期击退苏联在

471

战后欧洲的影响，正如他们曾希望 1938 年 9 月签署的《慕尼黑协议》能够引导纳粹东扩，在 1939 年将矛头对准苏联：

> 全世界尤其是英、美、法国的反动帝国主义分子，对德、日特别是对希特勒治下的德国寄予很大希望：首先，是当作一股最能打击苏联的力量……其次，是一股最能够镇压德国本国和其他各国的革命性劳工和民主运动的力量，这些国家都是为了迎合纳粹侵略而挑选出来进而在总体上强化资本主义力量。这就是战前推行的"绥靖政策"和鼓励法西斯主义侵略，即所谓的慕尼黑阴谋的主要原因……
>
> 在所有资本主义国家中，唯一的一个国家——美国——在战争中脱颖而出，不仅力量没有被削弱，反而经济和军事实力变得更加强大……但是美国称霸世界的野心遭遇到苏联这个反帝国主义和反法西斯主义堡垒的障碍……因此，美国推行的新扩张主义和反动政策不可避免地会与苏联……以及世界各国的解放主义和反帝国主义力量之间发生争斗……"马歇尔计划"中含糊其词和故意审慎的阐述，究其本质，就是要确立一个方案，借此组建一个义务与美国相绑定的国家阵营……此外，"马歇尔计划"的核心就是复兴西德的工业区……"马歇尔计划"优先援助的对象，不是贫弱不堪的胜利国，也不是曾协同美国抗击德国的盟国，而是德国资本主义，马歇尔计划旨在把欧洲所需要的主要煤铁能源纳入美国控制之中……并且让那些需要煤铁的国家被迫依赖经济实力已恢复的德国。（Zhdanov 1947：38—41）

这篇演讲表达了苏联领导人真切感受到的背叛感，以及对马歇尔计划赋予西德核心地位的极度憎恨，同时也表明共产国际 20 世纪 30 年代阐释法西斯主义和西方"绥靖"政策的《纲领》中往往容易被忽略的一贯态度。因此，苏联对西方越发采取敌对态度。一些修正主义者的著述已经表明，在这种情况下，即使一个温和的俄国民族主义政权也会做出不二的反应，更何况苏联是在极度惊骇和深感遭到背叛的情况下。

为了回应西方在 1947 年向德国提供马歇尔援助以及 1948 年决定单独发行西德货币的做法,斯大林在 1948－1949 年下令修筑了一道西柏林封锁线。这种蓄意挑衅本质上并非针对美国进驻德国,而是针对西方国家对西柏林以及德国西占区的主导地位,毕竟,很大程度上正是由于苏联才打败了德国。(Kennedy-Pipe 1995:6)然而,苏联的这一反应却加强了美国在西方的影响和领导。"斯大林在 1947－1948 年的行动是基于这样一个正确的设想:他并不会冒险与西方开战,但是他错误地估计了防御动机所产生的结果。"(Zubok and Pleshakov 1996:49－52)

472

复兴后的苏联坚持认为,苏联阵营与资本主义国家间"绝不可能"和平共处,这种态度在斯大林晚年的偏执表现中达到极致。然而,与此同时,1949 年中华人民共和国的建立,加上苏联打破西方对原子弹垄断的事实,似乎已说服斯大林相信,欧亚力量均衡正向有利于共产主义阵营的方向转移,而且现在冒险让共产党政权入侵南朝鲜不失安全。美国在失去它的国民党盟友之后似乎正准备退出亚洲大陆。斯大林意识到,共产党在朝鲜挑起战争将会违反划定的现存"势力范围",而且就其极致而言,有可能会酿成第三次世界大战的爆发。然而,斯大林认为,相比等到西方赞助下前轴心国得以复兴进而壮大了西方整体力量,在 1950 年冒些风险反而更安全些,因为此时德、日尚在外国占领军控制之下。就东亚而言,斯大林声明:"如果战争不可避免,那就让它现在爆发,而不要等到几年后日本军国主义复活成为美国盟友,也不要等到美、日……以韩国'李承晚'政权形式在(亚洲)大陆上建个滩头阵地。"(Zubok and Pleshakov 1996:62－63,66－67)然而,美国在朝鲜的反攻规模之大令斯大林震惊;因为它不仅酿成朝鲜战争的扩大和东西方的军备竞赛,而且加速了斯大林最为恐惧的梦魇的实现——"依靠前希特勒一些将军的帮助,西德得以重整军备"。(第 64－65、69－70 页)

因此,1945－1950 年斯大林扩大和加强共产党在东中欧和巴尔干大部分地区的统治,关于其特征的最准确概括应当是防御性侵略(defensive aggression),以及"社会主义在一国建成"学说本质上自我保护的"碉堡心态"(bunker mentality)的扩展,它既不是作为提前规划的、与构成其战时盟友的西方列强分道扬镳的一部分,也不是把整个欧洲或全世界纳入共产党控制之下的第一步尝试。共产党和苏联在东中欧、巴尔干地区的新兴"人民民主"或共产主义国家中的统治并没有因此而更为惬意。相反,结果是,他们的境况比下述可能的情形下的待遇更糟,即便斯大林真的致力于煽动一场全欧洲范围的共产主义革命,并把东中欧和巴尔干地区新兴共产主义国家作为展示共产党统治恩典的橱窗。

共产党面对的主要挑战：东中欧和巴尔干地区农民的困乏,1945－1947

战后东中欧和巴尔干地区逐渐由共产党执政,他们面临的首要挑战来自农民,尤其是因为农民在所有地方仍然占主导(除了相对工业化的捷克斯洛伐克和东德,1950 年农民分别占这两个国家总人口的 36％和 26％)。先前那些声名狼藉的统治者由于所犯罪行要么被流放,要么被囚禁,要么被处以刑罚。社会党人由于与共产党有相同的马克思主义传统和无产阶级追随者,常常感觉到不得不追随共产党的政策和萨拉米策略(salami tactics)[①],将对手一个一个地击败、雇来暴民从事示威游行并恐吓或排挤对手,直到 1947－1948 年,由于他们主动或被动地卷入共产党的行动中,因此很难抗拒被强行并入共产党领导的政党和政权中。被剥夺了财产和经济机会的中产阶级"顷刻间一贫如洗"。但是农民"既不会像中产阶级那样被压垮,也不会像社会党人那样被吸纳"。(Mitrany 1951: 171)因此,共产党起初通过支持和帮助实施激进的土地改革来安抚各个农民派别,使得农民保持"中立",同时在幕后暗中加强他们对国家核心机构的控制(尤其是国家安全部门)。

473

1945－1947 年的土地改革实际上终结了 1918－1923 年开启的改革。然而,他们不仅重新分配了匈牙利、波兰和东德许多残余的地产

---

① 萨拉米策略(salami tactics)：萨拉米指意大利香肠。萨拉米策略意为把对手像香肠那样一片一片地切食。——译者注

(其余变为国有农场),而且剥夺了中农的土地(在罗马尼亚、南斯拉夫和阿尔巴尼亚是无偿的),并按照有利于贫农和无地农民的方式进行了有区别的分配。另外,尽管这些重新分配的土地可以作为个人财产允许继承,但是未经政府许可,土地不得买卖、转让或者抵押。这些土地改革本质上是过渡性的和策略性的,这突出反映在它们实施速度之快(在匈牙利和罗马尼亚实施不到一个月!)以及缺乏跟进的措施,包括缺少对相关土地的准确登记和调查。然而,通过牺牲所谓"富农"来特别优待贫农和无地的劳动者的土地分配方式,以及让贫农和激进的农民群体加入无产阶级政党,共产党成功地在农民和农运当中挑起纠纷和冲突,从而便于对两者实施"分而治之"的策略。为了赢得政治声誉,也为了从老百姓眼中看到感激之情,共产党的政治家们也会亲自给新农民颁发地契,(出于宣传需要)这样的场景往往会被摄影师捕捉下来。

农业合作化,1948 - 1964

然而,与苏联确立牢固的斯大林政权相比,1945 - 1948 年在东中欧和巴尔干地区建立的相对不稳定的和脆弱的共产党政权根本无法承受"清算"成千上万所谓"富农"(乡村商贩和借贷者)的代价。为了尽快实现农业集体化,包括建立大规模的国有农场和农业生产合作社(APCs),以取代独立的小农经济,他们不可能冒饿死大批民众和怠工的危险。实际上他们也没有那样做的必要,尽管这假定集体化在苏联是否真的具有"必要"这一问题的正确性。(这一问题曾被激烈的评论过 Bideleux 1987: 11, 36 - 37, 54 - 56, 62 - 69, 77 - 79, 110 - 113, 118 - 123, 194 - 220)1948 - 1960 年期间,保加利亚、罗马尼亚、匈牙利、捷克斯洛伐克、东德分阶段地完成了大规模的农业集体化,而且没有采取大范围的暴力和摧毁行动,阿尔巴尼亚的农业集体化是在1955 - 1964 年间完成的。尽管集体化在捷克斯洛伐克、东德、保加利亚和匈牙利的部分地区确实涉及一些官方承认的"过分"、"错误"、"曲解"以及"违背自愿的原则",这类事件似乎更多的是例外而非普遍。(Bideleux 1987: 200)事实上,上述各国在贯彻农业集体化期间,大牲口的总量略有增长(马匹除外,那时在全欧洲马匹正在被拖拉机所取代)。这与20世纪30年代和1945－1949年间苏联许多地方强制性农业集体化过程中伴生的牲畜遭到大规模破坏的现象形成鲜明对比。(Bideleux 1987:122,201,205－208)反过来,这再一次反驳了下述简单化的观点和假设——农业集体化必然是暴力性的和破坏性的——它有可能如此,但事实上它并没有一定如此。

　　有几个因素决定了东中欧和巴尔干地区农业集体化的成本低于斯大林统治下的苏联。针对每个地区集体化农业所采取的恰当的形式和发挥的功能,都进行了广泛而细致的讨论。鉴于有些农户正为农业生产合作化提供更多的土地、资本和牲畜,所以,在推行农业生产合作化方面广泛采用了多种过渡形式和有差别的补偿方法。而且为了鼓励农民参与农业生产合作化,还为他们提供一些优惠和特权。一些先前无地但1945－1947年土地改革期间获得土地的农业雇工,由于缺乏必要的耕作生产资料,因此特别容易受政府花言巧语的影响。此外,捷克斯洛伐克和德意志民主共和国(GDR)都比苏联的工业化程度高,因而处于相对有利的地位,能够提供确保上述两国和周边一些共产主义国家集体化农业生产率相对高效所需的大部分机器设备和肥料。另外,已经"拖拉机化"的苏联在1946－1962年期间向东中欧和巴尔干地区出口了10万多台拖拉机。斯大林政权总是自发地给所有成功的农民贴上"富农"和"阶级敌人"的标签,他们因此注定遭到"清算"并被禁止加入农业合作化生产。可是,在东中欧和巴尔干地区,共产党政权在成功地组建农业合作社当中,却是通过任命农民为农场负责人或管理者来努力利用他们,也让他们认识到自己身处穷苦兄弟包围之中和监视之下。(Bideleux 1987:201－202)因此,比起20世纪30年代的苏联,50年代东中欧和巴尔干大部分地区的集体化农业更适于把它们的一些潜在经济、社会和技术优势变成现实。一度地,他们曾经从早期错误中吸取了一些教训。

　　另一方面,在波兰和南斯拉夫,许多曾积极参与了反轴心国武装抵抗运动的农民,发起了激烈的抵抗,由此导致这两个国家在20世纪50

474

年代早期过早放弃了大规模农业集体化。(Bideleux 1987：61－63)然而,即便是从"正统"的共产党立场来看,同一些集体化的东中欧邻国相比,波兰没有费太大力气也不乏成功地设法完成了大规模中央计划的工业化,这一事实引发了对农业集体化的经济、社会和政治"必要性"以及农村集体化的意愿性的深度质疑。只有波兰所谓的"西部领土"(1945年从德国划过来的地区)计划推行实质性的集体化,而且创立农业集体化合作社,主要是为了让大批波兰人快速在那些德国农民曾被迫离开的优质耕地上安顿下来,进而达到永久获得这些土地的目的(这与以色列以合作农场①的方式对以色列"占领领土"进行殖民化不无相似)。归根结底,波兰和南斯拉夫的共产党政权并不像斯大林政权那样冷酷无情、缺乏人性、铁石心肠。他们知道何时以及如何脱离可能的人员牺牲和经济灾难,而不是完全不顾人员和经济损失而一意孤行。

从 1948 年至 20 世纪 60 年代强行工业化

20世纪40年代末到60年代初,东中欧和巴尔干地区的共产主义国家快速动员,加大劳动力、资本、能源和原材料方面的投入,以便迅速实现工业化并实现增长率的显著提升。然而,这类工业化和增长与其说是建立在日益提高的生产率或者有效利用资源(所谓的"集约型"增长)之上,毋宁说是建立在对持续增加但利用率低下的资本、劳动力和原材料投入(所谓的"粗放型"增长)的大规模动员之上。因为这涉及自然资源的不合理开发,因此也是一种被称为"刀耕火种"式(slash and burn)的经济。再者,与西方资本主义工业化模式形成鲜明对比的是,他们优先发展的是重工业而不是轻工业,注重"强制积累"和投资的增长,而不是个人消费。因此,驱动东中欧和巴尔干地区共产主义国家经济发展的,不是大规模生产和消耗消费品(如同每个西方工业化国家那样),而是大规模生产生产资料,如钢铁、机器、化工、煤和石油,大部分生产资料是由工业本身而非由终端消费者消耗掉,结果其对人民生活

---

① Kibbutz,基布兹,以色列的合作农场。——译者注

水平的提高没有什么积极作用。(关于共产党的这些工业化策略的批判性分析,参见 Bideleux 1987：144－160)再者,对经济的总体控制借助高度集中的、强制性的和所谓全面规划和资源分配来执行,而不是借助市场因素和财政政策,但是,所谓的中央计划经济在实践中并没有理论上所体现的那样集中全面控制,因为真正全面的中央计划实际上是不可能达到的。(第141－143页)

475

　　工业化的过程很少(如果的确有的话)不承担痛苦和付出代价,但在那些严重失衡的、"粗放的"、管制不当和强制性的共产主义发展战略中,社会、政治和经济成本高的超出寻常。这些发展战略对下述现象明显重视不够:消费者需求和服务业部门(教育和医疗卫生除外),城市化进程空前迅速的推进,城市过度拥挤,持续的物质短缺,大量妇女被招募到只适合男子从事的行业或低收入行业工作,广泛使用强制、镇压、"公开审判"、清洗和胁迫等手段,以及过度集中的资源配置和分配体系中的严重失误和浪费,等等。生产出的许多产品从没有到达预定的消费者手中,而且许多残次产品尚未到达预定的消费者手中就已不再适用。尽管(而且往往是因为)一个垄断的政府、一个全面渗透的政党和官方意识形态共同对社会实行密不透风和令人惊惧的统治,但这些制度并不能提供有效的机制或奖励措施来控制成本、挥霍、低效以及浪费,也未能提供有效的方法来确保所生产的产品正是使用者所需要的,而且也很少有人敢于对自己的以往行为(或是拖拉未做的事情)公开负责。战后重建和斯大林式的工业化迅速改变了巴尔干地区和东中欧共产主义国家的本质特征。1945年这些国家的大多数居民仍然依靠农业生活,大部分城镇依然充当周边农村地区的省内市场,政策讨论还是围绕着土地改革和农民意愿等问题。然而,到了1960年,农业和农民在工业和工人面前已经黯然失色了,非农家庭人口所占比例如下:德意志民主共和国83%、捷克斯洛伐克74%、匈牙利61%、波兰56%、保加利亚46%、罗马尼亚34%。尽管还有许多非农家庭继续留在农村地区,但是已经有成千上万的年轻农民从乡村移居到城镇。这样,波兰的城镇人口从1945年的750万猛增到1960年的1 440万(占总人口的比重从 32％增长到 48％），而保加利亚的城镇人口占总人口比重从 1948 年的 26％增长到 1960 年的 38％。1950－1960 年期间，贝尔格莱德的人口从 368 000 增长到 58.5 万，布加勒斯特的人口从 88.6 万增长到 122.6 万，布达佩斯的人口从 157.1 万增长到 180.5 万，格但斯克的人口从 17 万增长到 28.6 万，索菲亚的人口从 43.5 万增长到 68.7 万，华沙的人口从 60.1 万增长到 1 136 000，弗罗茨瓦夫[1]的人口从 27.9万增长到 42.9 万，萨格勒布的人口从 28 万增长到 43.1 万。 (Mitchell 1978：12－14)在波兰，城市蓝领的就业率从 1947－1958 年以每年 10％的速度增长，而从农民中招募的新员工甚至在未完成基础教育，或者缺乏较高技能和资质的情况下，也能找到工作。因此，到 1958 年 42％的城市工人"没有接受完整的基础教育，近乎文盲"。 (Kolankiewicz and Lewis 1988：41)在保加利亚、罗马尼亚和南斯拉夫存在着相似的情况，而阿尔巴尼亚的情况更为糟糕。

许多城镇变成大型的建筑工地。在波兰和南斯拉夫，超过三分之一的战前住宅和近一半的工厂在二战中被摧毁，而且在战争的最后阶段，匈牙利和东德城市破坏也非常严重。一些城市恢复了昔日的美丽，令人心旷神怡，但由于常常遭遇经济紧缩、扩建以及重建住房的需求量太大等问题，导致建设了一大批廉价、单调、容易破旧、格调单一的公寓（不过，由于问题成堆，不论任何政权执政，结果都可能会是这样）。城市生活标准迅速下降，因为一些需要长期培育的大型项目占用了太多资源，仓促的工业化迫使成千上万先前的农民居住在污染严重的大型工业区附近的临时窝棚或破蔽的公寓里，而这些地方要么在四周荒凉的偏僻之处，要么就是设施不全、毫无特色、缺少生气的新兴工业城镇的郊区。战后粮食短缺问题也在继续，因为农民对农业集体化、丑化富农和经常性的强迫征税采取了负面的对抗措施，加之给予农业投入太少，大批年轻人离开农村，这就进一步抑制了农业生产率的提高。对"自由"（独立的）工会的压制，以及那些成千上万来自农村"新招募"成

---

① Wroclaw,弗罗茨瓦夫,波兰西南部一城市。——译者注

员带来的城市工人阶级爆炸式增长，也造成了广泛的社会分裂、茫然失措、"漂泊无依"和"原子化"，这些进一步削弱了他们反抗各种形式的经济压迫和剥削的能力。工人阶级的弱点还体现在下述事实中——潜在的工人运动领导者往往被提拔到低级管理岗位，有时也会提到高级管理岗位，这就进一步瓦解了余下的"无产阶级团结一致"的任何可能性。饱受战争摧残、憔悴不堪、精神沮丧的人民轻而易举地成了凶残的威权体制的牺牲品，就像两次战争之间那样。

从最初的热忱到幻灭后的怨愤，1950－1956

不足为奇的是，左翼分子和工人阶级对斯大林主义发展战略的最初热情很快就消失了，最终变成极度失望。切斯瓦夫·米沃什(Czwslaw Milosz)贴切地描绘了共产党统治初期所激发的这种矛盾情感："经历过战争后，我们当中所有的人，甚至民族主义者，都不曾怀疑那些正在酝酿的改革的必要性。我们的国家即将转变成一个工人和农民的国家，这的确没错。然而，尽管农民分到了土地，但仍并不满意；他们有所担心。工人丝毫没有觉得他们就是工厂的主人，尽管他们以极度的自我牺牲去推动工厂运转，而且官方宣传中也让他们确信工厂就是他们的……但实际上，这是一场特殊的革命……这场革命完全依靠官方法令来推进的。"(Milosz 1953：166－167)

1953年夏天在德意志民主共和国(GDR)、匈牙利、捷克斯洛伐克，以及1956年夏秋在波兰和匈牙利，都发生了工人抗议运动。对这些工人抗议运动的社会学研究强调指出，最强烈的抗议正是来自那些起初给执政党政权以最热情支持的人们。他们中首要的是年轻工人、社会主义知识分子(他们中许多人在1949－1953年最终被关押起来)、激进的新闻记者、曾经"上升"为工业无产阶级的农民，以及那些曾经志愿"引导"农民加入所谓的斯大林式社会主义和集体化农业福利的年轻人。那些从一开始就公开谴责斯大林式经济战略的人，如今看到当初可怕的预测正变成现实，颇有几分洋洋自得，而那些一开始就对此漠不关心的人态度依然如此。然而那些曾热忱地坚信斯大林式工业化和集体化就是通向社会主义"理想国"(promised land)捷径的人,对这些国家统治造成的凄惨结局往往感到极度的幻灭,产生强烈的背叛感。他们天真的热情、理想主义和勇气经常驱使他们公开发表批评和抱怨,通常,随之而至的就是受到惩罚,工作和住房被降级,更严重的情况是被逮捕、监禁,甚至处决。安杰伊·瓦伊达(Andrzej Wajda)的精彩电影《大理石人》(*Man of Marble*,1977)就深刻地描述了这种人生变动轨迹。

根据布热津斯基(Brzezinski)(1967:97)的统计,1948—1953年期间,各国遭"清洗"的共产党员人数如下,保加利亚大约有9万人,罗马尼亚有20万人,匈牙利有20万人(其居民数只占罗马尼亚人口的三分之一),东德有30万人,波兰有37万人,捷克斯洛伐克多达55万人。据其他估算,仅在匈牙利就有大约15万名共产党员被监禁,约2 000人被处决,同一时期有35万人被开除党籍。(Rothschild 1989:137)在捷克斯洛伐克,有13万人(超过总人口的1%)被送进监狱、劳改营和矿山。(Sword 1991:60)普遍认为,第二次世界大战期间既已遭受过可怕"清洗"和流血牺牲的波兰,是战后东中欧国家中受"清洗"程度最轻的国家。而保加利亚、捷克斯洛伐克和匈牙利这些从战争中崛起、受伤相对较少的国家,相反,受战后"清洗"的影响更大。1944—1945年秋,保加利亚共产党领导的"祖国阵线"政府迅速建立惩治性的"人民法庭",那些被当作"法西斯主义者"、"战犯"或者"投敌者"而招致审判随后被监禁或处决的人,其所占比例要高出欧洲其他国家很多。(Oren 1973:88)捷克斯洛伐克和匈牙利的战后清洗比在保加利亚启动得晚,但最终遭伤害的人数据统计却更多。

1956年10—11月的匈牙利革命

1956年秋在匈牙利爆发的动乱不仅仅是由天主教、农民和"资产阶级民族主义者"针对共产党统治而蓄谋发动的"反革命",它并不像苏联干涉主义鼓吹者坚持认为的那样,也不像许多西方观察家和评论员同样急切渴望认为的那样。它还是一场要求实现"真正社会主义"的运动,由苦难而又绝望的工人和知识分子发动、旨在为工人阶级和农民获取更长远利益的一场更纯粹的社会主义革命。1956 年 10 月底至 11 月,匈牙利各个工厂和工人阶级聚居的郊区组建形成一个工人委员会网络。据比尔·洛马克斯(Bill Lomax)说,匈牙利工人和工人委员会的斗争对象主要指向执政党官僚对生产力和生产方式的垄断控制,其控制形式一般采用执政党任命管理人员和工会人员,以及借助基层党组织和情报员的方式来实行。1956 年 11 月,"党指派的管理者被工人驱逐,党组织负责人也被逐出工厂,那些从未关心过工人利益的工会领袖也被逐出门外。随后,工人委员会作为管理工厂的工人自治组织建立起来"。(Lomax 1976:201－203)11 月 27 日,大布达佩斯中央工人委员会(the Central Work's Council of Greater Budapest)发表抗议,反对政府关于把工人委员会限定为纯粹经济组织的建议,并且发表公告宣称,"工人委员会是匈牙利工人阶级利益的代表"。(第 201 页)实际上,工人委员会"不把自己确立为一个享有特权的新精英群体,或者一个新官僚阶层……相反,甚至中央工人委员会的行政人员都全天参与工厂劳动"。工人委员会成员应定期向工人汇报,并服从召回或撤换。(第 202 页)因此,匈牙利工人阶级"不仅粉碎了从前由共产党统治的国家力量,而且重新开辟了一条道路,通向构成马克思主义和社会主义最初基本目标的社会——在这个社会中,等级制让位于平等,政治机构为民众机关所取代"。(第 203 页)

1956 年 11－12 月匈牙利革命的余波

在 1956 年流产的匈牙利革命中,激进的左翼与右翼力量彼此的目标和意识形态冲突,这便利了苏联武装力量及其卡达尔(Janos Kadar)为首的匈牙利合作者对革命实施血腥镇压。卡达尔从 1956 年 10 月至 1988 年 5 月一直担任执政党领袖。此次革命中伤亡情况如下:2 000 多名匈牙利人被处决,另有 2 000 多人遇害,约 1.3 万人受伤,同时 1.5 万名匈牙利人遭监禁,20 万多人逃往西方避难。(Molnar 1971:240, 249)执政党几乎全面瓦解,这种情形逼迫卡达尔并使他有可能从 1956 年起从零开始重建他的政党,因为许多以前的党员公开支持革命,或公

478 　开退党(上交和毁掉他们的党员证)。但是,为了消灭匈牙利革命,"必须摧毁工人阶级的每一个独立组织"。(Lomax 1976：194－195)事实上,工人阶级首当其冲,部分原因是"武装反抗苏军最激烈的地方发生在多瑙瓦罗士(Dunapentele)、奥茨德(Ozd)和密什科尔茨(Miscolc)等规模较大的钢铁中心,以及包尔绍德(Borsod)、多罗格(Dorog)、陶陶巴尼奥(Tatabanya)和贝赤(Pecs)等矿区。在布达佩斯,苏联军事当局不得不在工人聚集区配以重兵,因为那里的工人已占领工厂,并对苏联装甲部队发起攻击,进行了持续数天的保卫战",然而"时尚的中产阶级居住区……几乎没有进驻军队"。(第149页)

1956－1957年的波兰剧变

　　1956年6月波兹南发生抗议活动以及恢复"民族共产党"维拉迪斯罗·哥穆尔卡(Wladislaw Gomulka)的执政党领导权活动,但是遭到镇压(其间有113人被波兰军队和秘密警察杀害)。此后,波兰出现一个类似匈牙利的工人委员会组织网。1956年11月的一份官方法令宣布蓬勃发展的工人委员会合法,但它们的权力仅限于解决地方经济和社会问题层面。该法令还禁止任何试图组建全国性工人联合会的做法,因为那样的组织有能力对国家政权施加政治压力,或者在国家政治决策层面发挥有效作用。(Brzezinski 1967：350)到1957年9月,1936家符合条件的工业企业中有四分之三的企业已经建立了工人委员会,但在1958年4月,这些工会力量被进一步削弱,因为它们必须服从一个所谓的工人自治大会(Workers Self-Government Conference)组织,该组织中选举出的工人委员会代表人数少于执政党和工会委任者的数量,而且大会议程由党书记负责。(第356页)波兰工人委员会因而变成了一个仅仅充当晴雨表和安全阀的"申诉委员会"(grievance board),而不再是真正领导工业民主或是"工人控制的"先锋队。工人阶级的不满与其说得到了缓和,毋宁说是被间接地压制了,但这并非解决执政党及其名下统治的工人之间频繁冲突的长久之计,因为哥穆尔卡和他的后继者在1970、1976、1980－1982、1988－1989年波兰危机期间终于意识到上述权宜之计的代价。

匈牙利和波兰动乱的遗产

东中欧和巴尔干共产党政权受到的挑战,与其说是来自反革命的
"资产阶级"、民族主义者和宗教不满者,毋宁说来自工人阶级的愤懑。
前者无疑的确存在,但法西斯主义、第二次世界大战和斯大林主义的共
同影响使得资产阶级民族主义者、自由派以及基督教教会缺乏强有力
的阶级基础,执政党政权可以把他们作为"人民敌人"或者前"剥削阶
级"的追随者顺理成章地加以清除。他们痛苦的呼喊和抗议声正好可
以确证,执政党政权正成功地实现其目标,而且也可当作"反革命分子"
执意推翻其统治的口实。无产阶级和社会主义知识分子一向被视作共
产党统治的两大支柱,他们中爆发的大规模骚乱更具威胁,而且更能令
政府窘迫。但在 1953—1958 年间,骚乱尚在萌芽之中即被压制下去,
采取的压制方式是,向早期工薪阶层的消费主义主张让步,而且向普遍
渴求的社会经济安全、稳定、社会阶层的向上流动性做出退让。然而,
其付出的代价却是革命热忱和社会理想主义的毁灭,取而代之的是愤
世嫉俗的"交易"和妥协,以及攫取和获得自身利益的实用主义主张。
共产党政权以这种方式收买了情绪不满的工薪阶层,也使自己卷入影
响深远的"背叛"中,同时,许多社会阶层也被拖入与统治者签订间接的
和严重腐败的"社会契约"中。这些严重降低了经济和管理效率。这类
政治策略的成功很大程度上取决于共产党政权如何成功地(或者相反
情形)维持经济的高增长和消费水平的不断攀升,这一点本身就能让他
们不辜负社会契约中共产党政权一方的期望。

然而,东中欧和巴尔干共产党政权中没有一个能够依靠自己实现
上述目标。因此,那些目标能否实现,最终依赖于他们在多大程度上能
够通过促进经互会内部跨国的或超国家的经济合作、劳动分工以及一
体化,达到摆脱或者超越"封闭的"民族自力更生原则的束缚和紧缩,而
上述措施也提供了更多路径以便进入更广阔的市场,甚至获得更多苏
联矿产资源。因此,尽管西方分析家普遍认为经互会只是一块遮羞布,

和一个无关紧要的官僚组织,但在看到它固有缺点的同时,认识到它的优点同样非常重要。东中欧和巴尔干地区的共产党统治能够苟延,很大程度上最终取决于经互会能够有效运行(或者相反的情形)的程度。

1949－1960 年经互会的产生:苏联阵营制度化的主要机制

经互会的正式名称是经济互助理事会(CMEA),成立于 1949 年,当时东西方分裂和欧洲冷战对抗正处于极致时期。苏联阵营在意识形态和军事政治方面设有各党合作组成的共产党情报局(Communist Information Bureau,又称共产党和工人党情报局,成立于 1947 年);在军事和政治层面,建立了各国政府合作的华沙条约组织(成立于 1955 年)。作为与之并行的一个机构,经互会的设置就是为了提高苏联阵营的坚固性和凝聚力。它是第二次世界大战的副产品,并且导致欧洲为东西方所瓜分,西欧新兴的超国家和跨政府机构也是如此。

经互会的成立,是斯大林阻止东中欧和巴尔干共产主义国家意欲加入"欧洲复兴计划"的部分结果。1947 年 6 月,美国国务卿马歇尔宣布了该计划,但有关这两者之间因果联系的准确性和重要性仍有待商榷。美国似乎打算将所谓的马歇尔援助(Marshall Aid)覆盖所有为摆脱第二次世界大战影响走向复苏而努力的欧洲国家,包括苏联以及东中欧和巴尔干地区新兴的"人民民主"国家。苏联代表参加了一些初期的讨论,但他们突然退出 7 月举行的讨论欧洲复兴方案的巴黎会议,这一行为客观上导致了"欧洲分裂为两个部分"。(Brabant 1989:9)在当时尚没有完全为共产党控制的一些东中欧和巴尔干国家,如捷克斯洛伐克、匈牙利和波兰,共产党仍然主张在苏维埃"社会主义"道路和西方资本主义道路之间开辟温和的、渐进主义的"中间道路"(他们担心吓跑了国内大量农民选民和"小资产阶级"选民),共产党越来越占主导的联合政府开始表现出对接受马歇尔援助的兴趣。尽管他们要面对接受马歇尔援助的"附加条件",即受援方保证恢复市场经济,自由兑换货币,促进他们国家与欧洲经济合作组织(OEEC)成员国之间进行多边经济合作。欧洲经济合作组织负责分配马歇尔援助的资源,并负责维护视之为理所当然的自由一体化的经济环境。受援方由此被引上相对富裕的西方资本主义经济体的经济轨道。而当时东中欧和多数巴尔干地区仍被视为苏联的"势力范围"。据推测,为了防止上述情况在该地区发生,斯大林在 1947 年 7 月下令捷克斯洛伐克和波兰政府改变其先前接受马歇尔援助的决定。这些政府的共产党和社会党部长们温顺地服从这一指令,由此遽然引发了与掌权的"人民阵线"联盟中所谓"资产阶级"部长之间关系的严重危机。许多社会党政治家屈从共产党的压力,部分是因为他们曾向左翼和工人阶级做出过"团结一致"的承诺(实在是误导!),也有出于对失去工人阶级和工会对共产党支持的担心,还有对越来越由共产党控制的安全部队发动实际和隐蔽报复的担心。

这是一个至关重要的时刻,共产党在 1947 年底和 1948 年初迅速建立对所谓"人民民主"国家进行全面控制的信号。被迫拒绝马歇尔援助计划不仅使他们失去了通过市场方式、利用西方的经济和技术援助以及多边自由贸易获得的收益来逐步完成国内重建的机会,而且也预示着他们屈从于苏联公然控制的开始。如果波兰和捷克斯洛伐克获准接受马歇尔援助,其他人民民主国家几乎肯定会步其后尘,大部分东中欧和巴尔干地区可能逃脱苏联或共产党控制的危险(即便如此,也无安全可言)。重要的是,1946 年捷克斯洛伐克对外贸易的强劲复兴,几乎完全源于与其传统的西方贸易伙伴的合作,而非它新的苏联"盟友"。(Rothschild 1989:93)但是到目前为止,一旦保持半自治状态的波兰和捷克斯洛伐克政府唯斯大林意志是从,那么,其他东中欧国家绝不敢越雷池一步,除了南斯拉夫这个身经百战、自力更生的共产党统治的国家例外。南斯拉夫共产党政权当时尚没有信奉后来为其赢得巨大声誉的更自由的道路。南斯拉夫在 1948 年与苏联分裂,其根源不在于它奉行异端邪说,也不在于它试图实现与西方协调的愿望,而在于它倔强地拒绝服从苏联的命令。这恰好冲撞到斯大林,他对那些不能对他唯其马首是瞻的共产党人绝不信任。东中欧和巴尔干共产党领导的政权意识到,鉴于被迫依靠自己贫乏的资源,只有仿效斯大林治下的苏联采取的方式,必须回归到对更加自力更生、更加强制性的调配和动员资源的方法方面(其实这种方式与二战期间纳粹的做法如出一辙)。

1949年1月25日,共产党的大多数报纸和新闻机构发表了一份简短的公报,宣称有苏联、捷克斯洛伐克、波兰、匈牙利、罗马尼亚和保加利亚代表参加的经济会议已于1月5—8日在莫斯科举行,而且"为了在这些人民民主国家与苏联之间建立更加广泛的经济合作","在平等一致的基础上建立了经济互助会,其任务是在经济领域相互交流经验,加强彼此间的技术援助,以及原材料、食品、机械和设备等方面的互助。"(Vaughan 1976年重印:132—133)阿尔巴尼亚在随后的一月加入了经互会,刚刚成立的、由共产党控制的"德意志民主共和国"(GDR)也于1950年加入了该组织。

一直以来,有关这个未被承认的公告的准确动机和目的聚讼纷纭,因为迄今我们仍然无法洞见斯大林抱持的不可思议的意图。人们当时普遍认为,创建经互会是苏联逐步实施对后法西斯欧洲统治计划的组成部分。然而,研究冷战的西方"修正主义"史学家一直坚持认为,这样的计划从来就不存在,我们也同样认为,斯大林主要是为了应对西方不可预见的挑战和挑衅而采取了临时防御性措施,属于边走边做的权宜之计。(见第468—470页)苏联领导层正确地认识到,马歇尔援助企图(这只是诸多企图之一)间接颠覆或违背1944—1945年间苏联和西方在莫斯科、雅尔塔和波茨坦会议中达成的"势力范围"约定,因为马歇尔援助方案的一连串附约注定会将受援国牢牢地限定在西方的经济领域中。实际上,杜鲁门总统需要说服国会相信,马歇尔计划就是一项反共计划,是所谓"杜鲁门主义""遏制"共产主义的经济副本。(用杜鲁门确切的措辞,它们是"同一个核桃的两部分")如果他不迈出这一步,奉行孤立主义且极度吝啬的美国立法机构很可能会本能地拒绝批准所需的财政拨款。值得注意的是,上面提到的公告宣布经互会的成立,它明确表示了苏联和人民民主政权"认为不可能屈从马歇尔计划的裁定",因为倘若如此,会侵犯他们的"主权"和"国家经济利益"。然而,苏联领导层在禁止人民民主国家接受美国发起的欧洲复兴计划和参与欧洲经济合作的同时,可能已感觉到有责任为它们采取一些相应的替代措施,即为放弃这次经济复苏机会的国家提供相应的补偿,而且支援他们接下来因为断绝与西方的经济合作而遭到重创的艰难的经济。实际上,该公告同样指出,美、英以及其他一些西欧国家事实上一直联合抵制同人民民主国家和苏联的贸易往来。

斯大林允许设立经互会的动机有时被认为"消极多于积极"。因此,他更"急于让其他势力远离附近的缓冲国家,而非将它们整合到一起",而且他"把经互会视为他1947年设立的共产党情报局的相应经济机构"。(Wallace and Clarke 1986:1)事实上,西方人往往把经互会视作一块遮羞布而不予理会,在它们看来,经互会是要掩盖苏联对东中欧和巴尔干地区赤裸裸的统治,是为了赋予其统治稳固的假象以及掩饰新兴的苏联集团的经济和制度合法性的一种人工发明,也是阻止东中欧和巴尔干地区与西方国家的经济联系,并重新调整人民民主国家外贸对象使之转向苏联的一种方式。尽管如此,斯齐亚沃尼认为,创立经互会的动机"不能简单化约为苏联为反对经合组织而设立的与之对立的东欧组织。经济合作组织的建立的确起到了激励作用,但似乎只是在偶然情况下推动了多边合作实体的设立,但往往是在人们已经感受到了它存在必要性的情况下"。(Schiavone 1981:16)事实上,自1848年以来,东中欧和巴尔干地区已经出现了数十个关于建立关税同盟和政治联盟的计划或方案,尽管其中有些是公开针对俄国或共产党的"威胁"的。

无论如何,东中欧和巴尔干地区共产党政权和所谓的中央计划经济的出现,都迫使这些国家彼此之间以及它们与苏联之间的经济政治联系建立在一个新的、更一致的基础之上,部分是因为西方的经济制裁迅速切断了他们与其传统出口市场和以前西方供应商之间的联系。鉴于拥有共同的政治制度和规则、类似的发展战略以及地缘和安全方面的考虑等,这些新政权必将聚合在一起。由于西方资本主义世界中正在兴起新的国际贸易和支付体系,他们还被迫相互团结起来。"关贸总协定"坚持无差别地对待各贸易伙伴国,这与社会主义的一体化和团结的主张相冲突,而且在西方的贸易政策与计划经济相对抗当中,无论如何工业化的西方世界都不可能遵守上述规则。(Brada 1988:654)西方所强调的货币兑换与经互会成员国中盛行的中央计划概念并不一致。再者,中央计划经济体对国际贸易调解机制的需求,更甚于市场经济体的需求。

就后者而言,贸易发生在市场定价下的私人主体之间。国家对于加强双方联系的功能仅限于为他们的交易制定规则、确保契约的执行以及刺激市场的功能。但在计划经济体当中,国际贸易由国家垄断。因此,市场不可能发挥功能,因为每桩交易的双方都是垄断者。结果是信息不对称,交易协商的成本非常高,而且国家必须直接作为交易的双方直接参与彼此的交易活动,而不是作为游戏规则的制定者和保证者。(第655页)

经互会采用的定价机制往往一次锁定经济合作组织成员间的物品价格会持续好几年不变。再者,由于缺乏能有效反映相对成本和市场稀缺的利率以及恰当的国内价格体系,经互会成员国不得不依赖(滞后的)世界市场价格作为参照点(因此,经互会不可能控制全世界,因为那样它就无从知晓该如何定价了)。布拉达(Brada)论证指出,这种定价体系应用于中央计划经济,是非常有优势的。首先,维持稳定的价格降低了"交易成本"。缺乏这些稳定的定价机制,那么中央计划经济不得不频繁地参与贸易协商,"而且是在没有价格起点的情况下,贸易是不可能发生的",而且并不确定的是,"与一国协商中确定的价格会与其他国家协商确定的价格上下不差",结果贸易协商成本攀升,而且费时很多。第二,国际交易中使用稳定的定价机制有助于为中央计划维持相对稳定的环境。第三,对燃料和原材料相关的工业品采用过高的定价体系,为经互会东中欧和巴尔干成员国的制造业产品人为地带来高回报,而这些工业品往往"没有达到国际标准"。这就使得这些国家的制造业免于来自风险和竞争的威胁,并因"大量投入现代化建设和工业发展以服务苏联市场"而获得补偿,同时,东中欧和巴尔干供给苏联的制造业产品较之于其他条件下供给的更多,在后一种情况下,支付的总成

本要低于苏联本国自己生产这些成品所付出的代价。(Brada 1988:
656－657)这种安排也节约了经互会成员稀缺的硬通货收入,这非常
类似于欧洲经济合作组织及其关联的欧洲支付联盟(European
Payments Union)在战后西欧地区实施的政策。

　　经互会部分成员注定可以从这种强化的和高度团结的成员间关系
中受益更多,同样,有些成员也注定要比其他成员国承受更大代价。经
互会要使得其成员国从集体中获益,那么,其切实和可计算的成本不得
不依靠下述类型的成员国来承担,即那些或者以高于正常价格向非经
互会市场出口产品,或者以低于正常价格从非经互会市场进口产品的
成员国。尽管如此,在不同成员国之间,不同时期内,成本和收益难以
达到完全平衡,但设定的一个基本前提是,所有成员都将从经互会中获
得净收益。这些收益不仅限于经济方面,而且包括国内国际合法性的
提升、安全性和稳定性,以及巴尔干和东中欧共产党政权可获得操纵空
间的增长等,因为苏联经济实力的增强、政治趋于稳定以及国际声望提
高也有利于其附属国国际地位的提升。经互会的经济力量增长、政治
稳定和国际地位凸显,其成员国必然从这一整体中受益。

　　但是,弗拉基米尔·索贝尔(Vladimir Sobell)指出,所谓的经互会
成员国的收益,实际上应被视为对整个经济体内在缺陷的部分缓解或
补偿。事实上,经互会内部的互助和专业化可以被视为弥补"集体参与
产生的不足"的方式,或是第一时间减少由这类经济体制导致的"重要
政治错误"的损害。类似地,经互会的能源进口国参与苏联境内能源项
目投资建设,这一事实并不"标志着(经互会)实现有效整合",而是社会
主义体制下"严重失序的一种显现":能源进口国"无力做到向苏联提
供充足的'硬性'商品和服务,以激励它进行额外的能源基础设施投资
建设"。事实上,来自这些国家的专家和官员证明,合资"不仅是一项低
效的战略",而且也"给它们的经济带来很大压力"。(Sobell 1984:
248－249)

483

　　索贝尔还指出,依据西方标准评价经互会的一体化多少有些不妥
之处。经互会并不打算借助贸易实现最大化的集聚,而只是打算借助

提供某种受保护的环境来在其内部实现提升"社会主义"国家的实力、稳定性和经济的最大化。对经互会的评价标准,应参照满足这些要求的程度,而不是依据它未能借助贸易实现传统利润的最大化:"如果以市场环境下的运营状况作为评判标准,经互会的聚合似乎显得被动而且颇为浪费:集体参与导致机会成本丧失,与非成员之间贸易不足,而这方面的损失只是在不同组别间的贸易中部分程度地得到补偿(由于缺乏经互会内部的合理定价体系,基于此而形成次优的专业化分工必然会造成一定的损失。暂且把这方面的损失撇开不论)。另一方面,如果以东欧主流经济学的标准来评判,又会得出完全不同的结论。贸易不足恰好被视为积极的举措,因为它可以确保国内生产计划免遭资本主义市场的破坏性影响;而成员国之间不成比例的贸易则被看作进行积极的一体化的标志,实行这种一体化,旨在发挥具有相同社会政治体系国家的天然优势。"(Sobell 1984:3)

　　东中欧和巴尔干共产党支持苏联从 1947 年 7 月起对马歇尔援助进行的谴责,以及苏联(在 1948 年 6 月西方国家在西占区单方面使用德国马克以后)1948－1949 年对西柏林的封锁,这些举措导致西方扩大了对兴起的苏维埃阵营的经济制裁。(Brabant 1989:41)从 1948 年 3 月起,所有出口到共产党控制的国家的美国商品都必须获得政府许可。"1948 年 4 月 3 日《马歇尔计划》明确规定扩大制裁的范围。"欧洲复兴计划(ERP)的参与者受制于美国,他们被禁止与东欧进行商品贸易。1950 年多边贸易管制统筹委员会(COCOM)建立,正式确立了这项政策。(第 17 页)因此,尽管美国起初的部分援助动机是普世性的,但欧洲复兴计划在冷战初期却变为了经济武器。这对仍然严重依赖西方贸易的东中欧国家产生了极为不利的影响。西方经济制裁驱使这些国家的经济和政治与苏联更紧密地结合。经互会的建立,正反映出面对西方的经济制裁和挑衅,有必要加强和巩固苏联集团的"团结",反过来,它又"进一步加强了从经济上论证下述观点的合理性,即包括苏联在内的东欧区域应逐渐实行更详尽的共同经济政策"。(第 18 页)

　　也有人认为,1937－1949 年间担任苏联国家计划委员会颇具影响力的主席尼古拉·沃兹尼森斯基(Nikolai Voznesensky)，急切渴望把苏联与东中欧和巴尔干共产主义国家的经济关系奠定在更有规律和更具法制性的原则之上。倘若如此，就有可能清除反复无常的共产党政治家权力干涉的影响，而且可以更好地提高经济机制的"理性"和前瞻性，更大地发挥像他一样的技术精英的作用。(Kaser 1967：21－26、32－35)然而，1948年8月，列宁格勒的"庇护者"安德烈·日丹诺夫去世，此后不久，沃兹尼森斯基于1949年3月被免职并遭到逮捕，就此，苏联统治集团中倾向于更"合理"的经互会经济观的支持者被清除，由此也加速了斯大林后来削弱经互会的进程。由于一直缺乏一个能借以充分测算、比较、评价以及核算经济目标、绩效、产出、投入、成本和需求的经济标准，这终将成为经互会失败的绊脚石。(第26、32－38页)"沃兹尼森斯基对经互会含义的理解是……贸易制度应建立在成本比较分析以及容许多边贸易结算的基础上。经互会成员国之间实行的'价值规律'应该为……长期协作的计划背景下实施的合理专业化提供标准"。(第35页)

484

　　在围绕经互会适当的结构、权力、职能和经济基础的初期争论中，沃兹尼森斯基所起的作用和地位问题仍然有赖于推测，直到相关的档案得到全面探究之后。然而，沃兹尼森斯基"支持的是一种理性经济——但究竟是一种集中管理的还是分散管理的经济，还不清楚——这种经济会合理运用价格机制"。相反，斯大林和沃兹尼森斯基经济战线上的后继者都拒绝"在国内和国际两个市场上采用定价机制，而是赞成一直持续的实体规划"。就这样，斯大林"不知不觉中握住一个烫手的山芋——经互会，是他自己批准建立了该机构，但他本人却不能对付它"。(Wiles 1968：313)

　　如果在1949－1950年间经互会的官员、经济学家和技术精英探讨的观念、政策、程序和超国家机构和体制能够付诸实施，可以预见，对于当时尚处于萌芽状态且具有可塑性的新生中央计划经济，经互会本可以发展得更有利，东中欧和巴尔干地区的工业化和国家间的专业化分工进程中少一些盲目性和自发性，多一些"理性"方式。这肯定会避免重复导致的大量浪费,而且比 20 世纪六七十年代尝试把这些进程引向效率更高和"理性"更强的道路上更灵验,而那时候,东中欧和巴尔干地区经济发展中显示出的闭关自守和功能失调的特征,已经根深蒂固,积重难返。(Ausch 1972:44;Brabant 1989:26,40 - 41)1949 年和 1962 - 1964 年间,桑德尔·欧施(Sandor Ausch)担任匈牙利驻莫斯科总部的经互会代表,他认为"我们的生产关系(直接的计划指令体制)的具体形式正越来越阻碍有效的跨区域合作的推进"。(Ausch 1972:226)事实上,经互会每个成员国都在不断为提高本国工农业水平而努力奋斗,因为他们都不相信经互会后期制定的"专业化共识"框架下其他国家有能力并且愿意急他们之所需。

　　本来,东中欧和巴尔干地区更深远意义的经济一体化完全可以通过市场原则来实现(即企业自治、价格广泛反映供求关系、货币自由兑换和多边贸易),或者建立一个从柏林到海参崴的经互会跨国机构,它有权力把苏联阵营作为一盘棋来操作,进行统一的计划生产、贸易控制、直接投资和专门分配。由于受自由经济改革的影响,第一种路径永远不会有政治可行性,因为其内在逻辑指向最终放弃中央计划和共产党对经济的控制(和干涉)。这个方案对大多数改革家来说很有吸引力,同样也为众多官员所不能接受,他们会因此失去权力、地位和控制力。第二种选择则被郑重考虑过。1949 年 1 月 18 日,六个经互会成员国共同签署了(但从未批准)一个关于建立"共同经济组织"和跨国经济机构的"议定书",它将"制定包括苏联在内整个区域的共同经济协调发展规划"。它将赋予与成员国经济"相匹配的完全经济权力",确保"地区工业化中必需品的供应",促进"区域互补"、专业化、标准化、跨国投资、国家经济计划的合作以及科技信息的交流。(Brabant 1989:20)按米兰·奇科夫斯基(Milan Cizkovsky)的说法(写于 1970):"组织统一的跨国计划的先决条件,是根据协调一致计划的决定有意识地创造出来的,主要目标在于逐步地有计划地消除国民经济作为自成一体的经济单位的一切属性。因此,跨国体系必然导致国家主权遭到否定。"(引自Brabant 1989:34)

485

1949 年 4 月和 8 月，经互会理事会举行了第一次和第二次会议，讨论了"促进生产专业化和合作的国家经济计划合作"、重要商品的贸易计划密切啮合，多边贸易结算和真实汇率的引进，"整个地区和谐发展的共同经济计划"的详细制订，以抵消西方对经互会成员经济制裁影响的相互援助，经互会对有独立倾向的南斯拉夫施行类似的联合经济抵制，以及推行全面的科学和技术合作，以实现各国资源共享，重量、尺寸的标准化，建立符合苏联规范的工业标准和产品专业化标准。(Brabant 1989：31－36)不过，虽然更集中和更主动的第二种选择表面上看似乎与保留的中央计划经济和共产党的"领导身份"相协调，但实际上它最终将经济过程的控制权从国家的经济规划者和工业部长之手转移到超国家的规划者和经互会的理事们之手，而且更极端的是，从共产党政治家和政治机构转移到经济规划者和技术精英之手。尽管早期拒斥第二种选择的准确原因缺乏详细记录，但是显然，它的长期含义既不受国民经济规划者和工业部长的欢迎，也不受民族共产党领袖及其党羽的欢迎，因为这会严重降低他们的权力、职务和地位。他们决定通过捍卫国家经济主权的原则来捍卫他们备受推崇的权力和额外津贴。这只是他们后来在经互会里拒绝超国家的制度、机构、方案和权力的正式托词。事实上，早在 1949 年 1 月 26 日，波兰两家主要报纸，《人民论坛》和《华沙生活报》就宣称新经互会所采取的方式"将会加强主权"，而罗马尼亚的《天地间》认为新经互会"保护成员国的权力和主权"。(引自 Kaser 1967：15)此外，斯大林否决经互会国家的完全跨国一体化的整体方案(以及这个方案所需的更"理性"和更依赖技术精英的中央计划体制)，似乎不只出于对东中欧和巴尔干地区他的共产党追随者利益和感情的反常关注，而且因为经互会能够获得超出苏联控制、属于自己的动力、逻辑和权力基础。斯大林显然更愿意借助苏联大使馆及其附属的苏联军团这种非正式且直接的方法介入东中欧和巴尔干地区的国家事务。到 1950 年，苏联开始直接监管这些国家的政策，同时"这些国家国民经济规划的实质性内容也委托给苏联顾问和技术人员，其主要渠道是通过所谓的苏联大使馆体系"。(Brabant 1989：22)

斯大林在 1950 年夏天突然削弱经互会力量的举动似乎让全体成员措手不及。正如米兰·奇科夫斯基所证实的,"这当然无从知道……接下来的三年中经互会的所有活动几乎近于停滞"。(引自 Brabant 1989:38)部分是因为 1950 年 6 月 25 日爆发的朝鲜战争,以及斯大林式的资源动员方法和工业化方法占据优先地位,"苏联突然停止积极参加经互会的管理署",转而依赖"它的各大使馆直接干预他国事务"。经互会第三次理事会一直推迟到 1950 年 11 月份才召开。而令经互会管理署吃惊的是,此次会议竟然决定把经互会的功能降到仅限于暂时处理"促进相互贸易的实际问题"。(第 39 页)不过,这其中的部分原因是受西方经济制裁的严重影响,随着东西方贸易的复兴,1953 年经互会内部贸易占成员国国外贸易的 80%,而这一比例在 1938 年仅为 13%,到 1983 年为 54%。(Robson 1987:225—226)

倘若斯大林允许经互会按照 1949 年 8—9 月间召开的两次理事会会议中所设想的方式发展下去,经互会本可以成为调节东中欧和巴尔干地区成员国之间、更重要的是调节与苏联关系的机构"缓冲器"。对于人民民主制国家来说,采用这种方式交往,将比与"盛气凌人的"苏联直接打交道更安全,政治上更为正确,而且更少不平等性。然而,斯大林不愿意支持建立任何区域性组织,因为那样会把苏联逼到"承担责任"的绝路,或导致各国"沆瀣一气"对苏联施加政策压力。不难想象,斯大林故意妨碍经互会,保持东中欧和巴尔干共产主义国家的彼此不团结,从而无力抗衡苏联。"作为中央机构的理事会会议,为了尊重各成员国的主权,必须达成完全一致。但它不能作出决定,而只能提出建议。这些建议必须得到各国政府批准,但即便得到批准,还要有赖于各自为政的各国政府将其转化成方针政策。"(Wallace and Clarke 1986:4)

这样,苏联从一开始就限制(而不是鼓励)经互会的东中欧和巴尔干成员国之间进行多边交流与合作。它分别同各国进行双边谈判并签订条约,鼓励苏联直接对他们的经济发展进行监管和"指导"(公然侵犯所夸耀的主权,而对主权的吹捧实则是阻止成员国之间进行平等贸易的托词),并强迫他们继续实行一致"相近"的发展模式,使重复制造和进口替代最大化,同时使富有成效的资源节约互补、一体化和专业化的范围最小化。因此他们都易于显示出相似的优势和不足,与此同时,指令性经济的发展把经济影响和决定权集中到中央经济部门和计划官僚机构手中,他们自然越来越不愿意把权力和职能放弃给任何超国家政体。具有讽刺意义的是,苏联这种惯常侵犯他们主权的行径反倒使他们更加坚定地维护其经济主权,因为经济领域是他们有限自治的主要领域。(Brabant 1989:4)然而在 20 世纪 50 年代初,"经互会实际上就是一块遮羞布。斯大林对东欧的统治,如同他对苏联的统治一样,其统治手段完全撇开了宪法"。(Wallace and Clarke 1986:3-4)但也正是因为经互会是一个建立在成员国主权平等基础上的正式组织,斯大林才没有太多地利用它。(Wiles 1968:314)斯大林从一开始就对他的东中欧和巴尔干的新"盟友"心存疑虑,因为在他看来,这些政权过于西化、未经考验而且动荡不定,不符合他的口味。因此,他极力限制他们与西方乃至他们彼此之间以及与苏联的交往。他还没有足够相信他们,所以不会容许经互会充分发挥其内部潜能,而且早期的经历成为后来永久的创伤。

尽管如此,当时,经互会还是采取了一些重要的开创性措施。特别是 1949 年 8 月保加利亚主持的经互会理事会会议上,通过了影响深远、前所未有的关于经互会成员国之间实行技术共享的决议,这就是后来所说的"索菲亚原则"(the Sofia principle)。他们没有像西方标准做法那样,借助复杂的专利体系和科学保护主义来保护技术领先者的优势,他们一致同意彼此技术共享,只收取名义上的费用(主要是用来支付技术资料费)。这种体系遭到经互会中一些工业化程度较高的国家的反对(如捷克斯洛伐克和民主德国)。后者在向那些欠发达国家同伴输出技术时只得到些微的回报(尤其是苏联、保加利亚、罗马尼亚,还有后来不同程度地向古巴、蒙古和越南)。安东尼·萨顿(Anthony Sutton)记录了(尽管有些夸张性地)苏联经济发展如何在相当程度上依赖于系统性地转让、改造和复制外国的技术、设计图纸、产品和流程。西方技术最初流入苏联经济领域始于 20 世纪 20 年代末 30 年代初,当时许多西方国家的公司在苏联签署了各类管理或服务合同,大量的苏联工程师和科学家系统性地照搬西方技术原型,巧妙地改造以适应苏联经济发展和生产的需要。前两个五年计划,其中包括新型的巨型卡车、拖拉机和机车,很大程度上都是基于"窃取"西方的技术。不过,到了40年代中期,虽然美国的战时援助令它多少有些受益,但越发孤立无援的苏联经济基本上已经耗尽了当时已过时的20世纪二三十年代的技术潜能。为了免于技术停滞不前,它迫切需要输入大量国外新技术。而国外新技术的获取,部分依靠强行地引入苏联占领下的东德地区的设备、产品、原型、设计图纸甚至科研人员(其规模之大足以完全改写"技术转让"概念的含义)。此外,按照"索菲亚原则",捷克斯洛伐克、匈牙利和波兰被迫与苏联(较低程度)、保加利亚和罗马尼亚"共享"他们的技术知识。(Sutton 1968 – 1972)类似地,20世纪六七十年代,依据经互会"科学和技术合作"协议,个别东中欧和巴尔干共产主义国家和企业也把获得或"进口"的一些西方技术传给了他们的伙伴国。可以说,这是经互会官方名义下"多边经济援助"的真实含义。然而,1968年以后,"索菲亚原则"逐渐不为重视,因为它被公认间接阻碍了原创性或高成本的科技研究和发展(捷克和东德对此感同身受)。此外,由于苏联发展了较为昂贵和复杂的军备、冶金、飞行器和能源技术,它越来越不愿意为经互会成员提供无偿的帮助。

1953 年 3 月斯大林去世后以及 1956 年 10 – 11 月的匈牙利革命后经互会的改造

1953 年 3 月斯大林去世后,为了"重启"经互会,把它建成一个新的更为公平的经济合作组织,并取代苏联对东中欧和巴尔干共产主义国家施行的各种令人反感的霸权主义,成员国进行了多方面的努力。1954 年 3 月和 6 月的理事会会议成立了一个常设的经互会秘书处和一个由经互会成员国代表组成的常务会议。他们还发起了一系列旨在遏制代价昂贵的工业重复制造和进口替代的"专业化分工协议",尤其是在那些缺乏合适的资源基础、不足以维持自给自足的新斯大林工业化模式的国家。1956 年,建立了 10 个永久性常设委员会,以促进特殊部门间的专业化与合作。(Brabant 1989：46－47, 52－54)经互会重新兴起,而且范围扩大,部分是出于对狂热的政党新领袖尼基塔·赫鲁晓夫(Nikia Khrushchev)(1953－1964)统治下的苏联所面临的任务和挑战作出的回应。苏联日益依赖巴尔干国家特别是东中欧为其提供机械、设备、工业消费品和食品等来弥补国内的供应不足,并为苏联生产的设备、机器、军备和石油提供"被拴住的"市场。(Mellor 1971：14)(苏联起初曾面临难以打进西方跨国石油公司控制的国际原油市场的困境)1955 年 12 月和 1956 年 5 月的经互会理事会呼吁各国协同一致,同步推进国民经济的五年计划。然而,在实际上,当时在计划相互协调方面所做的多数尝试都只限于对国民经济计划中贸易问题的事后双边协调,未能在贸易意向或生产计划上达成事先协调。(Brabant 1989：51)但 1954－1956 年的"专业化协议"因为 1956 年的社会和政治动荡而化为泡影(为了发泄不满,动乱中仓促修正许多关于贸易和生产的优先战略),而各国协同同步推进的计划也因苏联 1956 至 1960 年五年计划的突然放弃而废止。(Brabant 1989：47;Mellor 1971：15)

　　1956 年 11 月入侵匈牙利事件发生以后,经互会再次"重新兴起"。成员国希望通过提高生活水平,降低成员国经济增长成本以及加强经互会成员国彼此的经济联系。他们尽力避免重复一个成员国对自己的"盟友"进行大规模激烈的军事入侵,因为 1956 年的入侵证明此类行动缺乏合法性,也缺乏东中欧和巴尔干共产党政权的广泛支持,严重打击了他们的自信心并动摇了他们的国际地位。1957 年的《莫斯科宣言》表面上宣称,在相互尊重、互不干涉、相互平等的新基础上重建经互会国家之间的联系。1957 年 6 月和 1958 年 6 月的经互会理事会会议发起了为建立多边结算(包括在经互会内部结算中用"可以转账的卢布"作为记账单位)和经互会清算银行的筹备工作。1958 年 5 月召开的经互会特别"经济峰会",开始为推进具有更深远意义的专业化生产做准备,以期在 15 个职能部门和 2 个常设委员会的主持下借助多边的、超国家的事先共同策划来实现目标。1958 年 6 月的理事会会议批准经

488

互会内部新的贸易商品定价机制,以促进更公平的多边贸易,同时保护经互会内部成员间的贸易免受变幻莫测的世界市场的冲击,而直到1959 年 12 月的理事会会议上才通过了《经互会宪章》,这份姗姗来迟的章程部分程度上参照了 1957 年的《罗马条约》。(Brabant 1989:54 −60)该宪章规定了理事会("最高机构")、执行委员会("主要的行政机关")以及常设委员会和秘书处的地位和职能。它宣称"所有成员国的主权平等",并委托他们致力于"始终一致地贯彻国际社会主义劳动分工"。(完整的文本参见 Vaughan 1976:138 − 144)这个特别构想的超国家组织的"种族平等"内涵可能没有在宪章的所有签约国中立即显现,但他们在经互会发展史上掀开了更真实的一页,同时也埋下了未来纠纷的隐患。

第三十二章 "民族共产主义"

20 世纪 60 年代肇始,对于东中欧和巴尔干地区来说是一个充满期望且相对乐观的时期。60 年代初,执政党及其政治对手似乎都相信,双方有可能达成彼此都能接受的暂时妥协,而且这一点因为下述乐观的设想而得到强化,即东中欧和巴尔干地区经济的快速发展(除了遭受经济萧条重创的捷克斯洛伐克外)将使它们走出政治、社会和经济的困境。20 世纪四五十年代严苛的厉行节约、贫困、恐怖和高压统治似乎永远地过去了,虽然扩大化的基础设施和工业基地建设的社会和经济代价不菲,但是该到这些国家的居民享受这些建设的成果的时候了。如今人们期望的是,通过适当精简或改革,中央计划经济会更加高效和积极。同时,苏联快速增长的石油、煤炭、天然气、铁矿石和电力产量能够满足东中欧和巴尔干地区资源密集型工业发展对能源和矿产迅速扩大的需求。实际上,苏联愿意资助或者支持这些相对脆弱、矿产缺乏和国际上不具有竞争力的经济体的扩张(由此使他们更紧密地团结到自己的周围)。方式是放弃要求这些国家用硬通货来购买它的"硬"出口商品,而且为东中欧和巴尔干的工业制品提供出口市场,实际上,其中的许多商品质量低劣,或者设计粗糙,在其他地方很难销售。此外,为了努力让新的经济体系不那么僵化并且认同度更高,苏联政府还给东中欧和巴尔干国家留下更大回旋余地,来绘制它们通向"社会主义"的路线图和安抚它们的人民,尽管莫斯科仍然为其规定了政治和经济总指标,并坚持要求它们不折不扣地拥护华沙条约和苏联所谓的共产党"领导角色"。官方立场是,"通向社会主义的民族道路"是必需的而且是允许的,但不准实行西方式的政治多元化。然而,总体而言,赋予东中欧和巴尔干共产党政权更大的回旋余地,有助于增强他们提高社会和经济福利能力的信心。所谓的"民族共产主义"也是为了培育特定的"民众"支持度和忠诚度的尝试,以此来弥补一些(有些人会说是全部)其政权普遍缺乏的合法性,特别是对东中欧和巴尔干地区那些依靠苏联政治或军事干预以及霸权而建立的政权而言。

就其性质而言,"民族共产主义"发展出的或呈现的"民族"模式各不相同。因此,要揭示出它的含义,最便捷的方式就是对它在东中欧和巴尔干各共产党国家中的表现形式做一番通览。

1956—1970 年瓦迪斯瓦夫·哥穆尔卡领导下的波兰"民族共产主义"

20 世纪 60 年代初,哥穆尔卡(Gomulka)政权成为"国家共产主义"的象征。自 1956 年以来,执政党发誓放弃强制实行的农业集体化,放松旅游和出版限制,安抚波兰人口中比重很大的天主教工人、农民和知识分子,并与势力仍然强大的罗马天主教会达成了互惠的暂时妥协,其大主教维辛斯基(Wyszynski)已于 1956 年从监狱中释放(像哥穆尔卡本人一样)。自那时起,国家放宽了对教会的控制,在学校恢复了天主教信仰方面的一些宗教信条,天主教的世俗组织获准出版自己报纸,天主教教士可以在国立医院和监狱任职。作为回报,教会暗示不会在政治上釜底抽薪,并为维护政治和社会稳定和谐贡献力量。波兰的罗马天主教由此得以蓬勃发展,与其说它是民族认同的重要因素和焦点,毋宁说是一组主导的可供选择的合法信仰和价值观,它甚至可以与官方马克思列宁主义和无神论相竞争。

与此同时,哥穆尔卡的宏伟工业计划(包括大型钢铁厂、造船厂和煤矿的开发)提高了波兰的国际地位,增强了民族自尊心。然而,到了60年代中期,他越来越痴迷于波兰式的狂妄自大和传统的新斯大林式的威权主义。他变得越来越脱离实际,由此导致经济陷入过度集中、片面发展且严重僵化的局面。最终,在采用高压手段镇压了1968年春夏的学生游行以及两年后的波兰波罗的海港和船厂的工人罢工和大规模抗议活动后,1970年12月,哥穆尔卡被迫辞职。

瓦尔特·乌布利希(1953—1971)和埃里希·昂纳克(1971—1989)执政下的德意志民主共和国(GDR)的"民族共产主义"

"民族共产主义"的悖论性充分体现在民主德国这个欧洲既缺乏国家合法性和支持又缺乏国际合法性和支持的国家。民主德国完全是人为创造的结果,作为战败的第三帝国的产物,后来在胜利的盟国支配下被分割的国家。它曾被看作是昔日普鲁士和萨克森王国的新化身。但在现实中,前普鲁士和萨克森大片的"家园"已永久地划给了波兰、捷克斯洛伐克和苏联。再者,东德政权起初就想与声名狼藉的旧普鲁士的过去划清界限,宁愿展示出自己"干劲十足的新形象"来摆脱或"净化"被严重污染了的德国"东部地区",而德意志联邦共和国(西德)据称受到"垄断"和"卡特尔"的控制,而恰好正是这些垄断和卡特尔当初极力想控制欧洲,结果却造成灾难性的后果。

1961年修建臭名昭著的柏林墙,旨在进一步割断民主德国与外部世界的联系,防止东德专业性和技术性人员(主要是年轻人)涌入西德而造成的经济失血。柏林墙不只是民主德国衰弱的纪念碑,它还象征着东德政权致力赢得至少是表面上的合法性、民意支持和公众接纳的坚定决心,它的主要手段是,通过经济方面乃至社会、文化和运动设施等方面取得的成就来追赶甚至超越西德,而且强调德国是马克思主义的发源地,并且把民主德国标榜为最"发达的"、马克思列宁主义国家,是马克思主义"正统"的守护者。与西德展开生活水平方面的竞争并超越它以争取民意和合法性,这方面的叫嚣从一开始就注定了其结局,尤其是因为大批东德人能够从电视上亲眼看见西德繁荣和魅力,从而可

491

以把它与东德直接对比。但东德却抓住这一点,作为更充分的理由,宣称自己是苏联阵营中拥有受教育程度最高、能力最强、最守规矩和最具科学性的国家官员、经济规划师和工业计划者的国家。为了提高其声望和权威,东德在后期极力宣传马克思主义是"社会科学"的观念,以及马克思主义政权是科学精英治国型政权,在这种政权中,基于自身科学专长和优点被招募的自然科学家和社会科学家参与组织、规划国家的经济和社会"科学"。这强化了该政权吸纳优秀的管理者、技术精英、自然科学家和社会科学家加入该国统治精英队伍中的能力。正如在纳粹政权统治下,下述意识的提升便利了该进程的推进,即雄心勃勃的管理者、技术专家和其他专业人员们逐渐意识到,"效忠"执政党能够获得快速擢升和其他奖赏,那些拒绝听信花言巧语的人则要付出代价。至少在短期内,这些定位有利于提高东德的工业、经济规划、科学、技术、教育、保健、体育和经典音乐创作等方面的地位和成绩,而不会导致决策不服从中央的任何政治风险,也不会放松政权对经济社会控制。不过,在 1968 年 8 月捷克斯洛伐克遭入侵发生之后的 1969—1971 年间,民主德国领导人奉行的强硬路线和谨慎态度无意中冒犯了同样保守的苏联领导人。勃列日涅夫(Brezhnev)政权十分反感东德领导人瓦尔特·乌布利希(Walter Ulbricht)越发肆无忌惮的宣传和神气活现的行动,民主德国把马克思主义和马克思政权简单地化约为(带有异端倾向的)"科学专家治国论"(Scientocratic),其隐含着贬低无产阶级(以及那些从无产阶级中招募的非科学或非技术型的党员骨干)的重要性,相应地也弱化了作为正统马克思列宁主义的社会阶级基础及其关于阶级斗争构成社会变革原动力的学说。按西德政治家维利·勃兰特(Willy Brandt)的说法:"乌布利希可说是一个固执到底的讨厌人物······其迂腐之甚,在德国(东德)堪称无与伦比。确实可以说,德国人讲求一丝不苟的品性在民主德国得到了深刻的体现。"(Brandt 1978:184)1971年,取代乌布利希的是一个更无个性和更恭顺的党的领导人、"柏林墙的修建者"埃里希·昂纳克(Erich Honecker)(他执政时期持续到 1989年 11 月)。他随后佯装要守护先前遭排斥的弗里德里希大帝时期普鲁士和路德教遗产,试图借此培育一种更传统形式的"民族共产主义"。马丁·路德(Martin Luther)和理查德·瓦格纳(Richard Wagner)被提升为与马克思相提并论的"民族"英雄,尽管这三人唯一的共同特征或许仅仅在于他们的德国人身份及其反犹太主义主张。(虽然马克思本人就是犹太人而瓦格纳担心他也是犹太人!)

捷克斯洛伐克的改革运动(1963 — 1968)和 1968 年的"布拉格之春"

在寻求有特色的"通向社会主义国家道路"的尝试中,广为称颂而且令人感慨的是所谓的布拉格之春。1963 — 1968 年捷克斯洛伐克的改革运动既没有试图抛弃"社会主义"也没有否定霸权主义的共产党的"领导地位",相反,而是寻求建立"有人情味的社会主义"。捷克斯洛伐克 20 世纪 60 年代早期遭遇到的经济和政治停滞,需要借助改革的清毒剂来消除(从这一点来看,布拉格之春在苏联集团是戈尔巴乔夫改革的先驱),这一事实得到普遍认可(不仅仅在共产党的高级成员中)。20世纪 50 年代,捷克斯洛伐克经济一度非常繁荣,当时,它的大量工程设备和冶金产品成功地出口到快速工业化的经互会伙伴国,此外出口对象中还包括中国、朝鲜、印度和埃及等。然而到了 60 年代初,由于工业化的共产主义国家减少了对捷克斯洛伐克出口产品的依赖,捷克斯洛伐克迅速过时的重工业开始衰落。与此同时,内部的经济僵化和不适宜的新斯大林模式和优先配给制度阻碍了发展高技术产业的尝试,也阻碍了曾经享有盛誉的轻工业的复兴和实现现代化。1945 — 1948 年间 300 万"苏台德"德国人被捷克斯洛伐克驱逐出境,再加上 50 年代国家忽视对轻工业投资,都破坏了轻工业的发展基础。由共产党经济学家奥塔·锡克(Ota Sik)教授倡导,专家治国论的改革者要求实现经济自由化。此外,知识分子要求政治和文化自由化,主张捷克斯洛伐克自治,为 1948 — 1952 年在大清洗运动中的受害者平反,恢复说德语的捷克犹太作家弗朗茨·卡夫卡(Franz Kafka, 1883 — 1924)在捷克斯洛伐克伟大人物谱系中的荣誉地位。捷克斯洛伐克的改革运动随着下述

492

一系列高级领导人的任职而达到高潮：1968 年 1 月捷克斯洛伐克温和开明的共产党领导人亚历山大·杜布切克(Alexander Dubcek)执政，具有自由思想的"战争英雄"卢德维克·斯沃博达(Ludvik Svoboda)将军于 1968 年 3 月出任总统，4 月开明的"改革派共产党员"约瑟夫·斯马科夫斯基(Josef Smrkovsky)任改组后的捷克斯洛伐克议会议长。为了避免捷克斯洛伐克像 1968 年匈牙利那样遭华沙条约军事组织的武力入侵，这些捷克斯洛伐克新领导人努力保持同苏联领导人的关系。他们刻意回避任何终止执政党的政治垄断、退出华约组织、去除农业集体化和复辟"资本主义"的承诺。不过，1968 年 4 月通过了自由倾向的《行动纲领》，废止书报检查制度，具有感染力又热情洋溢的、"思想解放的"捷克和斯洛伐克人民，乃至有自由化倾向的杜布切克政权的非常存在，无不暴露出东欧其他执政党政权赖以统治的基础仍然是伪善、欺骗以及高压政治。

1968 年 8 月 20 日至 21 日夜，经过一场持续的心理战之后，捷克斯洛伐克遭到百万华约军队的入侵。第二天，苏联军官绑架了亚历山大·杜布切克、约瑟夫·斯马科夫斯基、总理欧德里希·切尔尼克(Oldrich Cernik)和人民阵线主席弗朗西斯卡·克里格尔(Frantisek Kriegel)，并押往莫斯科。华沙条约组织对捷克斯洛伐克的入侵被冠以"无产阶级国际主义"之名。1968 年 9 月 25 日的《真理报》发表的所谓"勃列日涅夫主义"声称，所谓的"社会主义国家"的人民和共产党的决定，"既不应该损害本国的社会主义，也不应该损害其他社会主义国家的根本利益"，而且声称，对"反革命"的镇压是所有"社会主义国家"的共同责任。

由于斯沃博达总统的调解，捷克斯洛伐克民众拒绝与侵略者合作，莫斯科无法找到一个能够控制局势的强硬合作者，被绑架的捷克斯洛伐克领导人才被释放并恢复原职，他们被给予机会以证明，他们当时有能力(单独)控制捷克斯洛伐克的政治局势。然而，杜布切克和他的同事们无法阻止公众针对华约占领军的示威活动：第一次示威发生在 1968 年 10 月底；第二次发生在 11 月初；第三次发生在 1969 年 1 月，这次示威是出于对青年简·巴拉赫(Jan Palach)在瓦茨拉夫广场自焚行为的同情;还有一次是在 1969 年 3 月,捷克斯洛伐克队在一次国际电视直播的曲棍球赛中击败苏联队之后。最后这次事件中,人们在布拉格大街上尽情释放出难以抑制的喜悦心情,结果在接下来的 4 月份,杜布切克不得不放弃共产党的领导权,让位给一个强硬的斯洛伐克共产党员和卖国贼古斯塔夫·胡萨克(Gustav Husak)博士。胡萨克政权随后解雇、降职和逮捕了布拉格之春的数十万支持者,"深度冻结"的捷克斯洛伐克社会改革,直到 1989 年秋才得以"解冻"。与此同时,大多数居民退隐自保("内部移民"),及时行乐,求名逐利,玩世不恭,或者堕落腐化。

主导捷克斯洛伐克改革运动的一直是该国人数相对较多且受过良好教育的知识分子阶层。这既是它的优点所在,也是造成它的弱点的根源。它的领导人清明,而且博得崇高的道德和知识尊重。他们能够代表着最广泛的利益群体和不同意见。与发生在 1956 年 10、11 月间的匈牙利革命相比,布拉格之春没有广泛发动广大农民和工人阶级加入其中,而且华约组织军队在 1968 年 8 月入侵捷克斯洛伐克时并没有遭遇来自上述力量的广泛而顽强的武装反抗。布拉格之春在某种程度上是又一次的知识阶层革命(如 1848 年革命),这导致其以失败告终。在捷克斯洛伐克的改革运动中发挥主导作用的是持不同政见的知识分子,这也为莫斯科谴责其为针对无产阶级和"工人国家"利益的"反革命"提供了口实,另一方面,其中少数捷克籍犹太知识分子所起的突出作用,使得苏联污蔑该项运动是国际犹太复国主义阴谋颠覆苏联阵营的一部分。

恩维尔·霍查领导下的阿尔巴尼亚:隐修国家

"民族共产主义"的最极端形式之一是阿尔巴尼亚。阿尔巴尼亚坐落在塞尔维亚、黑山、希腊和意大利环抱之中,这些国家对阿尔巴尼亚人聚居区声称都享有"历史性"或"战略性"的所有权,而且曾多次企图对其瓜分。因此,不足为奇的是,阿尔巴尼亚地方当权者一直倾向于寻

493

求强国"庇护"和"保护"(例如,奥斯曼土耳其、意大利、苏联等),只是后来会发现或认定,设想的每个"保护者"实际上都是又一个潜在的统治者或掠夺者。阿尔巴尼亚在两次世界大战之间曾获得一次短暂的民族独立,不料自己却在 1939 年成了(其昔日的"守护神")意大利法西斯的附属国。20 世纪 40 年代初出现了阿尔巴尼亚民族主义者、保皇主义和共产主义抵抗运动,它们彼此之间以及与意大利占领军之间爆发了激战。1943 年继意大利法西斯政权崩溃后,为防止阿尔巴尼亚落入盟军之手,纳粹借机入侵该地区。盟军一开始支持保皇派和共和政体的民族主义抵抗运动,不久,转而支持恩维尔·霍查(Enver Hoxha)领导的组织更有效、更团结的反法西斯共产党武装力量。后者逐渐占据上风,并在 1944 年 11 月从败退的德军手里解放了地拉那(Tirana)之后,着手建立一个强硬的共产党政权。英美在 1947、1949、1950、1952 年企图推翻霍查政权的努力,因臭名昭著的英国双重间谍金·菲尔比(Kim Philby)的暗中活动而屡遭挫败。菲尔比在组织(英美)赴阿尔巴尼亚的冒险行动中发挥关键作用,而且他还向苏联的安全机构透露有关详情,随后苏联向霍查泄密,结果英美支持的叛军中有数百人被阿尔巴尼亚当局杀害或俘虏。(Jelavich 1983b:378-379)由于这些军事渗透活动,加之对南斯拉夫共产党监控和干涉阿尔巴尼亚国内多方事务积怨甚深,结果阿尔巴尼亚与英、美和南斯拉夫等昔日战时盟友的关系迅速恶化。受此影响,那些曾在 20 世纪 30 年代留学法国和比利时、相对西方化和国际化的马克思主义中产阶级知识分子,开始转变成欧洲最多疑、最排外的共产党独裁者。40 年代末 50 年代初,霍查转向与斯大林修好,并且在个人行为上越发效仿斯大林。1948 年,霍查与南斯拉夫决裂,结果,50 年代阿尔巴尼亚在经济和技术方面更加依赖于苏联援助。但是,赫鲁晓夫在 1956 年 3 月著名的"秘密报告"中对斯大林加以谴责,11 月苏联入侵匈牙利,赫鲁晓夫接受"与西方和平共处"的主张,苏联与南斯拉夫的和睦相处,所有这些,导致霍查在 60 年代开始对抗苏联。此后,霍查谴责苏联是"修正主义"和"社会帝国主义"国家。霍查在其回忆录中把斯大林描述为"和善而且考虑周到",而把赫鲁晓

494

夫描绘成一个想让阿尔巴尼亚沦为"种植水果的殖民地"的"强盗"。60年代,阿尔巴尼亚由接受苏联的监护和帮助开始让位于对中国经济援助和技术人员的依赖。阿尔巴尼亚一直致力于发展现代教育体系、农业(包括灌溉)、水力发电和一些中央计划的大规模采掘和加工工业,但仅此而已。在霍查统治时期,阿尔巴尼亚避免了失业、通货膨胀、所得税、私家车、流行音乐、蓝色牛仔裤、短裙、色情、外商投资、外国贷款和外债等这些所谓"资本主义渗透"。成人文盲率在两代人的时间内从85%(1938年)下降到10%以下,而平均预期寿命从38岁(1938年)上升到71岁(1985年)。然而,霍查领导下的阿尔巴尼亚社会高度管控,生活水平仍然低下。霍查在1966年发动了人人平等的"无产阶级文化革命",并制定了"无产阶级"掌权的激进方案。1967年,他禁止出国旅游,排斥一切西方影响,查封宗教机构,严禁宗教活动,同时宣布阿尔巴尼亚为世界上第一个"无神论国家"。2 000多座教堂和清真寺被拆毁,或者改用做仓库、诊所、教室,或成为所谓的"无神论和宗教国家博物馆",而先前的神职人员或在监狱接受"再教育",或者接受劳动改造,或被迫退休。人人平等、"无产阶级化"、仇外和反宗教特征,这些政策似乎旨在遏制对国家统一和国家安全构成威胁的一切潜在因素,使阿尔巴尼亚免受国外或跨国意识形态和文化的一切影响。20世纪六七十年代,阿尔巴尼亚的经济、教育体制和卫生服务得到持续发展,但霍查的自给自足、排外主义和孤立主义的政策,以及社会过多的规章和管制,最终导致严重的经济、社会和政治停滞和腐败,1978年与中国断交后表现得尤为明显,霍查曾经指责毛泽东之后的新一届领导人屈服于资本主义和"社会修正主义"。

格奥尔基·乔治乌-德治(1952 — 1965)和尼古拉·齐奥塞斯库(1965 — 1989)领导下的罗马尼亚"民族共产主义"

"民族共产主义"在罗马尼亚的表现形式包括两方面:一是重申其两次世界大战期间的经济民族主义的传统,将它浓缩为布勒蒂亚努自由派的标语"全靠我们自己"(Prin noi insine);一是反对1944 — 1952

年间苏联政权及其罗马尼亚的"附庸"对罗马尼亚人盛气凌人的行为，此间正是彼得鲁·格罗查(Petru Groza)和一小撮所谓"莫斯科共产党员"(如 Ana Pauker、Emil Bodnaras、Vasile Luca 和 Teohary Georgescu)地位上升时期。这些"莫斯科共产党员"是 20 世纪 40 年代初流落在莫斯科的前罗马尼亚流亡者，在莫斯科，他们被苏联政权作为苏联"附庸国"的未来统治者而得到培养。然而到了 1952 年，这些所谓"莫斯科共产党员"遭到愤愤不平而且处于从属地位的"本国共产党员"(home Communists)的驱逐，后者的首领是共产党领导人格奥尔基·乔治乌－德治(Gheorghe Gheorhgiu-Dej)和他的一些战友(Chivu Stoica、Ion Gheorghe Maurer 和当时几乎不为人所知的尼古拉·齐奥塞斯库)。第二次世界大战的多数时间内，他们被关进各种形式的监狱，因此培育了患难与共的亲密友谊。他们除了清除备受诟病的"莫斯科共产党"之外，采取的第一个决定就是解散不受欢迎的苏联和罗马尼亚联合公司("Sovroms")，后者的建立是苏联假借资本、技术和技术人员的"援助"来开发罗马尼亚的自然资源，进一步说，就是为了苏联谋取利益。此外，某种程度上作为对"忠诚的"(也许甚至是热情的)罗马尼亚人参与 1956 年 10－11 月武力镇压匈牙利革命的奖励，兴起中的"本国共产党人"争取实现了 1944 年底以来一直驻守罗马尼亚的全部苏军完全撤出罗马尼亚。摆脱了苏联"占领军"的长期驻扎之后，20 世纪 60 年代初(1962 年是华约组织在罗马尼亚境内进行军事演习的最后一年)，罗马尼亚的新"本国共产党员"领导人愤怒地拒绝了经互会的下述提案，即相对落后的国家应专门生产和出口初级产品，同时从经互会工业化程度较高的合作伙伴那里进口更多工艺复杂的工业制成品，而且不能发展本国的高科技工业基地。

尼古拉·齐奥塞斯库(Niclae Ceausescu)在 1965 年顺利接替乔治乌-德治成为共产党领导人。此后罗马尼亚继续强调独立自主地("自力更生")发展重工业经济，如钢铁、石油和化学等重工业。与其他经互会的欧洲成员国不同，齐奥塞斯库拒绝同中国(20 世纪 60 年代中苏分裂期间)和以色列(1967 年的阿以战争之后)断绝外交关系。此外，

1968 年 8 月 21 日齐奥塞斯库在共和国广场(Piata Republici)面对 10
万人的公开演讲中,谴责华约入侵捷克斯洛伐克的行径,他领导的政权
拒绝参与该行动。(Catchlove 1972:108 — 109)这个勇敢的姿态起初
加重了对下述可能性的担忧,因为具有独立精神但军力弱小的罗马尼
亚比捷克斯洛伐克和匈牙利更容易遭到入侵,但这一公开姿态大大提
高了齐奥塞斯库在国内和国际上的声誉。此外,还暂时放松了对图书、
电影和戏剧的审查制度,于是出现了一次西方电影播放热和相对更长
时期的重温世界文学名著的高潮。因此,齐奥塞斯库不仅被中国和以
色列视为同伴,而且连西方也视其为同伴,后者一度将他统治下的这段
时期的民族主义误认为是自由主义,并将他视作苏联阵营的不断的麻
烦制造者。然而,就其国内政策和重点事项而言,齐奥塞斯库领导下的
罗马尼亚仍然坚持斯大林主义的强硬路线,并且退化成一个极度腐败、
任人唯亲、毫不称职且偏执多疑的"一家社会主义",因为齐奥塞斯库扩
大化的家族逐渐垄断了政府机关,并镇压任何胆敢对他们的此类行为
进行批评的人。到了 20 世纪 70 年代,齐奥塞斯库开始表现出患有"强
迫性专横失调症"。

托多尔·日夫科夫领导下的保加利亚"民族共产主义" (1956 — 1989)

与罗马尼亚一样,保加利亚共产党最初也是由所谓的"莫斯科共产
党员"统治,他们曾在第二次世界大战期间到莫斯科避难。当时,领导
他们的是国际共产主义运动中的高级人物,最著名的是格奥尔基·季
米特洛夫(Georgi Dimitrov),他在 1934 年希特勒德国国会纵火案的公
开审讯中坦率的自我辩护赢得了国际声誉,而且在 1935 — 1943 年间
担任共产主义国际(共产国际)主席,并从 1947 — 1949 年(自然)去世
前一直担任保加利亚总理。他的后继者是其妹夫武尔科·切尔文可夫
(Vulko Chervenkov, 1949 — 1956 年在任)。不过,跟罗马尼亚一样,
20 世纪 50 年代,"莫斯科共产党"逐渐被托多尔·日夫科夫(Todor
Zhivkov)领导的所谓的"本国共产党"推翻,后者曾在保加利亚度过了

战时岁月,并且于 1954－1989 年一直担任保加利亚共产党领袖。然而,尽管他努力提拔"本国的共产党人"和一些保加利亚作家、音乐家,并部分采纳一些国家主义者的政治和历史言论,随后还折磨过少数民族后裔,如保加利亚穆斯林(皈依伊斯兰教的斯拉夫人)、罗姆人(吉卜赛人)和土耳其人,但是在对外关系方面,日夫科夫并没有效仿罗马尼亚"本国共产党员"公然的国家主义姿态。作为一个斯拉夫和东正教国家,保加利亚的民族语言非常接近俄语,保加利亚人长期把俄国人视为自己的支持者和保护者。当经互会在 1962 年开始推动成员国之间加强经济专业化分工时,保加利亚欣然接受指派的角色,成为向苏联和东中欧国家供应新鲜的和加工过的地中海农产品和园艺产品的主要供应国(早在 20 世纪 30 年代,就已经为利润相对丰厚且集约的农业生产和园艺产品出口奠定了基础,见第 357 页)。苏联为了回报保加利亚的上述做法,以及日夫科夫在国际事务和原则上毫无二致地"效忠"苏联,例如入侵捷克斯洛伐克以及与中国和以色列断交,苏联稳定并不间断地加大对保加利亚的燃料和原材料补贴,以及工业装备、核电站和技术方面的援助,这些大都便利了保加利亚的工业化进程。

亚诺什·卡达尔领导下的匈牙利"电冰箱共产主义",1961－1988

"民族共产主义"在亚诺什·卡达尔(Janos Kadar)统治下的匈牙利发展得最为成功。卡达尔这位共产党领袖曾经参与苏联 1956 年 11 月对他的祖国的入侵,并一直执政到 1988 年 5 月。1961 年底以来,在经历了政治镇压之后,匈牙利的农业重新集体化残酷但有效地加强了党的控制,并说服苏联政权相信它的匈牙利新"合作者"已经使其政治一切安排就绪,卡达尔开始向知识分子、工人阶级、农民甚至天主教徒抛出橄榄枝,大肆宣传"不反对我们的就是我们的人"的口号。为此,逐步放宽了政治审查和旅游限制,严加控制政治监视行为,加强了正当法律程序的仪式和法治,(1964 年)国家与罗马天主教教会签署了协定,大部分匈牙利政治犯逐渐得到赦免、释放并恢复名誉。实际上,卡达尔为匈牙利人民不断增加经济和文化自由,而不是采取更激进的国家政治体制变革。这个"魔鬼协议"尤其吸引了那些厌倦革命动乱、镇压、穷困和对未来感到焦虑疲惫的人。此外,还鼓励越来越多的无党派知名人士在知识和文化生活以及公共管理和经济改革方案中发挥重要作用。匈牙利作家、电影工作者及音乐家急切地渴望扩大自由,并期望能充分利用这些新增的自由,他们为恢复国家的国际地位做了大量工作。具有讽刺意味的是,卡达尔政权起初令人生厌的上台背景反而给它带来潜在的优势。1956 年秋执政党有 80 万名成员,到 1958 年,其中 85% 以上的人退了党。(Molnar 1971:251)因此,按照自己的意图重建执政党的必要性,也为卡达尔完全控制其自由化改革和改革方案的进度、方向和发展程度提供了机会。这使他在很大程度上避免了(或至少将其控制在安全范围内)政治精英中间的内讧,即强硬的"教条主义者"和改革的"修正主义"者之间发生的冲突(然而,这类冲突的确导致了 20 世纪 70 年代改革进程的暂时倒退,以及 1988－1989 年间的政权瓦解)。而且,事实非常清楚,卡达尔对于苏联领导人来说,具有不可估量的价值,甚至可以说是不可替代的,因此,苏联赋予了他谋求自由化和改革的相对自由,只要根据他个人判断,这种自由和改革在政治上是可接受的和可持续性的。

　　20 世纪 60 年代,农村人口仍然占匈牙利总人口的一半左右,新的集体农场使他们(迄今为止被忽略)享有前所未有的商业和管理自主权,自治的农业生产合作社取得了正式的合法地位。1956 年大量农民离开集体农场表明农民对集体化充满绝望,而鼓励发展私有化农业或在新集体化部门中实行承包,以及农业产业化合作社的显著增长和农村服务和基础设施的不断完善平息了这种外流现象。集体化的农民从大力开拓匈牙利农业生产和出口中获利,特别是食品和葡萄酒对西方市场的出口,提高了匈牙利在国际上的地位和声望。20 世纪 60 年代食品和酒类生产为匈牙利提供了三分之一的就业岗位,同时占总物资生产总值的三分之一,占全国硬通货收入总数的一半。(Bideleux 1987:188)事实上,农业是匈牙利所谓的"市场社会主义"的温床,因为

497

新的商业和管理的自由化逐步扩展到食品加工、餐饮、零售、个人服务和手工业部门,并在这些部门产生良好的效果。随后在 1968 年 1 月,当苏联和西方密切关注其邻国捷克斯洛伐克在政治和经济上发生的戏剧性变化的时候,卡达尔政权悄然启动了一个精心准备的全面的新经济体制。此后,他开始鼓励工业企业在国内和国外建立彼此间以及与他们的终端客户间的直接合同关系,自负盈亏,偿还利息贷款以代替国家预算对工业生产进行直接补助,此项举措促进了工业生产的创新和增长。国家补贴和中央强制性指令急剧减少,物资集中分配在很大程度上被间接的经济调控如财政和货币手段、信贷政策、工资和价格机制、对外贸易经营许可和多重汇率等取代。因此,到了 1971 年,生产企业可提供三分之二的固定资金,大量强制性输出对象已经被放弃,政府只对 3% 到 4% 的中间商(生产者)的工业商品进行统一调配,国有大型企业仍然是国有的,但匈牙利已经不再是一个受中央经济管制的国家了。(Granick 1975:242 - 282)随着商业和金融自主权以及企业经营管理者的权力增大,仍然由党控制的工会被要求更多地代表和维护工人的利益。事实上,1967 年的劳动法授予了他们可以依照规定行使对管理决策的否决权,而且工会在国家决策如劳动纪律、劳动者假期、病假和社会福利中扮演着重要角色。企业管理者既未被授权也不允许随意解雇工人,工业过剩或无效率的问题不是通过制造社会混乱、政治危机、停产或解雇的方法,而是通过兼并、重新配置等方式加以解决。然而,尽管担心劳动力不流动性会困扰新体制,但劳动力周转率在 1968 至 1971 年平均每年都在 32% 至 36%。(第 245 - 247 页)然而,工人的命运还远远达不到令人满意的程度。正如米克洛斯·哈拉兹梯(Miklos Haraszti)在红星拖拉机工厂发表的著名演讲中所强调的那样,匈牙利工业企业的庞大规模会导致阶级分化、社会不平等、与工人阶级关系疏远,并不能促进工人参与决策,满足工人阶级的要求。(Haraszti:1977)到了 1973 年,匈牙利平均每个工业企业拥有员工 1 070 名,是许多西方国家平均水平的 10 多倍。(Bideleux 1987:147)

与此同时,许多匈牙利人因为卡达尔的改革政策富裕起来。对一些人来说,卡达尔主义象征一个纯物质的"电冰箱共产主义":精美食品、耐用消费品、时尚商品、周末郊区小木屋度假或国外旅行。但对其他人而言,它意味着精神上摆脱了斯大林主义和后1956年政权的严酷压制和束缚。在1956年有限而又审慎的记忆范围内,匈牙利人民将精力、热情和创造力转化为创造经济、文化成就的行动。然而,卡达尔式的社会共识非常脆弱,而它居然还得以幸存下来。它自始至终潜藏着下述风险,即它必然带来和唤起经济和文化的发酵有可能会失去控制,超出卡达尔和匈牙利的苏联主子所设定的政治藩篱。绝大多数匈牙利人认识到他们的国家一直在作为"实验品",至少在20世纪六七十年代如此,这种深层的不满最终在80年代后期公开爆发。此外,由于苏联的军事干预,以及不愿正视从1956年10月至1959年6月16日伊姆雷·纳吉(Imre Nagy)被处决期间的一系列真相,因此,卡达尔政权一直缺乏政治合法性。所以,它的存在依赖于公众对其承诺的有限、有条件的自由化和持续的经济繁荣合理、务实的接受。这使得卡达尔政权及其规模较小、资源匮乏的经济特别容易受到超出卡达尔控制能力的外部因素的影响,尤其是容易受国际经济波动的影响。

498

20世纪50－80年代"工人自治"和"市场社会主义"下的南斯拉夫

南斯拉夫共产党政权诞生的特殊环境赋予了铁托元帅具有捍卫独特的"南斯拉夫通向社会主义道路"的自由和权威。依靠100万共产党游击队的英勇抵抗,南斯拉夫击退法西斯主义获得解放,其中,西方、苏联和塞尔维亚民族主义祖国军(Cetniks)给予了少量援助。共产党创建了南斯拉夫运动的范例,该运动成功地超越国家的宗教和民族分裂的危险,并得到了作为其成员的每一个族群的实质性支持。然而在其初始阶段,南斯拉夫来之不易的"解放"使得南斯拉夫共产党变成了刚愎自用、始终如一的极端斯大林主义者。南斯拉夫逆斯大林旨意行事,在希腊内战(1945－1949)中积极支持共产党一方,凌驾在霍查的阿尔巴尼亚之上,扬言要建立一个强大的、共产党统治的巴尔干联邦,以抗衡苏联的霸权主义。1947年,南斯拉夫领导人违背苏联的建议,及早推出野心勃勃的五年计划以便快速发展国家指导下的重工业和大规模机械化集体农业,并希望苏联能为其提供大部分的必要资源(特别是燃料、设备、资金和技术援助)。对于缺乏必要人力和自然资源基础的南斯拉夫来说,这种斯大林主义的发展战略极不合适。南斯拉夫地形多山,不易发展大规模的机械化种植业,经济和政治的集中只能再次激起两次世界大战之间的人民对塞尔维亚统治的怨恨,况且要让曾经成功抗击过法西斯主义的农民俯首帖耳地服从强制农业集体化,绝不可能。鉴于铁托政权拒绝追随苏联,南斯拉夫在1948年被"驱逐"出苏联集团,这不是因为南斯拉夫持某种有关发展或意识形态的异端学说,而是因为铁托"狂妄自大",甚至试图比斯大林更斯大林主义。由于被禁止从苏联和捷克斯洛伐克进口欠缺的关键商品和技术支持,南斯拉夫的经济陷入危机。1948-1950年间不屈不挠地坚持一开始那种不受援助的超斯大林路线,实际上进一步加深了危机。铁托政权之所以能维持下去,只是因为他在20世纪50年代意外地得到了西方的大规模援助(按照50年代的同比价格相当于20多亿美元。相比之下,按照50年代初的同比价格,美国马歇尔计划对整个西欧的援助也不过130亿美元)。

铁托起初过于野心勃勃的极端斯大林主义在1950年不光彩地崩溃以后,南斯拉夫开始探索一种独具特色的南斯拉夫社会主义道路。从此以后,为了捕捉到任何一次真正可能成功的机会,共产党政权不得不将其夸耀的能力建立在对南斯拉夫宗教和民族分裂的超越上。由于没有一个族群占人口的绝对多数,要建立一个由最大族群主导的苏联式联盟,在一个新近如第二次世界大战期间因种族和教派冲突而造成分裂的国度,既不可能被接受,也不切合实际。这使得建立一种能保障决策权下放到地方或地区机构的体制变得尤为重要,因为这将有助于并鼓励生活在南斯拉夫联邦内的各民族和平共处、共建家园。然而,由于单纯的地区权力下放很容易导致南斯拉夫社会离心力增强,于是就实行了更加强化的权利下放,把权力下放到最低层级,即下放到单个企业和地方社区。这逐渐被视为最能安全地维系南斯拉夫统一的框架。

499

1950年,"工人自治"体制初具雏形,当时,凡雇佣30人以上的工业企业中,都建立了选举产生的工人理事会,它们在企业管理中发挥重要作用。到1952年,8 800个工业企业中都建立了工人理事会,包括4 187个不足30人的企业。他们当中,雇佣的工人超过100万之众。根据1950年6月关于工人理事会的基本法规定,"国有经济企业,其所有权属于人民,由代表社会共同体利益的工作集团负责管理,遵循国家经济规划的基本要求……工人集团通过工人理事会行使这种管理权"。(引自Singleton 1976:126)

由于对西方和阿尔及利亚关于工人参与制和工业民主思想的发挥,再加上1955年铁托在发起不结盟运动中的核心作用,共同推动了铁托把南斯拉夫政权与苏联阵营的指导思想区分开来。1958年的南斯拉夫共产主义者同盟纲领(南斯拉夫共产党在1953年已改名为南斯拉夫共产主义者同盟)中告诫指出,"排他性地通过国家机器管理经济和社会必然导致更大的权力集中",进而导致"官僚国家的畸变"以及对社会主义的背叛。国家社会主义走出死胡同的首要"出路"在于,鼓励多种形式的直接参与制民主以及生产者对生产资料的直接控制。因此,随着社会主义意识和新的自治的集体主义发展,国家机器有望逐渐"消亡"。"国家倾向于成为一个较少强制性的工具,越来越成为一个社会自我治理的工具,这种治理基于对劳动人民共同物质利益的意识及其具体的生产组织需要之上。"南斯拉夫共产党同盟(the SKJ)有望"为社会主义发展过程提供思想指导……但并不赋予联盟成员任何特权"。(引自Singleton 1976:135-136)为达到这一目的,南斯拉夫于1950年停止了向国家义务交售农产品制度,1951年以后企业管理者不再由中央政府任命,1952年最终放弃了农村集体化和指令性计划,1953年公共管理权主要下放给地方公社和南斯拉夫联邦的各共和国,中央政府直接管理的部门只有五个(雇用着不到4%的公职人员)。1963年宪法把"自我管理"的原则扩大到教育、卫生和社会领域,实行所有职位"轮岗"(除铁托就任"终身总统"外),并禁止个人同时在国家机关和南

斯拉夫共产党同盟任职,或者在联盟和单一共和国机构中任职。然而
直到 1965 年,南斯拉夫在大多数情况下仍继续按照政治原则而非经济
原则进行管理,在实践中,权力下放主要是针对共和国和地方公社而不
是针对企业。大部分定价仍然由中央政府或共和国调控,银行、信贷和
外贸和多数投资仍然受中央控制。大多数企业领导仍由政治任命,通
过巧妙的保护和委托体系选举产生,而不是由工人自由选举的代表担
任。事实上,只要企业的政治或商业控制权还很微弱,真正的工人自我
管理就不会有太大的空间。

但是,1965—1966 年期间,权力完全下放和企业完全自治的拥护
者决定性地击败了权力集中论的拥护者(以塞尔维亚安全部长
Alexander Rankovic 为首),这为那时表面上的、气息奄奄的自我管理
体制注入了新的生命。20 世纪六七十年代,铁托领导下越发分权和越
发邦联形式的南斯拉夫联盟成功地实现了经济快速增长,其主要借助
蓬勃发展的旅游业收入和西欧移民(主要是在德国、奥地利和瑞士工作
的所谓客籍工人)的大量汇款。

500

表 32.1 1952—1980 年南斯拉夫社会总
产值年均增长率的官方数字

年　　代	增长率(%)
1952—1962	8.3
1961—1965	6.8
1966—1970	5.7
1971—1975	5.9
1976—1980	5.2

来源: Jeffries(1993:319)

南斯拉夫在 20 世纪 60 年代经济的快速扩张激发了国际社会甚至
非马克思主义国家对其体制、"自我管理"和"市场社会主义"学说的广
泛兴趣。南斯拉夫被称誉为开辟了介于共产主义与资本主义之间、具
有可行性的"第三条道路"。而且,许多西方阵营、共产主义阵营乃至第
三世界的经济学家详尽地阐述了由所谓"市场社会主义"和"工人自治"

的"伊利里亚模式",以及企业"自主管理"理论模式共同组成的越来越复杂的理论。

铁托政权还设法控制了 1968 年(第二次在 1981 年)在(主要是阿尔巴尼亚的)科索沃以及 1970 — 1972 年在克罗地亚爆发的要求更多自治的运动。至少直到 1980 年铁托去世前,盛行的消费主义、明智的联邦主义、元帅的铁腕统治和"分而治之"策略等,在对抗部族潜在的不断摩擦和自相残杀倾向以及"族群"国家主义(ethnic nationalism)中占据上风。与此同时,不同民族和宗教共同体之间,尤其是在波黑,出现了广泛的和平共处、相互联姻、相互和解,而且显示出下述希望的真正可能性:民族仇恨因为建设成就而得到缓和,世俗化终于清除掉经年累月的宗教冲突中结下的毒瘤。

然而,批评家声称,全盛时期的自我管理(从 1965 年持续到 1974 年)可能给那些不完全负责而且是垄断性的企业以不适当的许可,他们据此可以为所欲为,结果导致高通货膨胀、不平等和反社会等不良后果,甚至企业领导人为做决策与工人串通一气。此外,官方登记的失业人数由 20 世纪 60 年代的平均 7% 上升到 70 年代的 10%,到了 80 年代更是高达 13%。因此,从 1974 年起,企业不同程度地受到各种形式的限制,例如,投资和价格控制、计划协议、"社会契约"和宏观经济稳定方案等,上述措施都致力于(但最后以失败告终)限制所造成的过度投资、工资通胀、需求过旺、货币供应扩张过度、贸易赤字和外债增长等一系列问题。1974 — 1982 年被称为"社会规划阶段",因为这些年达成的"社会契约"和"自我管理协议"实际上是集权与分权的妥协。"社会契约"没有法律约束力。它们主要包括宽泛的政策目标,诸如在共和国之间的价格和支付政策目标,而且是在地方当局、经济协会、工会和共产党之间缔结。"自我管理协议"具有法律约束力,是企业和所谓的劳动联合基本组织间围绕投资和物资调拨等方面缔结的协定。所谓的"合同规划"涉及政府部门、工会与经济协会(代表企业的机构)之间的信息交流和协议,它与市场协同发挥作用(而不是取代市场)。1983 年以后,由于"社会规划"深受相互勾结(代替了竞争)和合同实际执行困难

501

等严重问题的困扰,企业对市场因素和金融惩罚措施的依赖增强了。
(Ben-Ner and Neuberger 1990:786－787)

同时,在看似平静的政治外表下,在南斯拉夫联邦各共和国内部,
以及 20 世纪 70 年代获得共和国合法身份的科索沃和伏伊伏丁那的塞
尔维亚人自治区,地方共产党当权派正在培育和巩固"本民族"的追随
者和封地。这些发展加剧了离心倾向和分裂渴望,最终导致 20 世纪
90 年代初的南斯拉夫分裂(几乎与 40 年代初同样残酷)。有理由相
信,如果它的统治者(特别是共和国级别的统治者)没有动员、操纵和利
用"种族"民族主义,尤其是挑起"紧急状态"以延长他们专制统治并攫
取权力,1990 年 2 月南斯拉夫社会主义联邦共和国的解体本来可以避
免。(见第 519－525 页)南斯拉夫共和国层级的共产党政治家逐渐蜕
变为专权的国家主义统治者,这一点的实现,完全体现出权谋政治家的
技巧,但却付出了恐怖的人力和经济代价。这样的遗毒可能需要数十
年才能消除。

"民族共产主义"的阴暗面

东中欧和巴尔干的共产党政权迈向"民族共产主义"的演变历程,
某种程度上意味着倒退而非进步。许多目光短浅的西方评论员幼稚地
以为这是从严苛的共产国际主义退却,并且视为借助迎合根深蒂固的
(而且大多是粗鲁野蛮)民族传统和渴望试图赢得更大的政治合法性。
然而,它也为越发严重的种族和宗教少数群体歧视铺平了道路,不论这
些族群和少数群体是犹太人、吉普赛人、土耳其人、马扎尔人、阿尔巴尼
亚人或者其他任何族群,此外,它还导致最终向"后共产主义"的转型更
为险恶,更加充满了狭隘、独断、煽动性和小群体之间的暴力冲突。正
如 1991 年戈弗雷·霍奇森(Godfrey Hodgson)所说:"无论何处的重
建,无一例外地受到民族主义复兴的阻碍;民族主义不仅表现为民族国
家之间的嫉妒,而且表现为积压多年的国家和行省区域内世仇旧怨,因
为历史上各个帝国,如俄罗斯、德意志、奥匈、奥斯曼、纳粹和斯大林帝
国等,一度把上述国家和行省视作私产加以剥削。"(出自 1991 年 10 月

13 日的《星期日独立报》)或许,共产主义能够施予该地区的最大恩惠,正在于它公开的"国际主义"承诺,即要实现超越种族间和宗派间的嫉妒和冲突的目标,而后者正是整个 20 世纪期间东中欧和巴尔干地区的祸根所在。共产党统治初期,的确压制、遏制或抑制了两次世界大战期间和 20 世纪 40 年代初的那些破坏性的民族主义和宗教狂热。然而,甚至在逐渐放弃"国际主义"转而拥护"民族共产主义"之前,1948 — 1952 年的斯大林式大清洗运动还是受到了粗俗的"种族"原型观念、仇恨和仇杀的强烈影响。由于屈从了民族主义者的煽动策略和思维方式,共产党政权失掉了在这一严重分裂地区采取行动、有所建树的良好时机。

国际社会主义的分工,1960 — 1968

20 世纪 60 年代东中欧的经济学家和改革者越来越倾向于发展对外贸易和其他涉外经济关系,把它们视为增强经济专业化、扩大规模、提高要素生产率和投资回报的重要途径。这一点被看作发展"集约型"经济增长模式的基础,充分利用小幅增加的资源投入,因为先前那种"粗放型"经济增长方式容纳的潜力和空间几乎耗尽。他们还被敦促要以西欧作为范例推动这种经济模式的发展(西欧在部分程度上正是基于越发加强的经济一体化才实现了产出和要素生产率方面的惊人增长),但同时也要警惕东中欧进入西欧市场的通道可能遭遇到欧洲共同体"集体偏好"的适时限制。(Brabant 1989:65)

由于上述原因,1961 年 12 月经互会理事会批准了《国际社会分工的基本原则》。原则宣称,每个社会主义国家可以根据"本国具体国情、各国共产党和工人党设定的政治和经济目标以及所有社会主义国家的需要和潜力",制定本国的经济发展规划,从而使"各民族的经济发展与作为整体的社会主义世界经济体系的发展和巩固结合起来"。这项国际社会分工的明确目标是实现"更高效的社会生产、更高的经济增长、更高水平……工业化,以及逐步消除社会主义国家经济发展水平的历史差距,为它们大约同期迈向共产主义创造物质基础"。(此文本多数转自 Kaser 1967：249－254)规划良好的国际社会分工将有助于"最大化地发挥社会主义世界体系的优越性……各国国民经济比例的恰当性……生产的合理配置……劳动和原料的有效利用,以及……增强社会主义阵营的防御能力"。(引自 Brabant 1989：67)而实现这些目标的"主要形式"仍旧是"经济计划的协调一致",这种协调必须是"强大和稳定的",因为"任何背离,即使仅仅是一个国家的背离都不可避免地导致其他社会主义国家经济领域的混乱"。(Kaser 1967：251)颇具争议的是,《基本原则》谈到"在一个或数个社会主义国家集中生产同类产品",探索"农业生产进一步专业化的可能性"以及"由此带来的专业化和合作化的可取之处"。(第252－254页)这似乎意味着,部分国家可能被要求将发展重点集中在农业上,而其他国家可能将重点放在工业上。此外,1962年11月赫鲁晓夫宣称有必要建立"一个由所有经互会到会的国家代表组成的……共同的单一计划部门"。(引自 Smith 1983：183)

而实际上,经互会国家很少贯彻这些基本原则,《基本原则》中隐含的超国家主义遭到捷克斯洛伐克、匈牙利、波兰尤其是罗马尼亚的强烈反对。(Brabant 1989：69－70)他们之间产生的更多是攻讦而非合作一体。越来越具有民族主义色彩的罗马尼亚共产党精英致力于实行自给自足的工业化,他们愤怒地拒绝经互会"推荐"任何一个享有独立主权的国家专门从事农业生产的权利。1964年4月,罗马尼亚共产党中央委员会发表了公开声明,宣称工业而非农业"对整个国民经济的协调、均衡和持续增长发挥关键作用",而且,由于下述两方面的原因,拟议的某些经济责任从"单个国家的权限"转向超国家机构的权限,是不能接受的。① "国民经济的规划管理是社会主义国家主权中重要的、本质性的、不可让渡的一部分权力",而且也是它"实现国家政治和社会经济目标"的主要手段;② "国家规划是一个整体,不可分割",因为"如果一些部门或企业的管理问题……转移到国外的机构,那么,中央规划的国民经济管理就不可能成为一个整体"。(全文参见 Vaughan 1976：148－150)从某种意义上来说,这是一个关于罗马尼亚独立的新的单方宣言。

除了民族主义哗众取宠的空话之外,这里还隐藏着一个严重的操作层面的问题。广义的国民经济计划确实依赖于国家经济主权的独立自主。东中欧和巴尔干地区的经济学家越来越清楚地认识到,拟议中的服从于经互会机构的各项规划和协调,不仅会进一步削弱国家经济计划,而且会在超国家层面上(而且以极度放大的形式)重新引起僵化、经济管理失当和运行不良等已在国家层面上困扰中央规划的问题。(Brabant 1989:70)就政治层面而论,它会加强苏联相对于偏好其他小的东中欧和巴尔干"附属国"。

具有讽刺意义的是,20 世纪 50 年代初期,苏联拒绝将超国家计划和国际社会分工强加给其他国家,当时它仍然有实力那样做,可是,到了 60 年代初,苏联领导层意识到应该这样做的时候,已经是心有余而力不足。(Wiles 1968:311)再者,1961－1968 年间主要的东欧改革运动的出现,加上东西方贸易与"合作"的持续扩张,某种程度上减轻了推进经互会内部"合作"和一体化的压力,这确实限制了东中欧和巴尔干地区的发展空间(不仅是在追求国内经济转型方面,而且在培养与西欧的经济伙伴关系方面,都是如此)。相反,60 年代东西方经济关系的明显扩大(包括转包工程和"全包式"安装设备的进口)使其成员国似乎降低了"为适应雄心勃勃的经济改革的根本要求而调整经互会经济结构"的必要性。(Brabant 1989:77)在许多方面,中央计划经济扩大同西方国家的联系比增强经互会彼此之间的联系更容易,也更能直接地得到回报。这不仅是遵循阻力最小原理,而且也是寻求收益最大的原理,因为东西方之间的贸易可以为他们提供急需的产品、设备、技术、资金、设计方案以及更现代化的生产、管理和市场体系。

尽管如此,20 世纪 60 年代期间,主要通过避开"民族的"既得利益集团的抵制,经互会内部的合作、专业化和一体化确实取得了一定的进步。经互会的部门性和职能性常设机构的作用增加,显示出走向与西欧整合的部门性和"新功能主义"的趋势。新设了六个常设委员会,其中有些委员会专门负责标准化、科学与技术合作、统计、货币和财政等问题。作为其补充,越来越依赖双方和三方合资,以及东中欧和巴尔干国家制成品、设备和食品同苏联的石油、天然气、煤炭、金属矿石和核技术的交换。为加强东中欧和巴尔干对进口苏联原油的依赖性(以及对依靠炼油业赚取硬通货的依赖)而修建的德鲁日巴(友谊)石油管道,加上为"平衡"电力供应而建设的米尔(和平)电网,都大大加强了经互会事实上的凝聚力。1963 年还成立了国际经济合作银行(International Bank for Economic Cooperation),试图借助新"可转让的卢布"实现经互会内部"结算",但未能成功。此外,1967 年经互会通过了所谓的"互惠原则"。该原则容许成员国有权退出不喜欢的经互会项目,其他成员国不因怯懦或勉强而干扰项目的继续推进。最后,成员国有权否决经互会中被视为威胁其国家根本利益的项目或政策,因为经互会的集体决策仍然建立在尊重成员国"平等"和"主权"的基础上。

如前所述,双边主义要显示出较之多边主义的明显优势,或者借助于作为单一经济体、超国家的经互会的集中规划来实现,或者借助于采纳市场机制(包括浮动汇率和真实定价机制)来实现。然而,第一种选择会增强苏联的控制力,因此遭到更具市场导向和更具民族主义导向的成员国的抵制,而第二种选择有可能使更多具有商业意向的成员国(匈牙利、捷克斯洛伐克和波兰)退出经互会,转向西方,这则是苏联及其"强硬"派盟友所不能接受的。因此,长远看来,经互会注定会两头落空。

第三十三章　从 1968 年危机到 "1989 年革命"

压制、反犹太复国主义和东西方关系的缓和

20 世纪 60 年代的乐观主义情绪因为一系列的镇压活动而被浇灭,如,1968 年 3 月对高涨的学生骚乱和激进的自由知识阶层的镇压,8 月华约组织对捷克斯洛伐克的入侵等。与这些镇压活动相伴,苏联不怀好意地大肆鼓吹反犹太复国主义意识形态。在 1967 年 6 月持续六天的阿以战争期间,苏联的阿拉伯盟国即将遭到失败之际,苏联宣称,以色列、美国和苏联阵营中的犹太复国主义者三方联合起来,充当美帝国主义阴谋颠覆东欧共产党政权的国际代理人,否认巴勒斯坦在国际上的独立地位,为美国介入和干预中东事务提供口实。因此,苏联媒体和其他"反犹太复国主义"宣传者重点强调并有意夸大东欧不同政见者和改革运动中一小撮犹太知识分子、持不同政见者和未获准移居国外者(主要指被拒绝允许迁居国外的苏联犹太人)所发挥的重要作用(远非支配性作用)。苏联的"反犹太复国主义"与传统形式的反犹太主义和反智主义之间界限并不分明。官方的"反犹太主义"使得苏联阵营中(尤其是波兰)残余的反犹太主义和反智主义死灰复燃,因而有助于疏离激进的自由派知识分子与无产阶级和农民之间的关系,弱化后者

504

对他们的潜在支持。实际上,"反犹太复国主义"不仅仅是一个恶意孤立和中伤犹太人的牵制策略,而且总体上是一种孤立和污蔑激进自由派知识分子和持不同政见者的手段,尽管在这场后来被称为"反革命"的运动中,犹太人明显地首当其冲。这不可避免地加剧了犹太人的恐惧和焦虑,结果,许多"忠诚的"苏联或东中欧公民(多数是医生、科学家、律师、学术专家和记者),甚至作为执政党的共产党的党员,遭到骚扰、停业、污蔑,他们幻灭之后被迫寻求移民西方或以色列。

尽管 20 世纪 60 年代末东中欧的镇压、"反犹太复国主义"和反智主义以及道德堕落一度盛行,但是一系列持续的事件重新激发了一种更低调、更实际的乐观主义,如,70 年代早期匈牙利的卡达尔改革,紧随着 1970 年 12 月爱德华·盖莱克(Edward Gierek)在波兰执政和1971 年 5 月埃里希·昂纳克在民主德国就任之后两三年的政治宽松与社会和解的"蜜月"期,尤其是,维利·勃兰特 1969 年推行的东方政策开启了东西方缓和的进程(尼克松总统 1972 年对莫斯科的破冰之旅更加强化了这一进程)。1970 年西德与苏联和波兰签订的互不侵犯条约,1972 年与德意志民主共和国签订互相承认条约(state treaty),都为东西方间的贸易、交往、信贷和技术转移的大幅提升铺平了道路,正如西方逐渐步维利·勃兰特的后尘所做的那样。

505　　　　西德外交部长维利·勃兰特早在 1968 年就宣称,他"坚信波兰和德国间的和解有一天会具有与德法友谊同样重要的历史意义",(Brandt 1968:272)尽管他的这一观点早已孕育。(Brandt 1978:183)他还抓住布拉格之春的机会,于 1968 年促使西德与捷克斯洛伐克关系走向正常化。但他的东方政策的重点在于实现德国与波兰的和解。1970 年 12 月 7 日,他签署了联邦共和国和波兰关系正常化条约,承认奥德-尼斯(Oder-Neisse)作为两国边界线,就是在这一天,勃兰特在死难的华沙犹太人纪念碑前双膝跪下。"这一动作,吸引了全世界的关注,并非刻意'盘算',尽管我的确在那天早晨曾经反复考虑,如何能够更好地表达出在死难犹太人纪念碑前举行纪念活动的本质意义……深受德国近年来历史记忆的沉重压抑,我只是做了人们在言语不足以表达他们内心感受时所做的动作……我的这一动作的意义对于那些能够理解的人来说再明白不过。"(第 399 页)正如一位匿名记者事后所说："接着,他跪下了,尽管他本无必要跪下,但为了那些应该下跪而没有下跪的人,他跪下了。"(第 399 页)这次访问同样开启了西德与包括东德在内的其他东中欧国家关系和解、冰释前嫌的历程。另一个(料想不到的)影响在于,剥夺了波兰共产党及其苏联主子关于下述判断的政治合法性,即他们在捍卫后 1945 年的波兰国界、抗击德国复仇主义的进攻。

东西方关系缓和的极点是 1975 年签署的《赫尔辛基最后议定书》,该议定书设立欧洲安全与合作组织会议(CSCE)。这在当时遭到许多西方保守派和冷战卫士的谴责,并被斥为"绥靖"苏联集团共产党政权的可怜方案(或称为另一个雅尔塔会议),因为总体上它明显接受了欧洲国家的领土现状。的确,苏联关于举行一次重要国际会议以博得国际上对民主德国和后 1945 年波兰边界认可的想法由来已久,1975 年的赫尔辛基会议上,苏联终于如愿以偿。然而,所谓第三个"一揽子"《赫尔辛基协议》(*Helsiniki Accords*)也要求所有签字方承诺尊重"民权、经济权、社会权、文化权以及其他权利和自由,所有这些都源于人与生俱来的尊严"。(Stokes 1993:24)协议对这些权利和自由做了详细规定,由此,东中欧、苏联和(层次较低)巴尔干持不同政见者借助赫尔辛基监察委员会(Helsiniki Watch Committees)获得了挑战政府权威的合法基础,该委员会的设置就是为了监督《最后议定书》条款的执行情况。这将欧洲共产党政权置于被动地位。《最后议定书》不是赋予欧洲现状的合法性,而是"变革的日程表。它并不是对现状合法性的认可,而是赋予了西方入侵苏联势力范围的合法性……它不是将它的有效性限定在处理国际关系方面,而是强调,和平同时依赖于政府如何对待他们的国民的原则"。(Davy 1992:19)

当时,身为州长的罗纳德·里根(Ronald Reagan)呼吁所有美国人反对《赫尔辛基最后议定书》。另一位著名的右翼共和党冷战卫士理查德·皮普斯(Richard Pipes)教授声称,赫尔辛基使俄罗斯在巴尔干地区,特别是在东中欧的"征服变得合法化",像玛格丽特·撒切尔

(Margaret Thatcher) 之类的英国右翼分子也持类似观点。(Davy
1992：249)皮普斯甚至宣称,"对战争和政治的厌倦与幻灭,舍本逐末
地追求物质财富这一社会革命副产品,共同削弱了(西)欧洲抵制苏联
霸权主义的政治意愿的根基",而勒奥·拉伯兹(Leo Labedz)警告说:
"通向赫尔辛基的虚假缓和将最终导致西欧的芬兰化,其必然性正如雅
尔塔体系最终导致东欧成为苏联的卫星国一样。"(第 265 页)东西方缓
和的反对者被视为"鹰派",而它的拥护者被贴上了"鸽派"的标签。然
而,这些标签完全是误导,因为"就许多方面而论,东西方缓和比'鹰派'
力倡的对抗政策对苏联利益的威胁更大"。(第 237 页)具有讽刺意义
的是,"鹰派"严重低估了西方的力量,他们错误地认为,西方正走在一
条"道义缴械"的道路上,然而实际情形恰好相反。(第 257 页)事实上,
"如果没有《最后议定书》及其引起西方的兴趣,东欧的反对活动很可能
会微弱得多,而且更少凝聚力,更容易被镇压"。(第 251 页)

从长远来看,赫尔辛基峰会通过支持重启公民自治和政治联合活
动,以及更加关注法制,"为(共产党)政权摇摇欲坠之际向民主制度的
平稳过渡铺平了道路,因为它已经培植了可取代的社会结构和政权机
构"。(Davy 1992：263)相反,任何回到东西方对抗状态(按"鹰派"主
张那样)的做法,都会为苏联集团在内部强化压迫、精神封锁、隔离、严
苛和重启"冰冻"提供口实。

为什么苏联领导人签署这样一个严重损害其切身利益的条约? 部
分原因在于,勃列日涅夫在赫尔辛基方面主动投入得太多,其个人谋求
在与西方签署协议和西方对欧洲现存边界认可方面豪赌一把,然而"苏
联制度固有的本性"使得很难有人能告诉他,他铸成了大错! 勃列日涅
夫还错误地认为,他可以只将自己喜欢的那一点点承诺付诸实施,而
"把其余的一大堆废话全部埋掉"。(Davy 1992：19)此外,"苏联官员
也为赫尔辛基进程押了赌注,因为这不仅有助于他们职位擢升,还能给
他们提供赴西方旅行的机会",另一方面,"东欧政权对缓和所带来的经
济和政治利益抱持强烈兴趣"。(第 21 页)再者,鉴于他的全部失误,勃
列日涅夫的确意识到,冷战时期不加限制的军备竞赛扩张给全欧洲,无

论是东欧还是西欧,带来的危险。正是勃列日涅夫,而非戈尔巴乔夫,第一个宣称:"无论什么使得我们彼此分离,但欧洲都是我们的共同家园。共同的命运使我们联系在一起,历经数百年不变,今天同样如此。"这些富有深意的话出自 1981 年 11 月勃列日涅夫在柏林的演说,当时,他为了反对北约在西欧部署巡航导弹以及欧洲不断升级的军备竞赛。(Stokes 1993:74)然而,正是戈尔巴乔夫拿出勇气以合乎赫尔辛基进程逻辑的方式推演出其应有的结果。他在 1987 年宣称:"安全不再依靠武力手段来确保",因为"军备竞赛只能降低安全级别,应该削弱军备竞赛"。(Gorbachev 1988:141)核武器的扩张已经使安全变得渺茫。"或者人人都能享有安全,或者人人都无法享有安全,两者是同样平等的。我们时代的普遍安全建立在对每个国家自主选择自己社会发展道路的认可上,还建立在对干预其他国家内政事务的谴责上,还建立在互相尊重以及对本国社会的客观性自我批判相互结合上。每一个国家有权自主选择走资本主义道路或社会主义道路。这是它的主权。国家不能也不应该在效仿美国或苏联的生活模式方面做出非此即彼的选择。"(第 142—143 页)这些是戈尔巴乔夫在赫尔辛基文件中窥见的题外意义,也是他依照对赫尔辛基进程和"欧洲共同家园"观念的理解行事的依据。无论是在道义上还是知识层面上,他都远远超出苏联前任领导人和里根总统。1987 年戈尔巴乔夫告诫指出:美国正在谋求"通过把我们拖入军备竞赛的深渊,从而在经济上把苏联榨干吸尽,阻止我们施行我们的建设计划"。(第 219 页)这种不计后果的核武器盲目扩张"不是我们做出的选择,而是它强加给我们的",因为"美国一直念念不忘赢取核竞争的优势地位"。(第 218、239 页)戈尔巴乔夫认为,像核战争、核军备这样的竞赛是"无法取胜的"。(第 138 页)1986 年 10 月在雷克雅未克峰会上,他警告里根总统说:"我们会谈中不可能产生一个赢家:你我双方要么全赢,要么全输。"(第 240 页)然而,戈尔巴乔夫在这一点上错了。20 世纪 80 年代期间,苏联体制被迫变更,结果摧毁了苏联的政治经济改革(perestroika),这也让赫鲁晓夫 60 年代吹嘘的"我们将埋葬你"成为笑柄。

20 世纪七八十年代的社会主义经济一体化

507 　　20 世纪 60 年代末以前,"一体化"这个术语在共产党圈子中一直是个禁忌语。因为它包含"垄断资本家"合谋对抗工人和消费者的内涵(希望能够延迟那场潜在的但终将到来的"资本主义的最终危机")。因此,经互会欧洲成员国区域内的项目和政策主要局限于不同政党以及不同政府间的"兄弟"合作,适度的"经济互助"以及对国民经济计划最低程度的事后协调。(Brabant 1989：xxi)只是在 1969 年 4 月经互会的"特别"委员会会议后,经济一体化才成为经互会的正式目标,这次会议上,共产党领袖讨论了鉴于 1968 年 8 月华约入侵捷克斯洛伐克的影响如何保持成员国"列队"和"在场"的问题。1969－1989 年间,经互会的欧洲成员国在走向更大程度的一体化方面进展不大,不是因为缺少官方蓝图和声明,而是因为怎样在主权国家的中央计划经济体之间整合存在着根深蒂固的障碍。在苏联的共和国之间实现"超一体化"是可能的,因为它们是一个单一超级国家的组成部分,并牢牢地为一个单一权力中心所控制。然而,同样道理,对于中央集权的经济体来说,国家间的一体化实际上是矛盾的。它们的发展战略不会作为中心的或重要的关注点被构想,更不可能以广泛的经济合作来推进其实施,而且经互会也未获得授权,以"促进其成员国间形成理想的或者适当的依赖关系"。(Brabant 1980：9－10)经互会的一体化也受到了其成员国迥然不同的性质的阻碍,尤其受到了接纳不发达国家和非欧洲国家的阻碍,例如,在 1962、1972、1978 年分别接纳诸如蒙古、古巴和越南等(作为政治权宜之计),更是受到了(作为一个真正的"超级大国")苏联与一些庞杂的中小成员国之间实力极不对称的阻碍。其中的一些国家实际上只是苏联外部领土的"附属物"或"延伸物"。事实上,保加利亚有时就被认为是苏维埃的第 16 个共和国,而且有一个著名的歌谣:"母鸡不是鸟,保加利亚不是在国外(Kuriţsa ne ptitsa, Bolgaria ne za granitsa.)。"事实上,鉴于多方面的考虑,更有意义的是,与其把经互会看作一直宣称的作为"平等"和"独立"国家间自愿合作、互助和(姗姗来迟的)一体化的工具,倒不如将其看作华约(不止一次地侵犯其成员国的唯一的"防御同盟"!)强加的一个庞大组织,看作(1955 年起一直存在的)华约的经济之手。1983 年,苏联占有经互会 88％ 的领土和 60％ 的人口。(Comecon 1984：7)苏联自然而然地获得许多特权和优势,苏联和其他成员国之间的巨大差异必然助长了更多的怀疑和敌意,而不是互相信任。经互会内部合作和一体化不可避免地成为"每位参与者都努力以最低代价博得最大优势的一场比赛"。(Brabant 1980：3)因此,苏联集团从来没有像其领导人(和许多西方评论家)认为的那样铁板一块。事实上,经互会一直强调国家间"合作"和"互助"以及国家计划经济的协调,与其说是削弱了单个成员国凌驾集体的状况,倒不如说强化了这一点。另一方面,后斯大林主义的"国家主权确认"为经互会内部深入推进一体化又设置了障碍。同欧洲共同体相比,经互会更大程度上只是一个欧洲的家园(Europe des patries),或者更准确地说,充其量是"一个欧洲的国家"(Europe des etats,实际上戴高乐使用过这个词)。

1989 年,经互会中巴尔干和东中欧成员国占世界贸易总额不超过 4％。这些国家和它们的企业都致力于把具有潜在不可靠性的外部供给的依赖降到最低程度。比较而言,在相对自给自足和封闭的经济发展模式下,较之于大量依靠对外贸易的发展模式,也就是说,经济数量和组成很大程度上处于本国国民经济规划者控制范围之外的模式下,强制性的经济规划不那么困难。事实上,"计划者并不认为外贸是一个符合国民经济利益的合意的追求,只不过是供给的额外补充,它的数量和组成部分根据生产计划要求而定"。(Sobell 1984：4)在大多数中央计划经济体中,外贸在法律上为国家所垄断,以便维护国家对经济的控制以及对外商介入的项目和程度的控制,而且它必须经由烦琐且腐败的政府代理人或外贸机构才准流通。因此,它只局限于让那些有能力并且愿意处理这些事务的机构参与。国内生产商和国外客户的严重脱节也加剧了生产者对顾客的需求和意愿无所反应。此外,使用武断的和高估的多重汇率尤其容易导致形式上的出口"损失",进口获利。这样有效地排除了任何有关贸易中的相对成本、经济回报和收益的有意义的核算。由于国内"硬"通货短缺,大多数国有企业无力在国际市场竞争中占得一席之地,加上不能发展本可以促进多边贸易发展的货币兑换和合理的定价机制等,所以,双边贸易成为主导。贸易量局限于弱势一方能够设法出口的产品数量和种类。双方都不提倡贸易盈余,这进而导致增加出口动力不足。事实上,优质产品都被储备用于国内特殊项目,因为对生产者和计划者的评估和奖励标准根本上是参照国内那些特殊产业或引人注目的产业和项目当中的绩效,特别是那些具有战略意义的产业和项目的绩效。因此,除了苏联的石油和天然气外,生产者愿意出口的产品很大程度上是不需要的"剩余物"。所以,中央计划经济体难以找到彼此的贸易对象。经济一体化变得更加难以实现,因为中央计划经济变得更加高度产业化,而且生产出的产品覆盖范围特别广泛。这是经互会内部贸易在 20 世纪 50 年代初期达到高峰,然后缓慢下降直到 90 年代初瓦解的一个主要原因。

更有力地迈向市场机制、多边贸易和货币通兑,本来可以扩大经互会内部贸易的领域和推进一体化的进程,因为上述因素有可能为经济自行整合提供动力。然而,这些措施遭到多数共产党和中央规划阶层的强烈抵制,根本原因是,这样他们就不得不降低国防和重工业(军工复合体)的优先地位,进而加强发展这些经济体消费导向的工业,允许经互会中更成功地、以市场为导向的成员国加入,以减少他们对苏联经济的依赖。虽然这将会失去一些"抢占的"市场和供应商,然而一旦不受保护地出现在国际竞争和市场当中,许多陈旧的、效率低下或者低层次产业和企业的支付能力和生存都将受到威胁,正如 1989 年以后所发生的情形那样。然而,一方面,众所周知的是,经互会一体化所谓"全部市场解决方案"将依赖货币的通兑、多边贸易以及反映相对成本、收益和稀缺的价格机制,另一方面,没有充分重视到下述现象,即在作为一个整体的经互会内部,其超国家的中央计划、专业化和劳动分工也存在类似鲜明的先决条件。因为,在货币通兑、多边支付体系、合理定价和汇率缺失的情况下,超国家的中央计划者无力做出理性的决策、核算或比较。

　　然而,除了南斯拉夫和匈牙利以外,巴尔干和东中欧的"市场社会主义"运动中途夭折,主要是因为 1968 年 8 月华约入侵捷克斯洛伐克以及随后对"改革"运动的压制。一段时期内,就连匈牙利都不得不谨慎行事:他们只谈论"新经济体制"(1968 年 1 月开始启动),而非"改革"和"市场社会主义"等。然而,尽管改革运动被政治阉割,共产党政权仍然不得不设法解决最初诱发改革运动发生的资源紧缺和经济绩效下滑问题。因此,尽管(或者甚至因为)主要的制度性变革和东西方贸易受挫,似乎更有必要增强经互会成员国之间的贸易、援助、合作和团结,希望借此提高经济绩效,"买断"经济社会的不满,减少华约在不久的将来再公然发动一场针对其他"兄弟"国家的创伤性入侵。1968 年的入侵事件甚至被认为是"经互会成员国关系的一个分水岭"。(Brabant 1989:78)这无疑是推动 1969 年 4 月经互会"特别"理事会会议召开的主要动因,会议表面上是为了庆祝该组织成立 20 周年,实际上是为了推出一项新政:社会主义经济一体化(SEI)。然而,新政的宣布是一回事,就其含义以及实现它的方式达成一致,却是另一回事。20世纪 50 年代末至 60 年初,公认的是,每一个共产党政权必须绘出自己"通向社会主义的民族路线图",尽管苏联蛮横地保留着规定目标的权利。(而且若有必要,就改变政权的领导人!)然而,到了 1969 年,共产党政权的各种经济制度和政策偏好变得过于多样,盘根错节,在一个共同的概念和一体化模式中很难兼容。1971 年经互会公布的《关于进一步推广和改进合作以及推进经济一体化进程的综合方案》,是由 17 个不同国家的委员会用不同成分烹制而成的大杂烩。"从来没有尝试过把这些建议概括成类似社会主义经济一体化的融贯的概念,更不用说,概括成一个综合性的概念,并考虑应该或如何培育它。"(Brabant 1989:86)然而,有一个更积极的解释:"文件十分重要,因为它使该组织充满了史无前例的务实精神:尽管根本问题没有解决,但合作方案已经先行一步;按照有利于'利益攸关方'的原则否定了事实上的单一成员国的否决权,这样就绕开了罗马尼亚的反对。"(Sobell 1984:16)实际上,经互会依靠的是英国的"渐进"方法。

或许下述说法会遭到反对,欧洲共同体从来就缺少一个融贯、明确、全面和普遍接受的一体化概念,但 20 世纪 50 年代以来西欧朝着"日益紧密的联盟"的方向取得了重大进展。关键的区别是,一旦阻碍商品、资本、劳动力和服务自由流通的"国家"障碍消除了,而且建立了准入的机构框架和基本规则,那么,市场经济一体化通常就会自发进行,即便政治家和官员在一旁睡觉。就欧洲经济共同体的六个创始国开启经济一体化而言,真正需要的是一种有限制的"弃权协议":一致同意消除六国在贸易上的所有壁垒,随后限制由此带来的"共同市场"中商品、资本、劳动力跨界流动的阻碍因素;事实上,"政府之间就禁止做某些具体事项而达成共识,比在某些方面采取统一行动,要容易得多"。(Shonfield 1973:14)相比之下,经互会内部的一体化更多地依赖经济计划者和政治家持续不断的积极干预,以及围绕他们正努力实现的目标而达成共识,如果他们不打算因为各执一端而抵消各自力量的话。事实上,经互会的一体化仅限定于,彼此互不信任的共产党国家之间预先能达成哪些共识,以及哪些能纳入他们当前和未来的五年计划。除非它们不再是中央计划经济体,否则,它们就不易产生或容纳自发的、分散的、跨境或跨国的贸易、投资、移民或合资企业。

制约经互会国家一体化进程的因素还包括,它们各自的历史性对立、摩擦和敌意,以及苏联与巴尔干和东中欧"盟友"之间的极端不平等、压迫性、霸权主义和渗透性的关系所衍生的张力、相互猜疑和不信任。事实上,"资本主义"的一体化有助于西欧避开和克服其新近留下的痛苦遗产,但东中欧和巴尔干地区的经验却截然相反。这些国家脱离第二次世界大战之时,与其步入战争之时一样,仍然处于分裂、苦难、疑惧和复仇的状态。苏联能够抑制或镇压东中欧和巴尔干"附属国"相互之间的敌意和怀疑,但这对于消散或化解潜在分歧却无济于事。和西欧借助马歇尔计划、欧洲经济合作共同体和欧洲煤钢共同体所实现的目标相比,东中欧和巴尔干地区的前交战国缺乏全面的战后规制和调解。东中欧和巴尔干地区也没有发展到经济繁荣、享乐主义的层次,更不会达到消除、驱散、转移,甚至遗忘 20 世纪 40 年代西欧内在敌意

510

和怨恨的层次。

从所有这些障碍来看,"社会主义经济一体化"必须采取迂回和有限的形式,而不是"直面"、综合的形式。由于在定价、经济改革、多边贸易、货币兑换和经互会内部资本与劳动力流动等方面难以达成一致意见,经互会不得不退而求其次,接受次优最佳解决方案。它必须将自己限定在每个成员国都会接受、而且并非每个成员国都必须加入其中的折中办法和具体部门方案中。这与 1967 年的"有关当事方"原则保持一致,似乎重申这一点旨在表明,在入侵捷克斯洛伐克后,苏联为东中欧和巴尔干地区曾经进行的"兄弟般援助"而付出了部分代价。因此,为了资助和便利经互会内部跨国投资项目合作,特别是在能源生产、电力、电网、管道、矿山、交通运输、化工、冶金和机器制造方面的合作,1971 年成立了国际投资银行。此外,在 1975、1980、1985 年,经互会国家拼凑了一系列为期五年的"多边一体化措施的协同计划",旨在配合本国五年计划同步施行,并对诸如能源和采掘业等关键部门的跨国项目进行资助和协调。苏联推动这些项目,是为了使它的巴尔干和东中欧的"伙伴"部分地承担日益增加的燃料和矿产投资成本,东中欧和巴尔干地区向苏联出口工业"软"商品,并以大大低于世界市场价格从苏联进口燃料和矿产(有时再出口到西方以此获得不错的硬通货利润)。然而,从他们各自迥异的立场来看,大多数东中欧人对不得不替他们可恶的主人和压迫者承担一些发展经济费用而心怀怨恨。这两种观点都可以理解。1975 年有人还提议,经互会成员国应采取有约束力的集体"目标方案",以减轻能源、原材料、食品、工业消费品的生产和运输的瓶颈压力,并增加国家间在各个工程分支领域的专业化合作。然而,直到20 世纪 80 年代,这些并没有付诸实施,那时,为这些"专业化协议"所涵盖的贸易流动额似乎还没有超过经互会内部所有工程产品方面贸易的 25%,或经互会内部贸易总额的 10%。(Robson 1987:225;Brabant 1989:91－93)

从 20 世纪 70 年代初开始,苏联和其他经互会的大多数欧洲成员国开始将它们的一些经济计划、分配和决策任务下放给巨型工业联盟或"工业联合体"。之所以采取这种措施,部分是为了通过建立经济决策的中间环节来实现降低中央计划者在日益复杂和工业化的中央计划经济中所谓的"操作和信息方面超负荷"状态,部分是希望效仿西方和东亚资本主义经济体中庞大的、高度集成的、越来越以科学为基础的工业联盟和综合企业所发挥的驱动作用。希望新的工业联合体和联盟培育强大的研究、开发、设计和供应能力,并把这些转变为巨型企业或企业集团中可实施的管理任务,借此实现规模效益递增以及将更详细的规划和分配问题"内部化"。从理论上讲,这可以把那些超负荷的中央经济机构解放出来,从而能够集中精力于首要的宏观经济任务。同时也希望这些工业联合体或联盟彼此能够结成分散的"横向"契约关系,来弥补(和部分取代)从中央计划和供应机构以及工业部门自上而下延伸到无数工业企业的"纵向"指挥系统。通过促进经互会不同经济体内部的工业联盟和联合企业之间的直接跨国关系、投资、合资以及科技合作的自主发展,这一切有望对经互会内部一体化产生重要的影响。

511

　　然而,新的企业集团或企业群实际上往往笨拙、保守、规避风险并带有官僚主义色彩。他们往往重蹈中央计划、供给机构和工业部的缺点、错误和僵化的弊端,而后者正是本来要改正的。他们只是本质未变的纵向指挥系统新加的中介而已。事实上,下述问题根本未曾得到明确解释:工业联合体和工业联盟应培育的"横向"联系,究竟应如何与从中央规划和供给机构及各经济部衍生出的"纵向"指挥系统相结合。可以认为,为了获得某种与某一理想的(或噩梦般的)自动运行方式,一个指令性的经济体需要有明确界定和独立的指挥系统。任何逆转都不会提高效率和生产力,只会产生混乱。无论如何,"真实存在的"中央计划经济缺乏支撑和促进发达市场经济中工业企业间自主"横向"联系所需的绝大多数金融、商业、法律和分配的基础设施。因此工业联合体和联盟无法在中央计划经济体内部(更不用说彼此之间)培育许多直接的"横向"联系。在市场经济缺失情况下,没有什么可以推进经互会内部的公司进行国际合作,在西方也会如此。价格并不能反映真实成本,而经互会成员国之间人为确定的货币汇率,以及货币通兑的缺失,意味着要断定直接联系是否能带来更大利益,实际上几乎不可能。(Leslie Collit, *FT*, 22 July 1987, p. 2)

通向 1989 年的道路

从 1973－1978 年,继欧佩克的石油价格在 1973－1974 年期间翻两番之后,西方世界进入了经济衰退期,而东中欧和东巴尔干共产主义国家的经济持续增长,甚至在某些情况下增速超过 20 世纪 60 年代。这些表面上令人深刻的业绩之所以成为可能,是受到多种特定因素的影响。这些经济体越发依赖苏联市场,以及以超低价格从苏联进口的石油和天然气,后者的支付方式主要依靠加快向苏联出口农产品和(主要是"软"的)制造品。此外,苏联以优惠条件向它在欧洲的"卫星"国家提供大量发电设备和技术(包括核电厂)。这些形式的苏联"援助"不仅有助于缓解大多数经济体在贸易条件和打入西方市场方面的不利趋势,而且也有助于维持整个 70 年代的持续增长(尽管是以递减的趋势)。然而,对苏联援助日益加深的依赖固然有助于这些经济体抵御资本主义世界出现的衰退和石油价格上涨的潜在破坏性影响,但从长远看,这进一步削弱了他们成功地面向西方出口的能力。

512

与此同时,罗马尼亚和阿尔巴尼亚共产党政权的民族主义感和独立意识不断增强,他们越来越拒绝苏联的"援助"。然而,他们拥有一些本国所有的重要矿产资源,尽管这些资源数量在迅速减少。阿尔巴尼亚自 1960 年以来就已经不再是经互会的积极成员国,它从中国获得了大量的经济援助。

西方学界在围绕经互会内部形成的贸易模式所带来(间接)的跨国补贴的规模、方向和意义等议题,争论颇多。争辩中提出了许多复杂的带有感情色彩的问题,我们在这里无法完全公正地阐释清楚,但我们将突出强调主要的问题。尽管在 1960－1990 年间给予古巴、越南和蒙古大量的经济和技术援助,经互会从来没有在它的欧洲成员国之间推行任何大规模的财政转移支付,做到像欧共体内部实施的共同农业政策和所谓"结构性"和"凝聚性"资助那样。争辩主要集中在经互会内部价格机制全面偏离世界市场价格导致的间接转移(所谓的"贸易补贴"),尤其是下述事实,即从 1973－1990 年苏联的大量石油和天然气以远远低于资本主义世界支付的价格供应给东中欧和巴尔干的共产主义国家。西方最具影响的一种观点是,苏联对这些国家的间接补贴代表了它在政治驱动下致力于"同意资助"这些国家,使他们不稳定的中央计划经济得以进一步发展,以化解经济方面的不满,鼓励和奖励那些遵守苏联意志和安全保障的做法,给那些恪守这条路线的国家提供优惠待遇,并且在不必定期诉诸军事入侵手段的情况下保持(甚至提高)苏联集团的凝聚力。(Marrese and Vanous 1983; Marrese 1986; Reisinger 1992)然而,一些分析家特别是霍尔兹曼(Holzman)(1986a, 1986b)、德赛(Desai)(1986)和布拉达(Brada)(1985,1988)更倾向于对间接补贴持一种更狭隘的经济性解释。他们认为,在内部价格系统地脱离世界市场价格体系的任何贸易集团内部,一些成员国受益而其他成员国必将严重受损;而且,就经互会而言,苏联协商一致企图奖励的忠诚者未必就是贸易中的受益国,企图惩罚的抗拒者未必就是贸易受损者。因此,欧洲经济共同体的共同农业政策(Common Agricultural Policy)执行当中的反复无常,同样会产生赢家(尤其是荷兰、爱尔兰和丹麦)和西欧的输家(特别是英国)。布拉达认为:"这种补贴绝非唯一的,不论何时,只要有一些国家介入到彼此间的优惠贸易中,这类补贴就会出现。"事实上,苏联对其经互会伙伴国的补贴幅度"绝非非同寻常",而且它们的存在"既不是依赖于这些经济体的计划经济本质,也不是依赖于苏联在东欧的霸权主义"。相反,它们的出现是因为经互会内部贸易"没有执行世界市场价格",欧共体内部贸易也是一样。(Brada 1988: 641－643)此外,1973 年以后苏联对东中欧和巴尔干国家间接补贴增长,是超出苏联控制之外因素偶然促成的结果,主要是 1973 至 1974 年以及 1979－1980 年世界石油价格大幅上涨。(第 646、657 页)"苏联对东欧的补贴,基本上与经互会缓慢调整石油和天然气价格适应 20 世纪 70 年代的两大'能源冲击'有关。"(Poznanski 1993: 923)他们并没有(照 Marrese and Vanous 的方式)夸大政治因素的作用,经互会成员之间的间接利益分配只可以根据下述事实来进行合理解释：在作为一个整体的经互会内部,矿产资源相对丰富,而资本却持续短缺。因此,纯粹根据相对要素禀赋看,资金相对丰富的成员国(民主德国、捷克斯洛伐克、程度略低的匈牙利)极有可能以牺牲矿藏相对丰富的成员国(苏联,程度略低的罗马尼亚)的利益而获益。(Brada 1988：652 — 653)然而,许多东中欧人和保加利亚人都愤怒地拒绝接受下述观点,即他们由此接受苏联的补贴,或者他们从苏联的慷慨中获益。他们都对下一点坚信不疑,即他们自己出口到苏联的产品,定价过低。在他们眼中间接"补贴"的数量被严重夸大(主要是因为过度关注容易量化的石油和天然气贸易,而相对忽视不易评估的工业品贸易)。如果这类补贴的确存在,应该是对强加给他们一套经济体制和发展战略的些微补偿,这套经济制度和发展战略完全不符合东中欧及保加利亚特定经济需要及其要素禀赋,导致他们更为贫穷,如果容许他们按照自主选择的经济体制和战略来施行,至少不会如此。(Koves 1983；Poznanski 1993)

更广泛的观点认为,20 世纪 70 年代东西方关系的缓和至少在短期内促进了西方资本和技术向持续扩张的东中欧和巴尔干的经济体流动。东西方合资企业、生产许可协议和进口的"即可使用"装置,不受限制地扩张,其中许多是由回收的"石油美元"资助的,因为一些西方银行往往轻率地就把新兴石油富国储存的"意外之财"再贷给东中欧和巴尔干共产党政权。这些政权急切地接受西方贷款、投资、合资企业、工业设施和"技术转让",作为它们社会经济体制改革中更基础性部分的替代物。应该承认的是,在缺乏提高其经济效率、意义深远的制度改革的情况下,他们无法全面实现理应从这种转移中"获得"的潜在收益或报酬。然而,在命运多舛的布拉格之春后,欧洲大多数共产党政权意识到,社会和政治方面的激进改革是危险的(除卡达尔的匈牙利和铁托的南斯拉夫以外)。主要依靠外国贷款资助的"技术转让"和进口主导的增长,似乎给东中欧和巴尔干地区的经济现代化提供了政治上更安全的方式,而两者都是通过提高生产率和扩大可获得的产品和设备的范围来实现的。

尽管如此,对西方资本、技术和企业的日益依赖,产生了意想不到的政治和社会反响。与西方来宾(游客和商人)的频繁接触,加上各种迎合他们需要的设施涌现,有助于传播西方的价值观、消费理念和流行文化,尤其是在年轻人中间。由此带来的东中欧、南斯拉夫、保加利亚和罗马尼亚在态度、价值观、服装和休闲活动等方面的西方化,与共产主义影响一样,最终对年轻人心灵产生腐蚀性影响,其程度丝毫不亚于激进的系统性改革。再者,那些日益老迈的独裁者愚妄地试图遏制摇滚音乐节、西方流行音乐、蓝色牛仔裤和消费主义等越来越大的影响力,结果他们越发显得落伍、保守、与社会脱节和荒谬不堪,在年轻人眼里尤其如此。

对西方资本和技术转让的过度依赖同样造成了严重的经济危害。生产许可协议双方往往因为微小利益而付出巨大代价,例如,波兰拖拉机厂和梅西－弗格森－珀金斯(Massey-Ferguson-Perkins)之间。(Stokes 1993:19)因为还本付息的需要,吸纳了许多本来可用于急需的基础设施或出口项目上的资源,结果仍然不堪重负。而且到 20 世纪70 年代后期,偿还的债务量已超过西方新流入的资本量。随着东中欧和巴尔干地区信用等级下降,西方流入的资金量迅速枯竭。对其中一些国家来说,要完成一些涉及西方资本或设备的现有项目,以及购买西方备用部件,都很困难。这进一步削弱了他们增加出口、完成预期或规定规模的能力。事实上,这些国家发现自己持续承受日益增长的压力,他们需要扩大对西方的出口来偿还令他们不安的巨额硬通货债务,当此之时,正值 1979 年欧佩克油价再次翻番,使得西方经济跌入另一次衰退期,这进一步抑制了西方对他们产品的进口需求(并且提升了进口贸易壁垒)。再者,这一次苏联没有能力前来施援。1979－1982 年世界性经济衰退期与勃列日涅夫的“停滞年代”最糟糕时期恰好同步,此时,苏联经济增长急剧放缓,石油、煤、铁和钢等关键部门停止共同增长。苏联无力持续以优惠条件提供日益增加的燃料、原材料需求,这也降低了苏联吸纳(作为回报)那些越发过时和低劣的工业产品的意愿和能力,其中的一些工业产品一定程度导致了苏联经济的恶化。因此,东中欧和巴尔干共产主义国家陷入了停滞的苏联经济和严重衰退的西方经济的"双向挤压"。东西方缓和的终止和"新冷战"的开始更加重了危机,急剧扩大的核军备竞赛(1978 — 1984)、苏联入侵阿富汗(1979 年12 月)、罗纳德·里根就任美国总统(1980 — 1988)以及波兰军事管制的实施(1981 年 12 月)等,这些都使这轮危机升级。

1979 — 1983 年,巴尔干和东中欧共产主义国家都陷入了严重的经济衰退,自此到 1989 年"铁幕"最终解除时,它们还没有从经济衰退中完全恢复。1979 — 1989 年期间,这些经济体按照实际的人均收入看几乎没有增长,罗马尼亚和波兰尤为突出,它们经历了严重的经济收缩和生活水平的急剧下降。此外,据后来揭示的情况表明,民主德国和保加利亚在 80 年代的相对成功更多是表面性的,缺乏实质性增长,而且它们有选择地降低和伪造的经济和社会统计数据掩饰了大规模的经济危机、破败的基础设施和日益增长的外债,而且部分掩饰了不计后果地开发化学、冶金、褐煤和发电行业导致的代价惨重的环境破坏成本(为此付出的社会、经济和环境成本将在未来持续多年)。20 世纪 90 年代初,越发清楚的是,70 年代流入西方的资本和进口设备究竟有多少被白白浪费在"无用之物"上,或者转变成政治、管理、军事精英的奢侈品和社会福利设施(即"混杂的宏伟建筑")上,而不是用于原初计划的工业和基础设施的现代化建设中。受到最坏影响的国家当数波兰和罗马尼亚。

危机中摇摇欲坠的波兰,1976 — 1989

在波兰,物资短缺、生活艰难以及偶尔发生的镇压学生和工人骚乱活动,加上官方试图对方方面面的经济管理不善、资金挪用以及由此产生的经济社会危机的掩饰等,共同导致人们更公开、政治上更积极地反对盖莱克政权。1976 年波兰政府颁布法令,试图通过提升食品的零售价来恢复波兰市场均衡,这项迟到的决策激发了广泛的、甚至招致猛烈镇压的罢工和抗议,迫使盖莱克取消价格上调令,并在 1976 年促成了颇为卓越的工人自卫委员会(Committee for Workers Defence,简称 KOR),部分是为了进一步加强知识分子和反政权的工人阶级之间的团结。在亚当·米奇尼克(Adam Michnik)、雅采克·库隆(Jacek Kuron)、简·利普斯基(Jan Lipski)和爱德华·利平斯基(Edward Lipinski)的带领下，工人自卫委员会开始发行一份名为《工人》(*Robotnik*)的非法半月刊简报,简报公布了一系列有关政治压迫、虐待的情况,并为 1977－1980 年的工人抗议提供指导。该运动也得到天主教会的默许和支持。爱德华·盖莱克并未压制工人自卫委员会,这也许是因为他曾经有过西方的生活经历,并出于渴望维护他作为新波兰建设者的国际声誉的考虑。他似乎接受下述观点:允许知识分子进行批评并发泄怨气,比试图压制他们更为明智。(Stokes 1993：28－29)

　　1978 年,枢机主教卡罗尔·沃伊蒂瓦(Karol Wojtyla)意外地当选为教皇,1979 年电视全程播报了他以教皇约翰·保罗二世身份凯旋波兰的场景,这在该国历史上的关键时刻提升了波兰天主教民族主义和民族自信心。用一位著名的西方波兰事务评论员的话来说,这是一次唤醒行动:"教皇没有粗鲁地公开攻击政权或号召人们起义。相反,他避开政府,直接道出教皇的真实感受,教皇的真实记忆",而且他"唤醒了一个古老的基督教民族,仿佛共产党统治只是一个短暂的无关紧要的现象"。结果,"波兰人重拾信心并激情澎湃。如果给予自由,人们可以过那种属于本民族的波兰式生活,可以根据自己的感觉来判断什么是公正,什么是允当"。此次访问既是一次通导,又是一次祛魅。公众对执政者的态度由憎恨转向"某种更具恶意的情感:蔑视性地冷漠"。越发明显的是,"波兰民族已经足够成熟和强大,能够做出自己的选择",不需要特定的政党或国家进行令人生厌的教导。(Ascherson 1988：192)

　　在这种高度紧张的形势下,1980 年 6 月,新总理爱德华·巴比乌赫(Edward Babiuch)又进行了一次徒劳无功的尝试:1980 年 6 月,提高食品零售价格并采取措施扩大出口那些波兰商店本就短缺的食品。这些误判引发了 7、8 月份波罗的海大型船厂和西里西亚钢铁厂和煤矿的和平罢工和静坐活动。令每个人吃惊的是,波兰当局竟然允许工人自卫委员会充当"信息交流站",并容许它向外国新闻机构和广播电台发布罢工和静坐的情况报告,而后者反过来又对波兰国内大肆宣传。格但斯克列宁造船厂的一次重要罢工和静坐活动成就了一位(当时仍然鲜为人知)持不同政见的船舶电工——瓦文萨(Lech Walesa),他听从雅切克·库隆、亚当·米奇尼克和天主教领袖的建议,代表他的同事们与政府代表谈判。谈判很快以电视形式转播到外界,因此,实际上政府要想摆脱这个聪明的政治陷阱而不丧失尊严,已经不再可能。根据瓦文萨团队商谈的结果,政府做出了下列影响深远的让步,具体体现在8月31日所谓的《格但斯克协议》中:罢工和组建独立工会的权利;增加工资;公开播报星期日大众节目(Sunday mass);放松新闻审查制度;改革福利条件;基于能力而不是党羽关系选拔企业管理者;承诺通过与新独立的工会进行协商的基础上彻底改造整个经济体制。"自从19世纪革命以来还没有一个欧洲民族能够做到强迫自己的统治者接受这样的条约。在共产党的制度下,……达成这种协议几乎是难以想象的。它们在波兰之所以成为可能只是因为执政党的'领导角色'已成为官方的遮羞布。实际情况是一种粗陋的多元主义。"(Ascherson 1988:198)因此,工人自卫委员会甚至被允许在撮合协商中发挥关键作用,部分原因是其最卓越的知识分子和政府方面的谈判代表都"有相同的华沙背景,都说着同样的语言",尽管他们在政治上各执一词。(第196页)对于像布拉格、布达佩斯、贝尔格莱德,甚至索菲亚、地拉那和布加勒斯特这类大都市的知识分子和官员来说,大多亦如此。

这些大规模抗议和《格但斯克协议》很快导致一个独立工会——索利达诺斯克(Solidarnosc,即团结工会)的迅速崛起,该独立工会声称有1 000万成员(该国拥有3 500万人口)。事实上,"因为波兰各地相继出现的罢工委员会采取了《格但斯克协议》的纲领,并不断添加自己当地的观点,团结工会迅速膨胀成为一个全国性组织"。(Ascherson 1988:198)

1980年9月,盖莱克被迫辞职。结果很快表明,他的继任者、更逊色的共产党官僚斯坦尼斯·卡尼亚(Stanislaw Kania)更不具备处理深度危机的能力。形势没有得到改善,因为团结工会鼓励其成员相信,他们可以安享政治和经济自由化的潜在利益而不会失去就业保障、允许多人分享一个工位和价格稳定,而且鼓励他们拒绝承认报酬和生产率之间的任何联系。团结工会还在基层民众中鼓励罢工、要求增加工资和禁止矿工周末工作,进而加剧了短缺和通胀,进一步使生产、实际收入和出口处于低迷状态。国民收入在 1980 - 1982 年缩减了 15%,而年通胀率在 1981 年上升至 18%,1982 年飙升到 109%。1981 年团结工会在不承担责任的情况下行使权力。它的确没有申请取得正式的政府职责,部分是因为它仍然把自己仅仅看作"一个工会",另一方面是因为,它担心任何的此类行动可能刺激华约对波兰进行干预。然而,双方很多人都逐渐相信,如果共产党政权不能摧毁团结工会,那么团结工会必将终结共产党政权的统治。本质而论,团结工会中的极端天主教成员憎恶唯物主义和相信无神论的共产主义。相反,除了明显"背叛"转向团结工会(把它视作一个比波兰统一工人党更切实的工人阶级组织!)的少数杰出党员以外,更多的共产党人把团结工会看成反动的和民族沙文主义的"拜神团体",它致力于镇压马列主义的唯物论和无神论。这两种不同态度妨碍了双方保持持久的休战、和解或暂时妥协。然而,任何一方都不是真的完全有能力战胜对方。他们被谴责是在进行旷日持久且相互削弱的政治僵局和消耗战。

沃伊切赫·雅鲁泽尔斯基(Wojciech Jaruzelski)将军自 1968 年以来一直担任波兰国防部长,1981 年 2 月,他出任总理,同年 10 月他担任执政党领袖。雅鲁泽尔斯基致力于恢复"纪律",阻止生产和消费的恶性循环,避免苏联潜在的军事干预。起初,人们普遍希望军队能充当"非政治性的爱国力量",把国家利益置于意识形态分歧之上,而且雅鲁泽尔斯基将成为一个类似毕鲁苏斯基(Pilsudski)那样、爱国的民族主义威权统治者。然而,在 1981 年 12 月雅鲁泽尔斯基宣布实施戒严令以后,军方发现仍然很难阻止经济下滑。(Ascherson 1988:211 - 213)戒严统治期间(1981 年 12 月至 1983 年 7 月),重点工业被置于军事管制之下,成千上万的团结工会和工人自卫委员会的积极分子遭到(主要来自可恶的 ZOMO 安全警察)拘留、殴打或杀害。1982 年团结工会被宣布为非法组织,被迫转入地下活动。尽管如此,1982 年工业生产持续下降,整个 80 年代它仍然低于(已下降的)1979 年的水平。此外,尽管在 80 年代缺乏西方新资本的注入,不断增加的债务欠款使波兰对西方的硬通货债务从 1981 年的 250 亿美元增长到 1989 年的 430 亿美元,与此同时,它的年均通胀率在 80 年代中期下降到 15％左右,而在后来的 1988 年上升到 60％,1989 年上升到 244％。军事管制,这个共产主义的撒手锏,也被认为是失败的,尽管它抢占先机,避免了 1981－1982 年的华约间接入侵波兰行动。1982－1983 年间,军事政权错失了开展一场彻底的经济改革的机会,当时它的对手正处于混乱和撤退中。波兰被锁定在一种不进行彻底政权变革就很难摆脱其重复性活动的状态。

18 世纪末以来的悲惨经历给波兰人带来的教训是:作为一个民族,如果放任内部之间的冲突不受节制地继续下去,那么会加速自我的毁灭。这个沉痛的教训使整个民族及其领袖不愿将对抗活动推向它的极端形式。这有助于制止波兰的首批共产党领袖耽于 20 世纪 40 年代末 50 年代初盛行的斯大林清洗和公审。这也有助于避免波兰出现 1956 年波兰危机的血腥结果。(与之相对的就是 1956 年的匈牙利革命,以及随后在那年 11 月发生的苏联入侵匈牙利事件)。"这种内部的宽容使得波兰社会相比德、俄显得更为成熟,并形成了波兰特有的凡事折中的历史,言语符号上坚定好斗而实际行动则犹豫不决。这个民族为此曾遭受过苦难,但也为此而幸存了下来。"(Ascherson 1988:207)军事管制政权确实是一个典型的波兰式折中方案,它要以"令整个民族震惊和疏离的方式"来蛮横地执行,但实际上甚至"没有蛮横到足以令波兰人被动"的程度。(第 215 页)该政权的多数反对者认为,"全面树敌的代价太大",而当权者的结论是,"将波兰压制到完全一致和服从的状态,代价同样太大"。(第 218 页)因此,雅鲁泽尔斯基无法实现他的主要政治目标:使团结工会被边缘化的"民族和解"目标。他也无力拓宽自己的权力基础。他在 1982 年组建的民族复兴爱国阵线(PRON)"根本就未曾获得让人信以为真的鲜活生命"。1983 年 7 月之后,戒严

517

正式结束,"他的政府的唯一工具就只剩下国家,而这往往意味着只有安全警察"。此外,他的政权既不能也不愿摧毁波兰社会鲜明的多元性。即使新闻出版受到严格检查,波兰人还是继续畅所欲言,虽然团结工会被迫转入地下活动,但"天主教会的影响依然有了巨大增长"。(第216—217页)

教会的调解,雅鲁泽尔斯基明显有意借引入少量急需经济自由化和压制不加限制的恐怖统治来取悦波兰的西方债权人,这些都有助于团结工会不被消灭掉。实际当中,团结工会继续摆出以往对共产党统治进行威胁的架势,因为它已经成功地揭发出波兰执政党合法性和"无产阶级"性质的缺失,而且从1980年起,欧洲的共产党政权越来越多地转为守势。无论它们诉诸压制还是让步,都不能令人信服地宣称,他们就是真正的工人阶级的代表和监护人。因此,1980年团结工会的出现标志着共产党在欧洲统治终结的开始,尽管波兰(较少公开的)、罗马尼亚和阿尔巴尼亚出现的情形极为罕见:对执政党统治构成挑战的主要力量来自底层,来自工人阶级。

1983年期间,教皇约翰·保罗二世为了赢得国际尊敬和"民族和解",再次获准访问波兰,而这种努力纯属徒劳。当时,军事管制正式撤销(作为对美国放宽贸易制裁的回报),新闻检查制度有所放松,许多政治犯得到释放,一组经济改革方案被公布(虽然实践中它没有推进得很远)。但1984年,公开反对政权的火焰被再次点燃,事件的起因是一位广受欢迎的祭司杰吉·帕皮鲁兹克(Jerzy Popieluszko)遭到警察极端残酷的杀害。这一野蛮行径破坏了雅鲁泽尔斯基实行的"可控自由化"战略,因为其肇事者被认为蓄意为之。结果,由此引发的政治经济僵局和消耗战一直持续到1988年8月,当时,可恶的内政部长切斯瓦夫·基斯查克(Czeslaw Kiszczak)将军倡议包括天主教会和团结工会在内的波兰社会各方主导力量举行"圆桌会谈",借此来打破僵局。此外,1988年9月,一直处于被动的下议会(the Sejm 众议院)史无前例地选举罢免了现任政府,通过和教会领袖协商,为以"改革的共产党"米耶奇斯拉夫·拉科夫斯基(Mieczyslaw Rakowski)为领导的新政府组阁清除了障碍。1989 年 2－3 月举行的开放性和建设性的"圆桌会议",更是促成了 1989 年 4 月 5 日的关于广泛政治和经济改革(包括重新赋予团结工会合法性)的正式协议。

这为 1989 年 6 月众议院和新的上议院(参议院)举行多党竞选铺平了道路,尽管 100 个下院议席中有 65 个是为共产党人和他们的盟友而保留的。但团结工会候选人赢得了 100 个上院席位中的 99 个以及下院中全部 35 个自由席位。在联合会议上,两院勉强选出雅鲁泽尔斯基将军为共和国总统,但共产党在很大程度上已为当时处于被动的联盟伙伴所抛弃,结果,共产党试图组建一个由基斯查克将军(General Kiszczak)领导的政府的努力也受到挫败。最后,1989 年 8 月,组建了团结工会主导下以塔迪斯·马佐维耶茨基(Tadeuz Mazowiecki)为首的政府,马佐维耶茨基是一个广受尊敬的天主教知识分子,同时在政治上也亲近瓦文萨。在波兰,共产党以仁爱的、非暴力的方式退出政坛,在这方面,波兰共产党员确实最后一次为他们的祖国做了有价值的服务。然而,其统治却是在初露端倪的经济社会崩溃和失控的通胀中以彻底失败而告终。

518

罗马尼亚高压专制的失序,1977－1989

罗马尼亚的情形并非与波兰完全不同。20 世纪 70 年代的经济失误(如过度扩张炼油业和石化工业,而当时罗马尼亚已探明的石油储量正在迅速耗尽),严重的短缺,齐奥塞斯库强盗政权(kleptocracy)的大规模贪污和挪用资金,1977 年 7 月血腥镇压鸠谷煤矿(Jiu valley)工人大罢工,以及团结工会的影响等,共同导致共产党政权进一步加强其控制力。20 世纪 70 年代依靠西方借贷资本扩大了效率不高、资本密集的罗马尼亚国有重工业,不仅其巨大的能源需求远远超出政府的供给能力,而且罗马尼亚快速增长的非农业人口也无法在其中得到安置。西方资本和技术转移只是作为替代品,而没有成为让罗马尼亚经济变得更有效率的激进改革的催化剂。到 1977 年,长期以来一直作为石油和食品的净出口国,首度成为这些产品的净进口国。鉴于齐奥塞斯库没有采取任何方式制止统治家族的过分扩张,结果,1981年底至1989年底期间,齐奥塞斯库政权让罗马尼亚人经历了比苏联集团中任何一国都严厉的紧缩计划,甚至包括停电以及食品和汽油的定量配给。1987年,宣布能源部门进入国家紧急状态,而实际上,这些能源部门从1985年起就逐渐处于军事管控之下。齐奥塞斯库政权所宣布的各项经济改革措施多数只是做做样子。此外,由于紧缩政策驱动,该国100亿美元的外债几乎全部要在1989年偿还(基于1981年对还贷方案的重新调整),以便能够杜绝越来越挑剔的罗马尼亚西方主要债权人试图操控罗马尼亚现状。但是,这些政策的人力和经济代价是巨大的。其中包括:罗马尼亚的社会基础设施(医院、学校、住房和服务设施等)普遍遭到忽视,迅速衰减;社会结构压力极度紧张。其令人震惊的状况在1989年底齐奥塞斯库倒台后一些关于罗马尼亚孤儿院及残障院的照片中都有所反映。尽管在农民、工人(特别是1987年11月在布拉索夫市)和特兰西瓦尼亚的马扎尔少数民族当中不断有动乱发生,政府没有采取丝毫宽松政策,只是进行残酷的镇压。齐奥赛斯库自己的国际名声越是遭到玷污,他就越加决心对外显示恩义,并清除那些潜在的"颠覆分子"(心怀不满的国家安全警察,安全部,据称该机构招募了五分之一的成年男子),越加嘲弄粗俗的"族群"民族主义、排外主义,迫害为数众多的吉普赛人和匈牙利少数民族。1988年,他开始实施臭名昭著的"系统化"计划。计划到2000年,要减少7000多个(其居民少于3000人的)村庄,将原居民重新安置到550个"农业-工业中心"(agro-industrial centres),这些举措显然是为了增加耕地面积,使农村基础设施现代化并缩小城乡差异。然而,从另一角度看,数以百万的罗马尼亚、匈牙利和吉普赛族村民被迫脱离传统上紧凑社区提供的相对安全的庇护所,搬入毫无生气、装有"窃听"装置的公寓楼里,在那里,由警方"间谍"和"线人"织就的秘密网络更容易监控他们的意向和活动。这尤其引起了受害的罗马尼亚少数族裔人士日益增加的恐慌。幸运的是,由于时间和资金短缺,在齐奥塞斯库政权被推翻之前,该方案没有深入推进。但是,这项计划很大程度上助长了特兰西瓦尼亚地区不同族群间的紧张关系,在当地,匈牙利路德派牧师拉斯洛·托克斯(Laszlo Tokes)在相对自由的蒂米什瓦拉大学城遭到官方迫害的事件,激起了罗马尼亚人和匈牙利人的大规模抗议,由此推动了秘密部门、普通市民(尤其是学生)和大部分在役军人的大规模反抗,这最终促成 1989 年 12 月齐奥塞斯库政治小集团被暴力推翻。目前尚不清楚 1989 年罗马尼亚革命是如何"自发"形成的。很多迹象表明,齐奥塞斯库先前的部分党羽参与了推翻和处决他的事件,他们迫不及待地希望取而代之。1989 年圣诞节当天,齐奥塞斯库和他的妻子(未经正当法律程序)就被匆忙处决,这一做法很可能是蓄意(至少在某些方面)为之,旨在阻止独裁者试图号召新政权的高级职员发起破坏活动所带来的负面影响,因为新政权中很多人曾经在不同时期做过齐奥塞斯库的亲信。然而,毫无疑问的是,20 世纪 80 年代严重的社会经济危机以及种族间的紧张关系,成为新救国阵线(National Salvation Front)领导人借以实现自己目标的资源。

20 世纪 80 年代后期阿尔巴尼亚的经济崩溃

20 世纪 80 年代后期阿尔巴尼亚国内发生的更严重的社会和经济危机,主要是由于该国在国际上日益严重孤立造成的,而非困扰经互会国家的那些问题所致。1976 年毛泽东去世,霍查很快就与中国的新领导人交恶,他谴责中国新领导人为"修正主义者"。1985 年霍查死后,权力转移到了其儿媳的父亲拉米兹·阿利雅(Ramiz Alia)之手。但霍查的遗孀涅奇米叶(Nexhmije)继续(奉行强硬路线)操纵相当大的内幕权力,并尽力将权力限制在"家庭内",而且阿利雅总统一开始就排除了对阿尔巴尼亚进行苏联式改革(perestroika)的任何尝试。这让阿尔巴尼亚完全丧失了朋友和资助者,致使到那时为止一直充满活力的经济在 20 世纪 80 年代陷入停滞(尽管其人口以年均超过 2％的速度增长,成为欧洲人口增速最快的国家)。据共产党政权公布的统计年鉴显示,阿尔巴尼亚官方记录的国民收入总值在 20 世纪 50 年代年增长率达到 9.1％,60 年代为 7.4％,70 年代为 4.6％,此后,从 1980－1985 年的年增长率仅为 1.5％,1985－1990 年年均缩减到 1.1％。(Pashko

1996：65)到1989年,9％的阿尔巴尼亚工人失业(第5页)和近40％的阿尔巴尼亚儿童营养不良。(根据世界卫生组织的数据,引自 *FT*, 14 December 1991, p. xx)阿尔巴尼亚经济终于在1990－1992年间走向崩溃,当时,(据初步估计)与1989年的水平相比,农业净产量减少一半以上,工业产值下降了约四分之一,国内生产总值下降了三分之一以上。官方记录1992年的失业高峰中失业人数达到了工人总数的39％,而年均通胀率在1991年高达至36％,1992年飙升至226％。1991年,不得不引入粮食配给制。数以千计的阿尔巴尼亚"乘船出逃的难民"公开大规模移民,他们不顾一切地逃离崩溃的城市部门和严苛的、政治上已经破产的政权。除此之外,还有从农村大批逃离(当地的集体农场制度迅速崩溃)的难民。到1992年,阿尔巴尼亚人的生存主要依靠西方的紧急援助(包括粮食援助)。

南斯拉夫联盟(SFRY)的危机和最终解体,1987－1992

南斯拉夫的经济增长率从20世纪70年代末开始下滑,整个80年代期间,一路下跌。到1990年,国际上最初对南斯拉夫的"市场社会主义"和"自我管理"抱持的兴趣和热情几乎一夜之间消失得无影无踪,对其他共产主义国家发展的声名狼藉的"指令性经济"和"国家社会主义"(实际上是"国家资本主义")模型的兴趣也是如此。

520

表 33.1　1981－1990年南斯拉夫社会总产值
年均增长率的官方数字

年　　　代	增长率（％）
1981－1985	1.1
1986	3.5
1987	－1.1
1988	－2.0
1989	0.8
1990	－7.5
1991	－15.0

来源：Jeffries(1993：319,472)。

此外,较发达和欠发达的共和国和自治地区之间惊人的经济差距继续拉大。1952 年,斯洛文尼亚地区的人均收入大约是科索沃地区的四倍,但到 1989 年,这个差距已经翻了一番,达到了 8∶1。再者,斯洛文尼亚在 1989 年的失业率仅为 2.7%(Steinherr and Ottolenghi 1993: 230),而科索沃的失业率从 1971 年的 18.6% 上升到 1981 年的 27.5%,1989 年达到 57%。(Vickers 1998: 189, 223)20 世纪 70 年代期间,南斯拉夫由于从国外大量借款而负债累累。到 1979 年,欧洲共产主义国家欠西方国家的硬通货债务已经上升到表 33.2 所示的水平。

表 33.2　1979 年欧洲共产主义国家的硬通货负债

	总计(10 亿美元)	人 均 美 元
南斯拉夫	17	780
匈牙利	7.5	700
波兰	19.5	557
罗马尼亚	7	320
保加利亚	4	455
捷克斯洛伐克	3.5	233
苏联	10.2	39

来源: Bideleux (1987: 270)。

就此而言,南斯拉夫(还有匈牙利)不知不觉中成为当时陷入最困难境地的欧洲共产主义国家,这很大程度上是因为其相对容易获得西方信贷。作为最"西化"的共产主义国家,它实际上完全不再抗拒"信用卡消费"的致命诱惑,另一方面,利滚利的债务结算方式导致这些债务越来越快地恶性循环。

南斯拉夫也越来越趋向于恶性通货膨胀。1974－1979 年期间的年均通胀率为 33.3%,1980－1985 年期间为 48.7%。此后,在 1986 年通胀率上升到 89.8%,1987 年为 120.8%,1988 年为 194.1%,1989 年为 1 256%。(Jeffries 1993: 319)广泛的结论包括,"自我管理"制度已不再可行;鼓励以牺牲再投资的利润为代价来支付工资;借贷资金的使用效率低下是因为利率被人为地降低,而且企业倒闭的可能被有效

地排除;"自我管理"的企业对那些(他们在许多情形下率先建立的)银
行产生了不良影响。

安特·马尔科维奇领导的联邦政府,从 1989 年 1 月至 1991 年 12 月

安特·马尔科维奇(Ante Markovic)在 1989 年 1 月至 1991 年 12 月 20 日担任南斯拉夫联邦总理期间,为了将南斯拉夫的经济体制和南斯拉夫社会主义联邦共和国从彻底崩溃中"挽救"出来,做出了果敢的最后一搏。所谓的马尔科维奇方案包括两个不同的阶段,第一个阶段,1989 年 12 月启动,包括国际货币基金组织授意的宏观经济稳定和紧缩方案,以及配套的微观经济自由化措施。实际上,它是宏观经济的"休克疗法"和微观经济层面上"大爆炸"制度改革的结合。1990 年间,通过快速实施限制性的财政和货币政策,恶性通货膨胀被"驯服"到显著的程度。当时,在 1990 年 1 月冻结六个月工资,同时于 1990 年 1 月 1 日发行一种新的货币——"新第纳尔",它的国际汇率紧紧盯住德国马克的价值(工资和薪金也是如此)。这个固定汇率预计可以维持到 6 月 30 日,但最后它居然维持到 1991 年 1 月 1 日。与此同时,零售价格和生产价格以及对外贸易广泛地实行自由化。另一方面,主要银行转型为私人或有限责任股份制公司的形式,部分是为了让银行本身以及从它贷款的企业受制于更严格的财政约束。到 1990 年初,只有 20% 的零售价格和 24% 的工业产品价格受管制,而且到该年年底,所有间接的价格管制都已经废除。尽管如此,年通胀率仍然从 1989 年的 1 252% 下降到 1990 年的 121%。(Jeffries 1993:471-473)截至 1990 年 5 月,外汇的流入量超过流出量(这是重振国内和国际信心的良性指标),1990 年夏甚至见证了赴南斯拉夫旅游的繁荣景象。(Lampe 1996:348)虽然 1990 年 1 至 6 月薪酬冻结令人痛苦,但其结果却激动人心,令人感到安慰和感激的是,工资和薪金再次显示了其购买力,1990 年 8 月,本书作者之一就曾亲身经历这一现象。公众的情绪看起来普遍乐观(甚至在波斯尼亚也是如此),而且,尽管国际上开始关注,

并有证据显示出对态度日益强硬的塞尔维亚和克罗地亚民族主义者
(特别是米洛舍维奇、图季曼以及克罗地亚的塞族和波斯尼亚的塞族领
袖)的抱怨不断,但只有极少数人似乎能够微微觉得,可怕的种族冲突
不久将席卷南斯拉夫。气氛仍然像"一如既往",尤其是在旅游区,虽然
很多人很可能为了"驱散"聚集的乌云而努力"假装勇敢",但其他人可
能宁愿不去想象即将发生什么事情。

马尔科维奇改革方案第一阶段的初步成功,很大程度上提升了
1990 年间南斯拉夫的经济自信和联邦政治制度的信心,以及对未来的
希望。因此,至少到 1990 年中期,在作为一个整体的南联盟中,甚至在
塞尔维亚本国,最受欢迎的政治家是具有自由改革思想的克罗地亚技
术精英马尔科维奇,而不是斯洛博丹·米洛舍维奇。(Lampe 1996:
349;Miller 1997:158)依靠初步的成功和民意支持,以及个人在新国
际自由主义和非共产党的基础上大胆"重启"南斯拉夫社会主义联邦共
和国,马尔科维奇在 1990 年 7 月 29 日发起组建了一个新政党——南
斯拉夫改革力量联盟(ARFY, savez reformskih snaga Jugoslavije),该
政党的存在理由是动员和团结支持改革方案的知识分子、专业人士、经
理、企业家和受过自由熏陶的年轻人,并"反击"那些不宽容的、持复仇
主张的种族集体主义的邪恶捍卫者。不幸的是,在 1990 年间南斯拉夫
共和国各成员国分别举行的多党选举中,多数南斯拉夫人投票支持鼓
吹种族集体主义的民族主义政党,而不是南斯拉夫改革力量联盟和类
似的自由派政党。多数共和国的选举中,南斯拉夫改革力量联盟只获
得了 5%的选票,而在波黑(该共和国中,多数人从阻止族际矛盾陷入
了"种族无政府状态"),也只获得了 14%的选票。(Lampe 1996:349)
1990 年 6 月 29 日,马尔科维奇启动了第二阶段的改革方案,该阶段主
要侧重于向更西方式的市场经济转型。1990 年 8 月的《社会资本法》
(*Law on Social Capital*)开启了从"自我管理"和"全社会所有"企业向
股份制控股公司转型的历程。虽然整体形势并不明朗,但马尔科维奇
政府似乎特别渴望工人份额占据主导。可悲的是,无论是在联邦政府
内部还是在联邦的各共和国成员之间,都没有达成关于未来前行方向

522

的协议或共识,结果,马尔科维奇提出的联邦层面上的稳定和改革方案,最终成了南联盟新一轮政治解体的牺牲品。

如果说马尔科维奇方案还有某些成功的机会,那么斯洛博丹·米洛舍维奇1990年12月推行的一项庞大的财政盗窃式的突击行动无异于对马尔科维奇改革方案的致命一击,扼杀了马尔科维奇改革方案成功的可能性。因为米洛舍维奇的举措完全淘空了联邦预算,进而使得任何试图维护金融秩序借以控制仍然强大的通胀压力的希望化为泡影。1990年12月,在既没有事先和任何其他共和国政府进行商谈,也未曾得到南斯拉夫国家银行授权的情况下,而且时值马尔科维奇实施限制联邦开支和敦促(并依赖)南斯拉夫共和国各政府采取类似措施之际,米洛舍维奇为首的塞尔维亚社会党(SPS)领导下的塞尔维亚政府,秘密篡夺南斯拉夫当年超过一半的公开借款权限,用于偿付巨额的公众工资、薪水和养老金,大举增加塞尔维亚的公共开支。此举部分是(通过有效贿赂塞族选民投票支持)为了让米洛舍维奇和塞尔维亚社会党赢得12月份塞尔维亚共和国内举行的首轮多党选举,部分是为了破坏马尔科维奇的反通胀计划——从而达到一石二鸟之效。结果,1991—1992年间,通胀升级再次失控,伴随经济形势再度迅速恶化,新第纳尔以加速的频率迅速贬值。

1990—1992年期间,面对种族间冲突再度高涨,无法控制的通胀压力和初期的经济崩溃,许多起初曾极大信任和支持马尔科维奇的南斯拉夫人,最终对马尔科维奇政府和共产党政权失去了信心,认为他们无力应对席卷南斯拉夫社会主义联邦共和国的多重危机。1990年,南斯拉夫共和国各成员国(甚至塞尔维亚)都举行了颇具争议的多党自由选举。结果,1990年期间,在克罗地亚、斯洛文尼亚、马其顿和波黑共和国,非共产党政府当选,它们的各自议会先后在1991年6月(克罗地亚和斯洛文尼亚)和1992年2月(马其顿和波黑)通过了独立宣言,而且得到了全民公投的大力支持。南斯拉夫共产主义联盟(SKJ)在20世纪90年代初解体(吊诡的是,它是第一个解体的全南斯拉夫范围的机构)。然而,南斯拉夫共和国中多数独立的共产主义联盟成功地"换马",把自己改造成为自由的、具有执政经验和改革思想的社会民主党(斯洛文尼亚和马其顿的情形),或改造成为务实的、具有执政经验的民族主义政党(塞尔维亚和黑山的情形),而且在多党选举中取得良好效果。无论采取哪种方式,共同之处在于,都全面放弃了共产主义准则和信条,并脱离南斯拉夫主义和联邦制,虽然斯洛文尼亚、马其顿、波黑的"继任"政党,以及马尔科维奇的自由世界主义的南斯拉夫改革力量联盟,确实积极地(尽管最终没有成功)尝试维系一种比较松散的南斯拉夫联邦。

南斯拉夫社会主义联邦共和国的血腥解体,1990 — 1995

克罗地亚境内的克罗地亚人和塞尔维亚少数民族自治者或分离主义者之间的武装冲突开始于 1990 年春夏之交,1991 年 3 月以后开始升级。继 1991 年 6 月 25 日克罗地亚和斯洛文尼亚宣布独立之后,6 月 28 日至 7 月 18 日期间,为了维系南联盟,南斯拉夫联邦人民军(JNA)做出了军事干预斯洛文尼亚独立的愚蠢努力。然而,由于缺乏"智慧"(也是"情报",intelligence 的双关语!),南国防军未能预见到,斯洛文尼亚能够进行有效的武装抵抗,而且西方国家会谴责而非支持它的笨拙行动。在与隶属斯洛文尼亚内政部训练有素的"特种部队"(主要是准军事警察部队)和斯洛文尼亚国防陆军的一系列交火中,南国防军很快陷入混乱,而且遭到屈辱性失败。1991 年 7 月 18 日,颜面尽失的南国防军宣布,为了永久地挽回形象,将撤出驻斯洛文尼亚的所有部队。然后,它把注意力转向试图阻止克罗地亚的分离活动,或者如果做不到这一点,就协助塞族聚居区从正在闹独立的克罗地亚中分离出去,并将其纳入塞尔维亚人主导的"小南斯拉夫"(rump Yugoslavia)中。

南斯拉夫人民军摆脱了来自越发瘫痪的南斯拉夫联邦的最后政治控制,大力支持克罗地亚境内人口占实质性多数的塞族少数民族的分离活动。美国驻南斯拉夫的最后一位大使沃伦·齐默尔曼(Warren Zimmerman)回忆说:"克罗地亚境内的战斗始于对公平的幻想。南人民军介入是为了让争斗的塞尔维亚和克罗地亚双方休战。然而,1991 年夏,声称中立的南斯拉夫人民军实际上却侵占了塞族的领土。"

523

(Zimmerman 1995：13)1991 年 7—12 月,塞族和克族的军队之间发生激烈交火,此间,南斯拉夫人民军攫取了克罗地亚约三分之一的领土。1991 年 8 月,武科瓦尔镇(Vukovar)第一个遭到了南斯拉夫人民军的炮击,而在 10 月,南斯拉夫军队也开始炮击地理位置上最易受攻击的杜布罗夫尼克市。齐默尔曼后来评论指出,北约为阻止这场战争而进行的人道主义军事干预,"这一重大步骤直到 1991 年底才决定下来。我自己不赞成这项决定,是一个严重错误。南人民军布置在杜布罗夫尼克市周围小山上的火炮以及水面上的小筏都是容易瞄准的目标。该城市的毁灭不仅可得以幸免,而且可以使塞族人认识到,西方的解决方式至少可以防止来自波斯尼亚的某些侵略。但实际上,塞族人得到的却是另一种教训——没有西方的介入,他们就会竭尽所能奋战到底,直到拿下它们"。(第 14 页)

直到 1992 年初,交战双方保持着僵局,部分是因为米洛舍维奇和克罗地亚总统弗拉尼奥·图季曼(Franjo Tudjman)都把注意力转移到了计划瓜分位于塞尔维亚和克罗地亚之间的波黑。联合国维和部队利用这一停火时间,从 1992 年初开始在克罗地亚一些主要的塞族聚居区巡逻。然而,双方的间歇冲突持续到 1995 年夏,当时,克罗地亚重新修整和武装的军队发动了两场闪电反攻,成功收回了克罗地亚几乎所有的失地,并将它的大多数塞族居民驱逐出去。截至那时,已经有 2 万人在塞族和克族的战争中死亡。

1991—1992 年期间,联邦政权迅速瓦解。1991 年 3 月 12 日,联邦总统府宣布集体"瘫痪"。按照规定,5 月 15 日,该克罗地亚的斯蒂佩·梅西奇(Stipe Mesic)出任南斯拉夫联邦轮值总统,但塞尔维亚人率先拒绝接受这一点。7 月,欧盟对整个前南斯拉夫实行武器禁运,随后 9 月 25 日联合国安理会提起诉讼。10 月 3 日,塞尔维亚与黑山联手,设想控制联邦总统职位和联邦政府。12 月 5 日,斯蒂佩·梅西奇在正式辞去联邦总统一职,宣布"南斯拉夫已经不复存在"。20 日,联邦总理安特·马尔科维奇辞职,这是葬送南斯拉夫社会主义联邦共和国的最后一举。

从 1992 年 3、4 月份开始,南斯拉夫人民军越来越公开地支持波黑境内的塞族对抗波斯尼亚穆斯林和波斯尼亚的克族人,甚至酿成大屠杀。4 月 27 日,塞尔维亚和黑山宣布成立一个新的南斯拉夫联盟共和国(南联盟)。这个新的"小南斯拉夫"一直得不到国际承认,直到 1994 年 8 月米洛舍维奇对波斯尼亚塞族实行禁运,才让它"从冷变热起来"。 **524** 5 月 30 日,安理会对南联盟实施新一轮贸易禁运。食品和药品没有列入禁运之列,但包括石油产品和香烟,结果,这使得因制裁而破产的走私者又可以轻易攫取利润,并给各种新兴黑手党提供暴富之机。黑手党网络中最臭名昭著的当属波斯尼亚塞族军阀出身的黑帮拉多万·卡拉季奇(Radovan Karadzic)、拉特科·姆拉迪奇(Ratko Mladic)和阿尔干(Arkan)控制的群体,但是他们在阿尔巴尼亚、保加利亚、马其顿和罗马尼亚也拥有强大的团伙,并参与到上述地区更广泛的黑帮组织的经济活动(刑事犯罪)。

对南联盟的其他制裁包括：切断国际航空联系,冻结其在国外的公共和私人资产,缩减驻贝尔格莱德外交使团的规模,禁止与塞尔维亚和黑山进行文化、科学和体育交流。1992 年 7 月 10 日,北约和西欧联盟(WEA)动用权力,拦截和搜查亚得里亚海航运,尤其是有借道黑山运抵塞尔维亚嫌疑的船只货物。9 月 22 日,联合国大会拒绝承认南联盟作为旧南斯拉夫的合法继承者,并在 1993 年 6 月 16 日驱逐了它在联合国的席位,该席位以前是由前南斯拉夫社会主义联邦共和国占有。1992 年 11 月 16 日,联合国安理会投票通过对南联盟实行包括授权使用武力在内的更严厉的制裁。一方面,启动了沿多瑙河和亚得里亚海拦截和搜查运输物资的权力,另一方面,经由塞尔维亚或黑山的第三国过境运输需要得到联合国制裁委员会的许可。11 月 16 日,北约和西欧联盟还同意在亚得里亚海对南联盟实行全面海上封锁。

南斯拉夫社会主义联邦共和国的解体充满血腥,复杂多变。欧洲共产党政权的瓦解,消除了对南斯拉夫领土和人民外来威胁的任何残余。并且改变了原来认为有必要维持一个有凝聚力的南斯拉夫社会主义联邦共和国的看法,诱发了南斯拉夫后继国之间野蛮的领土争夺战。

斯洛博丹·米洛舍维奇和弗拉尼奥·图季曼之类前共产主义者敏锐地抓住民族主义来实现自己的目的。美国专栏作家威廉·普法夫(William Pfaff)评论指出,"把暴力冲突视为巴尔干地区特有的痼疾因而无法根本解决,视为'世代仇恨'或'文明冲突'问题,这种倾向都是常见的但不负责任也不符合历史的观点。实际并非如此……南斯拉夫境内的战争不是某些自发的民族剧变。它是由过去的共产主义南斯拉夫国家的某些政治人物深思熟虑后蓄意发起的,这些人物当中,如斯洛博丹·米洛舍维奇和弗拉尼奥·图季曼,他们认为在铁托去世之后,能够通过唤醒和利用塞尔维亚、克罗地亚、斯洛文尼亚和穆斯林的民族主义,以及攻击多民族联邦国家的立国原则,来扩大个人权力"。(*IHT*, 8 October 1996, p. 8)类似地,他的同事、专栏作家安东尼·刘易斯(Anthony Lewis)辩称:"野蛮行径不是由'世仇'引起的,'世仇'这个托词只是西方领导人为其在该事件上无所作为而制造的借口。它缘于'民族主义领导人的有意识行动'。"(*IHT*, 17 September 1996, p. 8)沃伦·齐默尔曼(Warren Zimmerman)认为,"南斯拉夫的分裂是自上而下的民族主义的经典案例——在一个和平战胜战争而且其四分之一的人口处于杂婚的地区所发生的被操纵的民族主义情形。操纵者容忍甚至挑拨地方的族群冲突,以便能够制造那种能被媒体放大的仇恨事件,引发更高级别的暴力……米洛舍维奇治下的塞尔维亚是瓦解南斯拉夫的一系列复杂问题的风暴眼……在巴尔干地区,知识分子是民族主义标准的传播者;在塞尔维亚,对民族主义的传播几近达到迷信的地步。对过去的历史秉持一种可悲的、偏执的和塞尔维亚中心的观点,使得塞尔维亚人在对待任何麻烦方面,都会谴责除了其自身之外的任何一个人。"(Zimmerman 1995:2-3)

米洛舍维奇反对以任何松散的联邦形式来挽救南斯拉夫存在的努力,他本人在南斯拉夫解体中扮演关键角色。他通过支持其他共和国的(东正教)塞族人而努力谋建一个"大塞尔维亚"。只是到了1993至1995年,当好战的波斯尼亚和克罗地亚塞族的准军事力量和黑帮组织威胁到自己在塞尔维亚掌握政权时,米洛舍维奇才开始与他们保持距离。类似地,克罗地亚总统图季曼试图通过支持波黑境内的波斯尼亚族克罗地亚(天主教)准军事力量和黑帮势力的分离活动,谋建一个"大克罗地亚"。早在 1991 年 3 月 25 日,图季曼和米洛舍维奇举行了一次会晤,他们就在大塞尔维亚和大克罗地亚之间瓜分波黑、只保留其在(穆斯林)波斯尼亚人手中的一小部分地区达成了共识。

在南斯拉夫冲突事件上,西方强国和(传统上一直支持塞族人的)俄国设法避免卷入其中成为对立方,这显然值得肯定。但是直到 1995 年 10 月,这些列强试图给该地区带来和平的努力都是白费。到那时为止,超过 12 万人死亡,200 多万人流离失所,冲突使他们热情不再,因而,美国最终促使签署的 1995 年 11 月俄亥俄州代顿和平协定,也并没有能让美国获得到高度赞誉。

欧洲共产党政权的垂亡

东欧其他地区的情况可能没有那么严峻。然而,同样存在欧洲共产党政权的鲜明特征:腐败泛滥、盗贼政治(kleptocrazy)、警察暴力、监控、令人厌恶的限制、权力煊赫(baronial power)以及歪曲或隐瞒真相,人们对此普遍反感。对于物资短缺,长时间排队购物以及搜购短缺或极不稳定供应的货物无果的情况,市民极为不满。即使在库存相对丰富的东德、捷克斯洛伐克和匈牙利,西方相应的对比情景(随着广泛地接触西方游客、文化产品和广播电视节目等)带来失望和不满情绪升级。东欧人自然地会把自己的困境与西方邻国的相对繁荣加以对比,而不是与东欧其他更糟的状况相比。

与此同时,20 世纪 80 年代期间,鉴于苏联在巴尔干和东中欧部署越来越多的核电厂和核武器,各种生态与和平运动以及部分基督教会强化了公众的环保意识。尤为突出的就是 1986 年 4 月(乌克兰境内)发生的切尔诺贝利核灾难。新斯大林主义经济发展模式严重依赖和强调过时的("烟囱")冶金、发电和化工工业,造成空气和水资源的毒化和酸化,进而危害环境,由此引发的关注也日益迫切。作为一个环保组织,"生态主义者"(Ecoglasnost)要求新斯大林工业化模式的环境成本更加透明和更加准确。在 1989 年 11 月推翻保加利亚日夫科夫政权中,它发挥了重要作用。然而,截至那时,欧洲共产党政权的经济和社会方案已经完全名誉扫地,经过 10 年停滞和倒退,甚至连执政党自己都对带领本国走出日益僵化的经济和社会困局的能力丧失了信心。丧失信心、能力和信誉似乎往往比通常宣称的"失去合法性"更糟糕,因为大多数政权根本未把合法性放在重要位置! 对阿尔巴尼亚和南斯拉夫的共产党政权来说,失去合法性是一个问题,因为它们一直严重依赖来自自治区内部的支持。

苏联集团的解体

20 世纪 80 年代,经互会做了最后的努力,试图吸收新国家进入其中,以振兴气息奄奄的中央计划经济体制,结果只是徒劳。1984 年 6 月,经互会在莫斯科召开了一次重要的"经济峰会",会议呼吁除了相互合作和计划协调以外,借助更"合理地"利用经互会资源,密切国民经济计划的协调,强化经互会成员国之间的双边关系,以及"积极利用商品货币关系"等,加速推进向"集约型增长"模式转型。此外,当时的苏联领导人认识到,只要巴尔干和东中欧国家能够把出口到苏联的伪劣产品进行改良升级,低价向它们出售的燃料和原材料就应该增加(1982 年苏联曾对他们实行单方面货物裁减)。(Brabant 1989:114 - 116)然而,事与愿违,苏联的这种做法却进一步鼓励了巴尔干和东中欧共产主义国家扩大与西方的经济关系,甚至在这方面,苏联也有过之无不及。

1985 年 3 月,米哈伊尔·戈尔巴乔夫(Mikhail Gorbachev)就任苏联领导人,当时人们对他寄予厚望,而且他以他的改革(重组)、高效(加速),民主(民主化)和公开性(开放)方案吸引了世人的关注。1985 年 12 月,经互会理事会会议批准了《到 2000 年推进经互会成员国科技进步的综合方案》,该方案呼吁在电子、信息技术、自动化、机器人技术、核能、新材料、生物技术等领域加强科技合作,实现到 2000 年人均产出翻一番的目标。鉴于该项方案是对更基础性的制度性变革的替代,可能会遭到来自强大的既得利益集团的极力反对,戈尔巴乔夫和他的首席经济顾问阿贝尔·阿甘别吉扬(Abel Aganbegyan)基本上把快速解决苏联经济和经互会存在的问题押在一个方面:"特别重要的是在经互会框架内优先发展对外经济关系……其中最具重要意义的是贯彻这些国家的科技进步方案……既然我们必须在当前的发展趋势中取胜,必须实现生产力发展质的突破,我们就不能再依靠循序渐进的科技进步形式。这种形式不能保证经济效率的急剧增长。只有通过科技进步方面的革命性变革才能确保这种急剧增长,同时,必须实现从老一代的技术根本性地转型到新的技术体系……正如马克思所预见的那样,科学将日益成为一个'直接的生产力',由于科学和生产的大联合将成为科技进步的基础,所以科学与生产根本上的一体化将会实现……到 2000年,每年机器设备的更新率在 6％以上。现在使用的机器到时候将全部淘汰……这一点,可以通过未来 15 年机械工业产量翻三番得到确保。"(Aganbegyan 1988：38,84,220)

　　经互会新的科技合作方案反映了戈尔巴乔夫本质上自愿性地、指导性方法来加速经济增长,包括把优先选择项目和技术"自上而下"强加到一个基本上没有变化的经济体制上。然而,这个计划失败了,因为它过低估计了中央计划经济(和他们的科学共同体)彼此之间以及与外部世界在制度上的隔离程度及负面后果,而且(不无关系地)中央计划经济要在日益激烈的竞争环境中生存,却无力在创新方面对资本主义经济构成全面持久的压力。(Bideleux 1987：151－155)戈尔巴乔夫政权做出的承诺涉及方方面面,结果使苏联经济过分扩张和过热。不但没有缓解反而加剧了瓶颈和短缺现象,而经互会的其他欧洲成员国也总是抱怨,他们总被要求把自己稀缺的资本投放到符合苏联利益的项目上,而且他们总是处于苏联科研机构的全面摆布之下。无论如何,匆忙拼凑起来的科技合作方案出现得有点太晚,以至于无法与 1986－1990 年的新五年计划相匹配。(Brabant 1989：117－121)

　　1985 年,苏维埃政权发起了一个倡议,该倡议不经意间加速了经互会的解散。如果事前充分认识到该方案的可能后果,就肯定会采取有别于它的行动。当年 6 月,经互会秘书长维亚切斯拉夫·瑟乔夫

527 (Vyacheslav Sychov)致函欧共体委员会新主席雅克·德洛尔(Jacques Delors),同时还提交了一份联合声明的草稿,声明倡议欧共体和经互会参照"各自的竞争能力"互相承认并建立互惠的外交关系。(Pinder 1991:24)这标志着默许欧共体可以与单个经互会成员国直接进行贸易洽谈。经互会不同于欧共体,它的法人身份从未得到认可,其成员国从未授权它代表他们进行贸易谈判。1985 年 10 月,欧共体负责外交事务的委员威利·德·克拉奇(Willy De Clercq)通知欧洲议会,原则上可以接受联合声明,只要在相互承认和建立联系的同时,能够实现欧共体和经互会单个成员国之间的双边关系正常化,而后一点能够赋予欧共体以外交代表权,以及进行外贸协商,并且不再反对欧共体代表其他国际机构。为此,1986 年 2 月,威利·德·克拉奇向经互会及其每个成员国发出信函。5 月,所有国家都正式接受了两大集团及其单一成员国之间这一双轨式的"关系正常化",这为 1986 年 9 月经互会和欧洲共同体着手正式谈判铺平了道路。(第 25 页)虽然围绕西柏林地位的争执使得谈判拖了很久,但最终在 1988 年 6 月 25 日签署了彼此都迫切需要的联合声明,声明宣布彼此互相承认,互利互惠关系,在共同利益问题上相互合作。欧共体由此开始和经互会的欧洲各成员国逐步达成了贸易和合作协定,先是 1988 年 12 月和匈牙利,接着是 1989 年和波兰,1990 年和苏联、捷克斯洛伐克(它因此很快闻名)、罗马尼亚、保加利亚。这些单个协定很快就被所谓的"欧洲协定"(Europe Agreements,强化的联合条约)所取代,"欧洲协定"包括 1991 年 12 月与波兰、匈牙利和捷克斯洛伐克达成的协定,以及 1992 年底与罗马尼亚和保加利亚达成协定。

戈尔巴乔夫的"辛纳屈主义"(Sinatra Doctrine)[①]

再者,1989 年 7 月,也就是终结共产党统治的革命前夕,戈尔巴乔

---

① Sinatra Doctrine,辛纳屈主义,又译为西纳特拉主义,是苏联戈尔巴乔夫政府用来戏称其允许周边华沙条约组织成员国自己决定自己内政政策的名称。该名称源出于法兰克·辛纳屈的歌 *My Way*——苏联允许这些国家走它们自己的路。——译者注

夫在欧洲理事会上发表了一份重要宣言,宣称"任何一个国家的政治制度过去都曾发生过改变,将来也可能改变。这种改变是属于该国自身的事物,由该国人民自己选择。任何对他国内政的干涉,以及任何企图限制他国主权的行为,无论与这个国家是朋友、同盟还是其他关系,都是不可接受的"。(引自 Alter 1993：237)所谓的"西纳特拉学说"(他们可以"自己选择自己的道路")修正了此前"勃列日涅夫主义"所强调的关于所谓的"兄弟"国家的"有限主权"问题(勃列日涅夫试图以此赋予华约组织 1968 年入侵捷克斯洛伐克的合法性),并为巴尔干地区特别是东中欧进行全面改革开了绿灯。这些国家被允许自己选择自己的道路。出于同样原因,按照这些规定,这意味着苏联解除了未来对这些国家的任何义务。因此,他们不得不"自力更生",不受苏联的控制,同时也失去了苏联的支持。即便从共产党政权继承下来的经济制度和工业结构造成单位产出较高的能耗(GDP),但是,切断与苏联的天然联系所付出的经济代价(能源账单)非常之大,甚至一直持续到2006 年。

1990 年 1 月,捷克斯洛伐克以脱离经互会为要挟,要求其他成员国同意清偿对它的债务。最终,经互会成立了一个负责评估的委员会,并于 3 月在布拉格举行会议,提议从多边合作快速转向双边合作和计划协调。但事实上,不再可能有实施协调计划的任何可能,因为 1991 —1995 年间新五年计划一直停留在蓝图上。

不幸的是,由于匆忙之间放弃了经互会 41 年中精心培育起来互相依存关系,巴尔干和东中欧的后共产主义国家重申的国家主权不受限制及其经济市场化、自由化和私有化,所共同导致的困扰,反而严重加剧。按照苏联 1989 年的提议,从 1991 年 1 月 1 日起,所有经互会内部贸易都必须以硬通货和世界市场价格进行正式交易,尽管早在 1990 年就开始了这种转变。这标志着苏联不再甘愿(甚至也无能力)以优惠价格满足巴尔干和东中欧国家日益增长的能源需求。贸易条件转换带来的各国成本相对于其国民生产总值的比重如下:在保加利亚约占 4%,匈牙利和捷克斯洛伐克均为 2%,罗马尼亚为 1.5%,波兰稍低于 1%。

528

(*FT*, 21 December 1990, p. 6)1990 年经互会内部贸易额下降了大约 15%,1991 年减少了一半多。据经合组织估计,这一点,再加上向硬通货和当期世界价格从事贸易活动转变带来的成本,构成了巴尔干和东中欧国家当年产出减少 10%至 15%的主导原因,约占其整个下降比重的三分之二。(*Economic Outlook*, June 1992, p. 43)

部分是由于 1990 – 1991 年间经互会内部贸易的崩溃,巴尔干和东中欧国家与欧共体的外贸总额占该地区外贸比重从 1989 年的 25%上升到 1992 年的 50%。然而,欧共体这一年中与上述国家的贸易额仍然只占欧共体对外贸易总额的 1.7%,也就是说,低于当时欧共体与奥地利和瑞典这类国家的贸易额。(*FT*, 7 June 1993, p. 13)相反,前经互会其他成员国的对外贸易份额占巴尔干和东中欧国家的比重从 1988 年的平均 50%以上降低到 1993 年的不足 25%。因此,东中欧和巴尔干地区的后共产主义国家从当初对苏联的贸易不对称依赖关系,转变成同样对欧共体的不对称依赖性。1991 年 6 月 28 日,在布达佩斯举行了经互会的最后一次会议。会议决定,该组织在未来 90 天之内解散(也就是到 1991 年 9 月 28 日)。正如乔纳森·伊亚尔(Jonathan Eyal)夸张地说,经互会"只不过是一个中世纪集市,在那里,二流的经济体彼此之间讨价还价,并相互欺骗",(*The Independent*, 22 February 1995, p. 15)对于它的覆灭,很少人会表示哀悼。它可能已不可救药,但是,如果它更加有尊严、更加循序渐进,那么,它逝去的方式就会少一些痛苦,成本就会低一些。巴尔干和东中欧共产主义国家为自己开辟的向苏联共和国出口高端专业产品的出口市场,不经意间就会被付之东流。

不幸的是,由外部强加于经互会内部的"经济互助"和合作所带来的不快经历,未能有助于东中欧和巴尔干后共产主义国家的人民和统治者做好准备,协同一致寻求与欧盟进一步的一体化,也未能有助于他们建构某些能促进该地区内部经济一体化必要的过渡期制度,以便既能够挽救共产党时期出现的成效明显的相互依赖关系,又能够消除西方的下述疑虑,即后共产主义国家是否真有能力放弃不同意见并值得成为更广泛的欧洲合作伙伴。1989 年革命前夕,捷克斯洛伐克的持不同政见者米罗斯拉夫·库赛(Miroslav Kusy)这样写道:"苏联集团内部的经济一体化基本上只是停留在虚高的层面上,它以这样的方式发生以至于未能影响到有关国家的日常生活,未能令相关国家的全体居民直接意识到它的存在……也未能在他们当中催生一种对苏联集团的归属感,一种东欧人的共同感。"(Kusy 1989:95)

529

"1989 年的革命"

1989 年东中欧地区、保加利亚和罗马尼亚共产党政权的瓦解,以及 1990 - 1991 年间南斯拉夫和阿尔巴尼亚共产党政权的瓦解,不应简单地归结为 20 世纪 80 年代他们治下的经济、社会和环境危机的加剧。从每千户居民所拥有的电话、电视、洗衣机、冰箱、教师、医生、护士、医院病床或居住空间的比较来看,这些国家在五六十年代的生活水平大大低于 80 年代末。其重要差别在于,共产党对五六十年代的问题仍然可以提出合理的"社会主义"解决办法,并坚持可靠的"社会主义"未来观和希望,然而对于 80 年代的问题,他们既不能提供甚至也看不到任何可靠的走出经济、社会和环境危机的"社会主义"方法,从这个意义上讲,这正意味着"终结"。80 年代后期,甚至连"市场社会主义"也名声不再,部分是因为匈牙利和南斯拉夫的经济自由化和权力下放试验遇到了困难——某种似乎无法解决的困难。此外,部分是由于 70 年代末和 80 年代西方经济管理领域发生的新自由主义反革命,市场社会主义以及试图在全面的社会主义和资本主义之间选择所谓"中间道路"在知识界已不再流行,这与五六十年代形成鲜明对比。无论是在东方还是西方,很少有人再相信它们。改革派的折中办法不再为人所接受。现在,在形形色色的资本主义形式和各种"失败的"以及完全声名扫地的"社会主义"形式之间,似乎只能做出径直的选择。

愤世嫉俗、信仰危机和绝望情绪在社会各个角落弥漫,而且与日俱增。尽管共产党政权设法对公众甚至研究东欧的西方专家隐瞒了 20 世纪 80 年代发生的大规模危机,但这些政权内部的重要人物还是意识到这个游戏即将完结,并完全放弃了探寻困扰欧洲共产主义国家深层次体制危机的"社会主义"解决方案。事实上,波兹南斯基(Poznanski)、克拉科夫斯基(Kolakowski)和其他人等的认识已经比较深刻,他们认为,日益脱离群众本身并不足以导致或解释欧洲共产党统治的灭亡。吊诡的是,共产党员自身构成了"共产党政权瓦解中的一个同等的或更本质的力量";"这种自我毁灭与其说是对遭受挫败的群众的回应",倒不如说是是对意识到"摆在共产党自己面前的严峻未来"的回应。不仅党的领袖"不再相信",而且连共产党信徒也"丧失了对过去视为党组织历史使命的东西的信仰"。(Poznanski 1992:204)垂死挣扎的统治阶层完全无所适从。1989 年,他们失去了对他们完全未曾预料到自己会遭遇到的局面的完全控制。这是(除罗马尼亚外)欧洲共产党统治的灭亡到欧洲共产党"顽固派"和"贵族"极少暴力抵抗的一个重要原因,因为他们意识到自己无力提供任何可行的"社会主义"解决方案。能够走出马列政权危机的唯一显见方式是:"放松政治结构的束缚,改变财产所有权,使有志于提高资源经济效益的强大社会集团介入进来。"(第 93 页)

　　重要的是,马克思主义者一直认为,革命往往在下述情况下发生:① 当一个统治阶级丧失了对依靠自己能力治理和解决危机的信心,而后内部发生致命分裂的时候;② 主导的生产方式和社会生产关系已经达到其生产潜能的临界点,并已阻碍社会生产力进一步发展的时候;③ 大部分受教育者不再支持维持现状的时候;④ 劳工阶层越发堕落而且其不满情绪日渐上升的时候。所有这些见解显然全都适用于 20 世纪 80 年代的欧洲共产主义国家。执政党显然对自己的学说和管理能力失去了信心,强硬的"教条主义者"和自由的"改革者"之间发生足以导致瘫痪的分裂,欧洲共产主义国家的经济明显正在停滞或收缩,知识阶层普遍出现"变节",大多数工人对这些标榜为"工人阶级"的国家倍感失望,甚至感觉招致背叛。另外,当时执政者早已不为人们尊敬,针对他们的虚伪、平庸、龌龊和腐败,被统治者做出了广泛的道德反应。执政者坚称真理、智慧和美德仅仅为他们所独有,这显得更加荒唐,更令

530

人反感。正如恩斯特·盖尔纳(Ernest Gellner)所指出的那样:"事实表明,勃列日涅夫时代那般卑劣然而……相对温和的污秽,较之于斯大林主义那种全面的、弥散性的、肆意的以及大规模毁灭性的恐怖,对于信念的腐蚀更加严重。那种恐怖至少可以被看作以一种可怕而又颇为剧烈的方式预示着一个崭新的社会秩序的来临,一个新人类的来临……但是,污秽,也许除了更污秽之外,什么都不预示。"(Gellner 1996:3)"当身居要职者互相残杀,并伴随着在公然撒谎的政治戏剧中大动干戈时,信仰还能够幸存下来;但是当身居要职者从互相谋杀转换为互相贿赂的时候,信仰就消失殆尽了。"(第 41 页)所以,事实证明共产党政权甚至无力通过竞争、差额选举来实现重新合法化或自我更新,戈尔巴乔夫在苏联推行的民主化方面的有限试验很快就证明了这一点。

因此,毫不奇怪,"修正主义者"和倾向改革的马克思主义者在共产党统治的逐渐瓦解中,以及东欧尤其是在波兰、匈牙利、捷克斯洛伐克和南斯拉夫争取自由的斗争中,发挥重要作用。(Michnik 1985:135－148)正如波兰持不同政见的老前辈亚当·米奇尼克(Adam Michnik)(以及像克拉科夫斯基、库隆等人一样,他本人是一个马克思主义的离经叛道者)说的那样,新形式的"批判的马克思主义"令官方共产主义"有苦难言"。批判的马克思主义者开拓性地再造了哲学话语的"独立空间",复兴了政治参与和干预主义,并以此取代对貌似不可战胜的共产党政权的漠然接受。(Taras et al. 1992:3－12)借助于一系列方式,持不同政见的马克思主义者总能击中共产主义政权的要害,例如,深度摧毁(新)马克思主义关于"现实存在的社会主义"的批判,鼓起勇气和能力从马克思主义内部对其自身的概念发起挑战,并揭示出可能为那些适应了不同议程和话语的自由派和右翼批判者所忽略的内在失误。在摧毁作为官方意识形态的马克思主义以及将它掏空方面,持不同政见的马克思主义者的作用堪称首屈一指。

1989－1991 年,终结了东欧的社会和政治动荡,很大程度上是由白领知识阶层、共产主义改革者以及来自苏联安全警察(克格勃)内部的"秘密改革者"(closet reformers)导演的"自上而下的革命"。甚至貌似自发的、民众反对垂毙的共产党独裁政权的示威活动,相当程度上也是在"被动革命"(该词含义是就葛兰西意义上而言)的铺垫和指导下进行的,也就是说,权力平衡、价值、诉求和观念等方面实现了重要转换,反过来奠定了白领阶层在东欧社会中的文化和政治领导权。通过对媒体和信息机构的日益掌控,倾向于政治经济自由化的白领阶层和共产主义改革派能够操纵新生革命的象征符号和意识形态,并且很大程度上能够把正在发生的情况、如何以及何时发生更为有效地运用民众压力("人民权力"),以及大众示威人群选择在何处聚集和集会等,变成人们生活中的现实。

独裁统治种下了自我覆灭的种子。如同以往一样,未来的统治阶级是在旧体制的母体中孕育而生的。共产党政权推动的中央指令性工业化、大众教育以及"科技革命"等,不仅把所谓的"创新性知识阶层"提升到东欧社会的"领导"(指导性的)地位,而且把白领专业人士、管理性和技术性的知识阶层也提升到"领导"地位。根据官方的阶层划分和统计,到20世纪80年代,这类群体在劳动力中的比重占20%—30%。相反,自从20世纪60年代以来,传统的"蓝领"工人阶级在劳动力中的比重平稳下降,而且越来越发生分化,其上层甚至变得越来越"资产阶级化"。正如西方和苏联的情形那样,高度的机械化、复杂的控制系统以及"科技革命"不断地削弱了体力劳动的重要性,而同时提升了技术性、专业性和管理性的技巧、专长和技能在劳动中的比重。再者,执政党和所谓的"技术官僚人物"越来越多地从知识阶层中而不是从萎缩的"蓝领"工人阶级中选募。实际上,尽管思考作为多数的知识阶层与作为少数的党政官僚之间的对立仍然时髦,但现实中,知识阶层并不是与党政官僚截然分离,而是越来越交叉重叠。正如匈牙利社会学家伊凡·撒列尼(Ivan Szelenyi)1979年指出的那样,知识阶层与党政官僚之间的界限"就其个人事业模式而言非常不稳定,许多具有远大学术抱负的大学毕业生进入到党的官僚系统",而且"从物质特权的特定视角看,实际上技术官僚和知识阶层很难区分开来。他们的生活标准事实上处在同一水平线上"。(Szelenyi 1979：59)他还认为,在高度"目标论"(目标导向)和"再分配"的共产党政权统治下,中央计划的全面渗透作用导致知识阶层的意识形态和管理作用以及社会地位的提升,其高度甚至超过了资本主义统治下所能达到的高度,而且,它把知识阶层而非资本家置于驱动地位,并把知识阶层转变成一种世俗的教士,他们不仅掌握着社会资源,而且拥有规定社会目标和社会价值的排他性权力。这在实际上"将整个知识阶层凝聚成一个统治阶级"。(第 65－66 页)再者,就下述不同时段的不同国家而言,如 20 世纪 50 年代中期的波兰和匈牙利,60 年代的捷克斯洛伐克、南斯拉夫和民主德国,以及 80 年代东欧的其他国家,欧洲共产党政权培育的数量日增的"创新性"和"技术性"知识分子对于一党制的粗暴、狭隘、灭绝人性和令人生厌的监管,总是报以戏谑性的嘲讽。然而,与 19 世纪激进的或对抗性的知识阶层原型(他们明显地生活在社会和经济的边缘地带,而且基本上不受国家控制)相比,共产党政权培养的新知识阶层的主体部分是国家雇员,他们的权力、愿望、特殊地位、特权以及重要感(sense of importance)和假期等,很大程度上都是由他们作为威权型政府公职人员的地位和作用所决定的,甚至在政权倒台之后,也是如此。他们仍然非常依赖多少有点积弱积贫但仍然占据统治地位的国家为他们提供保障和保护,赋予他们一种持续的地位和重要感,甚至在新的后共产主义社会中,尽管(或者甚至是因为)存在这样的事实,即由于指令性经济和共产党政权的瓦解,他们从前的许多职能已经变得多余或者失去意义。许多人意识到自己处在极度的脆弱、贫穷和完全不值得钦羡的地位。因此,不足为奇的是,他们对政治和经济的热情因为下述意识而降低,即他们敏锐地认识到自己仍然依赖这个国家,同时,他们的热情也因为自己下述多少有点恩将仇报的感觉而降低,即他们反对培育、供养他们而且让他们获得有用感和公共价值感的国家。不过,鉴于下述事实,知识阶层起初的控制地位得以强化,即 1989－1991 年革命期间,企业家商业阶级刚刚萌芽,政治上尚不足以发挥作用。这一点,再加上当时不可能在一夜之间私有化的国有部门仍居主导地位,共同保证了知识阶层和国家公职人员的"霸主"地位暂时几乎不受挑战。

波兰和(程度较弱的)罗马尼亚以及(1991年的)阿尔巴尼亚提供了有关工人领导下进行反对共产党统治的唯一明确的范例。然而,甚至1989年6月成立的由团结工会领导的政府都完全为自由派知识分子所控制。令团结工会的大多数"蓝领"草根阶层支持者深恶痛绝的是,由于1990－1991年期间实施的经济"休克疗法",在团结工会治下的政府委任的代理人和破产管理人(official receivers)推动下,"蓝领"草根阶层中成千上万的人很快就面临着失业或被解雇。除波兰(团结工会起初确实能选出真正独立的草根阶层工会代表并捍卫工人利益,但是团结工会知识分子控制了政府之后,就不再公正)外,多数东欧"蓝领"工人最重要的问题在于,政权和"指令性经济"瓦解期间,工人代表和维护他们利益的能力鉴于下述事实受到严重限制,当时官方组织的工会因其密切关联着和屈从于已经风光不再的政权而招致极大削弱和玷污。此外,鉴于许多东欧的重工业总体上人员严重超编、效率低下、生存艰难,而且实际上,入不敷出(特别是在政权瓦解和冷战结束后),使得该地区多数"蓝领"的博弈地位极为不利。

农民明显的被动状态

农民在1989－1991年的革命中处于明显的被动状态。虽然大多数农民在20世纪50年代遭遇到不公,但在60－70年代期间,他们的困境整体上有了很大改善。悖论是,造成农民命运逆转的根本原因在于农业逐渐被视为一个问题部门。在斯大林时代仍然以农业为主的东欧经济体中,尽管城市工业部门发展快速,但农产品仍然能够基本维持自足,而东欧农业薪酬和资源需求被放在相对较后的优先位置上来考虑。然而,到六七十年代,随着城市工业部门的扩张,农产品的收入和有效需求开始超出了国内农业产量的增长,农业薪酬、资源需求以及国家补贴都逐渐被赋予相对重要的地位,努力降低城市食品短缺、工人不满以及农产品进口所需的稀缺外汇的开销等。尽管如此,共产党政权一直不太情愿提高官方的食品零售价(部分是出于担心诱发城市骚乱),加上城镇可支配收入的持续增长,意味着,对农产品的总需求总是大于增长相对温和的农业产出。实际上,适度增加上缴给国家的农业物资是符合农业人口利益的。因为只要在国家看来农业仍然是一个"问题",那么农民就有望获得来自政府的持续增长的农业补贴、薪酬和投资,而且有望被允许越来越多地从事有利可图的副业、私营企业和小规模投机活动,农业官员对于这些越来越睁一只眼闭一只眼,因为他们要么是这些活动的直接参与者,要么担心疏远了那些多少保留愤怒情感的农民群体。相反,如果农民交付的农产品足以满足迅速增长的需求,农业就不再被视为一个严重问题,而且国家就不会对它们如此慷慨,另一方面,农业官员也有可能变得更为苛刻。因此,以下活动总是让农业人口有利可图:只向国家和国营农场上缴例行的农业任务,更多地致力于他们私人的"家庭改善",以及私营的食物、服装、鞋帽、珠宝和饮料等的生产,以满足个人消费以及相对昂贵的"自由"市场和"黑市"上所需。这些私营活动越来越多地将资源转移出了集体和国营农场,无论是采用合法方式还是违法方式,但这方面的问题在于国家,而不在于农民。甚至在发展相对停滞的 80 年代,农业人口的实际收入和资产仍然持续增长,因为国家孤注一掷地向农业倾注越来越多的资源,期望能够重新焕发集体农场和国营农场体制的活力,而这只是徒劳,另一方面,持续的城市食品短缺势必为私人谋利和黑市交易提供持久的可能性。实际上,农民此举把他们自己又推回到四五十年代的艰难困苦状态。然而,此间,他们对于激进的变革越来越不感兴趣。与他们的西欧伙伴一样,东欧农民对于政治经济政权变动造成的种种情形颇为忧虑,如自由贸易、物价改革、废除补贴、失控的通胀以及被动市场的丧失等。

"共产党改革派"的催化作用

在 20 世纪 90 年代期间,越来越清楚的是,苏联克格勃(国家安全警察)当中的"秘密改革者",在 1989 年 11 月颠覆东德、捷克斯洛伐克和保加利亚以及随后的 12 月份,颠覆罗马尼亚的强硬派领导的共产党政权中,同样发挥了重要作用。他们的目标不是终结而是为了延长执政党的统治,他们按照戈尔巴乔夫的模式,用更温和、更奉行实用主义的"共产党改革派"取代令人难堪的强硬统治者。他们期望,这些共产党改革派能够启动一场可控的转型,转向更具市场导向和多元化但仍由共产党领导的政权,更多地与苏联的重建和公开性方案以及匈牙利开拓的"共产主义改革"方案所规划的自由图景保持同步。然而,这些操纵者失算了。他们启动的变革迅速超出了"共产党改革派"和克格勃人员的意图。由于完全丧失了对于执政党的信任以及对他们的排斥,克格勃支持的"共产党改革派"都遭受重创,只有保加利亚、罗马尼亚和塞尔维亚各国相应的新"社会主义"、救国阵线和塞尔维亚民族主义幸免于难。然而,多数情况下,"共产党改革派"的规划者仍然保持开明温和的家长制作风所有的谨慎心态,他们旨在进行"自上而下"的有限改革而不是"自下而上"的激进改革。他们畏惧无产阶级和任何真正的自发性组织,而且,到 1989 年底,一旦绝大多数东欧人流露出要突破"改革共产主义"的狭隘方案,那么,"共产党改革派"几乎在一夜之间就失去了他们的政治权力基础。他们突然变成了"昨天的人",因为他们很快就被事件进程压倒了。

1989 年革命(延续到 1991 年)震惊了研究东欧问题(还有其他研究对象)的西方专家,因为他们有关执政党政权的基本假设,一方面过高估计了执政党政权的应变能力和维持政权能力,另一方面过低估计了该地区公民社会培育出替代性政治文化的程度;因为后者削弱了日益没落的执政党统治的政治合法性。促成这些革命的原因包括长期的系统性危机,以及苏联领导人米哈伊尔·戈尔巴乔夫不愿效仿他的几位前任苏联领导人采用武力来维持共产党执政地位。

再者,就统治经济形式而言,只要大体上遵循命令,它的功能就能发挥出来。由于统治精英在如何应对系统性危机方面的观点越来越分化,公民社会对于先前那种似乎可怕的镇压机制就不再怀有恐惧,相应地,恐惧的降低就减少了服从。尽管如此,如果戈尔巴乔夫没有单方面地谴责苏联过去对东中欧国家的军事政治入侵的一贯做法,或许,1989

年革命就不可能成功。戈尔巴乔夫政权的出现很可能构成了那时存在的欧洲共产党政权迈向民主化的必要前提(尽管并非充要条件)。

或许早在 1986 年秋,戈尔巴乔夫团队就已经决定放弃在巴尔干和东中欧国家动武的做法,而且 1986 年 11 月 10－11 日在莫斯科举行的经互会峰会正好提供了一个告知这些国家共产党领袖的理想机会。"戈尔巴乔夫认识到,如果没有去苏联化,苏联的欧洲化进程不可能取得进展。"(Dawisha 1990:198)相反,戈尔巴乔夫关于一个"共同的欧洲家园"的观念与东中欧知识阶层关于一个统一的欧洲的强大信念相互吻合,而且它加深或者复兴了他们与西方的情感和文化联系,间接地摆脱了俄罗斯。同时,相反,戈尔巴乔夫的重建方案在诸多方面深刻影响到东中欧和巴尔干地区,例如,通过提供一种潜在的自上而下的改革和自由化的模式和符号,允许甚至激发了一种关于改革的理念、争辩和需求的热情,以及鼓励东中欧和巴尔干某些卓越的共产主义者效仿戈尔巴乔夫等。(第 208－210 页)因此,20 世纪 80 年代后期,苏联改革的必要性危及到东中欧和部分巴尔干地区的稳定,类似于赫鲁晓夫的"去斯大林化"方案在 1956 年产生的效果。再者,由于 1985 年以后戈尔巴乔夫放弃了苏联一直持有的对东中欧和保加利亚共产党领袖继任者具有的认可权,戈尔巴乔夫也就废弃了一条苏联监控它的东中欧"盟友"和保加利亚的直接渠道。(Light 1994:154－155)尽管至少直到 1989 年底,克格勃仍然通过这些国家的驻苏联大使继续在幕后进行操纵。

一般认为,戈尔巴乔夫在 1988 年宣布从阿富汗撤回苏军,不仅是对苏联无可匹敌的荣光以及苏军士气的重创,而且还确实证明,他决意放弃军事干预"社会主义兄弟国家"事务的做法。这也有助于消除截至当时一直处于抑制中的恐惧感,这种恐惧来自对共产党政权不断攀升的敌意,或者源于对其背叛的感觉。

戈尔巴乔夫明确表示不愿意承认柏林墙,更不用说苏联在 1956 年入侵捷克斯洛伐克,1968 年入侵匈牙利,这一态度降低了昂纳克、卡达尔和胡萨克政权的安全性和合法性,因为昂纳克 1961 年靠着监督柏林

534

墙的建设和 1968 年民主德国在苏联入侵捷克斯洛伐克时所起的作用而提升了权力，而以卡达尔和胡萨克为首的卖国政权是因苏联入侵而建立的。戈尔巴乔夫虽然没有明确表示否定或谴责，但他对令人讨厌的东德、捷克斯洛伐克、保加利亚和罗马尼亚强硬统治者的厌恶态度，却让数以百万计的电视观众从官方电视台对他和东中欧和巴尔干一些地区的共产党领导人的公开会晤和互访的报道中清楚地看到了。那些场面显示出难以掩盖的鲜明对比：当访问东中欧时，群众自发地热情迎接他，而对待他们自己的统治者却表现得那样冷漠无情。苏联没有公开反对 1989 年 5 月匈牙利与奥地利边境的开放，也未反对 9 月 10 日匈牙利正式决定允许东德的"度假者"通过避难处逃往西方，这使得持强硬路线的欧洲共产党政权被进一步削弱。10 月戈尔巴乔夫拒绝因东德人民对自由日益向往而实行军事制裁，给东德当局增加了压力，促使它允许东德人在 11 月 9 日自由地跨越柏林墙，从而使德国统一势头势不可挡，并进一步给其他东中欧和巴尔干国家脆弱的共产党政权带来挑战。正如哈维尔在 1990 年 4 月 9 日所说："我们都知道，如果我们的社会复兴伟业没有同戈尔巴乔夫总统的名字联系在一起，我们走向自由的道路将会多么艰难。"(Havel 1994b：63)

然而，戈尔巴乔夫主要是"对事件做出反应，而不是发动它们"。(Light 1994：154)没有迹象表明他曾做出一个在欧洲东部取消共产党统治的成熟计划。相反，他希望以自己的形象通过鼓励强硬派下台来支持改革派。但是，强硬派的暗中破坏释放出来的力量把改革派共产党人赶下了台。

归根到底，戈尔巴乔夫促进欧洲共产主义国家的民主化，不只是通过他有意识的作为，而且通过表明他是一个什么样的人，即一份振奋精神的药剂，一座希望的灯塔，一个理智人道的声音和一个谎言、恐吓、人身攻击和虚伪的反对者。他在某些方面与那些从欧洲共产主义国家的民主化和"无产阶级国际主义"溃退中释放的阴暗力量格格不入。例如，走访遭受 1988 年亚美尼亚大地震袭击的受害者时，他对一些亚美尼亚人的做法大为震怒，因为他们更关心他怎样对待亚美尼亚与阿塞

535

拜疆共和国的领土争端,而不是如何救助他们周围那些倒在地上的地震受害者。(Roxburgh 1991:122-123)戈尔巴乔夫避免了一些军事侵略和镇压,只是在格鲁吉亚和波罗的海的苏联共和国未能避免,但很可能是那里的苏联军队违抗了他的意愿,尽管尚无足够证据证明。(大多数格鲁吉亚人和波罗的海国家的民族主义者似乎相信戈尔巴乔夫是共犯,但我们不这样认为。)在欧洲共产党统治瓦解期,戈尔巴乔夫促成了各方(除罗马尼亚和南斯拉夫)大大降低使用暴力的程度。戈尔巴乔夫采取的新外交政策——即使导致苏联丢失了主要的外部"势力范围"仍然坚持那些政策——"创造了使东欧内部的民主力量得以脱颖而出的条件,使得西方的民主和市场力量能渗入这些地区",尽管"民主的果实只能依赖东欧人自己捍卫"。(Light 1994:163-164)

第五编

后共产主义的转型

第三十四章　后共产主义的政治转型：
"民主转型"和"民主
巩固"问题的暴露

1989 年,东中欧和巴尔干的大部分国家开始了一场艰巨的"三重转
型":从共产主义专政到多元化的民主;从集中管理到市场经济;从苏联
的帝国霸权到完全独立的民族国家。这是 20 世纪期间这些地区第三次
启动如此意义深远的转型。第一次世界大战后,东中欧和巴尔干的许多
地区经历了一场相似的"三重转型":从半专制主义的君主制转变为表面
上民主的政权;从超国家的帝国秩序转变为基于完全独立的民族国家的
秩序;从帝国官僚、军队和大地产主导的社会秩序转变为由国家官僚、军
队和正处于上升阶段的资产阶级主导的农民占大多数的社会。1945 —
1946 年东中欧和巴尔干的许多地区又开始了另一场"三重转型":从法
西斯的帝国统治转变为独立的民族国家;从法西斯的独裁统治转变为多
元化的民主;从法西斯控制的经济转变为比较开放的半计划市场经济。

1918 年后的转型遭受了狭隘的"种族的"或"完整的"民族主义、民
族统一主义、复仇主义、以邻为壑的保护主义,以及对重新崛起的魏玛
共和国(德国)和法西斯意大利(与后来的德国相比程度较低)"不对称
的"贸易依赖的破坏。1945 年后的转型则受到苏联帝国霸权向东中欧
和巴尔干地区大部分国家扩展,以及强加给他们新的斯大林主义政权、

强制推行中央计划的工业化和农业集体化的严重阻碍;这些(起初)积极的诉求在一定程度上有赖于他们克服种族、民族统一和经济等方面问题(这些问题从 1918－1947 年一直困扰着这些地区)的能力。遗憾的是,"一族统治"和"种族集体主义"在 20 世纪 90 年代至 21 世纪初的巴尔干和东中欧地区依然非常活跃。这在巴尔干地区比东中欧地区更加明显,主要是因为希特勒和斯大林以及他的盟国在 20 世纪四五十年代期间对东中欧的人口实行了"外科手术式的同质化",而巴尔干的人口构成则仍然更多的是不同种族共处。

在东中欧和巴尔干地区构建基于完全独立的民族国家"新秩序"的尝试和同期的社会与经济转型引起的危机以及随之而来自然的和长期确立的贸易模式崩溃同时发生。这些危机孕育出极端的民族主义和社会骚乱,降低了大众对自由民主和"自由市场"经济的支持度,导致了外部对巴尔干和东中欧事务的干预。不幸的是,1989 年后的转型不仅在90 年代前半期的前南斯拉夫重新造成了类似的情况和时机,而在其他地方也造就了非常类似的情况。虽然从官方的言论而言共产主义政权是无神论者和国际主义者,并且频繁地迫害神职人员、积极的"信徒"和敢于直言、具有独立思想的民族主义者,但是他们还是培育出各种形式的"官方民族主义"(official nationalism),并在很大程度上容忍了占据主导地位的"民族"宗教(除了阿尔巴尼亚外),从而徒然无功并最终由他们自己破坏了弥补他们自己的政治合法性和民众支持方面公认缺陷的尝试与努力。这种左派的民族主义和"民族"宗教作为唯一可以获取的价值与信仰体系,能够直接填补由垂死的专政统治的衰落和崩溃造成的精神与意识形态的真空。而且,由专政统治垮台所释放出最初的"国民愉悦情绪"不仅增加了排外和潜在的令人无法容忍的"种族民族主义"与民族宗教的影响力,而且唤起了人们不能得到迅速满足的期望,而对即将到来的繁荣的希望很快就在严酷的现实中失落,即市场也会成为专制残暴和无情的主宰者。

这一情况由于欧洲的东半部在政治和经济领域从来不存在支持政治或经济自由主义的大量中产阶级独立选民这一事实而进一步恶化。

形势的发展很快证明,如果没有充足的资本和高度发达的资产阶级,创
造繁荣的自由民主和充满活力的自由资本主义,几乎与以前没有充足
的资本和高度发达的工业无产阶级的情况下创造真正的"无产阶级"专
政统治和充分运转的集中计划经济一样困难。第一次世界大战后依然
相对弱小的东中欧和巴尔干地区的独立企业与职业中产阶级的规模进
一步减小,这是因为第二次世界大战期间这一地区的大部分犹太人遭
到大屠杀,随后大多数幸存下来的犹太人进行了移民,以及超过 1 000
万德意志人在 1945 - 1947 年间仓促离开或被驱逐出东中欧和巴尔干
地区(程度小于前者)。除了可怕的苦难以及人们的生活遭受损失以
外,这些人为的灾难也造成了巨大的经济与政治代价,这是因为犹太人
和德意志人至少构成了第二次世界大战前东中欧和巴尔干地区一半独
立的城市专业人才与企业中产阶级。20 世纪 40 年代后期东中欧和巴
尔干地区建立的斯大林主义政权通过将所有公共机构和活动置于其控
制之下,并由此摧毁了"公民社会"和法律、行政、教育、文化公平的最后
一点痕迹,从而很快完成了这项由思想狭隘、仇外的民族主义者最初开
始的工作。40 年代后期至 50 年代初期,巴尔干和东中欧的政治纲领
实际上一直充满很强的暴力色彩,这是因为第二次世界大战后反法西
斯的"人民阵线"联盟试图"惩罚"成千上万已为人知或受到怀疑的法西
斯分子,以及他们在战时的"合作者",甚至在占据统治地位的共产党开
始大规模地"清洗"成千上万实际或潜在对手之前也是如此。(见 Deak
et al. , 2000: 第一和第三部分)两次世界大战期间遭受大屠杀的知识
分子和职业中产阶级以及从事经营的中产阶级中的幸存者要么被这些
清洗活动以及随后对几乎所有独立活动的镇压所"清算",要么被斯大
林主义的政权所培育出的数量庞大、温顺、阿谀奉承的"技术型"和"具
有创造力的"知识分子所"淹没"。值得注意的是,这些新的知识分子在
相当大的程度上都来源于受过良好教育的工人和农民阶级的上层,借
此"收买"或"软化"了无产阶级与反抗或不满的农民的潜在代言人或领
导人,而与此同时,又创造出一个新的"特权阶级",他们有意识地将自
己的地位和特权归属于共产党的偏爱与庇护。

因此,20 世纪 90 年代初期,东中欧和巴尔干地区的自由民主形态走向成熟的实际或潜在的主要障碍之一就是独立和公正的政治与民间机构几乎一直就不存在(捷克除外)。甚至那些过去出现这样的机构在很大程度上也被褊狭的"种族"民族主义与权威主义、20 世纪 30 年代的大萧条、法西斯主义、第二次世界大战、大屠杀和新斯大林主义的独裁共同摧毁,所有这些事件都导致了对那些最有能力形成或重新创造自治、多元或具有自由思想的"公民社会"的种族和社会群体的破坏、削弱以及将其驱逐出境。

541　　小詹姆斯·巴林顿·摩尔(James Barrington Moore Jur)在创造"没有资产阶级,就没有民主"这一名言时,将问题过于简单化。(Moore 1969:418)在西欧的大部分地区,自由民主和基本公民权利的确立与(或)维系在很大程度上要归因于新兴工业的工人阶级和他们的工会组织的斗争与贡献(见 Therborn 1978; Reuschemeyer et al. 1992),而在巴尔干和东中欧地区,类似的角色是由农民(主义)政党和运动来担当的。(见 Mitrany 1951, 124 - 129)即便如此,对独立的中间阶级的破坏与削弱通常使得建立和(或)维系自由民主变得更加困难。由此,自由的民主(区别于现在大量存在的各种形式非自由的民主)成功的确立往往取决于先前或同时出现的自由实践和习惯与坚实的自由法律或制度基础的存在(Parekh 1992),以及"时时警觉地保卫自己独立地位的多元化独立群体"的存在;这两个先决条件需要变得足够强大才能迫使"原先存在的统治集团与越来越广泛的其他社会群体分享权力与特权"。(Kornhauser 1960:135, 141)

同样,自由民主的长期生存通常取决于法治、有限的政府、广泛的公民权利和自由、丰富多样、负责任与独立的社会群体的存在或出现。它需要"通过多数和少数来限制权力的使用",这不仅包括"宪制的监督和制衡(权力的分立),而且还包括社会的监督和制衡制度",尤其是通过多种多样相互竞争的"利益群体"的形式来实现。(Kornhauser 1960:130)由于缺乏"由社会制衡支撑的宪政",因而不足以防止潜在的"多数的暴政"("tyranny of majority")和(或)政府的傲慢。(第 131 页)由于缺乏"来自下面"的独立的、清晰界定的和有效组织的压力,统治精英们实在很容易滥用和扩充他们的权力与特权,抵制整治和(有时公然地)无视法制,而政策还是不太可能通过讨论得到必要的解决,或进行必需的充分辩论。与此相反,如果有众多独立的社会群体,他们不仅反对权力过分集中在过少的人手中,而且竭力支持分享权力。独立的社会团体充当着"能够在特定的生活领域做主的中间权力"的角色,同时还通过彼此限制和引导政府在自由集会、言论自由、法治和有限政府的框架中相互包容来支持和扩大"自由的领域"。(第136页)

自由民主和自由市场经济的力量与活力在很大程度上取决于这些中间阶层、网络和社团的规模、兴旺和生命力,它们居于国家和个体公民之间进行调节,因为它们确实拥有能够维持有限政府、法治和强有力的"水平"权力关系与权力结构、"公平竞争环境"(level playing field)的法律和制度基础,(Putnam 1993, 2000, 2002; Pharr and Putnam 2000; Fukuyama 1995)在这方面,经济与政治往往相伴而行。在最近的几十年,世界上最具活力的经济体往往是那些拥有充满生机的中间社团和网络的经济体,最显著的是东亚"四小龙"和中国,而并非那些虽然更加自由但更缺乏充满生机的"社团"和"网络"的西方民主国家。(Ian Davidson, *FT*, 1 February 1995, p. 14;更多见于 Fukuyama 1995)信奉撒切尔和里根模式的新自由主义的自由市场拥护者们将公民社会粗浅地等同于市场与个人,忽视了民主与市场体制有赖于独立的中间机构、社团、联系与网络以及诚信规范支撑,而新自由主义政策却竭力去削弱、破坏、侵蚀那些支撑力量,特别是 20 世纪 80 年代在经济管理方面出现"新自由主义反革命"以来,这种情况在美国、英国和拉丁美洲尤其突出。由于缺乏充分有力的社会支持,较之越来越孤立和无助的个体组成原子化的大众,国家一直处于无所不能的状况,这可能严重背离了新自由主义者本来真诚和善意的想法。

542

对 20 世纪八九十年代"民主转型"和"民主巩固"文献相关概念的批判

20 世纪八九十年代由政治科学家撰写的关于所谓的"民主转型"

(democratic transition)和"民主巩固"(democratic consolidation)的文献数量庞大,这些文献创造了一些较为有用的概念区分和分类,这有助于形成更加多样化和更具细微差别的民主化过程的概念。所谓的"民主转型"普遍被视为"从以前独裁政权突然或逐渐瓦解的时刻开始到新政权变化的过程"。在这期间,"民主统治的程序必须要重新进行谈判并被人接受;制度必须重新构建;政治竞争必须沿着民主的线索汇集"。通过比较,所谓的"民主巩固"被普遍视为一个包括"去除一直伴随转型和新体制充分制度化、统治和程序内在化以及民主价值观传播过程的不确定性"更加漫长的过程(Pridham et al. 1994:2),最终达到民主成为"城镇居民唯一的游戏"的程度。(Linz and Stepan 1996:5)

除了依条件而定的经济与社会环境以外,各种关于南欧和拉丁美洲"民主巩固"的研究竭力强调所谓"精英的解决方案"(elite settlements)和"精英的共识"(elite convergence)的根本重要性,这是一个鼓励精英将参与"政治作为讨价还价"而不是将参与"政治作为战争"的过程。这些"精英的解决方案"被视为包含以下几个正式的协议:"以前陷入分裂和斗争的精英们通过在最基本的分歧问题上谈判达成妥协,突然之间而且精心地重新组织他们的关系,借此达成一致意见的联合,并为稳定的民主政权奠定基础。"通过比较,"精英的共识"被视为"包括作为竞争对手的精英们做出的一揽子有意识、策略性的决策,这些决策具有……使精英们在也许一代人的范围内形成一致意见的累积效应"。学者们已经指出,精英的共识常常出现在两个阶段。第一个阶段,"在分裂的国家精英中,一些存在冲突的派别为了动员可以依赖的大多数选民,不断赢得选举胜利,借此控制政府而达成可以维系的、稳定的合作"。第二个阶段,"反对这一合作的主要精英派别厌烦了他们在意识形态和纲领方面的反对者的持续统治",但是他们并没有求助于暴力冲突,"他们断定,除了……通过结成选举联盟……根据政权的规则进行竞争以外,根本没有办法挑战竞争对手的支配地位,这在有形或无形中承认了其制度的合法性"。总体上,"这往往伴随着政党体制中意识形态和纲领方面两极分化的减少"。(Higley and Gunther 1992:

xi－xii)

关于"民主转型"和"民主巩固"的文献,在以前颇具影响力的"现代化理论"的基础上,从特定的几个方面取得了巨大进步(这种"现代化理论"曾经过于乐观地将民主化视为伴随经济、教育和技术发展的必然产物)。现代化理论有意或无意地预先假设了一种程度相当高的经济与技术决定论。此外,它还建立在另外一个根本假设的基础之上,即对于世界其他地区而言,西方一直充当着"样板"(role model)和"未来景象"(vision of future)的角色,随着这些地区在经济方面更加发达、城市化和教育进一步发展,他们将越来越类似于西方。南北方和东西方的"趋同论"(convergence theories)(它们实际上就是现代化理论的不同版本或延伸)在很大程度上就是这样。

这些新的"转型论者"和"巩固论者"的主要优点是他们一直倾向于主要考虑民主中存在的环境因素和人的意愿。他们一直强调民主化并非(像许多"现代化"理论家认为的那样)总是伴随经济、技术、教育发展的自然产物,即便是在教育水平良好和经济发达的社会,它也可能会经历发展与进步,或者可能会遭受阻碍,甚至颠覆。这种颠覆最极端的例子当然就是魏玛共和国了,尽管它是两次世界大战之间欧洲在经济、技术和教育方面最先进的国家之一,但是它还是不仅产生了纳粹运动而且很快对其屈服。此外,纳粹党人在大学的研究生、教授和学校教师当中获得了尤为强大的追随者,这些人是德国社会接受教育程度最高的那部分人。(Kolinsky 1974：87－88；Kornhauser 1960：188)

尽管如此,虽然存在一些有用的术语和真知灼见,但是支撑"民主转型"和"民主巩固"文献中的一些最主要的明确或暗含的假设却带有严重的误导性,甚至是根本错误的。很多文献用一些相当肤浅的、机械论和目的论的概念来论述民主、民主化和政治变迁。它的概念用语和表达方式误导地暗示或预先设定了"民主转型"和"民主巩固"是一个明确规定的、始终一贯的过程,是从一个十分类似的、清晰可辨的起点迈向十分类似的、清晰可辨的最终目标的推进过程;民主化要经过一些有规律的、可以预见到的中间阶段;精英们或多或少会自由地选择"现成

543

的"或从民主的"工具箱"中取出任何一种他们喜爱的政治制度;政治和经济精英们通常能够利用社会其余部分很少的加入就能从上到下地确立或"巩固"民主。由于这些文献已经认定了政治和经济精英是关键的参与者,他们大都能够预先决定政治结果,就像心想事成的人那样,因此这些文献或多或少都是精英主义的论调。与此同时,这些文献也带有强烈的机械论色彩,因为它们假设在关键时刻在特定方向拉动的特定"杠杆"将产生大体上可以预测的结果。

然而,在实践中,民主化的过程千变万化。它们的起点多种多样,最终形成极其不同的制度表现形式或结果,即便是在那些通常被划为"西方"或"自由民主"的国家也是这样。但是,即便是在西方社会,也没有人知道民主和民主化进程演进的最终目的地。其中主要的原因在于大规模的跨国资本主义、全球化、公司权力的愈发集中、高速发展的信息技术、新兴的通信方式与网络、国际(可能也包括国内)收入、财富、教育、权力的差距不断扩大等因素的出现,持续改变着永不停息地追求民主监督、责任、审议和辩论的最大(虽然常常是有限的和/或虚幻的)空间的性质和范围。而且,全球资本主义和信息技术网络的巨大并依然不断增长的力量和(有可能不断出现的)有组织的宗教力量意味着,即便(也许尤其是)在西方,自由民主也绝不是"城镇居民的唯一游戏"。而且,在各种同时存在的"游戏"中,游戏所需的球门柱子不断被挪动,游戏参与者和游戏的运动场所不断改变和重新定义,游戏本身的性质也在不断地重新定义。由此,即便是,也许特别是在日益增长的全球化权力关系和占据主导地位的所谓"西方自由民主制度"的权力结构中,实际上有多少民主的审议、辩论、监督、问责和立法,是有很大争议的。除此之外,由于西方国家和关注恐怖主义的媒体越来越多地受到仇视伊斯兰情结和排外情绪的困扰,以及由反对恐怖主义立法授予不断增长的扣押、监视、监控(技术进步使那种强化的监视、监控成为可能)的警察权力,使基本的公民自由遭到日益严重的威胁,致使"西方自由民主制度"的主要轨迹,随着"自由民主制度"的深化和强化而更加可能演变成"奥威尔式的

544

反面乌托邦社会”(Orwellian dystopias)①。如果这一演进成为现实，那么“民主巩固”这个术语就变得越来越没有意义。任何想象“民主”是某种可以在任何地方都能一劳永逸“巩固”的人其实生活在一个自我幻想和虚幻的世界中。

在任何场合，“民主”这个词都是一个含义十分宽泛的概念，涵盖了许多不同形式的民主政体和管理方式。常见的情况是，它不仅用来不加区别地指称范围广泛的“现实存在的”政府体制，而且还作为一种抽象的理想和标尺，用它去对照那些十分模糊难辨却“现实存在”并且被称为“民主”的政治体制，用那个标尺去衡量、判断，并且(在大多数情况下)认定它们是不合标准的。许多西方的“转型论者”和“巩固论者”都自负地倾向于认为，西方的自由民主制度是“典范”，大多数的，甚或所有的民主化进程最终都要趋同于那个“典范”。还有一些人滔滔不绝地说，从所谓的“民主化第三波浪潮”(Third Wave of Democratization)兴起的那些新的政治体制只有在它们符合西方自由民主概念的情况下才能被视为真正民主的。总之，上述两种看法都毫无根据地将西方视为判定是否构成“民主制度”或明或暗的最终仲裁者。

然而，许多(也许是大多数)从 20 世纪晚期民主化浪潮兴起新的政治体制至多只是形成了各种民主的“表象”，在其背后则是高度垄断与寡头独裁的金融资本主义按照自己的规则、动力和权力结构在运转。在大多数情况下，这形成了程度和形式不同的“反自由的民主”(illiberal democracy)，这种民主形式在吉列尔莫·奥唐奈(Guillermo O'Donnell, 1993, 1996, 1998)、法里德·扎卡里亚(Fareed Zakaria 1998, 2003)以及已故的克劳德·阿克 (Claude Ake 1995)富有启示的批判分析中得到了阐释。奥唐奈指出，判定民主是否以深层次、可预见和遵守法律的形式发展的最重要决定因素除了考量在公职的人员和选

---

① 乔治·奥威尔(George Orwell, 1903 — 1950)，英国作家。他在 1949 年出版的小说《1984》(*Nineteen Eighty Four*)中描述了一个与外界隔绝的“反面乌托邦社会”(Dystopias)，那里的居民在“老大哥”(Big Brother)的独裁统治下生活，时时处处都受到“老大哥”摄像头的监视，告诉他“老大哥在看着你”。——译者注

民之间是否确立了强有力的"垂直责任制"(Vertical Accountability)以外,还需考量在公共机构和社团之间是否确立了强有力的、他称之为(相互的、合法的)"水平责任制"(Horizontal Accountability)。如果缺乏强有力的"水平责任制",实际上能够得到和维持的,就只有垂直的、软弱和肤浅形式的民主。尽管如此,正如奥唐奈所强调指出的,"这些形式的民主通常要比短暂的(transitory)民主持续时间更长;由此,它们被令人误导地标识为'过渡的'(transitional)民主。"

这促使我们更加谨慎地思考我们是在目睹"民主的普遍化还是其最终的灭亡?"在提出这个严峻的问题后,克劳德·阿克(Claude Ake)勇敢地回答道,就连西方的政治制度也受到

> 无情的……压力,去重新构建民主的含义和实践,使它与……日益琐细的民众参与概念协调一致。民主表面上的普遍化是这一过程的终结。民主已经碎化到不再对权力精英构成威胁的程度。精英们乐于宣称他们承认民主,知道民主对他们没有什么重大要求。民主已经以一种极为贬值的方式被普遍化……最终的结果并不是真正的民主。民主已经被另外一种徒有其名而无其实的东西所取代。自由民主已经在漫长的贬值和政治反动的过程中萎缩了,失去了令人尊敬的民主实质。(Ake 1995:79)

由此产生了"一种平庸化的自由民主制,那样的民主只是多党选举的制度化,它的意义只是在分配权力而不是实现民众的意愿"。(第84页)阿克把这种自相矛盾的消解权力的民主化(democratization of disempowerment)主要作为一种困扰受国际货币基金组织、世界银行和其他显然不民主的权力持有者控制发展中国家的现象来讨论。然而,欧洲的民主党人也发现,在权力的定位和实施,以及立法与政策的内容和框架制定方面,保持任何有实效的监督、辩论和审议已经变得越发困难。于是就在欧洲选举中出现了情绪低沉的选民和对"民主赤字"(democratic deficits)的经常抱怨,而人们只是把其原因轻率地归结为

545

欧洲整合的影响。(见 Bideleux 2001a：229－230)杰出的"转型论者"胡安·林茨和阿尔弗雷德·斯特潘(Juan Linz and Alfred Stepan)主持的十分到位的协作研究成果《民主政制的崩溃》发现,在两次世界大战之间,民主政制与其说是被反民主势力摧毁,不如说是被内部的政客和官员日积月累的损耗、腐败和拆台所断送;而那些政客和官员却宣称甚至相信他们自己在进行"挽救民主"的斗争,使之摆脱来自外部或自身的威胁,摆脱自身的偏差、无效率和无节制。(Linz and Stepan 1978)

出于各种原因,我们绝不能认定西方形式的"自由民主制度"已经或即将成为整个世界的"典范",也不能认定它们在西方将一直保持下去,即便各种外表掩盖下的"民主"从 1974 年以来在欧洲、拉丁美洲、亚洲的大部分地区和非洲的部分地区已经取代了各种公开形式的一党制和/或军事独裁政治体制,并已经获得了标准的称呼。

"民主转型"和"民主巩固"理论家们所采用的方法引起的另外一个根本问题是,政治体制绝不仅仅是其参与者们希望得到的那个结果。它们在很大程度上受到社会的制约,有时甚至由社会决定。在很大程度上,西方的政治科学倾向于将大多数人不自由的生存状态归因于那些"另类"社会中存在的所谓不自由的态度、价值观念、信仰体系和"政治文化"。极具影响力的大学者厄内斯特·盖尔纳(Ernest Gellner)极力强调,"人类出生并生活在他们所处社会的制度与文化中,人们常常奉之为理所当然……文化是一种先定的机制。社会制度与文化很少可以选择:他们是我们天生的命运,并非我们的选择……但是通常而言,民主的模式忽视了制度与文化先于决策而并非在决策之后这一事实"。(Gellner 1996：185)这种类型的解释通常是以散漫、高傲、自满,甚至具有种族主义色彩的西方文化对非西方的人、宗教、"心态"(mentalities)和文化的僵固认识和曲解为依据。而且,无论怎样解释,都普遍一致认为,很多(也许是大多数)人长期以来都受到不自由的体制诱惑,这种体制根深蒂固、顽强、持久,远远不是有意识的社会选择产物。上面提到的奥唐奈、扎卡里亚和阿克的分析中就隐含着这种解释。

我们对这个问题的"看法"是,几千年来人类大多数都在极其持久、根深蒂固的垂直权力关系和权力结构下生活,这种权力关系与结构无论何时受到来自"底层"、"上层"和"外部"的挑战,都会不断地肯定自身;这就是人类的常规状态。(如果有常规状态的话!)只是在(很大程度上是偶然的)非常情况下,全球只有很少部分幸运地区暂时成功地利用较多水平性的结构和法制的公民社会、公民经济和"平等的活动场所"(而它们也是自由民主和自由资本主义必不可少的前提条件)取代了通常的"垂直权力"。(Bideleux 2001a,2005a;2007;Bideleux and Jeffries 2007:xi – xiii,1,5 – 16,72,122 – 123,141 – 143,180 – 182,200,230 – 231,323 – 328,361,400,504 – 506,587)

与此相反,许多坚持精英主义的"民主转型"文献都离开社会和文化背景去孤立地分析政治体制和制度,由此就低估了它们受到结构性的、社会经济和文化上的制约和限制的程度。实际上,政治制度——也像爱憎倾向和"心态"一样——都是因变量而不是(起决定作用的)自变量。民主只有在先前(往往是意外地或偶然地出现)存在和迅速崛起的、具有一定的水平性结构的公民社会和公民经济的强有力支撑下才能牢固建立起来;而公民社会和公民经济的基础则是法治、有限政府和相对独立或自主的社会网络与群体,这些社会网络与群体愿意拥护和遵守相对公平的民法和管理。自由民主的宪政体制只有"当其行为方式形成政治国家的习惯与本能反应——像礼仪时,才会变得(稳健)安定:它保卫文明的生活,但是要以达成一致意见和稳定为前提,这与保卫它们一样重要"。(Namier 1946:31)因此,它永远不能实现完全的稳定——更不要说"巩固"了。

欧洲前共产主义政权的官方出版物常常宣扬一种粗俗的马克思主义经济决定论,这种经济决定论坚持认为,社会经济"基础"决定一个社会的政治与意识形态的"上层建筑"的性质,即使共产主义国家的实际发展展现出极端相反情况(从列宁到戈尔巴乔夫,欧洲的马列主义政党和政权都是固执的唯意志主义者,这些政党和政权的唯意志论极其明显地决定了它们的经济体制所具有的极不平衡和越来越严重的功能失

546

调的特点)。在抵制这种前共产主义国家提出的粗俗经济决定论的过程中,东中欧的居民、巴尔干地区的国家和居民必须注意防止陷入相反的错误之中,即假设上层建筑可以独立运转,在很大程度上并不会受到"根本的"社会经济体制和背景的影响。不幸的是,关于"民主转型"与"民主巩固"的文献形成了一些新形式的唯意志论。这些唯意志论促使人们普遍预期和相信,(自由)民主和高度市场化的经济体制可以"从上面"(也就是通过新的和已经被改造的统治精英)迅速移植进来并得到巩固,即使这些国家的居民并没有积极地为这些体制做好准备并对之形成习惯,即使他们并没有继承现成的基础设施与自由制度、法治、"水平"与"垂直"责任制的实践(依靠这些东西,自由民主才能较为容易地嫁接过来)——在西欧的大部分地区,当第一次世界大战后普选权得到确立时,情况就是这样。

由于这些因素,从 20 世纪 50 年代至 90 年代,东中欧和巴尔干国家反复出现旨在建立更加强大与更加根深蒂固的政治和司法责任制、政治与经济的"公平竞争环境"和法治的斗争;这些斗争要比之前普遍的预期更长,以此限制根深蒂固的"垂直"权力关系、权力结构以及过去传袭下来的本地政治庇护主义和腐败。

自从 20 世纪 90 年代早期(主要是在最近,在 2004 - 2006 年,表现为非常低的投票率)以来,民众普遍对新的统治精英开始觉察到,并在不同程度上开始清醒地认识到,他们无力实现民主化或市场化以造就"迫切的"社会经济福利和制造出治疗源自前共产主义政权的政治与经济机能障碍的"速效药"。除此之外,民众也在不同程度上开始向往(已经感觉到)更高的社会经济安全、机会平等与向上的流动,许多人认为这些东西过去一直存在于前共产主义政权中。西方社会对东中欧与巴尔干出现的觉醒与"改革疲乏"(reform fatigue)的认识的确导致了东中欧和巴尔干地区加入欧盟长期受到耽搁——直到 2002 年 12 月他们才最终给开"绿灯",于 2004 年 5 月加入欧盟。

在后共产主义的巴尔干国家,由于民主化与市场化不恰当的唯意志论和机械论概念造成不现实的预期迅速、痛苦地散播开来。他们要比东中欧和波罗的海国家花费更长的时间去制止已经普遍渗透和根深蒂固的"垂直"权力关系与权力结构(包括"一族统治"、"种族集体主义"、政治庇护主义、根深蒂固的腐败、有组织的犯罪网络的力量);那是建立有效的政治与司法责任制、政治与经济"公平竞争环境"、有限政府、法治和自治、充满活力的公民社会与公民经济的前提条件。

虽然大多数关于现代巴尔干政治与经济变革的讲述都支持对"巴尔干困境"(Balkan predicament)进行的文化解释,将巴尔干的困境主要归因于不自由的文化、信仰体系、价值体系、爱憎倾向、心态或思想倾向(这些常常被认为是巴尔干半岛居民天生固有的特性),但是我们关于后共产主义巴尔干国家的那一卷已经指出,这样的解释至少在一定程度上是建立在西方文化对那些国家不幸的居民僵固的认识和讽刺的基础之上。此外,我们还指出,政治文化、心态、信仰体系、价值体系和思想倾向主要是因变量而并非自变量(决定因素)。相反,我们最终将范围广泛、根深蒂固的"一族统治"、"种族集体主义"、小集团的庇护主义、腐败和有组织犯罪的水平和力量主要视为强大的根基牢固的权力关系与权力结构的产物和表现形式,而并非特殊心态、政治文化或思想倾向的产物和表现形式。(见 Bideleux and Jeffries 2007: 5 — 16,180 — 182, 323 — 328, 587)如果这些观点得到稳固的确立,那么我们研究巴尔干政治与社会时所偏向的视角的主要含义就是主要的国家体制与社会形式远非自由选择的产物,它根本就不是为政治上被边缘化的大多数人服务的,由此让这些占据多数的人来为他们身处的困境负责是没有什么意义的。(见第 27 — 37、58、87 — 90、98 — 109、121 — 122页和 Bideleux 2005 and 2007)

对 20 世纪八九十年代研究"民主转型"文献所宣扬的某些有影响的命题的实证否定

那些简单的机械论和目的论假设常常建立在对后共产主义的民主化(就这个问题而言,也包括市场化)所进行的众多最有影响力的概念化基础上。除了对这些提出根本性的概念批判以外,对 20 世纪八九十年代研究"民主转型"的文献提出的某些论题进行经验批判也是有必要的。

有些学者有时宣称,较之 20 世纪七八十年代期间的希腊、葡萄牙、西班牙和拉美的大部分地区,在欧洲的后共产主义国家,民主转型与巩固面对和引发的问题与挑战的范围、程度要远远高出许多。(见 Higley and Gunther 1992:344 - 347;Pridham et al. 1994:7 - 9, 52 -53, 168 - 171)南欧和拉美数量众多的新的民主化国家已经拥有了长期稳定的市场经济(虽然他们中很多国家还有许多非常贫困的人口),但是欧洲的后共产主义国家同时需要改变他们的经济体制就像他们需要从一党独裁改变为自由民主一样。在欧洲的后共产主义国家,学者们经常主张,民主化往往伴随着大大加剧的经济与社会混乱、不稳定和苦难。其次,他们也常常指出,除了卡斯特罗统治的古巴可能例外,20 世纪南欧和拉美的威权主义政权镇压多元化和独立的社会群体从没有达到像欧洲共产主义国家的程度。大多数欧洲的后共产主义国家不得不(重新)创造(或至少允许)多元的、独立程度大大增加的社会与经济群体,但是人们普遍认为,拉美和南欧新的民主政权能够坦然接受以前存在这样的群体,这不仅有助于经济变革和应变,也有助于民主化。第三,学者们普遍认为,南欧与拉美的民主转型与巩固在任何层面上都没有面对欧洲东半部许多国家(不仅是在近些年,还包括 20 世纪头几十年)经历的民族统一主义(irredentism)以及(或)种族之间的对抗问题,也并没有被迫和这些问题进行斗争。这么说并不是要否认大多数南欧和拉美国家存在一些难以协调的少数民族,而只是指出少数民族问题对这些国家领土完整的威胁较之巴尔干和东中欧的大部分国家的实际情况更小或更轻。只有波兰、匈牙利和 1993 年以来的捷克共和国相对没有受到重大的"少数民族"问题影响,但是他们并不是完全没有这方面的困难。自从 20 世纪 90 年代以来,许多捷克人已经显示出对吉普赛人的公开敌对情绪,许多波兰人一直对波兰规模较小的德裔少数民族和(或)几乎并不存在的犹太裔少数民族心存怨恨(见 Gross 2006),而某些匈牙利人则继续针对罗马尼亚(涉及特兰西瓦尼

548

亚)、塞尔维亚(涉及伏伊伏丁那)和斯洛文尼亚(涉及南斯洛文尼亚的马扎尔人居住区域)培育着领土复兴的仇恨并且(或)反对匈牙利的少数民族吉普赛人和(或)在很大程度上并不存在的犹太裔少数民族。许多斯洛文尼亚人越来越展现出对人数不断增长的斯拉夫和阿尔巴尼亚穆斯林少数民族(他们在南斯拉夫社会主义联邦共和国瓦解后迁入斯洛文尼亚)的公开仇恨。

然而,虽然这样的比较并非没有完全触及问题的实质,但是它们还是显得有些轻率或夸大。由此,较之意大利、西班牙、葡萄牙、希腊、智利、乌拉圭、阿根廷、委内瑞拉这样的"后威权主义国家",虽然欧洲后共产主义国家的民主化往往很明显发生在更加不利的环境中,并且伴随着更加痛苦和深刻的经济体制变革,但是这绝没有清晰地表明,欧洲东半部的民主化发生的条件较其他那些拉美国家更加困难,这些拉美国家在不同程度上受到地方犯罪,社会与政治暴力,愈演愈烈的贫困,与毒品相关的广泛问题,非常低的教育水平,庞大的贫民窟与简陋的城镇,最少的健康与社会福利支出,长期的大众失业,极其不平等的收入、财富、权力分配,以及种族压迫和奴隶制的持久影响等问题的困扰。尽管自身存在各种问题,欧洲的后共产主义国家却继承了相对受过良好教育和在很大程度上具有大量职业技能、经验和社会支持的城市人口,以及在很大程度上具有庞大的(虽然有时是破旧的)物质与社会基础设施的工业化经济。的确,南欧与拉美从没有经历过像欧洲的斯大林主义政权创造的那种无孔不入的教条主义、以政党为基础、系统的极权主义形式的独裁统治,但是共产主义政权却更加重视教育、技能、社会保护、充分就业、社会认知、社会团结和(至少在官方的宣传中)工作伦理。这些东西具有非常重要的补偿优势。除此之外,在斯大林主义泛滥的势头减缓后(始于1953年斯大林去世),一些多元化程度有限的独立社会群体确实(重新)出现在欧洲大部分共产主义统治的国家——尤其是南斯拉夫、波兰和匈牙利,但是在捷克斯洛伐克、波罗的海国家和东德的发展程度却低得多。这些抵消性的优势需要用来抵消欧洲后共产主义国家的民主化受到困难困扰的方式,这些困难并不会大规模地出现于 20 世纪晚期经历民主化的其他地区。

比较"民主转型"文献的某些有影响力的作者也坚持指出,民主化(依其所述)主要发生在南欧和拉美的独立国家,苏联控制下的大部分前东欧共产主义统治的国家在他们完成向民主的转型之前不得不重新实现完全的独立主权。有一本书宣称:"在任何情况下外国势力对政治发展的影响都不像东欧那么大。确实,在苏联宣布'辛纳屈主义'之前……1989 年席卷东欧的民主化浪潮实际上是难以想象的。"(Higley and Gunther 1992:347)根据劳伦斯·怀特海德(Laurence Whitehead)的说法,在拉美和南欧,"当地的政治力量具有一种非典型程度很高的自主性。具有国际背景的势力……很少过于明显地干涉本质上属于国内的事务"。与此形成对照的是,在东中欧地区,"共产党……成了外国势力对本国强加干涉的帮凶,以及压制民众权利和愿望的帮凶。这就是后来所有试图通过自由化来稳定共产党统治注定失败的根本原因"。(Whitehead 1994:55)"到 1989 年,在东中欧,'民主'就普遍被等同于推翻外部势力强加给本国的共产党统治体制"。(第 34 页)

由此,根据杰弗·普里海姆(Geoffrey Pridham)的观点,没有其他什么地方,政权变化的国际维度像巴尔干和东中欧民主化过程中那么重要。(Pridham et al. 1994:7－8)朱蒂·巴特(Judy Batt)是一位研究东中欧国家首屈一指的专家,她指出,这些国家的"特征可以概括为自主性程度特别低。东欧政治的'可透入性'与那些研究国内与国际其他地方政治'联接'论题的学者们所认同的秩序根本不同"。卡达尔与胡萨克政权的建立甚至是"通过苏联军队的干涉,取代超出莫斯科设置的限制条件的改革派政权来实现的。这些限制条件随后被汇集为所谓的'勃列日涅夫主义'(Brezhnev Doctrine),它试图定义一套所有的共产主义政权都需要遵守的意识形态原则"。除此之外,苏联的主导地位在"'共产党的领导角色中'也被制度化,这些共产主义国家的领导人由莫斯科任命,并受到其严密地监督。另外一条备用的控制链由安全部队来维系,它直接由苏联的克格勃领导,在危急时刻,显然……主要听

549

命于莫斯科"。"各国的军事结构在华沙条约组织中被融合在一起,无力独立行动。"除此之外,"东欧的经济……苏联控制的贸易集团……它大大限制了经济政策调整的空间……迈向民主的转型只有整个苏联体系的国际结构崩溃才有可能实现"。(Batt 1994a:168－169)

　　运用这些比较并不是完全没有根据的,但是它们的差异却被大大地夸大了。西方主要的大国长期以来一直准备接受(有时也会抵制)南欧和拉美的威权主义政权。冷战期间,反对实际或设想的"共产主义威胁"的右翼独裁往往被美国表彰为"自由的卫士",有时也会由于"保卫自由"而受到充分嘉奖。此外,虽然很明显苏联对东中欧大多数共产党统治的国家和巴尔干地区许多共产党统治的国家(主要的例外是 20 世纪 50 年代后的阿尔巴尼亚和南斯拉夫)实施了大规模的正式与非正式的渗透,但是我们不应该忽视冷战时代美国对南欧许多国家,尤其是拉美国家所进行非正式渗透的程度与重要性,尤其是通过美国跨国公司的活动与(常常是不正当的,有时也是违法的)影响力,以及中央情报局和其他联邦机构的活动与影响力来实现的。美国的态度对于拉美和南欧国家是由独裁者还是民主派统治(即使两者的差异有时只是表面的)常常具有关键的影响力。在东中欧、波罗的海国家和巴尔干地区,1985年戈尔巴乔夫政权在苏联的上台确实有助于创造条件使民主力量变得更加自信和有影响力。然而,这和欧洲共同体的政策(甚至只是它的存在)有助于创造条件,使民主力量在西班牙、葡萄牙和希腊占据主导地位并没有什么不同。(Bideleux 1996,1999,2003)这也和吉米·卡特总统时期的美国于 20 世纪 70 年代晚期在拉美和亚洲部分地区迫切要求更多的民主和遵守人权不无相似之处。由此,虽然我们难以否认外部影响和制约对巴尔干和东中欧地区民主化的影响与约束,但我们也应该注意不要受到夸大这些地区在这方面同南欧、拉美或者甚至诸如南非、台湾、韩国和菲律宾之类的国家的差异所诱惑。

　　"民主转型"的分析("转型论者")在强调东中欧和巴尔干地区"1989 年的巨变"所具有的特别重大的国际意义和影响时往往立场更加坚定。拉美、南欧、菲律宾、韩国所谓的"民主转型"在国际政治体制

550

中只是泛起了很小的波澜。与之形成对照的是,后共产主义的中东欧、波罗的海和巴尔干国家的民主化一下子结束了整个世界分化为东西方两个相互对抗的军事集团(两大阵营从 1945 年一直延续到 1989 年),由此导致了国际权力结构和权力关系的转型。"1989 年的巨变"就其全球意义与时代意义而言,类似于 1789 年的法国大革命(它改变了欧洲与拉美的面貌)、1917 年的俄国革命(它继而使世界划分为两个意识形态对抗的军事阵营),甚至是 1918 年东中欧和巴尔干的动荡(它预示着民族自决时代的来临,不仅仅局限于当地,而且最终是整个世界范围)。由于 1989－1991 年反对共产主义的革命,欧洲分化形成的三个地域性的竞争集团(欧洲共同体、欧洲自由贸易协会、经济互助会)最终走向终结,构建一个"统一的欧洲"的希望被重新点燃。在某些著作中,1989 年的巨变甚至被称颂为西方自由民主和自由资本主义战胜所有不同的意识形态和经济体制"历史的终结"的先兆,虽然自从 1989 年以来,欧洲东半部(也包括其他地方)曲折的民主化与自由化进程已经充分地表明,这一欢呼为时尚早。最终的结果往往无法预测,特别是当战线从根本上被重新划定之时。

1989 年以来巴尔干和东中欧的重新定位

巴尔干与东中欧的后共产主义政权最先做的一件事是立刻创建或恢复正式的民主制度、权利和程序。然而,只有伴随或随着公民社会(具有民族国家拥有的自由和多重文化的"公民"概念)充满生机的发展,这些具有民主意味的必备要件才会变得稳固。但是,根据定义,"公民社会"并不能仅仅"从上层"来创造或重新创造。政府的创造物往往要依附和服从于政府。然而,后共产主义国家的贫困、开支的削减和萎缩迫使政府空出许多"社会空间",这些"社会空间"不得不由自主的公民社团和个人来填充或接管,当然这是在他们不再处于前共产党任命的当权人物和邪恶势力控制的前提下。在排除了自己怀有的私人动机和野心后,巴尔干和东中欧的专业人士、合法的企业家、作家、记者、广播员、工会和农民组织发现自己正面对着将他们的独立自主和自力更生最大化和将自己对政府的依赖最小化的历史机遇与责任,这样做将确保为迈向多元自由民主和市场经济运动的最终完成创造条件。这方面取得成功的程度要比接受西方的少许援助或管理自由化、市场化和经济私有化的更多技术性任务更加重要地决定国家的命运。如果他们放弃或错过这一历史机遇和责任,他们可能就会成为第一批受害者,他们也没有什么人可以指责,这是因为有活力、自主和多元化的"公民社会"并不受到政府、政客或外国援助的影响。后共产主义社会确实缺乏能力和(或)必要的手段来指导所有大规模的社会与经济活动,所有坚持要求他们应该这么做以努力提供普遍的经济与社会稳定的主张只能导致向威权主义家长制和社团主义(它们已经被尝试过并发现行不通)的倒退。这并不意味着他们必须接受政府只应发挥最小作用的观点,而是意味着他们必须意识到由于对政府期望过多而引发的危险,尤其是在现有的大量国家机器和人力都是来源于一团糟的过去,法治并没有根深蒂固、稳定确立的情况下。政府的监护只是与可以获得使用的国家机器的性质与资源一样有效。

不幸的是,1989 年末 1990 年初出现的这些热切的希望很快被不断下降的产量、不断恶化的通货膨胀、不断增加的失业、财政开支的缩减、基础设施的持续毁坏、难以控制的环境危机、不断升温的种族冲突(特别是在巴尔干和斯洛伐克)等严峻的现实打破。当各种程度不同的政治与经济"自由化"不仅没有带来预期的生活水平的迅速提高,而且使大多数人陷入极端的经济和社会苦难中(他们在很大程度上并没有对这些苦难做好准备,也并不存在应对这些苦难的"社会安全网络")之时,在最初举国"欢庆"中充分表现出的慷慨与乐观的情绪必然消失殆尽。1994 年初由联合国儿童基金会(UNICEF)发布的一份重要报告宣称,欧洲的指令经济和共产主义政权的崩溃造成了出生率突然跌落和贫困、死亡率、发病率、营养不良、逃学、家庭瓦解和暴力犯罪的大规模增长。1993 年欧洲东半部的最终情况甚至要比 20 世纪 80 年代"失去的十年"的拉美或 30 年代大萧条时的西欧情况更为严重。(The *Independent*, 28 January 1994, p. 10)

这并没有使许多研究欧洲东半部的西方专家吃惊,但是它却误导了那些欢呼雀跃的西方政客和评论家,他们曾经天真地认为,共产主义统治的终结自然而然地预示着稳定的民主、充满生机的市场经济、具有活力的公民社会和一个迅捷与和谐的新社会的到来。大多数致力于研究前苏联集团的西方专家大多持有更加悲观的看法,他们认为,对 40 多年的共产主义统治"天生"的反应或反抗更有可能以复兴的"种族"民族主义和不自由的宗教复兴运动的方式呈现出来,而不是通过深刻、持久地支持和投身于政治与经济自由主义的方式表现出来。并没有完成重建的前罗马尼亚共产党继续统治到 1996 年,斯洛伐克和保加利亚的共产党统治到 1998 年,克罗地亚的共产党统治到 1999 年,塞尔维亚的共产党统治到 2000 年。波兰与匈牙利也存在这样的问题,与此同时塞尔维亚、南斯拉夫的西南部、保加利亚、马其顿、波斯尼亚和阿尔巴尼亚的重大经济部门都落入了有组织的犯罪网络,黑市商人,武装暴徒,从事燃料、毒品、武器、香烟和卖淫的不法之徒的控制之下。这些情况由于 1992 至 1995 年期间联合国对南斯拉夫继任政府不公平、矛盾重重和极其不作为的制裁(由西方各国向联合国提出的申请)而变得更糟。(见 Bideleux and Jeffries 2007：pp. 14, 65－72, 102－106, 121－123, 177－179, 218, 246, 277, 288, 300－304, 308, 313, 325, 358, 361, 365, 382,400, 402, 467－468, 479, 493, 501, 504, 506, 533, 561, 571, 579, 591－592)

所有慎重、具有自由思想的观察者对于在严重的经济萧条、开支缩减、高通货膨胀、严重的社会困难、环境危机与广泛的破坏、基础设施的损坏等(这些是前政权的直接遗产)条件下政治与经济自由主义的持久性怀有疑虑。虽然自由民主已经恢复,但是稳定的民主自然不仅仅包括自由选举,就像市场经济的恢复远远不会只是造成"价格的解放"一样。新的政治体制"依然处于幼年阶段",政治家和党派对他们的角色尚不确定,政见往往以"个性品格而不是纲领或政党为中心","西方累积下来的经验"证明适应于这些国家自身所处的状况,或与之相联系。(Patricia Clough, The *Independent*, 24 April 1992, p. 19)自由选举

552

和价格的自由化释放出非理性和难以驾驭的力量,它自相矛盾,使得以前迈向多元化的议会民主和繁荣的私人企业经济的"转型"变得更加困难。这些问题由于"种族"民族主义和宗教教条主义的继续盛行以及自由价值观念、有限政府和法治概念未能在巴尔干和(在略小的程度上)东中欧的社会与文化中扎根而变得更加严重。

不幸的是,在民主巩固和市场经济时期,由知识分子转变而成的政治家们(他们在推翻共产主义统治时充当了先锋)并不一定是领导和指导国家的最合适人选。1995 年初以前,在前共产主义政权中具有根基的政治家和党派在巴尔干和东中欧国家都恢复了掌权。捷克共和国是一个主要的例外,瓦茨拉夫·哈维尔(Vaclav Havel)和总理瓦茨拉夫·克劳斯(Vaclav Klaus)设法安然避过了由于民众的困苦、觉醒和痛恨带来的影响,这些因素那时已经使"1989 年革命"的大部分领导人被迫下台。

幸运的是,许多具有"新外表"或"经过改造的"前共产党政治家几乎绝大多数都像失去地位的反共分子、知识分子和以前持不同政见者一样信奉自由民主和市场体制。在许多选民看来,"经过改造的"前共产党人也许会以较为适度的变革速度营造较强的社会安全网络,以补偿稳定宏观经济和重建微观经济的损失,而且他们拥有较多的治理经验和"完成任务"的能力。许多前共产党人在不同程度上欢迎或致力于恢复长期处于静止的社会民主传统,这些民主传统与盛行于欧盟的经济与社会哲学更加一致,而共产党人的那些更加具有宗派思想、鼓吹教权和民族主义的竞争对手们却没有做到这一点。他们比头脑比较僵化、慎重和教条主义的前共产党人更加强硬、放纵、仇外、反对西方,或拥护国家主义体制。

虽然持不同政见者的品质和观点在国内和国际社会带给他们一片赞誉与声望,但这些教条、不易妥协的共产党反对者却并不一定是政府所需的人,这尤其因为政府和议会面对的主要问题和选择不再像以前那样黑白分明、是非有别的了。在非常苦难而且常常痛苦的调整期,要求重视协调、愈合旧的伤口、打开视野、政治智慧和合理的判断,前共产党人较之他们"英雄般的"反对者而言具有更为丰富的资质。例如,《金融时报》的一位编辑对列赫·瓦文萨(Lech Walesa)总统(他曾因作为波兰强大的天主教反共产主义团结工会运动的强力领导和保护神而地位显赫)做出了如下的判断:"他毫无疑问具有勇敢和狡猾的品性,他对普通民众的渴望和恐惧所具有的天生理解能力使他成为共产主义统治的有力破坏者……瓦文萨先生依靠其长年累积下来的所有声望本来有可能成为一名伟大的总统,并在加强支撑后共产主义统治制度基础的过程中起到带头作用。相反,他已经显示出自己不能认识到民主以法治为基础,是对民主制度的尊敬。他宣称自己的行为榜样是两次世界大战期间的毕苏斯基(Marshal Pilsudski);具有讽刺性的是,他的政治风格就像一位全能的共产党第一书记,恃强凌弱,并在背后搞阴谋诡计。"(*FT*, 1 February 1995, p. 19)

第三次是幸运的?

1993 年 10 月,匈牙利的外交部长格扎·耶森斯基(Geza Jeszenszky)写道:"在近期的历史中,西方大国曾经三次承诺解放东欧人民,但是东欧国家最终为自己赢得了自由。然而,今天双方出现了一系列信任危机:西方在质疑东欧充分使用自由的能力,而东欧则对西方援助的严肃性怀有质疑。在我所处的地区,人们感到失落、越来越不幸福。他们发现自己在过剩的工业造成的环境污染中日渐衰弱。消费者社会的吸引力非常诱人,但是最终证明可望而不可即,除非是那些从商业企业中牟取利润的老牌政治老板。在共产主义下并没有培养出同情与宽容的精神。这一社会环境为过去的共产主义(现在带有国家色彩)煽动创造了空间,也为极端主义(新斯大林主义和新纳粹主义)的复兴创造了条件。"耶森斯基认为,东中欧和巴尔干的民主党决心坚持政治改革和经济转型并克服极端主义,但是他们需要"发达民主国家更加有力和充分指导的支持。胡萝卜和大棒政策似乎在东欧不起作用……我们东欧并不要求奇迹。然而,作为民主国家共同体的新成员,我们相信要求那些具有资源和道德责任的人提供强有力的领导,清晰界定优

553

先权和采取果断的行动以避免东欧的倒退,都属于我们的权利范围之内。"(Geza Jeszenszky, *IHT*, 22 October 1993, p. 8)1993 年 10 月,捷克持不同政见的剧作家,后来成为总统的瓦茨拉夫·哈维尔同样警告说:"在本世纪,欧洲已经为自己的狭隘性和缺乏民主的视野付出了两次惨重的代价……民主的欧洲承受不起第三次失败。"(Havel 1994b:242 − 243)

在某种意义上而言,1989 年后的民主转型要比 1918 年和 1945 年后的民主化努力充斥着更多的困难。从共产党政权继承下来的大量工业要么在技术上陈旧,要么对环境具有危害,要么就是生产那些不再具有市场的产品。如果毫无情面地使用严格的商业、健康和安全标准的话,那么东中欧和巴尔干的大部分来之不易的工业(包括其大部分发电厂)可能都不得不关门,进而造成大规模的失业。这一点通过 20 世纪90 年代早期东德出现的总产量和就业的迅速下降得到了有力的证实(东德是前指令经济国家中重工业化程度最高的国家)。从 1989 −1993 年,东德的总就业岗位从 930 万个下降到 620 万个,制造业就业人数从 320 万下降到 130 万(也就是说下降了 60%),土地上劳作的人口从 92 万人下降到 21 万人(也就是说下降了 70%),而有劳动能力的人口规模从 1 080 万下降到 820 万,这主要是向西方移民的结果。到1994 年 3 月,130 万人(16.8%的劳动力)登记为失业,但是事实上减少的劳动力中有 37%在 1994 年 3 月并没有就业,如果有劳动能力的劳动者的绝对规模不是已经减少了 260 万的话,这一比例有可能会更高。(*FT*, Survey, 4 May, pp. ii, iv)除此之外,1989 − 1991 年,东德的GDP 下降了 45%,而总劳动小时从 89 亿小时下降到 40 亿小时。(*FT*, 17 July 1992, p. 16, and 13 September 1991, pp. ii, iv)这一灾难性萧条的出现是因为除了迄今为止受到控制的经互会市场(它以前曾吸收了超过 65%的东德出口品)的丧失与崩溃外,1990 年东德突然与联邦德国合并(从而纳入西欧经济体)使其过早地暴露在更为先进的西方产品与生产商的市场力量和竞争的旋风之下。

无可否认的是,在重新统一的德国内部,东德从财政大规模的东向转移中获得了巨大收益,它提供给待业的东德人各种形式的"生存保障",并有助于掩盖失业的真正规模。例如,1993 年从西德向东德的财政转移总共达到 1 700 亿马克(1 000 亿美元)或占西德 GDP 的 5％,结果造成那一年东德的支出总额达到了其生产总值的两倍。(*FT*, 14 October 1993, p. 15)然而,这些收益是以直接丧失政治与经济的自主、影响力、区隔和自我防卫机制为代价获取的,这些机制原是通过以下手段获得的:保留独立的东德政府,保留前东德政权某些更加积极的社会、科学、文化特色的力量、货币和贸易体制,以及设置自己的关税、消费税、进口配额与汇率水平以保证大多数企业面对西方的竞争能够生存下来。在后共产主义的波兰、匈牙利和捷克共和国情况也是如此。相反,在 20 世纪 90 年代中期的德国经济与货币联盟存在期间,东德的马克(由此也包括价格和生产成本)换成西德马克的汇率被定得过高,以至于使大量东德的工业没有什么真正的机会来掌控自己,对抗西方的产品。

554

通过比较,1918 年和 1945 年,巴尔干与东中欧的经济承受了严重的人力损失、战争损失和破坏,但是那时他们的工业化程度要低得多(较之 1989 年),而且他们不必与范围如此广的工业生产力竞争。即使他们依然受制于战时控制,他们已然是市场经济了。因此,当它们启动的经济重建与稳定方案时不必同时经历经济体制的深刻变革。

当巴尔干和东中欧国家启动 1989 年后的转型时,他们中大多数都背负着继承于以前的共产党政权的大规模外债负担(见上面 520 页表 33.1),和沉重的债务偿还开支。比较起来,1918 年和 1945 年新独立的国家起初的负担都是相对较轻,虽然在 20 世纪 20 年代他们也承受了巨额的外债。

然而,从另外的角度而言,1989 年后迈向多元自由民主和独立的民族市场经济的转型似乎要比 1918 年和 1945 年的相关尝试更加容易和充满希望。这一次巴尔干和东中欧的中心任务不是必须从战争的灾难性后果中恢复过来。此外,人们普遍认为,由于巴尔干和东中欧国家重新划分了边界并在 20 世纪 40 年代取消了大多数以前的犹太裔与德裔以及许多吉普赛人的聚居区,新的种族之间冲突的范围被大大压缩了。除此之外,巴尔干和东中欧似乎不再受到危险的或潜在危险的邻国威胁,而西方似乎较之 1918 年和 1945 年后更愿意和有能力帮助巴尔干与东中欧进行经济恢复与重建。最终,相对于 1918 年和 1945 年而言,一个和平、繁荣和高度整合的欧共体的存在似乎维持着希望——巴尔干与东中欧能够通过这些更加有利的政治与经济框架和机制逐渐(重新)整合入欧洲发展主流。

不幸的是,对 1989 年后转型设想的某些收益最终证明要远比它们最初看起来差的多。虽然这一次巴尔干和东中欧不再是从世界大战中恢复,但是他们却要从经济崩溃、高通货膨胀、对基础设施严重的忽视与毁坏、严重的社会压力、冷战的回火效应、共产党统治中倾斜的经济特权、威胁生存的环境危机中恢复过来,而在南斯拉夫种族间的冲突恶化成为灾难性的派别冲突。在经济方面,巴尔干和东中欧所面对的任务最终证明是非常不同于那些从深受创伤、已然衰落的战争经济恢复到民用生产的任务。此外,虽然 1918 年以来巴尔干和东中欧的种族分布需要进行根本的调查,但是种族间暴力冲突的潜在可能性无论如何都是存在的,这令人痛心地证明了以下这个观点——对巴尔干和东中欧国家的边界进行(可以接受的)的重新安置和划分既不能满足冲突各方的领土要求,也无法使所有的人占据单独的某块领土(就波黑和马其顿这样的国家而言,甚至包括运河),这是因为许多人与领土依然无法避免地交织在一起。确实,铁托元帅在他努力"降低塞尔维亚的威望",借此减少非塞尔维亚人对塞尔维亚统治南斯拉夫的恐惧过程中采取的各种权宜之计和计谋最终在 20 世纪 90 年代早期产生了适得其反的灾难性后果,当时塞尔维亚毫不留情地颠覆了 1946 年和 1974 年南斯拉夫宪法强加给它的某些领土损失。此外,在 90 年代中期,在塞尔维亚、克罗地亚、马其顿、保加利亚、罗马尼亚、阿尔巴尼亚、希腊、斯洛伐克以及已经成为一片废墟的波黑依然存在数量庞大、深受苦难和易受伤害的少数民族。波兰、立陶宛和捷克共和国也存在旷日持久的领土争端,就像意大利与斯洛文尼亚,德国与波兰一样。除此之外,希腊、阿尔巴尼亚和马其顿的斯拉夫人之间旧的领土争议在也重新出现,而匈牙利也极其关注生活在邻近的罗马尼亚、斯洛伐克和塞尔维亚的300万匈牙利裔人的困境。

第三十五章 后共产主义的经济转型：从管制性资本主义到较为自由的市场资本主义

556 　　欧洲后共产主义国家所面对的巨大危险之一是社会经济转型的创伤以及面对西方过于吝啬、保护主义和胆怯而深感痛苦的失望有可能造成对民主和市场体制的幻想迅速破灭。除了那些已经建立起半市场化经济的国家以外，虽然共产主义依然掌权（南斯拉夫和匈牙利），但是在放弃中央行政经济体制和出现充分运转的市场经济之间必定存在一个极其困难的间歇期。在新的市场化体制建立并运转起来之前，以前的中央行政经济所提供的保证、补助金和确定性丧失了很长一段时间。在这个痛苦的间歇期，大多数人承受的困难大大增加，工作稳定性丧失，政府所提供的免费教育和卫生保健、低成本的公共住房大大减少，以及难以适应的通货膨胀水平等苦难。经济转型要比经互会内部建立起来的贸易与专业化模式的迅速崩溃更加困难，而且欧洲东半部很大程度上在信息技术、电子技术和生物技术革命方面"错失良机"这一事实也造成了其经济转型要困难得多。他们不仅远远落后于西方和日本，而且远远落后于许多"新兴工业化国家"。最终欧洲的共产主义政权依然保持着老式的"烟囱"产业，这些产业只具有有限的出口与增长潜力。使用更加具有活力的新产业、服务活动和"知识经济"、"信息/网

894

络社会"取代这些已经僵化、过时的产业必然是一个痛苦和漫长的过程。

这些转型并不是从"社会主义"到"资本主义"

首先需要强调的是，将后共产主义的经济转型视为从各种形式的"社会主义"转为"资本主义"是非常具有误导性的。前共产主义政权建立的经济体制通过不同程度和形式的经济计划和国家或社会对主要生产资料的所有权去分配资源和激励经理和雇员，由此取代了对市场机制和相对自由的市场力量的深刻依赖。然而他们仍旧是利用工资劳动去产生和剥削"剩余价值"，尽管那剩余价值主要掌握在国家和(或)政党官僚手中而不是私人资本家手中。他们这样做主要是为了生产用于在国家调控的市场上出售的商品。这些经济体制就像那些在"资本主义"或"市场经济"名号下的种种西方经济体制一样具有等级性和剥削性，他们对待"他们自己的"工人和农民要比西方的市场经济更加残酷和具有压迫性。(见 Bideleux 1987：81, 115－127, 133－134, 144－163, 205－211)欧洲共产主义国家与政权所具有的剥削性、等级性、腐败和自私性通过南斯拉夫著名的、由共产主义者转变而来的不同政见者米洛万·吉拉斯(Milovan Djilas)的马克思主义批判著作《新阶级》，以及米克罗斯·哈拉兹梯(Miklos Haraszti)著名的《工人国家中的工人》困境的马克思主义报告中得到有力展示，两者都继承了列夫·托洛茨基(Leon Trotsky)对斯大林统治的苏联所进行的出色的马克思主义批判的精神。(Trotsky 1937)对于前共产主义政权的经济体制，大多数西方学者都将其称为"社会主义"，其原因一方面是由于这一概念的弹性，另一方面则是通过冷嘲热讽试图使社会主义(实际上还从未在任何地方试验过的社会主义)丧失信誉。这样的称呼在很大程度上都是对"社会主义"的压迫性和缺乏效率的官僚政治的嘲讽：极端剥削性、等级性，并且(尤其在斯大林时代)以计件工资为基础。这些经济体制的性质远非"社会主义"，而在很大程度上是极端形式的(国家社会主义的)"国家资本主义"，它比任何更加真实形式的"社会主义"更类似于法西斯主义的经济体制和资本主义的战时经济。从 1968 年起,匈牙利进行了所谓的"市场社会主义"的实验,实际上是一种半市场化形式的"国家资本主义",从 20 世纪 60 年代起,南斯拉夫共产主义政权试验了表面上自我管理型的企业,这些企业形式上由其雇员所有,并对这些雇员负责。然而这些试验在任何意义上都不是"社会主义"性质的,它更像集中的"指令经济"一样带有等级、剥削和腐败的色彩。(见 Bideleux 1987：126 － 127,147,161,178 － 193；Haraszti 1977；Lydall 1989；and Estrin 1983, 1991)

所谓的"中央计划经济"依然只是一个强烈的愿望,并没有成为现实,这是因为所谓的"中央计划者"缺乏超自然的洞察力,这使他们只能提前一年(更不要说提前五年了)为整个经济制定内部一致、操作可行的计划。此外,这些国家充斥着官僚的内讧、庇护、腐败、网络和黑市交易。

因此,发生在欧洲共产主义统治末期的经济转型并不是从"社会主义"(或者甚至是"中央计划经济")迈向"资本主义"的转型。相反,它们应该被理解为从各种形式的"国家资本主义"到更为自由化与市场化的资本主义转型。这些变化主要包括从高度"垂直的"权力关系与权力结构向较为"水平的"权力关系与权力结构的转型,也就是形成企业之间更加互动而并非企业与国家官僚互动的体制。为了实现这一点,有必要引入法治、更为严格的金融规章(所谓的"预算硬约束")、市场体制的制度架构(所谓的"市场机制")、有效的竞争和较为"公平的竞争",以及开放地促进私人企业、私人所有权和自雇经营,揭去先前"指令经济"为了使中央"指令"有效贯彻而使用的"恐惧面纱"。

由此,在市场机制开始在巴尔干和东中欧地区有效运转,并帮助这些地区在与技术上更为先进,更加充满活力和具有竞争力的西方与东亚经济的较量中坚守住阵地之前,有必要建立必不可少的法律、金融和电子通信的基础设施,并形成广泛的工业分散布局。(这样做是为了培育经济的多元化和企业间的竞争。)实际上并没有自由市场这样的东西。为了使市场有效地发挥作用,市场需要受到规则、制度和法律的调控。简单来说,从中央计划的指令经济到更为分散、具有市场导向的经济体制的转变(这种经济体制能够提高低层的水平责任和决策)不仅需要"恰当的宏观经济政策和制度,而且还需要用于整合各个分散主体决策定义明确的行为规则……也许对所有经济主体而言,最重要的是规则的明确性"。(Brabant 1989：404－405)塞缪尔·布里坦(Samuel Brittan)是西方正统经济学中货币主义和对抗革命的新自由主义重要人物之一,他评论道:"只有傻瓜才会指望成功的资本主义在几年内产生于一片废墟之上。它需要一个精心培育的法律、立法、习俗和习惯体制,当然还有基础设施,这一事实除了几个强调平衡的经济学家以外应该不会令人感到吃惊。"(*FT*, 9 November 1992, p.10)

558

除此之外,市场经济的有效运转也取决于"企业文化"的存在,这种"企业文化"应该远离黑市商人、经纪人、投机者和帮派成员的"不诚实交易"(hucksterism)。正如罗伯特·海尔布伦纳(Robert Heilbroner)指出的:"不诚实的交易并不会产生现代社团生活所需的创新与管理态度,更不会发展出会计或资金管理的技能。"(*IHT*, 17, September, 1991, p.8)所谓的"不诚实交易者",常常被列举为欧洲后共产主义国家存在"企业文化"的证据,他们了解所谓的"交易"和腐败,知道在受到控制和垄断的"卖方"市场如何进行买卖,知道如何垄断珍稀的供给品,知道如何盗用公共财产和资金,知道如何从腐败的政府机构和官员那里获得"支持"与"保护",他们常常与所谓的黑手党或帮派网络结成联盟。不幸的是,在一个复杂和竞争激烈的产品市场,他们很少了解或经历过大规模的集体制造业和服务的供给,就像他们操纵的经济长期是高度垄断的并被封锁脱离外部世界一样。

另外一个主要问题是实施激进的市场化改革和"结构调整"(包括促进小企业的发展和重新改造国有企业使其适应私有化进程)必然需要大量的初始资本投入。起初,巨额的资本只能要么来自西方,要么来自本地的黑市商人、侵吞公款者和其他犯罪的人,因为这些人都是流动资本的主要持有者。

大量"政府对商业企业的投资"或"原始"资本来自西方恰恰是符合

西方的利益,这样做是为了推动巴尔干与东中欧地区发展成为成功的低成本、出口导向型的生产基地,这有助于欧洲(作为一个整体)应对由于充满活力的东亚出口经济的迅速崛起而带来的强大竞争和其他挑战。东中欧国家确实成为欧洲的"小虎经济"("Tiger Economies"),几个后共产主义的巴尔干国家正努力紧随其后。(见表35.1和35.2的经济增长率)大多数欧洲的后共产主义国家都拥有庞大的、相对廉价、未充分就业但是熟练和受过教育的劳动力储备,这些劳动力非常希望实现繁荣昌盛——或者试图(至少)摆脱萧条、灰暗和单调的贫困。

与此相反的是,无论在哪里(或就这一行为而言),西方社会都没有主动提供足够的短期援助、专业技术和长期的风险资本,用于帮助巴尔干和东中欧启动经济恢复。他们发现自己不得不在与由老练的帮派成员或其他犯罪分子和粗鄙的前共产主义时代的当权者(他们被称为"权贵资本家")控制的阴暗的政府和经济"打交道"。不幸的是,由于西方国家的吝啬、卑劣和缺乏眼光与想象力,使得后一种结果在20世纪90年代和21世纪早期的巴尔干地区得以盛行,而苏联的大多数加盟共和国的情况也是如此。

在一定程度上正是出于这些原因,我们很早就支持动员西方社会以马歇尔计划那样的规模援助东中欧和巴尔干地区的经济,而反对相反的观点——认为它们无力吸收和有效运用这种大规模的援助,而且那样的援助会阻止采取长痛不如短痛的断然措施(据说由此就会把它们变成永久的"废人")。在不可避免的、痛苦的经济转型早期阶段,通过适宜条件获得的大规模援助可以保护有责任但"脆弱的"的政府与社会。确实,就马歇尔计划而言,通过帮助他们创造市场机制,大规模的技术援助有可能会增强这些经济体的吸收能力。西方社会需要更加谨慎和良性地向这些国家提供更大与更多的帮助来建立自由民主机制,这样做是为了使他们更加自由地摆脱猖獗的腐败和有组织的犯罪(这种情况在巴尔干、苏联的加盟共和国和东中欧的某些地区变得非常普遍)。杰弗里·萨克斯(Jeffrey Sachs)教授是哈佛大学的教授,他在1989-1991年担任波兰的经济顾问,后来又成为俄罗斯的经济顾问,他有力地指出,西方的援助可能"有助于长时间地维系对改革的政治支持以使他们立稳脚跟。马歇尔计划并没有向欧洲提供恢复经济的资金。它向各个政府提供财政支持以实现经济与政治的稳定,它向人们传达出希望,由此经济复兴成为可能"。(*IHT*, 16, May, 1991, p. 6)萨克斯发出警告,由于西方缺乏"慷慨和充满想象力的方法……最终将证明,无论西欧采取的行动多么坚决,这些国家实现改革成功都是不可能的"。(Sachs 1994：6)诸如广受赞誉的"援助波兰和匈牙利经济改造计划"(PHARE programme)和英国的"专业技术基金"(Know-How fund)都是极其有帮助的,但是与大多数欧洲后共产主义国家的经济需要相比,它们都是微不足道的。(见边码第 589 — 590 页)萨克斯也斥责了国际货币基金组织提供的某些建议和设置的条件："国际货币基金组织不是集中所有的力量削减预算,就像它现在所做的那样,它应该致力于将财政限制与大量的国外贷款、汇率稳定和中央银行不断增强独立性,以及债务减免有机地结合起来,所有这些都致力于恢复对货币以及政府持有(重新调整)债务的信心。"在他看来,西方社会的一揽子打包援助应该足够大,以有助于动员充分的资助,使早期的后共产主义政府继续提供必要的服务。国际货币基金组织本应该做更多的事情来帮助这些国家的政府动员国际社会对极其痛苦的改革过程的早期阶段出现的预算赤字进行融资,借此减少"脆弱"的政府可能由于充满敌意地反对大规模削减支出和增加税收而遭受打击的风险。(Jeffrey Sachs, *The Econimist*, 1 October, 1994, p. 28)

　　我们真心地同意萨克斯支持西方社会向欧洲的后共产主义国家提供慷慨援助的意见。不幸的是,西方社会似乎在很大程度上已经绝对地认定这些国家大都缺乏法治、现代商业银行系统、种族平等的政府、有效率的税收体制和有效的破产与裁员法律。由于缺乏更为慷慨、开明和更加容易支付得起西方经济援助,从 20 世纪 90 年代早期的经济崩溃中恢复,以及建立法治都比它们应有的速度与程度要缓慢得多,而且很不充分。

大爆炸/休克疗法的例子(反衬渐进主义)

这里并不是要分析相关讨论中出现的所有扭曲与倾向,这场讨论对术语以及更加实质性的问题存在着巨大分歧。我们自己的观点是,这场讨论常常掩盖了众多一致的意见。我们在另外的地方细致地审视了个别的巴尔干国家的市场化、自由化和私有化的兴衰变迁与复杂性(Bideleux and Jeffries 2007),现在我们来对东中欧的个别国家进行同样的考察,但是对这个地方遭遇的主要挑战和陷阱做个总体的概括似乎是比较合适的。问题部分出现在经济理论家们倾向于将事先准备好的整齐的类别施加于混乱的现实世界。"休克疗法"这个术语常常用来交替地指① 严厉的紧缩措施(别名"宏观经济的稳定");② 经济体制迅速与全面的变化(别名"微观经济的重构")。然而,在其他时候,"休克疗法"这个术语曾经在狭隘的意义上被使用,它仅仅指①。如果"休克疗法"只是用来指①,"大爆炸"只是用来指②,公众对涉及的相关问题与选择的理解程度可能大大加深,就会把它们视为两种非常不同的(虽然通常是相互补充的)政策或现象。然而,目前这种不协调的用法迫使我们使用复合的术语——"大爆炸"/"休克疗法"。

"大爆炸"/"休克疗法"的两位主要支持者是莱泽克·巴尔塞罗维奇(Leszek Balcerowicz)和哈佛大学的教授杰弗里·萨克斯。前者在1989 — 1992 年担任波兰的财政部长,最近一直担任波兰中央银行的行长,后者在 1989 — 1991 年曾经担任巴尔塞罗维奇的经济顾问。巴尔塞罗维奇认为,在对付恶性通货膨胀时,以为渐进疗法对社会的影响比较温和的观点是荒谬的。"在这种情况下,根本的做法是改变基本的货币状况,消除或至少降低人们的通胀预期。在这种情况下,较之渐进疗法,持续和可靠的稳定措施更有可能取得成功,而且其成本远远低于前者",这是因为,"严格的稳定化措施与全面的自由化似乎是所有具有重大意义的结构变革的必要条件"。这种环境"鼓励大量国有企业重组。将它们的资源转移到私营部门,并且(或者)改变它们的经营范围"。

(Balcerowicz 1994：38－40)

巴尔塞罗维奇提出了许多观点来支持大多数价格的全面自由化：① 有必要最大限度地利用最初的"政治蜜月期"来使大量痛苦但必需的改革得以完成；② 它是迅速消除短缺的必要(在很大程度上也是充分的)手段，而短缺的消除反过来对于消费者的福利和更为有效的企业经营都是必要的；③ 缓慢的价格自由化可能会延长高度扭曲的价格结构的存在时间，其结果是企业的绩效不能可靠地加以判断；只要造成损失的人能够把低劣的经济绩效归咎于扭曲的价格，所谓的"软弱的预算约束"将会持续时间更长。(Balcerowicz 1994：42)巴尔塞罗维奇指出，欧洲后共产主义国家实际的选择"要么利用相应的短缺和扭曲，维持广泛的价格控制，要么在起初不太完善的市场结构中对价格实施自由化"。在他看来，为了达到切实的效果，全面的价格自由化必须结合外贸的全面自由化，(第 28 页)而外贸自由化又是提供国家垄断经济中所缺乏的竞争的需要。

萨克斯以类似的方式强调必须充分利用"独特的机遇来取得市场的经济突破和民主的政治突破"，必须最大限度地通过依赖市场力量去弥补"各部门人员经验的缺乏"，要相信仅仅"对旧体制进行修修补补可能会毫无结果"。(Sachs 1994：43)"最关键的是要同共产主义体制彻底决裂，终止不彻底的改革……巴尔塞罗维奇从拉丁美洲的经验中深刻地认识到，解决恶性通货膨胀，不彻底的措施并不能发挥作用。稳定化的措施必须极其严厉。"(第 45 页)

萨克斯-巴尔塞罗维奇采取的策略的五个主要关键点包括：① 严厉的宏观经济稳定；② 迅速的微观经济自由化；③ 私有化(对私人部门的控制迅速消除，但是大企业的私有化必然要比小企业的私有化花费更长的时间)；④ 建立"社会安全网"(尤其是失业补偿方案)；⑤ 动员国际经济援助。(Sachs 1994：45－47)就波兰的例子而言，"首先消除短缺，并让市场得以运转，实际上解除了所有价格管制……第二，为了削减预算赤字，消除恶性通货膨胀的压力，对家庭……和工业的大多数补贴都被削减或取消……整体的预算支出

表 35.1 1990—2006年东中欧和波罗的海国家部分经济指数

(a) GDP的增长率(实际的百分比变化)

	1990	1991	1992	1993	1994	1995	1996	1997	1998	1999	2000	2001	2002	2003	2004	2005	2006	1999—2006
波 兰	-11.6	-7.0	2.6	3.8	5.2	7.0	6.0	6.8	4.8	4.1	4.2	1.1	1.4	3.8	5.3	3.4	5.0	3.5
匈 牙 利	-3.5	-11.9	-3.1	-0.6	2.9	1.5	1.3	4.6	4.9	4.2	5.2	4.3	3.8	3.4	4.6	4.1	3.5	4.1
捷 克	-1.2	-11.5	-3.3	0.6	2.2	5.9	4.3	-0.8	-1.0	1.2	3.9	2.6	1.5	3.2	4.7	6.1	6.2	3.7
斯洛伐克	-2.5	-14.6	-6.5	-3.7	4.9	6.7	6.2	6.2	4.1	1.5	2.0	3.8	4.6	4.5	5.5	6.1	6.4	4.3
斯洛文尼亚	-4.7	-8.9	-5.5	2.8	5.3	4.1	3.5	4.6	3.8	5.6	4.1	2.7	3.5	2.7	4.2	4.0	4.5	3.9
立陶宛	—	-6.2	-4.3	-16.0	-9.8	3.3	4.7	7.3	5.1	-1.7	4.7	6.4	6.8	10.5	7.0	7.5	7.0	6.0
拉脱维亚	—	-10.4	-34.9	-14.9	2.2	-0.9	3.7	8.4	4.8	3.3	6.9	8.0	6.4	7.2	8.3	10.2	9.0	7.4
爱沙尼亚	—	-13.6	-14.2	-9.0	-2.0	4.3	3.9	9.8	4.6	0.3	7.9	6.5	7.2	6.7	7.8	10.5	8.9	7.0
平 均	—	—	—	—	3.9	5.5	4.8	5.0	3.8	3.5	4.3	2.5	2.4	4.0	5.2	4.7	5.3	4.0

(b) 通货膨胀率(年平均百分比)

	1990	1991	1992	1993	1994	1995	1996	1997	1998	1999	2000	2001	2002	2003	2004	2005	2006
波 兰	586.0	70.0	43.0	35.0	32.0	28.0	20.0	15.0	12.0	7.3	10.1	5.5	1.9	0.8	3.5	2.1	1.6
匈 牙 利	29.0	35.0	23.0	23.0	19.0	28.0	24.0	18.0	14.0	10.0	9.8	9.2	5.3	4.7	6.8	3.6	4.0
捷 克	9.7	57.0	11.1	21.0	9.9	9.1	8.8	8.5	10.7	2.1	4.0	4.7	1.8	0.2	2.8	1.9	2.9
斯洛伐克	10.8	61.0	10.1	23.0	13.0	9.9	5.8	6.1	6.7	10.6	12.0	7.3	3.0	8.5	7.5	2.7	4.5

续　表

	1990	1991	1992	1993	1994	1995	1996	1997	1998	1999	2000	2001	2002	2003	2004	2005	2006
斯洛文尼亚	555.0	118.0	207.0	33.0	21.0	14.0	9.9	8.4	7.9	6.1	8.9	8.4	7.5	5.6	3.6	2.5	2.5
立陶宛	—	225.0	1 021.0	410.0	72.0	40.0	25.0	8.9	5.1	0.8	1.0	1.5	0.3	−1.2	1.2	2.7	3.1
拉脱维亚	—	172.0	951.0	108.0	36.0	25.0	18.0	8.4	4.7	2.4	2.6	2.5	1.9	2.9	6.2	6.7	6.2
爱沙尼亚	—	211.0	1 076.0	90.0	48.0	29.0	23.0	11.0	8.1	3.3	4.0	5.8	3.6	1.3	3.0	4.1	3.6
平　均	—	—	—	—	—	—	—	—	—	5.3	6.6	5.6	3.2	2.9	4.3	3.3	3.6

(c) 失业率（年底，占劳动力的百分比）（斯洛文尼亚的数据是年中，爱沙尼亚的数据是年平均）

	1990	1991	1992	1993	1994	1995	1996	1997	1998	1999	2000	2001	2002	2003	2004	2005
波　兰	6.1	11.8	13.6	16.4	16.0	14.9	13.2	8.6	10.4	13.4	15.1	17.5	20.0	20.0	19.0	17.6
匈牙利	1.7	7.4	12.3	12.1	12.4	12.1	11.8	11.6	10.1	7.0	6.4	5.7	5.8	5.9	6.3	7.3
捷　克	0.7	4.1	2.6	3.5	3.2	2.9	3.5	5.2	7.5	8.7	8.8	8.1	7.3	7.8	8.2	7.9
斯洛伐克	1.6	—	—	12.2	14.6	13.1	12.8	12.5	15.6	19.2	18.0	18.7	17.9	17.4	17.1	15.3
斯洛文尼亚	—	7.3	8.3	9.1	9.1	7.4	7.3	7.1	7.6	7.4	6.6	7.0	6.5	6.7	6.5	7.2
立陶宛	—	0.3	1.3	4.4	3.8	17.5	16.4	14.1	13.3	14.6	16.4	17.4	13.8	12.4	11.4	8.3
拉脱维亚	—	0.6	3.9	8.7	16.7	18.1	19.4	14.8	14.0	14.3	14.4	13.1	12.4	10.6	10.4	8.7
爱沙尼亚	—	—	—	6.5	7.6	9.7	10.0	9.6	9.8	12.2	13.6	12.6	10.3	10.0	9.6	7.9

资料来源：各期《欧洲复兴开发银行》开发银行的年度《转型报告》，并结合国国欧洲经济委员会《欧洲经济调查》、联合国《世界经济与社会调查》、国际货币基金组织《世界经济展望》的相关数据。

表 35.2　1990－2006 年后共产主义巴尔干国家部分经济指数

(a) GDP 的增长率(实际的百分比变化)

	1990	1991	1992	1993	1994	1995	1996	1997	1998	1999	2000	2001	2002	2003	2004	2005	2006	1999—2006
阿尔巴尼亚	-10.0	-27.7	-7.2	9.6	8.3	13.3	9.1	-10.9	8.6	13.2	6.5	7.1	4.3	5.7	6.7	5.5	5.0	6.8
保加利亚	-9.1	-11.7	-7.3	-1.5	1.8	2.9	-9.4	-5.6	4.0	2.3	5.4	4.1	4.9	4.5	5.7	5.5	6.0	4.8
罗马尼亚	-5.6	-12.9	-8.8	1.5	3.9	7.1	3.9	-6.1	-4.8	-1.1	2.1	5.7	5.1	5.2	8.4	4.1	6.5	4.5
克罗地亚	-7.1	-21.1	-11.7	-8.0	5.9	6.8	5.9	6.8	2.5	-0.9	2.9	4.4	5.6	5.3	3.8	4.3	4.6	3.8
塞　黑	-7.9	-11.6	-27.9	-30.8	2.5	6.1	7.8	10.1	1.9	—	—	—	—	—	—	—	—	—
塞尔维亚	—	—	—	—	—	—	—	—	—	-18.0	5.2	5.1	4.5	2.4	9.3	6.3	6.5	2.7
黑　山	—	—	—	—	—	—	—	—	—	-6.7	3.1	-0.2	1.7	1.5	3.7	4.1	5.5	1.6
波　黑	—	—	—	-40.0	0.00	20.8	86.0	37.0	15.6	9.6	5.5	4.3	5.3	3.0	6.0	5.8	5.0	5.6
马其顿	-9.9	-7.0	-8.0	-9.1	-1.8	-1.1	1.2	1.4	3.4	4.3	4.5	-4.5	0.9	2.8	4.1	4.0	4.0	2.5
平　均	—	—	—	—	3.9	6.0	2.2	1.1	0.6	-2.2	3.7	4.7	4.9	4.6	6.9	4.7	5.9	4.2

(b) 通货膨胀率（年平均百分比）

	1990	1991	1992	1993	1994	1995	1996	1997	1998	1999	2000	2001	2002	2003	2004	2005	2006
阿尔巴尼亚	0.0	35.5	226.0	85.0	22.6	7.8	12.7	33.2	20.6	0.4	0.1	3.1	5.2	2.4	2.9	2.3	2.3
保加利亚	26.3	333.5	82.0	73.0	96.3	62.0	123.0	1 082.0	22.2	0.7	9.9	7.4	5.9	2.3	6.1	5.0	3.0
罗马尼亚	5.1	170.2	210.4	256.1	136.7	32.3	38.8	154.8	59.1	45.8	45.7	34.5	22.5	15.3	11.9	9.5	6.5
克罗地亚	611.0	123.0	666.0	1 518.0	98.0	2.0	3.5	3.6	5.7	4.2	6.2	4.9	2.2	1.8	2.1	3.3	3.5
塞 黑	593.0	121.0	9 237.0	*	3.3	78.6	94.3	21.3	29.5	—	—	—	—	—	—	—	—
塞尔维亚	—	—	—	—	—	—	—	—	—	37.1	60.4	91.1	21.2	11.3	9.5	17.2	13.0
黑 山	—	—	—	—	—	—	—	—	—	67.6	97.1	22.6	18.2	6.7	2.2	2.6	3.5
波黑联邦	—	—	—	—	780	−4.4	−24.5	14.0	5.1	−0.9	1.9	1.9	−0.2	0.2	−0.3	2.1	8.5
塞族共和国	—	—	—	—	1 061.0	12.9	16.9	−7.3	2.0	14.1	14.0	7.0	1.7	1.8	2.2	2.7	7.0
马其顿	608.0	115.0	1 664.0	338.0	126.0	16.0	2.3	2.6	−0.1	−0.7	5.8	5.3	2.4	1.1	−0.3	0.1	2.0
平 均	—	—	—	454.0	81.0	42.0	51.0	189.0	24.0	22.1	31.9	24.0	11.0	5.8	4.9	5.7	5.0

* 116.5 乘 10^{12}（恶性通货膨胀）！

(c) 失业率（年底，占劳动力的百分比）

	1990	1991	1992	1993	1994	1995	1996	1997	1998	1999	2000	2001	2002	2003	2004	2005
阿尔巴尼亚	9.5	9.2	27.9	28.9	19.6	16.9	12.4	14.9	17.8	18.4	16.8	14.5	15.8	15.0	14.5	14.7
保加利亚	1.8	10.5	15.3	16.4	12.8	11.1	12.5	13.7	12.2	17.0	16.4	19.5	16.8	13.7	12.0	10.1
罗马尼亚	0.0	3.1	8.2	10.4	10.1	8.2	6.6	8.9	10.3	6.8	7.1	6.6	8.4	7.0	6.3	5.9
克罗地亚	—	14.1	17.8	16.6	17.3	17.6	15.9	17.6	18.6	13.6	16.1	15.8	14.8	14.3	13.8	12.3
塞 黑	—	21.0	24.6	23.1	23.1	24.6	25.8	25.8	25.1	—	—	—	—	—	—	—
塞尔维亚	—	—	—	—	—	—	—	—	—	25.5	24.4	25.5	27.6	30.3	31.7	—
黑 山	—	—	—	—	—	—	—	—	—	—	37.3	36.5	36.7	33.5	31.3	27.3
波 黑	—	—	—	—	—	—	—	37.0	38.0	39.3	39.6	40.3	40.9	42.0	43.0	44.5
马其顿	23.0	25.0	26.0	28.0	30.0	36.0	39.0	42.0	41.0	32.4	32.1	30.5	31.9	36.7	37.2	36.5

资料来源：各期《欧洲复兴开发银行的年度》《转型报告》，并结合联合国欧洲经济委员会《欧洲经济调查》，联合国《世界经济与社会调查》，国际货币基金组织《世界经济展望》的相关数据。

通过大规模地削减公共投资和补助受到限制。货币政策也大大地紧缩。对工业的低廉贷款被终结,中央银行的再贴现率……大大提高,甚至达到了残酷的地步……为了建立自由贸易体制,货币严重贬值,并从一开始就能兑换……现有的国际贸易的约束规定几乎完全废止……关税保持在低水平。"(第48－49页)确实,目前工业结构的高度垄断或寡头垄断的结构与行为促使他们最大限度地依赖国际竞争以阻止大企业仅仅通过提高价格来应对政府补助的减少。(第49－50页)这些措施给波兰的蓝领和白领工人造成了巨大的困难,这样做也瓦解了团结工会运动,从而在相当大程度上造成团结工会领导的政府(巴尔塞罗维奇曾在这个政府中担任财政部长)在随后的选举中失败,但是它也中止了(不仅在经济方面而且在社会方面)波兰的恶性通货膨胀,使波兰成为第一个实现实质性经济增长的后共产主义国家。的确,多亏了这一次大规模的"强力启动",波兰才成为 1989 年后 GDP 增长百分比最大的后共产主义国家。(见表格：35.1 与 35.3)

表 35.3　后共产主义的东中欧、波罗的海和
巴尔干国家的部分经济指数

	2005 年的人均 GDP（美元）	2005 年实际 GDP/1989 年水平(%)	2005 年私营部门占 GDP 的份额(%)	2005 年外债占 GDP 的比重(%)	2004 年汇款额占 GDP 的比重(%)
波　　兰	7 809	148	75	52.3	1.7
匈 牙 利	10 911	123	80	70.1	0.5
捷克共和国	12 231	121	80	42.1	0.4
斯洛伐克	8 632	128	80	57.7	1.5
斯洛文尼亚	17 337	131	65	64	1
立 陶 宛	7 568	98	75	46.6	1.7
拉脱维亚	6 618	99	70	93.5	2
爱沙尼亚	9 688	123	80	89.1	1.8
平均水平	——	133	——	——	1.8
阿尔巴尼亚	2 730	138	75	22	13.5
保加利亚	3 381	94	75	69.3	0.3

续　表

	2005 年的 人均 GDP （美元）	2005 年实际 GDP/1989 年水平(%)	2005 年私营 部门占 GDP 的份额(%)	2005 年外债 占 GDP 的 比重(%)	2004 年汇款 额占 GDP 的 比重(%)
罗马尼亚	4 295	104	70	36.2	0.1
克罗地亚	7 721	98	60	88.1	3.5
塞尔维亚和黑山	3 117	58	55	62.4	17.3
波　　黑	2 353	60(2004)	55	31.1	22.1
马 其 顿	2 839	88	65	44.8	4.2
平均水平	——	97		——	——
俄 罗 斯	4 874	88	65	25.7	0.3
乌 克 兰	1 671	59	65	29.6	0.6

注释：2005 年的数字是欧洲复兴开发银行临时的估计数额,2006 年的数字是欧洲复兴开发银行临时的规划,2004 年的汇款额是估计数额。

资料来源：各期(欧洲复兴开发银行的年度)《转型报告》,并结合联合国欧洲经济委员会《欧洲经济调查》、联合国《世界经济与社会调查》、国际货币基金组织《世界经济展望》的相关数据。

渐进主义的例子

565　　约瑟夫·范·布拉邦(Josef Van Brabant)指出："外国顾问们由于把精力过多地集中于突出休克疗法的潜在优点(在广泛具有包容性的意义上),对比渐进主义的潜在缺点,而使得转型任务变得混乱不堪。这场讨论的许多参与者往往忽视了所有重大的转型方案必须体现上述两个方面的要素。不仅如此,这些要素只能根据具体的时间与地点条件……而不是根据专家提前制定好的技术蓝图做出调整。"(Brabant 1993：94－95)"大爆炸"方法的鼓吹者被批评为在每个特殊的案例中巧妙避开了根据改革最适合的先后顺序来做出决策的需要。长期以来,大企业的重组和私有化必然需要花费大量的时间来实施才能产生预期的效果,这一点一直得到公认。"大爆炸"/"休克疗法"的支持者似乎低估了完成经济体制转型所需的时间(例如,改变行为模式、态度和机制所需的时间)和缺乏经验的新政府立刻改变一切的能力所限。这可能会造成代价很高的错误。也许除了后共产主义的匈牙利(它已经有了熟悉市场化要求的重要官员、政治家和企业家的核心组织)以外，几乎所有国家都缺乏有能力应对发生变化的政治、行政和经济条件的人员，这一情况必然会降低改革和重组的速度。

一些经济学家指出，在当局没有有效的货币控制手段的情况下，"大爆炸"方法中的价格自由化策略是极具危害性的，"如果竞标稀缺资源的重要参与者受到'预算软约束'，用'大爆炸'方法完全解除价格管制就是错误的"；"只有当预算限制变硬时，国有企业不受控制的投标才会引起生产者的价格水平不断提高"。(McKinnon 1994：462)

"大爆炸"/"休克疗法"的其他批评者指出，这种方法的支持者们忽视了审查现有的制度结构，以及为了实现创造西方式的市场经济的目标如何改造现有制度结构，相反他们却把精力集中于"完全取代这些结构的方法、手段和策略。他们鄙视所有现存的东西"。(Murrell 1993：113)默雷尔(Murrell)指出，对资本主义成功更为精细的理解需要关注能够产生增长与变革的机制而不是关注均衡模型。他像熊彼特一样强调创新所发挥的动力作用，而不是强调静态的分配效率。他的促进方法强调"组织行为中存在的刚性，以及资本主义动力机制的进入和退出过程"。(Murrell 1992a：52)他指出，在转型期间，促进新的私有企业发展的政策应该比现有公有企业的私有化获得更高的效益。(第33、46页)他主张更加充分和有效地使用现有结构。由此，"在转型期间，应该直接控制国有企业以促进宏观经济稳定，而不是仅仅依赖市场为基础的措施"。(第47页)

纽伯(Neuber)批评"大爆炸"方法，其理由是"虽然转型蓝图中设想了要建立市场的推进制度，但是那些制度的延缓建立却没有被视为初始阶段必不可少的条件。在不同的体制并存的条件下要求真心实意地投入市场环境，依据的是新古典主义的假设：市场在一个没有摩擦的环境中运转，其中的各种体制起不到任何重大作用"。(Neuber 1993：514)"无论多么不喜欢，由于错误地相信基于自发市场的激励和信号，只顾整个地引进新的机制而无视不顺眼的现存机制，导致了对相

关的困难和敏感环节应对难度的大大低估。"(第527页)

566

已故的阿历克·诺夫(Alec Nove)倡导用于应对投资与产出严重紧缩(这种情况普遍出现于共产主义统治结束,以及从统制经济向更具市场导向和私有化的经济的转型初期)的国家控制投资方案。在这个关键时期,"危险并不是熊彼特设想的'创造性破坏',而是没有什么创造性发生的破坏、非工业化。我认为,这是转型模式中的阿喀琉斯之踵。对供给方必要的调整⋯⋯需要投资"。(Nove 1994:865)如果"政府不是仅仅强调宏观经济的稳定,而是还启动复兴方案并向公众宣传,并动员舆论和私有(外国)资本注入其中",(第869页)那么成功的机会就会更高。

欧洲的后共产主义国家往往会对大多数现有的公有企业提供补贴,即便是在波兰、捷克共和国和匈牙利也是如此。在这些国家,公有企业的破产和倒闭极为少见,明里暗里的补贴一直没有间断。即便如此,这些国家的失业数量依然在令人吃惊地增长,从而为政府的预算留下了沉重的负担。"在这些情况下,对'渐进'疗法(这种方法并非针对整体上的重组方案,而是针对国有企业中生产与就业情况的恶化)的支持也就有了依据。维持就业要比关闭一家企业在社会和经济方面付出的代价小得多,认为新的私有企业的发展最终将受到阻碍是没有根据的。"(Jackman 1994:344)不断扩张的私人企业主要是从那些依然就业于国有企业的人员中间而并不是从不断增长的失业人口中招聘新的雇员。(第334页)

欧洲后共产主义国家模仿中国的"渐进主义"可行吗?

1978年以来,中国是利用渐进疗法进行经济重组与改革的最为成功的榜样。中国迅速发展的经济令人印象深刻,而且其巨大的成功也向"大爆炸"/"休克疗法"的鼓吹者提出了挑战。胡永泰(Wing Thye Woo)试图指出,"渐进的改革对中国而言并非是最佳的改革",(Woo 1994:306)但是中国极其显著的长期高速经济增长率确实部分否定了他的论断!"大爆炸"/"休克疗法"的鼓吹者们提出的更为普遍的回应是指出了,中国的经济环境非同一般,这使得渐进主义经济模式无法轻易地转移到背景迥异的巴尔干与东中欧。1978 年,中国并没有遇到严重的通货膨胀压力,其外债很低,在很大程度上依然是农业经济。由于很容易获得剩余、便宜的劳动力来供应快速发展的非国有经济部门,因此中国能够延迟规模依然相对适度的国有工业部门的深度重组与改革带来的不稳定。与此相反的是,工业化程度更高的巴尔干国家,尤其是东中欧,却更加缺乏能力延迟他们庞大和通常低效率的国有工业部门进行重组和私有化,尽管这必然会造成巨大的社会经济困难和政治动荡的风险。也有学者指出,中国高度成功的乡镇企业(它们甚至在缺少传统的财产权利的情况下,运转良好)只有在儒家文化下才能兴盛繁荣。(Sachs and Woo 1994；Layard 1993；Weitzman 1993；Weitzman and Xu 1994)然而,我们根本不相信“文化论者”的这种观点,因为这种观点令人感到像是对一个民族进行文化定型(cultural stereotyping),这种文化定型又非常接近于种族定型(racial stereotyping)。此外,早在 20 世纪 70 年代以前,几个主要东亚民族的“儒家文化”就一直被习惯地讥讽为迈向资本主义、私人企业、“现代化”和社会经济进步的主要文化障碍。我们更倾向于相信,较之巴尔干和东中欧国家的情况,中国自 70 年代晚期以来的政治与社会经济环境更加有利于渐进主义。欧洲的后共产主义国家并不能轻易地做出这样的选择,它们的经济工业化程度要高得多,在大多数情况下,它们处于深刻、多重的危机中,这些危机急切需要剧烈和异常痛苦的解决手段。同样重要的是,它们的人口由庞大的、受过良好教育和政治上觉醒的知识分子与工业无产阶级构成,他们在 1988－1989 年时,激烈地反抗共产党政权的持续监护,这些共产党政权到这时已经大多数开始解体。由此,无论中国渐进主义的模式具有多么大的吸引力,中国自 1978 年以来的方法与成就在欧洲的后共产主义国家无论是在政治还是经济方面都是不可行的。

567

谨慎与实用主义的例子

我们自己大体上同意 1996 年世界银行发布的一份重要报告,这份报告的结论是:"国家之间的差异无论是在设定政治选择的可行性范围,还是在决定对改革的反应时都是非常重要的。哪一种改革能够发挥最佳的作用,快速的改革还是渐进的改革? 这个问题没有单一或简单的答案。尽管如此,对于绝大多数经济体而言,现在答案是显而易见的:快速并且更加持续的改革是更好的。"(World Bank 1996:143)"一个国家的初始环境(既包括政治环境也包括经济环境)会大大影响改革政策的范围,以及它所达到的结果。在这个领域,过去几年改革的明显教训是,无论起点如何,坚定、持续的改革往往能够获得更多回报。"(第9页)"在每种情况下,真正重要的问题是政策改革所试图达到的宽度,以及保持改革的持续性。"(第21页)"持续性的政策,结合市场、贸易的自由化,以及具有合理、稳定的价格环境的新企业的进入,这些即便是在那些缺乏明晰的财产权利和强大的市场机制的国家都会获得巨大收益。"(第142页)

在实践中,"一劳永逸"的变革是不可能的。因此,真正的问题是周密地考虑一次同时能够或应该解决多少问题,以及改革的最佳顺序。20世纪90年代早期与中期,我们对"大爆炸"方法的智慧与可行性持有怀疑态度,但是我们同样认识到,仅仅以尽可能小的规模与尽可能慢的速度改造经济只是针对经济灾难的处方。确实,90年代早期乌克兰总统克拉夫丘克政权中受到吹捧的"渐进主义"造成了整个世界上最坏的局面:恶性的通货膨胀同时伴随着经济崩溃,从而形成了一个贬义词——"乌克兰化"(Ukrainianization)。

因此,我们看好以下的理念:① 要保证协调措施"至关重要的质量",使它能够为改革的进程提供充分的、不可逆转和持续的动力;② 民主选举的政府必须努力探寻一个可靠的方案,并求得民众对方案的认可(联合国欧洲经济委员会在1993年报告的第9页已经强调了这一点)。选择最适合于特定国家的各种适宜措施是一门政治艺术而并非一门经济"科学"。不过国家初始环境并不相同,例如,私营部门的规模、以前改革的程度、外债的负担和获得援助的可用性等方面都有差异。很明显,长期的通货膨胀必须作为一个相当紧迫的问题来解决。

568

尽管如此，还要考虑所有对产出和就业的不利影响，注意确保稳定措施的影响强度与通货膨胀问题的规模相对应。

这一争论实际上可以归结为，什么措施在政治与经济方面是可行的。瑞典经济学家安德斯·阿斯伦德(Anders Aslund)是"大爆炸"/"休克疗法"的著名倡导者，他声称："令人感兴趣的议题范围是，什么措施在实践中和政治方面是可行的，除此之外就没有什么东西了。"(Aslund 1994：37)在现实中，"明智的策略范围是有限的，不可能有很大的选择余地"，这一点也必须记住。(Portes 1994：1180)这场讨论中的大多数所谓的主角可能都会同意，凡是能够做的事情应该尽可能快地做，但是困难在于这引起了一系列棘手的问题，因为要确定多少事情能够(和多快地)去做，本质上依然属于直觉和判断问题，而并不是精确的科学问题。在这些影响数以千万人福利的重大问题上，并没有为傲慢或教条主义留下什么空间。实用的考虑和精明的审慎是首要的要求。

1994年，联合国欧洲经济委员会强调说，1990－1994年取得许多成就"更有可能给专业的经济学家和国际社会的官员而不是相关国家长期受苦受难的选民们留下深刻印象"。确实，"除了捷克共和国可能是个例外以外"，其他各国的人民"对转型过程的幻想普遍破灭了，他们对生活水平的下降极为不满：组织和维系民众对市场为基础的经济与民主机制的最终目标的支持，这一基本的政治任务依然像以前那样紧迫"。(UN Economic Commission for Europe 1994：1)它不情愿地承认，官方公布的经济统计数据可能夸大了欧洲后共产主义国家起初产出下降的程度。尽管如此，"即便由于在高通货膨胀和未登记的私营部门活动数量迅速增加的情况下测量真实产量和需求水平的变化存在困难，因而宏观经济统计数据的完全可靠性与精确性可以受到合理质疑的情况下，对转型国家进行更为细致和精确的估计也极其不可能会形成这样一种在宏观经济绩效方面根本不同的情况"。(第58页)

到20世纪90年代中期，人们越来越意识到，市场化的过程实在太重要了，以至于不能让所有的人都随意"冲向市场"。经济转型需要国家尽力的协调与管理以保护社会中最易受到伤害的群体，并确保私有化的进程并没有由于"管理层收购"(management buyouts)和前共产党的当权成员通过"内部私有化"(insider privatization)和(或)黑手党类型的罪犯、黑市商人以及非法商贩(他们是流动资本的主要持有者)的网络而遭到滥用。

我们承认,必须抵制严重的通货膨胀压力,这是因为如果这种混乱的状况不能很快得到控制,它就会引起恶性通货膨胀,对货币失去信心,脱离生产(进行囤积居奇和投机),以及完全的经济崩溃。在这样的情况下,"休克疗法"是必不可少的,延迟是危险的,没有"更加有利的选择"可以获得或存在。1991年波兰第一个团结工会政府抓住了这个具体的核心问题,在经历了1989—1991年有记录的产出大规模下降之后,由于出口与私营部门的迅速发展,波兰成为第一个实现经济正增长(在1992年)的后共产主义国家。然而,强加给白领与蓝领支持者的巨大痛苦和困难引发的内部纠纷促使团结工会运动走向分裂,1993年波兰的前共产党在社会主义与农民政党联盟的"新的表象"下重新掌权。在离心倾向不断增强的南斯拉夫社会主义联邦共和国(SFRY),联邦政府的权力、权威和集体决策的形成都遭受了严重削弱,以至于它无力坚持具有充分力度和期限的纠正措施来使通货膨胀的压力得到控制,尽管1990年总理马尔科维奇(Markovic)曾经试图采取这样的措施。随后陷入的恶性通货膨胀加速了其经济的崩溃和南斯拉夫社会主义联邦共和国在1991年的瓦解。

然而,其他不太严重的形势却在很大程度上为采取其他策略留下了巨大空间。由此,经济依然具有活力的前共产主义国家能够更加渐进和谨慎地启动向市场的转型。尽管如此,"大爆炸"/"休克疗法"的狂热分子依然宣称,为了尽可能快地克服而不是延长这些苦难,这种方法总是必不可少的。首先,一旦改革者们开始废除旧体制,这种体制就变得愈发不能正常运转,从而会对产出、就业、价格、分配和生活水平造成非常负面的影响。因此,为了利用最早的机遇克服经济萧条,启动新的增长,推出新的体制并尽可能快地运转是非常关键的。第二,由于宏观经济稳定、结构(或系统)变化和市场体系各个组成部分(所有这些组成

部分都需要同时适当就位,以实现最理想的结果)之间相互补充和相互
独立,渐进、逐步推进的转型最有可能产生"次优的"经济结果,并由此
会存在风险使议会和民众不再支持政府和市场转型。第三,政府越是
由于谨慎和逐步推进而延长转型的痛苦期,新共产主义、新法西斯主义
或极端民族主义对改革方案(包括自由民主和自由市场经济)强烈反对
的程度就越高。无论是在政治还是在经济方面,都存在着大规模体制
变革的独特"罕见机遇",必须抓住并且充分利用这些机遇。如果丧失
了机遇,或者变革过于谨慎和渐进地实施,整个改革的动力就会丧失,
或者变得更加糟糕。由于不完全地或逐步地引入新体制的各个组成部
分造成的系统运转失灵和产出损失可能会颠覆整个改革的轨道,就像
20 世纪 90 年代斯洛博丹·米洛舍维奇(Slobodan Milosevic)统治下的
塞尔维亚,以及 90 年代中期弗拉基米尔·麦恰尔(Vladimir Meciar)统
治下的斯洛伐克那样。简言之,"大爆炸"/"休克疗法"对体制的变革意
味着趁热打铁,同时均衡地推进重组和自由化改革。纯粹抽象的考察,
作为从 A 到 B 最为直接的方式,对"大爆炸"/"休克疗法"在经济与政
治方面的支持似乎是非常合理的。然而,过多的"休克"可能达不到预
期目标,并且会导致对市场改革进程的强烈反对,特别是改革的"困难"
在很大程度上就在眼下,而改革带来的许多收益需要花费一定的时间
才能显现,并且还需要依赖改革的成功。但是"大爆炸"/"休克疗法"的
倡导者们回应道,如果更加审慎地推进改革,那么困难依旧会立马出
现,但是改革带来的收益却要花费更长的时间才能实现,此外激烈反对
改革的风险依然会不断增强,因此,尽可能快地推进改革是更为安全和
有益的。尽管如此,什么是"可能的"与其说是一个经济学问题,倒不如
说是一个政治学问题。用马歇尔·戈德曼(Marshall Goldman)的话来
说:"作为经济学家,我们可以草拟出任何我们想要的计划;但是对于民
主……迄今为止领导者只能尽力推进。"(*IHT*, 23 February 1995)

在几个已经启动宏观经济稳定方案的后共产主义国家,企业的管
理者们(以及类似的其他人)很快就决定,他们不能(或不会)容忍任何
进一步的财政紧张状况,于是他们开始建立自己的借贷方式,通过停止

支付账单和税金,或者大大延迟为快速的通货膨胀买单的时间来减少他们(在实际期间内)必须支付的总额。这些迅速增加的企业间信贷(或债务)和企业所得税欠款由于破坏了货币政策只是为通货膨胀火上浇油。这使得延期支付对其更加有利。这是一种在拉丁美洲长期以来为人熟悉的现象。一旦它控制了一个国家,它就会使得所有宏观经济的稳定极其难以实现,尤其是当政府的权威和信誉都较弱时(所有"不支付"的危机确实在很大程度上会进一步削弱政府的权威和信誉)。

570　　　在缺乏自由的后共产主义国家,最有可能的危险是民主化和市场化会"半途卡住"。换句话说,这些国家可能会有许多外在表象,但是没有什么实质的内容,或者更糟的是,痛苦多多而收益寥寥。对于他们而言,陷入所谓"转型的陷阱"或"逐步发展的"反动都是很容易的。由于各种各样的原因,诸如塞尔维亚、克罗地亚、阿尔巴尼亚、罗马尼亚和保加利亚这些国家错过了与过去完全脱钩的最初机遇。他们长期受苦受难的市民们随后不得不习惯于漫长的等待。然而,在那些已经陷入失业、通货膨胀、贫困、犯罪、冷漠和愤世嫉俗不断加剧的国家,以及在前共产主义国家的权贵们有时间重新组成新的集团,改变自己的外在形象,并攫取(或获得)大量新的半市场化和半民主化的机制之后,推进政治与经济改革和根本的结构变化的方案要困难得多。欧洲所有的后共产主义国家都启动了市场化,但是一些国家却徘徊于不同类型的市场经济之间——有的是相对开放、法治和不受政府过多干预的市场经济,有的是封闭、腐败,"受到争夺政府赋予的特权的内部人士控制"的市场经济。(Chrystia Freeland,*FT*,3 September 1995,p. 16)

　　在缺乏真正的资本家和资本的情况下创造资本主义证明至少与在缺乏规模庞大的中产阶级的情况下巩固民主一样困难。在政治方面,统治精英们可以培育"缺失的资产阶级"的临时替代物。但是,在经济方面,要找到缺失的资本家和资本的有效替代品(要保证它不会回到国家社会主义,也不会把过多的权力集中于容易腐败的政府官员手中),就困难得多了。由私有化提出的这些挑战在后共产主义国家搞私有化面临的挑战比西方国家搞私有化面临的挑战严重得多。在西方社会,

"私有化"仅仅是在具有高度发达的货币市场机制的完善市场经济中，资产从国家到私人手中相对平稳的转移。与之相比，在后共产主义的东方，必然出现经济体制性质的大规模转型和出现从无到有的自由市场机制。(Clague and Rausser 1992：18)

近期的经济成就和问题

汤布奈(Thumbnail)对东中欧和巴尔干地区的个别国家的经济绩效和存在问题的评价将延迟至下一章讨论，这是因为这些评价总是与对欧盟成员资格的评价和影响交织在一起。(见边码第 607 － 614 页)在拜德勒克斯和杰弗里斯的著作中(2007)，我们对后共产主义的巴尔干个别国家进行了更为详细的分析与评价，与该书配套的另外一卷对东中欧的后共产主义国家进行的类似的国别评价还远远没有完成。在这里，我们将自己限定在整体经济的几个粗略指标上。

到 1994 年，除了波斯尼亚和马其顿是显著的例外，其他东中欧和巴尔干的后共产主义国家都正在实现重大的经济增长。到 1994 年，除了波斯尼亚以外，它们在建立充满活力、独立的市场经济的过程中都取得了重大进展。在 20 世纪 90 年代，经历了激进的休克疗法、自由化和私有化的波兰一直沿着这个方向前进。起初，紧随其后的是阿尔巴尼亚、斯洛文尼亚和捷克共和国，随后波罗的海国家、匈牙利和斯洛伐克也加入进来。然而，识别出经济激进主义和经济绩效之间存在持久的、完全的相关性是非常困难的。从 1992 年以来，以激进方式改革的波兰经历了迅速和强有力的复兴，但是改革谨慎和渐进的斯洛文尼亚(从 1993 年以来)，改革更加温和的罗马尼亚(只是在 1993 － 1995 年)和捷克共和国(只是在 1993 － 1996 年)也经历了同样的情况，而经历了激进自由化和私有化的马其顿则处于落后者之列。(见表格 35.1，35.2 和 35.3)

引人注意的是，异常严重的通货膨胀(几乎总是伴随着共产主义时代的经济体制崩溃)和价格自由化在很大程度上已经通过严厉的货币政策得到控制——其时间分别是东中欧 1993 年，拉脱维亚和阿尔巴尼亚 1994 年，爱沙尼亚、罗马尼亚、克罗地亚、波斯尼亚和马其顿 1995

年,立陶宛 1996 年,塞尔维亚和黑山 1997 年,保加利亚 1998 年(见表格 35.1 和 35.2)。

表 35.4　2002 年知识密集型产业和中高端
技术制造业就业劳动力百分比

	知识密集型的服务业(%)	中高端技术的制造业(%)
瑞典	47	7.3
丹麦	44	6.3
英国	40.8	6.7
法国	35.5	6.8
德国	31.8	11.4
意大利	27.5	7.4
欧盟 15 国平均水平	33.3	7.4
爱沙尼亚	30.9	3.4
匈牙利	26.4	8.5
立陶宛	24.7	2.6
拉脱维亚	24.7	1.9
斯洛伐克	24	8.2
捷克共和国	23.9	8.9
斯洛文尼亚	22.8	9.2
保加利亚	22.2	5.3
罗马尼亚	12.8	5.5

资料来源: European Commission, Press Release, Stat/03/127, 7 November 2003, pp.1－2(资料并没有提供波兰和马耳他的数据)。

表 35.5　每 100 位居民拥有汽车、个人电脑和连接
互联网的电脑数量,1999－2000 年

	汽　　车	个人电脑	连接互联网的个人电脑
欧盟 15 国平均水平	46.1	24.8	2.3
斯洛文尼亚	42.6	25.3	1.2
爱沙尼亚	33.9	13.5	2.1

续　表

	汽　　车	个人电脑	连接互联网的个人电脑
捷克共和国	36.2	10.7	1.2
拉脱维亚	23.5	8.2	0.8
匈牙利	23.5	7.4	1.2
斯洛伐克	23.6	7.4	0.5
波兰	25.9	6.2	0.4
立陶宛	31.7	5.9	0.4
保加利亚	24.4	2.7	0.2
罗马尼亚	13.9	2.7	0.2
（土耳其）	(6.8)	(3.2)	(0.1)

资料来源：European Commission, Press Release, Stat/01/129, 7 December 2003, p.4.

**表 35.6　欧洲各国工业和服务业每小时
劳动力成本, 2000 年**　　　　（欧元）

欧盟15国平均水平*	22.7	后加入国家的平均水平	4.21
瑞典	28.56	塞浦路斯	10.74
丹麦	27.1	斯洛文尼亚	8.98
德国	26.54	波兰	4.48
法国	24.39	捷克共和国	3.9
英国	23.85	匈牙利	3.83
奥地利	23.6	斯洛伐克	3.06
荷兰	22.99	爱沙尼亚	3.03
爱尔兰	17.34	立陶宛	2.71
西班牙	14.22	拉脱维亚	2.42
希腊	10.4	罗马尼亚	1.51
葡萄牙	8.13	保加利亚	1.35

＊不包括意大利和比利时,他们的资料无法获得。
注释：平均每小时劳动成本是年度总劳动成本除以一年中劳动的总小时数。
资料来源：EU Press Release STAT/03/23, 3 March 2003, p.2.

　　表 35.4 和 35.5 中关于 2002 年就业于"知识密集型服务业"和(规模稍小一些的)"中高端技术制造业的劳动力比重"(表 35.4)，以及

1999 年每 100 位居民拥有汽车、电脑和连接互联网的电脑的数量(表35.5)的数据有助于将欧盟 15 国与东中欧、波罗的海国家,以及保加利亚、罗马尼亚之间在技术、经济方面有待于弥补的巨大差距具体呈现出来。

即使 21 世纪早期和中期出现在东中欧、波罗的海和巴尔干的后共产主义国家的经济繁荣一直不会衰落,克服东西方在经济与技术方面存在的这些巨大差距也要花费几十年的时间。然而,这样的繁荣不可能维持太久的时间。这些地区中某些繁荣的经济体已经开始出现劳动力和技术的短缺(在波罗的海国家较为显著,在波兰和捷克共和国程度稍低),另外一些国家则迅速累积了相对于 GDP 而言的巨额预算赤字和外贸赤字(尤其是匈牙利),绝大多数国家的经济都是由存在严重问题、扭曲和脆弱的房地产和不动产的繁荣发展(这样的繁荣发展进一步加剧了已经不断扩大的国内不平等,并且很容易崩溃)人为地推动的。此外,在巴尔干的西部,高水平的失业率和贫困率,以及依然没有解决的领土现状问题很容易重新引发暴力冲突,并危害到这一地区依然非常脆弱的政治稳定。明智的做法是,通过控制经济的繁荣,稳定不太剧烈和能够持续的经济增长率,以及使这些地区的居民为长期持久的斗争做好准备,以防止可能由于经济过热和资产与股票泡沫破裂而引发经济危机。表 35.6 中的数据显示,人均 GDP 的比较低估了欧洲的东西部(还有南北部)在单位小时劳动成本方面的巨大差距。

东中欧、波罗的海和巴尔干国家"新的西方统治"

在吸引直接的外国投资和整个欧洲获得的更加宽泛的收益(在有助于统一欧洲的资本流动方面)的过程中,东道国可以获得潜在的收益。然而,后共产主义的东中欧、波罗的海和巴尔干国家有可能成为西方主要经济大国的"非正式殖民地"和"受控制"的市场,以及成为西方跨国公司的子公司和分包商非常便宜的劳动力供应地。这样的危险是存在的。亚当·布吉斯(Adam Burgess)是首先指出这种情况正在发生的人之一。他在《分裂的欧洲:对东部的新统治》(*Divided Europe:*

573

The New Domination of the East,1997)一书中指出了当前正在发生的情况。他提出的警告也许太早了一些,因为大多数情况下这一地区主要工业和服务业的私有化直到 20 世纪 90 年代晚期和 21 世纪初才完成。

　　这样的发展模式可能有助于欧盟经济承受来自欧洲以外越来越激烈的竞争。西欧的投资者们在将他们的注意力转向其他地方之前,可能先要"挑选出"东中欧、波罗的海和巴尔干国家最强大和最有希望的企业,而把其余企业留给本地创业者,将所有可以获得的补助、投资补助金放入自己的口袋,带走关键岗位人员和他们的专业技术,或者干脆蓄意"快速杀灭"。西欧的企业家们首先感兴趣的是"寻租",垄断地占据新市场,使巴尔干和东中欧经济受控于西欧工业和金融资本主义,而不是致力于促进巴尔干和东中欧国家长期、可持续的发展。他们主要的目的就是赚钱。例如,对于西方公司购买并垄断后共产主义的巴尔干和东中欧国家所有的银行、煤气输送、电信服务业和发电业,却没有减少收费和(或)大大提高供给水平,就一直存在广泛的批评和抱怨。这可能是一幅过于讽刺的画面,但是它必定有助于纠正认为资本主义的西欧和欧盟参与了一场伟大的公益投资之类的所有观念。尽管如此,在这里回顾琼·罗宾逊那个奇特的说法——如果有什么情况比遭受外国资本剥削更糟糕的话,那就是没有遭受外国资本的剥削了——还是有价值的。

第三十六章 "回归欧洲"：东中欧和巴尔干后共产主义国家逐步融入欧盟和北约的进程

本章勾勒并分析所谓的"回归欧洲"现象——20 世纪 90 年代中期以来东中欧和巴尔干后共产主义国家逐步融入欧盟的进程——以及此进程与该地区政治经济转型相互影响的方式。诚然，"回归欧洲"这一表述在某种程度上容易引起误解，因为东中欧和巴尔干国家并未真正"离开过"欧洲，他们的"欧洲洲籍"也绝非位居次等。只是自从这些国家被前共产党政权和专制的民族主义者拽出欧洲"主流舞台"后，没有其他词汇能够如此全面地把握他们重新融入欧洲时普遍的情感和看法。本章还将概述和评价 20 世纪 90 年代西方对欧洲后共产主义国家的援助情况，并就这些国家正在融入北约的进程作一些简要的梳理。

根本性的转型：政治形式、经济制度和社会体系由"垂直结构"转变为"水平结构"

2004 年 3 月，在东中欧五国和波罗的海三国被接纳进欧盟的前夕，欧盟委员会宣称"对于即将加盟的国家，被接纳的过程就是变革的催化剂，它会加速其复杂而艰难的政治、经济和制度改革。这一过程的完结是一个巨大的成就,它建立在多年来持续努力的基础之上"。(EU Commission 2004：4)对于欧盟成员国身份的持续追求确实是东中欧和波罗的海国家变革的主要驱动力,这也同样适用于后共产主义的巴尔干国家。这一动力一直是早期盛行的立足于垂直权力关系和权力结构的政治形式、经济制度和社会体系转向立足于水平权力关系和权力结构的最主要因素。这一转型的本质就是树立法治、法律面前一律平等、有限政府、自由主义的议会/代议制民主、依法治国的公民社会、"公平的竞争环境"、公民的(依照规则管理的)市场经济等原则并使之成为现实。

对于 2004 年 5 月加入欧盟的东中欧和波罗的海国家而言,为实现作为一个欧盟成员国所要达到的"哥本哈根标准"和"马德里标准",其所做出的努力,有助于在宏观经济政策、私有化、制度和产业重组、司法和法律改革以及促进并保护人权和少数民族权益问题上日益加强党派间的共识;进而推进法治、平等的公民身份(平等的公民权和法律面前一律平等的原则)、政治稳定、"公平的竞争环境",并促进经济的进一步市场化和自由化。通过培育并加强建立在有限政府和法治原则之上的水平结构的非人身关系、公民社会和公民经济,实现对这些国家的逐步重组,并将其从"垂直的"权力关系和权力结构之中、从"原始的"民族-文化束缚之中、从庇护性的和"种族集体主义的"政体之中转移出来。所有这些都极为复杂且远非容易实现。不过,其实现的进度已令人印象深刻。

转型既是加入欧盟的前提,同时也强化了加入欧盟的进程。东中欧和波罗的海国家在转型上取得的进展比后共产主义巴尔干国家大。这就是"欧洲理事会"(欧盟国家和政府首脑会议)2002 年 12 月于哥本哈根决定东中欧五国(波兰、匈牙利、捷克、斯洛伐克和斯洛文尼亚)和波罗的海三国(立陶宛、拉脱维亚和爱沙尼亚)于 2004 年 5 月加入欧盟的主要原因,同时加入的还有较为繁荣的塞浦路斯和马耳他。形成鲜明对照的是,后共产主义的巴尔干国家要求加入欧盟的驱动力被根深蒂固的庇护性、宗派性、半非法的垂直权力关系和权力结构绊住,裹足不前。

(这方面的讨论参见第 610 － 613 页和 Bideleux 2007：119 － 120)

至关重要的是,要认识欧盟自身在促进转型中担当的角色,这包括它的存在和有效运作为欧洲新兴而广阔的超国家法律秩序和公民社群提供基础,还包括为这些地区的政府和"政治阶级"争取获得并提升欧盟成员资格提供强烈(尽管有波动)的推动力。不过,出于对历史的尊重,我们必须提及早期(尤其是 1990 － 1997 年)遭遇的悲惨境地。那时的欧盟步履蹒跚,只有西欧强国给予他们贫穷的"东方表弟"少得可怜的经济和技术援助(德国相对慷慨是一个例外),而 2004 年 5 月被允许入盟的东中欧和波罗的海国家却被强加上极为卑劣且苛刻的条件。更无耻的是,欧盟和西欧成员国纷纷对后共产主义的东中欧、波罗的海和(最重要的)巴尔干国家实施侵犯性的、专横的、居高临下的指导,并干预其内政。这种指导有时带有准殖民的色彩。

提出这些批评无意诋毁"欧洲理想"和欧洲一体化计划。相反,我们有强烈的责任感去实现泛欧洲整合的目标:一个建立在强大而完备的法律和体制秩序之上的欧洲;一个建立在有利于培育和实现欧洲多元文化及价值观和平共存(而非建立在文化和价值观同质基础上、愚蠢而危险的铁板一块的欧洲认同。这只会导致压制、无效和冲突)的框架之上的欧洲。然而,欧盟和较发达的西欧成员国在支援并促进较贫困的后共产主义经济制度和社会体系的转型、并进而促进真正的(而非表面的)欧洲内部的东-西部融合方面,行动如此之少(而非如此之多),以至于我们已经不止一次被他们的所作所为震惊。20 世纪八九十年代,西方社会并没有充分意识到欧洲东半部的共产党政权痛苦瓦解及其后果导致欧洲的东西部之间的差距变得更大(而非缩小)。在一定程度上正是出于这个原因,同时也由于日益加剧的社会-经济不平等和前共产党政权提供的"社会安全网络"的瓦解,自从共产主义政权瓦解后,这些欧洲后共产主义国家大多数人的生活变得更加艰难了(而非更轻松)。私有化、市场化、自由化和为加入欧盟被要求进行的政治体制、经济制度和社会制度的重组,尽管从长远来看是必要且值得的;但在目前,除少数"发国难财"的人外,重组对所有人都是沉重的打击。对此,西方国

576

家无论是在缓解其痛苦还是加速其恢复方面皆无所作为。(参见第581－582、第585－595页)

西方国家卑劣和短视的程度有助于理解欧洲后共产主义国家的许多(可能是大多数)居民对西方和欧盟的态度转变，即始于憧憬的破灭、继而清醒，最终演变为憎恨。抱有这种情绪的人不单存在于顽固的共产主义分子和敌视西方的民族主义者之中，还存在于那些确信大规模转型是必要且值得的人之间。把这些人的态度解释为"改革疲乏症"是严重的低估。他们在改革的漫漫征程上已极为疲乏，而西方的袖手旁观(更多的是说教和苛责)更令他们愤慨。中东欧和波罗的海国家对待西欧和欧盟的矛盾心态很好表现在选举投票上。在2003年中东欧和波罗的海国家就加入欧盟举行的全民公决上，投票率就非常之低；而加入欧盟一个月后即2004年6月12日举行的欧盟议会选举上，他们的投票率更低。(参见第604、607页上的表36.2和表36.5)

西欧和后共产主义中东欧、波罗的海、巴尔干国家之间权力和财富上巨大的不对等意味着西欧有能力继续向欧盟的"东方"成员国进行施舍，并保持傲慢的、居高临下的监护。出于别无选择的考虑，后共产主义的中东欧、波罗的海和巴尔干国家总是务实地接受这一切，而这又进一步强化了不平等。长远来看，加入欧盟是他们唯一可行的选择，尽管许多人认为欧盟15国强加给他们的准入条件是卑劣而苛刻的。事实上，加入欧盟的条件根本不是所谓"协商"确定，而是由西欧国家强加的。采用"东方"成员"不接受就拉倒"的办法，西欧太知道如何玩弄他们于股掌之间了。候选成员国们别无选择，只能把所谓的欧盟一揽子法规(超过8万页的欧盟现有规章和立法)尽可能快地内化成"本国的"或"本民族的"法律，没有回旋的余地(除非为彻底转型而延长时间)，也没有讨价还价的机会。他们还被要求发展能够执行一揽子法规的"行政和司法能力"并提供证明。所谓的"协商"，无非是欧盟委员会对于候选国在实施一揽子法规并发展执行法规的能力上做的单方面的主观评估。这些相对穷的国家只能指望加入欧盟后能得到少得可怜的经济援助。毕竟，"乞丐"是无权"自主选择"的。

对于后共产主义东中欧、波罗的海和巴尔干国家,为什么欧盟成员国身份很重要?

577　从实际的、决定生活质量的角度来看,"欧洲身份"的认同和被承认为"欧洲"的一分子从没有像今天这样重要过。欧洲的概念和含义越来越与方兴未艾的"欧洲建构"(construction of Europe)密切关联,后者是"欧洲理念"(the European idea)发展到顶点的反映,是从中世纪基督教、文艺复兴、启蒙运动以来一脉相承的。自从苏联集团垮台(随之瓦解的还有把世界划分为西方资本主义的"第一世界"、共产主义的"第二世界",以及前殖民地和准殖民地的"第三世界"的观念),欧盟成员国的身份变得更重要了,因为它是得到接纳、受到尊重和成为第一世界一员的标志。它也是获取欧洲产品、资本、劳力的"通行证",它还有助于在学校教育、高等教育、商业、人员流动和投资方面获得更多改善生活的重大机遇。当今时代,能够自称"欧洲"的一分子,并辅以适当的证明材料,就如同罗马时代宣称"我是罗马公民"一样重要。"欧洲"身份的认同("证明文件")以及欧盟成员国的资格越来越成为能否在欧盟生活和工作的决定性因素。这将决定数以千万计的人口的生活质量,欧洲后共产主义国家、土耳其和半"欧化"的马格里布地区(摩洛哥、安哥拉和突尼斯)正在体会到没有加入欧盟的代价。

欧盟现在为三分之二的欧洲人(这一比例很大程度上取决于"欧洲人"的定义方式和欧洲的疆域界定)提供广泛的规则以及政治、经济和法律的框架。不论在西欧,还是东欧、波罗的海国家,甚至在后共产主义的巴尔干国家,欧盟正在迅速成为一系列法律、政策框架得以共同协商、制定并执行的平台,这些法律和政策框架制定了欧洲政治、经济行动的规则。欧盟被描述为一个后民主时代超国家的"自由主义法律秩序体"(哈耶克的观点)或一个超国家的"公民社团"(欧克肖特的观点),而非一个民主实体。(更多讨论参见 Bideleux 2000,2001a,2001b;Hayek 1960,1973;Oakeshott 1962,1975)

欧盟并不仅仅是立足于法制。它的本身就是一种法制。欧盟本身既体现了所谓的"管制治理"（regulatory governance）（Majone et al. 1996）和"管制司法化"（judicialization of governance）原则（Stone Sweet 2000），同时也是这两个原则发展的主要推动力。无论在民族国家层面还是在超国家层面，西欧、东中欧和波罗的海国家正越来越受到执行管制司法化或准司法职能的机构和官员管理，而这些机构和官员都是通过任命产生的（而非通过选举产生）。

在这种背景下，欧盟成员国的资格对于东中欧和波罗的海国家而言，意味着从陈旧的垂直权力关系和权力结构（被各种形态的种族集体主义、庇护制、黑社会性质的帮派所强化）中脱胎换骨，转型为基于法治、有限政府和法律面前一律平等原则（所有公民的权力对等）的水平结构的政权体系、经济制度和公民社会。东中欧和波罗的海国家粉碎了控制他们的苏联集团（斯洛文尼亚在瓦解南斯拉夫社会主义联邦共和国方面起了先锋作用），赢得了来之不易的民族主权、自治、民族-民主支配权。然而，加入欧盟意味着部分权力的出让，好在 2004 年 5 月加入欧盟的后共产主义国家因为它们的行为得到了有价值的补偿。由于加入欧盟，他们融入进一个强大的超国家的法律秩序和公民社团，从而更快地普及并强化有限政府和法治的理念——这些是自由主义及其民主体制和市场经济的灵魂。

尽管欧盟满是无法克服的"民主缺陷"，（由于这个及其他原因）不能被视为民主实体，但它能授予富含巨大价值的欧盟成员国资格。后者为法治、有限政府和法律面前一律平等原则提供了超国家的基础。通过将所属成员国及其公民置于广泛的司法管辖和平等的法律体系之下，欧盟能够赋予他们平等的权利和义务。

从长远来看，这才是有深远意义的成就。可人们却对细碎而短暂的问题投入过多的关注，如农业补贴和"结构性基金"（转移支付）。加入欧盟的好处不能像许多政客和媒体那样，单纯通过表面的、短期的、常常是荒谬的经济计量来判断，这种做法在英国尤甚。相反，应当以欧盟持续的转型潜力为衡量标准：即其持续变革国内和跨国权力关系、权力结构、机会结构、激励结构和（对个人最有价值的）流动性及生活质

578

量的方式和能力。这正是让·莫内(Jean Monnet)视野的伟大之处。正如他的前助手(也是最好的传记作家)、已故的弗兰茨·迪谢尼(François Duchêne)乐于指出的,欧盟及其成员国内部和外部关系在很大程度上被"内化"和嵌入一个超国家的民法(法律)框架中。(Duchêne 1994:369,404—406)对于"内化"一词,迪谢妮主要意指那些原先由欧洲的外交部、外贸部和国防部当成(主权国家之间的)国际关系处理的事务,现在被置于宏观的民事和司法方式之下、适用统一的法律规则,当作"内部"事务进行处理,就好像大家生活在一个政治体之中。不过,迪谢妮还在另一层意义上使用"内化"一词,即"顺从的""平和的",(而非"暴戾的"、"剑拔弩张的")。现在的欧盟成员国在过去常常通过武力解决纠纷,直至发展成战争。而在欧盟的框架和秩序下,纠纷由跨国协商和调解的方式处理。即便协商调解不成,还可以诉诸法院——设于卢森堡的欧盟法院。如果纠纷不在欧盟司法管辖之内,则可诉诸设于海牙的欧洲人权法院。欧盟框架在欧洲创造了崭新的超国家法律秩序,也为欧盟成员国间及成员国与其公民间的关系创造了全新的"内化"的民法和司法基础。

最迫切需要融入欧盟超国家公民法律秩序的就是东中欧、波罗的海和巴尔干地区的后共产主义国家。欧盟成员国身份给他们和欧洲其他成员提供了最好的机会(相信也是唯一的机会),去克服百年来折磨着他们、并将他们和数以千万计的人民拖入两次世界大战的罪魁——冲突、绝望、少数民族问题、经济问题和脆弱的地缘政治。正如其他详细讨论该问题的著作所指出的(Bideleux 2001a,2001c,2002a,2005a;Bideleux 和 Jeffries 2007:ch.11),后共产主义的东中欧、波罗的海和巴尔干国家面临的领土、民族及经济问题,在民族-国家的框架下只能得到缓解却不能得到根治。多数时候,民族-国家的框架本身就是问题。比如,大多数国家是如此之小、如此的贫困,以至于无法提供自足的市场,也无法为其工业提供可靠的原料来源。工业的发展遭到地方垄断集团极大的限制,并且(或者)被有限的国内市场"羁绊"住。此外,不管付出多大努力保护并改善少数族裔的权利,他们在那些依然

579

属于"族群统治"(ethnocracy)的国家都难逃二等——甚至三等公民的命运,而这些国家在很大程度上被视为占主导地位的种族群体绝对所有物。

与之形成鲜明对比的是,欧盟超国家公民法律秩序和"公民社团"代表并创造了一种四海一家的法律框架,后者在环保、消费者权益、男女平等以及(最重要的)统一市场等方面将不同规模、不同财富、不同实力、不同种族的国家和民族置于相对平等的地位,致力于创造一个"公平的竞争环境"。欧盟还通过选举和(或)任命小国代表的方式使其有机会平等地就欧盟的未来发展等跨国问题与大国代表展开协调。这在"旧欧洲"时代是不可想象的,那是大国使用武力将自身意志强加给小国的时代。低地国家和爱尔兰是第一批受益的国家,这一点对后进的欧盟成员国有特殊的意义;因为这些国家多为小国(波兰、罗马尼亚和土耳其除外)且相对贫困(塞浦路斯、马耳他和斯洛文尼亚除外)。

有一点需要强调,上述加入欧盟的好处都是在实践中发展出来的,适合于欧盟,并非抽象而不着边际。欧盟不会致力于过分的民主和平等(也不会弱化专家政治与精英化的立场)。如果欧盟按多数人的想法变得过于民主,而使不固定的多数人选出代表、将自身意志强加在少数人身上,那么人口众多的大国就能通过投票击败小国——那么上述加入欧盟的好处对于小国也就形同虚设了。另外那些极力反对建立"欧洲联邦"的成员国(英国、丹麦、瑞典、捷克和波兰)也同样强烈抵制上述过于民主的制度安排,因为一个民主化的欧盟只能以一种联邦式的形态存在。相反,如果小国的利益、文化、自身认同能够得到全面的保障,如果有某种形式泛欧盟的"协和式民主"、能为选举和(或)任命的各国及各种族代表就政策制定、法律制定、决议形成提供协商的平台,从而体现上述小国的权益保障,那么这一制度安排将削弱民主程序的运作,从而比当下的制度更具精英化的倾向,从而增加解决无效率问题的可能——或者最起码改善缓慢而低效的决议形成和法律制定程序。尽管精英化的倾向和"民主缺陷"非常明显,但由指定任命的官员以客观的立场管理欧盟并向欧盟"公民"负间接责任或许是唯一政治上可行及操作上有效的安排。尽管这一安排与每个成员国的理想安排均有出入，但毕竟是各方都能接受的。再者，想要一个运行良好的欧盟成为现实，创建并接受技术专家的管理是必不可少的。指望一个没有技术专家的欧盟只能是海市蜃楼。

大多数有关欧盟无可否认的精英主义和"民主缺陷"的热烈讨论都忽视了这样一个现实，即欧盟的合法性并不主要体现在民主制度的层面上，而体现在程序性（司法的）和功能性（执行的、规范的）层面上。欧盟被要求遵守事先由选举产生的代表和任命的代表协商制定的程序。同样，欧盟的责任主要带有程序性和司法性的特点，而非激进的民主性。判断欧盟的主要标准是其实现目标的质量和数量。欧盟集体决定并非由多数民主程序（由民主程序选出的多数将自身意志强加在其他人身上）做出，甚至在大多数情况下并非由所谓的"有效多数"（赋予成员国代表基于本国人口数量的权重）做出。只有少数决议是完全投票表决的。(Bomberg 和 Stubb 2003：51－53)相反，欧盟的运作和决定主要是通过各国指派的代表和选举所产生的代表协商达成。只要任一国家在任一问题上认为事关"国家利益"，即可反复协商，直到达成一致，然后与会代表将说服本国政府和议会接受。这一机制得到成员国的接受，部分因为欧盟的主要原则是通过共同程序、制度和政策达成共识，建立各方均能接受的标准，把各方的摩擦和损害减到最低，致力于共同的利益、安全和繁荣。与一些人的看法相反，布鲁塞尔的管理层很少把决定、政策、规章、指示或立法强加于成员国身上，部分原因在于其无权这样做。绝大多数由欧盟委员会发出的法律、规章和准则由成员国指派的代表和选举产生的代表之间协商达成，其作用不过是为政策、决定和立法修补漏洞，弥缝缺口。委员会的权力和处罚措施大多限于督促和劝说成员国遵守并执行这些政策、决定和法律。

因此，尽管只有那些被视为自由民主政体的国家才被允许加入欧盟，尽管欧盟超国家的公民法律秩序或公民社团在民族国家层面和次国家层面上提供了一个司法性和制度性的超级结构（它强有力地支持自由民主）；自由市场经济、有限政府、公平的竞争环境和自由的公民社会,但欧盟自身并非一个民主的实体。欧盟就其功能和特点而论,更多带有法治的色彩,而非民主。欧盟主要依靠法治原则并使其普及各种政治经济活动中去,才得以帮助 1989 年后的东中欧、波罗的海和巴尔干国家(在适当的时候)实现转型。

不幸的是,尽管研究欧盟"东扩"和东中欧、波罗的海和巴尔干国家所谓"欧洲化"的学术文章如雨后春笋般冒出来,但其中多数都没有真正把握住这些国家所经历的转型的本质和重点。许多分析家一直以来就欧盟东扩及其与欧洲后共产主义国家政治、经济和社会转型的关系在西方发表看法,可惜这些分析家对这些国家的历史、政治和经济发展均无专门的研究,只是在近期才予以关注——经常是以一种肤浅的方式。这种状况的直接后果是大量使用西方词汇、术语、概念(主要是从西方独特的问题、发展轨迹和历程中演绎出来)对发生在东中欧、波罗的海和巴尔干国家的变革及其遭遇挑战的性质进行盲目的概念套用、分析和解释,而不是从这些国家本土的概念体系出发、立足于他们自身的悠久历史和文化传统,对他们融入欧盟及所引发的变革作出判断。西方术语和概念的充斥在对这些国家进行深入研究时显得苍白。最富洞察力和启发性的研究由中东欧、波罗的海和巴尔干国家的分析家作出。他们见证并经历了这场巨变,他们第一时间经历了这场挑战并身临其境,他们演绎出了理解、分析这一历史现象"本土的"概念和方式——比如,阿赫(Agh, 2003)、迪米特罗娃(Dimitrova, 2004)以及鲁普尼克和泽龙卡(Rupnik & Zielonka, 2003)、裴泰和泽龙卡(Pettai & Zielonka, 2003)、多布雷和科曼(Dobre & Coman, 2005)的研究。

581

西欧接纳中东欧进入欧共体的第一步,迟疑的 1991 — 1997 年

让·莫内和欧共体的"奠基之父们"从不曾试图将他们的杰作局限在西欧俱乐部。当然,没有太多材料可以支持这个论断。不过,已故的弗兰茨·迪谢尼私下里和在公开的出版物中都宣称:"莫内从不认为共同体应只限于最初的六国。"事实上,在 1958 年 3 月 28 日,莫内曾经告

诉欧洲理事会经济事务委员会,"我们的共同体既不是一个小欧洲,也不是一个封闭的欧洲",这一立场同样蕴藏在莫内对欧洲联盟的定位上,他将后者视为"实现德国统一的唯一途径。除非发生影响整个中欧的巨变,否则德国很难统一——历史已经证明了这一事实"。(Duchêne 1994:379)西德外长海因里希·冯·布伦塔诺(Heinrich von Brentano)在1959年1月15日发表的演讲中清楚地宣称,"欧洲政治共同体无意于自我限制,正如我们所创设的欧洲经济共同体,只要能够接受基于共同福祉所设置的必要的政治条件,共同体对所有欧洲国家都是开放的"。(Brentano 1964:161)

1989年12月9日,在东中欧剧变所带来的亢奋和乐观气氛中,参与欧洲理事会会议的各国首脑们明确了欧共体及其成员国"在这欧洲历史的决定性时刻,必须充分认识到历史赋予自身的使命和责任"。东中欧、波罗的海和巴尔干国家的第一届后共产主义政府对于所谓"回归欧洲"寄予极大期望。"回归欧洲"这个口号本身就体现了一股强烈的渴望:渴望赶紧加入欧盟;渴望迅速吸收西方式的法律、制度和市场体系(许多人认为这样能迅速实现西方式的生活标准);渴望更自由的交通和移民;渴望主流文化、经济和地缘政治的重新定位;渴望被国际社会视为"正常"国家。

1991－1996年的"欧洲协定"

东中欧和巴尔干国家与欧共体最初于1988－1990年完成双边贸易和合作的协定时,其第一届后共产主义政府对于尽快"回归欧洲"还抱着很高的希望。欧共体在1991年12月与匈牙利、波兰、捷克-斯洛伐克,在1992年底与罗马尼亚和保加利亚完成了双边"欧洲协定"("扩大了的联盟协定"),这一举动更加强了后共产主义国家的希望。这些协定将在为期十年内分阶段地降低、解除贸易壁垒,并有可能(但不肯定)在新千年之际接纳后共产主义国家加入欧盟。继12月31日捷克和斯洛伐克发生"天鹅绒革命",欧盟随即于1993年10月与独立的两国分别签署了"欧洲协定"。1995年6月与立陶宛、拉脱维亚和爱沙尼亚,1996 年 6 月又与斯洛文尼亚签署了"欧洲协定"。协定生效时间各国不同,波兰和匈牙利是 1994 年,捷克、斯洛伐克、保加利亚和罗马尼亚是 1995 年,波罗的海国家是 1998 年,而斯洛文尼亚是 1999 年。

然而,与巴尔干、波罗的海,尤其是东中欧国家的预期相反,欧共体对于吸收前共产主义国家回归(重回)欧洲主流表现得并不积极。用雅各·阿塔利(Jacques Attali,欧洲复兴开发银行的创立人)的话来说,1991－1992 年签署的"欧洲协定"似乎旨在"限制他们接触西方核心市场,而非包容他们"。(引自 *FT*,1992 年 10 月 29 日,第 19 页)之所以如此,主要是出于维持各种"防护措施"和"反倾销"条款的考虑(就是所谓的"暂时性保护",用于应对欧洲前共产主义国家任何和可能引发"混乱"的出口状况),并限制欧共体对农产品、加工食品、饮料、钢铁、化学品、纺织品、鞋类、服装和其他所谓"敏感物资"的进口。而东中欧、波罗的海和巴尔干国家对西欧主要和潜在的出口品恰恰是这些物资。这种限制在"欧洲协定"生效后起码十年内不会解除。尽管前共产主义国家的出口对欧共体生产商威胁甚小,因为它们总计不到欧共体出口品的 1%(也不足欧共体进口的单项"敏感物资"的 4%),而且欧共体对东中欧、波罗的海和巴尔干不断增加的出口远远抵消了进口带来的损害,但是欧共体对于进出口贸易还是采取了限制性和防卫性的态度。(*FT*,1992 年 10 月 19 日,第 6 页;1993 年 6 月 7 日;1993 年 6 月 18 日,第 15 页)

1993 年 6 月的"哥本哈根标准"

1993 年 6 月于哥本哈根举行的欧洲理事会最终明确了接纳新进国家的条件:"成员国资格要求候选国保持这样一些制度的稳定,这些制度能够确保民主、法治、人权、对少数民族的保护和尊重、有效运行的市场经济,并具备在欧盟内部应付竞争压力和市场力量的能力。成员国资格还要求候选国具备承担起成员国责任的能力,包括对联盟政治、经济和货币政策目标的遵守。"(Baldwin 1994：155)除了设定候选国加盟的条件,6 月于哥本哈根举行的欧洲理事会还明确"在保证欧洲一体化良好势头的同时,出于联盟和成员国的共同福祉,联盟自身吸纳新成员的能力也是一个重要的考虑因素"。(*Enlargement Newsletter*,2006年6月6日,第2页)

对于欧盟"吸纳能力"的担忧使人们很自然地接受对欧盟进一步扩张的警告,不管是欧盟现在的成员还是试图加入的成员,都不能从将会对欧盟能力造成致命损害的任何形式和任何规模的扩张中得到好处。事实上,在我们看来,反对西巴尔干国家和土耳其加入欧盟的意见中唯一严肃且能够接受的论据是,欧盟当下的结构和程序很难将多个国家(超过10个)整合进来,也很难融合像土耳其那样人口众多的国家。这种反对意见应当引起高度重视,它所代表的立场很具说服力,它并没有对西巴尔干国家和/或土耳其的内在优点和/或"欧洲身份"提出任何负面的评价。当欧盟被迫考虑(迟早总会有这一天)乌克兰、摩尔多瓦、白俄罗斯、格鲁吉亚和亚美尼亚等国日益强烈的加入欧盟的要求时,如果仅仅只是为了避免这些国家在欧洲事务和经济发展的主流中被边缘化,那么这些反对意见的分量就变得更重。可能出于这些原因,2006年欧盟委员会认为有必要对"吸纳能力"的标准提供一个更加完整的规划:"扩张的速度必须与欧盟的吸纳能力相适应。扩张应当坚持建立在共同原则、政策和制度之上的同一个方案。欧盟必须确保自己在体制内维持按照平衡原则运行和决策的能力;遵守预算限制;执行运作良好的共同政策并实现预期效果。"(*Enlargement Newsletter*,2006年6月6日,第2页)

东中欧和巴尔干国家经历的重大转型涉及权力结构、所有权结构、政治和文化价值观、态度、假设、心态等各方面,以及这些国家重新界定自身及彼此的方式,因此为满足哥本哈根标准,这些转型注定旷日持久。作为"公民经济"和稳定的议会制民主的必要前提,强大而健康的"公民社会"的创建或恢复注定也将既困难又漫长。(Rose 1992:13-26)

在早期东中欧、波罗的海和巴尔干国家为符合欧盟成员国资格而朝民主化、法治与和平迈进时,他们曾被要求附和并接受欧盟通行的观

583

念和规则。比如,欧盟所有公民,无论国籍,都按《罗马公约》(旧)第七条授予平等的权利。这在(至少在原则上)根本上是与20世纪90年代弥漫在多数巴尔干国家、爱沙尼亚、拉脱维亚和东中欧部分国家的种族排外和歧视氛围格格不入的,这是一个大问题,也是对他们的重要挑战。不过,为避免虚伪的骂名或对双重标准的谴责,欧盟15国自己也应当坚持不懈地执行这些原则。

"第一波"申请加入欧盟的热潮,1994年3月—1996年1月

意识到"欧洲协定"事实上延缓(而非加速)了他们加入欧盟的进程,东中欧、波罗的海和东巴尔干国家的各个政府决心排除万难,正式申请更快成为欧盟的正式成员国。匈牙利于1994年3月,波兰在1994年4月,斯洛伐克和罗马尼亚在1995年6月,拉脱维亚在1995年10月,爱沙尼亚在1995年11月,立陶宛和保加利亚在1995年12月,捷克在1996年1月,斯洛文尼亚在1996年6月,都先后提交了申请。尽管在当时这些申请既不会被欧盟严肃考虑,也不会影响欧盟扩张的速度与方向,但几乎所有这些国家的议会和精英都表现出对申请的高度支持。

不过,根据1992—1996年欧洲指标的民意调查(见表36.1),欧

表36.1　欧盟的公众支持率,1992—1996　　　　(%)

年　份	1992	1993	1994	1995	1996
匈牙利	34	36	32	30	30
波兰	48	37	42	46	58
捷克	45	37	34	36	33
斯洛伐克	35	44	37	31	34
爱沙尼亚	32	31	29	30	24
拉脱维亚	40	40	35	35	26
斯洛文尼亚	45	30	37	35	35
罗马尼亚	55	45	51	50	65
保加利亚	51	42	37	27	42

资料来源:Henderson(1999:186)。

584 盟的公众支持率很微弱,这部分源于巨大的困难,同时民众普遍认为西欧和欧盟的卑劣和拖拉加剧了这些困难的程度。除罗马尼亚以外,在其他国家,申请加入欧盟很大程度上成为上层精英的事务,恰如 50 年代欧共体奠基于西欧时的情形。

自从 1918 年奥匈帝国解体后,东中欧就出现了有待填充的经济与权力的真空,于是德国和(或)俄国乘虚而入:"大自然憎恶真空"(Nature abhors a vacuum)。1989 年后,这一权力真空本可以再次由德国填补,但值得称赞的是,由赫尔穆特·科尔(Helmut Kohl)领导的德国政府认为,如果由欧盟而非统一后的德国填补这一真空,必将更安全、更令人满意。这一态度由德国执政党——基督教民主联盟的高层成员卡尔·拉莫斯(Karl Lamers)和沃尔夫冈·朔伊布勒(Wolfgang Schäuble,科尔之后的二号人物,接班人)在立场声明书中明确表示出来:

> 现在东西方冲突已经终结,必须帮助东欧建立起稳定的秩序……这对于德国来说尤为重要,因为地缘的关系,东欧的不稳定将更快、更直接地影响到德国。避免重新回到战前不稳定的体制,避免德国再次陷入东西方包夹的境地,唯一的出路是把德国中部和东部的欧洲邻居融入进(西)欧洲的战后体系,并在该体系与俄国之间建立起广泛的合作。中欧不能再有任何引致不稳定的权力真空。如果(西)欧洲一体化进程没有进展,德国出于自身安全考虑,可能会尝试靠自身力量、用传统的方式实现东欧的稳定……因此使联盟向东部扩张并对联盟自身作进一步的深化都完全符合德国的利益。事实上,深化是扩张的前提。没有内部进一步的强化,联盟就没有能力应对东扩时的挑战。(英译为"Reflections on European policy",载于 *European Access*,1994 年 10 月,第 5 期第 11－12 页)

科尔政府是欧盟内部鼓吹联盟东扩最重要的成员。(Gower

1999:8)科尔总理要求将中东欧尽可能快地融入欧盟,"不是出于经济上的原因,而是出于政治上的考虑,恰如他所推进的代价极高的德国统一一样。德国再不希望它东边的邻居被遗弃在欧洲和俄国之间荒无人烟的地带,同样,它也不希望自己的东部边界暴露在一片不安定之中"。(《经济学人》,1995 年 7 月 15 日,第 35 - 36 页)

1994 - 1995 年的"前接纳战略"和 1995 年欧盟就中欧和东欧各国融入联盟内部市场所做筹备的"白皮书"

由位高权重的欧盟委员勒昂 · 布里坦爵士(Leon Brittain)、汉斯 · 范登布鲁克(Hans van den Broek)和亨宁 · 克里斯托弗森(Henning Christophersen)于 1994 - 1995 年倡导的"前接纳战略"(pre-accession strategies)为东中欧和巴尔干国家满足入盟的"资格"设计了一系列需要接受和实施的切实的步骤,该战略通过发布欧盟白皮书的方式表现出来,三人承认白皮书具有战略上的优势。相比于欧盟早先对东中欧和巴尔干国家要求加入欧盟消极而迟疑的态度,这次的战略更积极、更具操作性,体现了重大的进步。它是对 1985 年成功创建统一欧洲市场的白皮书的模仿。不过,批评者们指出,这个策略对于欧盟成员国资格所要求的技术专家型经济和商业准备过于重视,相对忽视了政治和文化领域更加困难和根本的变革或重新定位。罗马尼亚前外交部长、设于布加勒斯特极具影响力的新欧洲学院创始人安德烈 · 普列苏(Andrei Plesu)警告说:"一体化进程过于强调法律和财政层面的整合,导致欧洲被改造成一个严格意义上的技术框架,成了一个单纯管理性的机制。'欧洲'由此演绎出一套令人遗憾的标准,失去了激励他国争相效仿的有吸引力的模式光环。"(Plesu 1997:53 - 56)瓦茨拉夫 · 哈维尔总统也持相似观点。(Havel 1994b:240 - 245,291 - 302)

585

1995 年 12 月在马德里的欧洲理事会,欧盟继续拖拉

1995 年 12 月在马德里由欧盟各成员国首脑参与的欧洲理事会要

求欧盟委员会开始就欧盟东扩的范围、可行性和意义准备一份详细的报告,包括起草对各个申请国的单独意见(就是否将申请国列为正式候选国、从而启动正式的加盟谈判提供意见和建议)。峰会预测与有资格的后共产主义候选国开始加盟谈判的时间可能会与塞浦路斯、马耳他的协商时间相重合。会议还批准了所谓的"马德里标准",后者强调未来的成员国今后必须能证明他们拥有遵守、执行欧盟一揽子法规的"行政和司法能力"。这成为 1993 年 6 月出台的哥本哈根标准的重要补充。

不过,在 20 世纪 90 年代的大多数时间,欧共体/欧盟迟迟不肯为东扩的第一步设定一个准确的时间表,尽管它设置了与相关国家进行定期"结构性对话"的措施。绝大多数欧盟国家都受到其自身看似棘手的争论和问题的困扰,从而无意于尽快接纳新的成员国,尽管那些已与欧盟签署联合协议的国家已经得到许诺:在预定的期限内,他们可以成为正式成员国。以下历史可能值得回顾:西班牙和葡萄牙用了六年时间才就加入欧盟协商出能够一致接受的条件(尽管潜在的问题很少);希腊在签了联合协议之后足足等了 24 年才正式加入欧盟;土耳其自从 1964 年以来一直在苦等(虽然直到 1987 年,他才正式申请欧盟成员国资格)。西方对欧洲后共产主义国家的经济和技术援助最初在陈旧的东西方关系框架之内进行。几乎没有要求试图变革或挑战这一长期确立的框架。胆怯的西方政府倒是非常乐意解除他们对欧盟委员会的责任,后者用海茵茨·克拉默(Heinz Kramer)的话来说,"主要依赖于欧共体对外关系中行之有效的方式和程序"。这有两点含义:"帮助提高自立的能力"和"通过有组织的自由贸易实现一体化"。(Kramer 1993:222)欧共体/欧盟对东中欧、波罗的海和巴尔干国家的援助和贸易得到加强,而并没有改变普遍的双边主义和权力严重不对等的格局。增加的援助和贸易仅仅是"覆盖在"原有的结构之上,并没有质的变化,而那些接受援助的国家则始终处在经济依附者和乞讨者的地位。尽可能维持现状是一种官僚政治的策略。将欧共体或欧盟对于后共产主义国家不断增长的援助和贸易嫁接到欧共体既有框架之中,可以将对现有成员、制度、程序的破坏降至最低,可以避免任何对欧洲结构进行彻底的重构,可以阻止构建缩减东西方差距的新框架的要求。因而,1990 年密特朗(Mitterrand)总统和 1991 年哈维尔总统提出的雄心勃勃的(泛)欧洲邦联计划刚一提出就被出局。不幸的是,因为(泛)欧洲邦联计划的启动主要事关欧洲安全和高层政治,当欧盟和北约不久以后陷入如何处理与俄罗斯、乌克兰关系的难题时,欧洲邦联计划本可以帮助避免这一两难的窘境。它本来还可以在一个广泛的框架内为东中欧、巴尔干国家和苏联的诸多小加盟共和国提供可靠的安全保障,而且这样的框架还不会排斥或敌视俄罗斯。它本来还可以为处理边界纠纷和保护少数民族的权益以及类似的问题提供一个更合适有效的平台,这些纠纷和问题可能会激发高加索地区和前南斯拉夫暂时平息的民族矛盾,也可能激发摩尔多瓦、特兰西瓦尼亚、斯洛伐克、乌克兰、拉脱维亚和爱沙尼亚的民族冲突和(或)紧张局面。

586

1995 年 3 月的稳定公约

1990－1991 年哈维尔总统和密特朗总统争取泛欧洲邦联计划的支持失败以后,由法国总理爱德华·巴拉迪尔(Edouard Balladur)领衔的法国政府于 1994 年 5 月 26－27 日在巴黎主持会议讨论欧洲安全问题,明确表示要推进所谓的稳定公约,从而限制、预防和制止那些曾经给前南斯拉夫带来深重灾难的边界矛盾、少数民族矛盾以及类似问题。签署"睦邻"条约成为加入欧盟和北约的附加条件,从而确保边界安全和少数民族的权利。双边协议将在一年内签署。加上已有的友好协议,这些构成了稳定公约的一部分。参加条约的国家有保加利亚、捷克、匈牙利、波兰、罗马尼亚、斯洛伐克、爱沙尼亚、拉脱维亚和立陶宛。意大利声称二战后南斯拉夫掠夺了它的财产,要求赔偿,导致斯洛文尼亚被排斥在正式成员国之外。1995 年 3 月 20－21 日于巴黎举行的会议达成了一系列不具约束性的原则,即"在欧洲促成欧洲民主化不可逆转的推进,并建立持久的睦邻关系"。

東 欧 史

本着这个原则,匈牙利和罗马尼亚的首相在 1996 年 9 月 16 日签署了一份"基础协议"(有关"和解和友谊")。两国间长期有争议的边界被宣布为不可侵犯。尽管匈牙利族裔和罗马尼亚族裔都被授予人权,协议并没有承认他们的"集体权利"或授予他们自治权。不过协议要求两国保护公民自由,保护少数民族聚居区文化的完整性。任何地区只要存在少数民族居民大规模集中聚居,该地区就有权使用母语进行教育,并有权在行政和司法程序的记录中使用母语。相似的条款在有关路标、印刷媒体、广播及少数民族公共生活的其他方面都有涉及。签约的每一个国家都承诺在加入北约和欧盟问题上相互支持。(*IHT*, 19 September, 1996, p.8)在双方顽固的民族主义者的反对声中,这份协议的签订被寄予厚望,它将成为一个好的榜样,鼓励并促进该地区其他相似纠纷得以解决。

20 世纪 90 年代西方对欧洲后共产主义国家援助的贫乏

西方政治家、经济学家和政治评论家们呼吁一个新的"马歇尔计划",来帮助中东欧和巴尔干国家向市场化和议会民主制"转型",并认为这也符合西方(尤其是西欧)自身的利益。因此,美国前众议院多数党领袖理查德·格普哈特(Richard Gephardt)在苏联鹰派于 1991 年 8 月政变流产后写道:"美国和他的盟国避不开这些苏联集团国家政治与经济垮台的后果。如果冲突和骚乱加剧,华盛顿不仅必须面对新的军事威胁的可能,还将错失通过利用不断扩大的东方市场而为本国经济创造新的工作和投资的机会……因此让世人明白这样一个道理很重要,那就是谁为自由而战,谁的努力就必将得到回报。"(参见 *IHT*, 1991 年 9 月 1 日,第 6 页)《独立报》1991 年 12 月 27 日的社论也明确提出"良性循环"论:"对西方而言,没有什么比在前苏联集团播下民主的种子更有利的事了。如果能成功,那么俄罗斯将在几个世纪以来第一次停止对西方的军事威胁。俄罗斯太平了,那么中欧就不会滋生出把欧洲大陆拖入这么多场战争的冲突和军备竞赛了……接下来,随着市场经济的东扩和新成员加入欧共体,将出现一片拥有广阔经济潜力

587

的区域,由此所带来的好处将远远超出欧洲范围。"

波兰和匈牙利经济重组行动计划(PHARE)

在雅克·德洛尔(Jacques Delors)和美国总统乔治·布什(George Bush)的共同倡议下,欧共体委员会担负起西方向东欧提供援助的组织协调工作。作为一名受贸易联盟支持的法国天主教社会党人,欧共体委员会主席德洛尔(1985－1995年在任)被视为西方与波兰新天主教/团结工会政府以及匈牙利新天主教/民族主义者民主论坛政府发展关系的理想人选。此外,由于美国"帝国主义的过分扩张",总统布什也被各方事务搅得焦头烂额,巴不得卸下组织协调西方接纳后共产主义东方的主要责任给欧共体委员会。这一安排也符合西方宣传的与欧洲后共产主义国家发展多边而非双边关系的理念,该理念有助于确保其中的责任和利益能够为各方更公平地承担,也有助于鼓励各个利益方之间的多边合作。1989年7月,七国集团峰会的主要成果是：① 建立"二十四国集团"援助机构(the G24),包含西方所有大国和中等国家(包括日本);② 发起由欧共体支持的援助波兰和匈牙利经济重组行动计划,简称"法尔计划"(Pologne, Hongrie: activité pour la restructuration économique, PHARE. Phare在法语中的意思是"灯塔"或"烽火台")。不过随后,1990年5月法尔计划推广到捷克斯洛伐克、罗马尼亚、保加利亚和南斯拉夫;1991年12月推广到阿尔巴尼亚、立陶宛、拉脱维亚和爱沙尼亚(瓦解的南联盟被排斥在外);1992年推广到斯洛文尼亚;但法尔计划的称谓就走样了。该计划的主要关注点在微观经济层面和技术援助层面：农业、食品、食品加工和物流、工业和银行系统的重构、提升能源使用效率和安全、鼓励(小规模)私营企业、提供初步的社会"安全网络"、改进民主化程序、实行法律改革、保护少数民族权益、缔造公民社会。(PHARE 1994：7)法尔计划试图避开稳定宏观经济层面的事务,因为这被视为国际货币基金组织的任务;同时也不插手有关大规模结构性调整的事务,因为这是世界银行和国际金融公司的任务。

全欧高等教育流动计划(TEMPUS)

1990 年 5 月欧共体还为高校研究开启了全欧高等教育流动计划。该计划旨在提升欧共体内高等教育机构之间及与东中欧、波罗的海、巴尔干国家高校之间的合作和师生间的交流,并帮助后者改革高等教育和研究的结构及内容,从而更新他们的教材和设备。

欧洲复兴开发银行(EBRD)

588   尽管美国感到不安,1989 年 12 月在斯特拉斯堡举行的欧共体峰会还是批准了密特朗总统有关建立欧洲复兴开发银行的建议。欧洲复兴开发银行于 1991 年 4 月 15 日正式运营。总部设在伦敦,董事会以雅各·阿塔利为首,由 23 名成员组成。有 39 个国家和 2 个机构股东参与。股权分配如下:欧共体国家、欧共体委员会和欧洲投资银行占 53.7%;7 个(前)华沙条约组织成员国和南斯拉夫占 13.5%(其中苏联占 6%,但其获取信贷资格仅限于为期三年以上的实收资本额的三分之一);美国占 10%;日本占 8.5%;欧洲自由贸易联盟成员国占 10.7%;其他国家还有马耳他、塞浦路斯、墨西哥、埃及、摩洛哥、列支敦士登公国和以色列。欧洲复兴开发银行注册资本 100 亿欧元,其中三分之一作为基本金,剩余部分可供借贷。它的宗旨是"为那些致力于普及多党派民主、多元主义和市场经济原则的中东欧国家提升私人和企业家的积极性和创新行为"。资金可按市场利率出贷,可投资于主权资本、联合企业,并为担保和技术援助提供保障。尽管国有企业私有化进程需要贷款,但 60%的资金将投向私有部门的发展(私有部门信贷获得者应当是那些有发展潜力但无力吸引私人资本的实体)。40%的资金用于交通、通信等基础设施方面的投资。1992 年 2 月,60%的资金被决定投向中东欧、后共产主义的巴尔干国家和波罗的海三国,而剩下的 40%则投向苏联的 11 个加盟共和国(格鲁吉亚除外)。苏联在欧洲复兴开发银行 6%的股权则在其继任的国家中重新分配。

欧洲复兴开发银行第一任总裁雅克·阿塔利宣称"为使分裂欧洲

的历史一去不复返,构建泛欧洲机制过去是、现在也是我们的梦想",他还明确希望,通过帮助后共产主义国家转型为民主政体和市场经济体,欧洲复兴开发银行将转变为一个真正的"泛欧洲机制",就好像欧洲煤钢共同体并入共同市场一样。(*FT* interview,1991 年 4 月 15 日,第 25 页)不幸的是,欧洲复兴开发银行浪费在自己身上的资金比投给客户的还要多,导致迅速背上骂名,阿塔利也于 1993 年夏天在审计委员会一份高度批评性的报告发表之后辞职。不过,欧洲复兴开发银行早期的低支付率并不能全归咎于阿塔利或欧洲复兴开发银行。阿塔利曾经尝试放松对欧洲复兴开发银行的限制。他还建议设立软贷款机制,帮助军工生产转为民用生产,重组如原子能一类的部门。美国,尤其是他的财政部长尼古拉斯·布雷迪(Nicholas Brady)拒绝了这个建议,这在一定程度上是出于众所周知的原因,即美国讨厌公共企业,并且在欧洲复兴开发银行设立之初就表现得不安。在一些人的眼里,尤其是美国人眼里,欧洲复兴开发银行成了昂贵而无用的"欧洲"复制品,它的功能早就由符合美国利益的机构(例如,世界银行)执行了。阿塔利关于"银行的钱比贷款计划还多"的抗议也被置若罔闻。(*FT*,1992 年 4 月 13 日,第 2 页)理查德·波茨(Richard Portes)是一位欧洲东西方经济关系领域的著名西方专家,他极力为阿塔利辩护:"因为他为银行输入了优秀的人才,因为他公开号召维护东欧及正确处理与东欧的关系……那些认为无需银行的人忽视了这一行动的历史意义和独特的内涵"。(给《金融时报》的信,1993 年 6 月 29 日,第 14 页)具有讽刺意味的是,虽然欧洲复兴开发银行的业务范围狭窄,但在阿塔利辞职的时候,东欧私营企业的扩张正在迅速增加符合条件的借款者的数量;这引起许多问题,给阿塔利制造了不少导致其去职的麻烦。与此同时,欧洲复兴开发银行失去了一位高瞻远瞩的领袖。

589

雅克·德拉罗西埃(Jacques de Larosière)是国际货币基金组织(IMF)前执行总裁、现法国中央银行行长,于 1993 年 8 月 19 日被指定为阿塔利的接班人。1993 年 11 月 8 日一个从根本上重组欧洲复兴开发银行的方案得到批准。国际货币基金组织下属的发展银行部(负责基础建设项目)和商业银行部(负责促进私营部门的发展)被取消。将来的重点要放在扩展业务范围以及在接受贷款国培养本土职员上。

欧洲复兴开发银行的净支付额由 1992 年的 1.27 亿欧元增至 1993 年的 4.09 亿欧元,1994 年达到 5.91 亿欧元,1995 年达到 9.88 亿欧元。1996 年 4 月 15 日,60 个股权国一致批准将欧洲复兴开发银行的资本金加倍达到 200 亿欧元。在此之前,成员国其实有 58 个,波黑于 1996 年 4 月 11 日才被接纳。欧洲复兴开发银行决议,准备将业务重心逐步由中东欧较发达国家转向巴尔干和苏联较落后的国家。2005 年,欧洲复兴开发银行正式宣布将把中东欧和波罗的海国家视为有自力更生能力的"正常"经济体,因此今后将把重点放在更"需要帮助的"巴尔干和后苏联时代的加盟共和国。

从西方富国餐桌上剩下的残羹冷炙

如波兰和匈牙利经济重组行动计划(PHARE)、全欧高等教育流动计划(TEMPUS)、欧洲培训基金(ETF)以及对独联体的技术援助(TACIS)这样的援助计划确实为后共产主义国家的转型提供了援助。截至 1993 年,由欧盟管理的 PHARE 和 TACIS 将 70% 的西方援助输往后共产主义国家。(《经济学人》,1993 年 4 月 10 日,第 21 页)截至 1992 年底,PHARE 计划拨款 23 亿欧元(26 亿美元),但实际只支付 8.888 亿欧元。(*BCE*,1993 年 12 月/1994 年 1 月,第 18 页)而到 1994 年底,PHARE 的计划拨款额达到 38 亿欧元,TACIS 达到 17 亿欧元。

然而,考虑到借款国的实际需求,以及欧洲作为一个整体拥有的资金规模,再加上尽管苏联和华沙条约灰飞烟灭,但是西方国家在国防上的开支还是如此巨大,由欧盟协调,给东中欧、波罗的海和巴尔干国家的西方援助数额还是很微小的。从 1991－1993 年,西方对欧洲前共产主义国家的官方援助总额仅占受援国 GDP 总量的 2.7%。(World Bank 1996: 138)1991 年和 1992 年,西方每年对巴尔干和东中欧的援助额仅为 200 亿至 250 亿美元。(*FT*,1991 年 4 月 17 日,第 2 页)这个数量还不到欧共体年均 GDP 的 0.3%。相对于后共产主义巴尔干和东中欧国家对外部融资的需求,西方对东德每年转移支付的 700 亿至 900 亿美元,以及七国集团 1990 年用于国防建设的 5 000 亿美元,西方 的援助简直微不足道。威廉·普法夫(William Pfaff)对此评论道:"东 方国家每年向西方国家支付的利息和还款比从后者那里得到的援助还 要多。"(*IHT*,1991 年 9 月 14 日,第 6 页)

具有讽刺意味的是,西方的所作所为暴露了他们的心态：他们更 愿意花钱打赢冷战,却不情愿在维持事后和平方面尽力。1995 年,尽 管前苏联的威胁早已不存在,美国国防开支依旧高达 2 630 亿美元,日 本是 560 亿美元,法国为 370 亿美元,英国 340 亿美元。(*FT*,1995 年 10 月 11 日)并且,西方国家自 1990 年或 1995 年以后国防开支也没有 明显下降。在 2005 年,美国国防开支为 4 720 亿美元,而北约其他盟 国总额为 2 660 亿美元。(《经济学人》,2006 年 11 月 25 日,第 23 页)

相对于主要援助国的经济收入,当年马歇尔计划花去美国 GDP 的 1.5%,已经是相当慷慨了。并且,马歇尔计划援助的 80% 是无须偿还 的,而 20 世纪 90 年代早期西方给中东欧和巴尔干国家的绝大多数援 助或是采取贷款形式或是以西方公司发放商业信贷的方式,前者只会 最终增加借款国已然规模庞大的债务和加重其偿还债务的负担;后者 则有利于西方增加对借款国地区的出口。

90 年代中期,PHARE 计划下分配给东中欧、波罗的海国家、保加 利亚和罗马尼亚的资金平均到每个借款国,每人每年只有 10 欧元(大 致为 10 美元或 6 英镑)。(Mayhew 1998：17)这只相当于每年给借款 国的每一个居民在餐厅购买一份普通的饭菜! 更糟的是,这些援助计 划由于缺乏有力的监控系统,重复其他机构的工作,过于集中、笨拙,以 及受到短期预算的限制而备受批评。(*BCE*,1995 年 4 月,37,44－48)

为什么西方对欧洲后共产主义国家的重建和复兴实质性 援助如此之少?

首先,对"苏联的威胁"的恐惧已经不复存在。毫无疑问,1947－ 1951 年,这一点成为决定美国马歇尔计划规模的主要因素。在 20 世

590

纪 90 年代早期,西方的担忧转移到伊斯兰世界,从萨达姆·侯赛因、伊朗的阿亚图拉,遍布阿尔及利亚、突尼斯、埃及、土耳其的伊斯兰激进运动,到北非、库尔德和土耳其数百万迫于国内冲突、大规模失业、现实和潜在的政治和宗教迫害的逃难移民。这些新出现的问题不但不会鼓励西方对欧洲后共产主义国家的慷慨解囊,反而促使法国和南欧要求重新分配欧盟的资源,通过与北非和黎凡特国家在 1996 年达成"欧洲与地中海伙伴关系",把关注点由东欧转向欧洲的"南翼"。除了仇外的焦虑,还存在"拉丁"恐惧,即随着奥地利、瑞典、芬兰于 1995 年 1 月加入欧盟,欧盟东扩将使其重心转移到逐渐复兴的中欧地区。因此,1994 年 11 月,法国总理爱德华·巴拉迪尔写道:"为避免因为欧盟北扩和东扩而遭到边缘化,法国必须为自己设定几个目标,进一步加深法德关系,与英国加强合作,尤其防御方面的合作,加强与意大利和西班牙的联系。"(引自 *FT*,1994 年 11 月 30 日,第 2 页)

在 20 世纪 90 年代的多数时间里,西欧国家还被其自身的内部问题所困扰,包括长时间的经济衰退、高失业率和庞大的财政赤字。很不幸,欧洲东部建设自由、多元的议会民主和市场经济的巨大任务与西方经济衰退的时间重合;与此同时,欧共体内部更深程度的融合是在问题频出和政治争议中进行的,其中包括后来愈发令人反感的《马斯特里赫特条约》(1991 — 1993)的协商、批准和执行。

除此之外,欧共体/欧盟无法很好得扮演沟通合作的角色。(这或许是它被授予这个角色的原因之一!)虽然 12 个(从 1995 年起是 15 个)成员国相互争吵、相互挑刺、相互竞争,但它依然是一个存有内在缺陷的组织,在整个 80 年代和 90 年代,这些成员国受到内部事务、争端和异议的严重困扰。虽然名义上欧共体/欧盟对自身 GDP 的 1.2% 享有控制权,但其实它既没有必要的资金也没有政治实力去调动充分的资源,挑战既有的权力关系和权力结构,充分打破欧洲东西方分裂的模式。联盟还缺乏处理外部关系的良好机制、程序和能力,这一点从1990/1991 年处理海湾危机和 1991 — 1995 年间处理前南斯拉夫冲突时的无能中体现得淋漓尽致。不幸的是,共同的区域性政策、社会性政策、工业和农业政策的发展以及成员国的一票否决权使得欧共体/欧盟遭到生产商利益的绑架,这些生产商组织得更有效率,比西欧消费者能更好地向政府和欧共体组织施加压力。西欧消费者从不受限制地获取欧洲前共产主义国家的产品中受益,这些前共产主义国家对欧共体的影响力更小。欧共体/欧盟还受大财团的幕后操纵。因此无论是在经济援助、贸易自由化方面,还是欧洲"大厦"的彻底变革方面,所有这些因素都阻碍了对欧洲后共产主义国家的根本变革。

西欧的自恋、缺乏远见和"疏忽之罪",1990－1997 年

必须承认,到 20 世纪 90 年代中期,即便是最吝啬的西方政府、议会、经济学家和政治评论家都开始意识到中东欧和巴尔干所要求的援助的重要性,因为发生在南斯拉夫大地上惨烈的战争让西方政府意识到,如果对"东方"的恢复和重建不增加援助,西方政府将付出多么巨大的代价。不过,除了德国以外,每个西欧国家都希望对方多掏钱,并且指望能利用其他国家创造的商业机会牟利。进而,欧盟的成员国(包括德国)还是期望"东方人"自己能够承担起绝大多数的困难、牺牲和调整中面临的负担。在承担必要的调整和牺牲方面,欧盟内部几乎没有正面回应。正如雅各·阿塔利在 1994 年所说:"西欧不具备联盟应当具有的全球视野。每个人都拘泥于各自国内的问题。我们真的需要新一代高瞻远瞩的政治家。"(The *Guardian*, Supplement, 26 January 1994, p.7)

西欧政府及其公民对保护并保持自身较高的财富水平、较低的失业率、高福利和在欧洲及全球事务中的主导地位的关注,远远高于对与东中欧、波罗的海和巴尔干国家分享利益并接纳他们进入欧盟的关注。1945－1989 年欧洲东西方分裂和 90 年代早期大多数后共产主义国家遭遇的大规模经济崩溃从根本上加剧了东西方经济的差距,大多数西欧国家因此不情愿与相对贫困的"东方表弟"分享利益。到 1997 年,欧盟对于后共产主义东中欧、波罗的海和巴尔干国家的政策依然是消极应对的,并尽可能少、尽可能迟和尽可能拖延地提供援助。在加速申请

国融入尚未成熟的欧洲统一市场,并使其参与欧盟政策的制定方面,它几乎无所作为。

不过,有必要说明的是,申请加入欧共体/欧盟的国家更希望有一份既定的规则可以按部就班地遵照执行,而不是事事都要经过讨价还价(Preston 1997:228);还有必要说明的是,欧共体/欧盟的主要任务应当是维持其政治的和制度方面的自我发展,支持并维护其奠基之父世界主义的理想,因为如果不是这样,它就不值得加入了。这实际上限制了欧共体/欧盟为吸纳新成员而做出实质让步的限度,尽管这经常被用来作为掩饰其卑劣的借口和托词。同时,过早地接纳东中欧、波罗的海和巴尔干国家进入欧共体/欧盟可能会有害无益,1990年的东德(通过德国的合并)就是一个例子。

20世纪90年代西欧大国的"疏忽之罪"包括最初的一系列失败:① 帮助欧洲后共产主义国家获取成员国资格而设定的步骤是失败的;② 没能为实现必要的转型而提供经济和技术援助;③ 没能促使这些国家在过渡期尝试组织自己的经济联盟;④ 没能提供解除欧共体贸易壁垒的清晰时间表。为鼓励中东欧、波罗的海和巴尔干国家的政府、议会和人民"忍受"极端痛苦且政治成本极高的经济自由化"进程",为鼓励更多的西方公司投资于该地(确信他们的产品在不远的将来在欧盟市场能够货畅其流),为帮助这些地区刺激并维持出口导向型经济的恢复,需要有更积极的行动和更有力的经济支持。出口市场对于后共产主义国家是非常重要的,因为80年代末90年代初这些国家国民(本已低下)的实际收入下降了,导致国内市场在多数情况下都很小,国内购买力很低。对中东欧、波罗的海和巴尔干多数国家而言,这些地区社会-经济条件的恢复只能帮助它们挣到足够的硬通货,以缓解沉重的外债负担和(或)为复苏的能源需求买单,因为大多数能源都依靠进口。由于阻滞这些国家对西欧市场的出口增长,欧共体/欧盟的进口限制不但阻碍了他们的经济复苏和长期经济发展,还彻底延缓了他们加入欧盟的进程。(因为它们的经济情况太差以至于无法得到欧盟成员国资格!)

在经历了急剧的市场化，补偿一再拖延(大多数补偿对于下层百姓而言是没有机会得到的)，欧共体袖手旁观，在有关开放欧共体/欧盟市场和为欧盟第一次东扩提供时间表方面蓄意的拖延和搪塞后，后共产主义的中东欧、波罗的海和巴尔干国家的许多居民已经清醒、甚至感到愤怒了。这一点丝毫不令人感到奇怪。这无异于给"回归欧洲"的大众热情浇了一瓢冷水。1994 年初的欧洲民意调查显示，在四个维谢格拉德集团国家（Visegrad States）对于欧盟的好评已降至 37％。(Kolankiewicz 1994：478)

东中欧、波罗的海和巴尔干国家的政府和"受教育阶层"也越发感到欧共体防御性、小气、居高临下的语气和态度是一种侮辱。用波兰前财政部长莱谢克·巴尔采罗维奇(Leszek Balcerowicz)的话来说："西方政府看起来并未意识到自身的潜在能力，即对西方而言微不足道的小事却可以左右前社会主义国家经济改革的成功与否……对于西方国家而言只是微不足道的市场准入限制却可能给这些正在经历激进经济改革的国家造成巨大伤害，降低他们改革成功的机会。"(引自 *IHT*，1993 年 12 月 7 日，第 9 页)1994 年 12 月捷克总统瓦茨拉夫·哈维尔抱怨道：

> 新的和稳定的欧洲秩序正在慢慢出现，但比五年前我们所预期的要艰难得多、痛苦得多。许多刚刚剥去集权政体的国家仍然感到无法在一个民主国家的团体里立稳脚跟。它们常常因为团体在接纳它们时表现出的不情愿而深感失望。从这些国家和人民的头脑中产生的心魔有可能再次蛊惑他们，令他们暗地里却有条理地破坏欧洲未来和平所依赖的原则。（Vaclav Havel，The *New York Review of Books*，2 March 1995，p. 43)

593

欧盟和候选国间普遍的"中枢辐射式"关系，候选国间预备一体化被相对忽视

欧盟坚持与候选国单独谈判，而非集体谈判。每一个东中欧和波

罗的海国家都想抢先谈判,而非发展与欧盟的合作关系。这一点与1992年"捷克斯洛伐克"的骤然解体一起,严重破坏了"东中欧"作为明确而有内聚力的实体形象,破坏了东中欧一体化计划的声名,比如1991年2月成立的维谢格拉德集团和1993年3月成立的中欧自由贸易区(CEFTA)。

欧盟和候选国之间所谓的"中枢辐射式"关系,最主要的缺陷在于这种关系除了鼓励候选国与欧盟之间的一体化之外,无助于候选国之间的多边贸易、合作和一体化进程。经济学家理查德·鲍德温(Richard Baldwin)认为双边"轴辐式"的自由贸易协定(FTAs)倾向于使"被辐射"经济体"边缘化",因为"被辐射"国家的市场准入程度低于中心国家。因此,中枢辐射式的自由贸易协定人为地阻碍了对外围经济体的投资。这进而导致外围或"被辐射"经济体"过于弱小",从而降低了试图在被辐射经济体内寻求商机的欧盟公司的利润率,强化了公司进驻中心而非外围的倾向。(Baldwin 1994:133-134)同时,这种局面一旦形成,即便最初的原因已经消失,它所带来的危害也可能长久持续,因为"长达五或十年的中枢辐射式双边主义"将使处在欧盟内部的生产商在一开始就领先于其外围的竞争对手,即便在十年内外围国家最终进入欧盟"也不足以抵消最初落后造成的损害",而这种损害就是处在"中心"位置的生产商在一开始造成的。(第135页)

为克服这种不利局面,"被辐射"经济体通过为外国投资人提供保护,使其免受其他"被辐射"经济体出口威胁的方式来努力吸引境外资本直接投资。"如果这种通过讨好迎合来吸引投资的方式普及开来,'被辐射'经济体将最终被'巴尔干化'。到时,外国跨国公司将会把没有效率的小规模生产设置到每一个'被辐射'经济体中去。这样一来,那些在'被辐射'经济体中投资规模小、生产无效率的跨国公司……将反对推动'被辐射'经济体之间的贸易自由化"。(Baldwin 1994:138)20世纪90年代这种模式在中东欧体现在汽车和电视的生产上。"轴辐式"关系不单使"外围"或"被辐射"经济体边缘化,而且阻碍了他们之间的经济联系。这增加了设想"构建欧洲协议多边化的清晰路径,从而创造一个综合的自由贸易区域、深化诸如欧盟-欧洲自由贸易区域之类的一体化"的需要。(Portes 1994：1188－1189)

　　20世纪90年代欧盟和候选国普遍的"轴辐式"关系与1947－1948年马歇尔计划高瞻远瞩的多边式架构形成鲜明反差。马歇尔计划精明地要求以在欧洲经济合作组织(OEEC)框架下受援国求同存异为提供援助的条件;欧洲经济合作组织的任务是推出欧洲复兴计划(ERP),用于支持成员国之间的多边贸易、合作、一体化、互谅互让和市场一体化。根据乔治·凯南(George Kennan)(启动马歇尔计划时美国国务院政策研究室主任)的说法,如果当时美国不在多边化问题上坚持,"那么美国不可能应对那么多相互冲突的国家需求,这些需求出于相互竞争的目的往往夸大其词,往往将各国解决经济问题的努力反映在民族国家的框架内而非反映在欧洲框架内……通过对共同框架的坚持,我们希望促使欧洲在经济问题上开始像欧洲人而非民族主义者那样进行思考"。(Kennan 1979：337)另一个不同是那些参加了欧洲共复兴计划和欧洲经济合作组织的国家"历史上就有良好的贸易互补……地区内贸易占到总贸易额的60％至70％"。相反,在90年代早期,东中欧的地区内贸易"只是总贸易额的一小部分——匈牙利和波兰不到5％,捷克和斯洛伐克不到10％",同时长期的嫉妒、竞争和相互猜疑恶化了东中欧国家间的关系,而共产党时期经互会虚假的合作与援助更加深了憎恨感,扼杀了对地区内合作一体化的任何热情。(Inotai 1994：37－38)这就进一步解释了为什么东中欧一体化进程的领导力量部分的来自外部,尽管欧盟根本无意于迅速推动一体化。同时,东中欧政府不积极推动区域内一体化并非仅仅因为合作很难,还因为他们担心如果维谢格拉德集团或中欧自由贸易区域发展得比较成功,那么欧盟有可能视这些联盟为欧盟扩张的替代品(而非加入欧盟的准备条件),导致得不到欧盟成员国资格。

　　如果仅仅把注意力放在有关区域内一体化与合作的短暂规划上,从而尽量减少欧共体/欧盟与候选国的"轴辐式"关系,那么最起码,欧共体/欧盟有责任就既定时间段内的操作可能性情况向东中欧开诚布

594

公。不幸的是,欧共体/欧盟的成功和吸引力对于邻近国家和地区造成无用的影响,而前者在消除该影响上却几无作为。"欧共体对于其内部整合的力量和其显示的'磁石般的魅力'非常满意。然而没有引起足够重视的是,这种有力的吸引力容易引起邻近地区国家合作或联盟结构的分裂。欧共体鼓吹地方层面和地区层面的合作,但听众并不感兴趣。听众看到的是一个富足而强有力的联盟,其成员资格足以遮盖任何联盟的光辉。每个国家……都绞尽脑汁想要加入,最重要的是,他们都想如何才能摆脱与不够完善、不够富有的邻居的纠缠。"(Edward Mortimer,*FT*,1993 年 7 月 7 日,第 16 页)很容易理解,当候选国排起越来越长的队伍时,欧共体/欧盟因为自己的魅力而自命不凡。不过,通过将周围邻国的区域一体化当作加强与欧共体的联系并得到后者援助的一个前提条件,欧共体/欧盟本应在遏制邻国分裂倾向方面做出更多的成绩,而不是像现在这样,将与邻国的关系建立在割裂的、蛮横的"中枢辐射式"关系之上。

欧共体/欧盟在推动一体化和"欧洲意识"方面本来被寄予厚望,但整个 90 年代和新世纪初在东中欧、波罗的海和巴尔干地区却反其道而行。通过与候选国的双边交流,他事实上鼓励了东中欧、波罗的海和巴尔干政府从各自的民族、民族经济和民族利益出发考虑问题,而非鼓励它们像"欧洲人"那样思考。这种倾向由于欧共体/欧盟坚持要求与申请国分别协商(而非与申请国集体协商)而得到加强。这种分而治之的方法使得候选国彼此视为竞争对手而非合作伙伴。同时,东中欧和波罗的海国家第一届后共产主义政府和议会对加入欧共体/欧盟的兴趣如此之强,以至于阻碍了前期工作的良好准备。这很不幸,作为在东中欧内部致力于超国家机制和政治经济一体化的过渡性方案,其对 1991 年 2 月维谢格拉德会议上通过中欧自由贸易区达成的东中欧自由贸易及政府间合作所规定的责任有很大的超越,这本可以帮助东中欧国家发展并显示其有能力建设性的共同参与机制、有能力解决地区间的冲突、有能力促进"民族和解"并加强与过去敌对国家的关系。这本还可以帮助中东欧国家用一个声音讲话,并在成员国身份协商时期(1998 —

595

2002)和他们 2004 年 5 月加入欧盟后帮助加强其弱势的协商地位。

"中枢辐射式"双边主义的缺陷使得东中欧、波罗的海、巴尔干 10 个候选国同时加入欧盟，而非有先有后。这将避免在接纳进欧盟的东中欧、波罗的海国家和未被接纳的国家之间制造新的破坏性的政治经济壁垒与分裂，比如旅行会有严格的签证要求，对于所谓"敏感物资"（食品、纺织品、鞋类、化学品、钢铁）进口有严格的限制。对于斯洛伐克而言，它直到 1918 年才与匈牙利分裂，而 1992 年以前它和捷克还是一个国家，因此如果（1999 年以前是有可能的）它发现无法与捷克、匈牙利同时加入欧盟，从而使得捷克和匈牙利境内的斯洛伐克人的生活将比斯洛伐克境内的捷克人和匈牙利人好得多，那这对于斯洛伐克将非常不公，会引起它的怨恨。相同的原因，匈牙利积极帮助罗马尼亚加入欧盟，目的是为了在面对日益加强监管的"欧盟城堡"时，增加位于特兰西瓦尼亚的大匈牙利少数民族不要"站错队"的可能性。同样的原因，除非欧盟和西巴尔干、独联体国家间有关贸易和旅游的限制在欧盟东扩之前已经放松，否则接纳东中欧和波罗的海国家进入欧盟势必在他们与苏联集团其他成员国之间树立起新的隔阂，后者是地处更东方和更东南方的国家。不过，鉴于西巴尔干和独联体国家在加入欧盟的问题上明显准备不足，上述局面在短期内可能无法避免。2001 年 4 月，俄罗斯、乌克兰、白俄罗斯、摩尔多瓦和波斯尼亚被宣布从 2001 年 6 月起，进入匈牙利将要求有签证，匈牙利是第一个在这方面采用欧盟标准的候选国。(*IHT*,2001 年 4 月 28 日,第 2 页)这开创了一个先例，其他候选国为避免危及自身的入盟谈判，都感到有遵循该先例的必要。

欧盟委员会 2000 年议程：致力于一个更强大、更广阔的欧盟(1997 年 7 月)

在发布于 1997 年 7 月的 2000 年议程报告中，欧盟委员会为东中欧、波罗的海和巴尔干国家加入欧盟设定了非常明确的"条件"，暗示第一波接纳进程将于 2002 年或 2003 年启动。(欧盟委员会 1997：61 － 62,73 － 74)这些条件能否得到欧盟 15 国的支持尚未有定论。不过，欧盟东扩所遭遇挑战的严重性和复杂性有可能使后几届欧盟理事会支持委员会作出的绝大多数规定。这给了欧盟及其成员国许多延迟耽搁的机会——即进一步拖延前共产党国家加入欧盟的进程。

欧盟委员会号召申请国改革其司法和政治机制,加强法治,采取进一步措施将少数民族和宗教少数派融入全体国民之中。(第 40、42 页)一般认为,申请国中有一半左右在 1997 年将被视为"运作良好的市场经济体",而另一半"将在 21 世纪初达到这个标准"。另外,新成员国将"按照欧洲(联盟)的技术标准进行生产",(第 42 – 43 页)将采用并遵守欧盟的经济货币联盟计划的第二阶段中规定的义务(确立欧元作为欧盟的超国家通用货币)。这意味着中央银行的独立性、经济政策(国家衔接方案、多边监管、超额赤字程序)的协调性、对稳定与增长公约相关条款的遵守。新成员国将摒弃中央银行对公共部门所有融资和公共机构对金融部门的所有优先权。他们将实现资本流动的市场化。他们还将参与汇率兑换体系,避免过度的汇率变化。在之前的扩张中,欧盟理事会否决了只部分采用欧盟一揽子法规的提议。不过,不可能有哪个申请国有能力把大量的联盟法规内化为民族国家的立法,因此在被接纳的道路上他们还需付出艰辛的努力。(第 44 – 45 页)"联盟不主张二等成员国身份,也不主张成员国拥有退出权。"(第 51 页)

另外,申请国将被要求建立"一个结构,可以用来实施新式管理,如环境监管、技术监管、银行系统的监管、公共账目和数据的管理",他们因此可以得到 PHARE 的援助。"此外还有普遍的腐败问题,现在几乎所有的政府都在应对这一问题。"(第 46 页)在被接纳前,申请国将"使出浑身解数解决任何遗留的边界纠纷"和与现有欧盟成员国之间的贸易纠纷,(第 51 页)这一规则主要影响了斯洛文尼亚与意大利间关系的处理(和土耳其、塞浦路斯间关系的处理)。申请国还将提高公共卫生的标准、失业救济的标准、农耕的标准、工作安全与健康的标准,并对食品加工企业进行改善,而这些改变都需要时间和 PHARE 的援助。(第 47 – 48 页)同样地,他们还将对交通、环保和核安全进行"大规模

投资"，这些也需要时间和外部援助。（第49－50页）

这些规则是一个整体，但哪怕是其中单独的一个都是非常难以完成，除非候选国被授予比现在更多的经济援助。要么是到了关键时刻能够放宽条件，要么欧盟的主要成员国肯付出更多的援助，否则东扩的进程必将被延迟。其实第一种选择在实践中已被心照不宣地采用。欧盟委员会和欧盟对新成员国无力遵守西方有关环境、公共服务、健康和安全的标准视而不见，而非提供更多的援助或推迟东中欧和波罗的海国家加入欧盟的进程。

至于欧盟15国，欧盟委员会坚持欧盟新货币(欧元)必须"就位"，"必须发展和深化联盟所有的政策，以建立一个更广阔、更强大的欧洲"。另外，欧盟委员会要求确定一个时间，赶在第一波欧盟东扩之前做好如下工作：重新评估部长理事会的投票机制；将委员人数减至每成员国一名代表；构建一个政府间会议以便改革欧盟机制和条约条款；"引入多数表决制"。（第13页）考虑到后续的东扩进程将会极大减低欧盟人均 GDP 的平均标准，委员会还建议逐步取消对超过欧盟平均标准75%的国家和地区的结构性资金援助。（第63页）委员会预期"对新成员的吸收将不得不在一个紧张的预算框架之内进行"，（第11页）欧盟将不得不继续在一个"资源上限维持在联盟 GDP 的 1.27%"的框架内运作，（第66页）东扩将因此"不可避免地引起现有盟国预算状况的恶化"。（第68页）

597

我们不是批评欧盟委员会在 2000 年议程中的立场。我们有道义的和法律的责任指出，所有完成东扩所可能带来的要求都需符合欧盟的规章、条约义务和欧盟15国制定的标准。在对欧盟东扩的实际金融情况的评估中，充斥了现实主义的逻辑。欧盟15国的卑劣体现在他们不愿意援助新成员国以使其符合欧盟规章、条约责任和欧盟15国的标准，那么剩下的结果只能是要么延迟东扩进程，要么降低标准。加入欧盟对完成转型的重要性意味着不耽误欧盟东扩的进程比坚持对规章条款的遵守更重要，这预先决定了2004年5月的东扩将在尽管不完善但却不能拒绝的条件下发生，因而在以后的年月里需要逐步完善——当欧盟预算增长和(或)当被寄予厚望的新成员国"红利的增长"能够得到附加预算资源的时候。

不过,即便是最普通的有关变革制度和程序的建议都激起既得利益集团的反对,后者有权投票否决任何背离现状的提议。这个问题被这样的事实弄得复杂化,即绝大多数申请国都是小国,接纳他们将进一步加剧欧盟内部大国和小国之间的冲突。欧盟较小的成员国在欧盟机制、政策的制定和决议上拥有不合比例的影响和代表权,他们不愿意接受任何对其权力的削减;而较大国家也不情愿看到小国(构成欧盟人口的少数)集体能力的增长,从而通过投票击败较大国家(构成欧盟人口的多数)。另外,德国、奥地利和随后的法国、荷兰和比利时政治家表态他们将只在限制新成员国劳力流动自由的情况下接受欧盟的东扩,因为这些新成员国平均工资率只有奥地利、德国、法国、荷兰和比利时的10%-15%。在20世纪90年代中期,希腊反复威胁如果欧盟在接纳塞浦路斯之前东扩,它将要投票否决;而土耳其也反复威胁,如果不能保证土耳其人和土耳其裔塞浦路斯人的利益,它将投票否决北约的东扩进程。不过,1999年后希腊-土耳其关系的改善降低了解决该问题的难度。

1997 年导致不和的"两轮"欧盟东扩计划的决议

1997 年 7 月 16 日,欧盟委员会提议邀请波兰、匈牙利、捷克、斯洛文尼亚和爱沙尼亚在 1998 年初就加入欧盟开启谈判。这一邀请在 1997 年 12 月 13 日由设在卢森堡的欧洲理事会(欧盟国家和政府首脑会议)正式批准,同时也决定给予罗马尼亚、保加利亚、斯洛伐克、拉脱维亚和立陶宛专门援助,以帮助他们满足启动欧盟成员资格谈判的条件。不过,只与 10 个前共产党候选国中的 5 个开启加盟谈判引起罗马尼亚、保加利亚、斯洛伐克、拉脱维亚和立陶宛的震惊和沮丧,它们自那时以后频繁地游说欧盟 15 国,要求将加盟谈判覆盖到所有后共产主义候选国。

598

欧盟的"变心"，1999 年 10 - 12 月：把所有后共产主义候选国于 21 世纪纳入欧盟的决议

没有多久，欧盟委员会和欧盟成员国政府就开始意识到① 1997年没有开启与罗马尼亚、保加利亚、斯洛伐克、拉脱维亚、立陶宛的谈判造成了道义上的负面影响；② 应当采取更坚决更积极的行动，将更多的前共产主义国家吸纳进欧盟，以便刺激这些候选国的精英们推动政治、经济、社会的持续变革和重组；③ 维持巴尔干稳定的努力很脆弱，持续的不稳定对其社会和经济造成破坏性的影响。英国和法国（在欧洲对巴尔干的军事干预中承受了最大的冲击），意大利（1997 年带领欧盟对阿尔巴尼亚进行军事干预）和德国（将从东中欧和巴尔干的稳定中得到最大的好处），其中任何一个国家都有改变现状的强烈动机。罗马尼亚因为帮助意大利带领的欧盟武装于 1997 年镇压阿尔巴尼亚的暴动，而得到欧盟巨大的好感。进而，在 1999 年 3 - 6 月的科索沃战争中，罗马尼亚和保加利亚全心全意支持北约，包括允许北约军队使用本国的军事设施，甚至比北约的三个新成员国（捷克、匈牙利和波兰）还要积极。

最重要的是，欧盟委员会发现自身逐渐卷入候选国间越发激烈和广泛的争论、调查和监督。在一定程度上正是出于这个原因，1999 年10 月 13 日欧盟委员会建议罗马尼亚、保加利亚、拉脱维亚、立陶宛、斯洛伐克和马耳他应当被允许于 2000 年 3 月开启加盟谈判。这个建议于 1999 年 12 月 10 日被在赫尔辛基举行的欧洲理事会正式批准。一个灵活、具有多重速度的接纳进程变得可以预期。每一个候选国都将被择优接纳，意味着那些在 2000 年才开始加盟谈判的国家也有机会赶上前面的先行者。欧盟宣布到 2002 年底之前，将原则上做好"欢迎"上述 12 国中任何或全体国家的准备，这 12 国中有些已开启加盟谈判，有些则即将开启谈判。不过，前提是这些国家应当全面符合哥本哈根标准和马德里标准。这些决定的结果是，六个先行者（匈牙利、波兰、捷克、斯洛文尼亚、爱沙尼亚和塞浦路斯）丧失了原先的优越地位。他们

今后将与六个后进国家一视同仁地对待。值得称赞的是,"先行者"欣然接受了这一变局,并没有因为他们不再对那些"后进者"享有优势而生气。

599　12 月 11 日在赫尔辛基,尽管在人权和希腊与塞浦路斯关系正常化问题上有严格的规定,土耳其还是被列入正式的候选国名单。不过,是否开启与土耳其的谈判将到 2004 年 12 月在欧盟政府首脑会议上决定。

尽管赫尔辛基会议给加入欧盟计划抹了一层亮色,外交官们还是相约不能早于 2004 年加入欧盟。甘特 · 费尔霍伊根(Günter Verheugen)自 1999 年 8 月以来曾一度担任欧盟东扩的委员,他宣称现有的成员国不会批准新成员国加入,除非前者在欧盟制宪条约的进一步改革上达成共识。现在的目标是在 2002 年底之前完成对这些改革的正式批准,并在 2003 年分别批准成员国加入欧盟的条约。费尔霍伊根还坚持,现有成员国在 2000 年 1 月或 2 月开启与六个后进候选国谈判的决议,不能影响到与六个先行国既有的谈判进程。(*FT*,1999 年 12 月 11 日,第 6 页;1999 年 12 月 13 日,第 10 页)用他自己的话说:"从现在开始,谈判将以一国接着一国的形式依次进行,要考虑具体每个国家的准备情况。因此谈判的原则是择优录取,谈判的进程主要取决于候选国自身的努力,因此无法设定一个精确的接纳新成员的时间。我们所能做的是为欧盟设定时间表,为其做出接纳的决定设定时间。这个时间可能是 2002 年,前提是欧盟执行了必要的机制改革,确保一个由 27 个或 28 个国家组成的联盟能够有效运行——并且与候选国的谈判已经达成了共识。"(*BCE*, 1999 年 12 月: 17)

2000 年 11 月欧盟委员会有关接纳进程的报告

2000 年 11 月 8 日,欧盟委员会发表了对候选国加盟进程的评估报告。报告直率地指出"腐败、欺诈和经济犯罪流行于多数成员国,败坏了改革的声誉",在公民中引起"信任危机"。罗马尼亚(吉普赛族)面临"社会、经济生活中广泛的歧视","贩卖妇女儿童"在一些候选国越来越严重。报告仍然没有确定接纳第一波新成员的时间,但约定最晚在2002 年 6 月前,欧盟 15 国将与表现最好的候选国达成过渡性协议,并解决尚未完成的问题。保加利亚和罗马尼亚被认为远落后于中东欧候选国的后面。(*FT*,2000 年 11 月 8 日,第 10 页;2000 年 11 月 9 日,第22 页。《经济学人》,2000 年 11 月 12 日,第 73 页。)

在尼斯举行的欧洲理事会,2000 年 12 月 7 — 11 日,《尼斯条约》

由欧盟国家和政府首脑参加的为期 5 天的欧洲理事会,由雅克·希拉克(Jacques Chirac)总统于 2000 年 12 月 7 — 11 日在尼斯主持,会议就欧盟各种结构性、运作性、程序性的改革达成一致,这些改革对再吸纳 10 至 15 个新成员是非常重要的。部长理事会上新的权重投票机制普适于现在和将来的成员国,而适用有效多数表决制的领域也极大地拓宽了。欧盟领导人还允诺将加快苏联成员国加入欧盟的进程,并希望及时完成必要的内部改革,以便符合条件的候选国能够参加定于2004 年 6 月举行的欧洲议会选举。

《尼斯条约》和欧盟东扩进程在 2001 年 6 月 7 日曾暂时处于危机之中,当时爱尔兰的全民公决反对这个条约(尽管参与投票的人就很少)。很多爱尔兰人担心爱尔兰将在欧盟东扩中受到损害,因为《尼斯条约》有这样的倾向。该条约只需现有欧盟成员国一致批准即能生效,但爱尔兰是欧盟唯一一个选民可以投票决定是否批准的国家。幸运的是,2002 年 10 月 20 日举行的第二次全民公决批准了《尼斯条约》。这帮助欧盟在向东中欧和波罗的海扩张方面扫清了道路,从此不再有宪法和法律上的障碍。条约于 2003 年 2 月 1 日生效。

600

2001 年 11 月欧盟委员会就接纳新成员进程的报告:欧盟"大爆炸"式的扩张接纳

2001 年 11 月 13 日欧盟就 12 个申请国加盟再次发表年度进程报告。报告暗示欧盟将向"爆炸性"扩张迈进,2004 年将接纳多达 10 个新成员。接纳的进程被设想成分批加入。字斟句酌文件的背后是极高的政治考量,其中波兰是关键。波兰的加盟进程被其他候选国赶上,但波兰拥有德国强大的支持。从历史的角度考虑,德国认为一个没有波兰的"东扩"在政治上是不可能的,也是没有意义的。但是,如果波兰被接纳,委员会将很难拒绝较小申请国的要求,因为它们更符合哥本哈根和马德里标准,这些小国包括斯洛文尼亚、斯洛伐克、拉脱维亚和立陶宛。另一个担忧是,如果接纳捷克却拒绝斯洛伐克,或接纳爱沙尼亚却排除拉脱维亚和立陶宛,那么这些邻国之间将产生新的隔阂。(*The Independence*, 14 November 2001, p. 20)因此,虽然出于委员会的权限所限,其对每一个申请国只能作技术上的评估,因而报告没有作出明显的政治性的结论,但政治逻辑显而易见地指向"爆炸性扩张",即吸收10个甚至更多的新成员。(*The Economists*, 17 November 2001, p. 41)委员会还强调,在"9·11"事件发生后,"为确保全体公民的和平、安全、自由和繁荣",一个强大而团结的欧洲变得越发重要。(*FT*, 14 November 2001, p. 12)

在这些报告中,欧盟委员会认为12个候选国已经符合哥本哈根政治标准(土耳其是例外)。不过只有塞浦路斯和马耳他符合哥本哈根经济标准,经济标准要求新成员国拥有功能完备的市场经济,以便在欧盟内部能够顶住市场竞争的压力。不过,捷克、爱沙尼亚、匈牙利、拉脱维亚、立陶宛、波兰、斯洛伐克和斯洛文尼亚也被认为有良好的市场经济体制,只要它们继续执行欧盟的政策指示,相信在不远的将来能具备在欧盟内部处理市场竞争的能力。另外,保加利亚被认为较接近良好运作的市场经济机制,只要继续推行结构重组,中期来看,也能具备良好的市场竞争力。不过,罗马尼亚被认为完全不符合经济标准。虽然它也在进步,但依然困难重重。委员会报告还指出,在行政和司法能力方面,罗马尼亚和保加利亚距所谓的马德里标准还有一定差距。(参见第585、601、610-611页)

具体而言,斯洛文尼亚和马耳他经济和立法改革的步伐较快;波兰被要求深化劳力密集型农业部门的改革;匈牙利、捷克、拉脱维亚和立陶宛被要求打击腐败；捷克还被要求消灭贩卖妇女儿童的恶行；斯洛伐克和匈牙利被要求善待其境内的罗姆人；爱沙尼亚被要求尊重境内操俄语的人的权利。其他待处理的问题包括捷克行政部门和银行系统的改革、拉脱维亚行政能力的改革和实践、立陶宛庞大而危险的伊格纳利纳核电厂、斯洛文尼亚缓慢的私有化进程、匈牙利"半透明财政"和退休抚恤、医疗改革的不确定，以及捷克、斯洛伐克和斯洛文尼亚社会保险制度改革的缓慢和犹豫。(*The Economists*,17 November 2001，p. 41；*FT*,14 November 2001，p. 12)

欧盟委员会的建议，2002 年 10 月

在发表于 2002 年 10 月一份题为《向扩大的联盟迈进》的报告中，欧盟委员会认为波兰、匈牙利、捷克、斯洛伐克、斯洛文尼亚、爱沙尼亚、拉脱维亚、立陶宛、塞浦路斯和马耳他要在 2004 年初做好加入欧盟的准备。报告建议加盟谈判应当在 2002 年底前结束，以便在 2003 年 4 月签署加盟条约。这些建议建立在对每个候选国情况进行严格而客观的评估之上。报告认为保加利亚和罗马尼亚在 2007 年前不具备加盟的条件,这一点尤其体现在行政和司法能力上(马德里标准)。不过,为了确保他们届时做好入盟的准备,报告建议,应当对这两个国家在深化法律、司法和行政方面的改革上加强监管和督促。报告还建议欧盟应当加强对土耳其的支持,以便其更好地为加入欧盟做好准备,并为此目的提供更多的资源支持。欧盟东扩以后,委员会作为"条约的担保人",将继续负责确保欧盟法律在新成员国的实施,并使用与现有成员国相同的方法和同样严格的措施。报告建议,在加盟的前两年,为便于委员会对潜在问题做出更灵活的反应,加盟条约应当在内部市场(包括食品安全)、司法和国内贸易领域设置专门的保障条款。这对于委员会为确保遵守欧盟法律而采用的措施,是一个好的补充。

2002 年 10 月 24 — 25 日,在布鲁塞尔举行的欧盟国家和政府首脑会议对委员会的各种调查、结论和建议进行评估,并大致接受。2002 年 11 月 18 日,欧盟 15 国外交部长勉强约定,10 个新成员国将在 2004

年 5 月 1 日被接纳进欧盟,正好能赶上参加计划于 2004 年 6 月 12 日举行的欧洲议会选举。(*IHT*, 19 November 2002, p. 4)另外还决定这些所谓的"加盟国家"将被允许参加即将开始的政府间会议(IGC),议题是有关欧洲的未来,内容是草拟拟议中的欧盟宪法。此举意在就这些协商讨论给予新成员以与欧盟 15 国同等的地位,包括给予其阻止任何对现有欧盟条约作出不可接受的改变的潜在权力。(*FT*, 19 November 2002, p. 8)

哥本哈根欧洲理事会,2002 年 12 月 12 - 13 日:欧盟"廉价"东扩的最后敲定

这次由丹麦首相安诺斯·福格·拉斯姆森(Anders Fogh Rasmussen)主持的欧盟国家和政府首脑会议在经历各种协商谈判后,就 10 个国家于 2004 年加入欧盟达成一致意见。他们一致认为新成员应当于 2004 年 5 月 1 日被接纳。

有关资金援助的争议持续到最后一刻,尤其是波兰和捷克的代表,为新成员国争取稍稍有利的金融条款而竭尽心力。波兰谈判组希望现有的 15 个成员国能在 2004 - 2006 年为 10 个候选国多提供 20 亿欧元(20.1 亿美元),之前欧盟提出的金额是 404 亿欧元。最后,欧盟同意追加 4.33 亿欧元,这样把 2004 - 2006 年欧盟东扩费用总额提高到 408 亿欧元。波兰的人口占了 10 个新成员国人口总数的一半多,因而得到追加金额的份额也是最大的,其中包括用于加强边界控制和额外的农业补助的 1.08 亿欧元。波兰政府还被允许动用未来基础设施建设的 10 亿欧元资金,尽管这是从欧盟现有"结构基金"分配格局中拨出。其他 9 个候选国将得到额外的 3 亿欧元。

波罗的海国家的最后一分钟谈判集中在立陶宛伊格纳利纳核电厂和农业补贴的水平上。立陶宛同意关闭苏联时期建的核电厂,但要求在 3 年内额外支付 3 000 万欧元,以确保核电厂安全关闭。在核电厂问题上,之前欧盟已经花费无数欧元用于提高其安全性,现在又同意在 2009 年前追加 3 亿欧元关闭该核电厂——典型的欧盟逻辑!另外,爱

602

沙尼亚在欧盟农业补贴问题上达成协议,以确保爱沙尼亚并不会作为欧盟预算的净援助国(net contributor)成为欧盟的成员。(*The Baltic Times*, 19－25 December 2002, p. 1)

这一扩张进程预计在2004－2006年间将总共花费408亿欧元。不过,根据2002年12月16日欧盟委员会发布的文件,扩张的净成本在2004－2006年预计为103亿欧元。这主要是因为,新成员国在收到欧盟预算开支时,需要支付总共150亿欧元作为欧盟的预算;另外,新成员国原则上有权动用的结构基金和农业基金,大部分在实践中都无法提取。因而欧盟东扩的实际费用分摊到15个成员国的每个公民身上,一年仅为9欧元。两年前,专家们从2000年议程推断,欧盟东扩的费用可能会达到平均每人30欧元。欧盟委员会也估计,在2005年(加盟后的第一个整年),欧盟有关基础设施的投资、农业补贴和其他财政转移将使下列国家每人年均得到的援助:波兰为67欧元;匈牙利为49欧元;斯洛文尼亚为41欧元(最富的后共产主义国家),捷克为29欧元。可以把这些和欧盟现有成员国每人每年将得到的援助进行比较:希腊为437欧元,葡萄牙为211欧元;西班牙为126欧元;相对富裕的爱尔兰为418欧元。(*IHT*,2002年12月17日,第1页)

这是极为公开的"廉价东扩"。一些西欧政客们甚至吹嘘,他们"成功地"将欧盟东扩至东中欧和波罗的海国家的净成本削减到2000年议程预计成本的三分之一。这主要是通过较之之前那个吝啬的文件(2000年议程)提出的对新成员国的投入更加吝啬的投入来实现的。在中东欧和波罗的海加入欧盟的最初几年,欧盟15国只允许穷困的新成员国在农业补贴和结构基金的人均所得上达到欧盟15国标准的25%至30%。有必要强调,即便是那些欧盟结构基金的主要接受国:葡萄牙、希腊、南西班牙和南意大利,都比新成员国要相对富裕。爱尔兰、丹麦和法国则是人均接受欧盟农业补贴最多的国家,相比而言,他们就更富裕了。

因此,这个欧盟历史的重大转折点所显示的远非欧洲"最美好的时刻"之一,也非泛欧洲化的慷慨大度,而是暴露了西欧的极度自私、目光短浅和卑劣。东中欧和波罗的海国家一直只能从西欧的餐桌上得到一点残羹冷炙。西欧卑劣和目光短浅的程度简直叫人难以置信。这无疑是 2003 年东中欧和波罗的海国家就加入欧盟举行的全民公决中,投票率如此之低的主要原因;也是 2004 年 6 月举行的欧盟理事会选举中投票率更低的原因。(见第 604、607 页表 36.2 和 36.5)

不过,虽然心情痛苦而沉重,东中欧和波罗的海国家的大多数政府、议会和积极的选民都表示,尽管欧盟 15 国强迫他们接受如此卑劣和无耻的条件,但他们还是别无选择,只能隐忍。新成员国确实"无路可走"。正如一本由巴尔干、波罗的海和东中欧人撰写的书的名字所恰当表达的,这些国家感觉是"被迫改变"。(Dimitrova 2004:1)这一进程包含着巨大而持久的经济困难,而进程终点的亮光又是如此晦暗,但是他们知道自己别无选择,必须坚持。不过,那些关于欧洲一体化问题诚实的评论家和支持者们有义务记录下东部相对贫困的乞求者所遭受的困苦、牺牲和"调整"(一种糟糕、委婉的说法!),因为富裕的西欧如此卑劣,以致不愿意为欧洲的统一、真正的融合作出任何有意义的经济牺牲,哪怕是为"雅尔塔会议"的不公正提供一点真实,甚至象征性的补偿。

欧盟批准向东中欧和波罗的海的扩张,2003 年

"批准年"开局不利。2003 年 1 月,美国国防部长唐纳德·拉姆斯菲尔德(Donald Rumsfeld)谴责法国和德国不支持其对伊拉克的武装行动。拉姆斯菲尔德将法国和德国形容为"老欧洲",已跟不上由前共产党国家组成的"新欧洲"的步伐。(*IHT*,2003 年 2 月 19 日,第 1 页)

在 2003 年 1 月签署的所谓"八条"中,匈牙利、波兰、捷克、西班牙、意大利、葡萄牙、丹麦和英国公开支持美国领导的对伊拉克的占领。这一举动进一步暴露出欧盟内部在伊拉克和萨达姆·侯赛因问题上的分裂立场。此外,10 个属于所谓"维尔纽斯集团"的后共产主义国家,即爱沙尼亚、拉脱维亚、立陶宛、斯洛伐克、斯洛文尼亚、保加利亚、罗马尼

亚、克罗地亚、马其顿和阿尔巴尼亚，共同签署支持美国占领伊拉克的条款。

　　2003 年 2 月 17 日，法国总统雅克·希拉克直言不讳地指责东中欧、波罗的海和巴尔干的欧盟候选国在伊拉克问题上公然站在美国、英国、意大利和西班牙一边。"他们失去了一次保持缄默的好机会"，他宣称，"当你是一个家庭的一分子时，你拥有的权利总比在门口敲门要求进入时多"。希拉克直言不讳地威胁 10 个计划于 2004 年加入欧盟的国家，基于他们的接纳条约尚未被批准，其亲美立场对他们"很不利"。保加利亚和罗马尼亚与法国在历史上有紧密的文化联系，法国也支持他们加入欧盟，但这次希拉克以最严厉的口气威胁他们，说他们公然支持美国，是尽全力"降低加入欧洲的机会"。（*FT*，2003 年 2 月 19 日，第 8 页）

　　希拉克毫无顾忌、居高临下、卑劣的发飙引起东中欧、波罗的海和巴尔干国家普遍的反感。他们觉得自己正在被一个极为平凡却试图摆出一副"新主子"架势的西欧政客蓄意地训斥和侮辱，这位政客把他们当成了顽皮的在校儿童训斥。这可能是 2003 年东中欧就加盟问题举行的多次全民公决都出现低投票率的原因。（表 36.2）不过 10 个候选国加入欧盟的条约还是准时在 2003 年 4 月 16 日签署了。

表 36.2　东中欧和巴尔干加入欧盟的公投结果，2003 年

604

国　　家	日　　期	赞成票(%)	反对票(%)	投票率(%)
斯洛文尼亚	3 月 23 日	89.6	10.4	60.29
匈牙利	4 月 12 日	83.8	16.2	45.62
斯洛伐克	5 月 16－17 日	92.5	6.2	52.15
波兰	6 月 7－8 日	77.5	22.5	58.85
捷克	6 月 13－14 日	77.3	22.7	55.20
立陶宛	5 月 10－11 日	89.9	8.9	63.4
爱沙尼亚	9 月 14 日	66.8	33.1	64.0
拉脱维亚	9 月 20 日	67.0	32.3	72.5

　　资料来源：Goetz(2005：268)和 *FT*，9 月 22 日，第 8 页。

2003 年 12 月 12－13 日于罗马举行的欧洲理事会

在 2003 年 12 月 12－13 日于意大利举行的由欧盟国家和政府首脑参加的欧洲理事会上,欧盟 25 个成员国和候选国的领导人无法在欧盟宪法问题上达成共识。欧盟宪法是致力于研究欧洲未来的政府间会议(IGC)提出,由法国前总统吉斯卡尔 · 德斯坦(Valery Giscard d'Estaing)主持起草。这次会议对于在大国和小国间如何分配权力久拖不决。焦点集中在一个提议上,该提议建议放弃 2000 年 12 月在尼斯举行的欧洲议会上通过的投票制度。在该制度下,虽然西班牙和波兰人口分别不到德国的一半,却享有几乎与德国一样的投票权。西班牙和波兰一致希望维持现状,但现在他们发现自己已相对孤立了,因为其他欧盟国家赞成废除尼斯体制,支持被称为"双重多数表决机制"的制度安排,在新体制之下,欧盟立法的通过必须得到拥有至少占欧盟人口总数 60％的一半以上成员国的批准。

重建与俄罗斯"伙伴关系和合作协议"上的问题,2004 年初

欧盟在 1997 年 12 月与俄罗斯签署条约,制定了未来 10 年俄罗斯-欧盟政治和贸易关系的框架。不过,考虑到欧盟东扩,该条约有必要进行修正。地缘政治的改变将深化俄罗斯在欧洲事务和经济发展中的边缘地位,莫斯科希望能够为其对现状的默认得到一些补偿。俄罗斯希望本国公民可以免护照进入欧盟新成员国境内,尤其是那些 1991 年波罗的海三国宣布独立后处于无国籍状态的俄罗斯族人。另外,俄罗斯官员宣称欧盟东扩给俄罗斯经济造成年均 1.5 亿至 3 亿美元的损失,主要因为欧盟范围的配额和关税扩展到许多新国家,而俄罗斯迄今为止都对这些新国家享有优惠的双边贸易协定。俄罗斯试图就其在欧盟新成员国关税优惠上的损失要求补偿,不过鉴于新的伙伴关系和合作协议将有利于降低俄罗斯前"卫星国"对其出口品的平均进口关税水平,俄罗斯要求补偿的立场有所弱化,尽管新协议会导致对俄罗斯部分出口品征

收新的进口税和更高的进口税。（*FT*,2004 年 2 月 25 日,第 18 页）

　　欧盟和俄罗斯最终在 2004 年 4 月 27 日达成协议。这化解了俄罗斯有关欧盟东扩对其经济造成影响的绝大多数担忧,尤其是有关其与苏联集团国家间贸易的担忧。俄罗斯贸易与经济发展部部长格尔曼·格列夫(German Gref)承认欧盟东扩对俄罗斯贸易的影响可以忽略。双方同意在独立、不具约束力的声明中就有争议的问题作策略性的应对。这强化了之前的协议,该协议允许俄罗斯免费向加里宁格勒输送货物;并且从平均水平来看,俄罗斯进口关税将从 9％降至 4％。不过,声明也明确,一些重要问题将留待以后协商,包括俄罗斯农产品的关税以及为中东欧和波罗的海国家的核反应堆运送核燃料的问题。另外一个有争议的问题是俄罗斯族人在新近扩张以后的欧盟,主要是在拉脱维亚和爱沙尼亚的地位问题。俄罗斯一直敦促欧盟为促进新成员国内少数族裔的"社会整合"提供保证,但拉脱维亚和爱沙尼亚拒绝这么做。声明只是简单重申了双方致力于保护人权和少数民族权益的责任。(*IHT*,2004 年 4 月 28 日,第 1,6 页)

605

东中欧和波罗的海国家加入欧盟,2004 年 5 月 1 日

　　东扩使欧盟人口增加了 20％(从 3.75 亿到 4.5 亿),使其领土增加了 25％,但 GDP 仅增加了 5％。欧盟 GDP 总额已经超过美国,但美国(2.9 亿人口)人均 GDP 更高。大多数新成员国农业人口比重都相对较高,他们的加入极大增加了欧盟的耕地面积。(参见表 36.3 和 36.4)

表 36.3　农业在就业人口总数和 GDP 总量中所占百分比,2001 年

	占总就业人口的比例(％)	占 GDP 的比例(％)
捷克	4.9	3.4
爱沙尼亚	7.1	4.7
匈牙利	6.1	1.9
拉脱维亚	15.1	4.0
立陶宛	16.5	6.9

	占总就业人口的比例(%)	占 GDP 的比例(%)
波兰	19.2	2.9
斯洛伐克	6.3	4.1
斯洛文尼亚	9.9	2.9
欧盟 15 国	4.3	2.0

资料来源：欧盟统计局数据，由 Broussolle 援引(2005：946)。

表 36.4　欧盟扩张对于欧盟农业资源的影响

	农业产量的增产率(%)	农业人口增长率(%)	耕地面积增长率(%)
1973 年扩张 (由 6 个成员国增至 9 个)	19	17	42
1981 年和 1986 年扩张 (由 9 个成员国增至 12 个)	32	54	41
1995 年扩张 (由 12 个成员国增至 15 个)	3	5	7
2004 年扩张 (由 12 个成员国增至 25 个)	54	134	46

资料来源：Broussolle (2005：946)。

606　　　有关欧盟东扩对共同农业政策(CAP)可能造成的影响存在许多讨论。许多农业经济学家声称(甚至希望!)，对波兰、罗马尼亚和匈牙利的接纳将对共同农业政策(和欧盟财政现有结构)造成损害，因为对三个国家的接纳将极大增加对农业的补贴，同时也会极大增加农产品的剩余数量，而欧盟将不得不对此进行消化、废弃或销毁。不过，如果这样的预期是正确的，欧盟一些现有成员国将毫无疑问地投票反对欧盟东扩，绝不会放任对共同农业政策的破坏。那些指望通过欧盟扩张达到损害共同农业政策目的的人，这回打错了如意算盘。

　　不管怎样，可能出于政治方面的考虑，欧盟东扩对共同农业政策可能造成的影响被极大地夸张了。问题主要出现在政治层面而非经济层面，这些问题并非不可克服，而且很可能迅速减弱。捷克、斯洛文尼亚和斯洛伐克的加盟对共同农业政策并不构成主要影响，因为他们的土地规模小而且(或者)不肥沃；并且捷克和斯洛文尼亚拥有较高的城市化和工业化水平。和葡萄牙、希腊一样，上述三国都是温带农产品的净进口国，因而有助于缓解共同农业政策的压力。真正成问题的是对波兰和(2007)罗马尼亚、匈牙利和(2007)保加利亚的接纳，因为波兰和罗马尼亚的农民数量众多而生产力却较低，匈牙利和保加利亚的农地生产力高且面向出口。不过，如果东德农业劳动力在 1989 — 1993 年之间下降 70% 的事实具备足够的启发性，我们有理由预计，当离开土地(包括移民)的机会出现时，中东欧农业劳动力数量也将迅速下降；进而导致缩小耕地面积，降低农业产出的潜力。与现在的西方一样，在东中欧，已经没有多少年轻人愿意继续在田野上守望。城市生活充满了广阔的就业机会和福利设施，很少有人能够抗拒这种诱惑。因此上面描述的潜在威胁是被危言耸听者在一定程度地夸大了，后者希望取消或"遣返"欧盟的农业补贴，他们认为这种农业补贴无异于给懒汉提供昂贵而腐败的"户外救济"体系。更加狭隘的批评无法把握问题的实质，即共同农业政策是那些创建了欧共体的政治协议的重要组成部分，创建欧共体的动机并非仅为安抚农村选民和焦虑的法国人，还致力于消除农业的国家保护主义；如果允许这种保护主义以农业补贴的方式重新出现，那么这将在其他部门也激起针锋相对的国家保护主义，并迅速瓦解共同市场(更别提随后的欧洲统一市场)的宝贵成就。事实上，有必要从更宽泛的角度了解共同农业政策，共同农业政策不仅是一个农业补贴体制，还是一个食品安全和小额费用(或"保险费")体制，欧洲人为此支付费用，以确保农业的国家保护主义和在两次世界大战之间困扰欧洲的以邻为壑的贸易战不会卷土重来。这些费用仅为欧盟 GDP 的 0.5%。

欧洲议会的选举，2004 年 6 月 12 日

尽管这是东中欧人、波罗的海人和爱沙尼亚人第一次参与欧盟选举，但这些新成员国的投票率(平均 27%)远低于欧盟 15 国(平均

50%),欧盟总体平均也有 45.3%。(见表 36.5)"在 8 个中欧新成员国中,只有立陶宛的投票率在欧盟平均水平以上,但那是因为总统大选也在同时举行。斯洛伐克的投票率只有 16.7%,开了弃选的先河。"(*The Economist*, 19 June 2004, p.42)

607

表 36.5 欧洲议会选举投票率,2004 年 6 月 12 日

新 成 员 国(%)		老 成 员 国(%)			
波兰	20.4	法国	43.1	英国	38.9
匈牙利	38.5	德国	43.0	希腊	62.8
捷克	27.9	荷兰	39.1	葡萄牙	38.7
斯洛伐克	16.7	比利时	90.8*	西班牙	45.9
立陶宛	46.1	意大利	73.1	奥地利	49.0
拉脱维亚	41.2	卢森堡	90.0*	芬兰	41.1
爱沙尼亚	26.9	爱尔兰	61.0	瑞典	37.2
斯洛文尼亚	28.3	丹麦	47.9		
塞浦路斯	71.2				
马耳他	82.4				

注释: * 指强制投票的国家。
资料来源:*FT*(2004 年 6 月 15 日,第 15 页)。

欧盟宪法协议,布鲁塞尔,2004 年 6 月 18 日

2004 年 3 月 26 日,25 个欧盟成员国和候选国政府首脑会议决议,最晚在 2004 年 6 月 17 日举行的欧洲理事会之前,就拟议中的欧盟宪法达成最后的协议。波兰政府和西班牙的新政府表示,他们已经做好在该问题上妥协的准备。(*FT*,2004 年 3 月 27 日,第 7 页;*IHT*,2004 年 3 月 27 日,第 8 页)

最后的谈判集中在拟议中的欧盟部长理事会内部新的投票体系上。德国、法国、英国和意大利等大国拥有欧盟大多数人口,为避免小国通过投票反对大国,他们不希望进一步加强小国的集体能力。波兰和西班牙政府接受了经过修改的"双重多数表决"投票机制。最初的提

议是如果得到 25 个成员国中半数以上的支持且人口占 60％以上,则一项法律可以通过。新的提议提高了上述标准,成员国数量需占 55％以上,而人口需占 65％以上;另外起码 4 个国家才能构成有效反对。这样一来,波兰和西班牙就可以比较容易地阻碍他们不喜欢的法律的通过,而避免"三巨头"(法国、德国和英国)搞"一言堂"。(*The Economist*, 26 June 2004, p.41)

东中欧加入欧盟后的头三年,2004－2006 年

2004 年 5 月加入欧盟后,到 2006 年,东中欧和波罗的海国家大大加速了经济发展和(在大多数情况下)降低失业。(见表 35.1)这些国家还经历了房地产和股市的繁荣,同时移民出境(导致更多从移民那里寄来的汇款)和外国直接投资(FDI)也增多了。和东亚的外国直接投资相比,东中欧的外国直接投资总额是很少的。尽管如此,东中欧在人均接受外国直接投资方面却高过东亚——在人均层面,更是远高于南亚、非洲和拉丁美洲。(参见 UNCTAD 2004：367－371；UNCTAD 2005：303－307；UNCTAD 2006：299－302)

2006 年 5 月 19 日,在一份送交设在布鲁塞尔的欧洲政策中心的报告中,欧盟扩大委员会专员奥利·雷恩(Olli Rehn)对东中欧加入欧盟后的头两年做了评价,他认为东中欧加入欧盟的进程一直是该地区"经济和民主伟大转型"的"主要驱动力","卡珊德拉"已经"被证明是错的",因为批评欧盟扩张的人所预言的"灾难"无一发生。欧盟的体系并没有瘫痪,欧盟的预算并没有瓦解。再者,欧盟 15 国的经济并没有受到低工资的新成员国的损害,而新成员国的工业和农业部门也没有因为激烈的竞争而崩溃。相反,欧盟东扩对新老成员国经济的影响都是正面的。(*Enlargement Newsletter*,2006 年 6 月 6 日,第 1 页)

对于欧盟整体经济而言,新加盟的东中欧、波罗的海成员国是重要的资产、资源和机会,而非负担、问题或责任。如果经济体拥有以下优势：相对低廉的劳力价格,低税收,工会组织程度低,生活成本低,基础设施建设和教育设施虽然有些陈旧过时但依然运行良好,有进入单一

608

欧洲市场的保证,劳动力拥有相对好的教育、技术和努力工作的动机,那么这样的经济体一定会成为欧洲新的"小虎经济"(tiger economies)。因此,西欧产业公司继续将许多制造方面和组装方面的工作外包给新成员国,以及西欧贸易公司增加对东中欧和波罗的海供应商的依赖,从经济上看都是合理的;因为可以利用这些国家低成本、以出口为导向的制造业基地,这有助于他们与欧洲以外拥有低成本优势的对手展开竞争。反过来说,对于西欧那些价格高昂但更加训练有素的劳动力,通过将其进一步集中到服务业部门和知识密集型的活动中来,有助于扬长避短,发挥其比较优势;而服务产业和知识密集型活动已经在西欧 GDP 的比例中超过 70%,他们将为西欧在全球市场的胜出提供最可观的前景。

加入欧盟的另一个结果是东中欧和波罗的海国家的移民数量增加。2004 年 5 月至 2006 年 10 月,英国从上述国家接纳了大约 51.1 万名移民劳工,其中来自波兰的就占了 30 万人。不过,绝大多数都属于临时移民,一年内都会返回他们的母国。大批的移民也会涌入爱尔兰和瑞典,波兰的移民外流相当于每个月失掉一个小城镇的人口。2006 年夏季,由于受到有关英国和爱尔兰经济从移民潮中受益的研究影响,其他许多欧盟国家也决定解除之前对中东欧和波罗的海国家移民的管制。接受移民的国家不应该将移民当成累赘。根据许多英国雇主和英国内政部的看法,大多数移民受过教育、有技术、积极向上、适应性强,他们缓解了技术和劳动力方面的瓶颈,又不要求有福利的改善。一个更叫人关注的问题是,即便移民将钱款汇回家乡,东中欧和波罗的海国家是否能承受住这么多有技术、有文化的年轻劳力的流失。

东中欧:经济变革和融入欧盟

波兰在 20 世纪 80 年代底经历了规模庞大的政治经济危机和失控的通货膨胀,使得 90 年代初进行宏观经济的"休克疗法"和"大爆炸"的结构重组势在必行;由于有上述经历,在东中欧经济自由化、结构重组和私有化方面,波兰成为领跑者。这不但限制了其在 1990 至 1991 年间经济萧条的规模,还使波兰在欧洲后共产主义国家中第一个实现经济增长(1992),第一个达到 1989 年 GDP 水平(1998)。不过波兰的失业率还是非常高,在 1995 至 2005 年之间,失业率在 13％至 20％之间波动,[参见表 35(c),第 562 页]直到 2007 年初才降至 12％以下。

609

很不幸,在 20 世纪 90 年代末和 21 世纪初,波兰丧失了早先改革的动力和方向感。持续的高失业率、经济转型时出现的其他困难、2004 年加入欧盟以前一度普遍的认为波兰将被迫无限期等待的看法损害了亲欧盟的社会党和自由派在民众中的支持度,同时他们还因为受到许多腐败丑闻的牵连而声望大损。所有这些因素都导致保守的、仇视欧洲的、仇外的民粹党派在 2005 年 9 月份的议会大选中获胜,从而将早先政治经济改革的成就置于极其危险的境地。在 2006 年,令波兰自由派和社会党大为懊恼的是,这个由双胞胎兄弟莱赫·卡钦斯基和雅罗斯瓦夫·卡钦斯基领导的国家开始对前共产党和共产党时代供职于政府部门(包括教育系统)的告密检举者进行政治迫害。政府同时对德意志族裔和同性恋者采取越发敌视的态度,对欧盟则抱着抵制、不合作的态度。波兰经济在 21 世纪初曾有过繁荣,得益于加入欧盟的好处。不过,卡钦斯基兄弟对履行入盟条约中有关波兰准备使用欧元并加入欧元区的条款并不热心。

斯洛文尼亚在 20 世纪 90 年代早期已经是后共产主义国家中最富裕和市场化程度最高的国家,尽管有 7％－9％的失业率,但 1993 年开始回到稳健而积极的经济发展模式。得益于旅游业和相对高的人均外国直接投资,欧盟 2006 年决定允许斯洛文尼亚在 2007 年 1 月采用欧元并进入欧元区。斯洛文尼亚是第一个获此殊荣的后共产主义国家。不过,立陶宛也在同时与此机会擦肩而过(仅因一些技术上的细节问题),2008 年将是它加入欧元区的好时机。

捷克从原捷克斯洛伐克共产党政权下继承的有较高文化和技术的劳动力、良好的公共财政、较低的内债和外债、低通货膨胀率,都使得它有可能在 20 世纪 90 年代前半期在瓦茨拉夫·克劳斯的支持下,实施渐进式而成功的经济自由化、私有化和结构重组。克劳斯在 1989 年 12 月至 1992 年 6 月曾是捷克斯洛伐克的财政部长,1992 年 6 月至 1997 年 11 月任捷克总理。捷克在 1993 - 1996 年实现了低失业率的积极经济发展。可是,渐进式改革由于克劳斯踌躇犹豫的经济结构重组和改革而陷入混乱,这一改革在 1996 - 1998 年诱发了财政丑闻和政治危机。捷克从 2000 年开始至 2006 年在社会民主党的治理下恢复了相当好的经济发展,尽管有 8% - 9% 的失业率。在 1993 - 1996 年和 2000 - 2006 年间,捷克的经济增长是受到相对高的人均外国直接投资额(FDI)的支撑,尤其是捷克受过教育、训练有素的劳动力和发展良好的基础设施吸引了跨国制造商的投资。捷克政坛普遍存在对欧洲的不信任,这使得捷克并不急于履行入盟条约要求的使用欧元和加入欧元区的义务,尽管这么做对其经济的发展已经势在必行。

匈牙利于 1968 - 1989 年已经在共产党政体下建立了半市场化的经济体制,但其经济状况在 20 世纪 90 年代中期的萎靡不振却大大出乎西方的乐观预测之外。(见表 35.1)不过,1997 - 2006 年匈牙利在保持失业率 6% 至 7% 的情况下实现了相当可观的经济增长(年均 4.3%)。与捷克一样,匈牙利的经济增长也是受到相对高的人均外国直接投资额(FDI)的支撑,尤其是受过教育、训练有素的劳动力和匈牙利在欧洲经济中的重要位置吸引了跨国制造商的投资。不过,随着后任政府在 21 世纪初期推高了财政预算和贸易赤字,匈牙利经济前景不容乐观。社会党通过明目张胆、持续地夸大匈牙利赤字程度来蛊惑公众,并许诺严厉的宏观经济政策将使局面稳定至可以控制的程度,从而赢得了 2006 年 4 月的议会大选;这一内幕在 2006 年 10 月被曝光,随后整个国家陷入政治危机。匈牙利使用欧元和进入欧元区的官方期限不得不拖延至 2011 年。不过,鉴于政治危机的严重程度,许多西方经济分析家认为 2014 年将是一个更切实际的日期。

斯洛伐克在 1992 - 1995 年和 1995 - 1998 年间受到弗拉基米尔·麦恰尔(Vladimir Meciar)领导的民粹主义、新共产主义、极端民族主义的联合政府轮番控制,这个政府独裁集权且腐败丛生,因此日益遭到西方国家的谴责。这主要是因为斯洛伐克最初被排斥在东中欧"第一轮"入盟之外。不过，1998－2006 年由米库拉什·祖林达(Mikulas Dzurinda)领导的新自由主义政府推行激进的经济自由化、私有化和减税政策，帮助斯洛伐克在 2000 年代初成为经济发展的"黑马"，为 2004 年 5 月与其他东中欧国家一道加入欧盟铺平了道路。在祖林达的带领下，斯洛伐克由于实施了统一的低税政策而声名大噪，该政策提高了工作和投资的积极性，帮助本国经济吸引到更多的外国直接投资，主要在汽车生产领域。斯洛伐克的首都布拉迪斯拉发过去处在维也纳经济圈的边缘，现在成为吸引外国直接投资的焦点，其 GDP 总量在 2005 年占全国的四分之一。直到 2006 年中期，斯洛伐克一直被认为会在 2009 年前加入欧元区。不过，罗伯特·菲乔(Robert Fico)领导的政治上中左派的民粹-民族主义联盟政府于 2006 年 7 月出人意料的竞选胜出，从而引发了对斯洛伐克是否能如期实现目标的普遍怀疑。菲乔的批评者认为他在选举中不切实际的"民粹主义"许诺和他对民粹主义者及民族主义者的依赖都无法与"财政审慎"(fiscal prudence)原则相协调，该原则被认为是维持早先低通货膨胀率、低利率、低预算赤字和高外国直接投资的必要保障。

巴尔干国家：经济变革与融入欧盟

与东中欧相比，后共产主义的巴尔干国家的经济状况更为不堪。保加利亚、罗马尼亚、克罗地亚、塞尔维亚和黑山都丧失了在 20 世纪 90 年代初进行激进的经济自由化和结构重组的"机会窗口"，这主要是因为他们的政权和社会充斥了腐败、庇护性的垂直权力结构(它们强有力地抵制着激进的变革)。它们起初对于自由民主和自由市场经济的追求后来变得三心二意，往往只做表面功夫而没有采取实质性的行动。这在一定程度上是因为，保加利亚在 1996－1997 年、罗马尼亚在 1997－1999 年、塞尔维亚在 1999 年、克罗地亚(程度较轻)在 1999 年分别发生了严重的经济萧条，这凸显了它们经济上的脆弱性。与之相对的，阿尔巴尼亚在 90 年代早期经历了原经济体系和权力结构迅速而彻底的瓦解,但所发生的这一切极不稳定,并且导致 1997 年的 GDP 下降了 7 个百分点。

611 在 2005 年,这些国家的失业率非常之高:科索沃超过 50%,波斯尼亚大约 40%,马其顿超过 35%,塞尔维亚大约 30%,2001 年保加利亚超过 19%,阿尔巴尼亚在 1998－1999 年为 18%。如果不是共产党倒台后许多移民流出巴尔干半岛,这些国家的失业程度一定会更高。10% 至 15% 的人口在 20 世纪 90 年代流出保加利亚和罗马尼亚,而离开科索沃、波斯尼亚、塞尔维亚、黑山和阿尔巴尼亚的人口则更多。这些人口流出造成的结果是这些国家高度依赖移民工人汇回家乡的钱款。(见表 35.3)在 2004 年,汇款数额已经高达波斯尼亚、塞尔维亚和阿尔巴尼亚三国接受外国直接投资数额的三到四倍,或是相当于三国出口收入总额的 100% 至 167%。(EBRD,2006a:4－5)短期内,移民和汇款有助于缓解这些国家的经济压力,但从长期来看,移民抽干了这些国家最具能力和(或)最具进取心的人口。随着移民开始在接收国(主要是欧盟)扎根、逐渐与母国疏远,汇款数额在 2005 年以后可能会下降。另一个主要问题是,高度的有组织犯罪、敲诈勒索和腐败已经在经济和社会层面对塞尔维亚、科索沃、保加利亚、马其顿、克罗地亚、黑山和(程度较轻)罗马尼亚的居民造成严重损害,而这一趋势还会在未来的很多年继续下去。只需要看看意大利的例子就可以知道,要想铲除根深蒂固的帮派主义,还有多长的路要走。

保加利亚和罗马尼亚在 2006 年 9 月松了一口气,因为欧盟决定允许这两个国家在 2007 年 1 月加入欧盟,但是即便在加入欧盟以后也要继续接受欧盟委员会的严格监督,这让两国在放松之余也增加了一丝愠怒。不过,这种愠怒并没有必要,因为要想对付敲诈勒索、高度腐败和有组织犯罪并健全法制,确实还有许多事情要做。加入欧盟对他们而言非常重要,因为在欧盟之内可以比在其外得到更多的帮助和动力去克服那些问题。(Bideleux 和 Jeffries 2007:121－124,182,586－587)2007 年 1 月加入欧盟的预期日渐强烈,这有助于 2001 年后保加利亚和罗马尼亚加快经济发展并降低失业率(见表 35.2),同时也刺激了外国直接投资和房地产市场的火爆。这进而有助于将保加利亚和罗马尼亚的移民数量从 20 世纪 90 年代的高峰期降低下来，从而印证两国政府关于加入欧盟不会导致大量移民迅速流出的说法。上述原因，加上官方和企业界都认为英国、爱尔兰和瑞典经济受益于中东欧和波罗的海国家外流的劳动力(指 2004 年 5 月至 2006 年 10 月之间外流的劳动力，这些劳动力虽然廉价，却有技能和进取心)，促使欧盟 15 国中近半数国家决定保加利亚人和罗马尼亚人在 2007 年加入欧盟的那一刻即享有自由流动的权利，而无须在头七年对其融入欧盟作出限制。不过，主要因为英国在 2004 年 5 月至 2006 年 10 月之间接收了大约 51.1 万名中东欧人和波罗的海人(是预计数量的 10 倍多，引发了一些英国政客和媒体的仇恨)，托尼・布莱尔(Tony Blair)领导的英国政府决定限制保加利亚人和罗马尼亚人的进入。爱尔兰政府也如法炮制，指出爱尔兰已经接收了几倍于预计的移民。不过，从纯粹经济的层面来看，这些限制是没有道理的，因为(正如第 608 页提到的)2004 — 2006 年那波移民潮为英国和爱尔兰经济作出巨大贡献，在不明显增加失业率的情况下保证了两国经济增长率高出欧盟平均水平(移民主要缓解了劳力和技术的短缺)。这些移民还不会给英国和爱尔兰的福利造成负担。可惜，2004 年的时候，在其他欧盟成员国，不理智的仇外情绪压制了经济理性。

2000 — 2005 年，相继主政的克罗地亚政府渴望与保加利亚和罗马尼亚同时加入欧盟。不过，克罗地亚在 20 世纪 90 年代继续为集权的激进民族主义的图季曼(Tudjman)政权提供支持，随后也没有积极逮捕并引渡那些被设于海牙的前南斯拉夫罪行国际法庭(ICTY)控告犯有战争罪和反人类罪的克罗地亚人，后者被指控在 1991 — 1995 年间与塞尔维亚和波斯尼亚的战争中犯下上述罪行；克罗地亚无疑要为其所作所为付出经济上和政治上的沉重代价。这些不确定因素使得克罗地亚的经济发展和外国直接投资比其本来应该得到的要低得多，同时也延迟了其加入欧盟的进程。克罗地亚直到 2005 年还没有恢复到 1989 年的 GDP 水平。(表 35.3)克罗地亚咎由自取，错过了 2004 —

612

2005 年初争取于 2008 年或 2009 年加入欧盟的"机会窗口",也失去了
步保加利亚和罗马尼亚后尘的机会。这些挫折主要源于克罗地亚迟迟
不愿与前南斯拉夫问题国际刑事法庭配合。同时,2005 年和 2006 年
欧盟日益滋生的"扩张疲惫症"也使得克罗地亚最早能于 2010 年以前
加入欧盟的希望变得越发渺茫。尽管这个国家拥有丰富的旅游资源,
但其未来的不确定性很可能导致其经济持续缺乏活力,而外国直接投
资也不会太乐观。

马其顿共和国(ROM)在加入欧盟的序列中仅次于保加利亚、罗马
尼亚和克罗地亚,它已与欧盟在 2001 年签署稳定与联合协议(SAA),
而且在 2005 年被正式授予欧盟候选国资格。不过,马其顿相对差的经
济增长、超过 35% 的失业率,加上 2006 年 6 月上台的新黑山民族主义
政府试图再一次边缘化阿尔巴尼亚族人(占总人口的 25%)的举动,都
导致欧盟在 2006 年不愿意为正式的加盟谈判设定一个明确的期限。
与克罗地亚一样,黑山错过了 2004 年和 2005 年初在加入欧盟问题上
取得重大进展的黄金时机。不幸的是,黑山未来与欧盟关系的不确定
很可能阻碍其在艰难的经济环境下实现显著的改善。

经过长达三年的协商,阿尔巴尼亚与欧盟在 2006 年 6 月 12 日签
署稳定与联合协议。不过,持续的高度腐败、敲诈勒索、有组织犯罪和
暴力阻碍了阿尔巴尼亚对于稳定与联合协议的迅速执行,到 2007 年初
情况变得明朗:这个国家还需要等待很多年才能得到加入欧盟的候选
资格。尽管如此,阿尔巴尼亚的经济在 1999－2006 年间以年均 6.8%
的速度增长(见表 35.2),这主要源于其低工资、经济基础的起点低,还
源于欧美和北美移民汇回的大量钱款以及从毒品走私、军火交易、洗钱
和绑架中得来的收入。(Pond 2006:25)

在 1992－1995 年间,波斯尼亚和黑塞哥维那损失了 10 万人口,
超过 200 万人口被赶出家园,大规模军事行动严重破坏了经济。从废
墟中复苏是艰难和痛苦的。波斯尼亚在 1995 年后的经济增长率表面
上还不错(表 35.2),但官方失业率却维持在极高的水平上(超过劳力
的 40%),这个国家的经济依赖于西方的援助、联合国和维和部队在本

地的消费,经济状况非常脆弱。上述原因,以及国内三个主要地区之间的持续的冲突和互不信任,导致波斯尼亚无法在 2006 年就稳定与联合协议与欧盟顺利完成协商。而这又进而导致波斯尼亚无法实现自力更生的经济发展。

在 20 世纪 90 年代,塞尔维亚由于战争、联合国的贸易和金融封锁、大量年轻人(大多接受过良好的教育)为逃兵役而移民出境、维持庞大的军事开支以及支持波斯尼亚塞族人和克罗地亚塞族人的分裂,导致其经济受到极大损害。同时,其经济也受到总统斯洛博丹·米洛舍维奇(Slobodan Milosevic)及其亲信有系统地掠夺,并被用于谋取个人的私利。考虑到塞尔维亚与克罗地亚、波斯尼亚的冲突,以及 1998 — 1999 年塞尔维亚与科索沃的冲突的情况,两次冲突之后的经济恢复还是很显著的(一次在 1995 — 1997 年,一次在 2000 — 2006 年)。不过,塞尔维亚有组织犯罪、腐败、政治和经济上的孤立以及未来与欧盟关系的不确定性令其付出沉重的代价。这些因素阻碍了外国直接投资,而后者又是塞尔维亚所急需的。尽管塞尔维亚稍后被允许于 2005 年 10 月开启与欧盟就稳定与联合协议的谈判,但这些谈判自 2006 年春天被延后了,因为塞尔维亚始终不能(不情愿)交出被设在海牙的前南斯拉夫罪行国际法庭指控于 1991 — 1995 年和 1999 年战争中犯有战争罪和反人类罪的塞尔维亚人。不过,为了加强自由派的地位以便对抗极端民族主义的塞尔维亚激进党(在 2007 年 1 月的大选中得到最高票数),也为了促使塞尔维亚满足前南斯拉夫罪行国际法庭的要求,2007 年 3 月欧盟成员国宣布,一个温顺的塞尔维亚将在 2008 年得到欧盟成员国的正式候选国资格。

从 1992 — 2000 年,作为塞黑二元国家中较小的一员,黑山受到塞尔维亚民族主义、塞尔维亚与邻国战争及联合国制裁的牵连。这导致黑山的经济也受到孤立,其中大部分被不法之徒控制,后者从破坏联合国制裁的行动中获益。即便在 2000 年 10 月米洛舍维奇政权倒台后,黑山也因为与塞尔维亚的联盟,导致回旋的余地大受限制。即便是 2003 — 2006 年欧盟和哈维尔·索拉纳(Javier Solana)促成松散的国家

613

联盟,也被证明是极受限制的。因此,即便黑山能够在 2005 年晚些时候开启与欧盟的稳定与联合协议的谈判,但由于黑山并非独立的国家,因而达成的协议也极有可能被其塞尔维亚表哥玩弄于股掌之间。黑山61.6 万人民所能做的是在 2006 年 5 月投票(55.5%多数)支持黑山独立。这在 2006 年夏天得以实现,黑山从此可以不受干扰地与欧盟继续谈判。其成果是 2007 年 3 月与欧盟签订稳定与联合协议,但考虑到黑山政治经济的弱小和脆弱、显著的腐败和敲诈勒索,随后有关成为正式候选国并最终加入欧盟的谈判则遥遥无期。(参见 Bideleux 和 Jeffries 2007:504－511)

科索沃急于加入欧盟,盼望能够通过劳动力外流到欧盟国家和吸引外国商业和投资的方式帮助缓解大规模的失业(占劳力的50%－70%)。不过,在策划加入欧盟之前,科索沃(正如黑山一样)必须解决国家独立的问题,因为在实践中,欧盟只与独立国家打交道,而也只有独立国家能够负起欧盟成员国的责任。尽管科索沃在2007 年被赋予有条件的独立,但这个刚刚独立的小国根本没有独立的经济基础。任何表面的独立都不过是虚幻。尽管欧盟在 2007 年初鼓励科索沃政府将加入欧盟当作一个可行的中期目标,但由于科索沃也深深卷入腐败、敲诈勒索、犯罪和暴力之中,欧盟成员国身份对其而言依然遥不可及。

在 2006 年,情况已经越发明显,虽然西巴尔干国家经济每况愈下,但不可能因此得到更快加入欧盟的机会以刺激经济复苏和(或)缓解经济压力。这使得欧盟更急迫地采取对策,以防止这些国家被进一步边缘化,这种边缘化既是经济层面的,也是欧盟限制签证的结果。(参见 Bideleux 和 Jeffries 2007:578－579,593)欧盟及其成员国对此做出应对的一个主要办法是提升欧洲旅游业的发展,积极投资西巴尔干旅游、交通方面的基础设施建设;欧盟认为旅游业对于经济复兴很重要,因为欧洲旅游业曾经促进了西班牙、葡萄牙、希腊、塞浦路斯和马耳他的发展,并且促使其融入更广泛的欧洲经济、社会和文化。

逐步接纳东中欧、波罗的海和巴尔干国家进入和平伙伴关系计划,并最终进入北约

1993 年 10 月 21 日,北约决定采纳美国的提议,给予不结盟国家和前共产党国家参与和平伙伴关系计划的资格,而非直接给予成员国身份。该提议于 1994 年 1 月 10 – 11 日在布鲁塞尔举行的北约峰会上被正式批准,以便化解各种冲突:① 东欧和波罗的海国家渴望加盟,以受益于北约的安全保障体系(尤其是在 1993 年 12 月俄罗斯大选和西方处理波斯尼亚危机失败之后);② 东欧想要避免安全真空;③ 俄罗斯在潜在孤立下可能激起民族主义情绪的风险(在 1994 年 1 月 10日,弗拉基米尔·日里诺夫斯基(Vladimir Zhirinovsky)警告,东欧被整合"将意味着北约已经走上打第三次世界大战的道路");④ 担心北约卷入一个不稳定的地区,制造新的欧洲分裂;⑤ 担心过早吸纳尚未做好准备的新成员将削弱北约的实力。俄罗斯在 1995 年 5 月 31 日加入和平伙伴关系计划。截至 1996 年中,已有 27 个国家加入:阿尔巴尼亚、亚美尼亚、奥地利、阿塞拜疆、白俄罗斯、保加利亚、捷克、爱沙尼亚、芬兰、格鲁吉亚、匈牙利、哈萨克斯坦、吉尔吉斯斯坦、拉脱维亚、立陶宛、马其顿、马耳他、摩尔多瓦、波兰、罗马尼亚、俄罗斯、斯洛伐克、斯洛文尼亚、瑞典、土库曼斯坦、乌克兰和乌兹别克斯坦。(*The Economist*, 1 June 1996, p. 22)

北约东扩的先声

1993 年秋天,克林顿政府决定督促北约逐步东扩的进程,并制定"一揽子政策以重新强调美国在国际事务中的领导地位,回击那些声称克林顿在外交事务上软弱摇摆的抨击"。(Smith 1999: 53)在 1994 年1 月于布鲁塞尔举行的北约峰会上,克林顿总统"明确声明北约已经做好扩张的准备"。(第 54 页)1 月 11 日发表的一份公报称:"我们期待并欢迎北约的扩张,作为改革进程的一部分,考虑到整个欧洲的政治和防务,它将在东部实现民主化。"前共产主义国家和北约合作理事会成

员国都是未来北约成员的考虑对象,不过在当下,加入北约尚无保证,既无时间表也无详细具体的资格标准(泛泛的要求是候选国必须是民主政体,接受现有的国家疆界,确保民主的文官集团对军队的控制)。唯一的许诺是在富于个性化的双边关系的基础上建立起与北约更紧密的合作,以便在时机成熟的时候加入北约。这个思路就是先达成一个标准的框架,然后再在其中商讨具体的细节。合作的形式包括:信息交流;国防规划和预算的透明;共同规划、演练和训练(包括为执行维和任务做准备);与任何"领土完整、政治独立或国防受到直接威胁"的国家进行磋商。

615   1994 年 5 月 9 日,西欧联盟向保加利亚、捷克、匈牙利、波兰、罗马尼亚、斯洛伐克、爱沙尼亚、拉脱维亚和立陶宛授予"准合作伙伴"资格。9 月北约发表《北约扩张研究》,和 1993 年欧盟推出的"哥本哈根标准"一样,该《研究》第一次为潜在加盟对象制定了条件:

① 一个运行良好的民主政体和市场经济体系;

② 按照欧洲安全合作组织(OSCE)的规定对待少数民族;

③ 解决与邻国的遗留纠纷,承诺以和平方式处理;

④ (有能力并有意愿)为联盟提供军事服务,实现与其他盟国军事力量的互通有无;

⑤ 民主的军民关系。(Greenwood 2005:11)

同月,在埃森举行的欧洲理事会议决定,在 1996 至 1997 年政府间会议(IGC)就欧盟改革达成协议之前(其共识体现在 1997 年的阿姆斯特丹条约之中),欧盟不会启动有关接纳新成员的谈判。鉴于欧盟东扩在近期内将被冻结,而加入北约的机会则有所改善,一些东中欧领导人开始重视加入北约的问题。比如,瓦茨拉夫·哈维尔总统就说:"从防务上考虑,加入北约比加入欧盟更重要……现在已到了认真考虑加入北约的时候;北约提供了安全保障。而欧盟一体化是一个长期的进程。"(引自 Morrison 1995:80)

1997 年 7 月 8 日,北约邀请捷克、匈牙利和波兰开始加入北约的对话。罗马尼亚和斯洛文尼亚没有收到邀请,尽管多数北约成员国(由法国带领)支持他们。美国克林顿政府坚持进入第一轮磋商的后共产党国家只能有三个。不过,1997 年 7 月 11 日在布加勒斯特访问期间,克林顿总统称罗马尼亚是第二轮被邀请国家中"实力最强的候选国"之一。

波兰、匈牙利和捷克加入北约,1999 年 3 月 12 日

波兰、匈牙利和捷克于 1999 年 3 月 12 日在北约的诞生地(诞生时间是 1949 年 4 月 4 日)——密苏里州的独立城参加了签字仪式,正式加入北约。这使北约成员国数量由 16 个增至 19 个,同时也得到新成员国公众的欢迎,后者将加入北约看成是西方的一个姿态,即致力于推动新成员国自由主义的议会民主和市场经济体制。

不过,苏联前总统戈尔巴乔夫声称他被北约东扩"出卖"了,他谴责西方利用了俄罗斯目前的弱点羞辱了俄罗斯,就像二战后盟国对待德国那样的乘人之危。(*IHT*,1999 年 3 月 13 日,第 4 页)北约"东扩"确实践踏了 1990 年 11 月西方民主国家领导人向戈尔巴乔夫作出的许诺。当时作为苏联总统,他接受了西方要求德国迅速统一的呼吁,也承诺了从东德迅速而彻底地撤出苏联部队;作为回报,西方领导人郑重承诺不会向东方扩张。尽管如此,叶利钦政府还是审慎地决定尽最大程度做好这项糟糕的工作。他承认自己无力阻止北约东扩。他于 1999 年 7 月 23 日通过参加布鲁塞尔的一次北约会议结束了对与北约接触的抵制。当北约秘书长乔治·罗伯逊(George Robertson)于 2000 年 2 月 6 日访问俄罗斯时,他和普京总统发表了共同声明:"双方致力于加强交流以成为欧洲安全的基石。"(*FT*,2000 年 2 月 17 日,第 12 页)俄罗斯当局越来越清醒地认识到加强东中欧的安全和稳定对于俄罗斯(西方也一样)有切身的利益,而加入北约就能实现东中欧的稳定。在现实中,相比欧盟东扩,俄罗斯的精英们(可以理解)对北约东扩更加敏感愤怒,不过从长远来看,欧盟东扩对俄罗斯的危害更大,因为这将使

俄罗斯在欧洲事务上被迅速边缘化,迫使俄罗斯置身于一个迅速一体化的欧洲之外。不过,精英们对俄罗斯迅速萎缩的军事实力和疆域而产生的自责和敏感,导致他们无视欧盟东扩才是最具威胁的事实。

必须承认,在可预见的将来,俄罗斯不可能成为欧盟的一员。作为亚洲和太平洋地区主要的大国,俄罗斯"并非无路可走"。即便俄罗斯疆域广阔、问题丛生,以至于无法融入欧盟,但西方试图冻结俄罗斯(乌克兰也是一样)于"欧洲大家庭"之外,却是不明智的。这有可能造成一个新的雅尔塔体系。只要俄罗斯继续是一个"我行我素的大国"(loose cannon),东中欧、波罗的海或巴尔干国家就无持续的安全可言。如果把德国深深融入欧共体和欧盟的最大原因在于一个脱离"组织"的德国将会成为欧洲巨轮上一尊喜怒无常的大炮,那么这个逻辑也同样适用于俄罗斯。因此我们应当努力实现零壁垒的"单一欧洲空间"(single European space),以便将各种地区性的亚集团组织以各种形式进一步整合起来。只要俄罗斯继续被"拒之门外",北约给俄罗斯"前院"国家提供的安全都无异于镜花水月。

1996 年,美国驻苏联最后一任大使小杰克·马洛克(Jack Matlock Jnr,1987－1991 年在位)警告说:"俄罗斯近期的不合作态度源于他们被遗弃在欧洲安全俱乐部之外产生的不满情绪。一个独居寡合的俄罗斯始终是一个问题。华盛顿必须高度重视创建一个有俄罗斯参与的欧洲安全机制,以此安抚莫斯科。至于这个机制的实现方式,是通过俄罗斯和北约的协议,是通过加强欧洲安全与合作组织,还是通过其他的机制,都不重要,重要的是一定要让俄罗斯参与……只有这样俄罗斯才不会对其他国家造成威胁或违反欧洲安全合作组织(OSCE)规定的义务。"(Matlock 1996:49)重点应当是创建一个泛欧洲的安全机制和一个零壁垒的"单一欧洲空间",任何一个愿意并能够遵循其规则和标准的国家都可以平等地参与其中。

在布拉格举行的北约峰会,2002 年 11 月 21－22 日

2002 年 11 月 21－22 日的北约峰会第一次在前共产党国家的城

市布拉格举行。爱沙尼亚、拉脱维亚、立陶宛、保加利亚、罗马尼亚、斯洛伐克和斯洛文尼亚被正式邀请于 2004 年 5 月(批准程序还需要一定时间)成为北约成员国。北约七个新成员国同意延长遵守"成员资格行动计划"(MAPs)的年限。(*IHT*,2002 年 11 月 22 日,第 8 页)阿尔巴尼亚和马其顿被认为是最有希望随后加入北约的国家。北约领导人发布的一份公报声称:"我们鼓励两个国家继续加大改革的力度。"克罗地亚也有希望得到北约的入场券,不过其与前南斯拉夫问题国际刑事法庭的合作是前提。北约领导人甚至暗示,塞尔维亚也可以最终加入,尽管它必须先参加北约和平伙伴关系计划。(The *Guardian*, 22 November 2002, p. 16)其后,北约规定此后所有有意加入的国家都必须先参加和平伙伴关系计划(作为见习),稍后再参加正式的"成员资格行动计划"(MAP)。(Greenwood 2005:7)

在维尔纽斯举行的北约峰会,2006 年 11 月 29 日

在这次峰会上,北约领导人强烈暗示,克罗地亚、马其顿和阿尔巴尼亚将在 2008 年被接纳进北约。另外,尽管贝尔格莱德还没有将拉特科·姆拉迪奇(Ratko Mladic)和拉多万·卡拉季奇(Radovan Karadzic)逮捕并移交前南斯拉夫问题国际刑事法庭审讯,但北约领导人还是决定正式邀请波黑、黑山甚至塞尔维亚参加和平伙伴关系计划(PfP)。这一举动意味着美国、英国与荷兰态度的大转变,因为他们曾经反复强调,塞尔维亚不可能加入和平伙伴关系计划(PfP),除非满足前南斯拉夫问题国际刑事法庭的要求。这一早就该有的政策转变是为了赶在塞尔维亚 2007 年 1 月议会选举之前做最后的努力,以削弱极端民族主义的塞尔维亚激进党得到的支持。(*IHT*,2006 年 11 月 30 日,第 4 页;*FT*,2006 年 11 月 30 日,第 6 页)

我们对后共产主义的巴尔干国家进行研究的另外一本书在本次峰会前两周发表,批评了迄今为止西方盛行的要求塞尔维亚和克罗地亚服从前南斯拉夫问题国际刑事法庭要求的强硬政策。我们认为,这种政策只能进一步加强顽固的极端民族主义者的支持度,而分裂削弱自

由派联盟的力量,后者已经在斯洛博丹·米洛舍维奇和弗拉尼奥·图季曼集权的民族主义政权倒台后分别在塞尔维亚和克罗地亚成功掌权。(Bideleux 和 Jeffries 2007:231 − 232, 324 − 328)强硬的政策只会适得其反,北约政策的大改变已经证实了我们批评的正确性。

塞尔维亚、黑山和波斯尼亚于 2006 年 12 月 14 日正式加入和平伙伴关系计划(PfP)。和平伙伴关系计划原先被看成是北约成员国资格的一个替代品,现在则成为加入北约的第一个主要环节。北约秘书长夏侯雅伯(Jaap de Hoop Scheffer)宣称,波斯尼亚"终于从代顿时代来到了布鲁塞尔时代"。他还再次强调,克罗地亚、马其顿和阿尔巴尼亚将预期在 2008 年加入北约。(*IHT*,2006 年 12 月 15 日,第 3 页)

结论

在东中欧、波罗的海和巴尔干地区的后共产主义国家,各个党派间在宏观经济政策、私有化、体制和产业的重组、司法和法律改革问题上逐步建立起共识,以符合 1993 年 6 月的"哥本哈根标准";该标准将全面的自由民主制、自由资本主义、法治以及对人权和少数民族权利的尊重和保护作为加入欧盟的前提。这转而进一步深化了有限政府的原则、推动了平等的公民权、法律面前人人平等、政治稳定、更多"公平竞争的环境"、更完善的市场经济和自由化经济。加入欧盟的动力有助于重组候选国并进行重新定位,将占主导的"垂直"权力关系和权力结构、小团体庇护性的观念转变为横向结构的公民社会、市民经济,后者建立在有限政府、法治、人情味色彩更淡的关系之上。这些主要的转变和"调整"非常复杂、困难,但其推进的程度却叫人印象深刻。这些国家的许多居民感觉他们是"被迫改变"。(Dimitrova 2004:1 − 8)不过正是在此基础上,这些国家中的八个被允许在 2004 年 5 月加入欧盟,另外两个——罗马尼亚和保加利亚——被允许于 2007 年 1 月加入。

对欧盟和北约成员国身份的追求和获得有助于化解新成员国间百年来的种族和疆域冲突。这进而有助于裁撤军队、取消兵役、更自由的人员流动、更高的透明度,从而使得武装政变和武装冲突在东中欧、波

618

罗的海和巴尔干国家变得不可想象,这也有助于在这些国家培育出更自由民主的气氛,实现国家的稳定与和谐。(Epstein 和 Gheciu 2006：322－323；Vachudova 2005：7)通过构建一个非常稳定、繁荣的超国家的法律秩序(旨在提升并保护基本人权和少数民族权利、自由以及公民间的无差别待遇),欧盟东扩正在新成员国中加强权利和自由的观念,加强法治、生理上和心理上的稳定感、安全感。

东中欧、波罗的海和巴尔干地区的后共产主义国家在参与志愿组织的比例方面、在"正规公民社会部门"的就业率方面、在人际间的信任方面,与大多数西方国家相比,要低得多;好在这些国家经历的积极变革有助于抵消这些不利因素。(Tarrow 和 Petrova 2007：76；Howard 2003：80；Badescu 和 Uslaner 2003：71，89，198)值得注意的是,后弗朗哥时代的西班牙、后萨拉查时代的葡萄牙和后皮诺切特时代的智利都曾因其民主化和自由化而广受赞誉,但也都伴随着相对低的志愿组织的参与度(McDonough et al. 1998；Howard 2003：80)和人际信任度——葡萄牙和智利的程度比东中欧甚至俄罗斯还要低得多。(Badescu 和 Uslaner 2003：71－72)从这个意义上说,东中欧后共产主义民主化的可靠程度并不亚于刚刚庆祝过的伊比利亚民主化进程。

此外,欧盟成员国身份将使新成员国约束在一个要求自由资本主义、法治、(国家层面和次国家层面)自由主义民主的制度体系之中。这有助于减缓 2006 年中期东中欧国家"民主危机"以后铺天盖地的舆论指责,也有助于缓解西方对这些新成员国一旦进入欧盟就"故态复萌"的担忧。从很多方面看,东中欧被普遍认为的"民主危机"与当年西欧国家在发达资本主义、全球化和地区整合的大背景下,为维持根本的(而非表面的)自由民主制所遭遇的问题,在本质上并无二致。比如,捷克最近就遭遇了选民冷淡、政治上的淡漠、选举投票率低、政党成员人数的减少、饱受指责的政府腐败、媒体内容的琐碎化等问题。(Drucker 和 Druckerova 2006)类似问题也发生在所谓的西方自由民主制的核心地带,包括英国和美国。因此,与其将上述问题看成所谓"新民主政体""成长的烦恼"之一,倒不如视其为民主化向"成熟"蜕变中遇到的问题。

第三十七章　跋语：对于东中欧和巴尔干地区现代性方案的一些最后反思

　　欧洲后共产主义国家普遍推进的民主化和市场化进程的做法，都误认为这些方案可以并且应当包含在既有的民族国家框架之内去实现。然而，在实践中，这些想象的"民族"单位和进程若想实现它们所依赖的民族的自治外貌，必须以各种途径加以充实。19世纪晚期以来，东欧建立的绝大多数所谓的"民族"国家并不类似于英国、法国那样"自主建立"的国家；但是它们的合法性和存在依据又需要得到国际社会的认可（主要是西方大国，同时也包括俄国、德国、土耳其和意大利）。因此，它们常常发现持续主张对它们认为的"内政"行使专属管辖权，以及避开外部社会对其内政的监督（常常是干涉）是非常艰难的。此外，在一个日益全球化、区域化和相互依存的世界，政策制定和决策制定的轨迹正逐渐从民族国家转回到国际性管制机构和大区域管制性的联盟，前者如世界贸易组织、国际货币基金组织、世界银行和北约，后者如欧盟。不过，目前这些国际性和大区域组织的运作并没有过多体现民主问责制。它们主要还是"由各国政府组成的卡特尔"，回避民主程序，决策只是通过经选举产生的议会中各成员国首脑的意志形成的。不过，由于政策制定和决策制定的涉及面常常超出民族国家的范畴，将其纳入民族国家议会的管辖之下也不会有建设性的帮助。不过这倒有助于避免无休止的国际间和议会间的争吵、停顿乃至陷入僵局。民族国家权利主张的增加至多只能制造这样一种假象,即对于跨国家政策、程序和组织的民主化控制程度加强了。但对于这种假象的追求只能强化"民主行不通"的想法,而公众对于欧洲后共产主义国家最初寄以希望的民主机制的支持,也会遭到削弱。

"普世性民主"(cosmopolitan democracy)招牌下广为宣传的所谓超国家性的替代方案不过是自欺欺人和一厢情愿的想法。将"民主"生搬硬套在由指定(而非选举产生)的官员管理的国际机构上,只会使民主本身丧失实质的内容和(或)意义。在超国家层面,能够有效制约权力和权威的最切实际的方法是构建有约束力的法律和规则的框架——一个超国家的"公民社团"或法律秩序。一个羽翼丰满的实例就是欧盟。(Bideleux 2000, 2001a, 2001b)

在 20 世纪,多民族帝国的垮台常常导致原有疆域分化为一系列由解放民族主义催生的小国。这就是奥斯曼帝国、哈布斯堡帝国和沙皇俄国垮台以后巴尔干和东中欧国家的境况,最近的例子则是苏联帝国垮台以后出现的独联体。这些地区的政治家面临的关键性挑战在于找到一条既能促进种族忠诚和民族主义,又能确保增收、和平和稳定的道路。东中欧和巴尔干后共产主义政府曾经希望通过加快融入欧盟和北约,以回避这样的挑战,但这是不够的。它们还"需要建构自己的跨国家组织,这样的组织应当是自愿形成的,并有足够能力仲裁成员国之间的纠纷,保持国家间贸易的开放并确保少数民族的人权。它们需要建立一个类似于旧帝国的道义帝国"。(*IHT* editorial, 10 June 1992, p. 8)如果这些国家想消除地区间的冲突、不稳定、民族救世主情结以及随之而来的各种集权主义、军事独裁、宗教或种族-文化集体主义回潮的危险,那么它们的政治的基础就需要转型,从原来排外、不宽容和自我中心的"种族性"民族-国家转变为更开放、更包容和更宽容的社会,这种社会是根植于超国家的、联邦式的、宽松的"公民联合体"的。当然我们并不认为上述问题可以轻松迅速地解决,我们只是认为这样做是唯一的希望。

至于共产主义统治在东欧终结的历史意义,我们不认为这是"历史终结"的标志或是自由主义民主最终取得的不可逆转的胜利。诸如民族主义者和宗教排外分子之类的"恶魔",以及不宽容和顽固的态度在当下依然非常活跃。现在为共产主义"发丧"还为时尚早。别忘了,当周恩来被问及 1789 年法国大革命的意义时,他极有远见地答复以"现在评价为时尚早"。我们持这样的观点:欧洲共产主义统治的垮台标志着文艺复兴和启蒙运动催生的一种极端"现代性方案"的终结,而这只是各种"现代性方案"极端表现中的一种而已。用瓦茨拉夫·哈维尔在 1992 年 2 月的话来说:"现代社会被不同形式包装的信念所主导。这种信念认为世界——及其现在的样子——是一个可以被认知的体系,按照限定的普遍规律运行,人类可以把握它从而实现他们自己的利益。这个时代起始于文艺复兴,从启蒙运动发展到社会主义,从实证主义发展到科学主义,从工业革命发展到信息革命。这个进程以理性的、认知思想的突飞猛进为特色。这反过来造成人的自信的膨胀,他们相信自己站在万物的顶点,有能力对所有存在的东西进行客观描述、解释和控制,有能力获得关于世界的唯一真理。这是一个因为科学方法的使用而信奉机械进步论的时代……这是一个体系论的时代……这是一个充斥着意识形态、教条和对事实进行诠释的时代,这个时代的目标是要找出世界运行的普遍理论及促进繁荣的普遍方法。"(Havel 1994b:177)

马克思和恩格斯天真地相信"启蒙运动所梦想的、建立在共同意愿和真理之上的理性秩序,不但可能实现,而且最终必然要实现"。(Gellner 1996:35)共产党及其政权将自己视为新时代最终的世俗的科学统治者,认为那是把人类(其实质是一个人——并且从来不是女性!)推进到主宰宇宙万物的顶峰地位的时代。欧洲共产主义政权的衰落和垮台暴露了那种主张背后的空虚,也给那些急于充填其势力退出后留下"空靴"的人发出一个有力的警告。然而,宣告现代性方案的死亡还为时太早。新自由主义的"市场原教旨主义者"依然教条式地相信世俗的自由放任资本主义，才是打开尚处于神龛中的繁荣、和平和社会、科学、技术进步的秘密大门的钥匙。现代的非线性发展和(或)"自上而下"的现代化和民主化理论的支持者也是如此。有一句格言是，货物一旦售出，就不予退换。我们不能想当然地认为"市场原教旨主义"和自由放任资本主义或民主化的教条和理念会给予我们想要的一切，它们不可能提供"所有的答案"。一旦采用了这些教义，就无法回头。对于那些声称发现普世的认知锁钥和万能灵药的主义，我们一定要警觉。它们最有可能导致暴政，并危及人类和自然界。

索　引

（索引条目后数字为原书页码，即本书边码）

A

Abdulhaimit II (Sultan, 1876 — 1909) 阿卜杜拉哈米特二世(苏丹, 1876 — 1909 年在位) xxv, 108

Adler, Friedrich (Austrian socialist/assassin, 1916) 弗里德里希·阿德勒(奥地利社会主义者, 1916 年被谋杀) xl, 251, 310 — 311

Adler, Viktor (Austrian socialist) 维克多·阿德勒(奥地利社会主义者) 247, 249, 251, 310

Adrianople (Edirne, Hadrianopolis) 亚得里亚堡(埃迪尔内的旧称) xxii, 39, 71, 73

Agriculture 农业 13, 16, 23, 39 — 41, 48, 50, 52, 59, 64 — 65, 95, 97, 102 — 106, 116 — 117, 120, 128 — 129, 134, 140 — 141, 155, 160 — 161, 163, 171, 174, 176, 189, 203, 205 — 209, 233, 245, 254 — 259, 273, 285 — 288, 293 — 294, 300, 309, 331, 337 — 338, 342, 345 — 348, 352 — 361, 367, 372, 376, 381, 405, 424, 428, 447, 466 — 468, 473 — 476, 484, 490 — 498, 502, 511 — 512, 518 — 519, 532, 578, 582, 587, 591, 602, 605 — 606, 608

Albania/Albanians 阿尔巴尼亚，阿尔巴尼亚人 xii, xvii, xx, xxii — iii, xxv — xxix, xli, xliii, 17, 27 — 30, 38, 44, 63, 66 — 68, 71, 73, 75, 79 — 83, 85, 97, 113 — 114, 119, 121, 123, 125, 211, 218, 229, 267, 301 — 306, 326, 339, 341, 351, 356, 359, 372, 376, 388, 404, 412 — 413, 418 — 423, 426 — 427, 430, 450, 462, 464, 473, 475, 480, 493 — 494, 498, 500 — 501, 512, 517, 519, 524 — 525, 531, 540, 548 — 549, 551, 555, 562 — 564, 570 — 571, 587, 598, 603, 610 — 612, 614, 616 — 617; balli kombetar (National Front, 1940s) 科默贝塔(领导 20 世纪 40 年代救国阵线) 420

Albrecht of Habsburg (Holy Roman Emperor, 1437 — 1439) 哈布斯堡的艾尔布莱希特(神圣罗马帝国皇帝, 1437 — 1439 年在位) xxxiv, 165

Alexander I (Tsar of Russia, 1801 — 1825) 亚历山大一世(俄国沙皇, 1801 — 1825 年在位) 281, 283, 286 — 287

Alexander II (Tsar of Russia, 1844 — 1881) 亚历山大二世(俄国沙皇, 1844 — 1881 年在位) xxxix, 98, 287 — 289, 625

Alexander III (Tsar of Russia, 1881 — 1894) 亚历山大三世(俄国沙皇, 1881 — 1894 年在位) 289

Alexander the Great (ruler of Macedon, 336 — 323 BCE) 亚历山大大帝(马其顿统治者, 公元前 336 — 前 323 年在位) xvii, 38

Alia, Ramiz (President of Albania, 1985 — 1992) 拉米兹·阿利雅(阿尔巴尼亚总统, 1985 — 1992 年在任) 519

Anabaptists 再洗礼教徒，浸信派 158

Anderson, Perry 佩里·安德森 19, 140, 160 — 164, 624

66

爆炸"制度转型　xli,521,559 － 560,565 － 569,600,608

Bismarck, Otto von (architect of German unification) 奥托·冯·俾斯麦(德国统一的缔造者) xii,235,239 － 240,246 － 247,292 － 293,303,332

Bitola(alias Monastir) 比托拉(又名莫纳斯特) xxiii,71,86

'black death'(1347 － 1350): see plague "黑死病",参见瘟疫

Black Hand (Serbian nationalist network) 黑手党(塞尔维亚民族主义组织) 301

Black Madonna of Jasna Gora 琴斯托霍瓦的黑圣母 183

Bobzynski, Michal 迈克尔·博布任斯基 297

Bogomil (Father) and Manichaeanism 鲍格米勒(神父)和摩尼教 81 － 82

Bohemia: see Czech Lands 波希米亚,参见捷克国家

Boii 波伊人 135

Bolshevik Revolution (November 1917) 布尔什维克革命,中国通译为"十月革命"(1917 年 11 月) xl,311 － 312,334,400,414,464 － 468

Boris I (ruler of Bulgaria, 852 － 889) 波伊斯一世(保加利亚统治者,852 － 889 年在位) xx,54,66

Boris III (Tsar of Bulgaria, 1918 － 1943) 波伊斯三世(保加利亚沙皇,1918 － 1943 年在位) 450

Boris Godanov (Tsar of Russia, 1598 － 1605) 波伊斯·古德诺夫(俄国沙皇,1598 － 1605 年在位) 182

Bosnia and Herzegovina /Bosnians 波黑/波斯尼亚人 xii, xviii, xxii － viii, xxxix, xliii － iv,3,5,28,30,38,46,71 － 73,75,81 － 83,85,87,91,97,106,113 － 114,119,124,126,162,231 － 232,244 － 246,273,300 － 302,304,327,341,353,355,372 － 373,384,419,427 － 428,445 － 446,500,521 － 525,551,554 － 555,564,570 － 571,589,595,610 － 612,616 － 617

boyars (landlords) 大地产者(地主) xxi, xxiv,66 － 67,72,106,182

Brandt, Willy (German foreign minister, 1966 － 1969; Chancellor, 1969 － 1974) 威利·勃兰特(1966 － 1969 年任德国外交部长,1969 － 1974 年任首相) xli,491,504 － 505

Bratianus (leading political family in 1920s Romania) 布勒迪亚努家族(20 世纪 20 年代罗马尼亚的主要政治家族) 126,338,494

Bratislava (Pozsony/Pressburg) 布拉迪斯拉发 xxxiv,136,140,157,233,433,610

Braudel, Fernand 费尔南·布罗代尔 18,90,105 － 106,627

Brest (Brzesc): church union (1596) 布列斯特, 教皇联盟(1596) 179 － 180; Treaty of Brest-Litovsk (1918) 布列斯特-利沃斯克条约(1918) 126,322

Brethren(Czech Polish) 捷克的波兰人 154 － 155,167

Brezhnev, Leonid (Head of Soviet regime, 1964 － 1982) 列奥尼德·勃列日涅夫(苏联政权领袖,1964 － 1982) xii, xli, 491 － 492,506,514,527,530; Brezhnv Doctrine (1968) 勃列日涅夫主义　492,527,549

Britain/England and British/English influence 不列颠、英格兰和不列颠/英语影响 xl,11,23,31,33,37,44,77,80,92,101 － 102,114 － 115,117,125,127 － 129,137,140 － 141,143,159,161 － 163,168,170 － 172,178,181,188,192 － 193,194 － 195,200 － 202,204 － 205,211,215 － 216,219,235 － 236,240,255,262 － 264,267,272,280,283 － 284,287 － 290,294,302,306 － 307,319,322 － 323,327,331,344,348,354,357,365,367 － 369,374,384,400,407 － 408,411,412,419,424 － 425,427 － 428,440,446,459 － 464,467 － 471,481,493,505,509,512,534,549,558,579,584,589,598,603,608,611

Bursa(alias Brusa) 布尔萨(又称布鲁萨) xxii,70 － 71

Bucharest 布加勒斯特　35 － 36,119,123,126,355,475,515,585,615

Budapest (Buda, Pest) 布达佩斯(布达,佩

K

S

译者后记

本书涵盖的地域空间包括易北河以东和俄罗斯、白俄罗斯、乌克兰以西的国家,以及巴尔干半岛国家;涵盖的历史时段起于公元前 3000 至前 1450 年左右在克里特出现的米诺斯文明,迄于作者搁笔的 2007 年,包括了从面向苏联的社会主义时期到转向欧盟和北约的历史巨变。作者都是长期研究相关国家历史和现状的专家,本书是他们多年潜心研究成果的结晶,具有颇为深厚的学术参考价值。

正像一切历史著作都不可能是历史写作者对其讲述的历史作纯客观叙说一样,本书也不是一部所谓纯客观叙事的史书。书中,作者们较为明显地表达了他们评说历史的价值标准和反共的立场。这当然是我们不赞成的。我们据原著如实地译出来,其是非得失只得请读者自己判断。但中文版我们删去了原著的五幅地图,为读者阅读造成的不便之处,谨表歉意。

本书翻译分工如下:第一、二、三、四编,韩炯;导言、第五编,吴浩;前言、表格、索引,韩炯。其中,第七章参译者王京春,第十八章初译者汪顺宁,第三、四编初译者柴晨清,复译,韩炯。全书初校,韩炯;全书审校,庞卓恒。

承蒙中国社会科学院世界历史所吴英研究员推荐翻译此书,感谢业师庞卓恒先生百忙之中校审译稿。需要指出的是,庞卓恒先生说是本书的审校,其实,他还亲自重译了部分段落。没有先生精深的学术造诣、严谨的态度以及对母语、外语的精准把握运用,本书很难达到如此水准。同时,特别感谢上海财经大学人文学院院长张雄教授提供的良好的治学环境和给予的学术关怀。感谢中国出版集团东方出版中心张爱民、张弛、赵明为本书出版付出的辛劳!

由于时间仓促,译者水平有限,加上此项翻译工作量非同一般,本书错讹不足之处,恳请读者批评指正!

译 者

2013 年 7 月